LEY DE LA ACTIVIDAD ASEGURADORA

COLECCIÓN TEXTOS LEGISLATIVOS

Títulos publicados

1. *Ley Orgánica de Procedimientos Administrativos*, con Estudios de Allan R. Brewer-Carías, Hildegard Rondón de Sansó y Gustavo Urdaneta Troconis, 15ta Ed., Caracas 2008, 270 pp.
2. *Ley Orgánica de Salvaguarda del Patrimonio Público,* con Estudios de Alberto Arteaga S., Allan R. Brewer-Carías, Humberto Njaim y Manuel Rachadell, 3ra Ed., Caracas 1989, 256 pp.
3. *Ley Orgánica para la Ordenación del Territorio,* con Estudios de Allan R. Brewer-Carías, 3ra Ed. Caracas 1991,144 pp.
4. *La Constitución y sus Enmiendas,* con Estudios de Allan R. Brewer-Carías, 3ra Ed. actualizada, Caracas 1991, 218 pp.
5. *Ley Orgánica de Amparo sobre Derechos y Garantías Constitucionales,* con Estudios de Allan R. Brewer-Carías y Carlos M. Ayala Corao, 5ta Ed., Caracas 1996, 217 pp., 6ta Ed., Caracas 2007, 241 pp.
6. *Ley Orgánica de Ordenación Urbanística,* con Estudios de Allan R. Brewer-Carías, Cecilia Sosa Gómez, Carlos M. Ayala Corao y Humberto Romero-Muci, 3ra Ed., Caracas 1989, 280 pp.
7. *Ley Orgánica del Régimen Municipal,* con introducción general de Allan R. Brewer-Carías, Caracas 1988, 256 pp.
8. *Ley Orgánica de la Corte Suprema de Justicia,* con Estudios de Allan R. Brewer-Carías, y Josefina Calcaño de Temeltas, 3 ra Ed. Actualizada, Caracas 1994, 359 pp.
9. *Ley de Mercado de Capitales,* con Estudio de Hugo Nemirovsky, Caracas 1989, 690 pp.
10. *Ley Orgánica de Régimen Municipal 1989*, con Estudios de Allan R. Brewer-Carías, Hildegard Rondón de Sansó y Carlos M. Ayala Corao, 2da Ed. ampliada, Caracas 1994, 379 pp.
11. *Leyes y Reglamentos para la Descentralización Política de la Federación,* con Estudios de Allan R. Brewer-Carías, Carlos Ayala Corao, Jorge Sánchez Mellen, Gustavo José Linares Benzo y Humberto Romero-Muci, 3ra Ed. actualizada, Caracas 1995, 445 pp.
12. *Código de Derechos Humanos,* Compilación y Estudio preliminar de Pedro Nikken, 1ra Ed., Caracas 1991, 632 pp., 2da Ed., Caracas 2006, 646 pp, 2da Ed., 1ra reimpresión, Caracas 2008, 646 pp.
13. *Ley Orgánica del Sufragio,* con Estudio de Allan R. Brewer-Carías, Caracas 1993, 241 pp.
14. *Ley para Promover y Proteger el Ejercicio de la Libre Competencia,* con Estudios de Allan R. Brewer-Carías, Gustavo Linares Benzo, Luis A. Ortiz Álvarez y Faustino Flamarique Riera, Caracas 1996, 250 pp.
15. *Ley Orgánica de la Justicia de Paz,* Victorino, Márquez F., Julio C. Fernández T., Marcos R. Carrillo P., Eva Josko de Güeron, Julio Andrés, Borges, Carlos E., Ponce S. María Elena, Sandia de Segnini, 1ra Ed., Caracas 1996, 329 pp.
16. *Legislación sobre Derecho de Autor y Derechos Conexos,* Ricardo Antequera P. y Gileni, Gómez Muci, 1ra Ed., Caracas 1998, 464 pp.
17. *Comentarios analíticos al Código Orgánico Tributario,* José Andrés, Octavio, 1ra Edición, Caracas 1998, 413 pp.
18. *Legislación sobre propiedad industrial,* Gileni Gómez Muci y Ricardo Antequera Parilli, Caracas 1999, 346 pp.
19. *Código Penal de Venezuela,* Belén Pérez Chiriboga, Caracas 2000, 936 pp.
20. *La Constitución de 1999,* Allan R. Brewer-Carías, 1ra Edición, Caracas 2000, 429 pp., 2da Ed., Caracas 2000, 505 pp., 3ra. Ed., (reimpresión), Caracas 2001, 505 pp., 4ta. Ed., Caracas 2004, 1190 pp.
21. *Régimen Legal de las Concesiones Públicas aspectos Jurídicos, Financieros y Técnicos,* Alfredo Romero Mendoza (coordinador), Jesús Caballero Ortiz, Manuel Rachadell, Víctor R. Hernández-Mendible, Chris Brown, Christian C.D. Petersen, Andrés Germán Otero L., José Gómez Oriol, Antonio Vives Llabres y Prólogo de Allan R. Brewer-Carías, Caracas 2000, 241 pp.
22. *El Régimen Legal de las ofertas públicas de adquisición de acciones y de tomas de control de empresas,* Allan R. Brewer-Carías, Caracas 2000, 150 pp.
23. *Leyes sobre los servicios públicos domiciliarios agua, electricidad, gas,* María Elena Sandia de Segnini, José Araujo-Juárez, Oscar A. Rodríguez Pacanins y Jorge A. Neher, Caracas 2001, 266 pp.

24. *Ley Orgánica de la Administración Pública,* por Allan R. Brewer-Carías, Rafael Chavero Gazdik y Jesús María Alvarado Andrade, 4ta Edición, Caracas 2009, 329 pp.
25. *Ley Orgánica para la prestación de los servicios de agua potable y de saneamiento,* María Elena Sandia de Segnini, Caracas 2002, 129 pp.
26. *Ley de Expropiación por causa de utilidad pública o social,* Allan R. Brewer-Carías, Gustavo Linares Benzo, Dolores Aguerrevere Valero y Caterina Balasso Tejera, Caracas, 2002, 201 pp.
27. *Ley del Estatuto de la Función Pública,* Gustavo Briceño Vivas y Joaquín Bracho Dos Santos, 1ra Ed., 3ra Reimpresión, Caracas 2006, 139 pp. 4ta Reimpresión, Caracas 2008, 139 pp.
28. *Ley Orgánica del Tribunal Supremo de Justicia,* Allan R. Brewer-Carías, 3ra Ed. corregida y aumentada, 4ta Reimpresión, Caracas 2008, 375 pp.
29. *Estudio del Código Orgánico Procesal Penal reformado el 14-11-2001,* Belén Pérez Chiriboga, Caracas 2004, 844 pp.
30. *Leyes Orgánicas del Poder Ciudadano*, Allan R. Brewer-Carías, Roxana Orihuela, María Alejandra Correa, Gustavo Briceño Vivas y José Ignacio Hernández, 1ra Edición, 1ra Reimpresión, Caracas 2006, 401 pp.
31. *Régimen Legal de Nacionalidad, Ciudadanía y Extranjería*, Allan R. Brewer-Carías, Caracas 2005, 136 pp.
32. *Ley sobre Medidas de Salvaguardia,* Duilio David Matheus Rodríguez, Caracas 2005, 174 pp.
33. *Ley de Protección al Consumidor y al Usuario*, José Ignacio Hernández, David Quiroz Rendón, Faustino Flamerique y Rafael de Lemos Matheus, Caracas 2005, 229 pp.
34. *Ley Orgánica del Poder Público Municipal,* Allan R. Brewer-Carías, Fortunato González Cruz, José Ignacio Hernández, Luis Fraga Pittaluga, Manuel Rachadell, Adriana Vigilanza, Daniela Urosa Maggi, Belén Pérez Chiriboga, 3ra Edición corregida y aumentada, Caracas 2007, 793 pp.
35. *Ley de Responsabilidad Social en Radio y Televisión (Ley Resorte)*, Asdrúbal Aguiar, José Ignacio Hernández, Margarita Escudero, Ana Cristina Núñez Machado, Juan Manuel Raffalli A., Carlos Urdaneta Sandoval, Allan R. Brewer-Carías, Juan Cristóbal Carmona Borjas, Caracas 2005, 304 pp.
36. *Manual Jurídico sobre Comunicación Social*, Belén Pérez Chiriboga, Caracas 2006, 384 pp.
37. *Ley contra los Ilícitos Cambiarios,* José Ignacio Hernández G., Andrés Troconis, Gustavo Muci Facchín, Vicente Villavicencio, 1a Edición, Caracas 2006, 184 pp.
38. *Régimen Jurídico de Seguridad Social (Estudio constitucional y legal del Derecho a la Seguridad Social y del Sistema de Seguridad Social)*, Freddy Alberto Mora Bastidas, Caracas 2007, 576 pp.
39. *Manual Didáctico sobre el Análisis e Interpretación de los Estados Financieros,* José Félix Ruíz Montero, Caracas, 2007, 285 pp.
40. *Ley Orgánica de Prevención, Condiciones y Medio Ambiente de Trabajo (Reglamento Parcial),* Juan Carlos Pró Rísquez, Gabriel Calleja Angulo y José Ignacio Hernández, Caracas 2007, 264 pp.
41. *Ley de Aguas,* Allan R. Brewer-Carías, Caracas 2007, 139 pp.
42. *Hacia la consolidación de un Estado socialista, centralizado, policial y militarista,* Allan R. Brewer-Carías, Caracas 2007, 160 pp.
43. *La Reforma Constitucional de 2007. Comentarios al proyecto inconstitucionalmente sancionado por la Asamblea Nacional el 2 de noviembre de 2007*, Allan R. Brewer-Carías, Caracas 2007, 225 pp.
44. *Ley de Contrataciones Públicas,* Allan R. Brewer-Carías, Carlos García Soto, Gustavo Linares Benzo, Víctor Hernández Mendible, José Ignacio Hernández G., Luis Alfonso Herrera Orellana, Miguel Mónaco, Manuel Rojas Pérez y Mauricio Subero Mujica, Caracas 2008, pp. 295; Segunda Edición, actualizada y aumentada, Allan R. Brewer-Carías, Víctor Hernández Mendible, Miguel Mónaco, Aurilivi Linares Martínez, José Ignacio Hernández G., Carlos García Soto, Mauricio Subero Mujica, Alejandro Canónigo Sarabia, Gustavo Linares Benzo, Manuel Rojas Pérez, Luis Alfonso Herrera Orellana, y Víctor Raúl Díaz Chirino, Caracas 2009, 466 pp.
45. *Leyes sobre Distrito Capital y del Área Metropolitana de Caracas*, Allan R. Brewer-Carías, Manuel Rachadell, Nelson Socorro, Enrique Sánchez Falcón, Tulio Álvarez y Juan Carmona, Caracas 2009, 210 pp.
46. *Ley Orgánica de los Consejos Comunales,* Allan R. Brewer-Carías, Caracas 2010, 100 pp.

47. *Ley Orgánica de la Jurisdicción Contencioso Administrativa*, Allan R. Brewer-Carías, Víctor Hernández Mendible, 2da Edición, 1ra reimpresión, Caracas 2012, 330 pp.

48. *Ley Orgánica del Tribunal Supremo de Justicia,* Allan R. Brewer-Carías, Víctor Hernández Mendible, Caracas 2010, 304 pp.

49. *Ley Orgánica de Procesos Electorales,* Manuel Rachadell, Juan Miguel Matheus, Ricardo Antela Garrido, Pedro Afonso del Pino, Jesús María Alvarado Andrade, Luis Izquiel, José Ignacio Hernández con prólogo de Allan Brewer-Carías, Caracas, 2010, 304 pp.

50. *Leyes Orgánicas sobre el Poder Popular (Los Consejos Comunales, las Comunas, la Sociedad Socialista y el Sistema Económico Comunal),* Allan Brewer-Carías, Claudia Nikken, Luis A. Herrera Orellana, Jesús María Alvarado Andrade, José Ignacio Hernández y Adriana Vigilanza), Caracas, 2011, 721 pp.

51. *La Constitución de 1999 y la Enmienda Constitucional N° 1 de 2009,* Allan Brewer-Carías, Caracas 2011, 619 pp.

52. *Documentos Constitucionales de la Independencia 1811 / Constitutional Documents of the Independence of Venezuela 1811,* Allan R. Brewer-Carías, Caracas 2012, 664 pp.

53. *Ley costos y precios justos*, Claudia Nikken (Coordinadora), estudios por: Carlos García Soto, Marianela Zubillaga, Claudia Nikken, María Alejandra Correa Martín, María Giovanna Mascetti, Allan R. Brewer-Carías, Andrea Santacruz, José Ignacio Hernández G. Alejandra Cerviño y Leonardo Palacios Márquez, Caracas 2012, 504 pp.

54. *Ley Orgánica del Trabajo, los trabajadores y las trabajadoras (LOTTT) y su Reglamento Parcial sobre el tiempo de trabajo*, Cesar Augusto Carballo Mena, Caracas 2013, 423 pp.

55. *Código de Derecho Administrativo,* Allan R. Brewer-Carías, Caracas 2013, 396 pp.

56. *Manual para conocer la ley de arrendamiento Inmobiliario para uso comercial. Arrendamiento comercial en tiempos de socialismo.* Irma Lovera De Sola, 1ra Edición, Caracas 2015, 117 pp., 2da Edición, Caracas 2016, 115 pp., 3[ra.] Edición, Caracas 2020, 117 pp.

57. *Ley de la Actividad Aseguradora,* Serviliano Abache Carvajal (Coordinador), estudios por: Carlos Eduardo Acedo Sucre, Nayibe Chacón, Claudia Madrid Martínez, Isabella Pecchio Brillembourg, Rosa Virginia Superlano, Carlos García Soto, Kimlen Chang de Negrón, Jesús A. Dávila, Federico Palma N., Diego Thomas Castagnino, Gabriel Sira Santana, José Ignacio Hernández G., Jonás E. Aponte A., Andrea Rondón García, Juan C. Castillo Carvajal y Serviliano Abache Carvajal, Caracas 2025, 1100 pp.

LEY DE LA ACTIVIDAD ASEGURADORA

Coordinación por:
Serviliano Abache Carvajal

Estudios por:

Carlos Eduardo Acedo Sucre
Nayibe Chacón
Claudia Madrid Martínez
Isabella Pecchio Brillembourg
Rosa Virginia Superlano
Carlos García Soto
Kimlen Chang de Negrón
Jesús A. Dávila
Federico Palma N.
Diego Thomas Castagnino
Gabriel Sira Santana
José Ignacio Hernández G.
Jonás E. Aponte A.
Andrea Rondón García
Juan C. Castillo Carvajal
Serviliano Abache Carvajal

COLECCIÓN TEXTOS LEGISLATIVOS
N° 57

editorial jurídica venezolana
international
2025

ISBN 979-8-89692-519-4

Impreso por: Lightning Source, an INGRAM Content company
para: Editorial Jurídica Venezolana International Inc.
Panamá, República de Panamá.
Email: ejvinternational@gmail.com

Diagramación, composición y montaje
por: Mirna Pinto de Naranjo, en letra Times New Roman 11,
Interlineado 12, mancha 11,5x18

CONTENIDO

TEXTO DE LEY Y NORMAS PRUDENCIALES

PRESENTACIÓN

Este libro está conformado por los estudios de dieciséis autores, preparados con ocasión a la promulgación de la tan esperada reforma de la Ley de la Actividad Aseguradora, publicada en la Gaceta Oficial N° 6.770 Extraordinario de 29 de noviembre de 2023 (LAA/2023). La importancia de la materia de seguros, como salta a la vista, es evidente. En ella confluyen los intereses de las empresas del sector asegurador y de los asegurados, bajo el paraguas de la intervención y regulación administrativa por parte del Estado, en una materia propia del Derecho privado.

Los autores abordan, con detenidos enfoques, los más variados e interesantes temas alrededor de la *actividad aseguradora,* desde cuestiones tradicionales como la caracterización de las pólizas de seguros como contratos de adhesión, hasta aspectos tan novedosos y disruptivos como los relacionados con las diversas aplicaciones de las *FinTech* en este sector. Se trata, así lo podrá confirmar el lector, de un libro muy completo y verdaderamente útil. Para mostrar lo recién señalado, en seguida presentaremos –brevemente– los aspectos principales abordados en las distintas e interesantes colaboraciones que integran la obra.

*

En su profundo y detallado estudio titulado *"Problemas solucionados por la reforma hecha en el año 2023 a la Ley de la Actividad Aseguradora, problemas pendientes de solucionar y problemas nuevos creados por esta reforma y por las Providencias Administrativas de Sudeaseg publicadas el 3 de septiembre de 2024"*, Carlos Eduardo ACEDO SUCRE se adentra en los problemas que fueron resueltos en la LAA/2023 y que se suscitaron a propósito de la Ley de la Actividad Aseguradora de 2015, reimpresa en el 2016 (LAA/2016), así como en los no solucionados y los ahora creados por la nueva ley y la Normativa Prudencial de la Superintendencia de la Actividad Aseguradora (SUDEASEG), sin pasar por alto los motivos que destaca para considerar que la LAA/2023 y las Normas que Regulan la Relación Contractual en la Actividad Aseguradora adolecen de inconstitucionalidad, al igual que las Normas que Regulan los Contratos de

Seguro y de Medicina Prepagada y las Normas Relativas al Contrato de Reaseguro, que sustituyeron las Normas que Regulan la Relación Contractual en la Actividad Aseguradora, así como de otras Providencias Administrativas de la Administración sectorial de seguros publicadas el 3 de septiembre de 2024.

En seguida se cuenta con el trabajo de Nayibe CHACÓN, en el que se aborda *"El carácter mercantil del contrato de seguro: La vis attractiva del Derecho Mercantil"*. En la investigación se analiza el carácter mercantil del contrato de seguro a partir de la Providencia Administrativa N° SAA-01-0506-2024 de la SUDEASEG y el tratamiento conferido a los actos considerados comerciales para una sola de las partes, a partir de la disposición del Código de Comercio que disciplina la *vis attractiva* de la materia mercantil, así como se examina su desatención por la Sala de Casación Civil del Tribunal Supremo de Justicia en la reciente sentencia N° 000622 de 20 de noviembre de 2024.

Por su parte, en el artículo sobre *"El contrato de seguros en la encrucijada de la Ley de la Actividad Aseguradora"*, Claudia MADRID MARTÍNEZ se encarga de explorar la situación jurídica del contrato de seguros en Venezuela. A este respecto, tiene en cuenta la regulación contenida en la normativa prudencial de la SUDEASEG y la LAA/2023. Además, hace particular énfasis en el afianzamiento de la tendencia a acorralar la autonomía de la voluntad que se observa en materia de contratación, en general y, en particular, en los contratos celebrados por instituciones altamente controladas, como las empresas del sector asegurador.

Continúa Isabella PECCHIO BRILLEMBOURG, quien se ocupa de traer algunas *"Reflexiones sobre el principio indemnizatorio y el impacto de la inflación en los contratos de seguro (Especial referencia a las Normas Prudenciales de 2024)"*, presentando, de forma esquemática, su análisis sobre el principio indemnizatorio y el impacto de la inflación en los contratos de seguro, y como pareciera que en la práctica se ha convertido el infraseguro en la regla y no en una excepción en determinados seguros contra daños. En específico estudia la situación jurídico-económica que se genera en una economía inflacionaria cuando los contratos de seguro contra daños son pactados exclusivamente en bolívares –o en monedas afectadas por la inflación–, lo que pudiera generar un desequilibrio económico sobrevenido e involuntario del contrato por la aplicación estándar del principio indemnizatorio que rige en materia de seguros.

Al anterior estudio le sigue el trabajo preparado por Rosa Virginia SUPERLANO y Carlos GARCÍA SOTO, en cuyas *"Notas sobre las contragarantías para fianzas del sector asegurador"* se encargan de explicar, precisamente, la figura de las contragarantías exigidas para respaldar los contratos de fianzas, de acuerdo con la regulación de la LAA/2023 y la Providencia Administrativa N° SAA-01-0516-2024 de la SUDEASEG, paseándose por la naturaleza jurídica de dichas contragarantías, sus sujetos y tipologías permitidas, así como las limitaciones, responsabilidades y formalidades exigidas en las mismas.

Luego, Kimlen CHANG DE NEGRÓN presenta un novedoso examen de *"Los retos en Venezuela de los seguros para la inclusión financiera, los nuevos canales de comercialización y las innovaciones tecnológicas"*, analizando los aspectos legales, operativos y técnicos que deben tener en cuenta el supervisor y las empresas del sector asegurador para implementar los seguros masivos, inclusivos y microseguros, así como la posibilidad de que existan nuevos canales alternativos para la comercialización de las pólizas de seguros, dentro de los cuales se encuentran las innovaciones tecnológicas y las denominadas financieras tecnológicas, teniendo en cuenta que el nuevo marco legal creado se limita a autorizar estos productos y canales, generando un vacío normativo que obliga a conocerlos, determinar los principios que deben seguirse en su interpretación y dictar normas sublegales complementarias.

A renglón inmediato, tenemos el artículo conjunto preparado por Jesús DÁVILA y Federico PALMA, bajo el título *"La nueva Ley de la Actividad Aseguradora y el concepto de los canales alternativos. Comentarios y reflexiones"*, en el que los autores abordan la regulación de los canales alternativos en la nueva LAA/2023, explicando cómo ello abre el camino a nuevas tecnologías (*InsurTech*) y a métodos de comercializar productos y servicios, incentivando la inversión en el país por medio de estos canales. A estos fines, analizan los cambios de la legislación de la actividad aseguradora venezolana con relación a los canales alternativos, con énfasis en la bancaseguro, el impacto que éstos han tenido regionalmente, para presentar ideas de cara al desarrollo e implementación de la normativa en Venezuela.

Así llegamos al estudio sobre *"Los principios de buen gobierno corporativo en la Ley de la Actividad Aseguradora: avances y retos"*, de la autoría de Diego Thomás CASTAGNINO, en el cual se analiza el tratamiento de la gobernanza corporativa de acuerdo con la regulación del sector de seguros, a partir de los estándares internacionales de gobernanza disciplinados en los Principios de Gobierno Corporativo de la Organización para la Cooperación y el Desarrollo Económicos (OCDE) y otros instrumentos de *soft law*.

Pasamos, entonces, al trabajo de Gabriel SIRA SANTANA, en el que atiende *"El rol de la Administración Pública en la actividad aseguradora"*, cuya finalidad se centra en determinar cuáles son las potestades de ordenación, autorización, supervisión, dirección y sanción que ejerce la Administración pública sobre la actividad aseguradora en Venezuela, con base en la LAA/2023, destacando a su vez cuál ha sido la evolución legislativa de este ordenamiento jurídico sectorial.

De su lado, José Ignacio HERNÁNDEZ GONZÁLEZ se encarga de analizar la *"La libertad de empresa en la actividad aseguradora"*. En este artículo se examina la situación actual de la libertad de empresa en el sector asegurador, así como la desnaturalización de la actividad de seguros en la reforma de la LAA/2023.

A continuación el artículo de Jonás APONTE, en el que se adentra en *"El Defensor del Asegurado en la Ley de la Actividad Aseguradora"*, las dudas e incertidumbres que ha generado esta figura desde la promulgación de la LAA, las cuales, como el mismo autor explica, si bien pudieran entenderse profundizadas con la publicación de la norma prudencial sobre la defensa de los derechos del tomador, asegurado, beneficiario, contratante, usuario y afiliado de la actividad aseguradora, a la vez pueden resolverse a partir la naturaleza de ombudsman especial de la actividad aseguradora.

Llegamos, de esta manera, al estudio intitulado *"Reflexiones sobre Economía y Derecho a partir de la reciente reforma de la Ley de la Actividad Aseguradora"*, preparado por Andrea RONDÓN GARCÍA, en el que plantea que la regulación en materia de seguros en Venezuela evidencia que la misma se ha caracterizado por el control previo, esto es, por el establecimiento de autorizaciones en múltiples aspectos, o en su defecto notificaciones; prohibiciones en variados supuestos, considerando que debería privar la conveniencia del negocio; y excesivas facultades para la SUDEASEG. Todo lo anterior, así lo plantea, se mantiene en la LAA/2023, razón por la cual se pregunta si es posible abordar este tema desde una perspectiva que incluya el aspecto económico, a partir de un análisis económico del Derecho que integre la filosofía liberal, en los términos que lo ha desarrollado David FRIEDMAN.

Y en lo que a las modificaciones de los aspectos tributarios de la ley se refiere, Juan C. CASTILLO CARVAJAL nos trae sus *"Comentarios sobre los aspectos tributarios de la reforma de la Ley de la Actividad Aseguradora"*, en cuyo estudio, a propósito de los que cambios que fueron introducidos por la LAA/2023 en los tributos sectoriales aplicables a esta actividad, particularmente, en cuanto a la modificación de la base y las alícuotas de la contribución especial destinada a financiar el funcionamiento de la

SUDEASEG, la inclusión de un novedoso listado de las tasas por servicios que brinda dicha Superintendencia y la variación de la alícuota del denominado aporte para el desarrollo social, el autor se propone a revisar todas estas modificaciones, con el ánimo de identificar tales reformas y presentar sus observaciones y críticas.

Para cerrar la obra, se encuentran nuestro estudio intitulado *"El «recargo monetario por retraso» y la nueva alícuota de la contribución especial de la actividad aseguradora (Análisis de las «Normas Prudenciales» contenidas en las Providencias 2021, 2022 y 2024 de la SUDEASEG)"*, en el que se revisa, desde distintas perspectivas, la validez y aplicabilidad normativa de las "Normas Prudenciales" contenidas en las Providencias dictadas en 2021, 2022 y 2024 por la SUDEASEG para regular el pago de la contribución especial establecida en la LAA, con especial énfasis en el "recargo monetario por retraso" que disciplinan, así como en la alícuota establecida en la versión vigente.

**

Durante el proceso de preparación del libro se publicaron 61 textos normativos, entre "Normas Prudenciales", circulares e instructivos dictados por la SUDEASEG, de los cuales se seleccionaron –e incluyeron como anexos– los considerados de mayor relevancia por los propios autores, quienes, además, los comentan en sus colaboraciones. Sin embargo, dada la incertidumbre sobre la eventual preparación y ulterior publicación en Gaceta Oficial del Reglamento de la ley, el cual debía ser producido dentro de los 180 días continuos a la entrada en vigencia de la LAA/2023 de conformidad con la Disposición Transitoria Primera de la ley, se decidió no postergar más la edición de la obra y seguir adelante con su publicación. Lo anterior, bajo el compromiso con el lector de que, una vez dictado el Reglamento, se llevará a cabo una segunda edición con ese anexo, así como con la revisión y actualización de los trabajos incluyendo su debido análisis.

La idea es, en definitiva, poner a disposición del público interesado en esta relevante materia, un libro que permita abordar y esclarecer, de manera verdaderamente integral, todas las regulaciones –a la vez que las variadas dudas y múltiples interrogantes– que trae consigo LAA/2023, con enfoques descriptivos, críticos y propositivos. Es también oportuna la ocasión, para hacerle saber al lector que es la primera vez que se publica en la conocida Colección Textos Legislativos de la Editorial Jurídica Venezolana, un libro para comentar la Ley de la Actividad Aseguradora, con lo cual se pone de relieve, tanto más, su particular importancia.

***

Antes de terminar esta breve presentación, vaya mi agradecimiento a los autores por su esfuerzo en la preparación de sus estudios, así como por los ajustes sobrevenidos que introdujeron a los mismos luego de la publicación de las "Normas Prudenciales". Igualmente, a la Sociedad Venezolana de Derecho Mercantil (SOVEDEM), en cabeza de su Director General Prof. Dr. Diego CASTAGNINO, por su importante auspicio institucional de la obra. Y, como ya es costumbre, mi máximo agradecimiento al Maestro Allan R. BREWER-CARÍAS, por siempre brindarme su total apoyo y entusiasmo desde el inicio de nuestros proyectos, hasta lograr su feliz concreción.

Caracas, mayo/junio de 2025

Serviliano ABACHE CARVAJAL

Coordinador

PROBLEMAS SOLUCIONADOS POR LA REFORMA HECHA EN EL AÑO 2023 A LA LEY DE LA ACTIVIDAD ASEGURADORA, PROBLEMAS PENDIENTES DE SOLUCIONAR Y PROBLEMAS NUEVOS CREADOS POR ESTA REFORMA Y POR LAS PROVIDENCIAS ADMINISTRATIVAS DE SUDEASEG PUBLICADAS EL 3 DE SEPTIEMBRE DE 2024

Carlos Eduardo ACEDO SUCRE*

Resumen: En Venezuela, bajo la Ley de la Actividad Aseguradora publicada en el 2015, reimpresa en el 2016, los accionistas están limitados en su capacidad de invertir y de nombrar directores, y los accionistas y directores están sujetos a una responsabilidad objetiva individual; las aseguradoras no pueden libremente distribuir sus productos de seguro, ni ofrecer un financiamiento razonable para estos productos, ni invertir racionalmente sus reservas; la Superintendencia está facultada para determinar el contenido de los contratos de seguro y reaseguro; y, sin su autorización, las aseguradoras no pueden divulgar sus estados financieros ni tomar muchas otras decisiones. Adicionalmente, dicha ley tiene normas proteccionistas. Algunos de esos problemas fueron solucionados con la reforma de 2022, publicada en 2023,

* Abogado Cum Laude, 1982, Universidad Católica Andrés Bello; Diploma Superior, Derecho Civil, Mención Bien, 1986, Universidad de París 2; y Diploma de Estudios Doctorales, Mención Muy Bien, 1988, Universidad de París 2. Socio de MENPA-Mendoza, Palacios, Acedo, Borjas, Páez Pumar & Cía. Individuo de Número de Academia de Ciencias Políticas y Sociales. Autor de tres libros: La Función de la Culpa en la Responsabilidad por Hecho Ilícito (tesis doctoral), Temas de Derecho de Seguros (con Manuel Acedo Mendoza), y Cláusulas Abusivas y Contratos de Adhesión (trabajo de incorporación a la Academia); y de sesenta y cuatro artículos sobre temas legales. Muchas de estas obras están disponibles en: www.menpa.com.

que se empezó a aplicar en 2024; pero muchos no fueron solucionados, y, con la ley reformada y las Providencias Administrativas de Sudeaseg publicadas el 3 de septiembre de 2024, se crearon problemas nuevos. Existen motivos poderosos para considerar que dicha ley y las Normas que Regulan la Relación Contractual en la Actividad Aseguradora son inconstitucionales, así como las Normas que Regulan los Contratos de Seguro y de Medicina Prepagada y las Normas Relativas al Contrato de Reaseguro, que reemplazaron las Normas que Regulan la Relación Contractual en la Actividad Aseguradora, y otras Providencias Administrativas de Sudeaseg publicadas el 3 de septiembre de 2024.

Palabras clave: Acción, Accionista, Actividad Aseguradora, Bancaseguro, Canal alternativo, Compañía, Contrato, Corretaje, Director, Empresa, Fianza, Financia-miento, Garantía, Intermediario, Junta Directiva, Ley, Normas, Póliza, Prima, Reaseguro, Registro, Reservas, Responsabilidad, Riesgo, Seguro, Sociedad, Superin-tendencia.

Abstract: In Venezuela, under the Insurance Activity Law published in 2015 and reprinted in 2016, the shareholders are limited in their ability to invest and to appoint directors, and the shareholders and directors are subject to an individual strict liability; the insurers cannot freely distribute their insurance products, offer reasonable financing for these products and invest rationally their reserves; the Superintendence has the power to determine what is the content of the insurance and reinsurance contracts; and, without its authorization, the insurers cannot disclose their financial statements and make many other decisions. In addition, this law has protectionist provisions. Some of these problems were solved with the 2022 amendment, published in 2023, which started to apply in 2024; but many shall remain unsolved, and, with the amended law and the Sudeaseg Administrative Provisions published on September 3, 2024, new problems were created. There are powerful reasons to consider that this law and the Rules that Regulate the Contractual Relationship in the Insurance Activity are unconstitutional, which is also the case of the Rules that Regulate the Insurance and Prepaid Medicine Contracts and the Rules that Regulate the Reinsurance Contract, which replaced the Rules that Regulate the Contractual Relationship in the Insurance Activity, and other Sudeaseg Administrative Provisions published on September 3, 2024.

Keywords: Alternative channel, Bancassurance, Board of Directors, Bond, Brokerage, Company, Corporation, Contract, Director, Financing, Guarantee, Insurance, Insurance Activity, Intermediary, Law, Liability, Policy, Premium, Reinsurance, Registration, Reserves, Risk, Rules, Share, Shareholder, Superintendence.

I. INTRODUCCIÓN

Las compañías de seguro y reaseguro estaban reguladas en el Decreto Ley de Empresas de Seguros y Reaseguros publicado el 22 de mayo de 1975 y reimpreso el 8 de agosto de 1975. Este decreto-ley pasó a ser una ley propiamente dicha, denominada Ley de Empresas de Seguros y Reaseguros, cuando el Congreso Nacional hizo una reforma legal parcial, según publicación del 23 de diciembre de 1994 y reimpresión del 8 de marzo de 1995.[1]

Dicha ley de 1995 fue derogada por el Decreto con Fuerza de Ley de Empresas de Seguros y Reaseguros publicado el 12 de noviembre de 2001 y reimpreso el 28 de noviembre del mismo año.[2] Dicha ley de 2001 fue cuestionada por inconstitucionalidad por muchas personas durante el año 2002 ante la Sala Constitucional del Tribunal Supremo de Justicia. Por ejemplo, el 8 de mayo de 2002 el autor de este trabajo y otros abogados de *MENPA –Mendoza, Palacios, Acedo, Borjas, Páez Pumar & Cía.*, en nombre de las principales empresas de seguros y también de la Cámara de Aseguradores, introdujimos un recurso de nulidad contra la ley de 2001 ante dicha Sala, solicitándole la suspensión de sus efectos mientras tramitaba este recurso.[3] Hubo otros recursos de nulidad contra la ley de 2001, que luego se acumularon en el mismo expediente. Con motivo de uno de estos recursos, intentado el 16 de mayo de 2002 por C.A. Seguros Guayana, dicha Sala por fin acordó la suspensión de efectos de la ley de 2001, mediante decisión del 13 de agosto de 2002,[4] que fue objeto de una aclaratoria el 2 de octubre de

---

1 Gaceta Oficial N° 4.865 Extraordinario del 8 de marzo de 1995. Disponible en la página web de la Superintendencia de la Actividad Aseguradora: https://www.sudeaseg.gob.ve/descargas/regulaciones/1995/Ley%20de%20Empresas%20de%20Seguros%20y%20Reaseguros.pdf. Consultado el 29 de diciembre de 2023.

2 Gaceta Oficial N° 5.561 Extraordinario del 28 de noviembre de 2001. Disponible en la página web de la Superintendencia de la Actividad Aseguradora: https://www.sudeaseg.gob.ve/descargas/regulaciones/2001/Decreto%20sobre%20la%20Ley%20 de%20Empresas%20de%20Seguros%20y%20Reaseguros.pdf. Consultado el 29 de diciembre de 2023.

3 Carlos Eduardo Acedo Sucre, "*El Decreto con Fuerza de Ley de Empresas de Seguros y Reaseguros*", en El Derecho Público a Comienzos del Siglo XXI, Estudios en Homenaje al Profesor Allan R. Brewer Carías, tomo II, Madrid, 2003, pp. 2119 y ss.

4 Disponible en la página web del Tribunal Supremo de Justicia: http://historico.tsj.gob.ve/decisiones/scon/agosto/1911-130802-02-1158%20.HTM. Consultado el 29 de diciembre de 2023.

2002.[5] El que la aplicación de la ley de 2001 fuera suspendida llevó a que se aplicara nuevamente la ley de 1995.

Además, el que la aplicación de la ley de 2001 fuera suspendida llevó a que el gobierno de Hugo Chávez, sin esperar la sentencia definitiva sobre los recursos de inconstitucionalidad contra ella, preparara un proyecto de Ley de la Actividad Aseguradora, que fue divulgado en la *página web* de la Asamblea Nacional en abril de 2009. Este proyecto sufrió cambios y devino la Ley de la Actividad Aseguradora publicada el 29 de julio de 2010 y reimpresa el 5 de agosto del mismo año,[6] que tenía numerosas disposiciones inconstitucionales, originadas en el texto de la ley de 2001. Dicha ley de 2010 fue objeto de un recurso por inconstitucionalidad, presentado el 9 de noviembre de 2011 por el autor de este trabajo y otros abogados de MENPA, a título personal (por encargo de clientes que quisieron guardar el anonimato); pero esta vez la Sala Constitucional, el 25 de julio de 2012, negó la suspensión de efectos, a pesar de numerosos puntos en común entre la ley de 2010 y la ley de 2001, que esa Sala había suspendido mientras estudiaba su constitucionalidad. Dicho recurso jamás fue decidido. Además de problemas de inconstitucionalidad, la ley de 2010 tenía muchas disposiciones absurdas y numerosas disposiciones extremadamente intervencio-nistas, casi todas las cuales venían de la ley de 2001.

La ley de 1995, la ley de 2001 y la ley de 2010 no trataban los contratos de seguro, sino los requisitos y deberes de los sujetos regulados y las atribuciones de la Superintendencia. En efecto, los contratos de seguro primero estaban regulados por el Código de Comercio y después por la Ley del Contrato de Seguro publicada el 12 de noviembre de 2001.[7]

La Ley de la Actividad Aseguradora de 2010 fue sustituida por el Decreto con Rango, Valor y Fuerza de Ley de la Actividad Aseguradora,

---

5 Disponible en la página web del Tribunal Supremo de Justicia: http://historico.tsj.gob.ve/decisiones/scon/octubre/2331-021002-02-1158%20.HTM. Consultado el 29 de diciembre de 2023.

6 Disponible en la página web de la Superintendencia de la Actividad Aseguradora: https://www.sudeaseg.gob.ve/descargas/regulaciones/2010/gaceta-oficial-39-481.pdf. Consultado el 8 de enero de 2043.

7 Gaceta Oficial Nº 5.553 Extraordinario del 12 de noviembre de 2001. Disponible en la página web de la Asamblea Nacional: https://www. asambleanacional.gob.ve/storage/documentos/leyes/decreto-no-20220308141044.pdf. Consultado el 29 de diciembre de 2023.

publicado el 30 de diciembre de 2015 y reimpreso el 15 de marzo de 2016.[8] Dicha ley de 2016, hasta donde tenemos conocimiento, no fue objetada como un todo ante la Sala Constitucional, pues, para la época, ésta había perdido credibilidad.

Las leyes de 2001, 2010 y 2016 no fueron reglamentadas, por lo que se les aplicaba el Reglamento General de la Ley de Empresas de Seguros y Reaseguros publicado en la Gaceta Oficial N° 5.339 Extraordinaria del 27 de abril de 1999, en cuanto no fuera incompatible con ellas.

La ley de 2016 derogó la Ley del Contrato de Seguro y previó que la Superintendencia dictase las reglas aplicables a las pólizas de seguro y contratos relacionados. De hecho, ésta emitió las Normas que Regulan la Relación Contractual en la Actividad Aseguradora, publicadas el 24 de agosto de 2016.[9] Estas normas son inconstitucionales, pues violan la reserva legal establecida en la Constitución. Entonces, podría aplicarse, a los contratos de seguro y reaseguro, el Código de Comercio, puesto que la Ley del Contrato de Seguro fue derogada por la Ley de la Actividad Aseguradora de 2016. Alternativamente, podría aplicarse, a estos contratos, la Ley del Contrato de Seguro, porque las disposiciones transitoria y derogatoria de la Ley de la Actividad Aseguradora de 2016, que contemplaron la violación de la reserva legal por Sudeaseg, son inconstitucionales.

Finalmente, la Asamblea Nacional modificó la Ley de la Actividad Aseguradora de 2016, mediante la Ley de Reforma del Decreto con Rango, Valor y Fuerza de Ley de la Actividad Aseguradora, publicada en la Gaceta Oficial N° 6.770 del 29 de noviembre de 2023.[10]

Dicha ley de 2023 no es de aplicación inmediata, sino después de que transcurra un período 120 días continuos contados desde la publicación de esta reforma legal en la Gaceta Oficial, o sea, hay aproximadamente cuatro

---

8 Gaceta Oficial N° 6.220 Extraordinario del 15 de marzo de 2016. Disponible en la página web de la Asamblea Nacional: https://www.asambleanacional.gob.ve/storage/documentos/leyes/decreto-n0-20220202162545.pdf. Consultado el 29 de di-ciembre de 2023.

9 Gaceta Oficial N° 40.973 del 24 de agosto de 2016. Disponible en la página web de la Superintendencia de la Actividad Aseguradora: https://www.sudeaseg.gob.ve/descargas/regulaciones/2016/Normas%20que%20Regulan%20la%20Relaci%C3%B3n%20Contractual%20en%20la%20Actividad%20Aseguradora..pdf. Consultado el 29 de diciembre de 2023.

10 Disponible en la página web de la Superintendencia de la Actividad Aseguradora: https://www.sudeaseg.gob.ve/descargas/base-legal/GOE% 206.770. pdf. Consultado el 29 de diciembre de 2023.

meses, que empezaron a correr en la fecha mencionada, durante los cuales se aplicó la legislación precedente, para que los sujetos regulados tuvieran tiempo de adaptarse a las nuevas disposiciones legales.[11]

La ley de 2023 había sido aprobada por la Asamblea Nacional el 11 de octubre de 2022. Entre su aprobación por la Asamblea Nacional el 11 de octubre de 2022 y su publicación en la Gaceta Oficial el 29 de noviembre de 2023, la ley de 2023 sufrió cambios, que no deberían existir. Todos los artículos modificados en ese período por el poder ejecutivo son inconstitucionales, pues no fueron sometidos al poder legislativo, conforme a lo requerido por la Constitución. Son tantos artículos, que, sin ellos, la ley de 2023 perdería totalmente su coherencia, por lo que se puede considerar que toda la ley de 2023 es inconstitucional.

El común denominador de la ley de 1995, la ley de 2001, la ley de 2010, la ley de 2016 y la ley de 2023 (cuyos nombres y fechas de publicación suministramos arriba) es que son demasiado intervencionistas. La ley de 2023 introdujo mejoras con respecto a la ley de 2016, pero se trata de mejoras insuficientes. Además, en algunos asuntos, la ley de 2023 empeoró la ley de 2016, que, de por sí, era muy criticable. La situación se agravó con ciertas Providencias Administrativas de la Superintendencia de la Actividad Aseguradora publicadas el 3 de septiembre de 2024.

II. CRÍTICAS A LA LEY DE LA ACTIVIDAD ASEGURADORA PUBLICADA EL 30 DE DICIEMBRE DE 2015 Y REIMPRESA EL 15 DE MARZO DE 2016, MODIFICADA MEDIANTE LA REFORMA PUBLICADA EL 29 DE NOVIEMBRE DE 2023, Y A CIERTAS PROVIDENCIAS ADMINISTRATIVAS DE LA SUPER-INTENDENCIA DE LA ACTIVIDAD ASEGURADORA PUBLICA-DAS EL 3 DE SEPTIEMBRE DE 2024

Los problemas actuales arrancan con la ley de 2016. Veamos:

A pesar de que la ley de 2016 era una nueva ley, contentiva de disposiciones derogatorias, estas disposiciones derogatorias no abrogaron la

[11] La Disposición Transitoria Cuarta de la ley de 2023 establece lo siguiente: “La presente Ley entrará en vigencia luego de transcurridos ciento veinte (120) días continuos siguientes a partir de su publicación en la Gaceta Oficial de la República Bolivariana de Venezuela”. Entonces, como la ley de 2023 fue publicada el 29 de noviembre de 2023, la legislación anterior estará vigente por aproximadamente cuatro meses, que corresponden, a grandes rasgos, a diciembre de 2023 y el primer trimestre de 2024.

ley de 2010, entonces vigente, sino que equivocadamente derogaron dos leyes anteriores, a saber: la ley de 1995 y la ley de 2001. Veamos:

La ley de 2016 fue una nueva ley, pues expresaba que el Presidente de la República, en Consejo de Ministros, "DICTA" el "DECRETO CON RANGO, VALOR Y FUERZA DE LEY DE LA ACTIVIDAD ASEGURADORA", y, a continuación, pasa a su articulado. Dado que la ley de 2016 es una nueva ley, no hace alusión a los artículos reformados, como lo haría si fuera una reforma de la ley de 2010. Sin embargo, no es descabellado pensar que la ley de 2016 no es realmente una nueva ley, pues se puede considerar que es más bien una reforma de la ley de 2010. En efecto, en primer lugar, la exposición de motivos de la ley de 2016, publicada con ésta en la Gaceta Oficial, señala que se trata de "aprobar" el "DECRETO CON FUERZA DE REFORMA DE LA LEY DE LA ACTIVIDAD ASEGURADORA"; en segundo lugar, las disposiciones derogatorias de la ley de 2016 no abrogan la ley de 2010, sino que abrogan la ley de 1995 (derogada por la ley de 2010) y la ley de 2001 (suspendida por la decisión de la Sala Constitucional del 13 de agosto de 2002); y, en tercer lugar, la ley de 2016 mantiene intacta la gran mayoría de los artículos de la ley de 2010, incurriendo en los mismos errores.

La ley de 2016 obligaba a obtener una aprobación de la Superintendencia de la Actividad Aseguradora, Sudeaseg, para adquirir acciones de una compañía de seguros, reaseguro o corretaje; y, a pesar de esta autorización, facultaba a esa Superintendencia para declarar nulos los contratos de compraventa de tales acciones. Además, ciertos requisitos habían de ser llenados para invertir en compañías de seguros, reaseguros o de corretaje, pues se exigía que el candidato demostrase su experiencia, honorabilidad y solvencia, aunque se tratara de un accionista minoritario, olvidando que ser experto en seguros es útil para muchos cargos en la administración de esas compañías, pero no es necesario para invertir en ellas. Adicionalmente, para la asamblea de accionistas poder nombrar un director o administrador, se exigía una autorización emitida por esa Superin-tendencia, que revisaba la idoneidad de los postulados, lo que era una intromisión innecesaria. Uno de los principales inconvenientes de la ley de 2016 era la manera como regulaba la responsabilidad de los accionistas y administradores de esas compañías, puesto que, por un lado, la ley de 2016 daba a entender que los accionistas de, entre otras, las compañías de seguros, reaseguros y corretaje, tenían, como regla general, responsabilidad solidaria por todos los pasivos de estas compañías; y, por otro lado, la ley de 2016 establecía la responsabilidad solidaria de los accionistas y administradores de las empresas de seguros por los problemas con las reservas técnicas que éstas debían constituir.

Lo intervencionista y absurdo de la ley de 2016 también se manifestaba en que la Superintendencia podía imponer cláusulas idénticas, es decir, un articulado uniforme, en todas las pólizas de seguro ofrecidas por los aseguradores en cualesquiera ramos, en cuyo caso no había competencia en cuanto al producto de seguros ofrecido. Cuando el clausulado idéntico no era impuesto, los aseguradores tampoco tenían libertad, puesto que las pólizas de seguros y todos los demás documentos empleados por ellos, en su relación con los tomadores de seguros, asegurados y beneficiarios de seguros, debían ser aprobados por la Superintendencia; las primas y las comisiones de corretaje de seguro también requerían dicha aprobación; y la autorización de la Superintendencia con respecto a pólizas y otros documentos, y a primas y comisiones, podía ser revocada en cualquier momento.

Adicionalmente, el regulador tenía que aprobar los balances y estados financieros de los aseguradores, sin lo cual no estaba permitida su divulgación, lo que era perjudicial para sus acreedores actuales o potenciales, incluyendo a los tomadores, asegurados o beneficiarios de seguros, cuyo derecho a estar informados fue ignorado. La publicidad de los aseguradores tenía igualmente que ser autorizada por su regulador. La Superintendencia debía además aprobar los cambios de estatutos de los aseguradores y muchas otras cosas.

Sudeaseg podía incluso inmiscuirse en el contenido de los contratos de reaseguro.

Los riesgos situados en Venezuela debían ser asegurados aquí, aunque pudieran ser reasegurados 100% en el exterior siempre que se tratase de reaseguradores extranjeros registrados en la Superintendencia, cuyos trámites eran lentos y engorrosos. Se trataba de normas proteccionistas, para proteger a los aseguradores y reaseguradores locales de la competencia extranjera.

A esto se añadía que la ley de 2016 prohibía la bancaseguro, limitaba severamente la posibilidad de financiar las primas de seguros, y ordenaba a los aseguradores invertir al menos el 40% de sus reservas en títulos de la deuda pública venezolana.

De modo que, bajo la ley de 2016, el mercado no operaba libremente, pues los accionistas estaban limitados en su capacidad de invertir y de nombrar administradores, y tanto éstos como aquéllos estaban amenazados por responsabilidades personales agobiantes; los aseguradores no podían distribuir sus productos de seguro con libertad, ni ofrecer libremente financiamiento para sus productos de seguro, ni invertir de manera autónoma sus reservas; la Superintendencia estaba facultaba para determinar cuál sería el contenido de los contratos de seguro y reaseguro, y para autorizar que los aseguradores dieran a conocer sus estados financieros, que cambiaran sus estatutos y que hicieran publicidad; y había normas proteccionistas.

A pesar de que la ley de 2016 sólo requería la aprobación del regulador con respecto a ciertos documentos, éste envió una circular a los registros mercantiles, exigiendo que se abstuvieran de tramitar documentación no autorizada; con lo cual las inscripciones en el registro mercantil devinieron, de hecho, imposibles sin aprobación. Estando el mercado de seguros altamente regulado, la Superin-tendencia se arrogó así un papel mayor que el que le correspondía según la ley de 2016, a pesar de que dicho papel era, de entrada, excesivo. Para colmo, Sudeaseg carecía del personal para manejar eficientemente las muchas labores que le correspondían o que había asumido sin base legal, lo que llevó a retrasos considerables en la operación de los aseguradores, pues no se les aprobaban a tiempo sus pólizas y documentos relacionados, sus tarifas y su publicidad; ni la documentación para el registro mercantil, incluyendo, sin estar limitado a ello, los instrumentos relativos a sus accionistas y directores, sus modificaciones estatutarias y sus estados financieros; ni tampoco las solicitudes de inscripción en el registro de Sudeaseg formuladas por los reaseguradores extranjeros a los que los aseguradores podían pedir cobertura. Con todo ello se creó un cuello de botella y una situación propicia para la corrupción. Estos problemas afectaban no sólo a las compañías de seguro, sino también a las demás compañías supervisadas por Sudeaseg.

No citaremos otros ejemplos de lo intervencionista y absurda que era la ley de 2016. Sólo diremos que el propósito de ésta, según su exposición de motivos,[12] fue contribuir a

> "construir y fortalecer el Socialismo Bolivariano del Siglo XXI… Es urgente e imperiosa la transformación del metabolismo de la actividad aseguradora, para disponer de un rumbo y un ritmo cónsonos con los Grandes Objetivos Históricos estratégicos del Plan de la Patria… al calor del inmanente compromiso Bolivariano, Revolucionario, Socialista y Chavista…, entendiendo que la actividad aseguradora debe supeditarse como sector económico a las políticas dictadas por el Gobierno Nacional".

El lenguaje anterior, en un documento publicado en la Gaceta Oficial, no sólo es ridículo, sino que también es inconstitucional, ya que Venezuela supone ser un "Estado democrático y social de Derecho y de Justicia", conforme al artículo 2 de la Constitución.

---

12 Gaceta Oficial N° 6.220 extraordinario del 15 de marzo de 2016.

La Superintendencia dictó las Normas que Regulan la Relación Contractual en la Actividad Aseguradora, publicadas el 24 de agosto de 2016, conforme a la Ley de la Actividad Aseguradora de 2015, reimpresa en 2016. En efecto, dicha ley de 2016 incluye las disposiciones siguientes: (i) la disposición derogatoria segunda, según la cual "Se deroga el Decreto con Fuerza de Ley del Contrato de Seguro, publicado en la Gaceta Oficial de la República Bolivariana de Venezuela N° 5.553 de fecha 12 de noviembre de 2001, reimpresa por error de trascripción y publicada en la Gaceta Oficial de la República Bolivariana de Venezuela N° 39.481 de fecha 05 de agosto de 2010"; y (ii) la disposición transitoria primera, según la cual, "Dentro de los ciento ochenta días siguientes a la entrada en vigencia de este Decreto con Rango, Valor y Fuerza de Ley, la Superintendencia de la Actividad Aseguradora dictará las normas que regulen el contrato de seguro y otros contratos y relaciones de la actividad aseguradora". Las disposiciones derogatoria segunda y transitoria primera de la ley de 2016, y las consecuentes Normas que Regulan la Relación Contractual en la Actividad Aseguradora, son inconstitucionales, pues legislar en materia de seguros está reservado a la Asamblea Nacional, o al Presidente de la República en Consejo de Ministros con la autorización de la Asamblea Nacional otorgada mediante ley habilitante, que no es el caso.

Dado que las disposiciones transitoria primera y derogatoria segunda de la ley de 2016 previeron que las Normas que Regulan la Relación Contractual en la Actividad Aseguradora fueran emitidas por la Superintendencia, quien de hecho las emitió, dichas disposiciones y normas constituyen una violación de la reserva legal prevista en el número 1 del artículo 187 y el número 32 del artículo 156 de la Constitución, que establecen, respectivamente, lo que sigue:

> "Corresponde a la Asamblea Nacional:... Legislar en las materias de la competencia nacional".

> "Es de la competencia del Poder Público Nacional:... La legislación en materia... de seguros".

En este contexto, tuve el honor de laborar con varios miembros de la Academia de Ciencias Políticas y Sociales para producir, el 7 de octubre de 2019, un trabajo contentivo de las Consideraciones de la Academia sobre la Necesaria Revisión de la Legislación Venezolana que Disciplina la Banca, los Seguros y el Mercado de Capitales.[13] En este trabajo, la Academia acogió

---

13 Academia de Ciencias Políticas y Sociales, "*Consideraciones de la Academia sobre la Necesaria Revisión de la Legislación Venezolana que Disciplina la Banca, los Seguros y el Mercado de Capitales*", Caracas, 7 de octubre de 2019.

mis observaciones relativas a la normativa sobre seguros, con las mejoras de mis compañeros académicos, quedando las siguientes recomendaciones:

> "§30. La Superintendencia de la Actividad Aseguradora debe centrar todos sus esfuerzos en la supervisión –de carácter o naturaleza técnica y, por ende, especializada– de las empresas disciplinadas por la Ley de la Actividad Aseguradora.
>
> §31. Deben establecerse mecanismos que aseguren una gestión fluida de los asuntos que a la Superintendencia de la Actividad Aseguradora corresponde decidir. Son notorios los retrasos en la revisión y ulterior aprobación de (i) las asambleas de accionistas en las cuales se modifiquen los estatutos, aumente el capital social, se nombren administradores o se aprueben los estados financieros[14]; (ii) las pólizas, sus notas técnicas, sus anexos y todos los demás documentos contractuales empleados en la actividad aseguradora[15]; (iii) las primas que cobran las aseguradoras y las comisiones que éstas pagan a los intermediarios[16]; (iv) las operaciones que versen sobre acciones de compañías anónimas sujetas a la Ley de la Actividad Aseguradora[17]; (v) la publicidad de las empresas de seguros[18]; y (vi) la venta de los vehículos recuperados o de partes de los mismos[19]. Modalidades de silencio administrativo, interpretado en sentido positivo siempre y cuando lo planteado no sea manifiestamente contrario a la ley, deben ser evaluadas, porque la relación entre las empresas reguladas y la Superintendencia descansa sobre el principio de la buena fe.
>
> §32. Además, debe suprimirse la facultad de esa Superintendencia de imponer condicionados únicos y uniformes para los contratos de seguro y para las fianzas[20], pues esa uniformidad atenta contra la libre competencia.

Disponible en: https://www.acienpol.org.ve/informe-de-la-comision-academica-para-el-estudio-del -sistema-financiero-venezolano/. Consultado en fecha 28 de diciembre de 2023.

14 Artículos 8°, numeral 15, y 71 de la Ley de la Actividad Aseguradora.

15 Artículos 8°, numeral 9°, y artículo 42 de la Ley de la Actividad Aseguradora.

16 Artículos 8°, numerales 10 y 11, 41, numeral 12, y 43 de la Ley de la Actividad Aseguradora.

17 Artículos 8°, numeral 5°, y 24 y 25 de la Ley de la Actividad Aseguradora.

18 Artículos 8°, numeral 16, y 44 de la Ley de la Actividad Aseguradora.

19 Artículos 41, numeral 26, de la Ley de la Actividad Aseguradora.

20 Artículo 8°, numeral 9°, de la Ley de la Actividad Aseguradora.

§33. Los reclamos de los asegurados al amparo de sus pólizas no deben ser conocidos por la Superintendencia de la Actividad Aseguradora.

§34. Deben revisarse las normas contentivas de prohibiciones legales carentes de sentido. La lista incluye, *e.g.*, (i) la prohibición de emisión de acciones preferidas[21]; (ii) la prohibición de que personas expertas en áreas distintas del seguro sean accionistas, directoras o gerentes de las aseguradoras[22]; (iii) la prohibición de invocar enfermedades o condiciones preexistentes para negar la cobertura de las pólizas de salud conforme a éstas[23]; (iv) la prohibición de emitir pólizas de vida en divisas[24]; y, (v) la prohibición de emitir fianzas a primer requerimiento, que no obstante son exigidas por el sector público[25].

§35. Deben sentarse las bases para la libre competencia[26] en el sector y la libre gestión de las empresas aseguradoras, permitiendo que cada empresa determine cuáles son los riesgos asegurables que está dispuesta a asumir. Complementariamente, deben suprimirse las normas que imponen a las aseguradoras el deber de otorgar seguros que no cumplen con las exigencias técnicas[27].

§36. En este orden de ideas, deben revisarse las normas legales que prohíben (i) el financiamiento de pólizas de seguros cuando dicho financiamiento comporta un recargo[28] o se respalda con una cláusula de terminación del contrato de seguro en caso de impago de la prima[29]; (ii) la contratación de pólizas masivas a través de mecanismos de distribución distintos de la intervención de intermediarios y, por ende, a menores costos[30]; y (iii) la distribución de pólizas a través de la red de oficinas bancarias (banca-seguros)[31].

---

21 Artículo 19, numeral 7°, de la Ley de la Actividad Aseguradora.

22 Artículo 20, numerales 4° (literal a), 5° y 6° de la Ley de la Actividad Aseguradora.

23 Artículo 41, numeral 23, de la Ley de la Actividad Aseguradora.

24 Normas que establecen las obligaciones en moneda extranjera que puedan asumir las empresas de seguros y de reaseguros en la contratación de seguros, reaseguros, fianzas o reafianzamientos (*Gaceta Oficial de la República* N° 39.958, del 4 de julio de 2012).

25 Artículo 73 de la Ley de la Actividad Aseguradora.

26 Artículos 2° y 299 de la Constitución.

27 Artículos 8°, numerales 8° y 10, y 138 de la Ley de la Actividad Aseguradora.

28 Artículo 41, numeral 2°, de la Ley de la Actividad Aseguradora.

29 Artículo 150, numeral 2°, de la Ley de la Actividad Aseguradora.

30 Artículo 41, numeral 16, de la Ley de la Actividad Aseguradora.

31 Artículo 41, numeral 17, de la Ley de la Actividad Aseguradora.

§37. Así mismo, deben revisarse las normas que regulan o disciplinan las inversiones aptas para reservas, pues son muy restrictivas[32].

§38. Deben suprimirse las normas legales que habilitan a la Superintendencia de la Actividad Aseguradora para producir normas sublegales o infralegales limitativas de los derechos garantizados por la Constitución[33], y regularse el contrato de seguro mediante normas con rango y fuerza de ley, pues ésta es materia propia de la reserva legal[34]...

§39. Deben revisarse las normas legales de acuerdo con las cuales los accionistas y los integrantes de las juntas directivas de las empresas disciplinadas por la Ley de la Actividad Aseguradora responden personalmente por los pasivos de estas empresas[35], pues sólo deberían responder de sus acciones y omisiones culposas. La ley debe reconocer y respetar la personalidad jurídica propia de estas empresas.

§40. Deben adoptarse las medidas necesarias para garantizar la transparencia del sector permitiendo que las empresas gobernadas por la Ley de la Actividad Aseguradora publiquen oportunamente sus estados finan-cieros[36]. Al propio tiempo, a la Superintendencia de la Actividad Aseguradora debe exigírsele que publique oportunamente las cifras del mercado con detalle de sus distintos componentes.

§41. Deben revisarse las normas que permiten que las empresas de seguro propiedad del Estado emitan pólizas o aseguren riesgos asumidos por el Estado venezolano.

§42. En materia de seguros, la inclusión financiera pasa por ofrecer coberturas asequibles a la población situada en la base de la pirámide económica, que les permitan reducir los riesgos asociados a una enfermedad, la pérdida de la cosecha o la pérdida de ingresos producto de la muerte de un miembro de la familia, por solo mencionar un puñado de riesgos".

Los problemas que dieron lugar a varias de las recomendaciones anteriores fueron solucionados o atenuados mediante la ley de 2023. Pero muchos de los problemas que dieron lugar a las referidas recomendaciones

---

32 Artículos 52 y 54 de la Ley de la Actividad Aseguradora.

33 Consúltense, *e.g.*, las Normas que Regulan la Relación Contractual en la Actividad Aseguradora (*Gaceta Oficial de la República* N° 40.973, del 24 de agosto de 2016).

34 Artículos 156, numeral 32, y 187 de la Constitución.

35 Artículos 56, 61 y 97 de la Ley de la Actividad Aseguradora.

36 Artículos 8°, numeral 15, y 71 de la Ley de la Actividad Aseguradora.

siguen pendientes de solución. Además, la ley de 2023 y la normativa emitida por la Superintendencia de la Actividad Aseguradora bajo el imperio de ésta crearon nuevos problemas.

Al principio, la ley de 2023 estaba sujeta, al igual que la legislación anterior a ésta, al Reglamento General de la Ley de Empresas de Seguros y Reaseguros de 1999, en cuanto no fuera incompatible con ella. Ahora bien, la ley de 2023 debería ser objeto de un nuevo reglamento; de hecho, su disposición transitoria primera expresa:

> "Dentro de los ciento ochenta (180) días continuos siguientes a la entrada en vigencia de esta Ley, la Superintendencia de la Actividad Aseguradora dictará el reglamento de Ley y las normas a que haya lugar".

Pero, contrariamente a dicha disposición transitoria primera, (i) la Superin-tendencia no puede dictar el reglamento de la ley de 2023, sino resoluciones o providencias, ya que los reglamentos de las leyes son competencia del Presidente de la República, en Consejo de Ministros; y (ii) el nuevo reglamento no estuvo listo en esos 180 días continuos, así que el viejo reglamento se siguió aplicando.

Al día de hoy, el nuevo reglamento no ha sido promulgado por el Presidente de la República en Consejo de Ministros, y quizá no sea promulgado nunca. Sin embargo, Sudeaseg emitió numerosas providencias administrativas de corte normativo, que fueron publicadas conjuntamente en la Gaceta Oficial Extraordinaria N° 6.835 del 3 de septiembre de 2024. Estas normas desarrollan la ley de 2023, y son incompatibles con el viejo reglamento. Aunque las normas de 2024 son de inferior jerarquía que el viejo reglamento, y, por ende, no pueden derogarlo, la realidad es que éste dejó de aplicarse, y, la verdad sea dicha, su aplicación dejó de tener sentido.

Un ejemplo de los muchos de los problemas que dieron lugar a las referidas recomendaciones de la Academia, que siguen pendientes de solución, es el siguiente:

Desde el 30 de diciembre de 2015, en que se decidió derogar la Ley del Contrato de Seguro, hace falta una ley sobre las pólizas de seguro y contratos relacionados. La nueva ley debe reemplazar dos Providencias Administrativas de la Superintendencia de la Actividad Aseguradora publicadas el 3 de septiembre de 2024, contentivas de las Normas que Regulan los Contratos de Seguro y de Medicina Prepagada y las Normas Relativas al Contrato de Reaseguro, emitidas por esa Superintendencia en sustitución de sus Normas que Regulan la Relación Contractual en la Actividad Aseguradora, publicadas el 24 de agosto de 2016. Esto es porque no corresponde al gobierno nacional, a través del regulador del sector seguros, normar el contenido de las pólizas y demás contratos empleados en esta actividad. Veamos:

El artículo 8 de la ley de 2016 indicó que las atribuciones de Sudeaseg incluyen las allí determinadas más las establecidas en otros artículos de la misma ley, cuya disposición transitoria primera estableció que "dictará las normas que regulen el contrato de seguro". Esto último contrarió la reserva legal prevista en la Constitución. No obstante, esa disposición transitoria primera sirvió de pretexto para que la Superintendencia dictara las Normas que Regulan la Relación Contractual en la Actividad Aseguradora de 2016, que, por ende, eran inconstitucionales. Independientemente de la inconstitucionalidad de la disposición transitoria primera, ésta ya no está en vigor, pues la ley de 2023 derogó esa disposición de la ley de 2016 y no tiene un artículo equivalente. Actualmente no existe ninguna disposición legal que faculte a Sudeaseg para modificar, derogar ni reemplazar las referidas normas. Incluir, en la ley de 2023, una disposición otorgando esta facultad, hubiera sido inconstitucional, porque el poder legislativo es quien puede regular el contrato de seguro, y no Sudeaseg. De manera que dichas normas debieron ser sustituidas por una ley que regulase la relación contractual en la actividad aseguradora, dando cumplimiento al número 1 del artículo 187 y al número 32 del artículo 156 de la Constitución, antes citados. Además, la ley de 2023 no incluye, entre las atribuciones de Sudeaseg, vertidas en su artículo 8, la facultad de dictar normas sobre el contrato de seguro. Esto último fue positivo, pues respeta la reserva legal.

Sin embargo, estando en vigor la ley de 2023, Sudeaseg dictó, el 29 de agosto de 2024, las referidas providencias administrativas de carácter normativo, publicadas en la Gaceta Oficial Extraordinaria N° 6.835 del 3 de septiembre de 2024, antes mencionada, que pretenden remplazar el viejo reglamento, las cuales incluyen (i) la Providencia Administrativa N° SAA-01-0506-2024, contentiva de las citadas Normas que Regulan los Contratos de Seguro y de Medicina Prepagada, que derogan las Normas que regulan la Relación Contractual en la Actividad Aseguradora, "en lo que se refiere a las Disposiciones del Contrato de Seguros y de Medicina Prepagada"; y (ii) la Providencia Administrativa N° SAA-01-0502-2024, contentiva de las citadas Normas Relativas al Contrato de Reaseguro, que derogan las Normas que regulan la Relación Contractual en la Actividad Aseguradora, "en lo que se refiere a las Disposiciones del Contrato de Reaseguro y Retrocesión". Las nuevas Normas que Regulan los Contratos de Seguro y de Medicina Prepagada y las nuevas Normas Relativas al Contrato de Reaseguro son inconstitucionales, porque violan la reserva legal, al igual que las derogadas Normas que regulan la Relación Contractual en la Actividad Aseguradora.

La ley de 2023 es una adaptación de un anteproyecto preparado por la Superintendencia de la Actividad Aseguradora, divulgado por ésta mediante una carta a los sujetos regulados, fechada 18 de mayo de 2021. La

Superintendencia preparó una exposición de motivos para su proyecto de ley, que fue vertida, con algunos ajustes, en el proyecto aprobado en primera discusión por la Asamblea Nacional en fecha 25 de enero de 2022,[37] que acogió, con ciertas modificaciones, el anteproyecto de la Superintendencia. La exposición de motivos divulgada por la Asamblea Nacional contiene varias afirmaciones generales sobre la ley de 2023, que (i) tiene el "propósito de ajustar el ejercicio de la actividad aseguradora a las necesidades reales de la economía y de la sociedad venezolana"; (ii) busca mantener la "legislación adaptada a los cambios"; (iii) persigue "mejorar el sistema de control por parte del Órgano de supervisión"; (iv) "establece un nuevo sistema de la actividad aseguradora, acorde a las políticas de prevención, de inclusión, de equilibrio, de supervisión eficiente, de fortaleza en las instituciones, realzando los valores éticos y morales que impulsan la República Bolivariana de Venezuela"; (v) garantiza "los intereses colectivos"; y (vi) limita "las conductas inapropiadas" de "los sujetos regulados".

Ahora bien, al hablar de las innovaciones concretas de la ley de 2023, la exposición de motivos divulgada por la Asamblea Nacional sólo menciona lo siguiente: (i) incrementar la "recaudación a través de tasas por los servicios prestados por el Órgano de supervisión"; (ii) "reducir los plazos de indemnización y respuesta oportuna"; (iii) evitar "el acceso de capitales de dudosa procedencia, al reincorporar la prohibición de la participación de sujetos y operaciones que provengan de jurisdicciones de baja imposición fiscal", y otorgar "fuerza de ley a la obligación de diseñar, implementar y mantener un Sistema Integral de Administración de Riesgos de Legitimación de Capitales, Financiamiento al Terrorismo y Financiamiento de la Proliferación de Armas de Destrucción Masiva"; (iv) completar la regulación de las "empresas de medicina prepagada y financiadoras de primas o cuotas"; (v) modificar la regulación de las "asociaciones cooperativas y organismos de integración que realicen actividad aseguradora"; (vi) "sustituir la Unidad Tributaria (U.T.) por el tipo de cambio oficial… como valor de referencia para el cálculo de la determinación de los capitales mínimos, garantía a la Nación, tasas por servicios y las sanciones"; (vii) aclarar "conceptos básicos de la actividad aseguradora"; (viii) reducir "los plazos para la consignación oportuna de los estados financieros y sus soportes por parte de los sujetos regulados"; (ix) permitir "la banca seguro como como una vía para la colocación de

---

[37] Disponible en la página web de la Asamblea Nacional: https://www.asambleanacional.gob.ve/leyes/proyecto/proyecto-de-ley-de-reforma-del-decreto-con-rango-valor-y-fuerza-de-ley-de-la-actividad-aseguradora. Consultado en fecha 28 de diciembre de 2023.

productos"; (x) imponer "duras sanciones a quienes ejerzan la actividad aseguradora sin contar con la aprobación previa de la Superintendencia de la Actividad Aseguradora, así como a los sujetos regulados que faciliten estas conductas"; (xi) garantizar "la participación del mercado nacional en las primas cedidas en reaseguro por las empresas de seguros y de medicina prepagada"; y (xii) actualizar "la regulación relativa a las reservas técnicas".

La enumeración anterior se queda corta, pues deja fuera numerosas innovaciones significativas de la reforma de 2023, muchas de ellas positivas. En todo caso, la reforma publicada en la gaceta oficial no tiene exposición de motivos.

A continuación, trataremos varios problemas de la ley de 2016, solucionados en la ley de 2023; los problemas pendientes de solución; y ciertos problemas nuevos creados por la reforma legal de 2023 y ciertas Providencias Administrativas de la Superintendencia de la Actividad Aseguradora publicadas el 3 de septiembre de 2024.

III. UNIDAD TRIBUTARIA VERSUS TIPO DE CAMBIO DE REFERENCIA

La ley de 1995 (que redevino aplicable con la suspensión de la ley de 2001 decidida por la Sala Constitucional en 2002) utilizaba el bolívar, en las normas relativas a capital, garantías y multas. La ley de 2010 sustituyó el bolívar, que para entonces era una moneda débil e inestable, por la unidad tributaria, para darle mayor permanencia a ese tipo de disposiciones. Las normas de la ley de 2016 relativas a garantías, capital, ciertas prohibiciones, ciertos seguros y sanciones también estaban cifradas en unidades tributarias. Pero el gobierno dejó de ajustar la unidad tributaria de acuerdo con la inflación, lo que creó una serie de distorsiones, algunas de ellas en el sector seguros. El uso de la unidad tributaria como parámetro de referencia en este sector cambió con la reforma de 2023. En efecto, el artículo 4 de la ley de 2023, contentivo de las definiciones correspondientes, añadió, bajo el número 29, la siguiente definición:

> "Tipo de cambio de referencia: El tipo de cambio oficial de la moneda de mayor valor, publicado por el Banco Central de Venezuela".

Y dicho término definido es utilizado en muchos artículos de la ley de 2023. Al respecto, la exposición de motivos del proyecto de la reforma de 2023 expresa lo copiado a continuación:

> "el Estado venezolano toma la vanguardia al sustituir la Unidad Tributaria (U.T.) por el tipo de cambio oficial de la moneda de mayor valor, publicado por el Banco Central de Venezuela según el promedio

ponderado resultante de las operaciones diarias de las mesas de cambio activas de las instituciones bancarias participantes, como valor de referencia para el cálculo de los capitales mínimos, garantía a la Nación, tasas por servicios y las sanciones establecidas en la ley".

El tipo de cambio promedio está previsto en el Convenio Cambiario N° 1, celebrado entre el Ministerio de Finanzas y el Banco Central de Venezuela, publicado el 7 de septiembre de 2018, que establece un sistema de subastas de divisas organizadas por este último, denominado "Sistema de Mercado Cambiario"; y contempla la aplicación de una tasa de cambio única referencial para la generalidad de las operaciones cambiarias, la cual resulta de dichas subastas. El artículo 9 del Convenio Cambiario N° 1 alude al "tipo de cambio promedio ponderado de las operaciones transadas en el Sistema de Mercado Cambiario a que se contrae el presente Convenio Cambiario" –las subastas organizadas por el Banco Central de Venezuela–, y luego expresa principalmente que "El tipo de cambio de referencia dispuesto en el presente artículo aplicará para todas aquellas operaciones de liquidación de monedas extranjeras del sector público y privado; y será el de referencia de mercado a todos los efectos". Dicho tipo de cambio de referencia es publicado por el BCV en su página web, como "el promedio ponderado resultante de las operaciones diarias de las mesas de cambio activas de las instituciones bancarias participantes". Estas mesas de cambio están previstas en la Resolución N° 19-05-01 del BCV publicada el 2 de mayo 2019, mediante la cual se establecen y regulan las mesas de cambio de los bancos operadores cambiarios, destinadas a realizar operaciones de compra y venta de moneda extranjera. En efecto, el artículo 3 de la dicha resolución dispone que "El Banco Central de Venezuela, conforme a la información que suministren los operadores cambiarios, publicará diariamente en su página web el tipo de cambio promedio ponderado de las operaciones transadas en las mesas de cambio de los operadores cambiarios, el cual será el tipo de cambio de referencia al que alude el artículo 9 del Convenio Cambiario N° 1 del 21 de agosto de 2018". La referida información sobre el tipo de cambio es publicada en: http://www.bcv.org.ve /estadisticas/tipo-cambio-de-referencia-smc

Ahora bien, en la definición del "Tipo de cambio de referencia" del artículo 4, número 29, de la ley de 2023, antes citado, ¿qué significa "la moneda de mayor valor"?

El uso de la moneda de mayor valor, como parámetro aplicable en Venezuela, se impuso primero en el ámbito tributario. En este ámbito, dicho parámetro causó confusión, al punto de que algunos entendieron que la referencia era al dinar de Kuwait, que es una moneda muy fuerte. Según parece, el criterio que utiliza el gobierno no es tomar la moneda más valiosa de las que aparecen en el enlace anterior. Aparentemente, el gobierno decidió tomar la moneda más valiosa de las que aparecen a la derecha del enlace siguiente:

https://www.bcv.org.ve/seccionportal/tipo-de-cambio-oficial-del-bcv

Allí sólo figuran las siguientes monedas: el euro, el yen, la lira turca, el rublo y el dólar de los EE.UU. de América. Pareciera ser necesario referirse a la divisa más cara del día en que se consulte dicha página web, tomando en cuenta solamente las monedas precedentes. Esta referencia podría variar, dependiendo de cómo evolucione el mercado monetario. Ello excluye monedas tales como la libra esterlina o el franco suizo.

Lo anterior es, por decir lo mínimo, confuso. Sería preferible fijar como referencia una moneda específica y ya, por ejemplo, el euro, que normalmente es la moneda de mayor valor entre las antes mencionadas.

No obstante, en la reforma de 2023, las contribuciones y tasas a ser pagadas por los entes regulados a la Superintendencia de la Actividad Aseguradora, las multas que ésta puede imponerles a aquéllos, los capitales mínimos de dichos entes, las garantías que éstos deben constituir, ciertas prohibiciones y las sanciones son fijados en múltiplos del tipo de cambio de referencia.

Afortunadamente, se abandonó la idea expresada en la exposición de motivos preparada por Sudeaseg, según la cual:

> "el Estado venezolano toma la vanguardia al sustituir la Unidad Tributaria (U.T.) por el Petro (Ptr) como valor de referencia para el cálculo de la determinación de los capitales mínimos, garantía a la Nación, tasas por servicios y las sanciones establecidas en la ley, dando así un nuevo respaldo a la criptomoneda nacional".

De hecho, los artículos del proyecto de la Superintendencia que tomaban el petro como referencia fueron sustituidos, en el proyecto aprobado en primera discusión por la Asamblea Nacional, por artículos referidos al tipo de cambio de referencia.

Finalmente, llama la atención que la siguiente norma de la ley de 2023 no está en su articulado, sino en su disposición final segunda:

> "Para efectos de esta ley, el tipo de cambio de referencia aplicable será:
>
> 1. Tasas por servicios y constitución de los sujetos regulados, el último valor del día inmediatamente anterior a la fecha en que se realice la solicitud.

2. Ajuste de los capitales mínimos, el valor a la fecha de celebración de la asamblea de accionistas que lo acuerde.

3. Sanciones administrativas, el valor a la fecha en que se cometió el incumplimiento".

Las tasas por servicios, garantías a la nación, capitales mínimos y sanciones administrativas expresadas al tipo de cambio de referencia, serán pagaderas en moneda de curso legal, conforme con lo previsto en esta ley".

IV. LAS PÓLIZAS DE SEGURO COMO CONTRATOS DE ADHESIÓN

Las pólizas de seguro son contratos de adhesión, pues se trata de convenios que una de las partes –la aseguradora– le impone a la otra parte –el tomador del seguro–, quien sólo puede aceptarlos en su totalidad o casi totalidad, o rechazarlos. Los contratos de adhesión abundan en las relaciones entre los proveedores de bienes o servicios y los correspondientes consumidores o usuarios. Éste es el caso de las pólizas de seguro, pues se trata de contratos de adhesión entre una aseguradora, quien es un proveedor de servicios que propone un texto contractual; y el tomador del seguro, quien es un usuario que no puede discutir o modificar dicho texto de manera sustancial. También puede haber contratos de adhesión fuera del ámbito del derecho del consumo, cuando un contratante tiene una posición de dominio sobre sus contrapartes contractuales, que le permite exigirles la aceptación de los principales contratos que utiliza en su negocio. La celebración de contratos mediante la adhesión de una parte al clausulado preparado por la otra, sin la posibilidad de realizar alteraciones sustanciales, es un mecanismo que permite uniformizar la documentación legal usada en la generalidad de las operaciones de una empresa. De modo que existen contratos uniformes empleados por las aseguradoras, por otros proveedores de bienes o servicios y por otras personas cuya posición de dominio les permite imponer textos contractuales a sus clientes, o sea, a los tomadores de seguro, a otros consumidores o usuarios y a otras personas sujetas a una posición de dominio, respectivamente, todos los cuales se adhieren a textos contractuales iguales o casi iguales, pues sus posibilidades de modificar contenidos son inexistentes o muy limitadas. En todo contrato de adhesión, esa uniformidad responde a la necesidad de racionalizar la operación y los costos del proponente; pero, en las pólizas, esa uniformidad es, además una exigencia del negocio de seguros, ya que cada aseguradora debe asegurar la mayor cantidad posible de los riesgos respecto de los cuales ofrece cobertura, con textos comunes según el ramo y tipo de seguro de que se trate, para que los siniestros sufridos por algunos asegurados sean soportados con las primas cobradas por la aseguradora a todos los tomadores, pudiendo ella anticipar los resultados aproximados mediante la aplicación de estadísticas, gracias a la *ley de los grandes números*.

Aunque el cuadro de la póliza varíe según lo acordado entre la aseguradora y cada tomador de seguro, tenemos que las pólizas son contratos de adhesión, pues sus condiciones generales, sus condiciones particulares y sus anexos son propuestos por aquélla a éste; y la celebración del contrato de seguro mediante el consentimiento del tomador al articulado presentado por la aseguradora resulta en la uniformización de los textos contractuales utilizados por esta última en su negocio.

Los contratos de adhesión pueden ser objeto de control *a priori*, mediante la exigencia de una autorización emitida por una autoridad del Estado antes de que el proponente le pida su aceptación a los destinatarios de su propuesta. En este caso, dicha aprobación previa puede ser concebida de dos maneras: autorización expresa o autorización tácita. Esta última se produce cuando la normativa relevante dispone que, si el solicitante de la aprobación estatal no obtiene respuesta dentro de un plazo determinado, hay silencio positivo. Otra forma de control previo es incluir disposiciones imperativas en la normativa que rige a ciertos contratos, particularmente los contratos de adhesión. Un control alternativo a estos controles previos, o adicional a estos controles previos, es el control *a posteriori* de los contratos de adhesión. En efecto, los contratos de adhesión pueden ser objeto de una verificación posterior, mediante el otorgamiento, a alguna autoridad del Estado, de la facultad de estudiar contratos de adhesión ya celebrados, pudiendo ordenar modificaciones o privar de efectos todas o algunas de sus cláusulas. La autoridad del Estado que ejerce control sobre contratos de adhesión puede ser un ente del Poder Ejecutivo, en cuyo caso es un control administrativo, o un tribunal, en cuyo caso es un control judicial. Los contratos de adhesión deben cumplir con requisitos de forma, que atañen a su asequibilidad, su redacción y su legibilidad; y requisitos de fondo, que atañen a su contenido.

En consecuencia, independientemente de que el control sea *a priori* o *a posteriori*, administrativo o judicial, el control del Estado puede versar sobre los requisitos de forma, sobre los requisitos de fondo o –lo que es más usual– sobre ambos. El análisis correspondiente a los requisitos de forma ha sido denominado control de inclusión, y el análisis correspondiente a los requisitos de fondo ha sido denominado control de contenido. El control de contenido debería versar, fundamentalmente, sobre si el contrato de adhesión tiene o no cláusulas abusivas.[38]

---

38 Acedo Sucre, Carlos Eduardo: *Cláusulas Abusivas y Contratos de Adhesión*, Caracas, 2018.

V. APROBACIÓN O IMPOSICIÓN DE LAS PÓLIZAS DE SEGURO Y OTROS DOCUMENTOS CONTRACTUALES POR LA SUPER-INTENDENCIA DE LA ACTIVIDAD ASEGURADORA

En Venezuela, desde hace muchos años, ha habido un control administrativo previo sobre las pólizas de seguro, que es de inclusión y de contenido, y que siempre ha sido expreso.[39] Sin embargo, en el mes y una semana transcurridos entre el 4 de julio de 2002 y el 13 de agosto de 2002, hubo excepcionalmente un control tácito. Veamos:

El requisito general de aprobación previa de las pólizas estaba previsto en los artículos 66 y 67 de la Ley de Empresas de Seguros y Reaseguros publicada el 22 de mayo de 1975 y reimpresa el 8 de agosto de 1975, que fue objeto de una reforma legal según publicación del 23 de diciembre de 1994 y reimpresión del 8 de marzo de 1995. En efecto, el artículo 66 de dicha ley de 1995 disponía: "Las pólizas, anexos, recibos, solicitudes y demás documentos complementarios relacionados con aquellos... que usen las empresas de seguros en sus operaciones, deberán ser previamente aprobados por la Superintendencia de Seguros". Seguidamente, el artículo 67 de la ley de 1995 agregaba: "Las empresas de seguros no podrán modificar en forma alguna el contenido de las pólizas y documentos que les hayan sido aprobados, sin la previa autorización de la Superintendencia de Seguros... Cuando la naturaleza del riesgo por asegurar obligue a establecer condiciones especiales no comprendidas en las pólizas, anexos o cláusulas que les hayan sido aprobados, las empresas de seguros deberán solicitar la previa autorización de la Superintendencia de Seguros". De modo que la ley de 1995 establecía un control previo expreso sobre las pólizas.

La ley de 1995 fue derogada por el Decreto con Fuerza de Ley de Empresas de Seguros y Reaseguros publicado el 12 de noviembre de 2001 y reimpreso el 28 del mismo mes. El número 6 del artículo 10 de dicha ley de 2001 establecía: "Son facultades y funciones de la Superintendencia de Seguros:... Aprobar los modelos de pólizas, recibos, solicitudes de seguro, finiquitos o recibos de indemnización, notificaciones de siniestros, anexos y demás documentos utilizados en ocasión de los contratos de seguros". A continuación, el artículo 79 de la ley de 2001 expresaba: "Los modelos de pólizas, recibos, solicitudes de seguro, finiquitos o recibos de indemnización, notificaciones de siniestros, anexos y demás documentos utilizados en ocasión de los contratos de seguros... deberán ser aprobados previamente por la Superintendencia de Seguros". De modo que el número 6 del artículo 10 y el artículo 79 de la ley de 2001 establecían que la

---

39 Acedo Mendoza, Manuel, y Acedo Sucre, Carlos Eduardo: *Temas sobre Derecho de Seguros*, Caracas, 1999.

Superintendencia de Seguros debía aprobar previamente las pólizas y otros documentos empleados por las aseguradoras. No obstante, la misma ley preveía la posibilidad de exoneración de la aprobación previa. En efecto, el artículo 81 de la ley de 2001 disponía: "La Superintendencia de Seguros podrá permitir mediante normas de carácter general el uso de pólizas… y demás documentos indicados en los artículos precedentes, sin la aprobación previa de la Superintendencia de Seguros, cuando las condiciones jurídicas y económicas lo justifiquen. Sin embargo, los mismos deberán ser presentados a la Superintendencia de Seguros con por lo menos cinco (5) días hábiles de anticipación a la fecha en la que pretendan ponerse en uso, con todos aquellos soportes y anexos que se exijan en la providencia que se dicte". De hecho, dicha Superintendencia emitió la Resolución N° 000778 de fecha 4 de julio de 2002, mediante la cual estableció una exoneración general del requerimiento de autorización *a priori* de las pólizas y otros instrumentos.

Con motivo de uno de los recursos de nulidad contra la ley de 2001, que se acumularon en el mismo expediente, la Sala Constitucional acordó la suspensión de efectos, mediante decisión del 13 de agosto de 2002, aclarada el 2 de octubre de 2002. De modo que comenzó a aplicarse otra vez la ley de 1995, por lo que devino de nuevo necesaria la aprobación previa expresa para los contratos de seguro. Esto es porque quedó sin base legal la excepción establecida en la citada resolución del 4 de julio de 2002, cuyo sustento estaba en la ley de 2001, suspendida en 2002.

Tanto la ley de 1995, como la ley de 2001, fueron derogadas por la ley publicada el 29 de julio de 2010 y reimpresa el 5 de agosto de 2010. En dicha ley de 2010 también se exigió la aprobación *a priori* expresa de la Superintendencia de Seguros, que pasó a llamarse Superintendencia de la Actividad Aseguradora, Sudeaseg, en relación con las pólizas, en el número 9 de su artículo 7, en su artículo 41 y en el número 5 de su artículo 152. En primer lugar, el citado artículo 7, número 9, establecía, entre las atribuciones del Superintendente, "Autorizar previamente… los modelos de pólizas…, condiciones generales y particulares, cuadros póliza o cuadros recibo". En segundo lugar, el citado artículo 41 establecía que "Los modelos de pólizas, cuadros recibos o cuadros pólizas…, anexos …, deben ser aprobados previamente por la Superintendencia de la Actividad Aseguradora, quien decidirá en un lapso no mayor de cuarenta y cinco días hábiles". En tercer y último lugar, el citado artículo 152, número 5, establecía que "Serán sancionadas con multa las empresas de seguros… que incurran en los siguientes supuestos:… 5. De tres mil Unidades Tributarias (3.000 U.T.) a seis mil Unidades Tributarias (6.000 U.T.), cuando utilicen pólizas… sin la aprobación previa de la Superintendencia de la Actividad Aseguradora". En la ley de 2010 no se estableció la posibilidad de que la Superintendencia estableciera una exoneración respecto de dicho requisito de aprobación previa. Ahora bien, exigir una aprobación previa expresa respecto de las pólizas carecía de sentido, pues se trataba de un formalismo exagerado, que limitaba sin necesidad la libertad de las compañías, ponía trabas indebidas al normal desenvolvimiento de la actividad aseguradora y era una fuente posible de corrupción. Para colmo, la Superin-tendencia era muy lenta otorgando autorizaciones y solía no respetar los plazos en los que suponía otorgarlas. En efecto, no habiendo la ley de 2016, ni sus predecesoras, establecido un sistema de aprobaciones tácitas o de silencio positivo para los contratos de seguro, el regulador paralizaba a las compañías de seguros, no emitiendo una autorización expresa, cuando éstas les pedían que aprobase una póliza. Esta paralización privaba de iniciativas a las aseguradoras, afectando su adaptabilidad a las nuevas situaciones, y las podía arruinar en épocas de incertidumbre y alta inflación.

En los mismos artículos de la ley de 2010 también se exigió la autorización *a priori* expresa de Sudeaseg en relación con la generalidad de los instrumentos relacionados con las pólizas: (i) dicho artículo 7, número 9, incluía, entre las atribuciones del regulador, aprobar previamente los "contratos..., solicitudes, finiquitos o documentos de indemnización, notificaciones... y cualquier otro documento utilizado con ocasión de la actividad aseguradora"; (ii) dicho artículo 41 indicaba que las "solicitudes de seguro, finiquitos o recibos de indemnización, notificaciones de siniestros,... y demás documentos utilizados con ocasión de los contratos de seguros..., deben ser aprobados previamente por la Superintendencia"; y (iii) dicho artículo 152, número 5, castigaba "con multa... cuando utilicen... documentos... sin la aprobación previa de la Superin-tendencia". De modo que, en 2010, la aprobación por Sudeaseg pasó a ser requerida con respecto a instrumentos tales como las solicitudes, recibos, finiquitos y notificaciones; pero exigir una aprobación previa expresa respecto de documentos distintos de las pólizas, utilizados por las aseguradoras en su relación con sus clientes, es irracional. En efecto, es absurdo que se pretenda, por ejemplo, que las notificaciones sean elaboradas con base en un formato aprobado previamente por la Superintendencia, puesto que, evidentemente, cada notificación tendrá un contenido distinto, dependiendo de lo que se quiera informar. Es insensato forzar la utilización de un mismo patrón si el emisor del documento es el tomador, asegurado o beneficiario; hay que tomar en cuenta, además, la difícil situación en que se coloca a éstos, urgidos de reportar un siniestro, quienes tendrían teóricamente que reportarlo según un formato aceptable para Superintendencia, puesto a la orden por la aseguradora, lo cual es letra muerta. En el mismo orden de ideas, los siniestros tienen elementos fácticos y soluciones que varían según las circunstancias, por lo que los aseguradores no pueden, en la práctica, utilizar finiquitos, recibos y otros documentos relativos a las indemnizaciones que estén estandarizados. Existe una costumbre *contra legem* según la cual los tomadores, asegurados o beneficiarios avisan los siniestros con sus propias palabras y las empresas de seguro preparan los finiquitos, recibos y otros documentos relativos a las indemnizaciones tomando en cuenta las circunstancias particulares del riesgo cubierto o el siniestro sufrido. El legislador olvidó que cada caso es diferente y que no se pueden forzar los hechos para que todos calcen en un mismo patrón.

En la ley de 2016, todo lo anterior quedó intacto, salvo que aumentó la multa en caso de infracción. En efecto, el número 9 del artículo 7, el artículo 41 y el número 5 de su artículo 152 de la ley de 2010 pasaron a ser el número 9 del artículo 8, el artículo 42 y el número 5 del artículo 154 de la ley de 2016, y este último artículo subió la multa a un monto que iba de 3.000 unidades tributarias a 36.000 mil unidades tributarias.

Adicionalmente, bajo las leyes de 2010 y 2016, la Superintendencia podía anular la autorización que ya había otorgado con relación a pólizas de seguro, los documentos contractuales relacionados, solicitudes de seguro, documentos de indemnización y finiquitos, recibos relativos al pago de siniestros, notificaciones, etc. Al respecto, el artículo 7, número 9, de la ley de 2010, y el artículo 8, número 9, de la ley de 2016 establecían idénticamente que las atribuciones del Superintendente incluían "suspender preventivamente, reconocer y declarar la nulidad absoluta o dejar sin efecto el acto administrativo de autorización, para el uso de los modelos de pólizas, contratos, condiciones generales y particulares, cuadros póliza o cuadros recibo, solicitudes, finiquitos o documentos de indemnización, notificaciones, publicidad, anexos y cualquier otro documento utilizado con ocasión de la actividad aseguradora". Esto es ilógico, ya que toda esa documentación debió ser estudiada por la Superintendencia antes de autorizarla, y, en el caso de las pólizas de seguro y los documentos contractuales relacionados, el tomador, asegurado o beneficiario ya ha obtenido derechos de ellos. Piénsese en el caso de una aseguradora que hizo un estudio de mercado, diseñó un producto de seguros para satisfacer una necesidad de una categoría de consumidores o usuarios a fin de obtener una ganancia lícita, recibió todas las autorizaciones pertinentes de la Superintendencia, invirtió en publicidad y papelería, entrenó a su personal, adaptó sus sistemas y emitió centenares o miles de pólizas, a la que luego se le dice que tiene que dar marcha atrás, lo que perjudica no sólo a dicha aseguradora, sino a los tomadores, asegurados o beneficiarios. Esto además era absolutamente contrario a la seguridad jurídica, ya que los sujetos regulados y sus clientes no sabían a qué atenerse.

Finalmente, la falta de aprobación de cualquiera de estos documentos los privaba de efectos en cuanto perjudicasen al tomador, asegurado o beneficiario, cuyos derechos y deberes se regirían por otros documentos, a pesar de que (i) estos últimos documentos podían ser peores para el tomador, asegurado o beneficiario de que se tratara; y, (ii) respecto de estos últimos documentos, el tomador no dio su consentimiento. En efecto, el artículo 41 de la ley de 2010 y el artículo 42 de la ley de 2016 establecían idénticamente lo siguiente: "Las pólizas, cuadros recibos o cuadros pólizas, solicitudes de seguro, finiquitos o recibos de indemnización, notificaciones de siniestros, anexos y demás documentos... que no hayan sido aprobadas previamente por la Superintendencia de la Actividad Aseguradora o la modificación de aquellos que hayan sido aprobados, serán nulos en lo que perjudiquen al tomador, al asegurado o al beneficiario, en cuyo caso, se aplicarán las condiciones aprobadas o aquellas que reposen en los archivos de la Superintendencia de la Actividad Aseguradora que se ajusten a la tarifa aplicada por la empresa de seguros, sin menoscabo de las sanciones administrativas previstas en la presente Ley". La norma precedente no era clara, ya que omitía precisar qué sucedía si la falta de aprobación de cualquiera de estos documentos era sobrevenida, porque la Superintendencia revocó su autorización. Además, la privación de efectos respecto de una póliza de seguro, en cuanto perjudique al tomador, asegurado o beneficiario, resulta en que una parte de la póliza es nula y los vacíos deben ser llenados por las cláusulas de una póliza similar, ya autorizada por la Superintendencia y no revocada. Esto puede crear una situación muy confusa para el consumidor o usuario, que lo perjudica. A pesar de que la nulidad es en cuanto perjudique al tomador, asegurado o beneficiario, este formalismo excesivo obraba en detrimento de éstos, quienes, aparte de que no sabían a qué atenerse, enfrentaban la paradoja de que sus derechos y deberes se regían por documentos que podían ser peores y respecto de los cuales el tomador no dio su consentimiento.

En resumen, bajo la ley de 1995, el contenido de las pólizas y otros documentos contractuales debía ser aprobado por la Superintendencia. Hubo un breve período en que esa aprobación no era requerida, con la ley de 2001 y la Resolución N° 000778 emitida por la Superintendencia el 4 de julio de 2002; pero esta ley fue suspendida por la Sala Constitucional el 13 de agosto de 2002, lo que dejó sin efectos la resolución mencionada; por lo que se comenzó a aplicar de nuevo la ley de 1995, que no establecía ninguna excepción al requisito de autorización del regulador. Este requisito continuó con la ley de 2010, pero ésta era peor que la ley de 1995. En efecto, bajo la ley de 2010, Sudeaseg podía anular el permiso ya otorgado con relación a las pólizas de seguro y los documentos contractuales relacionados; y la falta de autorización de cualquiera de estos instrumentos los privaba de efectos en cuanto perjudicasen al tomador, asegurado o beneficiario, por lo que lo no permitido debía entenderse reemplazado por las cláusulas de una póliza similar, ya aprobada por Sudeaseg, lo que creaba una situación muy confusa. Todo esto continuó con la ley de 2016.

El que las pólizas de seguros sean aprobadas por la Superintendencia, que ejerce un control previo sobre las mismas, no les quita su carácter de contrato de adhesión, pues, como regla general, se trata de textos contractuales (condiciones generales, condiciones particulares, anexos...) presentados por las aseguradoras a la Superintendencia, que ésta autoriza y que luego las aseguradoras les proponen a los tomadores de seguros, quienes pueden aceptarlos o rechazarlos (sólo pudiendo negociar modificaciones en el cuadro de la póliza, especialmente el monto cubierto y las coberturas adicionales, así como, en ciertos seguros, quién o quiénes serán asegurados o beneficiarios; todo lo cual puede incidir sobre el monto de la prima).

Un control previo mayor al que el legislador sometió las pólizas de seguro consistió en incluir disposiciones de orden público en la normativa que las rige. En efecto, el artículo 2 de la Ley del Contrato de Seguro publicada el 12 de noviembre de 2001 establecía lo que sigue:

> "Las disposiciones contenidas en el presente Decreto Ley son de carácter imperativo, a no ser que en ellas se disponga expresamente otra cosa".

Sin embargo, el citado artículo 2 de la Ley del Contrato de Seguro agregaba lo siguiente:

> "se entenderán válidas las cláusulas contractuales que sean más beneficiosas para el tomador, el asegurado o el beneficiario".

De modo de las disposiciones de la Ley del Contrato de Seguro no podían ser derogadas por las pólizas de seguro, salvo que fuera para favorecer al tomador, asegurado o beneficiario. La Ley del Contrato de Seguro fue abrogada por la Ley de la Actividad Aseguradora publicada el 30 de diciembre de 2015 y reimpresa el 15 de marzo de 2016. Así que la Ley del Contrato de Seguro estuvo en vigor desde el año 2001 hasta el año 2015. El carácter imperativo de la normativa legal sobre contratos de seguro cesó con el fin de la vigencia de la Ley del Contrato de Seguro. De hecho, las Normas que Regulan la Relación Contractual en la Actividad Aseguradora, emitidas por la Superintendencia de la Actividad Aseguradora y publicadas el 24 de agosto de 2016, no son de orden público. En efecto, el artículo 2 de las normas de 2016 establece lo transcrito a continuación:

> "Estas Normas se aplicarán en forma supletoria a los contratos".

Las Normas que Regulan la Relación Contractual en la Actividad Aseguradora fueron sustituidas por las Normas que Regulan los Contratos de Seguro y de Medicina Prepagada, y las Normas Relativas al Contrato de Reaseguro. Ambas normas fueron publicadas el 3 de septiembre de 2024, y, como regla general, ninguna de las dos es de orden público, en cuanto al contenido de los contratos que regula.

La circunstancia de que gran parte del contenido de las pólizas en uso haya sido impuesto por la Ley del Contrato de Seguro, entre los años 2001 y el 2016, no les quita, en mi opinión, el carácter de contrato de adhesión, puesto que, aunque las aseguradoras hayan estado muy limitadas en cuanto al texto contractual, es un hecho que éstas les proponían las pólizas a los tomadores, quienes sólo podían adherirse o no a lo allí previsto, con poco o ningún margen de negociación.

La Superintendencia también estaba facultada para exigirles a las compañías de seguro que utilizaran las mismas pólizas, estableciendo textos uniformes. En efecto, el regulador podía imponer a las aseguradoras el texto de los contratos de seguro, eliminando totalmente la competencia. De hecho, el número 9 del artículo 7 de la ley de 2010 y el número 9 del artículo 8 de la ley de 2016 incluían idénticamente, entre las atribuciones del Superintendente, "Autorizar previa-mente... los modelos de pólizas... y... establecer mediante acto administrativo general los modelos... que deben mantener carácter general y uniforme, cuando el interés general o el interés social así lo requiera, dentro del marco del procedimiento administrativo correspondiente". La misma facultad estaba presente, con distintas palabras, en la ley de 2001, pues el número 6 de su artículo 10 disponía: "Son facultades y funciones de la Superintendencia de Seguros:... Aprobar los modelos de pólizas..., así como establecer aquellas que tienen carácter general y uniforme". La facultad de imponer pólizas uniformes no estaba presente en la ley de 1995, que retomó vigencia con la suspensión de la ley de 2001, decidida por la Sala Constitucional el 13 de agosto de 2002; pero la Superintendencia, sin base legal, se arrogó dicha facultad, emitiendo pólizas uniformes para ciertos riesgos.[40] Ahora bien, son las partes quienes

[40] Por ejemplo, la Resolución N° 866 emitida por Sudeaseg el 20 de octubre de 2003, que impone una póliza única de seguro de responsabilidad civil de vehículos. Actualmente, están vigentes, en cuanto concierne a los vehículos, las "Providencias mediante las cuales se aprueba con carácter general y uniforme las condiciones generales de los Contratos o Pólizas de Seguros de Casco de Vehículos para el Transporte Terrestre, Patrimonial y Obligacional o de Responsabilidad con sus aplicaciones en el sector asegurador", publicadas en la Gaceta Oficial N° 41.136 del 24 de abril de 2017, disponibles en la página

deberían establecer el contenido de sus obligaciones contractuales, lo cual, en el caso del seguro, se materializa en las pólizas, que deberían ser redactadas por las aseguradoras, para que los tomadores de seguros den su consentimiento. No debe corresponder a la autoridad imponer ningún contrato, sino estudiar los clausulados sometidos a su consideración. La atribución de la Superintendencia, respecto de los contratos de seguro, no debe incluir redactar las pólizas a ser empleadas por todas las aseguradoras en sus relaciones con todo el universo de tomadores de seguros, asegurados o beneficiarios; sólo debería incluir la revisión de los modelos redactados por cada empresa de seguros para ser sometidos a sus clientes.

La aprobación de Sudeaseg debería ser tácita, mediante un sistema de silencio positivo. El que la Superintendencia redactara modelos únicos desvirtuaba el carácter contractual de las pólizas y equivalía a legislar en relación con el contrato de seguro, lo cual es inconstitucional, puesto que el tema del seguro es materia de la reserva legal prevista en la Constitución,[41] de la cual resulta el contenido de las pólizas puede ser legislado y no establecido por el regulador.

El que en ciertos ramos las pólizas sean impuestas por la Superintendencia no les quita su carácter de contrato de adhesión, pues se trata de textos contractuales que las aseguradoras posteriormente decidieron utilizar, habiendo podido retirarse de los ramos afectados. Entonces, incluso en los casos en los que Sudeaseg impone clausulados uniformes, se trata de contratos de adhesión, pues la actividad comercial de las empresas de seguros, de la que esperan obtener un lucro, consiste en proponer a los tomadores de seguros dichos textos, quienes han de aceptarlos o rechazarlos, con poco o ningún margen de maniobra.

El que como regla general las pólizas tengan que ser aprobadas por la Superintendencia, el que entre los años 2001 y 2016 el control previo fuera muy fuerte en razón de las disposiciones irrenunciables de la Ley del Contrato de Seguro, y el que Sudeaseg pueda imponer y haya impuesto condicionados iguales a todas las aseguradoras para ciertos ramos, son tres hechos que no han impedido al legislador facultar al regulador para revocar

---

web de la Superintendencia: https://www.sudeaseg.gob.ve/descargas/regulaciones/2017/Se%20aprueba%20con%20car%C3%A1cter%20general%20y%20uniforme%20las%20condiciones%20generales%20de%20los%20Contratos%20o%20P%C3%B3lizas%20de%20Seguros%20de%20Casco%20de%20Veh%C3%ADculos%20para%20el%20Transporte%20Terrestre,%20Patrimonial%20y%20Obligacional%20o%20de%20Responsabilidad.pdf. Consultada el 1° de enero de 2024.

41 Número 1 del artículo 187 y número 32 del artículo 156 de la Constitución.

las autorizaciones *a priori* dadas respecto de las pólizas ya emitidas, lo cual es absurdo y genera inseguridad jurídica y no protege realmente a los tomadores, asegurados y beneficiarios de seguros.

¿Qué tan útil ha sido la injerencia de la Superintendencia en los contratos de seguro? A pesar del control administrativo previo y expreso, muchas pólizas aprobadas por la autoridad tienen cláusulas difíciles de entender y cláusulas abusivas. También hay cláusulas difíciles de entender y cláusulas abusivas en muchos contratos de seguro impuestos de manera uniforme por Sudeaseg. Para colmo, las empresas de seguros no podían, en la práctica, establecer correctivos, porque sabían que el regulador no les contestaría, o respondería demasiado tarde o mal, las solicitudes de cambio de redacción.

En definitiva, la gran pregunta es: ¿esta regulación disparatada cambió con la ley de 2023? La respuesta es: sí, aunque no de manera suficiente. En efecto, la ley de 2023 añade la siguiente disposición, en su artículo 6 número 10, relativo a las atribuciones de la Superintendencia:

> "Permitir, mediante normas de carácter general, el uso de pólizas… y demás documentos, sin su aprobación previa, cuando las condiciones jurídicas y económicas lo justifiquen. Igualmente, podrá dejarlas sin efecto y ordenar que dichos documentos… sean sometidos a su aprobación".

Con la disposición anterior, se vuelve a la solución implementada por la ley de 2001, que duró hasta 2002, lo cual es muy positivo, porque posiblemente esta vez no sea una solución efímera. Sin embargo, la Superintendencia puede decidir exigir autorización para las pólizas, lo que crea inseguridad jurídica e incertidumbre en el mercado de seguros. Si bien en la reforma de 2023 se previó, mediante el nuevo artículo 6 número 10, antes citado, la posibilidad de que Sudeaseg diera un permiso para actuar sin su autorización, tenemos que ésta no ha dado dicho permiso.

Sudeaseg, por el contrario, dictó unas providencias llamadas engañosamente "de desregulación", que no autorizan a las aseguradoras para colocar pólizas no autorizadas por ella, sino que sólo derogan, en algunos pocos ramos, las condiciones generales y uniformes que ésta había impuesto:

En primer lugar, la Superintendencia emitió, el 29 de agosto de 2024, la Providencia Administrativa N° SAA-01-0513-2024, publicada en la Gaceta Oficial Extraordinaria N° 6.835 del 3 de septiembre de 2024, en la que se "Decide… Dejar sin efecto la Regulación del Seguro Colectivo de Vida, aprobada con carácter general y uniforme mediante Providencia N° FSS-2-0041 del 24 de enero de 2000, publicada en la Gaceta Oficial de la República Bolivariana de Venezuela N° 5.441 Extraordinario del 21 de febrero de 2000".

En segundo lugar, la Superintendencia emitió, el 29 de agosto de 2024, la Providencia Administrativa N° SAA-01-0514-2024, publicada en la Gaceta Oficial Extraordinaria N° 6.835 del 3 de septiembre de 2024, en la que se "Decide… Dejar sin efecto las Condiciones Generales, Condiciones Particulares, Anexos, Solicitud de Seguro y Declaración de Siniestro de la Póliza de Seguro de Transporte Terrestre, aprobados con carácter general mediante Providencia N° 003947 del 25 de noviembre de 2009, publicada en la Gaceta Oficial de la República Bolivariana de Venezuela N° 39.332 del 21 de diciembre de 2009".

En tercer lugar, la Superintendencia emitió, el 29 de agosto de 2024, la Providencia Administrativa N° SAA-01-0-2024, publicada en la Gaceta Oficial Extraordinaria N° 6.835 del 3 de septiembre de 2024, en la que se "Decide… Dejar sin efecto las Condiciones Generales y las Condiciones Particulares de la Póliza de Seguro de Casco de Vehículos Terrestres, aprobadas con carácter general y uniforme mediante Providencia N° FSAA-9-00094 del 12 de enero de 2017, publicada en la Gaceta Oficial de la República Bolivariana de Venezuela N° 41.136 del 24 de abril de 2017".

Sudeaseg, en vez de permitir el uso, sin su aprobación previa, de las pólizas a las que se refieren sus referidas providencias "de desregulación", ordenó, en estas providencias, lo siguiente:

> "Las Condiciones Generales, Condiciones Particulares, Tarifas, Anexos y demás documentos pertinentes, que formen parte integrante de las Pólizas… y que se requieran para su comercialización, deben ser presentadas ante la Superintendencia de la Actividad Aseguradora por los sujetos regulados interesados, para su respectiva aprobación".

Además, en los casos de las providencias administrativas sobre "la Póliza de Seguro de Transporte Terrestre" y "la Póliza de Seguro de Casco de Vehículos Terrestres", la supuesta "desregulación" viene acompañada de la exigencia siguiente:

> "las empresas de seguros deben usar, de forma obligatoria, las Condiciones Generales de las Pólizas de Seguros Patrimoniales, aprobadas con carácter general y uniforme por esta Superintendencia".

De modo que, en dos de los tres casos de supuesta "desregulación" mencionados, Sudeaseg impuso a las aseguradoras otras condiciones generales y uniformes, sin liberar absolutamente nada.

Si Sudeaseg no otorga muchos permisos para colocar pólizas cuyo articulado no haya autorizado, o si los otorga y después los revoca, o si sólo los otorga para algunos ramos (lo que ni siquiera ha ocurrido), estaremos en la misma situación terrible que teníamos bajo las leyes de 2010 y 2016. De hecho, para cuando no exista dicho permiso (que es la situación actual), la ley de 2023 incurre en los mismos excesos que las leyes de 2010 y 2016:

Si bien la reforma de 2023 modificó el artículo 42 de la ley de 2016, relativo a la "Aprobación de pólizas y otros documentos", que ahora es el artículo 29 de la ley de 2023, tenemos que el nuevo artículo 29, mientras la Superintendencia no dé permiso para actuar sin su autorización, incurre en los mismos excesos que el viejo artículo 42. Por consiguiente, el artículo 29 de la ley de 2023 es tan criticable como el artículo 42 de la ley de 2016, ya que establece lo siguiente:

> "Las condiciones generales, condiciones particulares, cuadros recibos o cuadros pólizas, solicitudes, finiquitos o recibos de indemnización, notificaciones de siniestros, anexos, arancel de comisiones, bonos, planes de estímulos y demás documentos..., utilizados por los sujetos regulados en sus relaciones comerciales, con ocasión de los contratos de seguros o de medicina prepagada, deben ser aprobados previamente por la Superintendencia de la Actividad Aseguradora, quien decidirá sobre la solicitud de aprobación en un lapso no mayor de cuarenta y cinco (45) días hábiles...".

Además, el artículo 8 de la ley de 2023, en su número 6, expresa que las atribuciones del Superintendente incluyen la siguiente:

> "Establecer mediante acto administrativo los modelos de contratos... que deben mantener carácter general y uniforme, cuando el interés común así lo requiera; o determinar con sentido de inclusión, equidad y de justicia social, las... condiciones para todo el mercado asegurador, que permitan el acceso a los contratos de seguros o de medicina prepagada obligatorios".

Esto último es muy criticable, por las razones mencionadas. Bajo la ley de 2023, Sudeaseg ya ha hecho uso, muchas veces, de la atribución anterior:

En primer lugar, Sudeaseg dictó la Providencia Administrativa N° SAA-01-0479-2024 del 29 de agosto de 2024, publicada en la Gaceta Oficial Extraordinaria N° 6.835 del 3 de septiembre de 2024 y contentiva de las Normas sobre las Condiciones Generales de las Pólizas de Seguros Obligacionales o de Responsabilidad, para "Aprobar con carácter general y uniforme las Condiciones Generales de las Pólizas de Seguros Obligacionales o de Responsabilidad", en los términos que se trascriben en dicha providencia.

En segundo lugar, Sudeaseg dictó la Providencia Administrativa N° SAA-01-0478-2024 del 29 de agosto de 2024, publicada en la Gaceta Oficial Extraordinaria N° 6.835 del 3 de septiembre de 2024 y contentiva de las Normas sobre las Condiciones Generales de las Pólizas de Seguros Patrimoniales, para "Aprobar con carácter general y uniforme las Condiciones Generales de las Pólizas de Seguros Patrimoniales", en los términos que se trascriben en dicha providencia.

En tercer lugar, Sudeaseg dictó la Providencia Administrativa N° SAA-01-0507-2024 del 29 de agosto de 2024, publicada en la Gaceta Oficial Extraordinaria N° 6.835 del 3 de septiembre de 2024 y contentiva de las Normas que Establecen el Contenido Mínimo de las Condiciones Generales y Particulares de los Contratos de Seguro de Salud, para "aprobar con carácter general y uniforme el contenido mínimo" de dichas condiciones, en los términos que se trascriben en dicha providencia.

En cuarto lugar, Sudeaseg emitió la Providencia Administrativa N° SAA-01-0509-2024 del 29 de agosto de 2024, publicada en la Gaceta Oficial Extraordinaria N° 6.835 del 3 de septiembre de 2024, que dicta la Póliza de Seguro de Accidentes Personales de Ocupantes de Vehículos de Transporte de Pasajeros en Rutas Interurbanas, para "Aprobar con carácter general y uniforme las Condiciones Generales, las Condiciones Particulares y las Tarifas de la Póliza de Seguro de Accidentes Personales de Ocupantes de Vehículos de Transporte de Pasajeros en Rutas Interurbanas y de la Póliza de Seguro de Accidentes Personales de Ocupantes de Vehículos de Transporte de Pasajeros en Rutas Suburbanas", en los términos que se trascriben en dicha providencia.

En quinto lugar, Sudeaseg dictó la Providencia Administrativa N° SAA-01-0512-2024 del 29 de agosto de 2024, publicada en la Gaceta Oficial Extraordinaria N° 6.835 del 3 de septiembre de 2024 y contentiva de las Normas sobre las Condiciones Generales y Uniformes de las Tarifas que Conforman la Póliza de Seguro de Responsabilidad Civil de Vehículos (RCV), para "Aprobar con carácter general y uniforme las condiciones de las tarifas que conforman la Póliza de Seguro de Responsabilidad Civil de Vehículos", en los términos que se trascriben en dicha providencia.

Con ello Sudeaseg, en definitiva, legisló sobre las obligaciones y derechos de las partes de los contratos de seguro, violando la reserva legal prevista en la Constitución; y perjudicó gravemente la posibilidad de que las aseguradoras compitan en las coberturas que ofrecen en sus "Seguros Obligacionales o de Responsabilidad", "Seguros Patrimoniales", "Contratos de Seguro de Salud", "Póliza de Seguro de Accidentes Personales de Ocupantes de Vehículos de Transporte de Pasajeros en Rutas Interurbanas y… Póliza de Seguro de Accidentes Personales de Ocupantes de Vehículos de Transporte de Pasajeros en Rutas Suburbanas", y "Póliza de Seguro de Responsabilidad Civil de Vehículos", contrariando la libertad económica.

Para colmo, las "Condiciones Generales", que tienen "carácter general y uniforme", relativas a los "Seguros Obligacionales o de Responsabilidad" y los "Seguros Patrimoniales", establecen lo siguiente:

> "Las Tarifas, las Condiciones Particulares, Anexos y demás documentos pertinentes, que formen parte integrante de las Pólizas... y que se requieran para su comercialización, deben ser presentadas por los sujetos regulados interesados ante la Superintendencia de la Actividad Aseguradora para su aprobación."

Adicionalmente, la providencia para "Aprobar con carácter general y uniforme las Condiciones Generales de las Pólizas de Seguros Obligacionales o de Responsabilidad" añade:

> "Las cláusulas relativas a plazo de gracia; renovaciones; agravación y disminución del riesgo; alcance territorial de la cobertura; deducible, si lo hubiere; coberturas; sumas aseguradas; bases de indemnización; otras exclusiones y exoneraciones de responsabilidad de carácter particular; rehabilitación, ajuste de daños, si lo hubiere; peritaje y cualquier otra que de acuerdo con las características de los riesgos amparados tengan que estar expresamente señaladas en el contrato, deberán constar, si corresponde, en las Condiciones Particulares o Anexos de las Pólizas de Seguros Obligacionales o de Responsabilidad. En tal caso, los sujetos regulados interesados deben presentar estos documentos ante la Superintendencia de la Actividad Aseguradora para su aprobación".

Similarmente, la providencia para "Aprobar con carácter general y uniforme las Condiciones Generales de las Pólizas de Seguros Patrimoniales" añade:

> "Las cláusulas relativas a plazo de gracia; renovaciones; infraseguro y sobreseguro; agravación y disminución del riesgo; alcance territorial de la cobertura; deducible, si lo hubiere; coberturas; sumas aseguradas; bases de indemnización; otras exclusiones y exoneraciones de responsabilidad de carácter particular; rehabilitación, ajuste de daños; peritaje y cualquier otra que de acuerdo con las características de los riesgos amparados tengan que estar expresamente señaladas en el contrato, deberán constar, si corresponde, en las Condiciones Particulares o Anexos de las Pólizas de Seguros Patrimoniales. En tal caso, los sujetos regulados interesados deben presentar estos documentos ante la Superintendencia de la Actividad Aseguradora para su aprobación."

De manera parecida, los artículos 5 y 8 de las Normas que Establecen el Contenido Mínimo de las Condiciones Generales y Particulares de los Contratos de Seguro de Salud establecen, respectivamente, lo siguiente:

> "El contenido mínimo al que se refiere estas normas podrá adaptarse a las particularidades de los seguros o coberturas de salud que puedan comercializarse conforme con la ley, previa aprobación de la Superintendencia de la Actividad Aseguradora."

> "Las empresas de seguros podrán seguir utilizando las Condiciones Generales, las Condiciones Particulares y el Anexo de Cobertura de Maternidad de la Póliza de Seguro de Salud Individual, prevista en la Providencia Administrativa N° 003856 de fecha 18 de noviembre de 2013, publicada en la Gaceta Oficial de la República Bolivariana de Venezuela N° 40.316 de fecha 16 de diciembre del mismo año, siempre que estén ajustadas al ordenamiento jurídico vigente, previa aprobación de la Superintendencia de la Actividad Aseguradora, sin perjuicio de su aplicación para los contratos en curso."

Y el artículo 3 de la Providencia Administrativa que dicta la Póliza de Seguro de Accidentes Personales de Ocupantes de Vehículos de Transporte de Pasajeros en Rutas Interurbanas establece:

> "La Solicitud de Seguro, el Cuadro Póliza Recibo, la Declaración de Siniestro y demás documentos que formen parte integrante de la Póliza de Seguro de Accidentes Personales de (sic) Publicada en Gaceta Oficial Extraordinaria N° 6.835 del 3 de septiembre de 2024 Ocupantes de Vehículos de Transporte de Pasajeros en Rutas Interurbanas y de la Póliza de Seguro de Accidentes Personales de Ocupantes de Vehículos de Transporte de Pasajeros en Rutas Suburbanas, y que se requieran para su comercialización, deben ser presentados por los sujetos regulados interesados ante la Superintendencia de la Actividad Aseguradora para su aprobación".

Por otra parte, el artículo 8 de la ley de 2023, en su número 7, expresa que las atribuciones del Superintendente incluyen la siguiente, que está reñida con la seguridad jurídica:

> "Suspender preventivamente, declarar la nulidad absoluta o dejar sin efecto, previo cumplimiento del procedimiento administrativo correspondiente,… el uso de los modelos de pólizas, contratos, condiciones generales y particulares, cuadros póliza o cuadros recibo, solicitudes, finiquitos o documentos de indemnización, notificaciones, anexos y cualquier otro documento utilizado con ocasión de la actividad aseguradora…".

Finalmente, el artículo 126 de la ley de 2023 establece, en su número 3, una multa para las aseguradoras

"De Diez Mil (10.000) a Veinticinco Mil (25.000) veces el tipo de cambio de referencia, cuando utilicen pólizas, contratos, documentos,... sin la aprobación previa de la Superintendencia de la Actividad Aseguradora".

Esta multa sólo se aplica en los casos en que Sudeaseg no haya autorizado a las aseguradoras para que establezcan el clausulado libremente.

En conclusión, aunque la ley de 2023 permitiera liberar la actividad aseguradora y competir libremente, esto no ocurrió; y la situación se agravó con muchas de las providencias administrativas de Sudeaseg, publicadas el 3 de septiembre de 2024.

VI. APROBACIÓN PREVIA DE LAS PRIMAS POR LA SUPERINTENDENCIA DE LA ACTIVIDAD ASEGURADORA

El artículo 66 de la ley de 1995 disponía que "las tarifas y arancel de comisiones que usen las empresas de seguros en sus operaciones deberán ser previamente aprobados por la Superintendencia de Seguros". Se trata de un control de precios, que, como todos los controles de precios, es contrario a la libre competencia, coarta el desarrollo del sector de que se trate y termina siendo dañino para la economía.

Similarmente, el número 6 del artículo 10 de la ley de 2001 disponía que "Son facultades y funciones de la Superintendencia de Seguros:... Aprobar... las tarifas que usen las empresas de seguros en sus operaciones con el público". Además, el artículo 79 de la ley de 2001 expresaba que "las tarifas que las empresas de seguros utilicen en sus relaciones con el público deberán ser aprobados previamente por la Superintendencia de Seguros". No obstante, el artículo 81 de la ley de 2001 disponía que "La Superintendencia de Seguros podrá permitir mediante normas de carácter general el uso de... tarifas... sin la aprobación previa de la Superintendencia de Seguros, cuando las condiciones jurídicas y económicas lo justifiquen. Sin embargo, los mismos deberán ser presentados a la Superintendencia de Seguros con por lo menos cinco (5) días hábiles de anticipación a la fecha en la que pretendan ponerse en uso, con todos aquellos soportes y anexos que se exijan en la providencia que se dicte". La posibilidad de emitir este permiso desapareció el 13 de agosto de 2002, cuando la Sala Constitucional suspendió la aplicación de la ley de 2001.

Lamentablemente, la ley de 2010 no previó la misma posibilidad de que Sudeaseg permitiera que las aseguradoras establecieran las primas que consideraran apropiadas. De hecho, el artículo 7, números 9, 10 y 11, de dicha ley, sólo dispuso, de manera un tanto redundante, lo copiado a continuación, al establecer las atribuciones del Superintendente:

> "Autorizar previamente… las tarifas que utilicen los sujetos regulados, así como establecer mediante acto administrativo general… tarifas que deben mantener carácter general y uniforme, cuando el interés general o el interés social así lo requiera, dentro del marco del procedimiento administrativo correspondiente".

> "Determinar con sentido de inclusión, equidad y de justicia social, las tarifas…, mediante actos administrativos generales, para todo el mercado asegurador, que permitan el acceso a las pólizas de seguros obligatorios y solidarios de inclusión, equidad y de justicia social".

> "Autorizar previamente las tarifas de prima, a los fines de determinar la suficiencia de las mismas, y en específico, en aquellos ramos sujetos a tarifas controladas".

El artículo 8, números 9, 10 y 11, de la ley de 2016, dispuso exactamente lo mismo. Además, el artículo 42 de la ley de 2016 exigía así la autorización previa de las primas:

> "…las tarifas que las empresas de seguros utilicen en sus relaciones con el público, deben ser aprobados previamente por la Superintendencia de la Actividad Aseguradora, quien decidirá en un lapso no mayor de cuarenta y cinco días hábiles…"

Esto cambió con la ley de 2023, cuyo artículo 6 número 10 establece la siguiente atribución de la Superintendencia:

> "Permitir, mediante normas de carácter general, el uso de… tarifas… sin su aprobación previa, cuando las condiciones jurídicas y económicas lo justifiquen…".

Esto es muy positivo, pero el mismo número 10 del artículo 6 de la ley de 2023 establece que la Superintendencia puede revocar dicho permiso:

> "Igualmente, podrá dejarlas sin efecto y ordenar que dichos… tarifas sean sometidos a su aprobación" (sic).

De modo que la Superintendencia puede decidir no otorgar dicho permiso, o revocarlo, en cuyos casos hace falta su autorización para las primas; y esta posibilidad puede crear inseguridad jurídica e incertidumbre en el mercado de seguros. En efecto, mientras el permiso para fijar primas libremente, previsto en la norma que acabamos de transcribir, no exista, la ley de 2023 sigue requiriendo la aprobación de las tarifas por el regulador; porque el citado artículo 42 de la ley de 2016 fue reformado y ahora es el artículo 29 de la ley de 2023, que expresa:

> "Las… tarifas, utilizados por los sujetos regulados en sus relaciones comerciales, con ocasión de los contratos de seguros o de medicina prepagada, deben ser aprobados previamente por la Superintendencia de la Actividad Aseguradora, quien decidirá sobre la solicitud de aprobación en un lapso no mayor de cuarenta y cinco (45) días hábiles…".

Además, aunque el citado artículo 8 de la ley de 2016 fue modificado con la reforma legal de 2023, el nuevo artículo 8, en sus números 6 y 7, expresa que las atribuciones del Superintendente incluyen las siguientes:

> "Establecer mediante acto administrativo los… tarifas que deben mantener carácter general y uniforme, cuando el interés común así lo requiera…".

> "Suspender preventivamente, declarar la nulidad absoluta o dejar sin efecto, previo cumplimiento del procedimiento administrativo correspondiente, el acto de autorización… de las tarifas que utilicen…".

Las leyes de 2010 y 2016 también le permitían a la Superintendencia anular la autorización ya otorgada con relación a las primas. En efecto, la ley de 2010, en su artículo 7, número 9, y la ley de 2016, en su artículo 8, número 9, establecían exactamente lo mismo que el artículo 8 número 7 de la ley de 2023, que acabamos de transcribir.

La ley de 2023 no precisa, como sus predecesoras (artículo 41 de la ley de 2010 y artículo 42 de la ley de 2016), que las primas no aprobadas por Sudeaseg están sancionadas con nulidad, en cuanto perjudiquen a los tomadores, asegurados o beneficiarios de seguros.

La ley de 2010 establecía, en su artículo 152, número 5, que "las empresas de seguros, las de reaseguros o las de medicina prepagada", que "utilicen… tarifas… sin la aprobación previa de la Superintendencia de la Actividad Aseguradora", pagarán una "multa… De tres mil Unidades Tributarias (3.000 U.T.) a seis mil Unidades Tributarias (6.000 U.T.)". El artículo 154, número 5 de la ley de 2016, castigaba a "los sujetos regulados con personalidad jurídica, según corresponda", con la misma multa, por la misma violación. Dicho artículo 154 fue modificado en la reforma de 2023, y ahora es el artículo 126, pero el nuevo artículo 126 establece, en su número 3, una multa distinta para las aseguradoras, a saber:

> "De Diez Mil (10.000) a Veinticinco Mil (25.000) veces el tipo de cambio de referencia, cuando utilicen… tarifas… sin la aprobación previa de la Superintendencia de la Actividad Aseguradora".

De nuevo, esto último sólo se aplica en los casos en que Sudeaseg no haya autorizado a las aseguradoras para que establezcan las primas libremente.

La liberación de las primas, en los casos en que Sudeaseg lo autorice, es un elemento positivo de la reforma de 2023. Otro elemento positivo tiene que ver con los pagos en efectivo de las primas. Veamos:

VII. PAGO DE LA PRIMA Y PRUEBA DE SU PAGO

El artículo 123 de la ley de 2010 establecía, entre otras cosas, que "Los agentes, corredores y sociedades de corretaje de seguros… podrán aceptar pagos de las primas en nombre de la respectiva empresa de seguros o de medicina prepagada en dinero en efectivo", y "utilizar recibos emitidos por las empresas de seguros o de medicina prepagada". Esto fue reproducido en el artículo 122 de la ley de 2016. La primera parte del artículo 124 de la ley de 2010 agregaba, principalmente, que "Los recibos de prima en poder del contratante o tomador con la nota o sello de pagado, hacen plena prueba del pago respectivo". La primera parte del artículo 123 de la ley de 2016 repitió esto. Por lo tanto, si ocurría un siniestro, y si el tomador, asegurado o beneficiario del seguro presentaba el recibo firmado por el productor de seguros, expresando que el pago de la prima fue en efectivo, se podía entender que la aseguradora debía pagar la indemnización correspondiente, incluso si la prima nunca fue pagada. De modo que estas disposiciones podían facilitar al tomador, asegurado o beneficiario, actuando conjuntamente con el intermediario, cometer fraude en contra de la compañía de seguros. Este problema se eliminó con la reforma legal de 2023.

En efecto, en dicha reforma, se modificó el artículo 122 de la ley de 2016, que pasó a ser el artículo 111 de la ley de 2023; se derogó el artículo 123 de la ley de 2016; y el artículo 111 de la ley de 2023, en su primera parte, que es la relevante, quedó redactado así:

> "Los intermediarios en la gestión de cobro de las primas o cuotas sólo podrán utilizar recibos emitidos por la empresa de seguros o de medicina prepagada, debiendo entregar los comprobantes correspondientes dentro de los tres (3) días hábiles siguientes a la fecha del cobro respectivo. **En ningún caso podrán recibir dinero en efectivo**" (resaltado nuestro).

La eliminación de este riesgo de fraude es un elemento positivo de la reforma de 2023.

VIII. FINANCIAMIENTO Y FRACCIONAMIENTO DE PRIMAS

El legislador se ha venido entrometiendo, de manera torpe, desde hace tiempo, en lo relativo a la posibilidad de que las primas sean pagadas por los tomadores de seguros con posterioridad a la contratación de las pólizas.

En efecto, en el pasado, las aseguradoras podían financiar directamente las primas de las pólizas que emitían, mediante el fraccionamiento de la prima, es decir, previendo su pago en cuotas. Alternativamente, las aseguradoras podían financiar indirectamente las primas de las pólizas que emitían, a través de compañías financiadoras de primas controladas por las aseguradoras. Sin embargo, se discutía la legalidad de que las aseguradoras fraccionaran las primas, dando así financiamiento directo a los tomadores de seguro, porque, según un sector de la doctrina, la prima es indivisible. Ante la duda, muchas aseguradoras financiaban las primas a través de compañías anónimas separadas controladas por ellas. El objeto de estas compañías era prestar al tomador del seguro el monto necesario para pagar la prima a la aseguradora, estableciendo mecanismos para terminar la cobertura de seguro si el tomador no reembolsaba el crédito. Esta realidad dio lugar a que el artículo 7 de la ley de 1995 (que redevino aplicable en 2002 con la suspensión de la ley de 2001) estableciera lo siguiente:

> "Estarán también bajo vigilancia y fiscalización de la Superintendencia de Seguros las organizaciones que tengan por objeto la prestación de servicios de financiamiento a los usuarios de la actividad aseguradora, cualquiera que sea su configuración jurídica, siempre que no estén regidas por la Ley General de Bancos y otras Instituciones Financieras".

Sin embargo, la ley de 1995 no contenía reglas específicas para las compañías financiadoras de primas. Esto cambió con la ley de 2010. En efecto, el artículo 141, números 1 y 3, de la ley de 2010, estableció, entre las atribuciones de la Superintendencia, las siguientes:

> "Ordenar a las empresas que ejercen la actividad de financiamiento de primas de seguros, sin autorización expedida por la Superintendencia de la Actividad Aseguradora, el cese de esta actividad, a tal efecto, se remitirá el expediente a las autoridades competentes".
>
> "Mantener actualizado el Libro de Registro de las Empresas Financiadoras de Primas".

El artículo 142, números 1 y 3 de la ley de 2010, tenía, insólita e innecesariamente, el mismo texto. Esta repetición fue eliminada en la ley de 2016. El artículo 143, números 1 y 3, de la ley de 2016, copió lo establecido en el texto anterior. Entonces, dichos artículos de las leyes de 2010 y 2016 exigían que las compañías financiadoras tuvieran una autorización para operar otorgada por Sudeaseg y se inscribieran en un registro llevado por ésta. En la reforma legal de 2023, se derogó el artículo 143 de la ley de 2016; y, en su lugar, el artículo 71 de la ley de 2023 establece los "requisitos indispensables para obtener y mantener la autorización para operar como empresa financiadora de primas o de cuotas".

En resumen, era común que cualquier asegurador constituyera o hiciera constituir una compañía financiadora de primas, la cual controlaba directa o indirectamente, a fin de que no financiar las primas él mismo, porque existía la tesis, que no compartimos, de que no se podía fraccionar la prima, alegadamente indivisible; así que el asegurador establecía mecanismos contractuales con la financiadora de primas y el tomador del seguro, para que, si éste no reembolsaba el financiamiento recibido, finalizara la cobertura; lo cual dio lugar a que la ley de 1995 estableciera que las compañías financiadoras de primas estaban bajo la supervisión de Sudeaseg, lo que fue retomado por las leyes de 2010, 2016 y 2023.

Ahora bien, las leyes de 2010, 2016 y 2023 establecieron restricciones innecesarias e inconvenientes:

En primer lugar, la ley de 2010 se pronunció en contra de que las aseguradoras financiaran las primas, pero declaró la validez de que fraccionaran las primas, lo cual no es coherente y arroja el mismo resultado. En efecto, el artículo 40, número 2, de la ley de 2010, establecía lo que sigue:

> "Queda prohibido a las empresas de seguros y las de reaseguros lo siguiente:… Realizar cualquier operación de carácter crediticio para financiar directa o indirectamente las primas de los contratos de seguros o de reaseguros que suscriban. No se considera financiamiento de primas, la modalidad de pago de prima fraccionada cuando ésta no contenga recargo".

El artículo 41, número 2, de la ley de 2016 tenía la misma prohibición, en idénticas palabras, referida a "los sujetos regulados con personalidad jurídica, según corresponda".

Finalmente, el artículo 41 de la ley de 2016 fue modificado en la reforma de 2023, pero el nuevo artículo 25, que lo sustituyó, establece, en su número 2, lo mismo, pero con mayor precisión, puesto que estatuye lo transcrito a continuación:

> "Queda prohibido a los sujetos regulados, según corresponda, lo siguiente:… Realizar cualquier operación de carácter crediticio para financiar, directa o indirectamente, las primas o cuotas de los contratos

de seguros o de medicina prepagada que suscriban, o los recursos para la constitución o reposición de los fondos con ocasión de los contratos de administración de riesgos suscritos. No se considera financiamiento de primas o de cuotas, la modalidad de pago fraccionada cuando ésta no contenga recargo".

En los textos sucesivos anteriores, tomados de las leyes de 2010, 2016 y 2023, es incongruente permitir el fraccionamiento de primas, exigiendo que sea sin recargo, pues esto parece vedar el cobro de intereses. Un crédito sin intereses es muy inusual entre comerciantes, carece de sentido en una economía con inflación y no tiene cabida en la lógica del sector financiero y de seguros. Una posible interpretación de dicha norma, que de otro modo sería absurda, es considerar que lo que se prohíbe es el cobro de comisiones; y que el pago de intereses no debe ser calificado como recargo, porque, si la idea hubiese sido prohibir el pago de intereses, esta prohibición debería ser expresa (el legislador usó la palabra recargo, y no la palabra interés). Sin embargo, las autoridades pueden eventualmente cometer el desatino de considerar que cobrar intereses es equiparable a cobrar un recargo, lo que, en definitiva, equivale a prohibir el fraccionamiento de las primas.

En segundo lugar, el artículo 150, número 3, de la ley de 2010, establecía lo que sigue:

> "Son causales de revocación de la autorización como empresas financiadoras de primas, las siguientes:... Facilitar mediante cualquier modalidad que una empresa de seguros o medicina prepagada incurra en el financiamiento de primas o cuotas, en forma directa o indirecta".

El artículo 152, número 3, de la Ley de 2016, establecía lo mismo, en palabras casi iguales, a saber:

> "Son causales de revocación de la autorización como empresas financiadoras de primas o cuotas, las siguientes:... Facilitar mediante cualquier modalidad que una empresa de seguros incurra en el financiamiento de primas, en forma directa o indirecta".

La disposición anterior era letra muerta, pues casi todas las aseguradoras financiaban las primas indirectamente, a través de las compañías financiadoras de primas que controlaban; y la Superintendencia se hacía la vista gorda, con sobradas razones prácticas. Sin embargo, la reforma de 2023 mantuvo la causal de revocación del artículo 152, número 3, de la ley de 2016, pues el artículo correspondiente, que fue modificado y que ahora es el artículo 73, número 3, dispone actualmente lo siguiente, cuyo destino también es ser letra muerta:

> "Son causales de revocación de la autorización como empresa financiadora de primas o de cuotas, las siguientes:… Facilitar mediante cualquier modalidad que una empresa de seguros o de medicina prepagada incurra en el financiamiento de primas o de cuotas, en forma directa o indirecta".

De modo que, en las leyes de 2010, 2016 y 2023, se prohibió a las compañías financiadoras de primas, con una amenaza vana de perder su licencia, que facilitaran a las compañías de seguros, directa o indirectamente, financiar las primas; lo cual es una prohibición muy peculiar, porque (i) las compañías financiadoras de primas son el vehículo a través del cual las compañías de seguros financian indirectamente las primas conforme a dichas leyes, y (ii) las compañías de seguros están expresamente autorizadas por dichas leyes para directamente financiar al asegurado al fraccionar la prima sin cobrar recargos.

En tercer lugar, antes de que entrara en vigor la ley de 2010, si el asegurado no pagaba una cuota del financiamiento para pagar la prima en la oportunidad correspondiente, la compañía financiadora de primas podía terminarle la póliza, entregando una notificación a la aseguradora. Con tal fin, cuando la compañía financiadora de primas prestaba al asegurado los fondos para pagar a la aseguradora, el asegurado daba su autorización a dicha compañía para terminar la relación entre el asegurado y la aseguradora, si el préstamo no era pagado a tiempo. Esto cambió con el artículo 40, número 10, de la ley de 2010, que establecía lo indicado a continuación:

> "Queda prohibido a las empresas de seguros y las de reaseguros lo siguiente:… Dar por terminado el contrato de seguros por el incumplimiento de los pagos de las cuotas de financiamiento de primas de seguros".

El artículo 41, número 10, de la ley de 2016 tenía la misma prohibición, en idénticas palabras, aunque referida a "los sujetos regulados con personalidad jurídica, según corresponda". De manera que las leyes de 2010 y 2016 prohibían a las aseguradoras terminar la póliza argumentando que una parte de la prima no fue pagada por el tomador del seguro. Se estableció una prohibición en el mismo sentido dirigida especialmente a las compañías de medicina prepagada.[42]

---

[42] El artículo 148, número 2, de la ley de 2010 disponía lo señalado seguidamente: "En los contratos de financiamiento de primas se prohíbe:… Contener cláusulas que faculten a la empresa financiadora de primas a solicitar

De modo que, con la ley de 2010, dejó de ser factible, para el caso de que el tomador del seguro no pagara el dinero prestado para la prima, que éste y la aseguradora pactaran la terminación de la póliza, lo que permaneció igual con la ley de 2016. Esto era muy problemático, porque un contrato para financiar la prima, en el que se obliga a la aseguradora a pagar los siniestros, aunque el tomador no haya reembolsado el crédito, no tiene mayor sentido económico ni jurídico. Al imponer un contrato con estas características, se limitó la autonomía de la voluntad y se le puso trabas al financiamiento, lo que limitó la capacidad de las aseguradoras de vender seguros y la capacidad de los tomadores de seguros potenciales de adquirirlos. Lo mismo sucede con la medicina prepagada. La reforma de 2023 no corrigió esto, pues el nuevo artículo 25, que modifica el artículo 41 de la ley de 2016, establece actualmente lo siguiente, en su número 10:

> "Queda prohibido a los sujetos regulados, según corresponda, lo siguiente:... Dar por terminado el contrato de seguros o de medicina prepagada por el incumplimiento de los pagos de las cuotas correspondientes al financiamiento de las primas de seguros o cuotas de medicina prepagada".

Si bien el artículo 150, número 2, de la ley de 2016 fue derogado en la reforma de 2023, la prohibición subsiste, en el texto que acabamos de transcribir. Esto es lamentable, ya que la posibilidad de terminar la póliza por falta de pago (a la aseguradora) en caso de fraccionamiento de la prima, o por falta de pago (a la compañía financiadora) en los demás casos de financiamiento de primas, es lo que hace realmente viable, desde el punto de vista económico, el negocio de financiar directa o indirectamente las primas. En efecto, la posibilidad de terminar la póliza hace que cualquier tomador potencial pueda acceder al financiamiento, sin tener que demostrar su capacidad de pago, ni otorgar garantías, cuando solicite a la aseguradora que fraccione la prima, ni cuando solicite a la compañía financiadora de primas que le preste. Si el financiamiento de la prima otorgado por la aseguradora o la financiadora no cuenta con el respaldo resultante de la posibilidad de terminar la póliza, este financiamiento es, por lo tanto, más caro, más complicado y más lento de obtener, y también más riesgoso. Efectivamente, hacer un estudio de la capacidad crediticia del tomador potencial del seguro para determinar si tiene capacidad de pago, o exigirle

---

a la empresa de seguros, la terminación anticipada del contrato de seguro". Muy similarmente, el artículo 150, número 2, de la ley de 2016, pautaba lo indicado a continuación: "En los contratos de financiamiento de primas o cuotas se prohíbe:... Contener cláusulas que faculten a la empresa financiadora de primas o cuotas a solicitar a la empresa de seguros o medicina prepagada, la terminación anticipada del contrato de seguro".

garantías y verificar que las garantías estén bien constituidas, es un esfuerzo, puesto que es engorroso, toma tiempo y cuesta dinero. Además, aunque se haga este esfuerzo, el financiamiento no estará exento de riesgos, puesto que un tomador potencial de seguro aparentemente solvente puede, más adelante, enfrentar dificultades económicas; y una garantía aparentemente suficiente puede dejar de serlo; a lo que se añaden las dificultades, gastos y demoras de ejecutar la garantía; nada de lo cual se plantearía si se permitiera que la deuda con la aseguradora o a la compañía financiadora de primas fuera respaldada estableciendo que la falta de pago da derecho a poner fin a la cobertura de seguro. Tener que realizar este esfuerzo y asumir este riesgo, por estar negada la posibilidad de terminar la póliza, es algo que, en la práctica, inhibe el financiamiento de primas, limitando el acceso al seguro. En conclusión, no es razonable que, según las leyes de 2010, 2016 y 2023, las empresas de seguros deban continuar dando cobertura sin importar la falta de pago de la prima por el tomador, pues esto cierra o al menos reduce significativamente una fuente de financiamiento de las personas que necesitan cobertura y coarta el desarrollo de la actividad aseguradora.

En cuarto y último lugar, el artículo 141, número 11, de la ley de 2010, establecía que "Corresponde a la Superintendencia de la Actividad Aseguradora la regulación, control, supervisión y fiscalización de la actividad de finan-ciamiento de primas de seguros", por lo que se debía "Presentar la copia del modelo de contrato que se utilizará para financiar primas"; lo cual fue repetido en el artículo 143, número 11 de la ley de 2016. Asimismo, el artículo 145, número 2, de la ley de 2010, establecía que "Las empresas financiadoras de primas… someterán a la autorización previa de la Superintendencia de la Actividad Aseguradora:… La modificación de los modelos de contratos que utilicen en sus operaciones con todos los documentos que los acompañen"; lo cual fue retomado textualmente por el artículo 147, número 2, de la ley de 2016. De manera que, bajo las leyes de 2010 y 2016, los modelos para los contratos de préstamo a ser usados por las compañías financiadoras de primas en sus operaciones debían ser presentados a Sudeaseg para su aprobación. En la reforma legal de 2023, se derogaron los citados artículos 143 y 147 de la ley de 2016. Sin embargo, el artículo 71, número 11, de la ley de 2023, establece lo siguiente:

> "Son requisitos indispensables para obtener y mantener la autorización para operar como empresa financiadora de primas o de cuotas, los siguientes:… Presentar copia del modelo de contrato que se utilizará para financiar primas o cuotas, el cual debe cumplir con las condiciones exigidas en las normas que regulan la relación contractual en la actividad aseguradora y las que al efecto dicte la Superintendencia… Estos modelos de contratos, sus modificaciones y demás documentos que formen parte del mismo deben estar previamente aprobados".

Lamentablemente, dicho artículo 71, número 11, de la ley de 2023, no establece un sistema de silencio positivo o autorización tácita. Tampoco prevé la posibilidad de que la Superintendencia emita una excepción general.

Por último, la ley de 2023, en su artículo 73 número 11, dispone lo copiado seguidamente:

> "Son requisitos indispensables para obtener y mantener la autorización para operar como empresa financiadora de primas o de cuotas, los siguientes:... No formar parte de un grupo económico o financiero, de acuerdo con la Ley Orgánica del Sistema Financiero Nacional".

La norma anterior ignora que lo normal es que la aseguradora y la financiadora de primas sean empresas relacionadas, y que esto es razonable.

IX. SEGUROS EN DIVISAS

La ley de 1995 (que redevino aplicable en 2002 con la suspensión de la ley de 2001) no regulaba los seguros en moneda extranjera. Ahora bien, a partir de 2003, la normativa en materia de control de cambios estableció restricciones en cuanto a celebrar contratos y hacer pagos en divisas. En la mayor parte del tiempo en que estuvo vigente dicho control de cambios, era legal contratar en divisas, por lo que el seguro en moneda extranjera era posible en derecho. Ahora bien, el artículo 36, número 3, de la ley de 2010, estableció en cabeza de la Superintendencia de la Actividad Aseguradora la facultad de decidir si permitía o no, y en qué medida, los seguros en divisas, pues dispuso lo siguiente:

> "La actividad que las empresas de seguros y reaseguros pueden realizar, estará sujeta a las siguientes condiciones:... Los riesgos en moneda extranjera que pueda asumir una empresa en la contratación de seguros o de fianzas, serán establecidos por la Superintendencia de la Actividad Aseguradora".

Esto no varió con la ley de 2016, cuyo artículo 37, número 3, se limitó a agregar sujetos regulados, pues se refirió a "las empresas de seguros, de reaseguros, de medicina prepagada, administradoras de riesgos y asociaciones cooperativas que realizan actividad aseguradora". De modo que las leyes de 2010 y 2016 establecieron que la Superintendencia determinaría cuáles riesgos se podían asegurar en moneda extranjera. En consecuencia, las primas correspondientes podían ser en divisas. En efecto, lógicamente, cuando Sudeaseg autorizaba que un riesgo fuese asegurado en divisas, estaba permitiendo que, tanto la prima, como la cobertura, fuesen en moneda extranjera. Lo malo es que el regulador podía limitar los casos en los que asegurar en moneda extranjera era legalmente viable. Esta limitación era un problema, pues Venezuela es un país de alta inflación, por lo que la única manera de tener una cobertura que realmente ampare al tomador, asegurado o beneficiario es con un seguro en moneda dura. Era arbitrario que el regulador estuviera facultado para establecer que unos riesgos podían ser asegurados en divisas y otros no, pues las aseguradoras y sus clientes eran los que debían tomar esta decisión. Esta arbitrariedad se manifestó en las Normas que Establecen las Obligaciones en Moneda Extranjera que Puedan Asumir las Empresas de Seguros y de Reaseguros en la Contratación de Seguros, Reaseguros, Fianzas o Reafianzamientos, publicadas por la Superintendencia el 4 de julio de 2012, que disponían, en su artículo 2, lo copiado seguidamente:

> "Las obligaciones en moneda extranjera que pueden asumir las empresas de seguros en la contratación de seguros o fianzas, son las siguientes:
>
> 1. En los contratos celebrados con ocasión de las negociaciones realizadas por el Estado en el marco de acuerdos internacionales y/o relacionados con el cumplimiento de los objetivos y fines del Estado;
>
> 2. En los seguros de daños, cuando por su naturaleza los bienes amparados sólo pueden ser repuestos, reconstruidos o reparados fuera del territorio de la República Bolivariana de Venezuela o con insumos provenientes del exterior;
>
> 3. En los seguros de responsabilidad civil que establezcan que la indemnización sea pagada a una persona domiciliada en el exterior;
>
> 4. En los seguros de transporte de bienes destinados a la exportación o importación;
>
> 5. En los seguros de crédito a la exportación;
>
> 6. En los seguros de aeronaves o embarcaciones;
>
> 7. En los seguros de asistencia en viajes que contemplen el pago directo a los proveedores de servicios por siniestros ocurridos en el exterior;
>
> 8. En los seguros de salud que contemplen el pago directo a los proveedores de servicios por siniestros ocurridos en el exterior;
>
> 9. En los contratos de fianzas, cuando las obligaciones que garanticen se hayan convenido en moneda extranjera y se refieran a contratistas extranjeros de obras, bienes o servicios que deban cumplir obligaciones en el país o a exportadores nacionales de bienes o servicios.

Las empresas de seguros podrán realizar operaciones de reaseguro aceptado en moneda extranjera en los contratos de seguros y fianzas a que se refiere el presente artículo".

El artículo citado de la ley se refería a "Los riesgos en moneda extranjera que pueden asumir las empresas de seguros en la contratación de seguros o fianzas", y el artículo citado de las normas se refería a "Las obligaciones en moneda extranjera que pueden asumir las empresas de seguros en la contratación de seguros o fianzas". Aunque ambas disposiciones fueran relativas a las coberturas, se debía considerar que la autorización correspondiente abarcaba también a las primas. El artículo citado de las normas sólo trataba cinco tipos de operaciones, por lo que cabían los siguientes comentarios:

- Seguros de vida: en la lista precedente no figura el seguro de vida. Por lo tanto, en nuestro país no se permitían los seguros de vida en moneda dura. Tomar un seguro de vida en bolívares con inflación alta no tiene ningún sentido. De hecho, los seguros de vida prácticamente desaparecieron en Venezuela.

- Seguros de daños: el número 2 del artículo 2 de dichas normas establecía que el seguro de daños podía ser en divisas si los activos cubiertos solamente podían ser remplazados, reconstruidos o reparados en el exterior o con elementos importados. Evidentemente, si un bien era importado, el mismo podía ser asegurado en divisas. En cambio, si un bien era producido aquí, con insumos nacionales, estaba prohibido asegurarlo en divisas; así que, por efecto de la alta inflación, la cobertura muy rápidamente devenía insuficiente. Pero hay situaciones en las que se asegura un activo que tiene componentes nacionales e importados, en cuyo caso surgía la duda de qué hacer si una parte de los activos cubiertos por la póliza sólo podía ser repuesta, reconstruida o reparada fuera de Venezuela o con insumos provenientes del exterior, existiendo otra parte que podía ser remplazada, reconstruida o reparada en Venezuela o con elementos hechos aquí.

- Seguros de responsabilidad civil: el número 3 del artículo 2 de dichas normas se refería a "los seguros de responsabilidad civil que establezcan que la indemnización sea pagada a una persona domiciliada en el exterior". De manera que el requisito no era que la obligación de reparar un daño fuese una obligación en divisas, sino que el acreedor de la obligación se encontrase en el extranjero.

- Seguros de salud: el número 8 del artículo 2 de dichas normas establecía que el seguro de salud podía ser en divisas si se trataba de "seguros de salud que contemplen el pago directo a los proveedores de servicios por siniestros ocurridos en el exterior". Respecto de las pólizas de salud que sólo dieran protección en Venezuela, cuya cobertura en divisas estaba prohibida, la alta inflación lamentablemente tenía como consecuencia que las sumas aseguradas, en el corto plazo, no iban a alcanzar. Surgía la duda de qué hacer si la póliza cubría, tanto pagos en Venezuela, como pagos en el exterior.

- Fianzas: el número 9 del artículo 2 de dichas normas requería, respecto de las fianzas, que "las obligaciones que garanticen se hayan convenido en moneda extranjera y se refieran a contratistas extranjeros de obras, bienes o servicios que deban cumplir obligaciones en el país o a exportadores nacionales de bienes o servicios". De manera que no bastaba que la obligación afianzada fuese en divisas, sino que se necesitaba que el acreedor fuese un contratista extranjero o un exportador nacional.

Ahora bien, el 2 de agosto de 2018, la Asamblea Nacional Constituyente emitió el Decreto Constituyente mediante el cual se establece la Derogatoria del Régimen Cambiario y sus Ilícitos. Se puede sostener dicho decreto constituyente derogó el artículo 37, número 3, de la Ley de la Actividad Aseguradora de 2016, y el artículo 2 de las Normas que Establecen las Obligaciones en Moneda Extranjera que Puedan Asumir las Empresas de Seguros y de Reaseguros en la Contratación de Seguros, Reaseguros, Fianzas o Reafianzamientos de 2012, antes citados. En efecto, según la Asamblea Nacional Constituyente, ésta era "*soberana y plenipotenciaria*";[43] y dicho decreto constituyente abrogó el régimen cambiario, incluyendo lo relativo a los ilícitos cambiarios; pregonó la libertad económica; declaró la eliminación de las restricciones cambiarias; y derogó cualquier disposición que colidiera con lo anterior. Además, el Ejecutivo Nacional y el Banco Central de Venezuela, que están facultados para emitir normas cambiarias, dieron por buena dicha liberación del control de cambios, puesto que publicaron, en la Gaceta Oficial N° 6.405 Extraordinario del 7 de septiembre de 2018, el Convenio Cambiario N° 1, que restableció la libre convertibilidad, eliminó las restricciones cambiarias existentes y derogó los convenios cambiarios anteriores.

No obstante, surge la duda sobre la constitucionalidad y legalidad de dicha derogatoria, puesto que la Asamblea Nacional Constituyente fue

43 Por ejemplo, Acuerdo Constituyente publicado en la Gaceta Oficial N° 41.454 del 6 de agosto de 2018.

establecida en violación de los requisitos constitucionales,[44] y no estaba facultada para abrogar leyes;[45] tampoco se puede derogar una ley mediante un convenio cambiario.[46]

Si se considerara que el referido decreto constituyente y el mencionado convenio cambiario no podían abrogar el citado artículo 37, número 3, de la Ley de la Actividad Aseguradora de 2016, ni, por ende, el citado artículo 2 de las Normas que Establecen las Obligaciones en Moneda Extranjera que Puedan Asumir las Empresas de Seguros y de Reaseguros en la Contratación de Seguros, Reaseguros, Fianzas o Reafianzamientos de 2012, tenemos, de todas maneras, que estas últimas Normas fueron derogadas después. En efecto, la Providencia Administrativa N° SAA-2-0026 dictada por la Superintendencia de la Actividad Aseguradora en fecha 23 de abril de 2021, contiene las Normas que Rigen la Suscripción de Contratos de Seguros, de Reaseguros, de Medicina Prepagada, de Administración de Riesgos, de Fianzas o de Reafianzamientos Establecen en Moneda Extranjera.[47] Estas normas derogaron las publicadas el 4 de julio de 2012.

Ahora bien, la Superintendencia, en los considerandos de las normas fechadas 23 de abril de 2021, asumió que sigue vigente el citado artículo 3,

---

44 Véase el pronunciamiento de la Academia de Ciencias Políticas y Sociales del 20 de junio de 2017 sobre "La inconstitucionalidad e inconvencionalidad de las bases comiciales decretadas para la elección de la Asamblea Nacional Constituyente", publicado en el Boletín de la Academia de Ciencias Políticas y Sociales enero-diciembre 2017, N° 156, página 71, disponible en: https://www.acienpol.org.ve/wp-content/uploads/2021/02/BOLETIN-N%C2%B0-156-ANO-2017.pdf. Consultado en fecha 28 de diciembre de 2023.

45 Véase el pronunciamiento de las Academias Nacionales del 15 de agosto de 2017 sobre "La ilegítima Asamblea Nacional Constituyente", publicado en el Boletín de la Academia de Ciencias Políticas y Sociales, enero-diciembre 2017, N° 156, página 95, disponible en: https://www.acienpol.org.ve/wp-content/uploads/2021/02/BOLETIN-N%C2%B0-156-ANO-2017.pdf. Consultado en fecha 28 de diciembre de 2023.

46 Los convenios cambiarios entre el Ejecutivo Nacional y el Banco Central de Venezuela tienen rango sublegal.

47 Estas últimas normas, que son las actualmente vigentes, están disponibles en la página web de dicha Superintendencia: https://www.sudeaseg. gob.ve/descargas/regulaciones/2021/Normas%20que%20rigen%20la%20suscripci%C3%B3n%20de%20contratos%20de%20seguros,%20reaseguros,%20medicina%20prepagada,%20administraci%C3%B3n%20de%20riesgos,%20fianzas%20o%20reafianzamientos%20en%20moneda%20extranjera..pdf. Consultado en fecha 28 de diciembre de 2023.

número 3, de la ley de 2016, que le permite definir los riesgos en moneda extranjera que pueden ser asumidos por las empresas de seguros y afines. No obstante, la Superintendencia, en dichas normas, no limitó los riesgos en moneda extranjera que pueden ser asumidos por las empresas de seguros y afines. Por el contrario, su artículo 2 dice:

> "Todo riesgo puede ser objeto de contratación en moneda extranjera por parte de las empresas de seguros, de reaseguros, de medicina prepagada, administradoras de riesgos y asociaciones cooperativas que realizan actividad aseguradora".

La primera parte del artículo 7 de dichas normas agrega lo que copiamos a continuación:

> "Las empresas de reaseguros nacionales podrán reasegurar o reafianzar en moneda extranjera las obligaciones asumidas por las empresas de seguros, de medicina prepagada y las asociaciones cooperativas que realizan actividad aseguradora".

Extrañamente, ningún artículo de dichas normas dice que las empresas de seguros, de medicina prepagada y las asociaciones cooperativas que realizan actividad aseguradora también pueden reasegurar o reafianzar sus propias obligaciones con reaseguradores no domiciliados en Venezuela, en moneda extranjera. En nuestra opinión, esta omisión no es impedimento para que esas empresas y asociaciones tomen en el exterior reaseguros en divisas.

Respecto de "Los contratos de seguro o medicina prepagada comercializados en moneda extranjera", el artículo 5, letra a, de dichas normas, dice que

> "las obligaciones deben cumplirse en la moneda en que se acuerde el pago de la prima o cuota".

Asimismo, si el contrato es suscrito en moneda extranjera, el artículo 3 de dichas normas dispone que lo siguiente estará establecido en la misma divisa:

> "primas, cuotas, límites de responsabilidad, deducibles, fondos, remuneraciones y demás valores".

En el mismo sentido, dichas normas establecen que las empresas de seguros o medicina prepagada y las asociaciones cooperativas que realizan actividad aseguradora no tienen la posibilidad de liberarse de su obligación con el pago del equivalente en bolívares, pues, respecto de "Los contratos de seguro o medicina prepagada comercializados en moneda extranjera", la primera parte de la letra c del artículo 5 expresa:

> "En cualquier supuesto de pérdida o gastos amparados, fijados o incurridos en bolívares, la indemnización debe ser equivalente a la cantidad de unidades monetarias, de la moneda en la que se suscribió el contrato, a la tasa de cambio oficial para el momento en que ocurrió o se determinó la pérdida, o se incurrió en el gasto, según lo que corresponda conforme con el contrato".

Sin embargo, el artículo 2 obliga a las empresas de seguros y medicina prepagada y a las asociaciones cooperativas que realizan actividad aseguradora a lo que sigue:

> "mantener a la disposición de los tomadores y contratantes la oferta en bolívares de los productos y servicios que pretendan comercializar en moneda extranjera".

Además, la letra a del artículo 5 ordena lo siguiente a dichas empresas y asociaciones:

> "indicar si el pago de la prima o cuota se efectuará únicamente en moneda extranjera o si el tomador o contratante tiene la posibilidad de liberarse de su obligación con el pago del equivalente en bolívares".

Finalmente, dichas normas establecen que la empresa o asociación tiene la posibilidad de liberarse de su obligación con el pago del equivalente en bolívares, pues, respecto de "Los contratos de seguro o medicina prepagada comercializados en moneda extranjera", la parte final de la letra c del artículo 5 expresa:

> "No obstante, los pagos en bolívares se efectuarán a la tasa de cambio oficial para el momento del pago."

Además; el artículo 2 excluye la cobertura básica de los seguros de responsabilidad civil de vehículos de la posibilidad de contratar en divisas.

Es una lástima que, para algo tan importante como la contratación de seguros y productos afines en divisas, Sudeaseg haya emitido unas normas confusas. Ahora bien, de las mismas se entiende que es válido contratar pólizas en divisas. Además, estas normas deben ser interpretadas a la luz del Convenio Cambiario N° 1, que restableció la libre convertibilidad y eliminó las restricciones cambiarias existentes.

Estas normas también deben ser interpretadas a la luz de la Ley del Banco Central de Venezuela, cuya última versión es la publicada el 30 de diciembre de 2015. Esta ley contiene una regla general, aplicable al pago de primas y siniestros en divisas, según la cual las partes pueden celebrar contratos en moneda extranjera, y acordar pagar o recibir divisas o bolívares. En efecto, su artículo 128 establece lo siguiente:

"Los pagos estipulados en monedas extranjeras se cancelan, salvo convención especial, con la entrega de lo equivalente en moneda de curso legal, al tipo de cambio corriente en el lugar de la fecha de pago" (la norma anterior sería más clara si dijera *en el lugar y la fecha de pago*).

De modo que es válido celebrar contratos que creen obligaciones en divisas. Además, es legalmente posible convenir que las obligaciones en divisas tengan que ser cumplidas mediante la entrega de la moneda extranjera de que se trate. Finalmente, en ausencia de tal convenio, dichas obligaciones pueden ser pagadas mediante la entrega del equivalente en bolívares a la tasa de cambio corriente en el lugar y la fecha de pago. Cuando no se pacta nada o se pacta que el deudor pueda liberarse de su obligación en divisas pagando a su acreedor el equivalente en bolívares, entonces la moneda extranjera seleccionada es la moneda de cuenta, en cuyo caso se puede pagar en bolívares, aplicando el "tipo de cambio corriente en el lugar" y "la fecha de pago", conforme al artículo citado. En cambio, si existe la "convención especial" a la que alude el mismo artículo, dicha divisa es la moneda de pago, en cuyo caso el único pago liberatorio es el realizado en la moneda extranjera escogida. De manera que, en los contratos en moneda extranjera, la divisa seleccionada por las partes es, en principio, la moneda de cuenta; pero, si existe la referida "convención especial", dicha divisa es, más bien, la moneda de pago.

Los casos en los que las partes acordaron una obligación en divisas sólo como moneda de cuenta pueden darse por inadvertencia de las partes, pues, si guardaron silencio sobre una obligación en divisas, la moneda extranjera escogida no es la moneda de pago.

En razón de lo anterior, el hecho de que un contrato de seguro o de reaseguro establezca una prima en divisas no necesariamente significa que el tomador de la póliza o el asegurador sólo se libera de su obligación entregando las divisas correspondientes, pues, salvo acuerdo en contrario, podría hacer un pago liberatorio entregando el equivalente en moneda nacional. Asimismo, el hecho de que un contrato de seguro o de reaseguro establezca una cobertura en divisas no necesariamente significa que el asegurador o reasegurador sólo se libera de su obligación, en caso de siniestro, entregando una indemnización en divisas.

El artículo 8 del Convenio Cambiario N° 1 publicado el 7 de septiembre de 2018 establece la misma distinción entre las obligaciones en divisas como moneda de cuenta y las obligaciones en divisas como moneda de pago, precisando, respecto de estas últimas, lo que sigue:

"Cuando de la voluntad de las partes contratantes se evidencie que el pago de la obligación ha de realizarse en moneda extranjera, así se efectuará, aun cuando se haya pactado en vigencia de restricciones cambiarias".

A pesar de ambigüedad de la norma anterior, se requiere que la voluntad de las partes sea expresa. En efecto, no se puede entender, en caso de silencio contractual, que la voluntad de las partes evidencia que el pago de la obligación ha de realizarse en moneda extranjera, puesto que la Ley del Banco Central de Venezuela, en su citado artículo 128, establece que, si no hay una "convención especial", entonces "Los pagos estipulados en monedas extranjeras se cancelan… con la entrega de lo equivalente en moneda de curso legal". Dicho en otras palabras, el silencio contractual resulta en que la divisa es sólo la moneda de cuenta, y no la moneda de pago, que es el bolívar. La voluntad expresa de las partes puede constar en el articulado del contrato o en cualquier otro documento, que puede establecer el deseo de éstas de que la divisa sea la moneda de pago; o sea, no hay silencio contractual si existe un instrumento que evidencie por escrito la voluntad de las partes de que el pago de la obligación se realice en moneda extranjera.

Finalmente, la Ley del Banco Central de Venezuela establece un requisito de forma aplicable a los negocios que se cifren en moneda extranjera. Se trata de la necesidad de incluir la equivalencia en bolívares a los efectos de consignar documentos ante autoridades venezolanas. Ello deriva del artículo 130, que dispone lo siguiente:

"Todos los memoriales, escritos, asientos o documentos que se presenten a los tribunales y otras oficinas públicas relativos a operaciones de intercambio internacional en que se expresen valores en moneda extranjera, deberán contener al mismo tiempo su equivalencia en bolívares".

Dado que las pólizas y documentos contractuales relacionados deben ser aprobados por la Superintendencia, los modelos correspondientes deberían cumplir con dicho artículo 130. La necesidad de esta aprobación fue ratificada en los párrafos finales del artículo 5 de las normas citadas.

Tal como señalamos antes, nos parece que, cuando se reestableció la libertad cambiaria y se eliminaron las restricciones en el cambio, mediante el Decreto Constituyente y el Convenio Cambiario de agosto y septiembre de 2018, se derogó el artículo 37, número 3, de la Ley de la Actividad Aseguradora de 2016, antes citado, que permitía a Sudeaseg definir los riesgos en moneda extranjera que pueden ser asumidos por las empresas de seguros y afines. Si se considerara que no fue derogado en ese momento, fue derogado después. En efecto, en la reforma de la Ley de la Actividad Aseguradora de 2023, se derogó expresamente el citado artículo 36, número 3, de la Ley de la Actividad Aseguradora de 2016. Con motivo de dicha derogatoria, hay libertad total para establecer coberturas en divisas y primas en divisas. Esto es muy positivo.

En cuanto concierne a las fianzas otorgadas por las empresas de seguros, la Superintendencia de la Actividad Aseguradora, el 29 de agosto de 2024, emitió la Providencia Administrativa N° SAA-01-0516-2024, publicada en la Gaceta Oficial Extraordinaria N° 6.835 del 3 de septiembre de 2024, contentiva de las Normas que Regulan el Contrato de Fianza y sus Condiciones Generales en La Actividad Aseguradora. El artículo 27 de estas normas establece lo siguiente:

> "Los contratos de fianza suscritos en moneda extranjera deben especificar si la contraprestación o la indemnización, según sea el caso, se efectuará únicamente en moneda extranjera o si tienen la posibilidad de liberarse de su obligación con el pago del equivalente en bolívares, al tipo de cambio a la tasa de cambio oficial para el momento del pago, conforme a las normas establecidas por el Banco Central de Venezuela."

Sudeaseg también dictó la Providencia Administrativa N° SAA-01-0478-2024 del 29 de agosto de 2024, publicada en la misma gaceta oficial, contentiva de las Normas sobre las Condiciones Generales de las Pólizas de Seguros Patrimoniales. Estas normas no tienen una disposición equivalente al artículo 27 que acabamos de citar.

X. RESPONSABILIDAD DE LOS DIRECTORES O ADMINISTRADORES, LOS ACCIONISTAS Y LAS PERSONAS QUE LLEVAN LA DIRECCIÓN EFECTIVA O GESTIÓN DIARIA DE LA COMPAÑÍA

Uno de los principales problemas presentes en la ley de 2016 es que regulaba de una manera absurda la responsabilidad de los directores o administradores y los accionistas de las empresas de seguros y reaseguros, de las sociedades de corretaje de seguros y reaseguros, y de otras compañías que ejercen la actividad aseguradora. En principio, fuera del ámbito del seguro, los directores o administradores y los accionistas de las compañías sólo son responsables bajo ciertas circunstancias.[48] Nos referiremos a las

48 El tema de la responsabilidad de los directores o administradores y los accionistas de las sociedades anónimas lo traté en los dos siguientes trabajos:

compañías denominadas sociedades anónimas, que es la forma que toman las compañías de seguros, reaseguros y corretaje de seguros y reaseguros en Venezuela. En primer lugar, como regla general, conforme a los artículos 243, 266 y 268 del Código de Comercio, los directores o administradores de una sociedad anónima sólo son responsables si (i) los aportes a capital o los dividendos no existen; (ii) exceden sus facultades; (iii) violan los estatutos, la ley o una decisión de la asamblea de accionistas; o (iv) incurren en culpa (no son responsables si, estando exentos de culpa, hicieron constar que no estaban conformes en el acta de junta directiva correspondiente, notificando al comisario). En segundo lugar, conforme al número 3 del artículo 201 del mismo código, la responsabilidad de los accionistas está limitada al monto que invirtieron en la sociedad anónima, o sea, al aporte hecho a cambio de sus acciones.[49] Esto cambió dramáticamente con la ley de 2010, que hizo a

---

Carlos Eduardo Acedo Sucre, "*Responsabilidad contractual o por hecho ilícito de las sociedades anónimas y otras personas jurídicas, y de sus administradores y demás órganos, o sus trabajadores y demás dependientes*", en Libro Homenaje al Profesor Alfredo Morles Hernández, Derecho de Sociedades, Vol. II, Caracas, 2012 (páginas 611 a 668). Disponible en: http://www.menpa.com/abogados/?id=9. Consultado el 29 de diciembre de 2023. Carlos Eduardo Acedo Sucre, "*La ausencia de responsabilidad por culpa ordinaria de los administradores y demás órganos de las personas jurídicas, y de los trabajadores y demás dependientes de las personas naturales o jurídicas*", en Nuevas Tendencias en el Derecho Privado y Reforma del Código Civil Francés, I Jornadas Franco-Venezolanas de Derecho Civil, Capítulo Venezolano de la Asociación Henri Capitant, Caracas, 2015 (páginas 31 a 60). Disponible en: http://www.menpa.com/abogados/?id=9. Consultado el 29 de diciembre de 2023.

49 No obstante, la jurisprudencia vinculante de la Sala Constitucional, confirmada por ésta y las demás salas del Tribunal Supremo de Justicia, estableció una responsabilidad grupal por incumplimiento de obligaciones de un miembro del grupo, cuyas obligaciones serían indivisibles y cuyo patrimonio sería único. Al respecto, véase: Acedo Sucre, Carlos Eduardo: *"El Levantamiento del Velo Corporativo en Venezuela para el Año 2023"*, en Revista Venezolana de Derecho Mercantil N° 11, Caracas, Diciembre 2023, pp. 89 y ss.; "*El Levantamiento del Velo Corporativo en la Jurisprudencia del Tribunal Supremo de Justicia*", en Revista Venezolana de Legislación y Jurisprudencia, Nº 13, Caracas, 2020, pp. 795 y ss.; y Piercing the Corporate Veil and PDVSA, en Libro Homenaje al Profesor Eugenio Hernández Bretón, Academia de Ciencias Políticas y Sociales, Caracas, 2019, tomo III, pp. 2.411 y ss.; y Acedo de Lepervanche, Luisa, y Acedo Sucre, Carlos Eduardo: "*Los Grupos de Sociedades desde la Óptica del Derecho de Obligaciones*", en Derecho de Grupos de Sociedades, Academia de Ciencias Políticas y Sociales, Caracas,

los directores o administradores y los accionistas responder solidariamente por al menos ciertos pasivos de las compañías del sector de seguros; y no fue corregido por la ley de 2016. Veamos primero el caso de los directores o administradores:

1. *Responsabilidad de los directores o administradores*

En primer lugar, tenemos el artículo 98 de la ley de 2010, que estaba referido a "las empresas de seguros y de reaseguros, las sociedades de corretaje de seguros y de reaseguros y las financiadoras de primas"; y que establecía, en la segunda parte de dicho artículo, lo siguiente, respecto de sus directores:

> "Los integrantes de la junta directiva de estas empresas serán responsables cuando por dolo o culpa grave, transgredan disposiciones legales ocasionando daños a terceros".

Esto fue ratificado, en las mismas palabras, por la segunda parte del artículo 97 de la ley de 2016, referido a "los sujetos regulados con personalidad jurídica". Lo anterior no varió con la reforma de 2023, salvo un detalle de forma. En efecto, el artículo 87 de la ley de 2023, referido a "los sujetos regulados", dispone, en su segunda parte, lo copiado a continuación:

> "Los integrantes de la junta directiva de los sujetos regulados serán responsables cuando por dolo o culpa grave, transgredan disposiciones legales ocasionando daños a terceros".

De modo que el legislador estableció, como regla general, que los directores exentos de culpa no responden por los pasivos de las compañías del sector de seguros, lo cual es razonable. Sin embargo, el legislador también estableció una responsabilidad especial y objetiva, en cabeza de los directores, por los déficits en las reservas. En tal sentido, el artículo 56 de la ley de 2010 dispuso, entre otras cosas, que los miembros de

> "la junta directiva de cada empresa serán solidariamente responsables por la adecuada constitución, inversión, representación, custodia, grado de liquidez y seguridad de las reservas técnicas, de acuerdo con las previsiones establecidas en la presente Ley, su Reglamento y las normas que dicte la Superintendencia de la Actividad Aseguradora".

De manera casi idéntica, el artículo 56 de la ley de 2016 estableció, en cuanto al tema que nos ocupa, que los integrantes de

---

2005, pp. 495 y ss. Estos cuatro artículos están disponibles en: https://menpa.com/abogados /?id=9

> "la junta directiva de las empresas de seguros, de reaseguros, de medicina prepagada y las asociaciones cooperativas que realizan actividad aseguradora, serán solidariamente responsables por la adecuada constitución, inversión, representación, custodia, grado de liquidez y seguridad de las reservas técnicas, de acuerdo con las previsiones establecidas en este Decreto con Rango, Valor y Fuerza de Ley, su Reglamento y las normas que dicte la Superintendencia de la Actividad Aseguradora".

El artículo 56 de la ley de 2010 y el artículo 56 de la ley de 2016 agregaban idénticamente que

> "La responsabilidad contenida en este artículo es indelegable".

Este último artículo fue modificado en la reforma legal de 2023, por lo que ahora es el artículo 43 de la ley de 2023; pero, en la parte que nos ocupa, el nuevo artículo 43 establece idénticamente que los integrantes de

> "la junta directiva de las empresas de seguros, de reaseguros y de medicina prepagada serán solidariamente responsables por la adecuada constitución, inversión, cobertura, representación y custodia de las reservas técnicas, de acuerdo con las previsiones establecidas en esta Ley, su reglamento y las normas que dicte la Superintendencia de la Actividad Aseguradora. La responsabilidad contenida en este artículo es indelegable."

En segundo lugar, el artículo 61 de la ley de 2010 también trató la responsabilidad de los directores de compañías por las reservas, pues dispuso, entre otras cosas, lo siguiente:

> "Cuando se pretenda hacer cualquier enajenación o constituir gravamen de los bienes que representan las reservas técnicas, la empresa estará obligada a sustituir previa o simultáneamente los valores correspondientes por otros bienes de los aceptados por esta Ley para la representación de reservas técnicas. Igual sucederá en los supuestos en que por la naturaleza del bien afecto a reserva o por mandato legal o judicial, fuera necesario rescatarlo o liquidarlo.
>
> Si… [los miembros de] la junta directiva… de la empresa de seguros o de reaseguros enajenaren los bienes que representan las reservas técnicas y no los sustituy[er]an por otros, ocasionando una insuficiencia en la representación de las reservas técnicas, serán responsables administrativa, civil y penalmente, según el caso" (los corchetes son nuestros).

El artículo 61 de la ley de 2016 establecía exactamente lo mismo, salvo que reemplazó la referencia a "esta Ley" por una referencia a "este Decreto con Rango, Valor y Fuerza de Ley"; y sustituyó "la empresa de seguros o de reaseguros" por "la empresa de seguros, de reaseguros, de medicina prepagada y las asociaciones cooperativas que ejerzan actividad aseguradora". Esto no cambió con la reforma de 2023, ya que el artículo 61 de la ley de 2016 sólo fue levemente modificado en dicha reforma; el mismo pasó a ser el artículo 48 de la ley de 2023, que dispone lo que sigue:

> "Cuando se pretenda hacer cualquier enajenación o constituir gravamen de los bienes que representan las reservas técnicas, la empresa estará obligada a sustituir, previa o simultáneamente, los valores correspondientes por otros bienes de los aceptados por esta Ley para la representación de reservas técnicas. Igual sucederá en los supuestos en que por la naturaleza del bien afecto a reserva o por mandato legal o judicial, fuera necesario rescatarlo o liquidarlo.
>
> Si… [los miembros de] la junta directiva… de la empresa de seguros, de reaseguros y de medicina prepagada enajenaren los bienes que representan las reservas técnicas y no los sustituy[er]an por otros, ocasionando una insuficiencia en la representación de las reservas técnicas, serán responsables administrativa, civil y penalmente, según el caso" (los corchetes son nuestros).

De manera que la regla general, según la cual los directores exentos de culpa no responden por los pasivos de las compañías del sector de seguros, no se aplica a los déficits de las reservas, por las cuales los directores responden objetivamente. Ahora bien, cuando una compañía de seguros se enfrenta a dificultades financieras, sus reservas, que deben ser liquidadas en corto tiempo, probablemente terminen siendo insuficientes, a pesar de no haber habido ninguna ilegalidad. Por lo tanto, sus directores no deberían ser personalmente responsables, a menos que se determine que han incurrido en culpa. Los artículos que responsabilizan a los directores por las reservas técnicas pueden ocasionar que las juntas directivas de las compañías de seguros no cuenten con los mejores talentos.

En cuanto concierne a las fianzas otorgadas obviando algún requisito, la Superintendencia de la Actividad Aseguradora, sin base en ninguna ley, pretendió crear una responsabilidad solidaria, que abarca a los directores o administradores. En efecto, este Superintendencia, el 29 de agosto de 2024, emitió la Providencia Administrativa N° SAA-01-0516-2024, publicada en la Gaceta Oficial Extraordinaria N° 6.835 del 3 de septiembre de 2024, contentiva de las Normas que Regulan el Contrato de Fianza y sus Condiciones Generales en La Actividad Aseguradora. La primera parte del artículo 8 de estas normas establece lo siguiente:

> **"La Junta Directiva o quienes detenten esa función** y los accionistas **responderán solidariamente con su patrimonio por todas las operaciones de afianzamiento realizadas en contravención a lo dispuesto en la Ley de la Actividad Aseguradora, el Reglamento y las normas que se dicten al efecto, salvo que hayan dejado constancia expresa en acta de su voto negativo a la celebración de la operación"** (resaltado nuestro).

Veamos ahora el caso de los accionistas, que es mucho peor.

2. *Responsabilidad de los accionistas*

La primera parte del artículo 98 de la ley de 2010 disponía, insólitamente, lo siguiente:

> "Los accionistas de las empresas de seguros y de reaseguros, las sociedades de corretaje de seguros y de reaseguros y las financiadoras de primas, serán solidariamente responsables con su patrimonio por el total de las obligaciones de esas empresas, en proporción a su participación en el capital accionario".

Conforme al texto citado, los accionistas eran solidariamente responsables con su propio patrimonio por las obligaciones de las compañías mencionadas. Este texto indicaba que la responsabilidad de los accionistas era proporcional a su participación en estas compañías, lo cual significaba que cada accionista debía responder con sus propios bienes por un porcentaje de los pasivos de la compañía igual a su porcentaje sobre el capital social. La norma citada afectaba a los accionistas de las compañías de seguros, las compañías de reaseguros, las compañías de corretaje de seguros, las compañías de corretaje de reaseguros y las compañías financiadoras de primas; pero al legislador le faltó mencionar a los accionistas de las empresas de medicina prepagada, a las cuales la ley de 2010 supuestamente les daba el mismo tratamiento que a las empresas de seguro. Quedaron también afuera las cooperativas de seguros, posiblemente porque no tienen la forma de sociedad anónima. La carencia de dicha norma, al ignorar a los accionistas las empresas de medicina prepagada, fue corregida en la primera parte del artículo 97 de la ley de 2016, que sustituyó la referencia a "Los accionistas de las empresas de seguros y de reaseguros, las sociedades de corretaje de seguros y de reaseguros y las financiadoras de primas" por una referencia a "Los accionistas o asociados de los sujetos regulados con personalidad jurídica". La mención de los "asociados", en el texto citado, parecía buscar equiparar la responsabilidad de los asociados de las cooperativas de seguros con la responsabilidad de los accionistas de las compañías anónimas reguladas; pero no se tomó en cuenta que aquellos "sujetos regulados con personalidad jurídica" que no tengan la forma de una sociedad anónima no emiten acciones, por lo que, respecto de quienes invierten en ellos, no tiene sentido hablar de la "proporción a su participación en el capital accionario". Con la salvedad anterior, la responsabilidad de los accionistas quedó igual en la ley de 2016. La situación de los accionistas tampoco cambió con la ley de 2023, puesto que la primera parte de su artículo 87 expresa lo siguiente:

> "Los accionistas de los sujetos regulados serán solidariamente responsables con su patrimonio por el total de las obligaciones, en proporción a su participación en el capital".

Dado que, según dicha norma, todos los accionistas, sin excepción, responden por una proporción del pasivo societario igual a su porcentaje del capital social, esta responsabilidad afecta a los accionistas minoritarios, aunque carezcan de poder para tomar decisiones. Así, bajo el artículo citado, si una persona posee el 1% de una de esas compañías, esta persona es responsable por el 1% de las deudas de tal compañía, aunque no tenga ninguna influencia sobre ésta. Sin embargo, no es razonable que los accionistas (ni siquiera los accionistas mayoritarios) respondan por los pasivos de una compañía, si están ausentes de culpa, aunque la compañía no pueda hacer frente a sus pasivos. El éxito de las sociedades anónimas a través de los siglos, como vehículos de creación de riqueza, en los que se concentran los capitales y los esfuerzos empresariales, estriba, fundamentalmente, en que la responsabilidad de todos los inversionistas está limitada, en principio, a su participación en la sociedad; entonces, si la sociedad no tiene éxito, los inversionistas que actuaron correctamente sólo pierden su inversión. La responsabilidad de los accionistas por los pasivos de las empresas de seguros y reaseguros, las sociedades de corretaje de seguros y reaseguros, y otras compañías que ejercen la actividad aseguradora, refleja un desconocimiento absoluto del concepto mismo, de la propia esencia, de la sociedad anónima, que paradójicamente es la forma jurídica que las leyes de 2010, 2016 y 2023 exigen sea tomada por los sujetos regulados con personalidad jurídica. La responsabilidad solidaria y objetiva de los accionistas puede afectar la capacidad de las compañías de captar inversionistas. Finalmente, en el supuesto negado de que la responsabilidad de los accionistas mayoritarios estuviera justificada, no existe excusa posible para la responsabilidad de los accionistas minoritarios. Es absurdo que los accionistas minoritarios respondan igual que los accionistas mayoritarios, por una proporción de las deudas idéntica a su participación, puesto que aquéllos no tienen ninguna incidencia sobre la administración, ya que los votos de éstos bastan para nombrar y revocar a los administradores y para aprobar o rechazar sus actuaciones.

Ahora bien, según los sucesivos textos legales antes citados, esa responsabilidad está sujeta a lo que determine la normativa legal aplicable. En efecto, la primera parte del artículo 98 de la ley de 2010 agregaba que la responsabilidad de los accionistas era "en los términos establecidos en la presente Ley, en materia de responsabilidad de los accionistas y directores o directoras". Similarmente, la primera parte del artículo 97 de la ley de 2016 agregaba que la responsabilidad de los accionistas era "en los términos establecidos en este Decreto con Rango, Valor y Fuerza de Ley, en materia de responsabilidad de los accionistas y directores o directoras". Ahora bien, la mención, en ambas normas sucesivas, de la responsabilidad de los directores, no tenía sentido, pues la primera parte de ambos artículos estaba referida a la responsabilidad de los accionistas, y no es lo mismo ser accionista que ser director. Esto último fue corregido en la ley de 2023. Efectivamente, la primera parte del artículo 87 de la ley de 2023 expresa que la responsabilidad de los accionistas es "en los términos establecidos en esta ley, en materia de responsabilidad de los accionistas". La mención de que la responsabilidad de los accionistas, bajo las versiones sucesivas de la parte relevante del artículo citado, será de conformidad con la ley, es difícil de entender, pues las tres leyes aludidas dicen muy poco sobre el tema. Esta mención, sin embargo, abre la posibilidad de una defensa conforme a la cual esa norma sólo se puede aplicar si otra disposición legal establece una responsabilidad más específica. De modo que se puede sostener que dicho texto legal no es una disposición autónoma, sino que tiene que ser aplicada en concordancia con alguna otra regla que contemple una responsabilidad concreta en cabeza de los accionistas. La mención de que la responsabilidad de los accionistas, bajo las versiones sucesivas del mismo artículo, será de conformidad con la ley, les da relevancia a ciertas normas sobre las reservas técnicas de las compañías de seguro. De hecho, las citadas leyes de 2010, 2016 y 2023 tienen artículos que tratan la responsabilidad de los accionistas por las reservas técnicas de las compañías de seguros. Entonces, se puede interpretar que los artículos sucesivos de dichas leyes que tratan la responsabilidad de los accionistas prorrateada con su cuota-parte sobre el capital social sólo tienen cabida en los supuestos regidos por los artículos de dichas leyes que tratan la responsabilidad de los accionistas por las reservas técnicas. Veamos:

En primer lugar, el citado artículo 56 de la ley de 2010 establecía que los accionistas de las compañías de seguros eran solidariamente responsables con respecto a los problemas que pudieran surgir relativos a las reservas, pues dicho artículo dispuso lo siguiente:

> "Los accionistas… de cada empresa serán solidariamente responsables por la adecuada constitución, inversión, representación, custodia, grado de liquidez y seguridad de las reservas técnicas, de acuerdo con las previsiones establecidas en la presente Ley, su Reglamento y las normas que dicte la Superintendencia de la Actividad Aseguradora".

De manera casi idéntica, el citado artículo 56 de la ley de 2016 estableció lo copiado seguidamente:

> "Los accionistas o asociados… de las empresas de seguros, de reaseguros, de medicina prepagada y las asociaciones cooperativas que realizan actividad aseguradora, serán solidariamente responsables por la adecuada constitución, inversión, representación, custodia, grado de liquidez y seguridad de las reservas técnicas, de acuerdo con las previsiones establecidas en este Decreto con Rango, Valor y Fuerza de Ley, su Reglamento y las normas que dicte la Superintendencia de la Actividad Aseguradora".

Y, tal como señalamos antes, el artículo 56 de la ley de 2010 y el artículo 56 de la ley de 2016 agregaban idénticamente que

> "La responsabilidad contenida en este artículo es indelegable".

Este último artículo fue levemente modificado en la reforma legal de 2023; ahora es el artículo 43 de la ley de 2023, que, en la parte relevante, expresa:

> "Los accionistas… de las empresas de seguros, de reaseguros y de medicina prepagada serán solidariamente responsables por la adecuada constitución, inversión, cobertura, representación y custodia de las reservas técnicas, de acuerdo con las previsiones establecidas en esta Ley, su reglamento y las normas que dicte la Superintendencia de la Actividad Aseguradora. La responsabilidad contenida en este artículo es indelegable".

En segundo lugar, la segunda parte del artículo 61 de la ley de 2010, antes citado, también trató la responsabilidad de los accionistas por las reservas, pues dispuso lo siguiente:

> "Si los accionistas… de la empresa de seguros o de reaseguros enajenaren los bienes que representan las reservas técnicas y no los sustituy[er]an por otros, ocasionando una insuficiencia en la representación de las reservas técnicas, serán responsables administrativa, civil y penalmente, según el caso" (los corchetes son nuestros).

De manera casi idéntica, la segunda parte del artículo 61 de la ley de 2016, antes citado, estableció lo que sigue:

> "Si los accionistas o los asociados… de la empresa de seguros, de reaseguros, de medicina prepagada y las asociaciones cooperativas que ejerzan actividad aseguradora enajenaren los bienes que representan las reservas técnicas y no los sustituy[er]an por otros, ocasionando una

insuficiencia en la representación de las reservas técnicas, serán responsables administrativa, civil y penalmente, según el caso" (los corchetes son nuestros).

Dado que este último artículo fue levemente modificado en la reforma de 2023; ahora es el artículo 48 de la ley de 2023, que, en su segunda parte dispone:

> "Si los accionistas... de la empresa de seguros, de reaseguros y de medicina prepagada enajenaren los bienes que representan las reservas técnicas y no los sustituy[er]an por otros, ocasionando una insuficiencia en la representación de las reservas técnicas, serán responsables administrativa, civil y penalmente, según el caso".

En conclusión, el establecimiento, en el citado artículo 87 de la ley de 2023, de que "Los accionistas de los sujetos regulados serán solidariamente responsables con su patrimonio por el total de las obligaciones, en proporción a su participación en el capital", con la precisión, en el mismo artículo, de que dicha responsabilidad será "en los términos establecidos en esta ley, en materia de responsabilidad de los accionistas", permite afirmar que dicho artículo 87 no es una disposición autónoma, sino que sólo se puede aplicar en concordancia con los artículos de la misma ley que establecen una responsabilidad específica, a saber: los artículos 43 y 48 de la ley de 2023, sobre los déficits en las reservas. En consecuencia, los accionistas sólo tendrán responsabilidad por dichos déficits, aunque estén exentos de culpa, bajo el citado artículo 87, en la medida en la que se encuentren en el supuesto de hecho de dicho artículo 43 o 48. Esto es excesivo, pero no tanto como pretender que los accionistas responden por todos los pasivos de la sociedad. Sin embargo, la ambigüedad del citado artículo 87 de la ley de 2023, aunada a las carencias de nuestros jueces, generan incertidumbre sobre la solución que en definitiva se dará a este tema.

En cuanto concierne a las fianzas otorgadas obviando algún requisito, la Superintendencia de la Actividad Aseguradora, sin base en ninguna ley, pretendió crear una responsabilidad solidaria, que abarca a los accionistas. En efecto, este Superintendencia, el 29 de agosto de 2024, emitió la referida Providencia Administrativa N° SAA-01-0516-2024, publicada en la Gaceta Oficial Extraordinaria N° 6.835 del 3 de septiembre de 2024, contentiva de las Normas que Regulan el Contrato de Fianza y sus Condiciones Generales en La Actividad Aseguradora. La primera parte del artículo 8 de estas normas, antes citada, establece lo siguiente:

> "La Junta Directiva o quienes detenten esa función y **los accionistas responderán solidariamente con su patrimonio por todas las operaciones de afianzamiento realizadas en contravención a lo dispuesto en la Ley de la Actividad Aseguradora, el Reglamento y**

las normas que se dicten al efecto, salvo que hayan dejado constancia expresa en acta de su voto negativo a la celebración de la operación" (resaltado nuestro).

La absurda e inconstitucional norma anterior olvida que los accionistas no aprueban las fianzas, y que no tienen la opción de dejar constancia expresa en acta de su voto negativo a la celebración de la operación.

3. *Responsabilidad de las personas que llevan la dirección efectiva o gestión diaria de la compañía*

Los citados artículos 61 de la ley de 2010, 61 de la ley de 2016 y 43 y 48 de la ley de 2023, al establecer la responsabilidad de los directores o administradores y los accionistas de las compañías allí mencionadas por las reservas, añadieron, por igual, como responsables, a las personas que tengan la dirección efectiva o la gestión diaria de las compañías.

XI. ASAMBLEA DE ACCIONISTAS

Bajo las leyes de 1995 y 2001 (esta última suspendida por la Sala Constitucional en 2002), las compañías de seguros y reaseguros, las compañías de corretaje de seguros y reaseguros, las compañías de medicina prepagada y las compañías financiadoras de primas podían realizar sus asambleas de accionistas libremente. Esto cambió con la ley de 2010, cuyo artículo 37 dispuso:

> "Las personas jurídicas regidas por la presente Ley notificarán cualquier asamblea ordinaria o extraordinaria a la Superintendencia de la Actividad Aseguradora, con por lo menos quince días de anticipación a la fecha en la cual se celebrará, remitiendo mediante escrito copia de la respectiva convocatoria y de los documentos que vayan a ser sometidos a consideración de la asamblea de accionistas".

El artículo 38 de la ley de 2016 dispuso exactamente lo mismo, salvo que, en vez de decir "la presente Ley", dijo "el presente Decreto con Rango y Fuerza de Ley". Dicho artículo fue reformado levemente en la ley de 2023, donde pasó a ser el artículo 27, que establece:

> "Las personas jurídicas regidas por la presente Ley notificarán cualquier asamblea ordinaria o extraordinaria a la Superintendencia de la Actividad Aseguradora, con por lo menos quince (15) días continuos de anticipación a la fecha en la cual se celebrará, remitiendo mediante escrito copia de la respectiva convocatoria y de los documentos que vayan a ser sometidos a consideración de la asamblea de accionistas".

De modo que las leyes de 2010, 2016 y 2023 requirieron de todas estas compañías que notificasen sus asambleas a Sudeaseg con al menos 15 días de anticipación, entregando a Sudeaseg la convocatoria para sus accionistas y todos los documentos que serán presentados en las asambleas. Entonces, en caso de que, en una asamblea, la administración de una compañía tenga planeado someter a la consideración de sus accionistas los balances y demás estados financieros, o un proyecto de reforma estatutaria, los mismos deben ser consignados previamente ante el regulador, e igual sucede con cualquier otro instrumento que vaya a ser distribuido entre los asistentes. Tener que suministrar a Sudeaseg con al menos 15 días de anticipación todos los documentos a ser presentados en las asambleas retarda el proceso de toma de decisiones, aunque sean urgentes. Además, era inapropiado que a los accionistas se les pretendiera impedir el acceso a la información relativa a una sociedad anónima antes de que el regulador la haya recibido.

El número 16 del artículo 8 de la ley de 2023 establece que el Superintendente de la Actividad Aseguradora tiene las siguientes atribuciones:

> "Asistir con derecho a voz… a las asambleas de accionistas de los sujetos regulados…".

Esto no se justifica, salvo que se trate de una empresa de seguros o reaseguros que esté enfrentando dificultades económicas. Lo anterior no es nuevo, pues se encontraba en el número 35 del artículo 8 de la ley de 2016.

XII. ESTADOS FINANCIEROS Y OTROS DOCUMENTOS A SER SOMETIDOS A LOS ACCIONISTAS Y A LA SUPERINTENDENCIA DE LA ACTIVIDAD ASEGURADORA, Y A SER PUBLICADOS

Bajo el Código de Comercio, todas las sociedades anónimas, incluyendo las compañías de seguros, deben presentar cada año ante el Registro Mercantil sus balances y demás estados financieros anuales, luego de su aprobación por la asamblea de accionistas. Esto es necesario para la protección de los acreedores actuales y potenciales. Sin embargo, bajo la ley de 1995 (que redevino aplicable en 2002 con la suspensión de la ley de 2001), las aseguradoras debían esperar hasta que Sudeaseg aprobase sus balances y estados financieros anuales para llevarlos al Registro Mercantil. Una vez otorgada esa autorización, estos documentos debían ser publicados en un periódico por las aseguradoras. Dado que esta autorización toma muchos meses, a veces años, los acreedores no tenían acceso a estos documentos tan rápido como deberían. La normativa mencionada era criticable, pues dicho retraso privaba a los acreedores de la protección que les da el Código de Comercio. La ley de 2010 debió corregir esto, o sea, permitir a las aseguradoras presentar al Registro Mercantil sus balances y estados financieros anuales, y publicarlos en la prensa, sin requerir una luz verde de Sudeaseg. Sin embargo, el artículo 71 de la ley de 2010 establecía:

> "Los estados financieros, aprobados por la asamblea de accionistas, deben ser:
>
> 1. Remitidos a la Superintendencia de la Actividad Aseguradora dentro de los noventa días siguientes al cierre del ejercicio económico, acompañados de la respectiva acta de asamblea de accionistas.
>
> 2. Publicados en uno de los diarios de mayor circulación nacional y en un diario de la localidad, en donde tenga su sede la empresa si ésta no estuviere en el Área Metropolitana de Caracas, **dentro de los cinco días hábiles siguientes a la autorización de publicación por parte de la Superintendencia de la Actividad Aseguradora**. Dentro de los dos días hábiles siguientes a la publicación, las empresas de seguros y las de reaseguros remitirán a la Superintendencia de la Actividad Aseguradora un ejemplar del periódico o periódicos en que hayan sido publicados" (resaltado nuestro).

Dicho texto legal fue reproducido, sin ningún cambio, en el artículo 71 de la ley de 2016, salvo que, en su encabezado, se aclaró que la mención de "la asamblea de accionistas" está referida a "la asamblea de accionistas de las empresas de seguros, de reaseguros, las financiadores de primas o cuotas, asociaciones cooperativas que realizan actividad aseguradora, las empresas de medicina prepagada, las administradores de riesgos, las sociedades de corretaje de seguros y las sociedades de corretaje de reaseguros" (el legislador olvidó que las asociaciones cooperativas no tienen accionistas). De modo que, bajo las leyes de 2010 y 2016, una vez que la asamblea de accionistas aprobara los balances y demás estados financieros anuales, debían ser enviados a Sudeaseg, para que ésta autorizara su publicación por las aseguradoras en un periódico; así que se necesitaba el visto bueno del regulador para esa publicación; pero no quedaba claro si las aseguradoras podían, antes de este visto bueno, presentar los documentos al Registro Mercantil. Sin embargo, amparados por una comunicación de Sudeaseg, los registradores mercantiles retrasaban la inclusión de los estados financieros en los expedientes de las aseguradoras en los registros mercantiles, en espera de la luz verde de Sudeaseg.

Con la reforma de 2023, el citado artículo 71 fue modificado; pasó a ser el artículo 79, sobre "Cierre del ejercicio económico, remisión y publicación de estados financieros"; y la primera parte de dicho artículo 79 quedó redactada así:

"Las empresas de seguros, de medicina prepagada, administradoras de riesgos, financiadoras de primas o de cuotas, sociedades de corretaje de seguros y sociedades de corretaje de reaseguros, deberán realizar el correspondiente cierre del ejercicio económico al 31 de diciembre de cada año, y las empresas de reaseguros al 30 de junio de cada año.

Los sujetos regulados, según correspondan, dentro de los sesenta (60) días continuos siguientes al cierre del ejercicio económico, deberán remitir:

1. Estado de situación financiera, estado de resultados y analíticos de los grupos de cuentas: activo, pasivo, egresos e ingresos, acompañados de los correspondientes anexos contables y estadísticos, así como de las relaciones pormenorizadas; suscritos por quienes ejerzan las funciones ejecutivas, de administración o finanzas y del área contable.

2. Informe de auditoría externa y la respectiva carta a la gerencia, suscritos por un contador público en el ejercicio independiente de la profesión, inscrito en el Registro de Auditores Externos de la Superintendencia de la Actividad Aseguradora.

3. Certificación de las reservas técnicas y el informe correspondiente, suscritos por un actuario independiente inscrito en la Superintendencia de la Actividad Aseguradora, con base a las normas que a tal efecto se dicten.

4. Margen de solvencia y patrimonio propio no comprometido correspondientes al último trimestre del ejercicio económico, suscrito por quien ejerza la función ejecutiva del sujeto regulado y por el actuario independiente inscrito en la Superintendencia de la Actividad Aseguradora, acompañado de la certificación del acta de junta directiva en la cual fueron presentados.

5. Memoria y cuenta presentada por la Junta Directiva a la Asamblea de Accionistas, acompañado del informe del comisario.

6. Acta de la asamblea general ordinaria de accionistas que conoció y aprobó lo dispuesto en los numerales 1, 3, 4 y 5 de este artículo, conjuntamente con el listado de los accionistas y miembros de la junta directiva para el ejercicio económico finalizado.

7. Información contable, estadística y cualquier otra que sea necesaria de acuerdo a las normas que a tal efecto dicte la Superintendencia de la Actividad Aseguradora".

El texto anterior no lo dice, pero, lógicamente, tal remisión es a Sudeaseg. La exigencia de estados financieros auditados y de una certificación de las reservas técnicas no es nueva, aunque los citados números 1, 2, 3 y 6 del artículo 79 de la ley de 2023 son más precisos.

Tanto la ley de 2016, como la ley de 2023, exigen que los entes que emiten pólizas de seguros y productos similares publiquen trimestralmente información sobre su patrimonio propio no comprometido y su margen de solvencia, señalando que el patrimonio propio no comprometido no puede ser inferior al margen de solvencia, que a su vez debe ser por un monto suficiente para cubrir desviaciones técnicas, financieras o económicas que afecten los resultados de dichos entes. Los números 4 y 6 del artículo 79 de la ley de 2023, antes citados, añaden que esa información debe ser certificada anualmente por la junta directiva, presentada a la asamblea ordinaria de accionistas y sometida a la Superintendencia en los 60 días continuos siguientes al cierre del ejercicio, todo lo cual es nuevo y razonable.

El artículo 52 de la ley de 2023 (que modifica el artículo 65 de la ley de 2016) agrega esto:

> "Las empresas de seguros, de reaseguros y de medicina prepagada están obligadas trimestralmente a publicar y remitir el margen de solvencia y el patrimonio propio no comprometido, en la forma y términos que establezca la Superintendencia de la Actividad Aseguradora en las normas que a tal efecto dicte".

Esto último es nuevo, porque el artículo 65 de la ley de 2016 establecía lo siguiente:

> "Las empresas de seguros, de reaseguros, de medicina prepagada y las asociaciones cooperativas que realizan actividad aseguradora, estarán obligadas a publicar trimestralmente **en uno de los diarios de mayor circulación nacional** y además **en un diario de la localidad, si se trata de una empresa domiciliada fuera del Área Metropolitana de Caracas**, el margen de solvencia y el patrimonio propio no comprometido de acuerdo con las normas que a este efecto dicte la Superintendencia de la Actividad Aseguradora" (resaltado nuestro).

De modo que, bajo el artículo 52 de la ley de 2023, la Superintendencia está facultada para no exigir a las empresas de seguros, reaseguros y medicina prepagada que publiquen su margen de solvencia en un diario de mayor circulación nacional, ni tampoco, si están domiciliadas fuera de Caracas, en un diario local. Por ejemplo, Sudeaseg les puede permitir que publiquen su margen de solvencia, más bien, en su respectivo portal web.

También son novedosas y están justificadas la exigencia de una memoria y cuenta de la junta directiva para la asamblea de accionistas y la Superintendencia, y la exigencia de información contable, estadística, etc., bajo los citados números 5 y 7 del artículo 79 de la ley de 2023.

El citado artículo 79 de la ley de 2023 prosigue con el texto copiado a continuación:

> "Las empresas de seguros, de reaseguros, de medicina prepagada y administradoras de riesgos **podrán** publicar sus estados financieros en un diario de circulación nacional, de forma impresa o digital, y en sus respectivos portales web, con antelación a su remisión a la Superintendencia de la Actividad Aseguradora, en cuyo caso la publicación deberá indicar expresamente que los mismos no han sido autorizados.
>
> Finalizado el procedimiento administrativo correspondiente a la inspección, la Superintendencia de la Actividad Aseguradora ordenará la publicación de los estados financieros al sujeto regulado, en un diario de circulación nacional, de forma impresa o digital, y en su respectivo portal web" (resaltado nuestro).

Esto es positivo, porque se permite a las aseguradoras y otras compañías reguladas poner de inmediato su información financiera a la disposición de acreedores actuales y potenciales, sin esperar la aprobación de la Superintendencia. Pero esto no es suficiente, pues el uso de la palabra "podrán" indica que esas empresas no tienen que divulgar dicha información financiera. Lo lógico sería que esas empresas estuvieran obligadas a divulgarla, y, si de la revisión por Sudeaseg resultara algún ajuste, que dieran a conocer luego la corrección correspondiente. Además, los estados financieros deberían ser agregados al expediente de las compañías en el registro mercantil, sin esperar la aprobación de la Superintendencia, en el entendido de que cualquier ajuste debe ser igualmente agregado a este expediente.

Tal como señalamos antes, el artículo 79 de la ley de 2023 dispone, entre otras cosas, que, cuando la Superintendencia inspeccione los estados financieros de las empresas de seguros, reaseguros, medicina prepagada y administración de riesgos, ocurrirá lo copiado seguidamente:

> "la Superintendencia de la Actividad Aseguradora ordenará la publicación de los estados financieros al sujeto regulado, en un **diario de circulación nacional**, de forma impresa **o digital**, y en su respectivo portal web".

Lo anterior es una innovación con respecto al artículo 71 de la ley de 2010, antes citado, que, en su parte relevante, establecía esto:

> "Los estados financieros, aprobados por la asamblea de accionistas, deben ser... Publicados e**n uno de los diarios de mayor circulación nacional** y en **un diario de la localidad, en donde tenga su sede la empresa si ésta no estuviere en el Área Metropolitana de Caracas,** dentro de los cinco días hábiles siguientes a la autorización de publicación por parte de la Superintendencia de la Actividad Aseguradora. Dentro de los dos días hábiles siguientes a la publicación, las empresas de seguros y las de reaseguros remitirán a la Superintendencia de la Actividad Aseguradora **un ejemplar del periódico o periódicos en que hayan sido publicados**" (resaltado nuestro).

De modo que ahora los estados financieros pueden ser publicados "en un diario de circulación nacional, de forma... digital". Además, ya no tienen que ser publicados "en un diario de la localidad, en donde tenga su sede la empresa si ésta no estuviere en el Área Metropolitana de Caracas". Esto es positivo.

XIII. MODIFICACIONES DE ESTATUTOS DE LOS ENTES REGULADOS

Bajo el artículo 71 de la ley de 1995, cualquier cambio en los estatutos de las compañías de seguros y reaseguros, y de corretaje de seguros y reaseguros, requería una autorización otorgada por la Superintendencia. La ley de 2001 no incluyó este requisito; pero la ley de 1995 redevino aplicable en 2002, con la suspensión por la Sala Constitucional de la ley de 2001. La ley de 2010 también exigió que las modificaciones estatutarias fueran aprobadas por Sudeaseg, pues su artículo 7, número 15, letra e, establecía, entre las atribuciones del Superintendente, la siguiente:

> "Otorgar autorización previa a los sujetos regulados para:... Modificar documentos constitutivos o estatutarios, que no impliquen una modificación en el objeto de su actividad".

El texto legal anterior fue reproducido, sin ningún cambio, en el artículo 8, número 15, letra e, de la ley de 2010. De modo que las decisiones de las asambleas de accionistas que modificaran los estatutos requerían, desde hacía muchos años, con un breve hiato entre 2001 y 2002, la aprobación del regulador. Esto se suavizó un poco con la reforma legal de 2023, porque el nuevo artículo 8 no incluye el texto precedente. La ley de 2023 no requiere que todas las modificaciones estatutarias sean aprobadas por el regulador, sino sólo algunas de ellas, ya que su artículo 8, número 9, establece, entre las atribuciones del Superintendente, la siguiente:

> "Otorgar autorización previa a los sujetos regulados para la adquisición o enajenación por cualquier título de las acciones de los sujetos regulados, así como para modificar documentos constitutivos o estatutarios en relación con el objeto social; razón social; enajenación de acciones; fusión; escisión; cesión de cartera; disolución anticipada; aumento, reintegro o disminución del capital social; decreto de dividendos o reparto de utilidades; designación de los miembros de la junta directiva o administradora, o modificación de su estructura".

Lo anterior es positivo, pues se limitan los casos en que las modificaciones estatutarias necesitan autorización de Sudeaseg; pero el texto precedente no es claro. En efecto, no se entiende cuáles exactamente son las modificaciones estatutarias que requieren la aprobación del regulador, porque varias de las operaciones citadas en dicho texto no requieren modificar los estatutos de la compañía. Sin duda, cambiar "el objeto social" o la "razón social" exige una modificación estatutaria; pero éste no es el caso de la "enajenación de acciones", mencionada seguidamente (a menos que los estatutos tengan una cláusula que mencione a los accionistas), ni de la "designación de los miembros de la junta directiva o administradora" (que trataremos abajo).

En cualquier caso, en dicho texto, son demasiadas las decisiones de los accionistas que deben ser sometidas a la Superintendencia, que se puede demorar muchos meses o años en dar su luz verde. Por ejemplo, no se debería requerir la aprobación del regulador para el "reintegro... del capital social", pues esta autorización se demora y es urgente que se permita a los accionistas reponer el capital perdido.

XIV. APROBACIÓN PREVIA PARA EL NOMBRAMIENTO DE LOS DIRECTORES O ADMINISTRADORES DE LOS ENTES REGULADOS

El nombramiento de los directores o administradores de los sujetos regulados lo realiza la asamblea de accionistas correspondiente, pero la ley de 2023 requiere la aprobación previa de la Superintendencia y exige el cumplimiento de ciertos requisitos.

El número 9 del artículo 8 de la ley de 2023 establece las atribuciones del Superintendente, entre las cuales está la siguiente:

> "Otorgar autorización previa a los sujetos regulados para la... designación de los miembros de la junta directiva o administradora...".

Pero no se debería requerir la aprobación del regulador para tal designación. De hecho, las leyes de 1995 y 2001 no requerían una autorización de Sudeaseg para que los accionistas cambiasen a los directores de las compañías de seguros y reaseguros, de corretaje de seguros y reaseguros, ni financiadoras de primas. Sin embargo, Sudeaseg publicó una resolución en la Gaceta Oficial N° 38.380 del 15 de febrero de 2006, que ilegalmente exigía la autorización de Sudeaseg para todos los cambios de control en cualquier aseguradora o cualquier otra compañía del sector seguros, que establecía ciertos requisitos que debían ser cumplidos por los individuos que desearan ser directores de tales compañías, y que contemplaba que el cumplimiento de estos requisitos fuese validado por Sudeaseg. En el mismo orden de ideas, el artículo 7, número 15, letra f, de la ley de 2010, regularizando lo anterior, establecía, entre las atribuciones del Superintendente, la siguiente:

> "Otorgar autorización previa a los sujetos regulados para:… Designar los miembros de la junta directiva o administradora…".

Lo anterior quedó idéntico en el artículo 8, número 15, letra f, de la ley de 2016, y en el citado número 9 del artículo 8 de la ley de 2023.

De modo que las leyes de 2010, 2016 y 2023 han requerido, sucesivamente, una autorización de Sudeaseg para que los accionistas cambien a los directores de dichas compañías. Esta autorización debió desaparecer con la ley de 2023, pero sigue igual, a pesar de que el artículo 8 de la ley de 2016 fue modificado en la reforma de 2023. Esto es problemático, porque Sudeaseg es muy lenta en otorgar autorizaciones y no debería inmiscuirse en quiénes van a administrar a aquellas aseguradoras y otros sujetos regulados que no estén enfrentando dificultades económicas, más allá de verificar que no exista ninguna inhabilitación, incompatibilidad ni otro impedimento; verificación ésta que puede ser realizada *a posteriori*.

El tema se complica, porque los requisitos exigidos para ser director o administrador no son razonables.

XV. REQUISITOS QUE DEBEN CUMPLIR LOS DIRECTORES O ADMINISTRADORES DE LOS ENTES REGULADOS

El artículo 18, número 4, letra a, de la ley de 2010 señalaba los requerimientos aplicables, que calificaba como "requisitos indispensables para obtener y mantener la autorización para operar como empresa de seguros", entre los cuales estaba "Poseer una junta directiva que tendrá a su cargo la administración de la empresa, compuesta por no menos de cinco integrantes", especificando que los directores deben:

> "Ser personas de comprobada solvencia económica y reconocida condición moral, deben tener calificación profesional derivada de haber obtenido un título universitario, con experiencia mínima de cinco años

en la actividad aseguradora o poseer destacada y comprobada experiencia de por lo menos diez años en funciones similares de administración, dirección, control o asesoramiento en la actividad aseguradora. Al menos un tercio de sus integrantes deben ser directores independientes, calificados como tales según las normas de gobierno corporativo que dicte la Superintendencia de la Actividad Aseguradora"

El texto anterior fue reproducido sin ningún cambio por el artículo 19, número 4, letra a, de la ley de 2016. De manera que, bajo las leyes de 2010 y 2016, una compañía de seguros debía tener al menos cinco directores, todos los cuales debían ser personas con conocimiento y experiencia en el área de seguros. Se trataba de requisitos tan inflexibles, que impedían, por ejemplo, que un médico fuese director de una aseguradora, aunque ésta emitiera numerosísimas pólizas de salud, o que un ingeniero fuese director de una aseguradora, aunque ésta emitiera numerosísimas pólizas de automóviles y asegurara numerosas maquinarias, plantas industriales y edificaciones, a menos que dicho médico o ingeniero hubieran trabajado antes en el sector asegurador. El legislador olvidó que la diversidad en las juntas directivas es importante y enriquecedora, y que éstas deben tener directores externos, ajenos al sector de seguros. En cuanto a esto último y de manera incongruente, el artículo 18 de la ley de 2010, y el artículo 19 de la ley de 2016, antes citados, establecían adicional e igualmente lo siguiente, en su número 4, letra a:

> "Al menos un tercio de sus integrantes deben ser directores independientes, calificados como tales según las normas de gobierno corporativo que dicte la Superintendencia de la Actividad Aseguradora.

Además, el artículo 18 de la ley de 2010, y el artículo 19 de la ley de 2016, antes citados, establecían adicional e igualmente lo siguiente, en su número 4, letra b:

> "Por lo menos la mitad de los integrantes de la junta directiva deben ser venezolanos. La totalidad de los miembros de la Junta deben estar domiciliados y residenciados en el país, de acuerdo a lo establecido en la ley".

De manera que, bajo las leyes de 2010 y 2016, una compañía de seguros debía tener al menos cinco directores, un tercio de los cuales debían ser directores independientes o externos; la mitad de los cuales debían ser venezolanos; y todos los cuales debían residir en Venezuela. Esto último es una camisa de fuerza innecesaria, porque perfectamente uno o varios de los directores podrían vivir en el exterior, y más ahora, con las comunicaciones a distancia modernas, por mecanismos tales como *zoom*.

El artículo 18, número 5, de la ley de 2010, y el artículo 19, número 5, de la ley de 2016, establecían igualmente, como "requisitos indispensables para obtener y mantener la autorización para operar como empresa de seguros", el siguiente requisito adicional:

> "Indicar en sus estatutos sociales que las personas que lleven la dirección efectiva o gestión diaria de la empresa, deben tener calificación profesional derivada de haber obtenido un título universitario, con experiencia mínima de cinco años en la actividad aseguradora o poseer destacada y comprobada experiencia de por lo menos diez años en funciones similares de administración, dirección, control o asesoramiento en la actividad aseguradora".

De manera que, bajo las leyes de 2010 y 2016, los empleados que llevasen el día a día de una aseguradora debían, también, ser individuos con conocimiento y experiencia en el área de seguros, lo cual se justifica para ciertos trabajos, pero no para otros. Me permito citar nuevamente el caso del médico y las pólizas de salud, y el caso del ingeniero y las pólizas que cubran automóviles, maquinarias, plantas industriales o edificaciones, quienes deberían poder tener cargos en "la dirección efectiva o gestión diaria de la empresa", aunque no hayan trabajado antes en el sector asegurador.

Finalmente, el artículo 18 de la ley de 2010, y el artículo 19 de la ley de 2016, antes citados, establecían adicional e igualmente lo siguiente, al final de dicho artículo:

> "El incumplimiento previo o sobrevenido de los requisitos exigidos en este artículo por parte de las empresas debidamente autorizadas, será sancionado…".

Algunos de los problemas explicados en los párrafos precedentes fueron solucionados parcialmente con la reforma legal de 2023. En efecto, el artículo 19 de la ley de 2016, que fue reformado y pasó a ser el artículo 13 en la ley 2023, expresa, entre otras cosas, lo siguiente:

> "Son requisitos indispensables para obtener y mantener la autorización para operar como empresa de seguros, de medicina prepagada, de reaseguros o administradora de riesgos, los siguientes:…
>
> **4.** Poseer una junta directiva o administradora compuesta por no menos de cinco (5) integrantes que cumplan con alguna de las siguientes condiciones:
>
> > **a.** Tener calificación profesional derivada de haber obtenido un título universitario, con experiencia mínima de cinco (5) años en la actividad aseguradora: en cargos de alto nivel (presidente o

presidenta, vicepresidente o vicepresidenta, gerente general u otros cargos de similar jerarquía o asesoramiento), en cargos de jerarquía inmediatamente anterior a los de alto nivel.

b. Poseer destacada y comprobada experiencia de por lo menos diez (10) años en cargos de alto nivel o en cargos de jerarquía inmediatamente anterior a los de alto nivel, en la actividad aseguradora o en empresas enmarcadas en sectores específicos de la economía, tales como: bancario, mercado de capitales, industrial, tecnología y de servicios, siempre que demuestren su trayectoria y experiencia profesional. En el caso de las empresas de medicina prepagada, adicionalmente se reconocerá la experiencia en el sector salud…

5. La totalidad de los integrantes de la junta directiva o administradora deben estar domiciliados y residenciados en el país, y no podrán ser cónyuges o mantener uniones estables de hecho entre sí, o estar vinculados por parentesco dentro del segundo grado de afinidad o cuarto de consanguinidad, ni ejercer simultáneamente cargos directivos en otros sujetos regulados o en otras empresas del sistema financiero. La mitad o más deben ser venezolanos o venezolanas.

6. Al menos un tercio de los integrantes de la junta directiva o administradora deben ser directores o directoras independientes, calificados como tales según las normas de gobierno corporativo que dicte la Superintendencia de la Actividad Aseguradora. Los directores o directoras que sean accionistas deben depositar en la caja social del sujeto regulado un número de acciones determinado en los estatutos, de conformidad con lo previsto en el Código de Comercio…".

Por otra parte, en cuanto concierne a las compañías financiadoras de primas, el artículo 141, números 6 y 7, de la ley de 2010, establecía, entre otras cosas, que "Por lo menos dos de los directivos deben tener experiencia en la actividad aseguradora y conocimientos en materia financiera no menor de tres años"; y que se debe presentar información sobre los miembros "de la junta directiva, que permita a la Superintendencia de la Actividad Aseguradora determinar si… cuentan con los requisitos de solvencia económica, financiera y reconocida condición moral para desarrollar la actividad financiadora". Lo anterior fue repetido por el artículo 143, números 6 y 7, de la ley de 2016. De modo que, bajo las leyes de 2010 y 2016, dos de los directores de las compañías financiadoras de primas debían ser individuos con conocimiento y experiencia en el área de seguros. Esta norma fue derogada en la reforma de 2023. Sin embargo, el nuevo artículo 71 de la ley de 2023 establece los siguientes requisitos para ser director de una financiadora (que se parecen a los requisitos actuales para ser director de una aseguradora):

"Son requisitos indispensables para obtener y mantener la autorización para operar como empresa financiadora de primas o de cuotas, los siguientes:…

4. Poseer una junta directiva, compuesta por no menos de tres (3) integrantes, que posean calificación profesional derivada de haber obtenido un título universitario, con experiencia mínima de tres (3) años en la actividad aseguradora o financiera, o posean destacada y comprobada experiencia de por lo menos cinco (5) años en tales actividades; en ambos casos, en cargos de alto nivel (presidente o presidenta, vicepresidente o vicepresidenta, gerente general u otros cargos de similar jerarquía o asesoramiento), o en cargos de jerarquía inmediatamente anterior a los de alto nivel.

5. La totalidad de los integrantes de la junta directiva deben estar domiciliados y residenciados en el país… Al menos la mitad deben ser venezolanos o venezolanas.

6. Al menos dos tercios de los integrantes de la junta directiva deben ser directores o directoras independientes, calificados como tales según las normas de gobierno corporativo que dicte la Superintendencia de la Actividad Aseguradora. Los directores o directoras que sean accionistas deben depositar en la caja social del sujeto regulado un número de acciones determinado en los estatutos, de conformidad con lo previsto en el Código de Comercio…".

De nuevo, considero que lo anterior es innecesariamente rígido, más aún por el hecho de que la Superintendencia se va a tardar aprobando los nombramientos de directores de las financiadoras.

La ley de 1995 indicaba los requisitos que debían ser cumplidos por los directores de las compañías de corretaje de seguros y las compañías de corretaje de reaseguros. Las leyes de 2001, 2010 y 2016 no regulaban esto. La ley de 2023 tampoco lo regula. Esto es positivo, porque el legislador está respetando la libertad de los accionistas de dichas compañías, que no están limitados en cuanto a los directores que pueden nombrar. Sin embargo, es posible que Sudeaseg considere que se aplica la resolución que publicó en la Gaceta Oficial N° 38.380 del 15 de febrero de 2006, que exigió que quienes desearan ser directores de las compañías de corretaje cumplieran ciertos requisitos de honorabilidad, solvencia y experiencia, a ser verificados por la Superintendencia.

XVI. SESIONES DE LA JUNTA DIRECTIVA O ADMINISTRADORA DE LOS ENTES REGULADOS

El número 16 del artículo 8 de la ley de 2023 establece lo siguiente, que es extremadamente intervencionista y totalmente absurdo:

> "Son atribuciones del o de la Superintendente de la Actividad Aseguradora:… Asistir con derecho a voz a las reuniones de junta directiva… de los sujetos regulados…".

Lo anterior no es nada nuevo, pues el número 35 del artículo 8 de la ley de 2016 establecía lo mismo.

XVII. DESPENALIZACIÓN DE LA ACUMULACIÓN DE CINCO INFRACCIONES EN DOS AÑOS

La primera parte del artículo 170 de la ley de 2010 establecía lo indicado seguidamente:

> "**Cuando los sujetos regulados hayan sido sancionados más de cinco veces, por haber actuado en contravención a la normativa que regula la actividad aseguradora,** efectuado oferta engañosa, presentado información financiera falsa, no asistir a los actos de conciliación, haber incurrido en los supuestos de elusión, retardo y rechazo con argumentos genéricos, previstos en la presente Ley, **en un lapso menor a dos años, serán sancionados** con cierre por un lapso de veinticuatro hasta setenta y dos horas, debiendo garantizar los servicios de asistencia al tomador, asegurado, beneficiario y contratante, así como los departamentos de reclamos o atención en caso de siniestros" (resaltados nuestros).

El artículo 173 de la ley de 2016 era casi idéntico.

De modo que, conforme a las leyes de 2010 y 2016, si una compañía de seguros, reaseguros, corretaje de seguros o reaseguros, o financiamiento de primas, era sancionada por violar la ley cinco veces en dos años, debía ser cerrada por un lapso que oscilaba entre 24 horas y 72 horas, lo que equivalía a que su licencia o autorización para operar fuera suspendida por hasta tres días. Esto era sumamente cuestionable, ya que, luego de que una violación había sido sancionada, no tenía sentido tomarla en consideración, sumada a otras violaciones que también habían sido sancionadas, para cerrar temporalmente la compañía. Además, cerrar una compañía, aunque sea por pocos días, era extremadamente dañino. Finalmente, cualquier compañía grande, especialmente una compañía de seguros podía fácilmente violar la ley cinco veces en dos años, lo cual debía resultar en un cierre de hasta tres días cada vez que Sudeaseg llevase a cabo una inspección. Esto era absurdo y, de hecho, era letra muerta.

Además de contemplar el cierre temporal de las actividades del asegurador, reasegurador, corredor o financiador de primas, los artículos citados establecían una sanción extrema para los directores y ejecutivos de la compañía de seguros, reaseguros, corretaje y financiamiento de primas, por la acumulación de cinco infracciones en dos años. En efecto, la segunda parte del mismo artículo 170 de la Ley de 2010 establecía lo siguiente:

> "Los integrantes de la junta directiva y los ejecutivos de los sujetos regulados, que incurran en los supuestos de hecho previstos en este artículo, serán sancionados con multa de cuatro mil Unidades Tributarias (4.000 U.T.) a cinco mil Unidades Tributarias (5.000 U.T.) y prohibición para el ejercicio de la actividad aseguradora o reaseguradora por el lapso de hasta diez años".

Y la segunda parte del citado artículo 173 de la ley de 2016 dispuso exactamente lo mismo.

De manera que, en caso de que una compañía aseguradora, reaseguradora, corredora o financiadora de primas violara la ley cinco veces en dos años, la ley de 2020 y la ley de 2016 castigaban a los directores y ejecutivos a los que se atribuyera tal violación con (i) multa de hasta 5.000 unidades tributarias, que era una penalidad importante para cualquier persona natural; y (ii) prohibición de trabajar en el sector de seguros por hasta diez años, que era una sanción mucho peor, pues esta inhabilitación privaba al afectado de su medio de subsistencia. Se trataba, pues, de una penalización fuera de toda proporción. Para colmo, la norma no precisaba que, si un director o ejecutivo no tenía nada que ver con la infracción, no podía ser penalizado; por el contrario, dichas sanciones podían eventualmente ser aplicadas a individuos no involucrados en la violación, cuyo único pecado era ser directores o ejecutivos. En caso de acumulación de violaciones en cabeza de uno de los sujetos regulados, era un exabrupto responsabilizar a todos los integrantes de su junta directiva y a todos sus ejecutivos, sin distinción.

La norma citada podía ser un disuasivo para invertir en compañías del sector seguros. También podía ser un disuasivo para ser director o ejecutivo de éstas, lo que era susceptible de alejar el talento. Además, a los sujetos regulados les convenía ejercer todos los recursos posibles contra cualquier acto administrativo sancionatorio, aunque la Administración tuviera la razón, para evitar que los mismos quedasen firmes, a fin de dificultar que se acumularan infracciones supuestas o reales, que pudieran dar lugar a la aplicación del artículo antes criticado.

Un elemento muy positivo de la ley de 2023 es que derogó el artículo 173 de la ley de 2016, que era una de sus normas más estrafalarias. En efecto, por su falta de toda racionalidad y proporcionalidad, y por castigar conductas ya sancionadas, dicho artículo era inconstitucional. La ley de 2001, suspendida por la Sala Constitucional en 2002, tenía un artículo parecido, pero peor, pues contemplaba el cierre definitivo de las compañías,[50] lo cual fue uno de los detonantes para que ejerciéramos un recurso por inconstitucionalidad contra dicha ley, repudiada por todo el gremio asegurador.[51]

XVIII. INTERFERENCIA REMOTA POR SUDEASEG DE LAS BASES DE DATOS, SISTEMAS Y COMPUTADORAS DE LOS SUJETOS REGULADOS

El número 2 del artículo 10 de la ley de 2001, relativo a las atribuciones de la Superintendencia, establecía lo siguiente:

> "la Superintendencia de Seguros tendrá derecho a **revisar** los archivos, expedientes y oficinas de los sujetos controlados, incluyendo sus **sistemas de información** y equipos de computación, tanto en el sitio como **a través de sistemas remotos**" (resaltado nuestro).

Este artículo dejó de aplicarse con la suspensión en 2002 por la Sala Constitucional de la ley de 2001, que dio lugar a que se volviera a aplicar la ley de 1995, la cual no tenía una disposición similar.

Sin embargo, luego, el artículo 7, número 6, de la ley de 2010, estableció, entre las atribuciones del Superintendente, la copiada a continuación:

---

50 El artículo 271 de la ley de 2001 establecía lo siguiente: "Cuando cualquiera de las personas señaladas en el artículo 1 de este Decreto Ley sea sancionada más de cinco (5) veces por la Superintendencia de Seguros en el lapso de tres (3) años, será suspendida la autorización para operar hasta por seis (6) meses. La Superintendencia de Seguros revocará la autorización para operar de los sujetos que luego de suspendidos hayan sido sancionados tres (3) veces en un período de tres (3) años contados a partir de la fecha en que quedó sin efecto la suspensión. El Reglamento del presente Decreto Ley establecerá los efectos de la suspensión de la autorización para operar".

51 El 8 de mayo de 2002 el autor de este trabajo y otros abogados de MENPA – Mendoza, Palacios, Acedo, Borjas, Páez Pumar & Cía.–, en nombre de las principales aseguradoras y de la Cámara de Aseguradores, introdujimos un recurso de nulidad contra la ley de 2001 ante la Sala Constitucional, en el que objetamos, entre otros, el artículo 271 de la ley de 2001.

"**Revisar** los archivos físicos, digitales, estadísticos y contables, expedientes, oficinas y sucursales de los sujetos regulados, incluyendo sus **sistemas de información**, equipos de computación y cualquiera otras bases de datos, tanto en el sitio como **a través de sistemas remotos**, pudiendo hacer uso de la fuerza pública, previa solicitud a los órganos competentes, cuando hubiere impedimento en el ejercicio de esas atribuciones y ello fuere necesario para la materialización de las potestades regulatorias" (resaltado nuestro).

Posteriormente, el número 6 del artículo 8 de la ley de 2016 estableció exactamente lo mismo.

Finalmente, en la reforma legal de 2023, el artículo 8 de la ley de 2016 sufrió modificaciones, pero la parte comentada de su número 6 quedó idéntica, salvo que pasó a ser el número 5 del artículo 8 de la ley 2023. De modo que la atribución mencionada tampoco cambió con la ley de 2023.

El citado número 2 del artículo 10 de la ley de 2001 agregaba lo copiado a continuación:

"dicho acceso será establecido mediante un Reglamento dictado por el Ejecutivo Nacional, en el cual se garantizará el derecho a la defensa y a la privacidad".

Similarmente, el citado número 6 del artículo 7 de la ley de 2010, y el citado número 6 del artículo 8 de la ley de 2016, mencionados arriba, añadían por igual lo siguiente:

"Se garantiza el derecho a la defensa, al debido procedimiento, a la privacidad y al secreto de la información".

La salvedad anterior fue eliminada, pues no figura en el citado número 5 del artículo 8 de la ley de 2023.

El número 6 del artículo 7 de la ley de 2010 y el número 6 del artículo 8 de la ley de 2016, antes transcritos, agregaban idénticamente lo que sigue:

"El o la Superintendente de la Actividad Aseguradora delegará en los funcionarios correspondientes el ejercicio de esta potestad".

Esto último tampoco aparece en el número 5 del artículo 8 de la ley de 2023, anteriormente citado.

De manera que, conforme a las leyes de 2010, 2016 y 2023, el titular o cualquier funcionario de Sudeaseg, autorizado por el Superintendente, puede controlar a las compañías de seguros, reaseguros, corretaje, financiamiento de primas, etc., accediendo a distancia a sus bases de datos, sistemas y computadoras. Dichas leyes no requieren que un reglamento regule dicho acceso, para preservar derechos constitucionales, como lo exigía la ley de 2001.

Esto es violatorio del derecho al secreto y a la inviolabilidad de las comunicaciones privadas, y del derecho a la defensa y al debido proceso. El derecho al secreto y a la inviolabilidad de las comunicaciones privadas se encuentra plasmado en el artículo 48 de la Constitución,[52] y el derecho a la privacidad y a la confidencialidad se encuentra plasmado en el artículo 60 de la Constitución.[53] Asimismo, las normas legales sucesivas mencionadas, de 2010, 2016 y 2023, son violatorias del derecho a la defensa y al debido proceso, consagrado en el artículo 49 de la Constitución,[54] porque permite que un ente de la Administración Pública inicie una investigación de un sujeto, sin que éste lo sepa y tenga la oportunidad de defenderse.

La privacidad de las comunicaciones y su confidencialidad son tan importantes que, por mandato constitucional, no pueden ser interferidas sino por orden de un tribunal. Además, toda persona investigada tiene derecho a conocerlo y a defenderse. Sin embargo, las leyes de 2001, 2010, 2016 y 2023 autorizan a Sudeaseg para acceder a toda la información privada, sin necesidad de una orden judicial, a distancia, y sin que los sujetos regulados sepan qué es lo que se está revisando, lo que infringe derechos protegidos constitucionalmente. Si Sudeaseg, conforme a los artículos citados de dichas leyes sucesivas, accede a distancia y de manera indiscriminada a la información de los entes regulados, incluyendo los correos electrónicos enviados o recibidos por éstos y los documentos anexos a dichos correos, guardados en las bases de datos, sistemas o computadoras, sin que ellos siquiera tengan conocimiento de ello, Sudeaseg está arbitraria y clandestinamente accediendo a una comunicación privada entre personas,

---

52 El artículo 48 de la Constitución establece: "Se garantiza el secreto e inviolabilidad de las comunicaciones privadas en todas sus formas. No podrán ser interferidas sino por orden de un tribunal competente, con el cumplimiento de las disposiciones legales y preservándose el secreto de lo privado que no guarde relación con el correspondiente proceso".

53 El artículo 60 de la Constitución establece: "Toda persona tiene derecho a la protección de su honor, vida privada, intimidad, propia imagen, confidencialidad y reputación. La ley limitará el uso de la informática para garantizar el honor y la intimidad personal y familiar de los ciudadanos y ciudadanas y el pleno ejercicio de sus derechos".

54 La disposición relevante es el artículo 49, número 1, de la Constitución, que establece lo siguiente: "La defensa y la asistencia jurídica son derechos inviolables en todo grado y estado de la investigación y del proceso. Toda persona tiene derecho a ser notificada de los cargos por los cuales se le investiga, de acceder a las pruebas y de disponer del tiempo y de los medios adecuados para ejercer su defensa. Serán nulas las pruebas obtenidas mediante la violación del debido proceso. Toda persona declarada culpable tiene derecho a recurrir del fallo, con las excepciones establecidas en esta Constitución y la ley".

en el marco de una investigación a un sujeto, que no le fue notificada, no dándole la oportunidad de defenderse, lo cual es una violación de las disposiciones constitucionales mencionadas. Distinto sería el caso, quizás, si el legislador hubiera limitado el acceso a, exclusivamente, la información contable de los entes regulados, es decir, el problema de inconstitucionalidad no existiría en el supuesto de que las leyes de 2001, 2010, 2016 y 2023 hubieran establecido que la revisión a distancia está restringida a los datos financieros, sin que Sudeaseg pueda, bajo ninguna circunstancia, leer los correos electrónicos enviados o recibidos por las empresas que controla, ni los documentos anexos, guardados por éstos en sus bases de datos, sistemas o computadoras. De hecho, estos correos y anexos pueden incluir, por ejemplo, comunicaciones de los sujetos con sus abogados, protegidos por el derecho a la defensa y el secreto profesional. También pueden incluir correspondencia privada de los empleados de los entes regulados, que en nada atañen a la Superintendencia.

El derecho a la privacidad está adicionalmente protegido por la Ley sobre Protección de la Privacidad de las Comunicaciones, que ratifica el derecho consagrado constitucionalmente. En efecto, dicha ley tiene como objeto "proteger la privacidad, confidencialidad, inviolabilidad y secreto de las comunicaciones que se produzcan entre dos o más personas". La misma establece en su artículo 2 la pena de prisión para el que "arbitraria, clandestina o fraudulentamente grabe o se imponga de una comunicación entre personas, la interrumpa o impida". No puede entenderse que las leyes de 2010, 2016 y 2023, aunque sean posteriores y especiales, derogan, en cuanto concierne al ámbito del seguro, a la Ley sobre Protección de la Privacidad de las Comunicaciones, ya que ésta desarrolla preceptos de la Constitución, que aquéllas debieron respetar. La Ley sobre Protección de la Privacidad de las Comunicaciones permite que únicamente las autoridades de policía puedan acceder a comunicaciones privadas, y sólo para investigar delitos graves allí establecidos, tales como delitos contra la seguridad del Estado, contra el patrimonio público y delitos relacionados con drogas (artículo 6). Incluso en esos casos, las autoridades de policía deben solicitar a un juez penal la autorización para hacerlo, y solamente en casos de extrema urgencia, pueden actuar sin autorización, debiendo notificar de inmediato al juez (artículo 7). Es decir, es tan importante el derecho a la confidencialidad de las comunicaciones privadas, que únicamente se pueden interceptar conforme a dicha ley en ciertos casos y con autorización o notificación judicial. Entonces, es contrario a derecho que las leyes de 2001, 2010, 2016 y 2023 autoricen a Sudeaseg a acceder a la información de los sujetos regulados, sin orden judicial y sin conocimiento del investigado, en ausencia de un procedimiento en el que pueda defenderse.

La norma mencionada fue una de las razones por las cuales cuestionamos la constitucionalidad de las leyes de 2001 y 2010. Esta inconstitucionalidad persistió en las leyes de 2016 y 2023, aunque Sudeaseg, en la práctica, no utilice la facultad que le fue acordada, que, por ende, es, repito, letra muerta.

XIX. SEGUROS OBLIGATORIOS, MICROSEGUROS, SEGUROS INCLUSIVOS Y SEGUROS MASIVOS, Y ELIMINACIÓN DE LOS SEGUROS SOLIDARIOS

1. *Seguros obligatorios y seguros solidarios*

Los seguros obligatorios son los seguros que los tomadores están obligados a contratar. Éste es el caso, en Venezuela, del seguro de responsabilidad civil por accidentes causados por automóviles, que los propietarios de éstos están obligados a tomar. Sin embargo, en nuestro país, el término seguros obligatorios se utiliza para referirse a ciertos seguros que las aseguradoras están obligadas a ofrecer y los intermediarios están obligados a colocar. Los tomadores, por su parte, no están obligados a contratar dichos seguros obligatorios. Se trata de ciertos seguros de salud y ciertos planes de medicina prepagada. Estos seguros obligatorios tienen elementos en común con los llamados seguros solidarios. Veamos:

El artículo 7, números 8 y 10, de la ley de 2010, determinaba, entre las atribuciones del Superintendente, las copiadas seguidamente:

> "Establecer mecanismos para garantizar el acceso y suscripción de seguros obligatorios y solidarios".
>
> "Determinar con sentido de inclusión, equidad y de justicia social, las tarifas y las condiciones generales y particulares de contratación, mediante actos administrativos generales, para todo el mercado asegurador, que permitan el acceso a las pólizas de seguros obligatorios y solidarios de inclusión, equidad y de justicia social".

Este texto fue reemplazado por el artículo 8, números 8 y 10, de la ley de 2016, que establecía exactamente lo mismo. Además, en cuanto a los seguros obligatorios y los seguros solidarios, el artículo 177 de la ley de 2010 establecía lo siguiente:

> "La Superintendencia de la Actividad Aseguradora sancionará con multa de cinco mil Unidades Tributarias (5.000 U.T.) a diez mil Unidades Tributarias (10.000 U.T.), a las empresas de seguros que no cumplan con la suscripción de contratos de seguros cuya adquisición sea de carácter obligatorio, según las leyes de la República y las normas prudenciales que dicte el órgano regulador.

> Igual sanción se aplica a las empresas de seguros o de medicina prepagada que no ofrezcan o no suscriban seguros solidarios o planes solidarios de salud".

El texto anterior fue sustituido por el artículo 180 de la ley de 2016, que dispuso lo siguiente:

> "La Superintendencia de la Actividad Aseguradora sancionará con multa de cinco mil Unidades Tributarias (5.000 U.T.) a sesenta mil Unidades Tributarias (60.000 U.T.), a las asociaciones cooperativas que realicen realizan la actividad aseguradora, empresas de seguros y empresas de medicina prepagada que no cumplan con la suscripción de contratos de seguros obligatorios con el número mínimo de pólizas o planes que establezca la Superintendencia de la Actividad Aseguradora.
>
> Igual sanción se aplica a las empresas de seguros, asociaciones cooperativas que realicen realizan la actividad aseguradora o empresas de medicina prepagada que no ofrezcan o no suscriban pólizas y planes solidarios".

Estos seguros obligatorios y seguros solidarios podían ser muy problemáticos, porque no se requería que cumplieran con los estándares técnicos que debían ser aplicados a cualquier seguro. Lo mismo puede decirse de los demás casos en los cuales la Superintendencia fija tarifas de prima uniformes. De hecho, el artículo 42 de la ley de 2010 establecía los requisitos de idoneidad y suficiencia aplicables a las primas, cuya determinación debía contar con respaldo estadístico, estudiado por actuarios, pero también establecía lo siguiente:

> "Cuando en ejecución de políticas del Estado venezolano, por razones de interés público o social, la Superintendencia de la Actividad Aseguradora apruebe una tarifa uniforme para cierta clase de riesgos, las empresas deberán aplicarla en sus operaciones en el ramo correspondiente".

El texto precedente fue retomado por el número 10 del artículo 43 de la ley de 2016.

Cabe preguntarse cómo estaban regulados los seguros obligatorios y los seguros solidarios, a los que el legislador dio tanta importancia. Comencemos con los seguros obligatorios:

La ley de 2010 le daba poder a Sudeaseg para establecer el contenido de las pólizas, en los casos en los que el legislador estableciera la obligación de asegurar ciertos riesgos, en cuyo caso las aseguradoras no se podían negar a asegurarlos, siempre que las partes interesadas cumplieran con los requisitos aplicables. Bajo la ley de 1995, esto había sido un asunto para ser decidido por el legislador, no por un mero funcionario público como el Superintendente. Esto invita la pregunta: ¿Acaso permitir a ese funcionario establecer el contenido de los seguros obligatorios no era violatorio de la reserva legal prevista en la Constitución?[55] En materia de seguros obligatorios, las disposiciones relevantes eran los artículos 136 y 177 de la ley de 2010, sustituidos por los artículos 138 y 180 de la ley de 2016. Empecemos con el artículo 136 de la ley de 2010, que establecía lo siguiente:

> "Se consideran seguros obligatorios los que se establezcan en la presente ley y en las Normas que rigen el Sistema Financiero Nacional. Los sujetos regulados en la presente Ley, no podrán negarse a la suscripción de contratos que amparen los mencionados riesgos.
>
> La Superintendencia de la Actividad Aseguradora establecerá pólizas, tarifas y demás documentos con carácter general y uniforme para la comercialización de estos seguros o cuando existan razones que en procura del interés general tutelado por la presente Ley, así lo justifiquen.
>
> El incumplimiento de lo dispuesto en el presente artículo será sancionado conforme a lo previsto en esta Ley".

El texto anterior fue repetido en el artículo 138 de la ley de 2016, salvo que la palabra "Ley" fue sustituida por las palabras "Decreto con Rango, Valor y Fuerza de Ley". Adicionalmente, el artículo 180 de la ley de 2016 permitía a la Superintendencia, en relación con la suscripción de contratos de seguro obligatorios, definir el número mínimo de pólizas o planes que las empresas de seguros, asociaciones cooperativas que realicen actividad aseguradora y empresas de medicina prepagada debían suscribir.

La ley de 2001 no había ido tan lejos como las leyes de 2010 y 2016. En efecto, previamente a éstas, la única mención de los seguros obligatorios estaba en el artículo 10, número 5, de la ley de 2001, que estableció, entre las atribuciones de la Superintendencia, la copiada a continuación:

> "Establecer los mecanismos para que quienes deban tomar un seguro obligatorio tengan acceso al mismo y para que las empresas de seguros suscriban dichos riesgos. Estos mecanismos deberán tener en cuenta las condiciones mínimas de asegurabilidad y la suficiencia de las coberturas y de las primas".

---

[55] Número 1 del artículo 187 y número 32 del artículo 156 de la Constitución.

Por otro lado, la ley de 2010 ordenó a las aseguradoras proveer cobertura a través de los llamados seguros solidarios. Esto fue una novedad con respecto a la ley de 1995 y la ley de 2001. Las disposiciones relevantes eran los artículos 134, 135 y 177 de la ley de 2010, sustituidos por el artículo 7, número 8, y los artículos 138, 135 y 177 de la ley de 2016. Empecemos con el artículo 134 de la ley de 2010, que establecía lo siguiente:

> "Las empresas de seguros y las de medicina prepagada están obligadas a ofrecer y suscribir contratos de seguros y planes de servicios de salud, que amparen a los jubilados, jubiladas, pensionados y pensionadas, adultos y adultas mayores, personas con discapacidad, a las personas con enfermedades físicas y/o mentales y aquellas personas cuyos ingresos mensuales no superen el equivalente a veinticinco Unidades Tributarias (25 U.T.), destinados a proteger riesgos tales como: enfermedades, servicios odontológicos, servicios funerarios y accidentes personales.
>
> Los intermediarios de seguros y de planes de salud están obligados a contribuir a la comercialización de los seguros solidarios y de planes solidarios de salud, a través de un descuento en las comisiones correspondientes a estos productos, cuyo porcentaje será determinado por la Superintendencia de la Actividad Aseguradora.
>
> El número de pólizas de seguros y planes de servicios de salud, las tarifas y otras condiciones para la comercialización de estos productos serán establecidas por la Superintendencia de la Actividad Aseguradora mediante normas prudenciales, considerando, entre otros factores, la proporción de la cartera del sujeto regulado dentro del mercado asegurador.
>
> La Superintendencia de la Actividad Aseguradora deberá incorporar otra clase de riesgos a ser cubiertos tales como: agrarios, de las cooperativas, de las comunidades populares, de turismo o cualquier otro riesgo que respondan a intereses de desarrollo y protección por parte del Estado…".

El artículo anterior fue derogado, pues no fue incluido en la ley de 2016, que trató estos temas en varias disposiciones. Por otro lado, el artículo 135 de la ley de 2010 establecía lo siguiente:

> "Las empresas de seguros y las de medicina prepagada no podrán negarse a suscribir las pólizas de seguros o planes de servicios de salud solidarios, si el tomador o el contratante cumple con las condiciones establecidas en el contrato. No se permitirá a la empresa la terminación anticipada de la póliza o de los planes de servicios de salud, o que se

niegue a la renovación, si se mantienen las mismas condiciones contractuales, salvo que se haya comprobado la mala fe del tomador, del asegurado, del beneficiario o del contratante.

Los intermediarios de seguros o de planes de salud no podrán negarse a comercializar los seguros solidarios o los planes de servicios de salud, si el tomador o el contratante cumple con las condiciones establecidas en el contrato".

El artículo anterior fue sustituido por el artículo 137 de la ley de 2016, que establecía exactamente lo mismo, salvo que agregaba, como sujetos obligados, a las asociaciones cooperativas que realizan actividad aseguradora.

¿Qué pasó en la reforma de 2023? La exposición de motivos del proyecto de la reforma de 2023 expresa:

"se elimina la prohibición de la banca seguro como una vía para la colocación de productos, y se incorpora el uso de los Servicios de Tecnología Financiera (FINTECH), a fin de facilitar la incorporación de la población económicamente vulnerable o desprotegida a los contratos de seguros masivos (vida, accidentes personales, funerarios, entre otros), incluyendo los microseguros, **en lugar de los seguros solidarios, los cuales no ha logrado el impacto social que fundamentó su incorporación en la anterior ley**, logrando así abrir nuevos canales de comercialización y servicios digitales" (resaltado nuestro).

En consecuencia, en la ley resultante de la reforma de 2023, se eliminaron todas las referencias a los seguros solidarios. Lo anterior fue un paso correcto para suprimir las normas que imponían a las aseguradoras el deber de emitir pólizas que no cumplían con el requisito de la suficiencia de la prima y las demás exigencias técnicas aplicables al seguro.

En consecuencia, la ley de 2023 sólo regula (i) los seguros obligatorios, y (ii) los microseguros, seguros inclusivos y seguros masivos.

2. *Microseguros, seguros inclusivos y seguros masivos, y seguros obligatorios*

¿Qué son los microseguros, seguros inclusivos y seguros masivos? La ley de 2023 tiene las siguientes definiciones, en su artículo 4:

"Microseguro: Producto de seguro o de medicina prepagada que ampara riesgos específicos, direccionado a sectores socioeconómicos vulnerables, con sumas aseguradas y primas o cuotas al alcance de estos".

"Seguro Inclusivo: Producto de seguro o de medicina prepagada que ampara riesgos específicos, direccionado a sectores sociales excluidos o desatendidos, que no necesariamente sean de bajos ingresos".

"Seguro Masivo: Producto de seguro o de medicina prepagada con sumas aseguradas y primas o cuotas de valores accesibles, direccionado a consumidores o usuarios con características comunes".

Las tres definiciones anteriores son similares e igualmente vagas. El artículo 55 de la ley de 2023 no aclara mucho, pues al respecto solamente establece esto:

"Los microseguros, seguros inclusivos y seguros masivos ofertados por las empresas de seguros y de medicina prepagada deben estar destinados a amparar:

1. Microseguros: sectores socioeconómicos vulnerables…

2. Seguros inclusivos: sectores sociales excluidos o desatendidos por las coberturas disponibles en el mercado asegurador, entre los que se encuentran: jubilados, pensionados, adultos mayores, personas con discapacidad física o mental, microempresarios, emprendedores, artesanos, población rural, etnias, productores agrícolas y pecuarios, pescadores y acuicultores.

3. Seguros masivos: cualquier sector social con características comunes, con sumas aseguradas y primas accesibles…".

El artículo 56 de la ley de 2023 tampoco da pistas claras para identificar y diferenciar los microseguros, seguros inclusivos y seguros masivos, pues dispone principalmente:

"Las empresas de seguros y de medicina prepagada, siempre que estén autorizadas para operar en el ramo correspondiente, podrán comercializar las siguientes coberturas:

1. Microseguros: salud, funerarios, accidentes personales, vida individual, vida colectivo, incendio y líneas aliadas, sustracción ilegítima, automóvil y otras coberturas de daños para residencias o comercios, en lo que se refiere a riesgos específicos y eminentes para el sector objetivo, menores a los establecidos en una póliza tradicional.

2. Seguros inclusivos: salud, funerarios, accidentes personales, vida individual, vida colectivo, incendio y líneas aliadas, sustracción ilegítima, automóvil, coberturas de daños para residencias o comercios, agrícolas, pecuarios, pesca y acuicultura.

3. Seguros masivos: vida individual, vida colectivo, funerarios, accidentes personales, salud, incendio, sustracción ilegítima, combinado

residencial, combinado para comercios, automóvil, agrícola, pecuario, diversos, responsabilidad patronal, responsabilidad empresarial y responsabilidad general…".

Las nociones de microseguros, seguros inclusivos y seguros masivos se solapan. El regulador del sector seguros está facultado para fijar criterios más precisos que los anteriores. En efecto, el número 17 del artículo 8 de la ley de 2023 establece lo siguiente:

"Son atribuciones del o de la Superintendente de la Actividad Aseguradora:… Establecer mediante normas el marco regulatorio para el uso de medios digitales y canales alternativos, de distribución de productos de seguros y de medicina prepagada, así como para la comercialización y desarrollo de los microseguros, seguros masivos y seguros inclusivos".

Asimismo, el artículo 56 de la ley de 2023 establece lo que sigue, con respecto a los microseguros, los seguros inclusivos y los seguros masivos:

"La Superintendencia de la Actividad Aseguradora, mediante las normas que se dicten a tal efecto, establecerá el alcance y características que deberán cumplir estos productos. Igualmente, atendiendo al interés social, podrá limitar, agregar o condicionar las coberturas permitidas, así como los riesgos y montos amparados".

De modo redundante, el citado número 1 del artículo 55 de la ley de 2023 señala que el regulador puede dictar normas sobre los microseguros; esto sobra. De hecho, a pesar de que dicho artículo trata también los seguros inclusivos y los seguros masivos, no repite, respecto de los mismos, que la Superintendencia puede regularlos.

Tres providencias administrativas de Sudeaseg, todas del 29 de agosto de 2024, publicadas en la Gaceta Oficial Extraordinaria N° 6.835 del 3 de septiembre de 2024, complementaron las definiciones anteriores, pero sin añadir nada:

Primero, la Providencia Administrativa N° SAA-01-0520-2024, contentiva de unas Normas que Regulan los Microseguros o Microplanes en la Actividad Aseguradora, incluye, en su artículo 2, la siguiente definición:

"**Microseguros o microplanes:** Producto dirigido a sectores económicos vulnerables, de conformidad con las normas dictadas a tal efecto por la Superintendencia de la Actividad Aseguradora."

Segundo, la Providencia Administrativa N° SAA-01-0518-2024, contentiva de unas Normas que Regulan los Seguros y Planes Inclusivos en la Actividad Aseguradora, incluyó, en su artículo 2, la siguiente definición:

> "**Seguro inclusivo o plan inclusivo:** Productos que van dirigidos a sectores sociales excluidos o desatendidos por las coberturas disponibles en el mercado asegurador, entre los que se encuentran: jubilados, pensionados, adultos mayores, personas con discapacidad física o mental, microempresarios, emprendedores, artesanos, población rural, etnias, productores agrícolas y pecuarios, pescadores y acuicultores."

Y tercero, la Providencia Administrativa N° SAA-01--2024, contentiva de unas Normas que Regulan los Seguros y Planes Masivos en la Actividad Aseguradora, incluyó, en su artículo 2, la siguiente definición:

> "**Seguros masivos o planes masivos:** Producto dirigido a cualquier sector social con características comunes, con sumas aseguradas y primas accesibles."

Más adelante trataremos la distribución mediante la bancaseguro y otros canales alternativos de los microseguros, seguros inclusivos y seguros masivos.

Sobre los seguros obligatorios, el artículo 8, número 6, de la ley de 2023 establece lo siguiente:

> "Son atribuciones del o de la Superintendente de la Actividad Aseguradora:... determinar con sentido de inclusión, equidad y de justicia social, las tarifas y condiciones para todo el mercado asegurador, que permitan el acceso a los contratos de seguros o de medicina prepagada obligatorios".

A esto se añade que el artículo 30 de la ley de 2023 estatuye lo transcrito seguidamente:

> "Se consideran seguros y planes de medicina prepagada obligatorios los que así establezca el Ejecutivo Nacional. Los sujetos están obligados a la suscripción de los contratos de tales seguros o planes de medicina prepagada, según corresponda.
>
> La Superintendencia de la Actividad Aseguradora establecerá con carácter general y uniforme los contratos de seguros, de medicina prepagada, tarifas y demás documentos para la comercialización de seguros o planes obligatorios, o cuando existan razones que en procura del interés general tutelado por la presente ley, así lo justifiquen".

Respecto de los seguros obligatorios, el artículo 126 número 9, y el artículo 135, número 8, y de la ley de 2023, disponen:

> "Serán sancionados con multa los sujetos regulados, según corresponda, que incurran en los siguientes supuestos:... De Diez Mil (10.000) a Veinticinco Mil (25.000) veces el tipo de cambio de

referencia, cuando las empresas de seguros y de medicina prepagada no cumplan con la suscripción de los seguros y planes de medicina prepagada obligatorios".

"Los intermediarios de la actividad aseguradora que incurran en los supuestos mencionados a continuación, serán sancionados con multa de Cinco Mil (5.000) a Quince Mil (15.000) veces el tipo de cambio de referencia, cuando:… No comercialicen o impidan la suscripción de los seguros obligatorios".

3. *Consideraciones finales sobre los seguros obligatorios, microseguros, seguros inclusivos y seguros masivos*

Los microseguros, seguros inclusivos y seguros masivos son pólizas que las empresas de seguros están obligadas a ofrecer y los intermediarios están obligados a colocar. Sin embargo, al legislador de 2023, en las disposiciones sancionatorias, se le olvidaron los microseguros, seguros inclusivos y seguros masivos; pues sólo castigó con multa las infracciones en materia de seguros obligatorios, mediante el artículo 126 número 9, y el artículo 135, número 8, de la ley de 2023, antes citados. Dada la reserva legal y el principio de la legalidad, Sudeaseg no puede establecer penalidades en materia de microseguros, seguros inclusivos y seguros masivos.

Es importante que Sudeaseg, al emitir la normativa sobre los microseguros, seguros inclusivos y seguros masivos, y sobre los seguros obligatorios, no incluya disposiciones que exijan a las aseguradoras otorgar coberturas que incumplan los parámetros técnicos.

Más adelante trataremos la bancaseguro y otros canales alternativos de distribución de productos de seguros. Por ahora sólo diremos que la bancaseguro y los demás canales alternativos son ideales para distribuir los microseguros, seguros inclusivos y seguros masivos, y los seguros obligatorios. No obstante, curiosamente, el legislador de 2023, en las disposiciones sobre bancaseguro y otros canales alternativos, sólo tomó en cuenta los microseguros, seguros inclusivos y seguros masivos, pues olvidó los seguros obligatorios, a pesar de que dichos canales son mecanismos de distribución idóneos para estos seguros. Sin embargo, posiblemente, tal como explicaremos abajo, los seguros obligatorios califiquen adicionalmente como seguros masivos, los cuales sí pueden ser distribuidos mediante bancaseguro y otros canales alternativos.

XX. RESERVAS TÉCNICAS

Las reservas técnicas estaban reguladas en los artículos 79 a 93 de la ley de 1995 (que redevino aplicable en 2002 con la suspensión de la ley de 2001), los cuales fueron sustituidos por los artículos 44 a 62 de la ley de 2010, que a su vez fueron reemplazados por los artículos 45 a 62 de la ley de 2010, que conservaron su numeración en la ley de 2016 y que fueron modificados en la reforma de 2023, siendo ahora los artículos 32 al 49 de la ley de 2023.

1. *Tipos de reservas*

El artículo 32 de la ley de 2023, que sustituyó el artículo 45 de la ley de 2016, dice que las reservas técnicas son:

> "...las reservas matemáticas, reservas para riesgos en curso, reservas para cuotas en curso, reservas complementarias para riesgos en curso por insuficiencia de primas, reservas complementarias para riesgos en curso por insuficiencia de cuotas, reservas para prestaciones y siniestros pendientes de pago, reservas para servicios prestados y reembolsos pendientes de pago, reservas para siniestros ocurridos y no notificados, reservas para servicios prestados y reembolsos no notificados, reservas para riesgos catastróficos y reservas para reintegro por experiencia favorable...".

Con el artículo anterior, resultante de la reforma de 2023, surgió una categoría nueva de reservas técnicas, a saber: las reservas complementarias para riesgos en curso por insuficiencia de primas o cuotas.

Las reservas son definidas así, en la ley de 2023:

Primero, las reservas matemáticas son materia del artículo 33 de la ley de 2023, que dispone:

> "Las empresas de seguros y de reaseguros deben constituir y mantener una reserva matemática, que se calculará de acuerdo con el reglamento actuarial que le haya sido aprobado por la Superintendencia de la Actividad Aseguradora a la empresa de seguros, para cada tipo de seguro de vida individual que así lo establezca".

El texto anterior contiene modificaciones de forma con respecto al artículo 46 de la ley de 2016.

Segundo, las reservas para riesgos en curso y cuotas en curso son materia del artículo 34 de la ley de 2023, que dispone:

> "Las empresas de seguros deben constituir y mantener una reserva para riesgos en curso que no será inferior a las primas cobradas, deducidas las devoluciones y netas de la comisión efectivamente pagada al intermediario, correspondientes a períodos no transcurridos. Esta reserva será constituida para los seguros generales y los seguros de vida que así lo requieran.
>
> Las empresas de medicina prepagada deben constituir y mantener una reserva para cuotas en curso que no será inferior a las cuotas cobradas, deducidas las devoluciones y netas de la comisión efectivamente pagada al intermediario, correspondientes a períodos no transcurridos.
>
> Las empresas de reaseguros deben constituir y mantener una reserva para riesgos en curso, en los mismos términos establecidos en este artículo, por los riesgos aceptados de las empresas de seguros y de medicina prepagada".

El texto anterior modifica el artículo 47 de la ley de 2016, pero las modificaciones no son significativas.

Tercero, las reservas complementarias para riesgos en curso por insuficiencia de primas o cuotas, que son unas reservas que no estaban previstas en la ley de 2016, son materia del artículo 35 de la ley de 2023, que dispone:

> "Las empresas de seguros, de reaseguros y de medicina prepagada deben constituir y mantener una reserva complementaria para riesgos en curso por insuficiencia de primas o insuficiencia de cuotas, según corresponda, en la medida en que el importe de la reserva para riesgos en curso o cuotas en curso no sea suficiente para cumplir con los compromisos asumidos con los asegurados, beneficiarios, usuarios o afiliados.
>
> La Superintendencia de la Actividad Aseguradora, mediante las normas que a tal efecto dicte, establecerá los ramos aplicables, el método de cálculo y demás principios por los cuales se regirán las empresas de seguros, de reaseguros y de medicina prepagada en la constitución de estas reservas".

De manera que las reservas complementarias para riesgos en curso por insuficiencia de primas o cuotas, que son una innovación de la reforma de 2023, sólo tienen que ser constituidas si las reservas para riesgos en curso son insuficientes, y su regulación corresponde a la Superintendencia.

Cuarto, las reservas para prestaciones y siniestros pendientes de pago y reservas para servicios prestados y reembolsos pendientes de pago son materia del artículo 36 de la ley de 2023, que dispone:

> "Las empresas de seguros y de medicina prepagada deben constituir y mantener una reserva para prestaciones y siniestros pendientes de pago y una reserva para servicios prestados y reembolsos pendientes de pago, respectivamente, en la cual se incluirán los compromisos pendientes con terceros que hayan cumplido por orden y cuenta de los mencionados sujetos regulados, con los asegurados, beneficiarios, usuarios o afiliados.
>
> Las empresas de reaseguros deben constituir y mantener una reserva para prestaciones y siniestros pendientes de pago a las empresas cedentes.
>
> La Superintendencia de la Actividad Aseguradora, mediante las normas que a tal efecto dicte, establecerá los principios y criterios por los cuales se regirán las empresas de seguros, de reaseguros y de medicina prepagada en la constitución de estas reservas técnicas".

El artículo 48 de la ley de 2016 se refería a las reservas para prestaciones y siniestros pendientes de pago, como una obligación de las empresas de seguro, de las empresas de medicina prepagada y de las asociaciones cooperativas que realizan actividad aseguradora. Las reservas para servicios prestados y reembolsos pendientes de pago, que tienen que constituir las empresas de medicina prepagada, son el equivalente de las reservas para prestaciones y siniestros pendientes de pago, que tienen que constituir las empresas de seguro.

Quinto, las reservas para siniestros ocurridos y no notificados, y las reservas para servicios prestados y reembolsos no notificados, son materia del artículo 37 de la ley de 2023, que dispone:

> "Las empresas de seguros y de medicina prepagada deben constituir y mantener una reserva para siniestros ocurridos y no notificados y una reserva para servicios prestados y reembolsos no notificados, respectivamente, la cual se determinará por ramo de acuerdo con la experiencia de cada empresa y, en ningún caso, podrá ser inferior a tres por ciento (3%) de las reservas para prestaciones y siniestros pendientes de pago o de las reservas para servicios prestados y reembolsos pendientes de pago del respectivo período, según corresponda.
>
> Las empresas de reaseguros deben constituir y mantener una reserva para siniestros ocurridos y no notificados, por los riesgos aceptados, en la misma proporción constituida por las empresas cedentes.

La Superintendencia de la Actividad Aseguradora mediante las normas que a tal efecto dicte, podrá modificar el porcentaje señalado, según la experiencia del sector asegurador venezolano, y establecer criterios técnicos y metodologías para su determinación".

El texto anterior modifica el artículo 49 de la ley de 2016, pero las modificaciones no son significativas.

Sexto, las reservas para riesgos catastróficos son materia del artículo 38 de la ley de 2023, que dispone:

"Las empresas de seguros, de reaseguros y de medicina prepagada, constituirán y mantendrán una reserva para los riesgos cubiertos por el respectivo contrato, cuyo efecto, en caso de siniestro, puede ser de carácter catastrófico, tales como: terrorismo, explosiones, motín, disturbios, daños maliciosos y los que se califican de forma general como catástrofes naturales: terremoto, maremoto, tsunami, inundación, movimientos de masas, flujos torrenciales, huracanes, eventos climáticos, incluida cualquier circunstancia o evento que afecte la actividad agrícola.

Esta reserva será equivalente al treinta por ciento (30%) de las primas o cuotas puras o de riesgo retenidas, por los riesgos nombrados en este artículo, correspondientes a períodos transcurridos.

Los sujetos regulados que durante el ejercicio inmediatamente anterior manejen una siniestralidad incurrida igual o menor al treinta por ciento (30%) en los ramos que amparan los riesgos anteriormente señalados, deberán incrementar la reserva para riesgos catastróficos en un monto equivalente a diez por ciento (10%) del resultado técnico obtenido en dichos ramos.

El saldo de la reserva para riesgos catastróficos tendrá como límite máximo un monto equivalente a setenta y cinco por ciento (75%) del valor de la Pérdida Máxima Probable Retenida Promedio correspondiente a los últimos cinco (5) ejercicios económicos.

La Superintendencia de la Actividad Aseguradora, mediante las normas que a tal efecto dicte, establecerá los mecanismos de constitución de la reserva prevista en este artículo, el tratamiento aplicable en caso que exista reaseguro de esos riesgos, así como los modos de liberar esta reserva, a cuya finalidad se dirigirá una proporcionalidad razonable a un Fondo de Reservas Catastróficas Nacional existente o que se cree con los aportes de las reservas liberadas. Este fondo será administrado por el Ministerio del Poder Popular con competencia en materia de finanzas".

El texto anterior reforma el artículo 49 de la ley de 2016, sin incluir cambios importantes.

Y séptimo, las reservas para reintegro por experiencia favorable también fueron objeto de cambios menores en la reforma de 2023, por lo que se reformó el artículo 51 de la ley de 2016, que ahora es el artículo 39 de la ley de 2023:

> "Las empresas de seguros y de medicina prepagada deben constituir y mantener una reserva para reintegro por experiencia favorable en la cuantía y forma que determine la Superintendencia de la Actividad Aseguradora, mediante las normas que dicte al efecto".

2. *Bienes aptos para la representación de las reservas*

Los bienes aptos para la representación de las reservas estaban regulados en el artículo 52 de la ley de 2016, que fue reformado y ahora es el artículo 40 de la ley de 2023. Ambas normas sucesivamente vigentes comienzan indicando por igual que, para que los bienes y derechos sean aptos para representar las reservas, deben encontrarse en el país.

Por una parte, el encabezado del artículo 52 de la ley de 2016 establecía lo que sigue:

> "El monto obtenido de la sumatoria de todas las reservas técnicas debe estar representado en los bienes o derechos ubicados en la República…".

Por otra parte, el encabezado del artículo 40 de la ley de 2023 establece, muy similarmente, lo que sigue:

> "El monto obtenido de la sumatoria de todas las reservas técnicas debe estar representado y cubierto en bienes o derechos situado (sic) en la República…"

Otro elemento en común de esas dos normas sucesivamente vigentes es que el número 1 del artículo 52 de la ley de 2016 y su sucesor el número 2 del artículo 40 de la ley de 2023 incluyen a los títulos de la deuda pública venezolana entre los bienes aptos para representar las reservas.

Por un lado, el número 1 del artículo 52 de la ley de 2016 disponía lo copiado seguidamente:

> "En títulos valores denominados en moneda nacional o extranjera, emitidos o garantizados por la República, por otros sujetos de derecho público nacionales o emitidos por instituciones o empresas en los (sic) cuales tengan participación esos entes, siempre que estén custodiados por una institución financiera del sector bancario o del mercado de valores, de carácter público…".

Por otro lado, el número 2 del artículo 40 de la ley de 2023 dispone, de manera casi idéntica, lo copiado seguidamente:

> "Títulos valores denominados en moneda nacional o extranjera, emitidos o garantizados por la República, por otros sujetos de derecho público nacional (sic) o emitidos por instituciones o empresas en los (sic) cuales tengan participación esos entes, siempre que estén custodiados por una institución financiera del sector bancario o del mercado de valores, de carácter público".

Otros elementos en común de las dos normas sucesivamente vigentes son los siguientes:

Los números 2 y 4 del artículo 52 de la ley de 2016 preveían la posibilidad de representar las reservas en lo que sigue:

> "En depósitos en bancos o instituciones financieras domiciliados en el país y regulados por la ley especial que regula la materia bancaria, que no sean empresas filiales, afiliadas relacionadas, de conformidad con las normas que al efecto dicte la Superintendencia de la Actividad Aseguradora".
>
> "En otros bienes o formas de representación que sean autorizados por la Superintendencia de la Actividad Aseguradora, de conformidad con las normas que al efecto dicte la Superintendencia de la Actividad Aseguradora".

De manera casi idéntica, los números 1 y 5 del artículo 40 de la ley de 2023 prevén la posibilidad de representar las reservas en lo siguiente:

> "Depósitos en moneda nacional o extranjera, en bancos o instituciones financieras domiciliados en el país y contemplados en la ley especial que regula la materia bancaria, que no sean empresas filiales, afiliadas o relacionadas".
>
> "En otros activos o derechos nacionales que sean autorizados por la Superintendencia de la Actividad Aseguradora".

De manera que ahora se especifica que la inversión en depósitos abarca depósitos en moneda extranjera, pero no era necesario especificar esto, pues la vieja norma no decía lo contrario, y, en todo caso, debe tratarse de depósitos en la banca venezolana, que desde hace años está habilitada para recibir depósitos en divisas.

Pero existen diferencias entre dichas normas sucesivamente vigentes, en lo siguiente:

En primer lugar, cuando el número 1 del artículo 52 de la ley de 2016, antes citado, decía que las reservas deben estar representadas en bienes o derechos ubicados en la República, agregaba lo que sigue:

"o documentados en títulos valores ubicados en el país".

En cambio, el número 2 del artículo 40 de la ley de 2023 ahora agrega lo que sigue:

"o documentados en títulos valores emitidos y ubicados en el país...".

Esto último descarta, como bienes aptos para representar las reservas, los títulos valores emitidos en el exterior y ubicados en Venezuela.

En segundo lugar y en cuanto a la representación de las reservas, el número 3 del artículo 52 de la ley de 2016 preveía la posibilidad de representar las reservas en lo que sigue, adicionalmente a los bienes y derechos antes mencionados:

"Predios urbanos edificados cuyas bienhechurías posean la respectiva constancia de culminación de obras otorgada por la autoridad municipal competente en la materia, libres de gravámenes, situados en la República, hasta por el noventa por ciento (90%) del valor del avalúo del inmueble, practicado de conformidad con las normas que al efecto dicte la Superintendencia de la Actividad Aseguradora".

En cambio, los números 3 y 4 del artículo 40 de la ley de 2023 prevén la posibilidad de representar las reservas en lo siguiente:

"Participación en fondos de inversión, en moneda nacional o extranjera, cotizados y constituidos exclusivamente con títulos de renta fija o variable, emitidos y custodiados por instituciones o empresas de la República Bolivariana de Venezuela".

"Participación en fondos de inversión inmobiliarios, en moneda nacional o extranjera, constituidos en la República Bolivariana de Venezuela, así como en bienes inmuebles edificados. Los activos deben estar ubicados exclusivamente en el territorio Nacional".

De manera que las innovaciones de fondo en materia de bienes aptos para reservas de la reforma de 2023 son que (i) ahora se puede invertir en "inmuebles edificados", sin requerir que se trate de inmuebles urbanos (la legislación anterior hablaba de "Predios **urbanos** edificados", lo cual era una limitante absurda); y (ii) ahora se puede invertir en fondos de inversión, incluyendo fondos de inversión inmobiliarios, en cualquier moneda, lo que está muy bien.

El citado artículo 40 de la ley de 2023 restringe, en relación con las reservas para riesgos catastróficos, los bienes aptos para representarlas, pues además señala que "solo podrán considerarse los bienes o derechos previstos en los numerales 1, 2 y 5"; es decir, son aceptables los depósitos, títulos de la deuda pública y otros bienes autorizados por Sudeaseg. Por lo tanto, respecto de los riesgos catastróficos, el legislador excluyó, como aptas para representar reservas, las participaciones en fondos de inversión inmobiliarios y otros fondos de inversión. Esta exclusión tiene sentido en cuanto concierne a los fondos de inversión inmobiliarios, pues las catástrofes pueden afectar muchos inmuebles de una zona, así que pueden incidir negativamente sobre las inversiones inmobiliarias. En cambio, esta exclusión no tiene sentido en cuanto concierne a los fondos de inversión no inmobiliarios.

Los artículos 54 y 55 de la ley de 2016, al igual que los artículos 52, 53 y 54 de la ley de 2010, establecían porcentajes específicos respecto de las inversiones en las que las aseguradoras debían invertir las reservas, lo cual era muy limitativo e intervencionista. Por ejemplo, en la ley de 2010, se establecía que las aseguradoras debían invertir al menos el 40% de sus reservas en deuda pública venezolana (artículo 53, número 2, y artículo 54, número 2),[56] y, en el caso de riesgos catastróficos, este porcentaje aumentaba al 80% (artículo 54, número 2);[57] así que el gobierno se financiaba a costa

---

56 El artículo 53, número 2, de la ley de 2010 establecía lo siguiente: "Las empresas de seguros y las de reaseguros deben mantener activos aptos para la representación de las reservas matemáticas, las reservas para riesgos en curso y las reservas para reintegro por experiencia favorable previstas en esta Ley, en los siguientes porcentajes:... No menos del cuarenta por ciento (40%) en títulos valores emitidos o garantizados por la República, o por entes descentralizados funcionalmente de carácter empresarial en los términos establecidos en la Ley Orgánica de Administración Pública". Y el artículo 54, número 2, de la ley de 2010 establecía lo siguiente: "Las empresas de seguros y las de reaseguros deben mantener activos aptos para la representación de las reservas para prestaciones y siniestros pendientes de pago y las reservas para siniestros ocurridos y no notificados, previstas en esta Ley, en los siguientes porcentajes:... No menos del cuarenta por ciento (40%) en títulos valores emitidos o garantizados por la República, o por entes descentralizados funcionalmente de carácter empresarial en los términos establecidos en la Ley Orgánica de Administración Pública".

57 El artículo 55, número 2, de la ley de 2010, establecía lo siguiente: "Las empresas de seguros y las de reaseguros deben mantener activos aptos para la representación de la reserva para riesgos catastróficos prevista en esta Ley, en los siguientes porcentajes:... No menos del ochenta por ciento (80%) en títulos valores emitidos o garantizados por la República, o por entes descentralizados

de las reservas de las aseguradoras, o sea, indirectamente, a costa de los tomadores de seguro. Esto fue atenuado un poco en la ley de 2016, que redujo el porcentaje que las aseguradoras debían invertir de sus reservas en deuda pública venezolana a un mínimo del 30% (artículo 54, número 2),[58] manteniendo, para los riesgos catastróficos, el porcentaje del 80% (artículo 55, número 2).[59] En la reforma legal de 2023, el artículo 53 de la ley de 2016 fue reformado, y los artículos 54 y 55 de la ley de 2016 fueron derogados, con lo que desaparecieron los porcentajes legales específicos de inversiones en los que las aseguradoras debían invertir las reservas. Estos artículos fueron sustituidos por la parte final del artículo 40 de la ley de 2023, que sigue siendo limitativo e intervencionista, pero abre la puerta para que Sudeaseg deje a las aseguradoras el margen de libertad que considere apropiado:

> "El Superintendente de la Actividad Aseguradora establecerá anualmente, los porcentajes mínimos y máximos, así como los requisitos, límites y procedimientos necesarios, para la aplicación de estos bienes y derechos en la representación y cobertura de las reservas técnicas, previa aprobación del Ministro o Ministra en competencia en materia de finanzas.

---

funcionalmente de carácter empresarial en los términos establecidos en la Ley Orgánica de Administración Pública".

58 El artículo 54, número 2, de la ley de 2016 establecía lo siguiente: "Las empresas de seguros, de reaseguros, de medicina prepagada y las asociaciones cooperativas que realizan actividad aseguradora deben mantener activos aptos para la representación del 100% de las reservas matemáticas, para riesgos en curso, para prestaciones y siniestros pendientes de pago, para cuotas en curso, para servicios prestados y no notificados, para siniestros ocurridos y no notificados y para el reintegro por experiencia favorable previstas en este Decreto con Rango, Valor y Fuerza de Ley, en los siguientes porcentajes:… No menos del treinta por ciento (30%) en títulos valores denominados en moneda nacional o extranjera, emitidos o garantizados por la República, por otros sujetos de derecho público nacionales o emitidos por instituciones o empresas en los cuales tengan participación esos entes".

59 El artículo 55, número 2, de la ley de 2016 establecía lo siguiente: "Las empresas de seguros y las de reaseguros deben mantener activos aptos para la representación de la reserva para riesgos catastróficos prevista en este Decreto con Rango, Valor y fuerza de Ley, en los siguientes porcentajes:… No menos del ochenta por ciento (80%) en títulos valores denominados en moneda nacional o extranjera, emitidos o garantizados por la República, por otros sujetos de derecho público nacionales o emitidos por instituciones y empresas".

Los fondos de inversión privados y los fondos de inversión inmobiliarias (sic) serán precalificados por los organismos públicos con competencia en materia de mercados de valores e inmobiliario respectivamente".

De manera redundante, la Providencia Administrativa N° SAA-01-0501-2024 del 29 de agosto de 2024, publicada en Gaceta Oficial Extraordinaria N° 6.835 del 3 de septiembre de 2024, y contentiva de unas brevísimas Normas sobre los Bienes o Derechos Utilizados en la Representación de las Reservas Técnicas, estableció, en el encabezado del artículo 1 y sus números 1, 2 y 3, lo siguiente:

"Los bienes o derechos que son considerados aptos para representar las reservas técnicas de las empresas de seguros, de reaseguro y de medicina prepagada son:

1. Depósitos en moneda nacional o extranjera, en bancos o instituciones financieras domiciliados en el país y contemplados en la ley especial que regula la materia bancaria, que no sean empresas filiales, afiliadas o relacionadas del sujeto regulado;

2. Títulos valores denominados en moneda nacional o extranjera, emitidos o garantizados por la República, por otros sujetos de derecho público nacional (sic) o emitidos por instituciones o empresas en los (sic) cuales tengan participación esos entes, siempre que estén custodiados por una institución financiera del sector bancario o del mercado de valores, de carácter público; Títulos valores denominados en moneda nacional o extranjera, emitidos o garantizados por la República, por otros sujetos de derecho público nacional (sic) o emitidos por instituciones o empresas en los (sic) cuales tengan participación esos entes, siempre que estén custodiados por una institución financiera del sector bancario o del mercado de valores, de carácter público

3. Bienes inmuebles edificados, los cuales deben estar ubicados exclusivamente en el Territorio Nacional…"

El mismo artículo 1 de dichas Normas estableció seguidamente, en su número 4, que lo siguiente también es una inversión apta para representar las reservas técnicas:

"4. Otros activos o derechos nacionales relacionados con la inversión en valores de renta fija, emitidos por el sector privado nacional."

Esta inversión en valores de renta fija fue regulada por Sudeaseg el 29 de agosto de 2024, mediante la Providencia Administrativa N° SAA-01-

0500-2024, publicada en Gaceta Oficial Extraordinaria N° 6.835 del 3 de septiembre de 2024, y contentiva de las Normas sobre la Inversión en Valores de Renta Fija, Emitidos por el Sector Privado Nacional, para Ser Utilizados en la Representación de las Reservas Técnicas, cuyo artículo 2 establece:

> "Los valores de renta fija permitidos para ser invertidos en la representación de las reservas técnicas son los siguientes:
>
> 1. Papeles comerciales;
>
> 2. Títulos de participación cuyos activos subyacentes sean a corto plazo;
>
> 3. Pagarés bursátiles, siempre que sean cotizados en mercados regulados por la Superintendencia Nacional de Valores y de oferta pública."

Lo anterior es una aplicación del citado número 5 del artículo 40 de la ley de 2023, que prevé la posibilidad de representar las reservas en lo siguiente:

> "En otros activos o derechos nacionales que sean autorizados por la Superintendencia de la Actividad Aseguradora".

Ahora bien, las referidas Normas sobre los Bienes o Derechos Utilizados en la Representación de las Reservas Técnicas hicieron caso omiso de lo establecido en los números 3 y 4 del artículo 40 de la ley de 2023, antes citados, relativos a los fondos de inversión, incluyendo los fondos de inversión inmobiliarios. Se comprende que esto último queda para resoluciones adicionales.

A pesar de que el citado artículo 40 de la ley de 2023 abre la puerta para que Sudeaseg dé libertad para invertir los porcentajes que las aseguradoras estimen apropiados en las diferentes categorías de bienes aptos para la representación de sus reservas, esto no ha ocurrido, puesto que Sudeaseg anexó, a las referidas normas, su circular para las empresas de seguros, de reaseguros y medicina prepagada de fecha 18 de enero de 2021, en la que había establecido lo siguiente:

Para las reservas técnicas en general:

> "1. No menos del cincuenta por ciento (50%) en depósitos en moneda nacional o extranjera, en bancos o instituciones financieras domiciliadas en el país;
>
> 2. No menos del quince por ciento (15%) en títulos valores denominados en moneda nacional o extranjera, emitidos o garantizados por la República y que estén custodiados por una institución financiera del sector bancario o del mercado de valores, de carácter público;

3. No más del veinte por ciento (20%) en bienes inmuebles edificados situados en la República, libres de hipotecas, ni cedidos en comodato, hasta por el noventa por ciento (90%) del valor del avalúo del inmueble, practicado de conformidad con las normas que al efecto dicte la Superintendencia de la Actividad Aseguradora;

4. No más del quince por ciento (15%) en otros activos, relacionados con la inversión en valores de renta fija, emitidos por el sector privado nacional."

Y, para las reservas por riesgos catastróficos:

"1. No menos del veinte por ciento (20%) en depósitos en moneda nacional o extranjera, en bancos o instituciones financieras domiciliadas en el país;

2. No más del ochenta por ciento (80%) en títulos valores denominados en moneda nacional o extranjera, emitidos o garantizados por la República y que estén custodiados por una institución financiera del sector bancario o del mercado de valores, de carácter público."

El artículo 41 de la ley de 2023 establece lo siguiente, en relación con los bienes aptos para representar las reservas:

"Los bienes y derechos que representen las reservas técnicas deberán tener en cuenta los tipos de operaciones efectuadas por la aseguradora, a fin de garantizar seguridad, rendimiento, liquidez, vencimientos convenientes y congruencia de las inversiones, con una adecuada distribución diversificada de las mismas.

El sujeto regulado deberá tener la titularidad y libre disposición sobre los bienes y derechos en que se materialice la inversión de las reservas técnicas".

La norma que acabamos de transcribir es nueva, o sea, no tiene su equivalente en la ley de 2016.

Y el artículo 42 de la ley de 2023 establece lo siguiente, en relación con los bienes no aptos para representar las reservas:

"En ningún caso serán considerados como bienes aptos para la representación de las reservas técnicas, las siguientes operaciones financieras: arrendamientos financieros, operaciones de reporto, mutuos, préstamos de títulos valores, ventas sometidas a condiciones suspensivas o resolutorias o con pacto de retracto.

> La Superintendencia de la Actividad Aseguradora podrá, en caso de duda, mediante las normas que a tal efecto dicte, ordenar que se excluya de los bienes aptos un determinado activo.
>
> Las empresas de seguros, de reaseguros y de medicina prepagada no podrán representar las reservas para riesgos catastróficos en bienes inmuebles ni en préstamos hipotecarios".

La norma que acabamos de transcribir modifica pero es parecida al artículo 53 de la ley de 2016.

La prohibición de que las reservas para riesgos catastróficos estén representadas en préstamos hipotecarios es redundante, pues los artículos precedentes de la ley de 2023 no incluyen, como bienes aptos para representar las reservas, los préstamos hipotecarios. Antes, bajo la ley de 1995, las empresas de seguros podían otorgar créditos garantizados con hipoteca, en cuyo caso estos créditos servían como reservas. Esto cambió con la ley de 2010, que injustificadamente prohibió a las aseguradoras dar préstamos, excepto en ciertos casos específicos;[60] prohibición que se mantuvo con la ley de 2016,[61] y la ley de 2023.[62]

3. *Consideraciones finales sobre las reservas*

El artículo 47 de la ley de 2023 dispone lo siguiente, repitiendo casi textualmente el artículo 60 de la ley de 2016:

> "Serán nulos y sin ningún efecto, los gravámenes o compensaciones de deuda realizadas sobre los bienes destinados a la representación de las reservas técnicas, de conformidad con esta Ley.
>
> Asimismo, serán nulas las enajenaciones de estos bienes, cuando se realicen a título gratuito, pagados en especie o en fraude a la ley, o no existan bienes suficientes para representar las reservas técnicas, sin perjuicio de las sanciones a que haya lugar en esta Ley."

---

60 El artículo 40, número 1, de la ley de 2010, establecía: "Queda prohibido a las empresas de seguros y las de reaseguros… Otorgar préstamos, salvo que se trate de:

a) Préstamos concedidos dentro de programas de incentivos laborales, tales como préstamos con garantía hipotecaria para la adquisición de su vivienda principal.

b) Préstamos documentados o automáticos sobre pólizas de vida.

c) Préstamos otorgados a los intermediarios de seguros".

61 El número 1 del artículo 41 de la ley de 2016 es idéntico al número 1 del artículo 40 de la ley de 2010.

62 El número 1 del artículo 36 de la ley de 2023 es idéntico al número 1 del artículo 41 de la ley de 2016.

El artículo 62 de la ley de 2016 fue modificado en la reforma legal de 2023, y, en consecuencia, el artículo 49 de la ley de 2023 expresa:

> "En caso que la autoridad judicial decretare alguna medida preventiva o ejecutiva sobre bienes de las empresas de seguros, de reaseguros y de medicina prepagada, oficiará previamente a la Superintendencia de la Actividad Aseguradora para que ésta determine los bienes sobre los cuales será practicada la referida medida en un plazo de treinta (30) días hábiles contados desde el día siguiente del acuse de recibo".

El citado artículo 49 de la ley de 2023 agrega el plazo precedente al artículo 62 de la ley de 2016.

El número 1 del artículo 96 de la ley de 2023 dispone lo siguiente, sobre el orden en que se cobran los acreedores en caso de liquidación:

> "Sobre los activos que representen las reservas técnicas y el patrimonio propio no comprometido, o su equivalente según el sujeto en liquidación, tendrán privilegio con respecto de los demás acreedores, los tomadores, asegurados, beneficiarios (de seguros), contratantes, usuarios y afiliados (de planes de medicina prepagada). Si los activos antes indicados resultaren insuficientes, los sujetos mencionados, concurrirán conjuntamente con los acreedores quirografarios, por la porción no cubierta" (paréntesis nuestros).

Lo anterior es muy parecido a lo que establecía el número 1 del artículo 106 de la ley de 2016.

Arriba tratamos la responsabilidad solidaria de los accionistas y directores por los problemas con las reservas.

Y abajo trataremos las consecuencias, en materia de reservas, de la cesión de riesgos a empresas de reaseguros no inscritas en el registro de reaseguradores que lleva Sudeaseg.

XXI. CARGA EXCESIVA SOBRE LOS ENTES REGULADOS PARA SATISFACER LAS NECESIDADES DE FINANCIAMIENTO DEL ESTADO

1. *Capital mínimo y derechos de registro*

El tipo de cambio de referencia, es decir, el tipo de cambio oficial de la moneda de mayor valor publicado por el Banco Central de Venezuela (que comentamos arriba) es el parámetro de medición para el cálculo de los capitales mínimos de los entes regulados en la ley de 2023. Antes lo era la unidad tributaria. En la ley de 2023, se mantuvo igual el requisito de actualizar cada dos años el capital social, así como la tasa de hasta el 2% de derechos de registro aplicable a los aumentos de capital. Veamos:

Los requisitos de capital de la ley de 1995 (que redevino aplicable en 2002 con la suspensión de la ley de 2001) fueron modificados en la ley de 2010, estableciéndose que las compañías reguladas debían aumentar cada dos años su capital social, tomando en cuenta el valor de la unidad tributaria. Esto continuó con la ley de 2016. Ello implicaba pagar el 1% de derechos de registro mercantil por el monto de cada incremento de capital. De modo que las aseguradoras y otros sujetos regulados tenían que soportar una carga impositiva importante bianualmente, cuya verdadera razón de ser era que el gobierno no había controlado la inflación. La situación empeoró en los últimos años, pues la inflación se agravó; y, por un lado, la reforma de la Ley de Registros Públicos y Notarías publicada el 16 de diciembre de 2021 subió los derechos de registro por aumento de capital para llevarlos hasta el 2%, y, por otro lado, la reforma la Ley de la Actividad Aseguradora realizada en 2023 mantuvo la obligación de las compañías reguladas de aumentar bianualmente su capital social. Hay algunas diferencias adicionales entre la ley de 2016 y la ley de 2023; por ejemplo, en las empresas de seguro operen en ramos generales y vida, el capital mínimo era de 1.980.000 unidades tributarias, bajo el artículo 19, número 2, letra d, de la ley de 2016; y ahora es de 375.000 veces el tipo de cambio de referencia, bajo el artículo 13 de la ley de 2023. Este último artículo expresa, entre otras cosas, lo siguiente:

> "Son requisitos indispensables para obtener y mantener la autorización para operar como empresa de seguros, de medicina prepagada, de reaseguros o administradora de riesgos, los siguientes:…
>
> **2.** Tener un capital pagado mínimo, en bolívares o en Títulos del Estado Venezolano indexados y denominados en bolívares de:
>
> **2.1 Empresas de seguros**:
>
> **a.** Ciento Sesenta Mil (160.000) veces el tipo de cambio de referencia, para las empresas que aspiren a operar en uno de los seguros de los ramos generales o de Doscientos Quince Mil (215.000) para las que aspiren a operar en dos seguros afines de estos ramos.
>
> **b.** Trescientos Setenta y Cinco Mil (375.000) veces el tipo de cambio de referencia, para las empresas que aspiren a operar en ramos generales o ramos de vida o de Quinientos Noventa Mil (590.000) para las que aspiren a operar en ambos ramos simultáneamente.
>
> **2.2 Empresas de Reaseguros:**
>
> Un Millón Cien Mil (1.100.000) veces el tipo de cambio de referencia.
>
> **2.3 Empresas de medicina prepagada:**
>
> Ciento Sesenta Mil (160.000) veces el tipo de cambio de referencia.

> **2.4 Empresas administradoras de riesgos:**
>
> Ciento Treinta Mil (130.000) veces el tipo de cambio de referencia, para las empresas que aspiren administrar o manejar fondos en uno de los riesgos de ramos generales que determine la Superintendencia de la Actividad Aseguradora, según las normas dictadas al efecto, o de Ciento Setenta Mil (170.000) para las que aspiren en dos o más riesgos de estos ramos.
>
> El capital mínimo se ajustará cada dos (2) años, en bolívares o en Títulos del Estado Venezolano indexados y denominados en bolívares, antes del 31 de enero para las empresas de seguros, medicina prepagada y administradoras de riesgos, y del 31 de julio para las empresas de reaseguros, del año que corresponda.
>
> Los aumentos de capital podrán realizarse con cargo a las utilidades no distribuidas, previa autorización de la Superintendencia de la Actividad Aseguradora…".

Dada la precariedad del bolívar, dada la posibilidad de que el capital pagado esté representado en títulos valores y dada la exigencia de que los sujetos regulados tengan siempre un capital mínimo razonable para lo cual el legislador tomó como referencia una moneda fuerte, hubiera tenido sentido que el legislador permitiera que dichos títulos valores no fueran en bolívares, sino en divisas.

2. *Garantía a la Nación y constitución de la misma*

El artículo 17 de la ley de 2016 establecía que las empresas de seguros, las empresas de reaseguros, las asociaciones cooperativas que realizan actividad aseguradora u organismos de integración, las empresas de medicina prepagada y las administradoras de riesgos deben constituir y mantener en el Banco Central de Venezuela una *Garantía a la Nación* cifrada en unidades tributarias; pero también establecía lo siguiente:

> "El Ministro o Ministra del Poder Popular con competencia en materia de finanzas, oída la opinión de la Superintendencia de la Actividad Aseguradora, podrá ajustar los montos de las garantías establecidas en este artículo, los cuales no deberán ser inferior al diez por ciento (10%) del capital mínimo."

Fuera de esto, lo relativo a la *Garantía a la Nación* quedaba a la discreción del Ejecutivo Nacional, pues el mismo artículo 17 de la ley de 2016 disponía lo siguiente:

> "El Reglamento del presente Decreto con Rango, Valor y Fuerza de Ley establecerá la forma y oportunidad para la constitución y acreditación de las garantías exigidas en el presente artículo."

La ley de 2023 contiene una regulación más clara y menos discrecional, pero permite duplicar la *Garantía a la Nación*, puesto que su artículo 14 establece lo que sigue:

> "Las empresas de seguros, de reaseguros, de medicina prepagada y las administradoras de riesgos, así como cualquier otro sujeto que determine el Ministro o la Ministra con competencia en materia de finanzas, deben constituir y mantener, en bolívares en el Banco Central de Venezuela o en Títulos del Estado venezolano indexados y denominados en bolívares, una garantía equivalente al 10% sobre el capital mínimo exigido en el artículo 13, numeral 2.
>
> El monto de las garantías deberá ajustarse dentro de los quince (15) días hábiles siguientes a la fecha del ajuste del capital mínimo.
>
> El Ministro o Ministra del Poder Popular con competencia en materia de finanzas, oída la opinión de la Superintendencia de la Actividad Aseguradora, podrá ajustar los montos de las garantías a un valor comprendido entre un diez por ciento (10%) y un veinte por ciento (20%) de los capitales mínimos".

De nuevo, hubiera tenido sentido que el legislador permitiera que dichos títulos valores no fueran en bolívares, sino en divisas.

3. *Contribución especial*

Bajo la ley de 1995, se podía obligar a las compañías de seguros a pagar una contribución, establecida en un rango de entre el 0,20 y el 0,30% de sus primas, para financiar Sudeaseg, según lo que determinara el Ministerio de Hacienda.[63] Esto aumentó considerablemente, pues, bajo la ley de 2010, las contribuciones para Sudeaseg de las compañías de seguros, reaseguros, medicina prepagada y financiamiento de primas o cuotas fueron de entre 1,5

---

63 El artículo 24 de la ley de 1994 disponía: "Por Resolución del Ministerio de Hacienda, dictada durante el curso del último trimestre de cada año, el Ministro, oída la opinión del Superintendente de Seguros fijará la cuota del aporte especial que en el año inmediatamente posterior deberán pagar las empresas de seguros, el cual estará comprendido entre un mínimo de veinte centésimas por ciento (0,20%) y un máximo de treinta centésimas por ciento (0,30%) de las primas percibidas por cada empresa, correspondientes al ejercicio inmediato anterior, netas de anulación, devolución y de reaseguro aceptado por las mismas."

y 2,5% de los ingresos obtenidos, conforme a lo que estableciera el Ministro del Poder Popular con competencia en materia de finanzas.[64] Estos porcentajes se mantuvieron con la ley de 2016, que agregó a los contribuyentes las administradoras de riesgos.[65] Por último, el rango anterior

---

[64] Los artículos 9 y 10 de la ley de 2010 establecían lo siguiente:

"Las empresas de seguros, las de reaseguros, las sociedades que se dediquen a la medicina prepagada y las personas jurídicas que realicen financiamiento de primas están en la obligación de aportar una contribución especial destinada a financiar el funcionamiento de la Superintendencia de la Actividad Aseguradora.

El Ministro o Ministra del Poder Popular con competencia en materia de finanzas, a proposición del o la Superintendente de la Actividad Aseguradora, fijará anualmente el importe de la contribución especial".

"La contribución especial será el monto comprendido entre el uno coma cinco por ciento (1,5 %) y el dos coma cinco por ciento (2,5 %) del total de:

1. Las primas netas cobradas por contratos de seguros y la contraprestación por concepto de emisión de fianzas.

2. Los montos cobrados en los contratos o servicios de planes de salud, suscritos por las empresas que se dediquen a la medicina prepagada.

3. Los ingresos netos por intereses cobrados en los financiamientos otorgados a los tomadores de seguros, en los casos de las empresas financiadoras de primas".

[65] Los artículos 10 y 11 de la ley de 2016 establecían lo siguiente:

"Las empresas de seguros, las de reaseguros, las administradoras de riesgos, las sociedades que se dediquen a la medicina prepagada y las personas jurídicas que realicen financiamiento de primas están en la obligación de aportar una contribución especial destinada a financiar el funcionamiento de la Superintendencia de la Actividad Aseguradora.

El Ministro o Ministra del Poder Popular con competencia en materia de finanzas, a proposición del o la Superintendente de la Actividad Aseguradora, fijará anualmente el importe de la contribución especial".

"La contribución especial será el monto comprendido entre el uno coma cinco por ciento (1,5 %) y el dos coma cinco por ciento (2,5 %) del total de:

1. Las primas netas cobradas por contratos de seguros, la contraprestación por concepto de emisión de fianzas, y el ingreso obtenido como remuneración por los contratos de fideicomisos relacionados en materia de seguros y de contratos de administración de riesgos.

2. Los montos cobrados en los contratos o servicios de planes de salud, suscritos por las empresas que se dediquen a la medicina prepagada.

subió a desde un 2,5% hasta un 3,5% con la reforma legal de 2023. En efecto, los artículos 10 y 11 de la ley de 2023 establecen:

> "Las empresas de seguros, de reaseguros, de medicina prepagada, administradoras de riesgos y financiadoras de primas o de cuotas, están en la obligación de aportar una contribución especial destinada a financiar el funcionamiento de la Superintendencia de la Actividad Aseguradora.
>
> El Ministro o Ministra del Poder Popular con competencia en materia de finanzas, a proposición del o de la Superintendente de la Actividad Aseguradora, fijará anualmente el importe de la contribución especial".
>
> "La contribución especial será el monto comprendido entre el dos coma cinco por ciento (2,5 %) y el tres coma cinco por ciento (3,5%) del total de:
>
> **1.** Las primas cobradas por contratos de seguros y la contraprestación por concepto de emisión de fianzas, ambas netas de anulaciones y devoluciones, así como el ingreso obtenido como remuneración por los contratos de fideicomiso.
>
> **2.** Las cuotas cobradas por contratos de medicina prepagada, netas de anulaciones y devoluciones.
>
> **3.** El ingreso obtenido como remuneración por los contratos de administración de riesgos y de administración de siniestros.
>
> **4.** Los ingresos por intereses cobrados en los financiamientos otorgados a los tomadores y contratantes de seguros y de medicina prepagada, en los casos de las empresas financiadoras de primas o de cuotas.
>
> **5.** Las primas cobradas por las empresas de seguros y de reaseguros, netas de anulaciones y devoluciones, por concepto de negocios aceptados de cedentes extranjeras...".

Otros sujetos regulados, tales como los intermediarios y las cooperativas de seguros, no están obligadas a pagar la contribución para Sudeaseg.

---

3. Los ingresos netos por intereses cobrados en los financiamientos otorgados a los tomadores de seguros, contratantes de los servicios de planes de salud, en los casos de las empresas financiadoras de primas o cuotas.

4. Las primas netas cobradas por las empresas de seguros y empresas de reaseguros por negocios aceptados de cedentes extranjeras".

4. *Porcentaje adicional sobre los productos de salud*

Bajo el artículo 134 de la ley de 2010, las compañías de seguros debían entregar 1% de sus primas de salud para financiar programas de salud del gobierno, dentro del contexto de un supuesto Sistema Público Nacional de Salud, que no estaba definido.[66] La ley de 2016 amplió lo anterior, al prever, en su artículo 135, que dicho porcentaje fuera de entre el 1% y el 3%, y al contemplar la posibilidad de que fuera cobrado con respecto a las primas de pólizas distintas de las de salud.[67] Esto no existía en la ley de 1995, y era muy vago y sumamente gravoso. Esto no fue corregido, sino atenuado, en la reforma de 2023. En efecto, el artículo 135 de la ley de 2016 fue sustituido por el artículo 31 de la ley de 2023, que dispone:

> "Las empresas de seguros, de medicina prepagada y administradoras de riesgos están obligadas a efectuar un aporte anual hasta el uno por ciento (1%) de los ingresos, netos de anulaciones y devoluciones, obtenidos por las primas de los contratos de seguros de salud, las cuotas de los contratos de medicina prepagada y las remuneraciones por los contratos de administración de riesgos de salud, según corresponda, destinado al Tesoro Nacional.
>
> La Superintendencia de la Actividad Aseguradora establecerá el porcentaje y los lineamientos, términos y condiciones para el pago de este aporte, previa aprobación del Ministro o Ministra con competencia en materia en finanzas".

De modo que el aporte anual para la Superintendencia de las aseguradoras y otros entes regulados que operan en el sector salud, que podía ser de hasta el 3% del monto de las primas de las pólizas de salud y las remuneraciones por productos similares, destinado al Sistema Público Nacional de Salud, se rebajó a un máximo del 1%, destinado al Tesoro Nacional.

---

66 La última parte del artículo 134 de la ley de 2010 establecía lo siguiente: "Las empresas de seguros y de medicina prepagada están obligadas a efectuar un aporte anual equivalente al uno por ciento (1%) del monto de las primas de las pólizas de seguros y planes de salud, destinado al fondo del Sistema Público Nacional de Salud, de acuerdo con las normas que se dicten al efecto".

67 El artículo 135 de la ley de 2016 establecía, entre otras cosas, lo siguiente: "Las empresas de seguros, de reaseguro medicina prepagada, las asociaciones cooperativas que realicen actividad aseguradora y las administradoras de riesgos están obligadas a efectuar un aporte anual equivalente al monto comprendido entre el uno por ciento (1%) y el tres por ciento (3%) del monto de las primas de las pólizas de seguros de salud, cuotas de los planes de salud, del ingreso obtenido como remuneración por los contratos de administración de riesgos y cualesquiera otras pólizas de seguros".

5. *Eliminación del aporte sobre la utilidad*

Por último, el artículo 136 de la ley de 2016 preveía la realización de aportes para la investigación y desarrollo de la actividad aseguradora, de hasta el 5% de la utilidad del ejercicio de los contribuyentes dedicados a esta actividad.[68] Esto tampoco existía en la ley de 1995, y también era muy vago y sumamente gravoso. Fue corregido en la reforma de 2023. En efecto, en esta reforma se derogó el artículo 136 de la ley de 2016, y, en su lugar, la ley de 2023 estableció tasas por los servicios prestados por Sudeaseg, fijadas tomando como referencia un múltiplo del tipo de cambio de referencia (número 2 del artículo 9, artículo 12, y disposición final segunda de la ley de 2023, a los que nos referiremos abajo).

De manera que se eliminó el aporte anual para la Superintendencia de las aseguradoras y otros entes regulados, con fines de investigación y desarrollo de la actividad aseguradora, que podía ser de hasta el 5% de las ganancias.

XXII. TRANSFERENCIA DE ACCIONES

En la reforma de 2023 se modificó ligeramente el régimen sobre acciones y accionistas de la ley de 2016.

El número 17 del artículo 10 de la ley de 2001, relativo a las atribuciones de la Superintendencia, la facultaba para "Autorizar la adquisición de acciones en empresas sometidas a su control por el veinte por ciento (20%) o más de su capital social, o cuando implique la adquisición del control de la respectiva compañía". Este artículo dejó de aplicarse con la suspensión en 2002 por la Sala Constitucional de la ley de 2001, que dio lugar a que se volviera a aplicar la ley de 1995. Esta última no requería autorización de la Superintendencia para los cambios de control en las compañías que realizaban actividades aseguradoras. Sin embargo, la resolución publicada por la Superintendencia en la Gaceta Oficial N° 38.380 del 15 de febrero de 2006 exigió ilegalmente obtener su autorización para todos los cambios de control en cualquier aseguradora o cualquier otra compañía del sector seguros, incluyendo los casos de transferencia directa o indirecta de sus acciones.

---

68 El artículo 136 de la ley de 2016 establecía, entre otras cosas, lo siguiente: "Las empresas de seguros, de reaseguros, sociedades de corretaje de reaseguros, de medicina prepagada y las administradoras de riesgos… deberán efectuar un aporte anual destinado para la investigación y desarrollo de la Actividad Aseguradora, cuyo porcentaje no podrá exceder del cinco por ciento (5%)".

Posteriormente, el artículo 23 de la ley de 2010 regularizó la situación, al establecer que los cambios directos o indirectos de control debían ser aprobados previamente por Sudeaseg, la cual debía consultar a la Superintendencia para la Promoción y Protección de la Libre Competencia, Procompetencia.[69] Luego, el artículo 24 de la ley de 2016 estableció lo mismo.[70]

---

69 El artículo 23 de la ley de 2010 establecía lo siguiente:

"La enajenación de acciones de empresas de seguros y reaseguros, de sociedades que se dediquen a la medicina prepagada, de sociedades de corretaje de seguros y reaseguros, de empresas que se dediquen al financiamiento de primas, debe contar con la autorización previa de la Superintendencia de la Actividad Aseguradora. A tales efectos, consultará con carácter vinculante al órgano que vigila, controla y sanciona las conductas anticompetitivas, el impacto que la operación pudiese tener en el mercado asegurador, quien debe pronunciarse en un lapso que no podrá exceder de veinte días hábiles.

A los fines de este artículo la enajenación de acciones comprende también aquella que se realiza mediante la obtención del control de las empresas de seguros o de reaseguros. Será nulo todo acuerdo realizado en contravención a lo establecido en el presente artículo. Serán exceptuadas las enajenaciones de acciones de las empresas de seguros y reaseguros en las cuales el estado asuma el control de las mismas.

La solicitud para la autorización de la enajenación debe acompañarse de los documentos exigidos por la ley y por la Superintendencia de la Actividad Aseguradora, mediante normas prudenciales.

La Superintendencia de la Actividad Aseguradora debe responder la solicitud de enajenación de acciones en un lapso que no podrá exceder de veinte días hábiles, contados a partir de la recepción de la opinión del órgano que vigila, controla y sanciona las conductas anticompetitivas, si transcurrido este lapso no existe pronunciamiento se entenderá que la solicitud fue negada".

70 El artículo 24 de la ley de 2016 era igual al citado artículo 23 de la ley de 2010, salvo en lo siguiente: (i) se agrega, a la lista de los sujetos a los que se aplica la norma, a las administradoras de riesgos; (ii) se añade, a la referencia al cambio de control, que sólo aludía a las empresas de seguros y reaseguros, una mención de las sociedades de corretaje de seguros y reaseguros, las compañías de medicina prepagada, las financiadoras de primas o cuotas y las administradoras de riesgos; y (i) se hacen algunos cambios pequeños en la redacción.

Bajo el citado artículo 24 de la ley de 2010,[71] y el citado artículo 25 de la ley de 2016,[72] esta autorización previa de Sudeaseg era necesaria incluso en caso de que la enajenación se realizara en una bolsa de valores, a menos que se tratara de una enajenación de acciones representativas de menos del 10% del capital social, en cuyo caso sólo se requería una aprobación posterior.

En la reforma legal de 2023, el artículo 24 de la ley de 2016, antes citado, fue modificado, y el resultante artículo 28 de la ley de 2023 establece:

> "La enajenación de acciones de las empresas de seguros, de reaseguros, de medicina prepagada, las administradoras de riesgos, las financiadoras de primas o de cuotas y las sociedades de corretaje de seguros o de reaseguros, debe contar con la autorización previa de la Superintendencia de la Actividad Aseguradora. A tales efectos, cuando lo considere necesario, consultará al órgano que vigila, controla y sanciona las conductas anticompetitivas, el impacto que la operación pudiese tener en el mercado asegurador, quien debe pronunciarse en un lapso que no podrá exceder de veinte (20) días hábiles.

---

71 El artículo 24 de la ley de 2010 establecía lo siguiente:

"La adquisición de acciones de empresas de seguros y reaseguros, de sociedades que se dediquen a la medicina prepagada, de sociedades de corretaje de seguros y reaseguros y de empresas que se dediquen al financiamiento de primas, que se efectúe por intermedio de una Bolsa de Valores, en un porcentaje igual o superior al diez por ciento (10%) del capital social, requerirá la autorización previa por parte de la Superintendencia de la Actividad Aseguradora, en coordinación con el órgano que vigila, controla y sanciona las conductas anticompetitivas. La referida solicitud debe presentarse con cinco días hábiles de anticipación a la fecha valor de la operación, debiéndose emitir la decisión en un lapso no mayor de dos días hábiles siguientes a la solicitud. Los compradores deben dar cumplimiento a la normativa en materia de mercado de valores.

La adquisición de acciones en un porcentaje menor al diez por ciento (10%), quedará sujeta al control posterior que realizará la Superintendencia de la Actividad Aseguradora, la cual podrá anular aquellas operaciones que contradigan las disposiciones de la ley.

El incumplimiento de la obligación de la inscripción en el libro de accionistas y protocolización ante el Registro respectivo, faculta a la Superintendencia de la Actividad Aseguradora a objetar la transacción en bolsa o revocar la autorización relativa a la adquisición de acciones".

72 El artículo 25 de la ley de 2016 era igual al citado artículo 24 de la ley de 2010, salvo en lo siguiente: (i) se sustituye el listado de los entes regulados sujetos a la norma por una referencia a "los sujetos regulados con personalidad jurídica"; y (ii) se sustituye "ley" por "Decreto con Rango, Valor y Fuerza de Ley".

La enajenación de acciones comprende también aquélla que se realiza mediante la obtención del control de alguno de los sujetos regulados antes mencionados. Será nulo todo acuerdo realizado en contravención a lo establecido en el presente artículo.

Se exceptúan las enajenaciones de acciones de las empresas de seguros, de reaseguros, de medicina prepagada, las administradoras de riesgos y las financiadoras de primas o de cuotas en las cuales el Estado asuma el control de las mismas.

La solicitud para la autorización de la enajenación debe acompañarse de los documentos exigidos por esta ley y las normas que se dicten al efecto".

Dicho plazo de veinte días hábiles ha sido incumplido en el pasado por la Superintendencia, con lo que violó el citado artículo 24 de la ley de 2016; y no hay razones para pensar que el artículo 28 de la ley de 2023, que acabamos de transcribir, no será igualmente irrespetado.

La ley de 2023 no exceptúa las enajenaciones en bolsa de acciones representativas de menos del 10% del capital social, que, por ende, también requieren ahora aprobación previa, ya que el citado artículo 25 de la ley de 2016 fue derogado.

XXIII. REQUISITOS QUE DEBEN SER CUMPLIDOS EN TODO MOMENTO POR LOS ACCIONISTAS

Bajo la ley de 1995 (que redevino aplicable en 2002 con la suspensión de la ley de 2001), por lo menos dos de los accionistas de cualquier aseguradora debían ser personas con conocimiento y experiencia en el área de seguros, o debían estar representados por personas con estas características.[73] Sin embargo, nuevamente, la resolución de Sudeaseg de

[73] El artículo 42 de la ley de 1995 establecía que "Las empresas constituidas y las que se propongan obtener permiso para constituirse en el país con el fin de realizar operaciones de seguros o de reaseguros deberán cumplir los siguientes requisitos:

a) Adoptar la forma de sociedad anónima, con no menos de cinco accionistas personas naturales o jurídicas;…

h) Que por lo menos dos (2) de los accionista promotores y por lo menos (2) de los administradores estatutarios, sean o hayan sido corredores de seguros autorizados, altos empleados de empresas de seguros o reaseguros o especialista en la materia, con no menos de (5) años en el ejercicio de su respectiva profesión. En el caso de los accionista promotores que sean personas

2006 fue más lejos que la ley de 1995, ya que requirió que todos los inversionistas tuvieran tal conocimiento y experiencia, detallando los requisitos para ser accionista de una compañía de seguros. Similarmente, bajo la ley de 2010, una compañía de seguros debía tener al menos cinco accionistas; los accionistas que poseyeran 5% o más del capital de la compañía debían ser personas con conocimiento y experiencia en el área de seguros; y, si se trataba de personas jurídicas, el individuo que las representara en las asambleas de accionistas debía cumplir con dicho requisito.[74] La ley de 2016 estableció lo mismo.[75] La experticia requerida por las leyes de 2010 y 2016 no era idéntica a la experticia requerida en la resolución de 2006.

Ahora bien, no tiene sentido exigir que los accionistas de las aseguradoras sean expertos en seguros, ni siquiera personas jurídicas representadas por expertos en seguros, porque los tenedores de acciones son meros inversionistas, que simplemente aportan el capital. Lo importante es que la empresa de seguros, ella, esté bien administrada. El legislador parece haber confundido el tema de la propiedad accionaria con el tema de la administración, estableciendo condiciones para ser inversionista, en perjuicio de la capacidad de captación de fondos provenientes de accionistas potenciales, a los cuales lo único que se les puede razonablemente exigir es que nombren, en la asamblea de la compañía de que se trate, a administradores serios y experimentados. Realmente, establecer requisitos de conocimiento y experiencia, que deban cumplir los accionistas de una compañía anónima, cualquiera que ella sea, es un contrasentido; pues se limita la posibilidad de atraer inversiones para la sociedad correspondiente,

---

jurídicas bastará que estén representados por una persona natural con alguna de las calificaciones antes indicadas".

74 El artículo 18, número 6, de la ley de 2010, establecía que "Son requisitos indispensables para obtener y mantener la autorización para operar como empresa de seguros, las (sic) siguientes:… Tener como mínimo cinco accionistas. Las personas que posean una proporción accionaria igual o superior al cinco por ciento (5%) deben tener experiencia y conocimiento comprobado en la actividad aseguradora, este requisito aplicará para los accionistas y los representantes de éstos cuando se trate de personas jurídicas. La Superintendencia de la Actividad Aseguradora determinará mediante normas prudenciales los requisitos adicionales y la forma de comprobación del cumplimiento de los mismos por parte de los accionistas".

75 El artículo 19, número 6, de la ley de 2016 era igual al citado artículo 18, número 6, de la ley de 2010, salvo que la referencia a que la Superintendencia "determinará mediante normas prudenciales los requisitos" se sustituyó por una referencia a que la Superintendencia "determinará las normas que establecerán los requisitos".

y ello sin justificación alguna, pues se ignora una realidad legal y fáctica, que es que la asamblea de accionistas no es la que administra la sociedad. Requisitos de honorabilidad y solvencia, referidos a los principales accionistas, pueden tener lógica; pero es excesivo requerir, de dichos accionistas, conocimiento y experiencia en materia de seguros, pues los tenedores de acciones pueden hacer que la empresa en que invirtieron sea administrada por personas que tengan tal conocimiento y experiencia, de los que ellos pueden carecer, sin que esto tenga ninguna importancia. Si los accionistas hacen contratar, como deben hacerlo, a administradores familiarizados con la materia de seguros y el sector asegurador, a fin de que éstos administren la sociedad anónima donde aquéllos han invertido, es innecesario pedirles, a los mismos accionistas, que tengan el conocimiento y experiencia exigidos en las normas citadas. Adicionalmente es, por decir lo menos, redundante, que se pida que estos inversionistas contraten, además de administradores familiarizados con la materia de seguros y el sector asegurador, a otras personas con similares conocimientos y experiencia, para que los representen en la asamblea correspondiente. Son, pues, contrarias a la lógica, las normas que limitan en sus inversiones a las personas sin conocimiento y experiencia en seguros; limitación que, según el caso, consiste en una prohibición absoluta de invertir o en una obligación de contratar a expertos para que los representen en las asambleas, a pesar de que ya debieron contratar a expertos para que gestionen la administración. Y esta restricción es particularmente absurda en el caso de los accionistas minoritarios.

En la reforma de 2023, se corrigió lo anterior. En efecto, el artículo 13, números 1 y 3, de la ley de 2023, expresa, entre otras cosas, lo siguiente:

> "Son requisitos indispensables para obtener y mantener la autorización para operar como empresa de seguros, de medicina prepagada o administradora de riesgos, los siguientes:
>
> **1.** Adoptar la forma de sociedad anónima…
>
> **3.** Tener como mínimo cinco (5) accionistas. Todas las acciones deben ser nominativas, de una misma clase y no fraccionadas".

La norma anterior no exige que los accionistas de las aseguradoras, ni siquiera sus accionistas principales, cumplan con el viejo requisito de experiencia, honorabilidad ni solvencia. Lo mismo ocurre con los accionistas de otros sujetos regulados, cuyos accionistas no tienen que cumplir dicho requisito.

Era absurdo y contraproducente impedir a personas sin conocimiento y experiencia en seguros invertir en el sector; aunque esto estuviera atenuado permitiendo a los accionistas que fuesen personas jurídicas contratar a expertos para que los representaran en las asambleas. Corregir esto fue una mejora de la ley de 2023.

Sin embargo, curiosamente, el artículo 119 de la ley de 2023 dispone lo siguiente, en relación con los accionistas extranjeros de las sociedades de corretaje de seguros:

> "La Superintendencia de la Actividad Aseguradora exigirá, a través de las normas que a tal efecto dicte, todos los documentos que estime necesarios para proceder al registro de la participación del capital extranjero en la actividad aseguradora. Efectuado el registro y emitida la calificación de empresa, debe notificarse al organismo competente en materia de inversiones extranjeras, dentro de los diez (10) días siguientes a su emisión.
>
> **Cuando se trate de la autorización de las sociedades de corretaje de reaseguros, deberán demostrar y comprobar que los accionistas poseen experiencia de al menos cinco (5) años en las funciones de intermediación en la actividad aseguradora en el país de origen**, así como presentar certificación emanada del organismo de control de su país de origen o donde haya realizado las labores de intermediación en la actividad aseguradora" (resaltado nuestro).

XXIV. PROHIBICIÓN DE ACCIONES PREFERIDAS

El número 7 del artículo 19 de la ley de 2016 prohibía a las empresas de seguros la emisión de acciones preferidas, ya que establecía lo copiado a continuación:

> "...Las acciones deben ser... de una misma clase...".

Dicho artículo 19 y otros artículos de la ley de 2016 fueron fusionados y modificados, resultando el artículo 13 de la ley de 2023, que también prohíbe las acciones preferidas. En efecto, el número 3 del artículo 13 de la ley de 2023 establece lo que sigue:

> "Todas las acciones deben ser... de una misma clase...".

No permitir acciones de distintas clases busca mantener una estricta igualdad entre los accionistas de las compañías de seguros, pero limita la libertad de los inversionistas en este sector e impide tener flexibilidad y adaptabilidad en el acceso a los capitales. No se justifica realmente prohibir las acciones preferidas, exigiendo, en la ley de 2023 y sus predecesoras, que sean de una misma clase.

XXV. REQUISITOS RESPECTO DE LAS OFICINAS

La ley de 1995 interfería relativamente poco en cuanto a las decisiones que las aseguradoras quisieran tomar en materia de oficinas, pero esto cambió con la ley de 2010. En efecto, bajo la ley de 1995 (que redevino aplicable en 2002 con la suspensión de la ley de 2001), las compañías de seguros y de reaseguros, y compañías de corretaje de seguros y reaseguros, podían abrir y cerrar oficinas libremente en cualquier parte del país. Ahora bien, la ley de 2001, durante el poco tiempo en que fue aplicable, requirió, en la primera parte de su artículo 88, que dichas compañías notificaran a la Superintendencia su plan de apertura o cierre de oficinas.[76] La primera parte del artículo 27 de la ley de 2010 les exigió, no sólo que notificasen a Sudeaseg, sino además que publicaran un aviso en un periódico antes de abrir o cerrar una oficina.[77] Esto quedó igual en la primera parte del artículo 28 de la ley de 2016.[78] Este artículo fue modificado en la reforma de 2023, y pasó a ser el artículo 22 de la ley de 2023, cuya primera parte dispone sustancialmente lo mismo:

> "La apertura, cambio de domicilio, traslado o cierre de locales, oficinas, sucursales o agencias de los sujetos regulados, serán notificados a la Superintendencia de la Actividad Aseguradora con por

---

76 La primera parte del artículo 88 de la ley de 2001 establecía lo siguiente: "La apertura de oficinas, sucursales o agencias de empresas de seguros o de reaseguros en el país o en el exterior, así como cualquier contrato para colocar sus productos deberá realizarse dentro del marco de planes previamente definidos y aprobados por la junta directiva de la empresa. Dichos planes, así como la apertura, traslado o cierre de los locales, oficinas, sucursales o agencias serán notificados a la Superintendencia de Seguros con por lo menos cinco (5) días hábiles de anticipación a su ejecución".

77 La primera parte del artículo 27 de la ley de 2010 establecía lo siguiente: "La apertura, cambio de domicilio, traslado o cierre de los locales, oficinas, sucursales o agencias de las empresas de seguros, reaseguros, sociedades de corretaje de seguros o de reaseguros, serán notificados a la Superintendencia de la Actividad Aseguradora con antelación de por lo menos treinta días continuos de anticipación a su ejecución; dentro del mismo lapso, el sujeto regulado informará al público a través de su publicación en un diario de circulación nacional y en un diario de la localidad, en donde tenga su sede la empresa si ésta no estuviere en el Área Metropolitana de Caracas".

78 La primera parte del artículo 28 de la ley de 2016 sustituyó las palabras "las empresas de seguros, reaseguros, sociedades de corretaje de seguros o de reaseguros", empleadas por la primera parte del artículo 27 de la ley de 2010, por las palabras siguientes: "los sujetos regulados con personalidad jurídica". De resto, ambos textos legales eran iguales.

lo menos treinta (30) días hábiles de anticipación a su ejecución; dentro del mismo lapso, el sujeto regulado informará al público a través de su publicación en un diario de circulación nacional, de forma impresa o digital, y en un diario de la localidad en donde ocurra la apertura, cambio de domicilio, traslado o cierre…".

Pero el artículo 22 de la ley de 2023 agregó lo siguiente (que no estaba en el artículo 28 de la ley de 2016):

> "Igualmente, podrá utilizar como mecanismos de notificación la radio, mensajes de texto y redes sociales" (sic).

Añadir el texto anterior y usar la palabra "igualmente" denotan que la publicación en "un diario de circulación nacional, de forma impresa o digital y en un diario de la localidad" no es indispensable. En efecto, "La apertura, cambio de domicilio, traslado o cierre de locales, oficinas, sucursales o agencias de los sujetos regulados" ahora pueden ser divulgados mediante "la radio, mensajes de texto y redes sociales". En consecuencia, basta esto último, es decir, se puede informar al público a través de una información colocada en, por ejemplo, el portal web del sujeto regulado.

Esto es positivo, pues era una exageración, sobre todo en el caso de sujetos regulados distintos de las empresas de seguros, la exigencia de publicar en un diario de circulación nacional y en uno local, lo cual era costoso. Esta publicación estaba totalmente injustificada, sobre todo cuando era una apertura, por oposición al cierre o mudanza de una oficina, local, sucursal o agencia.

XXVI. REQUISITOS RESPECTO DE LA PUBLICIDAD

Tanto la ley de 1995, como la ley de 2010, establecían que la publicidad debía ser aprobada por Sudeaseg. Esta aprobación no fue requerida por la efímera ley de 2001 (salvo que se tratara de una empresa de seguros en promoción o una empresa de seguros en dificultades, lo cual era razonable).[79] Pero, bajo los artículos 46 y 147 de la ley de 1995 (que

---

[79] La primera parte del artículo 86 de la ley de 2001 establecía que "Se requerirá autorización previa de la Superintendencia de Seguros para la divulgación y publicidad cuando:

1. La empresa de seguros se encuentre en fase de promoción y hasta que haya sido autorizada su constitución y funcionamiento.

2. Cuando la empresa de seguros se encuentre sometida a medidas administrativas, inspección permanente o a intervención.

redevino aplicable con la suspensión de la ley de 2001), la falta de respuesta con respecto a una solicitud se consideraba una autorización implícita, o sea, una aprobación tácitamente otorgada por Sudeaseg.[80]

La situación cambió con los artículos 7, números 9 y 16, y el artículo 43 de la ley de 2010, que no contemplaron tal silencio positivo, y facultaron a Sudeaseg para dejar sin efectos las autorizaciones ya otorgadas.[81] De modo que la ley de 2010 permitía al regulador retrasar o bloquear cualquier decisión de una aseguradora relativa a sus comerciales,

---

3. Cuando la empresa de seguros haya sido objeto de tres (3) sanciones por haber realizado divulgaciones o publicidades falsas o engañosas en el período de dos (2) años contados a partir de la fecha de la primera sanción".

80 Los artículos 46 y 147 de la ley de 1995 establecían lo siguiente:

"Otorgada la autorización de promoción, toda clase de propaganda u oferta deberá ser previamente autorizada por la Superintendencia de Seguros, la cual dispondrá de quince días, en cada caso, para resolver lo pertinente. Vencido ese lapso sin que la Superintendencia hubiere decidido, la propaganda u oferta se considerará aprobada".

"La publicidad de los productores de seguros, de las sociedades de corretaje de reaseguros, de los peritos avaluadores y de los ajustadores de pérdidas e inspectores de riesgos, deberá ser previamente aprobada por la Superintendencia de Seguros... La Superintendencia deberá resolver sobre las solicitudes de autorización que se le presenten dentro de un plazo de quince días contados a partir del recibo de la solicitud. Vencido ese plazo sin que la Superintendencia hubiere decidido, la publicidad se entenderá autorizada".

81 El artículo 7, números 9 y 16, y el artículo 43 de la ley de 2010 establecían lo siguiente:

"Son atribuciones del o de la Superintendente de la Actividad Aseguradora:... Autorizar previamente, suspender preventivamente, reconocer y declarar la nulidad absoluta o dejar sin efecto el acto administrativo de autorización, para... publicidad... Otorgar, suspender preventivamente, reconocer y declarar la nulidad absoluta o dejar sin efecto el acto administrativo de autorización de la publicidad a los sujetos regulados".

"La divulgación y publicidad por parte de las empresas de seguros y de reaseguros, debe ser previamente aprobada por la Superintendencia de la Actividad Aseguradora... La Superintendencia de la Actividad Aseguradora, podrá suspender la utilización de cualquier publicidad o incluso prohibirla... La Superintendencia de la Actividad Aseguradora debe decidir sobre la aprobación de publicidad en un lapso que no excederá de veinte días hábiles, contados a partir de la fecha de la recepción de la solicitud".

lo que era un intervencionismo injustificado. Esto quedó igual con los artículos 8, número 16, y el artículo 44 de la ley de 2016.[82]

En la reforma de 2023, se mantiene la necesidad de que las compañías soliciten autorización para su publicidad, pero se dispone que la falta de respuesta Sudeaseg con respecto a una solicitud se considera una aprobación tácita.

En efecto, en la reforma de 2023, el artículo 8, número 16, y el artículo 44, antes citados, fueron modificados, y, en su lugar, el artículo 8, número 7, y el artículo 18 fueron promulgados. El artículo 18 y el artículo 8, número 7, de la ley de 2023, se entienden mejor si se leen en orden contrario a su numeración, pues establecen, respectivamente, lo siguiente:

> "La divulgación y publicidad de los sujetos regulados, debe ser previamente aprobada por la Superintendencia de la Actividad Aseguradora…
>
> La Superintendencia de la Actividad Aseguradora podrá suspender la utilización de cualquier publicidad o incluso prohibirla…
>
> La Superintendencia de la Actividad Aseguradora debe decidir sobre la aprobación de publicidad en un lapso de treinta (30) días hábiles, contados a partir de la fecha de la recepción de la solicitud.
>
> Vencido el lapso, si no existiere respuesta por parte de la Superintendencia de la Actividad Aseguradora, se entenderá aprobada la solicitud".
>
> "Son atribuciones del o de la Superintendente de la Actividad Aseguradora:… Suspender preventivamente, declarar la nulidad absoluta o dejar sin efecto, previo cumplimiento del procedimiento administrativo correspondiente, el acto de autorización de… la publicidad".

El silencio positivo del párrafo transcrito del artículo 18 es un elemento positivo de la reforma de 2023.

---

82 La parte relevante a la publicidad, del artículo 8, números 9 y 16, de la ley de 2016, es idéntica a la parte relevante a la publicidad del artículo 7, números 9 y 16, de la ley de 2010. Además, el artículo 44 de la ley de 2016 sustituyó las palabras "las empresas de seguros y de reaseguros", empleadas por el artículo 43 de la ley de 2010, por las palabras siguientes: "las empresas de seguros, de reaseguros, de medicina prepagada, administradoras de riesgos y asociaciones cooperativas que realizan actividad aseguradora"; de resto, las partes relevantes a la publicidad de ambos textos legales eran iguales.

El citado número 7 del artículo 8 vigente no lo dice, pero el citado artículo 18 vigente agrega lo que sigue:

> "La Superintendencia de la Actividad Aseguradora podrá suspender la utilización de cualquier publicidad o incluso prohibirla, **cuando a su juicio, induzca a engaño del público o haga ofrecimientos falsos o no previstos en los contratos aprobados**" (resaltado nuestro).

Las palabras anteriores, tomadas del artículo 18 de la ley de 2023, estaban presentes, casi idénticas, en el artículo 44 de la ley de 2016. De allí se infiere que, si no hay inducción a engaño ni ofrecimiento falso, la Superintendencia no puede suspender ni revocar la publicidad.

Ahora bien, el término "aprobados", en el texto anterior, no tiene sentido, pues la falta de aprobación de los contratos, si fuere el caso, no debería ser impedimento para suspender la publicidad; hubiera sido preferible emplear el término "utilizados".

Sudeaseg, en su Providencia Administrativa N° SAA-01-0504-2024 del 29 de agosto de 2024, publicada en la Gaceta Oficial Extraordinaria N° 6.835 del 3 de septiembre de 2024, contentiva de las Normas para la Divulgación y Publicidad en la Actividad Aseguradora, repitió, en su artículo 5, la prohibición legal de publicidad engañosa y ofrecimientos falsos. Además, dicho artículo 5 prohíbe la publicidad que (i) dé lugar a la confusión en el público, (ii) induzca o incite al miedo o error, (iii) perjudique o afecte a un competidor (pero el artículo 6 permite la publicidad comparativa que cumpla ciertos requisitos), (iv) viole normas jurídicas, éticas o ambientales, (v) incluya mensajes o imágenes subliminales, abusivas, discriminatorias, violentas, ofensivas, vulgares o de odio, o (vi) utilice denominaciones que no correspondan a la actividad o persona autorizadas por Sudeaseg. En cuanto concierne a la publicidad hecha por *influencers*, el artículo 6 prohíbe, por ejemplo, que se narren experiencias que no sean reales.

Las normas mencionadas contemplan varios requisitos respecto de la publicidad y la correspondiente solicitud de autorización, principalmente formales.

El artículo 14 de dichas normas reitera que, "Una vez efectuada la solicitud, la Superintendencia de la Actividad Aseguradora dispondrá de treinta (30) días hábiles para analizar su contenido y emitir pronunciamiento al respecto"; pero Sudeaseg omite mencionar allí que, conforme a la ley, "Vencido el lapso, si no existiere respuesta por parte de la Superintendencia de la Actividad Aseguradora, se entenderá aprobada la solicitud". Además, el artículo 15 de dichas normas establece que "El uso de material publicitario o medio de divulgación no autorizado, dará lugar a que la Superintendencia de la Actividad Aseguradora ordene de forma inmediata el retiro de la publicidad e imponga las sanciones a que haya lugar". Por último, el artículo 17 de dichas normas exige que "Otorgada la autorización del material publicitario, el sujeto regulado debe incluir en éste, el código y la fecha de aprobación correspondiente, así como el período de divulgación, si fuere el caso." A pesar de los citados artículos 14, 15 y 17, se tiene que aplicar el silencio positivo o aprobación tácita previsto en la ley, pues ésta prevalece sobre dichas normas. Entonces, Sudeaseg no debe ordenar "el retiro de la publicidad", ni imponer "las sanciones a que haya lugar", y las aseguradoras no tienen que incluir "el código y la fecha de aprobación", en los casos en los que la solicitud de autorización es objeto de silencio positivo o aprobación tácita, por el transcurso de esos "treinta (30) días hábiles".

Las mismas normas, en su artículo 18, señalan que, en los siguientes casos no se requiere autorización de Sudeaseg:

"1. Anuncios donde el sujeto regulado:

1.1. Haga mención a su nombre completo o denominación social, a su denominación comercial o a un logo o lema de su propiedad, siempre que estos se encuentren previamente aprobados por la Superintendencia de la Actividad Aseguradora. Se incluyen anuncios de búsqueda donde se visualice la página web del sujeto regulado, previamente aprobada por la Superintendencia de la Actividad Aseguradora y los anuncios para el patrocinio de cualquier evento deportivo, recreativo o cultural;

1.2. Señale los ramos en los cuales ha quedado autorizado para operar, siempre que no incluya el nombre específico de los productos a comercializar;

1.3. Se refieran exclusivamente a la apertura, cambio de domicilio, traslado o cierre de locales, oficinas, sucursales, agencias o centros de inspección de los sujetos regulados; o a asuntos administrativos internos o que se limiten a expresar una felicitación o manifestación de condolencia;

1.4. Haga campaña de concientización.

2. Material de punto de compra (P.O.P), destinado a promocionar al sujeto regulado, tales como: almanaques, bolígrafos, tarjetas de presentación, agendas, franelas, gorras, bandanas, vasos y llaveros; en cuyo caso, sólo podrá aparecer el nombre completo o razón social del sujeto regulado, así como su denominación comercial, lema o logo, previamente aprobados por la Superintendencia de la Actividad Aseguradora;

3. Los íconos diseñados para identificar los ramos que comercializa o en los cuales efectúa intermediación."

XXVII. REGISTRO DE REASEGURADORES DEL EXTERIOR, OTROS REGISTROS DE LA SUPERINTENDENCIA DE LA ACTIVIDAD ASEGURADORA Y TASAS COBRADAS POR ÉSTA

1. *Registros llevados por la Superintendencia*

La ley de 2023 prevé que el regulador del sector seguros lleve varios registros, relativos a los sujetos regulados. En relación con estos registros, el número 12 del artículo 8 de la ley de 2023 establece:

> "Son atribuciones del o de la Superintendente de la Actividad Aseguradora:... Llevar y mantener los registros de inscripción de los sujetos regulados, así como cualquier otro registro que establezca esta Ley, su reglamento y las normas que regulan la materia.

A pesar de la amplitud de la expresión *registros de inscripción de los sujetos regulados*, empleada en el texto legal que acabamos de transcribir, pareciera que no fuera necesaria la inscripción formal en un registro llevado por Sudeaseg de los siguientes sujetos regulados, mencionados en el artículo 3 de la ley de 2023: (i) *empresas de seguros,* (ii) *empresas de reaseguros,* (iii) *empresas de medicina prepagada,* (iv) *empresas administradoras de riesgos,* (v) *empresas financiadoras de primas o de cuotas,* y (vi) *asociaciones cooperativas que realicen actividad aseguradora*. En efecto, la ley de 2023 sólo menciona ciertos registros llevados por la Superintendencia, entre los cuales no se encuentra ningún registro relativo a ninguno de los sujetos regulados antes nombrados, que fueron objeto de un proceso de autorización riguroso y que son objeto de una supervisión igualmente rigurosa.

De hecho, el artículo 12 de la ley de 2023 hace referencia a los siguientes registros de Sudeaseg: (i) registro de agente, registro de corredor de seguros, registro de sociedades de corretaje de seguros y registro de sociedades de corretaje de reaseguros; (ii) registro de auditores externos; (iii) registro de actuarios; (iv) registro de oficiales de cumplimiento en materia de administración de riesgos de legitimación de capitales, financiamiento al terrorismo y financiamiento de la proliferación de armas de destrucción masiva; (v) registros de los auxiliares de seguro personas naturales y registros de los auxiliares de seguro personas jurídicas; (vi) registro del defensor o defensora del tomador, asegurado, beneficiario, contratante, usuario y afiliado de la actividad aseguradora; (vii) registro de empresas de reaseguros extranjeras; y (viii) registro de establecimiento de sucursales y oficinas de representación de empresas de reaseguros extranjeras o sucursales de sociedades de corretaje de reaseguros del exterior.

Por lo tanto, los registros llevados por Sudeaseg deben incluir a las personas antes mencionadas, entre las cuales se encuentran los agentes y corredores de seguros y las sociedades de corretaje de seguros o reaseguros, todos los cuales son, bajo el artículo 103 de la ley de 2023 y sus predecesores, *intermediarios de la actividad aseguradora*, que distribuyen o ayudan a colocar seguros, reaseguros y planes de salud prepagados. Adicionalmente, según la ley de 2023, la Superintendencia debe llevar un registro de operadores de otros mecanismos de colocación, llamados *canales alternativos de distribución de productos de seguros y de medicina prepagada*, pues su artículo 58 establece:

> "...Los [operadores de los] canales alternativos con los cuales las empresas de seguros y de medicina prepagada celebren contratos para la colocación de los microseguros, seguros inclusivos y seguros masivos, deben estar inscritos en el registro que a los efectos lleva la Superintendencia de la Actividad Aseguradora" (los corchetes son nuestros).

Esto último es una novedad de la ley de 2023 con respecto a la ley de 2016. Más abajo trataremos los canales alternativos de distribución y los microseguros, seguros inclusivos y seguros masivos.

Hay otros tres elementos nuevos que nos interesa resaltar de la ley de 2023 en relación con la ley de 2016, a saber: (i) las empresas de seguros y demás sujetos regulados deberán inscribir en el registro correspondiente a sus respectivos oficiales de cumplimiento; (ii) las empresas de seguros y de medicina prepagada deberán inscribir en el registro correspondiente a sus respectivos defensores del tomador, asegurado, beneficiario, contratante, usuario y afiliado; y (iii) los auxiliares de seguros deben inscribirse en el registro correspondiente, en el entendido de que, según el número 8 del artículo 3 de la ley de 2023, los auxiliares de seguro son: (a) *los inspectores de riesgos*, (b) *los peritos avaluadores* y (c) *los ajustadores de pérdidas*.

Los sujetos ya registrados ante la Superintendencia deben dar cumplimiento a la disposición transitoria segunda de la Ley de 2023, que dispone:

"Los registros previstos en el artículo 12, deberán renovarse dentro de los noventa (90) días continuos siguientes contados a partir de la entrada en vigencia de esta Ley".

Consideramos que esto último es costoso y engorroso, y que se trata de un trámite burocrático injustificado. Hubiera sido mejor establecer que los registros vigentes se mantendrán en vigor (i) por tres años a partir de la fecha en que se iniciará la aplicación de la ley de 2023; o, (ii) al menos, hasta su fecha de vencimiento, en los casos en los que el registro fue otorgado por un año, como ocurre con el registro de reaseguradores del exterior. En efecto, estamos hablando de sujetos regulados que, durante el año previo a la entrada en vigencia de la ley de 2023, cumplieron con su trámite con el registro bajo la ley de 2016, presentando la documentación correspondiente, que ya fue revisada por Sudeaseg, quien, en consecuencia, otorgó la inscripción o la renovación del registro correspondiente.

La parte final del artículo 12 de la ley de 2023, antes citado, agrega lo copiado a continuación:

"Los registros a que se refiere este artículo deberán renovarse cada tres (3) años...".

Esto último es importante, puesto que, previamente, las reaseguradoras del exterior tenían que renovar anualmente su inscripción en el registro de Sudeaseg. Ahora es cada tres años.

La inscripción o renovación de la inscripción de numerosos sujetos regulados en los registros de la Superintendencia está sujeta a la tasa establecida en el mismo artículo 12 de la ley de 2023, que dispone:

"Los sujetos regulados y demás interesados pagarán en Bolívares, tasas por los siguientes conceptos:...

2. Por la inscripción en el registro de agente: Diez (10) veces el tipo de cambio de referencia.

3. Por la inscripción en el registro de corredor de seguros o el cambio de estatus de agente a corredor de seguros: Ciento Cincuenta (150) veces el tipo de cambio de referencia.

4. Por la inscripción en el registro de auditores externos, incluyendo los que ejerzan funciones en materia de administración de riesgos de legitimación de capitales, financiamiento al terrorismo y financiamiento de la proliferación de armas de destrucción masiva: Ciento Cincuenta (150) veces el tipo de cambio de referencia. Se exceptúan los auditores externos en materia de activos de información.

5. Por la inscripción en el registro de actuarios: Cien (100) veces el tipo de cambio de referencia.

6. Por la inscripción en el registro de oficiales de cumplimiento en materia de administración de riesgos de legitimación de capitales, financiamiento al terrorismo y financiamiento de la proliferación de armas de destrucción masiva: Ciento Cincuenta (150) veces el tipo de cambio de referencia.

7. Por la inscripción en los registros de los auxiliares de seguro (personas naturales): Setenta y Cinco (75) veces el tipo de cambio de referencia.

8. Por la inscripción en el registro del defensor o defensora del tomador, asegurado, beneficiario, contratante, usuario y afiliado de la actividad aseguradora: Ciento Cincuenta (150) veces el tipo de cambio de referencia.

9. Por la inscripción en los registros de los auxiliares de seguro (personas jurídicas): Quinientas (500) veces el tipo de cambio de referencia.

10. Por la inscripción en el registro de sociedades de corretaje de seguros: Un Mil (1.000) veces el tipo de cambio de referencia.

11. Por la inscripción en el registro de sociedades de corretaje de reaseguros: Dos Mil (2.000) veces el tipo de cambio de referencia.

12. Por la inscripción en el registro de empresas de reaseguros extranjeras: Cinco Mil (5.000) veces el tipo de cambio de referencia.

13. Por la inscripción en el registro de establecimientos de sucursales y oficinas de representación de empresas de reaseguros extranjeras o sucursales de sociedades de corretaje de reaseguros del exterior: Dos Mil (2.000) veces el tipo de cambio de referencia…".

La parte final del artículo 12 de la ley de 2023, antes citado, agrega lo copiado a continuación, sobre la tasa por la renovación trianual del registro:

"…el interesado pagará el equivalente al veinticinco por ciento (25%) de la tasa de su inscripción".

Al legislador, en el artículo 12 de la ley de 2023, antes citado, se le olvidó establecer la tasa aplicable a la inscripción y la renovación de la inscripción de los operadores de los canales alternativos de distribución en el registro que lleva la Superintendencia.

2. *Registro de reaseguradores del exterior*

Uno de los registros llevados por la Superintendencia es el registro de reaseguradores del exterior, que se rige por los párrafos precedentes. El registro de reaseguradores del exterior no es una novedad. De hecho, la ley de 1995, la ley de 2001 (suspendida por la Sala Constitucional en el año 2002), la ley de 2010 y la ley de 2016 preveían la inscripción de los reaseguradores extranjeros en el registro de reaseguradores que lleva la Superintendencia, para lo cual se requería que se diera cumplimiento a ciertos requisitos. La ley de 2023 regula esto en varias disposiciones, entre las que destacan su artículo 68, que es el resultado de reformar el artículo 81 de la ley de 2016 y que establece:

> "La Superintendencia de la Actividad Aseguradora mantendrá un registro de las empresas de reaseguros constituidas en el exterior que sean autorizadas para realizar operaciones de reaseguros en la República…".

La segunda parte de dicho artículo 68 vigente dispone lo que copiamos a continuación:

> "…Las empresas deben cumplir los requisitos y trámites establecidos en el reglamento de la presente Ley y las normas que a tal efecto dicte el Órgano competente…".

Bajo la legislación anterior esta regulación estaba contemplada en el viejo reglamento, denominado Reglamento General de la Ley de Empresas de Seguros y Reaseguros. La ley de 2023 debería ser objeto de un nuevo reglamento. De hecho, la disposición transitoria primera expresa:

> "Dentro de los ciento ochenta (180) días continuos siguientes a la entrada en vigencia de esta Ley, la Superintendencia de la Actividad Aseguradora dictará el reglamento de Ley y las normas a que haya lugar".

Contrariamente a dicha disposición transitoria primera, el nuevo reglamento no puede ser dictado por Sudeaseg y no estuvo listo en esos 180 días continuos, así que el viejo Reglamento General de la Ley de Empresas de Seguros y Reaseguros se siguió aplicando a los requisitos y trámites relativos al registro de reaseguradores. Si bien el nuevo reglamento no existe, Sudeaseg emitió, con la evidente intención de sustituir el viejo reglamento, numerosas providencias administrativas de corte normativo, que fueron publicadas conjuntamente en la Gaceta Oficial Extraordinaria N° 6.835 del 3 de septiembre de 2024. Una de éstas es la Providencia Administrativa N° SAA-01-0526-2024 del 29 de agosto de 2024, contentiva de las Normas Relativas al Registro de Empresas de Reaseguros Extranjeras.

Estas normas establecen los nuevos requisitos y trámites relativos al registro de reaseguradores.

La tercera parte del artículo 68 de la ley de 2023, antes citado, contiene la siguiente limitación, igualmente presente en la legislación anterior:

> "No podrán ser inscritas en el registro a que hace referencia este artículo, las empresas de reaseguros constituidas en jurisdicciones calificadas como de baja imposición fiscal por el órgano competente en materia de administración aduanera y tributaria, así como las que no demuestren capacidad financiera para la aceptación de riesgos a juicio de la Superintendencia de la Actividad Aseguradora".

Las aseguradoras no pueden transferir riesgos a empresas de reaseguro que no estén inscritas en el registro de reaseguradores que lleva la Superintendencia. En efecto, el número 6 del artículo 25 de la ley de 2023 (que es el resultado de fusionar y modificar los artículos 40, 41 y 146 de la ley de 2016) establece lo copiado a continuación:

> "Queda prohibido a los sujetos regulados, según corresponda, lo siguiente:… Realizar operaciones de… reaseguros, reafianzamiento… con sociedades reaseguradoras extranjeras no inscritas en el registro que a los efectos lleva la Superintendencia de la Actividad Aseguradora".

En el mismo sentido, el nuevo artículo 17 de la ley de 2023 expresa, entre otras cosas, lo siguiente:

> "No serán válidos los contratos de seguros o de medicina prepagada celebrados con empresas extranjeras cuando el riesgo esté ubicado en el territorio nacional, **ni las operaciones de reaseguro realizadas con empresas del exterior no inscritas en el registro correspondiente**, salvo las previstas en los acuerdos internacionales válidamente suscritos y ratificados por la República" (resaltado nuestro).

Las aseguradoras deben establecer reservas con respecto a los riesgos reasegurados en el exterior con empresas de reaseguro no inscritas en el registro de reaseguradores de la Superintendencia, puesto que el artículo 45 de la ley de 2023 (que resulta de la reforma del artículo 58 de la ley de 2016) establece:

> "En caso de reaseguros proporcionales, las empresas de seguros, de reaseguros y de medicina prepagada podrán deducir de sus reservas técnicas la proporción de éstas que correspondan a riesgos que hayan cedido o retrocedido.

En caso de reaseguros no proporcionales, esa deducción sólo podrá hacerse sobre las reservas para prestaciones y siniestros pendientes de pago, para servicios prestados y reembolsos pendientes de pago, para siniestros ocurridos y no notificados, y para servicios prestados y reembolsos no notificados, hasta por el monto de éstas que corresponda a siniestros amparados por contratos de dicha naturaleza.

En caso de contratos de reaseguros celebrados con empresas de reaseguros del exterior, **la deducción a que hace referencia este artículo podrá realizarse, siempre que para la fecha de constitución de las reservas, las empresas de reaseguros del exterior a las cuales se les haya cedido o retrocedido los riesgos estén inscritas en el Registro de Reaseguradores del Exterior que al efecto lleva la Superintendencia de la Actividad Aseguradora**" (resaltado nuestro).

Al igual que la ley de 2023, las Normas Relativas al Registro de Empresas de Reaseguros Extranjeras establecen que este registro debe renovarse cada tres años. Pero las normas, a diferencia de la ley, disponen, además, lo que sigue, en su artículo 11:

"Las empresas de reaseguros inscritas en el registro a que se refiere estas normas, están obligadas a remitir cualquier modificación de la información suministrada para efectos de su inscripción o renovación, en el plazo de treinta (30) días hábiles contados a partir de la modificación".

Esto último es absurdo, pues es más que suficiente actualizar la información cada tres años.

El artículo 7 de las mismas normas requiere presentar ciertos documentos con la solicitud de inscripción en el registro de reaseguradores del exterior, estableciendo los parámetros que deben cumplir estos reaseguradores:

"A los fines de la inscripción en el registro de empresas de reaseguros constituidas en el exterior, el interesado deberá señalar y consignar, a través de los mecanismos dispuestos para tal fin, la siguiente información:

1. Nombre completo, domicilio social, dirección, teléfonos y correos electrónicos del reasegurador;

2. Poder amplio autenticado que acredite la personalidad y facultades del interesado para solicitar la inscripción. En cualquier caso, deberán indicarse los siguientes datos de la persona natural que tramitará la solicitud: nombres y apellidos, cédula de identidad o pasaporte, Registro único de Información Fiscal (R.I.F.), teléfono principal y secundario, dirección, correo electrónico principal y secundario;

3. Certificado de la autoridad competente del país de su domicilio que acredite que la empresa de reaseguros se encuentra constituida legalmente en ese país y que posee autorización, no menor a cinco (5) años, para realizar en el extranjero operaciones de reaseguro, reafianzamiento o ambas, indicando los ramos en que puede operar y que no tiene impedimentos para el pago de las cuentas técnicas de reaseguros en moneda de libre convertibilidad;

4. Copia certificada expedida por la autoridad competente del país de origen de los estatutos o contrato social de la empresa;

5. Memoria y Estados Financieros de los últimos tres (3) ejercicios, con el respectivo Informe de auditores externos de reconocida trayectoria. Se debe acreditar en el último ejercicio un patrimonio no inferior al equivalente a Diez Publicada en Gaceta Oficial Extraordinaria N°6.835 del 3 de septiembre de 2024 Millones de Dólares de los Estados Unidos de América (US$ 10.000.000,00);

6. Documentos que demuestren que la empresa reaseguradora se encuentra constituida e inscrita en países, dominios, jurisdicciones, territorios o estados asociados, cooperativos, en el marco de la lucha mundial contra los delitos de administración de riesgos de Legitimación de Capitales, Financiamiento al Terrorismo y Financiamiento a la Proliferación de Armas de Destrucción Masiva (LC/FT/FPADM) y otros ilícitos, según los criterios emanados de los documentos públicos emitidos por el Grupo de Acción Financiera Internacional (GAFI);

7. Calificación de la capacidad financiera a escala internacional elaborada por alguna de las siguientes calificadoras de riesgos, que no tenga más de doce (12) meses de antigüedad a la fecha de la solicitud:

Agencia Calificadora	**Calificación Internacional mínima Aceptada**
Standard & Poor's	BBB
Fitch Ratings	B+
Moody's	BBB
A.M. Best	Baa3

[Seguidamente se establecen ciertas condiciones y criterios para el establecimiento de la calificación, que no viene al caso repetir aquí.]

8. Estados financieros correspondientes a los últimos tres (3) ejercicios, con los respectivos informes de auditores externos de reconocida trayectoria internacional;

9. La Superintendencia de la Actividad Aseguradora podrá requerir cualquier otra información o recaudo adicional que considere necesario

para evaluar la solvencia, liquidez y experiencia de la empresa que solicita la inscripción en el registro de empresas de reaseguros extranjeras."

En cuanto a la solicitud de renovación del registro de reaseguradores, el artículo 10 de las mismas normas solamente señala que, para renovar, se necesita actualizar la documentación. Entonces, los documentos que habría que presentar actualizados, junto con la solicitud de renovación, son los del artículo 7, antes copiado, en caso de haber algún cambio en el período de tres años de registro.

Por lo tanto, si no ha habido modificaciones en la documentación anterior, no es necesario presentar ningún documento para la renovación, salvo los siguientes (que cambian todos los años): (i) los últimos balances auditados actualizados, y (ii) la última calificación emitida por una calificadora de riesgos.

XXVIII. PROHIBICIÓN PARA LAS ASEGURADORAS DE REASEGURAR LA TOTALIDAD DEL RIESGO EN EL EXTERIOR

El artículo 62 de la ley de 2023 obliga a las aseguradoras a reasegurar localmente el 30% del riesgo, es decir, sólo pueden ceder a reaseguradoras del exterior el 70% restante. Esto es nuevo y grave. Veamos:

La ley de 1995, la ley de 2001 (suspendida por la Sala Constitucional en el año 2002), la ley de 2010 y la ley de 2016 permitían a las aseguradoras reasegurar en el exterior la totalidad de los riesgos que asumían. En efecto, dichas leyes, que estuvieron en vigor entre el año 1994 y 2023, no prohibieron reasegurar el 100% de los riesgos con reaseguradores no constituidos ni domiciliados en Venezuela, ni establecieron ninguna limitación en cuanto a dicho reaseguro, más allá de exigir que los reaseguradores foráneos estuvieran inscritos en un registro que lleva la Superintendencia. Por lo tanto, cualquier riesgo podía ser asegurado en el país y reasegurado íntegramente en el extranjero, siempre y cuando el reasegurador estuviera inscrito en dicho registro. Lamentablemente, ahora los aseguradores no le pueden ceder a los reaseguradores el 100% del riesgo, pues el artículo 62 de la ley de 2023 dispone:

> "Las empresas de seguros y de medicina prepagada están obligadas a reasegurar en el mercado nacional no menos del treinta por ciento (30%) de las primas cedidas, quedando exceptuadas, únicamente, cuando no fuere posible colocar ese porcentaje en el país por causa imputable a las empresas de reaseguro nacional, en cuyo caso, podrá cederse la parte no transferida al exterior. La Superintendencia de la

Actividad Aseguradora verificará el cumplimiento de esta obligación y su excepción a través de los mecanismos de control posterior que considere conveniente.

La Superintendencia de la Actividad Aseguradora mediante las normas podrá modificar este porcentaje mínimo de cesión o fijarlo por ramo, así como establecer los principios y criterios que regirán, previa aprobación del Ministro o Ministra en competencia en materia de finanzas".

La anterior es una norma proteccionista sumamente criticable, pues el seguro es un negocio internacional, y las compañías locales deben apoyarse en compañías del extranjero, que tienen mucho más músculo económico, para cubrir, realmente, los riesgos. Lo que va a terminar pasando es que el 30% del riesgo cedido, que tendrá que ser reasegurado por los aseguradores con reaseguradores locales, va a ser retrocedido por estos últimos a reaseguradores del extranjero. Hay apenas cinco reaseguradores locales, que, según la página web de Sudeaseg, son: Reaseguradora Delta, C.A., Reaseguradora Internacional de Venezuela, R.I.V., Provincial de Reaseguros, C.A. (Provincial Re), Bolivariana de Seguros y Reaseguros, S.A. y Kairos de Reaseguros, C.A. Estas cinco empresas de reaseguros son muy pequeñas en relación con las reaseguradoras relevantes del extranjero, y, sin embargo, van a beneficiarse por ley del 30% del mercado de reaseguro de Venezuela, para cuya cobertura no tienen capacidad real. En consecuencia, estas cinco empresas de reaseguros van a tener que trasladar buena parte de los riesgos a reaseguradores del exterior, mediante acuerdos de retrocesión. Con esto, los reaseguradores locales van a asumir innecesariamente una función similar a la de los corredores de reaseguro, encareciendo los productos de seguro, en perjuicio de la calidad de la cobertura y de la libre competencia. En conclusión, el texto legal transcrito beneficia, sin justificación a las empresas de reaseguro locales, que son pocas y no tienen la fortaleza ni la solvencia necesarias, en detrimento de las aseguradoras locales y de los tomadores, asegurados y beneficiarios de seguros. La excepción de que "no fuere posible colocar ese porcentaje en el país por causa imputable a las empresas de reaseguro nacional" no soluciona el problema.

Según la ley de reforma, el citado artículo 62 de la ley de 2023 es el resultado de modificar el artículo 69 de la ley de 2016. Sin embargo, el tema tratado en el primero (limitación a la cesión de riesgos mediante la contratación de reaseguro internacional) no guarda absolutamente ninguna relación con el tema tratado en el segundo (fecha de cierre del ejercicio económico de los sujetos regulados). La realidad es que el artículo 62 de la ley de 2023 es una disposición nueva, proteccionista y sumamente criticable.

Respecto de lo tratado en esta disposición, la providencia administrativa N° SAA-01-0502-2024 emitida por Sudeaseg el 29 de agosto de 2024, publicada en la Gaceta Oficial Extraordinaria N° 6.835 del 3 de septiembre de 2024, contentiva de las Normas Relativas al Contrato de Reaseguros, establece lo que sigue, en su artículo 13:

> "Las empresas de seguros y de medicina prepagada están obligadas a ceder en el mercado nacional no menos de treinta por ciento (30%) de las primas provenientes de los contratos de reaseguro automáticos y facultativo, en las formas de reaseguro proporcional o no proporcional.
>
> Las operaciones de reaseguro realizadas entre las empresas de seguros nacionales no se consideran parte de la protección a la participación del mercado nacional.
>
> A los efectos de la excepción prevista en la Ley, sólo serán consideradas causas imputables a las empresas de reaseguro nacionales, la falta de capacidad financiera o la decisión voluntaria de no aceptar el riesgo. Las empresas de seguros y de medicina prepagada deberán mantener a disposición de la Superintendencia de la Actividad Aseguradora los soportes documentales que justifiquen la excepción.
>
> Las empresas deberán demostrar esta participación cada año, a través de la remisión de los contratos de reaseguro suscritos en régimen automático, el listado correspondiente a la colocación de los riesgos en régimen facultativo y la declaración anual de su programa de reaseguro, el cual deberá corresponder con lo reflejado en los Estados Financieros de la empresa.
>
> Esta información deberá ser remitida en los términos y condiciones que determine la Superintendencia de la Actividad Aseguradora.
>
> En el supuesto que las empresas de reaseguro nacionales no puedan otorgar las mismas condiciones económicas que las empresas de reaseguro extranjeras, aquéllas deberán justificar técnicamente esta situación por escrito a la empresa cedente.
>
> En dicho caso, la empresa cedente podrá aceptar o no las condiciones de la reaseguradora local, sin que esto afecte lo dispuesto en este artículo."

Y la providencia administrativa N° SAA-01-0537-2024 emitida por Sudeaseg el 29 de agosto de 2024, publicada en la Gaceta Oficial Extraordinaria N° 6.835 del 3 de septiembre de 2024, contentiva de las Normas sobre la Participación del Mercado Nacional de Reaseguro en la Colocación de Riesgos por Parte de las Empresas de Seguros y de Medicina Prepagada, establece lo que sigue, en su artículo 4:

"La colocación obligatoria a las reaseguradoras nacionales se verá cumplida cuando el porcentaje mínimo de treinta por ciento (30%) de la colocación haya sido contratado por una o más reaseguradoras nacionales. Asimismo, **también se entenderá cumplida la obligación cuando después de la propuesta realizada a los reaseguradores nacionales, estos han rechazado, total o parcialmente, el porcentaje de la colocación obligatoria**.

En cualquier caso, las empresas de seguros o de medicina prepagada deberán conservar en el expediente la constancia de aceptación o rechazo por parte de las empresas de reaseguros nacionales, quedando estas últimas obligadas a emitir la referida constancia." (Resaltado nuestro.)

XXIX. INTERVENCIONISMO ABSURDO CON RESPECTO AL CON-TRATO DE REASEGURO

Los artículos 61 y 63 de la ley de 2023 disponen, entre otras cosas, (i) que el Ejecutivo Nacional mediante reglamento, o la Superintendencia mediante normas, pueden establecer condiciones mínimas para los contratos de reaseguro; (ii) que las empresas de seguros deben remitir a la Superintendencia los contratos de reaseguro e información sobre la cuantía de las retenciones y las prioridades por ramo; y (iii) que la Superintendencia puede ordenar ajustes en los contratos de reaseguro, aumento en las retenciones y mejoras en las condiciones. Esto es excesivo. Las aseguradoras y reaseguradoras son comerciantes, que deberían poder tomar libremente las decisiones que consideren apropiadas con respecto a la negociación, celebración y cumplimientos de los contratos de reaseguro; y la Superintendencia sólo debería actuar en caso de que la empresa de seguros enfrente algún problema que afecte su actividad o supervivencia, con miras a buscar una solución. El intervencionismo con respecto al reaseguro no es ninguna novedad:

A pesar del carácter internacional del reaseguro, desde hace tiempo la ley faculta a Sudeaseg para exigirles a los aseguradores que los contratos de reaseguro tengan ciertas características, lo que no tiene sentido, sobre todo en el caso de los reaseguradores foráneos. Veamos:

Prácticamente, el contrato de reaseguro no estaba regulado en Venezuela. En efecto, el artículo 553 del Código de Comercio se limitaba a señalar que las aseguradoras podían ceder a los reaseguradores los riesgos que hubieran asumido, en los siguientes términos: "El asegurador puede reasegurar las cosas que él hubiere asegurado". El Código de Comercio no contenía ninguna norma que tratase lo relativo a las obligaciones que nacen de los contratos de reaseguro. Poco añadió a lo anterior la ley de 1995, cuyo artículo 102 se limitaba a expresar, en distintas palabras, el mismo reconocimiento legal que ya estaba contemplado en el citado artículo 553. Efectivamente, el citado artículo 102 expresaba que "Las empresas de seguros que operen en el país podrán reasegurar, bajo cualquier régimen o modalidad, parte de los riesgos que han asumido". Además, dicha ley, en su artículo 102, disponía que "Los contratos de reaseguro deberán contener las estipulaciones mínimas que determine el Reglamento en resguardo de la estabilidad de las empresas". Pero este reglamento tampoco contenía normas que versasen sobre las obligaciones que nacen de los contratos de reaseguro, ni cómo deben ser éstos interpretados.[83] La Ley del Contrato de Seguro de 2001, que derogó las disposiciones sobre esta materia del Código de Comercio, tampoco pretendió regular el contrato de reaseguro. Esta ley fue derogada por la Ley de la Actividad Aseguradora de 2015, reimpresa en 2016, que facultó a la Superintendencia para dictar las Normas que Regulan la Relación Contractual en la Actividad Aseguradora, emitidas en 2016, cuyos artículos 130 a 135, relativos al reaseguro, tienen un contenido bastante general. Las Normas que Regulan la Relación Contractual en la Actividad Aseguradora fueron sustituidas, en cuanto concierne al reaseguro, por las Normas Relativas al Contrato de Reaseguro, publicadas el 3 de septiembre de 2024, cuyo articulado es más exigente. De hecho, estas normas incluyen disposiciones sobre el "contenido mínimo del contrato de reaseguro proporcional obligatorio", el "contenido mínimo del contrato de reaseguro no proporcional obligatorio", el "contenido mínimo del contrato de reaseguro facultativo-obligatorio", y el "contenido mínimo del contrato de reaseguro facultativo-facultativo".

No establecer una regulación detallada del contrato de reaseguro está justificado. Efectivamente, dado su carácter internacional, el contrato de reaseguro suele estar sujeto a tribunales y legislaciones extranjeras, a lo que se añade la buena fe extrema que debe caracterizar la relación entre aseguradoras y reaseguradores. De modo que el nexo entre ambos es una vinculación basada en la confianza, que trasciende las fronteras y los formalismos. Por otro lado, hay que tener presente que las aseguradoras y los reaseguradores son profesionales en sus respectivos negocios de seguro y reaseguro (ninguno de los dos es realmente un débil jurídico con respecto al otro), por lo que no es necesario ni conveniente establecer un régimen legal de protección a ninguno de ellos, sino permitir su libre desempeño

---

[83] Los artículos 96 y 97 del Reglamento General de la Ley de Empresas de Seguros y Reaseguros se limitaban a indicar ciertos datos que deben estar presentes en los contratos de reaseguro, tales como la identificación de las partes y la descripción de los riesgos cubiertos.

económico, dejando que el mercado opere sin trabas. No se justifica poner límites a la libertad de contratación de las aseguradoras y los reaseguradores, sino dejar que se apliquen las cláusulas de los contratos de reaseguro, tal como han sido convenidas por las partes.

Sin embargo, el artículo 74 de la ley de 2010 estableció que los contratos de reaseguro debían contener las condiciones mínimas requeridas por Sudeaseg o por un eventual reglamento de la ley.[84]

Esto quedó igual con la ley de 2016, pues su artículo 74 repitió lo anterior con algunos ajustes de forma.[85]

Además, el artículo 75 de la ley de 2010 estableció que las aseguradoras debían presentarle a Sudeaseg los contratos de reaseguros que pensaban celebrar; que Sudeaseg podía requerir una explicación; que, si Sudeaseg no estaba satisfecha con esta explicación, podía requerir que se hicieran ajustes; y que Sudeaseg podía también requerir que la aseguradora exigiera al reasegurador mejorar las condiciones del contrato de reaseguro.[86] Esto

---

84 El artículo 74 de la ley de 2010 establecía, entre otras cosas, lo siguiente:

"Las empresas de seguros y las de reaseguros constituidas y autorizadas para operar en la República, podrán reasegurar en régimen automático o facultativo, la totalidad o parte de los riesgos asumidos.

Los contratos de reaseguros deben contener como mínimo las condiciones establecidas en esta Ley, su Reglamento y las normas prudenciales que dicte la Superintendencia de la Actividad Aseguradora".

85 El artículo 74 de la ley de 2016 era igual al citado artículo 74 de la ley de 2010, salvo en lo siguiente: (i) la referencia a "Las empresas de seguros y las de reaseguros constituidas y autorizadas para operar en la República" fue sustituida por una referencia a "Las empresas de seguros, los organismos de integración que realizan actividad aseguradora, las empresas de medicina prepagada y las empresas de reaseguros constituidas y autorizadas para operar en la República"; y (ii) la referencia a "esta Ley, su Reglamento y las normas prudenciales que dicte la Superintendencia" fue sustituida por una referencia a "este Decreto con Rango, Valor y Fuerza de Ley, su Reglamento y las normas que dicte la Superintendencia".

86 El artículo 75 de la Ley de 2010 establecía, entre otras cosas, lo siguiente:

"Las empresas de seguros y las de reaseguros deben remitir a la Superintendencia de la Actividad Aseguradora, la cuantía de las retenciones conjuntamente con los contratos de reaseguro que se propongan efectuar en cada uno de los ramos en que operen.

Presentada la documentación, si la Superintendencia de la Actividad Aseguradora observare que la cuantía de las retenciones no se corresponde con la capacidad de aceptación de la empresa aseguradora o reaseguradora,

también quedó intacto con la ley de 2016, pues su artículo 75 igualmente repitió lo anterior, con algunos ajustes de forma.[87]

Finalmente, el artículo 80 de la ley de 2010 disponía que, una vez que se acordase el contrato de reaseguro, la aseguradora debía presentarlo a Sudeaseg.[88]

Esto tampoco cambió con la ley de 2016, pues su artículo 80 por igual reprodujo lo antes dicho con algunas modificaciones formales.[89]

Lamentablemente, nada de esto fue superado con la reforma legal de 2023. En efecto, en primer lugar, el artículo 74 de la ley de 2016 fue modificado y el resultante artículo 61 de la ley de 2023 dispone, entre otras cosas, lo siguiente:

---

solicitará de ésta las razones técnicas que lo justifiquen. Si analizados los argumentos presentados, la Superintendencia de la Actividad Aseguradora determina que no existen razones técnicas que justifiquen el monto de las retenciones propuestas, podrá ordenar su ajuste.

La Superintendencia de la Actividad Aseguradora podrá ordenar a la empresa que aumente su retención o exija a los reaseguradores que mejoren las condiciones".

87 El artículo 75 de la ley de 2016 era igual al citado artículo 75 de la ley de 2010, salvo en lo siguiente: (i) la referencia a "Las empresas de seguros y las de reaseguros" fue sustituida por una referencia a "Las empresas de seguros, los organismos de integración que realizan actividad aseguradora, las empresas de medicina prepagada y las empresas de reaseguros"; y (ii) la referencia a "la cuantía de las retenciones" fue sustituida por una referencia a "la cuantía de las retenciones y prioridades por ramo y sub-ramo".

88 El artículo 80 de la ley de 2010 establecía lo siguiente: "Las empresas de seguros y las de reaseguros que operen en el país, deben suministrar a la Superintendencia de la Actividad Aseguradora, según las normas prudenciales que se dicten al efecto, los contratos suscritos de reaseguros y de retrocesión, sobre riesgos situados en la República".

89 El artículo 80 de la ley de 2016 era igual al citado artículo 80 de la ley de 2010, salvo en lo siguiente: (i) la referencia a "Las empresas de seguros y las de reaseguros que operen en el país" fue sustituida por una referencia a "Las empresas de seguros, los organismos de integración que realizan actividad aseguradora, las empresas de medicina prepagada y las empresas de reaseguros que operen en el país"; y (ii) la referencia a "las normas prudenciales que se dicten al efecto" fue sustituida por una referencia a "las normas que se dicten al efecto".

> "Las empresas de seguros y de medicina prepagada constituidas y autorizadas para operar en la República, podrán ceder en reaseguro, en régimen automático o facultativo, la totalidad o parte del riesgo asumido por cada contrato...
>
> Las condiciones mínimas que deben contener los contratos de reaseguro serán establecidas en el reglamento de esta Ley y las normas que dicte la Superintendencia de la Actividad Aseguradora".

En segundo lugar, el artículo 75 de la ley de 2016 fue modificado y el resultante artículo 63 de la ley de 2023 dispone, entre otras cosas, lo siguiente:

> "Las empresas de seguros, de reaseguros y de medicina prepagada, constituidas y autorizadas para operar en la República, deben remitir a la Superintendencia de la Actividad Aseguradora, la cuantía de las retenciones y prioridades por ramo, conjuntamente con los contratos de reaseguro y de retrocesión suscritos en conformidad con lo dispuesto en el reglamento de esta Ley.
>
> Si la Superintendencia de la Actividad Aseguradora observare que la referida cuantía no se corresponde con la capacidad de retención del sujeto regulado, podrá ordenar su ajuste".

Y, en tercer lugar, el artículo 80 de la ley de 2016 fue modificado y la materia correspondiente fue tratada en el citado artículo 61 de la ley de 2023, que también dispone lo siguiente:

> "...Las empresas de seguros, de reaseguros y de medicina prepagada deben... remitir a la Superintendencia de la Actividad Aseguradora, de acuerdo con las normas que a tal efecto se dicten, los contratos suscritos de reaseguros y de retrocesión, sobre riesgos situados en la República, según corresponda...".

Además, el número 2 del artículo 127 de la ley de 2023 dispone lo copiado seguidamente:

> "Serán sancionados con multa los sujetos regulados, según corresponda, que incurran en los siguientes supuestos:... De Cuatro Mil (4.000) a Diez Mil (10.000) veces el tipo de cambio de referencia, cuando se abstengan de remitir a la Superintendencia de la Actividad Aseguradora, en los términos previstos en esta Ley, su reglamento y las normas dictadas a tal fin, los contratos de reaseguros y de retrocesión, sobre riesgos situados en la República".

El texto que acabamos de copiar es nuevo, pues se encuentra en el artículo 127 de la ley de 2023, que es el resultado de fusionar tres artículos de la ley de 2016, uno de los cuales era su artículo 158, que lo que sancionaba era lo siguiente:

"...los sujetos regulados... que se abstengan de informar a la Superintendencia de la Actividad Aseguradora sobre los contratos de reaseguros y de retrocesión...".

De manera que antes se sancionaba no dar la información requerida, y ahora se sanciona no entregar todos los contratos.

Hubiera sido preferible que se permitiera a las aseguradoras tomar libremente las decisiones que consideraran apropiadas con respecto al reaseguro que contratan; y que la entrega de los contratos sólo fuera necesaria cuando la Superintendencia los requiriera, por tener razones para pensar que alguna reaseguradora está en dificultades. Sin embargo, con la ley de 2023, se castiga con multa a (i) las aseguradoras que no tomen la iniciativa de entregar, sin que se les solicite, a la Superintendencia, sus contratos de reaseguro; y (ii) las reaseguradoras que no tomen la iniciativa de entregar, sin que se les solicite, a la Superintendencia, sus contratos de retrocesión.

XXX. RELACIÓN DIRECTA ENTRE EL REASEGURADOR Y EL TOMADOR, ASEGURADO O BENEFICIARIO DEL SEGURO, Y POSIBLE ACCIÓN DIRECTA DE ÉSTOS CONTRA EL REASEGURADOR

El artículo 129 de la ley de 2023 menciona "la relación directa entre el tomador, el asegurado, el beneficiario, el contratante, el usuario o el afiliado y el reasegurador". De esta relación directa surgiría una acción directa del tomador, asegurado o beneficiario de un seguro contra el reasegurador que cubre el riesgo correspondiente. El mismo artículo da a entender que no es posible limitar esta relación y acción directas, al menos cuando el reaseguro cedido "supere el cincuenta por ciento (50%) de la cobertura del contrato de seguro". Lógicamente, esto sólo es concebible en el reaseguro facultativo, es decir, no cabe conceptualmente una acción directa en el reaseguro proporcional. Ahora bien, el establecimiento por ley de una acción directa es muy grave.

De hecho, la norma anterior puede eventualmente resultar en que los tribunales consideren que el tomador, asegurado o beneficiario del seguro tiene una relación directa con el reasegurador, y, por vía de consecuencia, una acción directa contra éste, sin importar la existencia y el rol de la aseguradora, ni lo convenido entre las partes del contrato de seguro y el contrato de reaseguro, ni tampoco quiénes son las partes del contrato de reaseguro.

En efecto, esta última previsión establece una sanción, de la que se puede inferir una prohibición dirigida a toda aseguradora y todo reasegurador, quienes no podrían establecer limitaciones relativas a la supuesta relación directa entre éste y el tomador, asegurado o beneficiario del seguro, al menos si el riesgo cedido en reaseguro es igual o superior a la mitad del riesgo total. Entonces, la prohibición de cláusulas que limiten la relación directa con el reasegurador parece presuponer que existe una relación directa con éste, de la que se podría desprender que existe también una acción directa contra éste. Desde esta óptica, el tomador, asegurado o beneficiario del seguro tendría la posibilidad de demandar al reasegurador, igual que la víctima de un accidente de circulación puede demandar a la aseguradora del propietario del vehículo, conforme a las normas en materia de tránsito terrestre y su seguro. Así, se podría considerar que el artículo citado tiene los mismos efectos que una cláusula de acción directa (*cut-through*), al menos en todos los casos en que la aseguradora transfirió el 50% o más del riesgo al reasegurador y el contrato de reaseguro está sujeto a derecho venezolano. En vista de la prohibición de establecer tales limitaciones, esa relación directa y acción directa, si fuere el caso, existirían sin importar lo escrito en sentido contrario por las aseguradoras, los reaseguradores o los corredores de reaseguros. Dado que dicha disposición permite esas limitaciones en caso de que la aseguradora ceda menos del 50% del riesgo al reasegurador, se puede deducir que la relación directa y la acción directa, de existir, no surgen, o pueden ser eliminadas, cuando la aseguradora ceda menos del 50% del riesgo al reasegurador, o cuando el contrato de reaseguro esté sujeto a un derecho extranjero.

El citado artículo 129 de la ley de 2023 es peculiar, ya que el tomador, asegurado o beneficiario no tienen normalmente una relación directa con el reasegurador. Siempre se ha pensado que tal relación directa, en principio, no existe, pues los contratos sólo afectan a las partes (principio de relatividad de los contratos, consagrado en el artículo 1166 del Código Civil), y la vinculación contractual de seguro es distinta de la vinculación contractual de reaseguro. En consecuencia, siempre se ha pensado que, para que tal relación directa exista, se necesita que el tomador, asegurado o beneficiario del seguro, por una parte, y, por la otra, el reasegurador estén de acuerdo en crear algún nexo contractual entre ellos, lo que es muy inusual; por ejemplo, (i) en el contrato de seguro, el tomador y la aseguradora podrían, en teoría, incluir una promesa del hecho de un tercero –el reasegurador–, aceptada por éste, o (ii) en el contrato de reaseguro, la aseguradora y el reasegurador podrían, en teoría, incluir una estipulación en provecho de un tercero –el tomador, asegurado o beneficiario del seguro–, aceptada por éste; pero estas promesas y estipulaciones no suelen darse con respecto al seguro y reaseguro.

Ahora bien, el citado artículo 129 de la ley de 2023 tiene su origen en el artículo 157 de la ley de 2016, que a su vez tenía su origen en el artículo 155 de la ley de 2016, que a su vez tenía su origen en el artículo 155 de la ley de 2010. De modo que las leyes de 2010, 2016 y 2023 contienen disposiciones que hacen alusión a una supuesta relación directa entre el tomador, asegurado o beneficiario del seguro, por una parte, y, por la otra, el reasegurador. Estas disposiciones son absurdas, porque esa supuesta relación directa es contraria a la naturaleza del contrato de reaseguro, en el que el tomador, asegurado o beneficiario no es parte.

En el pasado, era jurídicamente inobjetable en la teoría, y absolutamente necesario en la práctica, restringir el alcance del artículo 155 de la ley de 2010, pues, tomado al pie de la letra, reconocía una relación directa del tomador, asegurado o beneficiario con el reasegurador, lo cual (i) era dañino para la actividad aseguradora, por ir contra uno de los postulados del reaseguro, que es un negocio internacional; y (ii) contradecía una disposición legal especial, concretamente, el artículo 125 de la Ley del Contrato de Seguros de 2001, que establecía lo copiado a continuación:

> "A menos que se prevea expresamente en el contrato de seguro, el contrato de reaseguro sólo crea relaciones entre la empresa de seguros y la empresa de reaseguros, pero éste sigue la suerte del primero en el riesgo que le hubiese sido cedido, de acuerdo con lo que a tal efecto prevea el contrato de reaseguro".

Por consiguiente, el artículo 155 de la ley de 2010 sólo se podía aplicar en los casos en los que, conforme al artículo 125 de la Ley del Contrato de Seguros, el contrato de seguro previera expresamente la creación de una relación entre la empresa de reaseguros y el tomador, asegurado o beneficiario del seguro. Fuera de estos casos, por mandato legal, no existía relación directa entre el reasegurador y el tomador, asegurado o beneficiario. Ahora bien, la Ley del Contrato de Seguro de 2001 fue derogada por la Ley de la Actividad Aseguradora de 2015, reimpresa en 2016, que facultó a la Superintendencia para dictar las Normas que Regulan la Relación Contractual en la Actividad Aseguradora, emitidas en 2016. Estando en vigor la ley de 2023, Sudeaseg dictó, el 29 de agosto de 2024, la Providencia Administrativa N° SAA-01-0502-2024, publicada en la Gaceta Oficial Extraordinaria N° 6.835 del 3 de septiembre de 2024, contentiva de las Normas Relativas al Contrato de Reaseguro, que derogaron las Normas que regulan la Relación Contractual en la Actividad Aseguradora, "en lo que se refiere a las Disposiciones del Contrato de Reaseguro y Retrocesión". Ninguna de estas normas, de constitucionalidad muy dudosa (violación de la reserva legal), es una ley, por lo que es difícil tomarlas en cuenta para restringir el alcance del citado artículo 129 de la ley de 2023, que sí es una disposición legal y que todavía menciona "la relación directa entre el tomador, el asegurado, el beneficiario, el contratante, el usuario o el afiliado y el reasegurador".

Sin embargo, todavía se puede tratar de argumentar que no existe esta acción directa, ni en la ley de 2023, ni en sus predecesoras, sino que lo que existe es una pésima redacción, sin consecuencias prácticas:

Según el artículo 78 de la ley de 2010, cuando un corredor de reaseguros coloca un reaseguro, no son válidas las disposiciones contractuales que limitan la relación directa entre el reasegurador y el tomador, asegurado o beneficiario.[90]

La alusión a una acción directa contra el reasegurador del citado el artículo 78 de la ley de 2010 desapareció con el artículo 78 de la ley de 2016, que lo sustituyó.[91]

Sin embargo, había otra disposición de la ley de 2010, que aludía a la supuesta acción directa, que también estaba presente en la ley de 2016. En efecto, el artículo 155 de la ley de 2010 multaba a aquellas compañías de seguros o reaseguros que hubiesen incluido en sus contratos cláusulas que limitasen la relación directa entre el asegurado y el reasegurador, en caso de que la aseguradora hubiera cedido más del 50% del riesgo al reasegurador.[92] Esto fue retomado por el artículo 157 de la ley de 2016.[93] La anomalía

---

90 El artículo 78 de la ley de 2010 establecía lo siguiente: "Cuando en la contratación de riesgos nacionales intervenga alguna sociedad de corretaje de reaseguros, no puede incluirse cláusula alguna que limite la relación directa entre la empresa de seguros y su reasegurador, así como tampoco entre el tomador, el asegurado o el beneficiario y el reasegurador".

91 El artículo 78 de la ley de 2016 establecía lo siguiente: "Cuando en la contratación de riesgos nacionales intervenga alguna sociedad de corretaje de reaseguros, no puede incluirse cláusula alguna que limite la relación directa entre la empresa de seguros, el organismo de integración que realiza actividad aseguradora, la empresa de medicina prepagada y su reasegurador".

92 El artículo 155 de la ley de 2010 establecía lo siguiente: "Las empresas de seguros, empresas de reaseguros o las de medicina prepagada, que incluyan cláusulas que limiten la relación directa entre la empresa de seguros y su reasegurador, o entre el tomador, el asegurado o el beneficiario y el reasegurador, cuando realicen una cesión que supere el cincuenta por ciento (50%) de la cobertura del contrato de seguro, serán sancionadas con multa de dos mil Unidades Tributarias (2.000 U.T.) a cuatro mil Unidades Tributarias (4.000 U.T.)".

93 El artículo 157 de la ley de 2016 era igual al citado artículo 155 de la ley de 2010, salvo en lo siguiente: (i) se incluyó una alusión a las asociaciones

mencionada no fue corregida con la reforma de 2023. En efecto, este artículo fue reformado en cuanto a la multa solamente, y ahora es el artículo 129 de la ley de 2023, antes citado, que dispone lo siguiente:

> "La empresa de seguros, de reaseguros o de medicina prepagada que incluya cláusulas en sus contratos que limiten la relación directa entre la cedente y el cesionario; o cuando realicen una cesión que supere el cincuenta por ciento (50%) de la cobertura del contrato de seguro o de medicina prepagada y limiten en esta cesión la relación directa entre el tomador, el asegurado, el beneficiario, el contratante, el usuario o el afiliado y el reasegurador; serán sancionados con multa de Cinco Mil Quinientas (5.000) a Quince Mil (15.000) veces el tipo de cambio de referencia".

Ahora bien, cabe preguntarse si el artículo 129 de la ley de 2023, antes transcrito, basta realmente para establecer un vínculo legal directo entre el asegurado y el reasegurador, a pesar de que éstos no contrataron entre sí, sino que cada uno contrató con la aseguradora. La respuesta a esta pregunta es crucial, pues, si este vínculo legal directo existiese, el tomador, asegurado o beneficiario del seguro podría intentar acciones legales contra el reasegurador, independientemente de la aseguradora. ¿Es esto posible? Quizás no:

Los predecesores del artículo 129 de la ley de 2023 son el artículo 157 de la ley de 2016 y el artículo 155 de la ley de 2010. Estas tres normas legales sucesivas tienen una alusión a la "relación directa" entre el tomador, asegurado o beneficiario y el reasegurador, y el mismo título: "***Inclusión de cláusulas limitativas***". El artículo 157 de la ley de 2016 dejó de tener razón de ser y debió ser derogado cuando el artículo 78 de la ley de 2010, que consagraba dicha relación directa, fue sustituido por el artículo 78 de la ley de 2016, que no la consagró. Por la misma razón, el artículo 129 de la ley de 2023 no debería existir. Quizás la alusión a tal relación directa, en el artículo 129 de la ley de 2023, pasó inadvertida, dado que está titulado "***Inclusión de cláusulas limitativas***" y castiga con multa la siguiente conducta: "La empresa de seguros, de reaseguros o de medicina prepagada que incluya cláusulas en sus contratos que limiten la relación directa entre la cedente y el cesionario" (esto último no tiene mucho sentido, pero está referido a la relación directa entre la empresa de seguros, de reaseguros o de medicina prepagada, como cedente, y el reasegurador, como cesionario). Entonces, quizás la alusión a "la relación directa entre el tomador, el

---

cooperativas que realizan actividad aseguradora; y (ii) se aumentó la multa, que pasó a oscilar entre 12.000 unidades tributarias y 24.000 unidades tributarias.

asegurado, el beneficiario, el contratante, el usuario o el afiliado y el reasegurador", en el artículo 129 de la ley de 2023, no fue eliminada por inadvertencia del legislador de 2023. Sea lo que sea, lo cierto es que el artículo 157 de la ley de 2016, y, por ende, su sucesor el artículo 129 de la ley de 2023, dejaron de tener razón de ser con la derogatoria del artículo 78 de la ley de 2010, que consagraba dicha relación directa.

Una acción directa del tomador, asegurado o beneficiario del seguro contra el reasegurador, como la que parece desprenderse del artículo 129 de la ley de 2023, no tiene base legal en ninguna otra disposición de la misma ley. Tampoco tiene base contractual, puesto que el accionante no tiene un contrato con el accionado. Tal acción directa va en contra (i) de la normativa sobre los contratos de reaseguro, a la que aludiremos abajo; y (ii) del principio de relatividad de los contratos, según el cual los contratos sólo pueden afectar a las partes[94] (y, lógicamente, a sus herederos y causahabientes[95]); pudiendo extenderse los efectos de cualquier contrato únicamente mediante una promesa del hecho de un tercero[96] o una estipulación en provecho de un tercero,[97] las cuales normalmente no existen con respecto al reaseguro, y, en todo caso, sólo afectan al tercero si éste está de acuerdo con dicha promesa o estipulación.

En consecuencia, se puede sostener que una referencia, como la contenida en dicho artículo, a cláusulas que limiten una relación directa entre con el reasegurador, que estarían prohibidas, no es suficiente para crear una acción directa con éste, ya que (i) no es consistente con otras normas; y, (ii) para establecer una excepción al principio de relatividad de los contratos, se necesita una disposición legal explícita o una cláusula contractual específica (como ocurre con las pólizas de responsabilidad civil por accidentes de tránsito). En todos los casos en que no existe una excepción legal o contractual expresa al principio de relatividad de los contratos, éstos sólo afectan a las partes, así como a aquellos terceros que hayan sido acordados por las partes y que hayan manifestado estar conformes con que un contrato tenga efectos sobre ellos. Desde esta óptica, es posible afirmar que el artículo 129 de la ley de 2023 no es suficiente para considerar que existe una acción directa contra el reasegurador, puesto que, por aplicación de las reglas sobre los contratos en general y los contratos de reaseguro en particular, el tomador, asegurado o beneficiario del seguro sólo puede accionar contra la aseguradora, que es quien puede accionar contra el reasegurador. Desde este punto de vista, el único efecto de dicho artículo es

---

94 Artículo 1159 del Código Civil.

95 Artículo 1163 del Código Civil.

96 Artículo 1165 del Código Civil.

97 Artículo 1164 del Código Civil.

impedir que se establezcan trabas contractuales a que los tomadores, asegurados o beneficiarios de seguros traten de contactar a los reaseguradores, o de negociar con ellos, en aquellos casos en los que la aseguradora cedió más de la mitad del riesgo y el contrato de reaseguro está sujeto a derecho venezolano.

Ahora bien, en la práctica, estas trabas contractuales nunca son creadas, sino que existen dos contratos separados: el de seguro, entre el tomador y la aseguradora, y el de reaseguro, entre ésta y el reasegurador; los cuales crean relaciones jurídicas separadas, entre partes diferentes, con objetos distintos, sujetas a reglas diversas. Bajo esta premisa, en caso de que un tomador, asegurado o beneficiario trate de contactar a un reasegurador, o de negociar con éste, dicho reasegurador no infringe ese artículo si le comunica, directamente o a través de la aseguradora, que, en derecho, dicho asegurado con quien debe entenderse es con la aseguradora. Esto es particularmente obvio en los casos en los cuales (i) hay muchos reaseguradores, o (ii) el contrato de reaseguro está sujeto a un derecho extranjero; todo lo cual es bastante usual.

Lo expresado anteriormente es consistente con lo dispuesto en la primera parte del artículo 133 de las Normas que Regulan la Relación Contractual en la Actividad Aseguradora, emitidas por Sudeaseg en 2016, que establece lo siguiente:

> "A menos que se prevea expresamente en el contrato de seguro, el contrato de reaseguro sólo crea relaciones entre las empresas de seguros, de medicina prepagada, asociaciones cooperativas que realizan actividad aseguradora u organismos de integración, y la empresa de seguros".

Dicho artículo tiene su origen en el citado artículo 125 de la Ley del Contrato de Seguros, que disponía casi lo mismo.

En conclusión, se puede sostener que la sanción del artículo 129 de la ley de 2023 únicamente resulta en una prohibición de que la empresa de seguros o reaseguros establezcan disposiciones contractuales destinadas a que el tomador, asegurado o beneficiario del seguro, y el reasegurador, tengan que comunicarse a través de la aseguradora o el intermediario de reaseguro, convirtiendo a éstos en interlocutores necesarios, en los casos rarísimos en los que (i) el asegurador y el tomador incluyeron en la póliza una promesa del hecho del reasegurador, aceptada por éste; o (ii) el asegurador y el reasegurador incluyeron en el contrato de reaseguro una estipulación en provecho del tomador, asegurado o beneficiario del seguro, aceptada por éstos. Entonces, es posible afirmar que esta prohibición sólo se aplica en esos casos rarísimos, y siempre y cuando el reaseguro sobrepase el 50% del riesgo y el contrato de reaseguro esté sujeto a derecho venezolano.

El artículo 129 de la ley de 2023 no debería existir, pues es absurdo, parece estar referido a situaciones que en la práctica no existen, y es inconsistente con el principio de relatividad de los contratos consagrado en el artículo 1166 del Código Civil, el cual, en el ámbito del reaseguro, recibe aplicación en la primera parte del artículo 133 de las Normas que Regulan la Relación Contractual en la Actividad Aseguradora.

El problema reseñado aquí no fue resuelto por Sudeaseg en las Normas Relativas al Contrato de Reaseguros, publicadas el 3 de septiembre de 2024, que derogaron las Normas que regulan la Relación Contractual en la Actividad Aseguradora, "en lo que se refiere a las Disposiciones del Contrato de Reaseguro y Retrocesión". En efecto, el artículo 5 de las nuevas normas establece, de manera contradictoria y absurda, lo que sigue:

> "El contrato de reaseguro sólo crea relaciones entre las empresas de seguros o de medicina prepagada y la empresa de reaseguros; sin embargo, ésta sigue la suerte de la primera en el riesgo que le hubiese sido cedido.
>
> Cuando la cesión supere el cincuenta por ciento (50%) de la cobertura del contrato de seguro o de medicina prepagada, no podrá limitarse la relación directa entre el tomador, asegurado, beneficiario, contratante, usuario o afiliado y el reasegurador...".

XXXI. SEGURO EN EL EXTRANJERO DE RIESGOS SITUADOS EN VENEZUELA

La ley de 1995 (que redevino aplicable con la suspensión de la ley de 2001 decidida por la Sala Constitucional en el 2002), la ley de 2010 y la ley de 2016 prohibían asegurar afuera riesgos situados en Venezuela, los cuales sólo podían ser asegurados en el país. En caso de infracción, las tres leyes sucesivas privaban de efectos a las pólizas. Esto fue tratado primeramente en el encabezado y el parágrafo primero del artículo 4 de la ley de 1995,[98]

[98] El artículo 4 de la ley de 1995 disponía principalmente que "Los contratos de seguros que se celebren en el exterior no producirán efectos en Venezuela, aunque hubiesen sido hechos por empresas autorizadas conforme a esta Ley, a menos que la prima correspondiente haya ingresado real y efectivamente al patrimonio de una empresa en el país, de acuerdo con tarifas aprobadas en el mismo. Esta disposición regirá en los siguientes casos:

1.- Seguros de personas, si para el momento de la celebración del contrato el asegurado se encontrare domiciliado en el país.

2.- Seguros sobre bienes situados en el territorio nacional.

después en la primera parte del artículo 39 de la ley de 2010,[99] y luego en la primera parte del artículo 40 de la ley de 2016.[100]

Además, en caso de infracción, las tres leyes sucesivas castigaban con prisión a los individuos que colocasen o vendieran las pólizas, en la letra d del artículo 179 de la ley de 1995,[101] el número 4 del artículo 182 de la ley de 2010,[102] y el número 4 del artículo 185 de la ley de 2016.[103]

Adicionalmente, la ley de 1995 multaba a los infractores, incluyendo al tomador del seguro,[104] lo cual no estaba previsto en las leyes de 2010 y 2016, posiblemente porque el tomador pudo haber sido víctima de un engaño de la aseguradora o del corredor que vendieron pólizas ilegales.

3.- Seguros sobre naves, aeronaves y otros vehículos matriculados en Venezuela.

Parágrafo Primero. El Ejecutivo Nacional podrá, oída la opinión de la Superintendencia de Seguros, determinar otros tipos de seguros que para tener efectos en Venezuela deberán celebrarse necesariamente en el país".

99 La primera parte del artículo 39 de la ley de 2010 establecía lo siguiente: "No serán válidos los contratos de seguros celebrados con empresas extranjeras no autorizadas para desarrollar la actividad aseguradora en la República; de igual manera no serán válidos, cuando el riesgo esté ubicado en el territorio nacional. Quedan exceptuadas de esta disposición, las operaciones de reaseguros".

100 El texto relevante del artículo 40 de la ley de 2016 era idéntico al texto relevante del artículo 39 de la ley de 2010, antes citado.

101 El artículo 179, letra d, de la ley de 1995 disponía lo que sigue: "Serán penados con arresto de tres meses a tres años:... Cualquier persona que coloque en el país seguros en contravención del Artículo 4° de esta Ley".

102 El artículo 182, número 4, de la ley de 2010, establecía lo siguiente: "Serán penados con prisión de dos a seis años:... Quien coloque o venda seguros o planes de medicina prepagada, ofrecidos por empresas extranjeras no autorizadas para desarrollar la actividad aseguradora en la República, sobre riesgos en el territorio nacional. Si quien incurre en esta práctica es una persona jurídica, la pena de prisión debe aplicarse a su presidente o presidenta, administradores o administradores, ejecutivos o ejecutivas, directores o directoras, gerentes, factores y otros empleados o empleadas de rango similar que hayan intervenido en esas operaciones, de acuerdo con el grado de participación en la comisión del hecho".

103 El artículo 185, número 4, de la ley de 2016, era idéntico al artículo 182, número 4, de la ley de 2010, salvo que agregó los "contratos con administradoras de riesgos".

104 El artículo 176 de la ley de 1995 disponía lo que sigue: "Toda persona que contrate en el exterior un seguro en contravención al Artículo 4° de esta Ley, será sancionada con multa equivalente al quíntuplo de la prima anual que hubiere debido pagar en Venezuela".

La prohibición de asegurar en el exterior los riesgos ubicados en Venezuela, contemplada por las leyes de 1995, 2010 y 2016, también estaba presente en la primera parte del artículo 6 de la efímera ley de 2001,[105] pero ésta no precisaba que su infracción estaba sancionada con nulidad, ni establecía penas de prisión ni multa.

Todas las leyes mencionadas preveían la posibilidad de que excepcional-mente se autorizase el seguro en el exterior de riesgos situados en Venezuela, en el parágrafo segundo del artículo 4 de la ley de 1995,[106] la segunda parte del artículo 6 de la ley de 2001,[107] la segunda parte del artículo 39 de la ley de 2010[108] y la segunda parte del artículo 40 de la ley de 2016.[109]

Se trata de una regla proteccionista antigua, que debería haber desaparecido en la reforma de 2023. En efecto, la ilegalidad de los contratos de seguro del exterior respecto de riesgos ubicados en el país privaba de cobertura al correspondiente tomador, asegurado o beneficiario, perjudicándolos injusta e innecesariamente (esto sin contar la multa extensible al tomador de la ley de 1995). Además, muchas aseguradoras y corredores de seguros extranjeros no le hacían caso a esta prohibición.

---

105 El artículo 6 de la ley de 2001 disponía lo que sigue: "Salvo las operaciones de reaseguro, queda prohibido celebrar operaciones de seguros con entidades extranjeras no autorizadas para desarrollar la actividad aseguradora en Venezuela, cuando el riesgo esté ubicado en el territorio nacional."

106 El parágrafo segundo el artículo 4° de la ley de 1995 disponían lo que sigue: "Cuando no fuere aconsejable contratar total o parcialmente un determinado seguro con empresas autorizadas conforme a esta Ley, la Superintendencia de Seguros podrá, en Resolución motivada, autorizar su contratación en el extranjero, para lo cual podrá solicitar la opinión del Consejo Nacional de Seguros".

107 La segunda parte del artículo 6 de la ley de 2001 disponía lo que sigue: "No obstante, el Ejecutivo Nacional fijará las condiciones en las cuales la Superintendencia de Seguros podrá autorizar el aseguramiento en el exterior de riesgos que no sea posible asegurar con compañías establecidas en el país, siempre que dicha imposibilidad haya sido demostrada suficientemente."

108 La segunda parte del artículo 39 de la ley de 2010 establecía lo siguiente: "El Ministro o Ministra con competencia en materia de planificación y finanzas, previa opinión de la Superintendencia de la Actividad Aseguradora, por razones de oportunidad y conveniencia del Estado, fijará los casos y las condiciones, en los cuales se podrá autorizar el aseguramiento en el exterior de riesgos ubicados en el territorio nacional, que no sea posible asegurar con compañías establecidas en el país".

109 El texto relevante del artículo 40 de la ley de 2016 era idéntico al texto relevante del artículo 39 de la ley de 2010, antes citado.

Finalmente, no sólo había la posibilidad de que el tomador hubiera sido víctima de un engaño de la aseguradora o el corredor, sino que también había la posibilidad de que no existiera en Venezuela la cobertura apropiada para el riesgo correspondiente; por ejemplo, una buena póliza de seguro de vida, en moneda dura, no estaba disponible en nuestro país, por lo que, para tener esta protección, era necesario asegurarse en el extranjero. No obstante, esta regla proteccionista sobrevivió la reforma de 2023. Veamos:

En primer lugar, el citado artículo 40 de la ley de 2016 fue derogado por la ley de 2010;[110] pero el nuevo artículo 17 de la ley de 2023 comienza con el texto siguiente:

> "**No serán válidos los contratos de seguros o de medicina prepagada celebrados con empresas extranjeras cuando el riesgo esté ubicado en el territorio nacional**, ni las operaciones de reaseguro realizadas con empresas del exterior no inscritas en el registro correspondiente" (resaltado nuestro).

La norma anterior no se aplica cuando se trata de reaseguros (i) contemplados en tratados internacionales, o (ii) autorizados por el Ministerio de Finanzas. En efecto, por un lado, dicho artículo 17 prosigue con la salvedad copiada a continuación:

> "salvo las previstas en los acuerdos internacionales válidamente suscritos y ratificados por la República".

Y, por otro lado, el mismo artículo 17 de la ley de 2023 concluye con la siguiente excepción:

> "El Ministro o Ministra con competencia en materia de finanzas, previa opinión de la Superintendencia de la Actividad Aseguradora, por razones de oportunidad y de interés del Estado, fijará los casos y las condiciones en los cuales se podrá autorizar el aseguramiento en el exterior de riesgos ubicados en el territorio nacional, que no sea posible asegurar con empresas establecidas en el país, siempre que esa imposibilidad haya sido demostrada fehacientemente".

En segundo lugar, el citado artículo 185, número 4, de la ley de 2016, fue reformado la ley de 2016 y ahora es el artículo 145 de la ley de 2023, cuyo número 4 dispone:

---

[110] Más precisamente, el citado artículo 40 y otros artículos de la ley de 2016 fueron sustituidos por el artículo 25 de la ley de 2023, que no incluye un texto equivalente.

> "Serán penados con prisión de seis (6) a diez (10) años:… Quien coloque o venda contratos de seguros, de medicina prepagada o de administración de riesgos, ofrecidos por empresas extranjeras no autorizadas para desarrollar la actividad aseguradora en la República, sobre riesgos en el territorio nacional. Si quien incurre en esta práctica es una persona jurídica, la pena de prisión debe aplicarse a quienes hayan intervenido en esas operaciones, de acuerdo con el grado de participación en la comisión del hecho".

El artículo 164 de la ley de 2016 multaba a "Los sujetos regulados que incurran en los supuestos de prohibición de realización de operaciones… con empresas extranjeras no autorizadas". Asimismo, actualmente el artículo 126, número 11, de la ley de 2023, multa a "los sujetos regulados… que… incurran en los supuestos de prohibición de realización de operaciones… con empresas extranjeras no autorizadas". Esta multa no se puede aplicar a las aseguradoras del exterior que ofrecen seguros sobre riesgos ubicados en Venezuela, pues, paradójicamente, el multado es el sujeto regulado que contrate con ellas. Tampoco se puede aplicar a los tomadores de estos seguros ilegales, puesto que los tomadores no son sujetos regulados, conforme a lo dispuesto en el artículo 3 de la ley de 2016 y el artículo 3 de la ley de 2023. En cambio, esa multa se puede aplicar a los intermediarios de seguros que coloquen dichos seguros ilegales, pues estos intermediarios sí son sujetos regulados.

Este tipo de prohibiciones lo que promueve es el *fronting*. De hecho, bajo la ley de 2016 y sus predecesoras, es frecuente, con riesgos muy grandes, que la aseguradora ceda el 100% del riesgo a un reasegurador del exterior, o a un grupo o sindicato de reaseguradores del exterior, bajo el liderazgo de uno de éstos. Sin embargo, tal como se señala en el capítulo precedente, la aseguradora ahora sólo puede reasegurar en el exterior el 70% del riesgo. Dada la reforma legal de 2023, el *fronting* ahora consistiría en que la aseguradora no retendría nada sobre el riesgo, sino que cedería el 70% a un reasegurador del exterior, o a un sindicato coordinado por un reasegurador líder; y cedería el 30% restante a un reasegurador de Venezuela, para que éste a su vez lo retrocediera al mismo reasegurador del exterior, o al mismo sindicato coordinado por el reasegurador líder; con lo cual el reasegurador único o el reasegurador líder, según el caso, sería quien tomaría las decisiones que hubiera que tomar en caso de siniestro, pues la aseguradora no tendría que pagar nada de su bolsillo. Lo anterior no tiene nada de malo, ni es ilegal. Sin embargo, el proteccionismo e intervencionismo son criticables, pues la decisión de con quién o las quiénes empresas de seguros van a reasegurarse y en qué proporción debería dejarse en cabeza de ellas, para un correcto funcionamiento del mercado, lo que crea prosperidad.

XXXII. BANCASEGURO, OTROS CANALES ALTERNATIVOS, *FINTECH*, Y DISTRIBUCIÓN DE SEGUROS OBLIGATORIOS, MICROSEGUROS, SEGUROS INCLUSIVOS Y SEGUROS MASIVOS

Los medios tradicionales de distribución de los productos de seguros son, por un lado, los empleados de las aseguradoras, es decir, su propia fuerza de ventas, y, por otro lado, los intermediarios o productores de seguros. Los intermediarios o productores a su vez pueden ser (i) personas naturales, bien sean (a) agentes de seguros o (b) corredores de seguros, o (ii) personas jurídicas, que son las sociedades de corretaje de seguros. En consecuencia, los medios tradicionales de distribución de los productos de seguros son los empleados de las aseguradoras, los agentes, los corredores y las sociedades de corretaje de seguros. Pero existen canales alternativos para distribuir tales productos; por ejemplo, los centros de salud podrían distribuir seguros de hospitalización, cirugía y maternidad; los concesionarios de automóviles podrían distribuir seguros de casco y de responsabilidad civil por accidentes de tránsito; y, en general, las personas que contribuyan a la circulación de bienes y servicios están en posición de colaborar con la difusión de los seguros correspondientes. Entre los canales alternativos de distribución de seguros destaca lo que se ha denominado bancaseguro.

1. *Bancaseguro, otros canales alternativos y fintech*

La bancaseguro es la distribución de seguros a través de la red de un banco. Desde un punto de vista más amplio, la bancaseguro consiste en los acuerdos y actuaciones de un banco y una aseguradora, para aprovechar las ventajas que se derivan de la cartera de clientes y de la organización de cada uno de ellos.

Se ha afirmado que los fines de la bancaseguro se pueden lograr mediante una fusión entre un banco y una aseguradora. Sin embargo, no es legalmente posible, al menos en Venezuela, una fusión entre ambos, en el sentido estricto de la palabra; puesto que las instituciones bancarias y de seguros están reguladas en leyes muy distintas, y sujetas al control de diferentes superintendencias. Por lo tanto, es jurídicamente imposible que se autorice a un solo ente, resultante de una unión entre un banco y una empresa de seguros, para ejercer simultáneamente una actividad bancaria y una actividad aseguradora.

Por eso, en el contexto de la bancaseguro, cuando se menciona la fusión, ella está referida a las denominadas *fusiones impropias*, al menos en Venezuela. En efecto, no habría aquí una unión entre un banco y una aseguradora para formar un ente único, sino que ambas compañías estarían relacionadas accionariamente y actuarían de forma coordinada, porque, por ejemplo, una es accionista de la otra o tienen accionistas en común, directa o indirectamente, y están interesadas en desarrollar conjuntamente toda su potencialidad. En Venezuela, estas *fusiones impropias* entre aseguradoras y bancos eran frecuentes antes de la crisis financiera de 1994-95, época en la cual muchos grupos bancarios fundaron empresas de seguros y algunos grupos aseguradores fundaron bancos. A raíz de dicha crisis financiera, varios de esos bancos desaparecieron, y las empresas de seguros relacionadas sobrevivieron, pero con nuevos propietarios. En algunos casos, sin que el banco desapareciera con la crisis financiera, la aseguradora tomó, no obstante, un camino separado. Finalmente, algunos bancos y aseguradoras relacionadas, que también sobrevivieron la crisis financiera, continuaron vinculados accionariamente. Esto último devino ilegal con la Ley Orgánica del Sistema Financiero Nacional publicada el 16 de junio de 2010, que estableció que los bancos no podían invertir en compañías de seguros, ni viceversa.

De hecho, en el ámbito de la actividad aseguradora, la ley de 2010 dio a las compañías de seguros un período de 180 días para adaptarse a los requisitos establecidos en la Ley Orgánica del Sistema Financiero.[111] Ahora bien, la ley de 2010 previó la posibilidad de cumplir con la separación exigida a los bancos y las compañías de seguros estableciendo una autonomía total en relación con su contabilidad, su administración y su tesorería y finanzas.[112] Sin embargo, limitarse a esta separación, manteniendo

111 La cuarta disposición transitoria de la Ley de 2010 tenía el siguiente texto: "De acuerdo con los artículos 7 y 14, numeral 19 de la Ley Orgánica del Sistema Financiero Nacional, las empresas de seguro y Reaseguros reguladas, por esta Ley, que formen parte de un grupo aseguradores, económico o financiero, deberán llevar a cabo todas las operaciones necesarias para implementar el principio de separación jurídica contable, administrativa y financiera, dentro del plazo de ciento ochenta días contados a partir de la entrada en vigencia de esta Ley".

112 La quinta disposición transitoria de la ley de 2010 tenía el siguiente texto: "A efecto de lo establecido en la disposición transitoria anterior, las empresas de seguro cuyos accionistas sean sujetos regulados por la Ley Orgánica del Sistema Financiero Nacional, deberán separar jurídicamente su contabilidad, su gestión administrativa y su gestión de tesorería, a los fines de impedir la realización de operaciones monopólicas y contrarias a la solvencia y

inversiones recíprocas, sería violatorio de la Ley Orgánica del Sistema Financiero. Ahora bien, no hay violación de dicha ley, cuando un banco y una aseguradora tienen accionistas en común y funcionan independientemente.

Este tema fue tratado muy someramente en la ley de 2023, cuyo artículo 13 número 11 sólo dispone lo siguiente:

> "Son requisitos indispensables para obtener y mantener la autorización para operar como empresa de seguros, de medicina prepagada, de reaseguros o administradora de riesgos, los siguientes:… No formar parte de un grupo económico o financiero, de acuerdo con la Ley Orgánica del Sistema Financiero Nacional".

La norma anterior no contempla la posibilidad de crear una separación entre un banco y una aseguradora que tengan inversiones recíprocas, estableciendo una autonomía respecto de su contabilidad, su administración y su tesorería y finanzas. Ahora bien, de la Ley Orgánica del Sistema Financiero se desprende que no hay violación de la misma cuando el banco y la aseguradora tienen accionistas en común y funcionan de manera independiente. En el mismo sentido, se debe considerar que no hay violación de la Ley de la Actividad Aseguradora cuando el banco y la aseguradora tienen accionistas en común y funcionan de manera independiente.

Los fines de la bancaseguro pueden cumplirse sin necesidad de un nexo accionario entre un banco y una aseguradora, o entre los accionistas de ambos. Efectivamente, sin nexo accionario, puede existir una vinculación de naturaleza contractual entre el banco y la aseguradora, es decir, una *asociación*, un *convenio de cooperación* o una *alianza estratégica* entre las dos instituciones. En efecto, el banco y la aseguradora pueden, por ejemplo, establecer mecanismos para facilitar que los prestatarios bancarios aseguren su vida durante el plazo de pago de los créditos, o aseguren los bienes dados en garantía hasta la cancelación de los créditos. Esto da tranquilidad a los prestatarios y sus herederos, que serán preservados de la ruina en caso de que ocurra un siniestro, y al banco, cuyos créditos serán rembolsados a pesar del siniestro; y proporciona negocios lícitos de seguro a la aseguradora. Similarmente, en cuanto a los seguros de vida, tenemos que éstos, en buena medida, son una forma de ahorro, que está aparentada con muchos productos financieros; entonces, la bancaseguro, respecto de las pólizas de vida, es una

---

estabilidad del sistema financiero. En virtud de este principio de separación, las empresas de seguro no podrán integrar, con otras empresas, su gestión contable, administrativa y financiera, debiendo mantener una estructura de separación jurídica vertical".

forma de captación e inversión de recursos del público, satisfaciendo, no sólo la necesidad de ahorrar de las familias, sino también su necesidad de obtener protección contra los descalabros económicos vinculados a la incertidumbre del momento en que se produce la muerte; entonces, las pólizas de vida, por ser una forma de ahorro vinculada a la longevidad esperada o frustrada de una persona, pueden ser respaldadas por productos bancarios; finalmente, la oferta de seguros de vida puede aparejarse con la oferta de productos bancarios. Además, se pueden establecer mecanismos para que un banco debite de las cuentas de sus clientes tomadores de seguros el monto de las primas, a fin de pagárselo a la aseguradora, así como el monto de la comisión por este servicio bancario, en beneficio del propio banco.

Volviendo a la concepción más restrictiva de bancaseguro, entendida como la distribución de productos de seguros a través de la red de un banco, tenemos que los bancos son un excelente canal de distribución para los productos de seguros; a lo que se añade la compatibilidad entre los servicios bancarios y los de seguros. En la década de los noventa, antes de que la ley la regulara, la justificación jurídica de la bancaseguro, así entendida, se podía encontrar en el artículo 1684 del Código Civil, que establece:

> "El mandato es un contrato por el cual una persona se obliga gratuitamente, o mediante salario, a ejecutar uno o más negocios por cuenta de otra, que la ha encargado de ello".

Con base en este artículo, una aseguradora podía y puede otorgar un mandato a cualquier persona natural o jurídica para que le coloque pólizas de seguro; y nada impide que un banco sea mandatario de una aseguradora para tal fin.

A pesar de las bondades de la bancaseguro, hubo resistencia de los productores o intermediarios de seguros, la cual no se justificaba realmente. En efecto, la Superintendencia de Seguros, en Oficio Nº HSS-97-2-5025 del 24 de octubre de 1997, dirigido a la Federación de Colegios de Productores de Seguros, expresó principalmente lo siguiente, con toda la razón:

> "esta Superintendencia de Seguros no considera inapropiado que las instituciones bancarias intervengan en la actividad aseguradora, siempre que se sigan los canales permitidos para ello en las leyes de la República, las cuales: a) en primer lugar no prohíben que bancos u otras instituciones financieras sean propietarias o estén relacionadas con compañías de seguros; b) tampoco establecen limitaciones a la celebración de alianzas o asociaciones estratégicas entre dichas instituciones, a no ser por el hecho claro y cierto de que un banco o cualquier otra institución financiera, no puede ser intermediario en la

contratación de pólizas de seguros, actividad que sólo está permitida a los productores debidamente autorizados".

La Superintendencia, en el mismo oficio, hizo referencia a la prohibición del artículo 74 de la ley de 1995, que impedía "que los bancos obliguen a sus clientes a contratar con determinada empresa de seguros", y llegó a la siguiente conclusión:

> "nada obsta a que una empresa aseguradora pueda directamente, porque así se lo permite la Ley, colocar pólizas de seguros a través de sus empleados ubicados en oficinas bancarias".

La Superintendencia, en el mismo oficio, manifestó que la anterior conclusión es de rango constitucional, al indicar lo siguiente:

> "no puede (la Superintendencia) olvidar que en Venezuela de acuerdo a la Constitución de la República de Venezuela, artículo 96, 'Todos pueden dedicarse libremente a la actividad lucrativa de su preferencia, sin más limitaciones que las previstas en esta Constitución y las que establezcan las leyes por razones de seguridad, sanidad u otra de interés social' y en este sentido, sólo puede prohibir o restringir a aquellas actividades que estén limitadas por las leyes" (el paréntesis es nuestro).

El mismo principio de libertad económica está previsto en la Constitución de 1999, cuyo artículo 112 es del siguiente tenor:

> "Todas las personas pueden dedicarse libremente a la actividad económica de su preferencia, sin más limitaciones que las previstas en esta Constitución y las que se establezcan en las leyes, por razones de desarrollo humano, seguridad, sanidad, protección del ambiente y otras de interés social".

De modo que, bajo la vigencia de la ley de 1995, se puso en práctica la bancaseguro. Esto no cambió con la ley de 2001. En efecto, en febrero de 2001, la Superintendencia de Seguros entregó al Consejo Nacional de Seguros el *Anteproyecto de Decreto Ley de Empresas de Seguros y Reaseguros*.[113] En marzo de 2001, la misma Superintendencia entregó al mismo Consejo un nuevo *Anteproyecto de Decreto Ley de Empresas de Seguros y Reaseguros*.[114] El Consejo Nacional de Seguros, a su vez, entregó ambos anteproyectos, sucesiva-mente, a los gremios allí representados,

---

[113] Nos referimos al texto en cuya primera página, extremo superior derecho, aparece la siguiente fecha y referencia: "26-12-00" y "Sexta Versión".

[114] Nos referimos al texto en cuya primera página, extremo superior izquierdo, aparece la mención de que se trata del "Segundo Anteproyecto", de fecha "8-3-2001".

incluyendo a la Cámara de Aseguradores. En ambos anteproyectos se contempló la bancaseguro como canal de distribución de las pólizas. Dicha Superintendencia organizó una serie de reuniones con miembros del Consejo Nacional de Seguros, a los efectos de analizar el Segundo Anteproyecto antes mencionado. Estas reuniones fueron documentadas en actas, firmadas por los asistentes; y el acta del 18 de abril de 2001 contiene el siguiente comentario:

> "en Venezuela existe mucha oportunidad para las empresas de seguros y los productores, si comparamos el producto interno bruto con lo que se destina a primas de seguros… en contraste con otros países de América Latina es mucho lo que se puede crecer… el sector de los intermediarios no debe sentirse amenazado por estos nuevos canales de distribución… efectivamente el 1,2 del PIB que se destina en Venezuela para seguros contrasta con el 2,5 y el 3 por ciento que hay en otros países latinoamericanos".

Similarmente, el acta del 23 de abril de 2001 expresó, con razón, lo copiado a continuación:

> "la banca seguro no es el único caso de venta masiva… se está tratando de masificar la distribución".

De hecho, la Superintendencia decidió permitir, además de la bancaseguro, otros canales de distribución de pólizas, todos los cuales podían complementar, de manera importante y a tono con las tendencias mundiales, la fuerza interna de ventas de cada aseguradora y la actividad desplegada los productores o intermediarios que median entre éstas y los tomadores de seguros. Posteriormente, la Superintendencia remitió a la Procuraduría General de la República dos proyectos, en sustitución del referido Segundo Anteproyecto, a saber: un proyecto relativo a los contratos de seguro y reaseguro, y un proyecto relativo a las empresas de seguros y reaseguros. De este último resultó el Decreto con Fuerza de Ley de Empresas de Seguros y Reaseguros publicado el 12 de noviembre de 2001 y reimpreso el 28 del mismo mes. Los números 9 y 14 del artículo 77 de dicha ley de 2001 disponían lo que sigue:

> "Las empresas de seguros y las de reaseguros no podrán:…
>
> Colocar pólizas de seguros a través de personas que no sean productores ni trabajadores de la empresa de seguros. Se exceptúan de esta prohibición otros canales de comercialización, previa autorización de la Superintendencia de Seguros, entendiéndose por este tipo de operación las de celebración de contratos de seguros colocándolos a través de otras personas jurídicas…

Celebrar contratos… mediante los cuales se… concedan remuneraciones, ventajas o beneficios por concepto de las pólizas… Se exceptúa el reembolso de gastos administrativos, así como cualesquiera pagos por concepto de operaciones de banca-seguro y otros mecanismos de comercialización aprobados previamente por la Superintendencia de Seguros".

De modo que se previó expresamente la posibilidad de aprobar canales de distribución alternativos, incluyendo la bancaseguro. Ahora bien, la ley de 2001 fue suspendida por la Sala Constitucional en 2002, mientras decidía si muchas otras disposiciones de la misma eran o no inconstitucionales. De manera que volvió a aplicarse, a los canales alternativos de distribución de pólizas, el régimen de la ley de 1995, que, de acuerdo con lo comentado, no prohibía la bancaseguro. No obstante, la bancaseguro fue prohibida posteriormente, mediante el artículo 40, números 16 y 17, de la ley de 2010, que establecía las siguientes prohibiciones para "las empresas de seguros y las de reaseguros":

"Celebrar contratos con empresas e instituciones, y en especial con aquellas regidas por la ley que regula la materia bancaria o por la ley que regula la materia del mercado de capitales, mediante los cuales se les concedan remuneraciones, ventajas o beneficios por concepto de las pólizas que suscriban los clientes de estas instituciones".

"Realizar operaciones de banca seguros".

El artículo 40 de la ley de 2010 fue reformado y pasó a ser el artículo 41 de la ley de 2016, que mantuvo la bancaseguro prohibida, pues esta disposición no modificó el texto antes transcrito, salvo en la forma.[115] El error de prohibir la bancaseguro fue corregido con la ley de 2023. En efecto, la exposición de motivos del proyecto de reforma expresa que:

"se elimina la prohibición de la banca seguro como una vía para la colocación de productos".

Las prohibiciones de los artículos 40, 41 y 146 de la ley de 2016 fueron agrupadas, con ajustes, en el artículo 25 de la ley de 2023. Este último no

---

115 El artículo 41, números 16 y 17, de la ley de 2016 era igual al citado artículo 40, números 16 y 17, de la ley de 2010, salvo en lo siguiente: (i) sustituyó "las empresas de seguros y las de reaseguros" por "los sujetos regulados con personalidad jurídica, según corresponda"; y (ii) sustituyó "la materia del mercado de capitales" por "la materia del mercado de valores".

tiene las prohibiciones de los números 16 y 17 del artículo 40 de la ley de 2010, antes citados, contrarios a la bancaseguro.

La ley de 2023 no sólo permite la bancaseguro, sino también otros canales alternativos para la distribución de productos de seguros, incluso dentro del contexto de lo que se ha llamado *fintech*. El artículo 4 de la ley de 2023 incluye las siguientes definiciones:

> "Canales Alternativos: Persona jurídica con la que la aseguradora celebra un convenio con el objeto de utilizar su infraestructura, sus activos tecnológicos y sus relaciones con un gran número de afiliados o potenciales asegurados, con las que tiene nexos comerciales o de otros tipos, a los fines de servir como mecanismo para facilitar la adquisición de un producto de seguro.
>
> Los canales alternativos, involucra (sic) a las instituciones financieras regidas por la ley que regula el sector bancario, las empresas de servicios públicos o privados, establecimientos comerciales e industriales, gremios y asociaciones".
>
> "Tecnología Financiera (FINTECH): Soluciones financieras propiciadas por la tecnología que involucra a todas aquellas empresas de servicios financieros que utilizan procesos y sistemas tecnológicos de avanzada para servir de auxiliar como sistema de pago o prestador de servicios dentro de la aseguradora o los canales alternativos".

Curiosamente, la anterior definición de canales alternativos no está referida a los mecanismos de distribución de los productos de seguro, sino a las personas jurídicas que operan estos mecanismos.

2. *Distribución de seguros obligatorios, micro-seguros, seguros inclusivos y seguros masivos, a través de la bancaseguro y otros canales alternativos*

La bancaseguro y los demás canales alternativos son ideales para la distribución de los microseguros, seguros inclusivos, seguros masivos y seguros obligatorios, a los que nos referimos antes.

El artículo 57 de la ley de 2023 dispone lo que sigue, en relación con los canales alternativos, fintech, microseguros, seguros inclusivos y seguros masivos:

> "… La Superintendencia de la Actividad Aseguradora regulara a través de normas el uso de estos mecanismos".

De manera repetitiva, la parte final del artículo 58 de la ley de 2023 establece lo siguiente:

> "...Los (operadores de) canales alternativos con los cuales las empresas de seguros y de medicina prepagada celebren contratos para la colocación de los microseguros, seguros inclusivos y seguros masivos, deben cumplir con las normas que dicte la misma (la Superintendencia de la Actividad Aseguradora)" (paréntesis nuestros).

La ley de 2023 incluye ciertas disposiciones sobre la distribución de los microseguros, seguros inclusivos y seguros masivos, a las cuales deberá ceñirse la normativa que dicte Sudeaseg.

Para empezar, las relaciones entre las empresas de seguros o medicina prepagada y los bancos u otros operadores de canales alternativos se deben regular mediante un contrato (conforme a lo señalado antes, puede ser un contrato de mandato), cuyo objeto es la utilización, para la distribución de productos de seguros, de la infraestructura de los bancos u otros operadores, sus activos tecnológicos y sus relaciones con sus clientes.

En efecto, la definición de "Canales Alternativos" del artículo 4 de la ley de 2023, antes citada, menciona el contrato entre "la aseguradora" y "las instituciones financieras regidas por la ley que regula el sector bancario, las empresas de servicios públicos o privados, establecimientos comerciales e industriales, gremios y asociaciones", como operadores de "Canales Alternativos", así:

> "convenio con el objeto de utilizar su infraestructura, sus activos tecnológicos y sus relaciones con un gran número de afiliados o potenciales asegurados, con las que tiene nexos comerciales o de otros tipos, a los fines de servir como mecanismo para facilitar la adquisición de un producto de seguro".

De manera similar, el artículo 58 de la ley de 2023 alude a los siguientes convenios de los operadores de "Los canales alternativos con... las empresas de seguros y de medicina prepagada":

> "...contratos para la colocación de los microseguros, seguros inclusivos y seguros masivos...".

Por otra parte, la definición de "Canales Alternativos" del artículo 4 de la ley de 2023, antes citada, da a entender que la bancaseguro y los otros canales alternativos sirven para la distribución de cualquier producto de seguros. Sin embargo, lamentablemente, dos disposiciones de la ley de 2023 llevan a la conclusión de que la bancaseguro y otros canales alternativos sólo sirven para la distribución de los siguientes productos de seguros: (i) microseguros, seguros inclusivos y seguros masivos; y (ii) contratos de seguro de accidentes personales, funerarios, vida individual, vida colectivo y responsabilidad civil de vehículos.

Por un lado, el artículo 57 de la ley de 2023 permite sostener que la distribución de microseguros, seguros inclusivos y seguros masivos puede realizarse mediante la bancaseguro y los demás canales alternativos; puesto que señala, entre otras cosas, lo que copiamos a continuación:

> "Las empresas de seguros y de medicina prepagada podrán colocar los microseguros, seguros inclusivos y seguros masivos de forma directa, o a través de intermediarios de la actividad aseguradora o los canales alternativos…
>
> Las empresas de seguros, de medicina prepagada y los canales alternativos podrán contratar proveedores especializados en servicios a distancia, así como el uso de tecnología financiera (FINTECH)…".

Y, por otro lado, el artículo 58 de la ley de 2023 permite sostener que la bancaseguro y otros canales alternativos sirven para la distribución de productos de seguros que no califiquen como microseguros, seguros inclusivos y seguros masivos, siempre y cuando se trate de los siguientes productos de seguros: pólizas de accidentes personales, funerarios, vida individual, vida colectivo y responsabilidad civil de vehículos. En efecto, el artículo 58 de la ley de 2023 limita los productos de seguros que pueden ser distribuidos mediante bancaseguro y otros canales alternativos, al establecer lo copiado a continuación:

> "Las empresas de seguros y de medicina prepagada **sólo colocarán a través de los canales alternativos** los ramos de accidentes personales, funerarios, vida individual, vida colectivo y responsabilidad civil de vehículos, siempre que estén autorizados para operar en estos ramos. Previa autorización del Órgano Superior del Sistema Financiero Nacional (OSFIN), la Superintendencia de la Actividad Aseguradora podrá, mediante las normas que se dicten a tal efecto, ampliar las coberturas de los ramos de personas que pueden ofertar por estos canales …" (resaltado nuestro).

De manera igualmente lamentable, el mismo artículo 58 de la ley de 2023 establece una traba adicional a la bancaseguro y otros canales alternativos, al disponer, respecto de la banca y demás operadores de estos canales, que los mismos deben estar inscritos en un registro llevado por la Superintendencia. Obtener este registro es costoso, engorroso y se trata de un trámite burocrático injustificado, sobre todo respecto de los bancos, que están bajo la supervisión de su propio regulador: Sudeban.

Al legislador de 2023, en las disposiciones sobre bancaseguro y otros canales alternativos, también se le olvidó tratar los seguros obligatorios, a pesar de que se trata de mecanismos de distribución idóneos para las pólizas de salud y planes de medicina prepagada que las empresas de seguros y de medicina prepagada están obligadas a ofrecer y los intermediarios están obligados a colocar. Sin embargo, se puede argumentar que los seguros obligatorios califican como seguros masivos, cuya distribución, por ende, se puede realizar mediante bancaseguro y otros canales alternativos. En efecto, según los artículos 4, 55 y 56 de la ley de 2023, (i) el "Seguro Masivo" es un "Producto de seguro o de medicina prepagada con sumas aseguradas y primas o cuotas de valores accesibles, direccionado a consumidores o usuarios con características comunes"; (ii) los "Seguros masivos" están "destinados a amparar" a "cualquier sector social con características comunes, con sumas aseguradas y primas accesibles"; y (iii) "Las empresas de seguros" que cuenten con la autorización "para operar en el ramo correspondiente, podrán comercializar" las "coberturas" de "Seguros masivos" en varios ramos, que incluyen el de "salud".

Tres providencias administrativas de Sudeaseg, todas del 29 de agosto de 2024, publicadas en la Gaceta Oficial Extraordinaria N° 6.835 del 3 de septiembre de 2024, hicieron referencia a la distribución de seguros obligatorios, microseguros, seguros inclusivos y seguros masivos, a través de la bancaseguro y otros canales alternativos: (i) la Providencia Administrativa N° SAA-01-0520-2024, contentiva de las Normas que Regulan los Microseguros o Microplanes en la Actividad Aseguradora, incluye, en su artículo 2, la siguiente definición; (ii) la Providencia Administrativa N° SAA-01-0518-2024, contentiva de las Normas que Regulan los Seguros y Planes Inclusivos en la Actividad Aseguradora; y (iii) la Providencia Administrativa N° SAA-01--2024, contentiva de las Normas que Regulan los Seguros y Planes Masivos en la Actividad Aseguradora. Estas tres providencias incluyen una definición muy parecida de "Canales Alternativos", que es casi idéntica a la del citado artículo 4 de la ley de 2023. Las tres providencias expresan que el producto de seguros de que se trate debe ser objeto de una solicitud de autorización dirigida a Sudeaseg, "identificando las necesidades a cubrir, formas de comercialización y, si fuere el caso, canales de distribución que se emplearán". Las tres providencias dicen que los productos a los que ellas se refieren "se podrán comercializar de forma directa, a través de los intermediarios autorizados por la Superintendencia de la Actividad Aseguradora o a través de los canales alternativos registrados". Las tres providencias añaden que "Los canales alternativos que pretendan utilizar las aseguradoras serán aprobados por su Junta Directiva según sea el caso, debiendo el acta que a tal fin se levante especificar su ubicación, así como los productos a comercializar a través de los mismos". Finalmente, las tres providencias especifican que "La publicidad empleada tanto por los sujetos regulados, los canales o medios alternativos, para la promoción y venta... debe contar con la aprobación previa de la Superintendencia". De manera que estas tres providencias no aclaran gran cosa y coinciden en sujetar toda actividad a la aprobación de Sudeaseg.

XXXIII. INCREMENTO EN LAS MULTAS, AUMENTO DE LAS PENAS DE PRISIÓN, ALARGAMIENTO DE MUCHOS PLAZOS DE PRESCRIPCIÓN Y ACORTAMIENTO DEL TIEMPO PARA QUE SE CONSIDERE QUE HUBO ELUSIÓN O RETARDO

Los artículos 125 y siguientes de la ley de 2023 establecen sanciones administrativas; y los artículos 143 y siguientes de la ley de 2023 establecen sanciones penales.

1. *Sanciones administrativas*

Los artículos 125 y siguientes de la ley de 2023, que establecen sanciones administrativas, modifican los artículos 151 y siguientes de la ley de 2016.

Las sanciones administrativas establecidas por los artículos 125 y siguientes de la ley de 2023 son, según el caso, multas, prohibición hasta por diez años de ejercer la actividad aseguradora, suspensión o revocación de la autorización otorgada por la Superintendencia a los sujetos regulados para ejercer la actividad aseguradora y exclusión del registro que lleva la Superintendencia con respecto a los sujetos regulados.

Los hechos punibles con multa, en los artículos 125 y siguientes de la ley de 2023, son: "***Uso o aprovechamiento de una denominación exclusiva para el sector***" por una persona no autorizada, ciertas "***Operaciones efectuadas en contravención a la normativa***", ciertas "***Operaciones de reaseguro***", "***Déficit en el patrimonio propio no comprometido e insuficiencia en la cobertura de las reservas técnicas***", "***Inclusión de cláusulas limitativas***", "***Incumplimiento en la emisión de fianzas***", "***Oferta engañosa***", "***Información financiera y técnica falsa***", "***Elusión, retardo y rechazo genérico***", "***Infracción de las normas de carácter contable y técnico***", ciertas conductas objeto de "***Sanciones a los intermediarios y auxiliares de seguro***", "***Modificación de contratos, tarifas o textos por los intermediarios***", ciertas conductas objeto de "***Sanciones a las sociedades de corretaje de reaseguros***" y ciertas conductas objeto de "***Sanciones a los sujetos regulados y comisario***". Mucho de estos hechos punibles con multa son iguales o parecidos a los de los artículos 153 y siguientes de la ley de 2016.

El artículo 142 de la ley de 2023 establece una prescripción de tres o seis años, según el caso, modificando la prescripción general de cinco años prevista en el artículo 182 de la ley de 2016 en relación con las sanciones administrativas.

El tipo de cambio de referencia, es decir, el tipo de cambio oficial de la moneda de mayor valor publicado por el Banco Central de Venezuela, es el parámetro de medición para el cálculo de las multas en la ley de 2023. En los artículos 153 y siguientes de la ley de 2016, era la unidad tributaria. El cambio de unidades tributarias, bajo la ley de 2016, a un múltiplo del tipo de cambio de referencia, bajo la ley de 2023, resulta en un incremento considerable en la cuantía de las sanciones pecuniarias, calculado en diciembre de 2024; por ejemplo, el monto de la multa por las siguientes infracciones subió así:[116]

- Respecto del "***Uso o aprovechamiento de una denominación exclusiva para el sector***" por una persona no autorizada, la multa aumentó de un rango de Bs. 18.000 a Bs. 270.000 a un rango de Bs. 1.055.200 a Bs. 2.638.000.
- Respecto del "***Déficit en el patrimonio propio no comprometido e insuficiencia en la cobertura de las reservas técnicas***", la multa aumentó de un rango de Bs. 108.000 a Bs. 324.000 a un rango de Bs. 1.319.000 a Bs. 2.638.000.
- Respecto de la "***Inclusión de cláusulas limitativas***", la multa aumentó de un rango de Bs. 108.000 a Bs. 216.000 a un rango de Bs. 263.800 a Bs. 791.400.
- Respecto de la "***Oferta engañosa***", la multa aumentó de un rango de Bs. 108.000 a Bs. 270.000 a un rango de Bs. 1.319.000 a Bs. 2.638.000.
- Respecto de la "***Información financiera y técnica falsa***", la multa aumentó de un rango de Bs. 36.000 a Bs. 108.000 a un rango de Bs. 2.638.000 a Bs. 5.276.000.
- Respecto de la "***Elusión, retardo y rechazo genérico***", la multa aumentó de un rango de Bs. 18.000 a Bs. 135.000 a un rango de Bs. 527.600 a Bs. 1.319.000.

---

116 Cálculo realizado por la abogada Loriana Saad Diab, de *MENPA – Mendoza, Palacios, Acedo, Borjas, Páez Pumar & Cía.*

La "Elusión, retardo y rechazo genérico" merece mención aparte.

2. *Elusión, retardo y rechazo genérico*

La elusión es definida así, en las definiciones del artículo 4 de la ley de 2023:

> "Elusión: Falta de pago o ausencia de respuesta por parte de las empresas de seguros, de medicina prepagada y las financiadoras de primas o de cuotas, ante el cumplimiento de sus obligaciones establecidas en el respectivo contrato, utilizando artificios para no asumir su responsabilidad".

Ahora bien, no hay definiciones de retardo ni rechazo genérico en dicho artículo 4. Sin embargo, el número 12 del artículo 25 de la ley de 2023 establece:

> "Queda prohibido a los sujetos regulados, según corresponda, lo siguiente:… Rechazar el pago de indemnizaciones con argumentos genéricos, sin exponer claramente las razones de hecho y de derecho en que se basan para considerar que el pago reclamado no es procedente, no bastando la simple indicación de la cláusula del contrato o norma legal que a su juicio la exonera de su responsabilidad".

La elusión, retardo y rechazo genérico están sancionados en el artículo 133 de la ley de 2023, que dispone:

> "Las empresas de seguros, de medicina prepagada y administradoras de riesgos que eludan o retarden, sin causa justificada, el cumplimiento de sus obligaciones o rechacen de manera genérica los reclamos formulados por los tomadores, asegurados, beneficiarios, contratantes, usuarios o afiliados, dentro de las condiciones y plazos legales o contractuales aplicables, serán sancionadas con multa de Diez Mil (10.000) a Veinticinco Mil (25.000) veces el tipo de cambio de referencia".

El plazo para que se considere que hubo elusión o retardo es igual siempre, como si todos los siniestros tuvieran idéntico grado de complejidad. Esto se desprende del artículo 123 de la ley de 2023, relativo al "Plazo para el pago de la indemnización o la notificación de rechazo", que establece lo siguiente:

> "Las empresas de seguros, de medicina prepagada y administradoras de riesgos están obligadas a hacer efectivas las indemnizaciones en un plazo máximo de veinte (20) días continuos siguientes, contados a partir de la fecha en que se haya entregado el último recaudo o del informe de ajuste de pérdidas, si fuese el caso, so pena de incurrir en

responsabilidad administrativa por retardo en el cumplimiento de sus obligaciones.

Igualmente, deben notificar por escrito a los tomadores, asegurados, beneficiarios, contratantes, usuarios y afiliados, dentro del lapso antes señalado, las causas de hecho y de derecho que justifican el rechazo, total o parcial, de la indemnización exigida. El incumplimiento de la obligación, genera la correspondiente responsabilidad administrativa.

Lo dispuesto en el presente artículo aplicará igualmente en los casos de fianzas emitidas por las empresas de seguros".

Dicho plazo de veinte días es insuficiente para los siniestros complejos. En el artículo 130 de la ley de 2016 el plazo era de treinta días.

El citado artículo 123 de la ley de 2023 no excluyó la posibilidad de alegar argumentos adicionales, para negar el pago, en caso de que la aseguradora sea demandada, debiendo entenderse que ello puede hacerse dentro del normal ejercicio del derecho de defensa (artículo 68 de la Constitución), al contestar la demanda (artículo 361 del Código de Procedimiento Civil).

Hay sanciones administrativas reguladas fuera del capítulo correspondiente (que va del artículo 125 al artículo 142 de la ley de 2023); por ejemplo, (i) la suspensión o revocatoria del registro de reaseguradores del exterior que lleva la Superintendencia, lo cual es objeto del artículo 70 de la ley de 2023; y (ii) la revocatoria de la autorización para operar otorgada por la Superintendencia a los sujetos regulados, lo cual es objeto del artículo 91 de la ley de 2023.

3. *Sanciones penales*

Los artículos 143 y siguientes de la ley de 2023, que establecen sanciones penales, modifican los artículos 183 y siguientes de la ley de 2016.

Las sanciones penales establecidas por los artículos 143 y siguientes de la ley de 2023 son penas de prisión, que, en ciertos casos, acarrean la revocación de la autorización otorgada por la Superintendencia a los sujetos regulados para ejercer la actividad aseguradora.

Los hechos sancionados penalmente, en los artículos 143 y siguientes de la ley de 2023, son: "***Operaciones de la actividad aseguradora sin autorización***", "***Oferta engañosa***" y ciertos "***Actos en perjuicio de la actividad aseguradora***". Estos hechos punibles con sanciones penales son iguales o parecidos a los de los artículos 183 y siguientes de la ley de 2016.

Un dato curioso es que no es delito la falsificación de los balances y demás estados financieros de una empresa de seguros; en cambio, sí es delito colocar en Venezuela pólizas emitidas por empresas del exterior. El legislador tiene sus prioridades al revés, puesto que la falsificación de estados financieros de un ente que recibe fondos del público –en este caso primas– es infinitamente más grave que, por ejemplo, ayudar a los particulares a comprar coberturas de seguros de vida en el exterior (que es un producto que las aseguradoras venezolanas no ofrecen, o no ofrecen de manera atractiva y con respaldo).

La ley de 2023 incrementa los tiempos de prisión contemplados en la ley de 2016, así:

- Respecto de las "***Operaciones de la actividad aseguradora sin autorización***", el tiempo de prisión aumentó de un rango de dos a seis años a un rango de seis a diez años.
- Respecto de la "***Oferta engañosa***", el tiempo de prisión aumentó de un rango dos a seis años a un rango de seis a diez años.
- Respecto de ciertos "***Actos en perjuicio de la actividad aseguradora***", el tiempo de prisión aumentó de un rango de dos a seis años a un rango de seis a diez años.

Curiosamente, la pena por todos los delitos siempre es la misma, como si todos revistieran la misma gravedad.

El artículo 146 de la ley de 2023 establece una prescripción de diez años, aumentando la prescripción de cinco años prevista en el artículo 187 de la ley de 2016.

XXXIV. ARBITRAJE

El artículo 17 de la ley de 1995, el número 12 del artículo 16 de la ley de 2001, el número 40 del artículo 7 y el artículo 133 de la ley de 2010, y el número 40 del artículo 8 y el artículo 133 de la ley de 2010, facultaban al Superintendente o al funcionario designado por éste, para, por acuerdo entre las partes, actuar como árbitro arbitrador en controversias entre entes regulados, y en controversias de entes regulados contra sus clientes. Según estos artículos, el Superintendente o su designado podían juzgar, aplicando la equidad, litigios entre, por ejemplo, aseguradoras y tomadores, asegurados o beneficiarios de seguros. Las normas sucesivas citadas resultaron en una cláusula sobre arbitraje incorporada por la globalidad de las empresas de seguros en la generalidad de sus contratos con los tomadores, la cual prevé la posibilidad de que las partes sometan sus controversias relativas a las pólizas al Superintendente o al funcionario que éste designe, como árbitro arbitrador. En dicha cláusula, las aseguradoras y tomadores no expresan que se someten a arbitraje, sino que señalan que, en la hipótesis de que acuerden someterse a arbitraje, el árbitro será el Superintendente o su delegado. En consecuencia, dicha cláusula no puede servir de base para que un tomador, asegurado o beneficiario obligue a una aseguradora a someterse a un arbitraje de equidad con el Superintendente o su delegado, ni viceversa.

De hecho, la cláusula sobre arbitraje utilizada en la generalidad de las pólizas utiliza las expresiones "Las partes podrán", "de mutuo acuerdo entre ambas partes" y "Las partes fijarán", lo que denota que esa cláusula no es un verdadero acuerdo de arbitraje, bajo el artículo 5 de la Ley de Arbitraje Comercial. Esa cláusula es, por el contrario, una mera invitación a que las partes convengan en someter sus pleitos a un procedimiento arbitral de equidad ante la Superintendencia.

Dicha cláusula es muy frecuente y muy vieja, hay muchas aseguradoras y tomadores de seguros, y existen numerosos pleitos relativos a pólizas. Al no ser un verdadero acuerdo de arbitraje, las demandas de los tomadores contra las aseguradoras casi siempre son intentadas ante los tribunales judiciales, y casi nunca el demandado señala que el conocimiento no corresponde a éstos, sino al Superintendente o su delegado, como árbitro. Esta realidad refleja que la intención de las partes no era establecer la obligación de someterse a arbitraje con la Superintendencia; se trata, insistimos, de una mera invitación, que no obliga a nadie.

La Superintendencia emitió la Providencia mediante la cual se Dicta las Normas para Regular los Mecanismos Alternativos de Resolución de Conflictos en la Actividad Aseguradora, publicada el 22 de diciembre de 2011,[117] cuyo artículo 16 requería: "La tramitación del arbitraje se efectuará previo acuerdo de las partes". Y su artículo 17, intitulado "De la concurrencia de voluntades", exigía: "Realizada la solicitud de arbitraje, el Superintendente… notificará a la otra parte en los diez (10) días hábiles siguientes a la solicitud, con el objeto de verificar la concurrencia de voluntades. La respuesta deberá ser enviada en un lapso que no exceda de cinco (5) días hábiles, contados a partir de la recepción de la notificación por la parte emplazada. En todo caso, la falta de respuesta se entenderá como

117 Disponible en la página web de la Superintendencia: https://www.sudeaseg.gob.ve/descargas/regulaciones/2011/Normas%20para%20regular%20los%20mecanismos%20alternativos%20de%20soluci%C3%B3n%20de%20conflictos%20en%20la%20actividad%20aseguradora.pdf. Consultada el 4 de enero de 2023.

una negativa tácita de la intención de someterse al proceso arbitral". De manera que el regulador del sector seguros, que aprobó en unos casos, y que impuso en otros, la cláusula sobre arbitraje de las pólizas ofrecidas por la globalidad de las aseguradoras, partió de la premisa de que, a pesar de dicha cláusula, para iniciar el procedimiento arbitral se necesita "acuerdo de las partes" o "concurrencia de voluntades".

Todo esto confirma que la intención de las partes es que dicha cláusula no sea más que una invitación a acudir a la Superintendencia en caso de conflicto. Su intención no es suscribir, mediante dicha cláusula, un acuerdo arbitral. De hecho, si se tratara de un acuerdo arbitral, éste sería nulo, por lo siguiente:

Primero, dicha cláusula suele ser una de las condiciones generales de las pólizas. De modo que no se trata de un texto separado, que el adherente puede aceptar o no cuando celebra el contrato de adhesión con el proponente. En consecuencia, si dicha cláusula fuera algo más que una mera invitación a que las partes se sometieran a arbitraje violaría el artículo 6 de la Ley de Arbitraje Comercial, que exige que la manifestación de voluntad de someter el contrato de adhesión a arbitraje sea hecha en forma expresa e independiente.

Segundo, si dicha cláusula fuera un acuerdo de arbitraje, los contratos de seguro se sustraerían del imperio de la ley, pues la misma prevé un arbitraje de equidad, y no es razonable ni constitucional que una persona distinta del juez natural decida todas las controversias relativas a los contratos con esa cláusula, sin tomar en consideración el resto de su clausulado, ni las disposiciones legales aplicables, sino sólo su criterio sobre qué es equitativo y qué no lo es.

Y tercero, las funciones del titular y otros empleados de la Superintendencia son incompatibles con su desempeño como árbitro, en el sentido tradicional de la palabra. En efecto, actuar como árbitro implica sustanciar y decidir, como juzgador imparcial e independiente, las controversias entre las partes, con base sobre los alegatos y pruebas presentados por ellas, lo cual constituye una atribución típica de los entes del Poder Judicial, que no es congruente con la función de controlar y fiscalizar la actividad aseguradora, la cual corresponde a la Superintendencia, como órgano del Poder Ejecutivo, cuyas atribuciones incluyen proteger a los tomadores, asegurados o beneficiarios, que son la contraparte de las aseguradoras.

Para entender por qué dicha cláusula fue incorporada por la globalidad de las empresas de seguros a sus contratos con los tomadores de seguro, es importante tener presente que, bajo las leyes mencionadas, existía un control administrativo previo y expreso. Con un sistema como éste, las aseguradoras solían evitar presentarle a la Superintendencia nuevos contratos de seguro, y, cuando se los presentaban, tendían a utilizar siempre textos iguales o parecidos, que guardasen la mayor similitud posible con pólizas previamente aprobadas, para evitar rechazos o retrasos mayores, lo que explica que las aseguradoras hayan incluido dicha cláusula en muchísimas pólizas. Las aseguradoras no pensaban que, incluyendo esa cláusula, se estaban sometiendo a arbitraje; tanto así que, en presencia de la misma, solían demandar y defenderse en los tribunales ordinarios. Por otra parte, los modelos impuestos por la Superintendencia en ciertos ramos de seguro usualmente incluyen el mismo tipo de disposiciones contractuales, que se repite constantemente, en razón de lo cual Sudeaseg incorporó dicha cláusula a varias pólizas, al establecer un clausulado uniforme para ciertos contratos. La Superintendencia no pensaba que, imponiéndole esta cláusula a las aseguradoras, las estaba obligando a someterse a arbitraje, tal como consta en las Normas para Regular los Mecanismos Alternativos de Resolución de Conflictos en la Actividad Aseguradora. El régimen descrito ha ocasionado que el articulado de los contratos de seguro se encuentra, hasta cierto punto, congelado, a pesar de sus deficiencias, una de las cuales es, justamente, la presencia de dicha cláusula.

La situación legal no cambió con la reforma de 2023. En efecto, el número 16 del artículo 8 de la ley de 2023 establece, entre las atribuciones del Superintendente, la siguiente:

> "...resolver con carácter de... árbitro arbitrador, las controversias que se susciten entre los sujetos regulados y entre éstos y los tomadores, asegurados, beneficiarios, contratantes, usuarios y afiliados, cuando las partes lo hayan establecido de mutuo acuerdo".

La misma norma menciona que el Superintendente puede "resolver con carácter de conciliador... las controversias", lo que es un contrasentido, pues los conciliadores no resuelven las controversias, sino que ayudan a las partes a ponerse de acuerdo para resolverlas.

Los artículos de las leyes de 1995, 2001, 2010 y 2023 relativos a arbitraje, antes citados, no deberían existir.

Las Normas para Regular los Mecanismos Alternativos de Resolución de Conflictos en la Actividad Aseguradora publicadas por Sudeaseg el 22 de diciembre de 2011, antes citadas, fueron derogadas por la misma Superintendencia, mediante la Providencia Administrativa N° SAA-01-0534-2024 del 29 de agosto de 2024, publicada en la Gaceta Oficial Extraordinaria N° 6.835 del 3 de septiembre de 2024, contentiva de las Normas sobre el Arbitraje en la Superintendencia de la Actividad

Aseguradora. Estas últimas normas, en su artículo 2, hacen referencia al "acuerdo arbitral", en los siguientes términos:

> "…es un convenio independiente y **posterior** a la contratación de los sujetos regulados entre sí o de éstos con los tomadores, asegurados, beneficiarios, contratantes, usuarios y afiliados…" (resaltado nuestro)".

El mismo artículo 2 añade que el "acuerdo arbitral" es un pacto con las siguientes características:

> "…Surge de forma voluntaria y excepcional, **una vez agotado el proceso conciliatorio**…" (resaltado nuestro).

Estas normas, en su artículo 6, disponen adicionalmente lo copiado a continuación:

> "El procedimiento de arbitraje se iniciará mediante una solicitud dirigida por una de las partes al Superintendente de la Actividad Aseguradora, la cual será evaluada en un lapso de tres (3) días hábiles para su aceptación o rechazo y la misma será notificada a la contraparte, con la finalidad que manifieste su voluntad de someterse a dicho proceso en un lapso de veinte (20) días hábiles.
>
> **Si la otra parte rechaza el arbitraje de la Superintendencia de la Actividad Aseguradora, le notificará al solicitante y se archivará la solicitud.**
>
> En el supuesto que el arbitraje sea **aceptado por ambas partes**, el Superintendente de la Actividad Aseguradora dictará un auto de apertura, el cual se le notificará en un lapso de cinco (5) días hábiles" (resaltados nuestros).

Todo esto denota que las pretendidas cláusulas arbitrales de las pólizas venezolanas no son tales, requiriéndose que después se celebre un verdadero acuerdo de arbitraje. Sin embargo, las mismas normas establecen lo siguiente, en su artículo 3:

> "La cláusula arbitral es todo anexo o cláusula contenida en un contrato válido y vigente, que estipula que las soluciones de las controversias en el sector asegurador, suscitadas por los sujetos regulados entre sí o de éstos con los tomadores, asegurados, beneficiarios, contratantes, usuarios y afiliados, con ocasión de la ejecución o inejecución del contrato, estará sometido al conocimiento de la Superintendencia de la Actividad Aseguradora, con el fin de resolver la disputa mediante un arbitraje. La cláusula arbitral tiene su fuente en el contrato de seguro respectivo y **surte efecto con la suscripción del mismo**…" (resaltado nuestro).

Ahora bien, si se va a acordar una verdadera cláusula arbitral, contemporánea al contrato de seguro, (i) este acuerdo no puede estar contenido en la póliza, sino en un documento separado, para que el tomador manifieste en él su voluntad de someterse a arbitraje, si fuere el caso, de manera independiente del resto del contrato, como lo requiere la Ley de Arbitraje Comercial; y (ii) los efectos de este acuerdo no se pueden sujetar a la voluntad de las partes, como ocurre con las pretendidas cláusulas arbitrales de las pólizas venezolanas.

Sin embargo, Sudeaseg incluyó una cláusula arbitral, que no es un verdadero acuerdo de arbitraje, en las condiciones de uso general y uniforme que acaba de imponer con respecto a numerosas pólizas, mediante las siguientes providencias del 29 de agosto de 2024, publicadas en la Gaceta Oficial Extraordinaria N° 6.835 del 3 de septiembre de 2024: (i) la Providencia Administrativa N° SAA-01-0479-2024, contentiva de las Normas sobre las Condiciones Generales de las Pólizas de Seguros Obligacionales o de Responsabilidad, que impone "con carácter general y uniforme las Condiciones Generales de las Pólizas de Seguros Obligacionales o de Responsabilidad"; (ii) la Providencia Administrativa N° SAA-01-0478-2024, contentiva de las Normas sobre las Condiciones Generales de las Pólizas de Seguros Patrimoniales, que impone "con carácter general y uniforme las Condiciones Generales de las Pólizas de Seguros Patrimoniales"; (iii) la Providencia Administrativa N° SAA-01-0507-2024, contentiva de las Normas que Establecen el Contenido Mínimo de las Condiciones Generales y Particulares de los Contratos de Seguro de Salud, que impone "con carácter general y uniforme el contenido mínimo" de dichas condiciones; y (iv) la Providencia Administrativa N° SAA-01-0509-2024, que dicta la Póliza de Seguro de Accidentes Personales de Ocupantes de Vehículos de Transporte de Pasajeros en Rutas Interurbanas e impone "con carácter general y uniforme las Condiciones Generales, las Condiciones Particulares y las Tarifas de la Póliza de Seguro de Accidentes Personales de Ocupantes de Vehículos de Transporte de Pasajeros en Rutas Interurbanas y de la Póliza de Seguro de Accidentes Personales de Ocupantes de Vehículos de Transporte de Pasajeros en Rutas Suburbanas". Todas estas providencias, que imponen condiciones generales uniformes, cometen el mismo error, de incluir una cláusula arbitral que no es tal, redactada así:

"**ARBITRAJE.**

Las partes podrán someter a un procedimiento de arbitraje las divergencias que se susciten en la interpretación, aplicación y ejecución del contrato. La tramitación del arbitraje se ajustará a lo dispuesto en la Ley que regule la materia de arbitraje y supletoriamente al Código de Procedimiento Civil.

El Superintendente de la Actividad Aseguradora actuará como árbitro arbitrador **en aquellos casos en que sea designado de mutuo acuerdo entre ambas partes**, con motivo de las controversias que se susciten en la interpretación, aplicación y ejecución del contrato. En este supuesto, la tramitación del arbitraje se ajustará a lo dispuesto en las normas que regulan el arbitraje en la actividad aseguradora.

El laudo arbitral será de obligatorio cumplimiento" (resaltados nuestros).

El texto anterior no tiene ninguna utilidad, ya que no es un acuerdo de arbitraje bajo la Ley de Arbitraje Comercial, pues este texto requiere que las partes acuerden el arbitraje luego. Pero, si este texto fuera un acuerdo de arbitraje, sería nulo, por contrariar al artículo 6 de esta ley, que exige que el sometimiento a arbitraje del contrato de adhesión se realice de forma expresa e independiente.

XXXV. DIRECCIÓN DE DEFENSORÍA DEL ASEGURADO EN LA SUPERINTENDENCIA, DEFENSOR DEL ASEGURADO EN LAS ASEGURADORAS Y ELIMINACIÓN DEL ROL DE LOS CONSEJOS COMUNALES

Las aseguradoras están bajo la supervisión de Sudeaseg, ante la cual los tomadores, asegurados o beneficiarios de seguros siempre han podido presentar reclamos, que deberían ser denuncias sobre infracciones de normas, más que a denuncias sobre violaciones contractuales. Éstos también podían presentar reclamos ante la autoridad de protección al consumidor, pero la Ley de Protección al Consumidor y al Usuario fue derogada por la Ley de Acceso a las Personas a los Bienes y Servicios, que a su vez fue derogada por la Ley Orgánica de Precios Justos;[118] y la autoridad de

[118] La Ley de Protección al Consumidor, que reguló por primera vez los contratos de adhesión (lo cual incluye a las pólizas de seguros), fue publicada el 23 de marzo de 1992 y fue derogada por la Ley de Protección al Consumidor y al Usuario publicada el 17 de mayo de 1995, que a su vez fue derogada por la Ley de Protección al Consumidor y al Usuario publicada el 4 de mayo de 2004. Ésta a su vez fue sustituida por la Ley para la Defensa de las Personas en el Acceso a los Bienes y Servicios publicada el 31 de julio de 2008, que fue reformada y luego derogada por la Ley Orgánica de Precios Justos publicada el 23 de enero de 2014. Ésta derogó las normas legales sobre los contratos de adhesión; lo único que queda es que la Ley Orgánica de Precios Justos, en su

supervisión y sanción bajo esta última ley, llamada Superintendencia Nacional para la Defensa de los Derechos Socioeconómicos, SUNDDE, parece estar más dedicada a temas políticos y de control de precios, que a la protección del consumidor. El artículo 13 de la ley de 2010 y su sucesor el artículo 14 de la ley de 2016 agregaban, a la lista de entes ante los cuales los tomadores, asegurados o beneficiarios de seguros podían presentar reclamos, a los consejos comunales y otros cuerpos políticos, que, en realidad, no tenían ni tienen nada que ver con seguros ni con protección al consumidor.[119]

En la reforma de 2023 se puso un poco de orden a este caos, pues, (i) se derogó el capítulo contentivo del absurdo artículo 14 de la ley de 2016, antes citado; (ii) se reguló la dirección de defensoría del tomador, asegurado, beneficiario, contratante, usuario y afiliado de la Superintendencia de la Actividad Aseguradora; y (iii) se previó que las aseguradoras tuvieran un defensor del tomador, asegurado o beneficiario de seguros. Veamos:

El artículo 129 de la ley de 2016 contemplaba la figura del *defensor del tomador, asegurado, beneficiario, contratante, usuario y afiliado*, también conocido como *defensor del asegurado*. Este artículo disponía:

> "Las empresas de seguros, las asociaciones cooperativas que realizan actividad aseguradora y las empresas de medicina prepagada están obligadas a atender y resolver los reclamos que les presenten los tomadores, asegurados, beneficiarios o contratantes, usuarios o afiliados

---

última versión, que es la publicada el 8 de noviembre de 2015 y reimpresa el 12 del mismo mes, establece que uno de los "derechos de las personas en relación con los bienes y servicios" es su derecho "A la protección en los contratos de adhesión que sean desventajosos o lesionen sus derechos e intereses" (artículo 7, número 10), e impone una sanción pecuniaria a quienes violen este derecho (artículo 47, número 7).

119 La disposición relevante es el artículo 14 de la ley de 2016, que establecía lo siguiente:

"Las personas que consideren vulnerados sus derechos e intereses, respecto a la actividad aseguradora, pueden presentar sus reclamos ante los consejos comunales respectivos, asociaciones, organizaciones de participación popular u organizaciones comunitarias, quienes estarán en la obligación de investigar lo ocurrido y levantar acta de los hechos, la cual será remitida a la Superintendencia de la Actividad Aseguradora, con el objeto de analizar la situación e imponer las medidas respectivas, de ser el caso.

Estos reclamos se realizarán sin menoscabo del derecho que tienen los tomadores, contratantes, asegurados o beneficiarios de formularlos, en forma individual o colectiva, ante los órganos o entes de la Administración Pública."

respecto de los sujetos regulados, con ocasión de las controversias derivadas de la ejecución del contrato y cualquier otra operación relacionada con la actividad aseguradora.

El ministro o la ministra con competencia en materia de finanzas autorizará la creación de las dependencias de la Superintendencia de la Actividad Aseguradora a quien corresponda ejercer la defensa de los derechos, y a tales fines se crea la figura del Defensor del tomador, asegurado, beneficiario, contratante, usuario y afiliado, y el reglamento interno establecerá las atribuciones de la misma"

En consecuencia, en la Superintendencia había una dirección o dependencia del defensor del asegurado. Dicho artículo 129 de la ley de 2016 fue modificado y pasó a ser el artículo 121 de la Ley de 2023, que establece:

"La Superintendencia de la Actividad Aseguradora creará la dirección de defensoría del tomador, asegurado, beneficiario, contratante, usuario y afiliado. Su organización y atribuciones se establecerán en el reglamento interno del órgano competente, así como en las normas que en esa materia se dicten.

Las empresas de seguros y de medicina prepagada deberán tener en su estructura, la unidad de defensa para atender y recibir las denuncias, reclamos o quejas; la cual estará a cargo del defensor del tomador, asegurado, beneficiario, contratante, usuario y afiliado, de conformidad con las normas dictadas a tal efecto por la Superintendencia de la Actividad Aseguradora."

La ley de 2023 contiene varias disposiciones novedosas sobre la materia: En primer lugar, el artículo 2 de la ley de 2023 indica quiénes son los sujetos regulados por la misma, e incluye el siguiente texto:

"Se consideran también sujetos regulados:... los defensores del tomador, asegurado, beneficiario, contratante, usuario y afiliado...".

En segundo lugar y tal como señalamos antes, conforme al artículo 12, número 8, de la ley de 2023, los defensores de los asegurados se deben inscribir en un registro llevado por Sudeaseg y pagar una tasa por su inscripción y por la renovación de su registro.

En tercer lugar, el citado artículo 121 de la ley de 2023 (que modifica el artículo 129 de la ley de 2016) contempla la creación de una dirección o dependencia de Sudeaseg, llamada *dirección de defensoría del tomador, asegurado, beneficiario, contratante, usuario y afiliado*.

En cuarto lugar, el mismo artículo 121 de la ley de 2023 prevé que haya un defensor del tomador, asegurado, beneficiario, contratante, usuario y afiliado, nombrado por cada empresa de seguros o de medicina prepagada, para la defensa de los derechos de sus clientes.

En quinto y último lugar, el artículo 138, número 5, de la ley de 2023, sanciona así a que los defensores de los asegurados que no cumplan con su deber de tramitar las reclamaciones de los clientes:

> "La Superintendencia de la Actividad Aseguradora sancionará,... previo procedimiento administrativo, a los... defensores del tomador, asegurado, beneficiario, contratante, usuario y afiliado..., con multa de Cinco Mil (5.000) a Diez Mil (10.000) veces el tipo de cambio de referencia; o la exclusión de los registros correspondientes, por el lapso de uno (1) a cinco (5) años, sin perjuicio de las sanciones penales, cuando:... En el desempeño de sus funciones, el defensor del tomador, asegurado, beneficiario, contratante, usuario y afiliado, no dé respuesta oportuna a las denuncias, quejas o reclamos que le sean presentados o contravenga las normas dictadas a tal efecto".

Lamentablemente, la norma precedente carece de precisión (no dice, por ejemplo, qué es una respuesta oportuna), lo que crea inseguridad jurídica. Las normas sobre los defensores de los asegurados, dictadas por la Superintendencia, pudieran haber contribuido a aclarar esto. Pero estas normas no le dan ninguna facultad decisoria al defensor del asegurado, sino que éste es un mero facilitador y tramitador, ya que las mismas prevén que, si las partes no llegan a un acuerdo, éste le remita el expediente a Sudeaseg, sin ni siquiera establecer un plazo para ello. En efecto, la Superintendencia, en el artículo 35 de su Providencia Administrativa N° SAA-01-0533-2024 del 29 de agosto de 2024, contentiva de las Normas Relativas a la Defensa de los Derechos del Tomador, Asegurado, Beneficiario, Contratante, Usuario y Afiliado de la Actividad Aseguradora, estableció lo siguiente:

> "En el supuesto que no se logre un acuerdo, el Defensor del Asegurado, en un plazo que no excederá de tres (03) días hábiles, remitirá el expediente a la Superintendencia de la Actividad Aseguradora.
>
> De igual manera, el Defensor del Asegurado deberá elaborar un informe en el que deje expresa constancia de sus apreciaciones sobre lo expuesto por las partes en las diferentes reuniones o audiencias, e indicará razonadamente a quién le asiste la razón de los actos, hechos u omisiones presuntamente irregulares.

El aludido informe será notificado a la Junta Directiva del sujeto regulado.

La opinión emitida por el Defensor del Asegurado no tendrá carácter vinculante.”

XXXVI. OBJETO ÚNICO Y LIMITACIÓN DE ACTIVIDADES QUE PUEDEN REALIZAR LOS SUJETOS REGULADOS

Las aseguradoras deben tener, como objeto único, el suministro de cobertura de seguro, conforme a la ley de 2001,[120] la ley de 2010,[121] la ley 2016,[122] y la ley de 2023. Lo mismo se aplica a varios sujetos regulados.

Al respecto, el número 1 del artículo 13 de la ley de 2023 (que es el resultado de fusionar y modificar los artículos 19, 20 y 140 de la ley de 2016) dispone:

> “Son requisitos indispensables para obtener y mantener la autorización para operar como empresa de seguros, de medicina prepagada, de reaseguros o administradora de riesgos... tener como objeto único la realización de operaciones permitidas por esta ley para empresas de seguros, de reaseguros, de medicina prepagada y administradoras de riesgos, según corresponda”.

Asimismo, el número 1 artículo 71 de la ley de 2023 (de manera parecida al número 2 del artículo 145 de la ley de 2016) establece:

> “Son requisitos indispensables para obtener y mantener la autorización para operar como empresa financiadora de primas o de cuotas... tener como objeto único el financiamiento de primas o de cuotas para tomadores de seguros o contratantes de medicina prepagada”.

El objeto social único de las aseguradoras fue objeto de la Providencia Administrativa N° SAA-01-0522-2024 emitida por la Superintendencia de

---

120 El artículo 49, número 3, de la ley de 2001, exigía que las empresas de seguros tuvieran “como objeto exclusivo la realización de operaciones permitidas por este Decreto Ley para dichas empresas”.

121 El artículo 18, número 3, de la ley de 2010, exigía que las empresas de seguros tuvieran “como objeto único la realización de operaciones permitidas por esta Ley para empresas de seguros”.

122 El artículo 19, número 3, de la ley de 2016, exigía que las empresas de seguros tuvieran “como objeto único la realización de operaciones permitidas por este Decreto con Rango, Valor y Fuerza de Ley para empresas de seguros”.

la Actividad Aseguradora el 29 de agosto de 2024, publicada en la Gaceta Oficial Extraordinaria N° 6.835 del 3 de septiembre de 2024, contentiva de las Normas para Verificar y Garantizar el Cumplimiento del Objeto Social Único en la Realización de las Operaciones Permitidas por la Ley de la Actividad Aseguradora. Su artículo 2 establece:

> "Las empresas de seguros tendrán como objeto social único la realización fundamental de operaciones de seguros. Adicionalmente, podrán celebrar contratos de:
>
> 1. Reaseguro aceptado en los ramos para los cuales han sido autorizadas;
>
> 2. Fianzas y reafianzamientos, cuando estén autorizadas para operar en seguros generales;
>
> 3. Fideicomiso, cuando estén autorizadas para operar en seguros generales y hayan obtenido la autorización correspondiente;
>
> 4. Administración de riesgos, en los ramos previstos en las normas dictadas a tal efecto."

Las Normas para Verificar y Garantizar el Cumplimiento del Objeto Social Único en la Realización de las Operaciones Permitidas por la Ley de la Actividad Aseguradora confirman el objeto social único de las empresas de reaseguros (artículo 5), las empresas de medicina prepagada (artículo 6), las empresas administradoras de riesgos (artículo 7) y las empresas financiadoras de primas o cuotas (artículo 8).

Así que las compañías de seguros, de medicina prepagada, de reaseguros, de administración de riesgos y de financiamiento de primas de seguros o de cuotas de medicina prepagada deben tener un objeto social único, que es la realización de las operaciones que les son propias bajo la ley de 2023. En cambio, respecto de los auxiliares de seguro, el artículo 114 de la ley de 2023, que es una norma legal nueva, señala:

> "La Superintendencia de la Actividad Aseguradora, en virtud del análisis de la experiencia profesional del solicitante, otorgará la autorización para actuar como perito avaluador, ajustador de pérdidas e inspector de riesgos sólo en los ramos de seguros para los que el interesado tenga calificación profesional.
>
> Las personas jurídicas podrán ser inscritas en el registro como perito avaluador, ajustador de pérdidas e inspector de riesgos, siempre que tengan por objeto **principal** la realización de dicha actividad y las

personas naturales que intervengan en los avalúos, ajustes e inspecciones, se encuentren autorizadas para actuar como tales" (resaltado nuestro).

Al legislador de 2023, al igual que al legislador de 2016, se le olvidó pautar cómo debe ser el objeto estatutario de las sociedades de corretaje de seguros y reaseguros, de donde se infiere que no tienen que tener un objeto social único, sino que el corretaje de seguros o reaseguros, según el caso, puede ser su objeto estatutario principal. Esto, sin duda, permite que sus estatutos establezcan que pueden realizar actividades inherentes, conducentes, relacionadas o congruentes con el corretaje de seguros o reaseguros.

De modo que la ley de 2023, al igual que la ley de 2016, no previó, con respecto a las compañías de seguros, de medicina prepagada, de reaseguros, de administración de riesgos y de financiamiento de primas o cuotas un objeto estatutario principal o fundamental, sino un objeto estatutario único o exclusivo.

Y el artículo 23 de la ley de 2023 (que es el resultado de fusionar y modificar los artículos 35 y 36 de la ley de 2016) agrega:

> "Las empresas de seguros, de reaseguros y de medicina prepagada deben realizar única y exclusivamente las operaciones propias de la actividad aseguradora a que se refiere la autorización que se otorga de acuerdo con las disposiciones establecidas en la presente Ley y su reglamento. Adicionalmente, las empresas de seguros y de medicina prepagada podrán realizar administración de fondos.
>
> En aquellos seguros o ramos en los cuales estén autorizadas, las empresas de seguros podrán realizar operaciones de reaseguros que amparen riesgos de otras empresas de seguros, de reaseguros o de medicina prepagada, así como retroceder los riesgos asumidos en reaseguro.
>
> Únicamente las empresas de seguros que operen en seguros generales, podrán realizar fideicomisos, fianzas y reafianzamientos. Serán aplicables a las empresas de medicina prepagada, en cuanto correspondan, las normas previstas para las empresas de seguros y las que se dicten para regular sus operaciones."

El número 1 del artículo 13 y el artículo 23 de la ley de 2023, antes citados, parecen excluir la posibilidad de que las empresas de seguros realicen actividades complementarias o conexas con el seguro, que sean distintas del reaseguro, los fideicomisos, las fianzas y los reafianzamientos. En efecto, de la letra de estos dos artículos resulta una prohibición absoluta, en cabeza de las aseguradoras, de realizar operaciones que no sean las allí mencionadas. Entonces, la lista no escrita de cosas que no pueden hacer las aseguradoras es infinita. En teoría, ninguna aseguradora puede realizar las actuaciones que la legislación del siglo XX permitía realizar y que, de hecho, las empresas de seguros realizaban antes y siguen realizando ahora, en su giro normal. Ahora bien, es muy razonable impedir que las empresas de seguros realicen operaciones incompatibles con su objeto primigenio; pero no deben prohibirse las operaciones compatibles con éste, las operaciones análogas ni las operaciones necesarias o convenientes para la realización de sus fines.

Otros artículos de la ley de 2023 dejan claro que las empresas de seguros pueden realizar operaciones compatibles con su objeto primigenio, operaciones análogas y operaciones necesarias o convenientes para la realización de sus fines. De dichos artículos resulta que el número 1 del artículo 13 y el artículo 23 de la ley de 2023 no pueden ser aplicados al pie de la letra. Entonces, a pesar de las disposiciones anteriores, es evidente que las aseguradoras pueden realizar operaciones diferentes del reaseguro, los fideicomisos, las fianzas y los reafianzamientos:

En primer lugar, el número 1 del artículo 25 de la ley de 2023, permite a las empresas de seguros otorgar los siguientes préstamos:

> "a. Préstamos concedidos dentro de programas de incentivos laborales, tales como préstamos con garantía hipotecaria para la adquisición de vivienda principal.
>
> b. Préstamos documentados o automáticos sobre pólizas de vida.
>
> c. Préstamos otorgados a los intermediarios de la actividad aseguradora".

En segundo lugar, el número 1 del artículo 40 de la ley de 2023, que comentamos cuando tratamos las reservas, permite a las aseguradoras tener:

> "Depósitos en moneda nacional o extranjera, en bancos o instituciones financieras domiciliados en el país...".

En tercer lugar, el número 4 del mismo artículo 40 de la ley de 2023, permite a las aseguradoras ser propietarias de:

> "...bienes inmuebles edificados..."

En cuarto lugar, los números 2, 3 y 4 del citado artículo 40 de la ley de 2023, permite a las aseguradoras invertir en:

> "Títulos valores denominados en moneda nacional o extranjera, emitidos o garantizados por la República, por otros sujetos de derecho público nacional o emitidos por instituciones o empresas en los cuales tengan participación esos entes..."

> "…fondos de inversión, en moneda nacional o extranjera, cotizados y constituidos exclusivamente con títulos de renta fija o variable…"

> "…fondos de inversión inmobiliarios, en moneda nacional o extranjera, constituidos en la República Bolivariana de Venezuela…"

En quinto lugar, el número 5 del artículo 40 de la ley de 2023 admite que las aseguradoras sean titulares de:

> "…otros activos o derechos nacionales que sean autorizados por la Superintendencia…".

En sexto lugar, del artículo 42 de la ley de 2023 se infiere que las aseguradoras pueden realizar

> "…las siguientes operaciones financieras: arrendamientos financieros, operaciones de reporto, mutuos, préstamos de títulos valores, ventas sometidas a condiciones suspensivas o resolutorias o con pacto de retracto…".

Según dicho artículo 42, los bienes relativos a esas operaciones financieras no son bienes aptos para la representación de las reservas.

En séptimo lugar, del artículo 48 de la ley de 2023 se infiere que las aseguradoras pueden realizar actos de

> "…enajenación o constituir gravamen de los bienes que representan las reservas técnicas…".

Según dicho artículo 48, la empresa de seguros debe sustituir esos bienes por otros aptos para representar las reservas.

Asimismo, en octavo lugar, del artículo 90 de la ley de 2023 se infiere que las aseguradoras pueden realizar

> "…actos de enajenación o gravamen de bienes…".

Según dicho artículo 90, sólo las empresas de seguros intervenidas requieren autorización de la Superintendencia para tales enajenaciones o gravámenes.

Las normas anteriores no pueden ser aplicadas literalmente, limitando las operaciones que pueden realizar las empresas de seguros. De otro modo, una aseguradora no podría, por ejemplo, hacer reparaciones en un inmueble edificado del que sea propietaria, ni dar en arrendamiento ese inmueble, ni aprovechar la parte no construida de ese inmueble para colocar un estacionamiento, ni sembrar un árbol en el jardín de ese inmueble, puesto que nada de esto figura en los artículos citados. Por eso es que el sentido común impone no considerar al pie de la letra el número 1 del artículo 13 y el artículo 23 de la ley de 2023.

Las restricciones para las empresas de seguros, que resultarían de una interpretación literal de los predecesores del número 1 del artículo 13 y del artículo 23 de la ley de 2023, antes citados, hubieran sido tan absurdas, que nadie las aplicó nunca; pues ello hubiera acarreado la casi paralización de las aseguradoras. Dichas limitaciones, tomadas al pie de la letra, serían innecesariamente restrictivas, contrarias al derecho al desarrollo libre de la personalidad, a la libertad económica y limitativas del derecho de propiedad. En consecuencia, esos dos artículos no pueden ser aplicados literalmente, pues se incurriría en una inconstitucionalidad, ya que el derecho al desarrollo libre de la personalidad, la libertad económica y el derecho de propiedad están protegidos por los artículos 20, 112 y 115 de la Constitución, de los que se desprende que (i) las limitaciones al libre desempeño de la personalidad y de la actividad económica de las personas naturales y jurídicas sólo pueden resultar, respectivamente, en razón "del derecho de las demás y del orden público o social", o "por razones de desarrollo humano, seguridad, sanidad, protección del ambiente y otras de interés social"; y (ii) la ley sólo puede establecer limitaciones a la propiedad "con fines de utilidad pública o interés general". Las restricciones contenidas en la letra de estos dos artículos y sus predecesores tienen que ver, más bien, con errores de técnica legislativa, así como con el desconocimiento del complejo mundo de los negocios en general y del sector asegurador en particular. En consecuencia, sostenemos la nulidad de los citados artículos, si fueran a ser aplicados literalmente.

El que el llamado "objeto social único" no impide realizar, dentro de límites razonables, operaciones distintas de las expresamente autorizadas, se ve confirmado por la primera parte del artículo 4 de las Normas para Verificar y Garantizar el Cumplimiento del Objeto Social Único en la Realización de las Operaciones Permitidas por la Ley de la Actividad Aseguradora, que establece:

> "A objeto de verificar que la empresa de seguros y de medicina prepagada realizan principalmente operaciones de seguros o de medicina prepagada según corresponda, el monto Publicada en Gaceta Oficial Extraordinaria N° 6.835 del 3 de septiembre de 2024 total de los ingresos recibidos por dicha empresa para cada ejercicio económico por primas o cuotas cobradas en los contratos de seguros y de medicina prepagada, deberá ser superior a sesenta por ciento (60%) del total de los ingresos obtenidos por la sumatoria de los siguientes conceptos:

1. Primas o cuotas cobradas por contrato de seguro y de medicina prepagada;

2. Primas o cuotas por operaciones de reaseguro aceptado;

3. Comisiones, remuneraciones u otros ingresos cobrados por fianza.

4. Comisiones, remuneraciones u otros ingresos cobrados por fondos administrados;

5. Comisiones, remuneraciones u otros ingresos por fideicomiso, mandatos, custodia, comisiones y otros encargos de confianza;

6. Cualquier otro ingreso, remuneración o comisión, distintos a los intereses obtenidos por sus colocaciones en bancos o instituciones financieras o por los rendimientos obtenidos por inversiones en títulos valores aptos para representar las reservas técnicas."

Esta norma no dice que sean ingresos netos, así que se trata de ingresos brutos. De manera que el llamado "objeto social único" no impide a las aseguradoras obtener, por operaciones distintas de las primas de seguro, ingresos menores del 40% sobre el total de sus ingresos brutos. No obstante, esta norma es absurda, porque puede haber ingresos extraordinarios considerables, que no están reñidos con el llamado "objeto social único", que hagan que se exceda dicho 40%; por ejemplo, una aseguradora vende un edificio donde tiene su sede social, obteniendo un precio muy alto, que utiliza total o parcialmente para mudarse a otras oficinas.

XXXVII. PROHIBICIONES ABSURDAS Y OTRAS PECULIARIDADES DE LA LEY

La ley de 2023 tiene normas prohibitivas sin sentido, que vienen de la ley de 2016, y otras normas incongruentes o contradictorias. Veamos algunos ejemplos:

1. *Enfermedades preexistentes*

El número 19 del artículo 25 de la ley de 2023 (que tiene su origen en el número 23 del artículo 41 de la ley de 2016) dispone:

> "Queda prohibido a los sujetos regulados, según corresponda, lo siguiente:.. alegar las enfermedades preexistentes o adquiridas, defectos o malformaciones socongénitas como causal de rechazo de siniestro".

Lo anterior, técnicamente, no tiene sentido, pues es normal, en casi todo el mundo, que los aseguradores de salud no cubran prexistencias. Dar esta cobertura encarece el seguro de salud para los tomadores que no tengan prexistencias. Además, la prohibición citada es susceptible de desnaturalizar el seguro, pues, si hay una enfermedad preexistente, es posible sostener que no hay riesgo, sin el cual no hay seguro.

La página web de la Superintendencia contiene las "Condiciones Generales y Particulares, el Anexo de Maternidad y la Tarifa de la Póliza de Seguro de Salud Individual", aprobados por la Superintendencia el 18 de noviembre de 2013 con carácter general y uniforme, en las que se incluyó una definición de "**Enfermedad Preexistente**".[123] Sin embargo, increíblemente, este término definido no fue utilizado ni una sola vez en dichas condiciones generales, particulares y anexo; es decir, a la Superintendencia se le olvidó decir, en los textos que impuso para las pólizas de salud, si las enfermedades preexistentes están excluidas o no de la cobertura. Ahora bien, las enfermedades preexistentes tenían (y todavía tienen) que estar incluidas en la cobertura, por mandato del legislador previo al 18 de noviembre de 2013, pues la ley de 2010 tenía una disposición que prohibía a las aseguradoras invocar enfermedades preexistentes para negar el pago[124] (esta prohibición ahora está presente en el citado número 19 del artículo 25 de la ley de 2023).

Las referidas "Condiciones Generales y Particulares, el Anexo de Maternidad y la Tarifa de la Póliza de Seguro de Salud Individual" fueron derogadas y sustituidas por un nuevo clausulado obligatorio. En efecto, Sudeaseg dictó la Providencia Administrativa N° SAA-01-0507-2024 del 29 de agosto de 2024, publicada en la Gaceta Oficial Extraordinaria N° 6.835 del 3 de septiembre de 2024 y contentiva de las Normas que Establecen el Contenido Mínimo de las Condiciones Generales y Particulares de los Contratos de Seguro de Salud, para "aprobar con carácter general y uniforme el contenido mínimo" de dichas condiciones, en los términos que se trascriben en dicha providencia. En la nueva providencia, la Superintendencia repite su error de incluir el término definido "ENFERMEDAD PREEXISTENTE", que no es utilizado ni una sola vez.

---

123 Providencia Nº FSAA- 003856 dictada por la Superintendencia el 18 de noviembre de 2013, disponible en: https://www.sudeaseg.gob.ve/ descargas/ regulaciones/2013/Providencia%203856%20del%2018.11.2013.pdf. Consultada el 1° de enero de 2024

124 La disposición relevante es el artículos 40(23) de la Ley de 2010, que establece lo siguiente:

"Artículo 40. Queda prohibido a las empresas de seguros y las de reaseguros lo siguiente:...

23. Alegar las enfermedades preexistentes o adquiridas, defectos o malformaciones congénitas, como causal de rechazo de siniestros de hospitalización, cirugía y maternidad."

2. *Fianzas sin respaldo*

El número 21 del artículo 25 de la ley de 2023 (que tiene su origen en el número 25 del artículo 41 de la ley de 2016) dispone:

> "Queda prohibido a los sujetos regulados, según corresponda, lo siguiente:.. Emitir contratos de fianza sin contar con el respaldo de la respectiva contra garantía y los contratos de reaseguros o reafianzamientos".

Lo anterior no tiene sentido, pues se debería permitir que los aseguradores emitieran fianzas luego de un análisis positivo de la solvencia del deudor y del crédito a ser garantizado, sin tener necesariamente que exigir una contragarantía o que tener un reaseguro o reafianzamiento.

3. *Fianzas a primer requerimiento*

El artículo 54 de la ley de 2023 (que viene del artículo 73 de la ley de 2016) establece:

> "Las empresas de seguros no podrán emitir… fianzas a primer requerimiento… Se entiende por fianza a primer requerimiento, aquélla mediante la cual, a los efectos de cumplir con la obligación afianzada, sólo sea necesaria la presentación de una exigencia de pago escrita o de cualquier otro documento indicado en el texto de la fianza".

Al respecto, el artículo 130 de la ley de 2023 agrega lo que copiamos seguidamente:

> "…Las empresas de seguros que emitan… fianzas a primer requerimiento serán sancionadas con multa de Veinticinco Mil (25.000) a Cincuenta Mil (50.000) veces el tipo de cambio de referencia".

Lo anterior podría tener sentido, pero es violado constantemente, pues el sector público exige frecuentemente que las aseguradoras emitan fianzas a primer requerimiento, y la propia Superintendencia lo promueve. Por ejemplo, la Superintendencia emitió un oficio el 29 de marzo de 2012, dirigido a los representantes de las empresas de seguros, relativo a las contrataciones con el Estado, exigiendo que las fianzas expresen lo que sigue:

> "Notificado el acto administrativo que contiene la decisión de resolución unilateral del contrato o incumplimiento, el órgano o ente contratante exigirá a la empresa de seguros el cumplimiento de la fianza, dentro del lapso de noventa (90) días hábiles contados a partir de la mencionada notificación".

Esto último puede encuadrar dentro de la definición legal de fianza a primer requerimiento, que el 29 de marzo de 2012, bajo la ley de 2010 (y ahora, bajo la ley de 2023), es *"aquélla mediante la cual a los efectos de cumplir con la obligación afianzada, sólo sea necesaria la presentación de una exigencia de pago escrita"*, lo cual estaba (y sigue estando) prohibido.[125]

4. *Auxiliares de seguro*

El número 8 del artículo 3 de la ley de 2023 introduce la figura de los auxiliares de seguro, que son los inspectores de riesgos, los peritos avaluadores y los ajustadores de pérdidas. Agruparlos bajo la denominación auxiliares de seguro es una novedad. Pero, absurdamente, el artículo 116 de la ley de 2023, que también es nuevo, expresa:

> "Las disposiciones establecidas en esta Ley para los intermediarios de la actividad aseguradora, serán aplicables a los auxiliares de seguro, en cuanto correspondan".

Lo anterior no tiene sentido, pues los intermediarios de la actividad aseguradora (agentes, corredores y sociedades de corretaje de seguros y reaseguros) tienen poco en común con los auxiliares de seguro (inspectores de riesgos, peritos avaluadores y ajustadores de pérdidas, que a su vez tienen poco en común entre sí).

El artículo 135 de la ley de 2023, sobre "Sanciones a los intermediarios y auxiliares de seguro", es ilustrativo de las peculiaridades que resultan de meterlos a todos en el mismo saco. Casi todos los hechos sancionados sólo conciernen a los intermediarios, por lo que no atañen a los auxiliares, quienes, sin embargo, están englobados por dicho artículo. Concretamente, los números 2, 5 y 7 del artículo 135 de la ley de 2023 son aplicables, no sólo a los intermediarios, sino también a los auxiliares de seguro. Pero

---

[125] Las disposiciones relevantes eran los artículos 73 y 160 (final) de la Ley de 2010, que establecían lo siguiente, respectivamente:

> "Las empresas de seguros autorizadas para operar en ramos de seguros generales podrán realizar operaciones de fianzas siempre que éstas no sean... fianzas a primer requerimiento... Se entiende por fianza a primer requerimiento, aquélla mediante la cual a los efectos de cumplir con la obligación afianzada, sólo sea necesaria la presentación de una exigencia de pago escrita o de cualquier otro documento indicado en el texto de la fianza".

> "Las empresas de seguros que emitan garantías financieras, avales o fianzas a primer requerimiento serán sancionadas con multa de diez mil Unidades Tributarias (10.000 U.T.) a catorce mil Unidades Tributarias (14.000 U.T.)."

dichos números 2, 5 y 7 son de carácter tan general, que podrían estar referidos a cualquier sujeto regulado:

> "2. No suministren en el lapso establecido, los datos, declaraciones, documentos o informes que solicite la Superintendencia de la Actividad Aseguradora".
>
> "5. Incurran en las incompatibilidades o prohibiciones previstas en esta Ley".
>
> "7. Divulguen, por cualquier medio, anuncios publicitarios que no cuenten con la aprobación previa de la Superintendencia de la Actividad Aseguradora."

5. *Proveedores*

El número 3 del artículo 122 de la ley de 2023 señala lo siguiente, que viene del número 3 del artículo 128 de la ley de 2016:

> "Son derechos de los tomadores, asegurados, beneficiarios, contratantes, usuarios y afiliados, respecto de los sujetos regulados, los siguientes:… Escoger libremente a los proveedores de insumos o servicios para satisfacer sus necesidades cubiertas por el contrato, salvo en aquellas coberturas que por su naturaleza deban ser garantizadas exclusivamente por un proveedor específico, previa aprobación de la Superintendencia de la Actividad Aseguradora".

Lo anterior entorpece la creación, por las empresas de seguros y de medicina prepagada, de redes de médicos o centros de salud y de redes de talleres de vehículos. Todas estas redes, cuando están bien estructuradas y manejadas, crean eficiencias y generan economías. Requerir autorización de la Superintendencia para ello es un trámite burocrático absurdo, que puede retrasar o incluso impedir la generación de estas redes. Posiblemente, haya empresas de seguros y de medicina prepagada que no respeten este trámite, presionando a sus clientes para que acudan a proveedores con los que han negociado baremos o tarifas de gastos considerados razonables, sin la autorización requerida.

6. *Asociaciones cooperativas de seguros*

La ley de 2023 parece eliminar las asociaciones cooperativas de seguros, pues su disposición transitoria tercera establece:

> "Las asociaciones cooperativas que a la fecha de entrada en vigencia de esta Ley se encuentren autorizadas por la Superintendencia de la Actividad Aseguradora, podrán adecuarse y adoptar la forma de

empresa de seguros, medicina prepagada y administradora de riesgos, dando cumplimiento a los requisitos previstos en esta Ley, su reglamento y demás normativa aplicable.

A tal efecto, deberán presentar un plan de adecuación, acompañado de un estudio de factibilidad, dentro de los seis (6) meses siguientes a la entrada en vigencia de la presente Ley".

Sin embargo, la ley de 2023 tiene todo un capítulo sobre las "**Asociaciones Cooperativas que realicen actividad aseguradora**", que va de su artículo 99 a su artículo 102.

Existe una clara contradicción entre los artículos 99 y siguientes de la ley de 2023, que regulan las asociaciones cooperativas de seguros, y su disposición transitoria tercera, de la que resulta su eliminación. Creemos que prevalece capítulo de las "**Asociaciones Cooperativas que realicen actividad aseguradora**", que comienza en dicho artículo 99. Esto lo confirma el artículo 3 de la ley de 2023, que menciona, como uno de los "sujetos regulados", a "Las asociaciones cooperativas que realicen actividad aseguradora", que, por ende,

> "podrán realizar actividad aseguradora en el territorio de la República, previa autorización de la Superintendencia de la Actividad Aseguradora".

CONCLUSIÓN

La Ley de la Actividad Aseguradora resultante de la reforma de 2023 mejora sustancialmente la regulación legal en materia de seguros, pero las providencias administrativas de la Superintendencia de la Actividad Aseguradora, publicadas en la Gaceta Oficial Extraordinaria N° 6.835 del 3 de septiembre de 2024, que pretenden reglamentar dicha ley, constituyen un retroceso. Y, en cuanto a la ley propiamente dicha, todavía queda mucho por hacer.

Además, se necesita una nueva ley, pues fue inconstitucional modificar muchos artículos de la ley de 2023, entre su aprobación por la Asamblea Nacional el 11 de octubre de 2022 y su publicación en la Gaceta Oficial del 29 de noviembre de 2023.

También se necesita una ley regule las pólizas de seguro, pues las Normas que Regulan la Relación Contractual en la Actividad Aseguradora, emitidas por Sudeaseg y publicadas en la Gaceta Oficial el 24 de agosto de 2016, son violatorias de la reserva legal prevista en la Constitución. Estando en vigor la ley de 2023, Sudeaseg derogó dichas normas, mediante las Normas que Regulan los Contratos de Seguro y de Medicina Prepagada y las Normas Relativas al Contrato de Reaseguro, ambas publicadas en la Gaceta Oficial el 3 de septiembre de 2024, que también son violatorias de la reserva legal prevista en la Constitución.

La inconstitucionalidad de dicha ley y de dichas normas genera inseguridad jurídica, pues, aunque la Sala Constitucional del Tribunal Supremo de Justicia no la haya declarado, cualquier juez puede desaplicarlas, en razón del control difuso de la constitucionalidad.

Muchas recomendaciones no atendidas por el legislador en la reforma de 2023, que habían sido hechas por la Academia de Ciencias Políticas y Sociales, y que están mencionadas al inicio de este trabajo,[126] deberían ser tomadas en cuenta, en una nueva Ley de la Actividad Aseguradora, y en una nueva Ley del Contrato de Seguro. Otras mejoras también son necesarias; por ejemplo, es importante y urgente corregir algunos artículos de la ley de 2023, que constituyen un retroceso significativo con respecto a la ley de 2016 y derogar providencias administrativas de la Superintendencia publicadas el 3 de septiembre de 2024.

Resumiendo, algunos de los problemas criticados por la Academia fueron solucionados con la reforma de 2022, publicada en 2023, que se empezó a aplicar en 2024; pero muchos no fueron solucionados, y, con la ley reformada y con las providencias administrativas de la Superintendencia publicadas el 3 de septiembre de 2024, se crearon problemas nuevos.

Entre las cosas que hay que corregir está que los accionistas siguen estando limitados en su capacidad de invertir y de nombrar directores, y los accionistas y directores siguen estando sujetos a una responsabilidad objetiva individual; las aseguradoras siguen sin poder ofrecer un financiamiento razonable para sus productos de seguro; la Superintendencia sigue estando facultada para determinar el contenido de los contratos de seguro y reaseguro (para muchos de los cuales estableció condiciones generales y uniformes, contrarias a la libre competencia); y, sin su autorización, las aseguradoras están impedidas de tomar muchas decisiones. Adicionalmente, es importante eliminar normas proteccionistas, tanto la establecida con anterioridad a la reforma de 2023 en provecho de las

---

126 Véase el capítulo 2 de este trabajo, denominado "Críticas a la Ley de la Actividad Aseguradora publicada el 30 de diciembre de 2015 y reimpresa el 15 de marzo de 2016, modificada mediante la reforma publicada el 29 de noviembre de 2023". Allí se reseñan las Consideraciones de la Academia sobre la Necesaria Revisión de la Legislación Venezolana que Disciplina la Banca, los Seguros y el Mercado de Capitales, de fecha 7 de octubre de 2019.

aseguradoras locales, como la establecida en la reforma de 2023 en provecho de los reaseguradores locales.

AGRADECIMIENTOS

El presente trabajo no hubiera sido posible sin la ayuda de mis compañeros de *MENPA – Mendoza, Palacios, Acedo, Borjas, Páez Pumar & Cía.*, especialmente Loriana Saad Diab, con quien tengo una deuda de gratitud.

También les doy las gracias a los doctores Allan R. Brewer-Carías y Serviliano Abache Carvajal, que me invitaron a escribir sobre el tema cuando la Asamblea Nacional aprobó la reforma, en 2022. En el año que trascurrió entre dicha aprobación y su publicación, este trabajo creció y creció.

Caracas, diciembre de 2024

BIBLIOGRAFÍA

Academia de Ciencias Políticas y Sociales: "Consideraciones de la Academia sobre la Necesaria Revisión de la Legislación Venezolana que Disciplina la Banca, los Seguros y el Mercado de Capitales", Caracas, 7 de octubre de 2019. Disponible en: https://www.acienpol.org.ve/informe-de-la-comision-academica-para-el-estudio-del-sistema-financiero-venezolano/

ACEDO MENDOZA, Manuel, y ACEDO SUCRE, Carlos Eduardo: *Temas sobre Derecho de Seguros*, Caracas, 1999.

ACEDO DE LEPERVANCHE, Luisa, y ACEDO SUCRE, Carlos Eduardo: "Los Grupos de Sociedades desde la Óptica del Derecho de Obligaciones", en *Derecho de Grupos de Sociedades*, Academia de Ciencias Políticas y Sociales, Caracas, 2005, pp. 495 y ss.

ACEDO SUCRE, Carlos Eduardo: "La ausencia de responsabilidad por culpa ordinaria de los administradores y demás órganos de las personas jurídicas, y de los trabajadores y demás dependientes de las personas naturales o jurídicas", en *Nuevas Tendencias en el Derecho Privado y Reforma del Código Civil Francés*, I Jornadas Franco-Venezolanas de Derecho Civil, Capítulo Venezolano de la Asociación Henri Capitant, Caracas, 2015, pp. 31 y ss.

______ *Cláusulas Abusivas y Contratos de Adhesión*, Caracas, 2018;

______ "El Decreto con Fuerza de Ley de Empresas de Seguros y Reaseguros", en *El Derecho Público a Comienzos del Siglo XXI*, Estudios en Homenaje al Profesor Allan R. Brewer Carías, tomo II, Madrid, 2003, pp. 2119 y ss.;

______ "El Levantamiento del Velo Corporativo en la Jurisprudencia del Tribunal Supremo de Justicia", en *Revista Venezolana de Legislación y Jurisprudencia*, N° 13, Caracas, 2020, pp. 795 y ss.;

______ "El Levantamiento del Velo Corporativo en Venezuela para el Año 2023", en *Revista Venezolana de Derecho Mercantil* N° 11, Caracas, Diciembre 2023, pp. 89 y ss.; y Piercing the Corporate Veil and PDVSA, en *Libro Homenaje al Profesor Eugenio Hernández Bretón,* Academia de Ciencias Políticas y Sociales, Caracas, 2019, tomo III, pp. 2.411 y ss.

______ "Responsabilidad contractual o por hecho ilícito de las sociedades anónimas y otras personas jurídicas, y de sus administradores y demás órganos, o sus trabajadores y demás dependientes", en *Libro Homenaje al Profesor Alfredo Morles Hernández*, Derecho de Sociedades, Vol. II, Caracas, 2012, pp. 611 y ss.;

– Constitución de la República Bolivariana de Venezuela.

– Decisión dictada por la Sala Constitucional del Tribunal Supremo de Justicia suspendiendo los efectos de la ley de 2001 mientras se tramitaba un recurso de nulidad por inconstitucionalidad intentado por C.A. Seguros Guayana, y aclaratoria del 2 de octubre de 2002.

– Decreto con Fuerza de Ley del Contrato de Seguro, publicada el 12 de noviembre de 2001.

– Decreto con Fuerza de Ley de Empresas de Seguros y Reaseguros, publicado el 12 de noviembre de 2001 y reimpreso el 28 de noviembre de 2001.

– Decreto con Rango, Valor y Fuerza de Ley de la Actividad Aseguradora, publicado el 30 de diciembre de 2015 y reimpreso el 15 de marzo de 2016.

– Decreto con Rango, Valor y Fuerza de Ley Orgánica de Precios Justos, publicado el 23 de enero de 2014.

– Decreto con Rango, Valor y Fuerza de Ley Orgánica de Precios Justos, publicado el 8 de noviembre de 2015 y reimpreso el 12 de noviembre de 2015.

– Ley de la Actividad Aseguradora, publicada el 29 de julio de 2010 y reimpresa el 5 de agosto de 2010.

– Ley para la Defensa de las Personas en el Acceso a los Bienes y Servicios, publicada el 31 de julio de 2008.

– Ley de Empresas de Seguros y Reaseguros, publicada el 23 de diciembre de 1994 y reimpresa el 8 de marzo de 1995.

– Ley de Protección al Consumidor, publicada el 23 de marzo de 1992.

– Ley de Protección al Consumidor y al Usuario, publicada el 17 de mayo de 1995.

– Ley de Protección al Consumidor y al Usuario, publicada el 4 de mayo de 2004.

– Ley de Reforma del Decreto con Rango, Valor y Fuerza de Ley de la Actividad Aseguradora, publicada el 29 de noviembre de 2023.

– Normas para Regular los Mecanismos Alternativos de Resolución de Conflictos en la Actividad Aseguradora, emitidas por la Superintendencia de la Actividad Aseguradora, publicadas el 22 de diciembre de 2011.

– Normas que Regulan la Relación Contractual en la Actividad Aseguradora, emitidas por la Superintendencia de la Actividad Aseguradora, publicadas el 24 de agosto de 2016.

– Normas que Regulan los Contratos de Seguro y de Medicina Prepagada, emitidas por la Superintendencia de la Actividad Aseguradora, publicadas el 3 de septiembre de 2024.

– Normas Relativas al Contrato de Reaseguro, emitidas por la Superintendencia de la Actividad Aseguradora, publicadas el 3 de septiembre de 2024.

– Otras providencias administrativas emitidas por la Superintendencia de la Actividad Aseguradora, publicadas en la Gaceta Oficial Extraordinaria N° 6.835 del 3 de septiembre de 2024.

EL CARÁCTER MERCANTIL DEL CONTRATO DE SEGURO:

LA *VIS ATTRACTIVA* DEL DERECHO MERCANTIL

Nayibe CHACÓN GÓMEZ*

Resumen: El objetivo de la investigación es analizar el carácter mercantil del contrato de seguro dentro de la Providencia Administrativa N° SAA-01-0506-2024 contentiva de las Normas que Regulan los Contratos de Seguro y de Medicina Prepagada y el tratamiento que se le da a los actos que resultan comerciales para una sola de las partes a la luz del contenido de la disposición del Código de Comercio que consagra la *vis attractiva* de la materia mercantil, y su inobservancia por parte de la Sala de Casación Civil del máximo tribunal de la República en la sentencia No. 000622 de fecha 20 de noviembre de 2024.

Palabras clave: Contrato de seguro, carácter mercantil del seguro, acto unilateral-mente mercantil, *vis attractiva* del derecho mercantil.

Abstract: The objective of the investigation is to analyze the commercial nature of the insurance contract within the Administrative Provision No. SAA-01-0506-2024 containing the Norms that Regulate Insurance and Prepaid Medicine Contracts and the treatment given to the acts that are commercial for only one of the parties in light of the content of the provision of the Commercial Code that enshrines the *vis attractiva* of commercial matter, and its non-observance by the Civil Cassation Chamber of the highest court of the Republic in judgment No. 000622 dated November 20, 2024.

Keywords: Insurance contract, commercial nature of insurance, unilaterally commercial act, *vis attractiva* of commercial law.

* Abogada (UCV, 1999). Especialista en Derecho Mercantil (UCV, 2005). Doctora en Ciencias Mención Derecho (UCV, 2009). Profesora Titular de la Facultad de Ciencias Jurídicas y Políticas de la Universidad Central de Venezuela, actualmente Directora del Instituto de Derecho Privado de esa universidad y Miembro Fundador y Secretaria General de la Sociedad Venezolana de Derecho Mercantil – SOVEDEM. Individuo de Número de la Academia de Ciencias Políticas y Sociales (Sillón No. 19).

PRESENTACIÓN

En la sentencia No. 000622 de fecha 20 de noviembre de 2024 emanada de la Sala de Casación Civil del Tribunal Supremo de Justicia, caso Agustín Antonio Rodríguez Muñoz contra Sociedad Mercantil Seguros Caracas, C.A., se puede leer dentro del pronunciamiento sobre el mérito de la causa que "se tiene que el contrato de póliza de seguro contraído entre las partes del presente juicio, no es de carácter mercantil, pues el ciudadano Agustín Antonio Rodríguez Muñoz y sus beneficiarios no son comerciantes, por lo tanto se rige el referido contrato según lo estipulado en materia civil, siendo imperativo el cumplimiento de las obligaciones estipuladas en las cláusulas del mismo."[1]

A raíz de esta interpretación del carácter no mercantil del contrato de seguro realizada por el alto tribunal de la República resulta pertinente retomar antiguos conceptos de la disciplina comercial, que se encuentran vigentes dentro del decimonónico Código de Comercio venezolano, así como dentro de la Providencia Administrativa N° SAA-01-0506-2024 contentiva de las Normas que Regulan los Contratos de Seguro y de Medicina Prepagada,[2] que conforman el marco regulador de la Ley de la Actividad Aseguradora vigente en Venezuela.[3] Estas normas que reconocen el carácter mercantil del contrato de seguro, puesto que el contrato de seguro no deja de tener carácter mercantil aunque el tomador, asegurado, beneficiario, contratante, usuario o afiliado no sea comerciante, ya que seguirá siendo mercantil para la empresa de seguros.

Es menester anotar dentro de la presentación de la investigación realizada, los antecedentes de la vigente normativa que regula el contrato de seguro, especialmente por la llamada deslegalización[4] del contrato de

---

1 Sentencia No. 000622 de fecha 20 de noviembre de 2024 emanada de la Sala de Casación Civil del Tribunal Supremo de Justicia, caso Agustín Antonio Rodríguez Muñoz contra Sociedad Mercantil Seguros Caracas, C.A. http://historico.tsj.gob.ve/ decisiones/scc/noviembre/339149-000622-201124-2024-24-349.HTML

2 Providencia Administrativa N° SAA-01-0506-2024 contentiva de las Normas que Regulan los Contratos de Seguro y de Medicina Prepagada, publicada en la Gaceta Oficial de la República Bolivariana de Venezuela N° 6.835 de fecha 03 de septiembre de 2024.

3 Ley de la Actividad Aseguradora, publicada en la Gaceta Oficial de la República Bolivariana de Venezuela N° 6.770 Extraordinario de fecha 29 de noviembre de 2023.

4 Acerca de la deslegalización del contrato de seguro ver el estudio de Salazar Reyes-Zumeta, Leonel. (2021) El contrato de seguro: El tránsito de la legalidad a la anomia. *Revista Venezolana de Derecho Mercantil de la Sociedad*

seguro. Según informa Rodríguez Costa las normas del Código de Comercio acerca del contrato de seguro se mantienen en vigencia, por hasta el año 2001 cuando se dicta el Decreto con Fuerza y Rango de Ley de Contrato de Seguro,[5] manteniendo el rango normativo de la regulación del contrato de seguro, al tratarse de una ley en sentido material.

El Decreto con Fuerza y Rango de Ley de Contrato de Seguro de 2001 permaneció en vigencia hasta la promulgación del Decreto Ley de la Actividad Aseguradora en diciembre de 2015, el cual estatuye en su disposición transitoria primera que: "Dentro de los ciento ochenta días siguientes a la entrada en vigencia de este Decreto con Rango, Valor y Fuerza de Ley, la Superintendencia de la Actividad Aseguradora dictará las normas que regulen el contrato de seguro y otros contratos y relaciones de la actividad aseguradora." Mientras que su disposición derogatoria segunda deroga al Decreto con Fuerza y Rango de Ley de Contrato de Seguro del año 2001. Llama la atención que el Legislador del año 2015 no estableciera la regulación del contrato de seguro como una competencia permanente de la Superintendencia de la Actividad Aseguradora, sino como una competencia de naturaleza transitoria, lo que nos permitiría afirmar que una vez ejercida la misma, estas normas no podrían ser objeto de modificación posterior por la Superintendencia, al agotarse la atribución contenida en la disposición transitoria del Decreto Ley de la Actividad Aseguradora. De esta forma el Legislador deslegalizó la materia de seguro y degradó el rango normativo de la misma. En ejercicio de esta competencia transitoria, la Superintendencia de la Actividad Aseguradora –en forma extemporánea– aprueba las Normas que regulan la relación contractual en la actividad aseguradora, mediante Providencia Administrativa número FSAA-9-00661 de 11 de julio de 2016.[6]-[7]

Venezolana de Derecho Mercantil, Edición Especial 1 Homenaje al Dr. Alfredo Morles Hernández, pp. 413-442. http://www.ulpiano.org.ve/revistas/bases/artic/texto/RVDM/ESPECIAL/RVDM _2021_E_413-442.pdf

5 Publicado en la Gaceta Oficial de la República Bolivariana de Venezuela N° 5.553 Extraordinario de 12 de noviembre de 2001.

6 Publicada en la Gaceta Oficial de la República Bolivariana de Venezuela N° número 40.973 de 24 de agosto de 2016.

7 Rodríguez Costa, Manuel. (2019). Constitucionalidad de las Normas que regulan la relación contractual en la actividad aseguradora. *Revista Venezolana de Derecho Mercantil de la Sociedad Venezolana de Derecho Mercantil*, núm. 3, p. 33. http:// www.ulpiano.org.ve/revistas/bases/artic/texto/RVDM/3/RVDM _2019_3_489-524.pdf

Ahora bien, volviendo al tema que ocupa esta investigación sobre el carácter mercantil del contrato de seguro, el tratamiento de un acto que resulta ser de comercio para una sola de las partes deriva el problema de este tipo de actos requiere determinar si se aplican las normas civiles o comerciales, para dar solución se encuentra consagrada en el artículo 109 del Código de Comercio venezolano la institución denominada *vis attractiva* del Derecho Mercantil.

En este contexto, el objetivo de la siguiente investigación realizada se centra en analizar el carácter mercantil del contrato de seguro dentro de la Providencia Administrativa N° SAA-01-0506-2024 contentiva de las Normas que Regulan los Contratos de Seguro y de Medicina Prepagada. y el tratamiento que se le da a los actos que resultan comerciales para una sola de las partes a la luz del contenido de la disposición del Código de Comercio que consagra la *vis attractiva* de la materia mercantil, y su inobservancia por parte de la Sala de Casación Civil del máximo tribunal de la República en la sentencia No. 000622.

I. LA COMERCIALIDAD DEL CONTRATO DE SEGURO:

El contrato seguro permaneció dentro del Código de Comercio venezolano desde su surgimiento hasta la entrada en vigencia de la Ley del Contrato de Seguros de 2001,[8] junto a la regulación de las empresas de seguros vigente en ese momento,[9] regulación que en la actualidad se

---

8 "Antes de la vigencia del Decreto con Fuerza de Ley del Contrato de Seguro, publicado en el 12 de noviembre de 2001, la normativa aplicable a las pólizas se encontraba establecida en el Código de Comercio, pues no era materia de la Ley de Empresas de Seguros y Reaseguros, ni de ninguna otra ley especial, Cuando el Código de Comercio de 1904, cuyas instituciones perduran en el Código de Comercio vigente, estaba pronto a cumplir cien años, el Ejecutivo Nacional derogó sus normas sobre el contrato de seguros, mediante dicho decreto-ley." Acedo Sucre, Carlos. (2004). El Decreto con Fuerza de Ley del Contrato de Seguro. *Centenario del Código de Comercio Venezolano de 1904*. Tomo II. Academia de Ciencias Políticas y Sociales. Caracas, p. 1060.

9 "Respecto de los seguros encontramos en el Código de Comercio venezolano disposiciones sobre el contrato de seguro, pero hay además una Ley de empresas de seguros y reaseguros, de 1966, que somete a la actividad aseguradora al control de un organismo del Estado; y cuyas normas podrían reunirse con aquellas en un solo texto, en un código de seguros." Goldschmidt, Roberto. (1980). *Curso de Derecho Mercantil*. Reimpresión de la Segunda Edición corregida y ampliada por el autor y actualizada por el profesor Víctor Manuel Pulido Méndez, Facultad de Derecho de la Universidad Central de Venezuela. Caracas, p. 16.

encuentra en la Ley de la Actividad Aseguradora y un listado de Normas Prudenciales y sus complementos. Siendo los seguros, al decir de Goldschmidt, junto a la letra de cambio, las sociedades mercantiles y en particular la sociedad anónima, las instituciones que se encontraban solamente se encuentran en el Código de Comercio y esto constituía a tales disposiciones como las más importantes del Derecho Mercantil, al servir como sustrato a la especialidad de la disciplina comercial, ya no en sentido histórico, sino atendiendo al derecho mercantil positivo venezolano.[10]

> Las instituciones típicas del derecho mercantil, los seguros, los títulos de crédito y sociedad anónima, son hoy accesibles a todo el mundo y no solamente limitadas al comercio. Del seguro marítimo se ha llegado a los seguros terrestres más importante es el seguro sobre la vida, ya que no tiene nada que ver con el comercio, en lo que se refiere a los asegurados. El resultado ha sido que en muchos países los seguros ya no se encuentran en el Código de Comercio y se han dictado leyes especiales al respecto; e incluso en los países donde todavía los seguros figuran en el Código de Comercio se ha establecido como principio el de que, en general, el seguro es solamente un acto de comercio para el asegurador.[11]

Por su parte, acerca de la regulación fuera del Código de Comercio de la materia de seguros, Morles Hernández afirma contundentemente que

> La materia de seguros pertenece al ámbito mercantil. La regulación de la materia mercantil pertenece al grupo de materias que, por su relevancia, solo puede ser regulada legislativamente por el parlamento, porque cualquier limitación o restricción tiene que adaptarse a la configuración constitucional de la protección del derecho respectivo. En el caso de la materia mercantil, al respeto al principio constitucional de libertad de empresa y al principio de autonomía de la voluntad derivados ambos del principio general de libertad. Por ello, la materia mercantil integra lo que se llama la reserva de ley, esto es, la materia cuya regulación es competencia exclusiva del poder legislativo.[12]

Estas manifestaciones permiten afirmar que el contrato de seguro tiene carácter mercantil aunque ya no se encuentra regulado en el código comercial patrio. Adicionalmente, en las vigentes Normas que Regulan los

---

10 *Ibidem*, p. 5.

11 *Ibidem*, p. 14.

12 Morles Hernández, Alfredo. (2019). La deslegalización de la materia del contrato de seguro. *Revista Venezolana de Derecho Mercantil de la Sociedad Venezolana de Derecho Mercantil*, núm. 3, p. 13. https://www.sovedem.com/_files/ugd/de1016_ e64c99d937d042e1a10a144a2ed7e591. pdf

Contratos de Seguro y de Medicina Prepagada se establece al igual que la Ley del Contrato de Seguros lo hizo en su momento, el carácter mercantil de los contratos de seguro:[13]

> **Artículo 3**. Los contratos a los que se refieren estas normas, cualquiera sea su modalidad, se considerarán mercantiles cuando sean suscritos entre comerciantes. Si el tomador, asegurado, beneficiario, contratante, usuario o afiliado no es comerciante sólo tendrá carácter mercantil para la otra parte.

Acedo Sucre señala que según el artículo 2, número 12, del Código de Comercio, los seguros son actos de comercio. En cambio, según el artículo 3 del entonces vigente artículo 3 del Decreto con Fuerza de Ley del Contrato de Seguro, este contrato es mercantil, siempre que sea celebrado entre dos comerciantes. "Un sector de la doctrina ha calificado de *esquizofrénico* el doble carácter -mercantil y no mercantil- que tiene ahora el contrato de seguro, cuando es celebrado entre una empresa de seguros, que por ley tiene que ser sociedad anónima y por ende comerciante, y un tomador que no sea comerciante."[14]

No obstante, Morles Hernández ha indicado que la entrada en vigencia de la legislación que regula el contrato de seguro y que lo saca del Código de Comercio, deja únicamente "vivas" las disposiciones sobre seguros terrestres y marítimos como actos de comercio que se encuentran respectivamente en el mencionado ordinal 12 del artículo 2 del código mercantil y en el ordinal 20 del mismo artículo; así como la disposición sobre la mercantilidad unilateral o bilateral del contrato de seguro en el artículo 6°; y las prescripciones sobre las asociaciones de seguros mutuos de los artículo 365 a 369.[15]

Adicionalmente, Morles Hernández ha sostenido que del texto de la Ley de la Actividad Aseguradora de 30 de diciembre de 2015 (derogada por la vigente Ley de la Actividad Aseguradora de 2023), en su disposición derogatoria segunda suprimió el Decreto-Ley del Contrato de Seguro "y toda norma que contravenga" el Decreto-Ley de la Actividad Aseguradora.

> Al derogar la Ley del Contrato de Seguro sin excepción alguna, en tal derogatoria se incluyó la disposición derogatoria única del citado decreto-ley, colocada después del artículo 128, norma que disponía:

---

13 Conforme a estas normas también tienen carácter mercantil los contratos de medicina prepagada que forman parte de su ámbito de aplicación.

14 Acedo Sucre, Carlos. (2004). El decreto con fuerza de ley del contrato..., *ob.cit.*, p. 1060.

15 Morles Hernández, Alfredo. (2004). *Curso de Derecho Mercantil. Los contratos mercantiles.* Tomo IV. Universidad Católica Andrés Bello. Caracas, p. 2389.

"Se derogan los artículos comprendidos entre el 548 y 611, ambos incluidos, del Título XVIII, Libro Primero del Código de Comercio vigente a partir del 19 de diciembre de 1919, reformado parcialmente por leyes del 30 de julio de 1938, 17 de agosto de 1942, 19 de septiembre de 1942 y 23 de julio de 1955, publicado en Gaceta Oficial Extraordinaria N° 475". En dos palabras, la disposición derogatoria segunda de la Ley de la Actividad Aseguradora resucitó las normas que sobre seguros habían estado en el Código de Comercio desde 1842 hasta el 30 de octubre de 2001, salvo que alguna de ella fuera contraria a la Ley de la Actividad Aseguradora. Esta no es la primera resurrección legislativa que sucede en Venezuela. Han ocurrido otras. (...) Sin embargo, la resurrección de las normas sobre seguros del Código de Comercio ha sido ignorada por la Superintendencia de la Actividad Aseguradora al dictar las "Normas que regulan la relación contractual en la actividad aseguradora".[16]-[17]

---

[16] Morles Hernández, Alfredo. (2019). La deslegalización de la materia... *ob.cit.*, pp. 5-6.

[17] En el mismo sentido se manifestó que "la LAA 2016, al derogar la Ley del Contrato de Seguro, dejó un vacío legal en esta materia (regulación de los contratos de seguro) desde diciembre 2015, fecha en la cual se hizo efectiva la derogatoria –antes de que la LAA 2016 fuera reimpresa "por fallas en los originales"–, hasta tanto fueron dictadas las Normas a mediados del 2016. Esto en virtud de que la LAA 2016, como es sabido, dejó fuera de su articulado a los contratos de seguro (como lo hace igualmente la vigente LAA) y remitió su regulación a unas normas que debía dictar la SUDEASEG, las cuales fueron dictadas, por cierto, fuera del lapso legalmente establecido a esos fines. (...) la LAA 2016 otorgó a la SUDEASEG 180 días desde la entrada en vigencia de la ley para dictar las mencionadas Normas, y siendo que la ley se entiende vigente a partir de su primera publicación, los 180 días debían contarse desde el 30 de diciembre de 2015, con lo cual al haber sido las Normas finalmente publicadas el 24 de agosto de 2016, tuvo lugar un vacío legal después de derogada la Ley del Contrato de Seguro y transcurridos los 180 días que otorgaba la Ley para dictarse las Normas. Durante los mencionados 180 días, queda claro que lo que debía aplicarse durante ese período, era –evidentemente– lo establecido en la derogada Ley del Contrato de Seguro, hasta tanto fuesen dictadas las Normas y las mismas hubiesen entrado en vigor. Sin embargo, queda la duda de ¿qué debía aplicarse durante el mencionado vacío legal (tiempo adicional a los 180 días)? Por analogía y por uso de la costumbre, según indica expresamente el Código de Comercio, debe concluirse que debían seguir siendo aplicadas las disposiciones normativas contenidas en la Ley del Contrato de Seguro derogada hasta tanto fueran dictadas, publicadas y entradas en vigor las Normas referidas en la LAA 2016."

Ahora bien, como se puede advertir de la lectura del artículo 3 de las vigentes Normas que Regulan los Contratos de Seguro y de Medicina Prepagada antes transcrito, tienen carácter mercantil los contratos de seguro sin hacer distinción de su modalidad cuando sean suscritos entre comerciantes, y para que no sean considerados con ese carácter para el tomador, asegurado, beneficiario, contratante, usuario o afiliado, ese sujeto deberá no ser comerciante, esta redacción se aparta el contenido del artículo 6 del Código Comercio, dando lugar por ejemplo a que un comerciante individual contrate un seguro sobre su propia vida o un seguro de daño para su hogar, entendiéndose que en esos casos el contrato de seguro sí tendría carácter mercantil para ambas partes por ser ambas partes comerciante. Estas situaciones descritas en el ejemplo advierten un claro desconocimiento del listado de los actos de comercio y del acto unilateralmente mercantil.

II. EL ACTO UNILATERALMENTE MERCANTIL Y LA ATRACCIÓN DE LO COMERCIAL:

Ascarelli se refiere a las relaciones bilateral y unilateralmente comerciales, aquellas que tienen lugar con el concurso de actos de varios sujetos, como en el caso de los negocios jurídicamente bilaterales. "Es obvio que en este caso, mientras el negocio jurídico puede ser comercial para uno de los sujetos, puede no serlo para otro, resultando, por consiguiente, dudosa la calificaciones de la relación."[18]

También llamados actos mixtos[19] o bilaterales, se trata de casos en los que "el legislador concluye en la existencia de una comercialidad unilateral",[20] situación que ocurre en todos los países que enumeran actos de comercio en

---

Pecchio Brillembourg, Isabella. (2024). *El principio indemnizatorio en el contrato de seguro (Hacia una nueva dimensión por efectos de la inflación)*. Fundación Editorial Jurídica Venezolana y Sociedad Venezolana de Derecho Mercantil. Caracas, pp. 36-37.

18 Ascarelli, Tulio. (1947). *Introducción al Derecho Comercial y parte general de las obligaciones comerciales*. Traducción Santiago Sentis Melendo. Ediar, S.A. Editores. Buenos Aires, p. 67.

19 Aunque Mármol Marquís no está de acuerdo con el empleo de la denominación de "actos mixtos" porque no tiene lugar ninguna mixtura, "el acto no es a la vez civil y mercantil, es solo mercantil, y ese carácter solo lo tiene para una de las partes, pero también implica a la otra en las condiciones señaladas. En tales supuestos, el término "unilateral" parece ser el único aconsejable." Mármol Marquís, Hugo. (1999). *Fundamentos de Derecho Mercantil.* Parte General. 4° Edición. Ediciones Liber. Caracas, p. 117.

20 *Ibidem*, p. 115.

su legislación mercantil, como es el caso venezolano en el artículo 2 del Código de Comercio, y que conlleva "distinguir entre actos que son comerciales para ambas partes y aquellos que sólo lo son para una de ellas."[21]

El problema que se presenta con este tipo de actos de comercio es saber cuál legislación le es aplicable tanto al fondo de la relación jurídica y cuál legislación deberá ser considerada en casos de procesos jurisdiccionales, es decir, la determinación del tratamiento sustantivo y adjetivo entre lo civil o comercial para aplicarle al acto.

> Los intérpretes del Código de Comercio Francés de 1807, primeros mercantilistas que tuvieron que abocarse al problema, concluyeron en tales situaciones en que ciertos debían ser considerados mixtos, es decir, simultáneamente civiles y mercantiles. Las consecuencias de esta teoría, tanto desde el punto de vista sustantivo como el procesal, llegaron a situaciones extremas. Si el acto es mixto, su regulación deberá basarse a la vez en los dos Códigos (Civil y de Comercio) y tendremos que aplicar al vendedor normas diferentes que las atinentes al comprador. Muchas veces ello traerá soluciones contradictorias que sólo se resolverán si se busca deducir un "término medio": en definitiva, no estaremos aplicando ni el derecho civil ni el mercantil sino una sui generis mezcla de ambos textos.[22]

Sin embargo, los legisladores del Código de Comercio venezolano "ha preferido no dejarle terreno al intérprete y han sugerir soluciones menos problemáticas", así en el artículo 109 y 1092 del código mercantil patrio se establece que cuando el acto sea mercantil para una sola de las partes, tal es el caso del contrato de seguro, se resolverá de la siguiente manera:

> a.- Desde el punto de vista sustantivo, ambas quedarán regidos por el Código de Comercio. Sin embargo, para la parte respecto de la cual el acto no es mercantil, su realización no podrá implicarle el cumplimiento de obligaciones o requisitos que la ley sólo exige a los comerciantes, No podrá, por ejemplo, plantearse en juicio la necesidad de que ese sujeto exhiba los asientos de contabilidad que se refieran al acto, ni el incumplimiento de sus obligaciones relacionadas con dicho acto podrá acarrearle la quiebra.
>
> b.- Desde el punto de vista procesal, ambas partes irán a la jurisdicción mercantil. Pero nuevamente se establece una excepción. Si una de las dos partes no es comerciante y resulta demandada, respecto de ella el proceso de desenvolverá conforme a los lapsos del Código de

---

21 *Ídem.*

22 Mármol Marquís, Hugo. (1999). *Fundamentos de Derecho..., ob.cit.*, p. 115.

Procedimiento Civil, sin tener en cuenta los lapsos abreviados que en juicios de comercio señalan los artículos 1099 y 1114.[23]

Morles Hernández sostiene que la existencia de la *vis attractiva* opera, como se ha mencionado, con una suerte de arrastre bajo la competencia sustantiva y procesal el negocio entero del cual el acto es un elemento, solución que ha sido recogida por el codificador venezolano de la ley italiana, y con el cual se evita el tratamiento desigual que deriva del sistema francés.[24]

La solución empleada por el Código de Comercio venezolano conduce a la existencia y aplicación de la *vis attractiva* del Derecho Mercantil, que como señala Ascarelli es el predominio de la ley comercial, disponiendo que cuando el acto es comercial, aun para una sola de las partes, la relación jurídica está regulada por el derecho comercial en toda su complejidad, salvo las disposiciones personales a los comerciantes, es decir, aquellas que no dependen de la existencia de una relación comercial, sino de la calificación de comerciante en el sujeto, y aquellas contrarias a la misma ley.[25]

Como corolario se advierte que "la existencia de actos unilaterales o bilaterales de comercio es independiente del carácter de comerciante o de no comerciante de cada una de las partes involucradas",[26] tal concepción ampliamente tratada por la doctrina mercantil no ha sido considerada por la Sala de Casación Civil en el caso de la precitada sentencia No. 000622, al desconocer el carácter mercantil del contrato de seguro por no ser comerciante el tomador, el asegurado, beneficiario, contratante, usuario o afiliado.

III. ACERCA DE LA INTERPRETACIÓN DEL CONTENIDO DEL CONTRATO DE SEGURO:

La sentencia No. 000622 de la Sala de Casación Civil al declarar el carácter no mercantil del contrato de seguro, puesto que el tomador, el asegurado, beneficiario, contratante, usuario o afiliado no es comerciante, consagra que "por lo tanto se rige el referido contrato según lo estipulado en materia civil, siendo imperativo el cumplimiento de las obligaciones estipuladas en las cláusulas del mismo."

---

23 *Ibidem,* p. 116.

24 Morles Hernández, Alfredo. (1998). *Curso de Derecho Mercantil.* Tomo I. Cuarta Edición, Universidad Católica Andrés Bello. Caracas, p. 557.

25 Ascarelli, Tulio. (1947). *Introducción al Derecho Comercial ..., ob.cit.*, p. 68.

26 Mármol Marquís, Hugo. (1999). *Fundamentos de Derecho..., ob.cit.*, p. 116.

No obstante, dentro de las vigentes Normas que Regulan los Contratos de Seguro y de Medicina Prepagada contenidas en la Providencia Administrativa N° SAA-01-0506-2024 emanada de la Superintendencia de la Actividad Aseguradora, al igual que en las derogadas Normas que Regulan la Relación Contractual en la Actividad Aseguradora de 2016,[27] y como en 2001 había hecho la Ley del Contrato de Seguro, se consagran unos principios de interpretación, los cuales han quedado prácticamente iguales, salvo que en las normas se extiende la aplicación a los contratos de medicina prepagada, y que en el caso de la presunción que los contratos han sido celebrados de buena fe, en las normas se le agregó "quien alegue la mala debe probarla".

Morles Hernández plantea que esta disposición (refiriéndose a la contenida en la Ley del Contrato de Seguro de 2001 específicamente, aunque el comentario cabe a las normas de vigencia posterior), proporciona algunas pautas de interpretación, la más importante de las cuales es la de que las cláusulas ambiguas se interpretan a favor del tomador, del asegurado o del beneficiario, una particular manera de formular la regla *contra stipulatorem*.[28] Acerca de esta regla Polo Arévalo describe que la necesario transparencia y claridad en los contratos se materializó en la regla conocida como *contra stipulationem* o *contra proferentem*, cuyo desarrollo como principio de interpretación dicta que en caso de incertidumbre respecto a lo acordado o pactado en el contrato, se tomará siempre la decisión en beneficio del obligado.[29]

> La regla formulada en los textos romanos bajo la expresión *in ambiguis contra stipulatorem* se rescatará durante el siglo XX, resurgiendo con fuerza para contrarrestar los abusos que se produjeron con el surgimiento de los contratos de adhesión, en los que la determinación unilateral de las obligaciones contractuales por uno sólo de los contratantes ocasionaba que la otra parte se limitara a otorgar su consentimiento a la totalidad del clausulado, sin que pudiera negociar nada al respecto.[30]

---

27 Providencia Administrativa N° FSAA-9-00661 de fecha 11 de julio de 2016, mediante la cual se dictan las Normas que Regulan la Relación Contractual en la Actividad Aseguradora, publicada en la Gaceta Oficial de la República Bolivariana de Venezuela N° 40.973 de fecha 24 de agosto de 2016.

28 Morles Hernández, Alfredo. (2004). *Curso de Derecho Mercantil. Los contratos…*, *ob.cit.*, p. 2393.

29 Polo Arévalo, Eva. (2015). Una Reflexión Actual Del Principio de *Interpretación in Ambiguitas Contra Stipulationem.* Revista Internacional de Derecho Romano, núm. 15, pp. 186-222. http://www.ridrom.uclm.es/documentos15 /polo15_pub.pdf

30 *Ibidem*, pp. 188-189.

Ahora bien, los principios de interpretación de las normas del contrato de seguro (y ahora del contrato de medicina prepagada) acuden a la analogía y que cuando no sea posible aplicarla el intérprete recurra a la costumbre, a los usos y a la práctica generalmente observados en el mercado asegurador venezolano; y se concurrirá a las normas de Derecho Civil cuando no exista disposición expresa en la ley o en la costumbre mercantil.

> Toma así partido el legislador por una de las posibles interpretaciones derivadas de la coordinación entre el artículo 8° y 9° del Código de Comercio y el artículo 4° del Código Civil. (...) Esta impecable construcción parece inútil. Siendo el derecho común inaplicable al contrato de seguro, resulta difícil que llegue a presentarse una situación que amerite acudir al derecho civil.[31]

En la sentencia bajo análisis se acude al desconocer el carácter mercantil del contrato de seguro, se acude tanto a la doctrina como a la legislación del Derecho Civil, situación que contradice la regulación de la materia específica del contrato de seguro, así como de la costumbre, a los usos y a la práctica generalmente observados en el mercado asegurador venezolano, sin salirse de las fórmulas propias del Derecho Mercantil, al ser como se ha mencionado, el seguro una institución tradicionalmente inherentes a la disciplina comercial.

Adicionalmente, resulta pertinente resaltar lo anotado por Morles Hernández acerca de la empresa de seguros y de la actividad aseguradora en general, que se no se trata de una empresa cualquiera, "al contrario, es una entidad científicamente organizada para prestar un servicio muy especializado, el seguro, con una enorme repercusión social."[32] Toda la complejidad que reviste la actividad aseguradora, precisa en caso de controversias de interpretaciones ajustadas a la magnitud de esta entidad, sin desconocer sus especificaciones de carácter técnico-jurídico que desde sus orígenes se han encontrado en el Derecho Mercantil.

IV. CONCLUSIONES:

Como bien ha advertido la doctrina mercantil clásica, específicamente Ascarelli, quien manifestó que en muchos casos se ha materializado una disminución de la discrecionalidad contractual, vistas las normas publicistas, así como la utilización de muchos institutos del comercio, como es el caso del contrato de seguro, incluso en el ámbito del derecho público

---

31 Morles Hernández, Alfredo. (2013). *Derecho de Seguros*. Universidad Católica Andrés Bello. Caracas, p. 327.

32 *Ibidem*, p. 27.

o para empresas de carácter colectivo, pasando de esta suerte, muchos institutos del derecho comercial a constituir los instrumentos técnicos-jurídicos generales de una economía de masa.[33]

No obstante, esta disminución de la libertad contractual no conlleva la pérdida del carácter mercantil del contrato de seguro, especialmente cuando desde los tiempos iniciales de la codificación mercantil venezolana, este contrato ha sido considerado acto de comercio, tanto objetivo en lo que refiere a la empresa aseguradora, y unilateralmente mercantil cuando se está en presencia de un tomador, beneficiario o asegurado no comerciante, pero el carácter mercantil corresponde al seguro no a las partes que intervienen él. Así se ha recogido en las normas que vinieron a derogar las disposiciones del Código de Comercio, en esta materia, conservando el carácter mercantil de este instituto, puesto que el propio código mercantil establece la fórmula para resolver la situación de un contrato que es mercantil solo para una de las partes, a través de la *vis attractiva*, la cual no lo convierte en mercantil para la parte no comerciante, sino que aplica al contrato las normas sustantivas y en caso de controversia las normas adjetivas de naturaleza mercantiles.

El desconocimiento del carácter mercantil del contrato de seguro, así como la institución de la *vis attractiva* del Derecho Mercantil, y más aún dejar de lado las propias normas específicas aplicables al contrato de seguro, ocupa a los estudiosos de la disciplina comercial en realizar análisis que adviertan sus orígenes aún vigentes.

BIBLIOGRAFÍA

ACEDO SUCRE, Carlos. El Decreto con Fuerza de Ley del Contrato de Seguro. *Centenario del Código de Comercio Venezolano de 1904*. Tomo II. Academia de Ciencias Políticas y Sociales. Caracas 2004.

ASCARELLI, Tulio. *Introducción al Derecho Comercial y parte general de las obligaciones comerciales*. Traducción Santiago Sentis Melendo. Ediar, S.A. Editores. Buenos Aires 1947.

GOLDSCHMIDT, Roberto. *Curso de Derecho Mercantil*. Reimpresión de la Segunda Edición corregida y ampliada por el autor y actualizada por el profesor Víctor Manuel Pulido Méndez, Facultad de Derecho de la Universidad Central de Venezuela. Caracas 1980.

MÁRMOL MARQUÍS, Hugo. *Fundamentos de Derecho Mercantil*. Parte General. 4° Edición. Ediciones Liber. Caracas 1999.

---

[33] Ascarelli, Tulio. (1947). *Introducción al Derecho Comercial ..., ob.cit.*, p. 34.

MORLES HERNÁNDEZ, Alfredo. *Curso de Derecho Mercantil.* Tomo I. Cuarta Edición, Universidad Católica Andrés Bello. Caracas 1998.

______ *Curso de Derecho Mercantil. Los contratos mercantiles.* Tomo IV. Universidad Católica Andrés Bello. Caracas 2004.

______ *Derecho de Seguros.* Universidad Católica Andrés Bello. Caracas 2013.

______ La deslegalización de la materia del contrato de seguro. *Revista Venezolana de Derecho Mercantil de la Sociedad Venezolana de Derecho Mercantil,* núm. 3, 2019. pp. 13-32. https://www.sovedem.com/_files/ugd/de 1016_e64c99d937d042e1a10a144a2ed7e591.pdf

PECCHIO BRILLEMBOURG, Isabella. *El principio indemnizatorio en el contrato de seguro (Hacia una nueva dimensión por efectos de la inflación).* Fundación Editorial Jurídica Venezolana y Sociedad Venezolana de Derecho Mercantil. Caracas 2024.

POLO ARÉVALO, Eva. Una Reflexión Actual Del Principio de Interpretación *in Ambiguitas Contra Stipulationem. Revista Internacional de Derecho Romano*, núm. 15, 2015. pp. 186-222. http://www.ridrom.uclm.es/documentos15/polo15 _pub.pdf

RODRÍGUEZ COSTA, Manuel. Constitucionalidad de las Normas que regulan la relación contractual en la actividad aseguradora. *Revista Venezolana de Derecho Mercantil de la Sociedad Venezolana de Derecho Mercantil*, núm. 3, 2019. pp. 489-524. http://www.ulpiano.org.ve/revistas/bases/artic/texto/RVDM /3/RVDM_2019_3_489-524.pdf

SALAZAR REYES-ZUMETA, Leonel. El contrato de seguro: El tránsito de la legalidad a la anomia. *Revista Venezolana de Derecho Mercantil de la Sociedad Venezolana de Derecho Mercantil*, Edición Especial 1 Homenaje al Dr. Alfredo Morles Hernández, 2021. pp. 413-442. http://www.ulpiano.org.ve/revistas/bases/artic/texto/RVDM/ESPECIAL/RVDM_2021_E_413 -442.pdf

EL CONTRATO DE SEGUROS EN LA ENCRUCIJADA DE LA LEY DE LA ACTIVIDAD ASEGURADORA

Claudia MADRID MARTÍNEZ*

Resumen: En este artículo exploramos la situación jurídica del contrato de seguros en Venezuela. Para ello hemos considerado la regulación contenida en la normativa prudencial de la Superintendencia de la Actividad Aseguradora y la reciente reforma de la Ley de la Actividad Aseguradora. Además, hemos hecho un énfasis particular en el afianzamiento de la tendencia a acorralar la autonomía de la voluntad que se observa en materia de contratación en general, y, en particular, en los contratos celebrados por instituciones altamente controladas, como las empresas de seguros.

Palabras clave: Contrato de seguros. Autonomía de la voluntad. Control estatal. Regulación.

Abstract: In this paper I explore the legal situation of the insurance contract in Venezuela. For this purpose, I have considered the regulation contained in the prudential regulations of the Superintendence of Insurance Activity and the recent reform of the Act on Insurance Activity. In addition, I have made a particular emphasis on the strengthening of the tendency to corner the autonomy of the will that is observed in contracting in general, and, in particular, in contracts entered into by highly controlled institutions, such as insurance companies.

Keywords: Insurance contract. Autonomy of the will. State control. Regulation.

---

* Doctora en Ciencias Mención Derecho; *Magister Scientiarum* en Derecho Internacional Privado y Comparado y Abogado de la Universidad Central de Venezuela (UCV); *Postdoctoral researcher* becada por la Fundación Alexander von Humboldt en la Universidad de Colonia (2012-2014); Profesora vinculada en la Universidad de Antioquia, parte del Grupo de Investigaciones "Saber, Poder y Derecho"; Profesora Titular en la UCV y en la Universidad Católica Andrés Bello (UCAB).

INTRODUCCIÓN

El 30 de diciembre de 2015, como parte del ejercicio –a última hora– de las facultades para legislar delegadas por la Ley Habilitante promulgada en marzo de 2015[1], el Ejecutivo Nacional dictó el Decreto con Rango, Valor y Fuerza de Ley de la Actividad Aseguradora[2]. Se trató de un instrumento que tuvo por objeto "establecer el marco normativo para el control, vigilancia, supervisión, autorización, regulación y funcionamiento de la actividad aseguradora, a fin de garantizar los procesos de transformación socieconómicos que promueve el Estado, en tutela del intereses general representado por los derechos y garantías de los tomadores, asegurados y beneficiarios de los contratos de seguros, los reaseguros, los contratantes de los servicios de medicina prepagada, de administración de riesgos y de los asociados de las cooperativas que realicen actividad aseguradora, de conformidad con lo establecido en la Ley Orgánica del Sistema Financiero Nacional" (art. 1).

De conformidad con el artículo 2 del citado Decreto Ley, la actividad aseguradora "es toda relación u operación relativa o conexa al contrato de seguro, al de reaseguro y al contrato de administración de riesgos, en los términos establecidos en las normas que regulan la materia". Considerando este ámbito de aplicación es lógico que este instrumento haya derogado la Ley de la Actividad Aseguradora de 2010[3] (Disposición Derogatoria Primera). No obstante, el Decreto Ley fue más allá y, en la Disposición Derogatoria Segunda, derogó también la Ley del Contrato de Seguros de 2001[4].

Sin embargo, más allá de algunas normas para la protección del tomador, el asegurado y el beneficiario, esta Ley no regula el contrato de seguros. Es probable que el reconocimiento de esta realidad haya conducido al Ejecutivo a delegar, según se lee en la Disposición Transitoria Primera, en la Superintendencia de la Actividad Aseguradora (SUDEASEG) la

---

1 Ley que autoriza al Presidente de la República para dictar Decretos con Rango, Valor y Fuerza de Ley en las materias que se delegan para la Garantía Reforzada de los Derechos de Soberanía y Protección del Pueblo Venezolano y el Orden Constitucional de la República, Gaceta Oficial No. 6.178 Extraordinario, 15 de marzo de 2015.

2 Gaceta Oficial No. 6.211 Extraordinario, 30 de diciembre de 2015, reimpresa por fallas en los originales y publicada en la Gaceta Oficial No. 6.220 Extraordinario, 15 de marzo de 2016.

3 Gaceta Oficial No. 39.481, 5 de agosto de 2010.

4 Gaceta Oficial No. 5.553 Extraordinario, 12 de noviembre de 2001.

regulación del contrato de seguros, para lo cual, le impuso un plazo de 180 días. Este mandato fue cumplido más de 230 días después, cuando, en agosto de 2016, la SUDEASEG dictó las Normas que regulan la Relación Contractual en la Actividad Aseguradora[5].

Estas normas –que reproducen con alguna modificación menor la derogada Ley del Contrato de Seguros– han sido duramente criticadas por el profesor Alfredo Morles Hernández quien, en un muy bien fundamentado cuestionamiento en el que puso de manifiesto los graves errores de procedimiento y técnica legislativa, destacó dos consecuencias negativas del proceder del ejecutivo: en primer término, lo que llamó la "resurrección" de las normas sobre seguros contenidas en el Código de Comercio –que habían sido derogadas, precisamente, por la Ley del Contrato de Seguros. En su opinión la derogatoria de la Ley del Contrato de Seguros también supuso la derogatoria que esta había hecho de las normas correspondientes del Código de Comercio.

En segundo término, Morles Hernández se refiere a la "deslegalización" del contrato de seguros. Tal como afirma el autor, el ejecutivo es quien dicta la Ley de la Actividad Aseguradora, luego de haber sido habilitado por el poder legislativo, respecto de una materia de reserva legal[6]. El ejecutivo, a su vez, delegó a la SUDEASEG la regulación del contrato de seguro.

Este panorama conduce a afirmar que el vehículo mediante el cual transitará la relación que tejen las empresas dedicadas a la actividad aseguradora con otros sujetos como el tomador, el asegurado o el beneficiario, está regulado por normas de rango sublegal, normas caracterizadas por la "aniquilación de la autonomía de la voluntad en la relación de seguro" y el evidente desequilibrio de las prestaciones de las

---

5 Providencia No. FSAA-9-00-661 de la Superintendencia de la Actividad Aseguradora mediante la cual se dictan las Normas que Regulan la Relación Contractual en la Actividad Aseguradora, Gaceta Oficial No. 40.973, 24 de agosto de 2016.

6 "La regulación de la materia mercantil pertenece al grupo de materias que, por su relevancia, solo puede ser regulada legislativamente por el parlamento, porque cualquier limitación o restricción tiene que adaptarse a la configuración constitucional de la protección del derecho respectivo". Ver: Morles Hernández, Alfredo, El seguro dejó de ser un contrato. La distorsión del contrato de seguro en el proceso de transición de sistemas económicos, en: *Boletín de la Academia de Ciencias Políticas y Sociales*, 2017, No. 156, pp. 489 ss., especialmente p. 504.

partes, razones por las que el propio profesor Morles Hernández ha afirmado, en un trabajo posterior, que "el seguro dejó de ser un contrato"[7].

Ahora es promulgada una reforma a la Ley de la Actividad Aseguradora, esta vez de manos de la Asamblea Nacional[8], no obstante la situación del contrato de seguros no parece haber mejorado, pues sigue estando en manos de las Normas dictadas por la SUDEASEG y algunas disposiciones en la nueva Ley. De hecho, la Disposición Transitoria Primera de la nueva Ley conserva la potestad regulatoria en cabeza de la SUDEASEG, por 180 días luego de la vigencia de la Ley, pero ahora referida, de manera general, a "las normas a que haya lugar". Teniendo en cuenta este panorama, con estas líneas nos proponemos examinar la regulación que aporta la Ley de la Actividad Aseguradora al contrato de seguros, destacando los cambios que introduce y su diálogo con las normas de la SUDEASEG sobre la materia.

I. EL CONTRATO DE SEGURO

1. *Ideas generales*

Definir al contrato de seguro es una labor ciertamente compleja. Algunos autores han llegado a afirmar que lo mejor sería limitarse a enumerar sus lineamientos fundamentales o definirlo en atención a las distintas categorías mediante las que puede manifestarse, antes que tratar de elaborar un concepto general[9]. No obstante, tanto la doctrina como el legislador parecen empeñados en esta tarea.

Así, de manera muy sencilla, el contrato de seguros ha sido definido como aquel que "tiene como objeto trasladar el riesgo de un sujeto a otro, a cambio de una contraprestación normalmente dineraria"[10]. Se trata de un contrato consensual mediante el cual una de las partes, previamente autorizada para ello, asume los riesgos que la otra parte le traslada, a cambio

---

7 Morles Hernández, Alfredo, El seguro dejó de ser un contrato..., *ob.cit.*, pp. 489 ss.

8 Gaceta Oficia No. 6.770 Extraordinario, 29 de noviembre de 2023.

9 Rodríguez R., Gladys J., Observaciones sobre el contrato de seguro, en: *Revista de la Facultad de Ciencias Jurídicas y Políticas*, Universidad Central de Venezuela, 1990, No. 76, pp. 53 ss., especialmente p. 59.

10 Vásquez Palma, María Fernanda, *Contrato de seguro. Doctrina y jurisprudencia*, Valencia, Tirant lo Blanch, 2019, p. 23.

del pago de una prima[11]. Destaca en estas definiciones la omisión respecto de las denominaciones de las partes en el contrato.

Mármol Marquís se refiere, al menos, al asegurador en su concepto de contrato de seguro. Para el autor venezolano, mediante el contrato de seguro "una persona llamada asegurador asume frente a la otra la obligación de indemnizar total o parcialmente daños patrimoniales futuros e inciertos, previamente determinados o de cumplir alguna otra prestación según la duración de las eventualidades de la vida de la persona contra el pago de una prima calculada según las Leyes de la Estadística"[12].

En Venezuela –antes de la regulación especial que hemos referido en la Introducción, y que comentaremos en este trabajo– el artículo 548 del Código de Comercio[13] entendía al seguro como "un contrato por el cual una parte se obliga, mediante una prima, a indemnizar las pérdida o los perjuicios que puedan sobrevenir a la otra parte en casos determinados, fortuitos o de fuerza mayor; o bien a pagar una suma determinada de dinero, según la duración o las eventualidades de la vida o de la libertad de una persona". Aunque cuestionada, la doctrina destacaba el hecho de que esta norma no hubiere utilizado las expresiones "asegurador" y "asegurado", para hacer referencia a las partes del contrato[14] pues, precisamente, lo referido a las partes ha traído innumerables inconvenientes para conceptualizar al seguro, en particular, la pluralidad de sujetos que pueden esconderse bajo el término "asegurado". A ello volveremos *infra*.

Actualmente, el artículo 6 de las Normas de la SUDEASEG –reproduciendo el artículo 5 de la derogada Ley del Contrato de Seguros– define al contrato de seguros como "aquel en virtud del cual una empresa de seguros o la asociación cooperativa que realiza actividad aseguradora, a cambio de una prima, asume las consecuencias de riesgos ajenos que no se produzcan por acontecimientos que dependan enteramente de la voluntad del tomador, del asegurado o del beneficiario, comprometiéndose a indemnizar, dentro de los límites pactados, el daño producido al asegurado

---

11 Reyes Mossos, Marcela, La desviación social en el contrato de seguro, en: *Revista Nuevos Paradigmas de las Ciencias Sociales Latinoamericanas*, 2020, Vol. XI, No. 22, pp. 43 ss., especialmente p 45.

12 Mármol Marquís, Hugo, *Fundamentos del Seguro Terrestre*, Caracas, Universidad Católica Andrés Bello, 1980, p. 23.

13 Gaceta Oficial No. 472 Extraordinario, 17 de octubre de 1955.

14 Le Boulengé, Jean Marie, *El Derecho venezolano de los seguros terrestres y sus fuentes extranjeras: ensayo de interpretación histórica*, Caracas, 1968, pp. 6-7.

o a pagar un capital, una renta u otras prestaciones convenidas, todo subordinado a la ocurrencia del evento cubierto por la póliza".

Este concepto prescinde de las denominaciones "asegurador" y "asegurado" y prefiere referirse, por un lado, al prestador de servicios de la actividad aseguradora –empresa de seguros y asociación cooperativa que realiza actividad aseguradora– y al tomador, asegurado y beneficiario, por el otro. La norma también describe las prestaciones del contrato de seguro: el pago de la prima y la cobertura de las consecuencias de riesgos ajenos –esto último se ratifica en el artículo 8 de las propias Normas, respecto del objeto del contrato– con la eventual obligación de pagar, ante la ocurrencia del evento cubierto por la póliza, la indemnización del daño, un capital, una renta o cualquier otra prestación convenida.

Al referirse a la causa del contrato de seguro, el artículo 9 de las Normas ponen de manifiesto un elemento esencial a este tipo contractual: el interés[15]. Sobre este elemento ha habido muchas discusiones[16], pues se trata, ciertamente, de un elemento difícil de definir, un "megaconcepto, abarcativo de múltiples aristas, perfiles, y lo suficientemente elástico para subvenir a todo contrato y modalidad asegurativa"[17]. Fuhrer, por ejemplo, haciéndose eco de las ideas de Weyers y Wand, estima que el interés es aquello que está

---

15 "*...keine Versicherung ohne Interesse*". Ver: Ehrenberg, Viktor, Versicherungswert und Schadensersatz nach dem Handelsgesetzbuch und dem Entwurf eines Gesetzes über den Versicherungsvertrag, en: *Zeitschrift für die gesamte Versicherungswissens chaft*, 1906, pp. 369 ss., especialmente p. 369. Sobre el panorama en Europa ver: Basedow, Jürgen und Till Fock, *Europäisches Versicherungsvertragsrecht*, Tübingen, Mohr Siebeck, 2002, Band I, pp. 56 ss.

16 Discusiones que podemos ilustrar con los cuestionamientos iniciales que, respecto de él, se plantea Veiga Copo: "...de un lado su ser, su naturaleza ontológica con su finalidad y función, en suma, su esencialidad. Al tiempo que ha servido para cuestionar o reafirmar viejos debates y teorías, entre la unicidad y la dualidad. De otro, su definición, ¿qué es?, ¿si es objeto o no del contrato? Así como sus consecuencias, pues si lo es, su ausencia significa la nulidad del contrato; ¿por qué no hemos sido capaces de auspiciar una definición única, universal y global que agrupe a cualesquier modalidad o ramo de seguro? A su vez, la discrepancia de los adjetivos que han y deben acompañar a este sustantivo principal, es decir, de qué interés hablamos o en qué ámbito lo proyectamos, ¿interés económico, patrimonial, pecuniario, jurídico, técnico, afectivo, moral o extrapatrimonial?". Ver: Veiga Copo, Abel B., *Tratado del contrato de seguro*, Cizur Menor, Thomson Reuters, Civitas, 7ª ed., 2021, Tomo I, Vol. I, p. 72.

17 Veiga Copo, *Tratado del contrato de seguro…*, *ob.cit.*, pp. 72-73.

asegurado[18] y que, no obstante, no debe confundirse con el objeto del contrato, el cual está referido más bien a la cobertura –*ex* artículo 8 de las Normas.

Buttaro, por su parte, empieza por reconocer la existencia de una comunidad de intereses entre el tomador del seguro y el asegurador, compartiendo ambas partes el interés, respectivamente, de no recibir y no pagar la indemnización[19], lo cual en suma, tiene que ver, precisamente, con el interés de que el siniestro no se produzca, en que el riesgo no se materialice. Esto, sin embargo, no debe hacernos pensar que riesgo e interés son lo mismo. Tal como advierte Veiga Copo, "[s]in riesgo no hay interés, pero tampoco hay contrato si falta cualesquiera de ambos elementos". El propio autor advierte que el traslado del riesgo a la aseguradora se hace porque existe un interés en que ese riesgo no se materialice[20].

Hemos de aclarar, finalmente, que el interés no es la obtención de una indemnización, pues tal como advierte Santagata, "*...con la stipula del contratto di assicurazione, l'assicurato intende non già ottenere un guadagno, bensì evitare di subire un danno stante il suo interesse al non verificarsi del sinistro*"[21]. Y es ese interés el que, precisamente, permite distinguir al seguro de una simple apuesta, pues este está destinado a cubrir una pérdida patrimonial inminente, de manera que debe haber un déficit planificado en el sentido de gasto no programado o pérdida de ingresos no planificada[22].

---

18 "*Demnach bezeichnet das Interesse das, was versichert ist*". Fuhrer, Stephan, Vom Gegenstand der Versicherung, en: S. Fuhrer (Hrg.), *Festschriftzum fünfzigjährigen Bestehen der Schweizerischen Gesellschaft für Haftpflicht- und Versicherungsrecht*, Zürich, Schulthess, 2010, pp. 133 ss., especialmente p. 135.

19 Buttaro, Luca, *L'interesse nell'assicurazione*, Milano, A. Giuffre, 1954, pp. 201 ss.

20 Veiga Copo, *Tratado del contrato de seguro...*, *ob.cit.*, p. 92.

21 Santagata, Renato, Polizze assicurative parametriche (o index-based) e principio indennitario, en: *Rivista di Diritto Civile*, 2022, Anno 68, No. 1, pp. 134 ss., especialmente pp. 138-139.

22 Al lado de esta función calificadora, Fuhrer admite que el interés también sirve para describir el objeto del seguro (interés asegurado o interés técnico); y, en el caso de pólizas de seguro que involucren a terceros, permite que el beneficiario pueda identificarse con la persona del interesado, con lo cual, la parte interesada suele ser quien legalmente tendría que asumir el daño si no existiera un contrato de seguro. Ver: Fuhrer, Vom Gegenstand der Versicherung..., *ob.cit.*, pp. 136-137.

Refiriéndose al interés, el artículo 9 de las Normas dispone que "[t]odo interés legítimo en la no materialización de un riesgo que sea susceptible de valoración económica puede ser causa de un contrato de seguro". Este interés, visto del lado del tomador, el asegurado y el beneficiario, es un interés que "absoluta y totalmente" busca "la previsión de un elemento futuro e incierto" que es la ocurrencia del siniestro. Así lo entienden Rojas Fuentes y Vásquez Leal, quienes afirman que este elemento envuelve, además, la "voluntad inequívoca del asegurado" de no llevar adelante alguna conducta que pueda traer como consecuencia la materialización del riesgo[23].

La norma antes citada, además, le añade a ese interés la necesidad de valoración económica. No es esta característica en modo alguno novedosa, tampoco excluye la posibilidad de que el interés pueda tener cierto carácter afectivo o familiar. En tal sentido, Veiga Copo entiende que "[n]o tiene sentido un interés específicamente familiar sin que le acompañe un interés pecuniario de alguna índole", sin embargo, es posible que haya un interés meramente pecuniario sin relación alguna con un interés afectivo, como ocurre –afirma el autor– "en una póliza empleador-empleados, o entre consocios y sociedad en una sociedad mercantil, o entre deudor y acreedor de una relación obligacional"[24].

El interés en que no se verifique el siniestro, de conformidad con el citado artículo 9 de las Normas, "puede ser causa de un contrato de seguro", con lo cual, como "causa del contrato" –no de la obligación[25]– se entiende

---

23 Rojas Fuentes, Ixora María y Luis Ernesto Vásquez Leal, Elementos característicos del contratos de seguros sobre bienes de propiedad intelectual, en: *Revista Venezolana de Derecho Mercantil*, 2020, No. 4, pp. 105 ss., especialmente pp. 112-113.

24 Veiga Copo, *Tratado del contrato de seguro…*, *ob.cit.*, p. 93.

25 "La causa de la obligación no es otra cosa que su justificación económica. Según esta teoría, la causa de la obligación contractual es un concepto puramente objetivo, ella es siempre la misma para cada tipo de contrato. Si bien responde en cierta medida a la concepción clásica de la causa de la obligación, a diferencia de aquella, la causa de la obligación en la corriente *neocausalista* reconoce la existencia de una interdependencia entre las obligaciones nacidas en los contratos bilaterales, la cual debe existir, no sólo en la formación, sino durante la vida del contrato. Es este concepto de la causa de la obligación la que justifica los efectos típicos de los contratos bilaterales, a saber: la excepción de cumplimiento (Art. 1.167 CCV); la resolución del contrato (Art. 1.168 CCV); y la teoría de los riesgos". Madrid Martínez, Claudia y José Annicchiarico, El Derecho de los contratos en Venezuela: hacia los principios latinoamericanos de Derecho de los contratos, en: C. Madrid Martínez (ed.), *Derecho de las Obligaciones. Homenaje a José Mélich Orsini*,

referida a los motivos principales y determinantes que impulsaron a cada una de las partes a contratar[26], lo cual, aplicado al contrato de seguros explica, precisamente, que las partes contratan con el deseo de que el siniestro no se produzca y esto, de hecho les genera una obligación, que fundada en la buena fe, les exige comportarse de manera de no causar el siniestro y de mitigar sus efectos dañinos.

2. *Características del contrato de seguro*

El contrato de seguro es caracterizado, por el artículo 7 de las Normas de la SUDEASEG, como un contrato "consensual, bilateral, oneroso, aleatorio, de buena fe y de ejecución sucesiva". Se trata en suma de un contrato que se perfecciona "con el simple consentimiento de las partes" (art. 17 de las Normas); mediante el cual estas se "obligan recíprocamente" (art. 1134 CCV); en el que cada una "trata de procurarse una ventaja mediante un equivalente" (art. 1135 CCV); aunque una de esas ventajas "depende de un hecho casual" (art. 1136 CCV).

No obstante la claridad del citado artículo 7, el carácter aleatorio de este contrato, justificado por algunos autores, es cuestionado por otros. En tal sentido Vásquez Palma[27] sintetiza ambas posturas afirmando que la aleatoriedad del contrato viene dada por el hecho de que los prestadores de servicios de seguros "recurren a mecanismos técnicos de medición de riesgo y fijación de primas", con lo cual, el riesgo asumido por la aseguradora comporta una "contingencia económica que es futura, incierta y relativa al momento que se celebra el contrato" y su obligación de pagar, sujeta a que se verifique el riesgo, de lo cual no hay certeza[28].

Caracas, Academia de Ciencias Políticas y Sociales, 2012, pp. 19 ss., especialmente p. 55.

26 Tribunal Supremo de Justicia, Sala Político-Administrativa, sentencia No. 05683, 21 de septiembre de 2005 (*Cocotero, C.A. vs. PDVSA Petróleo y Gas, S.A.*), en: https://bit.ly/3TIdIa1; Tribunal Supremo de Justicia, Sala Político-Administrativa, sentencia No. 00377, 27 de marzo de 2008 (*Centro Simón Bolívar C.A. Vs. Richard Gil Herrera y Marlene Martínez*), en: https://bit.ly/3gsloiu [Estos y los demás enlaces citados fueron chequeados por última vez el 28 de diciembre de 2023].

27 Vásquez Palma, *Contrato se seguro. Doctrina y Jurisprudencia…*, *ob.cit.*, pp. 38-39.

28 Una opinión semejante es sostenida en Venezuela, donde Morles Hernández ha sostenido que "[a]unque el alea absoluto no existe y la contratación en masa compensa las ventajas y desventajas que tienen entre sí los contratos, lo que no puede ocurrir es que se asegure un riesgo sin que guarde correspondencia

Por otra parte, continúa la autora, quienes cuestionan este carácter aleatorio entienden, más bien, que el contrato de seguro es conmutativo, pues "la prima técnica se calcula en función del riesgo que se asume (más los gastos de administración y utilidad esperada de la aseguradora)". Este carácter conmutativo también se vincula a la necesaria protección del asegurado que, junto a las exigencias regulatorias de reservas técnicas –en nuestro caso, artículos 44 y siguientes de la Ley de la Actividad Aseguradora– se traducen en la "necesidad de un trato justo al asegurado que incluye la correspondencia o conmutatividad entre el precio o prima pagado y el riesgo asegurado"[29].

Vásquez Palma concluye que ambas tesis tienen algo de razón, pues miran al contrato de seguro desde perspectivas diferentes. "La prima que paga el asegurado la gana el asegurador irrevocablemente, de manera que si el riesgo no acontece aquél no recibirá nada a cambio; pero aun cuando se produzca el siniestro las prestaciones no siempre serán equivalentes, pues la indemnización podría ser igual, mayor o menor a la sumatoria de las primas… una cosa distinta es que la empresa de seguro opere conmutativamente para que el negocio sea rentable y viable"[30]. La autora concluye que, en todo caso, la prestación correspondiente a la prima no es la indemnización sino la cobertura y esta "no es una potencia de servicio sino un servicio en sí mismo". Precisamente a la cobertura se refiere el

---

con la prima, porque entonces se alterarán los cálculos matemáticos, el valor de los siniestros excederá el conjunto de las primas cobradas y la empresa de seguros quebrará". El autor ejemplifica esta situación con los llamados seguros solidarios y planes de salud, que se encontraban en el artículo 139 de la Ley de la Actividad Aseguradora de 2016, norma que quedó fuera en la reforma de 2022. Ver: Morles Hernández, El seguro dejó de ser un contrato…, *ob.cit.*, pp. 513-514.

29 En Venezuela, esta posición ha sido sostenida por: Díaz Candia, Hernando, El contrato de seguros no es aleatorio, en: *Boletín Tributario TPA*, Marzo 1991, pp. 16 ss.

30 En Venezuela, Gladys Rodríguez ha afirmado que el asegurador "es un técnico organizado en forma de empresa, que está otorgando la misma garantía a muchas personas diferentes; que, de acuerdo con sus conocimientos estadísticos, sabe de antemano cuántas de esas obligaciones asumidas habrá de cumplir en definitiva; y que, sobre esa base distribuye el monto total de los cumplimientos que deberá efectuar en un lapso, entre los valores que en el mismo lapso percibirá en concepto de contraprestaciones, y de esa manera cargar en definitiva sus pagos, sus cobros y lograr que sean los propios contratantes unos a otros. El seguro nones una mera apuesta especulativa, sino una institución científica". Ver, Rodríguez R., *Observaciones sobre el contrato de seguro…, ob.cit.*, p. 58.

artículo 8 de las Normas de la SUDEASEG al entender que el objeto del contrato es "cubrir toda clase de riesgos si existe interés asegurable" y ello lo hace el asegurador a cambio de una prima.

Bien, el artículo 7 de las Normas entiende que el contrato de seguros es un contrato de buena fe, por lo que hemos de entender que "las partes se sujetan al contrato con lealtad y honestidad"[31]. Así, como en todo contrato, en el contrato de seguros las partes se obligan a comportarse conforme a los postulados de la buena fe objetiva, es decir, las partes deben cooperar con lealtad entre ellas a los fines de asegurarse el logro de sus expectativas legítimas[32] y este deber alcanza no solo en fase de ejecución (art. 1160 CCV), sino que también está vigente durante toda la vida del contrato, incluyendo la fase precontractual[33]. Recordemos que la buena fe "se integra en un ideal de comportamiento en la vida social que queda incorporada al ordenamiento jurídico desde el Derecho romano constituyendo un principio universalmente reconocido y aceptado, de muy rica y variada transcendencia"[34].

La buena fe, en su acepción objetiva, de comportamiento –que es la más relevante para los contratos[35], al representar un valor ético y jurídico que la comunidad considera valioso y que fundamenta numerosas normas de Derecho–, cumple una función interpretadora, al servir de guía a los

---

31 Así lo admitió la Corte Constitucional Colombiana en su sentencia T-251 de 26 de abril de 2017, en la que la Corte acumuló dos acciones de tutela, interpuesta la primera por Gladys Tristancho de Serrano contra la Aseguradora Equidad Seguros de Vida O.C. y la Fundación de la Mujer, y la segunda por Ángela Marcela Rumbo Hinojosa y BBVA Seguros de Vida.

32 Rodríguez Matos, Gonzalo, La buena fe en la ejecución del contrato, en: *Libro Homenaje a Andrés Aguilar Mawdsley*, Caracas, Tribunal Supremo de Justicia, 2004, pp. 415 ss., especialmente p. 429.

33 Mélich Orsini, José, *Doctrina general del contrato*, Caracas, Academia de Ciencias Políticas y Sociales, Centro de Investigaciones Jurídicas, Serie Estudios, N° 61, 4ª ed. Corregida y ampliada, 2006, pp. 422-425.

34 Domínguez Guillén, María Candelaria, Buena fe y relación obligatoria, en: *Revista Venezolana de Legislación y Jurisprudencia*, 2018, No. 11, pp. 17 ss., especialmente p. 20.

35 Desde un punto de vista subjetivo, la buena fe alude a la actitud que asumen aquellas personas que se encuentran bajo la convicción de que su actuación es conforme a las exigencias de la moral y del Derecho, independientemente de los efectos jurídicos que el ordenamiento jurídico atribuye a tal actuación. Ver: Lupini, Luciano, La responsabilidad precontractual en Venezuela, en: *Revista del Colegio de Abogados del Distrito Federal*, 1991, No. 149, pp. 9 ss., especialmente p. 39.

operadores jurídicos en la comprensión del mandato contenido en las normas que regulan los contratos, así como de las propias cláusulas contractuales; y también cumple una función integradora, al permitir adaptar normas jurídicas abstractas al caso concreto y extraer de ellas deberes jurídicos[36].

En efecto, del principio de buena fe derivan una serie deberes concretos implícitos, tanto en la fase precontractual como en la fase contractual, no establecidos expresamente en la Ley[37]. En la fase precontractual, la doctrina nacional pone de relieve, entre otros deberes, la lealtad en las negociaciones, la cual implica, por ejemplo, la no ruptura abusiva de la negociación en perjuicio de la otra parte; el deber precontractual de información y el deber de confidencialidad. En la fase contractual, por su parte, la doctrina identifica los deberes de información; lealtad en la ejecución del contrato; de cooperación; la abstención de terminaciones abusivas; la obligación de seguridad[38]; y, por último, la cooperación en las restituciones y otras obligaciones que surgen con la terminación del contrato.

En materia de seguros, la buena fe –referida como *uberrimae bonae fides*– es considerada como un elemento esencial del contrato y está presente, desde luego, en todas sus fases[39]. En fase precontractual, la buena fe se pone de manifiesto con el deber de información.

Así, el artículo 26 de las Normas de la SUDEASEG ordena al tomador o al propuesto asegurado "declarar con exactitud... todas las circunstancias por él conocidas que pueden influir en la valoración del riesgo". Tan fundamental es este deber que "[l]as falsedades y reticencias de mala fe por parte del tomador o del asegurado realizadas en la solicitud de seguros serán causa de nulidad absoluta del contrato si son de tal naturaleza que la empresa de seguros o la asociación cooperativa que

---

36 Maduro Luyando, Eloy y Emilio Pittier Sucre, *Curso de obligaciones. Derecho civil III*, Caracas, Universidad Católica Andrés Bello, Manuales de Derecho, 11° ed., 2001, T. II, pp. 804-805.

37 Rodríguez Matos, *La buena fe en la ejecución del contrato..., ob.cit.*, pp. 430-453.

38 Annicchiarico Villagrán, José, La obligación de seguridad y la Ley de Protección al Consumidor venezolana, en: *Libro homenaje al profesor Christian Larroumet.* Santiago de Chile, Fundación Fernando Fueyo, Universidad Diego Portales, Universidad del Rosario, Bogotá, Edit. Universidad del Rosario, 2008, pp. 47 ss.

39 Veiga Copo, *Tratado del contrato de seguro..., ob.cit.*, p. 142.

realiza actividad aseguradora, de haberlas conocido, no hubiese contratado o lo hubiese hecho en otras condiciones" (art. 27 Normas)[40].

Durante la vida del contrato, el tomador, el asegurado o el beneficiario están obligados a "comunicar a la empresa de seguros o a la asociación cooperativa que realiza actividad aseguradora todas las circunstancias que agraven el riesgo y sean de tal naturaleza que si hubieran sido conocidas al momento de celebración del contrato no lo habría celebrado, o lo habría hecho en otras condiciones". En este caso, la empresa podrá dar por terminado el contrato o proponer su modificación (art. 37 Normas).

Una vez ocurrido el siniestro –lo cual ocurre cuando se materializa el riesgo (art. 41 Normas)– el tomador, el asegurado o el beneficiario deben comunicar este evento a la empresa prestadora del servicio (art. 43 Normas) y están obligados, además, a "emplear los medios a su alcance para aminorar las consecuencias del siniestro" (art. 44 Normas), con lo cual se consagra expresamente el deber de mitigar los daños[41].

Morles Hernández, sin embargo, estima que el principio de buena fe no es plenamente aplicable en esta materia debido al desequilibrio entre las partes ocasionado, en buena medida, por la intervención del Estado. En efecto, en su opinión, "[n]o hay buena fe cuando en un contrato prácticamente todas las soluciones de las hipótesis de conflicto o contraposición de intereses están normativamente inclinadas hacia un solo lado o no se permite pactar algo distinto". En definitiva, entiende el profesor Morles Hernández, las normas más que proteger al asegurado, lo ponen en una posición favorable respecto del asegurador que resulta desfavorecido[42].

---

40 "La reticencia u omisión dolosa – obviamente reflejo de la mala fe, pues supone una omisión sustancial con intención– también puede determinar la nulidad del contrato; importante en materia de seguro con fundamento en la buena fe". Ver: Domínguez Guillén, Buena fe y relación obligatoria…, *ob.cit.*, pp. 78-79.

41 Respecto del deber de mitigar los efectos del siniestro, Domínguez Guillén cita una decisión dictada el 2 de abril de 2012 por el Juzgado Segundo de Primera Instancia Civil, Mercantil, Agrario y Tránsito del Primer Circuito de la Circunscripción Judicial del estado Bolívar (Exp. FP02-V-2009-001750), en la que el juez afirma poder y deber "acordar una reducción de la indemnización a cargo del causante de la lesión pues un elemental respeto al principio de buena fe exige que la víctima no se aproveche del perjuicio agravando la responsabilidad del demandado". Domínguez Guillén, Buena fe y relación obligatoria…, *ob.cit.*, p. 68, nota al pie No. 243. Ver: Urdaneta Fontiveros, Enrique, *El deber del acreedor perjudicado de evitar o mitigar el daño*, Caracas, Revista Venezolana de Legislación y Jurisprudencia, 2015.

42 Morles Hernández, El seguro dejó de ser un contrato…, *ob.cit.*, pp. 515-516.

Finalmente, el artículo 7 de las Normas califica al contrato de seguros como de ejecución continuada, lo cual supondría que "el contrato solo logra el efecto perseguido con su celebración mediante la 'duración' de la ejecución de las prestaciones"[43]. Sin embargo, cuando examinamos las obligaciones del tomador, asegurado o beneficiario (art. 24 Normas), por una parte, y de la empresa que realiza actividad aseguradora (art. 25 Normas), por la otra, ha de concluirse que no todas las obligaciones derivadas del contrato de seguro tienen esta característica. Sí la tiene, desde luego, la cobertura (art. 8 Normas), que resulta ser una obligación de ejecución continuada. El pago de la prima (art. 24.2), por su parte, puede ser de ejecución periódica, pero el pago de la suma asegurada o de la indemnización (art. 25.2 Normas), que debe hacerse en un lapso que no exceda de 20 días, contados a partir de la fecha en que se haya entregado el último recaudo, de acuerdo con el artículo 123 de la Ley de la Actividad Aseguradora, luce más bien como una obligación de ejecución diferida.

II. EL CONTRATO DE SEGUROS ES UN CONTRATO DE ADHESIÓN

Si miramos con algo más de detalle las características del contrato de seguro enumeradas en el artículo 7 de las Normas de la SUDEASEG, notamos que en primer lugar se hace referencia a su carácter consensual. Sin embargo, este carácter consensual del contrato de seguro ha sido cuestionado –y de hecho calificado como ficticio por Acedo Sucre[44]– debido al constante recurso al contrato de adhesión, cuyas dinámicas suponen cierta limitación a la posibilidad de negociar el contenido del contrato, en buena medida, debido a la asimetría que lo caracteriza. "La libertad contractual –afirma Vásquez Palma– se encuentra disminuida por regla general, pues los contratantes normalmente no se encuentran en un mismo pie de igualdad para negociar el contrato"[45].

Ya en otras oportunidades[46] hemos afirmado que, en principio, los contratos de adhesión no se contraponen a los contratos consensuales –que

---

43 Mélich Orsini, *Doctrina general del contrato…*, *ob.cit.*, p. 49.

44 Acedo Sucre, Carlos Eduardo, El decreto con fuerza de ley del contrato de seguro, en: A. Morles e I. de Valera (eds.), *Centenario del Código de Comercio Venezolano de 1904*, Caracas, Academia de Ciencias Políticas y Sociales, 2004, Tomo II, pp. 1057 ss. Disponible en: https://bit.ly/3VMxvXA

45 Vásquez Palma, *Contrato se seguro. Doctrina y Jurisprudencia…*, *ob.cit.*, p. 28.

46 Madrid Martínez, Claudia, La libertad contractual: su lugar en el derecho venezolano de nuestro tiempo, en: C. Madrid Martínez (ed.), *Derecho de las*

se perfeccionan "por el simple consentimiento de las partes"[47]—, sino a los contratos paritarios –cuyas cláusulas y condiciones nacen de la "libre y pareja cooperación de los contratantes, de modo que cabe la posibilidad de un regateo"[48]. Los contratos consensuales se contraponen, más bien, a los contratos solemnes y a la cuestionada categoría de los contratos reales, en los que la voluntad sigue siendo necesaria pero no es suficiente, al requerirse una forma particular de manifestación de esa voluntad –comúnmente una escritura pública– o que la misma esté acompañada de la entrega de la cosa.

Recordemos que, históricamente, la fuerza vinculante de los contratos estuvo ligada al cumplimiento de ciertas formalidades –*ex nudo pacto obligationem non parit*—, pero en el Derecho moderno –recogiendo los postulados del Derecho canónico, la filosofía de autores como Kant o Puffendorf y el liberalismo económico[49]– el carácter vinculante del contrato empezó más bien a depender de la voluntad de las partes, con las conocidas limitaciones provenientes, en principio, de las normas imperativas, el orden público y las buenas costumbres, *ex* artículo 6 del Código Civil.

La informalidad se erigió entonces como regla, y la formalidad fue la excepción, exigida para el perfeccionamiento de algunos contratos en particular[50]. Sin embargo, en materia de contratos con consumidores –y el seguro puede catalogarse como tal, según veremos *infra*– la formalidad parece experimentar un renacimiento. Así puede verse, particularmente, en la legislación europea, en la que comienzan a exigirse una importante cantidad de complejos requisitos formales en los contratos con consumidores[51].

No obstante, no dejamos de reconocer que las dinámicas actuales han empujado al contrato de adhesión –que apareció obedeciendo a la

---

obligaciones. Homenaje a José Mélich Orsini, Caracas, Academia de Ciencias Políticas y Sociales, 2012, pp. 105 ss.

47 Mélich Orsini, *Doctrina general del contrato…*, *ob.cit.*, p. 41

48 Mélich Orsini, *Doctrina general del contrato…*, *ob.cit.*, p. 51.

49 Madrid Martínez, La libertad contractual…, *ob.cit.*, p. 118.

50 Como ocurre en Venezuela respecto de los actos traslativos de la propiedad sobre bienes inmuebles (art. 1920.1 CCV), o la donación (art. 1439 CCV).

51 Heiss, Helmut and Sascha Drobnjak, Chapter F.8: Formal requirements and validity, en: J. Basedow, G. Rühl, F. Ferrari and P. de Miguel Asensio (eds.), *Encyclopedia of Private International Law*, Cheltenham, UK, Edward Elgar Publishing Limited, Edward Elgar Publishing, Inc., 2017, pp. 783 ss., especialmente p. 783.

aceleración de los ciclos de producción y consumo[52]– a convertirse en un instrumento para la imposición de determinado contenido a la parte débil o, precisamente en protección a esa parte, en un instrumento de intervención estatal que, de alguna manera, acorrala a la autonomía de la voluntad y por eso se lo ve como una expresión de esa limitación impuesta por el Estado. Pero antes de abordar esta problemática, precisemos algunos conceptos fundamentales.

En los contratos de adhesión se excluye toda posibilidad de negociación respecto del contenido del contrato, pues este es predispuesto por uno de los contratantes y el otro "se suma en forma incondicional al contenido preelaborado"[53]. Se trata de un contrato en el que "una de las partes se limita a ofrecer sus condiciones a la otra, a la cual solamente le queda la elección entre someterse a las mismas o simplemente dejar de contratar"[54].

En sentido similar, la única norma vigente en el Derecho venezolano que establece la definición de contratos de adhesión –contenida en el artículo 2 de las Normas relativas a la Protección de los Usuarios y Usuarias de los Servicios Financieros[55]– define los contratos de adhesión como "...contratos tipo o aquellos cuyas cláusulas han sido aprobadas por la autoridad competente por la materia o establecidos unilateralmente por la proveedora o el proveedor de bienes y servicios, sin que las personas puedan discutir o modificar substancialmente su contenido al momento de contratar"[56].

---

52 El contrato de adhesión busca eliminar las dificultades que presentan las negociaciones con los clientes y contribuye, desde el punto de vista económico, a acelerar la conclusión de los contratos y a facilitar y garantizar el intercambio de bienes y servicios que necesita una sociedad desarrollada. Así: Messineo, Francesco, *Doctrina general del contrato*, (Trad. R.O. Fontanarrosa, S. Sentís Melendo y M. Volterra), Buenos Aires, Ediciones Jurídicas Europa América, 1952, Tomo I, p. 49.

53 Kummerow, Gert, *Algunos problemas fundamentales del contrato de adhesión en el Derecho privado*, Caracas, Facultad de Derecho, Universidad Central de Venezuela, 1956, p. 12.

54 Tribunal Supremo de Justicia, Sala de Casación Civil, sentencia No. 660, de noviembre de 2003 (*Unidad de Cirugía Plástica Doctor Bruno Pacillo, C.A. UNICIPLA vs. Asociación Civil Lagunita Country Club*), en: https://bit.ly/3kgRop0

55 Resolución No. 063.15, 12 de junio de 2015. Gaceta Oficial No. 40.809, 14 de diciembre de 2015.

56 Esta norma reproduce, con cambios menores, el artículo 70 de la derogada Ley para la Defensa de las Personas en el Acceso a los Bienes y Servicios (Gaceta Oficial No. 39.358, 1 de febrero de 2010), norma de conformidad con la cual

Esta norma admite que algunas de las cláusulas del contrato puedan discutirse, siempre que ello no suponga una modificación sustancial de su contenido. Así, una modificación menor no afectaría la calificación del contrato como de adhesión. En materia de seguros, en tal sentido, es común que las partes discutan, por ejemplo, la suma asegurable o la inclusión o exclusión de una cláusula particular[57]. Sin embargo, debido a que, de conformidad con el artículo 8.9 de la Ley de la Actividad Aseguradora, la SUDEASEG tiene la atribución de "[a]utorizar previamente… los modelos de póliza, contratos, condiciones generales y particulares" hemos de concluir, necesariamente, que el contrato de seguros es un contrato de adhesión[58].

El caso es que desde los trabajos de Saleilles –pionero en el uso de esta expresión– se ha cuestionado esta forma de contratar. Para autor francés, los contratos de adhesión son "*prétendus contrats qui n'ont du contrat que le nom*", pues en su opinión en ellos hay una sola voluntad –la del proponente– y esto los ubica más cerca más de la Ley que de los propios contratos[59]. Así las cosas –afirma Domínguez Yamasaki– la ausencia de negociación "pone en entredicho su contractualidad"[60].

No obstante, en opinión de Josserand, la Ley no exige que en el proceso de formación del contrato se desarrolle toda una discusión previa a su

---

"[s]e entenderá como contrato de adhesión, a los efectos de esta Ley, los contratos tipos o aquellos cuyas cláusulas han sido aprobadas por la autoridad competente por la materia o establecidas unilateralmente por la proveedora o el proveedor de bienes y servicios, sin que las personas puedan discutir o modificar substancialmente su contenido al momento de contratar".

57 Por ello algunos autores estiman que el contrato de seguro es "hasta cierto punto de adhesión". Ver: Rojas Fuentes y Vásquez Leal, Elementos característicos del contrato de seguros…, *ob.cit.*, p. 11.

58 Con este fundamento, aunque basado en la derogada Ley de Empresas de Seguros y Reaseguros, Acedo Sucre había llegado a esta misma conclusión. "pólizas califican como contrato de adhesión, pues su articulado ha de ser autorizado previamente por dicha Superintendencia, conforme a la Ley de Empresas de Seguros y Reaseguros". Ver: Acedo Sucre, Carlos Eduardo, Protección de asegurado y cláusulas abusivas, en: *Revista Ibero-Americana de Seguros*, 2000, No. 15, pp. 147 ss., especialmente p. 149.

59 Saleilles, Raymond, *De la déclaration de volonté. Contribution a l'étude de l'acte juridique dans le Code Civil allemand (Art. 116 à 144)*, Paris, F. Pighon, Successeur, Éditeur, 1901, p. 229.

60 Domínguez Yamasaki, María Isabel, *El consentimiento en la contratación por adhesión. Control de transparencia y dolo in contrahendo*, Valencia, Tirant Lo Blanch, 2019, p. 22 y 24.

perfeccionamiento[61]. Dereux, de acuerdo con la opinión de Josserand, añade que lo importante es que la voluntad se manifieste libre de vicios, entendiendo así que la adhesión es una forma de manifestación del consentimiento; por ello –sostiene Dereux–, la igualdad jurídica es suficiente para asegurar el funcionamiento regular del juego contractual[62]. En Venezuela, Domínguez Guillén, a partir de opiniones doctrinales propias y extranjeras, entiende que el contrato de adhesión es un verdadero contrato, con un proceso de formación diferente al que se verifica en los contratos de libre discusión[63].

Palacio Sánchez recomienda, en tal sentido, no "satanizar" el contrato de adhesión "y concretamente el de seguros". El autor recuerda el origen del contrato de adhesión como expresión de la necesidad de agilizar los procesos de contratación que surgió con la revolución industrial y la consecuente aceleración de los ciclos de producción. En este escenario "[l]a discusión de cada cláusula haría casi imposible el manejo del mercadeo del seguro en la sociedad moderna. Y tendríamos tantos clausulados de pólizas como número de tomadores que quisieran discutir cada una de ellas"[64].

Así, hemos de concluir que el contrato de seguros sigue siendo consensual, aunque se exprese mediante contratos de adhesión. El problema con la libre expresión de la voluntad se vincula más bien a la asimetría que caracteriza a las partes que intervienen en su perfeccionamiento y a la actividad "correctiva" de esa asimetría que adelanta el Estado, es decir, se debe a que el contrato de seguro es un contrato de consumo. Veamos.

---

61 Citado en Mélich Orsini, *Doctrina general del contrato…*, *ob.cit.*, p. 52.

62 Dereux, Georges, De la nature juridique des contrats d'adhésion, en: *Revue Trimestrielle de Droit Civil*, 1910, pp. 503 ss., especialmente p. 503.

63 Domínguez Guillén, María Candelaria, *Curso de Derecho civil III. Obligaciones*, Caracas, Revista de Legislación y Jurisprudencia, 2017, p. 485.

64 Palacios Sánchez, Fernando, El Derecho del consumo y la protección al consumidor de seguros, en: F. Palacios Sánchez (ed.), *Seguros. Temas esenciales*, Bogotá, ECOE Ediciones, Universidad de La Sabana, 4ª ed., 2016, pp. 49 ss., especialmente pp. 50-51.

III. EL CONTRATO DE SEGUROS ES UN CONTRATO DE CONSUMO

El contrato de consumo se caracteriza subjetivamente por relacionar a un proveedor de bienes y servicios con un consumidor[65]. El proveedor es un profesional, es decir, una persona que, en virtud de un título de idoneidad, está en posesión de especiales conocimientos y se dedica a servir una profesión al público de manera habitual y generalmente con ánimo de lucro. Es lo que sucede con médicos, abogados, notarios, peluqueros, arquitectos, mecánicos, y, desde luego, con los sujetos regulados por la Ley de la Actividad Aseguradora.

Frente al profesional se ubica el consumidor, figura para la cual el Derecho venezolano no cuenta actualmente con una calificación. Lamentablemente, con la derogatoria de la Ley para la Defensa de las Personas en el Acceso a los Bienes y Servicios[66], también se derogó el concepto de consumidor que había estado presente en el sistema venezolano y que había girado tradicionalmente en torno al concepto de destino final[67] y que arropaba, como en la mayoría de los sistemas latinoamericanos, a las personas jurídicas[68].

Así, la jurisprudencia ha sido la encargada de romper este silencio y parece haber seguido el camino que había recorrido el legislador. En efecto, sin entrar en un análisis exhaustivo y sin el auxilio de la doctrina que poco

---

65 Mélich Orsini, José, Las particularidades de los contratos con consumidores, en: *Revista de la Facultad de Ciencias Jurídicas y Políticas, Universidad Central de Venezuela*, 1999, No. 111, pp. 83 ss., especialmente pp. 97-98.

66 Publicada en la Gaceta Oficial No. 39.358, 1 de febrero de 2010, pue derogada por la Ley Orgánica de Precios Justos, Gaceta Oficial No. 40.787, 12 de noviembre de 2015.

67 La Ley derogada, que había sustituido los clásicos términos "consumidor y usuario" por la genérica expresión "personas", destacaba el destino final como elemento característico de las relaciones de consumo, al referirse en su artículo 4, a "Toda persona natural o jurídica, de carácter público o privado, organizada o no, que adquiera, utilice o disfrute bienes y servicios de cualquier naturaleza como destinatario final".

68 Ver: Madrid Martínez, Claudia, Determinación del régimen de los contratos de consumo: perspectiva interamericana y venezolana, en: F. Esteban de la Rosa (ed.), *La protección del consumidor en dos espacios de integración: Europa y América. Una perspectiva de Derecho de internacional, europeo y comparado*, Valencia, Tirant lo Blanch, REDPREA, 2015, pp. 147 ss.

o nada ha dicho al respecto[69], es frecuente que las decisiones judiciales, incluso las emanadas del Tribunal Supremo, hagan uso de la expresión "destinatario final" o "consumidor final" para referirse a los consumidores y no se ha excluido expresamente a las personas jurídicas[70].

Partiendo de este esquema de la relación de consumo, hemos de reconocer, en el contrato de seguro, como se encuentran frente a frente el prestador de servicios de la actividad aseguradora –parte económicamente más fuerte que, como profesional, posee un conocimiento que le es ajeno al consumidor– y el usuario de ese servicio, el consumidor –quien puede incluso desconocer el contrato, y los derechos y obligaciones nacidos de este, su terminología y, si bien puede tener una vaga idea del asunto, está lejos de tener la experticia del profesional[71]. Esta situación, sin duda, acentúa su debilidad.

En tal sentido, el artículo 10 de las Normas de la SUDEASEG dispone que son partes en el contrato de seguro, de un lado, "[l]a empresa de seguros o la asociación cooperativa que se encuentre autorizada para realizar actividad aseguradora" –entes que, atendiendo a las expresiones de la Ley de la Actividad Aseguradora se ubicarían dentro de los llamados "sujetos regulados", que son los que llevan adelante de manera exclusiva "operaciones propias de la actividad aseguradora" (art. 23 LAA), son los prestadores del servicio asegurador– y, por otro, "[e]l tomador, persona que obrando por cuenta propia o ajena traslada los riesgos".

---

69 Quiroz Rendón, por ejemplo, se refiere al consumidor como el "sujeto activo de la relación de consumo". Ver: Quiroz Rendón, David, Reflexiones sobre la noción de personas en la Ley para la Defensa de las Personas en el Acceso a los Bienes y Servicios, en: *Revista de la Facultad de Ciencias Jurídicas y Políticas, Universidad Central de Venezuela*, 2009, No. 133, pp. 185 ss., especialmente p. 186. También se hace eco de esta definición: Chacón Gómez, Nayibe, Reseña histórica de la protección al consumidor y usuario en Venezuela: Mucho más que "precios justos", en: *Revista Venezolana de Legislación y Jurisprudencia*, 2017, No. 9, pp. 141 ss., especialmente p. 147.

70 Ver, entre las decisiones más recientes: Tribunal Supremo de Justicia, Sala Político-Administrativa, sentencia No. 0069, 11 de febrero de 2015 (*Municipio Sucre del Estado Bolivariano de Miranda vs. Tecniauto, CA*), en: https://bit.ly/3sgjNPj; Tribunal Supremo de Justicia, Sala Político Administrativa, sentencia No. 0706, 17 de junio de 2015 (*Fisco Nacional vs. Compañía Brahma de Venezuela, SA*), en: https://bit.ly/3DizdbY; Tribunal Supremo de Justicia, Sala Político-Administrativa, sentencia No. 0707, 17 de junio de 2015 (*Fisco Nacional vs. Compañía Brahma de Venezuela, SA*), en: https:// bit.ly/3yWxFC7

71 Palacios Sánchez, El Derecho del consumo y la protección al consumidor de seguros..., *ob.cit.*, p. 51.

Respecto de los sujetos regulados, la Ley de la Actividad Aseguradora, entiende que se trata de personas naturales o jurídicas que, previa autorización de la SUDEASEG, pueden "realizar actividad aseguradora en el territorio de la República" (art. 3). Esto incluye a las empresas de seguros; de reaseguros; de medicina prepagada; las empresas administradoras de riesgos; las financiadoras de primas o de cuotas; los intermediarios y las asociaciones cooperativas que realicen actividad aseguradora; los inspectores de riesgos, peritos avaluadores y ajustadores de pérdidas; y las oficinas de representación o sucursales de empresas de reaseguros o de corretaje de reaseguros extranjeras. A los efectos de este trabajo nos centraremos, fundamentalmente, las empresas de seguros.

Respecto de la parte que se encuentra frente al prestador del servicio asegurador, hemos de recordar que, cuando Mármol Marquís definió el contrato de seguro, evitó la expresión asegurado, debido a que consideraba, acertadamente, que tal expresión era equívoca al poder estar referida, a quien contrata –el tomador—; al beneficiario de la garantía; a la cosa sobre cuya contingencia se establece el seguro –un vehículo asegurado– o a la persona de cuya vida se trata[72].

El artículo 10 de las Normas de la SUDEASEG se refiere, en primer lugar, al tomador, definido por el artículo 4.30 de la Ley de la Actividad Aseguradora, como la "persona natural o jurídica que contrata el seguro y se obliga a pagar la prima correspondiente a la empresa de seguros". Del tomador, cuando contrata en su propio nombre, podemos decir que es un consumidor contratante.

Ahora bien, además de quien realice la actividad aseguradora y del tomador, el artículo 10 de las Normas de la Superintendencia admite que en el contrato de seguro pueden también concurrir –"podrá existir"– el asegurado, definido por el artículo 4.4 de la Ley de la Actividad Aseguradora como "[p]ersona que en sí misma, en sus bienes o en sus intereses económicos está expuesta al riesgo amparado por el contrato de

---

72 Mármol Marquís, *Fundamentos del Seguro Terrestre...*, *ob.cit.*, p. 7. De hecho, en el artículo 1 de su Proyecto de Ley del Contrato de Seguros, el autor prescinde de toda referencia a ese "asegurado", al definir al contrato como aquel mediante el cual "la empresa aseguradora se compromete a una prestación subordinada a la ocurrencia de un siniestro, contra el pago de una prima calculada según las reglas de la mutualidad". Ver texto en: Rodríguez R., Observaciones sobre el contrato de seguro..., *ob.cit.*, p. 57. Acedo Sucre utiliza, en cambio, la expresión asegurado para referirse a la parte comúnmente débil del contrato y, por ello, necesitad de protección. Ver: Acedo Sucre, Protección de asegurado y cláusulas abusivas..., *ob.cit.*, pp. 147 ss.

seguro"; y el beneficiario, definido como aquel "en cuyo favor se ha establecido la indemnización que pagará la empresa de seguros, de medicina prepagada o administradora de riesgos" (art. 4.5 LAA)[73]. Además, "[e]l tomador, el asegurado o el beneficiario pueden ser o no la misma persona", según concluye el artículo 10 de las Normas[74].

Hay una diferencia gramatical respecto de la Ley del Contrato de Seguros que, consideramos, es necesario mirar más de cerca. En efecto, de conformidad con el artículo 7 de la derogada Ley, las partes en el contrato de seguro son la empresa de seguros o asegurador, es decir, la persona que asume los riesgos, y el tomador, la persona que obrando por cuenta propia o ajena, traslada los riesgos. La norma no hacía referencia ni al asegurado ni al beneficiario. Por tal razón, en un trabajo anterior, estimábamos que el estatus de parte en el contrato de seguro no coincidía necesariamente con el de parte en la relación de seguros, siendo este último un concepto más amplio que considera a todos aquellos que incluso desconociendo la existencia y contenido del contrato de seguro, participan de la relación por haber, por ejemplo, sufrido un siniestro cubierto por la póliza contratada por el agente del daño[75].

Ahora, las Normas de la SUDEASEG establecen, en el propio artículo 10, que "[a]demás de las partes señaladas **podrá existir en el contrato de seguro**..." el asegurado y el beneficiario. No creemos, sin embargo, que esta mención cambie las cosas. Tengamos en cuenta que, por regla general, "[s]e presume que una persona ha contratado para sí y para sus herederos y causahabientes" (art. 1163 CCV), salvo acuerdo en contrario de las partes. Ese acuerdo en contrario es reconocido por las Normas de la SUDEASEG como necesario para que el contrato produzca efectos respecto del asegurado y el beneficiario.

---

73 Estas son las definiciones que tradicionalmente ha manejado la doctrina. Ver: Stiglitz, Rubén, *Derecho de seguros*, Buenos Aires, Abeledo Perrot, 1997, Tomo I, pp. 133-152.

74 En el caso de administración de riesgos o medicina prepagada, se hace referencia al contratante – quien suscribe el contrato "bien para su exclusivo beneficio, para beneficio de terceros o para beneficio de uno y otros" (art. 4.10 LAA) – y el afiliado o usuario – "[p]ersona cubierta por el contrato de administración de riesgo o de medicina prepagada" (art. 4.3 LAA).

75 Madrid Martínez, Claudia, Algunas reflexiones sobre la defensa de los usuarios en el marco de la nueva Ley de la Actividad Aseguradora, en: J.I. Hernández (ed.), *Ley de la Actividad Aseguradora*, Caracas, FUNEDA, 2011, pp. 99 ss., especialmente p. 104.

Así, el artículo 15 de las Normas admite que es el tomador quien celebra el contrato y este puede de hecho celebrarlo "por cuenta propia; por cuenta de otro, con o sin designación del beneficiario; y aun por cuenta de quien corresponda". En todo caso, al tomador, como parte en el contrato, es a quien corresponde el cumplimiento de las obligaciones derivadas del mismo, "salvo aquellas que, por su naturaleza, deban ser cumplidas por el asegurado o el beneficiario". Por ejemplo, mientras el pago de la prima (art. 24.2 Normas) corresponde, en principio, al tomador, "[e]mplear el cuidado de un diligente padre de familia para prevenir el siniestro o para aminorar sus consecuencias" (art. 24.3 Normas); probar la ocurrencia del siniestro (art. 24.7 Normas); o ejercer las acciones necesarias para ejercer el derecho de subrogación (art. 24.8 Normas), son obligaciones que corresponden al asegurado o al beneficiario, según el caso.

El artículo 15 de las Normas también dispone que el ente que realiza la actividad aseguradora "no podrá rechazar el cumplimiento por parte del asegurado o del beneficiario de las obligaciones que correspondan al tomador". No es esta una solución ajena a nuestro sistema, pues recordemos que "[e]l pago puede ser hecho por toda persona que tenga interés en ello, y aun por un tercero que no sea interesado, con tal que obre en nombre y en descargo del deudor" (art. 1283 CCV). La única excepción en la que el Código Civil admite que el acreedor puede negarse a recibir el cumplimiento de un tercero, es el caso de las obligaciones de hacer que tengan el carácter de personalísimas o *intuito personae* (art. 1284 CCV), pues para que ellas se consideren cumplidas "exactamente como han sido contraídas" (art. 1264 CCV) deben ser ejecutadas por el propio deudor[76], y no es este el caso.

Ahora bien, refiriéndose a los intermediarios, el artículo 105 de la Ley de la Actividad Aseguradora admite que existe relación directa entre la empresa de seguros, de medicina prepagada o administradora de riesgos, no solo con el tomador, sino también con el asegurado y el beneficiario. No obstante sigue sin estar claro si estos dos últimos se consideran parte en el contrato. En nuestra opinión, respecto de ellos, y salvo el caso de representación, lo que parece operar es una estipulación a favor de terceros (art. 1163 CCV).

Bajo este esquema, el tercero, sin ser parte en el contrato, se ve beneficiado del mismo, constituyéndose así en una excepción al principio

---

[76] "Ocurre esto con todas aquellas obligaciones de hacer en que la naturaleza del servicio contratado o en que la consideración de la confianza que el acreedor ha puesto en las cualidades personales del deudor impide que este pueda hacerse sustituir por un tercero en el cumplimiento del servicio prometido". Ver: Mélich Orsini, José, *El pago*, Caracas, Academia de Ciencias Políticas y Sociales, 2ª ed. actualizada, jurisprudencia, 2010, Serie Estudios 86, p. 28.

de relatividad de los contratos. En efecto, en la estipulación a favor de terceros, "una persona (el estipulante) que contrata en su propio nombre conviene con su cocontratante (promitente) que la promesa que hace este último se ejecute en beneficio de un tercer (tercero beneficiario) y su peculiaridad consiste en hacer nacer el derecho de crédito producido por tal contrato inmediata y directamente en cabeza de ese tercero"[77].

En todo caso, el tomador –reúna o no en sí mismo las condiciones de asegurado y beneficiario– se encuentra en una situación de minusvalía frente al prestador de servicios de la actividad aseguradora, no solo por motivos económicos, sino, fundamentalmente por el manejo de la información propia de esta actividad. Según hemos reconocido en otras oportunidades, la fortaleza o debilidad de las partes, elemento con influencia decisiva en su poder de negociación, puede derivar de su poder económico, de su conocimiento sobre el bien o servicio comercializado o, incluso de su conocimiento jurídico.

Aunque estas características suelen recaer concurrentemente sobre el proveedor de bienes y servicios, hay casos en los cuales, las partes tienen un poder económico similar, pero la información que posee una de ellas desequilibra de alguna manera la relación y la convierte, a pesar de tratarse de una relación aparentemente paritaria en una relación definitivamente asimétrica[78].

Así, tomador, asegurado o beneficiario han de considerarse consumidores, aunque en caso de que tales cualidades no recaigan en la misma persona, no todos puedan ser considerados como contratantes. Son, según afirma Palacios Sánchez, la "parte débil" del contrato de seguro, razón por la cual les es aplicable el Derecho del consumo[79]. Morles Hernández se opone, por su parte, a la consideración de estos sujetos como vulnerables frente al prestador de servicios pues, en su opinión, "la realidad enseña que quien contrata con el asegurador es, a veces, la parte fuerte en la relación contractual, como ocurre con las empresas de reaseguro y en otros supuestos más de tomadores de seguros de grandes riesgos, empresas de gran poder económico que pagan primas enormes y están en capacidad de rechazar, negociar o imponer condiciones, términos y modalidades de los contratos,

---

77 Mélich Orsini, *Doctrina general del contrato…*, *ob.cit.*, pp. 690-691.

78 Madrid Martínez, Claudia, Los contratos no bilateralmente negociados: más allá del consumidor, en: D. Fernández Arroyo y J.A. Moreno Rodríguez (Dir.), *Contratos internacionales*, Buenos Aires, ASADIP, Departamento de Derecho Internacional de la Secretaría de Asuntos Jurídicos de la OEA, 2016, pp. 437 ss.

79 Palacios Sánchez, *El Derecho del consumo y la protección al consumidor de seguros…*, *ob.cit.*, pp. 49-50.

tales como las empresas de transporte aéreo o marítimo, las empresas financieras, y las grandes empresas industriales o comerciales en los seguros colectivos"[80].

En sentido similar, Correa Valenzuela entiende que si bien existe la tendencia al considerar como parte fuerte en la relación al prestador de servicios, esto "no es la realidad absoluta aunque sí la regla general". Para ejemplificar su afirmación, el autor invita a pensar en el Estado como tomador de un contrato de seguro[81].

En materia de Derecho de consumo, Venezuela fue pionera con una primera regulación dictada en 1974[82]. Esa Ley fue reformada en 1992 y en 1995, luego fue derogada en 2004 con la promulgación de la Ley de Protección al Consumidor y al Usuario. En 2008 se dictó el Decreto con Rango Valor y Fuerza de Ley para la Defensa de las Personas en el Acceso a los Bienes y Servicios, que en 2009 se convierte en Ley y es reformada en 2010[83]. Esta Ley tuvo por objeto la defensa, protección y salvaguarda de los derechos e intereses individuales y colectivos de las personas en el acceso a bienes y servicios para la satisfacción de las necesidades, estableciendo los ilícitos administrativos, sus procedimientos y sanciones; los delitos y su penalización, el resarcimiento de los daños sufridos, así como la aplicación de la propia Ley por parte del Poder Público con la participación activa y protagónica de las comunidades, en resguardo de la paz social, la justicia, el derecho a la vida y la salud del pueblo.

En 1999 se reconoció, por primera vez, rango constitucional a la protección de los consumidores. En efecto, el artículo 117 de la Constitución reconoce el derecho de todas las personas a disponer de bienes y servicios de calidad, así como a una información adecuada y no engañosa sobre el contenido y características de los productos y servicios que consumen, a la libertad de elección y a un trato equitativo y digno. Además, el constituyente ordenó al legislador establecer los mecanismos necesarios para garantizar esos derechos, las normas de control de calidad y cantidad de bienes y servicios, los procedimientos de defensa del público consumidor, el resarcimiento de los daños ocasionados y las sanciones correspondientes por la violación de estos derechos.

---

80 Morles Hernández, El seguro dejó de ser un contrato..., *ob.cit.*, p. 511.

81 Correa Valenzuela, Gustavo Andrés, *Anulabilidad de las cláusulas abusivas*, Bogotá, Editorial Universidad del Rosario, Facultad de Jurisprudencia, 2015, p .95.

82 Gaceta Oficial No. 1.680 Extraordinario, 2 de noviembre de 1974.

83 Gaceta Oficial No. 39.358, 1 de febrero de 2010.

A pesar del claro mandato constitucional, la Ley para la Defensa de las Personas en el Acceso a Bienes y Servicios fue derogada en 2014 por el Decreto con Rango, Valor y fuerza de Ley Orgánica de Precios Justos[84], un instrumento que no obstante reconocer como su objeto establecer "...los controles que se deban ejercer para garantizar **el acceso de las personas a los bienes y servicios** a precios justos, que conlleven a la satisfacción de sus necesidades en condiciones de justicia y equidad, con el fin de proteger los ingresos de las ciudadanas y ciudadanos, y muy especialmente, el salario de las trabajadoras y los trabajadores" (art. 1), no regula, con el detalle requerido, el tema de la protección de los consumidores.

En efecto, con esta derogatoria, se desmanteló el sistema de protección a los consumidores, pues la Ley de Precios Justos es un instrumento más enfocado en sancionar a los proveedores de bienes y servicios, que en proteger al consumidor, quien en nada se beneficia de tales sanciones[85]. Esta Ley se limitó a reconocer una serie de derechos a las personas en el acceso a los bienes y servicios, en su artículo 7[86], y a establecer sanciones frente a su violación, menoscabo, desconocimiento u obstaculización (art. 47).

---

84 Esta Ley se publicó originalmente en la Gaceta Oficial No. 40.340, 23 de enero de 2014, luego fue reformada y publicada en la Gaceta Oficial No. 6.156 Extraordinario, 19 de noviembre de 2014. En 2015 la Ley fue objeto de una nueva reforma, publicada en la Gaceta Oficial No. 6.202 Extraordinario, 8 de noviembre de 2015 y nuevamente publicada, con correcciones materiales, en la Gaceta Oficial No. 40.787, 12 de noviembre de 2015.

85 En agosto de 2022, Nicolás Maduro afirmó que presentaría a la Asamblea Nacional un Proyecto de Ley Orgánica para la Protección a los Derechos Socioeconómicos que derogaría a la Ley Orgánica de Precios Justos, pero cuyo contenido no se conoce. https://bit.ly/47k03MT. A la fecha de entrega de este trabajo, el 15 de diciembre de 2023, no se tienen noticias al respecto.

86 Decreto Ley, art. 7: "Son derechos de las personas en relación con los bienes y servicios, declarados o no de la cesta básica o regulados, además de los establecidos en la Constitución de la República Bolivariana de Venezuela, en los tratados y convenios internacionales suscritos y ratificados por la República, los siguientes:

1. La protección de su vida, salud y seguridad en el acceso de bienes y servicios, así como a la satisfacción de las necesidades fundamentales y el acceso a los servicios básicos;

2. Que los proveedores públicos y privados oferten bienes y servicios competitivos, de óptima calidad, y a elegirlos con libertad;

3. A recibir servicios básicos de óptima calidad;

A esos derechos hay que sumar los enumerados por el artículo 122 de la Ley de la Actividad Aseguradora. Esta norma reconoce –con "carácter enunciativo"– los derechos a elegir libremente la empresa de seguros o de medicina prepagada que cubrirá los riesgos a los cuales están expuestos; a acceder al sistema asegurador sin ningún tipo de discriminación, ser atendidos y le sean resueltos los reclamos que presenten, con ocasión de las controversias derivadas de la ejecución de los contratos y cualquier otra operación relacionada con la actividad aseguradora; a escoger libremente a los proveedores de insumos o servicios para satisfacer sus necesidades cubiertas por el contrato, salvo en aquellas coberturas que por su naturaleza deban ser garantizadas exclusivamente por un proveedor específico, previa aprobación de la SUDEASEG; a constituirse en organizaciones y asociaciones de participación popular o comunitaria para formular peticiones, consultas, reclamos y sugerencias con el fin de contribuir con la defensa de sus derechos e intereses, así como recibir debida y oportuna respuesta; a recibir en el plazo previsto en esta Ley, la indemnización en

---

4. A la información adecuada, veraz, clara, oportuna y completa sobre los bienes y servicios ofrecidos en el mercado, así como sus precios, características, calidad y demás aspectos relevantes de los mismos, incluyendo los riesgos que pudieran derivarse de su uso o consumo;

5. A la protección contra la publicidad falsa, engañosa, o abusiva y a los métodos comerciales coercitivos o desleales;

6. A la educación en la adquisición de los bienes y servicios, orientada al fomento del consumo responsable y a la difusión adecuada sobre sus derechos;

7. A la reparación e indemnización por daños y perjuicios, por deficiencias y mala calidad de bienes y servicios;

8. Acceder a mecanismos efectivos para la tutela administrativa de sus derechos e intereses, que conduzcan a la adecuada prevención, sanción y oportuna reparación de los mismos;

9. La promoción y protección jurídica de sus derechos e intereses económicos y sociales en las transacciones realizadas, por cualquier medio o tecnología.

10. A la protección en los contratos de adhesión que sean desventajosos o lesionen sus derechos o intereses.

11. A retirar o desistir de la denuncia y la conciliación en los asuntos de su interés, siempre que no se afecten los intereses colectivos.

12. A la protección en las operaciones a crédito.

13. A la disposición y disfrute de los bienes y servicios, de forma continua, regular, eficaz, eficiente e ininterrumpida.

14. A los demás derechos que la Constitución de la República y la normativa vigente establezcan, inherentes al acceso de las personas a los bienes y servicios".

caso de siniestro amparado, así como la corrección monetaria que acuerde la jurisdicción ordinaria, en caso de retardo o elusión en el pago de la indemnización; a solicitar la mediación de la SUDEASEG, en la resolución de los conflictos o controversias con ocasión de la ejecución del contrato y recibir un trato justo, respetuoso, oportuno y digno de sus funcionarios o funcionarias y de los sujetos regulados; a conocer las normas, el registro de los sujetos regulados y su posicionamiento en el mercado asegurador a través de los canales oficiales de la SUDEASEG.

Respecto de los contratos, el citado artículo 122 reconoce los derechos de tomador, asegurado y beneficiario a "[o]btener información adecuada sobre los diferentes contratos comercializados por los sujetos regulados que les permitan elegir conforme a sus intereses o necesidades"; además, tendrán derecho a "[r]ecibir protección contra la oferta y publicidad engañosa o abusiva, los métodos comerciales coercitivos o desleales que distorsionen la libertad de elegir y las prácticas o cláusulas abusivas impuestas por los sujetos regulados".

La necesidad de protección reconocida por esta norma se acentúa según hemos reconocido en estas líneas, por una parte, por el uso de contratos de adhesión y, por la otra, por la condición de consumidor de la parte débil del contrato. Así, de conformidad con el artículo 7.10 de la Ley Orgánica de Precios Justos, este tiene derecho a la protección en "contratos de adhesión que sean desventajosos o lesionen sus derechos o intereses" (art. 7.10 Ley Orgánica de Precios Justos), entre otras cosas, porque sus derechos son irrenunciables. Tal irrenunciabilidad es reconocida por la parte final del propio artículo 122 de la Ley de la Actividad Aseguradora que además dispone que "[s]e consideran nulas las estipulaciones que establezcan la renuncia a tales derechos o el compromiso de no ejercerlos en las instancias administrativas o jurisdiccionales". El artículo 2 de las Normas de la SUDEASEG también entiende que "[s]erá nula toda acción, acuerdo o estipulación que implique renuncia, disminución o menoscabo". La propia norma reconoce expresamente la aplicación, en caso de duda, de "las cláusulas contractuales que sean más beneficiosas" para la parte débil del contrato.

Y es que, precisamente, la presencia de un débil jurídico –el tomador, asegurado y beneficiario– ha conducido a que este contrato de adhesión que es el contrato de seguro, además de ser de consumo, pueda también ser calificado como un contrato dirigido, cuyo contenido es predeterminado por el Estado y ha de ser luego autorizado por él[87].

IV. EL CONTRATO DE SEGUROS ES UN CONTRATO "DIRIGIDO": LA INTERVENCIÓN DE ESTADO

Una de las características del Estado social de Derecho es, precisamente, la intervención en la vida privada de los ciudadanos. En materia contractual, esa intervención se materializa en primer lugar en manos del legislador. Así, el artículo 1 de la Ley Orgánica del Sistema Financiero Nacional[88] –del cual forman parte las empresas que realizan actividad aseguradora–, establece que el objeto de ese instrumento es "regular, supervisar, controlar y coordinar el Sistema Financiero Nacional, a fin de garantizar el uso e inversión de sus recursos hacia el interés público y el desarrollo económico y social, en el marco de la creación real de un Estado Democrático y Social de Derecho y de Justicia". Destacan en este postulado las expresiones "controlar" e "interés público"[89].

Al referirse particularmente al sector asegurador, este instrumento normativo, luego de disponer que este sector "promoverá el desarrollo de su actividad en función de elevar el nivel de vida de la población, asignará eficientemente los recursos, administrará los riesgos y movilizará los ahorros de largo plazo sobre una sana base financiera y en atención a fortalecer el desarrollo económico del país" (art. 22) establece que el "ente de regulación" –la SUDEASEG– determinará la naturaleza de la actividad

---

87 "La parte que redacta el contrato, esto es, la aseguradora, debe plasmar e incorporar la información, preparación y experiencia que posee en su actuación empresarial en el tráfico, de donde debiera resultar una regulación más o menos correspondiente con la que se habría producido de haberse develado esa información y negociado el contrato. Se trata También de perfeccionar las relaciones de confianza que eviten las inseguridades, minimicen los costos de transacción y de información. El adherente con su firma, muestra su conformidad con el contrato, sin embargo, normalmente no hay un examen consciente de su contenido. En este contexto, la autonomía de la voluntad tiene un rol disminuido que se reduce, en muchos casos, a la selección de otras alternativas entre los oferentes del seguro". Vásquez Palma, *Contrato se seguro. Doctrina y Jurisprudencia...*, *ob.cit.*, p. 29.

88 Gaceta Oficial No. 39.447, 16 de junio de 2010.

89 "En la economía socialista, cuya base es la propiedad pública de los medios de producción, cuando se utiliza la figura jurídica del contrato, el estado fija unilateralmente las condiciones "contractuales", desaparece la figura del contrato libremente consentido y ésta es sustituida por el contrato dirigido ". Morles Hernández, *El seguro dejó de ser un contrato...*, *ob.cit.*, p. 521.

aseguradora y regulará, supervisará y controlará a los prestadores de este servicio para "crear un ambiente eficiente, seguro, justo y estable" (art. 23.1).

La Ley Orgánica del Sistema Financiero Nacional también impone a la SUDEASEG la competencia para "[g]arantizar que las compañías de seguros puedan cumplir en cualquier momento sus obligaciones y que los intereses de sus usuarios estén suficientemente protegidos" (art. 23.2).

Ahora bien, la Ley de la Actividad Aseguradora ratifica este control en manos de la SUDEASEG y va mucho más allá, al pasar de las competencias genéricas de regulación supervisión y control de la actividad de los prestadores de servicios –referidas en la Ley Orgánica del Sistema Financiero Nacional—, a las muy específicas atribuciones de "[e]stablecer mediante acto administrativo los modelos de contratos y tarifas que deben mantener carácter general y uniforme, cuando el interés común así lo requiera; o determinar con sentido de inclusión, equidad y de justicia social, las tarifas y condiciones para todo el mercado asegurador, que permitan el acceso a los contratos de seguros o de medicina prepagada obligatorio" (art. 8.6) y "[s]uspender preventivamente, declarar la nulidad absoluta o dejar sin efecto, previo cumplimiento del procedimiento administrativo correspondiente, el acto de autorización de los sujetos regulados; el uso de los modelos de pólizas, contratos, condiciones generales y particulares, cuadros póliza o cuadros recibo, solicitudes, finiquitos o documentos de indemnización, notificaciones, anexos y cualquier otro documento utilizado con ocasión de la actividad aseguradora, y de las tarifas que utilicen; o la publicidad con independencia de quien la ordene o divulgue" (art. 8.7).

El artículo 29 de la Ley desarrolla, en particular, la competencia de la SUDEASEG respecto de la autorización previa de "condiciones generales, condiciones particulares, cuadros recibos o cuadros pólizas, solicitudes, finiquitos o recibos de indemnización, notificaciones de siniestros, anexos, arancel de comisiones, bonos, planes de estímulo y demás documentos, así como las tarifas, utilizados por los sujetos regulados en sus relaciones comerciales, con ocasión de los contratos de seguros o de medicina prepagada".

El ejemplo más reciente de esta "potestad reguladora" de la SUDEASEG, puede verse las Normas sobre las condiciones generales y uniformes de las tarifas que conforman la póliza de seguro de responsabilidad civil de vehículos (RCV)[90], mediante las cuales este aprobó, "con carácter general y uniforme las condiciones de las tarifas que conforman la Póliza de Seguro de Responsabilidad Civil de Vehículos; así como el anexo y la tarifa a corto plazo para vehículos con placas identificadoras de origen extranjero" (art. 1).

Ahora bien, el citado artículo 29 de las Normas sobre el contrato de seguros introduce un cambio importante respecto de la derogada Ley de la Actividad Aseguradores de 2015, y tiene que ver con la omisión de la expresión "modelos de póliza" y la nueva referencia a las condiciones generales y particulares[91]. Con este cambio, la Ley vigente parece privilegiar el contenido sobre la forma. Tengamos en consideración que, de conformidad con el artículo 20 de las Normas de la SUDEASEG, "[l]a póliza de seguro es el documento escrito donde constan las condiciones del contrato". La propia norma luego ratifica que las pólizas, entre otras cosas, "deberán contener como mínimo... 8. Las condiciones generales y particulares que acuerden las partes del contrato" (art. 20.8 de las Normas).

Ahora bien, las condiciones generales son "aquellas que establecen el conjunto de principios que prevé la empresa de seguros o la asociación cooperativa que realiza actividad aseguradora para regular todos los contratos de seguro que emita en el mismo ramo o modalidad". Esta definición coincide, en cierta medida, con la contenida en el § 305 del BGB, que entiende a las condiciones generales como términos contractuales preestablecidos para una variedad de contratos, que una de las partes presenta a la otra para la celebración de un contrato específico[92].

También vale la pena mencionar la referencia que hacen, en su artículo 2.1.19.2, los Principios UNIDROIT sobre contratos comerciales internacionales[93], a lo que en este texto se denomina "cláusulas estándar". Estas son definidas como aquellas que son "...preparadas con antelación por

---

90 Providencia Administrativa No. SAA-01-0512-2024, 29 de agosto de 2004, publicada en Gaceta Oficial No. 6.835 Extraordinario, 3 de septiembre de 2024.

91 No obstante, ambas referencias se mantienen en el artículo 8.7 de la Ley de la Actividad Aseguradora, tanto en la versión de 2015, como en la de 2023.

92 Ver: Baumbach, Adolf und Klaus Hopt, Allgemaine Geschäftbedingungen der Banken, en: *Kommertar zum Handelsgesetzbuch*, München, Beck, 35. Auflage, 2012, Rn 1 ss.

93 UNIDROIT - Instituto Internacional para la Unificación del Derecho Privado, *Principios UNIDROIT sobre los contratos comerciales internacionales*, Roma, UNIDROIT, 2016.

una de las partes para su uso general y repetido y que son utilizadas, de hecho, sin negociación con la otra parte"[94].

Estas condiciones generales conviven con las particulares, que son "aquellas que contemplan los aspectos concretamente relativos a los riegos que se aseguran" (art. 21 Normas)[95]. Estas condiciones particulares integran la parte del contrato de seguros que escaparía, según hemos afirmado *supra*, a la dinámica propia del contrato de adhesión, pues la cobertura y su alcance es algo que usualmente negocian las partes del contrato de seguro. Así, en el contrato de seguros conviven las condiciones generales, que serían cláusulas estándar y respecto de las cuales el tomador no tiene poder para negociar, con las condiciones particulares, que podrían asumir la forma de cláusulas negociadas[96].

Finalmente, es importante reafirmar que las condiciones generales, por sí solas, no constituyen un contrato. Según hemos reconocido en otras

94 En su calificación como cláusulas estándar, según se afirma en el comentario oficial a la norma, no es decisiva la forma en que ellas son presentadas (si figuran en un documento separado o en el propio contrato, si son pre-impresas o están en formato electrónico), tampoco su autor (la propia parte o una asociación comercial o profesional, etc.), ni su volumen (si se trata de un grupo completo de disposiciones que cubren todos los aspectos importantes del contrato, o simplemente una o dos disposiciones referidas, por ejemplo, a la exoneración de responsabilidad). El aspecto decisivo, según el propio comentario, es que hayan sido previamente establecidas por un uso general y reiterado y que sean efectivamente utilizadas por una de las partes sin negociación con la otra. Esta última condición solo concierne a las cláusulas estándar propiamente dichas, las cuales deben ser aceptadas en su conjunto por la otra parte, aunque otras cláusulas del propio contrato hayan sido objeto de negociación por ambas partes. Ver: UNIDROIT, *Principios UNIDROIT…*, *ob.cit.*, p. 74.

95 A pesar de esta definición, el artículo 20 de las Normas, se refiere por separado a los riesgos asumidos (ord. 4) y a las sumas aseguradas (ord. 5).

96 Albiez Dohrmann, Klaus Jochen, Las condiciones generales de contratación: una lectura de los diferentes modelos de control, en: S. Sánchez (ed.), *Derecho contractual comparado. Una perspectiva europea y transnacional*, Madrid, Civitas, Thomson Reuters, 2ª ed., 2013, pp. 381 ss., especialmente pp. 388-389.

oportunidades[97], asumiendo la perspectiva de autores como Acedo Sucre[98] y Kummerow[99], las condiciones generales de contratación integran el contenido del contrato cuando son aceptadas por el adherente. Solo en ese momento puede hablarse contrato de adhesión.

Sin embargo, al perfeccionarse el contrato sin que la póliza le sea entregada al tomador, las condiciones generales cobran especial importancia, pues en tales casos "se tendrán como condiciones acordadas aquellas contenidas en los modelos de póliza que se encuentren aprobados por la Superintendencia de la Actividad Aseguradora para el mismo ramo, cobertura y modalidad del contrato, según la prima que se haya pagado" (art. 19 Normas).

Otro elemento que vale la pena destacar y que es introducido por el artículo 29 de la nueva Ley de la Actividad Aseguradora, es el deber de, al momento de solicitar la autorización de la SUDEASEG, remitirle los documentos a ser autorizados, vía electrónica, "en las condiciones y términos que esta determine". No se trata de una práctica nueva para la SUDEASEG que ya ha admitido la remisión electrónica de documentos en diversas circulares[100], pero indudable-mente han de destacarse las ventajas

---

97 Madrid Martínez, Claudia, Las cláusulas abusivas y los contratos de adhesión. Una mirada desde el silencio del Derecho venezolano de los contratos. Homenaje a la obra del Dr. Alfredo Morles Hernández: Las cláusulas abusivas y los contratos de adhesión, en: Boletín de la Academia de Ciencias Políticas y Sociales, No. 157, 2018, en: *Revista Venezolana de Derecho Mercantil*, 2021, E.1, 2021, pp. 237 ss.

98 Acedo Sucre, *Contratos de adhesión…*, *ob.cit.*, p. 5.

99 Kummerow, *Algunos problemas fundamentales del contrato de adhesión…*, *ob.cit.*, p. 61.

100 Por ejemplo: Circular SAA-1-3-1568-2016, s/f, referida a los datos e información relacionada a los contratos comercializados con entes del Estado; Circular SAA-1-3-1148-2021, 15 de abril de 2021, referida a los datos e información relacionada a los contratos de HCM vigentes con entes del Estado; Circular SAA-1-3-1161-2021, 15 de abril de 2021, referida a los documentos remitidos por empresas de reaseguros; Circular SAA-1-3-2973-2021, 8 de julio de 2021 respecto de la remisión de información relativa al número de pólizas, el número de asegurados; y las primas cobradas entre enero y diciembre de 2021; entre otras. En estas circulares se admite la transmisión de información mediante correos electrónicos. Además, la Circular SAA-DL-2-2063-2018, 6 de abril de 2018, dispone que, con el objeto de manejar la información que es remitida a la SUDEASEG esta pone a disposición de los sujetos regulados una plataforma denominada "Gestión de Sujetos Regulados 2.0", en la cual deberá cargarse la información. Estas y otras circulares pueden verse en: https://bit.ly/3gvJLeT

del reconocimiento general de esta forma de comunicación entre este ente y los sujetos regulados, las cuales pasan por la contribución a la celeridad de los procesos de autorización e, incluso, por temas ambientales al requerirse menos papel.

El nuevo artículo 29 también impone –además de que las tarifas y documentos cumplan con los "principios, condiciones, requisitos y lineamientos establecidos en el reglamentos de esta Ley y las normas que se dicten al efecto"– la obligación de que "los reglamentos actuariales que sirvan de fundamento para la elaboración de las tarifas [estén] suscritos por actuarios residentes en el país e inscritos en la Superintendencia de la Actividad Aseguradora".

Respecto de la sanción ante la falta de aprobación, la versión del proyecto de Ley que circuló en el primer semestre de 2022, en su artículo 40, disponía que los documentos no aprobados "no surtirán efecto en lo que perjudiquen al tomador, asegurado, beneficiario, contratante, usuario o afiliado, en cuyo caso se aplicarán los documentos aprobados que reposen en los archivos de la Superintendencia de la Actividad Aseguradora". En el texto del artículo 29 de la Ley finalmente aprobada, nada se dispone al respecto, a pesar de que el artículo 42 de la Ley de 2015 se refería expresamente a la nulidad de tales documentos.

La Ley vigente solo prohíbe a los entes regulados otorgar documentos sin autorización (art. 25.3) y establece una sanción de entre diez mil y 25 mil veces el tipo de cambio de referencia cuando utilicen pólizas, contratos, documentos, tarifas o publicidad sin la aprobación previa de la SUDEASEG (art. 126.3).

El silencio de la Ley nos hace preguntarnos si los actos otorgados sin autorización serán nulos o, en cambio, no surtirán efectos.

Tengamos en cuenta que la expresión "no surtirán efectos" conduce a pensar en la ineficacia, la cual deriva –tal como afirma Mélich Orsini– de "la inconformidad del acto real con su modelo", de manera que, cuando existe una "irregularidad del acto" este no es idóneo para producir todos o alguno de los efectos esperados[101]. La nulidad, en cambio, se vincula al hecho de que el contrato "no reúne todos sus elementos constitutivos genéricos o específicos o cuando alguno de esos elementos presenta una grave anomalía"[102].

Aunque la declaratoria de nulidad conlleva la ineficacia del contrato con efecto retroactivo, la ineficacia también puede provenir de causas externas al

---

101 Mélich Orsini, *Doctrina general del contrato…*, *ob.cit.*, pp. 310-311.

102 Mélich Orsini, *Doctrina general del contrato…*, *ob.cit.*, p. 314.

contrato –no de los vicios de los que puedan adolecer sus elementos de existencia y validez—, es decir, puede producirse por una "desarmonía del acto con los intereses del sistema considerado en su integridad"[103].

Ahora bien, si entendemos que en el contrato de seguro no aprobado por la SUDEASEG pueden concurrir tanto los requisitos de existencia y validez exigidos para toda relación contractual por los artículos 1141 y 1142 del Código Civil, como los requisitos específicos establecidos en las Normas de la SUDEASEG, es decir, existencia del riesgo al momento de celebración del contrato (art. 52) e inexistencia de falsedades y reticencias de mala fe (art. 27), siendo que el contrato de seguros es consensual –según el artículo 7 de las citadas Normas–, hemos de concluir que se trata de un contrato válido que puede no producir sus efectos por la falta de aprobación, con lo cual deviene ineficaz.

En todo caso, tengamos en cuenta que una de las acciones de la SUDEASEG, al aprobar los contratos, es eliminar de estos todo aquello que pueda ser perjudicial para la parte débil de la relación –el tomador, el asegurado y el beneficiario. En efecto, haciéndose eco de la opinión de Mélich Orsini[104], Acedo Sucre entiende que "[l]a doctrina venezolana, respecto al control previo de la Superintendencia de Seguros sobre las pólizas, enseña que la 'resolución aprobatoria debe limitarse a establecer si las cláusulas... están concebidas en términos que puedan constituir un perjuicio para los asegurados o una ilegalidad o la infracción de algún principio de orden público'"[105]. Por tal razón luce incomprensible la omisión del artículo 29 de la Ley vigente y la versión del artículo 40 de la versión de 2022.

Ahora bien, en su control *a priori*, la SUDEASEG también deberá velar porque los contratos de seguro no incluyan cláusulas que impliquen renuncias a los derechos de tomadores, asegurados, beneficiarios, contratantes, usuarios y afiliados consagrados por el artículo 122 de la Ley de la Actividad Aseguradora[106]. Aunque la Ley no establece expresamente

---

103 Mélich Orsini, *Doctrina general del contrato…*, *ob.cit.*, p. 311.

104 Mélich Orsini, José, Las condiciones generales de contratación y cláusulas abusivas, en: *Las condiciones generales de contratación y cláusulas abusivas, Encuentro sobre Derecho para juristas iberoamericanos*, Madrid, Civitas, Fundación BBVA, 1996, pp. 170 ss., especialmente p. 172.

105 Acedo Sucre, Protección de asegurado y cláusulas abusivas…, *ob.cit.*, pp. 152-153.

106 Acedo Sucre se refiere en este caso al control sobre las cláusulas que vulneren los derechos consagrados en las normas sobre protección al consumidor. Ver: Acedo Sucre, Protección de asegurado y cláusulas abusivas…, *ob.cit.*, p. 153.

ese control, la lógica del sistema así lo indica, sobre todo si tenemos en cuenta, como ya hemos afirmado, que el artículo 122 de la propia Ley y el artículo 2 de las Normas de la SUDEASEG, luego de ordenar la irrenunciabilidad de los derechos consagrados por la Ley, disponen la nulidad de las cláusulas que supongan una renuncia a tales derechos.

A partir de estas normas, conjuntamente con el artículo 10.7 de la Ley Orgánica de Precios Justos, ha de concluirse, además, que si algo se escapa al control de la SUDEASEG, podrá corregirlo el juez o el árbitro, anulando las cláusulas que puedan ser abusivas, es decir, que confieran a uno de los contratantes una ventaja desmesurada y que, por consiguiente, implique un desequilibrio significativo entre los derechos y las obligaciones de las partes[107].

Acedo Sucre –parafraseando la referencia del aparte único del artículo 1185 del Código Civil al abuso de derecho– entiende que las cláusulas abusivas son aquellas que "exceden los límites impuestos por la buena fe o por el objeto en vista del cual ha de reconocerse efectos jurídicos al contrato de que se trate"[108]. Una definición con un acentuado carácter descriptivo está contenida en el artículo 3.1 de la Directiva 93/13/CEE del Consejo de 5 de abril de 1993 sobre las cláusulas abusivas en los contratos celebrados con consumidores[109], norma de conformidad con la cual, "[l]as cláusulas contractuales que no se hayan negociado individualmente se considerarán abusivas si, pese a las exigencias de la buena fe, causan en detrimento del consumidor un desequilibrio importante entre los derechos y obligaciones de las partes que se derivan del contrato". A un concepto semejante puede llegarse a partir del encabezamiento del artículo 20 de las Normas sobre protección de usuarios de los servicios financieros al referirse a cláusulas que "...pueden vulnerar..." los derechos de los usuarios.

107 Pizarro Wilson, Carlos, La eficacia del control de las cláusulas abusivas en el derecho chileno, en: *Estudios Socio-Jurídicos*, 2004, Vol. 6(2), pp. 117 ss., especialmente p. 124.

108 Acedo Sucre, Protección de asegurado y cláusulas abusivas..., *ob.cit.*, pp. 147-148.

109 https://bit.ly/3senGnS. Este instrumento fue modificado por la Directiva 2011/83/UE del Parlamento Europeo y del Consejo de 25 de octubre de 2011 sobre los derechos de los consumidores, por la que se modifican la Directiva 93/13/CEE del Consejo y la Directiva 1999/44/CE del Parlamento Europeo y del Consejo y se derogan la Directiva 85/577/CEE del Consejo y la Directiva 97/7/CE del Parlamento Europeo y del Consejo (https://bit.ly/3EYVCMZ). Sin embargo, esta modificación no ha afectado este punto específico.

Respecto de estas cláusulas, en cuya enumeración se ha empeñado parte de la doctrina, luego de ratificar su nulidad cuando abusen o lesionen los derechos de tomadores, asegurados o beneficiarios, el artículo 5 de las Normas de la SUDEASEG, descarga cierta sospecha sobre "[l]as cláusulas que contengan coberturas, exclusiones y exoneraciones de responsabilidad" al exigir que estas se destaquen "de modo especial para facilitar su identificación". Tengamos en cuenta que estas cláusulas, al igual que todo el contrato, deben redactarse en "forma clara y precisa", según, exige el propio artículo 5.

V. UNA BREVE CONCLUSIÓN

Ya en otras oportunidades hemos cuestionado el intervencionismo del Estado en el contenido de los contratos entre los particulares[110]. La presencia del consumidor ha sido la carta usada por el Estado para instrumentalizar esa intervención y causar, en algunos casos, nuevos desequilibrios. Reconozcamos que la del Estado no es una tarea sencilla, pues debe, según afirma Lalaguna Domínguez, establecer una ecuación, no siempre exacta, entre la idea de limitación a la libertad contractual y la corrección del desequilibrio que, como una injusta desigualdad entre las partes contratantes, provoca el reconocimiento de una libertad contractual sin límites[111].

En materia de seguros, el profesor Morles Hernández puso claramente de manifiesto la forma en que el Estado ha abusado de esa facultad de intervención y se ha excedido. Así, por ejemplo, declarar la nulidad de "las cargas no razonables que se impongan al tomador, al asegurado o al beneficiario" (art. 53 Normas) es una solución "contraria al principio de buena fe y a la naturaleza del contrato como intercambio de prestaciones equivalentes. Su mantenimiento es una indicación de la intención del autor de la regulación de acentuar la situación desventajosa de los aseguradores"[112].

Esa situación desventajosa es ilustrada por el propio autor, mediante algunas de las soluciones contenidas en las Normas que, a la vez, le permiten cuestionar el carácter realmente consensual del contrato de seguro. Por ejemplo, la solicitud de seguro no obliga a ninguna de las partes, pero la proposición de seguro obliga al prestador del servicio a mantenerla durante

---

110 Madrid Martínez, La libertad contractual..., *ob.cit.*, pp. 105 ss.

111 Lalaguna Domínguez, Enrique, *Estudios de Derecho civil. Obligaciones y contratos*, Valencia, Tirant lo Blanch, 2ª ed., 1993, p. 52.

112 Morles Hernández, El seguro dejó de ser un contrato..., *ob.cit.*, p. 510.

10 días hábiles (art. 12 Normas); las solicitudes por escrito para la prórroga o modificación del contrato, o para rehabilitar el suspendido, se consideran aceptadas si el prestador de servicios no rechaza la solicitud dentro de los 10 días hábiles siguientes a la recepción; si esas modificaciones son propuestas por el prestador del servicio, estas deben ser comunicadas al tomador con un mes de anticipación al vencimiento del período del seguro en curso; en caso de desacuerdo del tomador, el prestador de servicios mantendrá o renovará el contrato en las mismas condiciones de suma asegurada y deducible vigentes al momento de la propuesta de modificación; (art. 13 Normas); si las autoridades competentes pueden modificar las pólizas de un ramo de seguro o algunas de sus disposiciones. En tal caso, los contratos continuarán bajo las nuevas condiciones, a menos que el tomador, obligado a pagar un incremento de la prima, opte entre pagarla o continuar con el seguro en las mismas condiciones originales pactadas hasta la renovación (art. 14 Normas); si no existiere póliza, se tendrán como condiciones acordadas aquellas contenidas en los modelos de póliza aprobados por la SUDEASEG para el mismo ramo, cobertura y modalidad del contrato, según la prima que se haya pagado.

Si hubiere varias pólizas de esa empresa a las cuales fuera aplicable la prima, se entenderá que el contrato se refiere a la póliza más favorable para el asegurado o el beneficiario (art. 19 Normas); la póliza y los anexos deben estar firmados por el asegurador y por el tomador (art. 22 Normas); y, la cesión de la póliza no produce efectos contra el asegurador sin su consentimiento (art. 23 Normas)”[113].

La nueva Ley de Actividad Aseguradora no parece tener la intención de morigerar el intervencionismo del Estado en la contratación privada. La actividad aseguradora luce completamente controlada por el Estado y las cuestiones jurídicas no han sido discutidas a fondo.

La situación que presenta la regulación de contrato de seguros mediante normas de rango sublegal es una de ellas. Los problemas de técnica legislativa puestos de manifiesto por el profesor Morles Hernández siguen presentes y exigen del operador jurídico un esfuerzo adicional para entender un sistema que, con la excusa de proteger a los débiles, ha sido diseñado para controlar a los prestadores de servicios de la actividad aseguradora.

---

[113] Morles Hernández, El seguro dejó de ser un contrato…, *ob.cit.*, pp. 512-513.

BIBLIOGRAFÍA

ACEDO SUCRE, Carlos Eduardo, El decreto con fuerza de ley del contrato de seguro, en: A. Morles e I. de Valera (eds.), *Centenario del Código de Comercio Venezolano de 1904*, Academia de Ciencias Políticas y Sociales, 2004, Tomo II, Caracas, pp. 1057 ss. Disponible en: https://bit.ly/3V MxvXA

______ Protección de asegurado y cláusulas abusivas, en: *Revista Ibero-Americana de Seguros*, 2000, No. 15, pp. 147 ss.

ALBIEZ DOHRMANN, Klaus Jochen, Las condiciones generales de contratación: una lectura de los diferentes modelos de control, en: S. Sánchez (ed.), *Derecho contractual comparado. Una perspectiva europea y transnacional*, Civitas, Thomson Reuters, 2ª ed., Madrid, 2013, pp. 381 ss.

ANNICCHIARICO VILLAGRÁN, José, La obligación de seguridad y la Ley de Protección al Consumidor venezolana, en: *Libro homenaje al profesor Christian Larroumet.* Santiago de Chile, Fundación Fernando Fueyo, Universidad Diego Portales, Universidad del Rosario, Edit. Universidad del Rosario, Bogotá, 2008, pp. 47 ss.

BASEDOW, Jürgen und Till Fock, *Europäisches Versicherungsvertra gsrecht*, Tübingen, Mohr Siebeck, 2002, Band I.

BAUMBACH, Adolf und Klaus Hopt, Allgemaine Geschäftbedingungen der Banken, en: *Kommertar zum Handelsgesetzbuch*, München, Beck, 35. Auflage, 2012.

BUTTARO, Luca, *L'interesse nell'assicurazione*, A. Giuffre, Milano, 1954.

CHACÓN GÓMEZ, Nayibe, Reseña histórica de la protección al consumidor y usuario en Venezuela: Mucho más que "precios justos", en: *Revista Venezolana de Legislación y Jurisprudencia*, 2017, No. 9, pp. 141 ss.

CORREA VALENZUELA, Gustavo Andrés, *Anulabilidad de las cláusulas abusivas*, Editorial Universidad del Rosario, Facultad de Jurisprudencia, Bogotá, 2015.

DEREUX, Georges, «De la nature juridique des contrats d'adhésion», en: *Revue Trimestrielle de Droit Civil*, 1910, pp. 503 ss.

DÍAZ CANDIA, Hernando, "El contrato de seguros no es aleatorio", en: *Boletín Tributario TPA*, Marzo 1991, pp. 16 ss.

DOMÍNGUEZ GUILLÉN, María Candelaria, "Buena fe y relación obligatoria", en: *Revista Venezolana de Legislación y Jurisprudencia*, 2018, No. 11, pp. 17 ss.

Domínguez Guillén, María Candelaria, "Curso de Derecho civil III. Obligaciones", *Revista de Legislación y Jurisprudencia*, Caracas 2017.

DOMÍNGUEZ YAMASAKI, María Isabel, *El consentimiento en la contratación por adhesión. Control de transparencia y dolo in contrahendo*, Tirant Lo Blanch, Valencia 2019.

EHRENBERG, Viktor, Versicherungswert und Schadensersatz nach dem Handelsgesetzbuch und dem Entwurf eines Gesetzes über den Versi cherungsvertrag, en: *Zeitschrift für die gesamte Versicherungswissens chaft*, 1906.

FUHRER, Stephan, Vom Gegenstand der Versicherung, en: S. Fuhrer (Hrg.), *Festschriftzum fünfzigjährigen Bestehen der Schweizerischen Gesellschaft für Haftpflicht- und Versicherungsrecht*, Zürich, Schulthess, 2010, pp. 133 ss.

HEISS, Helmut and Sascha Drobnjak, Chapter F.8: Formal requirements and validity, en: J. Basedow, G. Rühl, F. Ferrari and P. de Miguel Asensio (eds.), *Encyclopedia of Private International Law*, Cheltenham, UK, Edward Elgar Publishing Limited, Edward Elgar Publishing, Inc., 2017, pp. 783 ss.

KUMMEROW, Gert, *Algunos problemas fundamentales del contrato de adhesión en el Derecho privado*, Facultad de Derecho, Universidad Central de Venezuela, Caracas 1956.

LALAGUNA DOMÍNGUEZ, Enrique, *Estudios de Derecho civil. Obligaciones y contratos*, Tirant lo Blanch, 2ª ed., Valencia 1993.

LE BOULENGÉ, Jean Marie, *El Derecho venezolano de los seguros terrestres y sus fuentes extranjeras: ensayo de interpretación histórica*, Caracas, 1968.

LUPINI, Luciano, La responsabilidad precontractual en Venezuela, en: *Revista del Colegio de Abogados del Distrito Federal*, 1991, No. 149, pp. 9 ss.

MADRID MARTÍNEZ, Claudia y José ANNICCHIARICO, El Derecho de los contratos en Venezuela: hacia los principios latinoamericanos de Derecho de los contratos, en: C. Madrid Martínez (ed.), *Derecho de las Obligaciones. Homenaje a José Mélich Orsini*, Academia de Ciencias Políticas y Sociales, Caracas 2012, pp. 19 ss.

MADRID MARTÍNEZ, Claudia, Algunas reflexiones sobre la defensa de los usuarios en el marco de la nueva Ley de la Actividad Aseguradora, en: J.I. Hernández (ed.), *Ley de la Actividad Aseguradora*, FUNEDA, Caracas 2011, pp. 99 ss.

______ Determinación del régimen de los contratos de consumo: perspectiva interamericana y venezolana, en: F. Esteban de la Rosa (ed.), *La protección del consumidor en dos espacios de integración: Europa y América. Una perspectiva de Derecho de internacional, europeo y comparado*, Tirant lo Blanch, REDPREA, Valencia 2015.

______ La libertad contractual: su lugar en el derecho venezolano de nuestro tiempo, en: C. Madrid Martínez (ed.), *Derecho de las obligaciones. Homenaje a José Mélich Orsini*, Academia de Ciencias Políticas y Sociales, Caracas 2012, pp. 105 ss.

______ Las cláusulas abusivas y los contratos de adhesión. Una mirada desde el silencio del Derecho venezolano de los contratos. Homenaje a la obra del Dr. Alfredo Morles Hernández: Las cláusulas abusivas y los contratos de adhesión, en: Boletín de la Academia de Ciencias Políticas y Sociales, No. 157, 2018, en: *Revista Venezolana de Derecho Mercantil*, 2021, E.1, 2021, pp. 237 ss.

______ Los contratos no bilateralmente negociados: más allá del consumidor, en: D. Fernández Arroyo y J.A. Moreno Rodríguez (Dir.), *Contratos internacionales*, ASADIP, Departamento de Derecho Internacional de la Secretaría de Asuntos Jurídicos de la OEA, Buenos Aires 2016, pp. 437 ss.

MADURO LUYANDO, Eloy y Emilio Pittier Sucre, *Curso de obligaciones. Derecho civil III*, Universidad Católica Andrés Bello, Manuales de Derecho, 11° ed., Caracas 2001.

MÁRMOL MARQUÍS, Hugo, *Fundamentos del Seguro Terrestre*, Universidad Católica Andrés Bello, Caracas 1980.

MÉLICH ORSINI, José, *Doctrina general del contrato*, Caracas, Academia de Ciencias Políticas y Sociales, Centro de Investigaciones Jurídicas, Serie Estudios, N° 61, 4ª ed. Corregida y ampliada, 2006.

______ *El pago*, Caracas, Academia de Ciencias Políticas y Sociales, 2ª ed. actualizada, jurisprudencia, 2010, Serie Estudios 86.

______ Las condiciones generales de contratación y cláusulas abusivas, en: *Las condiciones generales de contratación y cláusulas abusivas, Encuentro sobre Derecho para juristas iberoamericanos*, Civitas, Fundación BBVA, Madrid 1996, pp. 170 ss.

______ Las particularidades de los contratos con consumidores, en: *Revista de la Facultad de Ciencias Jurídicas y Políticas, Universidad Central de Venezuela*, 1999, No. 111, pp. 83 ss.

MESSINEO, Francesco, *Doctrina general del contrato*, (Trad. R.O. Fontanarrosa, S. Sentís Melendo y M. Volterra), Ediciones Jurídicas Europa América, Buenos Aires 1952.

MORLES HERNÁNDEZ, Alfredo, El seguro dejó de ser un contrato. La distorsión del contrato de seguro en el proceso de transición de sistemas económicos, en: *Boletín de la Academia de Ciencias Políticas y Sociales*, 2017, No. 156, pp. 489 ss.

PALACIOS SÁNCHEZ, Fernando, El Derecho del consumo y la protección al consumidor de seguros, en: F. Palacios Sánchez (ed.), *Seguros. Temas esenciales*, ECOE Ediciones, Universidad de La Sabana, 4ª ed., Bogotá 2016, pp. 49 ss.

PIZARRO WILSON, Carlos, La eficacia del control de las cláusulas abusivas en el derecho chileno, en: *Estudios Socio-Jurídicos*, 2004, Vol. 6(2), pp. 117 ss.

QUIROZ RENDÓN, David, Reflexiones sobre la noción de personas en la Ley para la Defensa de las Personas en el Acceso a los Bienes y Servicios, en: *Revista de la Facultad de Ciencias Jurídicas y Políticas, Universidad Central de Venezuela*, 2009, No. 133, pp. 185 ss.

REYES MOSSOS, Marcela, La desviación social en el contrato de seguro, en: *Revista Nuevos Paradigmas de las Ciencias Sociales Latinoamericanas*, 2020, Vol. XI, No. 22, pp. 43 ss.

RODRÍGUEZ MATOS, Gonzalo, La buena fe en la ejecución del contrato, en: *Libro Homenaje a Andrés Aguilar Mawdsley*, Caracas, Tribunal Supremo de Justicia, 2004, pp. 415 ss.

RODRÍGUEZ R., Gladys J., Observaciones sobre el contrato de seguro, en: *Revista de la Facultad de Ciencias Jurídicas y Políticas*, Universidad Central de Venezuela, 1990, No. 76, pp. 53 ss.

ROJAS FUENTES, Ixora María y Luis Ernesto VÁSQUEZ LEAL, Elementos característicos del contratos de seguros sobre bienes de propiedad intelectual, en: *Revista Venezolana de Derecho Mercantil*, 2020, No. 4, pp. 105 ss.

SALEILLES, Raymond, *De la déclaration de volonté. Contribution a l'étude de l'acte juridique dans le Code Civil allemand (Art. 116 à 144)*, Paris, F. Pighon, Successeur, Éditeur, 1901.

SANTAGATA, Renato, Polizze assicurative parametriche (o index-based) e principio indennitario, en: *Rivista di Diritto Civile*, 2022, Anno 68, No. 1, pp. 134 ss.

STIGLITZ, Rubén, *Derecho de seguros*, Abeledo Perrot, Tomo I. Buenos Aires 1997.

UNIDROIT - Instituto Internacional para la Unificación del Derecho Privado, *Principios UNIDROIT sobre los contratos comerciales internacionales*, UNIDROIT, Roma 2016.

URDANETA FONTIVEROS, Enrique, El deber del acreedor perjudicado de evitar o mitigar el daño, *Revista Venezolana de Legislación y Jurisprudencia*, Caracas 2015.

VÁSQUEZ PALMA, María Fernanda, *Contrato de seguro. Doctrina y jurisprudencia*, Tirant lo Blanch, Valencia 2019.

VEIGA COPO, Abel B., *Tratado del contrato de seguro*, Cizur Menor, Thomson Reuters, Civitas, 7ª ed., 2021, Tomo I, Vol. I.

REFLEXIONES SOBRE EL PRINCIPIO INDEMNIZATORIO Y EL IMPACTO DE LA INFLACIÓN EN LOS CONTRATOS DE SEGURO

(*Especial referencia a las normas prudenciales de 2024*)

Isabella PECCHIO BRILLEMBOURG*

Resumen: El presente trabajo propone presentar, de forma esquemática, nuestro análisis del *principio indemnizatorio* y el impacto de la inflación en los contratos de seguro, y como pareciera que se ha convertido –en la práctica– el *infraseguro* en la regla y no en una excepción en determinados seguros contra daños, lo que termina afectando a la figura del seguro propiamente como institución, en particular, y al mercado asegurador venezolano, en general. Se estudia en específico la situación jurídico-económica que se genera en una economía inflacionaria cuando los contratos de seguro contra daños son pactados exclusivamente en bolívares (o en monedas afectadas por la inflación), lo que pudiera generar un total desequilibrio económico sobrevenido e involuntario del contrato por la aplicación estándar del principio indemnizatorio que rige en materia de seguros.

Palabras clave: Contrato de seguro, daños, principio indemnizatorio, infraseguro, enriquecimiento sin causa, inflación.

Abstract: This paper, presented in point form, delves into the *indemnity principle* and the impact of inflation on insurance contracts, and how it seems that *underinsurance* has become –in practice– the rule and not an exception in certain insurances against damages, which in the end affects insurances as a

---

* Abogada, Universidad Católica Andrés Bello. Especialista en Derecho Mercantil, Universidad Católica Andrés Bello. Especialización en Derecho Financiero, Universidad Católica Andrés Bello (en tesis). Curso *Contract Law* de HarvardX, Harvard University. Curso *Intellectual Property Law and Policy* de PennX, University of Pennsylvania. Curso Modelo de ICC de Contrato de Compraventa Internacional, International Chamber of Commerce. Miembro, Sociedad Venezolana de Derecho Mercantil (SOVEDEM). Miembro, Sociedad Venezolana de Compliance (SVCompliance).

hole and as a legal institution, in particular, and the Venezuelan insurance market, in general. Specifically, the legal-economic situation that is generated in an inflationary economy is studied when insurance contracts against damages are agreed exclusively in bolivars (or in currencies affected by inflation), which could generate an involuntary economic imbalance of the contract due to the standard application of the indemnity principle that governs insurance matters.

Keywords: Insurance contract, damages, indemnity principle, underinsurance, unjust enrichment, inflation.

I. PLANTEAMIENTO DEL PROBLEMA

1. Este trabajo, que se presenta a modo de conclusiones[1], se enfoca en el análisis e interpretación del *principio indemnizatorio*, y en cómo la figura del *infraseguro* se ha convertido –en la práctica– en una regla de los seguros en Venezuela, en lugar de un régimen de excepción, lo que a la postre, como veremos, termina afectando a la figura del seguro propiamente como institución y al mercado asegurador venezolano, en general.

2. En materia de *seguros contra daños*, especialmente cuando es utilizado el Bolívar (Bs.) como moneda de cuenta para la cuantificación de los montos fijos de indemnización[2] o límites de suma asegurada[3], al

---

[1] Para nuestro estudio (amplio) sobre el tema, véase: Pecchio Brillembourg, Isabella, *El principio indemnizatorio en el contrato de seguro. [Hacia una nueva dimensión por efectos de la inflación]*, Editorial Jurídica Venezolana / Sociedad Venezolana de Derecho Mercantil, Colección Estudios Jurídicos N° 163, Caracas, 2024, 362 p.

[2] Entendida ésta de conformidad con el artículo 4, numeral 17 de la Ley de Reforma del Decreto con Rango, Valor y Fuerza de Ley de la Actividad Aseguradora, como la "principal obligación de las empresas de seguros, de medicina prepagada y administradoras de riesgos, consistente en el pago del monto convenido, la prestación del servicio, reparación del daño o reposición del bien, conforme al contrato". Ley de Reforma del Decreto con Rango, Valor y Fuerza de Ley de la Actividad Aseguradora. *Gaceta Oficial de la República Bolivariana de Venezuela* N° 6.770 (Extraordinario), 29 de noviembre de 2023 (en lo adelante la "LAA").

[3] "La suma asegurada no sólo actúa como límite (…), sino que se identifica con el valor indemnizable para los siniestros totales. (…) la suma asegurada representa, como en todo seguro de daños, el límite máximo indemnizable, pero en modo alguno predetermina la indemnización, cuyo importe no se sabrá hasta que se verifique el siniestro, pudiendo alcanzar toda o parte de dicha suma". Muñoz Paredes, María Luisa, *El seguro a primer riesgo*, Editoriales de Derecho Reunidas, S.A., Madrid, 2002, p. 42.

momento del pago de la indemnización, en la mayoría de los casos, se convierten los contratos de seguro en un *infraseguro*, como consecuencia de la aplicación limitada (si se quiere) del principio indemnizatorio que rige en esta materia y por razón de la realidad económica inflacionaria del país.

3. A efectos de este estudio, lo que llama particularmente la atención, cuando hablamos de infraseguro, son aquellos casos de infraseguro *involuntario*, generándose consecuencias no deseadas, pactadas ni acordadas por las partes al momento de la suscripción de la póliza.

4. Se analiza –en específico– los contratos de seguro *contra daños patrimoniales* en donde se busca, desde el inicio de la contratación, una restitución *plena*[4] del daño generado por la concreción del riesgo (siniestro); es decir, se estudian son los casos en que el asegurado *pretende* ver plenamente restituido su patrimonio con la contratación del seguro.

5. La razón de ser de la institución del seguro[5] –como regla– es que los tomadores o asegurados busquen, con la contratación de una póliza de seguro, específicamente contra daños, desprenderse del riesgo asociado a la pérdida o daño sobre su interés asegurable y garantizarse, así, la *restitución de su patrimonio*[6] mediante la recepción del pago de una indemnización con ocasión al perjuicio generado por la ocurrencia de un siniestro, esto es, la concreción del riesgo.

6. Resulta apreciable que el legislador al incorporar la categoría jurídica del principio indemnizatorio en la derogada Ley del Contrato de Seguro[7] y posteriormente al ser retomado en las "Normas que Regulan la Relación

---

4 El seguro pleno es "cuando la relación entre suma asegurada y valor del interés asegurado es igual 1/1, es decir cuando coinciden ambos, porque son iguales, el seguro es completo o pleno y la consecuencia en caso de siniestro es que se paga íntegramente el daño sufrido, ya se trate de siniestro total o se siniestro parcial". Ruíz Rueda, Luís, *El contrato de seguro*, Editorial Porrúa, S.A., México, 1978, p. 176.

5 Deben tenerse presente, en este sentido, las enseñanzas de Garrigues sobre la naturaleza o esencia misma del seguro, para quien "el seguro es el antídoto o el anticuerpo del riesgo (…) El seguro pone lo seguro en lugar de lo inseguro: esta es la esencia de la institución". Garrigues, Joaquín, *Contrato de seguro terrestre*, J. Garrigues, 2ª edición, Madrid, 1982, p. 11.

6 Con excepción de la figura del *infraseguro voluntario*.

7 Ley del Contrato de Seguro (2011) (derogada). *Gaceta Oficial de la República Bolivariana de Venezuela* N° 5.553 (Extraordinario), 12 de noviembre de 2011.

Contractual en la Actividad Aseguradora"[8] recientemente *derogadas* y sustituidas por las "Normas que regulan los contratos de seguro y de medicina prepagada"[9] (en lo adelante las "Normas"[10]), dejó fuera de su análisis, al menos, dos aspectos que hemos podido identificar, cuales son: (i) la perspectiva o dimensión de dicho principio indemnizatorio en el contexto de economías inflacionarias, y (ii) el supuesto en que sea el asegurador quien (conscientemente o no) se aproveche de la figura del contrato de seguro[11], al tenerse en cuenta que el principio indemnizatorio está concebido únicamente desde la perspectiva del asegurado o beneficiario.

7. Así, si no se cuenta con un mecanismo interno que funcione, una legislación que soporte el avance y cambios en el sector asegurador y un ente regulador que proteja la institución del seguro –y no sólo a alguna de las partes–, situaciones como la abordada, hacen que la propia institución del seguro y del mercado de seguros se vea afectado.

8. La incidencia de la inflación en los contratos de seguros puede ser tal, que "rompe el equilibrio de las relaciones entre asegurado y asegurador porque el primero hace efectivas sus primas, al menos en un principio, con moneda no desvalorizada, y al final del proceso se le entrega la compensación en un signo desvalorizado"[12]. Es decir, al *momento de la*

---

8 Normas que regulan la relación contractual en la actividad aseguradora. *Gaceta Oficial de la República Bolivariana de Venezuela* N° 40.973, 24 de agosto de 2016.

9 Normas que regulan los contratos de seguro y de medicina prepagada. *Gaceta Oficial de la República Bolivariana de Venezuela* N° 6.835 (Extraordinario), 3 de septiembre de 2024.

10 Sobre la inconstitucionalidad tanto de las Normas, como de la propia reforma de la LAA, véase: Acedo Sucre, Carlos Eduardo, "Inconstitucionalidad de la Ley de la Actividad Aseguradora reformada en 2023 y de las normas emitidas por Sudeaseg en 2024 para reglamentarla", publicado en el blog *Derecho y Sociedad*, del 8 de enero 2025. Disponible en: https://www.derysoc.com /inconstitucionalidad-de-la-ley-de-la-actividad-aseguradora-reformada-en-2023-y-de-las-normas-emitidas-por-sudeaseg-en-2024-para-reglamentarla/

11 Pudiéndose generar un potencial enriquecimiento sin causa, como lo explica la doctrina: "El enriquecimiento sin causa supone fundamentalmente el aumento del patrimonio de un sujeto **al tiempo que se empobrece el patrimonio de otro sujeto** (…)" (resaltado agregado). Rodríguez Ferrara, Mauricio, *Obligaciones*, 3ª edición, Librosca, Caracas, 2007, p. 36 y 37.

12 Martín García-Dorado, Antonio, "La inflación y su incidencia sobre el seguro", *XI Asamblea Plenaria de la Conferencia Hemisférica, celebrada en*

contratación de la póliza la relación económica entre las partes se presentaría equitativa, el asegurador obtiene el monto de la prima en su totalidad y en una moneda no devaluada, con lo cual, puede hacer uso de la misma al valor real y de manera inmediata, mientras que el asegurado o beneficiario estaría "cubriendo totalmente" el riesgo sobre el interés asegurado. En economías inflacionarias, como la venezolana, no es necesario que transcurra un largo período de tiempo para que el asegurado o beneficiario pueda verse afectado, teniendo en cuenta que, de ocurrir el siniestro, ya no estaría totalmente cubierto por razón de la desvalorización monetaria, debiendo, además, asumir parte (o cuidado si la mayoría o totalidad) del riesgo, lo cual se alejaría de la finalidad que se busca al contratar un seguro.

9. Los estragos de la inflación están escasamente regulados en materia de seguros en lo que se refiere a su impacto sobre los montos valorados o determinados en las pólizas al momento de su contratación y a lo largo de su vigencia, no así en lo que se refiere al retraso en los pagos de la indemnización una vez ocurrido el siniestro. En la legislación venezolana no se encuentran referencias a la regulación del impacto de la inflación sobre las sumas aseguradas o montos fijos de indemnización establecidos en las pólizas, como ocurre en el caso de la reciente LAA, al igual que en sus versiones anteriores, así como en las Normas vigentes.

10. Recordamos la acertada reflexión de BENÍTEZ DE LUGO, quien explica que "si el asegurado, al concertar su póliza, asegura un riesgo en determinada suma, debemos evitar aquellos obstáculos que puedan oponerse para que, en caso de que se produzca el siniestro, el asegurado no pueda resarcirse exactamente de la pérdida sufrida. Parece, en principio, inadmisible que puedan existir tales obstáculos; pero lo cierto es que se ofrecen no ya en la práctica, sino en las propias disposiciones legales y contractuales, y el asegurado resulta defraudado con motivo de la ocurrencia del siniestro"[13].

11. En el caso de estudio, dichos *obstáculos* se refieren a la inflación y aplicación limitada del principio indemnizatorio expresamente regulado en las Normas que, como bien lo expresa el autor recién citado, parece hasta ilógico que no existan mecanismos de protección contra esos obstáculos y se acepten –sin más ni menos– cuando el objeto y fin esencial del seguro es poder ofrecer como asegurador la seguridad patrimonial que necesita o que

---

Nueva Orleáns, del 12 al 16 de noviembre de 1967, Centro de Investigaciones y Estudios del Seguro Iberoamericano, Madrid, 1968, p. 20.

13 Benítez de Lugo, Luis, *Problemas y sugerencias sobre el contrato de seguros, sobreseguro, infraseguro, cláusulas de estabilización*, Instituto Editorial Reus, Madrid, 1952, p. 11.

busca el asegurado[14]. De lo anterior que propongamos, precisamente, las diferentes alternativas que se desarrollarán como posibles soluciones a la situación planteada.

12. Se presenta también un necesario e introductorio acercamiento a los conceptos de actividad aseguradora y la técnica de las autorizaciones operativas en el sector seguros, así como del propio contrato de seguro y su condición de contrato por adhesión, los cuales reportarán utilidad en el ulterior desarrollo de nuestros planteamientos, bajo un estudio comparativo de la vigente LAA publicada a finales de noviembre del 2023 y el derogado Decreto con Rango, Valor y Fuerza de Ley de la Actividad Aseguradora[15] publicado en el 2015 y reimpreso[16] en el 2016 (en lo adelante "LAA 2016").

II. SOBRE LA ACTIVIDAD ASEGURADORA

1. *La actividad aseguradora considerada como "servicio privado de interés público o de interés general"*

13. En Venezuela las actividades de seguro se han considerado "servicios privados de interés público o de intereses generales"[17], lo cual se pudiera constatar, entre otros aspectos, de su altísimo nivel de regulación y estricto control administrativo, con especial énfasis en la potestad de policía económica de la Superintendencia de la Actividad Aseguradora (en lo adelante "SUDEASEG"), en tanto Administración sectorial del sector de seguros.

---

14 *Cf. Ibid.*, p. 9.

15 Decreto con Rango, Valor y Fuerza de Ley de la Actividad Aseguradora (derogada). *Gaceta Oficial de la República Bolivariana de Venezuela* N° 6.211 (Extraordinario), 30 de diciembre de 2015. Reimpreso por "fallas en los originales", según publicado en *Gaceta Oficial de la República Bolivariana de Venezuela* N° 6.220 (Extraordinario), 15 de marzo de 2016.

16 Sobre las irregularidades de la publicación de este Decreto Ley y su reimpresión "por fallas en los originales", véase: Morles Hernández, Alfredo, "La deslegalización de la materia del contrato de seguro", *Revista Venezolana de Derecho Mercantil*, N° 3, Sociedad Venezolana de Derecho Mercantil, Caracas, 2019, p. 13-32.

17 *Cf.* Hernández González, José Ignacio, *Libertad de empresa y sus garantías jurídicas. Estudio comparado del Derecho español y venezolano*, Fundación Estudios de Derecho Administrativo – Ediciones IESA, Caracas, 2004, p. 351-356; y Hernández González, José Ignacio, *Derecho administrativo y regulación económica*, Editorial Jurídica Venezolana, Colección Estudios Jurídicos N° 83, Caracas, 2006, p. 122.

2. *La autorización operativa para realizar la actividad aseguradora*

14. Estando este tipo de actividades identificadas con la "justicia social", el "interés social" o "interés general", las empresas que pretendan realizar actividades de seguro están *obligadas*, de acuerdo con la normativa de la materia, a la tramitación y obtención de una autorización para operar como tal (autorización operativa), y así se desprende expresamente de la LAA en sus artículos 3 (sobre los "sujetos regulados")[18], 13 (relativo a los "Requisitos para las empresas de seguros, de reaseguros, de medicina prepagada y administradoras de riesgos")[19] y 19 (referente a la "Solicitud de constitución y funcionamiento")[20].

3. *Potestades reguladoras y de control de la SUDEASEG*

15. Aun partiendo del denominado "interés social" con lo que se identifica –tanto en la Ley, como en la práctica– a la actividad aseguradora, lo cierto es que las potestades reguladoras y autorizatorias de la Administración sectorial en cuestión no deben entenderse discrecionales ni ilimitadas[21], máxime cuando hay derechos constitucionales en juego, y

---

18 Artículo 3 LAA: "Sólo **podrán realizar actividad aseguradora** en el territorio de la República, **previa autorización** **de la Superintendencia de la Actividad Aseguradora**, los siguientes sujetos regulados (...)" (resaltado y subrayado agregado).

19 Artículo 13 LAA: "Son requisitos indispensables para obtener y mantener **la autorización para operar como empresa de seguros**, de medicina prepagada, de reaseguros o administradora de riesgos, los siguientes (...)" (resaltado agregado).

20 Artículo 19 LAA: "La **solicitud de autorización** para la constitución y funciona-miento de una empresa de seguros, de reaseguros, de medicina prepagada o administradora de riesgos, debe estar acompañada de todos los documentos necesarios para comprobar que los accionistas y los miembros de la junta directiva de la empresa que se proyecta constituir cumplan con los requisitos establecidos en esta Ley, su reglamento y las normas que al efecto dicte la Superintendencia de la Actividad Aseguradora (...)" (resaltado añadido).

21 Sobre este tema, Morles Hernández explica que: "La potestad de regulación del órgano superior tiene como finalidad, lo mismo que las otras potestades, garantizar que el uso e inversión de los recursos del sistema financiero nacional responda a criterios de interés público y de desarrollo económico y social, en el marco de la creación real de un Estado democrático y social de Derecho y de Justicia (artículo 1°). Esta intervención puede limitar el ejercicio de la libertad económica bajo la cual se realiza la actividad financiera, más no el contenido de este derecho, lo cual le está vedado a la autoridad administrativa (...)". Morles Hernández, Alfredo, *Derecho de seguros*, Universidad Católica Andrés Bello, Caracas, 2013, p. 51.

mucho menos, otorgarles la entidad de solventar situaciones intrínsecas de la propia ley (como lo es el inconveniente jurídico-económico que se plantea en relación con el principio indemnizatorio), precisamente porque, en los términos planteados, de entenderse discrecionales estas facultades, se pondría en tela de juicio la libertad económica o libertad de empresa de los particulares, de por sí bastante limitada en esta materia por la legislación vigente y el intenso control ejercido por la Administración sectorial.

III. PARTICULARIDADES DEL CONTRATO DE SEGURO

1. Definición del contrato de seguro

16. En lo que se refiere a la definición del contrato de seguro, se sabe que el concepto ha variado con el transcurrir de los años, evolucionando con –o, por lo menos, adaptándose a– los cambios de la materia y las modificaciones de la normativa aplicable. No pocas han sido las definiciones propuestas por la doctrina[22], siendo de gran complejidad lograr una definición integral u omnicomprensiva de esta institución, visto que existen dos tipos contractuales distintos[23] relacionados con el seguro: uno que tiene *función indemnizatoria*, y otro que *no la tiene*[24]; de ahí que pueda apreciarse, como en efecto, que en muchas legislaciones se han abstenido de definir el contrato de seguro.

17. Pero de manera muy resumida y sin pretender dar una definición como absoluta o cierta, tal como lo establecen las Normas, el contrato de seguro sería aquél en el cual una persona (denominada asegurador) se obliga, a cambio del pago de una prima por parte de otra persona (denominada tomador), a asumir un riesgo que, de materializarse, estaría obligada a pagar una cantidad de dinero para resarcir a este último.

---

[22] Rodríguez agrupa algunas definiciones que presentan varios autores sobre la institución del contrato de seguro, y hace mención sobre categorías como la "prima", "póliza", "riesgo", entre otros elementos claves de este contrato. Rodríguez R., Gladys J., "Observaciones sobre el contrato de seguro", *Revista de la Facultad de Ciencias Jurídicas y Políticas*, Nº 76, Universidad Central de Venezuela, Caracas, 1988, p. 53-108.

[23] *Cf.* Morles Hernández, Alfredo, *Curso de Derecho mercantil. Los contratos mercantiles. Derecho concursal*, tomo IV, Abediciones – Universidad Católica Andrés Bello, Colección Cátedra, Caracas, 2017, p. 124.

[24] Como los seguros de vida y otros de carácter personal.

18. En todo caso, en lo que se refiere al contrato de seguro con carácter indemnizatorio, que es el que nos ocupa, la doctrina[25] ha coincidido que deben incluirse en su definición los siguientes elementos como mínimo: 1. Las partes (el asegurador y el tomador); 2. El objeto de asumir un riesgo ajeno; 3. A cambio de un pago (la prima); 4. Obligándose a indemnizar; y 5. El daño (ocurrencia del siniestro).

19. Como cualquier contrato y en términos generales, las partes son –en principio– libres de obligarse como quieran, con la excepción de que en esta materia (i) hay normas de orden público y derechos irrenunciables que, como tales, no pueden ser relajados por las partes (a menos que se pacten cláusulas más beneficiosas a favor del tomador, beneficiario o asegurado), y (ii) que, en el caso de los contratos de seguro en Venezuela, su texto debe ser previamente aprobado por la SUDEASEG (artículo 29 de la LAA[26]).

2. *Condición de contrato por adhesión del contrato de seguro*

20. Se ha discutido en doctrina si el contrato de seguro es o no un contrato *por* (o de) adhesión[27], entre otras razones, vista la obligación de que toda póliza debe ser previamente aprobada por la SUDEASEG, so pena de ser considerado nulo el contrato al margen de la nueva "facultad" que tiene ahora la SUDEASEG de permitir el uso de pólizas que no han sido previamente autorizadas por dicho ente regulador (artículo 6.10 LAA).

21. Los contratos *por* (o de) adhesión, en definitiva, son aquellos contratos cuyo "contenido, o lo que es lo mismo, las condiciones de

---

25 Véase: Chang De Negrón, Kimlen y Negrón Chacín, Emilio, *Seguros en Venezuela*, Vadell Hermanos Editores, C.A., 2ª edición, Caracas, 2014, p. 165.

26 Artículo 29 de la LAA: "Las condiciones generales, condiciones particulares, cuadros recibos o cuadros pólizas, solicitudes, finiquitos o recibos de indemnización, notificaciones de siniestros, anexos, arancel de comisiones, bonos, planes de estímulos y demás documentos, así como las tarifas, utilizados por los sujetos regulados en sus relaciones comerciales, con ocasión de los contratos de seguros o de medicina prepagada, **deben ser aprobados previamente por la Superintendencia de la Actividad Aseguradora**, quien decidirá sobre la solicitud de aprobación en un plazo de cuarenta y cinco (45) días hábiles. (…)" (resaltado agregado).

27 De conformidad con Kummerow, posición que por cierto suscribimos, es incorrecta la denominación "contrato de adhesión", siendo que el mismo no se trata de un tipo contractual en sí mismo, sino más bien una forma particular de formación del contrato y de manifestación de voluntad, que en este caso sería (dicha manifestación) *por* adhesión. *Cf.* Kummerow, Gert, *Algunos problemas fundamentales del contrato por adhesión en el Derecho privado*, Universidad Central de Venezuela – Facultad de Derecho, Caracas, 1981, p. 67-68.

reglamentación, son obra de una sola de las partes, de tal modo que el otro contrayente no presta colaboración alguna a la formación del contenido contractual, quedando así sustituida la ordinaria determinación bilateral del contenido del vínculo por un simple acto de aceptación o adhesión al esquema predeterminado unilateral-mente"[28].

22. Así, podemos concluir que los contratos de seguro son contratos *por* adhesión, en los términos desarrollados por la doctrina y jurisprudencia, precisamente por: (i) tratarse de un documento genérico dirigido a personas indeterminadas (el mismo formato aprobado por la SUDEASEG va dirigido de forma general a cualquier persona interesada); (ii) consistir en un contrato elaborado por una sola de las partes (el asegurador); (iii) identificarse con un "contrato tipo" aplicable a cualquier interesado, con cláusulas establecidas generalmente en interés del propio asegurador; (iv) tener como objeto del contrato la prestación de un servicio privado de interés público o general; y (v) razón de que el tomador, beneficiario o asegurado no tiene participación alguna en la elaboración del contrato y sólo le queda la opción de adherirse al mismo o, simplemente, no suscribirlo.

3. *Caracterización del asegurado en el contrato de seguro*

23. Al tomador, beneficiario o asegurado del contrato de seguro, se le ha calificado, tanto en doctrina como en la legislación aplicable, como el "débil jurídico"[29] de la relación, y esto se ha podido haber justificado en que éste carece de "poder de negociación" al momento de suscribir cualquier contrato de seguro, limitando su actuación a –precisamente– adherirse a las disposiciones contractuales previamente autorizadas y aprobadas por la SUDEASEG, en los términos expuestos. En palabras llanas: la manifestación de la voluntad del tomador parece en buena medida reducirse o limitarse a la mera aceptación o no del contrato. Nada más.

---

28 García Gil, Francisco Javier, *Las pólizas de seguro. Legislación comentada, jurisprudencia, formularios*, La Ley, Madrid, 2011, p. 29.

29 Sobre el término "débil jurídico" y su uso en la práctica, Rondón presenta una acertada crítica, al indicar que con el uso de dicho término "se pierde la bilateralidad de la relación jurídica y se rompe el principio de igualdad ante la ley, la única a la que se puede aspirar". Continúa la autora indicando que ese término, así como el de "«derecho regulatorio» son formas de minimizar al Derecho Privado y con ello fortalecer las regulaciones de control y revisión por parte de la Administración Pública a áreas que no necesariamente lo requieren". Rondón García, Andrea I., "Reseña de la obra «El principio indemnizatorio en el contrato de seguros. [Hacia una nueva dimensión por efectos de la inflación]» de Isabella Pecchio Brillembourg". Revista Venezolana de Derecho Mercantil, N° 13, Sociedad Venezolana de Derecho Mercantil, Caracas, 2024, p. 107.

24. Las Normas establecen en su artículo 2[30] que, en caso de cualquier duda, deben siempre aplicarse aquellas cláusulas que resulten más beneficiosas para el asegurado o beneficiario, con lo cual pareciera insistirse en el carácter de "débil jurídico" de éstos.

4. *Interpretación de las cláusulas del contrato de seguro*

25. Con relación a la interpretación de estos contratos, las Normas reiteran la necesidad de que cualquier interpretación de los mismos, siempre debe hacerse en beneficio del tomador, beneficiario o asegurado (artículo 4[31]), nuevamente bajo una pretendida caracterización del asegurado como "débil jurídico".

IV. CLASIFICACIÓN DE LOS SEGUROS Y EL SEGURO CONTRA DAÑOS

1. *Clasificación de los seguros*

26. Son varias las clasificaciones en Venezuela que se han efectuado de los seguros, en atención a diferentes elementos, características o propiedades de los mismos, como lo son: (i) los objetos del seguro, (ii) sus sistemas de explotación y organización, (iii) la cantidad de riesgos que abarque el contrato; y (iv) el lugar en donde puedan ocurrir los siniestros[32]. En esta misma línea se ha pronunciado la doctrina extranjera, en definitiva, acordando que son muchas las clasificaciones que se pueden hacer de los seguros.

---

30 Artículo 2 de las Normas: "Los derechos de los tomadores, asegurados, beneficiarios, contratantes, usuarios y afiliados son irrenunciables. Será nula toda acción, acuerdo o estipulación que implique renuncia, disminución o menoscabo.// En caso de duda se aplicarán las cláusulas contractuales que sean más beneficiosas para el tomador, asegurado, beneficiario, contratante, usuario y afiliado".

31 Artículo 4 de las Normas: "Cuando sea necesario interpretar los contratos a los que se refieren estas normas, se utilizarán los principios siguientes:// 1. Se presumirá que los contratos han sido celebrados de buena fe, quien alegue lo contrario deberá probarlo.// (...) 4. **Cuando una cláusula sea ambigua u oscura se interpretará a favor del tomador, asegurado, beneficiario, contratante, usuario o afiliado**.// 5. Las cláusulas relativas a la caducidad de derechos del tomador, asegurado, beneficiario, contratante, usuario o afiliado deben ser de interpretación restrictiva, a menos que la interpretación extensiva los beneficie" (resaltado agregado).

32 *Cf.* Chang De Negrón, Kimlen y Negrón Chacín, Emilio, *op. cit.*, p. 175.

27. Las Normas[33], aun cuando no establecen una clasificación como tal, dividen a los seguros en dos grandes grupos: (i) seguros contra daños, y (ii) seguros de personas. Dentro de los seguros contra daños (objeto de este estudio), las Normas incluyen en su Título III (Del Seguro contra los Daños), los seguros de: 1. Daños en general (capítulo I); 2. Incendio (capítulo II); 3. Sustracción ilegítima (capítulo III); y 4. Transporte terrestre (capítulo IV).

2. Definición del seguro contra daños y su carácter indemnizatorio

28. El seguro contra daños "es un contrato de indemnización cuya finalidad, excluida toda idea de lucro, es restablecer las cosas garantizadas en el ser y estado en que se encontraban antes del siniestro, mediante la reparación del valor de las pérdidas. El asegurado, en virtud del contrato, se mantendrá en la misma posición que tenía al sobrevenir el desastre; el asegurador, para indemnizar los daños, debe colocarse, por tanto, donde estaba el asegurado en aquel momento, reemplazándole en la situación en que se hallaba inmediatamente antes de producirse el siniestro"[34].

29. Por lo tanto, insistimos en esta importante característica de los contratos de seguros (la *indemnización*), la cual busca proteger al asegurado de un atentado a sus derechos patrimoniales[35] y que, en definitiva, "el asegurado busca, una vez ocurrido el siniestro, el reintegro de su patrimonio o la restitución de su patrimonio, de inmediato, hasta las cantidades ofrecidas en la cobertura, a fin de restituir o reparar su patrimonio al estado original antes de que se produjera el siniestro"[36].

3. *Del interés asegurable*

30. Algunos autores consideran el interés asegurable como la *causa* del contrato de seguros, y otros como el *objeto*, ahora bien, independientemente de ello, y como nos recuerda PISANI, lo cierto es que constituye un elemento fundamental del contrato y "centra en sí los propósitos

---

33 Al igual que se encontraba dispuesto en dos títulos de la derogada Ley del Contrato de Seguro: (i) Título III "Del seguro contra los daños" (artículos 57 y siguientes); y (ii) Título IV "Del contrato de seguro de personas" (artículos 88 y siguientes).

34 Benítez De Lugo, Luís, *Tratado de seguros. III. Los seguros de daños*, Volumen Segundo, Instituto Editorial Reus, Madrid, 1955, p. 11.

35 *Cf.* Mazeaud, Henri, Mazeaud, León y Mazeaud, Jean, *Lecciones de Derecho civil. Los principales contratos (continuación)*, parte III, volumen 4, Ediciones Jurídicas Europa-América, Buenos Aires, 1974, p. 564.

36 Rodríguez R., Gladys J., *Ley del Contrato de Seguro y Ley de la Actividad Aseguradora comentadas*, Ediciones Paredes, Caracas, 2011, p. 33.

fundamentales de la institución: no permitir su transformación en figuras afines e impedir el siniestro voluntario"[37].

31. Haciéndonos de las nociones presentadas por GÓMEZ SÁNCHEZ y MARTÍNEZ DEL RÍO, se puede decir que son dos los requisitos[38] indispensables del interés asegurable, a saber: (i) debe ser lícito y (ii) debe ser cuantificable (estimable en dinero).

32. Sobre el interés asegurable, las Normas establecen en su artículo 58, que: "Puede ser materia del seguro contra los daños **todo interés económico, directo o indirecto, en que un siniestro no se produzca**.// La ausencia de interés asegurable al momento de la celebración produce la nulidad del contrato..." (resaltado añadido).

33. En definitiva, se quiere resaltar que la finalidad del contrato de seguro, especialmente contra daños, radica en el interés o, mejor dicho, en el aseguramiento de intereses, "entendiendo el interés, según se ha visto, como relación, o mejor situación relacional, entre una persona y cosas o derechos, que sea susceptible de valoración económica y de verse afectada por un daño, la titularidad del mismo es imprescindible para la obtención de la reparación o de la suma en la que se estima el daño. Sin esta titularidad no hay indemnización, aunque esto es más cierto en los seguros de daños que en los de vida"[39].

4. *Del valor del interés y la suma asegurada*

34. Es importante entender que distinto son el *valor del interés* y la *suma asegurada* (monto máximo de indemnización asumida por el asegurador), siendo ésta última una cantidad determinada por la voluntad de las partes en el contrato de seguro suscrito por ellas (sin olvidar el carácter de contrato por adhesión estudiado en este tipo de contrato).

35. Como ya mencionáramos anteriormente, el *interés asegurable* es la relación que existe entre el asegurado y la cosa, derecho o patrimonio (bien asegurado), el cual se quiere proteger o resguardar de un potencial daño por

---

37 Pisani Ricci, María Auxiliadora, *Contratos de seguro y reaseguro. Observaciones al Proyecto de Ley*, Ediciones Libra / Universidad Central de Venezuela, Caracas, 1990, p. 144.

38 *Cf.* Gómez Sánchez, Carlos Andrés y Martínez Del Río, Natalia, "El interés asegurable como un elemento esencial del contrato de seguro de daños", *RIS*, 36(21): 13-36, enero-junio, Bogotá (Colombia), 2012, p. 21-25.

39 Lacruz Mantecón, Miguel Luis, *Formación del contrato de seguro y cobertura del riesgo*, Editorial Reus, Madrid, 2013, p. 83-84. Disponible en: https://elibro-net.ezbusc.usc.gal/es/ereader/busc/46529?page=84.

consecuencia de un evento o suceso determinado[40], siendo en consecuencia el *valor del interés*, la cuantificación o valor económico que se le da a ese interés sobre determinados bienes.

36. Es importante aclarar que ese interés asegurable tampoco se refiere al objeto en riesgo en sí mismo, como se ha indicado se trata de una relación entre una persona y un bien que ha de ser el objeto del seguro, de manera que el interés de conservar ese bien le sea beneficioso a la persona, y su deterioro o pérdida signifique un quebranto patrimonial, evidentemente expresable en dinero[41].

37. Así, en los seguros en los que se pretende la restitución plena, tanto el valor del *interés asegurable* como el monto fijo de indemnización o *suma asegurada* determinada en el contrato, coinciden a plenitud y es que precisamente, como lo hemos venido demostrando, es esto lo que busca en principio el tomador, asegurado o beneficiario al contratar un seguro. Distinto es, si los asegurados, beneficiarios o tomadores de forma consciente o voluntaria contratan un seguro bajo la figura de *infraseguro (voluntario)*, con la finalidad (entre otras posibles) de obtener una prima reducida, en cuyo caso –sin duda– no habrá relación alguna (no puede haberla) entre el valor del interés asegurable y la suma asegurada. Éste no el caso de estudio, como se ha indicado y que se profundizará más adelante.

V. EL PRINCIPIO INDEMNIZATORIO Y EL DERECHO DE SUBROGACIÓN

1. *Sobre el principio indemnizatorio*

38. En sintonía con lo que se ha venido indicando hasta ahora, es oportuno abordar en esta oportunidad el tratamiento en la legislación venezolana (y también comparada) de la figura del *principio indemnizatorio*, como principio base de la institución del seguro, así como el *derecho de subrogación* que, como veremos, se encuentra íntimamente ligado al mismo.

A. *Tratamiento del principio indemnizatorio en la legislación vigente*

39. El *principio indemnizatorio*, que rige en la materia, se encuentra actualmente regulado en el artículo 59 de las "vigentes" Normas, e indica (i)

40 *Cf.* Broseta Pont, Manuel, *Manual de Derecho mercantil*, Tecnos, 10ª edición, Madrid, 1994, p. 578-579.

41 De La Campa, Olga, *Léxico de seguros*, Premio Ancla 1982, Biblioteca Técnica Segurosca, Caracas, 1982, p. 149.

que el seguro *nunca podrá ser objeto de enriquecimiento* para el asegurado, (ii) que para la determinación del daño se debe atender al valor del interés asegurado, y (iii) que las partes pueden, como comúnmente se hace en los seguros contra daños de cosas, establecer previamente un monto de indemnización o suma asegurada, independientemente del valor del interés asegurado.

40. Se ha considerado que "en la actualidad jurídica aseguradora, puede parecer inútil prestar atención al significado que desempeña el principio indemnizatorio en dicha sede. La razón de ser de este desinterés parece subyacer en la frecuencia con que, en caso de siniestro, la indemnización se encuentra firmemente determinada por los acuerdos alcanzados previamente entre las partes, conforme a unos criterios no estrictamente indemnizatorios"[42].

41. Sin embargo, si bien los montos de indemnización se encuentran firmemente determinados "conforme a criterios no estrictamente indemnizatorios", los mismos, en esencia y en principio, buscan igualmente la *restitución* del daño causado. Es decir, el que se determine un monto fijo de indemnización, más allá que no se hayan utilizado criterios objetivos indemnizatorios, no le quita al seguro su carácter propiamente indemnizatorio y de restitución patrimonial, particularmente si esa era la voluntad original de las partes.

B. *Definición del principio indemnizatorio*

42. MORLES enseña que el *fundamento* del seguro contra los daños se basa –precisamente– en el principio indemnizatorio, "conforme al cual el asegurado debe ser resarcido en función de las pérdidas efectivamente sufridas y en correspondencia con el interés asegurado. El seguro, en consecuencia, no debe ser motivo para enriquecer al asegurado, ocasión para producir siniestros voluntarios o pretexto para realizar apuestas o especulaciones"[43].

43. Se puede identificar –al menos– dos elementos distintivos, de acuerdo con los cuales (i) por un lado, el objeto del principio indemnizatorio es *resarcir* el daño o las pérdidas realmente sufridas, es decir, *restituir* plenamente el patrimonio del asegurado, en la medida que así haya sido acordado, y (ii) por el otro, que como consecuencia de lo anterior, el mismo busca *prohibir* que el seguro se convierta en una fuente de enriquecimiento

---

[42] Girgado Perandones, Pablo, *El principio indemnizatorio en los seguros de daños. Una aproximación a su significado*, Editorial Comares, S.L., Granada, 2005, p. 1.

[43] Morles Hernández, Alfredo, *Curso... cit.*, p. 142.

para el asegurado, por lo tanto, el asegurado debe recibir por concepto de indemnización –ni más, ni menos– lo necesario para cubrir o compensar el daño efectivamente sufrido.

C. *Perspectiva (estándar) adoptada del principio indemnizatorio en la normativa: ¿potencial generación de un detrimento económico?*

44. MÁRMOL explica sobre la prohibición de enriquecimiento del asegurado que "si el beneficiario pudiera actuar contra el tercero en procura de una indemnización basada en los artículos 1.185 y siguientes del Código Civil, no obstante haber recibido el pago de la garantía dada por el asegurador, en definitiva, por el mismo daño, recibiría una doble indemnización que superaría en su patrimonio el monto de la pérdida"[44]. La intención del legislador venezolano al positivizar este principio en la derogada Ley del Contrato de Seguro, que luego vendría a ser retomado en las Normas, era evitar que el asegurado se hiciera más rico después del siniestro que antes del mismo, mediante la indemnización de su asegurador[45], como ha sido explicado por la doctrina y jurisprudencia.

45. Identificamos que al incorporarse este principio en la Ley del Contrato de Seguro, y luego al ser retomado en las Normas, no se tuvo en cuenta, por un lado, el supuesto que aquí se trae a discusión, que tiene que ver con el caso en el que el asegurado o beneficiario no se vea *realmente indemnizado*, habiendo contratado una póliza (cualquiera que sea) con la intención de ser plenamente restituido, situación que se ve encontrada con la naturaleza misma del principio indemnizatorio (en su vertiente *indemnizatoria*), y por otro lado, tampoco el legislador analizó el supuesto en el que fuese la empresa aseguradora quien –a través de la figura del contrato de seguro– se aprovechase o lucrase por generarse un enriquecimiento *sin causa* (limitándose sólo al asegurado o beneficiario, la otra vertiente del fundamento del principio indemnizatorio, la cual es *prohibir* un enriquecimiento extracontractual).

46. Entonces, no pareciera alinearse con la razón misma del principio indemnizatorio que, así como el asegurado no puede enriquecerse a partir de la compensación del daño experimentado, que el asegurador sí experimente un posible incremento patrimonial a partir de una *restitución* que no sea tal, que no indemnice efectivamente y que, con ello, se pudiera hacer más rico después de la ocurrencia del siniestro.

---

44 Mármol Marquís, Hugo, *Fundamentos del seguro terrestre*, Ediciones Liber, 4ª edición, Caracas, 1999, p. 375.

45 *Cf.* Le Boulengé, Jean-Marie, *El Derecho venezolano de los seguros terrestres y sus fuentes extranjeras*, S/E, Caracas, 1983, p. 90.

47. Ni la Ley, las Normas, ni la doctrina o jurisprudencia venezolanas han tratado este problema y estudiado el principio indemnizatorio desde esa dimensión, para analizar (i) su eventual afectación e incidencia en economías inflacionarias, y (ii) desde la perspectiva del posible enriquecimiento del asegurador a costa del asegurado o beneficiario con ocasión a la ocurrencia del siniestro. Y es aquí donde entra en juego el impacto de la realidad económica inflacionaria del país, en los contratos de seguro contra daños con montos de indemnización y sumas aseguradas en Bs., y su posible afectación al patrimonio del asegurado o beneficiario por no verse realmente indemnizado/restituido, y el potencial beneficio o enriquecimiento *sin causa* que podría experimentar el asegurador.

48. Se reconoce que la indemnización debe *coincidir* con el daño efectivamente sufrido, pero únicamente en la medida que éste sea menor a la máxima garantía asumida por el asegurador, no se reconoce así que la indemnización en verdad *coincida* –punto– con el daño causado (en fiel entendimiento del principio indemnizatorio), ni si quiera en los casos en que esa haya sido la verdadera voluntad de las partes.

49. En suma, se aprecia que, la falta de cumplimiento de la garantía de restitución (o limitación a la garantía), en desvirtuación del principio que acabamos de estudiar, especialmente en economías inflacionarias, resulta en un claro sinsentido de la figura del seguro contra daños, y la desvirtualización de su naturaleza jurídica.

2. *Sobre el derecho de subrogación*

A. *Tratamiento del derecho de subrogación en la legislación vigente*

50. El derecho de *subrogación*, por su parte, ha sido definido como salvaguarda del principio indemnizatorio[46], evitando que el asegurado pueda lucrarse ejerciendo tanto el derecho de crédito frente al asegurador como frente al responsable del siniestro. El derecho de subrogación, por su parte, se encuentra estipulado en el artículo 71 de las Normas, según la cual la *subrogación*: (i) opera de pleno derecho, (ii) una vez que se ha pagado la indemnización correspondiente, y (iii) hasta la concurrencia de la indemnización.

---

[46] *Cf.* Isern Salvat, María Rosa, *El derecho de subrogación en el seguro de transporte terrestre de mercancías por carretera*, Marcial Pons, Madrid – Barcelona – Buenos Aires – Sao Paulo, 2013, p. 28.

B. *El principio indemnizatorio como fundamento del derecho de subrogación*

51. Se puede decir que el derecho de subrogación tiene una *doble finalidad o función*. Así, ISERN SALVAT explica que "tradicionalmente, el establecimiento de la figura de la subrogación del asegurador ha descansado sobre una doble finalidad. Por un lado, evitar que el asegurado pueda enriquecerse ejercitando los dos derechos de crédito que la producción de un siniestro amparado por la cobertura del seguro y del que se deriva la responsabilidad de un tercero, le confieren. Por otro lado, impedir que el tercero quede liberado, a costa de la existencia de un contrato de seguro del que no es parte, de las consecuencias patrimoniales que se deriven de su responsabilidad en la producción del siniestro"[47].

52. Así, las dos finalidades principales del *derecho de subrogación*, en complemento del *principio indemnizatorio*, son la de (i) prohibir que el asegurado se genere un enriquecimiento por motivo de una doble indemnización con ocasión al contrato de seguro y de su derecho de crédito frente al tercero causante del siniestro, así como la de (ii) impedir que el causante del daño deje de responder por el sólo hecho de la existencia de un contrato de seguro.

VI. SOBRE LA CESIÓN DE TITULARIDAD DE LOS BIENES ASEGURADOS Y LAS ATRIBUCIONES DE LA SUDEASEG

1. *La cesión al asegurador de la titularidad de los bienes asegurados: ¿potencial generación de un beneficio económico (sin causa)?*

53. De conformidad con determinadas cláusulas de las condiciones particulares de pólizas previamente aprobadas por la SUDEASEG y utilizadas actualmente por las empresas de seguro, el asegurado o beneficiario, en un caso puede (i) *optar* por ceder o traspasar la titularidad del bien asegurado a la empresa aseguradora o conservarlo, cuando el mismo es declarado como "pérdida total"; y en el otro (ii) *optar* por lo que se denomina "pérdida constructiva" o por la "pérdida arreglada", cuando la suma de los daños resulta ser igual o superior a la suma asegurada (lo que siempre ocurrirá en el caso planteado), no siendo considerado del todo como "pérdida total".

54. En los escenarios donde el asegurado se ve en la obligación de ceder o traspasar a la aseguradora la propiedad del bien asegurado, se aprecia la potencialidad de un enriquecimiento *sin causa* del asegurador, ya que se

---

[47] *Ibid.*, p. 25-26.

podría estar obteniendo un lucro diferente al nacido de la propia obligación contractual del cobro de primas, de allí la *ausencia de causa*. El enriquecimiento –sin causa– se daría por hacerse la aseguradora del bien producto de la recuperación y salvamento del siniestro, que incluso con el daño causado, tendría un valor muy superior al monto por el cual "lo recibieron", pudiendo eventualmente enajenarlo o gravarlo por el *valor real* (incluido el daño).

55. En los escenarios en que no tiene lugar el traspaso o cesión de la titularidad a la empresa aseguradora del bien asegurado, no se daría el supuesto de enriquecimiento *sin causa* planteado, en tanto la aseguradora al no hacerse del bien, sólo estaría obteniendo como ganancia lo cobrado –legítimamente– por concepto de prima. Sin embargo, igualmente se encontraría el asegurado o beneficiario en una situación desventajosa, ya que en cualquiera de los escenarios, la contraprestación del pago de la prima y contratación del seguro, será obtener una "indemnización" (incluidas además deducciones) en total divorcio del principio indemnizatorio, que a la postre no servirá para lograr el objetivo de la contratación del seguro: desprenderse del riesgo y verse restituido en su situación patrimonial en caso de ocurrir un siniestro sobre el bien asegurado.

56. En conclusión, en supuestos como el planteado, pareciera que se pudiera estar pagando una prima, que sí recibe el asegurador en una moneda no devaluada para el momento en que se paga la misma, por obtener –básicamente– *poco* o *nada* a cambio, asumiendo además obligaciones contractuales como lo son, por ejemplo, la de permitir la subrogación del asegurador en los derechos y acciones del asegurado, la de ceder o conservar (menos el importe) el bien asegurado, o la de compartir (*involuntariamente*) el riesgo asumido junto con el asegurador, como se explicará más adelante en referencia con el *infraseguro*.

2. *Facultades de la SUDEASEG y del Superintendente*

A. *Atribuciones de la SUDEASEG*

57. La LAA delimita en su artículo 6 las atribuciones generales de la SUDEASEG[48]. Como primera atribución, evidentemente se le otorga al ente regulador la facultad de "ejercer la potestad regulatoria para la autorización,

48 Debiendo recordarse que los entes de la Administración pública sólo puede realizar lo que les está expresamente permitido o facultado por la ley (principio de legalidad administrativa), en contraposición a los particulares que pueden, en principio, hacer todo aquello que no les esté expresamente prohibido (libertad individual).

inspección, control, vigilancia previa, concomitante y posterior, supervisión, verificación y fiscalización de la actividad aseguradora, en los términos establecidos en la presente ley, su reglamento y las normas que al efecto dicte" (artículo 6, numeral 1 de la LAA). Por lo tanto, debe la SUDEASEG garantizar, proteger y supervisar el buen funcionamiento de la *actividad aseguradora* o, dicho en otras palabras, del *sector asegurador en general*, y verificar el cabal cumplimiento de la Ley, los reglamentos y normas que apliquen a la materia.

58. Entre las atribuciones otorgadas a la SUDEASEG, se encuentra también la muy reciente e "innovadora" facultad de *permitir*[49] el uso de pólizas que no hayan sido "previamente autorizadas" (en los términos que exige la Ley en atención al artículo 29 de la LAA), cuando " las condiciones jurídicas y económicas lo justifiquen".

59. Como bien lo indica la norma, esta facultad de *permitir* el uso de pólizas que no han sido previamente aprobadas, pareciera estar sujeta o condicionada, por un lado, (i) a la emisión por parte de la misma SUDEASEG de unas "normas de carácter general", y por el otro (ii) a que existan condiciones jurídicas y económicas que lo justifiquen. Ahora bien, lo cierto es que nada desarrolla la LAA sobre dicha atribución, ni mucho menos sobre el alcance que tendrían dichas "normas". Son más las preguntas que las respuestas que se pueden obtener de este tipo de atribuciones otorgadas (a la ligera) a la SUDEASEG, que posteriormente no son desarrolladas en la propia Ley (ni ejercidas por la propia Administración sectorial), dejando un poco en el aire el cómo debe ser ejecutada y/o entendida dicha facultad.

60. Como ya se ha manifestado, y vista la condición de *débil jurídico* de los asegurados, dependerá en última instancia de las propias empresas aseguradoras el ajustar o modificar las pólizas previamente autorizadas y hacer uso de ellas aun cuando no hayan sido pre-aprobadas, en la medida que se den "las condiciones jurídicas y económicas lo justifiquen". Ahora bien, esto último lo vemos complicado, vista la alta regulación del sector, las limitaciones a la libertad económica e intenso control ejercido por la Administración sectorial a las empresas aseguradoras, sin olvidar las importantes multas que pueden ser impuestas a las empresas aseguradoras

---

[49] Artículo 6 de la LAA. "Son atribuciones de la Superintendencia de la Actividad Aseguradora:// (...) 10. **Permitir**, mediante normas de carácter general, **el uso de pólizas**, tarifas y demás documentos, **sin su aprobación previa**, **cuando las condiciones jurídicas y económicas lo justifiquen**. Igualmente, podrá dejarlas sin efecto y ordenar que dichos documentos y tarifas sean sometidos a su aprobación" (resaltado y subrayado agregado).

"cuando utilicen pólizas, contratos, documentos, tarifas o publicidad sin la aprobación previa de la Superintendencia de la Actividad Aseguradora" (artículo 126, numeral 3 de la LAA[50]).

B. *Atribuciones del Superintendente de la SUDEASEG*

61. La LAA igualmente establece las atribuciones del Superintendente, reguladas en el artículo 8, siendo la principal de ellas la de actuar como máxima autoridad y ejecutar de manera directa las competencias atribuidas a la SUDEASEG (artículo 8.1 de la LAA).

62. En la vigente LAA, nada se establece sobre controles o regulaciones para que las aseguradoras puedan enajenar o gravar los bienes o valores producto de las recuperaciones y salvamento de siniestros, asunto que hemos identificado como un potencial enriquecimiento *sin causa* para las empresas aseguradoras a costa del asegurado. En la reformada LAA 2016, sí se incluía expresamente como atribución del Superintendente, en el artículo 8, numeral 43[51] (eliminado con la reciente reforma), la de *autorizar* la enajenación y gravamen de los bienes o valores producto de las recuperaciones y salvamento de siniestros de los cuales las empresas aseguradoras se hacen titulares. Ese "control" sólo se incluía como una facultad del Superintendente, pero nada se desarrollaba o extendía sobre el mismo a lo largo de la recién reformada LAA 2016, lo mismo que ocurre actualmente con la nueva atribución de "permitir el uso de pólizas que no cuenten con la aprobación previa". Otra facultad otorgada "a la ligera", al punto que pudo ser una atribución nunca ejercida por la SUDEASEG, pudiendo ser ésta la razón por la cual fue –además– eliminada en la reciente reforma.

63. Por su parte, aun cuando no se establece en la vigente LAA una atribución expresa del Superintendente para autorizar este tipo de operaciones, como lo hacía la LAA 2016, la misma establece como atribución del Superintendente en su artículo 8, numeral 8, la de "ordenar la

---

50 Artículo 126 de la LAA: "Serán sancionados con multa los sujetos regulados, según corresponda, que incurran en los siguientes supuestos:/ (...) 3. De Diez Mil (10.000) a Veinticinco Mil (25.000) veces el tipo de cambio de referencia, cuando utilicen pólizas, contratos, documentos, tarifas o publicidad sin la aprobación previa de la Superintendencia de la Actividad Aseguradora".

51 Artículo 8 de la LAA 2016: "Son atribuciones del o la Superintendente de la Actividad Aseguradora:// (...) 43. Autorizar a las empresas de seguros, de reaseguros, empresas de medicina prepagada y asociaciones cooperativas que realicen actividad aseguradora, la enajenación y gravamen de los predios urbanos edificados, inmuebles, así como aquellos vehículos y cualesquiera otros bienes o valores producto de las recuperaciones y salvamento de siniestros".

suspensión preventiva o *revertir operaciones* y sus consecuencias técnicas, jurídicas, financieras o administrativas, previo cumplimiento del procedimiento administrativo correspondiente, cuando se determine que las mismas han sido realizadas en contravención a lo previsto en la presente Ley, su reglamento y las normas que regulen la materia". Con lo cual, se pudiera concluir que, si se considerase que la enajenación o gravamen de bienes recuperados de siniestros contraviene la Ley, su reglamento y las normas que regulen la materia, estaría facultado el Superintendente –previa sustanciación de un procedimiento administrativo– para *suspender* o *revertir* dicha operación, buscando evitar el enriquecimiento *sin causa* del asegurador.

3. *Atribuciones administrativas y ¿su "solución" del problema?*

64. Lo cierto es que las atribuciones "autorizatorias" que, por cierto, se ejercerían *ex post* (es decir, no evitan el problema, sino que lo "corrigen"), y si es que son ejercidas en primer lugar por el ente regulador, no representan una solución al problema planteado sobre el potencial enriquecimiento *sin causa* y la falta de verdadero carácter indemnizatorio del principio indemnizatorio en los términos indicados. Tampoco así, el de *permitir* el uso de pólizas que no hayan sido previamente autorizadas que incluyan una solución a la afectación de la inflación en las pólizas suscritas en Bs. (o cualquier moneda afectada por grave inflación), ya que, como ha quedado claro, representa para las empresas aseguradoras un alto riesgo de ser sancionadas.

VII. DEL INFRASEGURO COMO CONSECUENCIA DE LA INFLACIÓN

65. Las oscilaciones del valor de la moneda y del poder adquisitivo son, sin lugar a duda, un aspecto fundamental que influye –entre otras áreas– en los seguros, especialmente en los casos como el estudiado donde una extrema y progresiva inflación afecta al tomador, asegurado o beneficiario, quien recibe una indemnización, de ocurrir el siniestro, nominalmente equivalente a lo indicado en la póliza pero con un poder adquisitivo notoriamente inferior al correspondiente a la fecha en que se contrató la póliza. Este caso, en palabras de BENÍTEZ DE LUGO, sería una *verdadera ruina*, advirtiendo, además, como se ha indicado previamente, que si las aseguradoras invierten sus reservas en valores intrínsecos (como es lógico pensar que lo harían en una economía como la venezolana), *surgiría para éstas un beneficio a costa del asegurado*, a quien le entregan una suma de menor valor a aquélla que implícitamente está presentada en sus reservas no nominales[52].

---

[52] *Cf.* Benítez De Lugo, Luis, *Problemas… cit.*, p. 11-12.

1. *El infraseguro en las Normas*

66. El infraseguro se encuentra regulado en el artículo 63[53] de las Normas. Esta figura ha sido creada con la finalidad de regular una situación en la que –al producirse el siniestro– se verifica que la suma asegurada (y, en definitiva, lo que se paga por concepto de indemnización) indicada en el contrato no cubre el valor total del bien asegurado en el momento del siniestro, buscando, en consecuencia, que el asegurado o beneficiario *comparta* (y aquí la clave) con la aseguradora parte del riesgo, con lo cual se trataría entonces siempre de un seguro *parcial*, en el que la empresa aseguradora pagará, salvo convención en contrario, la indemnización "en la proporción existente entre la suma asegurada y el valor del bien asegurado al momento de la ocurrencia del siniestro".

67. Ésta es una cláusula típica de contratos de seguro contra daños y, como se verá, es la respuesta más sencilla que tienen las empresas aseguradoras a temas como la inflación, de manera que, si al momento del pago de la indemnización, el valor de los bienes es mayor o, dicho de otra manera, la suma asegurada es inferior al valor de las cosas aseguradas, entra entonces a aplicar la regla proporcional, y el asegurado se convierte en co-asegurador de sus propios bienes, aun cuando no era su intención original.

68. Por ejemplo, en los seguros de vehículos o de cobertura de "pérdida total", no se encuentran este tipo de cláusulas, sino que, como se pudo analizar anteriormente, más bien se estipula un monto fijo como indemnización máxima, la cual, en caso de declararse una pérdida total, se deberá pagar su totalidad allende del valor de la cosa asegurada y del daño. Pero los efectos de la inflación son los mismos, y termina siendo, a fin de cuentas, como mencionáramos, igualmente un *infraseguro*, ya que resulta ser esa indemnización fija (que a la postre no es más que la garantía máxima asumida por el asegurador, o lo que es igual, la suma asegurada) *inferior* al valor real del bien asegurado, en este caso, del vehículo asegurado, lo cual –nuevamente– no era la intención original de las partes.

---

[53] Artículo 63 de las Normas: "Si la suma asegurada sólo cubre una parte del valor en que debe estar asegurado el bien en el momento del siniestro, la indemnización se pagará, salvo convención en contrario, en la proporción existente entre la suma asegurada y el valor en que debe estar asegurado el bien al momento de la ocurrencia del siniestro.// Si la póliza no contiene designación expresa de la suma asegurada, se entiende que la empresa de seguros se obliga a indemnizar la pérdida o el daño hasta la concurrencia del valor real del bien asegurado al momento del siniestro".

2. *Del concepto de infraseguro*

69. Existe infraseguro "cuando el monto de la suma asegurada es inferior al valor del interés asegurado"[54]. Se pudiera decir que el infraseguro está enfocado en *limitar* la responsabilidad de la empresa aseguradora en aquellos supuestos en los que el valor total del bien asegurado supera, *al momento del siniestro*, la suma asegurada o el monto fijo de indemnización, en los términos indicados. En palabras de MÁRMOL, "existe infraseguro cuando la garantía asumida por el asegurador es inferior a la pérdida que se derivaría de la destrucción total de la cosa. (…) Cuando se da el siniestro en un infraseguro, en principio el asegurador indemniza a prorrata entre la cantidad que esté asegurada y la que no esté"[55].

3. *Infraseguro voluntario e involuntario*

70. En ciertas legislaciones está expresamente regulado el que el infraseguro pueda ser tanto *voluntario* como *involuntario*. Ése no es el caso en Venezuela (el que lo esté expresamente indicado). Lo anterior da cabida, a nuestro parecer, a su libre interpretación. Las Normas –y también la derogada Ley– se limitan en indicar, como se pudo apreciar, que de encontrarse en una situación de infraseguro la aseguradora pagará la indemnización, salvo acuerdo en contrario, "en la proporción existente entre la suma asegurada y el valor de la cosa asegurada en la fecha del siniestro", es decir, que de darse el supuesto de infraseguro –sin dar más detalles, entre otras cosas, por ejemplo si debe entenderse voluntario o no–, entra a aplicar la regla de la proporcionalidad, salvo convención en contrario.

71. En lo que se refiere al *infraseguro voluntario*, y como puede lucir evidente, "nos encontramos con una situación querida por las dos partes o por una de ellas que lo exige a la otra y así se refleja en el contrato. De ahí que, si las partes han querido y aceptado voluntariamente la situación de infraseguro, la modificación contractual para llegar a una situación de seguro pleno resulta difícilmente sostenible"[56]. Pero, entonces, ¿qué pasa en el escenario estudiado en el que ese monto originalmente no se encontraba infraestimado por ninguna de las partes, sino que la intención era contratar –por el contrario– un *seguro pleno*, en el que se identificara la suma asegurada con el valor del interés asegurado? Lo anterior hace que empiecen las preguntas, del tipo ¿esa situación calificaría o no como infraseguro? ¿aplicaría o no la regla de proporcionalidad? En este punto, especialmente al hablar de infraseguro *involuntario*, es realmente importante recordar –además– el carácter

---

[54] Le Boulengé, Jean-Marie, *op. cit.*, p. 102.

[55] Mármol Marquís, Hugo, *op. cit.*, p. 363-364.

[56] Monge Gil, Ángel Luis, La regla proporcional de la suma en los seguros de daños (artículo 30 de la Ley de Contrato de Seguro), Aranzadi, Madrid, 2002, p. 46.

estudiado de contrato *por* adhesión de los contratos de seguro, la condición de débil jurídico del tomador, beneficiario o asegurado, así como de la exigencia de preaprobación por parte de la SUDEASEG de los modelos de pólizas.

72. En situaciones *involuntarias* de infraseguro opina MONGE GIL, que "la situación ideal al considerar la ecuación suma asegurada, interés asegurado es la de seguro pleno. De ahí que deba tenderse por todos los medios a reequilibrar una situación rota por mor de las circunstancias apuntadas. Sostenemos, por consiguiente, que el asegurado está legitimado para solicitar del asegurador una revisión del contrato para aumentar la cobertura, elevando la suma asegurada e incrementando la prima a desembolsar"[57].

73. Es clave, al hablar de infraseguro, el tener en cuenta la *temporalidad*. Es una situación que sólo se dará en un *tiempo determinado*, y en este caso es, en el momento que ocurra el siniestro. Es decir, aunque ya sea evidente que una póliza se convertirá en infraseguro, por ejemplo, por razón de la inflación, o por haber sido voluntariamente contratado así, sólo se configurará el infraseguro "en el momento del siniestro", no antes.

74. Se asuma una u otra posición sobre la interpretación del artículo 63 de las Normas, lo cierto es que terminaría tratándose en todos los casos de un seguro *parcial*, en la que el asegurado o beneficiario asume parte del riesgo junto con la empresa aseguradora, sólo que en el caso de estudio esa asunción no es voluntaria y, de hecho, sería contradictoria con la intención original del tomador o asegurado, lo que a la postre violentaría, como se ha venido indicando, la naturaleza misma del principio indemnizatorio de los contratos de seguro.

4. *Las consecuencias del infraseguro: sobre la regla de proporcionalidad*

75. La consecuencia directa de estar en una situación de infraseguro, como se ha podido ver, es que se comparte el riesgo entre la aseguradora y el asegurado o beneficiario (seguro parcial) y, por ello, aplica entonces la regla de la proporcionalidad, esto es, que la empresa aseguradora sólo responderá, *salvo convención en contrario*[58], en la proporción existente entre la suma asegurada y el valor de la cosa asegurada, a menos que no se haya expresado la suma asegurada, caso en el cual la aseguradora deberá indemnizar la pérdida o el daño hasta la concurrencia del valor que tuviere el bien asegurado al momento del siniestro.

---

57 *Ibid.*, p. 47.

58 Como ocurre en los casos donde se determina un monto fijo de indemnización, en cuyo caso se paga el monto acordado al margen de la proporcionalidad del daño causado y el valor del interés asegurado.

76. Es decir, "el asegurado sólo está cubierto respecto de los daños que sufra al producirse el siniestro, en un tanto por ciento igual al que represente la suma asegurada con relación al valor del interés asegurado. Por ejemplo, si la suma asegurada fuera igual al 50% del valor del interés asegurado, la cobertura es igual al 50% de los daños sufridos"[59].

77. En los casos de contratos de seguro donde se establece un monto fijo de indemnización (o como lo llaman en España, las *pólizas estimadas*), es inaplicable la regla proporcional, ya que, al fijarse un monto determinado, el asegurador se libera de la necesidad de probar y calcular el daño.

78. Ciertamente, como se ha indicado, se aplique o no la regla proporcional, lo que es seguro es que el asegurado o beneficiario por razón de la inflación, en algún punto durante la duración del contrato, comienza a progresivamente compartir el riesgo con la aseguradora (deja de ser seguro pleno y pasa a ser un seguro parcial *involuntario*), el cual irá incrementando día a día al ritmo de la pérdida del poder adquisitivo de la moneda. Y la consecuencia final será, como podrá advertirse, que no se verá plenamente indemnizado el asegurado o beneficiario en caso de un siniestro.

5. *De la excepción a la regla: el infraseguro como consecuencia de la inflación*

79. El principio indemnizatorio pareciera "anularse" en situaciones como la planteada y, especialmente, en los casos cuando se establece en las pólizas montos fijos de indemnización. Y de no "anularse", según lo que hemos venido indicando, el principio indemnizatorio jugaría efectivamente en favor del asegurador[60] o, dicho de otra manera, en contra del asegurado.

80. Se pudiera elevar la crítica de que, si la intención de las partes siempre fue la de cubrir totalmente el valor del bien asegurado, han debido decantarse por la figura contemplada en el indicado artículo 60 de las Normas, en el que se exige, como recién se indicó, que se incluyan los debidos criterios y procedimientos para adecuar la suma asegurada y las primas. Sin embargo, debe recordarse que como *débil jurídico* de la relación no hay margen de negociación y el tomador debe optar por las opciones que le presente el asegurador. Como fuera antes planteado, lo que más comúnmente se ve son pólizas con determinación de montos fijos de indemnización y limitaciones a la suma asegurada, con lo cual el asegurador ve limitada su responsabilidad en el tiempo.

---

[59] Ruíz Rueda, Luis, *op. cit.*, p. 178.

[60] *Cf.* Bataller Grau, Juan, *La liquidación del siniestro en los seguros de daños*, Mutua de seguros – Valencia de Taxis – Tirant Lo Blanch, Valencia, 1997, p. 93.

81. Así, por razón de las distorsiones económicas del país, durante la vigencia de una póliza de seguros y, particularmente, en caso de ocurrir el siniestro, los montos de indemnización (sean montos fijos de indemnización o sumas aseguradas como límite máximo de responsabilidad) estipulados en moneda de curso legal –en los escenarios en que originalmente se tenga la intención de cubrir el valor total del interés asegurado, es decir, que se busque la restitución plena–, pierden su valor real y, en consecuencia, al momento del pago de esa indemnización, muy probablemente la misma no cubra el valor total del bien, convirtiéndolo –por esa particular razón de cuño económico– en un supuesto irremediable de *infraseguro involuntario*, ya que forzosamente el valor del bien asegurado resultará mayor a la garantía prometida por el asegurador.

VIII. PROPUESTAS DE SOLUCIONES AL PROBLEMA PLANTEADO: HACIA UNA NUEVA DIMENSIÓN DEL PRINCIPIO INDEMNIZATORIO EN ECONOMÍAS INFLACIONARIAS

1. *Resarcimiento del daño causado por parte del tercero responsable*

82. Como una primera propuesta al problema planteado, se analizó la alternativa de buscar el *resarcimiento del daño* causado por parte del tercero responsable. Así, recordamos que el derecho de *subrogación* siempre "debe limitarse a la cantidad efectivamente erogada por el asegurador"[61]. Al ser una de las dos finalidades del derecho de subrogación el que no se genere un enriquecimiento al asegurado, si la indemnización resulta insuficiente –como en el caso de estudio–, y bajo la premisa que la empresa aseguradora se subroga hasta por el monto pagado por concepto de indemnización, evidentemente el asegurado debe mantener, sobre el monto equivalente al daño no indemnizado, sus acciones y derechos frente al tercero responsable.

83. Ahora bien, este escenario "funciona" siempre y cuando se pueda obtener del tercero responsable el resarcimiento pendiente del daño causado. Sin embargo, se obtenga o no del tercero la restitución patrimonial, lo cierto es que de igual manera tal reparación se ubicaría fuera o al margen de lo que se ha venido estudiando sobre la figura e institución misma del seguro, y la intención y finalidad última que busca el asegurado o tomador al momento de contratar un seguro, que es verse *totalmente* protegido y desprendido por completo del riesgo, que de ocurrir el siniestro, es decir, de concretarse ese riesgo, pueda ver plenamente restituida su situación patrimonial.

[61] Mármol Marquís, Hugo, *op. cit.*, p. 377.

2. *Principio del contrato-ley y sobreseguro voluntario*

84. Bajo el *principio del contrato-ley* según el cual se equipara el cumplimiento de los contratos con el cumplimiento obligatorio de las leyes, se analiza la posibilidad de que las partes en el momento de la contratación de la póliza establezcan expresamente (i) la posibilidad de un sobreseguro, (ii) métodos de revalorización de la indemnización o suma asegurada y prima en casos de inflación, y/o (iii) la prohibición para el asegurador de generarse un beneficio o enriquecimiento al margen de la *causa* del propio contrato. Esta última opción consistiría, por una parte, en que las aseguradoras incluyesen en sus modelos de póliza el principio indemnizatorio, en los términos antes estudiados, pero en su dimensión ampliada y aplicable tanto para el asegurado como para el asegurador.

85. Las partes pudieran definir como suma asegurada o de indemnización un monto que supere el valor del interés asegurado (sobreseguro), para el momento de suscripción de la póliza, pero con la intención de que la misma sea equivalente al valor del interés asegurado en un futuro determinado. No hay limitación expresa o norma de orden público que prohíba el establecimiento de un sobreseguro voluntario por ambas partes, a menos que exista dolo o mala fe[62]. Pero si no hay dolo ni mala fe y, por el contrario, es un acuerdo *voluntario* entre ambas partes del contrato, se pudiera establecer como monto fijo de indemnización o suma asegurada un monto superior al valor del interés asegurable al momento de la suscripción de la póliza, tratando de buscar –en cierta medida– evitar los perjudiciales efectos de la inflación. Ahora bien, si al momento del siniestro, esa suma sobreestimada para la fecha de celebración del contrato sigue siendo superior al valor real del bien asegurado, el contrato sigue siendo válido, pero únicamente hasta la concurrencia del valor real del bien asegurado, teniendo ambas partes la facultad de solicitar la reducción de la suma asegurada y la devolución de la prima cobrada en exceso (la cual debería ser igualmente indexada a la fecha de la devolución). Nuevamente, mientras no signifique un enriquecimiento para el asegurado, no afecta la validez del contrato.

---

62 En otras legislaciones se permite expresamente el "sobreseguro", por ejemplo en Alemania, donde se establece que sólo será nulo el sobreseguro en aquellos casos en que se busca conseguir un lucro patrimonial *ilícito*. *Cf.* Manes, Alfred, *Tratado de seguros. Teoría general del seguro*, Editorial Logos, Ltda., Madrid, 1930, p. 305.

3. *Teoría de la imprevisión*

86. En función de la tercera alternativa estudiada, se utiliza la *teoría de la imprevisión* como posible excepción al principio de intangibilidad de los contratos o del *contrato-ley*, y su eventual aplicación a los contratos de seguro en el supuesto planteado cuando ocurre el desequilibrio económico sobrevenido e involuntario del contrato suscrito entre el asegurador y el asegurado.

87. El fundamento para la aplicación de la teoría de la imprevisión en Venezuela consigue amparo en el principio de la buena fe en la ejecución de los contratos (artículo 1.160 del Código Civil), la cual busca que las obligaciones en ellos estipuladas se cumplan de la mejor manera posible en atención a la intención original de los contratantes, lo que los motivó a obligarse en primer lugar. Cuando un contrato o el cumplimiento de ciertas prestaciones, se hace excesivamente oneroso para una de las partes, la aplicación de la buena fe atenuaría el rigor del cumplimiento de las prestaciones en la forma con habían sido contraídas[63].

88. En Venezuela no existe impedimento legal para la aplicación de la teoría de la imprevisión para modificar o alterar las prestaciones de un contrato[64]. Lo que no se encuentra prohibido, está –en consecuencia– permitido en el derecho privado. Para la aplicación de la teoría de la imprevisión, se exige como mínimo, entre otras circunstancias, que (i) ocurra una situación *extraordinaria*, que de haber ocurrido en el momento o antes de la suscripción del contrato, las partes no hubiesen firmado dicho contrato o al menos no en los términos que lo hicieron; (ii) que dicha circunstancia fuera *imprevisible* para las partes; (iii) que como resultado se genere un *desequilibrio económico* del contrato; (iv) sin que exista *dolo*, tomando en consideración que los contratos son ejecutados de buena fe; y (v) que el contrato sea de tracto sucesivo o esté referido a un momento futuro, como lo es claramente el contrato de seguro.

---

63 *Cf.* Rodner S., James-Otis, *El dinero. Obligaciones de dinero y de valor. La inflación y la deuda en moneda extranjera*, Academia de Ciencias Políticas y Sociales – Editorial Anauco, 2ª edición, Caracas, 2005, p. 712-713. Al respecto, también véase: Rodner S., James-Otis, "La teoría de la imprevisión (dificultad de cumplimiento por excesiva onerosidad)", en DE Valera, Irene (Coord.), *El Código civil venezolano en los inicios del siglo XXI: en conmemoración del bicentenario del Código civil francés de 1804*, Academia de Ciencias Políticas y Sociales – Jurisfraven – Embajada de Francia, Caracas, 2005, p. 401-449.

64 *Cf.* Urbaneja, Luis Felipe, citado en Rodner S., James-Otis, *El dinero… cit.*, p. 708.

4. *Contratación de pólizas en moneda extranjera*

89. Con la derogatoria de la Ley del Régimen Cambiario y sus Ilícitos[65], y la publicación del Convenio Cambiario N° 1[66], según el cual se establece la liberación de la convertibilidad de la moneda, y al no existir limitaciones para contraer obligaciones en moneda extranjera o de utilizar la moneda extranjera como moneda de cuenta a efectos de denominar el valor del bien asegurado y de la suma asegurada o indemnización, otra solución sería –precisamente– la de contratar pólizas en moneda extranjera[67] o utilizar ésta como moneda de cuenta. Este tipo de soluciones protegen al acreedor de una potencial devaluación de la moneda de curso legal y/o de la inflación, por ello resulta en una forma de prevención particularmente adecuada en las contrataciones entre particulares.

5. *Obligaciones de valor y corrección monetaria*

90. Finalmente se propuso la posibilidad de entender la obligación del pago de la indemnización como una *obligación de valor*, tomando como base las doctrinas valoristas. Según estas doctrinas, existen "otras obligaciones de pagar sumas de dinero que no están regidas por el principio nominalístico, y se denominan obligaciones de valor, en las que el deudor debe indemnizar un valor patrimonial que solo se transforma en una obligación pecuniaria nominal, en el momento del pago"[68]. Se observa, entonces, que "así como la obligación dineraria está necesariamente ligada al principio nominalista, la obligación de valor es ajena a él"[69].

91. El valorismo nace de una respuesta a los desequilibrios que se producen en las relaciones contractuales, como efecto de un proceso de inflación acelerada y de grado relativamente elevado. Así, el principio valorista se encuentra regido por las reglas de la compensación, lo cual

---

65 Decreto Constituyente mediante el cual se establece la Derogatoria del Régimen Cambiario y sus Ilícitos (2018). *Gaceta Oficial de la República Bolivariana de Venezuela* N° 41.452, 2 de agosto de 2018.

66 Convenio Cambiario N° 1 (2018). *Gaceta Oficial de la República Bolivariana de Venezuela* N° 6.405, 7 de septiembre de 2018.

67 Sin dejar de lado que, como es sabido, en Venezuela también tiene lugar lo que algunos economistas han llamado "inflación en dólares".

68 Maduro Luyando, Eloy y Pittier Sucre, Emilio, *Curso de obligaciones. Derecho civil III,* tomo I, Universidad Católica Andrés Bello, Caracas, 2006, p. 79.

69 Gurfinkel De Wendy, Lilian N., *Efectos de la inflación en los contratos. Reajuste según cláusula de índice de precios*, Depalma, Buenos Aires, 1979, p. 37.

permite actualizar el importe de la indemnización con arreglo al desajuste a la pérdida del valor adquisitivo, por el fenómeno de la inflación[70].

92. Así, se plantea la posibilidad de encuadrar dentro de las obligaciones de valor –asumiendo la teoría valorista– a los contratos de seguro contra daños, permitiendo entonces que se pueda asumir la posibilidad de solicitar la corrección monetaria o indexación del monto de la indemnización (y de la prima en caso de que aplique) de ocurrir el siniestro y generarse la obligación de pago de la indemnización, lo que representaría el correctivo inflacionario idóneo, en virtud de la pérdida del valor de la moneda sufrida durante el transcurso de la póliza.

93. En suma, al no haber ninguna limitación o prohibición legal expresa, nos parece viable aplicar la teoría del *valorismo* a efectos de cifrarse una indemnización ajustada al valor real que representaba la cosa asegurada al momento de la contratación del seguro, como respuesta a la situación económica del país que representa un grave *desequilibrio* en las relaciones contractuales, en general, y en referencia al caso de estudio, en los contratos de seguro contra daños en los cuales la indemnización o suma asegurada ha sido determinada en Bs.

IX. REFLEXIONES FINALES

94. En la realidad actual venezolana y en economías inflacionarias similares, la regla general que debería aplicar para las pólizas de seguro contra daños patrimoniales (especialmente determinadas en Bs.), cuando se busque restitución plena, debe ser la establecida en el artículo 60 de las Normas, según la cual variará la suma asegurada durante la vigencia de la póliza y se ajustarán de igual forma los montos a pagar por concepto de prima.

95. De lo contrario, y siempre que no se establezca un mecanismo, sea regulatorio a nivel de los modelos de póliza autorizados o legal-normativo (que sería lo ideal), para (i) conseguir realmente indemnizar al asegurado en cumplimiento de la esencia del principio indemnizatorio, sobre todo cuando así ha sido la voluntad de las partes desde el inicio del contrato, y (ii) buscar evitar que el asegurador se genere un posible beneficio a costa del asegurado, al margen de la *causa* del contrato de seguro; el problema jurídico-económico aquí planteado permanecerá y continuará perjudicando *directamente* a los asegurados y su derecho a obtener una verdadera indemnización, así como *indirectamente* al asegurador, por la eventual baja de contratación de pólizas por las razones señaladas, especialmente en

---

70 *Cf.* Rodner S., James-Otis, *El dinero… cit.*, p. 363.

aquellas pólizas de seguro contra daños donde se utilice el Bs. (o cualquier moneda afectada por inflación) como moneda de cuenta. Esta situación, en suma, afecta a la institución misma del seguro y, por vía de consecuencia, a su normal (y deseada) utilización, en evidente perjuicio del mercado de seguros.

BIBLIOGRAFÍA

a. *Doctrina*

ACEDO SUCRE, Carlos Eduardo, "Inconstitucionalidad de la Ley de la Actividad Aseguradora reformada en 2023 y de las normas emitidas por Sudeaseg en 2024 para reglamentarla", publicado en el blog *Derecho y Sociedad*, del 8 de enero 2025. Disponible en: https://www.derysoc.com/inconstitucionalidad-de-la-ley-de-la-actividad-aseguradora-reformada-en-2023-y-de-las-normas-emitidas-por -sudeaseg-en-2024-para-reglamentarla/

BATALLER GRAU, Juan, *La liquidación del siniestro en los seguros de daños*, Mutua de seguros – Valencia de Taxis – Tirant Lo Blanch, Valencia, 1997.

BENÍTEZ DE LUGO, Luís, *Tratado de seguros. III. Los seguros de daños*, Volumen Segundo, Instituto Editorial Reus, Madrid, 1955.

______ *Problemas y sugerencias sobre el contrato de seguros, sobreseguro, infraseguro, cláusulas de estabilización*, Instituto Editorial Reus, Madrid, 1952.

BROSETA PONT, Manuel, *Manual de Derecho mercantil*, Tecnos, 10ª edición, Madrid, 1994.

CHANG DE NEGRÓN, Kimlen y NEGRÓN CHACÍN, Emilio, *Seguros en Venezuela*, Vadell Hermanos Editores, C.A., 2ª edición, Caracas, 2014.

DE LA CAMPA, Olga, *Léxico de seguros*, Premio Ancla 1982, Biblioteca Técnica Segurosca, Caracas, 1982.

GARCÍA GIL, Francisco Javier, *Las pólizas de seguro. Legislación comentada, jurisprudencia, formularios*, La Ley, Madrid, 2011.

GARRIGUES, Joaquín, *Contrato de seguro terrestre*, J. Garrigues, 2ª edición, Madrid, 1982.

GIRGADO PERANDONES, Pablo, *El principio indemnizatorio en los seguros de daños. Una aproximación a su significado*, Editorial Comares, S.L., Granada, 2005.

GÓMEZ SÁNCHEZ, Carlos Andrés y MARTÍNEZ DEL RÍO, Natalia, "El interés asegurable como un elemento esencial del contrato de seguro de daños", *RIS*, 36(21): 13-36, enero-junio, Bogotá (Colombia), 2012.

GURFINKEL DE WENDY, Lilian N., *Efectos de la inflación en los contratos. Reajuste según cláusula de índice de precios*, Depalma, Buenos Aires, 1979.

HERNÁNDEZ GONZÁLEZ, José Ignacio, *Libertad de empresa y sus garantías jurídicas. Estudio comparado del Derecho español y venezolano*, Fundación Estudios de Derecho Administrativo – Ediciones IESA, Caracas, 2004.

______ *Derecho administrativo y regulación económica*, Editorial Jurídica Venezolana, Colección Estudios Jurídicos N° 83, Caracas, 2006.

ISERN SALVAT, María Rosa, *El derecho de subrogación en el seguro de transporte terrestre de mercancías por carretera*, Marcial Pons, Madrid – Barcelona – Buenos Aires – Sao Paulo, 2013.

KUMMEROW, Gert, *Algunos problemas fundamentales del contrato por adhesión en el Derecho privado*, Universidad Central de Venezuela – Facultad de Derecho, Caracas, 1981.

LACRUZ MANTECÓN, Miguel Luis, *Formación del contrato de seguro y cobertura del riesgo*, Editorial Reus, Madrid, 2013. Disponible en: https://elibro-net.ezbusc.usc.gal/es/ereader/busc/46529?page=84.

LE BOULENGÉ, Jean-Marie, *El Derecho venezolano de los seguros terrestres y sus fuentes extranjeras*, S/E, Caracas, 1983.

MADURO LUYANDO, Eloy y PITTIER SUCRE, Emilio, *Curso de obligaciones. Derecho civil III,* tomo I, Universidad Católica Andrés Bello, Caracas, 2006.

MANES, Alfred, *Tratado de seguros. Teoría general del seguro*, Editorial Logos, Ltda., Madrid, 1930.

MÁRMOL MARQUÍS, Hugo, *Fundamentos del seguro terrestre*, Ediciones Liber, 4ª edición, Caracas, 1999.

MARTÍN GARCÍA-DORADO, Antonio, "La inflación y su incidencia sobre el seguro", *XI Asamblea Plenaria de la Conferencia Hemisférica, celebrada en Nueva Orleáns, del 12 al 16 de noviembre de 1967*, Centro de Investigaciones y Estudios del Seguro Iberoamericano, Madrid, 1968.

MAZEAUD, Henri, MAZEAUD, León y MAZEAUD, Jean, *Lecciones de Derecho civil. Los principales contratos (continuación)*, parte III, volumen 4, Ediciones Jurídicas Europa-América, Buenos Aires, 1974.

MONGE GIL, Ángel Luis, *La regla proporcional de la suma en los seguros de daños (artículo 30 de la Ley de Contrato de Seguro)*, Aranzadi, Madrid, 2002.

MORLES HERNÁNDEZ, Alfredo, "La deslegalización de la materia del contrato de seguro", *Revista Venezolana de Derecho Mercantil*, N° 3, Sociedad Venezolana de Derecho Mercantil, Caracas, 2019.

______ *Curso de Derecho mercantil. Los contratos mercantiles. Derecho concursal*, tomo IV, Abediciones – Universidad Católica Andrés Bello, Colección Cátedra, Caracas, 2017.

______ *Derecho de seguros*, Universidad Católica Andrés Bello, Caracas, 2013.

MUÑOZ PAREDES, María Luisa, *El seguro a primer riesgo*, Editoriales de Derecho Reunidas, S.A., Madrid, 2002.

PECCHIO BRILLEMBOURG, Isabella, *El principio indemnizatorio en el contrato de seguro. [Hacia una nueva dimensión por efectos de la inflación]*, Editorial Jurídica Venezolana / Sociedad Venezolana de Derecho Mercantil, Colección estudios jurídicos N° 163, Caracas, 2024.

PISANI RICCI, María Auxiliadora, *Contratos de seguro y reaseguro. Observaciones al Proyecto de Ley*, Ediciones Libra / Universidad Central de Venezuela, Caracas, 1990.

RODNER S., James-Otis, *El dinero. Obligaciones de dinero y de valor. La inflación y la deuda en moneda extranjera*, Academia de Ciencias Políticas y Sociales – Editorial Anauco, 2ª edición, Caracas, 2005.

______ "La teoría de la imprevisión (dificultad de cumplimiento por excesiva onerosidad)", en De Valera, Irene (Coord.), *El Código civil venezolano en los inicios del siglo XXI: en conmemoración del bicentenario del Código civil francés de 1804*, Academia de Ciencias Políticas y Sociales – Jurisfraven – Embajada de Francia, Caracas, 2005.

RODRÍGUEZ FERRARA, Mauricio, *Obligaciones*, 3ª edición, Librosca, Caracas, 2007.

RODRÍGUEZ R., Gladys J., *Ley del Contrato de Seguro y Ley de la Actividad Aseguradora comentadas*, Ediciones Paredes, Caracas, 2011.

______ "Observaciones sobre el contrato de seguro", *Revista de la Facultad de Ciencias Jurídicas y Políticas*, N° 76, Universidad Central de Venezuela, Caracas, 1988.

RONDÓN GARCÍA, Andrea I., "Reseña de la obra «El principio indemnizatorio en el contrato de seguros. [Hacia una nueva dimensión por efectos de la inflación]» de Isabella Pecchio Brillembourg", *Revista Venezolana de Derecho Mercantil*, N° 13, Sociedad Venezolana de Derecho Mercantil, Caracas, 2024.

RUÍZ RUEDA, Luís, *El contrato de seguro*, Editorial Porrúa, S.A., México, 1978.

b. *Normativa*

Convenio Cambiario N° 1 (2018). *Gaceta Oficial de la República Bolivariana de Venezuela* N° 6.405, 7 de septiembre de 2018.

Decreto con Rango, Valor y Fuerza de Ley de la Actividad Aseguradora (derogada). *Gaceta Oficial de la República Bolivariana de Venezuela* N° 6.211 (Extraordinario), 30 de diciembre de 2015. Reimpreso por "fallas en los originales", según publicado en *Gaceta Oficial de la República Bolivariana de Venezuela* N° 6.220 (Extraordinario), 15 de marzo de 2016.

Decreto Constituyente mediante el cual se establece la Derogatoria del Régimen Cambiario y sus Ilícitos (2018). *Gaceta Oficial de la República Bolivariana de Venezuela* N° 41.452, 2 de agosto de 2018.

Ley de Reforma del Decreto con Rango, Valor y Fuerza de Ley de la Actividad Aseguradora. *Gaceta Oficial de la República Bolivariana de Venezuela* N° 6.770 (Extraordinario), 29 de noviembre de 2023.

Ley del Contrato de Seguro (2011) (derogada). *Gaceta Oficial de la República Bolivariana de Venezuela* N° 5.553 (Extraordinario), 12 de noviembre de 2011.

Normas que regulan los contratos de seguro y de medicina prepagada. *Gaceta Oficial de la República Bolivariana de Venezuela* N° 6.835 (Extraordinario), 3 de septiembre de 2024.

Normas que regulan la relación contractual en la actividad aseguradora. *Gaceta Oficial de la República Bolivariana de Venezuela* N° 40.973, 24 de agosto de 2016.

NOTAS SOBRE LAS CONTRAGARANTÍAS PARA FIANZAS DEL SECTOR ASEGURADOR

Rosa Virginia SUPERLANO*

Carlos GARCÍA SOTO**

Resumen: El artículo explica la figura de las contragarantías que son exigidas para todos los contratos de fianzas, bajo la regulación de las normas legales y reglamentarias aplicables.

Palabras claves: Contragarantías. Fianzas. Empresas aseguradoras.

Abstract: The article explains the figure of counter guarantees that are required for all bond contracts, under the regulation of the applicable legal and regulatory rules.

Keywords: Counter guarantees. Bonds. Insurance companies.

INTRODUCCIÓN

La contragarantía es una figura que no tiene definición legal en nuestro ordenamiento jurídico.

---

* Abogada por la Universidad Católica Andrés Bello, con posgrado en Derecho Mercantil (Contratos y Sociedades) en la Universidad Católica Andrés Bello y con estudios de Derecho de la Competencia en la Universidad Monteávila.

** Abogado con mención magna cum laude por la Universidad Monteávila. Doctor en Derecho con mención sobresaliente cum laude por la Universidad Complutense de Madrid. Profesor de Derecho Administrativo en la Universidad Central de Venezuela, de Historia del Derecho en la Universidad Monteávila y de Entorno Regulatorio en el IESA. Director de Derecho y Sociedad, Revista y Blog de la Facultad de Ciencias Jurídicas y Políticas de la Universidad Monteávila. Tesorero de la Asociación Venezolana de Derecho Administrativo (AVEDA). Presidente del Consejo Superior de la Universidad Monteávila.

No obstante, podemos encontrar su cimiento en la noción de la figura de la garantía, concebida como un medio para asegurar el cumplimiento de una obligación. Bajo ese prisma, las contragarantías vienen a ser una extensión de esta figura.

Las contragarantías pueden ser definidas como aquellas garantías que se constituyen para asegurar el cumplimiento de otra garantía, creando así una red de seguridad que protege a los acreedores[1].

La contragarantía se constituye como una herramienta útil a la que recurre el asegurador para garantizarse el reintegro de lo pagado ante el incumplimiento de su afianzado de la obligación que afianza.

La figura de la contragarantía está prevista en la reforma parcial de la *Ley de la Actividad Aseguradora* (LAA)[2] de 2023, si bien ya estaba prevista en la reforma de la Ley de 2016.

La *Providencia Administrativa N° SAA-01-0516-2024* dictada por la SUDEASEG el 29 de agosto de 2024, que contiene las *Normas que Regulan el Contrato de Fianza y sus Condiciones Generales en la Actividad Aseguradora (la Providencia o las Normas)*[3], amplía de manera expresa el ámbito de su exigencia a todos los contratos de fianza cualquiera sea la naturaleza y monto afianzado (en moneda nacional o extranjera) que emitan los sujetos obligados por la LAA.

I. LA OBLIGACIÓN LEGAL Y REGLAMENTARIA DE CONSTITUIR CONTRA GARANTÍAS PARA RESPALDAR LAS FIANZAS

1. *Las contragarantías para el respaldo de fianzas en la LAA*

Pese a que las fianzas y los seguros tienen naturaleza jurídica distinta, la LAA incluye dentro de las actividades bajo su regulación a los contratos

---

1 El *Diccionario panhispánico del español jurídico* de la Real Academia Española define a la contragarantía como "Garantía otorgada a favor del garante de una deuda ajena para el caso de que se vea obligado a cumplirla". Disponible en: https:// dpej.rae.es/lema/contragarant%C3%ADa.

2 Gaceta Oficial N° 6.770 extraordinario del 29 de noviembre de 2023.

3 *Providencia Administrativa N° SAA-01-0516-2024* de 29 de agosto de 2024, que contiene las *Normas que Regulan el Contrato de Fianza y sus Condiciones Generales en la Actividad Aseguradora,* publicada en la Gaceta Oficial N° 6.835 extraordinario del 03 de septiembre de 2024.

de fianzas celebrados por empresas aseguradoras[4] y reaseguradoras. Estas fianzas pueden ser consideradas como "fianzas del sector asegurador", distintas por ellos a las fianzas que pueden ser otorgadas por bancos.

Estos contratos de fianza otorgados por el sector asegurador son contratos cuyo clausulado general es estandarizado y debe estar preaprobado la Superintendencia de la Actividad Aseguradora (SUDEASEG).

Como se señaló, la nueva LAA reitera la exigencia de contragarantías que ya estaba contemplada en la reformada Ley del año 2016 (numeral 25 del artículo 41).

La exigencia legal deriva de la prohibición consagrada en el artículo 25 de la Ley, que establece la prohibición de emitir "contratos de fianza sin contar con el respaldo de la respectiva contra garantía y los contratos de reaseguros o reafianzamientos" (numeral 21). En efecto, pese a que no hace esa exigencia en sentido positivo, por interpretación en contrario, se entiende que los sujetos regulados tienen la obligación de exigirla al momento de emitir las fianzas. A partir de esa prohibición, como consecuencia se establece la obligación para la aseguradora emisora de la fianza de exigir la constitución de la contragarantía[5].

2. *La regulación de las contragarantías a las fianzas en la reciente Providencia Administrativa N° SAA-01-0516-2024*

A. *Regla general en materia de contragarantías*

La reciente *Providencia* regula de manera detallada la emisión de fianzas por parte del sector asegurador.

La *Providencia* detalla el contenido de la obligación derivada del numeral 21 del artículo 25 de la LAA.

Señala el artículo 12 de la *Providencia*:

> "**De la contragarantía**
>
> **Artículo 12**. En todo contrato de fianza cualquiera sea la naturaleza y monto afianzado, tanto si se suscribe en moneda nacional o moneda extranjera, la empresa de seguro debe verificar la contratación de una contragarantía suficiente y comprobable, manteniéndola actualizada por el importe de la responsabilidad asumida. En los casos de prendas

---

4 Solo las aseguradoras autorizadas para operar en ramos de seguros generales pueden realizar operaciones de fianzas.

5 Sin embargo, la LAA no tipifica ninguna sanción a quién incurra en esa prohibición.

e hipotecas, además de las condiciones requeridas para toda contragarantía, deben estar autenticadas o protocolizadas según sea el caso".

La norma obliga a la aseguradora/fiadora a que en todo contrato de fianza, cualquiera sea la naturaleza y monto afianzado (en moneda nacional o extranjera), exija la constitución de una contragarantía suficiente y comprobable, que debe mantenerse actualizada por el importe de la responsabilidad asumida.

En los contratos de fianza suscritos en moneda extranjera las contragarantías deberán ser otorgadas en divisas. Sin embargo, es válido acordar que el pago se haga en la cantidad equivalente en Bolívares, a la tasa de cambio oficial vigente para el momento del pago (artículo 27 de la *Providencia*).

La contragarantía solo podrá garantizar a una (1) fianza en la misma empresa de seguros o en cualquier otra. No obstante, en caso de emisión de dos o más fianzas para un mismo afianzado, la aseguradora podría aceptar una única misma contragarantía, siempre que sea así aprobado por la SUDEASEG.

II. NATURALEZA JURÍDICA DE LA CONTRAGARANTÍA

La contragarantía siempre será un contrato accesorio al contrato principal, en este caso el contrato de fianza otorgada por las aseguradoras. Por ello, al contrato que soporte la contragarantía le aplican las reglas sobre eficacia y nulidad que resulten aplicables al contrato de fianza.

III. SUJETOS DE LA OBLIGACIÓN DE LA CONTRAGARANTÍA

Esta obligación de exigir la contragarantía está atada exclusivamente a las operaciones de fianza que realicen las empresas aseguradoras. Esta obligación no la impone la Ley para la emisión de pólizas de seguro aun cuando estas sean pólizas de cumplimiento de obligaciones,–como, por ejemplo, pólizas de seguro de fiel cumplimiento de contratos.

Como ya se señaló, la LAA prohíbe en el numeral 21 del artículo 25 emitir fianzas sin exigir la constitución de una contragarantía. Por su parte, el artículo 12 de la *Providencia* señala la obligación a las aseguradoras de exigir de la constitución de contragarantías, "en todo contrato de fianza cualquiera sea la naturaleza y monto afianzado, tanto si se suscribe en moneda nacional o moneda extranjera".

En principio, la empresa aseguradora que emite la contragarantía puede ser la misma empresa aseguradora que otorgó el contrato de fianza. Sin embargo, en la propia *Providencia* hay unas excepciones a este principio general, como veremos más adelante.

Ahora bien, de los sujetos regulados mencionados en la Ley, esta obligación se circunscribe únicamente a las aseguradoras que pueden emitir fianzas, que de acuerdo con lo señalado en el artículo 23 de la Ley son solo las "empresas aseguradoras autorizadas para operar en ramos de seguros generales", y no las demás aseguradoras[6].

Por el otro lado, la obligación de constituir contragarantías corresponde a todo contratante de una fianza con una empresa aseguradora, llamadas comúnmente como "fianza de seguros" o, en nuestra opinión, bajo la denominación más adecuada de "fianza del sector asegurador".

IV. TIPOS DE CONTRAGARANTÍAS PERMITIDAS

La *Providencia* contiene una novedad con respecto a la regulación anterior: un listado de los tipos contragarantías que pueden ser aceptadas por las aseguradoras en su rol de fiadores.

Pese a que la norma no indica que el listado es taxativo, se entiende que solo se admite como contragarantías el tipo de operaciones descritas.

Pese a que la *Providencia* lo menciona solo para la prenda, es razonable interpretar que todas las contragarantías constituidas pueden ser sustituidas previa autorización de la empresa de seguros otorgante de la fianza. Esta sustitución pasa por la evaluación de suficiencia y certeza que exigió a la contragarantía que se está reemplazando.

La LAA no señala los tipos de bienes u operaciones que pueden ser ofrecidos en contragarantías, ni los requisitos que deben cumplir estas. Este vacío que ha sido llenado por las disposiciones de la *Providencia*, que contiene un catálogo de los tipos contragarantías que pueden ser aceptadas por las asegurados en su rol de fiadores.

En todo caso, como requisito indispensable para ser aceptada, todas las contragarantías deben (i) ser suficiente para cubrir la fianza que garantiza; (ii) comprobable, es decir. que sea cierta y que las condiciones, estado, valor que dice tener sean verificables y (iii) debe mantenerse actualizada por el importe de la responsabilidad (fianza) asumida. Es obligación de la aseguradora/fiadora de confirmar la existencia de estos aspectos (artículo 12 de la *Providencia*).

---

6 Conforme al artículo 23 de la LAA, únicamente las empresas de seguros que operen en seguros generales podrán realizar fideicomisos, fianzas y reafianzamientos.

Pese a que la *Providencia* no indica que el listado es cerrado, se entiende que solo se admiten como contragarantías los siguientes bienes y operaciones, a los que la *Providencia* denomina "tipos de contragarantía" (artículo 13):

1. *Prenda*[7]

Solo se admiten las constituidas sobre bienes que se describen a continuación (artículo 14):

A. Depósitos en moneda extranjera en custodia de instituciones financieras, domiciliadas en el país y regidas por la ley que regula el sector bancario[8] o en el Banco Central de Venezuela

Destacamos que la mención a instituciones financieras se puede entender que incluye a los bancos, a tenor del concepto de esta figura contemplado en la *Ley Orgánica del Sistema Financiero Nacional*, que las define como entidades o formas de organización colectivas o individuales, de carácter público, privado y cualquier otra forma de organización permitida por la ley, que se caracterizan por realizar de manera regular actividades de intermediación, al captar recursos del público para obtener fondos a través de depósitos o cualquier otra forma de captación[9].

Siendo así, según el artículo 15 de la *Providencia* las divisas destinadas a la contragarantía deberán entregarse en custodia en una institución financiera (banco) domiciliado en Venezuela o en el Banco Central de Venezuela, cumpliendo los protocolos correspondientes seguidos por estas instituciones. Asimismo, deberá suscribirse un contrato de prenda entre la aseguradora y el afianzado, que deberá se otorgado ante Notario público.

---

7 La prenda es definida en el artículo 1.837 del *Código Civil* como un contrato por el cual el deudor da a su acreedor una cosa mueble en seguridad del crédito, la que deberá restituirse al quedar extinguida la obligación.

8 *Ley de Instituciones del Sector Bancario*, publicada en Gaceta Oficial N° 40.557 del 08 de diciembre de 2014 y otras normas que regulan la materia

9 Conforme al artículo 6 de la *Ley Orgánica del Sistema Financiero Nacional* (Gaceta Oficial N° 39.578 del 21 de diciembre de 2010) para los propósitos de esta Ley, se entiende por instituciones financieras aquellas entidades o formas de organización colectivas o individuales, de carácter público, privado y cualquier otra forma de organización permitida por la ley, que se caracterizan por realizar de manera regular actividades de intermediación, al captar recursos del público para obtener fondos a través de depósitos o cualquier otra forma de captación, a fin de utilizar dichos recursos en operaciones de crédito e inversión financiera (…).

El depósito deberá ser realizado dentro los diez (10) días hábiles siguientes a la emisión del contrato de fianza y solo podrá disponerse de estos fondos en estas situaciones: (i) cuando sea exigido el cumplimiento de la fianza; (ii) cuando la fianza sea liquidada o extinguida, o (iii) si el afianzado sustituye la contragarantía, previa autorización de la empresa aseguradora.

B. Depósitos en criptoactivos que estén autorizados por el ente regulador del sector, la Superintendencia Nacional de Criptoactivos y Actividades Conexas (SUNACRIP)

Desde marzo de 2023 la SUNACRIP está sometida a restructuración y sus actividades están suspendidas por mandato del Ejecutivo Nacional al momento de escribir este artículo. Por ello, en este momento no es una opción disponible para constituirlas en contragarantías.

C. *Títulos valores emitidos o garantizados por la República*

Se trata de títulos como bonos de la deuda pública y letras del Tesoro. El procedimiento para constituir estas contragarantías es igual al descrito para el caso de prenda sobre depósitos en moneda extranjera. Los títulos valores deberán entregarse ante custodia en una institución financiera domiciliada en Venezuela o en el Banco Central de Venezuela, en un plazo máximo de diez (10) días hábiles después de la emisión del contrato de fianza. Igualmente, deberá suscribirse un contrato de prenda entre la aseguradora y el afianzado, que deberá se otorgado ante Notario público. La recuperación de la disposición de los títulos solo procederá en los mismos supuestos descritos en el literal A anterior.

D. *Títulos valores autorizados por la Superintendencia Nacional de Valores (SUNAVAL)*

Aquí entendemos que se trata de cualquier título valor válidamente autorizado, incluyendo los títulos emitidos por la propia afianzada, ya que la *Providencia* no hace exclusión alguna.

En el caso de esta figura se debe tomar en cuenta que las *Normas* solo permiten que el límite máximo de la responsabilidad que asuma el asegurado en su rol de fiador sea hasta el ochenta (80%) del valor de la contragarantía que se constituya bajo esta modalidad, es decir, del valor de los títulos valores entregados en prenda (numeral 4 del artículo 14), lo que obligaría al afianzado a emitir una contragarantía complementaria, para garantizar el porcentaje restante del valor de la fianza otorgada.

El procedimiento para constituir la contragarantía y los supuestos para recuperación de la disposición de los títulos valores son los indicado en el literal C anterior.

E. *Maquinarias, equipos, vehículos y otros bienes similares, siempre que cumplan las siguientes condiciones*

a. Que los bienes estén asegurados mediante pólizas de seguros contra los riesgos de pérdidas o daños materiales, y

b. Que estas pólizas de seguros contratadas tengan como beneficiario preferencial irrevocable a la empresa de seguros que emite la fianza.

En estos casos, la *Providencia* expresamente señala que la aseguradora otorgante de la fianza no podrá ser la aseguradora de estos bienes entregados en garantía. Prohibición totalmente entendible ya que, no tendría sentido que, en caso de pérdida o daños materiales del bien garante, sea el fiador quien en su rol de asegurador deba pagar la indemnización por la pérdida o el daño de este bien, que a su vez está garantizando la fianza. De ser así, el valor de la contragarantía quedaría disminuido o incompleto.

Por otra parte, la *Providencia* no distingue si los bienes muebles ofrecidos en prenda deben ser propios o ajenos; así que consideramos que ambos pueden ser entregados en prenda cumpliendo las formalidades correspondientes, entre ellos el contrato de constitución de prenda, celebrado ante Notario público.

2. *Depósitos de dinero a plazo fijo o inversiones similares*

Como depósitos a la vista, certificados de depósitos, fondos mutuales y otros, siempre que la Ley de Instituciones del Sector Bancario y otras normas que regulan la materia permitan que sean objetos de garantías prendarias.

3. *Hipotecas sobre bienes inmuebles*

La *Providencia* no discrimina qué tipo de bienes inmuebles acepta como contragarantía, lo que induce a concluir que puede ser cualquiera a criterio de la aseguradora, pero previamente deben ser avaluados por los peritos avaluadores autorizados por la SUDEASEG. Los criterios a seguir en esta valoración no están indicados.

Asimismo, los inmuebles deben contar con una póliza de seguros contra los riesgos, pérdidas o daños por incendio y terremoto otorgada por una aseguradora ajena a la operación de fianza, pues, al igual que ocurre con los bienes muebles otorgados en prenda, la aseguradora en su rol de fiadora no puede emitir estas pólizas de seguros para cubrir estos riesgos de los inmuebles sobre los que se constituye la contragarantía.

Igual que ocurre con la prenda sobre bienes muebles, aquí la norma no distingue si deben ser propios del afianzado o de un tercero; y ante el interés que se persigue con la contragarantía, que es garantizar a favor de la aseguradora el monto otorgado en fianza, entendemos que no hay inconveniente para aceptar la hipoteca de un bien propiedad de un tercero. Además, la hipoteca debe seguir las formalidades de constitución e inscripción ante la oficina registral competente, de acuerdo a los artículos 1.877 y siguientes del Código Civil, que da seguridad de que quien la otorga es el propietario y está consintiendo la operación.

4. *Garantías otorgadas sobre el patrimonio de los accionistas o de personas relacionadas con el afianzado*

La *Providencia* no ofrece detalles sobre el patrimonio permitido (solo menciona inmuebles), ni sobre el grado de parentesco de las personas relacionadas, lo que genera cierta incertidumbre acerca de quiénes y con cuáles bienes se aceptaría la constitución de una contragarantía; pero sí la condiciona al hecho que ambos -afianzado y garante- estén domiciliados en Venezuela y a la consignación de balances.

En cuanto a los bienes, señala en caso de inmuebles que estos deben estar libres de gravámenes, de comodatos y de arrendamientos, lo que seguramente llevará a las aseguradoras a solicitar copias certificadas en los registros mercantiles, certificados de gravámenes, y declaraciones juradas autenticadas para certificar las condiciones del inmueble que se pretende afectar.

5. *Cartas de créditos irrevocables, incondicionales y a primer requerimiento, expedidas por bancos de primera línea del exterior*[10]

Para su otorgamiento se debe consignar una certificación de la autoridad competente del país de origen del banco, que acredite que la legislación local no impide que el banco pague a una empresa domiciliada en Venezuela el monto correspondiente a la carta de crédito.

En que cuanto a que la fianza sea "a primer requerimiento" se refiere a que la otorgante de la contragarantía queda obligada a pagar la cantidad afianzada tan pronto el beneficiario, en este caso la aseguradora/fiadora, presente una exigencia de pago escrita o de cualquier otro documento pertinente, sin necesidad de que se cumplan procedimientos adicionales.

---

10 La *Providencia* no especifica a que se refiere la mención "banco de primera línea", por lo que queda a criterio de la empresa aseguradora decidir cual banco extranjero puede ser considerado como "de primera línea" conforme a los criterios internacionales de servicio bancario.

7. *Carta de crédito irrevocable expedida por bancos universales*[11]

Se exige la irrevocabilidad del instrumento y que la carta de crédito sea otorgada por un banco nacional de los calificados como bancos universales. Bajo el Derecho venezolano, una carta de crédito es un documento emitido por un banco a solicitud de un cliente suyo por el cual el banco se compromete a pagar una determinada cantidad de dinero a favor de un tercero (la aseguradora). Es una figura regulada en los artículos 495 y siguientes del *Código de Comercio*.

8. *Letras de cambios y pagarés*

Sobre este tipo de contragarantías no hay detalles en las *Normas*.

La letra de cambio (artículos 410 y siguientes del *Código de Comercio*) es un documento de crédito por el que un acreedor (la aseguradora) ordena a su deudor el pago de una cantidad determinada, a él mismo o a la persona o entidad en cuyo poder está la letra (la aseguradora o el tercero a quien la aseguradora endose la letra de cambio).

El pagaré (artículos 486 y siguientes del *Código de Comercio*) consiste en el documento por el cual una compañía promete pagar una cantidad de dinero a la persona a favor de la cual emite el pagaré (la aseguradora) en una fecha futura.

9. *Cartas compromisos*

Las *Normas* no señala qué se debe entender por carta compromisos. Pero sí señalan que pueden ser otorgadas por personas (naturales o jurídicas) relacionadas con el afianzado, siempre que ambos estén domiciliados en Venezuela. Siendo así, entendemos que se trata de una declaración de voluntad dada por ese tercero (contragarante) en la que se obliga a responder frente a la aseguradora/fiadora por las cantidades de la fianza. Este acuerdo debe ser otorgado ante Notario público.

Este tipo de contragarantía pueden ser aceptada por la aseguradora solo en casos que el monto afianzado no exceda la mayor de las siguientes cantidades:

---

[11] Conforme al artículo 11 de la *Ley de Instituciones del Sector Bancario* son bancos universales instituciones que realizan todas las operaciones de Intermediación financiera y sus servicios conexos, sin más limitaciones que las expresamente establecidas en esa Ley (artículo 11).

A. Cinco mil (5.000) veces el Tipo de Cambios de Referencia (CR)[12]

B. El menor valor entre 10.000 CR y el 10% de límite de retención por fianza permitido. Este límite es una fórmula establecida en el artículo 20 de la *Providencia*, que es determinado de manera particular por cada empresa de seguros en la oportunidad de la emisión de cada fianza[13].

Para aceptar este tipo de contragarantía la aseguradora deberá evaluar: (i) al otorgante de la contragarantía: su solvencia y capacidad de pago, y (ii) al afianzado: su capacidad técnica y financiera para cumplir con la obligación garantizada, su historial crediticio, así como su calificación administrativa y moral, y la viabilidad económica de los proyectos relacionados con las obligaciones que se pretendan garantizar.

V. LIMITACIONES DE LAS CONTRAGARANTÍAS

La *Providencia* establece las siguientes limitaciones en el otorgamiento y aceptación de las contragarantías (artículo 17).

A. Cada contragarantía debe respaldar a una única fianza otorgada, es decir, que cada contrato de fianza debe tener su propia garantía. Solo, previa autorización de la SUDEASEG se permitirá que una única contragarantía respalde a dos o más fianzas, ya sean que estas hayan sido otorgadas por la misma o por distinta aseguradora.

B. En el supuesto que una aseguradora emita de dos o más fianzas para un único afianzado, la Superintendencia podrá autorizar como garantía de recuperación la misma contragarantía.

C. El artículo 17 de la *Providencia* impone "que los accionistas, directivos y administradores de los sujetos regulados no podrán constituirse como contragarantes en favor de los afianzados". La

---

12 El Tipo Cambio de Referencia (CR) es "el tipo de cambio oficial de la moneda de mayor valor, publicado por el Banco Central de Venezuela, según el promedio ponderado resultante de las operaciones diarias de las mesas de cambio activas de las instituciones bancarias participantes", según la definición del artículo 4, numeral 29 de la LAA.

13 Conforme al artículo 20 de la *Providencia*, el límite máximo de retención por fianza (LMRF) para las empresas de seguros y de reaseguros, se determinará aplicando el quince por ciento (15%) sobre la suma del patrimonio propio no comprometido (PPNC) más el saldo del fondo de contingencia (FC) a la fecha de emisión de la fianza: LMRF = 0,15 * (PPNC + FC).

mención de "sujetos regulados" y no de "empresa de seguros" como utiliza a lo largo de su articulado, nos lleva a concluir que tal prohibición no se limita a los accionistas directivos y administradores de la aseguradora que emite la fianza –se recuerda que solo lo pueden hacer las aseguradoras autorizadas autorizadas para operar en ramos de seguros generales–, sino a todos los sujetos regulados mencionados en la LAA[14].

D. Para los contratos de fianza suscritos en moneda extranjera la contragarantía deberá estar en divisas; o se deberá acordar en el instrumento de constitución de la contragarantía, la posibilidad de liberarse de su obligación con el pago del equivalente en Bolívares, al tipo de cambio a la tasa de cambio oficial para el momento del pago.

VI. RESPONSABILIDAD

El 6 de la *Providencia* establece la responsabilidad solidaria de los miembros de la Junta Directiva y de los accionistas de las aseguradoras – que quedan obligados a responder con su patrimonio– por todas las operaciones de afianzamiento realizadas en contravención a lo establecido en la Ley y demás normas aplicables, lo que hace más relevante el cumplimiento de la exigencia de las contragarantías.

---

[14] Conforme al artículo 3, sólo podrán realizar actividad aseguradora en el territorio de la República, previa autorización de la SUDEASEG, los siguientes sujetos regulados:

1. Las empresas de seguros.
2. Las empresas de reaseguros.
3. Las empresas de medicina prepagada.
4. Las empresas administradoras de riesgos.
5. Las empresas financiadoras de primas o de cuotas.
6. Los intermediarios de la actividad aseguradora.
7. Las asociaciones cooperativas que realicen actividad aseguradora.
8. Los auxiliares de seguro: Los inspectores de riesgos, los peritos avaluadores y los ajustadores de pérdidas en actividades de seguros.
9. Las oficinas de representación o sucursales de empresas de reaseguros extranjeras y las sucursales de sociedades de corretaje de reaseguros del exterior.

VII. FORMALIDADES DE LAS CONTRAGARANTÍAS

Según el tipo de contragarantía a constituir se deben cumplir con las formalidades que corresponde a cada operación, según la norma aplicable.

En el caso de la prenda, se debe entregar el bien a un tercero y cumplir con la formalidad de celebrar un contrato de prenda, entre la aseguradora/afianzadora y el fiador. Debe hacerse por escrito, para dar cumplimiento a la disposición prevista en el artículo 1837 del *Código de Comercio*, bien sea dada la prenda por un comerciante, bien por uno que no lo sea, ya que esta operación se considera un acto de comercio. Este acuerdo debe ser otorgado ante Notario público. Adicionalmente, si la prenda se erige sobre depósitos en moneda extranjera o en títulos valores – de cualquier índole- deberá depositarse en una institución financiera, domiciliada en Venezuela o ante el Banco Central de Venezuela. Esta gestión también debe quedar documentada por escrito según los modelos de contratos que disponen esas instituciones.

Igualmente, en caso de que la contragarantía esté constituida por cartas compromisos, se ha de cumplir con la formalidad de la autenticación

Para las hipotecas se requiere su constitución mediante documento escrito se debe inscribir ante la oficina el Registro donde esté ubicado el inmueble, tal como lo exige el artículo 1879 del *Código Civil*.

También, según el tipo de garantía se deberá presentar solvencias, estados financieros, certificaciones, demostrar titularidad y capacidad financiera y celebrar acuerdos autenticados.

En caso de los documentos otorgados en el extranjero deben ser legalizados o apostillados y traducidos al español por intérprete público autorizado en Venezuela.

Las empresas de seguro deberán llevar un registro actualizado con los datos de las contragarantías que deberán remitir, dentro de los primeros diez días hábiles siguientes al término de cada mes, a la SUDEASEG.

BIBLIOGRAFÍA

Código Civil (Gaceta Oficial N° 2.990 extraordinario del 26 de julio de 1982).

Código de Comercio (Gaceta Oficial N° 475 extraordinario del 21 de diciembre de 1955).

Diccionario panhispánico del español jurídico de la Real Academia Española, voz "Contragarantía". Disponible en https://dpej.rae.es/lema/contragarant%C3% ADa.

Ley de la Actividad Aseguradora (Gaceta Oficial N° 6.770 extraordinario del 29 de noviembre de 2023).

Providencia Administrativa N° SAA-01-0516-2024 de 29 de agosto de 2024, que contiene las *Normas que Regulan el Contrato de Fianza y sus Condiciones Generales en la Actividad Aseguradora* (Gaceta Oficial N° 6.835 extraordinario del 03 de septiembre de 2024).

Ley de Instituciones del Sector Bancario (Gaceta Oficial N° 40.557 del 08 de diciembre de 2014).

Ley Orgánica del Sistema Financiero Nacional (Gaceta Oficial N° 39.578 del 21 de diciembre de 2010).

LOS RETOS EN VENEZUELA DE LOS SEGUROS PARA LA INCLUSIÓN FINANCIERA, LOS NUEVOS CANALES DE COMERCIALIZACIÓN Y LAS INNOVACIONES TECNOLÓGICAS

KIMLEN CHANG DE NEGRÓN*

Resumen: Una de las principales reformas introducidas en el reciente instrumento legal que rige la actividad aseguradora lo constituye el permitir nuevos tipos de productos como lo son los seguros masivos, inclusivos y microseguros, así como la posibilidad de que existan nuevos canales alternativos para la comercialización de las pólizas de seguros, dentro de los cuales se encuentran las innovaciones tecnológicas y las denominadas financieras tecnológicas. El marco legal creado se limita a autorizar estos productos y canales generando un vacío normativo que obliga a conocerlos, determinar los principios que deben seguirse en su interpretación y dictar normas sublegales complementarias. En este trabajo se analizan los aspectos legales, operativos y técnicos que deben tener en cuenta el supervisor y las empresas del sector para implementar estos cambios.

Palabras clave: Seguros inclusivos, microseguros, seguros masivos, inclusivos, canales alternativos, fintech, insurtech, innovaciones tecnológicas.

Abstract: One of the main reforms introduced in the recent legal framework governing insurance activities involves allowing new types of products, such as mass, inclusive, and micro-insurances. It also opens up the possibility of new alternative channels for the commercialization of insurance policies, including technological innovations and so-called financial technologies. The created legal framework merely authorizes these products and channels, generating a regulatory gap that requires understanding them, determining the principles to be followed in their interpretation, and issuing complementary sub-legal regulations. This paper analyzes the legal, operational, and technical aspects that both the regulator and companies in the sector must consider when implementing these changes.

Keywords: Inclusive insurance, micro-insurance, mass insurance, inclusive, alternative channels, fintech, insurtech, technological innovations.

INTRODUCCIÓN

El Sistema Financiero Venezolano y dentro de éste, el mercado de seguros cambia constantemente ajustándose a los nuevos productos y servicios, así como a las nuevas legislaciones que cada día se reinventan para ajustarse a esos cambios.

Las modificaciones que hemos sufrido en las legislaciones que afectan al sector asegurador son producto de la necesidad de adaptarse a las necesidades y exigencias de los usuarios y para abandonar algunas prácticas consideradas indeseables tanto por las empresas del mercado, lo usuarios del servicio como por las autoridades de supervisión, siempre dentro del espíritu de fortalecer cada vez más al mercado.

En general, el objetivo fundamental es que el sector se considere un mercado de servicios moderno, ajustado a las nuevas realidades de la economía, en donde el tomador, contratante, asegurado o beneficiario sean un sujeto especial de protección, al tiempo en que se redefine el rol que los distintos sujetos que intervienen tienen en este mercado para fortalecerlos, permitirles cumplir con sus objetivos y asegurar el desarrollo y crecimiento del mercado.

La Reforma de Ley de la Actividad Aseguradora introduce una serie de innovaciones que en un examen preliminar podrían parecer sencillos, sin embargo, un análisis más profundo evidencia que estamos en presencia de un proceso de disrupción en la actividad que incorpora las nuevas tecnologías, no en los términos que primariamente podrían considerarse, sólo con permitir contratos por internet, sino que incluyen las nuevas tendencias de los mercados internacionales de seguros sobre la forma de hacer negocios. Las disposiciones sublegales emitidas por la Superintendencia de la Actividad Aseguradora publicadas en la Gaceta Oficial de la República Bolivariana de Venezuela N°. 6835 del 3 de septiembre de 2024, vienen a complementar estos cambios.

El presente artículo pretende analizar e interpretar las nuevas regulaciones introducidas en la Reforma Ley de la Actividad Aseguradora en las formas en que se realizan las operaciones y realizar una aproximación a sus implicaciones desde el punto de vista legal, así como los retos que tiene el organismo de supervisión en el control del sector para que estos cambien logren su finalidad de fortalecerlo y ampliar la inclusión financiera.

I. ASPECTOS PRELIMINARES. LA EVOLUCIÓN DE LA REGULACIÓN DE LA ACTIVIDAD ASEGURADORA

La legislación venezolana que regula la actividad aseguradora dista mucho de ser dinámica y de tener capacidad para ajustarse a los nuevos tiempos. Por el contrario, el legislador ha demostrado una difícil capacidad de adaptación como puede observarse en los largos espacios de tiempo que transcurren entre una y otra normativa.

Es esto lo que se concluye del análisis de la evolución histórica de la legislación administrativa de seguros, desde sus inicios, como se observa del hecho de que la Ley de Inspección y Vigilancia de las Empresas de Seguros, primera ley que regula a las compañías de seguros en Venezuela, inspirada en la Ley Suiza de Supervigilancia, fuera dictada en el año de 1935, y requiriera de treinta años para su modificación, en junio de 1965, cuando fue aprobada Ley de Empresas de Seguros y Reaseguros y se promulgó en la Gaceta Oficial Extraordinaria N° 964 del 9 de julio de 1965 y se reimprimió en la Gaceta Oficial Extraordinaria N° 970 del 26 de julio del mismo año.

La Ley de 1965 fue modificada diez años después, por la Ley del año 1975 (Gaceta oficial N° 1.763 Extraordinario, de 8 de agosto de 1975), reforma que se inspira dentro del marco de una nueva tendencia económica en la cual Venezuela entra a formar parte del llamado Acuerdo de Cartagena y se reserva el ejercicio de la actividad de seguros, junto con otras actividades, solamente para los venezolanos.

Casi veinte años después, en el año 1994, la reforma de la Ley de Empresas de Seguros y Reaseguros, implicó importantes innovaciones, entre ellas las de permitir el ejercicio de la actividad por empresas propiedad de inversionistas extranjeros; aumentar el capital mínimo de las empresas de seguros; incluir el concepto de margen de solvencia y reformar el régimen de las sanciones.

Durante este siglo el sector asegurador se ha visto expuesto a cambios que iniciaron con la abortada reforma de la legislación del año 2001, época en la cual se realizó una reforma integral de la Ley de Empresas de Seguros y Reaseguros y se promulgó una Ley del Contrato de Seguros que derogó la vetusta normativa establecida en nuestro Código de Comercio y que databa de principios del Siglo XX, con algunos cambios puntuales que había sufrido en el devenir de ese siglo.

La Ley del 2001, dictada dentro de las facultades delegadas al Presidente de la República con la entrada en vigencia de la nueva Constitución de la República Bolivariana de Venezuela fue suspendida por una decisión del Tribunal Supremo de Justicia. Dicha decisión, fue tomada basada en que la mencionada Ley contenía disposiciones, *"tendientes a potenciar un mayor control por parte del órgano regulador, en el caso de marras la Superintendencia, ya que dicho instrumento legal es mucho más restrictivo, punitivo y que en definitiva perjudica gravemente al mercado asegurador, ya que impide su crecimiento y desarrollo, ya que se prevé todo un régimen sancionatorio que atenta contra la solvencia y liquidez de las empresas aseguradoras..."* (Sic).[1]

No fue sino casi una década después, cuando el 5 de agosto de 2010, en la Gaceta 39.481, fue reimpresa por error material la nueva Ley de la Actividad Aseguradora, publicada inicialmente en la Gaceta Oficial N° 5.990 Extraordinaria del 9 de julio de 2010.

La nueva regulación modificó el antiguo nombre de la Ley de Empresas de Seguros y Reaseguros por tener ésta un carácter muy limitado dentro del sector asegurador, regulando solo a las empresas de seguros y de reaseguro e ignorando otros tipos de sujetos como las financiadoras de primas, las administradoras de riesgo y las empresas de medicina prepagada; en consecuencia, el nuevo título de la Ley de la Actividad Aseguradora aumenta el control del Estado sobre los sujetos que participan en la actividad, a fin de mantener el equilibrio ante los sujetos regulados y la estabilidad del mercado asegurador. En ella encontramos un cambio sustancial al régimen legal de las empresas de seguros, ratificándose que el sector asegurador debe ajustarse a los procesos de transformación socioeconómica que promueve el Estado.

Dentro de las principales modificaciones se buscaba un cambio radical una extensión del ámbito de comprensión de lo que es el sector asegurador, ya no se trataba de una ley para las empresas de seguros, y, en consecuencia, se reconocen otros sujetos que realizan esta actividad, es decir, nuevos actores como las cooperativas de seguro y las empresas de medicina de prepagada. Consistente con este pensamiento se cambia el nombre de la Ley al de Ley de la Actividad Aseguradora y la denominación del órgano de control, por el de Superintendencia de la Actividad Aseguradora (antes Superintendencia de Seguros).

En la búsqueda de la inclusión social se garantizó el acceso a los seguros obligatorios y solidarios y se estableció que para las tarifas se tendrían en cuenta no sólo los criterios técnicos sino también los de equidad e inclusión social y se establecieron formas de participación popular a través de asociaciones, organizaciones de participación popular u organizaciones comunitarias, para contribuir con la defensa de los derechos e intereses de los clientes.

---

1 La decisión fue adoptada en fecha 13 de agosto de 2002.

En el año 2016, se modifica nuevamente la Ley de la Actividad Aseguradora, que incorpora la figura del Defensor del Asegurado, así como la regulación de los fondos administrados y auto administrados como sujetos de aplicación de la Ley y se modifica el régimen de las sanciones estableciéndose en unidades tributarias.

Paralelamente al desarrollo del marco regulatorio administrativo se dio la evolución de la legislación sustantiva del contrato de seguro ya que en el año 2001 entró en vigencia una nueva Ley del Contrato de Seguro.[2] En esa misma fecha se dictó la Ley de Fortalecimiento del Sector Asegurador, tendente a incentivar las fusiones y adquisiciones de empresas de seguros.[3]

Las nuevas disposiciones de la Ley del Contrato de Seguro derogaron los artículos del Código de Comercio que hasta entonces regulaban la materia, y que, vale la pena decirlo, provienen casi todos del Código de Comercio de 1904. La normativa dispuesta por este instrumento, tomada por algunos de la legislación chilena, tuvo muy pocas modificaciones en las reformas que sufrió nuestro Código de Comercio en el siglo XX.

---

2 La constitucionalidad de la Ley del Contrato de Seguros de 2001 fue un tema criticado por expertos en materia de seguros y la legalidad de las Normas que Regulan la Relación Contractual en la Actividad Aseguradora también ha sido duramente criticada por Morles Hernández: Alfredo: "La desgalización de la materia del contrato de seguro" en: *Revista Venezolana de Derecho Mercantil / Sociedad Venezolana de Derecho Mercantil.* Caracas, 2019 y por Leonel Salazar, quien al respecto ha indicado: *"En el caso, del contrato de seguro este fue originalmente regulado por los Códigos de Comercio venezolanos. Luego por un decreto-ley con base a la ley habilitante del 2007, como lo fue la Ley del Contrato de Seguros (2001) … En la actualidad, se realizará a través de normas prudenciales, cuya constitucionalidad y legalidad se ha cuestionado. La arrogación del Poder Ejecutivo del derecho a legislar de la Asamblea Nacional al subdelegar la facultad legislativa temporalmente conferida en la SUDASEG, trae como consecuencia inmediata la deslegalización de la materia de seguros, concretamente el contrato de seguro... Este ahora se puede calificar como un contrato innominado, o, de una tipicidad sin regulación".* Salazar, Leonel: **El contrato de seguro: El tránsito de la legalidad a la anomia**. En: Revista Venezolana de Derecho Mercantil / Sociedad Venezolana de Derecho Mercantil. Caracas, Edición Especial (2021). Documento en línea; Disponible: RVDM_2021_E_413-442.pdf (ulpiano.org.ve).

3 Esta Ley nunca fue aplicada y hasta quedó olvidada en el tiempo hasta que la Reforma de la Ley de la Actividad Aseguradora de 2023 la derogó. Ver. Disposición Derogatoria Segunda de la Ley de Reforma de la Actividad Aseguradora.

Salvo casos muy puntuales, a los que nos referiremos más adelante, la mayoría de las disposiciones del Código de Comercio resultaban suficientes para regular una institución tan importante dentro del Derecho Mercantil Venezolano.

No podemos más que decir, sin embargo, que dichas regulaciones no resultaban perfectas, ni mucho menos que estaban libres de críticas por parte de la doctrina más autorizada que se desarrolló en Venezuela durante todo el siglo XX.

En efecto, y tal vez la crítica más importante que puede hacerse a ese Código era la relativa a mantener el contrato de seguro como un contrato solemne, cuando ya, desde hacía muchas décadas en el mundo se había reconocido que contrato de seguros debía tener un carácter consensual. Pero el principal problema que existía era que las normas del Código no eran consideradas por el sector asegurador como normas imperativas, con lo cual las mismas eran –en la práctica- relajadas por la aplicación del principio de la autonomía de la voluntad, en muchos casos en detrimento de los asegurados.

La entrada en vigencia de la Reforma de la Ley de la Actividad Aseguradora en el 2024 y del conjunto de normas sublegales que la acompañan, supone nuevos retos para los integrantes del sector que han mostrado una capacidad de adaptación –resilente- a los cambios y fluctuaciones económicas de nuestro país y al impacto que supuso el tener que afrontar los siniestros producidos por el COVID 19, en una época de contracción del mercado, a la par que se desarrollaba un proceso de dolarización de la economía venezolana.

Los objetivos de la reforma pueden sintetizarse a nuestro juicio de la manera siguiente:

a) Fortalecimiento de las capacidades del organismo de supervisión, a través de mayores y más específicas facultades para dictar normas, así como el reafianzamiento de su capacidad de imponer sanciones proporcionales y disuasivas que se había quedado rezagada en el tiempo, acompañado de mecanismos para incrementar su fortaleza patrimonial, producto del establecimiento de nuevas tasas y del incremento de los aportes de los sujetos bajo su supervisión.

b) Fortalecimiento de las empresas de seguros, al incrementarse las sanciones para las empresas que venden seguros sin estar autorizadas, evitando de esta forma la competencia desleal –en especial las que realizan algunas empresas extranjeras-; la obligación de que el reaseguro implique una transferencia real del riesgo; al exigírseles mayores capitales, presentación de estados financieros en menor tiempo, permitirle las operaciones de banca seguro y nuevos canales de comercialización, aumento de los capitales mínimos y el establecimiento de las reservas para insuficiencia de primas y también, de manera indirecta, al reorganizarse el sector, mediante severas sanciones a quienes practiquen la actividad aseguradora sin estar autorizados.

c) Protección y fortalecimiento de los asegurados, al crearse nuevos tipos de seguros para incluir a sectores usualmente excluidos tanto por su menor capacidad para acceder a las primas de los seguros convencionales, como por las barreras de acceso impuestas por condiciones geográficas, la ausencia de una cultura sobre la función que cumple el seguro o las dificultades de acceso a los servicios por la poca proximidad con las empresas o por pertenecer a sectores desatendidos por el canal usual de comercialización de los seguros, como son los productores de seguros.

La introducción de los microseguros, los seguros inclusivos y los seguros masivos, permitir las operaciones de banca seguro; el reconocimiento de la utilización de las empresas financieras tecnológicas y los llamados nuevos canales de comercialización, se alinean en una idea de inclusión social que, además, busca fortalecer la cultura de seguros en el país y aspira ser más eficiente que los fracasados intentos del pasado con el cooperativismo y los llamados seguros solidarios de las leyes anteriores.

En el mismo orden de ideas, el sector se ha enfrentado siempre a la eterna discusión entre la conveniencia de mantener una actividad totalmente reglada, sujeta a controles previos, o pasar un sistema de liberalización de la actividad, con controles posteriores. Ninguno de los dos extremos parece conveniente, por lo que el régimen debe ser flexible y con capacidad de adaptación a las necesidades del mercado.

Los objetivos de la reforma se pretenden construir sobre la base de algunos otros cambios como son:

a. Incremento en los requisitos patrimoniales de las empresas, aumento de los capitales mínimos y de la Garantía a la Nación.

b. Aumento y modificación en las atribuciones de la Superintendencia de la Actividad Aseguradora, incluyendo su potestad de regular las operaciones, así como liberar de los controles previos, algunos tipos de pólizas y el reforzamiento de la capacidad de dictar las normas que regulan la relación contractual de la actividad, lo cual constituye una amplia delegación legislativa, tan criticada por un sector importante de la doctrina.

c. El incremento de las cargas económicas para los distintos sujetos regulados, al establecerse tasas por concepto de inscripción y renovación de las autorizaciones.

d. Un sensible e importante aumento de las sanciones, por el cambio de los montos máximo y mínimos de las sanciones impuestas e inclusive el cambio de la forma de determinar el monto de la sanción,

e. Mejoras en los sistemas de protección de los usuarios de la actividad.

f. La incorporación de los nuevos tipos de contratos de seguros y los nuevos canales de comercialización.

La nueva Ley busca fortalecer el mercado y solventar algunas deficiencias producidas por una legislación anterior que había quedado desfasada en el tiempo producto de la desvaloración de la moneda venezolana y que además de por sí, demostraba profundas falencias.

La exposición de motivos de los primeros proyectos de reforma de la novísima legislación indicaban entre sus principales argumentos para impulsar este cambio legislativo, la eliminación de la prohibición de la banca seguro como una vía para la colocación de productos; la incorporación del uso de los servicios de tecnología financiera (*FINTECH*), a fin de facilitar la incorporación de la población económicamente vulnerable o desprotegida a los contratos de seguros masivos (vida, accidentes personales, funerarios, entre otros), incluyendo los microseguros, en lugar de los seguros solidarios, los cuales no lograron el impacto social que motivó su incorporación en la anterior ley, logrando así abrir nuevos canales de comercialización y servicios digitales.

Igualmente, la exposición de motivos indicaba que se otorga fuerza de ley a la obligación de diseñar, implementar y mantener un Sistema Integral de Administración de Riesgos de Legitimación de Capitales, Financiamiento al Terrorismo y Financiamiento de la Proliferación de Armas de Destrucción Masiva, para los sujetos regulados y el propio Órgano de control, ajustando así las normas a los estándares internacionales emitidos por el Grupo de Acción Financiera Internacional, dando el Estado venezolano un paso esencial en la lucha contra la delincuencia organizada.

Aunque resulta difícil resistir la tentación de presentar nuestras divergencias sobre muchos cambios que podemos evidenciar en este nuevo instrumento legislativo, hemos decidió centrar el presente estudio en los aspectos relativos a la inclusión social y las modificaciones que requiere con el uso de los nuevos tipos de seguros y los canales de comercialización.

Nos encontramos con una Ley que amplía al sector asegurador desde el punto de vista de sus productos, contraria las leyes anteriores que constituyeron una expansión del sector incorporando formalmente a éste nuevos sujetos regulados (medicina prepagada, financiadoras de prima, administradoras de riesgo).

Para nosotros esta búsqueda de la inclusión social, ante el fracaso que representaron los seguros solidarios introducidos en el 2010, irradia muchas otras modificaciones de la ley, como son el regreso a permitir las operaciones de banca seguro, los microseguros, los denominados seguros inclusivos, pero también el uso de las tecnologías financieras y los llamados nuevos canales de comercialización.

II. LOS NUEVOS ESQUEMAS DE NEGOCIOS COMO INNOVACIÓN

La inclusión de los conceptos de microseguros, seguros masivos y seguros inclusivos es sin duda uno de los aspectos más resaltantes de la nueva Ley de la Actividad Aseguradora, por tratarse no de una modificación de normas existentes sino del establecimiento de nuevos modelos de negocios, tanto en los tipos de productos como en los canales de comercialización, lo cual constituye el centro en el que gravita toda la actividad aseguradora.

Toda reforma legislativa de leyes relacionadas con el ejercicio de actividades económicas implica, en mayor o menor medida, cambios en la forma en que se lleva a cabo la actividad regulada.

Históricamente nuestras legislaciones han regulado los tipos de ramos en que las aseguradoras pueden operar, ha colocado restricciones a la realización de otras operaciones y ha prohibido incluso que las empresas incluyan dentro de su objeto social cualquier otro tipo de actividad o de contratos distintos a los propios o relacionados con los seguros.

El legajo de nuevas normas incluye una específica regulación sobre la forma en que debe determinarse si una empresa cumple con el objeto social único, estableciendo que a objeto de verificar que la empresa de seguros y de medicina prepagada realizan principalmente operaciones de seguros o de medicina prepagada según corresponda, el monto total de los ingresos recibidos por dicha empresa para cada ejercicio económico por primas o cuotas cobradas en los contratos de seguros y de medicina prepagada, deberá ser superior a sesenta por ciento (60%) del total de los ingresos obtenidos por la sumatoria de las primas o cuotas cobradas por contrato de seguro y de medicina prepagada, por operaciones de reaseguro aceptado; fianzas, fondos administrados, fideicomiso, mandatos, custodia, comisiones y otros encargos de confianza y los ingresos producto de la remuneración o comisión, distintos a los intereses obtenidos por sus colocaciones en bancos o instituciones financieras o por inversiones en títulos valores aptos para representar las reservas técnicas.[4]

Los esquemas operativos que se generan en la actividad, o modelos de negocio, constituyen de por sí uno de los aspectos fundamentales que regulan las leyes de los sectores económicos, en la medida en que la regulación busca que la misma se desarrolle de la manera más transparente y efectiva, lo cual implica un marco regulatorio que contenga disposiciones y límites a los tipos de productos y seguros.

La razón que se ha esgrimido para limitar las actividades que las empresas de seguros pueden realizar ha sido el riesgo de que otras actividades puedan afectar la solvencia de las instituciones poniendo en peligro a los asegurados.

Dentro de los múltiples aspectos que pretende cambiar la novísima Reforma Ley de la Actividad Aseguradora que entró en vigencia en noviembre de 2023, además de los usuales aumentos de capital, mayores capacidades para el órgano supervisor, la creación de nuevas tasas y nuevos registros para los sujetos regulados, tal vez los cambios de mayor importancia están relacionados con la introducción de manera formal de nuevos productos y mecanismos para la comercialización de los productos del sector asegurador, al tiempo que plantea interesantes interrogantes desde el punto de vista jurídico.

Se trata de dos aspectos diferentes como son la comercialización de una nueva forma de diseñar productos de seguros, los seguros masivos, inclusivos y los microseguros y la apertura al mercado de nuevos intermediarios en la relación contractual de este tipo de contratos que, desde siempre, ha demostrado ser tal vez uno de los productos masivos necesarios para la colectividad de mayor complejidad, por lo que en su devenir histórico las regulaciones desde el siglo XIX contienen extensas y detalladas regulaciones sobre las obligaciones de las partes, al tiempo que se regula minuciosamente no solo a los oferentes de estos productos –las empresas aseguradoras y ahora las empresas de medicina prepagada– sino también a los llamados intermediarios de seguros.

Las discusiones que emergen de los nuevos productos de seguros (cuya novedad no descansa tanto en los riesgos cubiertos sino más bien en la forma en que se estructuran) generan una serie de interrogantes que no han sido resueltas en la escasa regulación que contiene la nueva Ley de la Actividad Aseguradora, en este tema.

---

[4] Providencia SAA-01-0522, p. 166 de la GORBV No. 6835 del 3 de septiembre de 2024.

Aspectos tales como, qué otros tipos de riesgos pueden quedar cubierto por los microseguros y los seguros masivos, cuáles son las diferencias que representarán con respecto a seguros tradicionales que cubran los mismos riesgos, qué requisitos se impondrán a las pólizas para que –siendo accesibles a la población- resguarden las exigencias técnicas que la actividad aseguradora impone para permitir el pago de los siniestros, la cobertura de los gastos y la utilidad de las empresas de seguros; cómo se garantizarán simultáneamente la venta masiva a sectores económicos específicos y los derechos de los contratantes, tomadores y beneficiarios, son las dudas y las lagunas jurídicas que surgen del texto legal.

Se plantean igualmente retos con respecto a las diferencias de estas pólizas con respecto a los llamados seguros solidarios que, repletos de buenas intenciones, no llegaron a cumplir los objetivos propuestos y si ello es así, qué esperanza puede ofrecer este nuevo tipo de pólizas.

Los nuevos canales de comercialización imponen mayores desafíos que los que supusieron la implementación de la banca seguro, como mecanismo de venta de pólizas de seguros a finales del siglo pasado. No se requieren de mayores estadísticas para demostrar que la sustitución de los intermediarios de seguros por las instituciones bancarias que, en su momento generó tanto terror para los intermediarios, no tuvo los efectos temidos.

Por otra parte, resulta innegable que el avance de las tecnologías ha producido importantes modificaciones en la forma de captación de negocios por parte de las aseguradoras, pero no sólo en los procesos de intermediación, sino en general en los nuevos productos, beneficios y controles que pueden ofrecerse y, en este sentido, la Ley y las normas solo ha venido a abordar el tema de una manera bastante tangencial e incipiente, lo cual es de esperar, si se tiene en cuenta que será su implementación la que expondrá los múltiples problemas que irán surgiendo de su desarrollo.

Estos aspectos y otros que se van desmembrando son los aspectos que hemos considerado necesario plantear en este trabajo.

III. LAS NUEVAS MODALIDADES DE SEGURO. MICRO-SEGUROS, SEGUROS INCLUSIVOS Y SEGUROS MASIVOS

El proceso de inclusión financiera en seguros se ha implementado, de manera general, a través de tres tipos de productos: los “seguros masivos”, los “seguros inclusivos” y los “microseguros”.

1. *Los microseguros o microplanes*

La Reforma de la Ley establece desde sus primeras definiciones que debe considerarse como microseguros al *producto de seguro o de medicina prepagada que ampara riesgos específicos, direccionado a sectores socioeconómicos vulnerables, con sumas aseguradas y primas o cuotas al alcance de estos.*[5] La norma prudencial o sublegal, lo define como: *Producto dirigido a sectores económicos vulnerables, de conformidad con las normas dictadas a tal efecto por la Superintendencia de la Actividad Aseguradora.*

Los microseguros parecen ser una evolución del concepto de seguros solidarios. Los seguros solidarios fueron introducidos en la Ley de la Actividad Aseguradora del año 2010[6]. Esta Ley no incluyó una definición de los mismos limitándose a establecer en su artículo 143:

> Seguros y planes solidarios de salud
>
> Artículo 134. Las empresas de seguros, las asociaciones cooperativas que realicen actividad aseguradora y las empresas de medicina prepagada, que comercialicen seguros o planes de servicios de salud, están obligadas a ofrecer y suscribir pólizas de seguros y planes de servicios de salud, que amparen a las jubiladas, jubilados, pensionadas, pensionados, adultas y adultos mayores, personas con discapacidad, a las personas con enfermedades físicas o mentales y aquellas personas cuyos ingresos mensuales no superen el equivalente a un salario mínimo mensual, destinados a proteger riesgos tales como: enfermedades, servicios odontológicos, servicios funerarios y accidentes personales…
>
> El número de pólizas de seguros y planes de servicios de salud, las tarifas y otras condiciones para la comercialización de estos productos serán establecidas por la Superintendencia de la Actividad Aseguradora mediante las normas que dicte al efecto, considerando, entre otros factores, la proporción de la cartera del sujeto regulado dentro del mercado asegurador.
>
> La Superintendencia de la Actividad Aseguradora deberá incorporar otra clase de riesgos a ser cubiertos tales como: Agrarios, de las Cooperativas, de las Comunidades Populares, de Turismo o cualquier otro riesgo que respondan a intereses de Desarrollo y protección por parte del Estado.

---

5 Ver. Art. 55. numeral 1 de la Ley de Reforma de la Ley de la Actividad Aseguradora.

6 Gaceta Oficial de la República Bolivariana de Venezuela N° 5.990 Extraordinario del 29 de julio de 2010, reimpresa en la Gaceta Oficial de la República Bolivariana de Venezuela N° 39.481 de fecha 05 de agosto de 2010.

Los seguros solidarios fueron regulados posteriormente por la Superintendencia de la Actividad Aseguradora, a través de las "Normas por las cuales se regirán las empresas de seguros para el acceso, comercialización y suscripción de las Pólizas de Seguros Solidarios de Salud, Accidentes Personales y Funerarios"[7], dictadas con el objeto regular el acceso de las personas a las pólizas allí mencionadas, así como la comercialización y suscripción por parte de las empresas de seguros y han sido duramente criticadas por algunos expertos.[8]

Durante sus primeros años, de conformidad con el Seguro en Cifras publicado por la Superintendencia de la Actividad Aseguradora para el año 2018, la penetración de este tipo de seguros se fue incrementando.

Al respecto sostuvo este órgano de control.

> SEGUROS SOLIDARIOS. Desde la implementación en el año 2012 del Seguro Solidario, nueva modalidad contemplada en la Ley de la Actividad Aseguradora, se evidencia un desarrollo positivo de adaptación y aceptación de esta novísima forma de aplicación del seguro, con el fin de lograr la inclusión social de aquellos sectores menos favorecidos de la población, garantizándoles un respaldo en la atención de Salud, Servicios Funerarios, Accidentes Personales y Vida, complementando los avances logrados en esta materia por el estado venezolano en los últimos años.

Los seguros solidarios, no obstante, no alcanzaron los objetivos para los cuales fueron establecidos y es así cómo vemos que en el Seguro en Cifras

---

7 Gaceta Oficial de la República Bolivariana de Venezuela 39.762, del 21 de septiembre de 2011.

8 Al respecto el Dr. Manuel Rodríguez nos ha dicho: *"El DLAA insiste en mantener la figura de los seguros solidarios como mecanismo para que el sector asegurador trate de satisfacer las necesidades de la población con menor capacidad económica, pero a través de productos aprobados con carácter general y uniforme que no responden a las necesidades de este sector de la población, con primas técnicamente insuficientes y sin canales adecuados de comercialización – que fueron prohibidos en nuestro país desde el año 2010 – ya que el único canal de comercialización permitido en el DLAA es la intermediación tradicional a través de los corredores – personas naturales o jurídicas – y los agentes de seguros".* Rodríguez Costa, Manuel: Constitucionalidad de las Normas que regulan la relación contractual en la actividad aseguradora. Revista Venezolana de Derecho Mercantil / N° 3 – 2019. Disponible en línea: http://www.ul piano.org.ve/revistas/bases/artic/texto/RVDM/3/ RVDM_2019_3_489-524. pdf

publicado por la Superintendencia de la Actividad Aseguradora para el 2022, no existe ninguna cantidad por primas netas cobradas por el sector por la venta de seguros solidarios.[9]

Es posible sostener que los microseguros definidos, como antes expresamos, como productos que amparan riesgos específicos, direccionado a sectores socioeconómicos vulnerables, con sumas aseguradas y primas o cuotas al alcance de estos, se asemejan a los seguros solidarios. La interrogante que se plantea es si siendo los seguros un instrumento para evitar el impacto de los daños patrimoniales que puede sufrir el asegurado y siendo los siniestros altos, por los precios del mercado, pueden técnicamente las aseguradoras ofrecer pólizas a bajo costo, sin generar pérdidas para las empresas que afecten la capacidad patrimonial del sector o si, generando productos técnicamente sostenibles, se pueden lograr productos que realmente ofrezcan coberturas apropiadas a precios al alcance de esos sectores.

Los productos de microseguros se desarrollan específicamente para atender las necesidades derivadas de las personas de escasos recursos población.

Aunque el micro contrato de seguros tiene exactamente la misma definición que tiene un contrato de seguros ordinarios, la diferencia fundamental es el mercado objetivo claramente prescrito: personas de bajos ingresos y las primas, que deben ser accesibles. La población a la que va dirigido generalmente consiste en personas ignoradas por los esquemas comerciales, así como también personas que no han tenido acceso previamente a productos de seguros apropiados, que satisfagan realmente sus necesidades. Cómo se observa la Reforma no plantea soluciones para los problemas técnicos derivados de que las primas deben ser suficientes para cubrir el monto de los siniestros.

La norma venezolana se limita a indicar los tipos de seguros que podrían ser objeto de microseguros, a indicar y a permitir nuevos canales para su comercialización, pero su implementación está llena de grandes interrogantes sobre si los mismos lograrán sus objetivos, extrapolando las críticas que se hacen a la inclusión de los microcréditos en el sector bancario que, luego de décadas de su creación, e incluso del establecimiento de porcentajes de carteras legalmente obligatorias, no evidencian importantes resultados.

---

9 Superintendencia de la Actividad Aseguradora. Seguro en Cifras 2022. Documento en línea. Disponible: SeC 2022-1.pdf (sudeaseg.gob.ve).

La inserción de los microseguros en el portafolios de productos del sector asegurador no representa para nada una innovación de legislador venezolano, dado que el mismo ha sido probado en otros países. Ha sido la propia Asociación Internacional de Supervisores de Seguros la que desde décadas pasadas ha impulsado incluso la creación de la Red Global de Microseguros desde 2007.[10]

El estudio The landscape of Microinsurance señala que durante el 2021 se produjo un incremento de los microseguros y que el aumento se debe principalmente a la inclusión de datos sobre países adicionales, así como una tasa de respuesta mejorada: 224 proveedores de seguros presentaron datos sobre 704 productos, en comparación con 194 aseguradoras que proporcionaron datos sobre 589 productos el año anterior. Este estudio indica que la pandemia agudizó la conciencia del riesgo y, en algunos casos, mayor interés de los clientes en adquirir un seguro, particularmente de salud.[11]

No resulta desconocido el escepticismo que puede presentar esta nueva figura. Sin embargo, debe tenerse en cuenta que, según el estudio antes citado, en Latinoamérica existen micro seguros en Argentina, Belice, Brasil, Costa Rica, México, Nicaragua y Perú indicando que el monto de seguros vendidos es de 6.8 billones de dólares y representa aproximadamente un 4% del valor del mercado capturado.

Dentro de los países que encontramos que regulan esta institución podemos citar:

a) En Brasil, por ejemplo, se publicó, en julio de 2021, una nueva normativa sobre microseguros basada en principios (Resolución 409/2021

---

10 Asociación Internacional de Supervisores de Seguro: Desde sus inicios en 1994, la IAIS ha desarrollado cierto número de principios, normas y documentos de orientación para ayudar a promover el desarrollo global de mercados de seguros bien regulados. En junio de 2007, la IAIS se unió al CGAP Working Group on Microinsurance (Grupo de trabajo sobre microseguros CGAP), ahora llamado Microinsurance Network (Red de microseguros), con el fin de publicar un documento expositivo del microseguro en general. En el documento expositivo se observa que "es necesario un mejor entendimiento del papel que desempeñan las mutuales y cooperativas en el microseguro". Documento en línea; Disponible: IAIS_Regu lacion_y_Supervison_de_Mutuales__Cooperativas_y_Otras_para_Incrementar _Acceso.pdf (iaisweb.org).

11 MICROINSURANCE NETWORK: **The Landscape Of Microinsurance. Report 2022.** Documento en línea: Disponible 2022.https://microinsurance network.org/resources/the-landscape-of-microinsurance-2022. The Landscape of Microinsurance 2022 Microinsurance Network.

del CNSP), que deroga la normativa anterior. La nueva normativa define el microseguro como un seguro desarrollado y estructurado para la población de bajos ingresos, los microempresarios individuales y, por primera vez, las microempresas o las pequeñas empresas.

b) Colombia emitió una circular en 2021 que contiene la recopilación de información para la medición, supervisión y posterior diseño de políticas públicas de seguros enfocadas en la inclusión financiera. La circular establece definiciones específicas de "microseguro", "seguro masivo" y "microseguro masivo".

c) En Argentina, el 09/02/2018, se emitió la Resolución 126/2018, cuyo objetivo es diseñar una normativa específica, definiendo pautas mínimas a efectos de la implementación de Microseguros. Por su parte, la Subsecretaría de Servicios Financieros junto con la Superintendencia de Seguros de la Nación (SSN) lanzaron, en el año 2021, el Grupo de Trabajo de Microseguros (GTMS), que involucra actores públicos y privados del mercado, con el objetivo de promover herramientas financieras para contribuir a disminuir la brecha de desigualdad social y económica en Argentina mediante el desarrollo de los microseguros.

d) En Ecuador, el 28 de septiembre de 2023, la Junta de Política y Regulación Financiera y el Proyecto de Inclusión Económica USAID-WOCCU organizaron mesas de trabajo para la socialización de la propuesta de Norma de Microseguros. La banca privada, organismos de integración y funcionarios de las instituciones organizadoras participaron de este encuentro que tuvo como resultado la obtención de propuestas para fortalecer dicha normativa que busca beneficiar al usuario financiero y a la vez, fomentar la sostenibilidad del sector asegurador

Dentro de los productos que se venden en microseguros, las estadísticas de Network Microinsurance reseñan:

> En 2021, el seguro de vida fue la línea de productos más importante en términos de personas cubiertas.... cubrió al mayor número de personas tanto en Asia como en América Latina y el Caribe, seguida de los productos de seguro de vida crédito. En África, el mayor número de personas cubiertas correspondió a los productos funerarios. En términos generales, el seguro de salud fue el tercer producto más importante. Las primas totales más elevadas las recaudaron los productos de seguro funerario, seguidos de los productos de vida y de vida crédito...Además, se observan importantes diferencias en las primas por persona entre los distintos tipos de productos, toda vez que los productos de vehículos de motor registraron niveles de prima por persona cubierta relativamente elevados (42.6 USD). Esto refleja

probablemente el mayor poder adquisitivo de los clientes emergentes con activos como coches y motocicletas. Los productos personales como vida, salud, accidentes personales, crédito vida e interrupción de negocios, por otra parte, se ofrecen a tarifas relativamente bajas por persona cubierta.[12]

El microseguro se basa en los mismos principios y características de la mayoría de las otras formas de seguro, con una serie de diferencias claves:

a. Montos de las transacciones y primas más bajas;
b. El público objetivo consiste en personas con bajos ingresos y un conocimiento limitado de los seguros y los beneficios que ofrece;
c. Los productos ofrecidos son más simples, a menudo brindan solo un tipo de cobertura en lugar de combinar la protección de muchos riesgos.
d. La suscripción parte de un proceso simplificado (menos términos, condiciones y exclusiones) ya que se trata de sumas relativamente pequeñas;
e. Es posible una mayor flexibilidad tanto en el diseño del producto como en el pago de las primas, en algunas ocasiones debido al flujo irregular de ingresos de los clientes. Los arreglos de microseguros pueden permitir que los pagos se realicen en tiempos irregulares y en montos desiguales;
f. El proceso de reclamos es más rápido y menos complicado, involucrando sustancialmente menos documentación. Como resultado, las reclamaciones de microseguros suelen resolverse más rápido que la mayoría de las reclamaciones de seguros, que deben pasar por una evaluación más estricta proceso;
g. Se imponen y se hacen cumplir menos regulaciones, aunque algunos países están comenzando a regular la industria de microseguros de una manera más estructurada.

Nuestra legislación no hace referencia a los "esquemas de microseguros" que es un concepto más amplio que designa no sólo a un producto o una institución que brinda seguros, sino a otras figuras como por ejemplo, una asociación cooperativa para tal fin, otras organizaciones de beneficio mutuo de salud o a un conjunto de instituciones que se vinculan, o aquellos casos en que podría ser provisto este seguro por una institución que también maneja otras actividades, como organizaciones de microfinanzas, fundaciones, organismos del Estado e incluso organizaciones internacionales.

---

12 *Idem.*

Se ha indicado la existencia de varios modelos o esquemas de microseguros como son:

a. Modelo de agente asociado: se forma una asociación entre el esquema de microseguros (socio que es una organización como el FMI) y una empresa (compañías de seguros) y, en algunos casos, un proveedor de atención médica externo. El esquema de microseguros, es decir, la organización que apoya el programa es responsable de la entrega y comercialización de productos a los clientes, mientras que la empresa retiene toda la responsabilidad por el diseño y desarrollo.

b. Modelo de servicio completo: El esquema de microseguros está a cargo de todo; tanto el diseño como la entrega de productos a los clientes, trabajando con proveedores de atención médica externos para brindar los servicios. Este modelo tiene la ventaja de ofrecer un control total a los esquemas de microseguros a la organización que lo promueve, pero la desventaja es que esta organización asume todos los riesgos.

c. Modelo impulsado por el proveedor: el proveedor de atención médica es el que desarrolla todo el esquema del producto y, de manera similar al modelo de servicio completo, es responsable de todas las operaciones, la entrega, el diseño y el servicio. Hay una vez más una ventaja en la cantidad de control retenido, pero una desventaja en las limitaciones de los productos y servicios.

d. Modelo basado en la comunidad, denominado modelo mutuo: Los asegurados o clientes están a cargo, administran y son dueños de las operaciones, y trabajan con proveedores de atención médica externos para ofrecer servicios.[13]

Con respecto a los ramos de seguros vemos que a nivel mundial se hace referencia a seguros de desgravamen hipotecario, vida a término, accidentes personales, vida con ahorro, seguros generales, seguro de salud, seguro agrícola, seguro para empleados, póliza global bancaria, fidelidad y responsabilidad para directivos de cooperativas, entre otras.

La Reforma de la Ley de la Actividad Aseguradora ha resultado más restrictiva dado que se permite el diseño de productos de microseguros en los siguientes ramos: salud, funerarios, accidentes personales, vida individual, vida colectivo, incendio y líneas aliadas, sustracción ilegítima,

[13] Véase al respecto: INVERSOPEDIA. **Microseguros**. Documento en línea; Disponible: https://inversiopedia.com/microseguros/#:

automóvil y otras coberturas de daños para residencias o comercios,[14] aunque la Superintendencia de la Actividad Aseguradora puede incluir otros ramos.[15]

Las diferencias básicas entre los seguros tradicionales y los microseguros son:

a. Están diseñados para satisfacer las necesidades de las personas de bajos recursos, adaptando la prima a la capacidades y modalidades de pago que pueda tener esta población.

b. El costo de los microseguros es sustancialmente más bajo.

c. Los microseguros pueden ser vinculados a compras baratas como minutos de celulares, compra de fertilizantes, etc. Pueden enlazarse a préstamos pequeños de cooperativas, asociaciones, iglesias, etc.

Entre los beneficios de los microseguros se encuentran la posibilidad de contar con algún tipo de protección para personas cuya situación económica no le permite acceder a los seguros tradicionales, lo cual sin duda también implicará una disminución de las coberturas, beneficios o sumas aseguradas. Las empresas aseguradoras deberán rediseñar los productos convencionales para poder disminuir los montos de las primas, y generar beneficios adicionales, que en algunos casos ayudan a disminuir o controlar la siniestralidad, como ha sucedido en algunos seguros de salud en los que se incluye atención preventiva, telemedicina o atención en el domicilio.

Los aspectos generales que ha desarrollado la Providencia hace referencia a los microseguros colectivos, permite un contrato simplificado o un certificado se seguro simplificado, estableciendo la información que deben contener los mismos y ratificando la obligatoriedad de que éstos sean aprobados previamente.

Se prevé una ampliación del plazo para notificar los siniestros a diez (10) días y se permite en los seguros relacionados con la asistencia médica que se establezca como única forma de cumplimiento de la obligación de la aseguradora de pagar el siniestro, la prestación de servicio.

---

14 Ver. Art. 56. numeral 1.

15 Ver. Art. 8. numeral 17. *"Establecer mediante normas el marco regulatorio para el uso de medios digitales y canales alternativos, de distribución de productos de seguros y de medicina prepagada, así como para la comercialización y desarrollo de los microseguros, seguros masivos y seguros inclusivos".* y el artículo 56 *ejusdem*. El artículo 10 de la Providencia Administrativa No. SAA-520 repite esta posibilidad. Ver art. 10.

Se agrega a los canales de comercialización, los puntos de comercialización, definidos como *establecimientos que no constituyan una oficina, sucursal o sede de la aseguradora que, a través de su personal o intermediarios de la actividad aseguradora, brindan información, promocionan y comercializan los productos a que se refieren estas normas*, los cuales deben ser aprobados por la Junta Directiva.

El mayor reto para la Superintendencia de la Actividad Aseguradora y el mercado en general es garantizar la sustentabilidad y rentabilidad del negocio, porque de lo contrario, los mismos no permanecerán en el tiempo.

Es necesario tener en cuenta que la fortaleza patrimonial de las empresas del sector no sólo favorece a los propietarios de las empresas, sino a los asegurados, quienes no podrán ver satisfechas las indemnizaciones que les corresponden si las empresas no cuentan con recursos para ello. Al tiempo que el sector genera empleos y participa en el producto interno bruto del país.

2. *Los seguros inclusivos*

El concepto de microseguros se acompaña y debe ser comparado con el de seguros inclusivos, considerados como el producto de seguro o de medicina prepagada que ampara riesgos específicos, direccionado a sectores sociales excluidos o desatendidos, que no necesariamente sean de bajos ingresos.[16]

La Ley se constituye en un marco de referencia, por cuanto el artículo 8 de la Ley de la Actividad Aseguradora que contiene las atribuciones del Superintendente establece en su numeral 17 que se deberán establecer mediante normas el marco regulatorio para el uso de medios digitales y canales alternativos, de distribución de productos de seguros y de medicina prepagada, así como para la comercialización y desarrollo de los microseguros, seguros masivos y seguros inclusivos.

En uso de esas atribuciones la Superintendencia de la Actividad Aseguradora ha emitido la Providencia SAA-01-518, contentiva de las Normas que regulan los Seguros y Planes Inclusivos en la actividad aseguradora, la cual los define como:

> Productos que van dirigidos a sectores sociales excluidos o desatendidos por las coberturas disponibles en el mercado asegurador, entre los que se encuentran: jubilados, pensionados, adultos mayores, personas con discapacidad física o mental, microempresarios, emprendedores, artesanos, población rural, etnias, productores agrícolas y pecuarios, pescadores y acuicultores.

---

16 Ley de la Actividad Aseguradora art. 24. numeral 21.

El informe de Mapfre Seguros, denominado Los Seguros Inclusivos, una Protección para los Países en Vías de Desarrollo nos indica:

> Los seguros inclusivos constituyen una de las principales herramientas para reducir la Brecha de Protección del Seguro (BPS) en las economías emergentes, al actuar en dos dimensiones. Por una parte, en una perspectiva de corto plazo, elevan la demanda de aseguramiento al incorporar a nuevos segmentos de la población al mecanismo de protección que representa el seguro. Y por la otra, los seguros inclusivos son también un instrumento de educación financiera que permite acompañar el progreso socioeconómico de la población y, con este, el aumento ulterior de la demanda de seguros. [17]

Puede ser difícil determinar si realmente existe una diferencia entre los seguros inclusivos y los microseguros.

Network Microseguro parece considerar que existe una coincidencia entre ambos términos al indicar que un microseguro es un:

> Producto cuyo nivel de primas son moderados en función de los riesgos asegurados. **El término puede utilizarse indistintamente con el de "seguro inclusivo"**. A los efectos de este estudio, el término "microseguro" abarca todos los productos de se apegan a esta definición y, por lo tanto, pueden incluir productos que la entidad de supervisión de seguros de un determinado país no considere productos de microseguro, ya que tales definiciones varían de un país a otro.[18] (negritas nuestras).

Algunos trabajos al hacer referencia a los seguros inclusivos se refieren a los microseguros diferenciándolos. Por ejemplo, la Federación de Aseguradoras Colombianas nos ha dicho:

> A nivel mundial, el desarrollo del mercado de seguros inclusivos comenzó en 2002, con el posicionamiento de la importancia de los microseguros en el marco del Grupo Consultivo de Ayuda a los Pobres (CGAP, por sus siglas en inglés) del Banco Mundial, donde se creó el Grupo de Trabajo de Microseguros, ahora conocido como Microinsurance Network. A partir del 2015, La Asociación Internacional de Supervisores de Seguros (IAIS, por sus siglas en inglés) cambió el enfoque y amplió

---

[17] MAPFRE SEGUROS: **Los Seguros Inclusivos, una protección para los países en vías de desarrollo**. Documento en línea: Disponible: https://www.mapfre.com/ actualidad/seguros/solucion-proteccion-paises-vias-desarrollo-seguros-inclusivos.

[18] Mi_N_Landscape_2022_VF_ES_WEB_DPS_37b6862a7e.pdf (amazonaws.com)

el concepto más allá del microseguro, consideró que los seguros inclusivos son «todos los productos de seguros dirigidos al mercado excluido o subatendido, en vez de los que se dirigen a los pobres o al mercado de bajos ingresos», resaltó que en los países en vías de desarrollo la mayoría de la población no es atendida o está subatendida.[19]

A nuestro juicio, los microseguros tienden a llevar el seguro a sectores de menores recursos (vulnerables como los califica la Ley), mientras que los seguros inclusivos tienen como objeto ampliar la penetración financiera para quienes, sin necesariamente ser vulnerables, no acceden a los productos de las aseguradoras, por ejemplo, una póliza para cubrir los riesgos por cese en el trabajo durante la maternidad para mujeres en libre ejercicio de la profesión.

Ambos, sin duda, ayudan a la inclusión financiera y como consecuencia a un desarrollo de sectores menos incluidos, que no siempre y necesariamente son los más pobres.

Con respecto a otros seguros inclusivos distintos a los microseguros, pueden referirse aquellos productos que, tal como los microseguros, son universales, sencillos, estandarizados y de comercialización masiva, pero que no solo buscan proteger a las personas de menores ingresos, sino a un grupo de la población que nunca antes ha estado cubierta con un seguro, como podría ser la población rural, personas con discapacidad y minorías étnicas, entre otros. La Asociación Internacional de Supervisores de Seguros (2015) los define como todos los productos de seguros orientados a ofrecer protección a los mercados desatendidos o subatendidos.

Dentro de estos seguros inclusivos se pueden encontrar otros sectores, como los seguros de género, cuyo objeto de protección pueden solo la mujer o el hombre, seguros para grupos sociales por edades, escolares, estudiantes, personas de edad avanzada, grupos indígenas y otras iniciativas, de las cuales ya existen experiencia en otros países.[20]

---

19 FASECOLDA: **Seguros Inclusivos.** Documento en línea; Disponible: https://sostenibilidad.fasecolda.com/index.php/inclusion-financiera/seguros-inclusivos/

20 Por ejemplo, Bancamía, entidad colombiana de la FMBBVA, ha presentado recientemente el seguro de MAPFRE Mi Maternidad Protegida, con coberturas especiales como apoyos en el pago de sus microcréditos. Incluye también orientación médica y psicológica, promoción y prevención de la salud de la mujer, interpretación y análisis de exámenes médicos, orientación legal para protección de derechos vía acción de tutela y para trámites médicos, entre otros.

Las palabras clave en los seguros inclusivos son sectores sociales excluidos o desatendidos por las coberturas disponibles en el mercado asegurador, entre los que se encuentran: jubilados, pensionados, adultos mayores, personas con discapacidad física o mental, microempresarios, emprendedores, artesanos, población rural, etnias, productores agrícolas y pecuarios, pescadores y acuicultores.

No se hace referencia a los seguros inclusivos colectivos inclusivos, como sucede en los microseguros –lo cual a nuestro juicio no obsta a que los mismos sean desarrollados- pero sí se, permite un contrato simplificado o un certificado se seguro simplificado, estableciendo la información que deben contener los mismos y ratificando la obligatoriedad de que éstos sean aprobados previamente.

Se prevé una ampliación del plazo para notificar los siniestros a diez (10) días y se permite en los seguros relacionados con la asistencia médica que se establezca como única forma de cumplimiento de la obligación de la aseguradora de pagar el siniestro, la prestación de servicio.

Se agrega a los canales de comercialización, los puntos de comercialización.

3. *Seguros masivos*

Además de los microseguros y los seguros inclusivos, la Reforma de la Ley de la Actividad Aseguradora establece otra categoría de seguros denominados seguros masivos que son aquellos destinados a amparar a "*cualquier sector social con características comunes, con sumas aseguradas y primas accesibles*".[21] La norma sublegal, la Providencia SAA-001-517-2024 repite la definición legal y agrega la posibilidad de planes masivas, incluyendo planes individuales o colectivos.

Basado en el concepto y finalidad de que estos nuevos tipos de seguros permitan la inclusión financiera, el legislador venezolano se centra en los seguros masivos en los sectores sociales a los que se ofrece. Para nosotros, esta definición no resulta del todo exacta, porque algunos seguros pueden ser masivos tomando en cuenta el tipo de riesgo asegurado o el bien que se asegura, y podrían existir seguros para cualquier sector, independientemente de su capacidad económica, que, por la naturaleza del riesgo, sea necesario para toda la población sin existir diferencias entre sus capacidades financieras. Por ejemplo, el seguro obligatorio de responsabilidad civil de vehículos o los seguros escolares.

---

21 Ver. Art. 55 numeral 3.

En nuestro criterio, los seguros masivos se refieren a seguros estandarizados que no tienen condiciones o requisitos especiales de aseguramiento, lo que significa que no necesitan verificación previa adicional en relación con las personas y/o bienes asegurables. En estos seguros usualmente basta con la aceptación del contratante o del asegurado para la celebración del contrato.

Como se observa no se hace referencia a la existencia de condiciones de exclusión o a características de vulnerabilidad económica, sino más bien al diseño de nuevos productos de seguros que puedan comercializarse a un número significativo de asegurados, de una manera fácil, simplificando los requisitos de contratación y utilizando las ventajas que la dispersión produce para obtener una mejor evaluación del riesgo y primas menos costosas.

Estos seguros deben aplicar los principios técnicos que rigen al contrato de seguros, siendo su principal diferencia que pueden ser de bajo costo gracias al volumen de clientes al cual van dirigidos. A esta economía de escala se sumará la reducción de los costos de comercialización por cuanto los seguros masivos utilizarán canales de ventas que permiten llegar a muchas personas, con lo cual se obtienen beneficios tanto para la población como para las empresas que pueden aumentar rápidamente su penetración en el mercado.

Por sus características diferenciadoras, en especial, la venta simplificada sin trámites previos, no todos los tipos de productos de seguros pueden ser diseñados para constituirse como seguros masivos, quedando excluidas aquellas pólizas que amparan riesgos que necesitan inspecciones de riesgos u otras verificaciones adicionales, así como pólizas para bienes altamente costosos que deben ser previamente valorados.

Por su naturaleza, la celebración del contrato es altamente simplificada, bastará con la aceptación del asegurado, su firma, su registro en una página por internet, o inclusive la mera compra del producto y el inicio de la cobertura será inmediato. Queda la duda de si tal simplificación será posible cuando en nuestro país se intensifica cada vez más la llamada debida diligencia al cliente que exige solicitar un número importante de datos y documentos para suscribir una póliza. Estas exigencias derivan de las obligaciones establecidas en las normas para administrar los riesgos de legitimación de capitales. A nuestro juicio no queda duda de que ambos objetivos no son contradictorios ni se excluyen.

El reto para vender seguros masivos y simplificar los trámites para la debida diligencia al cliente parte de la evaluación de los riesgos de esos seguros masivos de ser utilizados por la delincuencia organizada y de adoptar medidas para disminuirlos. Ya hemos visto en el sector bancario y en el sector valores la simplificación de documentos y trámites para clientes que realizan operaciones en montos menores, por lo que, el paso de esos procesos de simplificación al sector asegurador no debería representar mayores obstáculos.

La legislación venezolana permite este tipo de seguros solamente para los siguientes ramos: vida individual, vida colectiva, funerarios, accidentes personales, salud, incendio, sustracción ilegítima, combinado residencial, combinado para comercios, automóvil, agrícola, pecuario, diversos, responsabilidad patronal, responsabilidad empresarial y responsabilidad general. Las empresas de medicina prepagada sólo podrán comercializar como masivos los seguros de accidentes personal, salud individual o colectiva.

A nivel internacional dentro de los productos que se comercializan masivamente encontramos: cobertura básica de incendio, robo con violencia, responsabilidad civil familiar, asistencia en el hogar y asistencia médica telefónica, así como pólizas en seguros de desgravamen, plan dental, seguros de salud entre otros.[22]

El análisis realizado nos permite concluir que nuestro ordenamiento incorpora de una manera exigua este tipo de productos limitándose a definirlos según el sector al cual van dirigido e incluyendo unas primeras líneas de negocio o ramos en los que se pueden diseñar y comercializar, aspectos que generan las diferencias básicas entre estas tres modalidades de seguro.

De lo analizado encontramos que puede haber un seguro que sea simultáneamente un microseguro, inclusivo y masivo; un seguro que se crea para un sector de la población específico, que simultáneamente es socialmente vulnerable y se diseña de manera que este sector, al tener características comunes pueda acceder y ser perfeccionado el contrato de una manera sencilla, sin mayores trámites.

Aunque se trata de tres figuras distintas, no queda menos que concluir que todos tienen una finalidad de permitir la llegada del seguro a un mayor número de habitantes del país, al tiempo que se disminuyen los costos como un mecanismo de ampliación y penetración del mercado, lo cual puede redundar en primas menos costosas, así como en el crecimiento y fortalecimiento del mercado.

---

22 MAPFRE Perú. **Glosario de términos de seguros**. Documento en línea; Disponible: https://www.mapfre.com.pe/glosario/seguros-masivos/Seguros masivos/.

IV. LOS NUEVOS CANALES DE COMERCIALIZACIÓN DE LOS SEGUROS

1. *Los canales tradicionales*

Distintos a otros sectores de la actividad económica, como la banca, en el sector seguros los canales de comercialización, que tradicionalmente han sido los intermediarios, constituyen un aspecto del negocio que siempre ha estado fuertemente regulado.

La razón de regular, para algunos en exceso, la intermediación de seguros, deviene de la complejidad del contrato en sí mismo, la terminología específica de la materia, las múltiples condiciones de inclusión, exclusión y el complejo sistema de obligaciones de las partes en esta relación contractual.

Los canales tradicionales por antonomasia están constituidos por la colocación directa por parte de la empresa aseguradora y la utilización de los intermediarios de seguros[23], estos últimos histórica y tradicionalmente muy controlados.

La venta o colocación directa de seguros supone que la empresa ofrece o acepta contratos de seguro para la cobertura de los riesgos de los asegurados, utilizando a sus empleados, bien a través de las oficinas de la propia compañía de seguros o de las redes de distribución o bien a través de técnicas de comunicación a distancia.

Este canal natural u originario denominado usualmente como canal directo o auto dirigido, implica la colocación o venta directamente por la empresa, sin la interferencia de un intermediario y presenta como ventaja el mayor control de la empresa y evita los gastos de comisiones y, en general, los que se generan por la necesidad de mantener una estructura de gestión de los intermediarios.

---

[23] No es usual encontrar que las legislaciones definan lo que es un intermediario de seguros. en Europa se ha definido la Intermediación de seguros a través de la Directiva número 92 de 9 de diciembre de 2002 del Parlamento Europeo, como la *"mediación en Seguros que corresponde a toda actividad de prestación, propuesta realización de trabajo previo a la celebración de un contrato de seguro o de celebración de estos contratos, o bien la asistencia en la gestión y ejecución de dichos contratos en particular en caso de siniestro"*. Dentro de esta definición los canales alternativos deben considerarse intermediarios de seguros.

En algunas oportunidades se señalan como canales de comercialización, las televentas, el uso de una fuerza de ventas internas, al igual que los llamados call center, o el internet. Cuando el asegurador utiliza mecanismos para difundir sus productos como medio de difusión, a través de las páginas web, uso de correos electrónicos o call center, es nuestro criterio que no estamos en presencia de un canal de intermediación sino de una forma de publicidad o marketing, de la aplicación de las estrategias de comercialización de un producto y servicio a través de los diferentes medios disponibles.

Este uso de la publicidad a través de varios canales, puede tener los efectos y consecuencias jurídicas de una oferta, cuando se hacen ofrecimientos específicos de pólizas y primas, pero fuera de ello, no deberían considerarse un canal para la contratación de pólizas.

Estas estrategias usualmente se diferencian y pueden ser tradicionales o digitales y no requieren la interferencia de bancos o canales intermediarios. Dentro de ellos podemos citar el trato con los clientes a través de teléfono, mensaje de texto o correo electrónico, siempre que no se permita celebrar el contrato o cumplir alguna de las obligaciones establecidas para las partes a través de este medio.

Por el contrario, cuando cualquiera de estas estrategias adquiere relevancia jurídica, cuando se establecen vínculos entre las partes, deben ser considerados canales de comercialización. Así, por ejemplo, en el caso del uso del internet éste puede ser utilizado como un canal (contratación de seguros o notificaciones de siniestro por las páginas web) o constituir un medio de marketing, como los casos en los que este medio es utilizado para suministrar información de la empresa, publicitar productos y servicios en línea y a través de otros medios digitales. Estos pueden incluir una variedad de plataformas, herramientas y sistemas de entrega de contenido en línea, como: contenido y diseño del sitio web, correo de propaganda, redes sociales. medios de comunicación social, videos, anuncios en línea, patrocinios y promociones pagas y el uso de influencers.

Este tipo de actividades estaría más relacionada con la obligación de las empresas del sector de obtener autorización previa de la publicidad por parte del Ente de Control, toda vez que en nuestro país se requiere de su aprobación previa por parte de la Superintendencia de la Actividad Aseguradora.[24]

---

[24] Artículo 18. *La divulgación y publicidad de los sujetos regulados debe ser previamente aprobada por la Superintendencia de la Actividad Aseguradora. La publicidad no podrá tener aseveraciones u ofrecimientos falsos, o no comprobables, o que puedan dar lugar a confusión en el público y deberá*

La legislación sublegal hace referencia a los puntos de comercialización, definidos como establecimientos que no constituya en una oficina, sucursal o sede de la Aseguradora que, a través de su personal o intermediarios de la actividad aseguradora, brindan información, promocionan y comercializan los productos a que se refiere estas normas. Estos puntos en realidad no constituyen –a nuestro juicio- un nuevo canal, sino una forma de realizar la contratación directa por la empresa de seguros fuera de sus oficinas tradicionales.

Distinto a esto es el uso del internet para la contratación de pólizas o tramitación de siniestros, caso en el cual estamos en presencia de canales de comercialización.

La colocación de seguros a través de intermediarios. La Reforma de la Ley de la Actividad Aseguradora mantiene la tradición legislativa de definir al intermediario como una persona natural o jurídica que contribuye con su mediación para la celebración de los contratos de seguros, de reaseguros, de medicina prepagada y de administración de riesgos, así como con su asesoría a los tomadores, asegurados, beneficiarios, contratantes, usuarios y afiliados.[25] Los intermediarios cumplen una función de mediación, pero también de promoción y asesoramiento.

La razón de ser de lo que podría considerarse incluso una sobre *regulación* la constituye la complejidad del contrato, por lo que su principal función, luego de la de lograr la celebración del contrato, es la de la asesoría, aunque también llevan a cabo importantes funciones como lograr una mayor penetración en el mercado y un mejor conocimiento de éste, al tiempo que prestan servicios integrales, como tramitación de siniestros.[26]

---

ajustarse a las condiciones y requisitos establecidos en esta Ley, su reglamento, las normas que a tal efecto se dicten, la ley que rige la materia de publicidad, las normas que regulan la libre competencia y al contenido de los contratos de seguros, de reaseguros o de medicina prepagada. La Superintendencia de la Actividad Aseguradora podrá suspender la utilización de cualquier publicidad o incluso prohibirla, cuando a su juicio, induzca a engaño del público o haga ofrecimientos falsos o no previstos en los contratos aprobados. La Superintendencia de la Actividad Aseguradora debe decidir sobre la aprobación de publicidad en un lapso de treinta (30) días hábiles, contados a partir de la fecha de la recepción de la solicitud. Vencido el lapso, si no existiere respuesta por parte de la Superintendencia de la Actividad Aseguradora, se entenderá aprobada la solicitud.

25 Ver. Art. 4 de las definiciones.

26 El régimen legal de los intermediarios de seguros en Venezuela ha sido definido desde siempre en nuestra legislación, siendo su función la de contactar al tomador y a la empresa para que se celebre el contrato y asesorar al

2. *Los nuevos canales alternativos*

Las aseguradoras han venido desarrollando a través de la historia mecanismos dirigidos a optimizar la colocación de sus productos a través de distintas formas, en la búsqueda de canales más económicos, de mayor alcance o como complemento a la labor que llevan a cabo sus intermediarios.

En la actualidad, los intermediarios y las empresas del sector se enfrentan al nuevo reto de una cantidad cada vez mayor de consumidores se está "multicana-lizando". Esto significa que esperan alternar sin problemas páginas web, apps, conversaciones cara a cara, llamadas telefónicas y otros canales para lograr que las cosas se hagan según sus preferencias.

Una de las principales discusiones que ha surgido en la actualidad es el conflicto que se plantea con la nueva posibilidad de colocación de pólizas a través de los llamados nuevos canales alternativos, no dejando dudas de que se trata de uno de los aspectos más controvertidos en la nueva Ley. Estos nuevos canales incluyen la utilización de diversos tipos de empresas y el uso de las tecnologías de la información, en especial, el internet.

En Venezuela, el uso del internet a través de sistemas tecnológicos que permiten realizar contratos inteligentes –smart contracts– constituyen canales para la celebración de contratos de seguros, como expresamente lo indica la Providencia Nro. SAA-8-21[27], que, al exigirle a las empresas que identifiquen y evalúen sus riesgos, equipara como canales a los intermediarios y a las contrataciones por vía electrónica.

---

contratante, pero en general, también al asegurado y al beneficiario; los intermediarios están sujetos a un estricto, amplio y detallado control por parte de la Superintendencia de la Actividad Aseguradora, que abarca, no solo requerir autorización para operar, para lo cual se rigen por el Reglamento de la Ley de la Actividad Aseguradora y las reglas prudenciales que dicta la Superintendencia y que incluyen entre otros los siguientes aspectos: a) Designación y revocatoria. Es elegido por el tomador y éste puede libremente revocarlo, lo cual no incide en la validez del contrato de seguros, pero en la ejecución posterior intervendrá el nuevo intermediario; b) Remuneración. El intermediario cobra una comisión por la labor que realiza, ésta debe ser aprobada por la Superintendencia, la cual, como señalamos anteriormente, debe autorizar el arancel de comisiones y planes de estímulo de las aseguradoras.

[27] Providencia SAA-8-004-21. Normas sobre la Administración de Riesgos de Legitimación de Capitales, Financiamiento al Terrorismo y Financiamiento de la Proliferación de Armas de Destrucción Masiva en la Actividad Aseguradora. Gaceta Oficial de la República Bolivariana de Venezuela Nro. 42.128 del 17 de mayo de 2021.

Otra nueva innovación en el canal de distribución es que las aseguradoras no cobran primas de los clientes, sino que recurren a un proveedor de servicios o a un fabricante de productos para cubrir el costo del seguro o incluir el costo del seguro en su cargo por servicio o producto. Tal esquema genera lealtad del cliente, lo que beneficia tanto al asegurador como al proveedor de servicios fabricante del producto.

Herramientas de marketing como postales y cartas, y más recientemente, marketing por correo electrónico, se utilizan dentro de los límites de este canal de seguros, y permiten llegar a miles de clientes potenciales con solo unos pocos clics una vez que este canal esté configurado.

La primera pregunta que surge es exactamente a qué se refiere el término canal de comercialización. Nuestra Ley no se refiere a canales de comercialización, sino que define los canales alternativos, como:

> … una persona jurídica con la que la aseguradora celebra un convenio con el objeto de utilizar su infraestructura, sus activos tecnológicos y sus relaciones con un gran número de afiliados o potenciales asegurados, con las que tiene nexos comerciales o de otros tipos, a los fines de servir como mecanismo para facilitar la adquisición de un producto de seguro. Los canales alternativos, involucra a las instituciones financieras regidas por la ley que regula el sector bancario, las empresas de servicios públicos o privados, establecimientos comerciales e industriales, gremios y asociaciones.[28]

La normativa sublegal se refiere a los canales de comercialización y es así como al regular las tarifas obliga a Indicar los canales de comercialización del producto: de forma directa, mediante intermediarios de la actividad aseguradora o a través de canales alternativos.[29]

Los canales alternativos son definidos como:

> Persona jurídica con la que la Aseguradora celebra un convenio con el objeto de utilizar su infraestructura, sus activos tecnológicos y sus relaciones con un gran número de afiliados o potenciales asegurados, con las que tiene nexos comerciales o de otros tipos, a los fines de servir como mecanismo para facilitar la adquisición de un producto de seguro o de medicina prepagada; Los canales alternativos, involucran a las

---

[28] Art. 4 definiciones. Numeral 6.

[29] Providencia SAA-001-0505. GORBV. 6835 del 3 de septiembre de 2024. Normas para elaborar los Reglamentos Actuariales de las Tarifas aplicables en los Contratos de Seguros y de Medicina Prepagada.

instituciones financieras regidas por la ley que regula el sector bancario, las empresas de servicios públicos o privados, establecimientos comerciales e industriales, gremios y asociaciones

La inclusión de nuevos canales de comercialización no es un aspecto meramente jurídico, está íntimamente relacionado con la forma de hacer negocios y con la sostenibilidad de la actividad, dado que los seguros son un producto necesario para cualquier población al proporcionar seguridad, al tiempo que constituyen al crecimiento de la economía.

A los efectos de este trabajo consideramos que los canales de comercialización son aquellos mecanismos utilizados para la colocación, suscripción y manejo de los productos, sin incluir aquellos a través de los cuales los productos se promocionan.

Los canales de comercialización y su regulación son un aspecto importante de la actividad aseguradora, dado que las pólizas de seguro se contratan para pagar las pérdidas ocasionadas por los siniestros, en su mayoría importantes para el asegurado, al tiempo que generan ganancias para los aseguradores, siendo fundamental que las mismas se diseñen sobre bases técnicas que permitan cubrir los siniestros, pagar los gastos de la empresa y aún quede dinero para que la empresa obtenga una utilidad. Parte importante de esos gastos lo constituye lo que cuesta el proceso de colocación del seguro, es decir, el canal de comercialización.

Históricamente el costo de vender el producto ha estado está representado por las comisiones que se les pagan a los intermediarios que es siempre un porcentaje predeterminado y fijo que se determina sobre el monto de las primas. Los nuevos de comercialización plantean como reto fundamental disminuir esos costos, generando varias incertidumbres, tales como, si podrá realmente disminuirse ese costo, dado que los mismos requieren erogaciones importantes por los cambios, de procesos, necesidades de sistemas informáticos y sus actualizaciones que, adicionalmente, son difíciles de predecir y estimar.

Aunque este punto pareciera escapar de los aspectos jurídicos no lo es, por cuanto representa un reto para el supervisor, obligado en nuestro país a fijar las tarifas, y la ratio jurídica de tal norma lo constituye verificar que las primas sean suficientes para cubrir la siniestralidad, los costos y las utilidades, pero del otro lado la verificación de que esas primas sean justas para los asegurados.

A lo anterior se suma que no puede dejarse de lado el fenómeno social que se produce por el desplazamiento de un grupo importante de intermediarios que viven de su trabajo como productores de seguros.

Los nuevos canales de comercialización también generan el dilema de cómo realizar ese acercamiento al cliente, que logran los intermediarios de seguros, esa relación que no se circunscribe a vender la póliza, sino que incluye un nivel de servicios adicionales y de confianzas que se genera de esa relación. Este vínculo parece obligar a las aseguradoras a invertir también en los estudios necesarios para poder ofrecer con los nuevos canales de comercialización una experiencia que, al menos, se asemeje a la relación cliente-intermediario.

Estas consideraciones, sin embargo, cambian radicalmente de unos canales de comercialización a otros y determinar, para cada empresa, según su nicho de mercado, el tipo de productos que vende e incluso, el área geográfica en la que se desenvuelve cuáles canales son los más eficientes, para cumplir con las consideraciones anteriores, es un aspecto importante que puede determinar su rentabilidad e incluso su sobrevivencia.

De manera general la norma prudencial establece que pueden comercializarse a través de esos canales, los ramos de accidentes personales, funerarios, vida individual, vida colectiva y responsabilidad civil de vehículos, siempre que estén autorizados para operar en estos ramos. En los productos comercializados bajo esta modalidad no podrán actuar intermediarios de la actividad aseguradora, ni podrá el canal alternativo figurar como tomador o contratante, excepto en aquellos contratados para sus empleados. Las empresas de seguros y de medicina prepagada, no podrán alegar errores, faltas u omisiones del canal alternativo, como eximente de sus obligaciones contractuales y corresponde a la Junta Directiva de la aseguradora aprobar el uso de esta modalidad de comercialización y velar por el cumplimiento de este instrumento normativo

3. *La banca seguro*

Bancaseguros es el modelo de distribución de seguros en el que las aseguradoras y los bancos se unen para vender productos de seguros a los consumidores, usualmente utilizando todas las fortalezas que tienen los bancos para que sus clientes accedan a productos de seguros.

La Reforma de la Ley de la Actividad Aseguradora no define la bancaseguros, limitándose a indicar que dentro de los llamados canales alternativos se encuentran las instituciones del sector bancario[30] y

---

30 Ver. Art. 4. Numeral 6 de la LRLAA. "*Los canales alternativos, involucra a las instituciones financieras regidas por la ley que regula el sector bancario, las empresas de servicios públicos o privados, establecimientos comerciales e industriales, gremios y asociaciones*".

prohibiendo que se obligue a los clientes de los bancos a contratar con una empresa específica del sector asegurador.[31]

Aunque es usual que este canal lo utilicen las aseguradoras que forman parte del mismo grupo económico al que pertenece el banco o cuando tienen intensan relaciones comerciales, ello no resulta imprescindible.

En el pasado, los bancos y las aseguradoras mantenían, a través de distintos tipos de convenios, acuerdos para que los clientes que recibieran créditos de los bancos contrataran pólizas para los bienes que servían de garantía o las pólizas de vida de desgravamen hipotecario a través de determinadas aseguradoras.

En Venezuela la experiencia de la banca seguros ya fue conocida durante la primera década de este siglo. No conocemos estadísticas sobre la penetración que se produjo de este mercado, pero no se conocieron efectos importantes por la utilización de este canal de comercialización, llegándose a estimar especulativamente que podría haber alcanzado entre el 2% y 3% del primate de las empresas.[32]

La normativa sublegal establece que en el caso de la comercialización de pólizas a través de instituciones bancarias o las Tecnologías del Mercado Financiero (FINTECH) legalmente constituidas en el país, bastará con la inscripción en la Superintendencia de las Instituciones del Sector Bancario y la presentación de una carta suscrita por el representante legal de la institución financiera, expresando su decisión de actuar como comercializador de dicha aseguradora, acompañado del acta de asamblea general de accionistas donde se acordó tal decisión.

A. *Ventajas y desventajas*

Las operaciones de banca-seguro de hoy en día van mucho más allá, porque buscan aprovechar las sinergias que puede prestar la banca a través

31 Ver. Art. Artículo 122. *Son derechos de los tomadores, asegurados, beneficiarios, contratantes, usuarios y afiliados, respecto de los sujetos regulados, los siguientes: 1. Elegir libremente la empresa de seguros o de medicina prepagada que cubrirá los riesgos a los cuales están expuestos; en consecuencia, ninguna institución o empresa, en especial las regidas por la ley que regula la materia bancaria y aquellas dedicadas a la venta de vehículos y cualquier otro bien o servicio, podrá obligar a sus clientes a contratar a través de un determinado intermediario o empresa de seguros o de medicina prepagada.*

32 Rainiel Vargas, Raimundo José: **Relación Comercial Bancaseguros**. Tesis presentada en la UCAB. 2008. Documento en línea; Disponible: http:// biblioteca2. ucab.edu.ve/anexos/biblioteca/marc/texto/AAR3787.pdf

de sus bases de dato, el amplio acceso a las masas, su red de oficina, sus canales tecnológicos de contratación y también su prestigio y reputación, permitiendo a las aseguradoras no sólo mejorar sus ventas si no también reducir los costos de intermediación. Para los bancos puede significar ingresos adicionales por operaciones accesorias, conexas o neutras, sin mayor esfuerzo, utilizando sus redes de oficinas y electrónicas.

Daniel Pinzón ha resumido estos beneficios en los siguientes términos:

Ventajas de Banca seguros: una base grande de posibles clientes, redes de distribución ya establecidas, clientes potenciales con bajo costo unitario por contacto, prácticas y procesos orientados a la reducción de costos de grandes grupos financieros.[33]

Los bancos fortalecen la coalición al actuar como distribuidores de seguros con su amplio alcance, penetración en el mercado y confianza establecida del cliente, mientras que las aseguradoras aportan su conocimiento especializado del mercado de seguros. Ambos se benefician del hecho de poder compartir las bases de datos de sus clientes.

Sin embargo, existen algunas desventajas, partiendo del hecho de que no todos los productos de seguros pueden ser vendidos a través de este canal, dado que un número importante de pólizas requieren procesos previos de verificación para que la empresa pueda determinar el monto de la prima e incluso si desea contratar la póliza, tales como las inspecciones de riesgo y los avalúos de los bienes que se aseguran; o el estado de salud de los asegurados. Eso de por sí parece excluir los seguros de salud y los seguros de casco de vehículos que requieren de un proceso de selección y verificación del cliente más detallado, a los que se suman otros seguros para bienes de altos o complejos riesgos.

Existen también riesgos para la banca, como son el hecho de que las diferencias o inconformidades que puede tener un cliente por la atención del asegurador o el manejo de sus reclamos que podría influir negativamente en su relación con el banco, a lo que hay que adicionar que se deben llevar a cabo procesos de capacitación al personal sobre el producto; generar nuevos procedimientos y reportes e incluso puede ser requerida una mayor cantidad de personal para atender la comercialización de estos nuevos productos.

---

33 Pinzon, Daniel: **La experiencia de América Latina en bancaseguros**. Ponencia presentada al Seminario Especial de Seguros de Vida. Fasecolda. 2013. Documento en línea: Disponible: file:///C:/Users/eykne/AppData/Local/Temp/MicrosoftEdgeDownloads/8e735b89-3cef-4f30-b7d7-14542f210a06/admin,+ Gestor_a+de+la+revis ta,+v153a12.pdf

Al extrapolar esos riesgos a las empresas del sector asegurador nos encontramos con un menor control en las ventas de esos productos, clientes que pueden estar disconformes con la forma en que son atendidos sus solicitudes de suscripción, de asesoría o de tramitación de reclamos y la necesidad de establecer controles en los procesos de suscripción de las pólizas y pago de siniestros.

Los seguros que usualmente se venden más a nivel mundial a través de la banca seguro, son los seguros de vida más fácil de evaluar y que además paga las comisiones más altas para los bancos.

Internacionalmente se ofrecen en otros países productos como seguros patrimoniales, tales como pólizas para cubrir los riesgos del hogar, seguros de vehículos, y seguros de salud.

En cuanto a los modelos de banca seguro se ha hecho referencia a que pueden existir varias formas de colaboración empresarial en esta materia. Se hace referencia a la existencia de varios tipos diferentes de modelos que pueden utilizarse incluyendo el más utilizado que son los llamados contratos o convenios de distribución, en los cuales el banco coloca las pólizas de seguros dentro de sus procesos de venta de sus propios productos.

Otros modelos incluyen las alianzas estratégicas, en las cuales el banco participa en el desarrollo de los productos, jugando un papel más importante en el diseño y desarrollo del proceso, incluyendo la gestión de los canales; los proyectos conjuntos en donde los bancos y seguros crean una empresa conjunto para modelos de distribución más grande y comparten utilidades, e inclusive los modelos de grupos en donde el banco adquiere o crea una división de seguros que se integra a la estructura del grupo para realizar este tipo de actividades utilizando las sinergias que pueden darle las otras empresas del grupo.

4. *Los nuevos actores*

La Reforma de la Ley de la Actividad Aseguradora incluye la posibilidad de utilizar a otro tipo de personas jurídica (distintas a los intermediarios) para hacer convenios con ellos a los fines de que los mismos puedan ser utilizados como un canal para la venta de seguros.

Dentro de estos establecimientos con los que se podrían celebrar convenios o alianzas estratégicas se encuentran, las empresas de servicios públicos o privados, establecimientos comerciales e industriales, gremios y asociaciones.

Se trata de colocar pólizas de seguros a través de establecimientos comerciales de otras áreas de la actividad económica distinta al área financiera, que tendrán por objeto ofrecer contratos de seguros, convirtiéndose así en puntos de acceso al mercado asegurador.

Estos establecimientos pueden prestar o pertenecer a otros sectores que prestan una gran variedad de servicios o productos, tales como supermercados, gasolineras, farmacias, entre otros. La Ley no exige que los mismos deban tener tiendas físicas, pero podría ser un requisito que se establezca en las normas que dicte la Superintendencia de la Actividad Aseguradora.

Al menos en su concepción inicial, se presupone que estos nuevos canales alternativos se utilizarán para la contratación de productos masivos que no requieran de mayores trámites para poder perfeccionar el contrato produciendo beneficios para el sector que se aprovecha de la clientela del aliado comercial, permitiéndole llegar a nuevos clientes, disminuyendo sus gastos por concepto de comisiones y transformando un costo fijo (las comisiones que pagan a los intermediarios) en uno variable, obteniendo economías de escala.

Al igual que para la banca –con los corresponsales no bancarios-, los sujetos que actúen como canales alternativos se beneficiarán de ingresos adicionales, aunque para ellos también supondrán algunos nuevos gastos productos de la implementación de los procesos para lograr estas ventas.

Aunque la iniciativa es positiva, presenta múltiples aspectos que deben ser tenidos en cuenta, por la diversidad de los prestadores y las incidencias que pueden presentarse con respecto a la empresa del sector asegurador.

La mayor parte de las referencias que hemos realizado sobre la banca seguro son aplicables al uso de este otro tipo de aliados comerciales, sin embargo, una de las diferencias fundamentales la constituye el hecho de que estos otros tipos de personas que forman parte del concepto de canales alternativos deben inscribirse en la Superintendencia de la Actividad Aseguradora, con lo cual nos encontramos con un nuevo tipo de sujeto regulado por el ente de control, lo que no se exige para la banca seguro, siendo la razón de ser de la distinción obvia, por cuanto los bancos son sujetos regulados de la Superintendencia de las Instituciones del Sector Bancario.

La inscripción de estos sujetos ha sido establecido por la Superintendencia de la Actividad Aseguradora al establecer los requisitos que va a exigir para la inscripción, generando problemas jurídicos interesantes desde el punto de vista de la extensión de esta regulación que puede afectar los derechos a la libertad económica, pero más aún y de manera central, las distinciones y posibles violaciones del derecho a la igualdad con los intermediarios de seguros, ampliamente regulados y sometidos a condiciones para poder ejercer la actividad de intermediación.

La pregunta básica a responder es por qué un intermediario (agente, corredor o sociedad de corretaje de seguros) debe someterse a pruebas u otros requisitos de conocimientos, pago de tasas para su inscripción, procesos de suministro de información periódicas, causales específicas de suspensión o revocatoria y las empresas que se van a utilizar en los canales alternativos no.

Es claro que la Superintendencia de la Actividad Aseguradora podrá solicitar para el registro cierta información, pero resulta jurídicamente discutible si podrá exigir para estos nuevos actores condiciones o requisitos y menos aún, cobrar tasas por dicho registro o imponer sanciones.

La solución jurídica parece encontrarse en si los llamados canales alternativos son o no intermediarios, para lo cual debe acudirse al concepto de intermediarios, que gozan de una definición auténtica en la Ley.

> Intermediario: Persona natural o jurídica que contribuye con su mediación para la celebración de los contratos de seguros, de reaseguros, de medicina prepagada y de administración de riesgos, así como con su asesoría a los tomadores, asegurados, beneficiarios, contratantes, usuarios y afiliados.[34]

No queda duda que estos nuevos canales entran en la definición. Ninguna norma indica que no adquieren tal carácter, por lo que quedaría por dilucidar es si en el artículo 57 de la Ley de Reforma de la Actividad Aseguradora, cuando se atribuye a la Superintendencia de la Actividad Aseguradora la capacidad de regular a través de normas el uso de estos mecanismos, esa capacidad incluye la de excluirlos de las regulaciones que tienen por la Ley como intermediarios. Esta discusión se coloca en el centro de las discusiones que existen sobre la potestad legislativa sublegal en las llamadas regulaciones prudenciales.

Debe tenerse en cuenta que no parece que la intención del legislador sea registrar o asimilar a estos nuevos actores a los intermediarios, dado que se trata de dos formas distintas de contratación.

Ahora bien, si la respuesta de la diferencia entre ambas formas de contratación proviene del hecho de que a través de los canales alternativos se venderán productos con estructuras, condiciones y requisitos menos complejos, entonces deberá analizarse si no deberían existir también requisitos menos rigurosos para los intermediarios que los comercialicen o que solo comercialicen este tipo de productos.

---

34 Ver art. 4. Numeral 18.

En igual tenor de ideas se presentan dudas jurídicas válidas sobre si aplicarán a esos nuevos sujetos sanciones, como las que se derivan, por ejemplo, de no enterar a tiempo las primas cobradas, o realizar operaciones con empresas no autorizadas.

Desde el punto de vista operativo resulta igualmente necesario tener presente que pueden presentarse situaciones tales como errores al momento de realizar la contratación, como, por ejemplo, falta de información vital para el contrato, los controles y notificaciones sobre los contratos suscritos y el inicio de la vigencia del contrato.

El retardo del aliado de negocios en enterar las primas cobradas también puede perjudicar a la aseguradora, la cual tiene que constituir las reservas técnicas, al tiempo que las primas no enteradas supondrán, sin embargo, un aumento de las primas que incide en el margen de solvencia y obliga a la empresa a aumentar su patrimonio aun cuando se trate de recursos que no han ingresado a la caja de la empresa.

Los principios básicos que debe cumplir la legislación que se dicte para estos nuevos canales alternativos, como ha indicado Ricardo Alonso Soto, son los siguientes: a) La regulación de nuevas formas de mediación, b) La igualdad de trato para las distintas clases de mediadores, en el sentido de que se prevén requisitos profesionales equivalentes para todos ellos atendiendo a su especial naturaleza; c) La transparencia para garantizar la adecuada protección de los consumidores en este ámbito.[35]

En nuestro criterio el regulador debe tener también en cuenta otros aspectos como la necesidad de regular la competencia, que se planteará en términos diferentes, a fin de evitar mayores concentraciones del mercado; determinar los requisitos que deben cumplir los nuevos intermediarios y la aplicación de un régimen legal cónsono que, sin desestimular este nuevo canal, garantice a las aseguradoras el cabal cumplimiento de sus obligaciones.

5. *Contratación electrónica y las insurtech*

Otro de los aspectos novedosos durante los últimos años en el mercado de seguros ha sido la utilización de las nuevas tecnologías en los servicios financieros que se prestan.

---

35 Soto, Ricardo Alfonso: “La nueva Regulación de los mediadores de seguros”. *Revista cuatrimestral de las Facultades de Derecho y Ciencias Económicas y Empresariales*, nº 71, mayo-agosto 2007. pp. 38.

No puede discutirse que las nuevas tecnologías financieras impactan decisivamente la forma de hacer negocios en todas las actividades económicas y no existe ninguna razón para considerar que el sector asegurador estará o deba estar excluido de estos cambios.[36]

Lo primero que debe determinarse es a qué se refiere exactamente el término contratación electrónica o contratos electrónicos. Al decir de la Dra. Nayibe Chacón:

> La contratación electrónica no sólo está referida a la utilización de redes abiertas; es decir, Internet, ya que en su sentido amplio se refiere a toda forma de transacción realizada por medios electrónicos, la cual incluye los entornos cerrados y otros medios electrónicos tradicionales de comunicación, como el télex, teléfono, fax o el uso de la TV digital o interactiva.[37]

Nos referimos entonces a medios no para publicitar los productos sino aquellos medios a través de los cuales se logra el perfeccionamiento del contrato, tal como lo ha explicado el Profesor Víctor Guidón, se trata de un tema jurídico complejo, criterio que compartimos en especial en el contrato de seguros, el cual, si bien actualmente es un contrato consensual tiene una consensualidad que se pudiera llamar atenuada.

Los problemas derivados de la celebración de contratos a través de los medios electrónicos han sido explicados suficientemente por la doctrina, que durante años ha venido analizando el tema, y cuyas conclusiones son aplicables a los contratos de seguros perfeccionados por estos medios, por lo cual preferimos centrarnos en otras situaciones derivadas de las nuevas tecnologías que afectan al mercado asegurador, las cuales se centran en las nuevas regulaciones que permiten nuevas formas de hacer negocios, a través de las llamadas *fintech.*

Las financieras tecnológicas permitirán realizar la actividad aseguradora con énfasis en la individualidad ofreciendo productos dirigidos a cada asegurado, con planes más flexibles y personalizados, al tiempo que

---

36 Al respecto concluye la Dra. Nayibe Chacón: *"En la actualidad nadie discute el rol protagónico que tiene la tecnología en el comercio tanto interno como internacional, así como en prácticamente todas las fases de la cadena de comercialización y distribución de los productos que se consumen diariamente a nivel mundial, así como de un impresionante grupo de servicios que son dispensados igualmente a escala global.*" Chacón, Nayibe: "Aspectos digitales del comercio electrónico que requieren su atención jurídica en Venezuela". *RVDM*, Nro. 11, 2023, pp. 141-150.

37 *Idem.*

se reducen los costos operativos y se minimiza el fraude, con los nuevos dispositivos que permiten conocer el estado o situación de los riesgos asegurados.

Para las empresas las soluciones tecnológicas constituyen un elemento fundamental para el mejoramiento de los procesos, su simplificación y la obtención de mayores controles.

En nuestro país no existe una regulación legal unitaria para las *fintech*, pero los distintos supervisores de los sectores financieros han venido dictando normativas prudenciales destinadas a regular estas actividades y a establecer normas para disminuir los riesgos que pueden afectar a las instituciones del sector.

Dentro de este contexto, el Banco Central de Venezuela, a través de su Resolución N° 18-12-01 de fecha 04/12/2018, contentiva de las "Normas Generales sobre los Sistemas de Pago y Proveedores No Bancarios de Servicios de Pago que Operan en el País", reguló a los administradores de los sistemas de pago, considerando que es toda persona jurídica, pública o privada, de carácter financiero o no, que opere un sistema de pago y coordine la actuación de los participantes en el mismo, siempre y cuando hubiere sido autorizado como tal por el Banco Central de Venezuela.

Por su parte, la Superintendencia de las Instituciones del Sector Bancario, ha emitido la Resolución N° 001.21,[38] que dicta las "Normas que Regulan los Servicios de Tecnología Financiera (FINTECH)", esto en aras de garantizar el funcionamiento de un sector bancario que brinde a la población servicios modernos y de calidad, dentro de la cual regula los servicios financieros prestados a través de nuevas tecnologías, ofrecidos por las instituciones de tecnología financiera, en cualesquiera de sus modalidades; así como su organización, operación y funcionamiento.

Para este Organismo, las instituciones de tecnología financiera del sector bancario (ITFB) son las personas jurídicas de carácter público o privado, nacional o extranjera, autorizadas por la SUDEBAN para prestar en el país los servicios financieros, a través del uso de nuevas tecnologías, definiendo a las *fintech* como soluciones financieras propiciadas por la tecnología, que involucra a todas aquellas empresas de servicios financieros que utilizan procesos y sistemas tecnológicos de avanzada para poder ofrecer productos y servicios financieros innovadores bajo nuevos modelos de negocio.

---

38 Gaceta Oficial N° 42.151, de fecha 17 de junio de 2021.

Estas nuevas empresas se encuentran sometidas a requisitos similares a los de las instituciones bancarias, en especial, a la obligación de solicitar autorización para realizar operaciones.

Los servicios incluidos dentro de esta norma que ofrecen la *fintech* incluyen de apertura de cuenta bancaria a través de nuevas tecnologías; soluciones bancarias multiplataforma; utilización de datos estadísticos de libre dominio con fines financieros; plataformas de conexión de *fintech* y de instituciones bancarias; autenticación de voz del usuario: producto especializado en el reconocimiento de la identidad de los clientes en forma segura que utilizan los canales de comunicación de voz con las instituciones financieras; interacción automatizada de los usuarios financieros; software de cumplimiento; soluciones de gestión de riesgos. En el mismo sentido se encuentran regulados los servicios denominados (i) de integración de redes sociales-pagos-finanzas-venta al por menor; y (ii) La banca como servicio.

La exposición de motivos que se realizó en los proyectos de la Ley de Reforma de la Ley de la Actividad Aseguradora establecía que con el objetivo de aligerar los procesos administrativos y expandir el alcance de los contratos de seguros, se incorpora el uso de los Servicios de Tecnología Financiera (FINTECH)".

La Ley de Reforma de la Ley de la Actividad Aseguradora, las define en el artículo 5 como "*Soluciones financieras propiciadas por la tecnología que involucra a todas aquellas empresas de servicios financieros que utilizan procesos y sistemas tecnológicos de avanzada para servir de auxiliar como sistema de pago o prestador de servicios dentro de la aseguradora o los canales alternativos*".

El artículo 57 de la recién promulgada Ley de la Actividad Aseguradora permite a las empresas de seguros, de medicina prepagada y los canales alternativos contratar proveedores especializados en servicios a distancia, así como el uso de tecnología financiera (FINTECH), autorizando a la Superin-tendencia de la Actividad Aseguradora la regulación de estos mecanismos, con lo cual queda la duda de si puede regular a las financieras tecnológicas, que no aparecen expresamente como sujetos regulados en el artículo 3 de la Ley, pero que podrían calificarse de intermediarios, siendo este tema uno de los que sin duda generará debates jurídicos interesantes.

La normativa emitida por la Superintendencia de la Actividad Aseguradora distingue entre las financieras tecnológicas y las *insurtech*. Las empresas de Tecnología del Mercado Financiero *(FINTECH)* han sido definidas como soluciones financieras propiciadas por la tecnología que involucra a todas aquellas empresas de servicios financieros que utilizan procesos y sistemas tecnológicos de avanzada para servir de auxiliar como sistema de pago o prestador de servicios.

Por otra parte, las empresas de Tecnología del Mercado de la Actividad Aseguradora *(INSURTECH)*, son aquellas empresas emergentes, que desarrollan y ofrecen productos de seguros en un entorno digital y bajo nuevos modelos de negocios, empleando nuevas tecnologías y procesos; tales como: computación en la nube, blockchain, big data, inteligencia artificial, redes inalámbricas, entre otras.

La Superintendencia de la Actividad Aseguradora también ha incluido el concepto *de open insurance* definidas como la prestación de servicios y datos a socios, comunidades y *startups*, con el fin de crear nuevos servicios, aplicaciones y modelos de negocio innovadores y disruptivos. Desde una perspectiva técnica, el concepto principal de *Open Insurance* proviene de la combinación de arquitecturas de API abiertas insertadas en aplicaciones de seguro.[39]

Estas empresas financieras tecnológicas que prestan servicios para el sector asegurador son conocidas a nivel mundial como *Insurtech*, (una combinación de las palabras "seguro" y "tecnología", inspirada en el término fintech), incluyendo dentro del concepto al uso de innovaciones tecnológicas diseñadas para lograr ahorros de costos y mejorar la eficiencia modelo actual de la industria de seguros.

Es usual encontrar que se utiliza en ocasiones la palabra *insurtech* para hacer referencia a aseguradoras virtuales, nos referimos a las que no tienen presencia física y realizan operaciones sólo por internet, las cuales no están previstas expresamente en nuestra legislación, pero se trata de un tema que seguramente se tendrá que discutir en el corto plazo, pero en general, se hace referencia con mayor relevancia a los servicios tecnológicos asociados a cualquier actividad de seguros.

Dentro de las aplicaciones de las insurtech que a nivel mundial ya se han presentado se encuentran el uso de tecnología para el análisis de datos, el internet de las cosas y la inteligencia artificial, que permite que los productos tengan precios más competitivos.

Pueden citarse, sin dejar de reconocer que cada vez existen mayores innovaciones en la materia, la posibilidad de ofrecer al cliente información y responder a sus preguntas, lo que se conoce como interactuar con los clientes con chatbots que facilitan que reciba ayuda sin hablar con un humano, en el horario que prefiera, sin esperar ser atendido y de una manera más ágil y neutral.

---

39 Providencia SAA-001-0536, contentiva de las Normas sobre administración de riesgos de legitimación de capitales, financiamiento al terrorismo, financiamiento de la proliferación de armas de destrucción masiva y otros ilícitos en la actividad aseguradora.

Se incluyen también los llamados agentes conversacionales más evolucionados que tienen un tratamiento lingüístico y una experiencia para dar información muy superior a la de asistentes virtuales más tradicionales, permitiendo generar flujos de conversación adaptados a lo que el cliente necesita, siendo capaces de guiar al usuario, solicitarle información, explicarle qué pasos tiene que seguir, etc. A través de los llamados buscadores cognitivos a través de los cuales es posible relacionar la solicitud de información con la documentación con que cuenta la aseguradora. Así podrán hacer referencia a la cláusula concreta en que se recoge ese caso, o incluso compararlo con casos anteriores con los cuales tenga similitudes para tener una respuesta fiable.

Otras de las aplicaciones que permiten las nuevas tecnologías es la suscripción de contratos, permitiendo el reconocimiento digital del cliente y obtener la información necesaria, la cual adicionalmente se digitaliza y mantiene archivada con menos procesos y costos de almacenamiento para las empresas.

Igualmente se han diseñado tecnologías para evaluar riesgos, procesar contratos, suscribir pólizas a distancia, ofrecer coberturas personalizadas con tarifas que son calculadas e individualizadas de manera electrónica, utilizando los programas que contienen flujos de datos de dispositivos habilitados para Internet para cotizar primas dinámicamente de acuerdo con el comportamiento e información del cliente, ajustando las primas a los riesgos reales del contratante, lo cual permite subsanar el hecho de que en los seguros tradicionales, algunas personas pagan más de lo que deberían por existir tarifas uniformes que no toman en cuenta algunas diferencias que pueden ser sustanciales, como ocurría con el seguro de hospitalización, cirugía y maternidad, que implicaba la misma prima aunque el asegurado no estuviese expuesto al riesgo de esta última.

Dentro de otros beneficios se hace referencia al interés en el uso de aplicaciones para crear seguros a pedido como pólizas para conferencias o convenciones, alquilar o rentar un bien para las vacaciones, pedir prestado el auto de un amigo y la adopción del modelo peer-to-peer para crear coberturas grupales personalizadas y permitir, por ejemplo, descuentos para grupos o pólizas colectivas temporales, por ejemplo, para excursionistas.

En el área de anticipación de sucesos, prevención y control de los riesgos asegurados, las financieras tecnológicas en seguros prestan servicios que permiten establecer monitoreo de las personas o bienes asegurados, como los dispositivos para controlar la salud, como los comprobadores de salud portátil, pero también los GPS que permiten ubicar los bienes asegurados, dispositivos que también suministran información adicional que puede ser utilizada en los procesos de individualización de las coberturas, como por ejemplo, pólizas de casco según la frecuencia o zonas geográficas en donde se moviliza el vehículo asegurado.

Las *insurtech* facilitan manejar de manera más eficientes los siniestros, hacer más sencillos y rápidos las notificaciones del asegurado, las comunicaciones o información adicional que requiera la empresa, determinar el monto del siniestro e inclusive la detección de fraudes.

En materia de ajustes de pérdidas cada vez obran más fuerza las herramientas de fotoperitaje y videoperitaje. Estas herramientas permiten, gracias a la inteligencia artificial, estimar a partir de videos o fotografías cuál es el alcance de los daños, pero también al momento de contratar el seguro como sistema para para evaluar los riesgos o estado de los bienes o propiedades que van a ser objeto del contrato, permitiendo incluso realizar avalúos o inspecciones de riesgo, en sitios lejanos o donde puede ser inseguro o de difícil acceso acudir personalmente.

Todos los aspectos anteriores, son solo algunas de las innovaciones tecnológicas que están revolucionando al sector y que imponen grandes retos regulatorios para las autoridades, los cuales parten de conocer cuál es la extensión de las facultades del supervisor para regular a los llamados sujetos *fintech*, pero también, cómo los servicios que prestan inciden en aspectos como el momento del perfeccionamiento del contrato, las cláusulas que deben incluirse en los condicionados de las pólizas y la incidencia de estos nuevos costos o servicios en los precios de las pólizas.

V. LAS CADENAS DE BLOQUES Y LOS SEGUROS PERSONA A PERSONA

Los retos que representan las nuevas tecnologías no se limitan a aquellas soluciones tecnológicas que cambiarán la forma de hacer negocios en el sector como lo conocemos, por cuanto hoy en día tenemos además los desafíos que representa la cadena de bloques y la aplicación de los negocios que se generan a través del llamado blockchain, que introduce el riesgo de lo que se ha denominado seguros disruptivos de persona a persona P2P, que les permite a los asegurados pactar contratos de seguros entre ellos, disminuyendo los costos que involucra la operación de una aseguradora.

El seguro peer-to-peer (P2P) es una nueva forma de seguro que permite a los asegurados agrupar su capital y auto administrar sus riesgos.

Este tipo de operación –no sabemos si deba llamársele seguro- crea grupos de personas que comparten confianza e intereses mutuos. Al agrupar sus pólizas de seguro, pretenden reducir el costo de la gestión de pólizas, recuperarse ellos mismos en forma de fondos residuales después de los pagos de siniestros o reasegurarse en caso de que los montos de los siniestros excedan el fondo común. En esencia, el seguro P2P es sustancialmente diferente del seguro tradicional en el que la compañía de seguros se queda con las primas no pagadas.

Bajo las facilidades que otorgan las tecnologías de la cadena de bloque, los asegurados pueden llegar a agruparse para auto administrar sus propios riesgos, obligándose de diversas maneras a compartir las erogaciones necesarias que puedan derivarse en caso de ocurrencias de siniestros, bien sea constituyendo fondos iniciales que a través de contratos inteligentes permiten liquidar el siniestro y transferir los fondos una vez que se cumplen ciertas condiciones e incluso devolver los fondos que no sean utilizados al final del período pactado a los miembros del grupo.

En otra forma de organización, los seguros P2P pueden pactar la obligación de transferir el monto del siniestro, bien en monedas tradicionales o a través de billeteras virtuales, para pagar la indemnización, una vez que hayan ocurrido los mismos.

Incluso estas modalidades pueden incluir reaseguros para riesgos que cubran siniestros por montos mayores o pueden constituirse estos seguros solo para cubrir los deducibles que existen en las pólizas de seguros tradicionales con la finalidad de disminuir el monto de las primas que se pagan a las aseguradoras.

La regulación de los llamados seguros P2P, parece lejos aún, al no haberse hecho ninguna mención en la novísima legislación a este tema. En general la regulación de las operaciones a través de los mecanismos que facilitan las cadenas de bloques es un asunto que no han abordado la mayoría de las legislaciones.

En el sector asegurador el problema debe ser visto a través de la prohibición que existe en el artículo 25 de la Ley de Reforma de la Ley de la Actividad Aseguradora, el cual establece en su numeral 23 que queda prohibido a los sujetos regulados:

> 23. Realizar operaciones comprendidas en los sistemas denominados tontina y chatelusiano, sus derivados o similares, así como suscribir contratos de cuentas en participación con relación a la actividad aseguradora, sin que ello afecte los reintegros por buena experiencia.

Los sistemas de tontinas consisten en una "*Operación de lucro que consiste en poner un fondo entre varias personas para repartirlo en una época dada, con sus intereses, solamente entre los asociados que han sobrevivido y siguen perteneciendo a la agrupación*".[40] Los seguros P2P podrían considerarse un sistema derivado o similar y considerarse prohibidos por la ley o, por el contrario, estimarse muy difíciles de ser encuadrados en esta categoría y constituir un contrato que se celebra dentro de la autonomía de la voluntad de las partes.

La situación se plantea dentro de los términos que ha planteado una parte de la colectividad que considera que deben crearse opciones dentro de los sistemas financieros que se encuentren desregulados y al margen de las autoridades y empresas tradicionales, lo que se ha venido denominando anarcocapitalismo.

Para nosotros resulta muy pronto aún en nuestro país con poca cultura de los seguros saber qué orientaciones y posibilidades podrían tener modalidades de contratación a través de esta vía y cuál será su incidencia en el mercado de seguros. Tal vez las empresas aseguradoras, las reaseguradoras o las administradoras de riesgos puedan impulsar u ofrecer servicios para este tipo de contratos persona a persona para cobertura de riesgos, pero sin duda existen interesantes interrogantes sobre los mismos.

VI. CONCLUSIONES

La inclusión de nuevos productos y canales debe considerarse un paso importante en los cambios que requiere el sector asegurador para adaptarse a los nuevos tiempos, a las recientes tecnologías y a las necesidades del mercado.

Se trata de una nueva realidad que no debe despreciarse, pero que debe verse con cuidado porque impone grandes retos en su operatividad y regulación. La normativa incluida en la Reforma de la Ley de la Actividad Aseguradora y la novísima normativa prudencial es sólo el primer paso –la apertura de una compuerta- que debe considerarse como una declaración de principios, y aunque se ha venido desarrollando a través de las normativas dictadas por la Superintendencia de la Actividad Aseguradora, se requiere tener en cuenta que se trata de temas complejos que involucran intereses encontrados y que, en vista de la diversidad de los cambios seguramente deberán ser ajustadas en el tiempo, una vez que nos enfrentemos a los desafíos que implica su implementación.

---

40 FUNDACIÓN MAPFRE: *Diccionario de Seguros*. Documento en línea; Disponible: https://www.fundacionmapfre.org/publicaciones/diccionario-mapfre-seguros/tontina-y-chatelusiano/#:

Las regulaciones deben tener en cuenta que los nuevos productos – seguros masivos, inclusivos y microseguros- deben ser diseñados teniendo como norte la sustentabilidad del producto, porque de lo contrario, los mismos estarán condenados a desaparecer.

El dilema sin duda es cómo desarrollar productos a bajo costo que cumplan los requisitos técnicos necesarios con tarifas suficientes. Esta premisa obliga a una reevaluación de toda la actividad aseguradora.

Al regular a los seguros que buscan incrementar la inclusión social, debe buscarse el equilibrio entre facilitar el entorno de los negocios y asegurar la protección de los consumidores vulnerables. Este objetivo es particularmente importante ya que el perfil del cliente de seguros que permiten la inclusión financiera generalmente corresponde a personas con menor nivel de educación y conocimientos financieros a lo que se suma que, simultáneamente, son más vulnerables económicamente.

Por consiguiente, es más importante aún contar con seguros que den valor al cliente a cambio de su dinero, generen confianza y permitan su permanencia en el tiempo, consolidándose como un verdadero mecanismo para llevar el seguro a toda la colectividad.

De otro lado, los supervisores deben tener en cuenta de que las aseguradoras requieren un entorno normativo suficientemente flexible, así como oportunidades para operar de forma comercialmente sostenible.

La legislación reconoce que, en muchos casos, el acceso a los clientes de seguros que favorecen la inclusión es más difícil debido a razones geográficas y, a menudo, resulta demasiado oneroso usar los canales tradicionales de distribución.

Los nuevos canales de comercialización imponen grandes retos que inician con la determinación de los productos que deben estar disponibles para ser comercializados a través de estos nuevos canales. A pesar de que la legislación contiene una enumeración, ésta debe ser considerada preliminar y sometida a un riguroso análisis por parte de las empresas y el Supervisor, para determinar si las condiciones para emitir estas pólizas, respetando siempre las bases técnicas, se cumplen cuando se comercializan a través de estos nuevos canales.

Una vez abierta la posibilidad de estos nuevos productos y canales, aún debe mirarse con detenimiento lo que existe detrás de esta iniciativa, sin perder de vista que existen puntos jurídicos que aún requieren solución, como son el respeto al derecho a la igualdad de los intermediarios, la determinación de las competencias para regular a las *fintech,* así como a los actores que constituyen los nuevos canales alternativos.

La Superintendencia de la Actividad Aseguradora y las empresas del mercado deben poner en práctica acciones como las que se han llevado a cabo en otros países, en donde la participación del conocimiento e intuición del colectivo de los riesgos que se enfrentan sea tomado en cuenta, utilizando sistemas como las llamadas areneras o sandboxes[41] o los centros de innovación informados, cuyo objetivo es mejorar la comprensión de las empresas del sector, los intermediarios y los clientes sobre las necesidades, mejores normas y supervisión con respecto a modelos de negocios, productos y servicios innovadores. Esto se hace proporcionando a las empresas un punto de contacto para intercambiar opiniones e iniciar el diálogo con las autoridades competentes en relación con la aplicación de normas y requisitos exigidos. Hemos visto que las nuevas normativas incluyen la posibilidad de esta experiencia, quedando ahora la necesidad de convertirla en una realidad.

Por último, las autoridades competentes deben abocarse al estudio y análisis de las necesidades legislativas que surgen de las nuevas formas de contratación que permiten las innovaciones tecnológicas y los llamados seguros personas a personas y no esperar encontrarse con realidades que inciden decisivamente en el mercado.

Los aspectos planteados son solo las primeras ideas del complejo conjuntos de interrogantes que plantea la Reforma de la Ley de la Actividad Aseguradora de 2023 y la reciente normativa del Supervisor.

BIBLIOGRÁFICAS

ABACHE C. Serviliano: *La regulación de las «fintech» en Venezuela*. Revista de la Facultad de Derecho, Documento en línea: Disponible: https://revistasenlinea.saber.ucab.edu.ve/index.php/rfderecho/article/view/5677.

BADELL B. Nicolás: *Regulación administrativa de las empresas fintech. Especial referencia al derecho venezolano*. Documento en línea: Disponible: https://badellgrau.com/2022/01/07/regulacion-administrativa-de-las-empresas-fintech-especial-referencia-al-derecho-venezolano-nicolas-badell-benitez/

---

41 Un sandbox regulatorio es un esquema establecido por una autoridad competente que proporciona un espacio y una oportunidad de intercambiar experiencias, expectativas y preocupaciones y realizar pruebas con el fin de evaluar las situaciones que pueden presentarse en el diseño o implementación de nuevos productos, servicios o canales..

CHACÓN, Nayibe: *Aspectos digitales del comercio electrónico que requieren su atención jurídica en Venezuela*. RVDM, Nro. 11, 2023, pp. 141-150.

______ *La contratación electrónica*. Boletín de la Academia de Ciencias Políticas y Sociales nº 148 – enero-junio 2010. pp. 207.

FASECOLDA: *Seguros Inclusivos*. Documento en línea; Disponible: https://sostenibilidad.fasecolda.com/index.php/inclusion-financiera/seguros-inclusivos.

FUNDACIÓN MAPRE: *Diccionario de Seguros*. Documento en línea; Disponible: https://www.fundacionmapfre.org/publicaciones/diccionario-mapfre-se-guros/tontina-y-chatelusiano.

GUIDON G., Víctor: Breve análisis sobre la formación del contrato por la vía electrónica en Venezuela. *Revista Venezolana de Legislación y Jurisprudencia* 2018, p. 293-315.

GARCÍA G., Daniel: *Las fintech: desafíos jurídicos en la reinvención del sistema financiero en México*. Documento en línea; Disponible: https://ri.ujat.mx/handle/20.500.12107/3359

GIRALDO, K. J. *Propuesta de regulación de fintech en Colombia basada en la experiencia de México y Brasil*. 2020. Documento en línea; Disponible: http://hdl.handle.net/10554/53892

INVERSOPEDIA: *Microseguros*. Documento en línea; Disponible: https://inversiopedia.com/microseguros/#.

MAPFRE SEGUROS: *Los Seguros Inclusivos, una protección para los países en vías de desarrollo*. Documento en línea: Disponible: https://www.mapfre.com/actualidad/seguros/solucion-proteccion-paises-vias-desarrollo-seguros-inclusivos.

MAPFRE Perú: *Glosario de términos de seguros*. Documento en línea; Disponible: https://www.mapfre.com.pe/glosario/seguros-masivos/seguros masivos/.

MICROINSURANCE NETWORK: *The Landscape of Microinsurance. Report 2022*. Documento en línea; Disponible: https://microinsurancenetwork.org/resources/the-landscape-of-microinsurance-2022.

MORLES HERNÁNDEZ, Alfredo: La desgalización de la materia del contrato de seguro en: *Revista Venezolana de Derecho Mercantil / Sociedad Venezolana de Derecho Mercantil*. Caracas, 2019.

PINZÓN, Daniel: *La experiencia de América Latina en bancaseguros*. Ponencia presentada al Seminario Especial de Seguros de Vida. Fasecolda. 2013. Documento en línea; Disponible: File:///C:/Users/eykne/AppData/Local/Temp/ MicrosoftEdgeDownloads/8e735b89-3cef-4f30-b7d7.

RAINIEL VARGAS, Raimundo José: Relación Comercial Bancaseguros. Tesis presentada en la UCAB. 2008. Documento en línea; Disponible: http://biblioteca2.ucab.edu.ve/anexos/biblioteca/marc/texto/AAR3787.pdf

RODRÍGUEZ COSTA, Manuel: Constitucionalidad de las Normas que regulan la relación contractual en la actividad aseguradora. *Revista Venezolana de Derecho Mercantil* / N° 3, 2019.

SALAZAR, Leonel: *El contrato de seguro: El tránsito de la legalidad a la anomia.* En: *Revista Venezolana de Derecho Mercantil / Sociedad Venezolana de Derecho Mercantil.* Caracas, Edición Especial (2021). Documento en línea; Disponible: RVDM_2021_E_413-442.pdf (ulpiano. org.ve).

SUPERINTENDENCIA DE LA ACTIVIDAD ASEGURADORA: *Seguro en Cifras 2022*. Documento en línea. Disponible: SeC 2022-1.pdf (sudeaseg. gob.ve).

SOTO, Ricardo Alonso: *La nueva Regulación de los mediadores de seguros*. Revista cuatrimestral de las Facultades de Derecho y Ciencias Económicas y Empresariales, n° 71, mayo-agosto 2007. pp. 38.

Legislación

Constitución de la República Bolivariana de Venezuela, de 17 de noviembre de 1999 (Gaceta Oficial de la República Bolivariana de Venezuela núm. 5.453, Extraordinario, de 24 de marzo de 2000). Enmienda No. 1, de 15 de febrero de 2009 (Gaceta Oficial de la República Bolivariana de Venezuela núm. 5.908, Extraordinario, de 19 de febrero de 2009).

Decreto N° 1.505 con fuerza de Ley del Contrato de Seguro, de 30 de octubre de 2001 (Gaceta Oficial de la República Bolivariana de Venezuela núm. 5.553, Extraordinario, 12 de noviembre de 2001).

Decreto N° 2.178 con Rango, Valor y Fuerza de Ley de la Actividad Aseguradora, de 30 de diciembre de 2015 (Gaceta Oficial de la República Bolivariana de Venezuela núm. 6.211, Extraordinario, 30 de diciembre de 2015). Reimpresa por fallas en los originales (Gaceta Oficial de la República Bolivariana de Venezuela núm. 6.220, Extraordinario, 15 de marzo de 2016).

Ley de la Actividad Aseguradora, de 25 de mayo de 2010 (Gaceta Oficial de la República Bolivariana de Venezuela núm. 5.990, Extraordinario, 29 de julio de 2010). Reimpresa por error de copia (Gaceta Oficial de la República Bolivariana de Venezuela núm. 39.481, 5 de agosto de 2010).

Normas que Regulan la Relación Contractual en la Actividad Aseguradora, Resolución N° FSAA-9- 00661, de 11 de julio de 2016 (Gaceta Oficial de la República Bolivariana de Venezuela núm. 40.973, 24 de agosto de 2016).

Ley de Reforma del Decreto con Rango, Valor y Fuerza de Ley de la Actividad Aseguradora del 11 de octubre de 2022 (Gaceta Oficial de la República Bolivariana de Venezuela núm. 6.770 Extraordinario, 29 de noviembre de 2023).

Providencia SAA-8-004-21. Normas sobre la Administración de Riesgos de Legitimación de Capitales, Financiamiento al Terrorismo y Financiamiento de la Proliferación de Armas de Destrucción Masiva en la Actividad Aseguradora. (Gaceta Oficial de la República Bolivariana de Venezuela núm. 42.128, 17 de mayo de 2021).

Resolución N° 18-12-01 de fecha 04/12/2018, contentiva de las Normas Generales sobre los Sistemas de Pago y Proveedores No Bancarios de Servicios de Pago que Operan en el País. (Gaceta Oficial de la República Bolivariana de Venezuela, 17 de diciembre de 2018).

LA NUEVA LEY DE LA ACTIVIDAD ASEGURADORA Y EL CONCEPTO DE LOS CANALES ALTERNATIVOS. COMENTARIOS Y REFLEXIONES

Jesús A. DÁVILA*
Federico PALMA N.**

Resumen: Los canales alternativos son mecanismos utilizados por el mercado asegurador a nivel mundial para promocionar productos y servicios fuera de los métodos tradicionales, representado un gran porcentaje del mercado asegurador hoy en día, que ha permitido la difusión y el acceso a productos por parte de gran parte de la población que anteriormente estaba marginada. En Venezuela, los canales alternativos -conceptualizados vagamente-, han estado escasamente regulados por la legislación y, en su mayor parte, estuvieron prohibidos expresamente por la Ley. Sin embargo, con la nueva Ley de la Actividad Aseguradora, los canales alternativos cobran vida en la actividad aseguradora venezolana, abriendo camino a nuevas tecnologías (InsurTech) y métodos de comercializar productos y servicios, creando un atractivo a la

* Jesús A. Dávila es abogado *cum laude* egresado de la Universidad Católica Andrés Bello (1999) y graduado de la Universidad de Nueva York (NYU) del Máster en Derecho Corporativo (LL.M.) en 2001. Adicionalmente, es doctorando en el Doctorado en Derecho de la Universidad Católica Andrés Bello. Asimismo, es Socio de la firma internacional Baker McKenzie y combina su ejercicio profesional con la Dirección de la Escuela de Derecho de la Universidad Metropolitana donde además es profesor en diversas materias. Por otra parte, hace vida gremial como presidente del Comité de Compliance de Venamcham.

** Federico Palma N., es abogado *cum laude* egresado de la Universidad Católica Andrés Bello (2024) con un MINOR en Finanzas Empresariales, y es candidato a Máster en Finanzas del Instituto de Estudios Superiores de Administración (IESA). Actualmente, es Asociado de la firma internacional Baker McKenzie.

inversión en el país por medio de estos canales, que se ve aún más influenciada por los márgenes de crecimiento acentuados de la actividad aseguradora en Latinoamérica. La bancaseguro, prohibida anteriormente, es permitida bajo la nueva legislación teniendo gran impacto en el territorio nacional. En este artículo académico se analizan los cambios de la legislación de la actividad aseguradora venezolana con relación a los canales alternativos, con énfasis en la bancaseguro, el impacto que estos han tenido regionalmente -económica y legalmente, y establece ideas importantes a tomar en cuenta para el desarrollo e implementación de la normativa en Venezuela.

Palabras clave: Canales alternativos, InsurTech, FinTech, seguros, bancaseguro, actividad aseguradora.

Abstract: Alternative distribution channels are mechanisms used worldwide by the insurance market to promote products and services outside the traditional methods, representing a large percentage of the insurance market today, which has allowed the dissemination of and access to products by a large part of the population that was previously marginalized. In Venezuela, alternative channels -loosely conceptualized- have been scarcely regulated by legislation and, for the most part, were expressly prohibited by law. However, with the new Insurance Activity Law, alternative channels are coming to life in the Venezuelan insurance activity, opening the way for new technologies (InsurTech) and methods of marketing products and services, creating an incentive for investment in the country through these channels, which is further influenced by the accentuated growth margins of the insurance activity in Latin America. Bancassurance, previously prohibited, is allowed under the new legislation having a great impact in the national territory. This academic article analyses the changes in the Venezuelan insurance activity legislation in relation to alternative distribution channels, with emphasis on bancassurance, the impact they have had regionally - economically and legally, and establishes important ideas to be considered for the development and implementation of the regulations in Venezuela.

Keywords: Alternative distribution channels, InsurTech, Fintech, insurance, bancassurance, insurance activity.

I. INTRODUCCIÓN

En la Gaceta Oficial Nro. 6.770 de fecha 29 de noviembre de 2023 fue publicada la reforma a la Ley de la Actividad Aseguradora, la cual entró en vigencia el 29 de marzo de 2024. Este instrumento legal presenta importantes modificaciones e innovaciones para el mundo asegurador, presuponiendo un reto interesante para el sector a los efectos de adaptarse a la nueva realidad planteada. Por otro lado, el regulador debe estar atento a los nuevos conceptos y actuar de forma específica tomando en cuenta los principios constitucionales y propios de la actividad aseguradora.

En el presente artículo, nos proponemos revisar con algún detalle el nuevo concepto de los "canales alternativos" y su implicancia para el sector. Adicionalmente, creemos importante resaltar los silencios del legislador en este tema y cuales podría ser las consecuencias para los actores del sector asegurador.

De acuerdo con lo anterior, a los efectos de la revisión de estos temas seguiremos el siguiente esquema: (i) preliminarmente revisaremos el concepto legal que presenta la Ley y trataremos de desmenuzar su contenido; (ii) por otro lado, revisaremos el concepto en la regulación anterior; (iii) posteriormente, verificaremos el régimen propuesto por la Ley vigente; para finalmente, (iv) realizar algunos comentarios y conclusiones con relación al tema.

II. EL CONCEPTO LEGAL DE CANALES ALTERNATIVOS EN LA LEY VIGENTE

La novísima Ley de la Actividad Aseguradora, en el artículo 4 referido a las definiciones, incluye un concepto de canal alternativo al siguiente tenor:

> *"Artículo 4. A los efectos de la presente Ley, se entenderá por*
>
> *(...)*
>
> ***Canales Alternativos:*** *Persona jurídica con la que la aseguradora celebra un convenio con el objeto de utilizar su infraestructura, sus activos tecnológicos y sus relaciones con un gran número de afiliados o potenciales asegurados, con las que tiene nexos comerciales o de otros tipos, a los fines de servir como mecanismo para facilitar la adquisición de un producto de seguro.*
>
> *Los canales alternativos, involucra a las instituciones financieras regidas por la ley que regula el sector bancario, las empresas de servicios públicos o privados, establecimientos comerciales e industriales, gremios y asociaciones".*

Como se puede observar de la definición arriba transcrita, resalta la idea de una conceptualización de carácter subjetivo o intersubjetivo; en otras palabras, la Ley propone una definición desde el tipo de persona, en este caso jurídica, que se considera canal alternativo. Por otra parte, es interesante la vinculación propuesta con la aseguradora. El numeral 6 del artículo 6 indica que la compañía aseguradora y el canal alternativo suscribirán un "convenio".

Lo anterior es importante porque dicho acuerdo no necesariamente es calificable dentro de la clasificación tradicional de contratos mercantiles, y menos aún, dentro de la tipología de contratos del sector asegurador venezolano. Esto propone un primer problema a analizar: la naturaleza de este convenio y su alcance. Con referencia a la primera parte del problema, nos parece que el contrato de canal alternativo es un contrato mercantil atípico o innominado[1] donde una de las partes necesariamente es la compañía aseguradora. Siendo un contrato atípico, se enfrentan los retos obvios de la interpretación de contratos de esta naturaleza en el contexto del derecho mercantil y de seguros. En este sentido, habrá que analizar si el mismo es una suma de contratos nominados (servicios, arrendamiento, entre otros) o si por el contario su naturaleza propone una interpretación innovadora que se diferencia de la interpretación parcializada según cada tipología identificable.

Con respecto a la segunda parte del problema, el propio ordinal propone el alcance de este contrato: "un convenio con el objeto de utilizar su infraestructura, sus activos tecnológicos y sus relaciones con un gran número de afiliados o potenciales asegurados, con las que tiene nexos comerciales o de otros tipos, a los fines de servir como mecanismo para facilitar la adquisición de un producto de seguro". Lo anterior, implica que el alcance del contrato de canal de seguro tiene al menos tres situaciones que deben ser estudiadas:

a. Es un contrato que implica la utilización de recursos del canal alternativo por parte de la aseguradora; lo anterior, implica el análisis de la prestación y la determinación de su naturaleza. Como se observa, podrían haber elemento de servicios e incluso de arrendamiento. En este sentido, el conveniente verificar la redacción específica de cada contrato para determinar la naturaleza propia de las partes. Si bien la Ley la no lo hace de forma expresa, este contrato deberá ser de carácter oneroso y por lo tanto el canal alternativo deberá obtener alguna contraprestación en virtud del uso de sus recursos.

---

[1] Eloy Maduro Luyando los define como aquellos contratos que *"carecen de regulación legal específica, aun cuando en la doctrina y la práctica tengan una denominación. Son producto de la autonomía de la voluntad, se rigen por las reglas fijadas por las partes contratantes, siempre que no violen normas imperativas, y supletoriamente por normas y principios generales comunes a todos los contratos, a los contratos en cuya categoría estén comprendidos (por ejemplo: contratos bilaterales), y a los principios generales aplicables a los mismos"*.

b. De acuerdo con la Ley, los recursos del canal alternativo que puede ser utilizados son (a) su infraestructura, (b) sus activos tecnológicos y (c) sus relaciones con un gran número de afiliados o potenciales asegurados, con las que tiene nexos comerciales o de otros tipos. Vale la pena señalar que la expresión "infraestructura" no es clara en este contexto. Sin embargo, resulta obvio que la misma podría implicar cualquier tipo de activo aprovechable o utilizable por la aseguradora. Por otra parte, lo mismo sucede con el concepto de activo tecnológico, definición escurridiza por la misma naturaleza innovadora y cambiante de lo tecnológico. Finalmente, la Ley indica el concepto de relaciones comerciales o no comerciales con afiliados o potenciales asegurados, incluyendo una categoría no necesariamente mercantil en los elementos de análisis. ¿Por ejemplo, es posible plantear el problema del relacionamiento laboral como uno no comercial susceptible de ser objeto de un contrato de canal alternativo?

c. El objeto del contrato de canal alternativo se complementa con su fin, el cual según la ley implica que los activos del canal alternativo son usados por la aseguradora como un instrumento que facilite la adquisición de seguros. Resulta evidente que lo anterior, tampoco es claro en su alcance. En otras palabras, que supone la expresión "facilitación" en este contexto tomando en cuenta las características rigurosas del contrato de seguros y su regulación. Por otro lado, es obvio que el canal alternativo no es un mero instrumento de marketing, si no que verdaderamente debe actuar como una plataforma que acerque a la aseguradora con el mercado de potenciales asegurados.

Por otra parte, de la calificación de sujetos que se realiza en el Artículo 4, mencionado al comienzo de esta sección, no queda con claridad si las personas jurídicas que ahí se establecen son las únicas que pueden ser canales alternativos o si solo es una referencia a estas personas como posibles canales alternativos. A nuestro criterio, la enumeración de estas personas debe ser entendida como una mera referencia enumerativa con base en que no existe regulación específica sobre esta "calificación", y como consecuencia, la remisión a los derechos económicos establecidos en la Constitución.

Creemos importante resaltar que, los cambios regulatorios en Latinoamérica de la actividad aseguradora hacia los canales alternativos, especialmente en países como Brasil con grandes inversiones en *Insurtech* mediante un *sandbox* regulatorio[2], ha llevado a las tasas de crecimiento constantes más altas en el mercado asegurador mundial[3]. En otras palabras, la apertura de canales alternativos como una opción regulada para propiciar la masificación del seguro ha encontrado ser una fórmula exitosa en ciertos mercados.

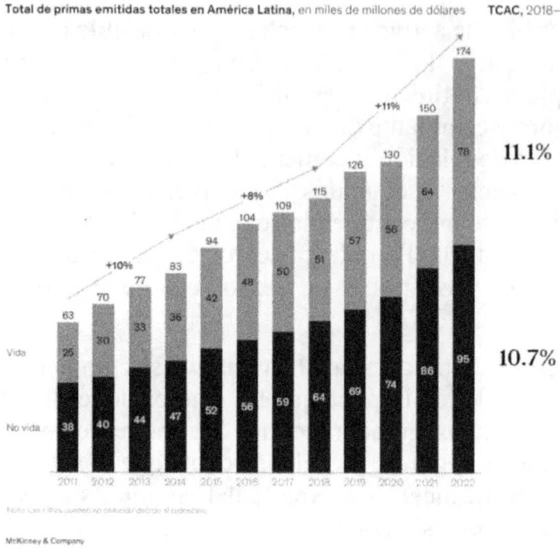

II. LOS CANALES ALTERNATIVOS EN LA REGULACIÓN PREVIA A LEY VIGENTE

Antes de la promulgación de la nueva Ley de la Actividad Aseguradora, la normativa venezolana no regulaba de manera general los canales alternativos en el sector asegurador. Sin embargo, aunque los canales alternativos no estaban explícitamente regulados, la Bancaseguro[4] (un tipo de canal alternativo) sí lo estaba. En Venezuela, la Bancaseguro fue una actividad expresamente prohibida por la legislación nacional debido a políticas sociales del gobierno, que buscaba promover *"la definitiva*

---

2 El *sandbox* regulatorio ofrece un marco experimental donde las compañías seleccionadas podrán desarrollar sus proyectos con condiciones especiales y menor regulación, según la Resolución No. 381/2020.

3 global-insurance-report-2023-capturing-growth-in-latin-america-spanish.pdf

4 La Bancaseguro se debe entender como la actividad de utilizar la clientela de una institución bancaria para vender productos aseguradores, por una institución que ejerza actividades aseguradoras.

transición al Sistema Público Nacional de Salud establecido como un derecho social fundamental en la Constitución de la República Bolivariana de Venezuela"[5].

Evidencia reciente de ello se encuentra en el Artículo 41 de la Ley de la Actividad Aseguradora[6] que establecía:

> *"Artículo 41. Queda prohibido a los sujetos regulados con personalidad jurídica, según corresponda, lo siguiente:*
>
> *(…)*
>
> *17. Realizar operaciones de banca seguros."*

Adicionalmente, la Circular No. SAA-01-2539-2023 del 1 de septiembre de 2023 emitida por la SUDEBAN, ratificaba la prohibición del uso de la Bancaseguro debido a que *"los contratos de seguro y medicina prepagada sólo pueden ser comercializados de forma directa o a través de agentes, corredores y sociedades de corretaje de seguros*".

La falta de regulación específica para otros tipos de canales alternativos representaba una laguna en el marco normativo del país, limitando significativa-mente el crecimiento y la innovación dentro del mercado asegurador venezolano. Adicional a ello, La evolución y el dinamismo del mercado asegurador, impulsados por avances tecnológicos y nuevas estrategias de negocio, exigen un marco normativo flexible y adaptativo que pueda responder a las necesidades del sector y de los consumidores. Ante esta situación, la nueva Ley de la Actividad Aseguradora crea una oportunidad para modernizar y dinamizar el sector, permitiendo la inclusión de nuevas tecnologías y modelos de negocio que faciliten el acceso a los seguros para una mayor parte de la población.

III. REGULACIÓN DE LOS CANALES ALTERNATIVOS EN LA LEY VIGENTE

Como se menciona anteriormente, la nueva Ley de la Actividad Aseguradora regula por primera vez los canales alternativos de forma general.

El Artículo 4 de la nueva Ley introduce una conceptualización que se enfoca en la entidad que puede ser considerada como canal alternativo, referenciando, de forma enunciativa, a personas jurídicas como posibles

---

5 Exposición de motivos de la Ley de la Actividad Aseguradora publicada en la Gaceta Oficial No. 6.220 del 15 de marzo de 2016.

6 *Idem.*

canales alternativos. Además, establece la posibilidad que se establezcan servicios de tecnología financiera (FinTech) como aliados de los canales alternativos al momento del pago de la prestación del servicio, o la prestación del servicio. De esta forma, no solo se establece una regulación general novedosa de los canales alternativos, sino que también integra la tecnología financiera emergente a los canales alternativos y tradicionales (aseguradoras y reaseguradoras).

Es importante destacar que la Ley vigente faculta al Superintendente de la Actividad Aseguradora (el "Superintendente") para desarrollar el marco regulatorio de los canales alternativos. El Artículo 8 de la Ley, atendiendo a la escaza normativa venezolana sobre los canales alternativos delega al Superintendente la función de establecer normativas de rango sublegal que delimiten el funcionamiento de los canales alternativos. El 29 de agosto de 2024 la Superintendencia de la Actividad Aseguradora emitió la Providencia No. SAA-01-0519-2024[7], que establece las "Normas que Rigen los Canales de Comer-cialización y el Uso de las Tecnologías de Mercado Financiero (FinTech) y las Tecnologías del Mercado de la Actividad Aseguradora (InsurTech)".

En forma general, y a manera de referencia, la Providencia regula la promoción y venta de seguros y planes a través de diversos canales de comercialización, incluyendo medios electrónicos y tecnologías avanzadas. Se detalla los requisitos y procedimientos para la inscripción y operación de los canales alternativos, así como las responsabilidades de las empresas de seguros y de medicina prepagada en la capacitación de sus empleados y en la garantía de la información proporcionada a los clientes. Además, se prohíbe a los canales alternativos comercializar productos no aprobados por la Superintendencia y se establecen las condiciones especiales para la contratación de tecnologías FinTech e InsurTech.

Por otro lado, los Artículos 57 y 58 de la nueva Ley establecen los productos y servicios de la actividad aseguradora que podrán ser comercializados por medio de canales alternativos:

> *"Artículo 57: Las empresas de seguros y de medicina prepagada podrán colocar los microseguros, seguros inclusivos y seguros masivos de forma directa, o a través de intermediarios de la actividad aseguradora o los canales alternativos.*

[7] Publicada en la Gaceta Oficial No. 6.835 del 3 de septiembre de 2024.

Los productos colocados a través de los canales alternativos deben estar disponibles para ser contratados de forma directa o mediante intermediarios de la actividad aseguradora.

Las empresas de seguros, de medicina prepagada y los canales alternativos podrán contratar proveedores especializados en servicios a distancia, así como el uso de tecnología financiera (FINTECH). La Superintendencia de la Actividad Aseguradora regulará a través de normas el uso de estos mecanismos.

Artículo 58: Las empresas de seguros y de medicina prepagada sólo colocarán a través de los canales alternativos los ramos de accidentes personales, funerarios, vida individual, vida colectiva y responsabilidad civil de vehículos, siempre que estén autorizados para operar en estos ramos. Previa autorización del Órgano Superior del Sistema Financiero Nacional (OSFIN), la Superintendencia de la Actividad Aseguradora podrá, mediante las normas que se dicten a tal efecto, ampliar las coberturas de los ramos de personas que pueden ofertar por estos canales.

Los canales alternativos con los cuales las empresas de seguros y de medicina prepagada celebren contratos para la colocación de los microseguros, seguros inclusivos y seguros masivos, deben estar inscritos en el registro que a los efectos lleva la Superintendencia de la Actividad Aseguradora y cumplir con las normas que dicte las misma."

De esta forma, la Ley nueva permite la comercialización por medio de canales alternativos de microseguros, seguros inclusivos y seguros masivos relacionados únicamente con accidentes personales, funerarios, vida individual, vida colectiva y responsabilidad de vehículos, previa autorización del OSFIN.

V. COMENTARIOS Y CONCLUSIONES

La nueva Ley de la Actividad Aseguradora representa un avance significativo en la regulación y modernización de los canales alternativos en el sector asegurador venezolano. Al introducir mecanismos que permiten la integración de tecnologías financieras (FinTech) y de seguros (InsurTech), la Ley no solo apunta a mejorar la eficiencia y accesibilidad de los servicios, sino también a fomentar la innovación dentro de la industria. Esta integración es crucial en un contexto global donde la tecnología está transformando rápidamente la prestación de servicios financieros.

La inclusión de productos de microseguros, seguros inclusivos y seguros masivos en la lista de coberturas que pueden ser comercializadas a través de canales alternativos es un paso positivo hacia el acceso a los seguros. Al permitir que estos productos se ofrezcan mediante canales alternativos, la Ley facilita su llegada a una mayor cantidad de personas, contribuyendo así a la inclusión financiera y social.

No obstante, para que esto sea efectivo, será necesario un esfuerzo concertado por parte de todas las partes interesadas, incluyendo las empresas de seguros, los intermediarios, los proveedores de tecnología y, por supuesto, los reguladores. La supervisión adecuada y el cumplimiento de las normativas establecidas serán fundamentales para garantizar que los beneficios potenciales de los canales alternativos se materialicen y que los riesgos asociados sean debidamente gestionados. Debe el regulador permitir el desenvolvimiento adecuado, siempre protegiendo al consumidor, de las empresas que utilicen los canales alternativos como herramientas, permitiendo su libre, pero responsable, desenvolvimiento comercial.

BIBLIOGRAFÍA

Circular No. Nº SAA-01-2539-2023 emitida por la SUDEBAN del 1 de septiembre de 2023.

Global Insurance Report 2023: Capturing Growth in Latin America. https://www.mckinsey.com/~/media/mckinsey/industries/financial%20services/our%20insights/insurance/global%20insurance%20report%202023%20capturing%20growth%20in%20latin%20america/global-insurance-report-2023-capturing-growth-in-latin-america-spanish.pdf

Ley de Reforma del Decreto con Rango, Valor y Fuerza de Ley de la Actividad Aseguradora publicada en la Gaceta Oficial No. 6.770 del 29 de noviembre de 2023.

Ley de la Actividad Aseguradora publicada en la Gaceta Oficial No. 6.220 del 15 de marzo de 2016.

Ley de la Actividad Aseguradora publicada en la Gaceta Oficial No. 39.481 del 5 de agosto de 2010.

MADURO LUYANDO, E. y PITTIER SUCRE, E. Curso de Obligaciones – Derecho Civil III. Tomo II. Universidad Católica Andrés Bello (2001).

Providencia No. SAA-01-0519-2024 emitida por la SUDEASEG publicada en la Gaceta Oficial No. 6.835 del 3 de septiembre de 2024.

Resolución No. 381/2020 emitida por el Consejo Nacional de Seguros Privados de Brasil el 1 de marzo de 2020. https://www2.susep.gov.br/safe/scripts/bnweb/bnmapi.exe?router=upload/21939

LOS PRINCIPIOS DE BUEN GOBIERNO CORPORATIVO EN LA LEY DE LA ACTIVIDAD ASEGURADORA: AVANCES Y RETOS

Diego Thomás CASTAGNINO*

Resumen: La regulación del sector asegurador en Venezuela en materia de buen gobierno corporativo ha sufrido importantes modificaciones a partir de la entrada en vigor de la reforma de la Ley de Actividad Aseguradora de 2023 y su desarrollo normativo a través de la Providencia Administrativa N° SAA-01-0530-2024 dictada por la Superintendencia de la Actividad Aseguradora. Aunque ambos cuerpos normativos son de dudosa constitucionalidad, establecen un marco regulatorio que pretende fortalecer el buen gobierno corporativo mediante principios de transparencia, equidad y sostenibilidad, al tiempo que introduce herramientas prácticas para la prevención de riesgos y el cumplimiento normativo. En este artículo, se analiza el tratamiento de la gobernanza corporativa en la regulación del sector de seguros bajo el tamiz de los estándares internacionales de gobernanza contemplados en los Principios de Gobierno Corporativo de la OCDE y otros instrumentos de *soft law* relevantes.

---

* Doctor en Derecho *Cum Laude*, Universidad Católica Andrés Bello - Venezuela (UCAB). Abogado, UCAB. Abogado, Universidad Internacional de La Rioja - España. Máster en Derecho de la Empresa, y Máster en Negocio Bancario, Universidad de Alcalá - España. Especialista en Derecho Mercantil, Universidad Central de Venezuela (UCV). Magíster en Educación Universitaria, Universidad del Istmo - Guatemala. Alta especialización en compliance, Universidad Complutense de Madrid. Curso superior de Arbitraje, Universidad CEU San Pablo. Profesor de pre y postgrado UCV y UCAB. Árbitro del CACCC, CEDCA en Venezuela y LIDECO en Uruguay. Miembro Fundador y Director General de la Sociedad Venezolana de Derecho Mercantil. Miembro de la Asociación Venezolana de Arbitraje, Club Español del Arbitraje, Latin American International Arbitration, ALARB y CIArb. Email: diego.castagnino@gmail.com.

Palabras clave: Buen gobierno corporativo, actividad aseguradora, compliance, seguros.

Abstract: The regulation of the insurance sector in Venezuela regarding good corporate governance has undergone significant modifications since the entry into force of the Insurance Activity Law of 2023 and its regulatory development through Administrative Provision No. SAA-01-0530-2024 issued by the Superintendency of Insurance Activity. Although both regulatory bodies are of dubious constitutionality, they establish a regulatory framework that aims to strengthen good corporate governance through principles of transparency, equity, and sustainability, while introducing practical tools for risk prevention and regulatory compliance. This article analyzes the treatment of corporate governance in the regulation of the insurance sector under the lens of international governance standards contemplated in the OECD Corporate Governance Principles and other relevant soft law instruments.

Keywords: Corporate Governance, insurance activity, compliance, insurance.

INTRODUCCIÓN

Siguiendo los postulados de la filosofía liberal, la mejor regulación es aquella que minimiza la intervención estatal, permitiendo que los individuos ejerzan su libertad sin restricciones arbitrarias. Para garantizar que la libertad no se vea obstaculizada injustificadamente, su limitación debe responder exclusivamente a la prevención de abusos y delitos, asegurando así un equilibrio entre autonomía individual y orden público.

En sectores altamente sensibles como el asegurador, la regulación cumple un papel fundamental en la protección de las partes involucradas y la mitigación de riesgos sistémicos. Lo discutible es cuál debe ser el alcance de la regulación en esta materia y ello dependerá de la filosofía política y económica que inspire la elaboración de las normas aplicables. En todo caso, debe reconocerse que el sector de seguros tiene un rol crucial en el desarrollo financiero y económico[1].

Cuando la actividad aseguradora de un país es funcional, puede contribuir, por ejemplo, a la prevención de accidentes, a robustecer el sector de salud y a generar ganancias de eficiencia[2]. Por interpretación a contrario, una actividad aseguradora disfuncional genera daños profundos a la sociedad. De allí la importancia de una regulación óptima del sector de seguros y el fundamento -justificado o no- de la presencia de normas

---

[1] *Cfr*. Erik Feyen, Rodney Lester y Roberto Rocha, *What Drives the Development of the Insurance Sector?*, The World Bank, Policy Research Working Paper 5572, 2011, p. 2.

[2] *Cfr*. *Ídem*.

imperativas que, en virtud del principio tuitivo, limitan el campo de actuación de la autonomía de la voluntad privada, aunque este fenómeno no afecta exclusivamente a esta rama del Derecho, sino al contrato como fuente de las obligaciones[3] y en particular, por el tema objeto de este estudio y como señalara el Dr. Alfredo Morles, al contrato de seguros[4].

Lo cierto es que existe un consenso generalizado acerca de la idea según la cual "un mercado asegurador desarrollado contribuye significativamente al crecimiento económico"[5]. En este contexto, los principios del buen gobierno corporativo se erigen como un mecanismo clave para promover la transparencia, la responsabilidad y la integridad en la gestión empresarial. Su implementación por parte de las sociedades mercantiles puede producirse por vía de autorregulación, la cual puede hallar útil brújula en los instrumentos de *soft law*, o mediante la regulación impuesta por instrumentos normativos formales (*hard law*), dotados de carácter vinculante, los cuales establecen estándares mínimos obligatorios, procurando siempre la menor intervención gubernamental posible.

El buen gobierno corporativo es un pilar esencial para el desarrollo de un sistema económico sólido, en el que las empresas operen bajo principios de transparencia, responsabilidad y ética empresarial. A lo largo de la

---

3 María Candelaria Domínguez Guillén, *Curso de Derecho Civil III Obligaciones*, Revista Venezolana de Legislación y Jurisprudencia, C.A., Caracas, 2017, pp. 468-469.

4 Alfredo Morles Hernández, "El seguro dejó de ser un contrato. La distorsión del contrato de seguro en el proceso de transición de sistemas económicos", *Boletín de la Academia de Ciencias Políticas y Sociales*, No. 156 (2017): p. 493. A decir del Dr. Morles: "La reducción del campo del derecho privado es congruente con la transición de la economía de mercado a la economía colectiva dispuesta por el Plan de la Patria y por el resto del conjunto inconstitucional del cual éste forma parte, pues la doctrina marxista-leninista es opuesta al reconocimiento del derecho privado. En el ámbito de la economía, afirmaba Lenin, "todo depende del derecho público; no hay nada de derecho privado". La interpretación que se dio a esa frase fue la de que en el ámbito de la economía el dualismo derecho púbico-derecho privado es inaceptable. Esa es la dirección que predomina en la actividad jurídica de los órganos controlados por la administración pública socialista venezolana. Sin embargo, ello es incongruente con postulados constitucionales de economía de mercado que no han sido derogados ni podrían serlo, pues la autonomía de la voluntad es uno de los elementos esenciales que concurren a la configuración del derecho humano de libertad económica".

5 Anelena Sabater Castro, "El desarrollo del sector asegurador y el crecimiento económico: un análisis empírico para 47 países, *Economía y Sociedad*, Vol. 22, No. 52 (2017): p. 89.

historia, este concepto ha evolucionado en respuesta a cambios sociales, económicos y políticos, así como a los aprendizajes derivados de escándalos corporativos que han puesto en evidencia la necesidad de marcos regulatorios más robustos[6]. Sin embargo, el buen gobierno corporativo no es un modelo estático, sino un proceso en constante evolución, cuyo objetivo es consolidar la confianza y la estabilidad en el entorno empresarial.

El interés global por el buen gobierno corporativo se formalizó con la publicación del "Informe Cadbury"[7], el cual estableció un código de prácticas al que debían adherirse las compañías cotizadas en la Bolsa de Londres. Posteriormente, la Organización para la Cooperación y el Desarrollo Económico (OCDE) consolidó estos esfuerzos con la publicación de los Principios de Gobernanza Corporativa, en los que se define al gobierno corporativo como "los medios internos por los cuales son operadas y controladas las corporaciones"[8].

A partir de esta conceptualización, el buen gobierno corporativo se entiende como el conjunto de reglas, prácticas y procesos que rigen la gestión de las empresas, con el objetivo de proteger los intereses de los accionistas y demás *stakeholders* mediante transparencia, rendición de cuentas, equidad y eficiencia en la toma de decisiones[9].

En el sector asegurador, la aplicación de estos principios adquiere una dimensión particular debido a la naturaleza fiduciaria de la actividad aseguradora, su rol en la gestión de riesgos, la protección patrimonial de los asegurados y su impacto en la estabilidad financiera de las economías.

---

6 Ciertamente, la aparición de escándalos corporativos globales por violaciones a los deberes fiduciarios por parte de los administradores, tales como: Robert Maxwel, BCCI, Polly Peck, Barings, Siemens, Enron, Parmalat y Lehman Brothers, provocaron una importante crisis de credibilidad en los Consejos de Administración a nivel global, ocasionando que muchos países empezaran a replantearse los principios normativos que deben regir el buen gobierno de las sociedades. Para una referencia más detallada ver: Diego Thomás Castagnino, "El arbitraje societario y el Buen Gobierno Corporativo de las empresas", *Anuario Venezolano de Arbitraje Nacional e Internacional*, No. 3 (2022): p. 95. Vid. notas al pie números 1, 2, 3, 4 y 5 en el estudio citado.

7 The Committee on the Financial Aspects of Corporate Governance and Gee and Co. Ltd., *The Financial Aspects of Corporate Governance*, Gee, Londres, 1992.

8 OCDE, *Principios de la OCDE para el gobierno de las sociedades*, Paris, 1999, p. 7.

9 Diego Thomás Castagnino, "El arbitraje societario y el Buen Gobierno Corporativo de las empresas", *ob.cit.*, p. 97.

En Venezuela, el marco regulatorio del buen gobierno corporativo en el sector asegurador ha experimentado cambios significativos con la promulgación en 2023 de la reforma de la Ley de Actividad Aseguradora[10] (LAA) y su desarrollo normativo a través de la Providencia Administrativa N° SAA-01-0530-2024 (Providencia Administrativa 2024), dictada por la Superintendencia de la Actividad Aseguradora (SUDEASEG) y publicada en 2024[11].

Este nuevo marco normativo busca fortalecer el buen gobierno corporativo en el sector asegurador mediante principios de transparencia, equidad y sostenibilidad, a la vez que introduce herramientas para la prevención de riesgos, el cumplimiento normativo y la modernización de la supervisión regulatoria. En este artículo, se examina el tratamiento de la gobernanza corporativa en la regulación del sector asegurador a la luz de los estándares internacionales de gobernanza recogidos en los Principios de Gobierno Corporativo de la OCDE y otros instrumentos de *soft law* relevantes.

I. LA IMPORTANCIA DEL BUEN GOBIERNO CORPORATIVO PARA LA ACTIVIDAD ASEGURADORA

Antes de abordar el marco normativo de la LAA, resulta fundamental contextualizar el papel del buen gobierno corporativo dentro del sector asegurador y su impacto en la estabilidad económica y financiera de un país. En general, la gobernanza corporativa presenta ciertas particularidades cuando se trata de instituciones financieras, como aseguradoras y bancos, lo que justifica un tratamiento diferencial en algunos aspectos del gobierno corporativo[12].

Por tanto, los intermediarios financieros se distinguen de las empresas no financieras. Las diferencias más destacables entre ambas categorías tienen que ver con: (i) estructura de financiamiento; (ii) atomización de pasivos; (iii) complejidad del negocio y asimetrías informativas; (iv) implicancia sistémica y (v) focalización de los conflictos de interés[13].

---

10 Gaceta Oficial Nro. 6.770 extraordinario del 29 de noviembre de 2023 fue publicada la Ley de Reforma del Decreto con Rango, Valor y Fuerza de Ley de la Actividad Aseguradora

11 Gaceta Oficial Nro. 6.835 extraordinario del 3 de septiembre de 2024.

12 Cfr. Pablo Souto, *Una introducción al gobierno corporativo en la industria aseguradora en América Latina*, Fundación MAPFRE, Madrid, 2013, p. 14.

13 *Ídem.*

En particular, las aseguradoras no solo administran riesgos individuales y colectivos, sino que también gestionan grandes volúmenes de recursos de terceros, desempeñando un papel crucial en la protección patrimonial y la asignación eficiente de capital en la economía. Debido a esta función, su gobernanza tiene implicaciones que trascienden el ámbito empresarial y afectan a múltiples actores: accionistas, asegurados, beneficiarios, reguladores e inversores institucionales.

De allí que se afirme que el buen gobierno corporativo, aplicado al sector de seguros, consiste en "la asignación y regulación de poder y rendiciones de cuenta dentro de una aseguradora, incluyendo la necesidad de evitar concentraciones y desbalances de poder dentro de la compañía"[14]. Así las cosas, el buen gobierno corporativo se perfila como un auténtico sistema de *checks and balances* que beneficia a asegurados y las propias aseguradoras[15].

El buen gobierno corporativo, entendido como el conjunto de principios, normas y procesos que regulan la administración y control de las empresas, es una herramienta esencial para garantizar la transparencia, la rendición de cuentas y la sostenibilidad de las aseguradoras. Su importancia radica en los siguientes factores:

1. *Fortalecimiento de la confianza en el mercado*

El funcionamiento del sector asegurador se basa en la confianza de los asegurados y beneficiarios, quienes depositan en estas entidades la responsabilidad de gestionar sus riesgos y proteger su patrimonio. Esta confianza no solo impacta la percepción pública de la empresa, sino que también influye en la estabilidad del mercado asegurador en su conjunto.

Un modelo de gobierno corporativo sólido contribuye a reforzar esta confianza al garantizar que las decisiones estratégicas y operativas de la aseguradora se toman con criterios de transparencia, equidad y sostenibilidad. Entre los mecanismos que fortalecen la confianza en el mercado asegurador se encuentran: la divulgación de información clara y oportuna, la gestión responsable de riesgos, y la protección de los derechos de los asegurados.

En este sentido, el buen gobierno corporativo no solo es un elemento diferenciador en el mercado, sino que también actúa como un mecanismo de protección contra crisis reputacionales y regulatorias.

---

14 *Ibid.*, p. 17.

15 *Ídem.*

Contar con políticas de buena gobernanza corporativa puede ser determinante en los casos más críticos que devienen en controversias que podrían llegar a afectar negativamente la reputación de la corporación, según la decisión adoptada por jueces o árbitros.

2. *Cumplimiento regulatorio*

El sector asegurador opera bajo altos niveles de regulación debido a su importancia dentro del sistema financiero. A nivel internacional, organismos como la Asociación Internacional de Supervisores de Seguros (IAIS) y la OCDE han promovido estándares de gobierno corporativo para garantizar la estabilidad del sector.

El cumplimiento de normativas locales e internacionales no solo permite evitar sanciones y litigios, sino que también es un factor clave en la evaluación de riesgos financieros, reputacionales y operacionales. Un marco de buen gobierno corporativo facilita el cumplimiento normativo mediante estructuras de supervisión interna, transparencia en la toma de decisiones y políticas de gestión de conflictos de interés.

Además, un buen gobierno corporativo permite una mejor adaptación a los cambios regulatorios, lo que otorga mayor estabilidad y previsibilidad a las operaciones de las aseguradoras en el largo plazo.

3. *Estabilidad financiera*

Las aseguradoras desempeñan un papel crítico en la estabilidad del sistema financiero, no solo como intermediarios de riesgos, sino también como inversionistas institucionales que canalizan grandes volúmenes de capital hacia distintos sectores de la economía. La implementación de principios de buen gobierno corporativo contribuye a la estabilidad financiera al reducir riesgos de insolvencia, generar mayor confianza frente a inversores y reaseguradores y mejores respuestas ante escenarios de crisis económicas.

Las crisis financieras del pasado han evidenciado que la falta de mecanismos de gobernanza adecuados puede generar colapsos empresariales con efectos sistémicos en la economía. En este sentido, el buen gobierno corporativo se convierte en un factor esencial para la estabilidad del sector asegurador y la protección del interés público. No es casual que la Constitución de 1999[16], en el artículo 156.32, atribuya al Poder

[16] Constitución de la República Bolivariana de Venezuela. Gaceta Oficial Extraordinaria número 36.860 del 30 de diciembre de 1999, reimpresa por errores materiales del ente emisor en la Gaceta Oficial Extraordinaria número

Público Nacional la competencia para legislar, entre otras, en materia bancaria y de seguros, las cuales forman parte de la reserva legal nacional cuyo desarrollo corresponde a la Asamblea Nacional de conformidad con el artículo 187 *ejusdem*[17].

El Estado venezolano ha intentado regular las condiciones contractuales en el sector asegurador, un componente clave del sistema financiero, mediante normativas sub legales. Sin embargo, esta intervención estatal debe ser cautelosa y justificada para no infringir la libertad económica de las empresas, cuestión que lamentablemente no ha ocurrido en todos los casos[18].

4. *Competitividad internacional*

En un mundo globalizado, la adopción de estándares internacionales de buen gobierno corporativo otorga a las aseguradoras mayor acceso a mercados internacionales, mejor calificación crediticia y mayor atractivo para inversores extranjeros. Los principales beneficios de un gobierno

---

5.453 del 24 de marzo de 2000, con Enmienda número 1, publicada en la Gaceta Oficial Nº 5.908 Extraordinario del 19 de febrero de 2009.

17 Situación que ha sido criticada por la doctrina más autorizada en la materia. Al efecto ver: Alfredo Morles, "La deslegalización de la materia del contrato de seguro", *Revista Venezolana de Derecho Mercantil*, No. 3 (2019): s/n, quien señala que "En el caso de la materia mercantil, al respeto al principio constitucional de libertad de empresa y al principio de autonomía de la voluntad derivados ambos del principio general de libertad. Por ello, la materia mercantil integra lo que se llama la reserva de ley, esto es, la materia cuya regulación es competencia exclusiva del poder legislativo [nacional]" y que "no se pueden crear delitos y establecer sanciones por vía de legislación delegada, tampoco se pueden establecer restricciones o limitaciones a los derechos económicos (derechos constitucionales, derechos fundamentales, derechos humanos) por vía distinta a la legislativa". Una referencia más reciente puede encontrarse en: Liliana Vaudo, "Regulaciones de cumplimiento corporativo en el sector asegurador venezolano", *Revista Venezolana de Derecho Mercantil*, No. 11 (2023): pp. 271-272. Vaudo apunta que en Venezuela "se observa con cierta preocupación cómo el ámbito sancionatorio, el regulatorio, así como el ámbito contractual, reservados a la Asamblea Nacional como órgano legislativo, ha sido transgredido mediante la emisión de normas por parte de entes administrativos, como el caso del presidente de la República, quien, mediante el Decreto con Rango, Valor y Fuerza de Ley de la Actividad Aseguradora, estableció sanciones, incluso penales vinculados a actividades de este sector".

18 Liliana Vaudo, "Regulaciones de cumplimiento corporativo en el sector asegurador venezolano", *ob.cit.*, p. 279.

corporativo alineado con estándares globales están vinculados con el acceso a financiamiento internacional, mayor credibilidad ante organismos reguladores internacionales y diferenciación competitiva.

En mercados emergentes, donde la regulación suele ser más laxa, la implementación voluntaria de estándares de buen gobierno corporativo permite a las aseguradoras posicionarse como referentes de transparencia y estabilidad, generando mayor confianza entre asegurados e inversores.

II. PRINCIPALES REFERENCIAS DE *SOFT LAW* APLICABLES A LA ACTIVIDAD ASEGURADORA

El buen gobierno corporativo en el sector asegurador se fundamenta en principios internacionales de transparencia, equidad y sostenibilidad, cuyo desarrollo ha sido impulsado a través de instrumentos de *soft law*. Estos instrumentos no solo proporcionan guías de referencia para los Estados en el diseño de marcos regulatorios, sino que también sirven como herramientas para que las empresas adopten mecanismos internos de autorregulación alineados con estándares internacionales.

Aunque los instrumentos de *soft law* no son jurídicamente vinculantes *per se*, su flexibilidad y capacidad de adaptación a distintos sistemas jurídicos los han convertido en referencias clave para el sector asegurador a nivel global. Su propósito es establecer directrices modernas y reconocidas que permitan abordar desafíos actuales como la gestión de riesgos financieros y operacionales, la rendición de cuentas y la sostenibilidad empresarial.

Para los Estados, instrumentos como los Principios de Gobierno Corporativo de la OCDE y el G20[19] han servido como base en la formulación de normativas que buscan armonizar LAA prácticas locales con los estándares internacionales. Para las aseguradoras, guías como el *Insurance Core Principle* 7 (ICP 7) de la IAIS o los *Sustainable Insurance Principles* (PSI) del Programa de las Naciones Unidas para el Medio Ambiente (UNEP), proporcionan lineamientos para fortalecer gobernanza, sostenibilidad y responsabilidad corporativa.

En este artículo, estos instrumentos serán utilizados como base comparativa para analizar el nivel de alineación de la LAA con los estándares internacionales.

---

19 OCDE, *Principios de Gobierno Corporativo de la OCDE y del G20 2023*, OECD Publishing, Paris, https://doi.org/10.1787/fb38c737-es.

La evaluación de cada uno permitirá determinar en qué medida la normativa venezolana incorpora principios fundamentales de buen gobierno corporativo y qué oportunidades de mejora existen en la regulación del sector asegurador.

A continuación, se presenta un análisis de los principales instrumentos de *soft law* aplicables a la actividad aseguradora, con énfasis en su impacto en la gestión corporativa, la estabilidad del sector y la protección de los asegurados. En particular, se utilizarán los siguientes instrumentos: (i) Principios de Gobierno Corporativo de la OCDE y del G20[20]; (ii) *Insurance Core Principles* (ICP), especialmente el ICP 7 dedicado al gobierno corporativo[21]; (iii) Informe sobre Gobernanza Corporativa para Aseguradoras de la Asociación Internacional de Supervisores de Seguros (Informe

[20] Los Principios OCDE constituyen directrices internacionales para promover prácticas de gobierno corporativo sólidas y sostenibles. Sirven como referencia a los Estados para actualizar sus marcos legales, alineándolos con estándares internacionales de transparencia y equidad. Reflejan la evolución de las demandas globales en gobernanza, incluyendo la sostenibilidad. Los Principios OCDE se fundamentan en la necesidad de que las empresas actúen con responsabilidad social y ambiental, contribuyendo al desarrollo sostenible. Su naturaleza de *soft law* implica que son recomendaciones para mejorar prácticas, cuya adopción voluntaria permite adaptarlos a contextos específicos. Proporcionan un marco general para el buen gobierno corporativo, aplicable a todas las industrias, incluyendo recomendaciones sobre derechos de accionistas, funciones del consejo, transparencia financiera y gestión de riesgos. Su respaldo internacional y capacidad de aplicación flexible los hacen una guía indispensable para fomentar la transparencia y sostenibilidad empresarial.

[21] El ICP 7, emitido por la IAIS, es un estándar internacional clave en gobierno corporativo para el sector asegurador. Forma parte de los ICP, directrices para establecer las mejores prácticas en la regulación y supervisión de las aseguradoras a nivel global. El ICP 7 aborda la gobernanza, destacando la importancia de la estructura y los procesos internos para garantizar el funcionamiento ético y sostenible. El ICP 7 tiene como objetivo garantizar que las aseguradoras adopten un marco de gobierno que promueva la transparencia, la rendición de cuentas y la gestión de riesgos. Sus recomendaciones resaltan: i) una estructura clara de gobierno, con roles definidos; ii) la independencia del consejo; iii) la gestión de riesgos y control interno; iv) la transparencia y divulgación; y, v) la protección de los asegurados. Su aplicación facilita que las aseguradoras cumplan con requisitos mínimos de solvencia, ética y gestión de riesgos, asegurando su estabilidad y seguridad financiera.

IAIS)[22]; y (iv) *Sustainable Insurance Principles* (PSI) del Programa de las Naciones Unidas para el Medio Ambiente (UNEP)[23].

III. APLICACIÓN DEL BUEN GOBIERNO CORPORATIVO EN LA ACTIVIDAD ASEGURADORA VENEZOLANA

La promulgación en 2023 de la reforma de la LAA marcó un avance significativo en la regulación del sector, al incorporar principios clave de buen gobierno corporativo alineados con estándares internacionales. Este marco normativo busca promover la transparencia, la rendición de cuentas y la gestión de riesgos, con el objetivo de garantizar la sostenibilidad y solidez de las aseguradoras en el mercado venezolano. La Providencia Administrativa 2024, dictada por la SUDEASEG, complementa la ley al desarrollar lineamientos específicos para la implementación del buen gobierno corporativo en las aseguradoras.

A continuación, se analiza el grado de incorporación de los principios de buen gobierno corporativo en el marco regulatorio venezolano, con énfasis en la LAA de 2023 y la Providencia Administrativa 2024. Considerando que los Principios OCDE son los estándares más integrales que en materia de buen gobierno corporativo se conocen, el análisis sobre el nivel de alineación de la LAA, se hará partiendo de los Principios recogidos

---

22 El *Guidance Paper on the Governance of Insurers*, elaborado por la Asociación Internacional de Supervisores de Seguros (IAIS), es un documento de referencia que proporciona orientaciones específicas para promover buenas prácticas de gobernanza corporativa en las aseguradoras. Aunque no es vinculante, este informe es ampliamente utilizado por reguladores y aseguradoras como un marco para fortalecer la supervisión, mejorar la gestión interna y garantizar que las aseguradoras operen de manera ética, eficiente y sostenible. Este informe complementa los principios de gobernanza de la IAIS (ICP 7) al detallar cómo las aseguradoras pueden implementar prácticas efectivas de buen gobierno, con un enfoque en: independencia y composición del consejo de administración, políticas de remuneración alineadas con la gestión de riesgos y supervisión de conflictos de interés.

23 Los PSI son principios diseñados por UNEP como parte de su iniciativa de Finanzas Sostenibles. Publicados en 2012, los PSI representan el primer marco global enfocado en integrar criterios de sostenibilidad en el sector asegurador, promoviendo prácticas alineadas con los ODS. El objetivo de los PSI es guiar a las aseguradoras para que incorporen factores ESG en sus procesos, desde el diseño de productos hasta la gestión de riesgos y las inversiones. Buscan fomentar la colaboración entre las aseguradoras y sus partes interesadas para abordar desafíos globales como el cambio climático, la desigualdad social y la sostenibilidad económica.

en dicho instrumento de *soft law*, haciendo las concordancias correspondientes con los otros instrumentos elegidos para efectuar el presente estudio.

1. *Consolidación de la base para un marco eficaz de gobierno corporativo (Principio I de la OCDE)*

El Principio I de la OCDE establece que un marco eficaz de gobierno corporativo debe garantizar la transparencia, la equidad en los mercados y la rendición de cuentas, a través de un sistema normativo claro y supervisado adecuadamente. Asimismo, enfatiza que la organización de la actividad económica a través de empresas es un motor clave del crecimiento económico, por lo que es indispensable contar con un marco legal y reglamentario sólido.

El Principio I de la OCDE se corresponde con lo contemplado en el ICP 7 sobre buen gobierno corporativo elaborado por IASIS. La diferencia fundamental es el nivel de especialidad que ofrece el ICP 7 al estar dirigido específicamente al sector de seguros, a diferencia de los Principios OCDE que tienen una vocación más general.

El ICP 7 indica que el supervisor debe exigir que las aseguradoras establezcan e implementen un marco de gobierno corporativo que permita una gestión y supervisión sólida y prudente del negocio de la aseguradora, reconociendo y protegiendo debidamente los intereses de los asegurados. Según el ICP 7 (apartado 7.0.1), el marco de gobierno corporativo de una aseguradora debe:

- Promover el desarrollo, la implementación y la supervisión efectiva de políticas que definan y respalden claramente los objetivos de la asegu-radora;
- Definir las funciones y responsabilidades de las personas responsables de la gestión y supervisión de una aseguradora, aclarando quién posee deberes y poderes legales para actuar en nombre de la aseguradora y en qué circunstancias;
- Establecer requisitos relacionados con la forma en que se toman las decisiones y las acciones, incluida la documentación de decisiones significativas o materiales, junto con su justificación;
- Proporcionar prácticas de remuneración sólidas que promuevan la alineación de las políticas de remuneración con los intereses a largo plazo de las aseguradoras para evitar una toma excesiva de riesgos;
- Prever la comunicación con el supervisor, según corresponda, de asuntos relacionados con la gestión y supervisión de la aseguradora;

- Determinar las medidas correctivas que deben adoptarse en caso de incumplimiento o de supervisión, controles o gestión deficientes.

En lo que respecta a la actividad aseguradora en Venezuela, se cuenta con una ley especial (LAA) que regula el gobierno corporativo y con normas prudenciales dictadas por la SUDEASEG, siendo que la Providencia Administrativa 2024 es la que se dedica exclusivamente al tema del buen gobierno corporativo.

Este marco proporciona un conjunto de disposiciones que fortalecen la supervisión del sector asegurador y establecen las bases para un sistema regulatorio más eficiente. No obstante, la aplicación efectiva del Principio I de la OCDE enfrenta ciertos desafíos y oportunidades de mejora.

A. *Coherencia con el Estado de Derecho y la reserva legal en materia mercantil*

El Principio I de la OCDE recomienda que los marcos normativos sean claros, transparentes y exigibles, respetando el Estado de Derecho. Si bien la reforma de la LAA de 2023 fue dictada por la Asamblea Nacional, vale la pena recordar que la ley anterior fue dictada por el Ejecutivo Nacional en virtud de una Ley Habilitante, a través del decreto presidencial N° 2.178, el cual fue publicado en la Gaceta Oficial N° Extraordinario 6.211 de 30 de diciembre de 2015, y reimpreso por "fallas en los originales", en la Gaceta Oficial N° Extraordinario 6.220 de 15 de marzo de 2016, lo que generó controversias constitucionales en relación con el principio de reserva legal.

Dicho Decreto Ley incumplió con el principio de reserva legal en materia mercantil, ya que de conformidad con el artículo 156.32 de la Constitución, la legislación mercantil es considerada de competencia del Poder Público Nacional y el artículo 187 *ejusdem* señala que le corresponde a la Asamblea Nacional legislar en las materias de competencia nacional.

La reserva legal en materia mercantil tiene múltiples justificaciones, entre ellas, garantizar el respeto al principio constitucional de libertad de empresa y libertad económica, por lo cual, cualquier vulneración a la reserva legal en materia mercantil debe ser considerado como un acto inconstitucional, que vulnera el Estado de Derecho[24]. A pesar de que el

---

24 Ver: Allan R. Brewer-Carías: "La intervención del Estado en la actividad mercantil", *Jornada de derecho mercantil*, Universidad Católica Andrés Bello, Caracas, 1978, p. 531; José Ignacio Hernández, "Regulación económica y derecho mercantil venezolano a comienzos del siglo XXI", *Revista Foro Derecho Mercantil*, No. 21, octubre – diciembre (2008): pp. 7-47.

máximo Tribunal de la República[25] ha considerado que el Ejecutivo Nacional puede legislar mediante decretos leyes inclusive en materias calificadas de reserva legal, la doctrina mercantil no comparte dicho criterio[26].

Por otro lado, el Decreto Ley antes referido, fue objeto de una reimpresión 3 meses después, que fue más allá de una simple corrección material, afectando su contenido, y, por ende, violando los parámetros de temporalidad de la ley habilitante, además del ya mencionado principio constitucional de reserva legal.

Ahora bien, resulta que la constitucionalidad de la reforma de la ley ocurrida en 2023 también está cuestionada. En efecto, la reforma fue aprobada por la Asamblea Nacional el 11 de octubre de 2022, pero su publicación en la Gaceta Oficial ocurrió el 29 de noviembre de 2023 y la versión publicada incluyó múltiples modificaciones a la versión aprobada por el Poder Ejecutivo.

Además, la reforma del 2023 trae otros elementos contrarios a la Constitución, como lo es la disposición transitoria primera en la que se emplaza a la SUDEASEG para que dicte el reglamento de la ley, cuando dictar los reglamentos de las leyes son competencia exclusiva del Presidente

---

25 TSJ-SC, sent. nº 1719 del 19 de septiembre de 2001 (Caso: Revisión constitucional del Decreto con fuerza de Ley Orgánica de los Espacios Acuáticos e Insulares de 2001), con ponencia del Magistrado Iván Rincón Urdaneta. El fallo citado indica, entre otras cosas, lo siguiente: "Al respecto, el artículo 236, numeral 8 de la Constitución vigente, dispone de manera amplia y sin ningún tipo de limitación, la atribución del Presidente de la República para "Dictar, previa autorización por una ley habilitante, decretos con fuerza de ley", con lo cual se modificó el régimen previsto en la Constitución de 1961, que atribuía al Ejecutivo Nacional la competencia para dictar decretos leyes exclusivamente "en materia económica y financiera cuando así lo requiera el interés público y haya sido autorizado para ello por ley especial" (artículo 190, ordinal 8º). Puede apreciarse, en consecuencia, que, de acuerdo con el nuevo régimen constitucional, no existe un límite material en cuanto al objeto o contenido del decreto ley, de manera que, a través del mismo, pueden ser reguladas materias que, según el artículo 203 de la Constitución, corresponden a leyes orgánicas; así, no existe limitación en cuanto a la jerarquía del decreto ley que pueda dictarse con ocasión de una ley habilitante, por lo cual podría adoptar no sólo el rango de una ley ordinaria sino también de una ley orgánica".

26 Alfredo Morles Hernández: "La deslegalización de la materia del contrato de seguro", *ob.cit.* Diego Castagnino, "El principio de la reserva legal en materia mercantil", *Revista de la Facultad de Derecho*, No. 75 (2021): pp. 393-422.

de la República en Consejo de Ministros. Si bien para la fecha de realización de este trabajo dicho reglamento no ha sido dictado, la SUDEASEG ha emitido una serie de providencias administrativas que se publicaron en la Gaceta Oficial N° 6.835 extraordinario del 3 de septiembre de 2024, entre las que destaca la ya mencionada la Providencia Administrativa 2024, dedicada exclusivamente al tema del buen gobierno corporativo. Dichas providencias también deben ser consideradas inconstitucionales[27].

A pesar de que la reforma de la LAA y la indicada Providencia Administrativa 2024 constituyen un avance en materia de buen gobierno corporativo en el sector asegurador, la misma no es coherente con el marco constitucional.

B. *Falta de un Código de buen gobierno corporativo*

Uno de los principales déficits en la regulación venezolana es la ausencia de un código de buen gobierno corporativo específico para el sector asegurador, como lo recomienda la OCDE y otras organizaciones internacionales, con lo cual no se cuenta con en el país con este mecanismo complementario de apoyo al desarrollo y evolución de las buenas prácticas de las empresas.

En Venezuela, la creación de un código de buen gobierno corporativo para aseguradoras podría ser promovida por la SUDEASEG de conformidad con la atribución que la ley le confiere en el artículo 8.3, de emitir los lineamientos de gobierno corporativo de los sujetos regulados. Sin embargo, lo recomendable es que dicho código de gobierno corporativo sea dictado por las partes interesadas en el marco de una actividad gremial y/o a través de una agrupación académica que incluya a expertos en la materia, en el que los sujetos involucrados en la actividad aseguradora puedan ser escuchados. Con lo cual, destaca el valor de las ideas de las profesoras Rondón y Ustáriz, cuando señalan que:

> "…la autorregulación no sólo es importante porque es una potestad propia de la empresa de hacer sus reglas sino que ello es vital en toda sociedad civilizada, con base en ciertos estándares éticos. Las sociedades no se construyen con imposiciones sino a partir de acuerdos

---

27 Carlos Eduardo Acedo Sucre, "Inconstitucionalidad de la Ley de la Actividad Aseguradora reformada en 2023 y de las normas emitidas por SUDEASEG en 2024 para reglamentarla", *Derecho y Sociedad.* 08 de enero de 2025. https://www. derysoc.com/inconstitucionalidad-de-la-ley-de-la-actividad-aseguradora-reformada-en-2023-y-de-las-normas-emitidas-por-sudeaseg -en-2024-para-reglamentarla/

de sus diferentes integrantes, por esto es importante que los principios éticos de cualquier organización no surjan de un decreto de la autoridad, sino que provengan desde el seno mismo de dicha organización"[28].

El Código de Comercio venezolano es conteste con la afirmación contenida en el pasaje previamente citado. El artículo 200 del Código de Comercio es la primera de las disposiciones generales relativas a las compañías de comercio y de las cuentas en participación. Esta disposición establece, entre otras cuestiones, el sistema de fuentes del Derecho societario el cual indica en el tercer aparte que "Las sociedades mercantiles se rigen por los convenios de las partes, por las disposiciones de este Código y por las del Código Civil".

Los convenios de las partes, fuente primaria del Derecho societario, son producto de la autonomía de la voluntad de las partes. Desde luego, el ejercicio de la autonomía de la voluntad tiene límites que en materia societaria también son los que prevé el Derecho común y que están contemplados en el artículo 6 del Código Civil venezolano, conforme al cual, "No pueden renunciarse ni relajarse por convenios particulares las leyes en cuya observancia están interesados el orden público o las buenas costumbres".

Salvo las limitaciones indicadas, las partes pueden convenir en todo aquello que se ajuste a sus intereses y tales pactos en materia societaria tendrán carácter vinculante para los socios y para la sociedad mercantil. Esta es la fuente del poder de autorregulación que ha sido reservado por el legislador a las compañías de comercio. No existe impedimento alguno para que, en virtud de un convenio entre socios, se cree un código de buen gobierno corporativo que refleje las exigencias impuestas por el ordenamiento jurídico positivo e, incluso, adopte estándares que vayan aún más allá.

C. *Riesgo de diversidad de disposiciones jurídicas*

En cuanto al riesgo de que en el país se cuente con una diversidad de disposiciones jurídicas que ocasione solapamientos e, incluso, conflictos no intencionados, lo que podría frustrar la capacidad de perseguir objetivos claves de gobierno corporativo, se puede afirmar que en Venezuela dicho riesgo está presente por las razones siguientes:

---

28 Andrea Rondón García y Nasly Ustáriz Forero, "Notas críticas sobre Compliance: Comentarios al artículo «Introducción al estudio del Derecho del Cumplimiento Normativo y Análisis Regulatorio de la empresa de Jesús A. Villegas Ruiz»," *Revista Venezolana de Derecho Mercantil*, No. 11 (2023): p. 255.

1) Inapropiada concesión de atribuciones a entes gubernamentales que contradicen los postulados fundamentales del Código de Comercio

La última modificación del Código de Comercio data de 1955, aunque su enfoque refleja las prioridades de una economía industrial de mediados del siglo XX, en su regulación están presentes los principios del liberalismo de los siglos XVIII y XIX, con lo cual se le otorga un valor importante al principio de la autonomía de la voluntad de las partes en lo que respecta a la regulación de las partes (por ejemplo, el artículo 200 *ejusdem*), se reconoce la intervención del Estado para verificar el cumplimiento de los requisitos de constitución del comerciante colectivo en beneficio de los accionistas y de terceros, y las normas de orden público son la excepción[29].

Uno de los problemas que enfrenta la actividad empresarial en Venezuela es la excesiva intervención estatal, que ha traído como consecuencia, por ejemplo, la concesión de atribuciones al Servicio Autónomo de Registro y Notarias (SAREN) que no le corresponden[30], en contravención a los postulados del Código de Comercio que viene a ser el estatuto general de las sociedades mercantiles.

Igual situación ha ocurrido con las potestades que se arroga la Superintendencia de Bancos en materia de asambleas, juntas directivas de ese sector, e incluso la exigencia de aprobación previa para cualquier reforma estatutaria, sin la cual no procede la inscripción de las actas respectivas en los registros mercantiles[31].

Un aspecto positivo de la LAA es que regula todo lo concerniente a las atribuciones y competencias de la SUDEASEG, la cual cuenta con potestades ejecutivas y sancionadoras para disuadir de comportamientos deshonestos y favorecer prácticas de gobierno corporativo sólidas, tal y como lo contemplan los artículos 8.3 y 19 de dicha ley, en línea con la recomendación incluida en el Principio I de la OCDE. Sin embargo, algunas de dichas atribuciones son contrarias a los postulados del Código de Comercio.

---

29 Andrea Rondón García, "La expoliación legal a los accionistas de las sociedades mercantiles", *Revista Venezolana de Derecho Mercantil*, No. 5 (2020): pp. 219-220.

30 *Ibíd.*, pp. 215-227.

31 Nasly Ustáriz Forero, "Reflexiones sobre la regulación bancaria bajo el prisma de una visión instrumental»", *Libro homenaje al profesor Eugenio Hernández-Bretón*, Academia de Ciencias Políticas y Sociales, Editorial Jurídica Venezolana, Baker McKenzie, Caracas, 2019, pp. 2453-2500.

En el artículo 8.9 de la LAA se establece que es una atribución del Superintendente de la Actividad Aseguradora, otorgar autorización previa a los sujetos regulados para modificar documentos constitutivos o estatutarios en relación con el objeto social; razón social; enajenación de acciones; fusión; escisión; cesión de cartera; disolución anticipada; aumento, reintegro o disminución del capital social; decreto de dividendos o reparto de utilidades; designación de los miembros de la junta directiva o administradora, o modificación de su estructura. Dichas atribuciones no solo contradicen al Código de Comercio al generar una intervención estatal innecesaria en la esfera de las relaciones jurídicas privadas, sino también que limitan injustificadamente y de manera excesiva el derecho constitucional de libre ejercicio de la actividad económica.

Si bien en sectores como el asegurador es necesario contar con un ente especializado que supervise la actividad, sus potestades no deben afectar el libre desenvolvimiento del principio de la libre autonomía de la voluntad, el cual se encuentra presente en el artículo 200 de Código de Comercio y que constituye un elemento fundamental para que las empresas puedan alcanzar sus propósitos a la vez que generan valor al mercado y a la economía del país. Por lo tanto, sería suficiente con que sea el Registrador Mercantil quien a través del ejercicio de las potestades de control pueda decidir sobre la inscripción de las actas de asambleas de las empresas de seguro.

Tal y como lo señala la exposición de motivos de la ley venezolana de registro y del notariado, en el país se aplica la tradicional especialidad del registro para los actos de comercio en un Registro Mercantil, reconociéndose que este registro deberá incluir el inmenso campo que deriva de los actos que realiza el comerciante, sea persona natural como comerciante individual o persona jurídica de carácter mercantil. Según Chacón y Pérez[32], la ley registral, en atención a su exposición de motivos, establece las disposiciones que dan garantía de seguridad jurídica para las inscripciones de los sujetos de comercio y la veracidad histórica de los cambios producidos en su desarrollo mediante la publicidad registral.

De acuerdo con el artículo 57 de la Ley de Registro Público y del Notariado, el registrador mercantil cuenta con potestades de control que, si bien forman parte del poder discrecional de la administración pública, encuentra sus límites en la misma disposición.

---

32 Nayibe Chacón Gómez y Daniel Pérez Pereda, "La función registral y las sociedades anónimas venezolanas", *Revista Venezolana de Derecho Mercantil*, No. 10 (2023): p. 66.

De conformidad con el principio de legalidad, dicho control solo puede ser ejercido sobre determinados aspectos definidos en dicha ley[33].

Cuando la LAA le otorga las facultades de control previo a la SUDEASEG, genera innecesariamente el riesgo de contar en nuestro ordenamiento jurídico con normas que se contradicen y que constituyen un obstáculo para el ejercicio de un buen gobierno corporativo coherente y alineado con las más modernas tendencias internacionales.

En legislaciones como la española[34] no se establece un control previo específico para el registro de asambleas de las empresas de seguros. El ordenamiento jurídico español se centra en aspectos como la autorización administrativa para operar, las condiciones de solvencia, la supervisión de las entidades y la protección de los tomadores, asegurados y beneficiarios. Sin embargo, no se detallan procedimientos específicos relacionados con el control o registro previo de las asambleas de las empresas de seguro, quedando sometidos a la Ley de Sociedades de Capital.

En este sentido, resulta necesario que en Venezuela se adopten medidas para garantizar un marco institucional y reglamentario coherente y estable, por lo que se recomienda superar el modelo de control previo a los actos societarios de las empresas de seguro e implementar un modelo coherente con el régimen mercantil vigente, en donde será el registrador mercantil el responsable de la revisión de dichos actos, pero siempre en el marco del principio de legalidad.

Otro ejemplo del excesivo intervencionismo de la SUDEASEG lo constituye la facultad establecida en el artículo 8.16 de la LAA que señala que dicho organismo podrá asistir con derecho a voz a las reuniones de junta directiva y a las asambleas de accionistas de los sujetos regulados. Es suficiente con un marco legal transparente, en el que se establezcan los límites necesarios al principio de la libre autonomía de la voluntad y un sistema de control. De esta manera las empresas de seguro podrán tener la flexibilidad necesaria a la vez de que cumple con los extremos de ley, garantizando la protección de los asegurados y del sistema financiero nacional.

---

[33] Vale la pena resaltar que dichas atribuciones discrecionales han sido ejercidas por los registradores mercantiles en muchas ocasiones en contravención al principio de legalidad.

[34] Ley 20/2015, de 14 de julio, de ordenación, supervisión y solvencia de las entidades aseguradoras y reaseguradoras. «BOE» núm. 168, de 15 de julio de 2015.

El excesivo intervencionismo de la SUDEASEG también se ve reflejado en el artículo 8, numeral 7 de la LAA, en donde se indica que será atribución del Superintendente: "Suspender preventivamente, declarar la nulidad absoluta o dejar sin efecto, previo cumplimiento del procedimiento administrativo corres-pondiente, (…) el uso de los modelos de pólizas, contratos, condiciones generales y particulares, cuadros póliza o cuadros recibo, solicitudes, finiquitos o documentos de indemnización, notificaciones, anexos y cualquier otro documento utilizado con ocasión de la actividad aseguradora…". Además, se fija una multa para las aseguradoras que utilicen pólizas, contratos o documentos sin la aprobación previa de la SUDEASEG. Se trata de limitaciones a la libertad empresarial, a la posibilidad de adaptación a las nuevas realidades y a la agilidad para prestar un servicio más eficiente.

Otro ejemplo de inconsistencia con las normas contenidas en el Código de Comercio lo constituye el régimen de responsabilidad de los directores o administradores y los accionistas de la compañía de seguro. De conformidad con lo establecido en los artículos 243, 266 y 268 del Código de Comercio, los directores o administradores de una sociedad anónima sólo son responsables si los aportes a capital o los dividendos no existen; exceden sus facultades; violan los estatutos, la ley o una decisión de la asamblea de accionistas; o incurren en culpa. Por otro lado, de acuerdo con el artículo 201 *ejusdem*, numeral 3, la responsabilidad de los accionistas está limitada al monto que invirtieron en la sociedad anónima, o sea, al aporte hecho a cambio de sus acciones.

Sin embargo, el artículo 43 de la LAA establece que los directores o administradores y los accionistas responden solidariamente por ciertos pasivos de las compañías del sector de seguros. Bajo esta misma lógica, el artículo 87 *ejusdem* señala que los accionistas serán solidariamente responsables con su patrimonio por el total de las obligaciones, en proporción a su participación en el capital, norma que se aplica a todos los accionistas por igual, afectando al accionista minoritario que, por su condición, carece de poder en el proceso de toma de decisiones. Se establece así una responsabilidad objetiva y solidaria de los accionistas de aseguradoras, contraria a las normas del Código de Comercio que rigen la materia[35] y que puede afectar negativamente su capacidad de captar inversionistas.

---

35 Artículo 201.3 del Código de Comercio: "Las compañías de comercio son de las especies siguientes: (…) 3. La compañía anónima, en la cual las obligaciones sociales están garantizadas por un capital determinado **y en la**

2) Necesidad de normas éticas estrictas y mecanismos de rendición de cuentas, en particular, de decisiones oportunas, transparentes y plenamente explicadas que estén abiertas al escrutinio público y judicial

De acuerdo con el artículo 5 de la LAA, la SUDEASEG es un servicio desconcentrado funcionalmente con patrimonio propio, adscrito al Ministerio del Poder Popular con competencia en materia de finanzas, que actúa bajo la dirección y responsabilidad del o de la Superintendente de la Actividad Aseguradora y se rige por las disposiciones de dicha ley, su reglamento y por los lineamientos y políticas impartidas por el Ejecutivo Nacional.

De esta manera, se da cumplimiento con la recomendación de la OCDE según la cual, la autoridad competente en materia de supervisión, regulación y exigencia del cumplimiento dispondrá de las facultades, autonomía, integridad y recursos suficientes para cumplir sus obligaciones con profesionalidad y objetividad. Esto contribuye a mitigar los eventuales conflictos de intereses que pueda tener la autoridad.

Las recomendaciones de la OCDE disponen que la autonomía de la autoridad debe ir acompañada de normas éticas estrictas y mecanismos de rendición de cuentas, en particular, de decisiones oportunas, transparentes y plenamente explicadas que estén abiertas al escrutinio público y judicial. La LAA en el artículo 8.10 se limita a señalar que la SUDEASEG tiene por atribución iniciar, sustanciar y decidir los respectivos procedimientos de inspección y sancionatorios, con observancia de los principios establecidos en la Ley Orgánica de Procedimientos Administrativos, el Decreto con Rango, Valor y Fuerza de Ley Orgánica de la Administración Pública y la Ley de Simplificación de Trámites Administrativos, así como girar instrucciones a los sujetos regulados y dictar las medidas preventivas o normas que juzgue necesarias en los ámbitos jurídico, técnico, financiero y tecnológico, para el control, supervisión y fiscalización de la actividad aseguradora y la protección del interés general tutelado. Ante una eventual reforma sería apropiado incorporar dichos principios directamente y no remitir a otros instrumentos legales y, especialmente, establecer que las resoluciones de la SUDEASEG deben ser oportunas, transparentes y fundamentadas.

A los fines de reforzar la autonomía de la autoridad, algunos países imponen gravámenes a las entidades supervisadas en combinación con la financiación pública (o como alternativa a esta). De acuerdo con las

---

que los socios no están obligados sino por el monto de su acción". (Resaltado añadido)

recomendaciones de la OCDE, esto puede favorecer una mayor autonomía financiera de las administraciones públicas para llevar a cabo sus mandatos, estructurando al mismo tiempo dichas tasas para evitar que impidan la independencia de supervisión de los participantes del sector regulado y proporcionando una transparencia adecuada sobre los criterios adoptados para fijarlas. Dicha alternativa no está contemplada en el artículo 9 de la LAA que regula los ingresos del organismo, por lo que se propone considerar esta opción en una eventual reforma.

2. *Derechos y trato equitativo de los accionistas y facultades principales inherentes a la propiedad (Principio II de la OCDE)*

El Principio II de la OCDE aborda el importante asunto de la relación entre el marco de gobierno corporativo y los derechos de los accionistas. El sentido de este principio es que el marco que rige la gobernanza corporativa proteja y facilite el ejercicio de los derechos de los accionistas, de manera que se garantice suficientemente el trato equitativo de todos ellos, incluyendo a los accionistas minoritarios y a los extranjeros. Desde luego que lo anterior supone que ante la violación de los derechos de los accionistas existan mecanismos de reparación eficaces a un coste razonable y sin que se presenten retrasos excesivos.

Si bien la LAA establece principios de gobernanza, carece de mecanismos de aplicación suficientemente robustos para garantizar la equidad entre accionistas. Son las Normas sobre el Buen Gobierno Corporativo emitidas por la SUDEASEG las que desarrollan en mayor detalle el principio de trato equitativo de los accionistas.

A. *Trato equitativo de accionistas:*

En la Providencia Administrativa 2024 se establece explícitamente que la Asamblea de Accionistas debe garantizar el trato equitativo a todos los accionistas, independientemente de su porcentaje accionario (artículo 10), pero no se detalla cómo se sancionarán incumplimientos. Se recomienda, sin embargo, que se definan procedimientos claros y sanciones para aquellos casos en que se vulneren estos derechos, tanto en el ámbito administrativo como judicial, conforme a las mejores prácticas de la OCDE.

1. **Acceso a información relevante:** En el artículo 46 de la Providencia Administrativa 2024 se establece la obligación de presentar anualmente ante la SUDEASEG un informe de buen gobierno corporativo y en el artículo 45 la obligación de tener un manual de gobierno corporativo. No obstante, no hay claridad sobre sanciones por omisión o distorsión de información.

2. **Facilitación de la participación:** Se requiere la implementación de mecanismos digitales para permitir la participación remota en asambleas, lo que podría mejorar la equidad en la toma de decisiones (artículo 10 de la Providencia Administrativa 2024).

3. **Participación en juntas:** Se establecen requisitos para la convocatoria y votación telemática (artículo 6 de la Providencia Administrativa 2024), pero falta un marco de protección contra abusos en asambleas.

4. **Protección de minoritarios:** Se reconocen sus derechos en el artículo 9 de la Providencia Administrativa 2024. Sin embargo, no se detallan mecanismos judiciales o administrativos específicos para accionar en caso de abuso.

5. **Composición de la junta directiva o administradora:** La LAA en su artículo 13.4 y la Providencia Administrativa 2024 en el artículo 12, señalan que las empresas de seguros, reaseguros nacionales, administradoras de riesgos y medicina prepagada deben poseer una Junta Directiva o administradora compuesta por no menos de cinco (5) integrantes. La Providencia Administrativa 2024 especifica que en el caso de las empresas financiadoras de primas deben poseer una Junta Directiva o administradora compuesta por no menos de tres (3) integrantes.

6. **Directores independientes:** Tanto la LAA (artículo 13.6) como la Providencia Administrativa 2024 (artículo 12), señalan que, que las empresas de seguros, reaseguros nacionales, administradoras de riesgos, medicina prepagada y las empresas financiadoras de primas, señalan que al menos un tercio de los integrantes de la Junta Directiva o administradora deben ser directores o directoras independientes.

A nivel legislativo el buen gobierno corporativo en el sector asegurador ha tenido tres hitos principales: i) la Ley de 2010 (Gaceta Oficial N.° 39.481), en la que se introdujeron lineamientos básicos, sin exigir directores independientes ni manuales específicos de gobernanza; ii) la Ley de 2015 (Gaceta Oficial N.° 6.211), en la que se incorporaron requisitos de directores independientes, aunque sin precisar proporciones, y se obligó a contar con manuales de gobernanza para gestión de riesgos; y, iii) la Ley de 2023, en la que se reforzaron las normas de independencia, exigiendo que al menos un tercio de los directores sean independientes (artículo 13), se obliga la elaboración de manuales de buen gobierno que incluyan políticas específicas sobre riesgos, legitimación de capitales y financiamiento al terrorismo (artículo 19) y se introducen restricciones contra prácticas desleales y publicidad engañosa (artículo 25).

7. **Participación accionaria mínima:** La ley exige un mínimo de cinco (5) accionistas para empresa de seguros, de medicina prepagada, de reaseguros o administradora de riesgos (artículo 13.3 de la LAA y 4 de la Providencia Administrativa 2024) y tres (3) para financiadoras de primas, lo cual podría limitar la diversificación accionaria y favorecer estructuras de control concentrado.

8. **Acceso a la información:** Aunque la LAA establece que las empresas deben proporcionar información relevante a los accionistas (artículo 22), no se detallan sanciones específicas para el incumplimiento de este deber.

Posteriormente, la SUDEASEG dictó la Providencia Administrativa 2024, la cual desarrolla los principios de la LAA, con los siguientes puntos clave: (i) sistema integral de administración de riesgos, (ii) control interno y auditorías, (iii) informes de gobernanza y (iv) gobernanza de datos.

3. *Inversores institucionales, mercados de valores y otros intermediarios (Principio III de la OCDE)*

El Principio III de la OCDE enfatiza la necesidad de un marco regulatorio robusto que asegure transparencia, equidad y rendición de cuentas en las relaciones con inversores institucionales, mercados financieros e intermediarios. Estos actores desempeñan un papel fundamental en la asignación eficiente de recursos hacia inversiones productivas y la supervisión efectiva de la gobernanza corporativa, elementos esenciales para mantener la estabilidad y sostenibilidad financiera del mercado.

El contenido del ICP 7 está alineado con el Principio III de la OCDE en varios aspectos. En el apartado 7.0.3 indica que la aseguradora debe establecer una estructura organizativa transparente que sea capaz de respaldar los objetivos estratégicos y, en general, las operaciones de la aseguradora. El apartado 7.10 del ICP 7 establece una lista de recomendaciones que deben ser exigidas por el órgano supervisor a la aseguradora respecto de la alta dirección de la empresa. En este sentido, a efectos de brindar mayor transparencia a los accionistas y a los terceros interesados, se requiere que la aseguradora compruebe que su alta dirección:

- Realiza las operaciones diarias de la aseguradora de manera efectiva y de acuerdo con la cultura corporativa de la aseguradora, los objetivos comerciales y las estrategias para lograr esos objetivos en línea con los intereses y la viabilidad a largo plazo de la aseguradora.
- Promueve la gestión adecuada de riesgos, el cumplimiento y el trato justo a los clientes.
- Proporciona al Directorio información adecuada y oportuna para permitirle llevar a cabo sus deberes y funciones, incluyendo el seguimiento y revisión del desempeño y las exposiciones al riesgo de la aseguradora, y el desempeño de la Alta Gerencia.
- Mantiene registros adecuados y ordenados de la organización interna.

En este contexto, es relevante evaluar la legislación venezolana vigente, principalmente la LAA de 2023 y la Providencia Administrativa 2024, frente a los estándares internacionales promovidos por la OCDE, así como otros instrumentos de referencia como los ICP, especialmente el ICP 7 dedicado al gobierno corporativo, el Informe IAIS y los PSI.

Antes de continuar con el análisis del Principio III de la OCDE a la luz del marco regulatorio venezolano, es importante destacar que es el único principio que hace referencia directa a las empresas del sector de seguros, especialmente en los relativo a la participación de inversores institucionales en las empresas que reciben su inversión.

- Participación activa y efectiva de inversores institucionales:

La LAA contiene disposiciones generales que otorgan amplias facultades supervisoras a la SUDEASEG, sentando una base para la supervisión del sector. Sin embargo, no incluye disposiciones específicas orientadas a facilitar la participación activa de inversores institucionales ni medidas explícitas para proteger sus intereses y promover su involucramiento en la supervisión efectiva de las empresas aseguradoras.

Del apartado III.A. de los Principios OCDE se deduce la importancia que reviste el hecho de que el marco de gobierno corporativo adoptado por la empresa facilite y estimule el involucramiento de los inversores institucionales en las empresas en las que invierten. La relevancia de esto se acentúa cuando se trata de inversores institucionales que actúan en calidad de fiduciarios, quienes deberán divulgar las políticas concernientes al buen gobierno corporativo que hayan adoptado, así como las políticas vinculadas con el derecho de voto y los procedimientos previstos para decidir sobre su ejercicio.

De conformidad con este Principio OCDE, "la eficacia y la credibilidad de todo el marco de gobierno corporativo y de la supervisión empresarial dependen en gran medida de la voluntad y la capacidad de los inversores institucionales de ejercer sus derechos como accionistas con conocimiento de causa y de cumplir de forma eficaz sus funciones como propietarios en las empresas en las que invierten".

Las empresas de seguros actúan, tal como indica expresamente este principio, como agentes fiduciarios. La consecuencia de esto es que "el derecho de voto puede considerarse parte del valor de la inversión que realizan por cuenta de sus clientes", aunque ello se restringe sólo a "algunas de sus actividades", incluyendo a aquellas actividades desempeñadas por gestores de activos que actúen en su nombre.

- Gestión de conflictos de interés relacionados con actividades de inversión:

El marco legal actual no contempla mecanismos concretos ni detallados para detectar, gestionar y mitigar conflictos de interés[36] en actividades de inversión. Este aspecto, subrayado como esencial por los Principios de la OCDE, es también específicamente recomendado por el ICP 19, el cual insta a una gestión transparente y proactiva de tales conflictos.

Del mismo modo, el ICP 7 hace referencia expresa a los conflictos de interés, principalmente en el apartado 7.3.7 que hace referencia a la promoción de la objetividad en el proceso de toma de decisiones por parte de la junta directiva. El objetivo es que se garantice la independencia de los miembros de la junta directiva y, en ese sentido, se recomienda a sus miembros evitar vínculos personales, intereses financieros o comerciales que entren en conflicto con los intereses de la aseguradora.

Sin embargo, el ICP 7, en el mismo apartado 7.3.7 reconoce que existen casos en los cuales no es razonablemente posible evitar los conflictos de interés y, por tanto, no queda más opción que gestionarlos. A tal efecto, el marco de gobierno corporativo debe contemplar procedimientos y políticas que permitan identificar y abordar los conflictos de intereses, tales como: (i) divulgación de potenciales conflictos de interés, (ii) requisitos para transacciones en condiciones de igualdad, (iii) abstención de voto y, en algunos casos que lo ameriten, (iv) aprobación previa por parte de la junta directiva o de los accionistas de ciertas transacciones.

---

[36] Ver: Diego Thomás Castagnino, "La gestión de los conflictos de interés desde el Buen Gobierno Corporativo", *Revista Venezolana de Derecho Mercantil*, No. 10 (2023).

- Marco integral para la gestión del riesgo:

El marco normativo venezolano carece de una regulación integral explícita sobre la gestión del riesgo. Instrumentos internacionales, como los ICP (8, 15 y 16) y el Informe IAIS (apartados 34 y 62), recomiendan la adopción de procedimientos claros y periódicos de pruebas de estrés y evaluación integral de riesgos. Estas prácticas no se encuentran suficientemente desarrolladas en la LAA ni en la Providencia Administrativa 2024.

El ICP 7 recomienda que el órgano supervisor exija que la junta directiva de la aseguradora supervise el diseño y la implementación de un sistema de gestión de riesgos, aparejado a un entramado de controles internos (apartado 7.5). Al efecto se establecen mecanismos para la gestión eficaz de riesgos por parte de la aseguradora, por ejemplo, la implementación de una política de remuneración prudente y eficaz. En todo caso, una política de este tipo no debe alentar en modo alguna a las personas que desempeñan funciones de control dentro de la empresa a asumir riesgos excesivos o inapropiados (apartado 7.6.2).

- Transparencia y divulgación de información financiera y operativa:

La Providencia Administrativa 2024 representa un notable avance en términos de transparencia al establecer en sus artículos 46 y 47 la obligación explícita de presentar informes anuales sobre buen gobierno corporativo y divulgar periódicamente información financiera y operativa. Estas disposiciones están alineadas con los estándares internacionales del PSI (Principio 4) y con el ICP 20. No obstante, aún faltan especificaciones sobre estándares internacionales precisos.

- Restricciones a la cesión internacional de riesgos:

El artículo 62 de la LAA impone que al menos el 30% de los riesgos cedidos por aseguradoras nacionales sean reasegurados localmente. Esta disposición restringe significativamente la participación directa de inversores institucionales internacionales, contradiciendo la recomendación de la OCDE sobre la apertura de mercados para facilitar una gestión eficiente y globalizada del riesgo.

- Intervencionismo en contratos de reaseguro:

Los artículos 61 y 63 de la LAA imponen a las aseguradoras una obligación de presentar previamente a SUDEASEG los contratos de reaseguro, generando una intervención administrativa excesiva y discrecional. Esta medida afecta la libertad contractual y podría desmotivar la inversión institucional internacional, lo que se aleja considerablemente del estándar recomendado por el Principio III de la OCDE.

- Registro y restricciones adicionales a reaseguradores extranjeros:

La LAA, en los artículos 8, 12 y 68 establece requisitos específicos y restricciones significativas para el registro de reaseguradores internacionales, incluyendo la prohibición de registro de empresas provenientes de jurisdicciones consideradas de baja tributación fiscal. Estas limitaciones pueden impedir una participación equitativa y efectiva de intermediarios financieros internacionales, dificultando el cumplimiento de los estándares internacionales de apertura recomendados por la OCDE.

- Integración de criterios ESG en decisiones de inversión y aseguramiento:

La regulación venezolana aún carece de disposiciones explícitas que integren criterios ambientales, sociales y de gobernanza (ESG, por sus siglas en inglés, e*nvironmental, social, and governance*.) en la gestión de inversiones y asegura-miento, aspecto crucial según los PSI (1 y 2). Esto representa una oportunidad importante de mejora normativa para alinearse plenamente con las tendencias internacionales de sostenibilidad.

En conclusión, aunque existen avances relevantes en la legislación venezolana en términos generales de transparencia y gobernanza, quedan aún importantes desafíos para alcanzar la plena alineación con el Principio III de la OCDE y demás estándares internacionales analizados. Por ello, se recomiendan las siguientes acciones específicas:

1. Incluir disposiciones que promuevan explícitamente la participación efectiva y protección de inversores institucionales, estableciendo meca-nismos concretos para la gestión de conflictos de interés.

2. Desarrollar un marco regulatorio integral para la gestión de riesgos, incluyendo pruebas de estrés periódicas y metodologías claras de evaluación de riesgos financieros y operativos.

3. Establecer requisitos concretos sobre estándares internacionales de transparencia informativa y criterios ESG en decisiones de inversión y aseguramiento, garantizando así la alineación con los PSI y otros instrumentos internacionales.

Estas recomendaciones permitirán fortalecer significativamente el marco normativo venezolano, mejorando la protección y participación de inversores institucionales, promoviendo prácticas sostenibles y asegurando la estabilidad financiera del sector asegurador nacional.

4. *Divulgación de información y transparencia (Principio IV de la OCDE)*

El Principio IV de la OCDE subraya la importancia esencial de divulgar información relevante de manera precisa, transparente y oportuna a todos los actores del mercado financiero, incluyendo inversores institucionales, interme-diarios financieros y demás partes interesadas. La adecuada implementación de este principio contribuye a decisiones de inversión informadas, facilita la supervisión efectiva de la gestión corporativa y fortalece la confianza y estabilidad en los mercados financieros.

La LAA de 2023 establece, en términos generales, un marco para la supervisión y fiscalización del sector asegurador a cargo de la SUDEASEG (artículos 5 y 7), proporcionando así un fundamento básico para garantizar cierta transparencia. Sin embargo, la LAA carece de especificidad respecto a estándares concretos sobre el alcance, periodicidad y metodología en la divulgación de información financiera, operativa y de gestión de riesgos, lo que limita parcialmente su alineación con los estándares internacionales más avanzados.

En contraste, la Providencia Administrativa 2024 representa un progreso notable en esta materia. Particularmente relevantes son los artículos 46 y 47, que establecen claramente la obligación para las empresas aseguradoras de presentar anualmente informes detallados sobre su gobernanza corporativa, estructura de control interno y de gestión integral del riesgo. Además, se exige la publicación periódica y accesible de información financiera y operativa relevante a través de plataformas digitales institucionales. Estos requisitos son plenamente coherentes con los estándares internacionales recomendados por el ICP 20 sobre la divulgación pública, así como con el PSI 4.

No obstante, el marco regulatorio venezolano aún muestra debilidades en materia de divulgación de información, identificadas al contrastarlas con otros instrumentos internacionales analizados. Particularmente, el Informe IAIS enfatiza la necesidad de divulgar información detallada sobre pruebas de estrés, escenarios adversos y criterios específicos empleados en la evaluación de riesgos financieros, lo que no se encuentra claramente regulado ni en la LAA ni en la Providencia Administrativa 2024.

Otro inconveniente de la LAA es que puede darse interpretaciones contradictorias y discrecionales sobre la supervisión y autorización de contratos de reaseguro (artículos 61 y 63). Esta discrecionalidad podría generar incertidumbre e inseguridad jurídica sobre la información efectiva-mente divulgada al mercado, afectando negativamente la transparencia requerida por el Principio IV de la OCDE.

Además, la definición poco clara del tipo de cambio oficial de referencia (artículo 4.19 de la LAA) podría generar ambigüedades y distorsiones significativas en la información económica y financiera reportada por las aseguradoras, afectando directamente la claridad y utilidad práctica de dicha información para todos los actores involucrados.

En consecuencia, y con la finalidad de mejorar sustancialmente el nivel de transparencia del marco normativo venezolano para alinearse plenamente con el Principio IV de la OCDE y los demás instrumentos internacionales analizados, se recomienda:

1. Definir claramente criterios específicos para la divulgación detallada de información financiera y operativa adaptada a distintos grupos de interés (inversores institucionales, intermediarios y minoritarios), asegurando su acceso oportuno y eficiente.
2. Establecer obligaciones regulatorias específicas para la publicación periódica de resultados sobre escenarios adversos y pruebas de estrés, conforme a las directrices del documento IAIS sobre gestión del riesgo de inversión, proporcionando así una imagen más completa y clara del perfil de riesgo de las aseguradoras.
3. Clarificar y estabilizar las definiciones legales relativas al tipo de cambio oficial y a la supervisión de contratos de reaseguro, eliminando ambigüedades que afectan la calidad y fiabilidad de la información pública disponible.

Implementar estas recomendaciones permitirá al marco regulatorio venezolano cumplir plenamente con el Principio IV de la OCDE, fortaleciendo la transparencia informativa, mejorando la toma de decisiones de inversión y aumentando la confianza y estabilidad del mercado asegurador nacional.

5. *Las responsabilidades del consejo de administración / junta directiva (Principio V de la OCDE)*

El Principio V de la OCDE enfatiza la necesidad de contar con un consejo o junta directiva que ejerza una efectiva supervisión estratégica de la empresa, asegurando que la gerencia cumpla sus responsabilidades y que exista un marco adecuado de control interno y gestión integral del riesgo. La junta directiva debe actuar en interés de la compañía y sus accionistas, promoviendo la sostenibilidad y estabilidad financiera mediante prácticas sólidas de gobernanza corporativa.

En Venezuela, la LAA y la Providencia Administrativa 2024 han introducido avances importantes, aunque subsisten aspectos por mejorar para cumplir plenamente con el estándar internacional establecido por la OCDE y otros instrumentos internacionales como los ICP, el Informe IAIS y los PSI.

- Composición e independencia de la Junta Directiva:

La LAA (artículo 13.4 y 13.6) establece la obligatoriedad de contar con al menos cinco miembros en la junta directiva, siendo un tercio de ellos indepen-dientes. Esta medida fortalece significativamente la gobernanza, asegurando una supervisión más objetiva y reduciendo potencialmente conflictos de interés. No obstante, el marco normativo actual no especifica claramente criterios rigurosos para definir la independencia de los directores, aspecto crucial que recomiendan explícitamente el ICP 7.

El artículo 13.5 de la LAA también adopta un enfoque de prevención de conflictos de interés, al ordenar que los integrantes de la junta directiva o administradora "no podrán ser cónyuges o mantener uniones estables de hecho entre sí, o estar vinculados por parentesco dentro del segundo grado de afinidad o cuarto de consanguinidad, ni ejercer simultáneamente cargos directivos en otros sujetos regulados o en otras empresas del sistema financiero". Las normas contenidas en el artículo 13 de la LAA han sido valoradas positivamente por la doctrina por imponer condiciones menos gravosas a los directores que las versiones anteriores de la ley[37].

- Funciones estratégicas y supervisión del riesgo:

La Providencia Administrativa 2024 detalla las funciones estratégicas de la junta directiva, incluyendo la supervisión y aprobación de políticas corporativas y estrategias de gestión del riesgo (artículo 40), alineándose parcialmente con el ICP 8 y ICP 16. Sin embargo, la normativa venezolana no desarrolla aún una metodología detallada para la supervisión continua y evaluación efectiva de riesgos específicos de inversión, ni establece la obligación explícita de realizar pruebas de estrés, aspectos esenciales señalados por el Informe IAIS (apartados 34 y 62).

- Rendición de cuentas y responsabilidades fiduciarias:

Aunque la legislación establece ciertas responsabilidades generales de los directores, aún falta desarrollar mecanismos explícitos y detallados de rendición de cuentas ante los accionistas y otros grupos de interés. Este aspecto es crítico para asegurar que la junta directiva opere siempre en el mejor interés de la empresa, conforme al Principio V de la OCDE y a los estándares recomendados por IAIS (ICP 7 y 9).

---

37 Carlos Eduardo Acedo Sucre, "Impacto directo e indirecto de la reforma de la Ley de la Actividad Aseguradora del año 2023 sobre el reaseguro", *Boletín de la Academia de Ciencias Políticas y Sociales*, No. 175 (2024): p. 272.

- Criterios ESG en las decisiones estratégicas:

La LAA y la Providencia Administrativa 2024 no incorporan aún criterios explícitos y obligatorios sobre factores ambientales, sociales y de gobernanza (ESG) en las decisiones estratégicas de la Junta Directiva. Esta carencia limita la capacidad de la empresa aseguradora de integrarse plenamente con los estándares internacionales en sostenibilidad recomendados por los PSI (1 y 2), que sugieren integrar estos criterios como parte esencial de las responsabilidades estratégicas de la junta.

Para mejorar el marco regulatorio venezolano y alinearse plenamente con el Principio V OCDE y los estándares internacionales revisados, se recomiendan específicamente las siguientes acciones:

1. Definir con claridad los criterios específicos para considerar independiente a un director, fortaleciendo la objetividad y transparencia en la conformación de las juntas directivas.
2. Implementar metodologías detalladas para la supervisión continua y efectiva de los riesgos, incluyendo pruebas periódicas de estrés y evaluación integral de riesgos financieros, operativos y estratégicos.
3. Establecer mecanismos explícitos y detallados de rendición de cuentas y responsabilidades fiduciarias de la junta directiva ante accionistas y otros grupos de interés, promoviendo una gobernanza más efectiva y transparente.
4. Incorporar explícitamente criterios ESG en todas las decisiones estratégicas y operativas, alineando la gobernanza corporativa con los estándares internacionales de sostenibilidad recomendados por los PSI.

Estas recomendaciones permitirán fortalecer sustancialmente las responsabilidades del consejo o junta directiva en la legislación venezolana, asegurando una gobernanza más efectiva, transparente y alineada con los mejores estándares internacionales.

6. *Sostenibilidad y resiliencia (Principio VI de la OCDE)*

El Principio VI de la OCDE reconoce la importancia de proteger los derechos de las partes interesadas (*stakeholders*) en el contexto del gobierno corporativo. Este principio promueve la cooperación activa entre empresas y *stakeholders*, reconociendo que su contribución es esencial para la creación sostenible de valor a largo plazo. Las partes interesadas incluyen empleados, clientes, proveedores, acreedores, comunidades locales, autoridades regulatorias y el público en general.

En el marco regulatorio venezolano, la LAA y la Providencia Administrativa 2024 abordan parcialmente este principio, aunque aún persisten vacíos que limitan una alineación plena con las recomendaciones internacionales, incluyendo los ICP y los PSI.

- Protección y reconocimiento explícito de los derechos de las partes interesadas:

La LAA establece disposiciones generales sobre la protección al tomador, asegurado, beneficiario, contratante, usuario y afiliado (artículos 121 a 124), reconociendo así algunos derechos específicos relacionados con la transparencia contractual y la protección financiera. Sin embargo, la normativa no desarrolla integralmente la protección de otros grupos de interés como empleados, proveedores o comunidades locales, ni establece mecanismos explícitos de participación activa en la gobernanza corporativa.

- Responsabilidad social y ambiental:

La legislación vigente aún carece de una regulación integral explícita que obligue a las aseguradoras a considerar activamente el impacto ambiental y social de sus decisiones empresariales. Esto contrasta con las recomendaciones expresas de los PSI (Principios 1 y 2), que abogan por la integración efectiva de criterios ESG en todas las decisiones operativas y estratégicas, promoviendo la cooperación con *stakeholders* en materia de sostenibilidad.

- Canales de comunicación efectiva con partes interesadas:

Actualmente, la LAA y la Providencia Administrativa 2024 no contemplan explícitamente la creación de canales formales y efectivos para que los *stakeholders* puedan expresar preocupaciones legítimas sobre prácticas corporativas, incluyendo la protección de denunciantes (*whistleblowers*), aspecto relevante señalado por el Principio VI de la OCDE.

Para fortalecer la alineación del marco normativo venezolano con el Principio VI de la OCDE y otros estándares internacionales analizados, se recomienda:

1. Desarrollar disposiciones normativas específicas que reconozcan y protejan los derechos de todas las partes interesadas en el contexto del gobierno corporativo, incluyendo empleados, proveedores, clientes, comunidades locales y otras entidades relacionadas.

2. Establecer mecanismos claros que permitan a las partes interesadas un acceso oportuno y adecuado a información integral, especialmente en temas críticos relacionados con riesgos financieros, operativos y ESG.

3. Incluir regulaciones que obliguen explícitamente a las aseguradoras a considerar y mitigar activamente los impactos ambientales y sociales de sus actividades empresariales, fomentando la cooperación activa con *stakeholders*.

4. Implementar canales formales y seguros para la comunicación efectiva con las partes interesadas, incluyendo sistemas explícitos para la protec-ción de denunciantes (*whistleblowers*), garantizando su anonimato y seguridad.

La implementación de estas recomendaciones contribuirá significativamente a reforzar el gobierno corporativo en Venezuela, promoviendo una gestión más sostenible, inclusiva y transparente, alineada plenamente con el Principio VI de la OCDE y con los mejores estándares internacionales.

7. *Breve apostilla sobre el arbitraje en el sector de seguros: un principio elemental de buen gobierno corporativo*

Los conflictos siempre están presentes en todo tipo de actividad humana, en menor o mayor escala. En lo comercial, es común que en el giro habitual de cualquier empresa existan diferencias entre contratistas e incluso entre quienes interactúan en el marco del vínculo jurídico intrasocietario. Lo importante es que dichas diferencias sean resueltas de manera confidencial, ágil y por expertos en la materia correspondiente.

De allí que, en general, es ventajoso que las partes de una relación contractual sometan sus diferencias al conocimiento de árbitros. Lo propio ocurre cuando las disputas son de carácter intrasocietario. Así lo han reconocido los estándares internacionales de buen gobierno corporativo, que sugieren la utilización del arbitraje societario como medio para la resolución de este tipo de controversias.

La relevancia de este tema justifica al menos una referencia breve a dos vertientes igualmente importantes del arbitraje en materia de seguros. En primer lugar, se reflexionará acerca del arbitraje contemplado en la LAA cuyo ámbito de aplicación, con claras distorsiones, fue concebido para ser aplicado a la resolución de controversias extrasocietarias. Posteriormente, se formularán algunas consideraciones sobre el arbitraje societario como práctica de buen gobierno corporativo que son predicables respecto de todo sector del comercio, incluido el de seguros.

El arbitraje en el sector de seguros está previsto en la LAA y en la normativa prudencial aplicable a la materia bajo una formula disfuncional y poco satisfactoria. Para iniciar el análisis de este particular, conviene citar el artículo 8 de la LAA que establece las atribuciones del Superintendente de la Actividad Aseguradora, en específico el numeral 16 que es del siguiente tenor:

Artículo 8°. Son atribuciones del o de la Superintendente de la Actividad Aseguradora:

(...)

16. (...) resolver con carácter de conciliador o árbitro arbitrador, las controversias que se susciten entre los sujetos regulados y entre éstos y los tomadores, asegurados, beneficiarios, contratantes, usuarios y afiliados, cuando las partes lo hayan establecido de mutuo acuerdo

La norma previamente citada alude a la posibilidad de que el Superintendente de la Actividad Aseguradora actué como árbitro en el escenario en que las partes así lo hayan pactado. De manera que la manifestación de voluntad de las partes es fundamental para que el Superintendente pueda desempeñar funciones de árbitro. Vale destacar que, de conformidad con la disposición bajo comentario, el Superintendente sólo podría actuar como árbitro si las partes lo han designado a tal efecto, pues ello queda inserto en el ámbito de la autonomía de la voluntad privada y, en consecuencia, es un aspecto que debe ser determinado por los sujetos de la relación jurídica contractual y que, en nuestro criterio, no está limitado por la presencia de normas imperativas.

En efecto, luce poco razonable que el legislador haya optado por determinar *ex ante* que el Superintendente de la Actividad Aseguradora sea árbitro arbitrador o de equidad en todos los casos, principalmente porque ello iría en contra del mandato constitucional de promover el arbitraje contemplado en el artículo 258 de la Constitución al establecer que la controversia debe ser resuelta por el sujeto encargado de velar por los derechos de los tomadores, asegurados y beneficiarios, siendo que una de las partes en disputa sería una o varias compañías de seguros.

Al contrario, el artículo bajo examen debe ser interpretado con arreglo los artículos 253 y 258 de la Constitución, que a su vez han sido interpretados por la jurisprudencia constitucional y han dado lugar al reconocimiento expreso del principio pro arbitraje que constituye una concretización del principio *pro actione* en materia de medios alternativos de resolución de conflictos[38] y supone que "en el caso de proceder el arbitraje u otro medio, debe favorecerse la implementación del mismo para la resolución del conflicto"[39].

---

38 TSJ-SC, sent. n° 192, de 28 de febrero de 2008 (Caso: Bernardo Weininger y otros), con ponencia del Magistrado Pedro Rafael Rondón Haaz.

39 TSJ-SC, sent. n° 1.541, de 17 de octubre de 2008 (Caso: Interpretación del artículo 258 de la Constitución), con ponencia del Magistrado Pedro Rafael Rondón Haaz.

Por otra parte, la práctica impulsada por la normativa prudencial respecto del contenido del acuerdo arbitral es discutible. La Providencia Administrativa 2024 indica en el artículo 2 lo siguiente sobre el acuerdo arbitral:

> El acuerdo arbitral es un convenio independiente y posterior a la contratación de los sujetos regulados entre sí o de éstos con los tomadores, asegurados, beneficiarios, contratantes, usuarios y afiliados, en el que pactan resolver las controversias suscitadas entre ellos, **mediante un arbitraje que será llevado por la Superintendencia de la Actividad Aseguradora**. Surge de forma voluntaria y excepcional, una vez agotado el proceso conciliatorio, con el objeto de dirimir los conflictos por el arbitraje. (Resaltado añadido)

La disposición transcrita define el acuerdo arbitral como un convenio independiente y posterior a la contratación, lo que está alineado con el artículo 6 de la Ley de Arbitraje Comercial, cuyo aparte único establece que "En los contratos de adhesión y en los contratos normalizados, la manifestación de voluntad de someter el contrato a arbitraje deberá hacerse en forma expresa e independiente". Es cuestionable que se establezca que la definición de acuerdo arbitral está necesariamente referida a un arbitraje llevado por la SUDEASEG, que en nuestra opinión operaría como institución administradora del arbitraje. Lo más grave quizá sea que el artículo 4 de la Providencia Administrativa 2024 indica que:

> El Superintendente de la Actividad Aseguradora es el competente para ejercer como árbitro en la resolución de conflicto, de conformidad con lo establecido en la normativa legal vigente, sin embargo, podrá delegar en un funcionario de la Superintendencia de la Actividad Aseguradora para que actúe con el carácter de árbitro.
>
> El Superintendente o quien éste delegue, podrá invitar a expertos internos o externos, quienes podrán emitir opiniones sobre el caso sujeto a arbitraje y sus informes serán valorados bajo las reglas de la sana crítica.

El artículo 4 parece indicar que el Superintendente -o su delegado- será en todos los casos quien ejerza las funciones de árbitro en los casos en que sea pactado un acuerdo arbitral en un contrato de seguros. Sin embargo, esta disposición es contraria a la LAA, cuya constitucionalidad ha sido justificadamente por la doctrina[40], y colide con las normas constitucionales

[40] Ver Carlos Eduardo Acedo Sucre, "Impacto directo e indirecto de la reforma de la Ley de la Actividad Aseguradora del año 2023 sobre el reaseguro", *ob.cit.*, p. 272. Carlos Eduardo Acedo Sucre, "Inconstitucionalidad de la Ley

sobre arbitraje y demás medios alternativos de resolución de controversias. Se trata de una disposición que cercena injustificadamente la autonomía de la voluntad de las partes y que contradice la doctrina sostenida por la Sala Constitucional del Tribunal Supremo de Justicia en la materia, especialmente, el principio pro-arbitraje antes referido.

En todo caso, las empresas de seguros pueden incorporar cláusulas de arbitraje societario en sus estatutos con la finalidad de dirimir las controversias intrasocietarias. Este sería un tipo de arbitraje distinto al arbitraje administrativo previsto en la regulación de la actividad aseguradora. En efecto, en el arbitraje previsto en la normativa aplicable al sector asegurador sirve para resolver disputas entre tomadores, asegurados, beneficiarios, contratantes, usuarios y afiliados. En cambio, el arbitraje societario servirá para dirimir controversias intrasocietarias que surjan entre socios, administradores, comisarios y la sociedad como persona jurídica[41].

En la actualidad existe una importante tendencia a nivel internacional de promover el uso del arbitraje societario como práctica de buen gobierno corporativo[42]. Esto es producto de la experiencia práctica que ha demostrado la eficacia del arbitraje y demás medios alternos de resolución de conflictos cuando se trata de disputas intrasocietarias. Uno de los antecedentes de dicha tendencia se encuentra en el "*White Paper*" sobre Gobierno Corporativo en América Latina[43], desarrollado por la Mesa Redonda Latinoamericana sobre Gobierno Corporativo, un foro que reúne a creadores de política, reguladores, líderes comerciales, inversionistas y expertos de la región, así como a contrapartes de los países de la OCDE.

de la Actividad Aseguradora reformada en 2023 y de las normas emitidas por SUDEASEG en 2024 para reglamentarla", *ob.cit.*

41 Diego Thomás Castagnino, "El arbitraje societario y el Buen Gobierno Corporativo de las empresas", *ob.cit.*, p. 99.

42 Uno de los antecedentes de dicha recomendación se encuentra en el "White Paper" sobre Gobierno Corporativo en América Latina, desarrollado por la Mesa Redonda Latinoamericana sobre Gobierno Corporativo, un foro que reúne a creadores de política, reguladores, líderes comerciales, inversionistas y expertos de la región, así como a contrapartes de los países de la OCDE. Iniciada en el año 2000, la Mesa Redonda desarrolló el "White Paper" a través del curso de cuatro reuniones celebradas en Brasil (2000), Argentina (2001), México (2002) y Chile (2003), así como a través de contactos continuos entre las reuniones. Ver: Diego Thomás Castagnino, "El arbitraje societario y el Buen Gobierno Corporativo de las empresas", *ob.cit.*, p. 99.

43 OCDE, *White Paper sobre Gobierno Corporativo en América Latina*, 2004, https://www.oecd.org/daf/ca/corporategovernanceprinciples/22368983.pdf

En cuanto a los instrumentos contemporáneos que sugieren el uso del arbitraje societario, como práctica de buen gobierno corporativo[44], se encuentran los Lineamientos para un Código Latinoamericano de Gobierno Corporativo, auspiciados por Corporación Andina de Fomento (Lineamientos de la CAF)[45]; los Lineamientos para el Buen Gobierno Corporativo de las Empresas del Estado del Banco de Desarrollo de América Latina[46]; el Código de Buen Gobierno Corporativo para las Sociedades Peruana[47]; el Código de las Mejores Prácticas de Gobernanza Corporativa del Instituto Brasileño de Gobernanza Corporativa[48]; los "Lineamientos de Gobierno Corporativo para Sociedades Comerciales Bolivianas" del 2023[49]; el Código de Principios y Mejores Prácticas de Gobierno Corporativo de México de 2018[50].

IV. CONCLUSIONES

La LAA y la Providencia Administrativa 2024, instrumentos normativos de constitucionalidad cuestionable, paradójicamente representan un avance para el sector asegurador venezolano, al establecer estándares más detallados de buen gobierno corporativo y compliance. Estas normas y su cumplimiento se traducen en el fortalecimiento de la confianza de asegurados, inversores y otros grupos de interés. Desde la perspectiva de las empresas aseguradoras, se trata de una oportunidad para adoptar prácticas

44 Ver: Para una referencia más detallada ver: Diego Thomás Castagnino, "El arbitraje societario y el Buen Gobierno Corporativo de las empresas", *ob.cit.*, pp. 93-112.

45 Andrés Oneto y Catalina Rojas, *Lineamientos para un Código Latinoamericano de Gobierno Corporativo*, CAF, 2023, p. 21.

46 Andrés Oneto y Catalina Rojas, *Lineamientos para el buen gobierno corporativo de las empresas del Estado*, CAF, 2021, p. 35.

47 Superintendencia del Mercado de Valores, *Código de Buen Gobierno Corporativo para las Sociedades Peruana*, Lima, 2013, https://www.smv.gob.pe/ConsultasP8 /temp/GobCorporativo2013.pdf

48 Instituto Brasileiro de Governança Corporativa, *Código de las Mejores Prácticas de Gobierno Corporativo*, 6ª edición, IBGC, São Paulo, 2023, p. 25, https://idbinvest. org/en/download/20705

49 Autoridad de Fiscalización de Empresas, *Lineamientos de Buen Gobierno Corporativo*, 8 de diciembre de 2023. Resolución administrativa RA/AEMP/Nº330/2023, pp. 6-7.

50 Consejo Coordinador Empresarial, *Código de Principios y Mejores Prácticas de Gobierno Corporativo*, México, 2018, https://www.bmv.com.mx/docs-pub/MARCO_NORMATIVO/CTEN_MNOD/Codigo_Digital_v20_f(1)-%20CCE% 20 2018.pdf

que promuevan la transparencia, la sostenibilidad y la eficiencia operativa, robusteciendo su reputación en un entorno cada vez más complejo y competitivo.

Sin embargo, la regulación implementada a través de la LAA y la Providencia Administrativa 2024 no es exhaustiva y no necesariamente debería serlo en todos los aspectos. Al examinar estos cuerpos normativos a la luz de los estándares internacionales dominantes en materia de gobernanza corporativa, es evidente que resta un importante camino que recorrer en la materia.

Existen varios desafíos que debe enfrentar el sector asegurador en el marco del entorno regulatorio venezolano, que pueden ser sintetizados, al menos, en tres retos concretos. El primer reto es la falta de enfoque integral en la regulación, dado que las normativas actuales están centradas principalmente en riesgos financieros y quedan al margen importantes aspectos como impacto ambiental y corrupción.

Un segundo desafío es la falta de capacitación que existe en las empresas del sector de seguros. En efecto, muchas compañías carecen de equipos especializados en *compliance* o de recursos tecnológicos para su implementación efectiva. En pleno siglo XXI, es fundamental familiarizarse con herramientas que faciliten el seguimiento y control de cumplimiento de las políticas de buen gobierno corporativo, independientemente de que sea exigido o no por la normativa aplicable a la materia.

El tercer reto está relacionado estrechamente con la idea de que un modelo robusto de buen gobierno corporativo es más que una lista enunciativa de aspectos que pertenecen al "deber ser" y que se adoptan sólo para cumplir con los caprichos de la legislación aplicable. Al contrario, el mercado actúa conforme a la inteligencia de sus actores, lo que en muchos casos desborda los confines del derecho positivo.

Para construir una gobernanza corporativa sólida y adecuada a estándares internacionales se requiere completar un proceso de transición que puede llegar a ser costoso y complejo, especialmente para pequeñas y medianas aseguradoras. La implementación de herramientas tecnológicas en este proceso de transición, aunada a una adecuada supervisión de expertos, puede traducirse en la disminución de costos asociados y facilitar las labores durante el camino.

Frente al escenario de desafíos antes descritos y a título de recapitulación se sugiere la revisión de políticas internas de las empresas de seguros para garantizar que estén en armonía con la LAA y la Providencia Administrativa 2024, lo que supone adaptar los manuales corporativos internos.

Otra recomendación es la formación especializada en *compliance* dirigida a miembros de la junta directiva y oficiales de cumplimiento para garantizar que exista una adecuada comprensión de la dimensión del trabajo por hacer, identificando fortalezas y debilidades, así como diseñando rutas de acción efectivas. En este sentido, se reitera que el uso de tecnologías como los sistemas automatizados para la gestión de riesgos y la generación de reportes pueden aportar valor agregado a las políticas de cumplimiento y buena gobernanza corporativa[51]. Por último, es recomendable para toda organización, independientemente del sector en el que opere, incorporar la sostenibilidad como uno de los pilares esenciales del buen gobierno corporativo.

De allí que el *compliance* se convierte en un pilar fundamental del buen gobierno corporativo porque contribuye a la prevención de riesgos legales y reputacionales mediante la implementación de manuales, códigos éticos y programas de auditoría. Además, el cumplimiento de la normativa aplicable a sectores altamente regulados no sólo es fundamental para la operatividad de la empresa, sino que también fortalece la transparencia y evita posibles crisis que pueden afectar gravemente la percepción pública de la organización.

En sectores altamente regulados, como el de seguros, es clave que exista una comprensión global del abordaje que debe darse al buen gobierno corporativo. En efecto, es indispensable que se reconozca la interacción inevitable que se produce entre *compliance*, autorregulación y buen gobierno corporativo. A pesar de que la actividad aseguradora es regulada, supervisada y controlada por la SUDEASEG, indica Vaudo que "existe un ámbito complejo que amerita ser atendido a través de la autorregulación, más allá del ámbito del derecho positivo, con el fin de asegurar la protección de los intereses sociales y la prevención de conductas que traspasen el riesgo permitido y puedan generar sanciones"[52].

La LAA y la Providencia Administrativa 2024 establecen y refuerzan varios de los principios de buen gobierno corporativo reconocidos por organizaciones internacionales. Sin embargo, el enfoque regulatorio adoptado en Venezuela no comprende todos los aspectos inherentes a una adecuada gobernanza corporativa y, como se ha indicado antes, existen

---

51 Liliana Vaudo, Siro Tagliaferro y Catherina Gallardo, "Cumplimiento corporativo e inteligencia artificial: Aportes y controles en la gestión de riesgos", *Revista Venezolana de Derecho Mercantil*, No. 13 (2024): pp. 67-86.

52 Liliana Vaudo Godina, "Regulaciones de cumplimiento corporativo en el sector asegurador venezolano", *ob.cit.*, p. 270.

algunos vacíos y oportunidades de mejora. Esto no quiere decir que el enfoque regulatorio deba estar basado exclusivamente en las técnicas de derecho positivo, pero invita a reflexionar sobre el importante rol de la autorregulación corporativa y el espacio que debe permitir el legislador a los particulares para que la sabiduría propia del mercado facilite la consecución de un balance adecuado entre regulación y libertad.

BIBLIOGRAFÍA

ACEDO SUCRE, Carlos Eduardo, "Impacto directo e indirecto de la reforma de la Ley de la Actividad Aseguradora del año 2023 sobre el reaseguro", *Boletín de la Academia de Ciencias Políticas y Sociales*, No. 175 (2024)

______ "Inconstitucionalidad de la Ley de la Actividad Aseguradora reformada en 2023 y de las normas emitidas por SUDEASEG en 2024 para reglamentarla", *Derecho y Sociedad.* 08 de enero de 2025. https://www. derysoc. com/inconstitucionalidad-de-la-ley-de-la-actividad-aseguradora-reformada-en-2023-y-de-las-normas-emitidas-por-sudeaseg-en-2024-para-reglamentarla/

Autoridad de Fiscalización de Empresas, *Lineamientos de Buen Gobierno Corporativo*, 8 de diciembre de 2023. Resolución administrativa RA/AEMP/N° 330/2023.

BREWER-CARÍAS, Allan R., "La intervención del Estado en la actividad mercantil", *Jornada de derecho mercantil*, Universidad Católica Andrés Bello, Caracas, 1978.

CASTAGNINO, Diego, "El principio de la reserva legal en materia mercantil", *Revista de la Facultad de Derecho*, No. 75 (2021)

______ "El arbitraje societario y el Buen Gobierno Corporativo de las empresas", *Anuario Venezolano de Arbitraje Nacional e Internacional*, No. 3 (2022)

CHACÓN GÓMEZ, Nayibe y PÉREZ PEREDA, Daniel, "La función registral y las sociedades anónimas venezolanas", *Revista Venezolana de Derecho Mer-cantil*, No. 10 (2023)

Consejo Coordinador Empresarial, *Código de Principios y Mejores Prácticas de Gobierno Corporativo*, México, 2018, https://www.bmv.com.mx/docs-pub/MARCO_NORMATIVO/CTEN_MNOD/Codigo_Digital_v20_f(1)-%20C CE%202018.pdf

DOMÍNGUEZ GUILLÉN, María Candelaria, *Curso de Derecho Civil III Obligaciones*, Revista Venezolana de Legislación y Jurisprudencia, C.A., Caracas, 2017.

FEYEN, Erik, LESTER, Rodney y ROCHA, Roberto, *What Drives the Development of the Insurance Sector?*, The World Bank, Policy Research Working Paper 5572, 2011.

HERNÁNDEZ, José Ignacio, "Regulación económica y derecho mercantil venezolano a comienzos del siglo XXI", *Revista Foro Derecho Mercantil*, No. 21, octubre – diciembre (2008)

Instituto Brasileiro de Governança Corporativa, *Código de las Mejores Prácticas de Gobierno Corporativo*, 6ª edición, IBGC, São Paulo, 2023, https:// idbinvest.org/en/download/20705

Ley 20/2015, de 14 de julio, de ordenación, supervisión y solvencia de las entidades aseguradoras y reaseguradoras. «BOE» núm. 168, de 15 de julio de 2015.

MORLES HERNÁNDEZ, Alfredo, "El seguro dejó de ser un contrato. La distorsión del contrato de seguro en el proceso de transición de sistemas económicos", *Boletín de la Academia de Ciencias Políticas y Sociales*, No. 156 (2017)

______ "La deslegalización de la materia del contrato de seguro", *Revista Venezolana de Derecho Mercantil*, No. 3 (2019), OCDE, *Principios de la OCDE para el gobierno de las sociedades*, Paris, 1999.

______ *White Paper sobre Gobierno Corporativo en América Latina*, 2004, https://www.oecd.org/daf/ca/corporategovernanceprinciples/22368983.pdf

______ *Principios de Gobierno Corporativo de la OCDE y del G20 2023*, OECD Publishing, Paris, https://doi.org/10.1787/fb38c737-es.

ONETO, Andrés y ROJAS, Catalina, *Lineamientos para el buen gobierno corporativo de las empresas del Estado*, CAF, 2021.

______ *Lineamientos para un Código Latinoamericano de Gobierno Corporativo*, CAF, 2023.

RONDÓN GARCÍA, Andrea y USTÁRIZ FORERO, Nasly, "Notas críticas sobre Compliance: Comentarios al artículo «Introducción al estudio del Derecho del Cumplimiento Normativo y Análisis Regulatorio de la empresa de Jesús A. Villegas Ruiz»", *Revista Venezolana de Derecho Mercantil*, No. 11 (2023)

RONDÓN GARCÍA, Andrea, "La expoliación legal a los accionistas de las sociedades mercantiles", *Revista Venezolana de Derecho Mercantil*, No. 5 (2020)

SABATER CASTRO, Anelena, "El desarrollo del sector asegurador y el crecimiento económico: un análisis empírico para 47 países, *Economía y Sociedad*, Vol. 22, No. 52 (2017)

SOUTO, Pablo, *Una introducción al gobierno corporativo en la industria aseguradora en América Latina*, Fundación MAPFRE, Madrid, 2013.

Superintendencia del Mercado de Valores, *Código de Buen Gobierno Corporativo para las Sociedades Peruana*, Lima, 2013, https://www.smv.gob.pe/ ConsultasP8/temp/GobCorporativo2013.pdf

THE COMMITTEE ON THE FINANCIAL ASPECTS OF CORPORATE GOVERNANCE AND GEE AND CO. LTD., *The Financial Aspects of Corporate Governance*, Gee, Londres, 1992.

TSJ-SC, sent. nº 1.541, de 17 de octubre de 2008 (Caso: Interpretación del artículo 258 de la Constitución), con ponencia del Magistrado Pedro Rafael Rondón Haaz.

TSJ-SC, sent. nº 1719 del 19 de septiembre de 2001 (Caso: Revisión constitucional del Decreto con fuerza de Ley Orgánica de los Espacios Acuáticos e Insulares de 2001), con ponencia del Magistrado Iván Rincón Urdaneta.

TSJ-SC, sent. nº 192, de 28 de febrero de 2008 (Caso: Bernardo Weininger y otros), con ponencia del Magistrado Pedro Rafael Rondón Haaz.

USTÁRIZ FORERO, Nasly, "Reflexiones sobre la regulación bancaria bajo el prisma de una visión instrumental»", *Libro homenaje al profesor Eugenio Hernández-Bretón*, Academia de Ciencias Políticas y Sociales, Editorial Jurídica Venezolana, Baker Mc Kenzie, Caracas, 2019.

VAUDO, Liliana, "Regulaciones de cumplimiento corporativo en el sector asegurador venezolano", *Revista Venezolana de Derecho Mercantil*, No. 11 (2023)

VAUDO, Liliana, TAGLIAFERRO, Siro y GALLARDO, Catherina, "Cumplimiento corporativo e inteligencia artificial: Aportes y controles en la gestión de riesgos", *Revista Venezolana de Derecho Mercantil*, No. 13 (2024).

EL ROL DE LA ADMINISTRACIÓN PÚBLICA EN LA ACTIVIDAD ASEGURADORA

Gabriel SIRA SANTANA*

Resumen: Este artículo tiene por objeto determinar cuáles son las potestades de ordenación, autorización, supervisión, dirección y sanción que ejerce la Administración Pública sobre la actividad aseguradora en Venezuela, con base en la Ley de la Actividad Aseguradora del año 2023, destacándose a su vez cuál ha sido la evolución legislativa de este ordenamiento jurídico sectorial.

Palabras clave: Seguros, Administración pública, potestades administrativas, ordenamiento jurídico sectorial.

Abstract: This paper aims to determine what powers of organization, authorization, supervision, direction and sanction are exercised by the Public Administration over the insurance activity in Venezuela, based on the Insurance Activity Law of 2023, highlighting as well what has been the legislative evolution of this sectoral legal system.

Keywords: Insurance, Public Administration, administrative powers, sectoral legal system.

I. EL INTERVENCIONISMO ESTATAL EN LA ACTIVIDAD ASEGURADORA DURANTE EL SIGLO XX

La actividad asegurada ha estado regulada en Venezuela desde –al menos– el año 1862, cuando se dictó el Código de Comercio que dedicó la Ley III de su Título II a los seguros, si bien limitado a los contratos

---

* Abogado mención *summa cum laude* y especialista en Derecho Administrativo, mención honorífica, por la Universidad Central de Venezuela (UCV). Profesor de postgrado en la Universidad Central de Venezuela (UCV) y de pregrado en la Universidad Monteávila (UMA). Investigador del Centro para la Integración y el Derecho Público (CIDEP). Ganador del Premio Academia de Ciencias Políticas y Sociales para Profesionales 2017-2018, Dr. Ángel Francisco Brice.

marítimos[1]. Setenta y tres años después (esto es, en 1935), el Poder Legislativo sancionó la primera ley dedicada exclusivamente a regular a este sector, tal como lo fue la Ley de Inspección y Vigilancia de las Empresas de Seguro que, de acuerdo con el foro:

> ...encontró gran impulso en ciertas irregularidades que se presentaron con una compañía dedicada al seguro de vida (...) en la cual sus administradores al final de cada ejercicio económico tomaban las primas cobradas, le descontaban gastos de todo tipo y repartían utilidades, sin constituir ningún tipo de reservas[2].

Esta ley tuvo corta vigencia al ser derogada tan solo un par de años después por la Ley sobre Inspección y Vigilancia de las Empresas de Seguro de 1938, que no incorporó cambios de mayor relevancia[3]. En todo caso, es en relación con esta ley de 1938 que hallamos las primeras aproximaciones del foro sobre el tema que nos ocupa al afirmar POLANCO ALCÁNTARA que:

> ...el Estado debe contemplar atentamente no sólo la institución jurídica en sí [el seguro], en cuanto a las normas que la regulan, sino la actividad aseguradora, en orden a proporcionar a los asegurados, (que son el público o sean los ciudadanos, los habitantes del territorio del Estado) un máximum de confianza en los organismos públicos y privados a los cuales acudan en solicitud de pólizas cubertoras [sic] de los diferentes riesgos que pueden ser asegurados.
>
> ...el Estado regula el negocio de seguros porque precisamente le interesa el buen éxito de dicho negocio en cuanto que el ciudadano aspira a que lo que el seguro le ofrece le sea cumplido si él cumple y debe procurarse que esa aspiración no se vea defraudada[4].

En este sentido, a la par del Derecho Privado característico de toda operación mercantil, la actividad aseguradora estaba regida por "normas administrativas que regulan la forma y oportunidades en que el Estado

---

1 *Cfr*. Artículo 3 de esta ley, conforme con el cual "[e]*l seguro marítimo puede recaer sobre cualquiera o cualesquiera cosas apreciables en dinero y sujetas a los riesgos de la navegación* (...)". Academia de Ciencias Políticas y Sociales, *Leyes y Decretos de Venezuela,* t. 4 (Caracas: ACIENPOL, 1982), 188-92. Otros antecedentes en la materia pueden consultarse en Leopoldo Borjas H., "Historia y desarrollo del seguro en Venezuela", *Revista de la Facultad de Ciencias Jurídicas y Políticas*, N° 77 (1990): 83-112.

2 Luis Ávila Merino, *La fianza mercantil*, 2° ed. (Caracas: UCAB, 2005), 85.

3 *Ibid.*

4 Tomás Polanco Alcántara, *Derecho administrativo especial* (Caracas: UCV, 1959), 235-36.

inspecciona y vigila la actividad de seguros", sin que ello se tradujese en un control excesivo o la reserva y desnaturalización de la actividad, pues lo que se pretendía era evitar el fraude en contra del asegurado, y no impedir u obstaculizar el giro comercial de la empresa aseguradora[5].

De este modo, la ley de 1938 estatuyó como competencias del Ministerio de Fomento[6] –entre otras– el: (i) Aprobar el registro de toda empresa que quisiera dedicarse a la actividad aseguradora, una vez satisfechos los requisitos jurídicos, económicos y técnicos exigidos por la ley; (ii) Determinar el monto que tales empresas habían de constituir como reservas según el tipo de seguro que ofrecieran; (iii) Aprobar los modelos de pólizas, tablas de coeficientes y tarifas de las empresas aseguradoras; (iv) Inspeccionar cada seis meses el funcionamiento de las empresas, para lo cual podían acceder a sus libros y balances contables; e (v) Intervenir en el proceso de liquidación de las empresas[7].

Como vemos, la Administración Pública estaba presente en el nacimiento, vida y muerte de las empresas dedicadas a la actividad aseguradora en lo que bien podría constituir un temprano ejemplo de los llamados ordenamientos jurídicos sectoriales –o *ordinamenti giuridici sezionali*, como los denominó GIANNINI en 1949[8]– como construcción doctrinal que pretende explicar la intervención particularmente intensa que, en la práctica, la Administración Pública llega a ejercer sobre algunos sectores de la economía nacional dada la importancia de su correcto funcionamiento para la sociedad[9].

---

5 *Ibid.*, 236-37. En igual sentido se pronuncia Alejandro Venegas Franco, "Evolución y perspectivas de la protección del asegurado", *Revista de la Facultad de Derecho*, N° 58 (2003): 296, para quien "[l]a intervención estatal en la actividad aseguradora, que es parte fundamental de la disciplina del derecho público, se ha justificado siempre por la protección de los asegurados".

6 Nótese que, de acuerdo con Polanco Alcántara, estas competencias eran ejercidas en la práctica por la Fiscalía de Seguros como "organización (…) adscrita al Despacho de Fomento", y que luego pasaría a denominarse Superintendencia de Seguros. Polanco Alcántara, *Derecho administrativo especial*, 244.

7 *Ibid.*, 238-42.

8 *Cfr.* Massimo Severo Giannini, "Istituti di crédito e servizi di interese pubblico", *Moneta e Crédito* 2, N° 5 (1949): 105-19.

9 *Cfr.* Gabriel Sira Santana, "El ordenamiento jurídico sectorial de medicamentos y la potestad de ordenación de la autoridad administrativa",

Con base en este planteamiento, como seguramente podrá vaticinar el lector, no es de extrañar que en las reformas a la ley comentada el control de la Administración Pública sobre la actividad aseguradora fuese en aumento, tal como puede apreciarse en la Ley de Empresas de Seguros y Reaseguros de 1965[10] que, de acuerdo con PERRET GENTIL, derivó de la crisis de los avales y el cese de operaciones de un número relevante de aseguradoras que reaseguraron de forma imprudente o insuficiente sus riesgos, lo que, en definitiva, "hizo patente la necesidad de un control, de una fiscalización y de una vigilancia más eficaces por parte de las autoridades venezolanas"[11]. Por este motivo, en criterio del autor citado:

> …la nueva ley conserva en esencia las modalidades de la anterior mediante una combinación de fiscalización, vigilancia y publicidad, pero al Superintendente de Seguros, a quien la ley derogada denominaba Fiscal General de Seguros, se le conceden facultades más amplias para cumplir sus funciones de fiscalización y vigilancia y le permite ejercer un moderado control que antes no tenía.
>
> Por vez primera el legislador se ocupa directamente del reaseguro y somete asimismo a fiscalización a los intermediarios de seguro (…). La Ley prevé una serie de medidas fiscalizadoras, innecesarias, de las actividades de las empresas de reaseguro, sin beneficio aparente para los aseguradores directos pero creadoras de una carga más para el Estado al obligarlo a asumir funciones de fiscalización y vigilancia la mayoría de las veces inútiles[12].

En pocas palabras, la ley de 1965 acrecentó la intervención de la Administración Pública en la actividad aseguradora con el fin de evitar que esta última diera pie a circunstancias que resultaran perjudiciales para los ciudadanos que contratasen seguros de cualquier naturaleza, si bien el aumento de tales controles no se tradujo, *per se*, en un mejor desarrollo de la actividad estudiada.

En todo caso, como muestra del aumento del control comentado, la Ley de Empresas de Seguros y Reaseguros de 1965 agregó al régimen anterior que: (i) La autorización para constituir una empresa de seguro requería dos

---

Revista Electrónica de Derecho Administrativo Venezolano, N° 20 (2020): 31-39, https://bit.ly/3pjJv3P.

10 G.O. N° 964 Extraordinario del 09-07-1965. Reimpresión en N° 970 Extraordinario del 26-07-1965.

11 Otho Perret Gentil, "Anotaciones a la ley de empresas de seguros y reaseguros", *Revista de la Facultad de Derecho*, N° 2 (1966): 189.

12 *Ibid.*, 190.

permisos tramitados de forma sucesiva –a saber: la autorización de inscripción y luego la inscripción del documento respectivo, que también había de ser aprobada por el Ejecutivo–, exigiéndose que no menos del 51 % de su capital perteneciera a personas naturales venezolanas, lo que trajo problemas prácticos y ahuyentó la inversión extranjera en el país; (ii) La Superintendencia de Seguros determinaba los bienes de las aseguradoras que podían ser objeto de embargos preventivos, así como autorizaba la cesión de carteras y la fusión de empresas; (iii) El Ministerio de Fomento podía prohibir que se celebraran contratos de reaseguro con empresas que hubiesen incumplido sus obligaciones en el pasado, así como revocar las autorizaciones concedidas para operar empresas de seguro; y (iv) El Presidente de la República podía negar la inscripción de nuevas compañías de seguro cuando lo estimara aconsejable para la situación económica del país[13].

Diez años más tarde, gracias a la Ley Orgánica que Autoriza al Presidente de la República para dictar Medidas Extraordinarias en Materia Económica y Financiera[14], dicho mandatario dictó el Decreto Ley de Empresas de Seguros y Reaseguros de 1975[15] que desde su artículo 1 dejaba en claro que "[l]a intervención del Estado en la actividad aseguradora y reaseguradora la realizará el Ejecutivo Nacional por órgano de la Superintendencia de Seguros, servicio técnico adscrito al Ministerio de Hacienda".

De este modo, basta una lectura superficial de la ley para constatar cómo la tendencia intervencionista continuó *in crescendo* al reiterarse que "la constitución de las empresas de seguros o de reaseguros y (...) el ejercicio de sus actividades, (...) requiere la autorización del Ejecutivo Nacional" (artículo 2), previéndose incluso que el Superintendente podía "[a]sistir, cuando lo considere conveniente, a las reuniones de las asambleas de accionistas de las empresas (...) [con] derecho a voz" (artículo 12 numeral 4).

Como particularidad de este decreto-ley destaca que la potestad normativa en el área no correspondía *in totum* a la Superintendencia de Seguros, sino al Consejo Nacional de Seguros que estaba conformado por

---

13 *Ibid.*, 191-200. Nótese que el autor destaca que los intermediarios de seguros, entendiéndose por estos los agentes y corredores de los mismos, también fueron objeto de regulación precisándose una serie de prohibiciones, autorizaciones y cauciones en la materia.

14 G.O. N° 30.412 del 31-05-1974.

15 G.O. N° 1.743 Extraordinario del 22-05-1975. Reimpresión en N° 1.763 Extraor-dinario del 08-08-1975.

el Superintendente y representantes de cada una de las empresas de seguros y reaseguro del país, así como de los productores de seguros y las sociedades de corretaje de reaseguros en general. Lo anterior, a tenor del numeral 3 del artículo 24 del decreto-ley conforme con el cual era atribución del mencionado Consejo "[e]stablecer normas para la práctica de la actividad aseguradora y procurar su coordinación y mejoramiento", si bien el numeral 4 del mismo artículo preveía que el Consejo sometería las prácticas administrativas y contables "a la aprobación de la Superintendencia".

Así, no hay duda de que el decreto-ley de 1975 acentuó la regulación administrativa de la actividad aseguradora, tal como lo demuestra el resumen efectuado por BREWER-CARÍAS sobre las competencias de la Administración en la materia –y que nos permitimos citar *in extenso*– visto que:

> …para la promoción de una empresa de seguros es necesario que los promotores obtengan una autorización previa del Ejecutivo Nacional (Art. 31). Promovida la empresa, la constitución de la misma ante el Registrador Mercantil debe ser también previamente autorizada (Art. 34), y éste no puede registrar el documento constitutivo (Art. 2) sin la presentación de aquella autorización. La autorización de constitución puede ser negada sin motivación (Art. 35). (…) Una vez promovida la empresa y debidamente constituida, la misma debe obtener una nueva autorización, esta vez para operar, de parte de las autoridades administrativas, que implica la aprobación de toda la documentación que requieren para su funcionamiento (Art. 36). Autorizaciones similares también requieren las sociedades de corretaje de seguros y reaseguros (Art. 40). Por otra parte, toda modificación de los documentos constitutivos y estatutos de las empresas deben ser previamente autorizados por las autoridades administrativas correspondientes (Art. 56).
>
> Las empresas de seguros y reaseguros, entre sus obligaciones generales tienen la de constituir y mantener en el Banco Central de Venezuela una serie de garantías (Arts. 44 y ss.), (…). También deben las empresas, según el ramo de seguro en el cual operen, constituir y mantener una reserva (Arts. 64 y ss.) (…).
>
> El funcionamiento de las empresas de seguro y reaseguro también está sometido a múltiples intervenciones por parte de las autoridades administrativas: las pólizas, recibos, solicitudes y demás documentos deberán ser siempre, previamente aprobados por la Superintendencia de Seguros (Art. 51); como asimismo la propaganda que realicen (Art. 58).

Por último, las empresas de seguro y reaseguro están sometidas a rígidos controles permanentes por parte de la Superintendencia de Seguros, organismo administrativo desconcentrado del Ministerio de Hacienda (Art. 6), el cual puede inspeccionar, vigilar y fiscalizar las actividades de las empresas (Art. 12)[16].

Así, este régimen estuvo vigente hasta el año 1994 cuando el Congreso de la República decretó una reforma parcial al decreto-ley en cuestión[17] que, como punto de especial interés, determinó que el rol de la Superintendencia de Seguros no se limitaba a la fiscalización y vigilancia de la actividad aseguradora, como venía siendo la regla, sino que este servicio autónomo de carácter técnico también tendría a su cargo la regulación de la actividad (artículo 6), con inclusión de las "normas relativas a la organización de una cámara de compensación de deudas recíprocas de las empresas de seguros, (…) normas relativas a la capacidad de endeudamiento de las empresas de seguros y de reaseguros" y "regulaciones de carácter contable sobre la información financiera que deban suministrar los sujetos regulados por esta Ley, tales como consolidación de balances, auditorías externas, código de cuentas, forma de presentación de los estados financieros y valuación de activos" (artículo 13 numeral 5).

Es decir, que atrás quedó la atribución del Consejo Nacional de Seguros para "establecer normas" en los términos del decreto-ley de 1975, estando el rol de este Consejo ahora limitado a la mera recomendación de normas para la práctica de la actividad aseguradora (literal "C" del artículo 41)[18], restándosele también alguna importancia al Presidente de la República y su práctica de reglamentar las leyes de seguros[19].

---

16 Allan R. Brewer-Carías, "El derecho de propiedad y la libertad económica. Evolución y situación actual en Venezuela", en *Estudios sobre la Constitución. Libro homenaje a Rafael Caldera*, t. II (Caracas: UCV, 1979), 1222-23.

17 G.O. N° 4.822 Extraordinario del 23-12-1994. Reimpresión en N° 4.865 Extraor-dinario del 08-03-1995.

18 Téngase presente que conforme con el parágrafo único de este artículo esa recomendación parecía tener cierta fuerza vinculante en el sentido que el legislador determinó que "[e]n las sesiones que realice el Consejo Nacional de Seguros en relación con las atribuciones contenidas en los literales a), c) y d), se requerirá para la aprobación de las decisiones que se adopten, el voto favorable de la mayoría de sus miembros. La Superintendencia de Seguros velará por el cumplimiento de las decisiones aprobadas".

19 *Cfr*. Ávila Merino, *La fianza mercantil*, 85-86, quien apunta que la ley de 1936 fue reglamentada el 18-07-1938, la de 1965 el 06-03-1969 y la de 1994 el 27-04-1999.

Lo hasta aquí narrado muestra cómo la actividad aseguradora en Venezuela pasó en el siglo XX de no estar sometida prácticamente a ningún control por parte del Estado y regirse por el principio de la autonomía de la voluntad como axioma del Derecho Privado, a dar paso a una regulación de *ius publicum* de carácter expansivo, originada por la necesidad de salvaguardar los intereses de los asegurados frente a los aseguradores que, por su posición en la relación contractual, se encuentran en una situación que facilita los abusos y fraudes en contra de los primeros[20]. Lo anterior, si bien como vimos algunas de las regulaciones implementadas no eran cónsonas con este objetivo a pesar de que aumentaban la cuota de poder de la Administración sobre la actividad privada y, por ende, reducían la autonomía y libertad contractual mencionada.

Como abordaremos de seguida, la realidad venezolana en los últimos veinte años no dista en demasía de lo aquí expuesto, aun cuando en el año 1998 ya el foro adelantaba que las tendencias mundiales del Derecho de seguros abogaban por la disminución de la incidencia estatal en el sector sin que ello se tradujese en una desprotección de los asegurados[21].

---

20 *Cfr*. José Muci-Abraham, "Seguros. Un caso de delegación novatoria pasiva", *Revista de la Facultad de Derecho*, N° 11 (1971): 268-74, para quien, a modo de ejemplo, "[e]l legislador se propuso, al sancionar a los intermediarios de seguros que dispongan en su beneficio del dinero recaudado por concepto de primas, evitar que tales intermediarios hagan un uso indebido de los fondos que reciban de sus clientes para el pago de las primas; estableció, en tal supuesto, una sanción a un mismo tiempo severa y radical: la revocación de la autorización y la cancelación de la inscripción del respectivo intermediario. Y aunque esta sanción pueda –de primer intento– aparecer como un tanto excesiva, la verdad es que ella tiende de plano a conjurar una situación de muy indeseable acaecimiento: que los clientes de los intermediarios de seguros sean defraudados y no lleguen –no obstante haber cancelado la prima– a obtener la protección del seguro, en procura de la cual ocurrieron al intermediario; tal situación comportaría el descrédito mismo de la intermediación en un negocio como el de seguros, que debe revestir tanta seriedad, puesto que la falta incurrida por un intermediario se traduce, a no dudarlo, en un perjuicio para los intermediarios que proceden honestamente".

21 *Cfr*. Alberto Baumeister Toledo, "Nuevas tendencias e instituciones en Derecho de Seguros", *Revista de la Facultad de Derecho*, N° 53 (1999): 123-52, al sostener que la apertura de los mercados y la necesidad de inversiones extranjeras trajo consigo "un cambio también de posturas respecto al rol que debía confiarse a los órganos de control de la actividad, todo sin menoscabo del reconocimiento unánime, a nivel mundial, de la conveniencia de mantener aquél, pero dentro de justos y nuevos límites", con base en la idea de que "no

II. LOS ANTECEDENTES INMEDIATOS DE LA NUEVA LEY DE LA ACTIVIDAD ASEGURADORA

Cinco son los actos con fuerza de ley que han regulado *in extenso* la actividad aseguradora en Venezuela durante el siglo XXI, antes de la publicación de la reforma del año 2023 que trataremos en acápite separado.

En este sentido, en primer lugar se tiene el Decreto con Fuerza de Ley de Empresa de Seguros y Reaseguros del 2001[22], dictado con ocasión de la Ley que Autoriza al Presidente de la República para dictar Decretos con Fuerza de Ley en las Materias que se Delegan del año 2000[23] que, en el ámbito financiero, facultó a dicho mandatario para:

> Dictar medidas que regulen la actividad aseguradora con la finalidad de conferir al organismo de control los medios adecuados para el ejercicio de sus funciones; llenar los vacíos normativos en materia de supervisión contable, forma de reposición de capital y asunción de pérdidas de capital, adecuación de capitales mínimos, previsión de sanciones aplicables, establecimiento de responsabilidades de los administradores de las empresas de seguros y reaseguros y sus accionistas, modificación de las garantías previstas y la forma en que deben ser presentadas las reservas.
>
> Se establecerá un régimen de fusión de las empresas de seguro y se redimensionará el mercado asegurador con el fortalecimiento institucional del sector. (Literal "F" del numeral 1 del artículo 1).

Este decreto-ley contó con una extensión de 295 artículos –unos 104 más que su predecesora– y cimentó el rol intervencionista del Estado en la actividad al prever en su artículo 4 que:

> El control, regulación, inspección, supervisión, fiscalización y vigilancia de la actividad aseguradora, reaseguradora, de producción de seguros y reaseguros y demás actividades conexas se ejerce a través de la Superintendencia de Seguros. La intervención del Estado en esta actividad se realizará para la protección de los tomadores, los asegurados o los beneficiarios de los contratos de seguros y en salvaguarda de la estabilidad del sector asegurador.

---

puede pretender el ente de control jamás dictar normas de fijación de políticas aseguradoras ni el reemplazo de la iniciativa empresaria[l] de los aseguradores", pues su función había de limitarse a "procurar fundamentalmente la salud del asegurador y del mercado" de forma preventiva.

22 G.O. N° 5.553 Extraordinario del 12-11-2001. Reimpresión en N° 5.561 Extraordinario del 28-11-2001.

23 G.O. N° 37.076 del 13-11-2000.

Las reacciones en contra de este decreto-ley no se hicieron esperar y en fecha 16-05-2002 una empresa de seguros demandó la nulidad por inconstitucionalidad del decreto-ley ante la Sala Constitucional del Tribunal Supremo de Justicia (en lo sucesivo, TSJ/SC) por considerar que el mismo "es mucho más restrictivo, punitivo y (...) en definitiva perjudica gravemente al mercado asegurador, ya que impide su crecimiento y desarrollo, ya que se prevé todo un régimen sancionatorio que atenta contra la solvencia y liquidez de las empresas aseguradoras", siendo ejemplos representativos de lo argumentado los artículos 11, 76 y 121 del decreto-ley[24].

Esta demanda fue admitida por la TSJ/SC que, adicionalmente, acordó la suspensión con "efectos *erga omnes* [de] la aplicación del Decreto Legislativo impugnado, hasta tanto se dicte la sentencia de fondo"[25], agregándose por fallo del 02-10-2002, en virtud de la solicitud de aclaratoria presentada por un particular, que (i) el fallo N° 1911/2002 debía publicarse en la Gaceta Oficial de la República visto que su "eficacia (...) se encuentra condicionada a su publicación en el mencionado instrumento oficial"[26]; y (ii) el mismo no planteaba la desregulación del sector puesto que:

> ...debido a la suspensión del Decreto Legislativo referido, ya que, como quiera que fueron suspendidos íntegramente los efectos de dicho Decreto, tal suspensión incluye, naturalmente, la disposición derogatoria única inserta en su texto; por tanto, es evidente que la legislación aplicable será aquella contenida en la Ley de Empresas de Seguros y Reaseguros publicada en la Gaceta Oficial de la República de Venezuela No. 4.882, Extraordinario del 23 de diciembre de 1994, reimpresa por error de trascripción en la Gaceta Oficial No. 4.865 Extraordinario del 8 de marzo de 1995, que el Decreto derogaba[27].

En otras palabras, el Decreto con Fuerza de Ley de Empresa de Seguros y Reaseguros tuvo una vigencia poco inferior al año –esto es, del 12-11-2001 al 07-11-2002, cuando se publicó en la Gaceta Oficial N° 37.565 el fallo comentado– siendo que a partir de ese momento *retomó vigencia* la

24 TSJ/SC N° 1911 del 13-08-2002 (caso: C.A. Seguros Guayana).

25 Ibid.

26 TSJ/SC N° 2331 del 02-10-2002 (caso: Henry Pereira Gorrín).

27 *Ibid.*

Ley de Empresas de Seguros y Reaseguros de 1994 en lo que fue catalogado por el foro como un cuestionable caso de reviviscencia normativa[28].

Curiosamente, a pesar de que la TSJ/SC calificó a este caso en el fallo 1911/2002 como "de urgente decisión", lo cierto es que la Sala nunca se pronunció sobre el fondo del asunto y procedió en fecha 19-06-2012 a declarar la perención de la instancia, la extinción del proceso y la revocatoria de la medida cautelar de suspensión mencionada *supra*[29]. ¿El motivo de ello? Poco importaba ya el Decreto con Fuerza de Ley de Empresa de Seguros y Reaseguros del 2001 dado que en el año 2010 la Asamblea Nacional sancionó la Ley de la Actividad Aseguradora[30] que, de acuerdo con su disposición única, derogó tanto a la Ley de Empresas de Seguros y Reaseguros de 1994 como al decreto-ley de 2001.

Así, y antes de referirnos brevemente a dicha normativa, dos precisiones resultan de interés:

La primera, es que en el año 2001 se dictaron otros dos decretos leyes vinculados con el área de seguros y que no se vieron afectados por el fallo N° 1911/2002 de la TSJ/SC. Nos referimos al (i) Decreto con Fuerza de Ley para el Fortalecimiento del Sector Asegurador[31], que tuvo una vigencia de un año según su disposición final única y tenía por objeto "regular los estímulos y procedimientos del sector asegurador, a los fines de consolidar y fortalecer técnica, patrimonial y financieramente a este sector para que pueda cumplir con los compromisos contraídos (...) y mejorar la estabilidad del mercado" (artículo 1)[32]; y el (ii) Decreto con Fuerza de Ley del Contrato

---

28 *Cfr.* Tomás Arias Castillo, *La reviviscencia de las leyes: Una potestad discrecional de los tribunales constitucionales. Especial referencia al caso venezolano* (Caracas: EJV, 2012), 84-87. El autor expone que "[e]l elemento central de la crítica (...) es el hecho de que la SC haya aseverado que la reviviscencia es automática cuando se suspenden cautelarmente los efectos de una ley. Adicionalmente, hay un argumento auxiliar en dicho razonamiento, conforme al cual, cuando se suspende una ley también se suspende la cláusula derogatoria presente en ella, y ello trae como consecuencia indefectible la reviviscencia de la ley anterior. Frente a ello cabe señalar categóricamente que el derecho positivo venezolano no prevé tal consecuencia".

29 TSJ/SC N° 834 del 19-06-2012 (caso: Cámara de Aseguradores de Venezuela y otros).

30 G.O. N° 5.990 Extraordinario del 29-07-2010. Reimpresión en N° 39.481 del 05-08-2010.

31 G.O. N° 5.554 Extraordinario del 13-11-2001.

32 A los efectos de estas líneas interesa destacar que de acuerdo con el artículo 2 del decreto-ley, tales programas serían aplicables siempre que el

de Seguro[33], que precisó con "carácter imperativo" (artículo 2) buena parte del clausulado de estos contratos[34].

Y la segunda, es que el *retorno* a la ley de 1994 no significó que la actividad aseguradora perdiese relevancia dentro del acontecer nacional pues, como bien reseña el foro, el Poder Judicial no fue extraño a dictar decisiones en las que destacaba la necesidad de que el Ejecutivo Nacional interviniese en la materia y que se impusieran "importantes limitaciones a los particulares que deciden participar en la misma (...) en atención a los intereses públicos involucrados" ya que, en definitiva, las personas que hacían vida en el sector asegurador estaban "sometidas al control permanente del Estado"[35].

Superintendente de Seguros y el ministro con competencia en el área los consideraran "convenientes o necesarios para el fortalecimiento del mercado asegurador y conlleven a la adaptación del sistema asegurador al tamaño de la economía", como muestra adicional del intervencionismo ya comentado.

33 G.O. N° 5.553 Extraordinario del 12-11-2001.

34 El decreto ley, que estuvo vigente hasta su derogatoria por parte del Decreto con Rango, Valor y Fuerza de Ley de la Actividad Aseguradora de 2015, preveía disposiciones generales en cuanto a la celebración y prueba de los contratos, las obligaciones de las partes, las primas, los riesgos, los siniestros y la duración de los contratos, así como disposiciones específicas para los seguros contra daños, de personas y reaseguros. Sobre la derogatoria de este decreto-ley y el hecho que ahora la regulación del contrato correspondiese a la Superintendencia véase Alfredo Morles Hernández, "El seguro dejó de ser un contrato. La distorsión del contrato de seguro en el proceso de transición de sistemas económicos", *Boletín de la Academia de Ciencias Políticas y Sociales*, N° 156 (2017): 489-529, para quien lo narrado constituyó un caso de deslegalización inconstitucional dado que "la materia de seguros pertenece al ámbito mercantil. La regulación de la materia mercantil pertenece al grupo de materias que, por su relevancia, solo puede ser regulada legislativamente por el parlamento, porque cualquier limitación o restricción tiene que adaptarse a la configuración constitucional de la protección del derecho respectivo. En el caso de la materia mercantil, al respeto al principio constitucional de libertad de empresa y al principio de autonomía de la voluntad derivados ambos del principio general de libertad. Por ello, la materia mercantil integra lo que se llama la reserva de ley, esto es, la materia cuya regulación es competencia exclusiva del poder legislativo".

35 *Cfr.* Fallos citados por María Carolina Mogensen Angelli, "La intervención del Estado en la actividad aseguradora en Venezuela", en *Derecho Administrativo iberoamericano. 100 autores en homenaje al postgrado de Derecho Administrativo de la Universidad Católica Andrés Bello*, t. II (Caracas: Ediciones Paredes, 2007), 1796-800.

En todo caso, y en consonancia con lo narrado hasta el momento, la ley de 2010 amplió el rol de la Administración Pública en materia de la actividad aseguradora al no solo crear nuevos aportes parafiscales y reservas (artículos 9, 10, 16 y 44 al 62), sino incrementar de forma considerable las potestades de ordenación, supervisión, dirección y sanción de la Superintendencia (artículos 5, 7, 94, 99, 151 al 179, entre otros)[36].

Finalmente en esta reseña hallamos el Decreto con Rango, Valor y Fuerza de Ley de la Actividad Aseguradora de 2015[37], dictado con ocasión de la Ley que Autoriza al Presidente de la República para dictar Decretos con Rango, Valor y Fuerza de Ley en las Materias que se Delegan para la Garantía Reforzada de los Derechos de Soberanía y Protección del Pueblo Venezolano y el Orden Constitucional de la República del mismo año[38] y que, a diferencia de lo visto en la habilitante de 2001, no incluía una mención expresa al área de seguros[39].

No obstante lo anterior, el Ejecutivo basó la necesidad de este decreto-ley en la "guerra económica" que azotaba al país, visto que, según se desprende de su exposición de motivos:

> ...es necesario incorporar la actividad aseguradora como espacio para ejercer las acciones necesarias, ante algunas irregularidades que han venido aconteciendo y que contribuyen directa e indirectamente con el sabotaje económico. La actividad aseguradora en Venezuela en los últimos 30 años, ha sido parte de la estrategia implementada en América Latina por el Fondo Monetario Internacional y otros organismos internacionales, supeditados a los designios del imperio norteamericano, consistente en generar mecanismos de privatización para debilitar las facultades del Estado y favorecer los intereses privados de trasnacionales (...).

---

36 *Cfr.* Alfredo Morles Hernández, *Derecho de seguros* (Caracas: UCAB, 2013), 15 y ss.

37 G.O. N° 6.211 Extraordinario del 30-12-2015. Reimpresión en N° 6.220 Extraordinario del 15-03-2016.

38 G.O. N° 6.178 Extraordinario del 15-03-2015.

39 Nótese que el decreto-ley se fundamentó en el numeral 1 del artículo 1 de la ley, referido a "[r]eforzar la garantía del ejercicio de los principios constitucionales de soberanía y autodeterminación de los pueblos; protección contra la injerencia de otros estados [sic] en asuntos internos de la República, acciones belicistas, o cualquier actividad externa o interna, que pretenda violentar la paz, la tranquilidad pública y el funcionamiento de las instituciones democráticas, por un mundo más seguro".

> Es urgente e imperiosa la transformación del metabolismo de la actividad aseguradora, para disponer de un rumbo y un ritmo cónsonos con los Grandes Objetivos Históricos estratégicos del Plan de la Patria. (…) La actividad aseguradora históricamente ha estado al margen de las políticas de cualquier gobierno, siendo un sector que por su metabolismo genera buenos niveles de rentabilidad a cambio de poca inversión, (…) esta situación amerita el aumento de la capacidad de supervisión de la Superintendencia de la Actividad Aseguradora.
>
> …la actividad aseguradora debe supeditarse como sector económico a las políticas dictadas por el Gobierno Nacional y al proyecto de país inmerso en el Plan de la Patria; y con la firme convicción que la reforma que a continuación se expone es un avance en la transformación del modelo económico y social hacia la consolidación de nuestro Socialismo Bolivariano del siglo XXI.

La cita, si bien resulta algo extensa, demuestra con claridad cuál era el objetivo perseguido por el *legislador*[40] al dictar la nueva regulación: mayor intervencionismo estatal al considerarse a las aseguradoras como fuentes de riqueza que contrariaban las políticas de la fuerza dominante, quedando relegado a un segundo lugar la idea de regular para evitar el fraude contra los asegurados según dijéramos al inicio de esta colaboración. En todo caso, este decreto-ley comportó las siguientes reformas de valor sobre el tema que nos ocupa:

En cuanto a las competencias del Superintendente de la Actividad Asegura-dora, se agregó: (i) Dictar lineamientos de gobierno corporativo en materia de financiamiento al terrorismo (artículo 8 numeral 3); (ii) Ordenar el reintegro de primas o cuotas cobradas en exceso, así como la suscripción o renovación del contrato "cuando se evidencie cualquier supuesto de rechazo no sustentado" (artículo 8 numeral 41); (iii) Ordenar el pago de siniestros, prestaciones y servicios (artículo 8 numeral 42); (iv) Autorizar la enajenación y gravamen de bienes producto de las recuperaciones y salvamento de siniestros (artículo 8 numeral 43); (v) Revocar las autorizaciones de promoción en caso que los promotores de la aseguradora no formalicen la solicitud de constitución y funcionamiento (artículo 30);

---

40 *Cfr*. Tomás Arias Castillo, "Las cuatro delegaciones legislativas hechas al Presidente de la República", *Revista de Derecho Público,* N° 130 (2012): 394-99, donde se aprecia que dada la multiplicidad de habilitaciones legislativas que ha recibido el Presidente de la República y que de cada diez actos con fuerza de ley cuatro son dictados por el Ejecutivo, este prácticamente ha pasado a ser el legislador ordinario del país –en contraposición a la Asamblea Nacional– o al menos un colegislador con la misma fuerza y relevancia.

(vi) Regular los bienes, derechos y documentos que pueden representar las reservas técnicas (artículo 52); e (vii) Imponer medidas administrativas ante cualquier situación "que ponga en peligro la estabilidad financiera, técnica y operativa del sujeto regulado", en contraposición a los supuestos taxativos que preveía la ley anterior (artículo 94 numeral 6).

Y en cuanto a las competencias del ministro con competencia en materia de finanzas, se incorporó: (i) Exceptuar, por razones de mérito y oportunidad, a las aseguradoras públicas de la contribución especial destinada a financiar el funcionamiento de la Superintendencia de la Actividad Aseguradora (artículo 10); (ii) Autorizar la creación de dependencias dentro de la Superintendencia de la Actividad Aseguradora para la defensa de los asegurados (artículo 129); y (iii) Determinar el monto de los aportes sociales y para investigación y desarrollo que habrían de desembolsar las aseguradoras (artículos 135 y 136).

En resumen, una muestra de que lejos de la tendencia mundial de desregulación comentada por los autores en 1999 según citáramos *supra*, Venezuela ha permanecido en la vereda contraria con normas cada vez más estrictas[41] y que, si bien no llegan a suprimir en su totalidad la autonomía de la voluntad como ha ocurrido en otros sectores[42], sí imponen cotas que bien podrían considerarse como impedimentos u obstáculos a la actividad aseguradora, que en ocasiones no guardan una relación directa con el bien que se pretende proteger –a saber: a los asegurados– e, inclusive, devienen en vulneraciones a la seguridad jurídica, como es el caso de que quede a criterio de la Administración Pública cuáles son las circunstancias que justifican la imposición de una medida administrativa[43].

---

41 *Cfr*. Manuel Rodríguez Costa, "Constitucionalidad de las normas que regulan la relación contractual en la actividad aseguradora", *Revista Venezolana de Derecho Mercantil,* N° 3 (2019), https://bit.ly/3QVKzr7.

42 *Cfr*. José Antonio Muci Borjas, "La regulación del encaje legal bancario y la furtiva expropiación regulatoria de la banca venezolana", *Revista de Derecho Público*, N° 157-158 (2019): 65-94.

43 Nótese que dentro de estas medidas, previstas en el artículo 93 del decreto-ley, encontramos entre otras el ordenar la convocatoria para celebrar asambleas ordinarias y extraordinarias, suspender y remover directivos y empleados, ordenar que se disponga o no de los activos de la empresa, suspender la publicidad, prohibir que se otorguen fianzas, y prohibir que se celebren nuevos contratos de seguros y reaseguros.

III. LAS POTESTADES DE LA ADMINISTRACIÓN EN LA LEY DE LA ACTIVIDAD ASEGURADORA DEL AÑO 2023

En fecha 29-11-2023 fue publicada en la Gaceta Oficial N° 6.770 Extraordinario la Ley de Reforma del Decreto con Rango, Valor y Fuerza de Ley de la Actividad Aseguradora (en lo sucesivo, LAA), sancionada por la Asamblea Nacional[44] el 11-10-2022 y promulgada el 29-11-2023, que entró en vigencia pasados 120 días continuos de la publicación mencionada de acuerdo con su disposición final cuarta[45].

Esta ley, cuyo objeto es "establecer el marco normativo para la autorización, regulación, funcionamiento, control, supervisión y vigilancia de la actividad aseguradora, a fin de garantizar los procesos de transformación socioeconómicos que promueve el Estado, en tutela del interés general" y "los derechos y garantías de los tomadores, asegurados, beneficiarios, contratantes, usuarios y afiliados (…) de los contratos de seguros, de reaseguros, de medicina prepagada y de administración de riesgos" (artículo 1), constituye el nuevo epicentro del ordenamiento jurídico sectorial de los seguros[46] y, en consecuencia, de las potestades que el legislador concedió a la autoridad de vértice –es decir, la Superintendencia de la Actividad Aseguradora (en lo sucesivo, SUDEASEG[47])– para ejercer sobre

---

44 A los efectos de estas líneas no entraremos a discutir sobre la ilegitimidad de este Parlamento, sobre lo cual se recomienda la lectura de Allan R. Brewer-Carías, "Hechos políticos que fundamentan la decisión de la Asamblea Nacional electa en diciembre de 2015, de decretar su continuidad constitucional a partir del 5 de enero de 2021", *Revista de Derecho Público*, N° 165-166 (2021): 411-27.

45 Nótese que la ley, en adición a la reforma del decreto-ley de 2015 ya citado, "derogó" el Decreto con Fuerza de Ley para el Fortalecimiento del Sector Asegurador, en G.O. N° 5.554 Extraordinario del 13-11-2001, a pesar de que como vimos este ya había perdido vigencia.

46 En adición a lo ya esbozado en esta colaboración téngase presente el fallo de la Sala-Político Administrativa del Tribunal Supremo de Justicia N° 1190 del 04-08-2014 (caso: Jorjina Basmadji), según el cual "la actividad de las empresas de seguros está sometida a un ordenamiento jurídico sectorial que impone importantes limitaciones a los particulares que deciden participar en la misma, y que corresponde a la Superintendencia de la Actividad Aseguradora el control de tales empresas".

47 De acuerdo con el artículo 5 de la LAA, la Superintendencia "es un servicio desconcentrado funcionalmente con patrimonio propio, adscrito al Ministerio del Poder Popular con competencia en materia de finanzas", cuya "organización, autogestión, régimen de personal y funcionamiento se establece en el

los sujetos que llevan a cabo la actividad en cuestión un control más férreo en cuanto a su ordenación, autorización, dirección, supervisión y sanción.

Son justamente estas potestades[48] las que pasaremos de seguida a ubicar en la nueva ley –con independencia de si ellas se traducen en un control previo, de funcionamiento o posterior[49]–, teniéndose presente que la ley tiene como ámbito de aplicación, también según su artículo 1:

> ...toda la actividad aseguradora desarrollada en la República Bolivariana de Venezuela, o materializada en el extranjero, que tenga relación con riesgos o personas situadas en el territorio nacional, realizada por los sujetos regulados, definidos en este instrumento jurídico, y por todas aquellas personas naturales o jurídicas que desarrollen operaciones y negocios jurídicos calificados como actividad aseguradora, así como a las personas que representan el interés general objeto del presente marco normativo.

A lo que resulta prudente agregar que, conforme con su artículo 2, se entiende por esa actividad aseguradora a:

> ...toda relación u operación relativa al contrato de seguro, de reaseguro, de medicina prepagada y de administración de riesgos, a la intermediación, las fianzas, el financiamiento de primas o cuotas, los

---

reglamento interno que a tales efectos se dicte" –a la fecha, el reglamento interno vigente es el publicado en la G.O. N° 39.862 del 10-02-2012–, a lo que el artículo 7 *ejusdem* agrega que la misma es precedida por el Superintendente de la Actividad Aseguradora, como funcionario de libre nombramiento y remoción por parte del ministro de finanzas.

48 Del latín *potestas*, que significa poder, poderío, potencia, facultad o soberanía que tiene una persona o cosa. En el ámbito del Derecho Administrativo es definida como la "parcela del Poder Público general, totalmente juridificada, funcionarizada al servicio de fines concretos y fraccionada en 'dosis mediables'" (Araujo-Juárez), o la atribución jurídica imputada a un órgano o a un sujeto gracias a la cual este crea relaciones que, de forma unilateral o imperativa, reglan conductas de terceros (Fiorini). José Araujo-Juárez, *Derecho Administrativo general, Administración Pública* (Caracas: Ediciones Paredes, 2011), 74-79.

49 Clasificación usada por Mogensen Angelli, "La intervención del Estado en la actividad aseguradora en Venezuela", 1801-26, en relación con el decreto-ley de 1994. La autora incluye dentro del control previo las autorizaciones para operar como empresa de seguros y de pólizas, tarifas, publicidad, fianzas, cesiones de cartera, fusiones, etc.; del control de funcionamiento lo referido a la contabilidad, solvencia y reservas técnicas; y del control posterior el caso que la empresa de seguros se encuentre en estado de atraso o quiebra y se justifique su intervención o liquidación.

fondos administrados, el fideicomiso en el mercado asegurador, la inspección de riesgos, el peritaje avaluador y el ajuste de pérdidas en actividades de seguros.

1. *La potestad de ordenación*

La potestad de ordenación –en ocasiones llamada de normación o reglamentaria– se refiere a la facultad que tiene la Administración Pública de regular y dictar normas sobre un sector, para así limitar el qué y cómo de las actividades vinculadas con el mismo. Así, esta potestad abarca –entre otros– el establecimiento de reglas técnicas y procedimientos administrativos específicos que deben llevar a cabo los particulares que quieran actuar en el sector regulado, así como cuáles son los controles a los que se encuentran sometidos y frente a qué autoridades deben efectuar los trámites que se deriven del desarrollo ordinario de su actividad.

Sobre este punto vale destacar que, si bien la potestad de ordenación puede comprender por vía de consecuencia la determinación o reparto de competencias en cabeza de autoridades administrativas, ella no debe confundirse con la potestad general de organización que posee la Administración para "crear, modificar y extinguir estructuras subjetivas de Derecho público"[50] que les permitan "dotarse de una organización adecuada para atender a los fines y objetivos de interés general que tiene encomendados"[51].

Lo anterior, debido a que la potestad de ordenación tiene una connotación si se quiere externa –esto es, principalmente dirigida a regular el actuar del particular y condicionar su comportamiento (relación sujeto que desarrolla la actividad - Administración Pública)–, mientras que la potestad de organización tiene un carácter interno, en el sentido que se refiere al poder de la Administración Pública de configurar su propia

---

[50] Ninoska Rodríguez Laverde, "Las Administraciones Públicas: Potestad organizatoria y ámbitos competenciales en el Proyecto de Reforma Constitucional", *Revista de Derecho Público,* N° 112 (2007): 183.

[51] Isabel González Ríos, "Hacia una racionalización 'estructural' de los entes instrumentales: Principios y reglas de inexcusable cumplimiento", *Revista Andaluza de Administración Pública,* N° 88 (2014), https://bit.ly/2YsnKoJ. Téngase como ejemplo, en el caso de la LAA, el artículo 121 conforme con el cual: "La Superintendencia de la Actividad Aseguradora creará la dirección de defensoría del tomador, asegurado, beneficiario, contratante, usuario y afiliado. Su organización y atribuciones se establecerán en el reglamento interno del órgano competente, así como en las normas que en esa materia se dicten".

estructura, independientemente de cómo ella se relacione luego con el particular (relación Administración - Administración)[52].

Hecha la precisión anterior podemos señalar que buena parte de las disposiciones de la LAA aluden a la potestad de ordenación de la SUDEASEG al preverse en reiteradas ocasiones que diversos aspectos de la actividad aseguradora habrán de darse conforme con las regulaciones que al efecto dicte la mencionada autoridad de vértice[53].

Dos artículos destacan al respecto. El primero de ellos es el artículo 6, que enlista como parte de las atribuciones de la SUDEASEG que podemos vincular con la potestad estudiada:

a. Regular lo concerniente a "la autorización, inspección, control, vigilancia previa, concomitante y posterior, supervisión, verificación y fiscalización de la actividad aseguradora, en los términos establecidos en la presente ley, su reglamento y las normas que al efecto dicte" (numeral 1).

---

52 *Cfr.* Álvaro Guerrero Hardy, "La potestad organizativa en la Constitución y proyecciones del desarrollo organizativo de la administración pública nacional", *Revista de Derecho*, N° 12 (2004): 179-234 y Araujo-Juárez, *Derecho Administrativo general, Administración Pública*, 21-26. Véase como un ejemplo de esta potestad organizativa el numeral 2 del artículo 8 de la LAA, conforme con el cual es atribución del Superintendente de la Actividad Aseguradora "[d]ictar el reglamento interno de organización y funcionamiento de la Superintendencia de la Actividad Aseguradora, sus manuales de normas y procedimientos; (…) establecer el Régimen de Personal, su administración, los actos administrativos de carácter general o particular de naturaleza funcionarial y los referidos a la relación de empleo del personal contratado y obrero; y nombrar al o la superintendente adjunto".

53 Nótese que, de acuerdo con la disposición transitoria primera de la LAA, "[d]entro de los ciento ochenta (180) días continuos siguientes a la entrada en vigencia de esta Ley, la Superintendencia de la Actividad Aseguradora dictará el reglamento de Ley y las normas a que haya lugar". Esta disposición constituye un ejemplo de deficiente técnica legislativa pues hemos de recordar que la potestad de reglamentar leyes corresponde al Presidente de la República a tenor del numeral 10 del artículo 236 según el cual "[s]on atribuciones y obligaciones del Presidente o Presidenta de la República: 10. Reglamentar total o parcialmente las leyes, sin alterar su espíritu, propósito y razón", sin perjuicio de que la SUDEASEG, en efecto, pueda dictar otras regulaciones sectoriales, como lo son las sesenta y un providencias administrativas en la materia, publicadas en la G.O. N° 6.835 Extraordinario del 03-09-2024.

b. "Establecer el sistema de regulación, inspección, vigilancia, control, supervisión y fiscalización de la actividad aseguradora, bajo los criterios de supervisión preventiva e integral" (numeral 3).

c. "Diseñar, desarrollar e implementar el Sistema de Información de la Actividad Aseguradora", que "normalizará la totalidad de los conceptos, definiciones, unidades estadísticas, clasificaciones, códigos y registros de sujetos regulados, que hagan factibles la recopilación y almacenamiento de datos, así como la producción de estadísticas del sector asegurador" (numeral 4).

d. "Promover la participación ciudadana en defensa de los derechos de los tomadores, asegurados, beneficiarios, contratantes, usuarios y afiliados, a través de las organizaciones del poder popular u otras formas de organización social"[54] (numeral 6).

e. Vincularse con otros órganos y entes de la Administración Pública Nacional y autoridades de supervisión extranjera como parte de la coordinación y cooperación necesaria para "fortalecer los mecanismos de control, actualizar las regulaciones preventivas e intercambiar informaciones" (numeral 9).

f. Dictar normas de carácter general por medio de las cuales se permita "el uso de pólizas, tarifas y demás documentos, sin su aprobación previa, cuándo las condiciones jurídicas y económicas lo justifiquen", así como exigir que tales "documentos y tarifas sean sometidos a su aprobación" (numeral 10).

Como vemos, la LAA señala que el servicio desconcentrado de la SUDEASEG será la institución del Ejecutivo Nacional encargada de regular lo concerniente a diferentes momentos de la actividad aseguradora –con especial énfasis en su autorización previa y vigilancia posterior–, incluyéndose otros supuestos más generales como podría ser el promover la participación ciudadana y la cooperación interinstitucional.

Estos numerales son complementados por el artículo 8 de la LAA que, al determinar cuáles son las atribuciones del Superintendente de la Actividad Aseguradora, prevé las siguientes de interés para la ordenación:

a. "Emitir (…) los lineamientos de gobierno corporativo de los sujetos regulados, así como de evaluación y administración integral de riesgos de legitimación de capitales, financiamiento al terrorismo y financiamiento de la proliferación de armas de destrucción masiva" (numeral 3).

---

54 *Cfr.* Gabriel Sira Santana, *Poder Popular, descentralización y participación ciudadana* (Caracas: CIDEP y FUNEDA, 2018).

b. "Establecer (...) los modelos de contratos y tarifas que deben mantener carácter general y uniforme, cuando el interés común así lo requiera"; y "determinar con sentido de inclusión, equidad y de justicia social, las tarifas y condiciones para todo el mercado asegurador, que permitan el acceso a los contratos de seguros o de medicina prepagada obligatorios" (numeral 6).

c. "Establecer mediante normas el marco regulatorio para el uso de medios digitales y canales alternativos, de distribución de productos de seguros y de medicina prepagada, así como para la comercialización y desarrollo de los microseguros, seguros masivos y seguros inclusivos" (numeral 17).

De lo anterior apreciamos que la labor de regulación de la Superintendencia no se limita al control previo y posterior de la actividad aseguradora, sino que abarca también su funcionamiento ordinario al –por ejemplo– determinar los modelos de contratos, tarifas y uso de medio digitales.

Este intervencionismo estatal se acrecienta cuando continuamos con la lectura de la LAA, ya que mal podría sostenerse que la potestad de ordenación se limita a los numerales de los dos artículos mencionados (el 6 y el 8). Muy por el contrario, tenemos que conforme con la ley del año 2023 la SUDEASEG también es competente para:

a. *En relación con la conformación de los sujetos regulados*[55], *regular:*

   i. Los requisitos adicionales que deben satisfacer los accionistas y miembros de la junta directiva de las empresas de seguro que se proyectan construir, a los fines de obtener la autorización respectiva (artículo 19).

   ii. El gobierno corporativo en cuanto a la figura de los directores independientes de las empresas de seguro (artículo 13 numeral 6) y de las empresas financiadoras de primas o cuotas (artículo 71 numeral 6).

   iii. La composición y funcionamiento de los sistemas integrales de administración de riesgos de legitimación de capitales,

[55] La ley incluye dentro de estos –entre otros– a las empresas de seguro, reaseguro, medicina prepagada, administradoras de riesgos, y financiadoras de primas o cuotas, así como intermediarios, auxiliares y oficinas de representación; excluyéndose de forma expresa a los fondos de garantía de la Administración Pública Nacional que realicen actividad asegurador (artículo 3).

financiamiento al terrorismo y financiamiento de la proliferación de armas de destrucción masiva, en cuanto a su diseño, implemen-tación y mantenimiento (artículo 59).

iv. La solicitud de autorización para el establecimiento y posterior actividad de las oficinas de representación y sucursales de empresas de reaseguros y para las sucursales de las sociedades de corretaje de reaseguros del exterior, previéndose en la LAA que ello también puede regularse en el reglamento de la ley (artículo 120).

v. Los requisitos de la solicitud de autorización de cesión de cartera, fusión o escisión de sujetos regulados, si bien se prevé que lo relativo a la forma, requisitos, eficacia y publicidad de estos supuestos "será desarrollado en el reglamento de la presente Ley" (artículo 74), por lo que el margen de la SUDEASEG luce limitado y complementario del reglamento.

vi. Las causales de suspensión de la autorización como empresa financiadora de primas o cuotas, en adición a las ya previstas en la LAA y las que puedan preverse en su reglamento (artículo 72)[56], incluyéndose la misma atribución en cuanto a la revocación de la autorización (artículo 73)[57].

vii. La liquidación administrativa del sujeto regulado como complemento a lo previsto en el reglamento de la LAA (artículo 93), con especial mención al orden de prelación en los pagos de acuerdo con la secuencia prevista en la ley (artículo 96).

b. En relación con el patrimonio de los sujetos regulados, reglar:

i. La metodología de cálculo, condiciones y términos de los márgenes de solvencia que deben mantener las empresas de seguros, de reaseguros y de medicina prepagada (artículo 50), así como su patrimonio propio no comprometido (artículo 51)

---

56 La ley incluye, por ejemplo, la modificación sin aprobación previa de alguno de los requisitos que requieren autorización de la SUNDEASEG y el incumplimiento de las obligaciones contractuales frente a los contratantes, las empresas de seguros o de medicina prepagada.

57 Entre los supuestos ya previstos en la ley hallamos que la empresa incurra en cesación de pago o atraso en el pago de sus obligaciones, o no mantenga el capital mínimo indicado en la LAA.

y las formas y términos en que ambos montos deben publicarse trimestralmente (artículo 52).

ii. Las operaciones de captación de recursos distintas a las previstas en la LAA, siempre que previamente ello sea aprobado por el ministerio de finanzas (artículo 25 numeral 17), y la autorización para la enajenación de acciones de empresas de seguros, de reaseguros, de medicina prepagada, las administradoras de riesgos, las financiadoras de primas o de cuotas y las sociedades de corretaje de seguros o de reaseguros (artículo 28).

iii. Las normas de contabilidad y códigos de cuenta aplicables a todos los sujetos regulados (artículo 76), y los anexos, formularios, libros, contratos, información electrónica y documentos relevantes para conocer la información financiera de estos, tanto a nivel nacional como internacional (artículo 77).

iv. La información contable y estadística relevante a los efectos de los informes de cierre del ejercicio económico de los sujetos regulados (artículo 79 numeral 7).

v. El régimen de la inversión extranjera en la actividad aseguradora, como complemento de lo ya previsto en la LAA, su reglamento, la ley especial que regula la materia de inversiones extranjeras y los tratados internacionales suscritos y ratificados por la República (artículos 118 y 119).

c. *En relación con los aportes al Poder Público, regular:*

i. Los lineamientos, términos y condiciones para el pago y reparo de las contribuciones especiales que deben aportar los sujetos regulados con el objetivo de financiar el funcionamiento de la SUDEASEG (artículo 11), siendo que el monto de esta contribución será fijada anualmente por el ministerio de finanzas (artículo 10)[58];

ii. El porcentaje y los lineamientos, términos y condiciones del aporte anual para el desarrollo social que deben pagar las empresas de seguros, de medicina prepagada y administradoras de riesgos, que podrá ser hasta del 1 % de los ingresos netos de

58 Nótese que el artículo 11 precisa que la contribución será un monto entre el 2.5 y el 3.5 % de –entre otros conceptos– las primas cobradas por contratos de seguro.

anulaciones y devoluciones, obtenidos por las primas de los contratos de seguros de salud, las cuotas de los contratos de medicina prepagada y las remuneraciones por los contratos de administración de riesgos de salud según corresponda. Esta regulación deberá contar con la aprobación del ministerio de finanzas (artículo 31).

d. *En relación con las reservas técnicas, regular*:

i. La oportunidad en que se constituyen las diferentes reservas técnicas[59], y la forma y términos en los que los sujetos regulados deben reportar a la SUDEASEG lo referido a estas (artículo 32), así como los ramos aplicables, métodos de cálculo y demás principios de las reservas complementarias para riesgos en curso por insuficiencia de primas o cuotas (artículo 35), los principios y criterios para las reservas para prestaciones y siniestros pendientes de pago y reservas para servicios prestados y reembolsos pendientes de pago (artículo 36), el porcentaje que sirve de base de cálculo de las reservas para siniestros ocurridos y no notificados y reservas para servicios prestados y reembolsos no notificados y los criterios técnicos y metodologías que permiten su determinación (artículo 37), los mecanismos de constitución de las reservas para riesgos catastróficos y lo concerniente a su reaseguro y liberación de la reserva (artículo 38), la cuantía y forma de los reintegros por experiencia favorable a cuyo efecto debe constituirse la garantía respectiva (artículo 39), y la forma en que deber constituirse, mantenerse, invertirse y contabilizarse las reservas técnicas derivadas de operaciones de reaseguro (artículo 65).

ii. Los porcentajes mínimos y máximos, requisitos, límites y procedi-mientos necesarios para la aplicación –anualmente– de los diferentes bienes y derechos que la ley prevé a los efectos de la representación y cobertura de las reservas técnicas, previa aprobación del ministro de finanzas (artículo 40), aunado a la

---

59 A saber: matemáticas, para riesgos en curso, para cuotas en curso, complementarias para riesgos en curso por insuficiencia de primas, complementarias para riesgos en curso por insuficiencia de cuotas, para prestaciones y siniestros pendientes de pago, para servicios prestados y reembolsos pendientes de pago, para siniestros ocurridos y no notificados, para servicios prestados y reembolsos no notificados, para riesgos catastróficos, y para reintegro por experiencia favorable.

posibilidad de excluir determinados activos como bienes aptos (artículo 42).

iii. La certificación de las reservas técnicas a los efectos de los cierres de ejercicio económicos anuales de los sujetos regulados (artículo 79 numeral 3).

e. *En relación con los contratos de la actividad aseguradora, regular:*

i. Los principios, condiciones, requisitos y lineamientos sobre tarifas y documentos utilizados por las empresas de seguro y de medicina prepagada (artículo 29), aunado a las operaciones de las empresas de medicina prepagada (artículo 23) y de las asociaciones cooperativas que realicen actividad aseguradora (artículo 100).

ii. Los contratos de seguros, de medicina prepagada, tarifas y demás documentos para la comercialización de seguros o planes obligatorios, "con carácter general y uniforme", así como "cuando existan razones que en procura del interés general tutelado por la presente Ley, así lo justifiquen" (artículo 30).

iii. Las condiciones exigidas para los modelos de contratos de financia-miento de primas o cuotas (artículo 71 numeral 11).

iv. La remisión de los contratos de reaseguro y retrocesión suscritos sobre riesgos situados en la República y las condiciones mínimas de los contratos de reaseguro (artículo 61), siendo posible modificar el porcentaje mínimo de cesión que prevé la ley (30 %) o fijarlo por ramo, previa aprobación del ministerio de finanzas (artículo 62); además de los requisitos y trámites que deben cumplir las empresas de reaseguro constituidas en el exterior para que sean autorizadas a operar en el país (artículo 68).

f. *En relación con los microseguros, seguros inclusivos y masivos, regular:*

i. Los microseguros ofertados por las empresas de seguros y de medicina prepagada para atender a sectores económicos vulnerables (artículo 55), y el alcance y características de los microseguros, los seguros inclusivos y los seguros masivos en general, con inclusión de sus coberturas, riesgos y montos amparados en pro del interés social (artículo 56).

ii. El uso de tecnología financiera (Fintech) y de servicios a distancia para la comercialización de microseguros, los seguros inclusivos y los seguros masivos (artículo 57), y la participación de los canales alternativos –tales como las instituciones financieras o establecimientos comerciales con los que la aseguradora conviene para utilizar sus activos–, siendo que la ampliación de las coberturas de los ramos de personas que pueden ofertar por estos canales requerirá la autorización del Órgano Superior del Sistema Financiero Nacional (artículo 58).

g. *En relación con la actividad aseguradora en general, regular*:

i. La autorización de intermediarios como complemento a lo previsto en la LAA y su reglamento (artículo 103), las relaciones y estados financieros que los mismos deben presentar a la SUDEASEG (artículo 110) y la eventual cesión de sus carteras (artículo 112).

ii. Los requisitos para obtener la autorización que permite actuar como perito avaluador, ajustador de pérdidas e inspector de riesgos, como complemento a lo previsto en el reglamento de la LAA (artículo 115).

iii. Las condiciones y requisitos en materia de publicidad a fin de evitar "aseveraciones u ofrecimientos falsos, o no comprobables, o que puedan dar lugar a confusión en el público", como complemento de la legislación general en la materia y lo que establezca el reglamento de la LAA (artículo 18).

iv. Las formas y términos de los procedimientos de inspección como complemento a lo previsto en el reglamento de la LAA y la Ley Orgánica de Procedimientos Administrativos[60] (artículo 81).

v. La unidad de defensa para atender denuncias, reclamos o quejas con la que deben contar todas las empresas de seguros y de medicina prepagada (artículo 121).

vi. El alcance de las multas, en cuanto a sus circunstancias atenuantes y agravantes, de acuerdo con lo ya preceptuado en la LAA (artículo 141).

---

60 G.O. N° 2.818 Extraordinario del 01-07-1981.

Es con base en estos artículos que en la G.O. N° 6.835 Extraordinario del 03-09-2024 se incluyeron providencias administrativas dictadas por la SUDEASEG referidas, entre otros, a las condiciones generales de las pólizas de seguros patrimoniales; las condiciones generales de las pólizas de seguros obligacionales o de responsabilidad; la certificación de las reservas técnicas y las auditorías externas actuariales; la constitución y tratamiento de la reserva complementaria para riesgos en curso por insuficiencia de primas o de cuotas; la contabilidad y código de cuentas para sociedades de corretaje de seguros; la intervención, revocación, disolución y liquidación de los sujetos regulados; los aumentos de capital social de los sujetos regulados; el contrato de reaseguro; la divulgación y publicidad en la actividad aseguradora; los contratos de seguro y de medicina prepagada; y la aplicación de las sanciones en la actividad aseguradora.

A este amplísimo universo de regulaciones hemos de agregar otras tantas que si bien no provienen de la SUDEASEG como autoridad de vértice, sino del ministerio de finanzas, deben contar –por lo general– con la consulta previa de la primera[61]. Nos referimos en particular al:

a. Ajustar los montos de las tasas que cobra la SUDEASEG por concepto de exámenes de competencia e inscripción en los registros de los sujetos regulados, previéndose como límite que el aumento no podrá superar los 2/3 de los montos ya fijados en la ley (artículo 12).

b. Determinar qué sujetos regulados, en adición a los ya previstos en la LAA, deben constituir y mantener garantías a la Nación por concepto del ejercicio de la actividad aseguradora, pudiendo a su vez ajustarse el monto de estas garantías en general (artículo 14)[62].

c. Fijar, "por razones de oportunidad y de interés del Estado", los casos y las condiciones en las que es posible "autorizar el aseguramiento en el exterior de riesgos ubicados en el territorio nacional, que no sea posible asegurar con empresas establecidas en el país" (artículo 17).

---

61 A este supuesto se agrega el caso en los que la LAA no precisa cuál es la autoridad que toma la decisión, como ocurre en el artículo 30 al preverse: "Se consideran seguros y planes de medicina prepagada obligatorios los que así establezca el Ejecutivo Nacional".

62 De acuerdo con el mismo artículo, este ajuste puede ser "a un valor comprendido entre un diez por ciento (10%) y un veinte por ciento (20%) de los capitales mínimos" previstos en el artículo 13 *ejusdem*.

d. "Dictar políticas generales" para las autorizaciones de constitución y funcionamiento de empresas de seguros, de reaseguros, de medicina prepagada o administradora de riesgos (artículo 19), siendo en este caso facultativo que se solicite a la SUDEASEG un "informe contentivo del análisis técnico, económico y financiero de la situación del país en materia aseguradora".

e. Modificar "el factor multiplicativo fijado para la determinación de los capitales mínimos" previstos en la LAA, previa solicitud de la SUDEASEG dadas las condiciones económicas existentes en el país o requerimientos técnicos (artículo 26).

2. *La potestad de autorización*

La ley de 2023 prevé que solo los sujetos que cuenten con la autorización previa de la SUDEASEG pueden realizar la actividad aseguradora, exigiéndoseles en todo caso que deben "mantener en su denominación social o personal, la especificación expresa del tipo de actividad aseguradora que desarrollan y en toda su documentación y publicidad deben indicar su carácter sin usar abreviaturas" (artículo 3)[63].

Producto de lo anterior, la LAA pasa a enlistar en su artículo 13 una serie de requisitos que deben cumplir las empresas de seguros, de medicina prepagada, de reaseguros o administradora de riesgos para obtener y mantener la autorización que les permite ejercer la actividad aseguradora[64], haciéndose lo propio en el artículo 71 para las empresas financiadoras de primas o de cuotas como claro ejemplo de la autorización como "acto que condiciona, limita u ordena las actividades correspondientes al ejercicio de un derecho, o de un poder jurídico de los particulares"[65].

Así, por lo que respecta al primer grupo de empresas, la LAA prevé que una vez presentada la solicitud la SUDEASEG contará con 45 días hábiles para objetar los documentos con base en "razones técnicas, jurídicas y financieras, por ausencia de controles internos del solicitante o por el incumplimiento de cualquier disposición de la presente Ley o su

63 Nótese que esta autorización previa también se exige en el caso de los fiduciarios, de acuerdo con el numeral 13 del artículo 4 *ejusdem*.

64 Entre ellos, que adopten la forma de sociedad anónima con un capital mínimo que varía de los 130.000 a 1.100.000 "tipos de cambio de referencia" (es decir, la moneda de mayor valor publicada por el Banco Central de Venezuela como resultado de las operaciones diarias de las mesas de cambio) según del tipo de empresa que se trate.

65 José Peña Solís, *Manual de Derecho Administrativo*, Vol. III (Caracas: CIDEP, 2023), 135-136.

reglamento", en cuyo caso los solicitantes tendrán otros 45 días hábiles para su corrección, so pena de que se niegue la autorización (artículo 20). En caso de no haber objeciones, se otorgará la autorización y publicará la misma en la Gaceta Oficial (artículo 21).

Adicionalmente, la LAA prevé otros supuestos específicos que requieren la aprobación de la SUDEASEG, como lo son:

a. *En relación con la conformación de los sujetos regulados*: (i) Modificaciones de sus documentos constitutivos o estatutarios del objeto y razón social; enajenación de acciones; fusión y escisión; cesión de cartera; disolución anticipada; aumento, reintegro o disminución del capital social; decreto de dividendos o reparto de utilidades; designación de los miembros de la junta directiva o administradora, y modificación de su estructura (artículo 8 numeral 9); (ii) Apertura, traslado o cierre de locales, oficinas, sucursales y agencias de sujetos sometidos a medidas administrativas[66] o en el exterior al adquirirse el control de una empresa extranjera (artículo 22); (iii) Cesiones de cartera, fusión o escisión de sujetos regulados (artículos 74 y 94); (iv) Establecimiento de oficinas de representación o sucursales de empresas de reaseguros del exterior y de sociedades de corretaje de reaseguros (artículo 120).

b. *En relación con el patrimonio de los sujetos regulados*: (i) Adquisición o enajenación por cualquier título de las acciones de los sujetos regulados (artículo 8 numeral 9), salvo cuando sea el Estado el que asume el control de la empresa (artículo 28); (ii) Decreto de dividendos o reparto de utilidades según sus estatutos, al requerirse que previamente la SUDEASEG haya aprobado los estados financieros (artículo 25 numeral 15); (iii) Aumentos de capital con cargo en utilidades no distribuidas de las empresas financiadoras de primas o cuotas (artículo 71 numeral 2) y de las sociedades de corretaje de seguros y de reaseguros (artículo 104); (iv) Participación de inversión extranjera (artículo 117).

c. *En relación con las reservas técnicas*: (i) Constitución mediante activos o derechos nacionales diferentes a los ya previstos en la LAA (artículo 40 numeral 5); (ii) Reglamento actuarial en materia de reservas de cada empresa de seguros (artículo 33).

d. *En relación con los contratos de la actividad aseguradora*: (i) Condiciones generales, condiciones particulares, cuadros recibos o

[66] En caso de no estar sometido a estas medidas, el mismo artículo indica que basta la notificación previa a la SUDEASEG y al público en general.

cuadros pólizas, solicitudes, finiquitos o recibos de indemnización, notificaciones de siniestros, anexos, arancel de comisiones, bonos, planes de estímulos y demás documentos, así como las tarifas, utilizados por los sujetos regulados en sus relaciones comerciales con ocasión de los contratos de seguros o de medicina prepagada (artículo 29); (ii) Modelos de contratos de fianzas, solicitudes, recibos y anexos (artículo 53); (iii) Modelos de contratos de financiamiento de primas o cuotas y sus documentos relacionados (artículo 71 numeral 12); (iv) Descuentos sobre primas de contratos de seguros o cuotas de contratos de medicina prepagada (artículo 25 numeral 3).

e. *En relación con la actividad aseguradora en general*: (i) Divulgación y publicidad, respecto a la cual se prevé la ficción del silencio positivo en caso que la institución no decida sobre la aprobación en un lapso de treinta días hábiles (artículo 18); (ii) Exclusividad de proveedores para insumos o servicios en concreto dada su naturaleza (artículo 122); (iii) Calificación de perito avaluador, ajustador de pérdidas e inspector de riesgos de acuerdo con las cualidades profesionales del solicitante (artículo 114).

Para concluir con este aparte, la LAA resalta que los sujetos regulados, como resulta lógico, solo podrán realizar "operaciones de seguros, reaseguros, reafianzamiento e intermediación, incluyendo el pago de comisiones, bonifi-caciones u otras remuneraciones" con personas naturales previamente autorizadas por la SUDEASEG, en el sentido que también hayan cumplido con el procedimiento de autorización señalado (artículo 25 numeral 6), y que dicha Superintendencia está facultada para, "previo cumplimiento del procedimiento administrativo correspondiente", dejar sin efecto la autorización administrativa concedida a los sujetos regulados ante la materialización de los supuestos de hecho previstos en el artículo 91 de la LAA[67].

3. *La potestad de supervisión*

La potestad de supervisión es la facultad que tiene la Administración Pública de solicitarle al sujeto regulado información sobre la actividad que desarrolla y que –en virtud de la implementación por parte del Legislador de un ordenamiento jurídico sectorial– se encuentra sometida a un mayor control por parte del Estado.

---

67 Entre ellos se enlista el incumplir alguno de los requisitos establecidos para el otorgamiento de la autorización y el no desarrollo de las actividades para las cuales fueron autorizados.

Esta supervisión puede devenir de requerimientos –tales como formularios y cuestionarios dirigidos a un sujeto en particular o al total del grupo de individuos que ejerza la actividad– e inspecciones que, como se recordará, carecen de juicios de valor por parte del funcionario y se limitan a dejar constancia de una realidad material. Así, al facilitarse a la Autoridad de Vértice información sobre el sector, esta podrá luego –en virtud de sus potestades de ordenación, autorización, dirección y sanción– adoptar las medidas a las que haya lugar.

Hecha esta introducción, al volcarnos al contenido de la LAA podemos ver que esta potestad está presente –sobre todo– en el artículo 8, cuando se incluyen como atribuciones del Superintendente de la Actividad Aseguradora:

a. Ordenar a los sujetos regulados que consignen "datos, informes, libros, documentos y cualquier otra información que considere necesaria, en el lapso y formato requerido" (numeral 4)[68].
b. Revisar los archivos (físicos o digitales, estadísticos y contables), expedientes, oficinas y sucursales de los sujetos regulados, con inclusión de "sus sistemas de información, equipos de computación y cualesquiera otras bases de datos", pudiendo incluso hacer uso de la fuerza pública para ello (numeral 5).
c. Iniciar, sustanciar y decidir procedimientos de inspección (numeral 10)[69].
d. Revisar y determinar lo referido a "la constitución, mantenimiento, cobertura y representación de las reservas técnicas y del patrimonio propio no comprometido", así como "la razonabilidad y adecuación de los estados financieros" (numeral 11).

---

68 A modo de ejemplo, téngase que de acuerdo con el artículo 78 de la LAA, los sujetos regulados deben remitir a la SUDEASEG sus estados financieros, agregándose en el artículo 79 *ejusdem* que, al cierre del ejercicio económico, dichos sujetos deben compartir con la Superintendencia –entre otros– sus estados de resultados y analíticos de los grupos de cuentas, informes de auditoría externa, y certificación de reservas técnicas con el informe correspondiente, a los fines de su inspección y posterior publicación.

69 De acuerdo con el artículo 81 de la LAA, estos procedimientos pueden ser de tres tipos: "1. Parcial: Para investigar algún hecho, acto o documento determinado. 2. General: Para verificar la razonabilidad y adecuación de los estados financieros, la situación económico-financiera, la organización administrativa y el cumplimiento de las disposiciones legales por los sujetos regulados. 3. Permanente: Cuando se evidencie alguno de los supuestos que den lugar a la aplicación de las medidas administrativas previstas en esta Ley o cuando de los resultados de las inspecciones parciales o generales se desprendan fundados motivos para ordenarla".

e. Conservar un registro de los sujetos regulados y cualquier otro de interés para la actividad aseguradora (numeral 12)[70].

f. Informar al ministro de finanzas sobre irregularidades que advierta en las operaciones de los sujetos regulados (numeral 15)[71].

Aunado a estas amplias facultades de vigilancia sobre el funcionamiento ordinario de los sujetos regulados, la LAA también precisa que la SUDEASEG hará inspecciones al momento de autorizar la constitución de una empresa de seguros, de reaseguros, de medicina prepagada o administradora de riesgos, a fin de "certificar que la empresa cuenta con las condiciones para operar" (artículo 19), y que dicha institución podrá someter a estas empresas a un "régimen de inspección permanente" al constatarse irregularidades en su funcionamiento (artículo 25 numeral 15), así como designar a sus funcionarios para que "vigilen y hagan el seguimiento a la aplicación de las medidas acordadas" en caso de que un sujeto regulado tenga pérdidas superiores al 50 % al cierre de su ejercicio fiscal (artículo 86)[72].

Asimismo, la potestad de supervisión se materializa cuando la SUDEASEG verifica que las empresas de seguros y de medicina prepagada hayan asegurado al menos el 30 % de las primas cedidas en el mercado nacional (artículo 62); y la cuantía de las retenciones, prioridades por ramo y contratos de reaseguro y de retrocesión suscritos por las empresas de seguros, de reaseguros y de medicina prepagada (artículo 63).

Finalmente, de acuerdo con los artículos 27 y 67 de la LAA, respectivamente, existe un deber por parte de los sujetos regulados de notificar la SUDEASEG sobre la futura celebración de asambleas ordinarias y extraordinarias, así como sobre la posibilidad de que el pago de la cedente

---

70 Téngase a modo de ejemplo el registro de actuarios residentes en el país (artículo 29 de la LAA) o el registro de las empresas de reaseguros constituidas en el exterior y autorizadas para realizar operaciones de reaseguros en la República (artículo 68 *ejusdem*).

71 A ello se suma, de acuerdo con el numeral 8 del artículo 6 de la LAA, hacer publicaciones periódicas sobre "la situación de la actividad aseguradora y de los sujetos regulados, especialmente en lo relativo a primas, siniestros, reservas técnicas, margen de solvencia, patrimonio propio no comprometido, condiciones patrimo-niales y el número de sanciones impuestas a los sujetos regulados, así como de las personas que se haya determinado que han realizado operaciones reguladas por la presente ley sin estar autorizadas para ello".

72 El artículo agrega que, en estos casos, los funcionarios "asistirán con poder de voto a las reuniones de junta directiva y demás instancias de dirección de los sujetos regulados".

a una sociedad de corretaje de reaseguro no requiera el certificado de este último, con el objetivo de que dicha superintendencia esté al tanto de la situación y tome las medidas que considere pertinentes.

4. *La potestad de dirección*

La potestad de dirección implica la facultad que tiene la Administración Pública de modificar la conducta de los sujetos que ejercen la actividad regulada por el ordenamiento jurídico sectorial, a fin de garantizar que en el desarrollo de la actividad se cumplan con los objetivos de Ley, valiéndose para ello de órdenes que pueden –o no– estar dotadas de fuerza imperativa.

En este sentido, la LAA de 2023 no es extraña a esta forma de intervencionismo estatal respecto a la actividad aseguradora –con preponderancia de órdenes carácter imperativo–, constatándose que en el ya tantas veces citado artículo 8 se prevé, al enlistarse las atribuciones del Superintendente de la Actividad Aseguradora:

a. "[G]irar instrucciones a los sujetos regulados y dictar las medidas preventivas (...) que juzgue necesarias en los ámbitos jurídico, técnico, financiero y tecnológico, para el control, supervisión y fiscalización de la actividad aseguradora y la protección del interés general tutelado" (numeral 10).

b. "[O]rdenar la sustitución, rectificación o constitución de las reservas o provisiones, o que se aumente el patrimonio propio no comprometido, para ajustarlo a los requerimientos de solvencia" y "ordenar las modificaciones e inclusiones que fuere menester incorporar en los estados financieros e informes respectivos y ordenar nuevamente su publicación" (numeral 11).

c. "Asistir con derecho a voz a las reuniones de junta directiva y a las asambleas de accionistas de los sujetos regulados" (lo que puede dar lugar a recomendaciones, al no tener derecho a voto); "asumir el carácter de único administrador, interventor y liquidador de los sujetos regulados", tomando las decisiones que se requieran en cada supuesto; y "resolver con carácter de conciliador o árbitro arbitrador, las controversias que se susciten entre los sujetos regulados y entre éstos y los tomadores, asegurados, beneficiarios, contratantes, usuarios y afiliados, cuando las partes lo hayan establecido de mutuo acuerdo" (numeral 16)[73].

---

[73] Nótese que esta función de conciliación o arbitraje también se menciona en el numeral 7 del artículo 6, al preverse como atribución de la SUDEASEG

Asimismo, la potestad de dirección se halla distendida a lo largo de la LAA cuando, por ejemplo, se determina que la Superintendencia de la Actividad Aseguradora puede ordenar:

a. La adquisición o enajenación de bienes para solventar el déficit en la cobertura o representación de las reservas técnicas de los sujetos regulados, pudiendo incluso proceder con tal medida de oficio ante el incumplimiento de estos últimos (artículo 44), así como ordenar el ajuste de las cuantías de las retenciones y prioridades por ramo de los contratos suscritos por las empresas de seguros, de reaseguros y de medicina prepagada cuando estas no se correspondan con la capacidad de retención del sujeto regulado (artículo 63).

b. La sustitución, rectificación, constitución o cobertura de las reservas técnicas o provisiones, y "el aumento del patrimonio propio no comprometido, para ajustarlo a los requerimientos de solvencia, u ordenar las modificaciones o reclasificaciones contables, así como las inclusiones que fuere menester incorporar en los estados financieros e informes respectivos" (artículo 82).

c. La constitución, por razones de riesgo, de "provisiones por cuentas incobrables, distintas de las reservas técnicas", y "los ajustes a efectuar contra tales apartados o directamente contra los resultados del ejercicio", así como "que se rectifique o modifique el valor con que se encuentran contabilizadas las inversiones u otros activos de los sujetos regulados, de acuerdo con el análisis de las informaciones obtenidas o el resultado de las fiscalizaciones efectuadas" (artículo 83).

d. La reelaboración "con las observaciones que se indiquen" de los estados financieros de los sujetos regulados al determinarse, previo procedimiento administrativo, que existen irregularidades (artículo 80).

e. La reposición de capital, al comprobarse la existencia de pérdidas al cierre del ejercicio fiscal de un sujeto regulado que reduzcan el capital más el superávit ganado en más del 50 % (artículo 86).

f. Los bienes del sujeto regulado sobre los que pueden practicarse medidas preventivas o ejecutivas tomadas por una autoridad judicial (artículo 49).

"[l]levar a cabo procedimientos de conciliación y arbitraje como medios de solución de conflictos en la actividad aseguradora".

g. La convocatoria de la asamblea de accionistas y designar la persona que la presida, a los fines de declarar la liquidación del sujeto regulado en caso de omisión de la junta directiva o de la asamblea de accionistas para efectuar tal convocatoria; pudiendo la SUDEASEG incluso declarar la liquidación de oficio si la asamblea no se constituye o acuerda tal medida, así como acordar la cesión del patrimonio del sujeto liquidado previa aprobación del ministro de finanzas (artículo 92).

Finalmente destacamos que la LAA prevé en su artículo 84 un listado enunciativo de "medidas administrativas" que puede imponer –verbo usado por el legislador– el Superintendente de la Actividad Aseguradora una vez materializado alguno de los supuestos previstos en el artículo 85 *ejusdem*[74], "a los fines de mantener el interés general tutelado por esta Ley, previo cumplimiento del procedimiento administrativo correspondiente y sin perjuicio del establecimiento de sanciones administrativas", y que bien podrían calificarse como manifestaciones de la potestad de dirección estudiada[75].

5. *La potestad de sanción*

Ya para concluir con esta colaboración nos queda por abordar la potestad de sanción o disciplinaria, que se refiere a la facultad que tiene la Administración Pública de imponer sanciones a los particulares que hayan violentado alguna de las disposiciones del ordenamiento jurídico sectorial

---

74 El artículo prevé a título enunciativo los problemas de liquidez o solvencia, situaciones graves que afecten la operación normal de la empresa, el atraso o cesación de pagos, y "[c]ualquier otro supuesto que coloque en riesgo su estabilidad financiera, técnica y operativa".

75 Entre ellas se encuentran: "[p]rohibir o limitar el otorgamiento de fianzas o la suscripción o contratación de nuevas obligaciones derivadas de sus operaciones; la realización de préstamos u otras inversiones, o contraer nuevas deudas" (numeral 2); "[o]rdenar la venta o liquidación de algún activo o inversión, o prohibir que se disponga de los activos del sujeto regulado" (numeral 3); "[s]uspender, remover o sustituir los directivos o empleados, cuando existieran fundados indicios de que han incurrido en ilícitos previstos por esta Ley" (numeral 4); "[i]nstruir que las primas o cuotas recaudadas sean depositadas en cuenta abierta en una institución financiera (...) que sólo podrá movilizarse previa autorización de la Superintendencia de la Actividad Aseguradora" (numeral 9); y "[s]uspender la publicidad" (numeral 10). De acuerdo con el mismo artículo 84, estas "medidas se mantendrán en vigencia hasta tanto la Superintendencia de la Actividad Aseguradora considere corregidas las situaciones o irregularidades que dieron lugar a su imposición, o se acuerde aplicar otras medidas previstas en esta Ley".

que los rige, incurriendo así en una infracción, para de este modo "garantizar el cumplimiento de la legalidad y tutelar los intereses generales que le corresponde gestionar" a la primera[76], así como asegurar la observancia de la norma, las limitaciones y los deberes que rigen la actividad del particular.

En este sentido, dada su naturaleza represiva[77], las sanciones que tenga a bien aplicar la SUDEASEG deberán estar tipificadas en una norma de rango legal (principio *nullum crimen nulla poena sine lege*[78]), dándose lugar a una garantía de doble naturaleza –material (predeterminación normativa de la conducta ilícita y las sanciones correspondientes) y formal (reserva legal)[79]– en favor del particular.

Dicho esto, sin pretender ahondar en demasía sobre el régimen sancionatorio de la actividad aseguradora por no ser la intención de estas líneas, podemos mencionar que la LAA dedica su título IV a las sanciones

---

76 Miguel Sánchez Morón, *Derecho Administrativo parte general*, 8° ed. (Madrid: Tecnos, 2012), 681.

77 Sin pretender extendernos sobre el tema pues ello escapa de nuestro objeto de estudio, nos limitaremos a señalar que hay autores que sostienen que el "objeto real de la potestad sancionadora no es sancionar, esto es, reprender, en el sentido de reprimir con energía o violencia las alteraciones de orden público, por el contrario, se trata de prevenir y alertar, tomando las medidas necesarias para evitar la infracción administrativa, la sanción administrativa es la 'última ratio' del Estado". Cecilia Sosa Gómez, "La naturaleza de la potestad administrativa sancionatoria", en *II Jornadas internacionales de Derecho Administrativo "Allan Randolph Brewer-Carias"* (Caracas: FUNEDA, 1996), 393-406.

78 Recogido en el artículo 49 numeral 6 de la Constitución de la República según el cual "[e]l debido proceso se aplicará a todas las actuaciones judiciales y administrativas; en consecuencia: (…) 6. Ninguna persona podrá ser sancionada por actos u omisiones que no fueren previstos como delitos, faltas o infracciones en leyes preexistentes".

79 Nótese que esta garantía, a diferencia de la plena vigencia que tiene en el Derecho Penal como ejercicio típico del *ius puniendi,* en el caso del Derecho Administrativo –y en particular, en el caso de los ordenamientos jurídicos sectoriales– se ha ido matizando en la práctica ya que, si bien se exige que la potestad sancionatoria se encuentre establecida por ley, se ha permitido que el texto remita a normas de rango sublegal (reglamentos) para la especificación y graduación de las infracciones; por lo que la Administración sería competente no solo para aplicar las sanciones pertinentes, sino también para establecer cuáles hechos se consideran contrarios a Derecho. *Cfr*. Sánchez Morón, *Derecho Administrativo parte general*, 688-94. Sobre la potestad sancionatoria en general: José Peña Solís, *La potestad sancionatoria de la administración pública venezolana* (Caracas: TSJ, 2005).

administrativas y penales, englobándose las de naturaleza administrativa en su capítulo primero donde se incluyen supuestos como el uso o aprovechamiento de una denominación exclusiva para el sector asegurador por parte de sujetos no autorizados; las operaciones efectuadas en contravención a la normativa; el déficit en el patrimonio propio no comprometido e insuficiencia en la cobertura de las reservas técnicas; la información financiera y técnica falsa; infracciones de las normas de carácter contable y técnico; la oferta engañosa; la inclusión de cláusulas limitativas en los contratos; la elusión, retardo y rechazo genérico; y el incumplimiento en la emisión de fianzas; así como supuestos de hecho vinculados con las operaciones las reaseguradoras, los intermediarios y auxiliares de seguro; todo lo cual puede dar lugar a sanciones de carácter pecuniario (multas), revocatoria y suspensión de autorizaciones, e inhabilitaciones para ejercer la actividad aseguradora.

Lo anterior, en virtud de la atribución prevista en el numeral 10 del artículo 8 de la LAA, según el cual corresponde al Superintendente de la Actividad Aseguradora:

> Iniciar, sustanciar y decidir los (…) procedimientos (…) sancionatorios, con observancia de los principios establecidos en la Ley Orgánica de Procedimientos Administrativos, el Decreto con Rango, Valor y Fuerza de Ley Orgánica de la Administración Pública y la Ley de Simplificación de Trámites Administrativos.

Idea esta que se reafirma en el numeral 8 del mismo artículo al preverse la posibilidad de ordenar "la suspensión preventiva o revertir operaciones y sus consecuencias (…) cuando se determine que las mismas han sido realizadas en contravención a lo previsto en la presente Ley, su reglamento y las normas que regulen la materia", así como al dotarse a la SUDEASEG de un amplio catálogo de medidas a dictarse en contra de personas no autorizadas que realicen la actividad aseguradora (artículo 16)[80] –en adición a las ya comentadas al estudiar la potestad de dirección– y determinarse que la violación de las normas que dicte la SUDEASEG en cuanto a la "adecuada constitución, inversión, cobertura, representación y custodia de las reservas técnicas" da lugar a la responsabilidad solidaria de los accionistas y la junta directiva de las empresas de seguros, de reaseguros y de medicina prepagada (artículo 43), lo que nos recuerda que los inicios de la regulación de la actividad aseguradora en el país, según tuvimos

80 El artículo enlista a título enunciativo –entre otras– la suspensión de las actividades, el cierre de los establecimientos, y el aseguramiento de los recursos, bienes, objetos y demás elementos utilizados para realizar las referidas operaciones.

oportunidad de desarrollar *supra*, derivó justamente de la falta de constitución de estas reservas al optar los directivos de una aseguradora por repartirse entre ellos el monto de las primas cobradas, en perjuicio de los asegurados.

Casi noventa años después dicho riesgo sigue latente y, por ende, el legislador estimó prudente su sanción a título personal, sin velos corporativos que sirvieran de protección a quienes actúan en contra de la norma jurídica y la confianza de los asegurados, en lo que podría estimarse como una decisión que protege a estos últimos y, por ende, al propio contrato del seguro.

No obstante, bien podríamos preguntarnos si, hoy por hoy, vistas las amplísimas potestades de ordenación, autorización, inspección, dirección y sanción con las que cuenta la Administración Pública en el sector asegurador, tanto en los inicios como en el desarrollo y fin de la actividad por parte de los sujetos regulados, puede afirmarse –como también se hacía así casi noventa años atrás– que el objeto de este ordenamiento sectorial es simplemente evitar el fraude en contra del asegurado, sin impedir u obstaculizar el giro comercial de la empresa aseguradora que sigue rigiéndose principalmente por normas de Derecho Privado y la autonomía de la voluntad de las partes involucradas.

Lamentablemente, las normas citadas, las declaraciones de la fuerza política dominante como la de la exposición de motivos del decreto-ley del año 2015, la contracción que vive el mercado de seguros en el país y el amplísimo intervencionismo estatal del que hemos sido víctimas desde hace décadas como parte de un modelo socioeconómico que tiende al paternalismo de Estado y la supresión de nuestras libertades –con inclusión de la contractual– parecen contarnos otra historia.

BIBLIOGRAFÍA

Academia de Ciencias Políticas y Sociales, *Leyes y Decretos de Venezuela*, t. 4 (Caracas: ACIENPOL, 1982).

Araujo-Juárez, José, *Derecho Administrativo general, Administración Pública* (Caracas: Ediciones Paredes, 2011).

ARIAS CASTILLO, Tomás, *La reviviscencia de las leyes: Una potestad discrecional de los tribunales constitucionales. Especial referencia al caso venezolano* (Caracas: EJV, 2012).

______ "Las cuatro delegaciones legislativas hechas al Presidente de la República", *Revista de Derecho Público*, N° 130 (2012).

ÁVILA MERINO, Luis, *La fianza mercantil*, 2° ed. (Caracas: UCAB, 2005).

BAUMEISTER TOLEDO, Alberto, "Nuevas tendencias e instituciones en Derecho de Seguros", *Revista de la Facultad de Derecho*, N° 53 (1999).

BORJAS H., Leopoldo, "Historia y desarrollo del seguro en Venezuela", *Revista de la Facultad de Ciencias Jurídicas y Políticas*, N° 77 (1990).

BREWER-CARÍAS, Allan R., "El derecho de propiedad y la libertad económica. Evolución y situación actual en Venezuela", en *Estudios sobre la Constitución. Libro homenaje a Rafael Caldera*, t. II (Caracas: UCV, 1979).

______ "Hechos políticos que fundamentan la decisión de la Asamblea Nacional electa en diciembre de 2015, de decretar su continuidad constitucional a partir del 5 de enero de 2021", *Revista de Derecho Público*, N° 165-166 (2021).

GONZÁLEZ RÍOS, Isabel, "Hacia una racionalización 'estructural' de los entes instrumentales: Principios y reglas de inexcusable cumplimiento", *Revista Andaluza de Administración Pública,* N° 88 (2014), https://bit.ly/2YsnKoJ.

GUERRERO HARDY, Álvaro, "La potestad organizativa en la Constitución y proyecciones del desarrollo organizativo de la administración pública nacional", *Revista de Derecho*, N° 12 (2004).

MOGENSEN ANGELLI, María Carolina, "La intervención del Estado en la actividad aseguradora en Venezuela", en *Derecho Administrativo iberoamericano. 100 autores en homenaje al postgrado de Derecho Administrativo de la Universidad Católica Andrés Bello*, t. II (Caracas: Ediciones Paredes, 2007).

MORLES HERNÁNDEZ, Alfredo, *Derecho de seguros* (Caracas: UCAB, 2013).

______ "El seguro dejó de ser un contrato. La distorsión del contrato de seguro en el proceso de transición de sistemas económicos", *Boletín de la Academia de Ciencias Políticas y Sociales*, N° 156 (2017).

MUCI BORJAS, José Antonio, "La regulación del encaje legal bancario y la furtiva expropiación regulatoria de la banca venezolana", *Revista de Derecho Público*, N° 157-158 (2019).

MUCI-ABRAHAM, José, "Seguros. Un caso de delegación novatoria pasiva", *Revista de la Facultad de Derecho*, N° 11 (1971).

PEÑA SOLÍS, José, *La potestad sancionatoria de la administración pública venezolana* (Caracas: TSJ, 2005).

______ *Manual de Derecho Administrativo*, Vol. III (Caracas: CIDEP, 2023).

PERRET GENTIL, Otho, "Anotaciones a la ley de empresas de seguros y reaseguros", *Revista de la Facultad de Derecho*, N° 2 (1966):

POLANCO ALCÁNTARA, Tomás, *Derecho administrativo especial* (Caracas: UCV, 1959).

RODRÍGUEZ COSTA, Manuel, "Constitucionalidad de las normas que regulan la relación contractual en la actividad aseguradora", *Revista Venezolana de Derecho Mercantil*, N° 3 (2019), https://bit.ly/3QVKzr7.

RODRÍGUEZ LAVERDE, Ninoska, "Las Administraciones Públicas: Potestad organizatoria y ámbitos competenciales en el Proyecto de Reforma Constitu-cional", *Revista de Derecho Público*, N° 112 (2007).

SÁNCHEZ MORÓN, Miguel, *Derecho Administrativo parte general*, 8° ed. (Madrid: Tecnos, 2012).

SEVERO GIANNINI, Massimo, "Istituti di crédito e servizi di interese pubblico", *Moneta e Crédito* 2, N° 5 (1949).

SIRA SANTANA, Gabriel, "El ordenamiento jurídico sectorial de medica-mentos y la potestad de ordenación de la autoridad administrativa", *Revista Electrónica de Derecho Administrativo Venezolano*, N° 20 (2020), https:// bit.ly/3pjJv3P.

______ *Poder Popular, descentralización y participación ciudadana* (Caracas: CIDEP y FUNEDA, 2018).

SOSA GÓMEZ, Cecilia, "La naturaleza de la potestad administrativa sancionatoria", en *II Jornadas internacionales de Derecho Administrativo "Allan Randolph Brewer-Carias"* (Caracas: FUNEDA, 1996).

VENEGAS FRANCO, Alejandro, "Evolución y perspectivas de la protección del asegurado", *Revista de la Facultad de Derecho*, N° 58 (2003).

LA LIBERTAD DE EMPRESA EN LA ACTIVIDAD ASEGURADORA

José Ignacio HERNÁNDEZ GONZÁLEZ *

Resumen: En el artículo se examina la situación de la libertad de empresa en el sector asegurador, así como la desnaturalización de la actividad de seguros en la reforma de la Ley de la Actividad Aseguradora.

Palabras clave: Libertad de empresa, economía de mercado, servicio público, sector asegurador, Ley de la Actividad Aseguradora.

Abstract: The article examines the status of free enterprise withing the insurance sector, as well as the denaturalization of the insurance activity in the reform of the Insurance Activity Law.

Keywords: Free enterprise, market economy, public service, insurance sector, Insurance Activity Law.

INTRODUCCIÓN

La Constitución Económica, en el Texto de 1999 reconoce el sistema de economía social de mercado, marcado por dos grandes grupos de instituciones. Por un lado, las instituciones que garantizan los mecanismos de mercado, a través de derechos como la libertad de empresa, la propiedad y el derecho de selección y acceso a bienes y servicios. La protección de los mecanismos de mercado justifica la intervención del Estado, y en concreto, de la Administración Pública, a través de potestades de ordenación y limitación, especialmente, en defensa de la competencia. Por el otro lado, hay instituciones que promueven la igualdad material, y en concreto, el acceso equitativo a bienes y servicios anejos a derechos económicos y sociales.

---

* Profesor de Derecho Administrativo en la Universidad Central de Venezuela y la Universidad Católica Andrés Bello. Profesor invitado, Universidad Castilla-La Mancha.

Estas instituciones también justifican la intervención del Estado, y n concreto, de la Administración Pública, no solo ordenando y limitando el mercado sino, además, ofreciendo directamente bienes y servicios[1].

A partir de 2002, el modelo económico se tradujo en políticas públicas basadas en el desconocimiento de los mecanismos de mercado. Por medio de Leyes, Decretos-Leyes, pero, en especial, actos administrativos, el Estado desnaturalizó los derechos económicos, destruyendo con ello los mecanismos de mercado, la riqueza generada por la sociedad civil y, en suma, la capacidad de ésta para satisfacer sus propias necesidades. La destrucción de los mecanismos de mercado, por medio de políticas arbitrarias o predatorias, fue un componente central en la emergencia humanitaria compleja en evidencia desde 2017[2].

La destrucción de los mecanismos de mercado fue facilitada por la intervención política del Poder Judicial y, en concreto, de la Sala Constitucional del Tribunal Supremo de Justicia. El Poder Judicial no pudo resolver las controversias llamadas a proteger los derechos económicos frente a las arbitrarias políticas públicas, todo lo cual exacerbó los efectos de la destrucción de los mecanismos de mercado. Estas políticas, en ausencia de un Estado de Derecho funcional, destruyeron y se apropiaron ilícitamente de la riqueza generada por el sector privado, con lo cual, pueden ser catalogadas de políticas predatorias[3].

Una de las consecuencias jurídicas de la destrucción de los mecanismos de mercado fue la ampliación del Derecho Administrativo en actividades económicas que deben quedar sometidas, en cuanto a sus instituciones básicas, al Derecho Mercantil. Como observó Alfredo Morles Hernández, el llamado modelo del socialismo del siglo XXI desnaturalizó la economía de mercado, sometiendo el intercambio de bienes y servicios al control político de la Administración Pública. Esta desnaturalización, presente en el fallido proceso de reforma constitucional de 2007, fue en

---

1 Hernández G., José Ignacio, *La libertad de empresa y sus garantías jurídicas. Estudio comparado del Derecho español y venezolano,* Caracas, FUNEDA, 2004, pp. 34 y ss.

2 Santos, Miguel Ángel, "La Venezuela del día después (y del día antes)" en Fajardo, Alejandro y Vargas, Alejandra, *Comunidad Venezuela. Una agenda de investigación y acción local,* Centro de los Objetivos de Desarrollo Sostenible para América Latina y el Caribe (CODS)-International Development Research Centre (IDRC), Bogotá, 2021, pp. 46 y ss.

3 Hernández G., José Ignacio, *Control de cambio y de precio en Venezuela. Auge y colapso institucional (2003-2020),* Editorial Jurídica Venezolana, Caracas, 2022, pp. 54 y ss.

todo caso introducido posteriormente por medio de Leyes, Decretos-Leyes y sentencias. De acuerdo con el recordado profesor Alfredo Morles Hernández[4]:

> "Si alguna afirmación se puede hacer en torno al modelo económico que introduce el Proyecto de Reforma de 2007 es que el Estado socialista creado por esa reforma apenas tolera la existencia de un derecho individual de propiedad, cuya dimensión, significado y existencia están en todo tiempo sujetos al cumplimiento de los principios de realización de la economía socialista, tal como los defina el Estado, de tiempo en tiempo, a través de las leyes económicas de cada sector económico y del Plan Nacional de Desarrollo que defina y dirija el Presi- dente de la República"

Inevitablemente, el sector financiero se vio afectado por esa tendencia, en tanto se avanzó hacia su funcionalización social, o sea, la dirección del sector financiero por el Estado para satisfacer los fines del modelo socialista. Así, el sector financiero engloba una gama de servicios basados en el dinero y en la gestión y transferencia de activos asociados a la obtención de ingresos futuros, en especial, con fines de ahorro. Este sector incluye a los servicios de intermediación bancaria, así como a intermediación de activos para captar financiamiento por medio del mercado de valores. También se incluye al sector asegurador, en tanto éste facilita la gestión de riesgos y por ende el ahorro. Estos servicios financieros deben responder al libre intercambio de bienes y servicios, esto es, a los mecanismos de mercado. Sin embargo, el mercado suele tener imperfecciones -fallos de mercado- tradicionalmente relacionados con problemas de coordinación y asimetrías de información. Tales fallas deben ser atendidas por el Estado administrativo, a través de la regulación económica, acompañada de potestades administrativas de supervisión[5].

La intervención pública sobre el sector financiero venezolano no respondió a esas razones, sino al uso instrumental de éste en el modelo socialista. La autonomía de los operadores financieros -y con ello, su experiencia profesional- fue desnaturalizada en el contexto del modelo socialista, que transformó a este sector en un intermediario de tal modelo, todo lo cual se tradujo en la destrucción de los mecanismos de mercado y, en concreto, en la supresión de la autonomía empresarial privada. En el

---

4 Morles Hernández, Alfredo, "El nuevo modelo económico para el Socialismo del Siglo XXI", en *Revista de Derecho Público N° 112,* Caracas, 2007, pp. 233 y ss.

5 Maloney, Niamh, et al., "Introduction", en *The Oxford Handbook of Financial Regulation,* Oxford University Press, Oxford, 2015, pp. 3 y ss.

sector asegurador, tal destrucción fue consolidado por el Decreto N° 2.179, con rango, valor y fuerza de la Ley de la Actividad Aseguradora (LAA) de 2015. En este Decreto-Ley, la libertad de empresa fue desnaturalizada, en el sentido que los operadores solo podían ofrecer servicios de seguro en los términos definidos vagamente en la LAA y complementados en reglamentos, incluso, con ocasión al régimen jurídico del contrato de seguro[6].

La LAA es, así, muestra el inconstitucional rapto del Derecho Mercantil por el Derecho Administrativo, que, con clara vocación autoritaria, define las reglas jurídicas de actividades económicas conducidas por el sector privado[7]. Para explicar la desnaturalización de la actividad aseguradora este artículo se divide en dos partes. La primera explica los fundamentos constitucionales y económicos del sector asegurador y en concreto, del contrato de seguro. La segunda parte explica, en sus trazos generales, la violación de estos fundamentos constitucional, por medio de la desnaturalización de la libertad de empresa en este sector. Aquí se incluye el análisis de la recientemente promulgada Ley de reforma de la LAA[8].

I. LA LIBERTAD DE EMPRESA EN EL SECTOR ASEGURADOR

De acuerdo con la Constitución económica contenida en el Texto de 1999, los servicios de seguro forman parte de las actividades que el sector privado puede emprender en ejercicio del derecho de libertad de empresa -

6 Morles Hernández, Alfredo, "La deslegalización del contrato de seguros", en *Revista Venezolana de Derecho Mercantil nº 3,* Caracas, 2019. En el 2016, junto con el profesor Morles, presentamos demanda de nulidad en contra de esa Ley. Algunos de los argumentos de esa demanda son tomados en cuenta en este artículo.

7 La expresión sobre el "rapto" la hemos empleado antes en Hernández G., José Ignacio, "El Derecho de los Consumidores en Venezuela: un ejemplo del rapto del Derecho Mercantil", *Revista Foro de Derecho Mercantil N° 56,* Bogotá, 2017, pp. 51 y ss. El tema ha sido tratado en Pascua Mateo, Fabio, *El rapto del Derecho Privado,* Civitas, Madrid, 2015, pp. 95 y ss. Más recientemente, hemos ampliado este concepto en Hernández G., José Ignacio, "El rapto del Derecho Mercantil por el Derecho Administrativo venezolano", en *Revista de la Facultad de Derecho de la Universidad Católica Andrés Bello n° 75,* Caracas, 2021, pp. 15 y ss., así como "La desnaturalización del Derecho Mercantil venezolano frente al "Socialismo del siglo XXI": Hacia un nuevo Derecho Mercantil", en *Revista Venezolana de Derecho Mercantil n° 1 especial. Actualización del Derecho Mercantil desde la obra del Dr. Alfredo Morles Hernández,* Caracas, 2021, pp. 215 y ss.

8 Gaceta Oficial n° 6.770 extraordinario de 29 de noviembre de 2023.

artículo 112- bajo la regulación adoptada por el Estado para atender fallos de mercado y proteger a los usuarios (artículo 113). Para explicar esta premisa, es preciso analizar la función del sector asegurador en la economía de mercado.

1. *El sector asegurador en la economía de mercado reconocida en la Constitución de 1999*

La Constitución Económica es fundamental para lo que los economistas denominan instituciones, o sea, las reglas que rigen a las actividades económicas para reducir los costos de transacción[9]. Esas instituciones deben diseñarse para fomentar el libre intercambio, en el marco de las garantías propias de la democracia constitucional, esto es, las instituciones inclusivas. Cuando esas reglas desconocen los derechos económicos y permiten al Estado apropiarse de la riqueza generada por la sociedad civil, ellas pasan a ser instituciones extractivas[10]. En tal sentido, la economía de mercado es una institución inclusiva garantizada en la Constitución de 1999[11].

Estas instituciones, en todo caso, no se limitan solo a las reglas escritas de la Constitución, pues éstas son auto aplicables. Es también importante -e incluso, más importante- entender cómo estas reglas se interpretan y aplican. En tal sentido, existe una larga tradición en Venezuela, auspiciada por el Petro-Estado, de interpretar a la Constitución Económica desde una visión minusvalorada de la libertad de empresa.

En efecto, la configuración de Venezuela como Petro-Estado configuró una Administración Pública para la intervención, basada en la aminoración de la garantía formal de la libertad de empresa, en buena medida, como resultado del prolongado estado de excepción que, bajo la Constitución de 1961, derivó en una especie de Constitución Económica *de facto*, en la cual las garantías jurídicas de la economía de mercado y la libertad de empresa tuvieron un muy limitado alcance[12]. Por ello, la libertad de empresa no fue considerada como un derecho subjetivo sino más bien como un precario

---

9 North, Douglass, *Institutions, institutional change and economic performance,* Cambridge University Press, 1999, pp. 36 y ss.

10 Acemoglu, Daron y Robinson, James, *Why Nations Fail,* Crown Business, Nueva York, 2012, pp. 335 y ss.

11 Hernández G., José Ignacio, *Derecho Administrativo y Regulación Económica,* Editorial Jurídica Venezolana, Caracas, 2006, pp. 122 y ss.

12 Tal fue el principal argumento de nuestro libro *La libertad de empresa y sus garantías jurídicas, cit.*

conjunto de derechos moldeados y moldeables por el Estado[13]. Como resultado de ello, el Derecho Mercantil quedó marcado por la amplia intervención administrativa sobre los actos de comercio[14].

La precariedad de estas instituciones puede explicar lo que algunos economistas han considerado como el pobre desempeño de la economía, en evidencia hacia fines del siglo XX[15]. Este pobre desempeño coadyuvó a la crisis política cuya solución quiso formularse a través del proceso constituyente de 1999. Sin embargo, las cláusulas económicas del Texto aprobado no difirieron del carácter estatista que para entonces tenía la economía, todo lo cual se reflejó en los variados mandatos de transformación a cargo del Estado en diversos sectores económicos[16].

---

13 Se sostenía que el sistema recogido en la Constitución de 1961 era el de economía mixta. En especial, véase a Brewer-Carías, Allan, "El derecho de propiedad y la libertad económica. Evolución y situación actual en Venezuela", en *Estudios sobre la Constitución. Libro homenaje a Rafael Caldera, Tomo II,* Facultad de Ciencias Jurídicas y Políticas, Caracas, 1979, pp. 1140 y ss. En ese mismo libro, véanse los trabajos de Carrillo Batalla, Tomás, "El sistema económico constitucional venezolano", y Mayobre, José Antonio, "Derechos económicos". En general, puede verse también a Meier, Henrique, "Fundamento constitucional de la actividad económica del Estado Venezolano", en *Revista de la Facultad de Derecho de la Universidad Católica Andrés Bello número 22,* Caracas, 1976, pp. 173 y ss. Las críticas a esta posición en De León, Ignacio, "Análisis positivo del sistema constitucional económico venezolano", en *SUMMA, Libro Homenaje a la Procuraduría General de la República*, Caracas, 1998, p. 303.

14 Brewer-Carías, Allan, *Evolución del régimen legal de la economía 1938-1979,* Cámara de Comercio de Valencia, Editorial Jurídica Venezolana, Caracas, 1980, pp. 29 y ss. Desde el Derecho mercantil, véase a Morles Hernández, Alfredo, "Evolución histórica y tendencias de la legislación mercantil venezolana", en *Centenario del Código de Comercio*, Instituto de Investigaciones Jurídicas de la Universidad Autónoma de México, México D.F., 1991, pp. 273

15 *Vid.* Hausmann, Ricardo y Rodríguez, Francisco, "Why did Venezuela growth collapse?", en *Venezuela before Chávez. Anatomy of an Economic Collapse,* The Pennsylvania State University Press, University Park, 2014, pp. 15 y ss.

16 Brewer-Carías, Allan R., *Cambio político y consolidación del Estado de Derecho 1958-1998. Colección Tratado de Derecho Constitucional, Tomo III*, Fundación de Derecho Público, Editorial Jurídica Venezolana, Caracas, 2015, pp. 675 y ss., así como *Asamblea Constituyente y proceso constituyente 1999. Colección Tratado de Derecho Constitucional, Tomo VI Fundación de Derecho Público*, Editorial Jurídica Venezolana Caracas, 2013, pp. 15 y ss.

A pesar de ese sesgo estatista, lo cierto es que la Constitución Económica en el Texto de 1999 dio cabida a las instituciones del sistema de economía social de mercado[17].

En efecto, los artículos 112, 113, 115, 117 y 299 de la Constitución de 1999 definen el sistema de economía de mercado bajo la modalidad de economía social de mercado. Así, la oferta y demanda de bienes y servicios debe responder al libre intercambio de bienes y servicios, sin más limitaciones que las establecidas de manera expresa en la Ley[18]. Este intercambio, en todo caso, requiere de la intervención del Estado, principalmente, por dos razones. La *primera* razón es para definir el marco jurídico -o las instituciones- por medio de las cuales se realizará el intercambio de bienes y servicios, lo que corresponde a la regulación civil o institucional, incluyendo los mecanismos para resolver controversias y asegurar el cumplimiento de contratos. La *segunda razón* es para atender los fallos de mercado que afectan la eficiencia, a través de la regulación económica[19].

La economía de mercado prevista en la Constitución deja a salvo la existencia de mercados incompletos, esto es, mercados que no permiten a la oferta acceder a todos los bienes y servicios que necesita para satisfacer sus necesidades. La insatisfacción de la oferta, en condiciones de mercado adecuados, no debe afectar a los consumidores y usuarios, en tanto éstos puedan acceder a bienes y servicios sustitutos. Pero hay ciertos bienes y servicios que no encuentran sustitución y cuya privación podría lesionar la dignidad humana. La privación de estos bienes y servicios -que convencionalmente, se denominan "esenciales"- puede responder a restricciones en cuanto a la capacidad financiera, en especial, en condiciones de desigualdad. La Constitución emplaza al Estado a intervenir en el orden económico para atender a los fallos derivados de estos mercados incompletos y así, promover condiciones de igualdad. Esta intervención pública, en todo caso, solo puede hacerse a través y de conformidad con los mecanismos de mercado[20].

---

17 Hernández G., José Ignacio, *Derecho Administrativo y Regulación Económica.*

18 Morles Hernández, Alfredo, "El derecho de la economía de mercado", en *Homenaje a Carrillo Batalla, Tomo II,* Universidad Central de Venezuela, Caracas, 2009, pp. 1119 y ss.

19 Hernández G., José Ignacio, *Regulación económica y Derecho Administrativo, cit.*

20 Ver en tal sentido, de la Sala Constitucional, las sentencias de 6 de febrero de 2001, Caso: *Pedro Antonio Pérez Alzurutt II*, así como sentencias de 23 de

La libertad de empresa puede ser limitada por el Estado, en el marco de la Constitución económica, respetando tres garantías jurídicas. La *primera* garantía es formal: la limitación debe estar establecida en la Ley, todo lo cual determina un ámbito de reserva legal que condiciona el alcance de la actividad administrativa de ordenación y limitación. La *segunda* garantía responde al contenido esencial de la libertad de empresa, o el conjunto de atributos mínimos que deben respetarse para que la actividad económica sea ejercida de conformidad con la autonomía privada. *Finalmente*, y en cuanto a los atributos no esenciales, toda limitación debe respetar los principios de menor intervención y subsidiariedad, bajo la máxima in *dubio pro libertate*[21].

2. *La función económica del sector asegurador en la economía de mercado constitucionalmente garantizada*

La doctrina venezolana ha observado que la actividad aseguradora, por medio del contrato de seguro, cumple un rol central brindando certidumbre al intercambio de bienes y servicios[22]. Mediante la transferencia de riesgos, el contrato de seguro tiende a reducir los costos de transacción disipando la incertidumbre sobre riesgos futuros. Además, la actividad aseguradora funge como protección patrimonial y, por ende, como canalizador del ahorro. Asimismo, el seguro también complementa a los mercados, en especial, en materia de servicios de salud: al transferir riesgos, el contrato de servicios amplia la capacidad de los usuarios de acceder al servicio de salud.

De ello se deprende que la actividad aseguradora no es solo una actividad protegida por el derecho de libertad de empresa, sino que, además, es una actividad que facilita el intercambio de bienes y servicios en ejercicio de tal libertad. Como señala el profesor Morles Hernández[23]:

---

mayo de 2006, Caso: *Bayer S.A.* y de 15 de febrero de 2007, Caso: *BP Oil Venezuela Limited,* entre otras.

21 Hernández G., José Ignacio, *La libertad de empresa y sus garantías jurídicas. Estudio comparado del Derecho español y venezolano, cit.* Entre otras, véase: sentencia de la Sala Constitucional de 6 de abril de 2001, caso *Manuel Quevedo Fernández.*

22 Mármol Marquís, Hugo, *Fundamentos del Seguro Terrestre,* Universidad Católica Andrés Bello, Caracas, 1990, pp. 29 y ss.

23 Morles Hernández, Alfredo, *Derecho de Seguro,* Universidad Católica Andrés Bello, Caracas, 2013, p. 25. Véase también a Pecchio Brillembourg, Isabella y Abache Carvajal, Serviliano, "Libertad de empresa y el concepto de actividad aseguradora desde el pensamiento de Alfredo Morles Hernández. Una propuesta interpretativa" en *Revista Venezolana de Derecho Mercantil n° 1*

> "La institución del seguro descansa en el mecanismo de la transferencia de los riesgos a los cuales están expuestas las cosas y las personas a una entidad profesional que se ocupa de asumirlos, sobre bases científicas y técnicas; y de indemnizar los daños a aquel que teniendo interés en evitar el siniestro pague una prima por la transferencia del riesgo"

El rol del Derecho Público Económico es facilitar la prestación de servicios de seguro, para que la actividad aseguradora pueda complementar al mercado. La Constitución, como vimos, garantiza los derechos económicos a través de los cuales se ofrecen servicios de seguro. Por su parte, el Derecho Administrativo Económico debe atemperar o atender los fallos de mercado que afectan la eficiencia, a través de la regulación económica que se traduce en diversas técnicas de la actividad administrativa de ordenación y limitación. Esta intervención administrativa es especialmente relevante para la protección de los usuarios y sus ahorros:

> "Las empresas de seguros administran una fuerte masa de capital constituida por las primas percibidas por cada contrato celebrado (...) esos fondos, que tienen como propósito el resarcimiento de un daño o el cumplimiento de una prestación convenida si ocurre el siniestro previsto, es preciso que no sean desviados de la función específica para la cual se los reserva. En este sentido es que se tiene resuelto que es exigencia del control, el de contar con una administración eficaz que asegure el debido cumplimiento por el asegurado de las obligaciones contraídas..."[24].

La intervención administrativa sobre la actividad aseguradora forma parte de la intervención administrativa sobre el sector financiero, y en especial, sobre la banca. Esta intervención no puede verse en oposición al mercado, pues -como acreditó la crisis financiera de 2008- el correcto funcionamiento del mercado financiero precisa de la intervención del Estado y en concreto, de la intervención de la Administración Económica[25]. Frente a los usuarios, la intervención administrativa complementa los mecanismos institucionales que derivan del Código Civil, y que, en suma, se orientan a proteger el principio de indemnización, de acuerdo con el cual, ocurrido el

---

especial. Actualización del Derecho Mercantil desde la obra del Dr. Alfredo Morles Hernández, Caracas, 2021, pp. 509 y ss.

24 Stiglitz, Rubén, *Derecho de Seguros. Tomo I,* La Ley, Buenos Aires, 2004, p. 43.

25 Singer, Joseph, *No freedom without regulation: the hidden lesson of the subprime crisis*. Yale University Press, New Haven, 2015, pp. 59 y ss.

riesgo asegurado la empresa de seguro debe otorgar la correspondiente indemnización, con base en el principio de mutualidad[26].

Desde el punto de vista del Derecho Administrativo Económico, esta intervención puede conducirse por medio de diversas técnicas, que complementan al mercado basado en el principio de subsidiariedad. Así, típicamente, la entrada al mercado asegurador se supedita a la correspondiente autorización. Además, el desempeño de la actividad se somete a la actividad de supervisión, lo que se traduce en la potestad de emitir órdenes o mandatos, también, en requerimientos de información y, en general, en la potestad de inspección. También la Administración puede complementar la Ley aplicable a través de la potestad reglamentaria[27].

Esta intervención administrativa debe adecuarse a las garantías jurídicas de la libertad de empresa explicadas en el punto anterior. Así, las potestades administrativas no pueden invadir materias de reserva legal, ni pueden desconocer la autonomía privada. Respecto de los atributos limitables, la Administración Económica debe atenerse al principio de menor intervención. En especial, el rol del Derecho Administrativo deber complementario y subsidiario al Derecho Mercantil, pues como regla, la actividad aseguradora, y la prestación de servicios de seguro, deben responder al acuerdo entre las partes, o sea, al contrato de seguro regido por el Derecho Mercantil.

Con lo cual, la interpretación de la Constitución Económica sobre el sector asegurador justifica la intervención del Estado para asegurar el correcto funcionamiento de los mecanismos de mercado. No obstante -y esto es fundamental- los variados mandatos positivos relacionados con el amplio catálogo de derechos económicos y sociales, no justifican la imposición de obligaciones positivas que emplacen al sector a segurador a asumir riesgos anejos a algunos de esos derechos, como en especial sucede con el derecho a la salud. Así, los mandatos que derivan del reconocimiento del derecho a la salud ciertamente obligan al sector privado, a través de la oferta de bienes y servicios anejos a la salud. Tal y como la Corte Interamericana de

---

[26] Como explica Alfredo Morles Hernández (*Derecho de seguros,* cit., p. 24): "*desde el punto de vista técnico, el seguro se basa en el concepto de la mutualidad, es decir, en la organización de un conjunto de personas que acuerdan compartir entre sí, solidariamente y de modo proporcional, el resultado o las consecuencias de un hecho dañoso, caso en el cual se socorren mutuamente...*".

[27] Véase el estudio de estas técnicas en Hernández G., José Ignacio, "Principios de supervisión administrativa en la Ley de la Actividad Aseguradora", *Ley de la Actividad Aseguradora*, Fundación Estudios de Derecho Administrativo, Caracas, 2011, p. 76.

Derechos Humanos ha concluido, los operadores privados de bienes y servicios de salud quedan sometidos a ciertos estándares, cuyo control se traduce en la actividad de ordenación y limitación de la Administración[28].

Pero estos estándares no pueden trasladarse, sin más, al sector asegurador, para hacer recaer en éste deberes de asumir riesgos del sector de salud. La protección obligatoria frente a prestaciones de salud forma parte del derecho a la seguridad social, que encuentra una específica previsión en la Constitución. De admitirse ese traslado, el sector asegurador -como sector intermediario- quedaría sometido a innumerables mandatos para satisfacer los derechos económicos y sociales. Hay que recordar que, en tanto derechos prestacionales, los derechos económicos y sociales imponen obligaciones consistentes en la oferta de bienes y servicios que satisfacen necesidades anejas a estos derechos, como las necesidades de salud. Son los operadores que ofrecen esos bienes y servicios -pero no el sector asegurador- los que deben cumplir con los mandatos que, según los casos y de acuerdo con la Ley, puedan imponerse.

En resumen, el contenido esencial de la libertad de empresa en el sector asegurador se basa en la función económica del contrato de seguros que, como vimos, descansa en la transferencia de riesgos, pero no así la transferencia de obligaciones y deberes de las actividades respecto de las cuales pueden materializarse los riesgos que son cubiertos. El seguro de salud, por ello, no pude implicar obligaciones positivas de suministrar bienes y servicios de salud, en tanto la transferencia de riesgos no puede alcanzar la oferta de bienes y servicios para atender las consecuencias de esos riesgos.

II. LA DESNATURALIZACIÓN DE LA ACTIVIDAD ASEGURADORA Y LA REFORMA DE LA LEY DE LA ACTIVIDAD ASEGURADORA

Los mecanismos de mercado fueron desnaturalizados en la LAA de 2015. En realidad, esa desnaturalización operó sobre todo el sector financiero, el cual fue regulado como un sector instrumental al modelo socialista[29]. En concreto, esa legislación introdujo regulaciones que *(i)* crearon cargas económicas desproporcionadas que atentan contra la debida

---

28 Caso *Vera Rojas y otros vs. Chile*, sentencia de 1 de octubre de 2021, Serie C No. 439, Excepciones preliminares, Fondo, Reparaciones y Costas), párrafos 32 al 35

29 Morles Hernández, Alfredo, *La banca en el marco de la transición de sistemas económicos en Venezuela,* Universidad Católica Andrés Bello, Caracas, 2011.

solidez del sector; *(ii)* lesionaron los derechos de los usuarios e *(iii)* impusieron restricciones arbitrarias que impiden el correcto funcionamiento del sector asegurador[30]. La reforma de la LAA no corrige ninguna de esas desviaciones, de cual resulta que esa reforma es también violatoria de la libertad de empresa, lo que además de violaciones subjetivas, afecta el rol institucional del sector asegurador dentro de la economía social de mercado.

1. *La funcionalización social de la actividad aseguradora y sus consecuencias adversas para la economía venezolana*

La intervención administrativa sobre la actividad aseguradora puede explicarse a través de la figura de los ordenamientos jurídicos sectoriales, estudiada por la doctrina italiana[31]. Estos ordenamientos rigen a determinada actividad económica, que en nuestro caso debería ser la prestación de servicios de seguros basados en el contrato de seguro. De esa manera, el acceso al mercado de seguros queda condicionado a la correspondiente autorización, cuyo otorgamiento no solo habilita el ejercicio de la libertad de empresa, sino que, además, condiciona su ejercicio, en lo que se conoce como autorizaciones con funcionalidad operativa. De esa manera, los operadores autorizados quedan sometidos a las restricciones establecidas en la Ley, y desarrolladas en normas reglamentarias. En todo caso, y en salvaguarda de la garantía formal de la libertad de empresa -expuesta en la sección anterior- el reglamento debe ser el complemento indispensable de la Ley, sin que ésta pueda efectuar remisiones en blanco, o sea, remisiones amplias e indeterminadas a favor del reglamento. En tanto las limitaciones a la libertad de empresa son materia de la reserva legal, por disposición constitucional, no le es dado al legislador deslegalizar esas limitaciones.

El ejercicio de la actividad aseguradora se somete al control de la Administración Sectorial, que ejerce la potestad de supervisión, o sea, la actividad continua de ordenación y limitación. La actividad de ordenación se traduce en el ejercicio de la potestad reglamentaria, mientras que la actividad de limitación abarca diversas restricciones, las cuales pueden clasificarse temáticamente en la potestad de inspección, la potestad de dirección (imponiendo órdenes y limitaciones), y la potestad sancionadora. En ésta última, la exigencia de la garantía formal es más elevada, en virtud de la aplicación del principio de la legalidad de las sanciones.

---

30 Acedo Sucre, Carlos y Acedo Betancourt, Teresita, "Principales problemas creados por la Ley de Actividad Aseguradora", en *Ley de la Actividad Aseguradora,* cit., pp. 7 y ss.).

31 Hernández G., José Ignacio, "Principios de supervisión administrativa en la Ley de la Actividad Aseguradora", *cit.*

El ordenamiento sectorial asegurador impone severas limitaciones a la libertad de empresa, que entran en tensión con sus garantías jurídicas, en especial, su contenido esencial. El ejercicio de la actividad aseguradora debe confiarse a la autonomía de la empresa aseguradora, al tratarse de una actividad técnica. Tan es así que el acceso al mercado asegurador se condiciona a la comprobación de conocimientos profesionales, lo que evidencia que la gestión de la empresa de seguros debe estar a cargo de profesionales. El rol de la Administración Económica es facilitar la eficiencia de esa actividad, de acuerdo con los fallos de mercados. En especial, y desde el artículo 117 de la Constitución, la Administración Económica debe tutelar al usuario del sector asegurador, en función a la asimetría de información y capacidad existente.

Este rol, en todo caso, debe ser complementario al Derecho Privado y, en concreto, al rol del contrato. La actividad aseguradora, en tanto acto objetivo de comercio (artículo 2.11, Código de Comercio), debe responder a la autonomía privada del empresario traducida en el contrato, sometido a las normas de Derecho Privado y supletoriamente, de Derecho Administrativo. Pero como explicamos en la sección anterior, en Venezuela el Derecho Administrativo Económico ha "raptado" al Derecho Mercantil, al punto que la primera regulación de los actos de comercio es que la que deriva del Derecho Administrativo.

La LAA de 2015 avanzó en la funcionalización social de la libertad de empresa dentro del sector asegurador. Así, la actividad aseguradora no respondió al ejercicio autónomo de la libertad de empresa, sino a las directrices fijadas desde el Estado, al punto que la empresa de seguros fue concebida como un instrumento al servicio del modelo socialista. Esta funcionalización fue formalizada en la Ley Orgánica del Sistema Financiero Nacional (LOSFN).

El artículo 1 de la Ley de reforma de la LAA agrava la funcionalización social de la libertad de empresa, al disponer que su objeto es "*garantizar los procesos de transformación socioeconómicos que promueve el Estado, en tutela del interés general representado por los derechos y garantías de los tomadores, asegurados, beneficiarios, contratantes, usuarios y afiliados, según corresponda, de los contratos de seguros, de reaseguros, de medicina prepagada y de administración de riesgos, de conformidad con lo establecido en la Ley Orgánica del Sistema Financiero Nacional*". Como explicamos en la primera parte, el rol del sector asegurador no es coadyuvar a procesos de transformación socioeconómicos, sino servir de intermediario profesional para la transferencia de riesgos.

Incluso, el texto desnaturaliza el propio concepto de sector asegurador, pues de acuerdo con su artículo 2, él rige no solo a la actividad asegurada basada en el contrato de seguros y otras actividades anejas, sino, además, en actividades no implican la transferencia de riesgos, como es el caso de la medicina prepagada y la administración de riesgos[32]. Con lo cual, la intervención del Estado ordenando y limitando la prestación de servicios, puede ir más allá de los servicios basados en el contrato de seguro.

Destaca la inclusión de los microseguros, seguros inclusivos y seguros masivos (artículo 55). El propósito de estas instituciones es favorecer la oferta de servicios a sectores tradicionalmente excluidos, y cuyo acceso puede ser afectado de aplicarse canales propios de la actividad aseguradora. Por ello, se permite la intermediación de estos servicios por canales alternativos (artículo 57)[33]. Estos canales son un mecanismo alternativo a la intermediación mediante canales ordinarios, regulada en el artículo 103. Pero tampoco estos servicios responden a la autonomía empresarial, sino a la indeterminada potestad de ordenación y limitación de la Superintendencia (artículo 56).

Además, esta intervención no se somete al principio de legalidad, como se desprende del artículo 6.1, el cual encomienda a la Superintendencia de la Actividad Aseguradora "*ejercer la potestad regulatoria para la autorización, inspección, control, vigilancia previa, concomitante y posterior, supervisión, verificación y fiscalización de la actividad aseguradora, en los términos establecidos en la presente ley, su reglamento y las normas que al efecto dicte*". La garantía formal de la libertad de empresa, como explicamos en la sección anterior, exige que las limitaciones que la Administración adopta sobre los derechos económicos estén expresamente establecidas en la Ley, admitiéndose en todo caso remisiones específicas al reglamento[34]. Pero la norma comentada permite adoptar cualquier limitación establecidas en cualquier "norma".

La violación a la reserva legal es, en realidad, consecuencia de la desnaturalización del rol institucional de la actividad aseguradora,

---

32 De conformidad con las definiciones del artículo 4.

33 Según el artículo 4.6, los canales alternativos son los operadores con los cuales la aseguradora celebra *"un convenio con el objeto de utilizar su infraestructura, sus activos tecnológicos y sus relaciones con un gran número de afiliados o potenciales asegurados, con las que tiene nexos comerciales o de otros tipos, a los fines de servir como mecanismo para facilitar la adquisición de un producto de seguro*".

34 Hernández G., José Ignacio, *La libertad de empresa y sus garantías jurídicas, cit.*

materializada en el citado artículo 1. También es resultado de tal desnaturalización, las cargas injustificadas y desproporcionales, como la garantía en moneda de curso legal o títulos valores prevista en el artículo 14.

El mejor ejemplo de esta violación es la figura del contrato obligatorio, previsto en el artículo 30. De esa manera, los seguros y planes de medicina prepagada obligatorios son los que "*establezca el Ejecutivo Nacional*", resultando de ello el deber de suscribir "*los contratos de tales seguros o planes de medicina prepagada, según corresponda*". Por un lado, se deslegaliza las limitaciones a la libertad de empresa, pues se delega en la Superintendencia de la Actividad Aseguradora definir "*con carácter general y uniforme los contratos de seguros, de medicina prepagada, tarifas y demás documentos para la comercialización de seguros o planes obligatorios, o cuando existan razones que en procura del interés general tutelado por la presente Ley, así lo justifiquen*". Además, se viola el contenido esencial de la libertad de empresa, al imponerse forzosamente la prestación de ciertos servicios. Es impropio, por ende, aludir a contratos, pues estos servicios no son el resultado de la libre autonomía de los operadores económicos, sino de mandatos positivos deslegalizados.

La potestad de supervisión, como sucedía en el texto reformado, también es deslegalizada, pues la Superintendencia puede adoptar cualquier medida en cualquier situación que, en su criterio, coloque en riesgo la estabilidad financiera, técnica y operativa (artículo 85, numeral 6). Esta indeterminación permite a la Superintendencia, discrecionalmente, intervenir a los operadores, esto es, asumir la dirección de la empresa (artículo 88). En todo caso, la medida de intervención durará un plazo máximo de noventa (90) días continuos prorrogable por una sola vez (artículo 89). La intervención puede culminar con la revocatoria de la autorización y subsecuente liquidación (artículo 91.5).

Otra manifestación de la funcionalización social de la libertad de empresa, es que la reforma mantiene la calificación del precio como tarifa, por ejemplo, en el artículo 6.10. La reforma eliminó el artículo 43, que en términos imprecisos, otorgaba a la Administración la potestad de regular las tarifas. Pero mantuvo la regulación que, en suma, condiciona el precio a la regulación discrecionalmente fijada por la Administración. Por ejemplo, el Superintendente tiene la potestad de "*establecer mediante acto administrativo los modelos de contratos y tarifas que deben mantener carácter general y uniforme, cuando el interés común así lo requiera*" (artículo 8.6).

Lo que la LAA denomina "tarifa", es, en realidad, el precio cobrado por las empresas del sector como contraprestación a los servicios prestados. De acuerdo con el artículo 112 constitucional, las empresas de seguro tienen el derecho a *(i)* fijar autónomamente el precio de esas actividades; *(ii)* recuperar los costes de producción y *(iii)* obtener una rentabilidad razonable. Además, el precio cobrado por las primas es un componente esencial de la capacidad financiera de las empresa y, por ende, de la solvencia y liquidez del sector, habida cuenta el principio de mutualidad. Así, a través de ese precio, como de manera emblemática sucede con la actividad de seguros, las empresas procuran los fondos suficientes para afrontar el cumplimiento de la obligación de indemnización[35].

Pero bajo la LAA, el precio de los servicios prestados es un precio regulado, es decir, un precio sujeto a los controles administrativos establecidos de manera ambigua en la Ley. Como explicamos en la sección anterior, el control de precio fue una de las instituciones extractivas que contribuyeron a la destrucción de los mecanismos de mercado. Su extensión arbitraria al sector asegurador no solo puede ser lesivo a la libertad de empresa, sino que además, puede colocar en mayor riesgo la estabilidad del sector. Cabe así recordar que la determinación de la prima, concebida como el precio por el servicio prestado por la empresa de seguros, supone una valoración autónoma y técnica a cargo de la empresa de seguro, en cuanto al riesgo asociado al contrato de seguro. La definición de la prima debe ser consecuencia de esa valoración autónoma y técnica realizada por la empresa de seguros como actividad profesional[36].

Los efectos adversos de esta imprecisa regulación de las tarifas se agravan ante la inconstitucional imposición de contribuciones económicas coactivas[37]. Así, la reforma del artículo 10 dispone que las empresas del sector "*están en la obligación de aportar una contribución especial*

---

[35] Como se ha observado, la "*contraprestación que, en función del riesgo, debe pagar el tomador a la empresa de seguros en virtud de la celebración del contrato*" (Ávila Merino, Luis, *La actividad aseguradora venezolana,* Caracas, 2013, p. 33). De allí la directa relación entre el precio y la solvencia del sector: el monto percibido por las remuneraciones, precios o primas -para las empresas de seguro- debe permitir conformar el patrimonio con el cual se mide la solvencia del sector, que es uno de los objetivos que justifica la intervención del Estado.

[36] La justificación económica del control sobre el precio o tarifa no puede ser otro que proteger la solvencia del sector. De allí que la doctrina tradicional sostiene que el control sobre las tarifas se asocia a las bases técnicas que sirven de soporte a la actividad aseguradora (Sánchez Calero, Fernando, *Curso de Derecho de Seguro Privado*, Volumen I, Ríos Rosas, Bilbao, 1965, p. 95).

[37] La reforma deroga, en su artículo 113, el artículo 136 que creó la inconstitucional contribución por "aportes para la investigación y desarrollo de la actividad aseguradora".

destinada a financiar el funcionamiento de la Superintendencia de la Actividad Aseguradora. El Ministro o Ministra del Poder Popular con competencia en materia de finanzas, a proposición del o de la Superintendente de la Actividad Aseguradora, fijará anualmente el importe de la contribución especial". Tal contribución es en realidad un tributo, lo que denota la inconstitucional deslegalización presente en este artículo, que delega en la Administración la determinación del importe. Además, es igualmente inconstitucional pues lejos de responder al principio de capacidad contributiva, socava el patrimonio de las empresas y, con ello, la solidez del sector[38].

2. *La desnaturalización del contrato de seguro y los riesgos del servicio público. La expropiación de hecho del sector asegurador*

Una de las mayores muestras de la funcionalización de social de la libertad de empresa en la LAA de 2015, fue la deslegalización del contrato de seguros. Así, la disposición derogatoria segunda de la LAA de 2015 derogó "*el Decreto con Fuerza de Ley del Contrato de Seguro, publicado en la Gaceta Oficial de la República Bolivariana de Venezuela N° 5.553 de fecha 12 de noviembre de 2001*". Por su parte, la disposición transitoria primera previó que "*dentro de los ciento ochenta días siguientes a la entrada en vigencia de este Decreto con Rango, Valor y Fuerza de Ley, la Superintendencia de la Actividad Aseguradora dictará las normas que regulen el contrato de seguro y otros contratos y relaciones de la actividad aseguradora*". En previsión de esta norma, en la Gaceta Oficial n° 40.973 de 21 de agosto de 2016, la Superintendencia publicó las normas que "*regulan la relación contractual en la actividad aseguradora*".

Esta inconstitucional deslegalización fue mantenida en la reforma de la LAA, pues como vimos, la Superintendencia puede ejercer de manera ilimitada e irrestricta su potestad reglamentaria, tal y como se observa, entre otros, en el artículo 8.6. La deslegalización del contrato de seguros es una grave violación a la reserva legal y al principio de seguridad jurídica, que consolida la funcionalización social del sector.

---

38 El artículo 11 dispone que "*la contribución especial será el monto comprendido entre el dos coma cinco por ciento (2,5 %) y el tres coma cinco por ciento (3,5%)*". El principio de legalidad tributaria no se satisface con límites, sino con la determinación precisa de la alícuota y demás elementos del tributo. Sobre las garantías constitucionales aplicables al tributo, vid. Fraga Pittaluga, Luis, *Principios constitucionales de la tributación*, Editorial Jurídica Venezolana, Caracas, 2012, pp. y ss.

Cabe recordar que la derogada Ley del Contrato de Seguros, como una legislación civil especial, definía las instituciones definitorias de los derechos económicos, con el propósito de reducir los costos de transacción e incrementar la eficiencia, dejando en todo caso a salvo la autonomía de la voluntad en la definición de las condiciones particulares y especiales del contrato, según el carácter profesional de la actividad de seguros. La función económica del contrato de seguros es, así, elevar la eficiencia en la prestación de servicios de seguros[39]. La importancia del contrato de seguros es tal que ese contrato permitía definir el ámbito del sector asegurador. La existencia de una Ley especial para el contrato de seguro, asimismo, era un claro índice revelador de la importancia de ese contrato, el cual -por su propia naturaleza- debe quedar regulado por una Ley especial, que aplica la teoría general del contrato, de las obligaciones y de la responsabilidad contractual, a la especificidad del contrato de seguro[40].

La LAA de 2015, como lo reitera su reforma, viola abiertamente la reserva legal, al *administrativizar* el contrato de seguros, en el sentido que ahora las instituciones civiles del contrato fueron sustituidas por instituciones discrecional-mente definidas por la Administración, como si la actividad aseguradora fuese una actividad administrativa. De esa manera, la deslegalización del contrato de seguros viola la libertad económica, pues extiende la potestad reglamentaria a la regulación de relaciones propias del Derecho Privado, como son las relaciones derivadas del contrato de seguro. La potestad normativa de la Administración, dentro de los límites derivados del principio de legalidad, solo permite a la Administración desarrollar normas legales, pues el reglamento es el complemento indispensable de la Ley. Empero, en el presente caso, no hay una subordinación a la Ley -pues la potestad normativa fue reconocida a partir de una remisión en blanco- y, además, el ámbito de la potestad normativa no son las relaciones jurídico-administrativas, sino las relaciones jurídico-privadas derivadas del contrato de seguros, todo lo cual supone una violación a la libertad económica reconocida en el artículo 112 constitucional.

---

39 Sobre esta función económica, *vid.* Cruz Ferrer, Juan de la, *Principios de regulación económica en la Unión Europea*, Instituto de Estudios Económicos, Madrid, 2002, pp. 217 y ss.

40 Morles Hernández, Alfredo, *Derecho de Seguros,* cit., p. 317. Véase a Reyes-Zumeta, Leonel Salazar, "El contrato de seguro: El tránsito de la legalidad a la anomia", en *Revista Venezolana de Derecho Mercantil n° 1 especial. Actualización del Derecho Mercantil desde la obra del Dr. Alfredo Morles Hernández,* Caracas, 2021, pp. 413 y ss.

Con aguda precisión, Alfredo Morles Hernández concluyó lo siguiente[41]:

> "La remisión en blanco no es admisible en el campo de la reserva legal. Hay remisión en blanco cuando la ley carece en absoluto de contenido material, que es lo que ocurre en el caso de la remisión relacionada con el contrato de seguro, que no tiene ley que lo regule, al contrario, se remite su regulación a un reglamento…"

Es innegable ver, en esta remisión en blanco, deslegalización y funciona-lización social, el rastro del servicio público. En el Derecho Administrativo venezolano ha predominado una visión expansiva y estatista de servicio público según la cual, toda actividad que satisface necesidades de interés general es una actividad administrativa, sujeta a la dirección de la Administración, incluso, cuando esa actividad es prestada por el sector privado. Tal es la llamada *publicatio*, que no equivale necesariamente a la reserva, sino al reconocimiento de potestades implícitas de ordenación y limitación que, en los hechos, confieren a la Administración la dirección del sector declarado o considerado servicio público. Por ello, incluso recientemente, un sector de la doctrina ha explicado la relación entre la Administración y los operadores económicos privados como de especial sujeción, en el sentido que la dirección de la actividad económica de servicio público no se sujeta a la cobertura legal estricta[42].

La tesis del servicio público es iliberal, y fomenta restricciones arbitrarias a la libertad de empresa. Tanto más: esta tesis es incompatible con los mecanismos de mercado, y por ello, ella facilitó el proceso de destrucción de los mecanismos de mercado en Venezuela[43]. Lo que hemos llamado el rapto del Derecho Mercantil por el Derecho Administrativo en Venezuela es, básicamente, resultado de la expansión del servicio público a actos de comercio.

A pesar de que no encontramos en la LAA calificación expresa de la actividad aseguradora como servicio público, todos los perfiles de esta figura están presentes. Así, el sector asegurador -indebidamente ampliado en su configuración- queda sujeto a la dirección de la Administración, quien para

---

41 Morles Hernández, Alfredo, "La deslegalización del contrato de seguros", cit., p. 16.

42 Turuhpial, Héctor, *La actividad administrativa,* CIDEP, Caracas, 2021 (versión electrónica, n° 5.432 y ss.)

43 Nuestra crítica al servicio público puede ser vista, entre otros, en Hernández G., José Ignacio, "Un ensayo sobre el concepto de servicio público en el Derecho Venezolano", en *Revista de Derecho Público n° 89-90*, Caracas, 2002, pp. 47 y ss.

ello cuenta con ilimitadas potestades que le permiten no solo definir las reglas del contrato de seguro, sino, además, supervisar su cumplimiento. En los hechos, la libertad de empresa no tiene valor alguno dentro del sector asegurador, al punto que el contrato de seguros es definido discrecionalmente por la Administración.

La deslegalización del contrato de seguros refuerza la funcionalización social de la empresa de seguros y por ello, su expropiación de hecho, o expropiación indirecta. Ciertamente, los accionistas siguen manteniendo su propiedad sobre el capital social, lo que les permite designar a los administradores. Pero en la práctica, la gestión de la empresa no depende de esos administradores sino de la Administración, quien, al margen de la Ley, puede discrecionalmente ordenar y limitar los servicios de seguros, incluso, en sus aspectos contractuales[44].

III. CONCLUSIONES

La crisis económica de Venezuela, registrada desde 2012, solo es comparable con economías en guerra. Para 2020, el producto interno bruto (PIB) había colapsado, aproximadamente, 81% respecto del PIB de 2013. Esta destrucción fue resultado de las políticas arbitrarias adoptadas desde 2002, que, al violar las garantías jurídicas de la libertad de empresa, destruyeron los mecanismos de mercado[45]. El sector asegurador no fue excepción a esta destrucción, al punto que su funcionalización social quedó consolidada con la LAA de 2015.

La destrucción de los mecanismos de mercado en el sector asegurador tiene un doble impacto. Por un lado, la LAA de 2015 destruyó riqueza al consolidar la funcionalización social del seguro. Pero, además, en tanto sector intermediario, el sector asegurador se vio especialmente afectado por la destrucción de la economía venezolana.

La reforma de la LAA corrige algunos los vicios presentes en la Ley de 2015. Pero ella no restablece los mecanicismos de mercado en el sector. Como explicamos, el sector asegurador -desconfigurado en su contenido- es funciona-lizado socialmente, pues los servicios de seguro solo pueden

---

44 La expropiación de hecho aplica cuando el Estado vacía de contenido la propiedad privada y la libertad de empresa, de forma que la gestión de la empresa depende de las decisiones adoptadas por la Administración. Hernández G., José Ignacio, *La expropiación en el Derecho Administrativo venezolano*, Universidad Católica Andrés Bello, Caracas, 2014.

45 Hernández G., José Ignacio, *Control de cambio y de precio en Venezuela. Auge y colapso institucional (2003-2020), cit.*

prestarse bajo las condiciones y fines definidos por la Administración para impulsar el desarrollo socioproductivo. Como consecuencia, la libertad de empresa es desnaturalizada, al punto que es posible aludir a la *administrativización* de la actividad de seguro, o, en otros términos, el rapto del Derecho de Seguros por el Derecho Administrativo de corte estatista.

Bajo estas condiciones institucionales, no será posible reconstruir el sector asegurador para acompañar el proceso de recuperación económica de Venezuela, que requiere reformas de gran calado, que hoy siguen siendo una tarea pendiente. Lo que se ha apreciado en los últimos años es una suerte de privatización *de facto*, por ejemplo, a través de la dolarización *de facto*. Informales instituciones rigen el intercambio de bienes y servicios, al margen de la Constitución económica. Esta precariedad institucional continuará en el sector asegurador, afectando notable-mente su rol en la -hoy inexistente- economía de mercado.

En este sentido, la reforma de la LAA es especialmente útil para desmentir el pretendido cambio del modelo económico que algunos anunciaron, a la vista de la dolarización *de facto*[46]. En realidad, no hay tal cambio. La "liberalización" que pudo apreciarse entre 2018 y 2022 no fue consecuencia de un cambio de preferencias, sino de un cambio de circunstancias. Sin capacidad para implementar los controles centralizados, el frágil Estado optó por tolerar intercambios de bienes y servicios al margen de las instituciones formalmente en vigor. Más que espacios de libertad, lo que se aprecia son espacios de tolerancia. De allí que no quepa hablar ni de liberalización ni de giro capitalista: en Venezuela, la libertad de empresa no tiene vigencia efectiva como institución económica.

La reforma de la LAA no corrigió ninguna de las instituciones extractivas adoptadas por el sector. Los mecanismos de mercado no fueron restablecidos. Por el contrario, el Poder Ejecutivo mantiene la dirección total y discrecional del sector, lo que le permite dirigir su actuación hacia los fines socialistas del desarrollo socioproductivo. Probablemente estas instituciones extractivas no podrán ser aplicadas por la Superintendencia, lo que podría derivar en una suerte de liberalización *de facto*. Pero sin las garantías propias de la libertad de empresa, el sector no podrá cumplir con su función económica.

Brookline, MA., diciembre 2023

[46] Hernández G., José Ignacio, *Control de cambio y de precio en Venezuela. Auge y colapso institucional (2003-2020),* cit.

BIBLIOGRAFÍA

ACEDO SUCRE, Carlos y ACEDO BETANCOURT, Teresita, "Principales problemas creados por la Ley de Actividad Aseguradora", *Ley de la Actividad Aseguradora*, Fundación Estudios de Derecho Administrativo, Caracas, 2011.

ACEMOGLU, Daron y ROBINSON, James, *Why Nations Fail,* Crown Business, Nueva York, 2012.

ÁVILA MERINO, Luis, *La actividad aseguradora venezolana,* Caracas, 2013.

BREWER-CARÍAS, Allan, "El derecho de propiedad y la libertad económica. Evolución y situación actual en Venezuela", en *Estudios sobre la Constitución. Libro homenaje a Rafael Caldera, Tomo II,* Facultad de Ciencias Jurídicas y Políticas, Caracas, 1979.

______ *Evolución del régimen legal de la economía 1938-1979,* Cámara de Comercio de Valencia, Editorial Jurídica Venezolana, Caracas, 1980.

______ *Asamblea Constituyente y proceso constituyente 1999. Colección Tratado de Derecho Constitucional, Tomo VI Fundación de Derecho Público*, Editorial Jurídica Venezolana Caracas, 2013.

______ *Cambio político y consolidación del Estado de Derecho 1958-1998. Colección Tratado de Derecho Constitucional, Tomo III*, Fundación de Derecho Público, Editorial Jurídica Venezolana, Caracas, 2015.

CARRILLO BATALLA, Tomás, "El sistema económico constitucional venezolano", en *Estudios sobre la Constitución. Libro homenaje a Rafael Caldera, Tomo II,* Facultad de Ciencias Jurídicas y Políticas, Caracas, 1979.

CRUZ FERRER, Juan de la, *Principios de regulación económica en la Unión Europea*, Instituto de Estudios Económicos, Madrid, 2002.

DE LEÓN, Ignacio, "Análisis positivo del sistema constitucional económico venezolano", en *SUMMA, Libro Homenaje a la Procuraduría General de la República*, Caracas, 1998.

FRAGA PITTALUGA, Luis, *Principios constitucionales de la tributación*, Editorial Jurídica Venezolana, Caracas, 2012.

HAUSMANN, Ricardo y RODRÍGUEZ, Francisco, "Why did Venezuela growth collapse?", en *Venezuela before Chávez. Anatomy of an Economic Collapse,* The Pennsylvania State University Press, University Park, 2014.

HERNÁNDEZ G., José Ignacio, "Un ensayo sobre el concepto de servicio público en el Derecho Venezolano", en *Revista de Derecho Público nº 89-90*, Caracas, 2002.

______ *La libertad de empresa y sus garantías jurídicas. Estudio comparado del Derecho español y venezolano,* Caracas, FUNEDA, 2004.

______ *Derecho Administrativo y Regulación Económica,* Editorial Jurídica Venezolana, Caracas, 2006.

______ "Principios de supervisión administrativa en la Ley de la Actividad Aseguradora", *Ley de la Actividad Aseguradora*, Fundación Estudios de Derecho Administrativo, Caracas, 2011.

______ *La expropiación en el Derecho Administrativo venezolano*, Universidad Católica Andrés Bello, Caracas, 2014.

______ "El Derecho de los Consumidores en Venezuela: un ejemplo del rapto del Derecho Mercantil", *Revista Foro de Derecho Mercantil N° 56,* Bogotá, 2017.

_______ "El rapto del Derecho Mercantil por el Derecho Administrativo venezolano", en *Revista de la Facultad de Derecho de la Universidad Católica Andrés Bello n° 75,* Caracas, 2021.

______ "La desnaturalización del Derecho Mercantil venezolano frente al "Socialismo del siglo XXI": Hacia un nuevo Derecho Mercantil", en *Revista Venezolana de Derecho Mercantil n° 1 especial. Actualización del Derecho Mercantil desde la obra del Dr. Alfredo Morles Hernández,* Caracas, 2021.

______ *Control de cambio y de precio en Venezuela. Auge y colapso institucional (2003-2020),* Editorial Jurídica Venezolana, Caracas, 2022.

MALONEY, Niamh, et al., "Introduction", en *The Oxford Handbook of Financial Regulation,* Oxford University Press, Oxford, 2015.

MÁRMOL Marquís, Hugo, *Fundamentos del Seguro Terrestre,* Universidad Católica Andrés Bello, Caracas, 1990.

MAYOBRE, José Antonio, "Derechos económicos", en *Estudios sobre la Constitución. Libro homenaje a Rafael Caldera, Tomo II,* Facultad de Ciencias Jurídicas y Políticas, Caracas, 1979.

MEIER, Henrique, "Fundamento constitucional de la actividad económica del Estado Venezolano", en *Revista de la Facultad de Derecho de la Universidad Católica Andrés Bello número 22,* Caracas, 1976.

MORLES HERNÁNDEZ, Alfredo, "Evolución histórica y tendencias de la legislación mercantil venezolana", en *Centenario del Código de Comercio,* Instituto de Investigaciones Jurídicas de la Universidad Autónoma de México, México D.F., 1991.

______ "El nuevo modelo económico para el Socialismo del Siglo XXI", en *Revista de Derecho Público N° 112,* Caracas, 2007.

______ "El derecho de la economía de mercado", en *Homenaje a Carrillo Batalla,* Tomo II, Universidad Central de Venezuela, Caracas, 2009.

______ *La banca en el marco de la transición de sistemas económicos en Venezuela,* Universidad Católica Andrés Bello, Caracas, 2011.

______ *Derecho de Seguro,* Universidad Católica Andrés Bello, Caracas, 2013.

______ "La deslegalización del contrato de seguros", en *Revista Venezolana de Derecho Mercantil n° 3,* Caracas, 2019.

NORTH, Douglass, *Institutions, institutional change and economic performance,* Cambridge University Press, 1999.

PASCUA MATEO, Fabio, *El rapto del Derecho Privado,* Civitas, Madrid, 2015.

PECCHIO BRILLEMBOURG, Isabella y ABACHE CARVAJAL, Serviliano, "Libertad de empresa y el concepto de actividad aseguradora desde el pensamiento de Alfredo Morles Hernández. Una propuesta interpretativa" en *Revista Venezolana de Derecho Mercantil n° 1 especial. Actualización del Derecho Mercantil desde la obra del Dr. Alfredo Morles Hernández,* Caracas, 2021.

REYES-ZUMETA, Leonel Salazar, "El contrato de seguro: El tránsito de la legalidad a la anomia", en *Revista Venezolana de Derecho Mercantil n° 1 especial. Actualización del Derecho Mercantil desde la obra del Dr. Alfredo Morles Hernández,* Caracas, 2021.

SÁNCHEZ CALERO, Fernando, *Curso de Derecho de Seguro Privado,* Volumen I, Ríos Rosas, Bilbao, 1965.

SANTOS, Miguel Ángel, "La Venezuela del día después (y del día antes)" en Fajardo, Alejandro y Vargas, Alejandra, *Comunidad Venezuela. Una agenda de investigación y acción local,* Centro de los Objetivos de Desarrollo Sostenible para América Latina y el Caribe (CODS)-International Development Research Centre (IDRC), Bogotá, 2021.

SINGER, Joseph, *No freedom without regulation: the hidden lesson of the subprime crisis*. Yale University Press, New Haven, 2015.

STIGLITZ, Rubén, *Derecho de Seguros. Tomo I,* La Ley, Buenos Aires, 2004.

TURUHPIAL, Héctor, *La actividad administrativa,* CIDEP, Caracas, 2021.

EL DEFENSOR DEL ASEGURADO EN LA LEY DE LA ACTIVIDAD ASEGURADORA

JONÁS E. APONTE A.*

Resumen: La figura del Defensor del Asegurado ha generado dudas e incertidumbres desde la promulgación de la Ley de la Actividad Aseguradora las cuales se profundizaron con la publicación de las Normas relativas a la defensa de los derechos del tomador, asegurado, beneficiario, contratante, usuario y afiliado de la actividad aseguradora. La razón que subyace a tales incógnitas se deben a que esta figura no es un tercero completamente independiente de la empresa de seguros o de medicina prepagada, por el contrario está ubicado en sus instalaciones y es pagado por ésta. Con el presente trabajo intentaremos establecer por qué el supuesto conflicto de intereses podría ser eludido con los antídotos que ofrecen las propias normas y de su propia naturaleza como un ombudsman especial de la actividad aseguradora.

Palabras claves: Defensor, ombudsman, policía administrativa, interés general.

Abstract: The role of the Insurance Ombudsman has generated doubts and uncertainties since the enactment of the Insurance Activity Law. These doubts deepened with the publication of the Regulations on the defense of the rights of the policyholder, insured, beneficiary, contracting party, user, and affiliate in the insurance activity. The reason behind these uncertainties is that this figure is not a third party completely independent of the insurance or prepaid medical company; on the contrary, it is located on its premises and is paid by it. In this paper, we will attempt to establish why the alleged conflict of interest could be avoided with the antidotes offered by the regulations themselves and by its very nature as a special ombudsman for the insurance activity.

Keywords: Defender, ombudsman, administrative police, general interest.

---

* Universidad Central de Venezuela, Abogado; Especialista en Derecho Tributario. Escuela Nacional de Administración y Hacienda Pública, Licenciado en Ciencias Fiscales mención Rentas; Director (A) de la Dirección de Registro y Regulación de la Superintendencia de la Actividad Aseguradora.

I. INTRODUCCIÓN

La dinámica de la sociedad actual, girando en torno al fenómeno de la Globalización exige por tanto elevar y en ocasiones incluso llenar gota a gota los niveles de comunicación. Se suele pensar, con un escaso fundamento, que la globalización lleva implícito el elemento comunicativo y, por ende, consustancial a las democracias modernas, cuando lo cierto es que pasa lo contrario. La globalización ha generado una desmedida preocupación por temas y materias de poca importancia en el contexto social y que aún no siendo banales en algunos casos, al multiplicarse exponencialmente, logran que las cuestiones verdaderamente importantes carezcan de importancia pública.

La democracia impone que la opinión pública se construya de un dialogo que ofrezca una composición variopinta, y no necesariamente encubierta por razonamientos que se hagan pasar por objetivos, pero que en el fondo no se compadezcan con la realidad circundante. En tal sentido, se requiere que a partir de la dialéctica se ofrezcan las más depuradas soluciones y propuestas para la construcción de una sociedad cuyo bastión sea la libertad, la solidaridad y el bien común.

Cuando se dividen materias de interés público en parcelas, se pretende forjar indirectamente la opinión pública. Un ejemplo de ello, lo observamos cuando se señala que el derecho no puede interferir en la libertad de empresa, que no se pueda escrutar u observar las razones por las cuales una empresa rechace determinado siniestro, que se resarsar los daños por la incorrecta prestación de un determinado servicio, que no se impida las tácticas monopólicas y con ello se pretenda inferir que tal conducta no es un problema de moral sino un asunto de autonomía de la voluntad, es evidente que existe un problema de fondo.

Tales consideraciones nos obligan a hablar sobre el derecho. El derecho se compone por ese conjunto de normas que regulan la vida en sociedad y está presente en todas nuestras acciones, desde que nacemos hasta que fenecemos, cuando nos levantamos en la mañana y prendemos la luz, al usar el servicio de transporte público, cuando vamos al mercado y realizamos un intercambio, al comprar un seguro, hasta incluso, al caminar por la acera. Existen acciones susceptibles de generar reacciones legales, y son estos casos los que pueden producir la manifestación de consecuencias legales.

El derecho se ha mistificado e intrincado a tal punto que ni los propios abogados logramos entenderlo en ocasiones. Tecnificar las figuras jurídicas ha sido producto de un plan para generar ciudadanos soporíferos e impávidos antes los problemas; que no se promueva la cultura del reclamo, y no se pueda acceder a las instancias pertinentes para hacer valer sus derechos es un mal endémico que hemos heredado.

Los abogados para este momento histórico no tenemos una vocación pública, por cuanto los intereses mercantiles chocan con esa visión social. Para nadie es un secreto que sólo pocas las personas que pueden acceder a instancias legales, y quienes logran hacerlo supeditan la victoria a quien esté mejor representado y en ocasiones quien posea mayor poder de aguante a juicios que pueden durar años, en el mejor de los casos y, lamentablemente, otro gran grupo gana por colusión con el sistema de justicia.

De estas situaciones el único que pierde es el individuo, quien en la generalidad de los casos no tiene las herramientas, el tiempo ni los recursos para hacer frente a dispendiosos procesos judiciales. Por ende, ante esta situación aquellos con ciertos problemas optan por mantenerse al margen en lugar de afrontarlos, ni siquiera consultan a un abogado o especialista y, paradójicamente, muchos de los casos se resuelven en la generalidad de los casos con la evacuación de una eficiente consulta, de la intervención de un tercero especializado en determinada materia y que, haciendo uso de medios alternativos de resolución de controversias, pueda dar solución.

De lo antes señalado la actividad aseguradora no es la excepción. Con la entrada en vigencia de la Ley *ad hoc* se produjeron importantes cambios y modificaciones, alguno de los cuales se vinculan con la creación de nuevos sujetos regulados, *verbi gratia*, los oficiales de cumplimiento, los auditores externos, incluyendo los que ejerzan funciones en materia de activos de información y de administración de riesgos de legitimación de capitales, financiamiento al terrorismo y financiamiento de la proliferación de armas de destrucción masiva y, particularmente, los defensores del tomador, asegurado, beneficiario, contratante, usuario y afiliado, desde ahora Defensor del Asegurado. Esta última figura aun cuando no es nueva en el sector asegurador venezolano, teniendo su origen nominal con el Decreto Ley de la Actividad Aseguradora del año 2016, sí lo es debido a su naturaleza y configuración, al tener una esencia completamente diferente a su visión primigenia.

En el Decreto Ley derogado, la disposición transitoria sexta establecía, que: "[d]entro de los ciento ochenta días hábiles siguientes a la fecha de entrada en vigencia del presente Decreto con Rango, Valor y Fuerza de Ley, la Superintendencia de la Actividad Aseguradora deberá crear la oficina con competencia en materia de defensa de los tomadores, asegurados, beneficiarios, contratantes, usuarios o afiliados; previa autorización del Ministro con competencia en materia de finanzas".

Esta oficina, como se lee de la disposición transitoria *ut supra* citada, estaba a cargo de la Superintendencia de la Actividad Aseguradora, con lo cual el Defensor o aquella persona designada para ejercer el cargo es un funcionario público, y sus actos, de cara a las competencias que le hayan sido atribuidas, serán por su naturaleza actos administrativos, con las limitaciones propias que se derivan de ser el órgano de control en un servicio desconcentrado con patrimonio propio. Esta característica, aunque superflua, es clave para poder determinar sus diferencias y cuyo contraste servirá de lienzo para dibujar sus contornos más característicos. En ese sentido, las denuncias eran tramitadas directamente en la Superintendencia y sería el Superintendente quien tomaría la decisión final.

De igual manera, el artículo 129 del Decreto Ley derogado, a propósito de la figura del *Defensor del tomador, asegurado, beneficiario, contratante, usuario y afiliado* disponía, que:

> **Artículo 129.** Las empresas de seguros, las asociaciones cooperativas que realizan actividad aseguradora y las empresas de medicina prepagada están obligadas a atender y resolver los reclamos que les presenten los tomadores, asegurados, beneficiarios o contratantes, usuarios o afiliados respecto de los sujetos regulados, con ocasión de las controversias derivadas de la ejecución del contrato y cualquier otra operación relacionada con la actividad aseguradora.

El artículo hasta ese momento consagraba que las empresas de seguros y de medicina prepagada estaban obligadas a tener una oficina de atención al cliente o de reclamos, para canalizar aquellas *denuncias* que presentaban los tomadores, asegurados, beneficiarios o contratantes, usuarios o afiliados (asegurados), vinculados estrictamente con el contrato, pólizas, indemnización y cualquier otra operación vinculada con los mismos. No obstante ello, esa oficina dentro de la empresa de seguros o de medicina prepagada, debería existir incluso sin el mandato legal que, además de tratarse de un mecanismo de protección de los derechos de los asegurados, es un vehículo de contención frente a las reclamaciones, pero, *per se*, no creaba la figura de un Defensor del Asegurado como la conocemos hoy en día.

El mismo artículo en su único aparte establecía que el Ministerio con competencia en Finanzas autorizaría la creación de las dependencias de la Superintendencia de la Actividad Aseguradora a quien corresponda ejercer la defensa de los derechos, y a tales efectos se creaba la figura del Defensor del tomador, asegurado, beneficiario, contratante, usuario y afiliado, y el reglamento interno establecería sus atribuciones. Ahora bien, el artículo no tuvo ninguna aplicación práctica al no haberse creado dependencias de la Superintendencia de la Actividad Aseguradora en ninguna empresa de seguros o de medicina prepagada. La intención del legislador era la de vigilar, inspeccionar o verificar directamente en cada empresa su conducta o comportamiento y, fundamentalmente, tramitando en sede de la empresa aquellas denuncias que hubieren resultado infructuosas o desestimadas por el propio sujeto regulado.

Tales normas dan cuenta de la motivación que para ese momento se tenía, la cual no era otra que proteger, velar, garantizar y amparar los derechos de los asegurados, en general, y detrás de esta noble misión estaba la de preservar la confianza en el sector asegurador. Reclamos y denuncias mal gestionados irían generando mella en la actividad aseguradora lo cual podría repercutir negativamente en las decisiones de los consumidores (tomadores, asegurados, contratantes y afiliados) al momento de contratar una póliza o hacer la renovación respectiva. El problema individualmente analizado podría carecer de relevancia empírica, pero cada situación por muy nimia que resulte tiene la potencialidad de afectar a la actividad en general. Información errónea, desinformación, mala publicidad, denuncias en redes sociales o cualquier medio de difusión podrían afectar el riesgo reputacional y moral de cualquier sujeto regulado[1].

No obstante, la competencia para la protección de los derechos de los asegurados estuvo, durante mucho tiempo, compartida entre la Superintendencia de la Actividad Aseguradora y el Instituto para la Defensa de las Personas en el Acceso a los Bienes y Servicios (INDEPABIS)[2].

1 Indica Parejo que la actual Ley de Protección al Consumidor sueca es la base sobre la cual se creó la Oficina Ombudsman del Consumidor, así como el Tribunal de Defensa del Consumidor, siendo su antecedente la Ley de Comercialización de 1971, la cual significó un cambio en la perspectiva sobre la publicidad y las prácticas de comercialización. La legislación sobre la materia, entre algunos temas, reguló la publicidad engañosa, es decir, "(...) la obligación que tienen los comerciantes de suministrar información al consumidor, los términos contractuales desleales y la seguridad de los productos. Lo doctrinariamente más importante es el principio sobre el cual se basa la cláusula general sobre comercialización impropia, que el principio de la obligación inversa de probar, establecido por primera vez por el Código de Prácticas Publicitarias de la Cámara Internacional de Comercio (ICC). A saber, el comerciante debe ser capaz de demostrar que sus anuncios publicitarios son correctos, tema que en los países nórdicos no es materia controvertida, puesto que la ética comercial misma exige la sustanciación del anuncio publicitario. En algunos casos particulares -como los seguros y créditos de consumo, la publicidad del tabaco y las bebidas alcohólicas- existe una legislación que contiene requisitos más específicos aún, cuyo incumplimiento constituye también violaciones a la Ley de Comercialización". Parejo R., María T. *El Defensor del Pueblo. Un estudio con especial referencia al Ecuador*. Konrad Adenauer Stifung, Uruguay, 2004, p. 140.

2 A principio del año 2000 entre la otrora Superintendencia de Seguros y el Instituto para la Defensa y Educación del Consumidor y el Usuario (INDECU) se elaboraron las "Normas que Regirán los Procedimientos ante la Superintendencia de Seguros y el Instituto para la Defensa y Educación del

Incluso, el artículo 102 de la Ley para la Defensa de las Personas en el Acceso a los Bienes y Servicios[3] establecía, que:

Consumidor y del Usuario con ocasión de las denuncias de los Asegurados, Contratantes o Beneficiarios de Pólizas de Seguro, Contratantes o Beneficiarios de Pólizas de Seguros Emitidas por las Empresas de Seguros", el cual tenía por objeto: "controlar las irregularidades que pudieran surgir con ocasión en la prestación del servicio de las empresas aseguradoras a los asegurados, contratantes o beneficiarios". *Cfr.* Corte Primera de lo Contencioso Administrativo, sentencia N° 2002-2158, de fecha 7 de agosto de 2002, caso: *Seguros Orinoco C.A. contra Instituto para la Defensa Educación del Consumidor y el Usuario. (INDECU)*. Al respecto, también se dictaron dos convenios: i) Convenio de Cooperación Interinstitucional entre la Superintendencia de Seguros y el Instituto para la Defensa y Educación del Consumidor y el Usuario (INDECU) para las Pólizas de Hospitalización, Cirugía y Maternidad; y ii) el Convenio de Cooperación Interinstitucional entre la Superintendencia de Seguros y el Instituto para la Defensa y Educación del Consumidor y el Usuario (INDECU) para las Pólizas de Casco de Vehículos Terrestre. Dichos convenios tenían por objeto establecer las fórmulas por las cuales la Superintendencia y el INDECU cooperaría de manera conjunta para "mejorar los mecanismos de protección de los derechos e intereses de los consumidores y usuarios en sus relaciones con las empresas aseguradoras y las empresas prestadoras de servicios afiliadas". No obstante, ambos convenios resultaron nulos por cuanto se establecieron "una serie de condiciones y obligaciones para las aseguradoras y centros médicos que suscriban los acuerdos operativos. Es decir, que tales Convenios ya no sólo pretenden ser aplicados en el ámbito interinstitucional, sino que, sus efectos pretenden ser aplicados a terceros: empresas aseguradoras y centros de asistencia médica o talleres mecánicos (en el caso del Convenio de Vehículos Terrestres)". Corte Primera de lo Contencioso Administrativo, sentencia N° 2002-2158, de fecha 7 de agosto de 2002, caso: *Seguros Orinoco C.A. contra Instituto para la Defensa Educación del Consumidor y el Usuario (INDECU)*. En efecto, conforme al fallo citado, el convenio "sólo tendría cabida si, efectivamente, ambos organismos estuvieran facultados para ello. Sin embargo, ello no ocurrió, pues no se verifica a lo largo de las disposiciones contenidas en la Ley de Protección al Consumidor y al Usuario y la Ley de Empresas de Seguros y Reaseguros, la facultad de dichos Organismos para dictar normas de carácter sustantivo, salvo las normas y procedimientos a través de los cuales deberán tramitarse y sustanciarse las averiguaciones administrativas abiertas con ocasión de las denuncias interpuestas por los asegurados, contratantes o beneficiarios de las empresas de seguros (tal y como quedó sentado en las iniciales consideraciones del presente fallo)".

3 Publicada en la Gaceta Oficial N° 39.358 del 1° de febrero de 2010.

Artículo 102. Son competencias del Instituto para la Defensa de las Personas en el acceso a los Bienes y Servicios:

(...*Omissis*...)

4. Coordinar con la Superintendencia de Bancos y otras Instituciones Financieras o la Superintendencia de Seguros, según sea el caso, las acciones tendentes a hacer efectiva la defensa de los ahorristas, asegurados y usuarios de servicios prestados por la banca, las entidades de ahorro y préstamo, las empresas operadoras de tarjetas de crédito, los fondos de activos líquidos y otros entes financieros.

Sobre esa base, los asegurados tenían la alternativa de acudir a la Superintendencia de la Actividad Aseguradora o al otrora al Instituto para la Defensa de las Personas en el acceso a los Bienes y Servicios, lo cual podía desembocar en una sanción de carácter pecuniario en contra de las empresas aseguradoras. La cooperación entre ambos organismo llegó a su fin con la Providencia N° 004/2014 de la Junta Liquidadora de la Superintendencia Nacional de Costos y Precios Justos, en la que se acordó: "[t]ransferir a la Superintendencia de la Actividad Aseguradora (SUDEASEG), a la Superintendencia de las Instituciones del Sector Bancario (SUDEBAN), al Instituto Nacional de Aeronáutica Civil (INAC), los Procedimientos Administrativos activos relacionados con las actividades que a cada uno de los organismos citados competa, para que dentro del marco legal especial que los rige, conozcan, sustancien y decidan dichos procedimientos"[4].

Sin embargo, con la Ley de la Actividad Aseguradora y lo consagrado en las Normas relativas a la defensa de los derechos del tomador, asegurado, beneficiario, contratante, usuario y afiliado de la actividad aseguradora[5] (Normas del Defensor del Asegurado) se dispuso de un nuevo régimen regulatorio de la figura, alcanzando un importante cenit y desarrollo normativo. Sendas disposiciones normativas, como se verá más adelante, establece una normatividad de dos vías, por una parte, encontramos al Defensor del Asegurado que funcionará en cada empresas de seguros y de medicina prepagada y, por la otra, la Dirección de Defensoría que formará parte de la estructura organizativa de la Superintendencia de la Actividad Aseguradora.

La creación del Defensor del Asegurado responde a la necesidad de establecer un mecanismo eficiente para promover y proteger los derechos de los tomadores, asegurados, beneficiarios, contratantes, usuarios y

4 Gaceta Oficial N° 40.567 del 22 de diciembre de 2014.

5 Providencia Administrativa Nº SAA-01-0533-2024, publicada en la Gaceta Oficial Extraordinaria 6.835 de fecha 3 de septiembre de 2024.

afiliados. Su función primordial es sustanciar las denuncias, reclamos y quejas que surjan de actos, acciones u omisiones que puedan afectar sus derechos, ya sea individuales o colectivos, a través de un procedimiento administrativo canalizado en la propia empresa de seguros o de medicina prepagada. La Norma y el sistema de derechos y obligaciones que lo rodean están alineados con el derecho fundamental de petición, vale decir, de acceder a los órganos y entes del Estado y obtener respuestas oportunas a sus planteamientos.

Pero allende de tales afectaciones, más importante es garantizar que los derechos de los asegurados tengan una efectiva protección y que no existan rechazos genéricos, elusiones o retardos injustificados. En ese sentido, esta doble visión del Defensor del Asegurado, vendría a proteger los dos más grandes valores, si podemos llamarlos como tales, de la actividad aseguradora: i) los derechos del tomador, asegurado, beneficiario, contratante, usuario y afiliado; y ii) indirectamente, coadyuvar a la preservación de la estabilidad y margen de solvencia de las empresas de seguro y de medicina prepagada.

Ahora bien, con el presente trabajo abordaremos la naturaleza jurídica de la figura del Defensor del Asegurado, desde su doble concepción como un ombudsman con las variaciones típicas que lo han caracterizado y como un seudo-ombudsman, como se le conoce cuando su puridad está en cuestión; asimismo, a propósito de esta última figura también se analizará la esencia de sus actos, esto es, si son típicos actos de comercio o, por el contrario, son actos administrativos. En ese sentido, para fines metodológicos del ensayo y para allanar el terreno a los objetivos centrales que nos hemos trazado, se hará una breve reseña de los derechos de los tomadores, asegurados, beneficiarios, contratantes, usuarios y afiliados, como típicos derechos de los consumidores y que, en definitiva, es la razón primordial de la génesis de la institución del Defensor del Asegurado; se abordará el ombudsman, como se indicó, y sus figuras similares en otros ordenamientos sectoriales; y, por último, se estudiará someramente la figura de la denuncia, reclamo o queja, de cara al procedimiento que se sustanciará tanto en sede de la empresa de seguros o de medicina prepagada como en la propia Superintendencia de la Actividad Aseguradora.

II. DERECHOS DE LOS CONSUMIDORES Y USUARIOS (CARACTERÍSTICAS PRINCIPALES)

Los derechos del consumidor y usuarios son ese conjunto de normas que procuran proteger a las personas en su relación con proveedores de bienes y servicios, garantizando un trato justo, seguridad, información veraz y, especialmente, de mecanismos eficientes de reclamo. Como un derecho de carácter subjetivo es necesario que las personas cuenten con herramientas para hacerlos efectivos, que de otra manera quedaría completamente a la deriva. La protección al consumidor puede tener consideraciones de otro orden, éticas y morales, por poner un ejemplo, en el sentido que se ha llegado a considerar que es necesario proteger al hombre del hombre mismo, al hombre consumidor del hombre proveedor o al hombre de su misma condición de consumidor[6].

Tales derechos tuvieron una significativa resonancia en 1962, cuando el presidente estadounidense John F. Kennedy propuso cuatro derechos básicos del consumidor en un discurso al Congreso, denominado: *Carta de Derechos del Consumidor*, los cuales se resumen en: i) derecho a la seguridad (los consumidores deben estar protegidos contra la comercialización de productos peligrosos, o que atenten en contra de su salud y vida); ii) derecho a ser informado (los consumidores deben contar con información veraz y completa sobre los productos y servicios para poder tomar las decisiones apropiadamente, es decir, combatir la publicidad engañosa y fraudulenta); iii) derecho a elegir (los consumidores tienen derecho a recibir productos y servicios competitivos, sin monopolios o prácticas que restrinjan la competencia) y; iv) derecho a ser escuchado (los consumidores deben tener la oportunidad de expresar sus opiniones de modo que pueden influir en las resoluciones de reclamos y quejas).

En la Carta de los Consumidores, establecida en la Resolución del año 73 (543/73) adoptada en la Asamblea de los Consumidores de Europa (posteriormente en la Declaración de los Derechos del Consumidor de 1975) se establecieron los siguientes principios que ulteriormente recogieron varias constituciones: i) derecho a la protección y a la asistencia; ii) derecho a la reparación de daños; iii) derecho a la información; iv) derecho a la educación; v) derecho a la consulta; vi) derecho a la reparación de daños; vii) derecho a la información y educación y; viii) derecho a la representación[7].

Las Directrices de las Naciones Unidas para la Protección del Consumidor de 1985 es otro importante marco normativo internacional, aunque de naturaleza de *soft law*, establece principios básicos para defender

---

6 Salomón de Padrón, Magdalena. "La protección al consumidor y las limitaciones a la actividad económica". *Revista de Derecho Público* N° 35, Editorial Jurídica Venezolana, Caracas, 1988. p. 41.

7 Parejo R., María T. *El Defensor del Pueblo. Un estudio con especial referencia al Ecuador, op. cit.*, p. 137.

los derechos de los consumidores[8], además de recomendaciones que buscan guiar a los gobiernos en la formulación y aplicación de políticas y legislaciones con tales fines. Entre los objetivos más resaltantes que podemos mencionar, están: i) fomentar patrones de consumo sostenibles y justos; ii) promover la responsabilidad empresarial en términos de calidad, seguridad e información y; iii) fomentar patrones de consumo sostenible y justo. Aunque las directrices están orientadas a derechos de los consumidores en general, se hace mayor énfasis en aspectos claves como la sanidad, nutrición, prevención de enfermedades transmitidas por alimentos, peligros de los productos, etiquetado, mecanismos de compensación, información sobre precios, pesos, medidas, calidad, condiciones de crédito y disponibilidad de artículos de primera necesidad, entre otros.

Un elemento preciado dentro de tales Directrices es que recomienda la creación de mecanismos de protección y compensación por daños y perjuicios, por medio de procedimientos accesibles y justos, incluyendo sistemas de quejas y resolución de disputas.

Adicionalmente, las Directrices hacen un catálogo de siete derechos fundamentales o esenciales, los cuales se sintetizan en: i) protección contra riesgos para la salud y seguridad; ii) promoción de los intereses económicos del consumidor (precio justo y competencia); iii) acceso a información adecuada para decisiones informadas; iv) educación del consumidor (conocimiento de derechos e impactos ambientales/sociales); v) derecho a ser compensado (mecanismos de reclamo y reparación); vi) libertad para formar asociaciones de consumidores; y vii) protección de consumidores vulnerables.

La protección del consumidor es un pilar fundamental en la construcción de un mercado justo y equitativo dentro de la Unión Europea, de ello da cuenta el artículo 169 del Tratado de Funcionamiento de la Unión Europea (TFUE)[9] el cual refuerza el compromiso para proteger la salud, la seguridad y los intereses económicos de los consumidores, propendiendo un equilibrio entre éstos y las empresas, asegurando: i) el acceso a productos y servicios óptimos; ii) información transparente y; iii) mecanismos de defensa ante posibles abusos, a través del derecho a organizarse para salvaguardar sus intereses.

El artículo enfatiza la posibilidad que tienen los Estados miembros para adoptar medidas adicionales de protección, siempre que sean compatibles

---

8 Tales Directrices fueron adoptadas por la Asamblea General de la ONU mediante la Resolución 39/248) y actualizadas en 1999 y 2015.

9 *Ex ante* artículo 153 de TCE.

con los tratados europeos. La flexibilidad de dicha norma es permitir que cada país adapte sus regulaciones a las necesidades específicas de su población, manteniendo un estándar mínimo de protección a nivel comunitario.

La Directiva 2011/83/UE del Parlamento Europeo y del Consejo, de 25 de octubre de 2011, sobre los derechos de los consumidores es un instrumento normativo fundamental en la Unión Europea, siendo su objetivo principal aumentar la protección de los consumidores y fomentar el comercio transfronterizo dentro de la UE, especialmente en las compras online. Una de sus claves es el establecimiento de un conjunto común de normas para todos los Estados miembros, buscando evitar la fragmentación y facilitar las transacciones para consumidores y comerciantes en todo el mercado único[10].

---

[10] Los principales puntos de esta Directiva, son: i) es necesario que se amplie la información precontractual, la cual deberá incluir: (características de los bienes y servicios; identidad y dirección del comerciante; precio, en la cual se incluyan los impuestos, gastos; métodos de pago; derecho al desistimiento, incluyendo formularios estándar; duración del contrato y condiciones de resolución; las garantías y comerciales aplicables); ii) derechos de desistimiento o devoluciones. La resolución dispone una plazo ampliado de catorce días continuos para desistir del contrato sin necesidad de justificación ni penalización alguna; no obstante, si el comerciante no informa al consumidor de su derecho de desistimiento, el plazo se extiende automáticamente a doce meses adicionales (es decir, catorce días más doce meses); iii) Prohibición de Costos Ocultos y Recargos; iv) Regulación de la Entrega y sus riegos derivados. Este punto alude a que el comerciante está obligado a entregar los bienes en un plazo de treinta días, a menos que se acuerde un plazo diferente. El riesgo de pérdida o deterioro de los bienes se traslada al consumidor cuando este o un tercero designado por él adquiere la posesión física de los bienes; v) Normas para Contratos Específicos: deben reforzarse los requisitos de información para las ventas online y telefónicas. En el caso de los contratos celebrados fuera del establecimiento, deben brindarse mayor protección para el consumidor por concepto de ventas agresivas o inesperada. La Directiva 2011/83/UE busca una armonización total de ciertos aspectos claves de la legislación sobre contratos con los consumidores. Esto significa que los Estados miembros no pueden mantener o introducir disposiciones nacionales que difieran de las establecidas en la Directiva, ni siquiera si fueran más favorables para el consumidor, en las áreas que han sido armonizadas completamente. El objetivo es facilitar el comercio transfronterizo y ofrecer seguridad jurídica a los comerciantes. Es importante señalar que la Directiva 2011/83/UE ha sido modificada por otras directivas para ajustar su contenido a los avances tecnológicos y a la economía digital, *verbi gratia*, la Directiva

Los derechos arriba señalados se pueden resumir en el catálogo que sobre el particular hizo Morles Hernández, en el siguiente tenor: i) el derecho a la salud y a la seguridad; ii) el derecho a defenderse de la publicidad engañosa y falaz; iii) el derecho a exigir las cantidades y calidades pactadas; iv) el derecho a la información sobre los productos, los servicios y sus características, sobre el contenido del contrato y sobre sus medios de protección y defensa; v) el derecho a la libertad de elección y a la igualdad en la contratación; vi) el derecho a intervenir en la fijación del contenido del contrato; vii) el derecho de no someterse a las cláusulas abusivas; viii) el derecho a reclamar judicialmente por el incumplimiento o cumplimiento defectuoso de los contratos; ix) el derecho a la indemnización de los daños y perjuicios sufridos; x) el derecho a asociarse para la protección de sus intereses; xi) el derecho a una eficaz prestación de los servicios públicos e incluso la protección del medio ambiente[11].

Ahora bien, son múltiples las razones que aconsejan el amparo del consumidor en su indefensión: desde equilibrar el mayor poder de los empresarios hasta alcanzar más altos grados de derechos individuales, pasando por consideraciones éticas, políticas y de otra naturaleza[12]. Para Rivero Alemán, *mutatis mutandis*, después de las privaciones y penurias padecidas con motivo de la Segunda Guerra Mundial, surgió una sociedad con fiebre por la adquisición de bienes y servicios, a la que se le calificó como sociedad de consumo; dicha situación supuso la necesidad de publificar el derecho para, de algún modo, proteger los legítimos intereses de la gran masa de ciudadanos convertidos en consumidores y usuarios[13].

Para el citado autor, no obstante las cautelas legales que puedan establecerse, es entendible que el consumidor siendo un sujeto aislado, no

---

(UE) 2019/2161 (relativa a la mejora de la aplicación y modernización de las normas de protección de los consumidores de la UE, incluyendo aspectos como la compra en mercados en línea, la transparencia en la personalización de precios y los derechos del consumidor al utilizar servicios online gratuitos y, más recientemente, la Directiva (UE) 2023/2673 para servicios financieros a distancia y la Directiva (UE) 2024/825 (para la transición ecológica y la economía circular).

11 Morles H., Alfredo. *Curso de Derecho Mercantil*. UCAB, Caracas, 2006, p. 181.

12 Corte Segunda de lo Contencioso Administrativo, sentencia Nº 2008-1560 del 12 de agosto de 2008, caso: *Banco Exterior, C.A. Banco Universal contra el Instituto Autónomo para la Defensa y Educación del Consumidor y del Usuario (INDECU)*.

13 Rivero A., Santiago. *Disciplina del Crédito Bancario y Protección del Consumidor*. Editorial Aranzadi, Pamplona, 1995, p. 27.

organizado, al que se le causan de ordinario daños y perjuicios de cuantías individuales no muy relevantes, pueda optar por declinar de sus reclamaciones ante las molestias, dilaciones y costes que ello le suponen[14].

Es así que el establecimiento de unos derechos generales que garanticen y modelen otros, dependiendo del sector del cual nos refiramos, es clave para que los consumidores tengan sobradas herramientas para hacer valer sus derechos. En ese sentido, la Ley de la Actividad Aseguradora en su artículo 122 consagra una serie de derechos del tomador, asegurado, beneficiario, contratante, usuario y afiliado que de alguna manera contemplan las directrices generales que se han establecido, a favor de los consumidores. Sobre el particular, tales derechos se transcriben a continuación: i) derecho a elegir libremente a la empresa de seguros, de medicina prepaga o al intermediario de su elección; ii) derecho a la no discriminación; iii) derecho a escoger libremente a los proveedores de insumos o servicios para satisfacer sus necesidades cubiertas por el contrato; iv) derecho a obtener información, instrucción y orientación adecuada sobre los diferentes contratos comercializados; v) derecho a recibir protección contra la oferta y publicidad engañosa o abusiva; vi) derecho a constituirse en organizaciones y asociaciones de participación popular o comunitaria para formular peticiones, consultas, reclamos y sugerencias; vii) derecho a recibir en el plazo previsto en esta Ley, la indemnización en caso de siniestro amparado; viii) derecho a solicitar la mediación de la Superintendencia de la Actividad Aseguradora y; ix) derecho a conocer las normas, el registro de los sujetos regulados y su posicionamiento en el mercado asegurador.

Sin embargo, esos no son los únicos derechos que tienen los asegurados o contratantes. Las Normas que Regulan los Contrato de Seguro y de Medicina Prepagada[15] consagran una serie de derechos a lo largo de su instrumento, lo cuales pueden resumirse de la siguiente manera: i) el carácter irrenunciable de los derechos; ii) derecho a recibir información clara, completa, veraz, oportuna y transparente; iii) derecho a no ser objeto de publicidad engañosa o fraudulenta por parte de los empresas de seguros y de medicina prepagada; iv) derecho a que las pólizas de seguros y los planes de medicina prepagada estén debidamente registrados ante la Superintendencia de la Actividad Aseguradora; v) derecho a recibir la póliza de seguro o el plan de salud de medicina prepagada y sus anexos de forma clara, legible y completa; vi) derecho a que en la póliza o en el plan de salud se incluyan de forma expresa y clara las condiciones generales y particulares

---

14 *Ibid.*, p. 29.

15 Providencia Administrativa N° SAA-01-0506-2024, publicada en la Gaceta Oficial Extraordinaria 6.835 de fecha 3 de septiembre de 2024.

que rigen el contrato; vii) derecho a que la terminación del contrato se realice conforme a las causas y procedimientos establecidos en la normas y en el contrato; viii) derecho a la nulidad de las cláusulas abusivas que establezcan ventajas desproporcionadas a favor de la empresa o que limiten los derechos del tomador, asegurado, beneficiario, contratante, usuario o afiliado y; ix) derecho a la existencia de un Defensor del Asegurado.

III. EL DEFENSOR DEL ASEGURADO EN LA LEY DE LA ACTIVIDAD ASEGURADORA. UN OMBUDSMAN DE DOBLE VÍA

Señala Baumeister que existe una marcada tendencia a la protección de los consumidores, lo cual se procura a través de mecanismos ajenos al supervisor de la actividad aseguradora "(…) y por vía de instituciones ad hoc contemplados generalmente en otras leyes especiales (Ley de Protección al Consumidor, la figura del Ombudsman en Seguros, etc.)"[16]. Seguidamente, este autor, citando a Omaecheverría, indicó que son varias las razones que justifican esta figura, entre las cuales señaló: i) la falta de igualdad entre productor y consumidor; ii) por la duración de la prestación de los servicios, en tanto que no se puede cambiar de asegurador con la misma facilidad que en otros productos y; iii) la alta tecnificación del seguro, que exige una formación específica para poder tratar los conflictos[17].

Ahora bien, todo ese marco regulatorio de los derechos de los asegurados, contratantes, beneficiarios, usuarios y afiliados, es protegido por el órgano de control y el Defensor del Asegurado. En ese sentido, el artículo 121 de la Ley de la Actividad Aseguradora dispone la figura del Defensor del Asegurado en dos vertientes, plenamente diferenciadas: en una es un funcionario público con un cargo de confianza dentro de la Superintendencia de la Actividad Aseguradora y, en el otro, es un trabajador de la empresa de seguro y de medicina prepagada, con la diferencia que para poder desplegar tales funciones deberá cumplir con ciertos requisitos establecidos en las Normas sobre el Defensor del Asegurado, tomando en cuenta que es un sujeto regulado de la Ley, a reserva de insistir en próximas líneas sobre su naturaleza administrativa como vicaria de un interés general.

---

16 Baumeister T., Alberto. "Nuevas tendencias e instituciones en derecho de seguros". *Revista de la Facultad de Derecho de la Universidad Católica Andrés Bello*, Nº 53, Universidad Católica Andrés Bello, Facultad de Derecho, Caracas, 1998, p. 132.

17 Ídem.

En efecto, para explicitar lo antes señalado, se cita a continuación la norma:

> **Defensa del tomador, asegurado, beneficiario, contratante, usuario y afiliado**
>
> **Artículo 121.** La Superintendencia de la Actividad Aseguradora creará la dirección de defensoría del tomador, asegurado, beneficiario, contratante, usuario y afiliado. Su organización y atribuciones se establecerán en el reglamento interno del órgano competente, así como en las normas que en esa materia se dicten.

Las empresas de seguros y de medicina prepagada deberán tener en su estructura, la unidad de defensa para atender y recibir las denuncias, reclamos o quejas; la cual estará a cargo del defensor del tomador, asegurado, beneficiario, contratante, usuario y afiliado, de conformidad con las normas dictadas a tal efecto por la Superintendencia de la Actividad Aseguradora.

Como se aprecia, la Superintendencia de la Actividad Aseguradora creará la Dirección del Defensor del Asegurado y paralelamente cada empresa de seguros y de medicina prepagada contará una unidad de defensa a cargo de un Defensor del Asegurado. El diseño estructural del Defensor del Asegurado, integrante de la empresa de seguros y de medicina prepagada, advierte una estrategia regulatoria orientada a descentralizar la resolución de disputas en una persona que estará bajo la supervisión y tutela de la Superintendencia de la Actividad Aseguradora; al mismo tiempo, se impone una responsabilidad a las aseguradoras para que inviertan en una gestión interna eficaz de las denuncias.

Sin embargo, una de las críticas más comunes que recibe la figura del Defensor del Asegurado es que existe un conflicto de intereses al ser un trabajador o empleado de la empresa de seguros o de medicina prepagada. Ahora bien, con la líneas que siguen se intentará verificar si efectivamente el posible conflicto de intereses es insoslayable o, por el contrario, la regulación ofrece antídotos frente a esa situación. Para ello, haremos mención al ombudsman en general, al ombudsman especial, en particular al del seguro, al interés general que orbita alrededor de la dicha actividad y, por último, a los artículos que en las normas procurar canalizar sus actuaciones en el marco de la ética y transparencia.

IV. ANTECEDENTES DEL OMBUDSMAN EN LA ACTIVIDAD ASEGURADORA

1. *Origen histórico*

La palabra Ombudsman es de origen sueco y significa representante, agente, mediador y guardia, que actúa por cuenta de otra y sin tener ningún interés personal en el asunto en el que interviene[18]. El concepto moderno de Ombudsman nació en Suecia. En 1713, el Rey Carlos XII de Suecia, mientras se encontraba exiliado en Turquía, creó la figura del *Canciller de Justicia -Justitiekansler*, que tenía la misión de supervisar que los jueces y otros funcionarios de la administración pública actuaran amparados en la ley. La idea era proteger a los ciudadanos de los abusos de poder por parte de la administración[19].

No obstante, el hito que marcó el verdadero nacimiento del Ombudsman tal como lo conocemos hoy, fue la creación del Ombudsman Parlamentario (*Justitieombudsmannen*) en la Constitución sueca de 1809. Esta figura fue establecida por el Parlamento sueco (*Riksdag*) para proteger los derechos de los ciudadanos por medio de una supervisión de la actuación de los funcionarios gubernamentales, militares y judiciales. A diferencia del Canciller de Justicia, que era un funcionario del gobierno y que se encargaba de controlar la administración del Estado al servicio del rey, el Ombudsman Parlamentario o *justitie-Ombudsman*, era independiente del ejecutivo y respondía directamente al poder legislativo en pro de la protección de los ciudadanos en contra los actos de la administración pública.

---

18 Castañeda, Mireya. *La protección no jurisdiccional de los derechos humanos en México*. CNDH, México, D.F., p. 13. Es preciso señalar que, en sueco antiguo, *umbudhsmann* significa persona que administraba los asuntos de otra.

19 El monarca Carlos XII al retornar en 1713 a su país estableció oficialmente la institución del *Ombudsman*, el cual velaría por la observancia de las disposiciones legales y el control de los actos de los jueces, la milicia y la administración en su ausencia. El principal interés de Carlos XII por crear dicha institución se debió a una necesidad de preservar la corona en razón de las guerras en Europa que lo mantuvieron doce años fuera del país, ello supuso que debía contar con un hombre de confianza, también llamado *Presbote de la Corona*, para que vigilara bajo su autoridad suprema e informara sobre el buen funcionamiento y la administración de justicia del reino. Indica Castañeda que en la Constitución de 1717 se cambió la denominación de "*Högste Ombudsmannen* (Procurador Supremo) o *Justitiekanles* o Canciller de Justicia. Más tarde, en 1739, se le facultó para que pudiera recibir quejas de los particulares. En 1766 se decidió que fuera nombrado por los Estamentos y no por el rey; sin embargo, con el golpe del Estado en 1722, nuevamente dependió del rey". *Ibid.*, p. 16.

Durante el siglo XX, el modelo sueco del Ombudsman comenzó a ser adoptado por otros países, inicialmente en Escandinavia (Finlandia en 1919, Dinamarca en 1953, Noruega en 1962), con estructuras y funciones diferentes, y luego se extendió por todo el mundo, *v.g.* Nueva Zelanda fue el primer país fuera de Escandinavia en establecer un Ombudsman en 1962, con el nombre de *Parlamentary Commissioner*, posteriormente, el concepto se popularizó en el Reino Unido con el nombre de *Parlamentary Commissioner for Administration* (1967), Australia (1976) en Francia, con el *Médiateur* en 1973[20].

Es preciso destacar que en la década de 1970, el concepto se diversificó, apareciendo Ombudsman especializados en áreas como el sector bancario, los medios de comunicación, la protección del consumidor o los derechos de los niños, militares, entre muchos otros[21].

2. *Ombudsman en el seguro*

Castañeda, citando a Donald C. Rowalt, señaló que son tres los rasgos característicos que distinguen a la institución del Ombudsman de otro tipo de figuras que contienen elementos similares: i) ser un funcionario independiente, establecido en la Constitución y que vigila a la Administración; ii) ocuparse de quejas específicas contra errores administrativos; y iii) tener el poder de investigar, criticar y dar publicidad de las acciones administrativas[22]. En el mismo sentido, Rowalt afirmaría, que: "ahora es probable que cualquier clase de funcionario que se encargue de quejas o apelaciones, en cualquier tipo de organización, sea erróneamente designado como ombudsman, para obtener el apoyo popular de sus actividades. Es muy fácil perder de vista los rasgos esenciales de los sistemas originales de ombudsman"[23].

---

20 *Ibid.*, p. 16-17.

21 Señala Baumeister que desde hace años algunos países acogieron la figura del Defensor del Asegurado, por ejemplo, los países escandinavos, Gran Bretaña, Suiza y los Países Bajos, bien sea a través de modalidades unipersonales o colegiadas. La razón de su implementación, tal y como plantea Fernando Suárez González, sería para "paliar el alto coste económico o moral de la interposición de una demanda ante los Tribunales para conciliar intereses entre asegurador y asegurado". Baumeister T., Alberto. "Nuevas tendencias e instituciones en derecho de seguros", *op. cit.*, p. 133.

22 Castañeda, Mireya. *La protección no jurisdiccional de los derechos humanos en México, op. cit.*, p. 14.

23 Parejo R., María T. *El Defensor del Pueblo. Un estudio con especial referencia al Ecuador, op. cit.*, p. 121.

Para Parejo, algunos tratadistas opinan que otras figuras, por muy similares que parezcan o por muy nobles que sean sus acometidos, son seudoombudsman o simplemente sectoriales o especiales, es decir, responden a intereses específicos o parciales, pero además, no son nombrados por el parlamente sino por el Ejecutivo[24].

Seguidamente, indicaría, que:

> (…) otros son nombrados para proteger ciertas áreas de servicio público, como por ejemplo, la prestación de salud, la polícia o el servicio militar. Sin embargo, existen otros que nacen de la iniciativa privada y que irónicamente son nombrados por los mismos grupos interesados en que exista un control o medio de canalizar las quejas de sus clientes, usuarios o consumidores; es el caso de los Ombudsman de los bancos, de los servicios financieros, de los servicios legales, de los funerales, de los seguros, etc.[25]

Ahora bien, en Europa a partir de los años ochentas surgió la necesidad del sector privado de demostrar y proporcionar a los consumidores cierta seguridad en los mercados que se ofertaban; en Inglaterra con toda la apertura y desarrollo que tuvo el derecho al consumo y, específicamente, por la apertura de los mercados financieros y cambios regulatorios de los mismos "el método alternativo más favorable para la solución de conflictos que surgían de las relaciones entre proveedores y consumidores fue el del ombudsman, puesto que era el que más seguridad ofrecía a los consumidores".[26]

En el caso de los contratos de seguros, según Parejo, al tratarse de convenios de tipo de *contratos de adhesión*, los consumidores no tienen la posibilidad de negociar o cambiar sus términos, y que esa carencia de fuerza para modificar o alterar su contenido no se puede equiparar al principio de igualdad y honestidad que posibilita al consumidor a litigar en una corte. Adicionalmente, en Inglaterra la Ley dispone que en los contratos de seguros es el asegurado quien tiene la obligación de presentar la carga probatoria.[27]

En Reino Unido aún cuando las aseguradoras británicas estaban sujetas al código que regulaba la Asociación de Aseguradoras Británicas (ABI), había situaciones que no estaban contempladas en el Instructivo y Práctica

---

24 Idem.

25 *Ibid.*, p. 122.

26 Idem.

27 Idem.

en general y a largo plazo de las compañías de seguros, además de los problemas del Instructivo y práctica de seguros (*statements of insurance Practice*) también se afrontaron tribulaciones en virtud de la parcialidad de la Ley de Seguros. En razón de ello, en 1981, gracias a la iniciativa privada de las tres compañías de seguros más grandes de Inglaterra, se creó la oficina del Ombudsman de los seguros (*Insurance Ombudsman Bureau, IOB*) que para 1990 ya contaban con más de trescientas compañías asociadas a la institución.[28]

No obstante, como señala Parejo, la institución generó temor, sobre todo en el sector industrial, al considerar que se podían convertir en el asidero de todos los problemas. Ahora bien, con el fin de anticiparse a tales problemas la ABI creó un esquema alternativo, denominado Esquema Personal de Arbitraje de Seguros (*Personal Insurance Arbitration Scheme*) que también proporciona un mecanismo para la solución de conflictos[29].

Las características principales del *Insurance Ombudsman Bureau*, son la siguientes: i) para asegurar la neutralidad de sus decisiones, solo diez personas están ligadas a empresas de seguros; ii) la asociación trabaja con fondos provenientes de sus miembros; iii) el servicio es completamente gratuito; iv) realiza investigaciones, recibe quejas individuales o disputas sobre pólizas de seguro en los que los mecanismos internos hayan resultado infructuosos; v) actúa como árbitro conciliador o hace concesiones sobre diez mil libras; vi) los miembros no pueden apelar, mientras que los asegurados puede recurrir a las Cortes; vii) una Corte determinó que no es un organismo que esté actuando en el marco del derecho público, como opuesto al privado y, que, por lo tanto, sus decisiones no tienen carácter de Ley y no están sujetas a revisión judicial y; viii) deberá actuar conforme a las normas legales aplicables a las decisiones judiciales, con los principios generales del derecho, los principios del seguro, con las directrices de la práctica de seguros, los códigos de procedimiento que emite el ombudsman y las Asociaciones Pro Servicio a la Vida[30].

En España, indica Baumeister, que el Ombudsman lo promovió la empresa española Mapfre en 1984, quien ideó la creación de la Comisión de Defensa del Asegurado "como una dependencia más de dicha empresa, adelantándose así a lo que hoy contempla la Ley Española (30/1995) como

---

[28] *Ibid.*, p. 145.

[29] *Ídem.*

[30] *Ibid.*, p. 145-146.

medio de solventar los conflictos entre aseguradoras y asegurados a través de las decisiones del Defensor del Asegurado"[31].

A renglón seguido, señalaría que la comisión de Defensa del Asegurado como institución de la empresa Mapfre:

> es un ente complejo sufragado por la empresa pero con absoluta independencia y autonomía de sus miembros frente aquella y al asegurado, que revisa, tramita averigua y resuelve las reclamaciones de asegurados contra dicha empresa en su condición de tercero dirimente de conflictos (nótese que no es arbitraje pero que la figura está contemplada expresamente en la Ley de Arbitraje Española/1988 y la cual en todo caso deja a salvo el derecho de las partes bien de acudir al arbitraje propiamente dicho o a los órganos judiciales, derechos a los cuales en la práctica ha renunciado Mapfre[32].

Hoy en día, el Ombudsman es una institución clave para la protección de los derechos humanos y la buena gobernanza. Su función principal es investigar quejas de los ciudadanos contra la administración pública (o, en algunos casos, contra entidades privadas) por presuntas malas prácticas, injusticias, negligencias o abusos de poder. Actúa como un defensor imparcial, buscando soluciones justas y promoviendo la rendición de cuentas y la transparencia[33].

---

31 Baumeister T., Alberto. "Nuevas tendencias e instituciones en derecho de seguros", *op. cit.*, p. 134.

32 *Ibid.*, p. 135.

33 Es preciso señalar que el Ombudsman también se le conoce como Defensor del Pueblo (en España y muchos países de América Latina, entre ellos Venezuela, Mediador de la República (en Francia) o Comisionado Parlamentario (en el Reino Unido).

3. *La figura del Defensor del Asegurado en Iberoamérica*

El Defensor del Asegurado, como se dijo previamente, no es nueva en Iberoamérica. España[34], Argentina[35], Colombia[36], Chile[37], Uruguay[38] cuentan con una figura de esta naturaleza. El Defensor del Asegurado en Venezuela, a diferencia de lo que ocurre en los otros países, es un sujeto regulado, por lo tanto, sus actuaciones estarán sometidas al control de la Superintendencia de la Actividad Aseguradora. Otra diferencia que tiene el Defensor y que podría hacer mella en la confianza de los asegurados, beneficiarios, contratantes usuarios o afiliados es que aquél es un trabajador de la empresa, es decir, si está en su nómina nada garantiza que su actuación no podría comprometerse o parcializarse. El gran reto que enfrenta es preservar la confianza y una de la manera de lograrlo es por reconocer que sus actuaciones son de interés general.

V. CONFLICTO DE INTERESES EN LA ACTIVIDAD DEL DEFENSOR DEL ASEGURADO

1. *El seguro una actividad de interés general*

Las empresas de seguros y de medicina prepagada explotan una actividad de interés general, especialmente porque captan y administran dinero del público. Este solo hecho hace que pase de una mera operación mercantil a una verdadera actividad fuertemente regulada. Ahora bien, que esté controlada no significa que su regulación deba significar su asfixia. Adicionalmente, su trabajo será el de canalizar los diferentes riesgos y siniestros que se le presenten. Sus contratos, previamente redactados, pueden comportar un problema para los tomadores, beneficiarios, asegurados, contratantes usuarios y afiliados, por cuanto, en ocasiones, dependerá de la sola voluntad de la aseguradora su cumplimiento o no.

---

34 Se crea en España a partir de la Ley 30/1995 de Ordenación y Supervisión de los Seguros Privados.

35 La figura del Defensor del Asegurado en Argentina fue creada por la Asociación Argentina de Compañías de Seguros (AACS) en agosto de 2007.

36 La Defensoría del Asegurado en Colombia se creó a través de la Ley 795 de 2003. La Ley 1328 de 2009 amplió la figura y la estableció como obligatoria para las entidades vigiladas por la Superintendencia Financiera de Colombia. El Decreto 2555 de 2010 reglamentó la Defensoría del Consumidor Financiero, incluyendo la Defensoría del Asegurado.

37 La Defensoría del Asegurado en Chile fue creada por el Consejo de Autorregulación de las Compañías de Seguros en el año 2007.

38 En Uruguay el Defensor del Asegurado fue establecido por la Ley N° 19.678, promulgada el 26 de octubre de 2018 y publicada el 8 de noviembre de 2018.

Un ejemplo de cómo el interés general puede reproducirse es ostensible durante la crisis financiera de 2008, en la que *American International Group* (AIG) estuvo al borde de la quiebra debido a su exposición a derivados de alto riesgo, especialmente en su división AIG *Financial Products*. Sin embargo, los asegurados directos de AIG no fueron los más afectados, en virtud que la compañía mantuvo sus operaciones por el plan de rescate impulsado por el gobierno de EE.UU. de aproximadamente ciento ochenta y dos millones de dólares.

Es importante destacar que las filiales de seguros tradicionales de AIG estaban generalmente bien reguladas y solventes, en virtud de una correcta constitución de las reservas técnicas. No obstante ello, de no ser por el rescate masivo por parte del gobierno de EE.UU. la empresa hubiera caído en quiebra.

Por tal motivo, la falla de AIG supuso una gran amenaza directa a millones de asegurados, agencias gubernamentales estatales y locales, bancos y otras instituciones financieras, y comporta, al mismo tiempo, la necesidad de ser más estrictos al momento de verificar sus actividades, en especial las más riesgosas.

Si bien la crisis bancaria de 1994 de Venezuela, cuya insolvencia afectó un tercio de la banca comercial, trajo consigo una importante corrida de las principales entidades financieras del país (no necesariamente bancarias), y no fue el único país que se vio afectado por situaciones vinculadas en el sector financiero. México vivió un proceso similar pero derivado de la devaluación del peso frente al dólar estadounidense.

Es preciso destacar que la crisis mexicana también afecto a los mercados de Argentina, a lo cual se le denominó como el efecto Tequila. Ello generó: *i)* una fuerte caída de depósitos; *ii)* de los 168 bancos existentes en diciembre de 1994, quedaron 147 después de fusiones y quiebras. Se ha llegado a pensar que la crisis bancaria de 1994 se debió a los procesos de desregulación vividos en los sectores financieros.

Sostiene Steinfeld, citado por Baumeister, que no puede ponerse hoy en duda que el seguro es una actividad de interés público,

> y encuentra justificación la necesidad de la regulación y control sobre la actividad, pero no fundamentada en los principios dogmáticos que provienen de la vieja tendencia a considerar que la autorización a los particulares para el ejercicio de la actividad era una especie de concesión del Estado para tolerarla y permitir esa asunción de responsabilidades del sector privado y por lo tanto no puede pretender

el ente de control jamás dictar normas de fijación de políticas aseguradoras ni el reemplazo de la iniciativa empresaria de los asegurados[39].

2. *Actos de policía administrativa desplegados por los defensores del asegurado*

Estos breves ejemplos pueden explicar por qué existe una fuerte intervención del Estado en la actividad aseguradora. A dichas situaciones se les conoce como actividades de interés general y a la actividad del Estado que regula su funcionamiento como policía administrativa o técnicas de limitación y ordenación[40].

---

39 Baumeister T., Alberto. "Nuevas tendencias e instituciones en derecho de seguros", *op. cit.*, p. p. 130.

40 A la policía administrativa se le entiende como la potestad que tiene el poder público "para vigilar y limitar la acción de los particulares, los cuales, dentro del concepto moderno de Estado, deben regular su actividad con los deberes y obligaciones que les impone la Ley, y se funda en una finalidad de utilidad pública". Serra R., Andrés. *Derecho Administrativo*. Librería de Manuel Porrúa, S.A., México D.F., p. 696. En ese sentido, dentro de las principales potestades que figuran de la actividad de policía, tenemos: *i)* la potestad autorizatoria; *ii)* la potestad de registro y control; *iii)* la potestad inspectora; y *iv)* la potestad de información. A propósito del concepto de policía, Rubén Stiglitz señaló, que: "la policía se traduce en potestades jurídicas que ejerce el Estado a los fines de compatibilizar los derechos de los particulares con el bien común" [Cassagne J.C.]. Stiglitz, Rubén. *Derecho de Seguros.* Tomo I. Abeledo Perrot, Buenos Aires, 2001, 49. Añade el maestro argentino que la actividad de policía, en Argentina, la realiza la Superintendencia de Seguros de la Nación, y "(...) apunta a encauzar una actividad específica, en que convergen intereses vinculados no sólo con las economías privadas sino con la nacional, la producción en general y la confianza pública, por lo que se hace menester un control permanente que se extienda desde la autorización para operar hasta la cancelación". *Ibid.*, p. 50. Los conceptos de policía administrativa y de orden público económico pueden verse en: Aponte A., Jonás E. *La actividad de policía en el derecho tributario. Especial referencia a la potestad inspectora y las garantías del contribuyente*, Santiago de Chile, 2021, pp. 29-48. Un análisis de la actividad aseguradora a partir de los principios de libertad económica puede verse en: Pecchio B., Isabella y Abache C., Serviliano. "Libertad de empresa y el concepto de actividad aseguradora desde el pensamiento de Alfredo Morles Hernández Una propuesta interpretativa". *Revista Venezolana de Derecho Mercantil. Actualización del Derecho Mercantil desde la obra del Dr. Alfredo Morles Hernández*. Sociedad Venezolana de Derecho Mercantil, Caracas, 2021. *Passim.*

Ahora bien, todos los sujetos regulados de la Ley dan cuenta del interés general que subyace en la actividad aseguradora, y el Defensor del Asegurado será uno de sus principales garantes. Por tal motivo, ejercerá funciones de policía no obstante ser una persona de derecho privado. A criterio de Espina, lo relevante es que existe la posibilidad de delegar en los particulares la actividad de policía y no solo de actividades prestacionales (como concesionario público)[41]; en ese sentido, solo excepcionalmente es posible que el legislador prevea la posibilidad de que la Administración Pública se apoye en un particular para ejercer la potestad de policía administrativa, entre los cuales enumeró: i) que esté establecido en una previsión legal suficiente; ii) la posibilidad, no establecida, para que el particular asista a la Administración en las actuaciones previas a la emisión de un acto en el ejercicio de la actividad de policía[42].

Sobre estos asientos conceptuales descansa la naturaleza jurídica del Defensor del Asegurado, que además de ser un ombudsman sectorial sus actos será más públicos que privados. Sin embargo, tal y como fue concebido el procedimiento en las Normas del Defensor del Asegurado, sus actos siempre serán de trámite, ninguno de ellos susceptibles de ser impugnados en la jurisdicción contencioso administrativa, y es precisamente porque la Ley no le atribuye al Superintendente de la Actividad Aseguradora la competencia para resolver controversias cuasi-jurisdiccionales y, por lo tanto, menos todavía al Defensor. Su función será de mediadora y el informé que deberá dictar no tendrá carácter vinculante.

3. *Actos de Autoridad*

Además de lo arriba señalado, a las actuaciones que realizan los privados en ejercicio de funciones públicas se les denomina en Venezuela actos de autoridad. En la sentencia dictada por la Corte Primera de lo Contencioso Administrativo en el conocido caso Sociedad de Autores y Compositores de Venezuela (SACVEN), de fecha 18 de febrero de 1986, adquirió gran resonancia. A propósito del contenido del fallo, se señalaría, que: "(…) dentro del marco del Derecho, otros ordenamientos jurídicos admiten que personas jurídicas de Derecho Privado, que a su vez carecen de un origen de conducción pública, pueden efectivamente dictar actos

---

41 Espina M., María V. "Algunos comentarios sobre la posibilidad de delegar en sujetos privados la ejecución de la actividad de la policía de la administración pública". *Revista de la Facultad de Ciencias Jurídicas y Políticas de la Universidad Central de Venezuela*, Universidad Central de Venezuela, Caracas, 2007, p. 69.

42 *Íbid.*, pp. 74-75.

administrativos; sustentados para tal afirmación en la tesis ya del fin de la sociedad; o en el criterio más difundido y aceptado de la existencia de prerrogativas"[43].

Como se dijo *ut supra* los actos del Defensor del Asegurado no tendrán carácter vinculante pero sí estarán protegidos por las prerrogativas que acompañan a las actuaciones de la Administración Pública. El írrito predicamento sobre el conflicto de intereses que acompaña al Defensor del Asegurado siempre estará presente si no se le asegura que sus actuaciones tienen cierto peso dentro de la institución en la que hace vida, por lo tanto, entender que ejercen una función administrativa, más precisamente de policía, y que sus actos son administrativos implica, por lo tanto, una naturaleza más pública que privada. Sobre estos pilares se mide el metal de su conducta o comportamiento.

4. *Requisitos para ser Defensor del Asegurado*

El posible conflicto de intereses que podría afectar su confianza también se resuelve si se analizan los requisitos necesarios para ser Defensor del Asegurado, entre los que podemos mencionar: i) debe ser un profesional universitario, no necesariamente abogado; ii) se requiere tener una experiencia mínima de tres (3) años en cargos gerenciales o de responsabilidad dentro de la actividad aseguradora, siendo imprescindible que esta experiencia haya implicado la toma de decisiones, lo que supone habilidades prácticas de liderazgo y resolución de conflictos; iii) la prohibición expresa de no ser empleado, contratista o apoderado de la empresa de seguros o de medicina prepagada en los últimos doce (12) meses y; iv) el futuro Defensor debe completar un curso de capacitación en materia de defensa del asegurado dictado por la Superintendencia de la Actividad Aseguradora.

Es importante destacar que la exigencia de experiencia en la toma de decisiones garantiza que el Defensor del Asegurado tenga el conocimiento y la autoridad indispensables para la mejor resolución de disputas. De igual manera, que sea un sujeto regulado y que esté sometido al control de la Superintendencia de la Actividad Aseguradora, permite que se establezca

---

43 En el mismo sentido, véase: sentencia N° 1556 del 8 de diciembre de 2000, caso: *Transporte Sicalpar C.A.*; 342 del 22 de marzo de 2001, caso: *Marítimos Unidos Marinu C.A.*; 1004 del 12 de junio de 2001, caso: *Franca Alfano Tantino vs. Universidad Santa María*; 1718 del 19 de septiembre de 2001, caso: *José Manuel Díaz vs. CONAC*); y la 2706 del 18 de diciembre de 2001, caso: *Alberto Carmona Palenzona y Juan M. Carmona Perera vs. Federación Venezolana de Deportes Ecuestres.*

una planificación adecuada para su formación profesional, incluso para su autorización, en aras de formar y fortalecer el desempeño de su gestión. Tales requisitos, condiciones e interacción entre el Defensor del Asegurado y el órgano de control es crucial contra posibles conflictos de interés o influencias indebidas de la entidad regulada, lo que promueve su imparcialidad.

5. *Obligaciones del Defensor del Asegurado*

De igual manera, el posible conflicto de intereses podría soslayarse con las obligaciones que le son impuestas al Defensor del Asegurado en las Normas que regulan su actuación, entre las que podemos mencionar:

a. Sustancia un expediente administrativo (físico y digital) de cada denuncia deducida;

b. Mantener un registro de cada una de las denuncias;

c. Actualizar y reportar diariamente en el Sistema Único de Trámites[44] todas sus actuaciones y observaciones con respecto a las denuncias, reclamos y quejas;

d. Notificar a la Dirección de Defensoría del Tomador, Asegurado, Beneficiario, Contratante, Usuario y Afiliado de la Superintendencia de la Actividad Aseguradora dentro de los dos (02) días hábiles siguientes de la recepción de la denuncia, reclamo o queja, cuando éstos sean realizados por una persona que pueda causar algún conflicto de interés, falta de independencia o imparcialidad en el cumplimiento de sus funciones.

Asimismo, las causales de revocatoria del Defensor del Asegurado, también serían una gran herramienta para poder mitigar los posibles riesgos de falta de transparencia, parcialidad o cualquier otra que perjudique la actuación de esta figura. Ello así, la aludidas causales están reguladas en el artículo 17, en el siguiente tenor:

1. Se demuestre que, por intención, negligencia o imprudencia, en sus apreciaciones se vean afectados los derechos de los tomadores, asegurados, beneficiarios, contratantes, usuarios y afiliados;

2. Las recomendaciones o propuestas de éste sean de forma parcializada o se beneficie él o terceras personas de manera fraudulenta y no se abstenga de pronunciarse en los casos de conflicto de intereses;

---

44 Plataforma digital en las que interactúan los individuos y empresas con la Superintendencia.

3. Sustanciar el procedimiento de denuncia sin observar las reglas formales establecidas en estas normas o que su tramitación resulte vulneratoria al derecho a la defensa de las partes intervinientes;

4. Estar incurso en inasistencia injustificada durante tres (03) días continuos;

5. No remitir el informe al que hace referencia el artículo 35 de estas normas, alusivas a la infructuosidad de los medios alternativos de resolución de controversia;

6. Incumplimiento de sus atribuciones y obligaciones previstas establecidas en estas normas.

Es importante señalar que causales de revocatoria *ut supra* transcritas imponen a la Superintendencia de la Actividad Aseguradora el revocar la autorización de un Defensor bajo circunstancias específicas que reflejen incumplimientos graves del deber o de la conducta ética, vinculadas, a: i) vulneración de los derechos del asegurado: si se demuestra que, por intención, negligencia o imprudencia en sus apreciaciones, se afectan los derechos de los tomadores, asegurados u otros interesados; ii) parcialidad o fraude: si las recomendaciones o propuestas son parcializadas, si el Defensor o terceros se benefician fraudulentamente, o si el Defensor no se abstiene de pronunciarse en casos de conflicto de intereses; iii) incumplimiento procedimental: si se sustancia el procedimiento de denuncia sin observar las reglas formales establecidas en las normas, o si su tramitación vulnera el derecho a la defensa de las partes.

6. *Del procedimiento administrativo*

Se insiste, los actos del Defensor del Asegurado son actos de autoridad, es decir, existe un ejercicio público por parte de un privado; además de ello, es un sujeto regulado por la Superintendencia de la Actividad Aseguradora, lo cual supone que deberá llenar una serie de requisitos para su autorización y registro, y estará sometido a un control constante por parte de aquel; deberá notificar periódicamente al órgano de control sobre sus actuaciones, particularmente, sobre las denuncias, reclamos o quejas que reciba; por último, deberá ser imparcial en todo momento.

Ahora bien, el trámite de las denuncias también será determinante para que las actuaciones del Defensor del Asegurado puedan garantizar su imparcialidad, además que permitirá garantizar el derecho a la defensa de las partes. A grandes rasgos, el procedimiento iniciará con una denuncia en contra del sujeto regulado, la cual deberá destacar por la minucia de los hechos en los que se fundamenta, e indicará las pruebas o medios de prueba que pudiera evacuar o traer al procedimiento que está por iniciarse. Conjuntamente con la solicitud deberá consignar el o los documentos en los que fundamenta su denuncia o solicitud.

La denuncia será clara e inteligible, fundamentalmente porque de no existir un acuerdo en última instancia deberá remitirse las actuaciones a la Superintendencia de la Actividad Aseguradora quien absolverá o sancionará a la empresa. En razón de ello, si el denunciante no presentó una denuncia clara o no consignó la documentación, se abrirá un despacho saneador con el fin que corrija las deficiencias advertidas.

Los interesados presentarán los documentos fundamentales, *v.g.* contratos, pólizas individuales o colectivas, o cualquier instrumento que sirva para abrir el expediente. La solicitud o reclamo realizado a la empresa de seguros o de medicina prepagada podría considerarse un instrumento fundamental, más todavía porque ha debido agotar los trámites ante la aseguradora.

Es preciso señalar que, si bien es cierto las Normas del Defensor del Asegurado no lo establecen expresamente, el tomador, beneficiario, contratante, usuario o afiliado deba hacer una declaración, solicitud o petición ante la empresa de seguros o de medicina prepagada, previo a la formulación de la denuncia, es una cuestión de orden lógico y formal, en términos procedimentales, que *ex ante* al inicio de la misma deba hacer ese trámite. Por lo tanto, que no esté negada la posibilidad de interponer reclamos directamente a la Aseguradora es fundamental y con ello se garantiza dicho derecho.

Recibida la denuncia con los correspondientes documentos fundamentales, el Defensor del Asegurado debe precisar qué norma o normas posiblemente vulneró el sujeto regulado, porque, de lo contrario, el procedimiento pudiera avanzar de forma infructuosa. Sobre esa base, deberá notificar a la empresa de seguros o de medicina prepagada para que le dé contestación. Consignado el escrito de respuesta o contestación se fijará la audiencia conciliatoria o de mediación, para lo cual se informará a las partes.

Es importante señalar que, a propósito de las audiencias conciliatorias o cualquier medio alternativo para la resolución de conflictos, el Defensor del Asegurado dejará constancia en cada una de ellas de los puntos que resultaron admitidos o no controvertidos. En particular, en el caso que se hayan agotado todas las audiencias conciliatorias, remitirá el expediente a la Superintendencia de la Actividad Aseguradora quien podrá realizar otra audiencia conciliatoria y podrá absolver a la aseguradora o imponer la sanción respectiva.

El procedimiento que sustanciará el Defensor del Asegurado será escrutado por el órgano de control de manera que puedan apreciarse las posibles desviaciones o distorsiones de la conducta o comportamiento del Defensor del Asegurado.

VI. DENUNCIA, RECLAMO Y QUEJA

La Ley de la Actividad Aseguradora hace mención a denuncia, reclamo y queja, expresiones que, *prima facie*, parecen ser sinónimas en el contexto de deducir alguna clase de increpa, sanción, sustanciado un procedimiento administrativo o litigio en contra de las empresas que interactúan en el sector asegurador. Sin embargo, una exégesis de las palabras individualmente consideradas podría ofrecernos una solución menos caprichosa y más próxima a una realidad práctica.

Poder diferenciar cada uno de los vocablos analizados que orientarán la actuación del Defensor del Asegurado, es necesario asignarles un peso específico, de modo que le permita conocer *ex ante* si amerita iniciar un procedimiento que, a la postre, podría derivar en la imposición de una sanción al sujeto regulado.

Para circunscribir los mismos, es necesario descomponer cada expresión individualmente:

1. *De la denuncia*

Como punto previo, es necesario señalar que las Normas del Defensor del Asegurado establecen que el procedimiento que sustanciará este sujeto regulado es el de denuncia. De alguna manera, las propias Normas hacen la disección que pretendemos abordar, por cuanto, el procedimiento no se refiere ni a reclamos o quejas. La posible motivación de ello es que tradicionalmente la denuncia es una institución usada en el marco del derecho adjetivo para poner en cuenta a determinada autoridad sobre las posibles vulneraciones al ordenamiento jurídico.

Los ejemplos sobre la palabra denuncia abundan en el ordenamiento jurídico; no obstante, el Código Orgánico Procesal Penal (COPP) de la República Bolivariana de Venezuela consagra en sus artículos 267 al 273 la figura de la denuncia como el mecanismo primario a través del cual se pone en conocimiento de las autoridades competentes la presunta comisión de un hecho punible. La denuncia es una bisagra o engranaje fundamental que activa el funcionamiento del sistema penal, y que impele al Estado, en cabeza del Ministerio Público y de los órganos de investigación penal, el iniciar la persecución penal, garantizando el mantenimiento del orden social y la protección de los derechos de los ciudadanos.

Otro ejemplo se aprecia del Instructivo en Materia de Denuncias, establecido mediante la Resolución N° 01-00-055[45], que es un instrumento normativo que regula el proceso de presentación de denuncias relacionadas con irregularidades en el manejo de fondos o bienes públicos en Venezuela. El documento se pudiera casar con las normas establecidas en el Código Orgánico Procesal Penal.

Ahora bien, en las normas del Defensor del Asegurado, la denuncia está estrictamente vinculada con los hechos punibles consagrados en la Ley de la Actividad Aseguradora, vale decir, la elusión, retardo y rechazo genérico y cualquier otra que comporte la vulneración de los derechos de los asegurados, consagrados en el artículo 122 *eiusdem*. En ese sentido, visto así, la denuncia podría significar el germen de la imposición de una multa, y será ese el motivo por el cual se logre diferenciar de un reclamo que queja.

2. *Reclamo y queja*

Ahora bien, a propósito de la palabra reclamo, es oportuno señalar que la misma tiene un importante carga en el sector asegurador. Incluso, las normas que regulan el contrato de seguro y de medicina prepagada se refieren a la misma en diversas disposiciones normativas, entre las cuales podemos señalar: i) artículo 26, relativa a las falsedades y reticencias de mala fe; ii) artículo 28, relativo a la obligación del pago; iii) el artículo 67, relativo a las reclamaciones que le corresponden al tomador, asegurado o beneficiario; iv) artículo 74, relativo a los riesgos de vecino y riesgo de locativo; v) artículo 105, relativo al pago de las reclamaciones; vi) artículo 116, relativo al incumplimiento en la notificación; vii) artículo 120, relativo a la definición de cobertura y; viii) artículo 138, relativo al material informativo.

En el mismo orden de ideas, en el marco de un contrato de seguros, como se acaba de señalar, la reclamación de un siniestro es la solicitud formal que el asegurado (o un beneficiario) le formula a la empresa de seguros o de medicina prepagada para que cumpla con las obligaciones establecidas en la póliza, en virtud de la ocurrencia de un siniestro amparado por el contrato o la póliza.

De ordinario, el proceso de reclamación de un siniestro generalmente implica la ejecución de los siguientes pasos: i) notificación del siniestro: El asegurado debe poner en autos a la aseguradora sobre la ocurrencia del siniestro dentro del plazo establecido en la póliza; ii) presentación de la reclamación: El asegurado presenta una reclamación formal, con la

[45] Publicado en la Gaceta Oficial N° 36.979 en junio de 2000

documentación que lo respalde; iii) investigación y avaluaciones y; iv) pago de la indemnización. Si la reclamación es aprobada, la aseguradora paga la indemnización al asegurado o beneficiario.

Sin embargo, aun cuando la reclamación tiene una importante significación en la actividad aseguradora, en el marco del trinomio denuncia, reclamo y queja, su alcance se reduce a aquellas situaciones que no necesariamente ameriten la imposición de una sanción, pero sí comprometer su riesgo reputacional, algunos derechos de contenido más vinculado a derechos de los consumidores y usuarios que no necesariamente supongan la deducción de un denuncia o demanda.

Las empresas de seguros y de medicina prepagada deben tener un espacio físico o virtual (departamento de atención al cliente) en el cual respondan las dudas, incertidumbres, las reclamaciones (en los términos de la actividad aseguradora) y los reclamos quejas de los asegurados, especialmente en virtud de la confianza como principio que orienta la actividad aseguradora, y la buena reputación.

A corolario de lo anterior, sería una empresa harto complejo determinar cuáles son las situaciones que son susceptibles de tramitarse bajo el mote de reclamo o queja, no obstante, con interpretación en contrario, serán aquellos casos en los que, en principio, no ameriten la imposición de una sanción por la transgresión de la Ley al haber incurrido en supuestos de elusión, retardo, o rechazo genérico, o como se indicó, que resulten de la vulneración de los derechos de los asegurados en general.

CONCLUSIONES

PRIMERA: la figura del Defensor del Asegurado no es nueva en el sector, teniendo su origen, al menos nominal, con el Decreto Ley de la Actividad Aseguradora del año 2016, en el que se estableció que el órgano de control debía crearlo.

SEGUNDA: el Defensor del Asegurado establecido en el Decreto Ley de la Actividad Aseguradora del año 2016 se concibió como un funcionario público, y sus actos, de cara a las competencias que le hayan sido atribuidas, serán por su naturaleza actos administrativos.

TERCERA: los derechos del consumidor y usuarios son ese conjunto de normas que procuran proteger a las personas en su relación con proveedores de bienes y servicios, garantizando un trato justo, seguridad, información veraz y, especialmente, de mecanismos eficientes de reclamo.

CUARTA: el artículo 121 de la Ley de la Actividad Aseguradora dispone la figura del Defensor del Asegurado en dos vertientes, plenamente diferenciadas: en una es un funcionario público con un cargo de confianza dentro de la Superintendencia de la Actividad Aseguradora y, en el otro, es un trabajador de la empresa de seguro y de medicina prepagada.

QUINTA: una de las críticas más comunes que recibe la figura del Defensor del Asegurado es que existe un conflicto de intereses al ser un trabajador o empleado de la empresa de seguros o de medicina prepagada.

SEXTA: la palabra Ombudsman es de origen sueco y significa representante, agente, mediador y guardia, que actúa por cuenta de otra y sin tener ningún interés personal en el asunto en el que interviene.

SÉPTIMA: algunos tratadistas opinan que otras figuras, por muy similares que parezcan o por muy nobles que sean sus acometidos, son seudoombudsman o simplemente sectoriales o especiales, es decir, responden a intereses específicos o parciales, pero además, no son nombrados por el parlamente sino por el Ejecutivo.

OCTAVA: hoy en día, el Ombudsman es una institución clave para la protección de los derechos humanos y la buena gobernanza. Su función principal es investigar quejas de los ciudadanos contra la administración pública (o, en algunos casos, contra entidades privadas) por presuntas malas prácticas, injusticias, negligencias o abusos de poder.

NOVENA: el Defensor del Asegurado en Venezuela, a diferencia de lo que ocurre en los otros países, es un sujeto regulado, por lo tanto, sus actuaciones estarán sometidas al control de la Superintendencia de la Actividad Aseguradora.

DÉCIMO: todos los sujetos regulados de la Ley dan cuenta del interés general que subyace en la actividad aseguradora, y el Defensor del Asegurado será uno de sus principales garantes. Es así como su actividad será de policía administrativa.

UNDÉCIMO: los actos del Defensor del Asegurado no tendrán carácter vinculante pero sí estarán protegidos por las prerrogativas que acompañan a las actuaciones de la Administración Pública.

DUODÉCIMO: las actuaciones del Defensor estarán supervisadas por la Superintendencia de la Actividad Aseguradora y se evidencia que está parcializado por una de las partes podría revocarse su autorización como sujeto regulado.

BIBLIOGRAFÍA

APONTE A., Jonás E. *La actividad de policía en el derecho tributario. Especial referencia a la potestad inspectora y las garantías del contribuyente*, Santiago de Chile, 2021.

BAUMEISTER T., Alberto. "Nuevas tendencias e instituciones en derecho de seguros". *Revista de la Facultad de Derecho de la Universidad Católica Andrés Bello*, N° 53, Universidad Católica Andrés Bello, Facultad de Derecho, Caracas, 1998.

PECCHIO B., Isabella y ABACHE C., Serviliano. "Libertad de empresa y el concepto de actividad aseguradora desde el pensamiento de Alfredo Morles Hernández Una propuesta interpretativa". *Revista Venezolana de Derecho Mercantil. Actualización del Derecho Mercantil desde la obra del Dr. Alfredo Morles Hernández*. Sociedad Venezolana de Derecho Mercantil, Caracas, 2021.

CASTAÑEDA, Mireya. *La protección no jurisdiccional de los derechos humanos en México*. CNDH, México, D.F.

ESPINA M., María V. "Algunos comentarios sobre la posibilidad de delegar en sujetos privados la ejecución de la actividad de la policía de la administración pública". *Revista de la Facultad de Ciencias Jurídicas y Políticas de la Universidad Central de Venezuela*, Universidad Central de Venezuela, Caracas, 2007.

MORLES H., Alfredo. *Curso de Derecho Mercantil*. UCAB, Caracas, 2006.

PAREJO R., María T. *El Defensor del Pueblo. Un estudio con especial referencia al Ecuador*. Konrad Adenauer Stifung, Uruguay, 2004.

RIVERO A., Santiago. *Disciplina del Crédito Bancario y Protección del Consumidor*. Editorial Aranzadi, Pamplona, 1995.

SALOMÓN DE PADRÓN, Magdalena. "La protección al consumidor y las limitaciones a la actividad económica". *Revista de Derecho Público* N° 35, Editorial Jurídica Venezolana, Caracas, 1988.

SERRA R., Andrés. *Derecho Administrativo*. Librería de Manuel Porrúa, S.A., México D.F.

STIGLITZ, Rubén. *Derecho de Seguros*. Tomo I. Abeledo Perrot, Buenos Aires, 2001.

Sentencias:

Sala Constitucional

Sala Constitucional del Tribunal Supremo de Justicia, sentencia N° 2706 del 18 de diciembre de 2001, caso: *Alberto Carmona Palenzona y Juan M. Carmona Perera vs. Federación Venezolana de Deportes Ecuestres.*

Sala Constitucional del Tribunal Supremo de Justicia, sentencia N° 1718 del 19 de septiembre de 2001, caso: *José Manuel Díaz vs. CONAC.*

Sala Constitucional del Tribunal Supremo de Justicia, sentencia N° 1004 del 12 de junio de 2001, caso: *Franca Alfano Tantino vs. Universidad Santa María.*

Sala Constitucional del Tribunal Supremo de Justicia, sentencia N° 342 del 22 de marzo de 2001, caso: *Marítimos Unidos Marinu C.A.*

Sala Constitucional del Tribunal Supremo de Justicia, sentencia N° 1556 del 8 de diciembre de 2000, caso: *Transporte Sicalpar C.A.*

Cortes de lo Contencioso Administrativo

Corte Segunda de lo Contencioso Administrativo, sentencia N° 2008-1560 del 12 de agosto de 2008, caso: *Banco Exterior, C.A. Banco Universal contra el Instituto Autónomo para la Defensa y Educación del Consumidor y del Usuario (INDECU).*

Corte Primera de lo Contencioso Administrativo, sentencia N° 2002-2158, de fecha 7 de agosto de 2002, caso: *Seguros Orinoco C.A. contra Instituto para la Defensa Educación del Consumidor y el Usuario. (INDECU).*

Corte Primera de lo Contencioso Administrativo en el conocido caso Sociedad de Autores y Compositores de Venezuela (SACVEN), de fecha 18 de febrero de 1986.

Normativa

Normas relativas a la defensa de los derechos del tomador, asegurado, beneficiario, contratante, usuario y afiliado de la actividad aseguradora. Providencia Administrativa N° SAA-01-0533-2024, publicada en la Gaceta Oficial Extraordinaria 6.835 de fecha 3 de septiembre de 2024.

Las Normas que Regulan los Contrato de Seguro y de Medicina Prepagada. Providencia Administrativa N° SAA-01-0506-2024, publicada en la Gaceta Oficial Extraordinaria 6.835 de fecha 3 de septiembre de 2024.

REFLEXIONES SOBRE ECONOMÍA Y DERECHO A PARTIR DE LA RECIENTE REFORMA DE LA LEY DE LA ACTIVIDAD ASEGURADORA

Andrea RONDÓN GARCÍA[1]

Resumen: Al hacer una breve revisión histórica de la regulación en materia de seguros en Venezuela se evidencia que la misma se ha caracterizado por el control previo, esto es, se establecen autorizaciones para casi todo, o en su defecto notificaciones; prohibiciones en muchos supuestos en donde debería privar la conveniencia del negocio; excesivas facultades para la Superintendencia que genera actuaciones conservadoras de los sujetos regulados en lugar de respuestas en busca de estrategias e inversión, porque al fin y al cabo estamos hablando de una parte del sector financiero de un país.

La reciente reforma de la ley no trae nada diferente de lo que hemos visto, razón por la cual nos preguntamos si es posible abordar este tema desde una perspectiva que incluya el lado económico, esto es, a partir de un análisis económico del derecho. Pero además, a partir de un análisis económico del

---

1 Abogado mención *Magna Cum Laude*, Universidad Central de Venezuela. Especialista en Derecho Procesal Civil mención *Honorífica*, Universidad Central de Venezuela. Doctora en Ciencias mención Derecho, Universidad Central de Venezuela. Profesora de Doctorado en Derecho, Universidad Católica Andrés Bello. Profesora de Pregrado de Argumentación Jurídica, Universidad Católica Andrés Bello (2006-2017). Profesora de Pregrado de Teoría General del Derecho, Universidad Católica Andrés Bello (2017-2019). Miembro del Comité Académico del Centro de Divulgación del Conocimiento Económico para la Libertad (CEDICE Libertad). Coordinadora del Programa Cultura en Libertad del Centro de Divulgación del Conocimiento Económico para la Libertad (CEDICE Libertad). Directora del Comité de Derechos de Propiedad del Centro de Divulgación del Conocimiento Económico para la Libertad (CEDICE Libertad). Directora del Instituto Ludwig von Mises de Venezuela. Miembro fundador de la Sociedad Venezolana de Derecho Mercantil (SOVEDEM). Columnista de El Nacional, del Instituto Juan de Mariana de España e *Independent Institute* en español de Argentina.

derecho que integre la filosofía liberal como lo ha hecho David Friedman con su obra «El orden del Derecho. La relación entre la economía y el derecho y su importancia».

Palabras clave: Sector asegurador, regulación, análisis económico del derecho, filosofía liberal.

Abstract: A brief historical review of the insurance regulation in Venezuela, show us that that it has been characterized by previous control, that is, authorizations for almost everything, or, failing that, notifications; prohibitions in many cases where the convenience of the business should be first; excessive powers for the Superintendence that generates actions as conservatives of the regulated subjects instead of responses in search of strategies and investment, because after all we are talking about the financial sector of a country.

The recent reform of the law does not bring anything different from what we have seen, which is why we wonder if it is possible to address this issue from a perspective that includes the economic side, that is, from an economic analysis of law. But also, from an economic analysis of law that integrates liberal philosophy as David Friedman has done with his work «The order of Law. The relationship between economics and law and its importance».

Keywords: Insurance sector, regulation, economic analysis of law, liberal philosophy.

INTRODUCCIÓN

Estamos en presencia de una nueva reforma de la Ley de la Actividad Aseguradora[2]. Creo que el contexto que vivimos desde hace dos décadas nos da la dosis de realidad suficiente como para saber que no representará un cambio sustancial en la dinámica del mercado asegurador.

Para mi escribir sobre la reforma de la ley es una excusa para reflexionar sobre la relación entre la Economía y el Derecho porque en nuestro foro no es costumbre pensar en esta relación y porque desde la visión de la Superintendencia de la Actividad Aseguradora (en adelante Superintendencia o SUDEASEG) incluso pareciera pensarse que se excluyen.

Estas breves líneas son para recordar que, como ciencias sociales ambas, que tienen el mismo objeto de estudio, esto es, el hombre, pero en distintos contextos, las mismas se complementan.

A partir de una descripción de lo que ha sido la regulación del sector hasta la presente fecha y exponiendo los principales cambios de la reforma

---

2 Ley de Reforma del Decreto con Rango, Valor y Fuerza de Ley de la Actividad Aseguradora (en adelante Ley de la Actividad Aseguradora), publicada en la Gaceta Oficial Extraordinario No. 6.770, el 29 de noviembre de 2023.

de la Ley, el objetivo es que el lector se detenga principalmente en las reflexiones que se abordan sobre el Derecho y la Economía considerando un análisis económico del Derecho fuertemente nutrido de la filosofía liberal.

I. ¿CÓMO HA SIDO LA REGULACIÓN DEL SECTOR ASEGURADOR EN VENEZUELA?

La regulación especial del sector asegurador en Venezuela tiene casi un siglo. La primera ley que regula a las compañías de seguros y las somete a la supervisión del Estado es la Ley de Inspección y Vigilancia de las Empresas de Seguros de 1935. Antes de esta ley se aplicaban las disposiciones del Código de Comercio sin más intervención del Estado que la del Registro Mercantil, cuyo principal objetivo es la publicidad[3].

Esta Ley luego es derogada por la Ley del año 1938 y en 1965 se publica la Ley de Empresas de Seguros y Reaseguros[4]. Esta ley tuvo sucesivas reformas en 1975 y 1994. Estas leyes se dictaron en consonancia con el Acuerdo de Cartagena dentro del proceso de integración económica de la Comunidad Andina de Naciones[5]. La Ley de 1994 incorporaría importantes cambios como permitir el ejercicio de la actividad por parte de empresas propiedad de extranjeros; aumentar el capital social mínimo; incluir el concepto de margen de solvencia y reformar el régimen de sanciones[6].

Pero, luego de la aprobación de la Constitución de la República Bolivariana de Venezuela de 1999 y el inicio de la transformación del ordenamiento jurídico con la amplia habilitación presidencial para legislar, hubo intentos de reformar el régimen legal de las compañías de seguros, no

---

3 Hoy en día esto ha cambiado drásticamente, especialmente con las leyes de Registros y Notarías desde 2001 en las que se atribuye facultades a los Registradores que suponen verdaderas intromisiones de fondo como es el caso de los Registros Mercantiles, que pueden rechazar la constitución de una compañía con capital social insuficiente aplicando criterios de razonabilidad con relación al objeto social (artículo 57, numeral 1 de la Ley de Registros y Notarías publicada en la Gaceta Oficial No. 6.668 Extraordinario del 16 de diciembre de 2021).

4 Kimlen Chang de Negrón y Emilio Negrón Chacín, *Seguros en Venezuela. Según la nueva Ley de la Actividad Aseguradora Gaceta Oficial No. 39.481 del 5 de agosto de 2010 Ley del Contrato de Seguro Gaceta Oficial No. 5.553 Extraordinario del 12 de noviembre de 2011*, (Caracas: Vadell Hermanos Editores, 2014), 21.

5 *Ibidem*, 22.

6 *Ibidem*, 22.

sólo con relación al órgano de supervisión sino con relación a la parte sustantiva con una Ley del Contrato de Seguro, que finalmente nunca entró en vigencia.

Finalmente se publica la Ley de la Actividad Aseguradora en Gaceta Oficial No. 5.990 Extraordinaria del 9 de julio de 2010, reimpresa por error material en Gaceta Oficial No. 39.481 del 5 de agosto de 2010, que constituye un verdadero cambio de la regulación de la actividad aseguradora.

La legislación dictada con posterioridad a la Constitución de 1999 se hizo en el marco de la cláusula del Estado Social de Derecho y de Justicia (artículo 2 de la Constitución), fórmula criticada por un respetado sector de la doctrina[7] y que significó el inicio de la transformación del ordenamiento jurídico.

En el sector asegurador esta cláusula del Estado Social de Derecho y de Justicia se tradujo en: i) la inclusión de otros sujetos bajo la supervisión de la Superintendencia como las cooperativas de seguro y las empresas de medicina prepagada; ii) la prohibición de la banca-seguro; iii) la creación de los seguros obligatorios y solidarios con criterios de equidad e inclusión social; iv) fueron creativos al introducir formas de participación popular a través de organizaciones comunitarias; v) el aumento de la garantía a la Nación y los capitales mínimos; entre otras.

Mediante decreto presidencial esta ley es derogada por el Decreto con Rango, Valor y Fuerza de Ley de la Actividad Aseguradora publicado inicialmente en la Gaceta Oficial No. 6.211 Extraordinaria del 30 de diciembre de 2015 y reimpresa en la Gaceta Oficial No. 6.220 Extraordinaria del 15 de marzo de 2016.

Esta ley (en adelante Ley de 2015), que será objeto de análisis en la medida en que será comparada con la nueva Ley de la Actividad Aseguradora, mantiene la filosofía detrás de la Ley de 2010 e incluso la acentúa en muchos aspectos.

II. ¿ES UNA VERDADERA REFORMA LA LEY DE LA ACTIVIDAD ASEGURADORA DE 2023, O POR EL CONTRARIO, LA LEY DE 2023 SÓLO INTRODUCE CAMBIOS TÍMIDOS?

La Ley de 2023 tuvo sus orígenes en la propia Superintendencia de la Actividad Aseguradora (en adelante Superintendencia o SUDEASEG), que en el año 2021 sometió a consulta de los sujetos regulados el proyecto de

7 Francisco Delgado, *La Idea del Derecho en la Constitución de 1999*, (Caracas: Universidad Central de Venezuela, 2008).

ley[8]. Entre el proyecto sometido a consulta en el año 2021 y la Ley de 2023 hay notables cambios, especialmente en los montos del capital social mínimo, de la Garantía a la Nación y de las sanciones.

La Ley de 2023 introduce cambios importantes, que incluso pudieran tener una valoración positiva, como es el caso de la eliminación de la prohibición de la banca seguro; la introducción de tres nuevos modelos de productos, que sustituyen a las pólizas solidarias y obligatorias; la introducción de nuevos canales de comercialización; la adaptación a las nuevas tecnologías con el uso de FINTECH (artículo 57); la eliminación de la autorización previa para enajenar vehículos e inmuebles; etc.

Pero cabe preguntarse si estos cambios son suficientes para acelerar la dinámica del mercado asegurador o si por el contrario, dichos cambios son tímidos ante un nuevo régimen sancionatorio y una filosofía fundamentalmente controladora.

Veamos algunos de estos cambios en detalle:

1. *Eliminación de prohibiciones a actividades de banca seguro*

La ley derogada expresamente prohibía las actividades de banca seguro (artículo 40, numerales 16 y 17). En la Ley de 2023 se eliminó esta prohibición (artículo 25).

Esta figura en el pasado tuvo varios inconvenientes. Se comercializaron pólizas realmente complejas a través de este canal; los intermediarios consideraron que la banca se sustituyó en sus roles; numerosos denuncias de tarjetahabientes por cargos no consentidos; etc. Todo esto originó la prohibición de esta figura en la ley de 2015.

Con la Ley de 2023 se permite la comercialización a través de canales alternativos, dentro de los que se incluyen los bancos, los ramos de accidentes personales, funerarios, vida individual, vida colectiva y responsabilidad civil de vehículos (artículo 57).

2. *Sobre los nuevos productos y los canales alternativos de comercialización.*

La Sección V de la Ley de 2023 incluye los microseguros, los seguros inclusivos y los seguros masivos para determinadas coberturas.

De acuerdo con el artículo 55, los microseguros están dirigidos a los sectores vulnerables; en cambio, los seguros inclusivos están dirigidos a los sectores desatendidos, no necesariamente de bajos ingresos. Según los

8 Según Circular No. SAA-9-2098-2021, del 18 de mayo de 2021.

facilitadores de las actividades de formación organizadas por la Cámara de Aseguradores de Venezuela (CAV) con ocasión a la nueva ley, los seguros inclusivos vendrían a sustituir a los seguros solidarios de la Ley de 2015.

En este último caso, no se trata de una imposición a las compañías de seguro sino una opción más para ofrecer al mercado, lo que en nuestra opinión significa un cambio importante.

Finalmente, los seguros masivos están destinados a usuarios con características similares con unos particulares canales de comercialización.

Estos productos (ahora expresamente previstos en la Ley de 2023) siempre han supuesto retos para los sujetos regulados porque su forma de comercialización entra en tensión con las exigencias en materia de Administración de Riesgos de Legitimación de Capitales, Financiamiento al Terrorismo y Financiamiento de la Proliferación de Armas de Destrucción Masiva.

No obstante, con la recién aprobada Providencia SAA-01-0536-2024[9] pareciera que el regulador ha tomado en cuenta las características de comercialización de este tipo de productos y ha establecido en el artículo 46 lo siguiente:

> Los Sujetos Obligados aplicarán la Debida Diligencia en la Política Conozca a su Cliente, de acuerdo con el nivel de riesgo, siendo para riesgo alto una Debida Diligencia Intensificada, moderado una Debida Diligencia Mejorada y bajo una Debida Diligencia Simplificada.
>
> **Los controles internos y las políticas de vinculación del cliente deben estar acordes a los niveles de riesgo establecidos en la Autoevaluación, y para las distintas modalidades de comercialización, sin que esto signifique que el procedimiento de vinculación del cliente resulte restrictivo e impida la realización de la operación.**
>
> Prestará especial atención a las operaciones realizadas con personas naturales o jurídicas situadas en países que no aplican o aplican inadecuada-mente las recomendaciones del Grupo de Acción Financiera Internacional, debiendo éstas ser aprobadas por la Junta Directiva o el Órgano que ejerza función equivalente.

---

9 Publicada en la Gaceta Oficial No. 6.835 Extraordinario de fecha 3 de septiembre de 2024.

3. *Mención aparte de la medida de cálculo (eliminación del petro)*

El proyecto de ley introducía el petro como moneda de cálculo. Pero a pesar de que se anunció la eliminación de esta moneda estatal en el mes de enero, la Ley de 2023 ya había modificado la medida de cálculo.

Pero antes de revisar lo que establece la Ley de 2023, vale la pena insistir en los desaciertos e incoherencias del petro. Recordemos que el petro en sí fue una figura bastante polémica.

Desde su creación el petro fue una contradicción. En diciembre de 2017, por decreto presidencial[10] se crea el petro, definido como eje de un nuevo sistema de criptomonedas que estaría respaldado por las reservas de riquezas minerales de Venezuela, petróleo, gas, oro y diamantes.

Cuando la esencia de las criptomonedas además de la virtualidad es la ausencia de Estado, el petro resulta ser un absoluto contrasentido.

Pero además, otro de los elementos más polémicos se basó en las dificultades para fijar con precisión su valor. Se trató de un criptoactivo que incrementó su valor de manera considerable constantemente, porque estaba anclado al precio del barril de petróleo (según declaración de Nicolás Maduro en el año 2018) pero ante la caída del valor del barril, el valor del petro no varió. Esto fue insistentemente denunciado por el profesor Juan Cristóbal Carmona ante las reformas de los concejos municipales que sustituyeron la unidad tributaria (en adelante UT) por el petro[11] y fue categórico al afirmar: «Efectuadas estas consideraciones, puede también concluirse que, el precio del PETRO es el que decida, a su total discreción, el Ejecutivo Nacional, a quien el año 2020 llegó, en época de pandemia, a quitarle la máscara»[12].

Ahora bien, el artículo 4, numeral 29 de la Ley de 2023 define al Tipo de cambio de referencia, del que dependen muchos requisitos financieros y sanciones, como «El tipo de cambio oficial de la moneda de mayor valor,

---

10 Decreto Presidencial No. 3.196, publicado en la Gaceta Oficial No. 6346 del 8 diciembre 2017.

11 Juan Cristóbal Carmona, «El petro como unidad de cuenta fluctuante en la tributación municipal», *Vitrina Legal*, acceso el 31 de octubre de 2022, http://www.vitrinalegal.com.ve/wp-content/uploads/2019/11/El-Petro-como-Unidad-de-Cuenta-Fluctuante. pdf.

12 Juan Cristóbal Carmona, «¿Cuánto vale el petro?», *Academia de Ciencias Políticas y Sociales*, acceso el 31 de octubre de 2022, https://www.acienpol.org.ve/wp-content/uploads/2020/04/CU%C3%81NTO-VALE-EL-PETRO-.pdf.

publicado por el Banco Central de Venezuela, según el promedio ponderado resultante de las operaciones diarias de las mesas de cambio activas de las instituciones bancarias participantes».

De esta definición pareciera desprenderse que el Tipo de cambio de referencia resulta de la lista de monedas que se muestra en la página principal del sitio web del Banco Central de Venezuela y que actualmente incluye solo las monedas de las siguientes cinco (5) jurisdicciones: (i) China, (ii) Turquía, (iii) Rusia, (iv) EE.UU. y (v) Europa (Euro), de los cuales el que tiene mayor valor actualmente es el Euro. Esta interpretación parece consistente con la práctica de larga data de la Administración Tributaria.

4. *Aumento significativo en varios rubros.*

En materia de capitales sociales mínimos:

La nueva Ley establece aumentos significativos. Consideremos por ejemplo las compañías de seguro que aspiren a operar de forma simultánea en ramos generales y ramos de vida que según la Ley de 2015 deben tener un capital social mínimo equivalente a 1.980.000 UT (artículo 19, numeral 2, literal d), que es un valor nulo, y por su parte, la Ley de 2023 dispone que deben tener quinientos noventa mil (590.000) veces el tipo de cambio de referencia, es decir, quinientos noventa mil (590.000) euros.

Adicionalmente, se establecen otras limitaciones. La Ley de 2023 exige expresamente que el capital social se aporte ya sea con (i) un depósito en moneda venezolana, (ii) valores del Estado venezolano, indexados y denominados en moneda venezolana, o (iii) a través de la cuenta de utilidades no distribuidas, previa autorización de la Superintendencia (artículo 13).

Por otra parte, resulta interesante lo que la nueva Normas Prudencial sobre aumentos de capital[13] dispone en su artículo 5:

> En los casos que los aportes del aumento de capital se hagan en efectivo y en títulos del Estado Venezolano indexados y denominados en bolívares, deberá realizarse un cargo a la cuenta de activo y con abono a la cuenta del pasivo - Otras cuentas por Pagar - Cuentas por Pagar Accionistas, hasta tanto sea autorizada el Acta de Asamblea. Una vez obtenida la autorización, se reclasificará a la cuenta de Patrimonio - Capital Pagado.

---

13 Normas que regulan los aumentos de capital social de los sujetos regulados, publicada en la Gaceta Oficial No. 6.835 Extraordinario de fecha 3 de septiembre de 2024.

En los casos que el aumento de capital sea por acreencias con accionistas o con cargo a las utilidades no distribuidas, se mantendrá su registro hasta tanto sea autorizada el Acta de Asamblea. Una vez obtenida la autorización, se reclasificará a la cuenta de Patrimonio - Capital Pagado.

En materia de Garantía a la Nación:

La Ley de 2023 aumentó el requisito de Garantía a la Nación, que actualmente está expresado en unidades tributarias y que es un valor nulo, al diez por ciento (10%) del capital social mínimo aplicable (artículo 14).

En materia de multas:

- Utilizar pólizas, contratos, documentos, tarifas o publicidad sin la aprobación previa de la Superintendencia: Multa de entre 10.000 y 25.000 euros (artículo 126, numeral 3 de la Ley de 2023).
- Pago de comisiones, bonificaciones o contraprestaciones de cualquier tipo a personas no autorizadas o suspendidas por la Superintendencia para actuar como intermediarios: Multa de entre 20.000 y 30.000 euros (artículo 126, numeral 7 de la Ley de 2023).
- Incurrir en cualesquiera actividades prohibidas, incluida la celebración de contratos de reaseguro con partes vinculadas: Multa de entre 25.000 y 50.000 euros (artículo 126, numeral 11 de la Ley de 2023).
- Ceder riesgos en reaseguro en contravención a lo previsto en la ley venezolana: Multa que oscila entre 10.000 y 25.000 euros (artículo 127, numeral 4 de la Ley de 2023).
- No respaldar las reservas técnicas con los activos necesarios: Multa de entre 25.000 y 50.000 euros (artículo 128 de la Ley de 2023).
- Incumplimiento o retraso en el pago de una reclamación, o rechazo de ella con argumentos genéricos: Multa de entre 10.000 y 25.000 euros (artículo 133 de la Ley de 2023).
- Elaboración de estados financieros sin seguir las normas contables aplicables: Multa de entre 10.000 y 25.000 euros. Sin embargo, si el incumplimiento impide conocer la situación financiera real de la empresa, la multa oscilaría entre 25.000 y 50.000 euros (artículo 134 de la Ley de 2023).

5. *Creación de tasas pagaderas a la SUDEASEG por la inscripción en diversos registros*

La Ley de 2023 establece que varias personas, naturales y jurídicas, que realicen actividades relacionadas con seguros deberán registrarse ante la Superintendencia y pagar tasas por dicho registro (artículo 12). A continuación algunos ejemplos que valdría la pena mencionar:

- Los derechos de registro para la inscripción de reaseguradoras extranjeras es de cinco mil (5.000) euros y los derechos de renovación de dicho registro (cada 3 años) es de un mil doscientos cincuenta (1.250) euros.
- Los derechos de inscripción inicial para el Oficial de Cumplimiento es de ciento cincuenta (150) euros y los derechos de renovación de dicha inscripción (cada 3 años) es de treinta y siete con cincuenta céntimos (37,50) de euros.

6. *Contribución especial a la SUDEASEG.*

La contribución especial que los sujetos regulados deben pagar a la Superintendencia para financiar sus operaciones se eleva en la Ley de 2023 de un rango entre uno coma cinco por ciento (1,5%) y dos coma cinco por ciento (2,5%) a un rango de dos coma cinco por ciento (2,5%) a tres coma cinco por ciento (3,5%) de los ingresos relacionados a la actividad aseguradora (artículo 11).

Actualmente, esta contribución especial es de tres coma cinco por ciento (3,5%) en virtud de la Providencia No. SAA-01-0510-2024, contentiva de las Normas que regulan el pago de la contribución especial que deben efectuar los sujetos regulados[14].

Además, los aseguradores están obligados a deducir de las primas de reaseguro pagadas la parte de la contribución especial correspondiente a la prima cobrada.

7. *Reducción del plazo para la remisión de la información financiera*

Anualmente deben ser aprobados por la asamblea de accionistas una serie de recaudos de índole financiera sobre la compañía, a saber: Estado de la situación financiera; Informe de auditoría externa y la respectiva carta a la gerencia; Certificación de las reservas técnicas y el informe correspondiente;

---

[14] Publicada en la Gaceta Oficial No. 6.835 Extraordinario de fecha 3 de septiembre de 2024.

Margen de solvencia y patrimonio propio no comprometido correspondientes al último trimestre del ejercicio económico; Memoria y cuenta presentada por la Junta Directiva a la Asamblea de Accionistas, acompañado del informe del comisario; Información contable, estadística y cualquier otra que sea necesaria.

La ley actual dispone que esta información debe remitirse dentro de noventa (90) días después del cierre (artículo 71, numeral 1), en cambio la Ley de 2023 dispone que debe ser dentro de los sesenta (60) días siguientes del cierre (artículo 79, numerales del 1 al 7).

Este plazo de sesenta (60) días ya era aplicable para la remisión del informe en materia de Administración de Riesgos de Legitimación de Capitales, Financiamiento al Terrorismo y Financiamiento de la Proliferación de Armas de Destrucción Masiva de acuerdo con la Providencia SAA-2-004-2021.

Por otra parte, numeral 6 del artículo 79 de la Ley de 2023 expresamente dispone que los documentos indicados en este punto sean aprobados en la asamblea ordinaria de accionistas.

La ley de 2015 no exigía que la aprobación de los estados financieros ocurriese en una asamblea ordinaria.

La Ley de 2023 se alinea con lo que preceptúa el Código de Comercio en sus artículos 275 y 276. Sin embargo, al no tratarse de una norma de orden público, se daba libertad a los accionistas para establecer la categoría que considerara pertinente. Pero con la Ley de 2023 esta libertad se elimina.

8. *Plan de adecuación*

A diferencia de las reformas anteriores, la Ley de 2023 no establece un plan de adecuación dentro del cual las aseguradoras puedan adaptarse a la nueva normativa, de manera que éstas estarán obligadas a estar en cumplimiento de las nuevas normas para la fecha de entrada en vigencia de la ley.

Se establece que la ley entre en vigencia a los sesenta (60) días de su publicación en la Gaceta Oficial (Disposición Final Tercera). Consideramos que sesenta (60) días podría ser un plazo corto para que los sujetos regulados se adapten a la nueva normativa, especialmente en lo que respecta a la constitución de la Garantía a la Nación y aumento de capital al nuevo monto mínimo requerido.

9. *Reservas técnicas y otras consideraciones*

En la Sección II relativa a las reservas técnicas, se crea una nueva categoría, reservas complementarias, que las aseguradoras deben constituir y que sólo aplica cuando la reserva para riesgos vigentes sea insuficiente para cumplir con los compromisos asumidos ante asegurados y beneficiarios (artículo 35).

Además se modifica la representación de las reservas técnicas (artículo 40). Con respecto a las inversiones que respaldan las reservas técnicas, las categorías de activos que expresamente autoriza la Ley de 2023 son: (i) depósitos en moneda venezolana o extranjera en bancos venezolanos, (ii) títulos valores denominados en moneda venezolana o extranjera emitidos o garantizados por la República u otras entidades gubernamentales, o emitidas por entidades en las que participen las anteriores, siempre que estén bajo la custodia de un banco o institución del mercado de capitales, de carácter público, (iii) participación en fondos de inversión, en moneda nacional o extranjera, cotizados y constituidos exclusivamente con títulos de renta fija o variable, emitidos y custodiados por instituciones o empresas de la República Bolivariana de Venezuela, y (iv) participación en fondos de inversión inmobiliaria, establecidos en la República Bolivariana de Venezuela, así como en bienes inmuebles construidos, siempre que los activos se encuentren ubicados exclusivamente en Venezuela.

Estas dos últimas categorías, deberán estar precalificadas por el órgano competente.

Muchos aspectos de la Ley se completan y desarrollan en las sesenta (60) Normas Prudenciales que se dictaron en el mes de septiembre de 2024.

Finalmente, este punto lo iniciamos con la pregunta de si ¿es una verdadera reforma la Ley de la Actividad Aseguradora de 2023, o por el contrario, la Ley de 2023 sólo introduce cambios tímidos?

Me temo que la respuesta es negativa, no se trata de una reforma sustancial y los cambios que introduce son para agravar las obligaciones de pago de los sujetos regulados, agravar el régimen sancionatorio y prever nuevos supuestos de medidas administrativas.

El cambio no es sustancial respecto de la regulación que hemos visto desde el año 2007. Recordemos que a partir de ese año se diseñó una nueva arquitectura legal para el sistema financiero que permitiera la transición de una economía capitalista a una economía socialista y que se concretó en una ley marco para el «sistema» con la Ley Orgánica del Sistema Financiero Nacional y en leyes especiales para cada sector con la Ley de

Instituciones del Sector Bancario, la Ley de la Actividad Aseguradora y la Ley del Mercado de Capitales[15].

Es más, a esta nueva arquitectura legal debe incluirse el Decreto Ley de la Ley del Contrato de Seguros, que nunca entró en vigencia porque fue judicialmente suspendida y luego derogada por la Ley de la Actividad Aseguradora (disposición derogatoria segunda). Sin embargo, una regulación similar a la pretendida en la Ley del Contrato de Seguro se aplica con las Normas que Regulan la Relación Contractual en la Actividad Aseguradora[16]. Esta regulación no es menor. Se establecen amplias facultades a la Superintendencia con relación al contrato de seguros, que hasta entonces era un área que estaba predominantemente en cabeza de las partes del contrato.

III. ¿ES POSIBLE INTENTAR ALGO DISTINTO?

1. *Relación entre Economía y Derecho*

La regulación del sector asegurador hasta ahora ha sido a partir de una sola cara del problema, el jurídico y siempre de una u otra forma viéndolo como parte del sistema financiero que es un sector de regulación muy exhaustiva.

Creo que esto ha sido más un obstáculo que una herramienta para el efectivo ejercicio de derechos y libertades. Pero además, no se ha logrado conseguir una regulación que cuando menos sea cónsona con el funcionamiento técnico y profesional del sector. Entonces, me surgen algunas preguntas: ¿por qué no abordar este tema desde una perspectiva distinta?, una que tome en cuenta la otra cara del problema, el económico.

¿Por qué no abordar este tema desde una visión liberal, por ejemplo?, ¿por qué en lugar de profundizar la regulación o flexibilizarla en el mejor de los casos, no se intenta algo radicalmente distinto?

---

15 Alfredo Morles Hernández, *La Banca en el marco de la transición de sistemas económicos de Venezuela*, (Caracas: Universidad Católica Andrés Bello, 2011), 11-27.

16 Providencia Administrativa N° FSAA-9-00661 de fecha 11 de julio de 2016, mediante la cual se dictan las Normas que Regulan la Relación Contractual en la Actividad Aseguradora, publicada en la Gaceta Oficial de la República Bolivariana de Venezuela N° 40.973 de fecha 24 de agosto de 2016.

Hasta ahora un gran ausente en la regulación del sector asegurador es un análisis económico del Derecho y uno que esté informado por los principios de la filosofía liberal.

En nuestro criterio, este sería el camino más idóneo o al menos más sano (porque no encontraremos todas las respuestas) porque permite plasmar en la norma una regulación eficaz. Justamente, la eficacia es el norte que nos plantea David Friedman y que esbozaremos más adelante.

De este modo, las siguientes líneas se proponen señalar esos principios que caracterizan la filosofía liberal; la forma en que esto impacta la concepción del Derecho y que es lo que se ha dicho desde el análisis económico del derecho.

2. *Principios de la filosofía liberal*

El liberalismo como filosofía política surge para resistir los absolutismos y reivindicar los derechos del hombre. Dotando de contenido lo que esta filosofía significa el economista argentino Martin Krause de forma sencilla explica que sus principios «...consisten en la prioridad de la libertad por sobre otros valores, el énfasis en el individualismo, aunque no reñido con la cooperación en sociedad, sino más bien de tipo metodológico; un rechazo a la coerción por sobre un determinado mínimo, al estado omnipresente, a la democracia ilimitada»[17].

Podría decirse que hay un componente individual (la libertad como valor absoluto y el individualismo) y un componente político (un estado limitado y una democracia con pesos y contrapesos).

Juan Ramón Rallo a lo largo de su obra Los 10 Principios Básicos del Orden Liberal ha definido el liberalismo como una filosofía política minimalista; sin rigidez para decir y pontificar lo que está bien y lo que está mal en nuestra vida; y en el tema que nos interesa, esto es, el marco regulador en materia financiera, se refleja con un marco jurídico necesario para que cada uno pueda vivir su propia vida sin más limitación que la de respetar a los demás[18].

---

17 Martin Krause, Prólogo, *Política y filosofía política a La filosofía política de Jorge Luis Borges*, de Adramis Ruíz (Madrid: Unión Editorial, 2015), 18. Frédéric Bastiat, «La Ley», en Obras escogidas (Madrid: Unión Editorial, 2012), 181-234.

18 Juan Ramón Rallo, *Liberalismo: Los 10 Principios Básicos del Orden Liberal* (Madrid: Deusto, 2019).

El respeto de este contenido será una exigencia constante en las distintas corrientes liberales, desde su surgimiento en el siglo XVIII hasta el presente.

3. *El Derecho como institución evolutiva y el legislador limitado*

Estos principios definitivamente tienen un impacto en la forma de concebir el Derecho y sus principales actores. De este modo se empieza a hablar de legislador limitado, e incluso, siendo más extremos, en generación descentralizada del Derecho.

A partir de la mano invisible de Adam Smith[19]; el orden natural de Frédéric Bastiat[20]; la acción humana de Ludwig von Mises[21]; el orden espontáneo de Friedrich von Hayek[22]; la ley como descubrimiento y no como acto de promulgación de Bruno Leoni[23]; y la praxeología (método propio de la Escuela Austríaca de Economía) al Derecho de Ricardo M. Rojas[24], podemos ensayar un concepto de Derecho como un conjunto de comportamientos que se han ido formando a lo largo del tiempo, dentro de un proceso evolutivo que supone ajustes, adaptaciones y coordinación social, y donde el legislador tiene una participación, un rol limitado, fundamentalmente encargado de velar por el escrupuloso respeto de esos principios propios del liberalismo a los que nos referimos antes.

Si entendemos al Derecho como el resultado de un proceso evolutivo, la autonomía de la voluntad adquiere un rol protagónico y la legislación un rol supletorio. De hecho, esa es la idea recogida en forma expresa en el artículo 200 del Código de Comercio que dispone que «Las sociedades mercantiles se rigen por los convenios de las partes, por las disposiciones de este Código y por las del Código Civil».

Esta comprensión del Derecho definitivamente tendrá una traducción en el tratamiento que el legislador le dé a las distintas instituciones y figuras jurídicas. Esta perspectiva liberal del Derecho se reflejará en una regulación

---

19 Adam Smith, *La teoría de los sentimientos morales* (Madrid: Alianza Editorial, 2011), 407.

20 Frédéric Bastiat, 181-234.

21 Ludwig von Mises, *La acción humana. Tratado de economía* (Madrid: Unión Editorial, 2011), 37-85.

22 Friedrich von Hayek, *Derecho, Legislación y Libertad* (Madrid: Unión Editorial, 2006): 57-78.

23 Bruno Leoni, *La libertad y la Ley* (Madrid: Unión Editorial, 2011), 19-42.

24 Ricardo M. Rojas, *Fundamentos praxeológicos del derecho* (Buenos Aires: Unión Editorial Argentina, 2018), 108.

más amigable con el ejercicio de derechos y libertades; partirá de la buena fe de las personas; no contribuirá a edificar una Administración inquisitiva; se mantendrá al margen de la dinámica del mercado para sólo actuar en situaciones excepcionales, puntuales y justificadas.

Esto no supone caos o anomia, sino que incluso se busca trasladar el rol de generador del Derecho del legislador a las partes, por eso se habla de fuente descentralizada del Derecho. Se apuesta por privilegiar la libertad de contratación por ejemplo, que también supone libertad para establecer las reglas con las cuales nos relacionamos.

4. *¿Y el sector asegurador?*

Se leerá un poco fuerte lo que señalaré a continuación, pero a partir de la breve exposición de las premisas que identifican a la filosofía liberal, podría afirmarse que la mejor regulación es la que no existe. Y por supuesto, esto generará reticencias en algunos casos y rechazo en otros, pero la «no regulación» no es la anomia, el caos o la nada, sino evitar que el legislador se convierta en un obstáculo dentro de la dinámica del mercado y que sean los propios agentes de ese mercado, en el ejercicio de la autonomía de la voluntad los que establezcan sus reglas y acuerdos.

Entonces, reformulando esta primera reflexión, podría decirse que la mejor regulación es la que recae en la autonomía de la voluntad de las partes, la auto-regulación.

El legislador está para procurar un marco institucional para que los agentes del mercado ejerzan sus derechos y libertades con garantías. El legislador no está para intervenir y dictar directrices en el mercado.

Ahora bien, entiendo perfectamente que esta propuesta para algunos luzca utópica y difícil de ser llevada a la práctica. También entiendo que muchos que comulgan con la filosofía liberal llegan a apostar por ella hasta que nos topamos con temas como urbanismo, libre competencia, banca, seguros, etc.

Reconozco que resulta «cómodo» hablar de liberalismo en áreas propias del Derecho Privado y es realmente retador hacerlo en otras en las que está involucrado el sistema financiero, por ejemplo.

Pero mi intención es recordar que estas áreas retadoras tienen su origen en el Derecho Privado, como es el tema bancario y asegurador, y que ante el afán de proteger al débil jurídico, estas áreas parecen más de Derecho Público que Privado.

En este artículo, además de dar cuenta de los cambios que introduce la reforma de la Ley, quiero ir más allá y exponer que la filosofía y el propósito que ha estado detrás de esta legislación son contrarios a la naturaleza del mercado y que no habrá un verdadero crecimiento del mercado si no advertimos esto.

David Friedman, hijo del reconocido Premio Nobel de Economía Milton Friedman, en su libro *El orden del Derecho. La relación entre la economía y el derecho y su importancia* del año 2000, ha formulado un importante esfuerzo por tratar temas tan álgidos como el derecho penal, el derecho de la competencia y el derecho de seguros desde una visión económica (una de las aristas de la filosofía liberal) del asunto.

IV. EL ORDEN DEL DERECHO. LA RELACIÓN ENTRE LA ECONOMÍA Y EL DERECHO Y SU IMPORTANCIA

1. *¿Y qué se propone desde una perspectiva liberal?-*

Algo que ha caracterizado a la regulación en Venezuela del sector asegurador es el control previo. Esta regulación establece autorizaciones para casi todo, o en su defecto notificaciones; prohibiciones en muchos supuestos en donde debería privar la conveniencia del negocio; excesivas facultades para la Superintendencia que genera actuaciones conservadoras de los sujetos regulados en lugar de respuestas en busca de estrategias e inversión, porque al fin y al cabo estamos hablando de uno de los sectores del sistema financiero de un país.

Si vamos a la regulación en el Derecho en general, el factor determinante que guía dicha regulación será la justicia.

Pero si este es el factor determinante en la regulación en el sector financiero, dicha regulación peca de sólo ver una cara de la moneda, esto es, el jurídico.

Entonces, con el libro de Friedman *El orden del Derecho. La relación entre la economía y el derecho y su importancia* se trata de traer a la mesa otros ingredientes, o al menos reflexionar sobre el tema y no ir de modo inevitable a la búsqueda de la justicia, básicamente porque «Emplear el concepto de justicia para escoger normas, si bien es emocionalmente satisfactorio, no expresa mucha información»[25].

[25] David Friedman, *El orden del Derecho. La relación entre la Economía y el Derecho y su importancia*, (San Isidro: Unión Editorial Argentina, 2021).

Friedman tampoco nos ofrece una respuesta ideal con el análisis económico del derecho porque «Es posible que el valor económico sólo capte un matiz de lo que esperamos o buscamos en un sistema legal, pero al menos la teoría nos informa cómo hallarlo»[26].

Más que justicia, muy cuestionado por Friedman como el fin buscado por la legislación, la eficiencia económica es uno de los factores que debería tener mayor peso en la regulación. Partiendo de las tesis de Alfred Marshall, Friedman sostiene que «lo que Marshall considera como "más eficiente" se asemeja a lo que la gente califica como "mejor" y, además, es mucho más preciso y se aplica más fácilmente»[27].

Y esto no debería sorprendernos en modo alguno a los abogados, porque resulta que «En muchos casos, los principios que consideramos justos se aproximan bastante a las normas que, según descubriremos, son eficientes (…) Este hecho sugiere una hipótesis radical: aquellos que denominamos principios de justicia son en realidad normas aprendidas que producen un resultado eficiente, es decir, leyes que de alguna manera, hemos asimilado»[28].

Ahora bien, no pensemos que Friedman se conforma con cuestionar la justicia y ofrecernos la eficiencia económica como respuesta, porque tampoco lo es del todo. De quedarnos hasta aquí con la lectura del libro de Friedman, tendríamos un muy buen libro de análisis económico del derecho, digno sucesor de las tesis de Posner.

Pero no, Friedman va más allá y nos indica que para diseñar un sistema legal eficiente debemos «Elegir una combinación apropiada de normas sobre propiedad y responsabilidad teniendo en cuenta sus costes (…) definir y agrupar derechos de propiedad para minimizar costes asociados a su definición, protección y transferencia»[29].

Al dotar de mayor contenido la eficiencia con propiedad y responsabilidad, Friedman sale de la visión tradicional que ofrece el análisis económico del derecho de las primeras décadas y nos reta a buscar otros elementos.

---

26 *Ibidem*, 40.

27 *Ibidem*, 39.

28 *Ibidem*, 41.

29 *Ibidem*, 488.

La propuesta de Friedman no es fácil, pero sin duda representa un cambio a la forma de ver la regulación de estos sectores que hasta ahora ha sido tan inquisitiva y tan poco pro libertad de empresa.

V. CONCLUSIONES

Nuestra legislación, especialmente en los sectores altamente regulados como son los del sistema financiero, muestra una tendencia a la hiper regulación en aras de proteger al débil jurídico o incluso, perseguir un evidente interés perverso de gobernantes, de maniatar los sectores vinculados a lo financiero, olvidando que todo orden jurídico tiene un costo que no es irrelevante al momento de tomar decisiones individuales.

La invitación con estas breves líneas es a abordar el problema incluyendo otros puntos de vista y a no darle la espalda al aspecto económico.

Derecho y Economía no son excluyentes y de hecho, regular sin tomar en consideración a uno de estos aspectos, es eliminar los incentivos que favorecen el crecimiento del mercado.

BIBLIOGRAFÍA

BASTIAT, Frédéric. «La Ley», en Obras escogidas. Madrid: Unión Editorial, 2012.

CHANG DE NEGRÓN, Kimlen y NEGRÓN CHACÍN, Emilio. *Seguros en Venezuela. Según la nueva Ley de la Actividad Aseguradora Gaceta Oficial No. 39.481 del 5 de agosto de 2010 Ley del Contrato de Seguro Gaceta Oficial No. 5.553 Extraordinario del 12 de noviembre de 2011*. Caracas: Vadell Hermanos Editores, 2014.

CARMONA, Juan Cristóbal. «El petro como unidad de cuenta fluctuante en la tributación municipal», *Vitrina Legal*, acceso el 31 de octubre de 2022, http:// www.vitrinalegal.com.ve/wp-content/uploads/2019/11/El-Petro-como-Unidad-de -Cuenta-Fluctuante.pdf.

______ «¿Cuánto vale el petro?», *Academia de Ciencias Políticas y Sociales*, acceso el 31 de octubre de 2022, https://www.acienpol.org.ve/wp-content/ uploads/2020/04/CU%C3%81NTO-VALE-EL-PETRO-.pdf.

DELGADO, Francisco. *La Idea del Derecho en la Constitución de 1999*. Caracas: Universidad Central de Venezuela, 2008.

FRIEDMAN, David. *El orden del Derecho. La relación entre la Economía y el Derecho y su importancia.* San Isidro: Unión Editorial Argentina, 2021.

KRAUSE, Martin. «Prólogo», en *Política y filosofía política a La filosofía política de Jorge Luis Borges*, de Adramis Ruíz. Madrid: Unión Editorial, 2015.

HAYEK, Friedrich von. *Derecho, Legislación y Libertad.* Madrid: Unión Editorial, 2006.

LEONI, Bruno. *La libertad y la Ley.* Madrid: Unión Editorial, 2011.

MISES, Ludwig von. *La acción humana. Tratado de economía.* Madrid: Unión Editorial, 2011.

MORLES HERNÁNDEZ, Alfredo. *La Banca en el marco de la transición de sistemas económicos de Venezuela*. Caracas: Universidad Católica Andrés Bello, 2011.

RALLO, Juan Ramón. *Liberalismo: Los 10 Principios Básicos del Orden Liberal.* Madrid: Deusto, 2019.

ROJAS, Ricardo M. *Fundamentos praxeológicos del derecho.* Buenos Aires: Unión Editorial Argentina, 2018.

SMITH, Adam. *La teoría de los sentimientos morales.* Madrid: Alianza Editorial, 2011.

COMENTARIOS SOBRE LOS ASPECTOS TRIBUTARIOS DE LA REFORMA DE LA LEY DE LA ACTIVIDAD ASEGURADORA

Juan C. CASTILLO CARVAJAL*

Resumen: La reforma de la Ley de la Actividad Aseguradora promulgada en el año 2023 incluyó cambios en los tributos sectoriales aplicables a esta actividad. En particular, la Ley reformada modificó la base y las alícuotas de la contribución especial destinada a financiar el funcionamiento de la Superintendencia de la Actividad Aseguradora, incluyó un novedoso listado de las tasas por servicios que brinda dicha Superintendencia y varió la alícuota del denominado aporte para el desarrollo social. En este contexto, el propósito de este trabajo es revisar los cambios introducidos en materia tributaria en esta reforma, con el ánimo de identificar tales reformas y presentar nuestras observaciones y críticas.

Palabras clave: Seguro, tributos, actividad aseguradora, tasas, contribuciones especiales, aportes, alícuotas, base imponible.

Abstract: The reform of the Insurance Activity Law enacted in 2023 included changes in the sectoral taxes applicable to this activity. In particular, the reformed Law modified the base and rates of the special contribution to finance the functioning of the Superintendence of Insurance Activity, included a new list of fees for services provided by the Superintendence and changed the rate of the so-called contribution for social development. In this context, the

---

* Abogado egresado de la Universidad Central de Venezuela, con especialización en Derecho Tributario de la misma universidad. LLM en Impuestos Internacionales, University of Florida. Programa de Introducción al Sistema Legal de los Estados Unidos, Georgetown University. Galardonado con la beca Fulbright otorgada por el Departamento de Estado de los Estados Unidos. Profesor de Finanzas Públicas por concurso de oposición en la Escuela de Derecho de la Universidad Central de Venezuela. Ex Presidente de la Asociación Venezolana de Derecho Tributario. Socio de Mendoza, Palacios, Acedo, Borjas, Páez-Pumar & Cía.

purpose of this paper is to review the tax changes introduced in this reform, with the aim of identifying these reforms and presenting our observations and criticisms.

Keywords: Insurance, taxes, insurance activity, fees, special contributions, contributions, rates, tax base.

I. PRELIMINAR

La tributación tiene la vocación de alcanzar prácticamente cualquier actividad económica y su incidencia no se limita a los tributos que podríamos denominar *tradicionales* (p.e. Impuesto sobre la Renta, Impuesto al Valor Agregado o Impuesto a las Actividades Económicas) sino que muchos obligados están incididos con tributos sectoriales agrupados bajo el paraguas de la parafiscalidad. Uno de estos sectores altamente incidido en materia tributaria es el asegurador que tiene un régimen tributario especial.

La reforma de la Ley de la Actividad Aseguradora[1] (en adelante LAA-2023) trata incidentalmente los aspectos tributarios pues la intención principal del legislador fue modificar temas asociados a la actividad aseguradora propiamente dicha. No obstante, la reforma incorporó en materia tributaria cambios que estimamos innecesarios e inconvenientes (base de cálculo de la contribución especial destinada a financiar el funcionamiento de la Superintendencia de la Actividad Aseguradora), mantuvo en su texto aspectos violatorios de la reserva legal tributaria (fijación de las alícuotas por parte de la Superintendencia de la Actividad Aseguradora) e incorporó un útil catálogo de tasas por servicios prestados por el órgano regulador. En este contexto, este ensayo no constituye un estudio del régimen tributario de la actividad aseguradora sino de los cambios introducidos por la reforma, con el ánimo de que el lector pueda identificar tales modificaciones y conocer nuestras consideraciones técnicas sobre dichos cambios. Adelantamos nuestra opinión, señalando que los cambios privilegian la recaudación en desmedro de los principios orientadores de la tributación, con lo cual debemos censurar categóricamente la motivación del legislador.

---

1 Publicada en la Gaceta Oficial No. 6.770 Extraordinario del 29 de noviembre de 2023.

A continuación, procedemos a hacer un examen exegético de los artículos reformados vinculados con el área tributaria.

II. COMENTARIOS A LOS ASPECTOS TRIBUTARIOS DE LA LAA-2023

1. *De la base imponible de la contribución especial destinada a financiar el funcionamiento de la Superintendencia de la Actividad Aseguradora (artículos 10 y 11)*

La reforma con vocación recaudadora y fiscalista incrementó los rangos dentro de los cuales el Ministerio con competencia en la materia podría fijar la alícuota de esta contribución especial. En efecto, la Ley derogada establecía un rango comprendido entre el 1,5% y el 2,5%, en tanto que la LAA-2023 establece dichos límites entre el 2,5% y el 3,5%. Desconocemos si existe algún estudio económico o presupuestario que justifique este significativo incremento pero empíricamente parece motivado por fines meramente recaudatorios.

Cabe destacar que, esta contribución especial está dirigida al financiamiento de la Superintendencia de la Actividad Aseguradora,[2] por lo que el producto de este tributo no podría exceder las necesidades presupuestarias de este ente. El cobro de un importe que supere los requerimientos económicos de la Superintendencia afectaría la legalidad de este tributo y desvirtuaría su naturaleza de contribución especial. En este sentido, si la recaudación global por este concepto excediera los requerimientos económicos de este ente, estaríamos en presencia de un impuesto, pues lo cobrado no estaría asociado al financiamiento de la Superintendencia, con los cual los pagos efectuados se efectuarían con independencia de la actividad y servicios que presta esta entidad.

En este caso, si se tratara de un impuesto deberían valorarse la aplicación del principio de capacidad contributiva para la determinación de la alícuota aplicable considerando las otras cargas tributarias que impactan la actividad de seguros.

---

2 Establece el artículo 10 de la LAA-2023 lo siguiente: *" Las empresas de seguros, de reaseguros, de medicina prepagada, administradoras de riesgos y financiadoras de primas o de cuotas, están en la obligación de aportar una contribución especial destinada a financiar el funcionamiento de la Superintendencia de la Actividad Aseguradora."*

Por otra parte, la LAA-2023 introduce un cambio importante en la cuantificación de la base imponible de esta contribución, al ampliar la magnitud económica de partidas que integran dicha base.

Nos referimos específicamente a los ingresos por concepto de (i) las primas cobradas y (ii) los intereses cobrados.[3] Bajo la vigencia de la Ley derogada ambas expresiones se dimensionaban bajo la *fórmula del neto*, esto es, el prenombrado instrumento normativo consideraba que el importe para la determinación de la base imponible estaba constituido por las primas *netas* cobradas y los intereses *netos* cobrados.

Esta referencia al carácter neto aludía a que los ingresos por concepto de primas e intereses debía reconocer forzosamente los costos y gastos vinculados a su producción. A este respecto, Abache Carvajal sostiene que: *"La noción de primas netas cobradas se refiere a la cuantificación de las primas gravables teniendo en cuenta las substracciones (salidas o erogaciones) aminorables de las mismas."*[4] Ahora bien, la reforma suprimió la referencia del carácter neto o fórmula del neto respecto de tales ingresos, tal como podemos apreciar del siguiente cuadro comparativo:[5]

3 Para un estudio detallado del alcance de esta contribución especial puede consultarse el brillante y enjundioso estudio que hace Serviliano Abache Carvajal de esta especie en su libro *De la parafiscalidad venezolana en el siglo XXI,* Editorial Jurídico Venezolano y Asociación Venezolana de Derecho Tributario, Caracas, 2022.

4 Abache Carvajal, Serviliano, *De la parafiscalidad venezolana en el siglo XXI,* Editorial Jurídico Venezolano y Asociación Venezolana de Derecho Tributario, Caracas, 2022, pág..

5 Se resaltan en negro y subrayado los cambios introducidos por la reforma.

LAA 2015	LAA 2023
Determinación de la contribución especial Artículo 11.	Determinación de la contribución especial Artículo 11.
La contribución especial será el monto comprendido entre el uno coma cinco por ciento (1,5 %) y el dos coma cinco por ciento (2,5 %) del total de:	La contribución especial será el monto comprendido entre el dos coma cinco por ciento **(2,5 %) y el tres coma cinco por ciento (3,5%)** del total de:
1. Las primas netas cobradas por contratos de seguros, la contraprestación por concepto de emisión de fianzas, y el ingreso obtenido como remuneración por los contratos de fideicomisos relacionados en materia de seguros y de contratos de administración de riesgos.	1. Las **primas cobradas** por contratos de seguros y la contraprestación por concepto de emisión de fianzas, **ambas netas de anulaciones y devoluciones**, así como el ingreso obtenido como remuneración por los contratos de fideicomiso.
2. Los montos cobrados en los contratos o servicios de planes de salud, suscritos por las empresas que se dediquen a la medicina prepagada.	2. Las cuotas cobradas por contratos de medicina prepagada, **netas de anulaciones y devoluciones**.
	3. **El ingreso obtenido como remuneración por los contratos de administración de riesgos y de administración de siniestros.** [Nuevo numeral]
3. Los ingresos netos por intereses cobrados en los financiamientos otorgados a los tomadores de seguros, contratantes de los servicios de planes de salud, en los casos de las empresas financiadoras de primas o cuotas.	4. Los **ingresos por intereses cobrados** en los financiamientos otorgados a los tomadores y contratantes de seguros y de medicina prepagada, en los casos de las empresas financiadoras de primas o de cuotas.
4. Las primas netas cobradas por las empresas de seguros y empresas de reaseguros por negocios aceptados de cedentes extranjeras.	5. Las **primas cobradas** por las empresas de seguros y de reaseguros, **netas de anulaciones y devoluciones**, por concepto de negocios aceptados de cedentes extranjeras.
5. Las empresas de seguros podrán descontar de las primas cobradas, las primas de reaseguro pagadas por ellas hasta la alícuota correspondiente del aporte efectuado, según lo previsto en este artículo, calculadas a la misma tasa utilizada por la empresa de seguros cedente, en cuyo caso la alícuota será deducida de la base de cálculo del cesionario. La disposición será aplicable igualmente en el caso de fianzas.	Las empresas de seguros y de medicina prepagada **descontarán** de las primas de reaseguro pagadas por ellas, la alícuota correspondiente al aporte efectuado por la prima o cuota cobrada, conforme con los numerales 1 y 2 del presente artículo. La disposición será aplicable igualmente en el caso de fianzas.
6. No serán objeto de la contribución especial las primas devueltas por contratos nulos o anulados.	**[Numeral suprimido]**
La Contribución de las empresas en suspensión, intervención o liquidación, así como la determinación y reparo de la contribución especial, en los casos que corresponda, se desarrollará en el Reglamento del presente Decreto con Rango, Valor y Fuerza de Ley.	Los sujetos regulados bajo régimen de intervención están obligados al pago de la contribución especial en los mismos términos y condiciones previstos para las empresas operativas. Los lineamientos, términos y condiciones para el pago y reparo de la contribución especial se desarrollarán en las normas dictadas al efecto.

Diríamos que el legislador eliminó inexplicablemente dicho carácter neto. Sin embargo, esta afirmación resultaría ingenua. La supresión revela la vocación recaudatoria del Estado que no repara en los elementos financieros, contables y tributarios vinculados a la tributación. El empleo de la fórmula del neto tenía como propósito reconocer los egresos asociados a la generación de los ingresos gravados. Ahora bien, esta ampliación de la base de cálculo de la contribución especial constituye otra representación de una de las patologías que afecta el sistema tributario: la cuantificación de los tributos en función de los ingresos brutos o desconociendo los egresos incurridos para la producción de los ingresos. En efecto, el legislador equipara equívocamente la generación de ingresos con la capacidad contributiva. La segunda no es una consecuencia necesaria de la primera. La peligrosa equiparación implicaría que la totalidad del ingreso constituye una utilidad del sujeto obligado, lo que representa una errada y peligrosa inferencia del legislador tributario.

Cabe destacar que este carácter neto constituye una categoría diferente a la expresión *neto de anulaciones y devoluciones* que la ley reformada agrega en forma individualizada en los numerales 1, 2 y 5. Esta expresión –que en la Ley derogada se incluía en un párrafo independiente y abarcaba *todos* los ingresos que integraban esta contribución- comprende situaciones que originalmente constituían ingresos para el contribuyente, pero que sobrevenidamente pierden tal carácter porque el contrato que los originaba dejó de existir en el plano jurídico (anulación), o bien, porque la empresa queda obligada, por razones contractuales, a reintegrar total o parcialmente pero en forma definitiva el importe originalmente reflejado como un ingreso (devoluciones). En todo caso, la aplicación limitada del concepto de *neto de anulaciones y devoluciones* respecto de los ingresos antes identificados, reforzaría la tesis de que la intención del legislador de ampliar la base imponible de la contribución, esto es, la recaudación por la recaudación misma.

La reforma adiciona un nuevo numeral 3 para incluir *el ingreso obtenido como remuneración por los contratos de administración de riesgos, incluyendo el proveniente de la administración de los siniestros de empresas de seguros, de medicina prepagada y de fondos autoadministrados.* Las denuncias expresadas en los párrafos –referidas al abandono de la fórmula del neto para la determinación de la base imponible por primas e intereses- se exacerba respecto del producto de las actividades de administración de riesgos, pues la base de cálculo de esta especie de la contribución especial se cifraría sobre el ingreso bruto de estos sujetos al no admitirse tampoco el reconocimiento de las anulaciones y devoluciones.

Si bien no fue objeto de modificación, la parte final del artículo constituye otro claro ejemplo de deslegalización tributaria entendida como "(…) *el desconocimiento de la esfera de competencia reservada al legislador, por virtud de lo que la doctrina ha llamado «deslegalización» o habilitación al Poder Ejecutivo y a la Administración para dictar normas pertenecientes a la reserva legal, a través de decretos-ley, reglamentos y providencias.*" [6] En efecto, el último párrafo autoriza al Ejecutivo Nacional a dictar normas sobre (i) el régimen de la contribución especial en el caso de las empresas en suspensión, intervención o liquidación, invadiendo con ello la reserva legal en materia tributaria y (ii) sobre la determinación y reparo de la contribución especial, contrariando lo previsto en el artículo 317 de la Constitución[7] y el parágrafo segundo del artículo 3 del Código Orgánico Tributario[8] que prevén que todo lo relativo a los elementos configuradores de los tributos debe ser establecido por Ley y, adicionalmente, que aquellas materias distintas a la creación de los tributos pero vinculados a éstos –como los procedimientos administrativos- constituyen aspectos reservados a la Ley.

2. *De la inconstitucional fijación de la alícuota de la contribución especial por órgano del Ministerio de Finanzas (artículo 11)*

Aunque el propósito de este trabajo es identificar y comentar los cambios más importantes de la reforma, quisiéramos apartarnos brevemente de este objetivo para cuestionar la inconstitucional fijación por parte del Ministerio de Finanzas de la alícuota de la contribución especial para el financiamiento de la Superintendencia de la Actividad Aseguradora. Dicha atribución ya estaba prevista en la Ley derogada y comporta *otra* violación del principio de legalidad tributaria.

---

6 Ruan Santos, Gabriel, *De la omnipotencia a la precariedad de la ley (Conferencia Magistral para las XIV Jornadas Venezolanas de Derecho Tributario)*, Revista de Derecho Tributario No. 148, Asociación Venezolana de Derecho Tributario, Caracas, 2015, pág. 160.

7 Establece el artículo 317 de la Constitución: *"No podrá cobrarse impuesto, tasa, ni contribución alguna que no estén establecidos en la ley, ni concederse exenciones y rebajas, ni otras formas de incentivos fiscales, sino en los casos previstos por la ley que cree el tributo correspondiente. Ningún tributo puede tener efecto confisca-torio."*

8 Prevé el citado el Parágrafo Segundo del artículo 3 del Código Orgánico Tributario que: *"En ningún caso se podrá delegar la definición y fijación de los elementos integradores del tributo, así como las demás materias señaladas como de reserva legal por este artículo (...)."*

En efecto, el Código Orgánico Tributario adopta un criterio cerrado respecto del principio de legalidad. En este sentido, el parágrafo segundo del artículo 3 del Código dispone que en ningún caso se podrá delegar la definición y fijación de los elementos integradores del tributo, así como las demás materias señaladas como de reserva legal. Sin embargo, dicho parágrafo morigera la reserva legal tributaria al establecer que la ley creadora del tributo correspondiente, podrá autorizar al Ejecutivo Nacional para que proceda a modificar la alícuota del *impuesto*, en los límites que ella establezca. Es decir que, la autorización al Ejecutivo para afectar materias de reserva legal se limita a la fijación de las alícuotas en los parámetros que fije la Ley. Ahora bien, dicha atribución no abarca *todas* las categorías tributarias sino *únicamente* a los impuestos. Claramente, la contribución especial bajo examen no se subsume en el ramo de los impuestos y, en consecuencia, la mencionada delegación que hace la LAA-2023 resulta inconstitucional e ilegal.[9]

3. *Tasas por servicios (artículo 12)*

El artículo 12 establece un inédito catálogo de tasas por servicios prestados por la Superintendencia de la Actividad Aseguradora. La inclusión de este listado nos parece un acierto para evitar que el gravamen de tales servicios con tasas sea establecido por instrumentos de carácter sub legal violando con ello la reserva legal tributaria. Sin embargo, lo que el legislador hace con las manos parece deshacerlo con los pies.

En efecto, la parte final del artículo 12 autoriza al Ministerio de Finanzas a ajustar mediante acto motivado los montos de las tasas. La norma señala que este incremento no podrá ser superior a las dos terceras (2/3) partes de las tasas establecidas por Ley. En el acápite anterior nos referimos a que el Ejecutivo Nacional carece de competencia para fijar las alícuotas correspondientes a las tasas y las contribuciones especiales o parafiscales, quedando circunscrita dicha facultad exclusivamente para los impuestos. En consecuencia, esta facultad resulta inconstitucional e ilegal por violar la reserva legal tributaria.

Ahora bien, las tasas descritas en este artículo se calcularán en función del *tipo de cambio de referencia*. Conforme a lo previsto en el numeral 1 de

---

9 A este respecto, Abache Carvajal anota lo siguiente: *"(...) tratándose de una delicada excepción al principio constitucional de reserva de ley, la misma no puede sino entenderse tal y como está regulada en el enunciado en cuestión, esto es, limitando su alcance a la categoría de* impuestos, *excluyendo, por vía de consecuencia, a las tasas y a las* contribuciones especiales.*"* Abache Carvajal, Serviliano, *ob.cit.*, pág. 168.

la disposición final segunda de la Ley, este tipo de cambio alude al último valor del día inmediatamente anterior a la fecha en que se realice la solicitud. Destacamos que, el legislador incurre en *otra* falta de técnica legislativa al indicar como unidad o medida de cuenta para la determinación de las tasas *el tipo de cambio de referencia.*

La expresión *tipo de cambio de referencia* corresponde al promedio ponderado de las operaciones transadas en las mesas de cambio de los operadores cambiarios[10] que publica diariamente el Banco Central de Venezuela en su página web y comprende *una cesta de monedas extranjeras.*[11] La ausencia de una indicación específica respecto de cuál cotización de moneda extranjera se empleará para la determinación de las tasas vulnera la seguridad jurídica de los obligados, pues el Ministerio de manera discrecional -y en consecuencia ilegalmente- escogería acomodaticiamente la cotización a emplear, cuando la elección de la moneda extranjera para la cuantificación de las tasas constituye una materia de reserva legal pues afecta la *cuantía* del tributo.

Finalmente, la falta de estudios económicos en relación con los costos asociados a la prestación del servicio impide al operador tributario valorar si dichas tasas se avienen al principio de la *razonable equivalencia* que debe orientar la cuantificación de esta especie tributaria. Respecto de este principio, la más autorizada doctrina ha sostenido que *"(...) para que la tasa sea legítima y no arbitraria tiene que existir una discreta y razonable proporción entre el monto exigido y las características generales de la actividad vinculante."*[12] Tal como afirmamos anteriormente, carecemos de elementos para ponderar la congruencia entre lo cobrado y el costo del servicio. Sin embargo, tenemos la impresión –ojalá errada- que dichas tasas han sido establecidas esencialmente en función de la ventaja o beneficio que obtendrá -potencialmente- el solicitante del servicio lo cual podría afectar la legitimidad de las tasas.

---

[10] Artículo 9 del Convenio Cambiario No. 1, publicado en la Gaceta Oficial No. 6.405 Extraordinario de fecha 7 de septiembre de 2018 y el artículo 3 de la Resolución del Banco Central de Venezuela No. 19-05-01, publicada en la Gaceta Oficial No. 41.624 del 2 de mayo de 2019.

[11] El Banco Central de Venezuela en su página web refleja la cotización de las monedas de los siguientes países: Zona Euro, China, Turquía, Rusia, E.U.A., Canadá, India, Japón, Argentina, Brasil, Chile, Colombia, Uruguay, Perú, Bolivia, México, Cuba, Nicaragua, Republica Dominicana, Trinidad y Tobago y Curazao.

[12] Villegas, Héctor, *Curso de finanzas, derecho financiero y tributario,* Editorial Depalma, Buenos Aires, 1992, p. 102.

4. *Aportes para el desarrollo social (artículo 31)*

Al amparo de este edulcorado nombre se inscribe otra contribución especial que agrava la incidencia tributaria en la actividad aseguradora. Esta especie tributaria se subsume en lo que Abache Carvajal califica como la *hipertrofia normativa* y que se manifiesta en la creación de tributos –particularmente bajo el paraguas de la parafiscalidad- para cada una de las actividades que el Estado está obligado a satisfacer y cuyo financiamiento debería derivarse de las fuentes ordinarias de ingresos -tanto tributarias como no tributarias- y no mediante una sobreimposición de los contribuyentes.[13] En el caso de este *aporte,* la patología descrita se exacerba pues el destino de lo recaudado no está dirigido a atender necesidades vinculadas a la actividad aseguradora sino que los caudales recolectados integrarán la masa de recursos destinados a satisfacer *cualquier* necesidad colectiva. Cabe destacar que la disposición legal señala expresamente que el destino de los fondos es el Tesoro Nacional.

Independientemente de su denominación como *aporte*, este gravamen no participaría de la naturaleza jurídica de una contribución especial o parafiscal –tributos que se caracterizan por la ventaja que otorgan al particular y cuyo producto se destina al financiamiento de la actividad estatal-. Se advierte, pues, que el presupuesto de hecho de este aporte no se vincula con *ninguna* actividad estatal individualizada. En consecuencia, antes que una contribución especial o una contribución parafiscal estamos frente a un impuesto *adicional* a la actividad aseguradora, tomando en cuenta que los impuestos se caracterizan por la independencia de las prestaciones, es decir, lo cobrado a título de impuestos no está afectado a una actividad o fin específico.

---

13 Citamos nuevamente a Abache Carvajal quien en referencia a la hipertrofia normativa señala que: *"(...) el fenómeno de la hipertrofia normativa se identifica con una de las patologías del ordenamiento jurídico tributario, en tanto la creación de cada nueva exacción supone la manifestación de una necesidad puntual del Estado en cabeza de cualesquiera de sus entes, como admisión tácita de la incongruente política presupuestaria y hacendística. Así, la existencia de contribuciones parafiscales desconectadas, aleatorias, que gravan directa o indirectamente una misma base de cálculo, denota, por una parte, la insuficiencia presupuestaria (o de gestión), incapaz de suplir de recursos a los entes públicos a través de la hacienda pública y, por la otra, la proscripción de los principios de legalidad, capacidad contributiva, no confiscatoriedad y razonabilidad de los tributos y, por ende, el menoscabo del derecho de propiedad y de libertad económica establecidos en la Constitución."* Abache Carvajal, Serviliano, *ob.cit.*, p. 40.

En todo caso, sea que se trate de un impuesto encubierto o se califique como una auténtica exacción parafiscal, este aporte para el desarrollo social nos parece redundante y excesivo y que sobrecarga impositivamente la actividad aseguradora.

Refiriéndonos ahora propiamente a los cambios, la reforma introdujo dos importantes modificaciones en el aporte. La primera tiene que ver con la diminución del tope máximo de la alícuota aplicable para la determinación del aporte: bajo el imperio de la Ley derogada la alícuota podía ser fijada por la Superintendencia en el rango comprendido entre el 1% y el 3%. La ley reformada establece que la alícuota no podrá exceder del 1%. Sin embargo, la reforma reedita inconstitucional e ilegalmente la atribución a la Superintendencia de fijar la alícuota de esta contribución cuando la facultad del Ejecutivo Nacional para fijar las alícuotas procede exclusivamente –tal como hemos anotado anteriormente- respecto de los impuestos.

El otro cambio que introduce la LAA-2023 es la determinación de la base imponible de este aporte considerando las devoluciones y anulaciones. A pesar de que la base sigue siendo –en nuestra opinión- amplísima al no admitir los costos y gastos para la obtención de los ingresos que integrarían la base imponible, al menos la inclusión de las devoluciones y anulaciones permite no considerar falsamente como ingresos, aquellos caudales que por razones sobrevenidas no pasan a integrar en forma definitiva el patrimonio de los obligados.

5. *De las normas emanadas de la Superintendencia de la Actividad Aseguradora que regulan (i) El aporte para el desarrollo social y (ii) la contribución especial que deben efectuar los sujetos regulados*

La Superintendencia de la Actividad Aseguradora mediante la Providencia Administrativa identificada con las siglas y números SAA-01-0511-2024 dictó las *Normas que regulan el aporte para el desarrollo social*[14] (la "Providencia ADS"). La Providencia ADS contempla las normas dirigidas a la declaración y liquidación del aporte disponiendo lo siguiente: [15]

---

14 Publicada en la Gaceta Oficial No. 6.835 Extraordinario de fecha 3 de septiembre de 2024.

15 Sin menoscabo de los vicios que de seguidas expondremos en relación con el ajuste de la base imponible y el recargo, Abache Carvajal destaca en relación con la fijación de la oportunidad para el pago de las contribuciones previstas en la LAA por parte de la SUDESEG a través de las normas prudenciales lo

a. *Declaración informativa mensual de los ingresos cobrados*: La Providencia ADS establece que -a los fines de control- los sujetos obligados deberán declarar mensualmente a la Superintendencia de la Actividad Aseguradora los ingresos mensuales -netos de anulaciones y devoluciones-. En nuestro criterio, estas declaraciones mensuales resultan redundantes e innecesarias considerando que el aporte tiene carácter anual, añadiéndose esta nueva obligación formal a la pesada carga administrativa que tienen los contribuyentes en Venezuela.[16]

b. *Del pago del aporte:* Señala la Providencia ADS que el aporte se pagará anualmente dentro de los 5 días hábiles siguientes el cierre del ejercicio económico.[17] Incongruentemente, la Providencia no establece la obligación de presentar una declaración consolidada y anual de los ingresos que integran la base imponible del aporte. No obstante, la Providencia señala que durante los primeros 5 días de cada mes, los obligados podrán realizar abonos a cuenta del aporte anual. La Providencia ratifica que el destino de los aportes es el Tesoro Nacional.

Ahora bien, la Providencia ADS incorpora tres normas inconstitucionales e ilegales por infringir la reserva legal tributaria en virtud de que la fijación de la base imponible de los tributos está reservada al legislador. Por otra parte, el establecimiento de intereses moratorios o recargos constituye otra materia de estricta reserva legal regulada en el Código Orgánico Tributario. De manera que, esta regulación deslegaliza la fijación de la base imponible (elemento esencial de la estructura del tributo), constituye una infracción a la reserva legal tributaria e invade materias cuyo desarrollo compete exclusivamente a la Ley. Examinemos cada una de estas normas separadamente.

El artículo 1 de la Providencia ADS contradice manifiestamente el artículo 31 de la Ley que señala que la alícuota del aporte será *de hasta el 1% de los ingresos netos* de anulaciones y devoluciones y la Superintendencia de la Actividad Aseguradora establecerá el porcentaje, previa aprobación del

---

siguiente: *"(...) las Providencias de 2022 y 2021 se encargan (...) de delimitar el aspecto temporal del hecho imponible de la "contribución especial", totalmente al margen de la reserva legal tributaria, así como el momento del pago del tributo (...)."* Abache Carvajal, Serviliano, *ob.cit.*, p. 201.

16 Artículo 2 de la Providencia ADS.

17 Artículo 3 de la Providencia ADS.

Ministerio con competencia en materia en finanzas.[18] Por su parte, la Providencia establece que los obligados efectuarán un aporte anual del 1% de los ingresos netos. Así, mientras la Ley establece un tope o límite máximo pudiendo la Superintendencia de la Actividad Aseguradora fijar una alícuota en un monto inferior a este tope, la Providencia ancla la alícuota en el 1%.

Por otra parte, el artículo 5 de la Providencia ADS consagra un mecanismo inconstitucional e ilegal de actualización del aporte a través de la indexación de la alícuota. Señala la norma que la alícuota se indexará en función de la variación del tipo de cambio de venta del Dólar que se verifique entre el día de pago del aporte y la fecha efectiva de pago, [19] lo que implicaría en un contexto de devaluación del Bolívar respecto del Dólar un incremento de la alícuota y con ello en un violación de la reserva legal tributaria.

Esta regulación deslegaliza la fijación de la alícuota (elemento esencial de la estructura del tributo) y constituye una infracción a la reserva legal tributaria. De conformidad con el artículo 317 de la Constitución y el artículo 3 del Código Orgánico Tributario, *la creación, modificación y extinción de tributos* es competencia exclusiva del Poder Nacional cuyo ejercicio corresponde al Poder Legislativo a través de la Asamblea Nacional, según prescribe ordinal 1° del artículo 187 de la Constitución Nacional. De modo pues, que la Constitución consagra una reserva legal absoluta y exclusiva sobre la legislación tributaria. Cualquier intervención innovativa o modificatoria del Ejecutivo, que implique una ampliación, restricción o alteración cualquiera de un texto legal tributario, constituye un supuesto de incompetencia constitucional, por usurpación de funciones, en franca violación de la reserva legal citada. De otro lado, de conformidad con el artículo 137 de la Constitución, *"esta Constitución y la ley definen las atribuciones del Poder Público, a las cuales deben sujetarse las actividades que realicen"*. Asimismo, el artículo 138 de la Constitución prescribe que *"(...) toda autoridad usurpada es ineficaz, y sus actos son nulos"*.

---

18 Véase *infra* nuestra critica a la atribución del Ejecutivo a la fijación de las alícuotas de los tributos distintos a los impuestos

19 El artículo 5 de la Providencia ADS dispone lo siguiente: *"A los fines de compensar cualquier pérdida del valor del aporte, la alícuota correspondiente a cualquier mes deberá actualizarse a la fecha de pago, de acuerdo con el siguiente procedimiento:*

*Alícuota del mes actualizada = AM * TA, donde:*

AM: Monto de la alícuota correspondiente al mes.

TA: Máximo valor entre 1 y TCVF/TCVM.

TCVFP: Tipo de Cambio de Venta (Bs/USD) del día de pago de la alícuota.

TCVM: Tipo de Cambio de Venta (Bs/USD) del último día del mes."

Así, el artículo 317 de la Constitución dispone que: "*No podrán cobrarse impuestos, tasas, ni contribuciones que no estén establecidos en la ley, ni concederse exenciones o rebajas, ni otras formas de incentivos fiscales, sino en los casos previstos por las leyes*." Por su parte, el artículo 3 del Código Orgánico Tributario establece que: "*Sólo a las leyes corresponde regular con sujeción a las normas generales de este Código, las siguientes materias: 1. Crear, modificar o suprimir tributos, definir el hecho imponible, fijar la alícuota del tributo, la base de su cálculo e indicar los sujetos pasivos del mismo.*"

Estas disposiciones normativas constituyen la piedra angular del principio de la reserva legal tributaria en nuestro país. En términos llanos el principio de reserva legal tributaria puede ser sintetizado en el aforismo *"no hay tributo sin ley que lo establezca"*, esto es, solamente la ley puede definir o modificar los tributos. De manera que, los elementos que determinan la existencia y la cuantía de la obligación tributaria deben estar necesariamente previstos en la Ley. Tales elementos son: El hecho generador, la base imponible, la alícuota, los sujetos pasivos, así como todos aquellos elementos que se consideren esenciales a la obligación tributaria. En consecuencia, constituye una infracción del principio de reserva legal esta actualización de la alícuota del aporte para el desarrollo social prevista en un instrumento de rango sublegal. A este respecto, la más autorizada doctrina ha señalado que: *"(...) la tarifa es un elemento estructural del tributo que debe ser de la más absoluta reserva legal, porque ella integra junto con la base imponible la ecuación que permite determinar en cada caso el tributo a pagar. De ella depende, en medida superlativamente importante, el ingreso tributario y por esa razón es en extremo peligroso que la misma sea manipulada libremente al margen de la ley, según las necesidades fiscales del poder administrador."*[20]

Por otra parte, la Providencia ADS incurre en otra extralimitación al establecer un mecanismo de recargo por el pago extemporáneo,[21] distinto al

---

20 Fraga Pittaluga, Luis, *El principio de legalidad tributaria,* Revista Electrónica de Derecho Administrativo Venezolano, Universidad Monteávila, Centro de Estudios de Derecho Público, Caracas, 2019, pág. 306.

21 El artículo 6 de la Providencia ADS establece que: *"Transcurrido el plazo de cinco (05) días hábiles para el pago anual, mencionado en el artículo 3 de estas normas, sin haberse efectuado el pago de la totalidad del aporte, el monto que deberá pagar el sujeto regulado será determinado de acuerdo con la siguiente metodología:*

Monto a pagar = MD+ (1+TRPD)N , donde:

MD: Monto debido del aporte anual, con las actualizaciones que correspondan de acuerdo con el artículo anterior, calculadas a la fecha de finalización del mencionado plazo de cinco (5) días hábiles.

expediente de los intereses moratorios previstos en el Código Orgánico Tributario. Cabe destacar, que el principio de legalidad tributaria en Venezuela no se limita al establecimiento de los tributos por Ley, sino que los aspectos colaterales vinculados al fenómeno tributario se encuentran bajo la reserva de Ley. Así, el artículo 3 del Código Orgánico Tributario establece que se encuentran reservadas aquellas materias que sean remitidas por dicho Código a la Ley o aquellas materias que sean desarrolladas por dicho instrumento legal. Precisamente, una de las materias que es objeto de regulación exclusiva y excluyente por parte del Código Orgánico Tributario es la obligación de pagar intereses de mora por el retardo culposo en el cumplimiento de las obligaciones tributarias. En efecto, la consagración del interés de mora como expediente técnico para resarcir a la Hacienda en los supuestos de retardo en el cumplimiento de la obligación tributaria tiene su origen el Código de Hacienda del año 1912[22] y en la actualidad se encuentra previsto en el artículo 66 del Código Orgánico Tributario.[23] La consagración del interés de mora en el Código Orgánico Tributario como mecanismo de naturaleza indemnizatoria para resarcir al acreedor tributario del retraso incurrido por el sujeto pasivo de la obligación tributaria impide que esta misma materia pueda sea objeto de regulación en un instrumento sublegal. La doctrina ha condenado la aplicación de este pretendido recargo -previsto

---

N: Número de días de retraso.

TRPD: Tasa de recargo Promedio Diaria = [(TCUD/TCPD)]-1]/DH.

TCUD: Tipo de Cambio de Venta (Bs/USD) del último día hábil del mes inmediatamente anterior.

TCPD: Tipo de Cambio de Venta (Bs/USD) del primer día hábil del mes inmediatamente anterior.

DH: Número de días hábiles del mes de inmediatamente anterior

Si en un mes el TRPD obtenido es menor o igual a cero, se tomará como base de cálculo para éste, el TRPD del mes anterior más cercano cuyo valor haya sido mayor a cero.

22 Romero-Muci, Humberto, *Lo racional y lo irracional de los intereses moratorios en el Código Orgánico Tributario,* Asociación Venezolana de Derecho Tributario, Caracas, 2004, pág. 39.

23 El artículo 66 del Código Orgánico Tributario prevé lo siguiente: *"La falta de pago de la obligación tributaria dentro del plazo establecido hace surgir, de pleno derecho y sin necesidad de requerimiento previo de la Administración Tributaria, la obligación de pagar intereses moratorios desde el vencimiento del plazo establecido para la autoliquidación y pago del tributo hasta la extinción total de la deuda, equivalentes a 1.2 veces de la tasa activa bancaria aplicable, respectivamente, por cada uno de los períodos en que dichas tasas estuvieron vigentes."*

igualmente en las predecesoras normas prudenciales dictadas por la Superintendencia- en los siguientes términos:

> "(...) al estar la delimitación del tributo legalmente reservada, tanto en lo relativo a la obligación principal, como en la consagración de sus accesorios, en los términos que lo permiten entender, entre otros, los artículos 115, 133 y 317 de la Constitución, 3 del COT/2020, (...) se presenta como una indiscutible usurpación de funciones legislativas el denominado "recargo monetario por retraso" creado por la SUDEASEG (...) el pretendido dictado de ambas Providencias de 2021 y 2022 no cumple en modo alguno los indicados cánones de validez normativa, en la medida que las mismas: (i) no fueron dictadas por el órgano competente: la Asamblea Nacional, en lugar de la SUDEASEG; (ii) no fueron dictadas siguiendo el procedimiento establecido: el de creación de leyes formales, en lugar del correspondiente al dictado de Providencias administrativas; y (iii) tampoco fueron dictadas respetando las normas jerárquicamente superiores: los artículos de la Constitución, del COT y demás leyes señaladas que establecen el principio reserva de ley tributaria."[24]

De nuestra parte, censuramos la inclusión de estas normas que pretenden socavar uno los principios más importantes de la tributación como es el principio de legalidad. Se trata de disposiciones incluidas en las normas prudenciales sin reparar en aspectos constitucionales y legales y con un marcado acento recaudatorio.

Por otra parte, la Superintendencia de la Actividad Aseguradora mediante la Providencia Administrativa identificada con las siglas y números SAA-01-0510-2024 dictó las *Normas que regulan el pago de la contribución especial que deben efectuar los sujetos regulados*[25] (la "Providencia CE"). El artículo 3 de la Providencia CE señala que la contribución será liquidada y pagada dentro del mismo plazo previsto para la remisión de los Estados Financieros Analíticos Mensuales, esto es, dentro los primeros 5 días hábiles siguientes al cierre de cada mes.[26] Esta otra Providencia incurre en los vicios denunciados anteriormente respecto de la Providencia ADS, a saber: Modifica la alícuota de la contribución especial

---

24 Abache Carvajal, Serviliano, *ob.cit.*, p. 204 y 205.

25 Publicada en la Gaceta Oficial No. 6.835 Extraordinario de fecha 3 de septiembre de 2024.

26 Lineamientos relativos a los estados financieros analíticos que deben presentar las empresas de seguros, de reaseguros, de medicina prepagada, administradoras de riesgos, financiadoras de primas o de cuotas, asociaciones cooperativas, sociedades de corretaje de seguros y sociedades de corretaje de reaseguros, Circular de la Superintendencia de la Actividad Aseguradora identificada con las siglas y números SAA-08-0492-2024 de fecha 1° de octubre de 2024.

prevista en la LAA-2023, contempla un mecanismo de indexación de la base imponible y establece un recargo por el pago extemporáneo, materias cuya regulación forma parte de la reserva legal tributaria.

El artículo 1 de la Providencia CE contradice el artículo 11 de la LAA-2023 que señala que la contribución especial será el monto comprendido *entre el 2,5% y 3,5%* del total de la base imponible. El artículo 10 de la Ley dispone expresamente que el Ministerio de Finanzas a proposición de la Superintendencia de la Actividad Aseguradora fijará anualmente el importe de la contribución especial (*rectius* alícuota). La Providencia CE establece que la contribución especial será del 3,5% de las primas netas cobradas. Así, mientras la Ley establece un rango para la fijación de la alícuota por parte de la Superintendencia de la Actividad Aseguradora, la Providencia inconstitucional e ilegalmente ancla la alícuota en el 3,5%. Se reedita en este instrumento normativo, el mismo vicio que identificamos en el caso de la Providencia ADS.

El artículo 5 prevé un mecanismo de indexación del aporte mediante la actualización de la alícuota.[27] Por otra parte, el artículo 6 establece un recargo por el pago extemporáneo de la contribución.[28]

---

27 El artículo 5 de la Providencia CE establece que: *"A los fines de compensar cualquier pérdida del valor del aporte, la alícuota correspondiente a cualquier mes deberá actualizarse a la fecha de pago, de acuerdo con el siguiente procedimiento:*

*Alícuota del mes actualizada = AM * TA, donde:*

AM: Monto de la alícuota correspondiente al mes.

TA: Máximo valor entre 1 y TCVF/TCVM.

TCVFP: Tipo de Cambio de Venta (Bs/USD) del día de pago de la alícuota.

TCVM: Tipo de Cambio de Venta (Bs/USD) del último día del mes."

28 El artículo 6 señala lo siguiente: *"Transcurrido el plazo de cinco (05) días hábiles para el pago anual, mencionado en el artículo 3 de estas normas, sin haberse efectuado el pago de la totalidad del aporte, el monto que deberá pagar el sujeto regulado será determinado de acuerdo con la siguiente metodología:*

Monto a pagar = MD+ (1+TRPD)N , donde:

MD: Monto debido del aporte anual, con las actualizaciones que correspondan de acuerdo con el artículo anterior, calculadas a la fecha de finalización del mencionado plazo de cinco (5) días hábiles.

N: Número de días de retraso.

TRPD: Tasa de recargo Promedio Diaria = [(TCUD/TCPD)]-1]/DH.

TCUD: Tipo de Cambio de Venta (Bs/USD) del último día hábil del mes inmediatamente anterior.

Reproducimos aquí los comentarios que hicimos anteriormente, a propósito de las figuras equivalentes previstas en la Providencia ADS.

Estas normas constituyen una manifestación aviesa del irrespeto a los fundamentos de la tributación. Así, la deslegalización constituye una práctica perversa que degrada la democracia y el principio de separación de poderes, afectando con ello el Estado de Derecho. En este sentido, el profesor Romero-Muci destaca que:

> "La deslegalización comprende las practicas que disminuyen la eficacia de la Ley como acto formal del parlamento, degradando la garantía de la reserva legal al delegar la regulación de derechos fundamentales a órganos subalternos desprovistos de toda legitimidad democrática para dictar actos con rango legal. El falseamiento de la legalidad puede verificarse por varios expedientes, cuando se abusa de la legislación gubernamental por delegación parlamentaria (leyes habilitantes o delegatorias), mediante la regulación de urgencia o emergencia, por la degradación normativa de materias de la esencia legal y por el abuso o exceso de la potestad reglamentaria que degeneran en usurpaciones de la función legislativa."[29]

Por su parte, el catedrático Badell Madrid con carácter admonitorio destaca a su vez que:

> "En Venezuela hay una política de Estado dirigida a disminuir la importancia de la ley; hay desprecio a la ley y al principio de la reserva legal, que es la garantía constitucional que permite a los administrados tener la certeza de que sólo el órgano legislativo va a regular las materias referidas a los derechos y libertades, y las materias relativas a la organización del poder público, mediante el cumplimiento del procedimiento de elaboración de leyes especialmente establecido en la Constitución."[30]

TCPD: Tipo de Cambio de Venta (Bs/USD) del primer día hábil del mes inmediatamente anterior.

DH: Número de días hábiles del mes de inmediatamente anterior

Si en un mes el TRPD obtenido es menor o igual a cero, se tomará como base de cálculo para éste, el TRPD del mes anterior más cercano cuyo valor haya sido mayor a cero.

29 Romero-Muci, Humberto, *Falseamiento del Estado de Derecho (prólogo)*, Academia de Ciencias Políticas y Sociales, Caracas, 2021, p. 24.

30 Badell Madrid, Rafael, *Desconstitucionalización, desdemocratización y deslegalización en Venezuela desde la Sala Constitucional del Tribunal*

BIBLIOGRAFÍA

ABACHE CARVAJAL, Serviliano, *De la parafiscalidad venezolana en el siglo XXI,* Editorial Jurídico Venezolano y Asociación Venezolana de Derecho Tributario, Caracas, 2022.

BADELL MADRID, Rafael, *Desconstitucionalización, desdemocratización y deslegalización en Venezuela desde la Sala Constitucional del Tribunal Supremo de Justicia*, trabajo publicado en el libro Falseamiento del Estado de Derecho, Academia de Ciencias Políticas y Sociales, Caracas, 2021.

CARMONA BORJAS, Juan Cristóbal, *Distopía Parafiscal en la Venezuela del Siglo XXI,* Editorial Jurídica Venezolana, Caracas, 2023.

CHANG, Kimlen y NEGRÓN, Emilio, *Seguros en Venezuela,* Vadell Hermanos Editores, Caracas, 2012.

FRAGA PITTALUGA, Luis, *El principio de legalidad tributaria*, Revista Electrónica de Derecho Administrativo Venezolano, Universidad Monteávila, Centro de Estudios de Derecho Público, Caracas, 2019.

ROMERO-MUCI, Humberto, *Lo racional y lo irracional de los intereses moratorios en el Código Orgánico Tributario*, Asociación Venezolana de Derecho Tributario, Caracas, 2004.

______ *Falseamiento del Estado de Derecho (prólogo)*, Academia de Ciencias Políticas y Sociales, Caracas, 2021.

RUAN SANTOS, Gabriel, *De la omnipotencia a la precariedad de la ley (Conferencia Magistral para las XIV Jornadas Venezolanas de Derecho Tributario)*, Revista de Derecho Tributario No. 148, Asociación Venezolana de Derecho Tributario, Caracas, 2015.

VILLEGAS, Héctor, *Curso de finanzas, derecho financiero y tributario,* Editorial Depalma, Buenos Aires, 1992.

Supremo de Justicia, trabajo publicado en el libro *Falseamiento del Estado de Derecho,* Academia de Ciencias Políticas y Sociales, Caracas, 2021, p. 154.

EL "RECARGO MONETARIO POR RETRASO" Y LA NUEVA ALÍCUOTA DE LA CONTRIBUCIÓN ESPECIAL DE LA ACTIVIDAD ASEGURADORA

(Análisis de las "Normas Prudenciales" contenidas en las Providencias 2021, 2022 y 2024 de la SUDEASEG)

Serviliano ABACHE CARVAJAL*

Resumen: En este estudio se analiza, desde distintas perspectivas, la validez y aplicabilidad normativa de las Providencias dictadas en 2021, 2022 y 2024 por la Superintendencia de la Actividad Aseguradora para regular el pago de la contribución especial establecida en la Ley de la Actividad Aseguradora, con especial énfasis en el "recargo monetario por retraso" que disciplinan, así como en la alícuota establecida en la versión vigente.

Palabras clave: Validez, aplicabilidad, recargo monetario por retraso, alícuota, contribución especial, principio de reserva de ley tributaria, seguridad jurídica, Providencias Administrativas, Normas Prudenciales, Superintendencia de la Actividad Aseguradora, Ley de la Actividad Aseguradora, Código Orgánico Tributario.

Abstract: This paper analyzes, from different perspectives, the legal validity and applicability of the Administrative Provisions issued in 2021, 2022, and 2024 by the Office of the Insurance Activity Superintendence to regulate the payment of the special contribution set forth in the Insurance Activity Law, with special emphasis on the "late payment monetary surcharge" that they established, as well as on the tax rate set forth in the version in force.

Keywords: Legal validity, legal applicability, late payment monetary surcharge, tax rate, special contribution, legality of taxation principle, legal certainty, Administrative Provisions, Prudential Regulations, Insurance Activity Superintendent, Insurance Activity Law, Organic Tax Code.

---

* Coordinador de la Especialización en Derecho Tributario (EDT) de la Universidad Central de Venezuela (UCV) y Fundador-Director del Anuario de la EDT-UCV. Socio del Despacho de Abogados Miembro de Baker McKenzie.

I. A MODO DE INTRODUCCIÓN. UN POCO DE CONTEXTO ANTE LA (MUY ACTIVA) DINÁMICA NORMATIVA DE LA SUDEASEG SOBRE LA CONTRIBUCIÓN ESPECIAL

La Superintendencia de la Actividad Aseguradora (SUDEASEG), mediante su recién dictada Providencia SAA-01-0510-2024 de 29 de agosto de 2024[1] que establece las "Normas que regulan el pago de la contribución especial que deben efectuar los sujetos regulados" (Providencia 2024), tributo disciplinado en la Ley de la Actividad Aseguradora de 2023[2] (LAA/2023), "derogó" la Providencia SAA-2-0001 de 7 de enero de 2022 (Providencia 2022) y la Providencia N° FSAA-002684 de 29 de diciembre de 2014[3] (Providencia 2015) –sobre lo cual se volverá más adelante–, mientras que la Providencia 2022 había reformado los artículos 4, 7 y 8 de la Providencia 2021, con la cual –a su vez– se había modificado la Providencia N° SAA-2-3-0292 del 18 de octubre de 2019 (Providencia 2019), que por su parte reformó la referida Providencia 2015.

Ahora bien, dada la notable *dinámica normativa* sobre las reglas de pago de la contribución especial establecida en las distintas Leyes de la Actividad Aseguradora (LAA), antes de entrar en las particularidades de la Providencia 2024 y para tener un poco de contexto sobre estas regulaciones, luce oportuno repasar brevemente algunas de las disposiciones contenidas en las normas anteriores, específicamente en las Providencias 2021 y 2022, por tratarse de los antecedentes inmediatos a la nueva y vigente regulación sobre el pago de la contribución especial.

En este sentido, la Providencia 2022 –que salvo algunos cambios puntuales, se trataba en buena medida de una *reedición* de la Providencia 2021–, y que constaba de un total de ocho disposiciones, señalaba en los artículos 1, 2, 3 y 4 que "Se modifica el artículo uno (1) [dos (2), tres (3) y cuatro (4), respectivamente] de la Providencia N° FSAA-002684"[4] (corchetes y subrayado agregados), la cual ya había sido "reformada" por la Providencia 2019 y ésta por la indicada Providencia 2021, lo cual pareciera "recordarse" en el artículo 6, en el que se indicaba que: "Se deja sin efecto la Providencia Administrativa N° SAA-2-0009 de fecha 25 de febrero de 2021".

---

1 Gaceta Oficial N° 6.835 Extraordinario, 3 de septiembre de 2024, en la cual, además, se publicaron un total de 61 textos normativos entre "Normas Prudenciales", instructivos y circulares de la SUDEASEG.

2 Gaceta Oficial N° 6.770 Extraordinario, 29 de noviembre de 2023.

3 Gaceta Oficial N° 40.593, 2 de febrero de 2015.

4 En los mismos y erróneos términos que también lo hizo la Providencia 2021.

El artículo 1 de la Providencia 2022 se ocupó de precisar –de manera idéntica a su versión de 2021–, su objetivo y ámbito de aplicación, de acuerdo con los cuales la misma se encarga de: "Dictar los lineamientos aplicables al pago de la contribución especial que deben efectuar los sujetos regulados a que se refiere el artículo 10 del Decreto con Rango, Valor y Fuerza de Ley de la Actividad Aseguradora", con lo cual deja *fuera* de su alcance, en los términos también precisados en la introducción de ambas Providencias, a los "aportes" establecidos en los artículos 135 ("aportes para el desarrollo social"[5]) y 136 ("aportes para la investigación y desarrollo de la actividad aseguradora") de la Ley de la Actividad Aseguradora de 2016[6] (LAA/2016).

Los artículos 2 y 3 de las Providencias 2021 y 2022 se encargaban, por su parte, de delimitar el *aspecto temporal* del hecho imponible de la contribución especial de seguros –la cual se encontraba, y así se mantiene

5 Actualmente desarrollados en la Providencia Administrativa Nº SAA-01-0511-2024, contentiva de las "Normas que regulan el aporte para el desarrollo social", publicada en la referida Gaceta Oficial Nº 6.835 Extraordinario.

6 Gaceta Oficial Nº 6.211 Extraordinario, 30 de diciembre de 2015; reimpresa por "fallas en los originales" en Gaceta Oficial Nº 6.220 Extraordinario, 15 de marzo de 2016.

en la vigente LAA/2023, regulada en los artículos 10[7] y 11[8] de la versión de 2016 de esta ley, si bien con notables cambios–, totalmente al margen de la

---

[7] Artículo 10 de la LAA/2016: "**Contribución especial**// Las empresas de seguros, las de reaseguros, las administradoras de riesgos, las sociedades que se dediquen a la medicina prepagada y las personas jurídicas que realicen financiamiento de primas o cuotas, están en la obligación de aportar una contribución especial destinada a financiar el funcionamiento de la Superintendencia de la Actividad Aseguradora.// El Ministro o Ministra del Poder Popular con competencia en materia de finanzas, a proposición del o la Superintendente de la Actividad Aseguradora, fijará anualmente el importe de la contribución especial.// El ministro con competencia en materia de finanzas, cuando lo considere necesario y mediante acto motivado, en atención a las políticas públicas dictadas por el Ejecutivo Nacional, podrá exceptuar de esta aplicación a los sujetos regulados públicos o alguno de ellos" (resaltado y subrayado agregado); artículo 10 de la LAA/2023: "**Contribución especial**// Las empresas de seguros, de reaseguros, de medicina prepagada, administradoras de riesgos y financiadoras de primas o de cuotas, están en la obligación de aportar una contribución especial destinada a financiar el funcionamiento de la Superintendencia de la Actividad Aseguradora. El Ministro o Ministra del Poder Popular con competencia en materia de finanzas, a proposición del o de la Superintendente de la Actividad Aseguradora, fijará anualmente el importe de la contribución especial" (resaltado y subrayado agregado).

[8] Artículo 11 de la LAA/2016: "**Determinación de la contribución especial**// La contribución especial será el monto comprendido entre el uno coma cinco por ciento (1,5 %) y el dos coma cinco por ciento (2,5 %) del total de:// 1. Las primas netas cobradas por contratos de seguros, la contraprestación por concepto de emisión de fianzas, y el ingreso obtenido como remuneración por los contratos de fideicomisos relacionados en materia de seguros y de contratos de administración de riesgos.// 2. Los montos cobrados en los contratos o servicios de planes de salud, suscritos por las empresas que se dediquen a la medicina prepagada.// 3. Los ingresos netos por intereses cobrados en los financiamientos otorgados a los tomadores de seguros, contratantes de los servicios de planes de salud, en los casos de las empresas financiadoras de primas o cuotas.// 4. Las primas netas cobradas por las empresas de seguros y empresas de reaseguros por negocios aceptados de cedentes extranjeras (…)" (resaltado y subrayado agregado); artículo 11 de la LAA/2023: "**Determinación de la contribución especial**// La contribución especial será el monto comprendido entre el dos coma cinco por ciento (2,5 %) y el tres coma cinco por ciento (3,5%) del total de:// 1. Las primas cobradas por contratos de seguros y la contraprestación por concepto de emisión de fianzas, ambas netas de anulaciones y devoluciones, así como el ingreso obtenido como remuneración por los contratos de fideicomiso.// 2. Las cuotas cobradas por contratos de medicina prepagada, netas de anulaciones y devoluciones.// 3. El

reserva de ley tributaria, así como el *momento de pago* del tributo, de la manera que sigue:

Artículo 2 Providencia 2022 (igual al artículo 2 de la Providencia 2021): "La contribución especial que deben aportar los sujetos regulados será el resultado de aplicar el porcentaje establecido por el Ministro o Ministra del Poder Popular con competencia en materia de Finanzas, a proposición del o la Superintendente de la Actividad Aseguradora, a las cantidades objeto de la contribución, **percibidas en el mes inmediatamente anterior**.// Los sujetos regulados **liquidarán mensualmente** el monto por concepto de contribución especial que han de pagar a la Superintendencia de la Actividad Aseguradora, de conformidad con lo dispuesto en el artículo 11 del Decreto con Rango, Valor y Fuerza de Ley de la Actividad Aseguradora" (resaltado y subrayado agregados).

Artículo 3 Providencia 2022 (igual al artículo 2 de la Providencia 2021): "**Los sujetos regulados deberán pagar el monto de la contribución especial, dentro del mismo plazo previsto para la remisión de los Estados Financieros Analíticos Mensuales,** de conformidad con las Normas que regulan la presentación de los Estados Financieros.// Efectuado el pago, los sujetos regulados deberán en la misma oportunidad remitir el soporte documental que así lo demuestre, a través de los medios electrónicos que la Superintendencia de la Actividad Aseguradora disponga a tal efecto" (resaltado y subrayado agregados).

---

ingreso obtenido como remuneración por los contratos de administración de riesgos y de administración de siniestros.// 4. Los ingresos por intereses cobrados en los financiamientos otorgados a los tomadores y contratantes de seguros y de medicina prepagada, en los casos de las empresas financiadoras de primas o de cuotas.// 5. Las primas cobradas por las empresas de seguros y de reaseguros, netas de anulaciones y devoluciones, por concepto de negocios aceptados de cedentes extranjeras.// Las empresas de seguros y de medicina prepagada descontarán de las primas de reaseguro pagadas por ellas, la alícuota correspondiente al aporte efectuado por la prima o cuota cobrada, conforme con los numerales 1 y 2 del presente artículo. La disposición será aplicable igualmente en el caso de fianzas.// Los sujetos regulados bajo régimen de intervención están obligados al pago de la contribución especial en los mismos términos y condiciones previstos para las empresas operativas.// Los lineamientos, términos y condiciones para el pago y reparo de la contribución especial se desarrollarán en las normas dictadas al efecto" (resaltado y subrayado agregado).

Como se observa, el artículo 2 establecía que la contribución se debía liquidar *mensualmente*; mientras que el artículo 3 identificaba el *plazo del pago* del tributo con el correspondiente al de "remisión de los Estados Financieros Analíticos Mensuales".

La desatención de la reserva de ley por el artículo 2 de ambas Providencias, que sin duda alguna resultaba notable, se quedaba en un segundo plano cuando se tiene en cuenta lo establecido en el artículo 4 de las mismas, el cual se encargaba de regular el "recargo monetario por retraso" en el pago de la contribución[9], cuyo análisis abordaremos por separado más adelante, por razón de las particularidades que suponía su versión original de 2021, su versión de 2022 y su –aun más entorpecida– reciente versión de 2024

En lo que a los artículos 5 y 6 se refiere (nuevamente de ambas Providencias), los mismos se encargaban de señalar las normas que "mantienen vigencia" del "referido instrumento legal" (artículo 5), cual era la Providencia 2015, a su errado y reiterado decir –de acuerdo con los indicados artículos 2, 3 y 4 de ambas Providencias 2021 y 2022–, por un lado, mientras que por el otro, expresamente se indicaba que "Se deja sin efecto la Providencia Administrativa N° SAA-2-3-0292 de fecha 18 de octubre de 2019" (artículo 6 de la Providencia 2021) y que "Se deja sin efecto la Providencia Administrativa N° SAA-2-0009 de fecha 25 de febrero de 2021" (artículo 6 de la Providencia 2022), como ya fuera precisado.

Finalmente, en cuanto a las Providencias 2021 y 2022, sus artículos 7 y 8 –que también serán analizados con especial detenimiento más adelante–, se ocuparon de regular la "vigencia" y "publicación" de las mismas, respectivamente, al margen de la tipología normativa de estos actos administrativos de acuerdo con los enunciados legales que disciplinan su *eficacia jurídica*, en los términos que será atendido.

Y en lo que respecta, ahora sí, a la vigente Providencia 2024, basta con señalar, de manera preliminar, que en sus apenas siete disposiciones, en buena medida no hace sino reiterar las fallas de sus predecesoras, a la vez que agrega una nueva anomalía particularmente delicada sobre la fijación de la alícuota de la contribución. Específicamente, en su artículo 1 delimita

---

9 Se supone que el recargo monetario por retraso debía pagarse a partir del 1 de enero de 2022, mediante el "Sistema Integral para el Control de la Gestión de la Actividad Aseguradora (SICGAA)", en los términos que se indicó en la Circular SAA-4-6817-2021 de 1 de diciembre de 2021 de la Administración sectorial de seguros, aun cuando y como lo atenderemos más adelante, las Providencias que lo disciplinan, además de *inválidas*, carecieron de *eficacia* alguna.

el *objeto* de la Providencia, referido a los lineamientos del pago de la contribución disciplinada en el artículo 10 de la LAA/2023; en su artículo 2, y aquí viene lo seguramente más reprochable, fija la *alícuota* de la contribución, con todo lo que ello implica y más adelante se abordará en detenimiento; en su artículo 3, reitera lo que las Providencias 2021 y 2022 ya establecían sobre el *aspecto temporal* del hecho imponible de la contribución y el *momento de pago* del tributo; en su artículo 4, disciplina el controvertido tema que se remonta igualmente a las Providencias 2021 y 2022 sobre el "recargo monetario por retraso", en términos más cuestionables que sus regulaciones anteriores, como también se desarrollará; en su artículo 5, trae la escueta y confusa *disposición derogatoria* de la Providencia 2022 y de la Providencia 2015; y en los artículos 6 y 7, regula lo relativo la *publicidad* y *vigencia* de la Providencia 2024, lo cual comentaremos puntualmente, sobre todo por ser la única reconducción que se introdujo en comparación con las Providencias 2021 y 2022.

II. INVALIDEZ NORMATIVA DE LAS PROVIDENCIAS 2021, 2022 Y 2024 POR VIOLACIÓN DE LA RESERVA LEGAL: LA *DESLEGALIZACIÓN*, *DESCODIFICACIÓN* Y *DESNATURALIZACIÓN* DE LA OBLIGACIÓN TRIBUTARIA

Luego de haber revisado preliminarmente los aspectos generales de los que tratan los actos administrativos normativos en cuestión, el alcance de sus disposiciones, reformas y derogaciones, corresponde atender lo relativo a los problemas particulares de las Providencias 2021, 2022 y 2024 en cuanto a su *invalidez normativa*, por razones de incompetencia constitucional por violación de la reserva de ley tributaria, cuestión que viene a concretar, además de la *deslegalización* y *descodificación* de la obligación tributaria, su *desnaturalización* mediante la creación de un recargo administrativo por retraso que, como se apreciará, no es más que una notable dolarización de su corrección monetaria.

1. *Sobre la incompetencia constitucional (usurpación de funciones legislativas) de la SUDEASEG por violación de la reserva de ley tributaria: la deslegalización y descodificación de la obligación tributaria*

Enseña BREWER-CARÍAS que "La incompetencia de orden constitucional se produce en dos casos: cuando una persona que carece en forma absoluta de competencia usurpa la autoridad y ejerce sus competencias sin legitimidad alguna; o cuando un funcionario determinado usurpa las funciones atribuidas a otro órgano distinto del Estado”[10]. Esta última es, precisamente, la modalidad de *incompetencia constitucional* que nos interesa.

Al respecto, explica FRAGA-PITTALUGA que en la *usurpación de funciones* “una rama del Poder Público *invade* las competencias de otra rama del Poder Público”[11], razón por la cual se “violenta la distribución de poder efectuada por la Constitución”[12]. Ahondando un poco más en la cuestión, dentro de las tipologías de usurpaciones de funciones, la incurrida por la Administración de seguros al dictar las Providencias 2021, 2022 y 2024 encuadra en las de *carácter horizontal*, específicamente “respecto de órganos legislativos”[13].

Como se observa, “Esta forma de incompetencia se produce cuando la Administración dicta actos administrativos, de efectos generales o particulares, en materias que sólo pueden ser reguladas por el legislador. Este vicio se producirá, en consecuencia, cada vez que la Administración irrespete el principio de la reserva de ley que rija en una materia determinada”[14].

Así tenemos, entonces, que al haber la Administración sectorial aseguradora dictado las Providencias 2021, 2022 y 2024, mediante las cuales ha pretendido regular, desde hace algún tiempo, el recargo administrativo por retraso y, recientemente, la alícuota de la contribución especial, anomalías que en seguida abordaremos y que, como se apreciará, pretenden sustituir –o delimitarse en paralelo a– las *fórmulas legales* sobre la corrección monetaria de la obligación tributaria y la tarifa aplicable a la base imponible, establecidas en el Código Orgánico Tributario de 2020[15] (COT/2020), esto es, el régimen legal de los *intereses moratorios*, así como las reglas (y excepciones) sobre la *alícuota*, ha invadido las competencias del poder legislativo, que es el único facultado para dictar la normativa que

10 *Cf.* Brewer-Carías, Allan R., *El Derecho administrativo y la Ley Orgánica de Procedimientos Administrativos. Principios del procedimiento administrativo*, Editorial Jurídica Venezolana, Colección Estudios Jurídicos N° 16, Caracas, 2002, p. 169.

11 Fraga-Pittaluga, Luis, *La incompetencia en el Derecho administrativo*, Fundación Estudios de Derecho Administrativo, 2ª edición, Caracas, 2007, p. 69.

12 *Idem.*

13 *Ibid*, p. 70.

14 *Idem.*

15 Gaceta Oficial N° 6.507 Extraordinario, 29 de enero de 2020.

puede disciplinar estas categorías del tributo, en tanto materia de reserva de ley, incurriendo en abierta *deslegalización*[16], así como *descodificación*[17]. En palabras llanas: estamos ante unos casos de *desvalorización legal*[18].

Como es sabido, la obligación tributaria es de naturaleza *ex lege*. Partiendo de esta premisa, la obligación tributaria necesariamente debe ser así entendida y concebida tanto en su manifestación *principal* (la obligación en sí misma y los elementos para cuantificarla, *e. g.*, la alícuota, con las particularidades y excepciones que revisaremos), como en sus *accesorios*

---

16 Sobre la caracterización de este perjudicial fenómeno en la doctrina venezolana, entre otros, *vid.* Romero-Muci, Humberto, "La garantía de la reserva legal tributaria, deslegalización y exceso reglamentario: el caso de los reglamentos de la Ley de Pilotaje", *Homenaje a la memoria de Ilse van der Velde*, Fundación Estudios de Derecho Tributario, Caracas, 1998, p. 47-48; Fraga-Pittaluga, Luis, *Principios constitucionales de la tributación*, Editorial Jurídica Venezolana, Colección Estudios Jurídicos N° 95, Caracas, 2012, p. 59; y Meier García, Eduardo, "El concepto de tributo y sus categorías constitucionalizadas frente a la descodificación, la deslegalización y el auge de la parafiscalidad", en Weffe H. Carlos E., (Coord.), *VIII Jornadas Venezolanas de Derecho Tributario. Tributación municipal y exacciones parafiscales*, Asociación Venezolana de Derecho Tributario, Caracas, 2006, p. 288-289.

17 Fenómeno que consiste, como lo explica García Novoa, en: "el proceso de erosión de las normas tributarias codificadoras a través de su continuo y progresivo vaciado, con la negativa incidencia que ello tiene en el principio de certeza. (...)// Son muchas las causas que han llevado a este proceso descodificador, que viene a erosionar la unidad legislativa lograda con los códigos tributarios. Principalmente, la inflación de normas, fruto de lo que se ha llamado *legislación propaganda*. (...)// Así, el fenómeno de la proliferación legislativa es una de las causas de incertidumbre jurídica en nuestros días" (cursivas del texto). García Novoa, César, "La codificación del Derecho tributario en Latinoamérica. 30 años de codificación del Derecho tributario", en García Pacheco, Ingrid (Coord.), *30 años de la codificación del Derecho Tributario venezolano. Memorias de las XI Jornadas Venezolanas de Derecho Tributario*, tomo IV, Asociación Venezolana de Derecho Tributario, Caracas, 2012, p. 34-35.

18 En los términos que lo precisa Ruan Santos, para quien: "la desvalorización de la ley se ve acelerada por el desconocimiento de la esfera de competencia reservada al legislador, por virtud de lo que la doctrina ha llamado «deslegalización» o habilitación al Poder Ejecutivo y a la Administración para dictar normas pertenecientes a la reserva legal, a través de decretos-ley, reglamentos y providencias". Ruan Santos, Gabriel, "De la omnipotencia a la precariedad de la ley (Conferencia Magistral para las XIV Jornadas Venezolanas de Derecho Tributario)", *Revista de Derecho Tributario*, N° 148, Asociación Venezolana de Derecho Tributario, Caracas, 2015, p. 160.

(*e. g.*, los intereses moratorios). Después de todo, éstos (sus *accesorios*) no son más que consecuencia del cumplimiento moroso y culposo de aquélla (la obligación *principal*), como lo enseña, con rigor, ROMERO-MUCI: "El vínculo jurídico que se proyecta con la exigibilidad con el interés de mora, tiene una clara estructura obligacional del carácter legal. Nace de una concreta relación jurídica en la que la parte activa ostenta un derecho público que encuentra su nacimiento cuando se realiza el presupuesto de hecho contenido en una norma jurídica de carácter legal. Por tratarse también de una obligación *ex lege*, se rige por la Ley vigente al momento del nacimiento de la obligación principal. (…)// De igual forma, como toda obligación de pagar intereses, los de naturaleza tributaria, también son accesorios de la obligación principal. Existen como consecuencia de la obligación tributaria principal"[19].

De esta manera, al estar la delimitación del tributo legalmente reservada, tanto en lo relativo a la obligación *principal*, como en la consagración de sus *accesorios*, en los términos que lo permiten entender, entre otros, los artículos 115[20], 133[21] y 317[22] de la Constitución[23], 3[24] del

---

19 Romero-Muci, Humberto, *Lo **R**acional y lo **Iяя**acional de los intereses moratorios en el Código Orgánico Tributario*, Asociación Venezolana de Derecho Tributario, Caracas, 2004, p. 56-57.

20 Artículo 115 de la Constitución: "Se garantiza el derecho de propiedad. Toda persona tiene derecho al uso, goce, disfrute y disposición de sus bienes. La propiedad estará sometida a las condiciones, restricciones y obligaciones que **establezca la ley** con fines de utilidad pública o de interés general. Sólo por causa de utilidad pública o interés social, mediante sentencia firme y pago oportuno de justa indemnización, podrá ser declarada la expropiación de cualquier clase de bienes" (resaltado agregado).

21 Artículo 133 de la Constitución: "Toda persona tiene el deber de coadyuvar a los gastos públicos mediante el pago de impuestos, tasas y contribuciones que **establezca la ley**".

22 Artículo 317 de la Constitución: "No podrá cobrarse impuesto, tasa, ni contribución alguna que **no estén establecidos en la ley**, ni concederse exenciones y rebajas, ni otras formas de incentivos fiscales, sino en los casos previstos por las leyes (…)" (resaltado agregado).

23 Gaceta Oficial Nº 5.908 Extraordinario, 19 de febrero de 2009.

24 Artículo 3 COT/2020: "**Sólo a las leyes** corresponde regular con sujeción a las normas generales de este Código, las siguientes materias:// 1. Crear, modificar o suprimir tributos, definir el hecho imponible, fijar la alícuota del tributo, la base de su cálculo e indicar los sujetos pasivos del mismo.// 2. Otorgar exenciones y rebajas de impuesto.// 3. Autorizar al Poder Ejecutivo para conceder exoneraciones y otros beneficios o incentivos fiscales.// 4. Las demás

COT/2020, 163[25] de la Ley Orgánica del Poder Público Municipal[26] (LOPPM), 88[27] de la Ley Orgánica de la Administración Pública[28] (LOAP) y 10[29] de la Ley Orgánica de Procedimientos Administrativos[30] (LOPA), se presenta como una manifiesta usurpación de funciones legislativas la regulación del recargo monetario por retraso y de la alícuota por la Administración sectorial de seguros mediante la Providencia 2021 y *reeditada* –con otras particularidades– en la Providencia 2022 (el *recargo*), y a través de la Providencia 2024 (el *recargo* y la *alícuota*).

---

materias que les sean remitidas por este Código. (...)// Parágrafo Segundo: En ningún caso se podrá delegar la definición y fijación de los elementos integradores del tributo así como las demás materias señaladas como de reserva legal por este artículo, sin perjuicio de las disposiciones contenidas en el Parágrafo Tercero de este artículo" (resaltado agregado).

25 Artículo 163 LOPPM: "No podrá cobrarse impuesto, tasa, ni contribución municipal alguna que **no esté establecido en ordenanza.** Las ordenanzas que regulen los tributos municipales deberán contener:// 1. La determinación del hecho imponible y de lo sujetos pasivos.// 2. La base imponible, los tipos o alícuotas de gravamen o las cuotas exigibles, así como los demás elementos que determinan la cuantía de la deuda tributaria.// 3. Los plazos y forma de la declaración de ingresos o del hecho imponible.// 4. El régimen de infracciones y sanciones. Las multas por infracciones tributarias no podrán exceder en cuantía a aquéllas que contemple el Código Orgánico Tributario.// 5. Las fechas de su aprobación y el comienzo de su vigencia.// 6. Las demás particularidades que señalen las leyes nacionales y estadales que transfieran tributos.// Los impuestos, tasas y contribuciones especiales no podrán tener como base imponible el monto a pagar por concepto de otro tributo" (resaltado agregado).

26 Gaceta Oficial N° 6.015 Extraordinario, 28 de diciembre de 2010.

27 Artículo 88 LOAP: "El ejercicio de la potestad reglamentaria corresponde a la Presidenta o Presidente de la República, en Consejo de Ministros, de conformidad con la Constitución de República Bolivariana de Venezuela y la ley.// **Los reglamentos no podrán regular materias objeto de reserva de ley**, ni infringir normas con dicho rango. Además, sin perjuicio de su función de desarrollo o colaboración con respecto a la ley, **no podrán tipificar delitos, faltas o infracciones administrativas, establecer penas o sanciones, así como tributos, cánones u otras cargas o prestaciones personales o patrimoniales de carácter público**" (resaltado agregado).

28 Gaceta Oficial N° 6.147 Extraordinario, 17 de noviembre de 2014.

29 Artículo 10 LOPA: "**Ningún acto administrativo podrá** crear sanciones, ni modificar las que hubieran sido establecidas en las leyes, **crear impuestos u otras contribuciones de derecho público**, salvo dentro de los límites determinados por la ley" (resaltado agregado).

30 Gaceta Oficial N° 2.818 Extraordinario, 1 de julio de 1981.

A este respecto, debe tenerse presente que cuando se habla de la *validez normativa* de los enunciados jurídicos, se quiere precisar cuáles son los cánones o requisitos que deben cumplir las normas para que las mismas se entiendan *perfectas*, *regulares*, esto es, *conformes* con el ordenamiento jurídico. En este sentido, los cánones estándar de *validez normativa*[31] son los referidos a que las disposiciones jurídicas sean –de manera *concurrente*– dictadas: (i) por el órgano competente, (ii) siguiendo el procedimiento establecido, (iii) en respeto de las normas jerárquicamente superiores[32].

Pues bien, al contrastar las Providencias 2021, 2022 y 2024 con los indicados cánones de *validez normativa*, salta a la vista que no cumplen con ningún de los requisitos en cuestión, en la medida que las mismas: (i) no fueron dictadas por el *órgano competente*: la Asamblea Nacional[33], en lugar de la Administración sectorial de seguros; (ii) no fueron dictadas siguiendo el *procedimiento establecido*: el de creación de leyes formales, en lugar del correspondiente al dictado de actos administrativos normativos o de "efectos generales"; y (iii) tampoco fueron dictadas respetando las *normas jerárquicamente superiores*: los artículos de la Constitución, del COT/2020 y demás leyes señaladas que establecen el principio reserva de ley tributaria[34].

---

31 Para Guastini el concepto de *validez* debe seccionarse o descomponerse analítica-mente a efectos de distinguir dos cosas diferentes: (i) la *pertenencia* de una norma a un ordenamiento jurídico, lo que implica la ausencia de vicios formales y materiales en su producción normativa (esto es, su *validez* propiamente dicha), y (ii) la *aplicabilidad* de una norma a un determinado supuesto fáctico. *Cf.* Guastini, Riccardo, "In tema di abrogazione", en Luzzati, Claudio (Comp.), *L´abrogazione delle leggi. Un dibattito analitico*, Giuffrè, Milán, 1987, p. 18.

32 Al respecto, *vid.* Pérez Lledó, Juan Antonio, "La tridimensionalidad del fenómeno jurídico. Validez, eficacia y justicia" (materiales docentes del Máster en Argumentación Jurídica, Universidad de Alicante, España), p. 2, inédito; y García Amado, Juan Antonio, "Validez, vigencia y aplicabilidad de las normas jurídicas", *Sílex Formación Jurídica*, colgado el 7 de marzo de 2021. Disponible en: https://www.si-lex.es/validez-vigencia-y-aplicabilidad-de-las-normas-juridicas.

33 Artículo 187 de la Constitución: "Corresponde a la Asamblea Nacional:// 1. Legislar en las materias de la competencia nacional y sobre el funcionamiento de las distintas ramas del Poder Nacional (…)".

34 Siendo oportuno recordar, a este respecto, la jerarquía normativa de las *providencias administrativas* en el ordenamiento jurídico venezolano, conforme lo establecido en el artículo 14 de la LOPA: "Los actos administrativos tienen la siguiente jerarquía: decretos, resoluciones, órdenes, **providencias** y

En suma, resulta palpable que la apuntada usurpación de funciones legislativas se traduce, sin más, en que las Providencias 2021, 2022 y 2024 contrarían el ordenamiento jurídico, adoleciendo de manifiesta incompetencia constitucional la Administración sectorial aseguradora para dictarlas. En palabras llanas: los tres actos administrativos son abiertamente *inconstitucionales* e *ilegales*.

2. *Sobre la pretendida "dolarización" de la corrección monetaria que supone el denominado "recargo monetario por retraso": la desnaturalización de la obligación tributaria*

Luego de precisar la incompetencia constitucional en la que incurrió la Administración sectorial de seguros, por violación de la reserva de ley tributaria, al haber dictado esos actos administrativos normativos en deslegalización –así como descodificación– de la obligación tributaria, en los términos recién señalados, en seguida nos encargaremos de explicar brevemente la también notable *desnaturalización* que se pretende de la obligación tributaria mediante el recargo administrativo por retraso, habida cuenta que el mismo supone una dolarización encubierta (e ilegal) de su corrección monetaria.

El indicado recargo administrativo por retraso en el pago de la contribución de seguros se introdujo en el artículo 4 de la Providencia 2021 y se reeditó en el mismo artículo de la Providencia 2022, de acuerdo con los cuales:

> Artículo 4 Providencia 2021: "El retraso en el pago de la contribución especial generará un recargo monetario, que procederá a partir del día continuo siguiente al vencimiento del plazo establecido para el pago de la contribución y será aplicado por cada día de retraso.// Para la determinación del recargo monetario, se tomará en cuenta la base de cálculo del índice de inversión del mes inmediatamente anterior publicado por el Banco Central de Venezuela, conforme con la siguiente metodología:// Recargo monetario = MCE * $(1 + TRPD)^N$ – MCE// donde: MCE: Monto de la Contribución Especial// N: Número de días de retraso// TRPD: Tasa de recargo Promedio Diaria = [(TCUD/TCPD) – 1]/DH// TCUD: Tipo de Cambio de Venta (Bs / **USD**) del último día hábil de mes inmediatamente anterior// TCPD: Tipo de Cambio de Venta (Bs / **USD**) del primer día hábil de mes inmediatamente anterior// DH: Número de días hábiles del mes inmediatamente anterior" (sic) (resaltado y subrayado agregado).

---

otras decisiones dictadas por órganos y autoridades administrativas" (resaltado y subrayado agregados).

Artículo 4 Providencia 2022: "El retraso en el pago de la contribución especial generará un recargo monetario, que procederá a partir del día continuo siguiente al vencimiento del plazo establecido para el pago de la contribución y será aplicado por cada día de retraso.// Para la determinación del recargo monetario, se tomará en cuenta la base de cálculo del índice de inversión del mes inmediatamente anterior publicado por el Banco Central de Venezuela, conforme con la siguiente metodología:// Recargo monetario = MCE * (1 + TRPD)^{N} – MCE// donde: MCE: Monto de la Contribución Especial// N: Número de días de retraso// TRPD: Tasa de recargo Promedio Diaria = [(TCUD/TCPD) – 1]/DH// TCUD: Tipo de Cambio de Venta (Bs / **USD**) del último día hábil del mes inmediatamente anterior// TCPD: Tipo de Cambio de Venta (Bs / **USD**) del primer día hábil del mes inmediatamente anterior// DH: Número de días hábiles del mes inmediatamente anterior// *Si en un mes el TRPD obtenido es menor o igual a cero, se tomará como base de cálculo para éste, el TRPD del mes anterior más cercano cuyo valor haya sido mayor a cero.// El recargo monetario al que se refiere este artículo, es aplicable a los montos de las contribuciones especiales con retraso en el pago a la fecha de entrada en vigencia de estas normas*"[35] (resaltado y subrayado agregado, y cursivas del texto nuevo).

Dicho recargo administrativo por retraso acaba de ser nuevamente reeditado e incluido en la Providencia 2024, otra vez en su artículo 4, en los términos siguientes:

Artículo 4 Providencia 2024: "El retraso en el pago de la contribución especial *o incluso el incumplimiento de la obligación del sujeto regulado generará intereses moratorios*, que procederá a partir del día continuo siguiente al vencimiento del plazo establecido para el pago de

---

[35] Sin entrar en innecesarias profundidades y mayores análisis sobre los dos –y, como podrá apreciarse, disparatados– últimos párrafos agregados a la Providencia 2022 y reiterados en la Providencia 2024, es oportuno destacar que (i) si la TRPD es igual a cero o menos, esto es, que no habría lugar a tal «recargo», entonces de todas formas el mismo se calcularía porque en ese supuesto se aplicaría la TRPD anterior que haya sido superior a cero; y (ii) que de manera inconstitucional –por retroactiva– también se pretende aplicar dicho «recargo monetario» en la determinación de contribuciones que al momento de la «*entrada en vigencia de estas normas*» –cuestión que, como más adelante se desarrollará, nunca tuvo lugar en relación con la Providencia 2022– tengan retraso en su pago, de ahí que se trate de una pretendida aplicación retroactiva de las Providencias, al margen de los artículos 24 de la Constitución y 8 del COT/2020.

la contribución y será aplicado por cada día de retraso, *así como también las sanciones administrativas correspondientes.*// Para la determinación del recargo monetario, se tomará en cuenta la base de cálculo del índice de inversión del mes inmediatamente anterior publicado por el Banco Central de Venezuela, conforme con la siguiente metodología:// Recargo monetario = MCE * (1 + TRPD)^{N} – MCE// donde: MCE: Monto de la Contribución Especial// N: Número de días de retraso// TRPD: Tasa de recargo Promedio Diaria = [(TCUD/TCPD) – 1]/DH// TCUD: Tipo de Cambio de Venta (Bs / **<u>USD</u>**) del último día hábil de mes inmediatamente anterior// TCPD: Tipo de Cambio de Venta (Bs / **<u>USD</u>**) del primer día hábil de mes inmediatamente anterior// DH: Número de días hábiles del mes inmediatamente anterior// Si en un mes el TRPD obtenido es menor o igual a cero, se tomará como base de cálculo para éste, el TRPD del mes anterior más cercano cuyo valor haya sido mayor a cero.// El recargo monetario a que se refiere este artículo, es aplicable a los montos de las contribuciones especiales con retraso en el pago a la fecha de entrada en vigencia de estas normas" (sic) (resaltado y subrayado agregado, y cursivas del texto nuevo).

De las normas citadas son varios los aspectos que pueden comentarse, algunos ya adelantados desde una perspectiva general, en relación con la *invalidez normativa* de esos actos administrativos normativos, enfocándonos ahora en la *desnaturalización* de la obligación tributaria en la que éstos incurren, así como en los indebidos *provechos* que pretenden para el ente que los recauda.

En este sentido, se presenta evidente la dolarización de la corrección monetaria de la obligación tributaria de la contribución y, con ello, su radical *desnaturalización*. Se materializa una *manipulación semántica* del instituto del *interés de mora*, el cual se disfrazó bajo el rótulo de "recargo monetario" en las Providencias[36], el cual se generaría ante un supuesto de "retraso en el pago de la contribución", como lo señalan las normas. Lo importante es el análisis de la materialidad de la norma, al margen del *nomen iuris*

36 Aun cuando la nueva Providencia 2024, como pudo apreciarse, en un primer momento se refiere a que el *"incumplimiento de la obligación del sujeto regulado generará <u>intereses moratorios</u>"*, seguramente por un juego que le hiciera el subconsciente a quien haya redactado la norma, por razón de que desde la Providencia 2015 correcta y expresamente se regulaba que *"El retraso en el pago de la contribución especial (...) generará intereses moratorios (...) conforme a lo establecido en el Código Orgánico Tributario"*.

empleado[37]. Estamos, así, ante un escenario de corrección monetaria de la obligación tributaria, establecida paralela e indistintamente de los *intereses moratorios* legalmente disciplinados en el artículo 66 del COT/2020.

Se observa, entonces, que la Providencia 2024 –como sus predecesoras de 2021 y 2022– persigue la intención de establecer un "recargo monetario": (i) al margen de la categoría de los *intereses moratorios* establecidos en el COT/2020; (ii) determinado con base en la "Tasa de recargo Promedio Diaria", que a su vez se calcula a partir del "Tipo de Cambio de Venta (Bs / USD) del último día hábil del mes inmediatamente anterior" y el "Tipo de Cambio de Venta (Bs / USD) del primer día hábil del mes inmediatamente anterior"; con el que (iii) se pretende *sustituir* el *bolívar* como moneda en la que se debe determinar la obligación tributaria en su concepción accesoria; lo que lleva entonces a (iv) *alterar* la naturaleza misma de la obligación tributaria causada en *bolívares* para, de esta manera, *transformarla* en una obligación de valor cifrada en *dólares*, aunque sólo se mencione esa moneda con el uso del –internacionalmente conocido– acrónimo "USD".

Así lo ha explicado ROMERO-MUCI en relación con la también inconstitucional dolarización de las sanciones tributarias en el COT/2020, para quien: "Se trata de un expediente absolutamente indeterminado y desproporcionado que no solo deslegaliza, sino que desnaturaliza la obligación tributaria causada en bolívares, para convertirla en una obligación de valor medida en términos de la moneda extranjera que se utiliza como especie de corrección"[38].

Pero además, y aquí viene el más notable desvalor del uso del dólar como especie de corrección, no cabe la menor duda de que ello supondría que, en este caso, la Administración sectorial de seguros indebidamente se beneficie o aproveche a expensas de un daño creado por el propio Estado (*ex turpi causa*), específicamente el Banco Central de Venezuela, que es el ente responsable del sistema monetario venezolano[39].

---

37 *Cf.* García Novoa, César, *El principio de seguridad jurídica en materia tributaria*, Marcial Pons, Madrid, 2000, p. 155.

38 Romero-Muci, Humberto, "La ilegitimidad de la dolarización de las sanciones tributarias", en Badell Madrid, Rafael, Iribarren Monteverde, Henrique, Carmona Borjas, Juan Cristóbal y Muci Borjas, José Antonio (Coords.), *Libro homenaje a Cecilia Sosa Gómez*, tomo II, Academia de Ciencias Políticas y Sociales, Caracas, 2021, p. 1577.

39 Artículo 318 de la Constitución: "Las competencias monetarias del Poder Nacional serán ejercidas de manera exclusiva y obligatoria por el Banco Central de Venezuela. El objeto fundamental del Banco Central de Venezuela

A tenor literal, ROMERO-MUCI lo plantea así: "De allí la ilegitimidad de cualquier medida de corrección o ajuste de obligaciones tributarias principales o accesorias a favor de cualquier administración tributaria, vinculadas al uso de otra moneda o referencia de valor como el dólar (...)// Se trataría de un provecho o lucro indebido a expensas del daño creado por el propio Estado, pues nadie puede beneficiarse de un ilícito propio o ajeno. Lo contrario implica el absurdo de tolerar una desigualdad adicional al daño causado por el Estado con la hiperinflación e hiperdepreciación del bolívar, que se convierte en un objeto jurídicamente protegido. Algo inaceptable en el Estado Social de Derecho y de Justicia, pues la legitimidad de los fines normativos es condición de validez del ordenamiento y en particular de las normas que afectan derechos y garantías constitucionales.// En efecto, si el Estado es responsable por los daños y perjuicios causados por su actividad ilícita, con mayor razón, ***a fortiori,*** no puede ni debe beneficiarse, enriquecerse o lucrarse de los daños causados por su actividad, sea dolosa, culpable o no. Esto aplica directamente a la Administración tributaria nacional como a cualquier otra administración pública, porque también es ilegítimo el enriquecimiento de cualquiera a partir del hecho ilícito de otro"[40].

---

es lograr la estabilidad de precios y preservar el valor interno y externo de la unidad monetaria. La unidad monetaria de la República Bolivariana de Venezuela es el bolívar. En caso de que se instituya una moneda común en el marco de la integración latinoamericana y caribeña, podrá adoptarse la moneda que sea objeto de un tratado que suscriba la República.// El Banco Central de Venezuela es persona jurídica de derecho público con autonomía para la formulación y el ejercicio de las políticas de su competencia. El Banco central de Venezuela ejercerá sus funciones en coordinación con la política económica general, para alcanzar los objetivos superiores del Estado y la Nación.// Para el adecuado cumplimiento de su objetivo, el Banco Central de Venezuela tendrá entre sus funciones las de formular y ejecutar la política monetaria, participar en el diseño y ejecutar la política cambiaria, regularla moneda, el crédito y las tasas de interés, administrar las reservas internacionales, y todas aquellas que establezca la ley".

40 Romero-Muci, Humberto, "La ilegitimidad..." *cit.*, p. 1589-1590.

Lo planteado, además de activar la responsabilidad patrimonial del Estado[41], *ex* artículo 140[42] de la Constitución, por tratarse de un *daño resarcible*[43], supone otra cantidad de problemas y sinsentidos que, en el contexto de la dolarización de las sanciones en el COT/2020, ROMERO-MUCI desarrolla con máximo detenimiento, en cuyas consideraciones nos suscribimos enteramente (*antinomia* entre el enunciado que pretenda la aludida "dolarización" de la obligación tributaria [en este caso, el artículo 4 de las Providencias] y el artículo 146[44] del COT/2020; violación del derecho a la tutela judicial efectiva, perpetuación de la ineficiencia del ente recaudador [en este caso, la SUDEASEG], entre otros).

---

41 "Ante esta situación, en cada caso que se reclame a algún contribuyente una infracción a la legalidad tributaria y pretenda determinarse el ajuste dolarizado de la sanción, la Administración tributaria estaría individualizando un aprovechamiento injusto del daño monetario. Si bien todos nos perjudicamos por la hiperinflación e hiperdepreciación del bolívar imputable a la acción ilícita del BCV, es inaceptable pretender lucrarse o aprovecharse individualmente del deudor de la sanción pecuniaria, reclamándole la pérdida de valor de la moneda envilecida por el propio Estado, esto es, aparte de infligir el daño general (la pérdida del poder adquisitivo del bolívar), beneficiarse también del mismo daño (el ajuste del poder adquisitivo del bolívar) en situaciones particulares. El contribuyente no tiene deber de soportar el daño antijurídico individualizable". *Ibid.*, p. 1600.

42 Artículo 140 de la Constitución: "El Estado responderá patrimonialmente por los daños que sufran los o las particulares en cualquiera de sus bienes y derechos, siempre que la lesión sea imputable al funcionamiento de la Administración Pública".

43 Sobre las particularidades y características del *daño resarcible* (*antijurídico*, *cierto*, *evaluable económicamente* e *individualizable*), nuestras consideraciones en: Abache Carvajal, Serviliano, "La noción de *daño resarcible* en la responsabilidad patrimonial de la Administración Tributaria", en Abache Carvajal, Serviliano y Caballero Perdomo, Rosa (Coords.), *Contribuciones a la construcción del Derecho procesal tributario en Venezuela. Homenaje al Profesor Alberto Blanco-Uribe Quintero*, Asociación Venezolana de Derecho Tributario, Caracas, 2021, p. 231-251.

44 Artículo 146 COT/2020: "Los montos de base imponible y de los créditos y débitos de carácter tributario que determinen los sujetos pasivos o la Administración Tributaria, en las declaraciones y planillas de pago de cualquier naturaleza, así como las cantidades que se determinen por concepto de tributos, **accesorios** o sanciones en actos administrativos o judiciales, **se expresarán y pagarán en bolívares**, sin perjuicio de las excepciones que establezca el Banco Central de Venezuela a requerimiento del Ministerio con competencia en materia de Finanzas" (resaltado y subrayado agregado).

En definitiva, el recargo administrativo por retraso en el pago de la contribución contraría la Constitución, el COT/2020 y los derechos del *contribuyente asegurador*, en la medida que se erige como una (i) *desnaturalización* de la obligación tributaria; (ii) supone un indebido *beneficio* o *provecho* para la Administración sectorial por un daño creado por el propio Estado (*ex turpi causa*), (iii) genera otra serie de problemas (antinomias, violaciones de derechos constitucionales, etc.), y, con particular interés a nuestros fines (iv) activa la responsabilidad patrimonial de la Administración sectorial de seguros por los ingresos tributarios indebidos que obtiene, como más adelante se analizará.

3. *La (nueva) deslegalización de la Providencia 2024: la situación normativa de la alícuota dictada por la SUDEASEG*

Habiendo analizado la *desnaturalización* que se pretende de la obligación tributaria mediante el recargo administrativo por retraso, por razón de suponer una dolarización encubierta, y notablemente ilegal, de su corrección monetaria, corresponde ahora adentrarnos en la nueva deslegalización que trae consigo la Providencia 2024, por haber regulado administrativamente la alícuota de la contribución especial.

A estos fines, se revisarán las reglas sobre la alícuota de la contribución especial establecidas en la LAA/2023. Particularmente, se llevará a cabo un análisis de la regulación específica de la alícuota en la LAA/2023, sus vacíos y fijación mediante la Providencia 2024. Luego, se estudiará la regulación general sobre la excepción de la reserva de ley tributaria de la alícuota en el COT/2020, para traer nuestras consideraciones sobre la *invalidez jurídica* (por partida doble) de la nueva alícuota de la contribución especial.

A. *La regulación específica de la alícuota de la contribución especial en la LAA/2023, sus vacíos y la Providencia 2024 de la SUDEASEG: un entorno normativo de inseguridad jurídica*

Al igual que en la LAA/2016, su nueva versión de 2023 disciplinó lo relativo a la alícuota de la contribución especial, en el segundo párrafo de su artículo 10, así como en el encabezado del artículo 11 *eiusdem*. De acuerdo con estos enunciados:

> Artículo 10 LAA/2023: "**Contribución especial**// (...) El Ministro o Ministra del Poder Popular con competencia en materia de finanzas, a proposición del o la Superintendente de la Actividad Aseguradora, **fijará anualmente el importe** de la contribución especial (...)" (resaltado y subrayado agregado).

> Artículo 11 LAA/2023: "**Determinación de la contribución especial**// La contribución especial será el monto comprendido entre el **dos coma cinco por ciento (2,5 %) y el tres coma cinco por ciento (3,5 %)** del total de: (…)" (resaltado y subrayado agregado).

Empezando por lo delimitado en el *encabezado* del artículo 11 de la LAA/2023, el mismo señala los (incrementados) porcentajes *mínimo* (antes 1,5%) y *máximo* (antes 2,5%) entre los cuales puede oscilar la alícuota de la contribución, siguiendo la práctica normativa en esta materia desde su incorporación en 1994[45], el cual será definitivamente fijado, de conformidad con el *segundo párrafo* del artículo 10 *eiusdem*, de forma *anual* por el ministro de finanzas, a propuesta del Superintendente de la Actividad Aseguradora.

En este sentido, cuando la Administración sectorial de seguros dictó la Providencia 2024, en la misma fijó la alícuota de la contribución en el 3,5%, como a tenor literal lo delimita en su cuerpo normativo:

> Artículo 2 Providencia 2024: "La contribución especial que deben aportar los sujetos regulados será del **tres coma cinco por ciento (3,5%)**, alícuota que se aplicará al total de las primas netas cobradas por contratos de seguros, las contraprestaciones por concepto de emisión de fianzas y los ingresos obtenidos como remuneración por los contratos de fideicomiso y contratos de administración de riesgos, los montos cobrados en los contratos o servicios de planes de salud, suscritos por las empresas que se dediquen a la medicina prepagada y los ingresos netos por intereses cobrados en los financiamientos otorgados a los tomadores de seguros o contratantes de medicina prepagada, en los casos de las financiadoras de primas" (resaltado y subrayado agregado).

---

45 Artículo 24 de la Ley de Empresas de Seguros y Reaseguros (Gaceta Oficial N° 4.822 Extraordinario, 23 de diciembre de 1994; reimpresa por "error de transcripción" en Gaceta Oficial N° 4.865 Extraordinario, 8 de marzo de 1995 [LESR/1995]): "Por Resolución del Ministerio de Hacienda, dictada durante el curso del último trimestre de cada año, el Ministro, oída la opinión del Superintendente de Seguros fijará la cuota del aporte especial que en el año inmediatamente posterior deberán pagar las empresas de seguros, **el cual estará comprendido entre un mínimo de veinte centésimas por ciento (0,20%) y un máximo de treinta centésimas por ciento (0,30%) de las primas percibidas por cada empresa**, correspondientes al ejercicio inmediato anterior, netas de anulación, devolución y de reaseguro aceptado por las mismas" (resaltado y subrayado agregado).

De lo anterior se observan, por lo menos, tres aspectos que deben tenerse en cuenta. En *primer* lugar, de acuerdo con el segundo párrafo del artículo 10 de la LAA/2023, la fijación de la alícuota se encuentra *delegada* al ministro de finanzas. En *segundo* lugar, en atención a la misma norma de la LAA/2023, la alícuota tiene un límite en su *aplicación temporal* de un año (*"fijará anualmente el importe de la contribución especial"*), razón por la cual, al haber sido publicada en Gaceta Oficial el 3 de septiembre de 2024, fecha a partir de la cual la misma entraría en *vigencia*[46], su aplicación temporal se extendería hasta septiembre de 2025, como luego será comentado con mayor detalle. Y en *tercer* lugar, como consecuencia de lo recién apuntado sobre la fecha de la Providencia 2024, es evidente que al haber sido publicada la alícuota a inicios de septiembre de 2024, su aplicación para la determinación del tributo en los meses anteriores de ese mismo año no era temporalmente posible, salvo en (prohibida) clave retroactiva.

Ahora bien, desde la Resolución N° 076 de 25 de julio de 2018[47], dictada por el Ministerio del Poder Popular de Economía y Finanzas, y hasta la Providencia 2024 de la SUDEASEG, *no se dictó alícuota alguna para los ejercicios siguientes al 2018*, esto es, los correspondientes a 2019, 2020, 2021, 2022, 2023 y hasta septiembre de 2024, lo que, por vía de consecuencia, se traduciría en el *vacío* o *inexistencia jurídica* de este elemento esencial del tributo durante esos años, sin el cual, como lucirá evidente, no es posible efectuar su *determinación cuantitativa*.

A otro decir: los contribuyentes aseguradores se encontraban –y siguen encontrándose– *legal y materialmente imposibilitados* de determinar sus obligaciones tributarias correspondientes a la contribución especial para los

---

46 Artículo 7 Providencia 2024: "**De la vigencia**// Las presentes normas **entrarán en vigencia a partir de su publicación en la Gaceta Oficial de la República Bolivariana de Venezuela**" (resaltado y subrayado agregado).

47 Gaceta Oficial N° 41.447, 26 de julio de 2018. De acuerdo con su texto normativo: "De conformidad con lo previsto en los artículos 10 y 11 del Decreto con Rango, Valor y Fuerza de Ley de la Actividad Aseguradora, publicada en la Gaceta Oficial de la República Bolivariana de Venezuela N° 6.211 Extraordinario de fecha 30 de diciembre de 2015, reimpresa en la Gaceta Oficial de la República Bolivariana de Venezuela N° 6.220 Extraordinario, de fecha 15 de marzo de 2016; a proposición del Superintendente de la Actividad Aseguradora, se fija en **DOS COMA CINCO POR CIENTO (2,5%)** el monto del aporte que deberán enterar los sujetos regulados al patrimonio de la Superintendencia de la Actividad Aseguradora, correspondiente al **ejercicio económico financiero del año 2018**, alícuota que se aplicará al total de: (…)" (resaltado y subrayado agregado).

ejercicios económicos 2019, 2020, 2021, 2022, 2023 y hasta septiembre de 2024, por falta de la *fijación anual* de la alícuota del tributo[48]; con lo que ello significa, además, de cara a la eventual responsabilidad del funcionario competente encargado de su dictado[49] y a la seguridad jurídica de los contribuyentes aseguradores.

B. *La regulación general sobre la excepción a la reserva legal tributaria de la alícuota desde el COT/2014 y su cambio en relación con el COT/2001*

Ahora bien, como si lo anterior no fuese suficiente, es necesario destacar otro sinsentido que se experimenta en relación con la regulación de la alícuota, la reserva legal tributaria y su delimitación en el COT[50]. Allende las sobradas y justificadas críticas que se han presentado en contra de las

---

48 Otra "forma de entender" esta anómala situación, de manera abiertamente *favorable* para la SUDEASEG y *desfavorable* para los contribuyentes aseguradores – en desatención del principio *in dubio pro contribuyente—*, sería *inconstitucional* (por violación del principio de seguridad jurídica) e *ilegalmente* (por violación de la LAA y del COT) considerar que la alícuota establecida para el *"ejercicio económico financiero"* de 2018, ante la falta de nueva tarifa, sería también la "temporalmente aplicable" para los ejercicios subsiguientes, en contra de lo expresamente establecido en el artículo 11 de la LAA/2016 (y de la LAA/2023), así como de la propia Resolución N° 076.

49 Antes de pasar al próximo punto, y en que caso de que alguna Resolución posterior apareciese como por "arte de magia", mediante la cual se hubiese "fijado" la alícuota en cuestión para alguno de los ejercicios siguientes, y que no sea "conocida" por razón del desmantelamiento de la Gaceta Oficial como instrumento de publicación normativa, ante la – ahora sí, por todos– *conocida* realidad de que no han sido pocas las normas que "aparecen", "desaparecen" y hasta convenientemente "reaparecen corregidas" en ese medio oficial controlado por los funcionarios de turno, inclusive en ese caso, y como en seguida se podrá apreciar, hay otro importantísimo aspecto que debe tenerse en cuenta en materia de fijación de las alícuotas, a propósito de la modificación de su excepción introducida desde el Código Orgánico Tributario de 2014 (Gaceta Oficial N° 6.152 Extraordinario, 18 de noviembre de 2014 [COT/2014]). Sobre la conocida y anómala situación de la Gaceta Oficial, *vid.* Sira Santana, Gabriel, "La Gaceta Oficial de la República como fuente de inseguridad jurídica", *Revista de Derecho Público*, N° 163-164, Editorial Jurídica Venezolana, Caracas, 2020, p. 423-438.

50 Nos referiremos a sus versiones de 2020, 2014 y 2001 (Gaceta Oficial N° 37.305, 17 de octubre de 2001).

versiones de 2014[51] y 2020[52] de la norma general de tributación venezolana, así como las que en su momento también fueron deslizadas a propósito de su reforma de 2001[53], lo cierto es que la forma jurídica de adopción y fijación de la alícuota por parte de la LAA/2023 –al igual que ocurrió en relación con la LAA/2016– no se ajusta a *ninguna* de las excepciones que el COT ha regulado en cuanto a la reserva legal y a este elemento constitutivo del tributo, en el parágrafo segundo de su artículo 3.

Por un lado, si bien el COT/2001 establecía una excepción a la fijación de las alícuotas cuando se tratase de impuestos generales o específicos al consumo, producción, ventas o al valor agregado, así como en casos de tasas y de *contribuciones especiales*, la misma consistía en que la ley creadora del tributo (en este caso, la LAA) podía autorizar a que *anualmente* mediante la *ley de presupuesto* se fijase la tarifa dentro de los límites que aquélla indicase. A tenor literal, se señalaba lo siguiente:

> Artículo 3, Parágrafo Segundo, COT/2001: "En ningún caso se podrá delegar la definición y fijación de los elementos integradores del tributo así como las demás materias señaladas como de reserva legal por este artículo, sin perjuicio de las disposiciones contenidas en el Parágrafo Tercero de este artículo. **No obstante, cuando se trate de impuestos generales o específicos al consumo, a la producción, a las ventas, o al valor agregado, así como cuando se trate de tasas o de contribuciones especiales**, la Ley creadora del tributo correspondiente podrá autorizar para que **anualmente** en la **Ley de Presupuesto** se proceda a **fijar la alícuota del impuesto** entre el límite inferior y el máximo que en ella se establezca" (resaltado y subrayado agregado).

Se observa que la norma citada, aun cuando hacía alusión a la posibilidad de *"fijar la alícuota del impuesto"*, con lo cual pudiera pensarse que se refería sólo a esa tipología tributaria, desde la introducción de la excepción a la reserva legal en materia de tarifas expresamente listaba, con

[51] Al respecto, *vid.* Iturbe Alarcón, Manuel (Coord.), *La reforma del Código Orgánico Tributario de 2014*, Asociación Venezolana de Derecho Tributario - Legislación Económica, C.A., Caracas, 2015, *in totum.*

[52] Al respecto, *vid.* Fraga-Pittaluga, Luis, "Algunos comentarios sobre la reforma del Código Orgánico Tributario de 2020". Disponible en: http://fragapittaluga.com.ve/ fraga/index.php/component/k2/item/9-algunos-comentarios-sobre-la-reforma-del-co digo-organico-tributario-de-2020.

[53] Al respecto, *vid.* Sol Gil, Jesús (Coord.), *Estudios sobre la reforma del Código Orgánico Tributario de 2001*, Asociación Venezolana de Derecho Tributario, Caracas, 2002, *in totum.*

precisión, las categorías tributarias que la misma comprendía (*impuestos* generales o específicos al consumo, producción, ventas o al valor agregado, *tasas* y *contribuciones especiales*), con lo que se evidencia que la segunda y limitada mención a los impuestos, no era más que un error propio de una descuidada técnica legislativa.

Por su parte, las versiones del COT de 2014 y 2020, modificando significativamente la excepción anterior, establecieron que la ley creadora del tributo (otra vez, en este caso, la LAA) podrá autorizar –y aquí viene el cambio– al Ejecutivo Nacional para que modifique la alícuota dentro de los límites indicados por aquélla (sustituyendo a la ley de presupuesto como el *medio excepcional*), pero a su vez *limitando* tal posibilidad sólo para el caso de los *impuestos*, dejando fuera del alcance de la excepción a las tasas y *contribuciones especiales*, como es el caso, precisamente, que nos ocupa. Así lo establece la norma actual del COT/2020, en idénticos términos a la de 2014:

> Artículo 3, Parágrafo Segundo, COT/2020: "En ningún caso se podrá delegar la definición y fijación de los elementos integradores del tributo así como las demás materias señaladas como de reserva legal por este artículo, sin perjuicio de las disposiciones contenidas en el Parágrafo Tercero de este artículo. No obstante, la **ley creadora del tributo** correspondiente, **podrá autorizar al Ejecutivo Nacional para que proceda a modificar la alícuota del impuesto**, en los límites que ella establezca" (resaltado y subrayado agregado).

Como se puede apreciar, de entrada se hace una referencia genérica a la *"ley creadora del tributo"*, con lo cual no sólo se omite toda precisión sobre a *cuáles* tributos se refiere la excepción en cuestión –a diferencia de la versión de 2001, que lo hacía con particular detalle–, sino que, además, en la segunda parte de la disposición se introduce la única puntualización de la norma a este respecto, refiriéndose exclusivamente a los *impuestos*. Siendo así, y tratándose de una delicada excepción al principio constitucional de reserva de ley, la misma no puede sino interpretarse restrictivamente, tal como está regulada en el enunciado en cuestión, esto es, limitando su alcance a la categoría de los *impuestos*, excluyendo, por vía de consecuencia, a las tasas y a las *contribuciones especiales*, con las consecuencias que ello implica de cara a la vigente LAA/2023 –así como a su versión de 2016– y a la Providencia 2024, como enseguida se puntualizarán.

C. *Las situaciones específica y general de la alícuota de la contribución especial de la LAA/2023 y la regulación actual del COT/2020: un supuesto de invalidez jurídica (por partida doble) a efectos de la determinación tributaria de la cuota a pagar*

En definitiva, lo que se quiere señalar es que, además de lo apuntado sobre la *inexistencia jurídica* de alícuota alguna de esta contribución especial de la LAA para los ejercicios 2019, 2020, 2021, 2022, 2023 y hasta septiembre de 2024, con lo que se evidencia la imposibilidad legal y material de los contribuyentes aseguradores para que determinasen cuantitativamente su obligación tributaria en cuestión, por lo que nada debían al respecto en esos ejercicios –y de haberlo pagado con base en la alícuota fijada para el ejercicio 2018, entonces calificaría como un pago de lo indebido *por ausencia de normas de cuantificación de la obligación* que, por vía de consecuencia, estaría sujeto a repetición[54]–, lo cierto es que de manera general se observa que ante la modificación del COT/2014, y su regulación en los mismos términos en 2020, en relación con la excepción *ampliada* al Poder Ejecutivo y paradójicamente *reducida* a los impuestos en materia de fijación de alícuotas, la misma no se encuentra legalmente permitida para el caso de *contribuciones especiales* (ni tasas), en los términos y por las razones señaladas.

A otro decir: para el caso de las *contribuciones especiales* y las tasas se debe entender que, a partir de la reforma del COT/2014 se volvió a una concepción *cerrada* del principio de legalidad tributaria, por lo menos en relación con las alícuotas de esos tributos, debiendo *todos* sus elementos esenciales o constitutivos establecerse única y exclusivamente por ley, sin posibilidad alguna de delegación o permiso legislativo para la fijación de sus alícuotas de una manera distinta y excepcional, como lo disciplinan los artículos 10 y 11 de la LAA/2023, en manifiesta desatención de la norma general de tributación venezolana y en fiel prueba de una falta absoluta de sistematización de dichos enunciados con la misma.

---

[54] Artículo 205 COT/2020: "Los contribuyentes o los responsables podrán **solicitar la restitución de lo pagado indebidamente por tributos**, intereses, sanciones y recargos, siempre que no estén prescritos" (resaltado y subrayado agregado); artículo 1178 Código Civil: "Todo pago supone una deuda: **lo que ha sido pagado sin deberse está sujeto a repetición** (...)" (resaltado y subrayado agregados); y artículo 1179 Código Civil: "La persona que **por error** ha hecho un **pago a quien no era su acreedor**, tiene el **derecho de repetir lo que ha pagado** (...)" (resaltado y subrayado agregado).

En suma, la pretendida alícuota del 3,5% dictada mediante la Providencia 2024 adolece de *invalidez jurídica*, por *partida doble*, habida cuenta que (i) la LAA/2023 no podía (ni la LAA/2016) delegar su fijación al Ministro de finanzas, precisamente por el cambio normativo de la excepción de la reserva legal tributaria en relación con la alícuota, desde la promulgación del COT/2014 (hace más de una década); y (ii) como si lo anterior no fuese suficientemente contundente, lo cierto es que la alícuota ni siquiera fue dictada por el Ministro de finanzas –con lo cual ya adoleciese, de por sí, de invalidez normativa, en los términos señalados–, sino que, además, la misma fue regulada mediante la ilegal e inconstitucional Providencia 2024, en ausencia de base legal alguna, así como incurriendo en manifiesta incompetencia constitucional por violación de la reserva legal tributaria (*usurpación de funciones legislativas*), cuestión que viene a concretar la total *deslegalización* de dicho acto administrativo, paradójicamente en concreción de una normativa "prudencial" de la SUDEASEG violatoria del artículo 11 de su propia LAA/2023, en sí misma menospreciante del artículo 3, parágrafo segundo, del COT/2020. En fin, un *desaguisado normativo* de dimensiones mayores.

III. INEFICACIA NORMATIVA DE LAS PROVIDENCIAS 2021 Y 2022 POR FALTA DE PUBLICACIÓN EN LA GACETA OFICIAL, Y LA APLICABILIDAD NORMATIVA DE LA PROVIDENCIA 2024: LA CLASIFICACIÓN DE LOS ACTOS ADMINISTRATIVOS SEGÚN SUS EFECTOS Y LAS REGLAS DE EFICACIA DE LOS MISMOS

Luego de atender la *invalidez normativa* que aqueja a las Providencias 2021, 2022 y 2024, nos centraremos a continuación en lo correspondiente a sus *ineficacias normativas* desde que fueron dictados por la SUDEASEG, ante su falta de publicación en la Gaceta Oficial (las Providencias 2021 y 2022), allende ser actos administrativos de "efectos generales" o *normativos*, por oposición a los de "efectos particulares" o *no normativos*, a la vez de gozar de naturaleza *general* y no individual.

Para justificar lo sostenido, presentaremos un análisis crítico de los artículos 7 y 8 de ambas Providencias, en los cuales se confunden las clasificaciones de los actos administrativos y su régimen de eficacia, para luego traer unas breves consideraciones sobre la clasificación de los actos administrativos según sus efectos y, por vía de consecuencia, sobre la eficacia de los mismos, con lo que se pondrá de relieve la ineficacia de la que adolecen los actos administrativos en cuestión.

1. *Sobre la "vigencia", "notificación" y "publicación" de las Providencias 2021 y 2022: la antinómica e ilegal regulación de sus artículos 7 y 8, y su absoluto desconocimiento de la clasificación de los actos administrativos según sus efectos*

Empecemos, entonces, con la Providencia 2021. De conformidad con sus artículos 7 y 8:

> Artículo 7 Providencia 2021: "La reforma parcial a la que se refiere la presente Providencia **entrará en vigencia a partir de la notificación de su contenido, efectuada a los respectivos sujetos obligados**" (resaltado y subrayado agregados).
>
> Artículo 8 Providencia 2021: "**Ordenar la publicación de este acto administrativo, en el portal electrónico de esta Superintendencia de la Actividad Aseguradora**, de conformidad con el mecanismo de intercambio de información electrónica, establecido por esta Instancia de Control y Supervisión, a fin de **coadyuvar con la divulgación** de su contenido a todos los interesados y público en general" (resaltado y subrayado agregados).

A tenor de las disposiciones citadas, la reforma introducida por la Providencia 2021 a la Providencia 2019, *"entrará en vigencia a partir de la notificación de su contenido, efectuada a los respectivos sujetos obligados"*, a su vez ordenándose *"la publicación de este acto administrativo, en el portal electrónico de esta Superintendencia de la Actividad Aseguradora (...) a fin de coadyuvar con la divulgación de su contenido a todos los interesados y público en general"*.

Como se observa, no son pocos los problemas que presentan los enunciados en cuestión. Para comenzar, tenemos que el artículo 7 se refiere a la "vigencia" de la misma, antinómicamente señalando –en paralelo– que ésta tendrá lugar a partir de su "notificación" a los sujetos obligados. Pues bien, por todos es sabido que las categorías de *vigencia* y *notificación* no se identifican por su objeto, habida cuenta que la primera tiene que ver con la *eficacia normativa general*, mientras que la segunda se refiere a la *eficacia no normativa particular*.

En este sentido, la *vigencia* tiene lugar cuando una *norma jurídica* ha sido *publicada* y no ha sido derogada –ni ha vencido su término (en caso de tenerlo), ni tampoco ha sido anulada–, por lo que surte plenos efectos; así como la *aplicabilidad* está ligada al deber de obediencia efectiva de una norma jurídica por parte de sus destinatarios, a otras voces, su obligatoriedad en un determinado tiempo y espacio[55].

---

[55] *Cf.* Pérez Lledó, Juan Antonio, *op. cit.*, p. 2.

Por su parte, la *notificación* de los actos administrativos –de "efectos particulares" o *no normativos*, según su contenido, o *individuales*, según sus destinatarios, clasificaciones sobre las cuales volveremos en seguida– consiste, como enseña BREWER-CARÍAS[56], en hacer del conocimiento expreso y particular de los interesados el contenido de los mismos, por razón de que dichos actos afectan sus derechos subjetivos o intereses legítimos, personales y directos.

De ahí que, o bien adquieren *eficacia normativa general* (vigencia) vía *publicación* los actos administrativos de "efectos generales" o normativos (según su contenido), o los actos administrativos generales (según sus destinatarios), o bien logran *eficacia no normativa particular* mediante su *notificación* los actos administrativos de "efectos particulares" o no normativos (según su contenido) o los actos administrativos individuales (según sus destinatarios). Son dos cosas distintas. Lo que no es conceptualmente posible, a diferencia de lo expresamente señalado por la Providencia 2021, es que ésta entre en "vigencia" (eficacia normativa *general*) a partir de su "notificación" (medio de eficacia no normativa *particular*) a los sujetos obligados.

Pero, además, también se ordena la "publicación" del acto administrativo en el portal web de la Administración sectorial, pero no para darle "eficacia general" –lo cual tampoco sería posible, como en seguida veremos–, sino más bien para "coadyuvar" con su divulgación. Estamos, como podrá notarse, ante un cúmulo de contrasentidos.

Y en lo que respecta a la Providencia 2022, sus artículos 7 y 8 disciplinan lo que sigue:

> Artículo 7 Providencia 2022: "La reforma parcial a la que se refiere la presente Providencia **entrará en vigencia a partir de su publicación en el portal electrónico de esta Superintendencia de la Actividad Asegu-radora, sin perjuicio de la notificación de su contenido, efectuada a los respectivos sujetos obligados**" (resaltado y subrayado agregados).

> Artículo 8 Providencia 2022: "**Ordenar la publicación de este acto administrativo, en el portal electrónico de esta Superintendencia de la Actividad Aseguradora**, de conformidad con el mecanismo de intercambio de información electrónica, establecido por esta Instancia de Control y Supervisión" (resaltado y subrayado agregados).

---

56 *Cf.* Brewer-Carías, Allan R., *El Derecho administrativo... cit.*, p. 198.

De los enunciados en cuestión, pareciera –pero sólo en principio– que la Administración sectorial de la actividad aseguradora se hubiera percatado de los inconvenientes y contradicciones incurridas en el artículo 7 de la Providencia 2021, cuando pretendía que la misma entrase en "vigencia" a partir de su "notificación" a los sujetos regulados, por razón de la modificación de dicha norma para ahora establecer que la Providencia 2022 *"entrará en vigencia a partir de su publicación en el portal electrónico de esta Superintendencia de la Actividad Aseguradora"*. No obstante, a renglón seguido este enunciado insiste en que lo anterior tendrá lugar *"sin perjuicio de la notificación de su contenido, efectuada a los respectivos sujetos obligados"*.

Como puede apreciarse, los sinsentidos e ilegalidades no se hicieron esperar en este acto administrativo. Por un lado, y como ya fuera introducido el tema en relación con la Providencia 2021, no puede entrar en "vigencia" este acto administrativo de "efectos generales" o normativo, sino mediante su *publicación*, pero no cualquier "publicación", sino única y exclusivamente en la forma y medio que lo establece la LOPA, con lo cual se excluyen otras pretendidas y no reguladas modalidades de *eficacia normativa general*, como la ilegalmente delimitada en el artículo 7 de la Providencia 2022: su publicación en el portal electrónico de la Administración de seguros. Sobre esto volveremos más adelante.

De otro lado, y por eso decíamos que "en principio" parecía que la Administración sectorial de la actividad aseguradora había reparado en la contradicción en la que incurrió sobre las categorías de "vigencia" y "notificación", en el mismo artículo 7 se vuelve sobre la "notificación" de este acto administrativo de "efectos generales" o normativo, pero ahora no como medio *principal* para que el mismo entre en "vigencia", sino como una suerte de modalidad *secundaria* o, quizás, "alternativa", para lograr su "eficacia particular" con los respectivos sujetos obligados.

A la postre, lo que se hizo fue *invertir* el problema en el que se incurrió en la Providencia 2021: antes se establecía que ese acto administrativo normativo adquiriría vigencia con su "notificación" a los sujetos obligados (medio "principal"), sin perjuicio de su "publicación" en la página web de la Administración sectorial (medio "secundario"); luego se estableció –a la inversa– que la Providencia 2022 entraría en vigencia con su "publicación" en la página web de esa Administración (medio "principal"), sin perjuicio de su "notificación" a los sujetos regulados (medio "secundario"). Como se observa, no es más que una *inversión* de su problemática regulación.

Tales actos administrativos de "efectos generales" o normativos, amén de ser contradictorios e ilegales, concretan una notable desatención de: (i) la *clasificación* de los actos administrativos según sus *efectos*, así como de su subclasificación según su *contenido* normativo o no normativo, y según los *destinatarios* de los actos; y (ii) el régimen de *eficacia* de los actos administrativos. Por tal razón enseguida nos adentraremos, aunque brevemente, en estos fundamentales aspectos de la teoría del acto administrativo.

2. *La clasificación de los actos administrativos por sus efectos: actos de "efectos generales" o normativos, y de "efectos particulares" o no normativos (según su contenido), y actos generales e individuales (según sus destinatarios), de acuerdo con el artículo 13 de la LOPA*

Los actos administrativos, a lo largo de su desarrollo doctrinario, han sido clasificados de muy diversas maneras. A los fines de nuestro foco de estudio, apenas nos interesa traer unas breves consideraciones sobre la clasificación de estos actos en atención a sus "efectos" y, dentro de esta perspectiva, tener en cuenta su subdivisión en actos administrativos de "efectos generales" o *normativos* y de "efectos particulares" o *no normativos*, según su *contenido* (normativo o no), así como de acuerdo con los *destinatarios* de los mismos, en actos administrativos generales e individuales.

De la manera siguiente lo enseña, en relación con la legislación venezolana, BREWER-CARÍAS: "En primer lugar, según el carácter normativo o no normativo de los actos administrativos, estos se clasifican en actos de efectos generales y actos de efectos particulares. Puede decirse así, que la Ley Orgánica de Procedimientos Administrativos acoge una primera forma de clasificación de los actos administrativos según sus efectos, en el sentido de que clasifica los actos administrativos en actos normativos (de efectos generales) y en actos administrativos no normativos (de efectos particulares). (…)// Los primeros son aquellos de contenido normativo, es decir, que crean normas que integran el Ordenamiento Jurídico; en cambio, los segundos, los actos administrativos de efectos particulares, son aquellos que contienen una decisión no normativa, sea que se aplique a un sujeto o a varios sujetos de derecho. (…) Por tanto, puede decirse que, en el artículo 13 de la Ley está la clave para clasificar los actos administrativos, según su contenido o efectos según que sean normativos o no normativos, identificándose los actos de efectos generales, es decir, de contenido o carácter general, con los actos normativos, y en consecuencia los actos de efectos particulares o de contenido o carácter particular, con aquellos que no tienen contenido normativo"[57].

---

[57] *Cf. Ibid.*, p. 143-144. En igual sentido, *vid.* Brewer-Carías, Allan R., "Sobre la importancia para el Derecho administrativo, de la noción de acto administrativo y de sus efectos", *III Jornadas Internacionales de Derecho Administrativo "Allan Randolph Brewer-Carías"*, Fundación Estudios de

Esta clasificación, como lo explica BREWER-CARÍAS, parte de lo establecido en el artículo 13 de la LOPA, según el cual:

> Artículo 13 LOPA: "Ningún acto administrativo podrá violar lo establecido en otro de superior jerarquía; **ni los de carácter particular vulnerar lo establecido en una disposición administrativa de carácter general**, aun cuando fueren dictados por autoridad igual o superior a la que dictó la disposición general" (resaltado y subrayado agregados).

Así, tenemos que los denominados actos administrativos de "efectos generales" o *normativos*, como su denominación lo permite entender, establecen *normas jurídicas generales y abstractas*, de ahí que se afirme que surten efectos de forma *general*, mientras que los de "efectos particulares" o *no normativos* son aquellos que, a diferencia de los anteriores, no delimitan normas jurídicas generales y abstractas, y más bien contienen una decisión *particular* sobre alguna cuestión de interés personal.

Por su parte, los actos administrativos *generales* tienen como destinatarios a una *pluralidad* (indeterminada o determinada) *de sujetos*, por oposición a los actos administrativos *individuales* que, como su nombre apunta, sólo interesan a un *único individuo*, a un único sujeto cuyos derechos subjetivos o intereses legítimos, personales y directos se ven afectados por el mismo.

Pues bien, las Providencias bajo análisis se subsumen en la clasificación de los actos administrativos de "efectos generales" o de naturaleza *normativa*, de acuerdo con su *contenido*, en tanto que establecen normas jurídicas generales y abstractas desarrolladas en sus distintos *artículos*. Igualmente, ambas Providencias se identifican, ahora en atención a sus *destinatarios*, con actos administrativos *generales*, por razón de que las mismas están dirigidas a una *pluralidad de sujetos*, específicamente, los denominados "sujetos regulados" en la LAA y en las mismas Providencias, los cuales se dedican a la *actividad aseguradora*.

Ahora, habiendo precisado la tipología de acto administrativo (de "efectos generales" o normativo, así como general) con la que se identifican las Providencias de acuerdo con sus "efectos" o *contenido*, allende el enrevesamiento conceptual en el que incurren –a este respecto, porque hay

---

Derecho Administrativo, Caracas, 1997, p. 19-43; y Hostiou, René, "Eficacia de los actos administrativos. Obligación de la Administración de comunicarlos. Publificación y notificación", *III Jornadas Internacionales de Derecho Administrativo "Allan Randolph Brewer-Carías"*, Fundación Estudios de Derecho Administrativo, Caracas, 1997, p. 81-98.

otros que más adelante atenderemos– los examinados artículos 7 y 8, corresponde entonces precisar su *régimen de eficacia*, esto es, *cómo* y a partir de *cuándo* pueden surtir efectos dichos actos, a otro decir, de qué manera debe cumplir la Administración sectorial su obligación de *comunicarlos*.

3. *Sobre la eficacia (publicación y notificación) de los actos administrativos, en general, y de las Providencias 2021 y 2022, en particular: los artículos 72 y 73 de la LOPA*

En sintonía con la clasificación que, según sus efectos, trae la LOPA de los actos de la Administración y ha sido desarrollada por la doctrina, en los términos recién expuestos, la misma ley de la materia regula con precisión su régimen de eficacia, el cual, como no puede ser de otra manera, está atado a la tipología misma de los actos administrativos. Así lo disciplinan los artículos 72 y 73 de la LOPA:

> Artículo 72 LOPA: "Los actos administrativos de **carácter general** o que interesen a un número **indeterminado** de personas, **deberán ser publicados en la GACETA OFICIAL** que corresponda al organismo que tome la decisión.// Se **exceptúan** aquellos actos administrativos referentes a **asuntos internos** de la administración.// También serán publicados en igual forma los actos administrativos de carácter particular cuando así lo exija la Ley" (resaltado y subrayado agregados).
>
> Artículo 73 LOPA: "Se **notificarán** a los interesados todo acto adminis-trativo de **carácter particular** que afecte sus derechos subjetivos o sus intereses legítimos, personales y directos, debiendo contender la notificación el texto íntegro del acto, e indicar si fuere el caso, los recursos que proceden con expresión de los términos para ejercerlos y de los órganos o tribunales ante los cuales deban interponerse" (resaltado y subrayado agregados).

Como bien lo disponen los citados enunciados (i) cuando se trate de actos administrativos de *carácter general*, o en los términos que la doctrina los ha referido, de "efectos generales" o normativos, *deberán* –norma *deóntica* o de contenido *obligacional*– ser *publicados* (no "notificados" a los "sujetos obligados") en la Gaceta Oficial[58] (no en el portal web del ente

---

[58] Cuando la norma se refiere a la "Gaceta Oficial que corresponda al organismo que tome la decisión", a lo que está haciendo alusión, como ha sido precisado por la doctrina, es al ente político-territorial (República, Estado o Municipio) que dicte el acto administrativo de que se trate, con lo cual deberá publicarse en la Gaceta Oficial nacional, estadal o municipal, según corresponda. *Cf.* Brewer-Carías, Allan R., *El Derecho administrativo... cit.*, p. 197.

emisor), salvo que se trate de *asuntos internos* de la Administración (aquí, de la Administración sectorial de la actividad aseguradora), el cual evidentemente no es el caso; y (ii) de tratarse de actos administrativos de *carácter particular*, o como ha sido planteado, de los denominados actos de "efectos particulares" o no normativos, o actos individuales que afecten los derechos subjetivos o intereses legítimos, personales y directos de los particulares, entonces los mismos se *notificarán* a su interesado, cumpliendo una serie de rigores establecidos en el propio artículo 73 de la LOPA, así como en los artículos 74, 75, 76 y 77 *eiusdem*.

Lo anterior, lo explica BREWER-CARÍAS de la manera siguiente: "En cuanto a la publicación de los actos administrativos, el Artículo 72 de la Ley Orgánica establece, que los actos administrativos «de carácter general o que interesen a un número indeterminado de personas», deberán ser publicados en la Gaceta Oficial que corresponda al organismo político-territorial (República, Estados o Municipios) que tome la decisión. Por tanto, los actos administrativos de carácter general, los cuales según la terminología que hemos empleado, serían los actos de efectos generales, es decir, los actos normativos; así como los actos que interesen a un número indeterminado de personas, los cuales según la terminología que también hemos utilizado serían actos generales, deben necesariamente publicarse en la Gaceta Oficial del organismo respectivo para que comiencen a surtir efectos. Un Reglamento, por ejemplo, surte efectos a partir de su publicación en la Gaceta Oficial, al igual que cualquier acto normativo de la Administración. Aquí rige también, por vía analógica, el principio del Artículo 1° del Código Civil, según el cual, la Ley es obligatoria desde su publicación en la Gaceta Oficial, o desde la fecha posterior en que allí se indique (...)// Ahora bien, tratándose de actos administrativos de efectos particulares, salvo la excepción antes mencionada, la Ley establece la obligación en el Artículo 73, de que sean notificados para que comiencen a surtir efectos, prescribiendo la notificación a los interesados de todo acto administrativo de carácter o de efectos particulares, que afecte los derechos subjetivos o los intereses legítimos, personales y directos de un interesado.// En ese caso, para que el acto comience a surtir efectos, es necesario hacérselo conocer expresa e individualmente al interesado mediante la notificación"[59].

No hay duda, entonces, que la *publicación* en la Gaceta Oficial –nuevamente: no en el portal o página web del ente administrativo del que se trate– de los actos administrativos de "efectos generales" o normativos es la que origina su *eficacia normativa general* (vigencia), mientras que la *notificación* de los actos administrativos de "efectos particulares" o no

[59] *Ibid.*, p. 197-198.

normativos a los particulares cuyos derechos subjetivos o intereses legítimos, personales y directos han sido afectados, da lugar a su *eficacia no normativa particular*.

Pues bien, en atención a su clasificación según sus efectos, y de conformidad con los artículos 13 y 72 de la LOPA, las Providencias de la Administración sectorial de seguros *sólo* serían *vigentes y aplicables* al ser *publicadas* en la Gaceta Oficial[60], esto es, dichas Providencias administrativas *sólo* surtirían efectos o tendrían *eficacia normativa general* a partir de su legal *publicación* en el instrumento destinado a estos fines por la LOPA, cual es la Gaceta Oficial de la República de Venezuela[61] –y no el portal web de la Administración sectorial–, precisamente por tratarse, como en efecto, de un acto administrativo *normativo* o *general*.

De lo recién precisado puede afirmarse, entonces, que aun en el supuesto de que las Providencias sean "notificadas" a los "sujetos regulados" –como si se tratara de actos administrativos de "efectos particulares" o no normativos–, las mismas *no surtirían efecto jurídico alguno* para dichos sujetos, precisamente por tratarse de actos administrativos de "efectos generales" o *normativos* que, como tales, legalmente exigen ser *publicados* en la Gaceta Oficial para lograr su *eficacia normativa*.

Si acaso las Providencias no tuviesen naturaleza *normativa* y gozasen de carácter *individual*, entonces su eficacia jurídica estaría condicionada a su efectiva *notificación* al interesado en particular, en atención a su

---

60 Como debidamente lo fue la Providencia 2015, en Gaceta Oficial N° 40.593, 2 de febrero de 2015.

61 En los mismos términos que, inclusive, la Ley de Publicaciones Oficiales (LPO) (Gaceta Oficial N° 6.688 Extraordinario, 25 de febrero de 2022) lo *ratificó* en sus artículos 7.2 y 8, también en clave obligacional, de acuerdo con los cuales: artículo 7.2 de la LPO: "**Actos objeto de publicación**// **Deben** publicarse en la Gaceta Oficial de la República Bolivariana de Venezuela los siguientes actos jurídicos del Estado: (…)// 2. **Los actos administrativos de carácter general o que interesen a un número indeterminado de personas** y actos administrativos de carácter particular cuando así lo exija la ley" (resaltado y subrayado agregados). Artículo 8 de la LPO: "**Efectos de la publicación**// La publicación de los actos jurídicos del Estado en la Gaceta Oficial de la República Bolivariana de Venezuela le otorga carácter público y con fuerza de documento público. Para que los actos jurídicos del Poder Electoral, Poder Judicial y **otras publicaciones oficiales surtan efectos deben ser publicados en la Gaceta Oficial de la República Bolivariana de Venezuela**, de conformidad con el Reglamento que rige la materia" (resaltado y subrayado agregados).

clasificación y de acuerdo con lo establecido en el artículo 73 de la LOPA. Empero, éste no es el caso. Como acabamos de explicarlo, las Providencias son actos administrativos de "efectos generales" o normativos, no son actos administrativos de "efectos particulares" o no normativos, o simplemente individuales, razón por la cual –necesariamente– *deben* ser publicados en la Gaceta Oficial para entrar en *vigencia* y tener *aplicabilidad*, a otras voces, para surtir *efectos normativos generales* sobre la *pluralidad* de contribuyentes que se dedican a la *actividad aseguradora*.

En suma, ni por vía de la "notificación" del indicado acto administrativo sin perjuicio de su "publicación" en la página web de la Administración sectorial de seguros (Providencia 2021), ni mediante su "publicación" de la manera indicada sin perjuicio de su "notificación" (Providencia 2022), ninguna de las Providencias adquiere vigencia, sino única y exclusivamente, como expresamente lo disciplina la LOPA, a través de su necesaria y debida publicación en la Gaceta Oficial.

4. *La (absoluta) ineficacia de las Providencias 2021 y 2022 por falta de publicación en la Gaceta Oficial y la aplicabilidad normativa de la Providencia 2024*

Todo lo expuesto pone de relieve, así, que ante la falta de publicación de las Providencias en la Gaceta Oficial, por pretender la Administración sectorial atar su eficacia jurídica a (i) su "notificación" a los sujetos regulados, en el caso de la primera, o lo que es igual, tácitamente caracterizar ese acto administrativo de "efectos generales" o *normativo* como si se tratase –a fines de su eficacia– de un acto administrativo de «efectos particulares» o no normativo; y a (ii) su "publicación" en el portal web de esa Administración sectorial, en el caso de la segunda, en lugar de a su debida *publicación* en la Gaceta Oficial; entonces no puede sino considerarse que (iii) ambos actos, además de *inválidos*, en los términos anteriormente precisados, también experimentaron una absoluta *ineficacia normativa*, por lo que los mismos nunca se encontraron *vigentes*, ni fueron tampoco *aplicables*, generando nuevamente un entorno de inseguridad jurídica para los contribuyentes aseguradores.

Ahora bien, como lo indicáramos antes, y en los términos que lo acabamos de recordar en nota al pie, la "Providencia N° FSAA-002684, mediante la cual se dicta los lineamientos aplicables al pago de la contribución especial que deben efectuar los sujetos obligados a que se refiere la Ley de la Actividad Aseguradora", o Providencia 2015, fue debidamente publicada en la Gaceta Oficial, específicamente en la identificada bajo el N° 40.593, de 2 de febrero de 2015.

Esa Providencia habría sido supuestamente "derogada" por la Providencia 2019 que, por su parte, fue la reformada y "derogada" por la Providencia 2021 y ésta, a su vez, por la Providencia 2022. Y nos referimos a la Providencia 2015 como supuestamente "derogada", porque mal puede serlo por un acto administrativo de "efectos generales" o *normativo* que *nunca fue publicado* en la Gaceta Oficial, como es el caso –precisamente– de la indicada Providencia 2019, así como de las analizadas en detalle Providencias 2021 y 2022.

Lo anterior significa, entonces, que ni la Providencia 2022 "derogó" la inmediata anterior Providencia 2021, ni ésta hizo lo propio en relación con la Providencia 2019, a la vez que ésta tampoco "derogó" a la Providencia 2015, todo por razón de la falta de *debida publicación* en la Gaceta Oficial de dichas Providencias, de acuerdo con la clasificación de todos estos actos administrativos como de "efectos generales" o *normativos*, o simplemente *generales*, de conformidad con los analizados artículos 13, 72 y 73 de la LOPA.

Lo que estamos diciendo es que, se debe entender que el acto administrativo de "efectos generales" o *normativo* de la Administración sectorial de seguros que seguía rigiendo la materia en cuestión hasta la publicación de la Providencia 2024 en Gaceta Oficial, fue única y exclusivamente la Providencia 2015, la cual nunca perdió su *vigencia* (no fue *derogada*, ni *anulada*, ni tenía un *término* de duración que haya expirado) y, con ello, seguía siendo la normativamente *aplicable*, en la cual, como ha sido indicado, no se reguló el –inconstitucional e ilegal– recargo monetario por retraso que fue incorporado por la Providencia 2021 y reintroducido por la Providencia 2022, sino más bien se estableció expresamente en su artículo 4, que *"El retraso en el pago de la contribución especial, incluso el retraso generado por incumplimiento de la obligación por parte de los sujetos regulados, de proporcionar la información necesaria para que la liquidación sea efectuada por la Superintendencia de la Actividad Aseguradora, generará intereses moratorios y las sanciones administrativas aplicables, sin desmedro de la facultad potestativa de la determinación de oficio sobre base presuntiva; todo ello conforme a lo establecido en el Código Orgánico Tributario"*.

En definitiva, desde la publicación de la Providencia 2015 y hasta la reciente publicación de la Providencia 2024, el acto administrativo de "efectos generales" o *normativo* que estuvo vigente y reguló los particulares sobre el pago de la contribución especial en cuestión fue, precisamente, la indicada Providencia 2015, tiempo durante el cual no podía la SUDEASEG exigir a los sujetos regulados por la LAA el recargo monetario por retraso, ante su falta de *aplicabilidad normativa*, de ahí que todo pago realizado por los contribuyentes por ese concepto, desde el 25 de febrero de 2021 y hasta el 3 de septiembre de 2024, resulte totalmente *indebido* y, con ello, *sujeto a repetición*, por "fundamentarse" en normas abiertamente *ineficaces* e *inaplicables*.

IV. CONCLUSIONES

1. Las Providencias 2021, 2022 y 2024 se encuentran en franca desatención y vulneración de normas (principios y reglas) de la Constitución, particularmente del principio de reserva de ley, adoleciendo de manifiesta incompetencia constitucional la SUDEASEG para dictarlas. Por lo anterior, esos actos administrativos dictados por la Administración sectorial de la actividad aseguradora son abiertamente *inconstitucionales* e *ilegales*.
2. El denominado "recargo monetario por retraso" en el pago de la contribución que introdujo la Providencia 2021 y que reeditaron la Providencia 2022 y la Providencia 2024, se encuentra radicalmente al margen de la Constitución, del COT y de los derechos constitucionales de los contribuyentes aseguradores, en la medida que se erige como una abierta *desnaturalización* de la obligación tributaria, pretendiendo su conversión en una obligación de valor cuantificada en *dólares* y, además, la Providencia 2024 vulnera esas normas por partida doble, por pretender disciplinar la alícuota de la "contribución especial", en patente deslegalización.
3. En atención a su recta clasificación según sus efectos, y de conformidad con los artículos 13 y 72 de la LOPA, las Providencias de la SUDEASEG *sólo* se entenderán *vigentes y aplicables* de ser *publicadas* en la Gaceta Oficial, esto es, dichas Providencias administrativas *sólo* surtirían efectos o tendrían *eficacia normativa general* a partir de su legal *publicación* en el instrumento destinado a estos fines por la LOPA y la LPO, cual es la Gaceta Oficial de la República de Venezuela –y no el portal web de la SUDEASEG–, precisamente por tratarse, como en efecto, de actos administrativos indiscutiblemente *normativos* o *generales*.
4. Lo anterior significa que ni la Providencia 2022 "derogó" la anterior Providencia 2021, ni ésta "derogó" la Providencia 2019, así como ésta tampoco "derogó" la Providencia 2015, todo por razón de su falta de *debida publicación* en la Gaceta Oficial, de acuerdo con la clasificación de todos estos actos administrativos como de "efectos generales" o *normativos*, de conformidad con los artículos 13, 72 y 73 de la LOPA.

5. Desde la publicación de la Providencia 2015 y hasta la reciente publicación de la Providencia 2024, el acto administrativo de "efectos generales" o *normativo* que estuvo vigente y reguló los particulares sobre el pago de la contribución especial en cuestión fue, precisamente, la indicada Providencia 2015, tiempo durante el cual no podía la SUDEASEG exigir a los sujetos regulados por la LAA el recargo monetario por retraso, ante su falta de *aplicabilidad normativa*, de ahí que todo pago realizado por los contribuyentes por ese concepto, desde el 25 de febrero de 2021 y hasta el 3 de septiembre de 2024, resulte totalmente *indebido* y, con ello, *sujeto a repetición*, por "fundamentarse" en normas abiertamente *ineficaces* e *inaplicables*.

Caracas, diciembre 2024

BIBLIOGRAFÍA

ABACHE CARVAJAL, Serviliano, "La noción de *daño resarcible* en la responsabilidad patrimonial de la Administración Tributaria", en ABACHE CARVAJAL, Serviliano y CABALLERO PERDOMO, Rosa (Coords.), *Contribuciones a la construcción del Derecho procesal tributario en Venezuela. Homenaje al Profesor Alberto Blanco-Uribe Quintero*, Asociación Venezolana de Derecho Tributario, Caracas, 2021.

BREWER-CARÍAS, Allan R., *El Derecho administrativo y la Ley Orgánica de Procedimientos Administrativos. Principios del procedimiento administrativo*, Editorial Jurídica Venezolana, Colección Estudios Jurídicos Nº 16, Caracas, 2002.

_______ "Sobre la importancia para el Derecho administrativo, de la noción de acto administrativo y de sus efectos", *III Jornadas Internacionales de Derecho Administrativo "Allan Randolph Brewer-Carías"*, Fundación Estudios de Derecho Administrativo, Caracas, 1997.

FRAGA-PITTALUGA, Luis, "Algunos comentarios sobre la reforma del Código Orgánico Tributario de 2020". Disponible en: http://fragapittaluga.com.ve/fraga /index.php/component/k2/item/9-algunos-comentarios-sobre-la-reforma-del-codigo-organico-tributario-de-2020.

________ *Principios constitucionales de la tributación*, Editorial Jurídica Venezolana, Colección Estudios Jurídicos Nº 95, Caracas, 2012.

________ *La incompetencia en el Derecho administrativo*, Fundación Estudios de Derecho Administrativo, 2ª edición, Caracas, 2007.

GARCÍA AMADO, Juan Antonio, "Validez, vigencia y aplicabilidad de las normas jurídicas", *Sílex Formación Jurídica*, colgado el 7 de marzo de 2021. Disponible en: https://www.si-lex.es/validez-vigencia-y-aplicabilidad-de-las-nor mas-juridicas.

GARCÍA NOVOA, César, "La codificación del Derecho tributario en Latinoamérica. 30 años de codificación del Derecho tributario", en GARCÍA PACHECO, Ingrid (Coord.), *30 años de la codificación del Derecho Tributario venezolano. Memorias de las XI Jornadas Venezolanas de Derecho Tributario*, tomo IV, Asociación Venezolana de Derecho Tributario, Caracas, 2012.

_______, *El principio de seguridad jurídica en materia tributaria*, Marcial Pons, Madrid, 2000.

GUASTINI, Riccardo, "In tema di abrogazione", en LUZZATI, Claudio (Comp.), *L'abrogazione delle leggi. Un dibattito analitico*, Giuffrè, Milán, 1987.

HOSTIOU, René, "Eficacia de los actos administrativos. Obligación de la Administración de comunicarlos. Publificación y notificación", *III Jornadas Internacionales de Derecho Administrativo "Allan Randolph Brewer-Carías"*, Fundación Estudios de Derecho Administrativo, Caracas, 1997.

ITURBE ALARCÓN, Manuel (Coord.), *La reforma del Código Orgánico Tributario de 2014*, Asociación Venezolana de Derecho Tributario - Legislación Económica, C.A., Caracas, 2015.

MEIER GARCÍA, Eduardo, "El concepto de tributo y sus categorías constitucionalizadas frente a la descodificación, la deslegalización y el auge de la parafiscalidad", en WEFFE H. Carlos E., (Coord.), *VIII Jornadas Venezolanas de Derecho Tributario. Tributación municipal y exacciones parafiscales*, Asociación Venezolana de Derecho Tributario, Caracas, 2006.

PÉREZ LLEDÓ, Juan Antonio, "La tridimensionalidad del fenómeno jurídico. Validez, eficacia y justicia" (materiales docentes del Máster en Argumentación Jurídica, Universidad de Alicante, España), inédito.

ROMERO-MUCI, Humberto, "La ilegitimidad de la dolarización de las sanciones tributarias", en BADELL MADRID, Rafael, IRIBARREN MONTEVERDE, Henrique, CARMONA BORJAS, Juan Cristóbal y MUCI BORJAS, José Antonio (Coords.), *Libro homenaje a Cecilia Sosa Gómez*, tomo II, Academia de Ciencias Políticas y Sociales, Caracas, 2021.

________ *Lo **R**acional y lo **Irr**acional de los intereses moratorios en el Código Orgánico Tributario*, Asociación Venezolana de Derecho Tributario, Caracas, 2004.

________ "La garantía de la reserva legal tributaria, deslegalización y exceso reglamentario: el caso de los reglamentos de la Ley de Pilotaje", *Homenaje a la memoria de Ilse van der Velde*, Fundación Estudios de Derecho Tributario, Caracas, 1998.

RUAN SANTOS, Gabriel, "De la omnipotencia a la precariedad de la ley (Conferencia Magistral para las XIV Jornadas Venezolanas de Derecho Tributario)", *Revista de Derecho Tributario*, N° 148, Asociación Venezolana de Derecho Tributario, Caracas, 2015.

SIRA SANTANA, Gabriel, "La Gaceta Oficial de la República como fuente de inseguridad jurídica", *Revista de Derecho Público*, N° 163-164, Editorial Jurídica Venezolana, Caracas, 2020.

SOL GIL, Jesús (Coord.), *Estudios sobre la reforma del Código Orgánico Tributario de 2001*, Asociación Venezolana de Derecho Tributario, Caracas, 2002.

Ley de Reforma del Decreto con Rango, Valor y Fuerza de Ley de la Actividad Aseguradora

(Gaceta Oficial N° 6.770 Extraordinario de 29 de noviembre de 2023)

LA ASAMBLEA NACIONAL DE LA REPÚBLICA BOLIVARIANA DE VENEZUELA

Decreta

la siguiente,

LEY DE REFORMA DEL DECRETO CON RANGO, VALOR Y FUERZA DE LEY DE LA ACTIVIDAD ASEGURADORA

Artículo 1°. Se modifica el artículo 1, en los términos siguientes:

Artículo 1. La presente Ley tiene por objeto establecer el marco normativo para la autorización, regulación, funcionamiento, control, supervisión y vigilancia de la actividad aseguradora, a fin de garantizar los procesos de transformación socioeconómicos que promueve el Estado, en tutela del interés general representado por los derechos y garantías de los tomadores, asegurados, beneficiarios, contratantes, usuarios y afiliados, según corresponda, de los contratos de seguros, de reaseguros, de medicina prepagada y de administración de riesgos, de conformidad con lo establecido en la Ley Orgánica del Sistema Financiero Nacional.

Esta Ley se aplica a toda la actividad aseguradora desarrollada en la República Bolivariana de Venezuela, o materializada en el extranjero, que tenga relación con riesgos o personas situadas en el territorio nacional, realizada por los sujetos regulados, definidos en este instrumento jurídico, y por todas aquellas personas naturales o jurídicas que desarrollen operaciones y negocios jurídicos calificados como actividad aseguradora, así como a las personas que representan el interés general objeto del presente marco normativo.

Artículo 2°. Se modifica el artículo 2, en los términos siguientes:

Artículo 2. La actividad aseguradora es toda relación u operación relativa al contrato de seguro, de reaseguro, de medicina prepagada y de administración de riesgos, a la intermediación, las fianzas, el financiamiento de primas o cuotas, los fondos administrados, el fideicomiso en el mercado asegurador, la inspección de riesgos, el peritaje avaluador y el ajuste de pérdidas en actividades de seguros, en loe términos establecidos en las normes que regulen la materia.

Artículo 3°. Se modifica el artículo 3, en los términos siguientes:

Artículo 3. Sólo podrán realizar actividad aseguradora en el territorio de la República, previa autorización de la Superintendencia de la Actividad Aseguradora, los siguientes sujetos regulados:

1. Las empresas de seguros.
2. Las empresas de reaseguros.
3. Las empresas de medicina prepagada.
4. Las empresas administradoras de riesgos.
5. Las empresas financiadoras de primas o de cuotas.
6. Los intermediarios de la actividad aseguradora.
7. Las asociaciones cooperativas que realicen actividad aseguradora.
8. Los auxiliares de seguro: Los inspectores de riesgos, los peritos avaluadores y los ajustadores de pérdidas en actividades de seguros.
9. Las oficinas de representación o sucursales de empresas de reaseguros extranjeras y las sucursales de sociedades de corretaje de reaseguros del exterior.

Se consideran también sujetos regulados: los actuarios independientes; los defensores del tomador, asegurado, beneficiario, contratante, usuario y afiliado; los oficiales de cumplimiento y los auditores externos, incluyendo los que ejerzan funciones en materia de activos de información y de administración de riesgos de legitimación de capitales, financiamiento al terrorismo y financiamiento de la proliferación de armas de destrucción masiva.

Se exceptúan de la presente disposición los fondos de garantía de la Administración Pública Nacional que realicen actividad aseguradora, sin perjuicio de la obligación en que se encuentran de mantener la cooperación, coordinación y lealtad institucional con la Superintendencia de la Actividad Aseguradora.

Los sujetos regulados estarán obligados a mantener en su denominación social o personal, la especificación expresa del tipo de actividad aseguradora que desarrollan y en toda su documentación y publicidad deben indicar su carácter sin usar abreviaturas. Se exceptúan de esta obligación a los actuarios independientes y los auditores externos.

Sólo los sujetos regulados utilizarán en su denominación social o personal las palabras seguros, reaseguros o medicina prepagada y sus derivados en idioma castellano, así como sus equivalentes en cualquier otro idioma.

Artículo 4°. Se modifica el artículo 4, en los términos siguientes:

Artículo 4. A los efectos de la presente Ley, se entenderá por:

1. Activo de información: Aquellos medios físicos, digitales o tecnológicos por donde se reciba, almacene, transfiera o se pueda visualizar información. Se

incluye en este concepto: los datos creados o utilizados por un proceso de la organización en medio digital, en papel o en otros medios; los servicios utilizados para la transmisión, recepción y control de la información; el hardware y el software utilizado para el procesamiento, transporte o almacenamiento de información y las herramientas o utilidades para el desarrollo y soporte de los sistemas de información, entre otros.

2. Administradora de riesgos: Persona jurídica autorizada por la Superintendencia de la Actividad Aseguradora, responsable del manejo e inversión de un fondo administrado de forma conjunta con el contratante, quienes establecerán los controles las condiciones de los riesgos amparados por dicho fondo, en función de los siniestros ocurridos y cubiertos conforme al contrato suscrito entre las partes. Se incluye en esta definición la administración de la cartera de siniestros de los fondos autoadministrados de las empresas de seguros y de medicina prepagada.

3. Afiliado o usuario: Persona cubierta por el contrato de administración de riesgos o de medicina prepagada.

4. Asegurado: Persona que en sí misma, en sus bienes o en sus intereses económicos está expuesta al riesgo amparado por el contrato de seguro.

5. Beneficiario: Persona en cuyo favor se ha establecido la indemnización que pagará la empresa de seguros, de medicina prepagada o administradora de riesgos.

6. Canales Alternativos: Persona jurídica con la que la aseguradora celebra un convenio con el objeto de utilizar su infraestructura, sus activos tecnológicos y sus relaciones con un gran número de afiliados o potenciales asegurados, con las que tiene nexos comerciales o de otros tipos, a los fines de servir como mecanismo para facilitar la adquisición de un producto de seguro.

Los canales alternativos, involucran a las instituciones financieras regidas por la ley que regula el sector bancario, las empresas de servicios públicos o privados, establecimientos comerciales e industriales, gremios y asociaciones.

7. Cesión de cartera: Contrato mediante el cual dos o más empresas de seguros, de medicina prepagada, de reaseguros o intermediarios transfieren el total de los contratos o parte de ellos, referidos a uno o varios ramos.

8. Cesión de riesgos: Acto mediante el cual una empresa de seguros, de medicina prepagada o de reaseguros, denominada cedente, traspasa total o parcialmente el riesgo asumido a una empresa de seguros o de reaseguros, conocida como cesionaria, la cual toma a su cargo esa responsabilidad y responde ante la empresa cedente por los siniestros y reclamos objeto del contrato original que correspondan a la porción del negocio aceptado, en los términos previamente establecidos entre las partes mediante un contrato de reaseguro o de retrocesión.

9. Coaseguro: Mecanismo de dispersión de riesgo mediante el cual dos o más empresas de seguro o medicina prepagada dan cobertura sobre un mismo riesgo.

10. Contratante: Persona natural o jurídica que suscribe un contrato de medicina prepagada o de administración de riesgos, bien para su exclusivo beneficio, de terceros o de uno y otros.

11. Elusión: Falta de pago o ausencia de respuesta por parte de las empresas de seguros, de medicina prepagada y las financiadoras de primas o de cuotas, ante el cumplimiento de sus obligaciones establecidas en el respectivo contrato, utilizando artificios para no asumir su responsabilidad.

12. Escisión de empresas: Figura jurídica mediante la cual se divide el patrimonio de una empresa en dos o más nuevas empresas, atribuyéndole a cada una de ellas personalidad jurídica y patrimonio propio.

13. Fideicomiso: Relación jurídica por la cual una persona llamada fideicomitente transfiere uno o más bienes a otra persona llamada fiduciario, quien se obliga a utilizarlo a favor de aquél o de un tercero llamada beneficiario. Sólo podrán ser fiduciarios a los efectos de la presente ley, las empresas de seguros constituidas en el país, previa autorización de la Superintendencia de la Actividad Aseguradora.

14. Fondo administrado: Mecanismo mediante el cual una empresa, sociedad u organismo público o privado destina una cantidad de dinero para su constitución, cuya administración e inversión es realizada de manera conjunta por el contratante y la administradora de riesgos, a los fines de amparar con control de costos, los gastos incurridos por los afiliados o usuarios en ocasión de siniestros cubiertos que pudieran presentarse, donde el contratante está en libertad de establecer las coberturas, condiciones y límites de acuerdo con sus necesidades. Este fondo debe incluir los gastos relativos a la administración de los recursos y al pago de los siniestros a particulares y proveedores de servicios asociados al fondo.

15. Fondo autoadministrado: Mecanismo mediante el cual una empresa, sociedad u organismo, público o privado, destina una cantidad de dinero para su constitución, cuya administración e inversión es realizada directamente por éste, a los fines de amparar con control de costos, los gastos incurridos por los afiliados o usuarios en ocasión de siniestros cubiertos que pudieran presentarse.

16. Fusión de empresas: Transmisión de la totalidad del patrimonio de un sujeto regulado a otro.

17. Indemnización: Principal obligación de las empresas de seguros, de medicina prepagada y administradoras de riesgos, consistente en el pago del monto convenido, la prestación del servicio, reparación del daño o reposición del bien, conforme al contrato.

18. Intermediario: Persona natural o jurídica que contribuye con su mediación para la celebración de los contratos de seguros, de reaseguros, de medicina prepagada y de administración de riesgos, así como con su asesoría a los tomadores, asegurados, beneficiarios, contratantes, usuarios y afiliados.

19. Margen de solvencia: Cantidad necesaria de recursos para cubrir aquellas desviaciones técnicas, financieras o económicas que afecten los resultados de las empresas de seguros, de reaseguros y de medicina prepagada, con el fin de cumplir a cabalidad sus compromisos con los tomadores, asegurados, beneficiarios, contratantes, usuarios, afiliados y cedentes, que permita ser actualizado según el carácter dinámico de la actividad aseguradora.

20. Medicina prepagada: Aquella mediante la cual el sujeto regulado se compromete con una persona natural, denominada usuario o afiliado, a gestionar la atención médica y la prestación, directa o indirecta, de servicios médico-asistenciales relacionados con la atención y tratamiento de su salud mediante el cobro periódico por anticipado de una cuota, previamente establecida y pagada por el contratante.

21. Microseguro: Producto de seguro o de medicina prepagada que ampara riesgos específicos, direccionado a sectores socioeconómicos vulnerables, con sumas aseguradas y primas o cuotas al alcance de éstos.

22. Retrocesión: Es el reaseguro que hace un reasegurador de una parte o de la totalidad del riesgo que previamente haya asumido.

23. Riesgo: Posible ocurrencia por azar de un acontecimiento que no dependa exclusivamente de la voluntad del tomador, asegurado, beneficiario, contratante, usuario o afiliado, que ocasione una necesidad económica, y cuya aparición real o existencia se previene y garantiza en el contrato.

24. Seguro Inclusivo: Producto de seguro o de medicina prepagada que ampara riesgos específicos, direccionado a sectores sociales excluidos o desatendidos, que no necesariamente sean de bajos ingresos.

25. Seguro Masivo: Producto de seguro o de medicina prepagada con sumas aseguradas y primas o cuotas de valores accesibles, direccionado a consumidores o usuarios con características comunes.

26. Siniestro: Materialización del riesgo que da origen a la obligación de indemnizar por parte de la empresa de seguros, medicina prepagada o administradora de riesgos.

27. Sistema integral de administración de riesgos de legitimación de capitales, financiamiento al terrorismo y financiamiento de la proliferación de armas de destrucción masiva: Conjunto de normas y políticas adoptadas y ejecutadas por los sujetos regulados, en función de su nivel de riesgo, para mitigar la posibilidad que sus productos, servicios, clientes y canales de comercialización, sean empleados para ocultar la procedencia, propósito y destino de los capitales de origen ilícito, dirigidos a su legitimación, o para desviar fondos de cualquier naturaleza para el financiamiento al terrorismo y financiamiento de la proliferación de armas de destrucción masiva.

28. Tecnología Financiera (FINTECH): Soluciones financieras propiciadas por la tecnología que involucra a todas aquellas empresas de servicios financieros que utilizan procesos y sistemas tecnológicos de avanzada para servir de auxiliar como sistema de pago o prestador de servicios dentro de la aseguradora o los canales alternativos.

29. Tipo de cambio de referencia: El tipo de cambio oficial de la moneda de mayor valor, publicado por el Banco Central de Venezuela, según el promedio ponderado resultante de las operaciones diarias de las mesas de cambio activas de las instituciones bancarias participantes.

30. Tomador: Persona natural o jurídica que contrata el seguro y se obliga a pagar la prima correspondiente a la empresa de seguros.

Artículo 5°. Se modifica el epígrafe del artículo 5, en los términos siguientes:

Órgano competente

Artículo 6°. Se modifica el artículo 5, en los términos siguientes:

Artículo 5. La Superintendencia de la Actividad Aseguradora es un servicio desconcentrado funcionalmente con patrimonio propio, adscrito al Ministerio del Poder Popular con competencia en materia de finanzas, que actuará bajo la dirección y responsabilidad del o de la Superintendente de la Actividad Aseguradora y se regirá por las disposiciones de la presente ley, su reglamento y por los lineamientos y políticas impartidas por el Ejecutivo Nacional.

Su organización, autogestión, régimen de personal y funcionamiento se establece en el reglamento interno que a tales efectos se dicte, en observancia a lo establecido en el Decreto con Rango, Valor y Fuerza de Ley Orgánica de la Administración Pública.

Artículo 7°. Se fusionan los artículos 6 y 133, en los términos siguientes:

Artículo 6. Son atribuciones de la Superintendencia de la Actividad Aseguradora:

1. Ejercer la potestad regulatoria para la autorización, inspección, control, vigilancia previa, concomitante y posterior, supervisión, verificación y fiscalización de la actividad aseguradora, en los términos establecidos en la presente ley, su reglamento y las normas que al efecto dicte.

2. Garantizar a las personas el libre acceso a los productos, bienes y servicios objeto de la presente Ley y proteger los derechos e intereses de los tomadores, asegurados, beneficiarios, contratantes, usuarios o afiliados respecto de los sujetos regulados.

3. Establecer el sistema de regulación, inspección, vigilancia, control, supervisión y fiscalización de la actividad aseguradora, bajo los criterios de supervisión preventiva e integral y adoptar las medidas necesarias para el cumplimiento de esta ley, su reglamento y normas que regulen la materia.

4. Diseñar, desarrollar e implementar el Sistema de Información de la Actividad Aseguradora, el cual normalizará la totalidad de los conceptos, definiciones, unidades estadísticas, clasificaciones, códigos y registros de sujetos regulados, que hagan factibles la recopilación y almacenamiento de datos, así como la producción de estadísticas del sector asegurador.

5. Intervenir y liquidar administrativamente a los sujetos regulados en los términos establecidos en la presente ley y su reglamento.

6. Promover la participación ciudadana en defensa de los derechos de los tomadores, asegurados, beneficiarios, contratantes, usuarios y afiliados, a través de las organizaciones del poder popular u otras formas de organización social.

7. Llevar a cabo procedimientos de conciliación y arbitraje como medios de solución de conflictos en la actividad aseguradora.

8. Efectuar con periodicidad mensual, trimestral, semestral o anual, las publicaciones necesarias a fin de dar a conocer la situación de la actividad aseguradora y de los sujetos regulados, especialmente en lo relativo a primas, siniestros, reservas técnicas, margen de solvencia, patrimonio propio no comprometido, condiciones patrimoniales y el número de sanciones impuestas a los sujetos regulados, así como de las personas que se haya determinado que han realizado operaciones reguladas por la presente ley sin estar autorizadas para ello.

9. Establecer vínculos de coordinación y cooperación con otros entes u órganos de la Administración Pública Nacional, así como con autoridades de supervisión de otros países, a los fines de fortalecer los mecanismos de control, actualizar las regulaciones preventivas e intercambiar informaciones. Estas acciones se coordinarán con el Ministerio del Poder Popular con competencia en materia de relaciones exteriores.

10. Permitir, mediante normas de carácter general, el uso de pólizas, tarifas y demás documentos, sin su aprobación previa, cuando las condiciones jurídicas y económicas lo justifiquen. Igualmente, podrá dejarlas sin efecto y ordenar que dichos documentos y tarifas sean sometidos a su aprobación.

11. Las demás que le atribuyan esta ley, otras leyes y reglamentos.

Artículo 8°. Se elimina la Sección Segunda, correspondiente al Capítulo I del Título II.

Artículo 9°. Se modifica el epígrafe del artículo 7, en los términos siguientes:

Requisitos del o de la Superintendente de la Actividad Aseguradora

Artículo 10. Se modifica el artículo 7, en los siguientes términos:

Artículo 7. El o la Superintendente de la Actividad Aseguradora es un funcionario o funcionaria de libre nombramiento y remoción, designado o designada por el Ministro o Ministra del Poder Popular con competencia en materia de finanzas.

El o la Superintendente de la Actividad Aseguradora debe ser venezolano o venezolana, mayor de treinta años, profesional universitario, de reconocida competencia y solvencia moral, con experiencia no menor de cinco años en la actividad aseguradora o financiera y haber ejercido cargos gerenciales o de responsabilidad en el sector público o privado relacionados con la mencionada actividad.

Lo relativo a las faltas temporales o absolutas, así como las prohibiciones para el ejercicio del cargo se establecerán en el reglamento de la presente Ley.

Artículo 11. Se modifica el artículo 8, en los términos siguientes:

Artículo 8. Son atribuciones del o de la Superintendente de la Actividad Aseguradora:

1. Ejercer la dirección, actuar como máxima autoridad y ejecutar de manera directa las competencias atribuidas a la Superintendencia de la Actividad Aseguradora o desarrollarlas por intermedio de sus funcionarios y funcionarias, en virtud de las técnicas traslativas de competencia establecidas en el Decreto con Rango, Valor y Fuerza de Ley Orgánica de la Administración Pública.

2. Dictar el reglamento interno de organización y funcionamiento de la Superintendencia de la Actividad Aseguradora, sus manuales de normas y procedimientos; planificar, elaborar y ejecutar el presupuesto anual de ingresos y gastos; suscribir contratos para el cumplimiento de sus fines y adquirir o enajenar los bienes y servicios que sean necesarios; establecer el Régimen de Personal, su administración, los actos administra-tivos de carácter general o particular de naturaleza funcionarial y los referidos a la relación de empleo del personal contratado y obrero; y nombrar al o la superintendente adjunto.

3. Emitir los actos administrativos generales o particulares inherentes a sus competencias y los lineamientos de gobierno corporativo de los sujetos regulados, así como de evaluación y administración integral de riesgos de legitimación de capitales, financiamiento al terrorismo y financiamiento de la proliferación de armas de destrucción masiva.

4. Ordenar a los sujetos regulados la consignación de datos, informes, libros, documentos y cualquier otra información que considere necesaria, en el lapso y formato requerido, de conformidad con los principios de razonabilidad, proporcionalidad, adecuación, economía, celeridad, simplicidad, eficacia, eficiencia, oportunidad, objetividad, imparcialidad, uniformidad, transparencia y buena fe, en los términos previstos en esta ley, el reglamento y las normas que regulen la materia.

5. Revisar los archivos físicos, digitales, estadísticos y contables, expedientes, oficinas y sucursales de los sujetos regulados, incluyendo sus sistemas de información, equipos de computación y cualesquiera otras bases de datos, tanto en el sitio como a través de sistemas remotos, pudiendo hacer uso de la fuerza pública, previa solicitud a los órganos competentes, cuando hubiere impedimento en el ejercicio de estas atribuciones.

6. Establecer mediante acto administrativo los modelos de contratos y tarifas que deben mantener carácter general y uniforme, cuando el interés común así lo requiera; o determinar con sentido de inclusión, equidad y de justicia social, las tarifas y condiciones para todo el mercado asegurador, que permitan el acceso a los contratos de seguros o de medicina prepagada obligatorios.

7. Suspender preventivamente, declarar la nulidad absoluta o dejar sin efecto, previo cumplimiento del procedimiento administrativo correspondiente, el acto de autorización de los sujetos regulados; el uso de los modelos de pólizas, contratos, condiciones generales y particulares, cuadros póliza o cuadros recibo, solicitudes, finiquitos o documentos de indemnización, notificaciones, anexos y

cualquier otro documento utilizado con ocasión de la actividad aseguradora, y de las tarifas que utilicen; o la publicidad con independencia de quien la ordene o divulgue.

8. Ordenar la suspensión preventiva o revertir operaciones y sus consecuencias técnicas, jurídicas, financieras o administrativas, previo cumplimiento del procedimiento administrativo correspondiente, cuando se determine que las mismas han sido realizadas en contravención a lo previsto en la presente Ley, su reglamento y las normas que regulen la materia.

9. Otorgar autorización previa a los sujetos regulados para la adquisición o enajenación por cualquier título de las acciones de los sujetos regulados, así como para modificar documentos constitutivos o estatutarios en relación con el objeto social; razón social; enajenación de acciones; fusión; escisión; cesión de cartera; disolución anticipada; aumento, reintegro o disminución del capital social; decreto de dividendos o reparto de utilidades; designación de los miembros de la junta directiva o administradora, o modificación de su estructura.

10. Iniciar, sustanciar y decidir los respectivos procedimientos de inspección y sancionatorios, con observancia de los principios establecidos en la Ley Orgánica de Procedimientos Administrativos, el Decreto con Rango, Valor y Fuerza de Ley Orgánica de la Administración Pública y la Ley de Simplificación de Trámites Administrativos, así como girar instrucciones a los sujetos regulados y dictar las medidas preventivas o normas que juzgue necesarias en los ámbitos jurídico, técnico, financiero y tecnológico, para el control, supervisión y fiscalización de la actividad aseguradora y la protección del interés general tutelado.

11. Revisar y determinar la constitución, mantenimiento, cobertura y representación de las reservas técnicas y del patrimonio propio no comprometido en función de los requerimientos de solvencia, así como la razonabilidad y adecuación de los estados financieros, dentro del procedimiento administrativo correspondiente. En los casos que juzgue necesario, ordenar la sustitución, rectificación o constitución de las reservas o provisiones, o que se aumente el patrimonio propio no comprometido, para ajustarlo a los requerimientos de solvencia u ordenar las modificaciones e inclusiones que fuere menester incorporar en los estados financieros e informes respectivos y ordenar nuevamente su publicación.

12. Llevar y mantener los registros de inscripción de los sujetos regulados, así como cualquier otro registro que establezca esta Ley, su reglamento y las normas que regulan la materia.

13. Requerir el auxilio de la fuerza pública cuando hubiere impedimento u obstaculización por parte de cualquier persona y ello fuere necesario para el cumplimiento de sus competencias.

14. Asistir técnicamente en materia de la actividad aseguradora al Poder Público y evacuar, sin carácter vinculante, de manera oportuna y adecuada, las consultas que formulen los interesados e interesadas en relación con la materia objeto de esta Ley.

15. Presentar con frecuencia semestral el informe de gestión al Ministro o Ministra del Poder Popular con competencia en materia de finanzas. Además, participarle oportunamente por escrito sobre las irregularidades o faltas graves que advierta en las operaciones de los sujetos regulados y que constituyan una amenaza al interés general tutelado, debiendo señalar en su informe las medidas adoptadas o las que haya ordenado para corregirlas.

16. Asistir con derecho a voz a las reuniones de junta directiva y a las asambleas de accionistas de los sujetos regulados; asumir el carácter de único administrador, interventor y liquidador de los sujetos regulados; y resolver con carácter de conciliador o árbitro arbitrador, las controversias que se susciten entre los sujetos regulados y entre éstos y los tomadores, asegurados, beneficiarios, contratantes, usuarios y afiliados, cuando las partes lo hayan establecido de mutuo acuerdo.

17. Establecer mediante normas el marco regulatorio para el uso de medios digitales y canales alternativos, de distribución de productos de seguros y de medicina prepagada, así como para la comercialización y desarrollo de los microseguros, seguros masivos y seguros inclusivos.

18. Las demás que le atribuya esta Ley y su reglamento.

Artículo 12. Se elimina la Sección Tercera, correspondiente al Capítulo I del Título II.

Artículo 13. Se modifica el epígrafe del artículo 9, en los términos siguientes:

Ingresos de la Superintendencia de la Actividad Aseguradora

Artículo 14. Se modifica el artículo 9, en los términos siguientes:

Artículo 9°. Los ingresos de la Superintendencia de la Actividad Aseguradora están conformados por:

1. Las contribuciones especiales aportadas por los sujetos regulados.

2. Las tasas por servicios que preste el órgano.

3. Las asignaciones establecidas en la Ley de Presupuesto para el Ejercicio Económico Financiero correspondiente a cada año.

4. Las asignaciones otorgadas por operaciones de crédito público tramitadas por el Ejecutivo Nacional conforme a la ley.

5. Los productos generados por la inversión o administración de sus activos.

6. Todos aquéllos que por cualquier causa legal sean incorporados al patrimonio de la Superintendencia de la Actividad Aseguradora.

Artículo 15. Se modifica el artículo 10, en los términos siguientes:

Artículo 10. Las empresas de seguros, de reaseguros, de medicina prepagada, administradoras de riesgos y financiadoras de primas o de cuotas, están en la obligación de aportar una contribución especial destinada a financiar el funcionamiento de la Superintendencia de la Actividad Aseguradora.

El Ministro o Ministra del Poder Popular con competencia en materia de finanzas, a proposición del o de la Superintendente de la Actividad Aseguradora, fijará anualmente el importe de la contribución especial.

Artículo 16. Se modifica el artículo 11, en los términos siguientes:

Artículo 11. La contribución especial será el monto comprendido entre el dos coma cinco por ciento (2,5 %) y el tres coma cinco por ciento (3,5%) del total de:

1. Las primas cobradas por contratos de seguros y la contraprestación por concepto de emisión de fianzas, ambas netas de anulaciones y devoluciones, así como el ingreso obtenido como remuneración por los contratos de fideicomiso.

2. Las cuotas cobradas por contratos de medicina prepagada, netas de anulaciones y devoluciones.

3. El ingreso obtenido como remuneración por los contratos de administración de riesgos y de administración de siniestros.

4. Los ingresos por intereses cobrados en los financiamientos otorgados a los tomadores y contratantes de seguros y de medicina prepagada, en los casos de las empresas financiadoras de primas o de cuotas.

5. Las primas cobradas por las empresas de seguros y de reaseguros, netas de anulaciones y devoluciones, por concepto de negocios aceptados de cedentes extranjeras.

Las empresas de seguros y de medicina prepagada descontarán de las primas de reaseguro pagadas por ellas, la alícuota correspondiente al aporte efectuado por la prima o cuota cobrada, conforme con los numerales 1 y 2 del presente artículo. La disposición será aplicable igualmente en el caso de fianzas.

Los sujetos regulados bajo régimen de intervención están obligados al pago de la contribución especial en los mismos términos y condiciones previstos para las empresas operativas.

Los lineamientos, términos y condiciones para el pago y reparo de la contribución especial se desarrollarán en las normas dictadas al efecto.

Artículo 17. Se elimina el artículo 12.

Artículo 18. Se incorpora un nuevo artículo 12, en los términos siguientes:

Artículo 12. Los sujetos regulados y demás interesados pagarán en Bolívares, tasas por los siguientes conceptos:

1. Por la presentación del examen de competencia profesional para obtener la autorización para actuar como agente: Treinta (30) veces el tipo de cambio de referencia.

2. Por la inscripción en el registro de agente: Diez (10) veces el tipo de cambio de referencia.

3. Por la inscripción en el registro de corredor de seguros o el cambio de estatus de agente a corredor de seguros: Ciento Cincuenta (150) veces el tipo de cambio de referencia.

4. Por la inscripción en el registro de auditores externos, incluyendo los que ejerzan funciones en materia de administración de riesgos de legitimación de capitales, financiamiento al terrorismo y financiamiento de la proliferación de armas de destrucción masiva: Ciento Cincuenta (150) veces el tipo de cambio de referencia. Se exceptúan los auditores externos en materia de activos de información.

5. Por la inscripción en el registro de actuarios: Cien (100) veces el tipo de cambio de referencia.

6. Por la inscripción en el registro de oficiales de cumplimiento en materia de administración de riesgos de legitimación de capitales, financiamiento al terrorismo y financiamiento de la proliferación de armas de destrucción masiva: Ciento Cincuenta (150) veces el tipo de cambio de referencia.

7. Por la inscripción en los registros de los auxiliares de seguro (personas naturales): Setenta y Cinco (75) veces el tipo de cambio de referencia.

8. Por la inscripción en el registro del defensor o defensora del tomador, asegurado, beneficiario, contratante, usuario y afiliado de la actividad aseguradora: Ciento Cincuenta (150) veces el tipo de cambio de referencia.

9. Por la inscripción en los registros de los auxiliares de seguro (personas jurídicas): Quinientas (500) veces el tipo de cambio de referencia.

10. Por la inscripción en el registro de sociedades de corretaje de seguros: Un Mil (1.000) veces el tipo de cambio de referencia.

11. Por la inscripción en el registro de sociedades de corretaje de reaseguros: Dos Mil (2.000) veces el tipo de cambio de referencia.

12. Por la inscripción en el registro de empresas de reaseguros extranjeras: Cinco Mil (5.000) veces el tipo de cambio de referencia.

13. Por la inscripción en el registro de establecimientos de sucursales y oficinas de representación de empresas de reaseguros extranjeras o sucursales de sociedades de corretaje de reaseguros del exterior: Dos Mil (2.000) veces el tipo de cambio de referencia.

Los registros a que se refiere este artículo deberán renovarse cada tres (3) años, en cuyo caso el interesado pagará el equivalente al veinticinco por ciento (25%) de la tasa de su inscripción.

El Ministro o Ministra del Poder Popular con competencia en materia de finanzas, oída la opinión de la Superintendencia de la Actividad Aseguradora, podrá ajustar mediante acto motivado, los montos de las tasas. En caso de incremento, éste no podrá ser superior a las dos terceras (2/3) partes de las previstas en este artículo.

Artículo 19. Se elimina el Capítulo II, del Título II.

Artículo 20. Se elimina el artículo 15.

Artículo 21. Se modifica el epígrafe del artículo 19, en los términos siguientes:

Requisitos para las empresas de seguros, de reaseguros, de medicina prepagada y administradoras de riesgos

Artículo 22. Se fusionan los artículos 19, 20 y 140, que pasa a ser el artículo 13, en los términos siguientes:

Artículo 13. Son requisitos indispensables para obtener y mantener la autorización para operar como empresa de seguros, de medicina prepagada, de reaseguros o administradora de riesgos, los siguientes:

1. Adoptar la forma de sociedad anónima y tener como objeto único, conforme a las normas dictadas a tal efecto, la realización de operaciones permitidas por esta ley para empresas de seguros, de reaseguros, de medicina prepagada y administradoras de riesgos, según corresponda.

2. Tener un capital pagado mínimo, en bolívares o en Títulos del Estado Venezolano indexados y denominados en bolívares de:

2.1 Empresas de seguros:

a. Ciento Sesenta Mil (160.000) veces el tipo de cambio de referencia, para las empresas que aspiren a operar en uno de los seguros de los ramos generales o de Doscientos Quince Mil (215.0) para las que aspiren a operar en dos seguros afines de estos ramos.

b. Trescientos Setenta y Cinco Mil (375.000) veces el tipo de cambio de referencia, para las empresas que aspiren a operar en ramos generales o ramos de vida o de Quinientos Noventa Mil (590.000) para las que aspiren a operar en ambos ramos simultáneamente.

2.2 Empresas de Reaseguros: Un Millón Cien Mil (1.100.000) veces el tipo de cambio de referencia.

2.3 Empresas de medicina prepagada: Ciento Sesenta Mil (160.000) veces el tipo de cambio de referencia.

2.4 Empresas administradoras de riesgos: Ciento Treinta Mil (130.000) veces el tipo de cambio de referencia, para las empresas que aspiren administrar o manejar fondos en uno de los riesgos de ramos generales que determine la Superintendencia de la Actividad Aseguradora, según las normas dictadas al efecto, o de Ciento Setenta Mil (170.000) para las que aspiren en dos o más riesgos de estos ramos.

El capital mínimo se ajustará cada dos (2) años, en bolívares o en Títulos del Estado Venezolano indexados y denominados en bolívares, antes del 31 de enero para las empresas de seguros, medicina prepagada y administradoras de riesgos, y del 31 de julio para las empresas de reaseguros, del año que corresponda.

Los aumentos de capital podrán realizarse con cargo a las utilidades no distribuidas, previa autorización de la Superintendencia de la Actividad Aseguradora.

3. Tener como mínimo cinco (5) accionistas. Todas las acciones deben ser nominativas, de una misma clase y no fraccionadas.

4. Poseer una junta directiva o administradora compuesta por no menos de cinco (5) integrantes que cumplan con alguna de las siguientes condiciones:

a. Tener calificación profesional derivada de haber obtenido un título universitario, con experiencia mínima de cinco (5) años en la actividad aseguradora: en cargos de alto nivel (presidente o presidenta, vicepresidente o vicepresidenta, gerente general u otros cargos de similar jerarquía o asesoramiento), en cargos de jerarquía inmediatamente anterior a los de alto nivel.

b. Poseer destacada y comprobada experiencia de por lo menos diez (10) años en cargos de alto nivel o en cargos de jerarquía inmediatamente anterior a los de alto nivel, en la actividad aseguradora o en empresas enmarcadas en sectores específicos de la economía, tales como: bancario, mercado de capitales, industrial, tecnología y de servicios, siempre que demuestren su trayectoria y experiencia profesional. En el caso de las empresas de medicina prepagada, adicionalmente se reconocerá la experiencia en el sector salud.

5. La totalidad de los integrantes de la junta directiva o administradora deben estar domiciliados y residenciados en el país, y no podrán ser cónyuges o mantener uniones estables de hecho entre sí, o estar vinculados por parentesco dentro del segundo grado de afinidad o cuarto de consanguinidad, ni ejercer simultáneamente cargos directivos en otros sujetos regulados o en otras empresas del sistema financiero. La mitad o más deben ser venezolanos o venezolanas.

6. Al menos un tercio de los integrantes de la junta directiva o administradora deben ser directores o directoras independientes, calificados como tales según las normas de gobierno corporativo que dicte la Superintendencia de la Actividad Aseguradora. Los directores o directoras que sean accionistas deben depositar en la caja social del sujeto regulado un número de acciones determinado en los estatutos, de conformidad con lo previsto en el Código de Comercio.

7. Los accionistas y los integrantes de la junta directiva no podrán estar incursos en las prohibiciones previstas en esta Ley.

8. Especificar el origen de los bienes y recursos económicos utilizados para la constitución de la sociedad mercantil y proporcionar la información necesaria para su verificación; si los mismos provienen de personas jurídicas, deben anexar toda la documentación legal y financiera de la misma, salvo aquéllas cuyos fondos provengan de instituciones regidas por la ley especial que regula la materia bancaria.

9. Constituir la garantía a la Nación exigida en la presente Ley.

10. Presentar conjuntamente con la solicitud, copia de la reserva de denominación comercial en el Registro Mercantil y copia de la búsqueda informática o reserva de marca por ante el Servicio Autónomo de la Propiedad

Intelectual, e identificación, profesión y cargo del personal autorizado por la empresa para dirigir comunicaciones y representarla ante la Superintendencia de la Actividad Aseguradora.

11. No formar parte de un grupo económico o financiero, de acuerdo con la Ley Orgánica del Sistema Financiero Nacional.

Artículo 23. Se modifica artículo 17, que pasa a ser el artículo 14, en los términos siguientes:

Artículo 14. Las empresas de seguros, de reaseguros, de medicina prepagada y las administradoras de riesgos, así como cualquier otro sujeto que determine el Ministro o la Ministra con competencia en materia de finanzas, deben constituir y mantener, en bolívares en el Banco Central de Venezuela o en Títulos del Estado venezolano indexados y denominados en bolívares, una garantía equivalente al 10% sobre el capital mínimo exigido en el artículo 13, numeral 2.

El monto de las garantías deberá ajustarse dentro de los quince (15) días hábiles siguientes a la fecha del ajuste del capital mínimo.

El Ministro o Ministra del Poder Popular con competencia en materia de finanzas, oída la opinión de la Superintendencia de la Actividad Aseguradora, podrá ajustar los montos de las garantías a un valor comprendido entre un diez por ciento (10%) y un veinte por ciento (20%) de los capitales mínimos.

Artículo 24. Se elimina el artículo 18.

Artículo 25. Se modifica el artículo 21, que pasa a ser el artículo 15, en los términos siguientes:

Artículo 15. Quedará impedido para ser accionista, presidente o presidenta, director o directora, administrador o administradora, intermediario de la actividad aseguradora y para ejercer actividades como auditor interno o externo, contable o de activos de información, auditor externo en materia de administración de riesgos de legitimación de capitales, financiamiento al terrorismo y financiamiento de la proliferación de armas de destrucción masiva, actuario, auxiliar de seguro, en las empresas de seguros, de reaseguros, de medicina prepagada, las administradoras de riesgos, las financiadoras de primas o de cuotas, las sociedades de corretaje de seguros o de reaseguros, quien:

1. Ejerza funciones públicas, salvo que se trate de cargos docentes, asistenciales o de misiones de corta duración en el exterior. Esta prohibición no será aplicable a los representantes de organismos del sector público en juntas administradoras de empresas en las cuales tengan participación.

2. Esté sometido al beneficio de atraso y los fallidos no rehabilitados.

3. Haya sido objeto de condena penal por delitos graves, mediante sentencia definitivamente firme, durante los diez (10) años siguientes.

4. Sea objeto de una conmutación de la pena de privación de la libertad por cualquiera de los beneficios establecidos en la ley, ya sea durante el juicio penal o después de dictada la sentencia definitivamente firme, durante los diez (10) años siguientes.

5. Tenga responsabilidad en los hechos que originaron la aplicación de medidas administrativas, la intervención o liquidación de la empresa en la que se encontraban desempeñando sus funciones, previa demostración de su responsabilidad sobre los hechos que dieron lugar a las situaciones antes referidas, durante los diez (10) años siguientes a la fecha de la decisión.

6. Le fuese revocada la autorización para operar como intermediario de la actividad aseguradora o auxiliar de seguro, por haber actuado en complicidad con las empresas de seguros, de reaseguros, de medicina prepagada, las administradoras de riesgos o las financiadoras de primas o de cuotas, para perjudicar a los tomadores, asegurados, beneficiarios, contratantes, usuarios y afiliados, o por disponer en cualquier forma del dinero recaudado en su gestión o por no haberlo entregado a los sujetos regulados respectivos dentro de los lapsos correspondientes; durante los diez (10) años siguientes a la fecha del acto de revocación de la autorización.

Artículo 26. Se modifica el epígrafe del artículo 16, en los términos siguientes:

Actividades realizadas por personas no autorizadas o no registradas

Artículo 27. Se modifica el artículo 16, en los términos siguientes:

Artículo 16. Cuando exista presunción que las operaciones descritas en esta Ley sean realizadas por personas distintas a los sujetos regulados, el o la Superintendente de la Actividad Aseguradora, sin perjuicio de las sanciones administrativas y penales a que haya lugar, podrá tomar cualquiera de las siguientes medidas:

1. Suspensión de las actividades.

2. Cierre de los establecimientos.

3. Aseguramiento de los recursos, bienes, objetos y demás elementos utilizados para realizar las referidas operaciones.

4. Solicitar a las autoridades competentes que se acuerden: inmovilización de cualquier tipo de cuenta, colocación o transacción financiera; prohibición de salida del país, así como la de enajenar y gravar bienes de las personas, sus representantes, directores o accionistas, involucradas en esa actividad.

5. Adoptar cualquier otra que estime necesaria.

Artículo 28. Se incorpora un nuevo epígrafe, en los términos siguientes:

Operaciones con empresas extranjeras

Artículo 29. Se incorpora un nuevo artículo, en los términos siguientes:

Artículo 17. No serán válidos los contratos de seguros o de medicina prepagada celebrados con empresas extranjeras cuando el riesgo esté ubicado en el territorio nacional, ni las operaciones de reaseguro realizadas con empresas del exterior no inscritas en el registro correspondiente, salvo las previstas en los acuerdos internacionales válidamente suscritos y ratificados por la República.

El Ministro o Ministra con competencia en materia de finanzas, previa opinión de la Superintendencia de la Actividad Aseguradora, por razones de oportunidad y de interés del Estado, fijará los casos y las condiciones en los cuales se podrá autorizar el aseguramiento en el exterior de riesgos ubicados en el territorio nacional, que no sea posible asegurar con empresas establecidas en el país, siempre que esa imposibilidad haya sido demostrada fehacientemente.

Artículo 30. Se modifica el epígrafe del artículo 44, en los términos siguientes:

Aprobación previa de la publicidad

Artículo 31. Se fusionan los artículos 44 y 142, que pasa a ser el artículo 18, en los términos siguientes:

Artículo 18. La divulgación y publicidad de los sujetos regulados debe ser previamente aprobada por la Superintendencia de la Actividad Aseguradora. La publicidad no podrá tener aseveraciones u ofrecimientos falsos, o no comprobables, o que puedan dar lugar a confusión en el público y deberá ajustarse a las condiciones y requisitos establecidos en esta Ley, su reglamento, las normas que a tal efecto se dicten, la ley que rige la materia de publicidad, las normas que regulan la libre competencia y al contenido de los contratos de seguros, de reaseguros o de medicina prepagada.

La Superintendencia de la Actividad Aseguradora podrá suspender la utilización de cualquier publicidad o incluso prohibirla, cuando a su juicio, induzca a engaño del público o haga ofrecimientos falsos o no previstos en los contratos aprobados.

La Superintendencia de la Actividad Aseguradora debe decidir sobre la aprobación de publicidad en un lapso de treinta (30) días hábiles, contados a partir de la fecha de la recepción de la solicitud. Vencido el lapso, si no existiere respuesta por parte de la Superintendencia de la Actividad Aseguradora, se entenderá aprobada la solicitud.

Artículo 32. Se modifica el Acápite del Capítulo II, Título III, en los términos siguientes:

Capítulo II

De la Autorización para la constitución y funcionamiento de los sujetos regulados

Artículo 33. Se elimina la Sección Primera del Capítulo II, correspondiente al Título III.

Artículo 34. Se eliminan los artículos 25, 26 y 27.

Artículo 35. Se fusionan los artículos 30, 31 y 32, que pasa a ser el artículo 19, en los términos siguientes:

Artículo 19. La solicitud de autorización para la constitución y funcionamiento de una empresa de seguros, de reaseguros, de medicina prepagada o administradora de riesgos, debe estar acompañada de todos los documentos necesarios para comprobar que los accionistas y los miembros de la junta directiva de la empresa que se proyecta constituir cumplan con los requisitos establecidos en esta Ley, su reglamento y las normas que al efecto dicte la Superintendencia de la Actividad Aseguradora. Asimismo, deberán presentar un estudio económico financiero que justifique su establecimiento y contar con los productos, los sistemas de información, la estructura organizativa y los manuales de gobierno corporativo y de administración integral de riesgos de legitimación de capitales, financiamiento al terrorismo y financiamiento de la proliferación de armas de destrucción masiva, así como el control interno para realizar operaciones.

Las empresas del Estado podrán ser autorizadas para operar como empresas de seguros y reaseguros quedando exceptuadas del cumplimiento de los requisitos de composición accionaria y Garantía a la Nación.

Recibida y verificada la documentación exigida, la Superintendencia de la Actividad Aseguradora, en un lapso de diez (10) días hábiles, practicará una inspección a los fines de certificar que la empresa cuenta con las condiciones para operar.

El Ministro o Ministra del Poder Popular con competencia en materia de finanzas podrá dictar políticas generales para la autorización establecida en el presente artículo. A tales fines, si lo considera necesario, solicitará a la Superintendencia de la Actividad Aseguradora un informe contentivo del análisis técnico, económico y financiero de la situación del país en materia aseguradora.

Artículo 36. Se elimina el artículo 29.

Artículo 37. Se elimina la Sección Segunda del Capítulo II, correspondiente al Título III.

Artículo 38. Se modifica el artículo 33, que pasa a ser el artículo 20, en los términos siguientes:

Artículo 20. La Superintendencia de la Actividad Aseguradora podrá objetar los documentos presentados para la solicitud de constitución y funcionamiento del sujeto regulado, en un lapso que no excederá de cuarenta y cinco (45) días hábiles, contados a partir de la fecha de su presentación, basado en razones técnicas, jurídicas y financieras, por ausencia de controles internos del solicitante o por el incumplimiento de cualquier disposición de la presente Ley o su reglamento. Los solicitantes disponen de un lapso de cuarenta y cinco (45) días hábiles para realizar las correcciones que les hayan sido exigidas. Si en el lapso fijado, los solicitantes no presentan los documentos probatorios para subsanar las objeciones, la Superintendencia de la Actividad Aseguradora negará la autorización a través de acto administrativo motivado.

Artículo 39. Se incorpora un nuevo epígrafe, en los términos siguientes:

Aprobación y orden de publicación

Artículo 40. Se incorpora un nuevo artículo, que pasa a ser el artículo 21, en los términos siguientes:

Artículo 21. Verificado el cumplimiento de los requisitos exigidos y que no existan objeciones, la Superintendencia de la Actividad Aseguradora otorgará la autorización y ordenará su publicación en la Gaceta Oficial de la República Bolivariana de Venezuela.

Artículo 41. Se modifica el epígrafe del artículo 28, en los términos siguientes:

Apertura, cambio de domicilio, traslado o cierre de locales, oficinas, sucursales o agencias

Artículo 42. Se modifica el artículo 28, que pasa a ser el artículo 22, en los términos siguientes:

Artículo 22. La apertura, cambio de domicilio, traslado o cierre de locales, oficinas, sucursales o agencias de los sujetos regulados, serán notificados a la Superintendencia de la Actividad Aseguradora con por lo menos treinta (30) días hábiles de anticipación a su ejecución; dentro del mismo lapso, el sujeto regulado lo informará al público a través de su publicación en un diario de circulación nacional, de forma impresa o digital y en un diario de la localidad en donde ocurra la apertura, cambio de domicilio, traslado o cierre. Igualmente, podrá utilizar como mecanismos de notificación la radio, mensajes de texto y redes sociales.

Cuando el sujeto regulado se encuentre sometido a un régimen de medidas administrativas, la apertura, traslado o cierre de locales, oficinas, sucursales o agencias requerirá autorización previa de la Superintendencia de la Actividad Aseguradora.

La apertura de locales, oficinas, sucursales o agencias en el exterior, y siempre que se adquiera el control de las empresas extranjeras, requerirá autorización previa de la Superintendencia de la Actividad Aseguradora.

Las solicitudes de autorización a las cuales se hacen mención en el presente artículo, serán decididas en un lapso menor a treinta (30) días hábiles.

Artículo 43. Se modifica el acápite del Capítulo III del Título III, en los términos siguientes:

Capítulo III

De las Normas que rigen a las empresas de seguros, de reaseguros y de medicina prepagada

Artículo 44. Se modifica el acápite de la Sección Primera, correspondiente al Capítulo III del Título III, en los términos siguientes:

Sección Primera

Funcionamiento de las empresas de seguros, de reaseguros y de medicina prepagada

Artículo 45. Se modifica el epígrafe del artículo 35, en los términos siguientes:

Operaciones de las empresas de seguros, de reaseguros y de medicina prepagada

Artículo 46. Se fusionan los artículos 35 y 36, que pasa a ser el artículo 23, en los términos siguientes:

Artículo 23. Las empresas de seguros, de reaseguros y de medicina prepagada deben realizar única y exclusivamente las operaciones propias de la actividad aseguradora a que se refiere la autorización que se otorga de acuerdo con las disposiciones establecidas en la presente Ley y su reglamento. Adicionalmente, las empresas de seguros y de medicina prepagada podrán realizar administración de fondos.

En aquellos seguros o ramos en los cuales estén autorizadas, las empresas de seguros podrán realizar operaciones de reaseguros que amparen riesgos de otras empresas de seguros, de reaseguros o de medicina prepagada, así como retroceder los riesgos asumidos en reaseguro.

Únicamente las empresas de seguros que operen en seguros generales, podrán realizar fideicomisos, fianzas y reafianzamientos.

Serán aplicables a las empresas de medicina prepagada, en cuanto correspondan, las normas previstas para las empresas de seguros y las que se dicten para regular sus operaciones.

Artículo 47. Se elimina el artículo 37.

Artículo 48. Se modifica el artículo 39, que pasa a ser el artículo 24, en los términos siguientes:

Artículo 24. Queda prohibida la realización de operaciones de seguros o de medicina prepagada que carezcan de base técnica actuarial y estadística o del respaldo de reaseguradores que califiquen para aceptar riesgos en reaseguro conforme a la presente Ley.

Artículo 49. Se fusionan los artículos 40, 41 y 146, que pasan a ser el artículo 25, en los términos siguientes:

Artículo 25. Queda prohibido a los sujetos regulados, según corresponda, lo siguiente:

1. Otorgar préstamos, salvo que se trate de:

a. Préstamos concedidos dentro de programas de incentivos laborales, tales como préstamos con garantía hipotecaria para la adquisición de vivienda principal.

b. Préstamos documentados o automáticos sobre pólizas de vida.

c. Préstamos otorgados a los intermediarios de la actividad aseguradora.

2. Realizar cualquier operación de carácter crediticio para financiar, directa o indirectamente, las primas o cuotas de los contratos de seguros o de medicina prepagada que suscriban, o los recursos para la constitución o reposición de los fondos con ocasión de los contratos de administración de riesgos suscritos. No se considera financiamiento de primas o de cuotas, la modalidad de pago fraccionada cuando ésta no contenga recargo.

3. Otorgar descuentos sobre las primas de los contratos de seguros o sobre las cuotas de los contratos de medicina prepagada, sin la aprobación previa de la Superintendencia de la Actividad Aseguradora.

4. Realizar operaciones garantizadas, directa o indirectamente, con sus propias acciones u obligaciones.

5. Asegurar bajo el régimen de coaseguro, los bienes o personas de los órganos y entes del Poder Público, relacionados con los riesgos de salud, vida, transporte de bienes en general y vehículos terrestres.

6. Realizar operaciones de seguros, reaseguros, reafianzamiento e intermediación, incluyendo el pago de comisiones, bonificaciones u otras remuneraciones, con personas naturales o jurídicas no autorizadas por la Superintendencia de la Actividad Aseguradora o con sociedades reaseguradoras extranjeras no inscritas en el registro que a los efectos lleva la Superintendencia de la Actividad Aseguradora.

7. Efectuar operaciones de reaseguros o reafianzamiento con empresas reaseguradoras con las cuales tengan una vinculación accionaria, jurídica, económica, financiera, organizativa, administrativa o asociativa, o constituyan una unidad de decisión o gestión de acuerdo con lo establecido en esta Ley. Tampoco podrán asegurar o reasegurar, directa o indirectamente, sus propios riesgos o bienes, o los pertenecientes a otras personas jurídicas en las cuales mantenga participación accionaria.

8. Condicionar la contratación de una póliza, servicio o plan de salud a la suscripción de otras pólizas, servicios o planes, así como el acceso a servicios bancarios o financieros, o la adquisición de otros bienes o servicios a la compra de pólizas de seguros o contratos de medicina prepagada.

9. Suscribir pólizas de seguros o contratos de medicina prepagada sin cobro de la contraprestación dineraria o sus equivalentes correspondientes.

10. Dar por terminado el contrato de seguros o de medicina prepagada por el incumplimiento de los pagos de las cuotas correspondientes al financiamiento de las primas de seguros o cuotas de medicina prepagada.

11. Ofrecer planes de seguros o de medicina prepagada con sorteos o permitir que la actividad aseguradora esté asociada a planes de esta naturaleza.

12. Rechazar el pago de indemnizaciones con argumentos genéricos, sin exponer claramente las razones de hecho y de derecho en que se basan para considerar que el pago reclamado no es procedente, no bastando la simple indicación de la cláusula del contrato o norma legal que a su juicio la exonera de su responsabilidad.

13. Pagar a los proveedores de insumos o servicios de los contratos de seguro o de medicina prepagada, servicios o consumos no prestados, o precios mayores a los ofertados para el público en general.

14. Anular los códigos de intermediación que han sido asignados a los intermediarios de seguros e impedir que éstos sigan representando a los contratantes, tomadores, asegurados o beneficiarios.

15. Decretar dividendos o repartir utilidades que prevean sus estatutos, cuando:

a. Las obligaciones, distintas a las derivadas de contratos de seguros, de reaseguros y de medicina prepagada, el capital y las reservas legales no estén respaldadas razonablemente por los activos de la empresa no afectos a la representación de las reservas técnicas.

b. La empresa no se ajuste a las disposiciones de patrimonio propio no comprometido y margen de solvencia.

c. Los bienes aptos para representar las reservas técnicas no sean superiores a las referidas reservas.

d. Se encuentre sometida al régimen de inspección permanente o a medidas prudenciales dictadas por la Superintendencia de la Actividad Aseguradora.

En cualquier caso, las empresas no podrán decretar dividendos o repartir utilidades que prevean sus estatutos, sin la previa aprobación de los estados financieros por parte de la Superintendencia de la Actividad Aseguradora.

16. Efectuar aumentos de capital sin haber enjugado las pérdidas de ejercicios anteriores.

17. Realizar operaciones de captaciones de recursos distintas a las previstas en esta Ley, salvo aquéllas que estén autorizadas por la Superintendencia de la Actividad Aseguradora mediante las normas que a tal efecto se dicten, previa aprobación del Ministro o Ministra del Poder Popular con competencia en materia de finanzas.

18. Efectuar ajustes de prima o cuota por alta siniestralidad durante el período para el cual ha sido calculada la prima del seguro o la cuota de medicina prepagada.

19. Negar o condicionar la cobertura inmediata en casos de emergencia previstos en los contratos de seguro de salud o de medicina prepagada; o alegar las enfermedades preexistentes o adquiridas, defectos o malformaciones congénitas como causal de rechazo de siniestro.

20. Negarse a recibir los reclamos de terceros provenientes de siniestros amparados por pólizas de seguro de responsabilidad civil, cuando las condiciones del contrato así lo establezcan.

21. Emitir contratos de fianza sin contar con el respaldo de la respectiva contra garantía y los contratos de reaseguros o reafianzamientos.

22. Efectuar operaciones o poseer como accionistas sociedades mercantiles extranjeras constituidas, en jurisdicciones calificadas como de baja imposición fiscal por el órgano competente en materia de administración aduanera y tributaria.

23. Realizar operaciones comprendidas en los sistemas denominados tontina y chatelusiano, sus derivados o similares, así como suscribir contratos de cuentas en participación con relación a la actividad aseguradora, sin que ello afecte los reintegros por buena experiencia.

Artículo 50. Se modifica el epígrafe del artículo 22, en los términos siguientes:

Modificación de los capitales mínimos

Artículo 51. Se modifica el artículo 22, que pasa a ser el artículo 26, en los términos siguientes:

Artículo 26. El Ministro o Ministra del Poder Popular con competencia en materia de finanzas, en atención a las condiciones económicas existentes o requerimientos técnicos, previa solicitud de la Superintendencia de la Actividad Aseguradora, podrá modificar el factor multiplicativo fijado para la determinación de los capitales mínimos establecidos en esta Ley.

Artículo 52. Se modifica el artículo 38, que pasa a ser el artículo 27, en los términos siguientes:

Artículo 27. Las personas jurídicas regidas por la presente Ley notificarán cualquier asamblea ordinaria o extraordinaria a la Superintendencia de la Actividad Aseguradora, con por lo menos quince (15) días continuos de anticipación a la fecha en la cual se celebrará, remitiendo mediante escrito copia de la respectiva convocatoria y de los documentos que vayan a ser sometidos a consideración de la asamblea de accionistas.

Artículo 53. Se modifica el artículo 24, que pasa a ser el artículo 28, en los términos siguientes:

Artículo 28. La enajenación de acciones de las empresas de seguros, de reaseguros, de medicina prepagada, las administradoras de riesgos, las financiadoras de primas o de cuotas y las sociedades de corretaje de seguros o de reaseguros, debe contar con la autorización previa de la Superintendencia de la Actividad Aseguradora. A tales efectos, cuando lo considere necesario, consultará al órgano que vigila, controla y sanciona las conductas anticompetitivas, el impacto que la operación pudiese tener en el mercado asegurador, quien debe pronunciarse en un plazo de veinte (20) días hábiles.

La enajenación de acciones comprende también aquélla que se realiza mediante la obtención del control de alguno de los sujetos regulados antes mencionados. Será nulo todo acuerdo realizado en contravención a lo establecido en el presente artículo.

Se exceptúan las enajenaciones de acciones de las empresas de seguros, de reaseguros, de medicina prepagada, las administradoras de riesgos y las financiadoras de primas o de cuotas en las cuales el Estado asuma el control de las mismas.

La solicitud para la autorización de la enajenación debe acompañarse de los documentos exigidos por esta Ley y las normas que se dicten al efecto.

Artículo 54. Se modifica el epígrafe del artículo 42, en los términos siguientes:

Aprobación de pólizas, tarifas y otros documentos

Artículo 55. Se modifica el artículo 42, que pasa a ser el artículo 29, en los términos siguientes:

Artículo 29. Las condiciones generales, condiciones particulares, cuadros recibos o cuadros pólizas, solicitudes, finiquitos o recibos de indemnización, notificaciones de siniestros, anexos, arancel de comisiones, bonos, planes de estímulos y demás documentos, así como las tarifas, utilizados por los sujetos regulados en sus relaciones comerciales, con ocasión de los contratos de seguros o de medicina prepagada, deben ser aprobados previamente por la Superintendencia de la Actividad Aseguradora, quien decidirá sobre la solicitud de aprobación en un plazo de cuarenta y cinco (45) días hábiles.

Los documentos mencionados deben ser presentados a la Superintendencia de la Actividad Aseguradora a través de los medios electrónicos, condiciones y términos que ésta determine.

Las tarifas y documentos utilizados por las empresas de seguros o de medicina prepagada deben cumplir con los principios, condiciones, requisitos y lineamientos establecidos en el reglamento de esta Ley y las normas que se dicten al efecto. En cualquier caso, los reglamentos actuariales que sirvan de fundamento para la elaboración de las tarifas deben estar suscritos por actuarios residentes en el país e inscritos en la Superintendencia de la Actividad Aseguradora.

Artículo 56. Se modifica el epígrafe del artículo 138, en los términos siguientes:

Seguros y planes de medicina prepagada obligatorios

Artículo 57. Se modifica el artículo 138, que pasa a ser el artículo 30, en los términos siguientes:

Artículo 30. Se consideran seguros y planes de medicina prepagada obligatorios los que así establezca el Ejecutivo Nacional. Los sujetos regulados están obligados a la suscripción de los contratos de tales seguros o planes de medicina prepagada, según corresponda.

La Superintendencia de la Actividad Aseguradora establecerá con carácter general y uniforme los contratos de seguros, de medicina prepagada, tarifas y demás documentos para la comercialización de seguros o planes obligatorios, o cuando existan razones que en procura del interés general tutelado por la presente Ley, así lo justifiquen.

Artículo 58. Se modifica el epígrafe del artículo 135, en los términos siguientes:

Aporte para el desarrollo social

Artículo 59. Se modifica el artículo 135, que pasa a ser el artículo 31, en los términos siguientes:

Artículo 31. Las empresas de seguros, de medicina prepagada y administradoras de riesgos están obligadas a efectuar un aporte anual de hasta el uno por ciento (1%) de los ingresos netos de anulaciones y devoluciones, obtenidos por las primas de los contratos de seguros de salud, las cuotas de los contratos de medicina prepagada y las remuneraciones por los contratos de administración de riesgos de salud según corresponda, destinado al Tesoro Nacional.

La Superintendencia de la Actividad Aseguradora establecerá el porcentaje y los lineamientos, términos y condiciones para el pago de este aporte, previa aprobación del Ministro o Ministra con competencia en materia en finanzas.

Artículo 60. Se elimina el artículo 43.

Artículo 61. Se modifica el acápite de la Sección Segunda, correspondiente al Capítulo III, Título III, en los términos siguientes:

Sección Segunda Reservas Técnicas

Artículo 62. Se fusionan los artículos 45 y 141, que pasa a ser el artículo 32, en los términos siguientes:

Artículo 32. Se consideran reservas técnicas: las reservas matemáticas, reservas para riesgos en curso, reservas para cuotas en curso, reservas complementarias para riesgos en curso por insuficiencia de primas, reservas complementarias para riesgos en curso por insuficiencia de cuotas, reservas para prestaciones y siniestros pendientes de pago, reservas para servicios prestados y reembolsos pendientes de pago, reservas para siniestros ocurridos y no notificados, reservas para servicios prestados y reembolsos no notificados, reservas para riesgos catastróficos y reservas para reintegro por experiencia favorable.

En aquellos casos en que las empresas de seguros o de medicina prepagada reciban la contraprestación por equivalente u otorguen coberturas o beneficios adicionales por la suscripción del contrato original o principal, deben constituir, representar y mantener la reserva técnica correspondiente, en los términos establecidos en la presente Ley.

La Superintendencia de la Actividad Aseguradora dictará las normas relativas a la oportunidad en que se constituirán las reservas, así como a la forma y términos en que las empresas de seguros, de reaseguros y de medicina prepagada deben reportarle todo lo concerniente a la constitución de sus reservas técnicas.

Artículo 63. Se modifica el artículo 46, que pasa a ser el artículo 33, en los términos siguientes:

Artículo 33. Las empresas de seguros y de reaseguros deben constituir y mantener una reserva matemática, que se calculará de acuerdo con el reglamento actuarial que le haya sido aprobado por la Superintendencia de la Actividad Aseguradora a la empresa de seguros, para cada tipo de seguro de vida individual que así lo establezca.

Artículo 64. Se modifica el artículo 47, que pasa a ser el artículo 34, en los términos siguientes:

Artículo 34. Las empresas de seguros deben constituir y mantener una reserva para riesgos en curso que no será inferior a las primas cobradas, deducidas las devoluciones y netas de la comisión efectivamente pagada al intermediario, correspondientes a períodos no transcurridos. Esta reserva será constituida para los seguros generales y los seguros de vida que así lo requieran.

Las empresas de medicina prepagada deben constituir y mantener una reserva para cuotas en curso que no será inferior a las cuotas cobradas, deducidas las devoluciones y netas de la comisión efectivamente pagada al intermediario, correspondientes a períodos no transcurridos.

Las empresas de reaseguros deben constituir y mantener una reserva para riesgos en curso, en los mismos términos establecidos en este artículo, por los riesgos aceptados de las empresas de seguros y de medicina prepagada.

Artículo 65. Se incorpora un nuevo artículo, que pasa a ser el artículo 35, en los términos siguientes:

Artículo 35. Las empresas de seguros, de reaseguros y de medicina prepagada deben constituir y mantener una reserva complementaria para riesgos en curso por insuficiencia de primas o insuficiencia de cuotas, según corresponda, en la medida en que el importe de la reserva para riesgos en curso o cuotas en curso no sea suficiente para cumplir con los compromisos asumidos con los asegurados, beneficiarios, usuarios o afiliados.

La Superintendencia de la Actividad Aseguradora, mediante las normas que a tal efecto dicte, establecerá los ramos aplicables, el método de cálculo y demás principios por los cuales se regirán las empresas de seguros, de reaseguros y de medicina prepagada en la constitución de estas reservas.

Artículo 66. Se modifica el artículo 48, que pasa a ser el artículo 36, en los términos siguientes:

Artículo 36. Las empresas de seguros y de medicina prepagada deben constituir y mantener una reserva para prestaciones y siniestros pendientes de pago y una reserva para servicios prestados y reembolsos pendientes de pago, respectivamente, en la cual se incluirán los compromisos pendientes con terceros que hayan cumplido por orden y cuenta de los mencionados sujetos regulados, con los asegurados, beneficiarios, usuarios o afiliados.

Las empresas de reaseguros deben constituir y mantener una reserva para prestaciones y siniestros pendientes de pago a las empresas cedentes.

La Superintendencia de la Actividad Aseguradora, mediante las normas que a tal efecto dicte, establecerá los principios y criterios por los cuales se regirán las empresas de seguros, de reaseguros y de medicina prepagada en la constitución de estas reservas técnicas.

Artículo 67. Se modifica el artículo 49, que pasa a ser el artículo 37, en los términos siguientes:

Artículo 37. Las empresas de seguros y de medicina prepagada deben constituir y mantener una reserva para siniestros ocurridos y no notificados y una reserva para servicios prestados y reembolsos no notificados, respectivamente, la cual se determinará por ramo de acuerdo con la experiencia de cada empresa y, en ningún caso, podrá ser inferior a tres por ciento (3%) de las reservas para prestaciones y siniestros pendientes de pago o de las reservas para servicios prestados y reembolsos pendientes de pago del respectivo período, según corresponda.

Las empresas de reaseguros deben constituir y mantener una reserva para siniestros ocurridos y no notificados, por los riesgos aceptados, en la misma proporción constituida por las empresas cedentes.

La Superintendencia de la Actividad Aseguradora mediante las normas que a tal efecto dicte, podrá modificar el porcentaje señalado, según la experiencia del sector asegurador venezolano, y establecer criterios técnicos y metodologías para su determinación.

Artículo 68. Se modifica el artículo 50, que pasa a ser el artículo 38, en los términos siguientes:

Artículo 38. Las empresas de seguros, de reaseguros y de medicina prepagada, constituirán y mantendrán una reserva para los riesgos cubiertos por el respectivo contrato, cuyo efecto, en caso de siniestro, puedes ser de carácter catastrófico, tales como: terrorismo, explosiones, motín, disturbios, daños maliciosos y los que se califican de forma general como catástrofes naturales: terremoto, maremoto, tsunami, inundación, movimientos de masas, flujos torrenciales, huracanes, eventos climáticos, incluida cualquier circunstancia o evento que afecte la actividad agropecuaria.

Esta reserva será equivalente al treinta por ciento (30%) de las primas o cuotas puras o de riesgo retenidas, por los riesgos nombrados en este artículo, correspondientes a períodos transcurridos.

Los sujetos regulados que durante el ejercicio inmediatamente anterior manejen una siniestralidad incurrida igual o menor al treinta por ciento (30%) en los ramos que amparan los riesgos anteriormente señalados, deberán incrementar la reserva para riesgos catastróficos en un monto equivalente a diez por ciento (10%) del resultado técnico obtenido en dichos ramos.

El saldo de la reserva para riesgos catastróficos tendrá como límite máximo un monto equivalente a setenta y cinco por ciento (75%) del valor de la Pérdida Máxima Probable Retenida Promedio correspondiente a los últimos cinco (5) ejercicios económicos.

La Superintendencia de la Actividad Aseguradora, mediante las normas que a tal efecto dicte, establecerá los mecanismos de constitución de la reserva prevista en este artículo, el tratamiento aplicable en caso que exista reaseguro de esos riesgos, así como los modos de liberar esta reserva, a cuya finalidad se dirigirá una proporcionalidad razonable a un Fondo de Reservas Catastróficas Nacional existente o que se cree con los aportes de las reservas liberadas. Este fondo será administrado por el Ministerio del Poder Popular con competencia en materia de finanzas.

Artículo 69. Se modifica el artículo 51, que pasa a ser el artículo 39, en los términos siguientes:

Artículo 39. Las empresas de seguros y de medicina prepagada deben constituir y mantener una reserva para reintegro por experiencia favorable en la cuantía y forma que determine la Superintendencia de la Actividad Aseguradora, mediante las normas que a tal efecto dicte.

Artículo 70. Se modifica el artículo 52, que pasa a ser el artículo 40, en los términos siguientes:

Artículo 40. El monto obtenido de la sumatoria de todas las reservas técnicas debe estar representado y cubierto en bienes o derechos situado en la República o documentados en títulos valores emitidos y ubicados en el país, mediante:

1. Depósitos en moneda nacional o extranjera, en bancos o instituciones financieras domiciliados en el país y contemplados en la ley especial que regula la materia bancaria, que no sean empresas filiales, afiliadas o relacionadas del sujeto regulado.

2. Títulos valores denominados en moneda nacional o extranjera, emitidos o garantizados por la República, por otros sujetos de derecho público nacional o emitidos por instituciones o empresas en los cuales tengan participación esos entes, siempre que estén custodiados por una institución financiera del sector bancario o del mercado de valores, de carácter público.

3. Participación en fondos de inversión, en moneda nacional o extranjera, cotizados y constituidos exclusivamente con títulos de renta fija o variable, emitidos y custodiados por instituciones o empresas de la República Bolivariana de Venezuela.

4. Participación en fondos de inversión inmobiliarios, en moneda nacional o extranjera, constituidos en la República Bolivariana de Venezuela, así como en bienes inmuebles edificados. Los activos deben estar ubicados exclusivamente en el Territorio Nacional.

5. En otros activos o derechos nacionales que sean autorizados por la Superintendencia de la Actividad Aseguradora.

Para efectos de las reservas para riesgos catastróficos, solo podrán considerarse los bienes o derechos previstos en los numerales 1, 2 y 5 del presente artículo.

El o la Superintendente de la Actividad Aseguradora establecerá anualmente, los porcentajes mínimos y máximos, así como los requisitos, límites y procedimientos necesarios, para la aplicación de estos bienes y derechos en la representación y cobertura de las reservas técnicas, previa aprobación del Ministro o Ministra en competencia en materia de finanzas.

Los fondos de inversión privados y los fondos de inversión inmobiliarias serán precalificados por los organismos públicos con competencia en materia de mercados de valores e inmobiliario, respectivamente.

Artículo 71. Se incorpora un nuevo artículo, que pasa a ser el artículo 41, en los términos siguientes:

Artículo 41. Los bienes y derechos que representen las reservas técnicas deberán tener en cuenta los tipos de operaciones efectuadas por el sujeto regulado, a fin de garantizar seguridad, rendimiento, liquidez, vencimientos convenientes y congruencia de las inversiones, con una adecuada distribución diversificada de las mismas.

El sujeto regulado deberá tener la titularidad y libre disposición sobre los bienes y derechos en que se materialice la inversión de las reservas técnicas.

Artículo 72. Se modifica el artículo 53, que pasa a ser el artículo 42, en los términos siguientes:

Artículo 42. En ningún caso serán considerados como bienes aptos para la representación de las reservas técnicas, las siguientes operaciones financieras: arrendamientos financieros, operaciones de reporto, mutuos, préstamos de títulos valores, ventas sometidas a condiciones suspensivas o resolutorias o con pacto de retracto.

La Superintendencia de la Actividad Aseguradora podrá, en caso de duda, mediante las normas que a tal efecto dicte, ordenar que se excluya de los bienes aptos un determinado activo.

Las empresas de seguros, de reaseguros y de medicina prepagada no podrán representar las reservas para riesgos catastróficos en bienes inmuebles ni en préstamos hipotecarios.

Artículo 73. Se eliminan los artículos 54 y 55.

Artículo 74. Se modifica el artículo 56, que pasa a ser el artículo 43, en los términos siguientes:

Artículo 43. Los accionistas y la junta directiva de las empresas de seguros, de reaseguros y de medicina prepagada serán solidariamente responsables por la adecuada constitución, inversión, cobertura, representación y custodia de las reservas técnicas, de acuerdo con las previsiones establecidas en esta Ley, su reglamento y las normas que dicte la Superintendencia de la Actividad Aseguradora. La responsabilidad contenida en este artículo es indelegable.

Artículo 75. Se modifica el epígrafe 57, en los términos siguientes:

Déficit en la cobertura o representación de las reservas técnicas

Artículo 76. Se modifica el artículo 57, que pasa a ser el artículo 44, en los términos siguientes:

Artículo 44. Evidenciado un déficit en la cobertura o representación de las reservas técnicas, la Superintendencia de la Actividad Aseguradora ordenará la adquisición o la enajenación de los bienes necesarios para solventarlo, en un plazo de quince (15) días hábiles, contados desde la fecha en que haya sido notificado el sujeto regulado.

En caso de incumplimiento a lo dispuesto en el párrafo anterior, la Superintendencia de la Actividad Aseguradora podrá de oficio tomar las medidas necesarias sobre cualquier clase de activos que posea el sujeto regulado para subsanar el déficit de conformidad con la presente Ley y su reglamento.

Artículo 77. Se modifica el artículo 58, que pasa a ser el artículo 45, en los términos siguientes:

Artículo 45. En caso de reaseguros proporcionales, las empresas de seguros, de reaseguros y de medicina prepagada podrán deducir de sus reservas técnicas la proporción de éstas que correspondan a riesgos que hayan cedido o retrocedido.

En caso de reaseguros no proporcionales, esa deducción sólo podrá hacerse sobre las reservas para prestaciones y siniestros pendientes de pago, para servicios prestados y reembolsos pendientes de pago, para siniestros ocurridos y no notificados, y para servicios prestados y reembolsos no notificados, hasta por el monto de éstas que corresponda a siniestros amparados por contratos de dicha naturaleza.

En caso de contratos de reaseguros celebrados con empresas de reaseguros del exterior, la deducción a que hace referencia este artículo podrá realizarse, siempre que para la fecha de constitución de las reservas, las empresas de reaseguros del exterior a las cuales se les haya cedido o retrocedido los riesgos, estén inscritas en el Registro de Reaseguradores del Exterior que al efecto lleva la Superintendencia de la Actividad Aseguradora.

Artículo 78. Se modifica el artículo 59, que pasa a ser el artículo 46, en los términos siguientes:

Artículo 46. Las empresas de seguros o de reaseguros que acepten riesgos en reaseguro o retrocesión, deben constituir, representar y mantener las reservas técnicas de esos riesgos, en la misma forma en que estén obligadas las empresas reaseguradas, en función del riesgo aceptado según la modalidad contractual y de acuerdo con las disposiciones previstas en la presente Ley.

Artículo 79. Se modifica el artículo 60, que pasa a ser el artículo 47, en los términos siguientes:

Artículo 47. Serán nulos y sin ningún efecto, los gravámenes o compensaciones de deuda realizadas sobre los bienes destinados a la representación de las reservas técnicas, de conformidad con esta Ley.

Asimismo, serán nulas las enajenaciones de estos bienes, cuando se realicen a título gratuito, pagados en especie o en fraude a la ley, o no existan bienes suficientes para representar las reservas técnicas, sin perjuicio de las sanciones a que haya lugar en esta Ley.

Artículo 80. Se modifica el artículo 61, que pasa a ser el 48, en los siguientes términos:

Artículo 48. Cuando se pretenda hacer cualquier enajenación o constituir gravamen de los bienes que representan las reservas técnicas, la empresa estará obligada a sustituir, previa o simultáneamente, los valores correspondientes por otros bienes de los aceptados por esta Ley para la representación de reservas técnicas. Igual sucederá en los supuestos en que por la naturaleza del bien afecto a reserva o por mandato legal o judicial, fuera necesario rescatarlo o liquidarlo.

Si los accionistas, la junta directiva y quienes tengan la dirección efectiva o la gestión diaria de la empresa de seguros, de reaseguros y de medicina prepagada enajenaren los bienes que representan las reservas técnicas y no los sustituyan por otros, ocasionando una insuficiencia en la representación de las reservas técnicas, serán responsables administrativa, civil y penalmente, según el caso.

Artículo 81. Se modifica el artículo 62, que pasa a ser el artículo 49, en los términos siguientes:

Artículo 49. En caso que la autoridad judicial decretare alguna medida preventiva o ejecutiva sobre bienes de las empresas de seguros, de reaseguros y de medicina prepagada, oficiará previamente a la Superintendencia de la Actividad Aseguradora para que ésta determine los bienes sobre los cuales será practicada la referida medida en un plazo de treinta (30) días hábiles contados desde el día siguiente del acuse de recibo.

Artículo 82. Se modifica el artículo 63, que pasa a ser el artículo 50, en los términos siguientes:

Artículo 50. Las empresas de seguros, de reaseguros y de medicina prepagada deben mantener un margen de solvencia determinado según la metodología de cálculo, condiciones y términos definidos por la Superintendencia de la Actividad Aseguradora mediante las normas que a tal efecto dicte.

Artículo 83. Se modifica el artículo 64, pasa a ser el artículo 51 en los términos siguientes:

Artículo 51. Las empresas de seguros, de reaseguros y de medicina prepagada deben tener un patrimonio propio no comprometido, el cual no debe ser inferior al margen de solvencia que establezcan las normas que a tal efecto dicte la Superintendencia de la Actividad Aseguradora.

Artículo 84. Se modifica el artículo 65, que pasa a ser el artículo 52, en los términos siguientes:

Artículo 52. Las empresas de seguros, de reaseguros y de medicina prepagada están obligadas trimestralmente a publicar y remitir el margen de solvencia y el patrimonio propio no comprometido, en la forma y términos que establezca la Superintendencia de la Actividad Aseguradora en las normas que a tal efecto dicte.

Artículo 85. Se aprueba sin modificaciones el acápite de la Sección Quinta, que pasa a ser la Sección Cuarta, correspondiente al Capítulo III, en los términos siguientes:

Sección Cuarta

Fianzas

Artículo 86. Se incorpora un nuevo epígrafe, en los términos siguientes:

Operaciones de fianzas

Artículo 87. Se incorpora un nuevo artículo, que pasa a ser el artículo 53, en los términos siguientes:

Artículo 53. Las empresas de seguros autorizadas para operar en ramos de seguros generales podrán realizar operaciones de fianzas. Los modelos de los contratos de fianzas, solicitudes, recibos y anexos deben ser previamente aprobados por la Superintendencia de la Actividad Aseguradora, quien decidirá sobre la solicitud en un plazo de treinta (30) días hábiles.

Artículo 88. Se modifica el artículo 73, que pasa a ser el artículo 54, en los términos siguientes:

Artículo 54. Las empresas de seguros no podrán emitir garantías financieras, avales o fianzas a primer requerimiento.

Las garantías financieras son aquellas operaciones en la cual se presenten al menos una de las siguientes características: la obligación principal afianzada consiste únicamente en el pago de una suma de dinero a plazo fijo o que el contrato que dé lugar a la fianza tenga una finalidad crediticia.

A los fines de esta Ley, se entiende por aval, la garantía que se otorgue al acreedor de un instrumento financiero por medio del cual el garante se obligue a pagar cuando el o los deudores del referido instrumento no cumplan.

Se entiende por fianza a primer requerimiento, aquélla mediante la cual, a los efectos de cumplir con la obligación afianzada, sólo sea necesaria la presentación de una exigencia de pago escrita o de cualquier otro documento indicado en el texto de la fianza.

Artículo 89. Se incorpora una nueva Sección, que pasa a ser la Sección Quinta, correspondiente al Capítulo III, Título III, en los términos siguientes:

Sección Quinta

Microseguros, seguros inclusivos, seguros masivos y canales alternativos

Artículo 90. Se incorpora un nuevo epígrafe, en los términos siguientes:

Sectores amparados para microseguros, seguros inclusivos y seguros masivos

Artículo 91. Se incorpora un nuevo artículo, que pasa a ser el artículo 55, en los términos siguientes:

Artículo 55. Los microseguros, seguros inclusivos y seguros masivos ofertados por las empresas de seguros y de medicina prepagada deben estar destinados a amparar:

1. Microseguros: sectores socioeconómicos vulnerables, de conformidad con las normas dictadas a tal efecto por la Superintendencia de la Actividad Aseguradora.

2. Seguros inclusivos: sectores sociales excluidos o desatendidos por las coberturas disponibles en el mercado asegurador, entre los que se encuentran: jubilados, pensionados, adultos mayores, personas con discapacidad física o mental, microempresarios, emprendedores, artesanos, población rural, etnias, productores agrícolas y pecuarios, pescadores y acuicultores.

3. Seguros masivos: cualquier sector social con características comunes, con sumas aseguradas y primas accesibles.

Artículo 92. Se incorpora un nuevo epígrafe, en los términos siguientes:

Coberturas permitidas para microseguros, seguros inclusivos y seguros masivos

Artículo 93. Se incorpora un nuevo artículo, que pasa a ser el artículo 56, en los términos siguientes:

Artículo 56. Las empresas de seguros y de medicina prepagada, siempre que estén autorizadas para operar en el ramo correspondiente, podrán comercializar las siguientes coberturas:

1. Microseguros: salud, funerarios, accidentes personales, vida individual, vida colectivo, incendio y líneas aliadas, sustracción ilegítima, automóvil y otras coberturas de daños para residencias o comercios, en lo que se refiere a riesgos específicos y eminentes para el sector objetivo, menores a los establecidos en una póliza tradicional.

2. Seguros inclusivos: salud, funerarios, accidentes personales, vida individual, vida colectivo, incendio y líneas aliadas, sustracción ilegítima, automóvil, coberturas de daños para residencias o comercios, agrícolas, pecuarios, pesca y acuicultura.

3. Seguros masivos: vida individual, vida colectivo, funerarios, accidentes personales, salud, incendio, sustracción ilegítima, combinado residencial, combinado para comercios, automóvil, agrícola, pecuario, diversos, responsabilidad patronal, responsabilidad empresarial y responsabilidad general.

La Superintendencia de la Actividad Aseguradora, mediante las normas que se dicten a tal efecto, establecerá el alcance y características que deberán cumplir estos productos. Igualmente, atendiendo al interés social, podrá limitar, agregar o condicionar las coberturas permitidas, así como los riesgos y montos amparados.

Artículo 94. Se incorpora un nuevo epígrafe, en los términos siguientes:

Modalidades de comercialización

Artículo 95. Se incorpora un nuevo artículo, que pasa a ser el artículo 57, en los términos siguientes:

Artículo 57. Las empresas de seguros y de medicina prepagada podrán colocar los microseguros, seguros inclusivos y seguros masivos de forma directa, o a través de intermediarios de la actividad aseguradora o los canales alternativos.

Los productos colocados a través de los canales alternativos deben estar disponibles para ser contratados de forma directa o mediante intermediarios de la actividad aseguradora.

Las empresas de seguros, de medicina prepagada y los canales alternativos podrán contratar proveedores especializados en servicios a distancia, así como el uso de tecnología financiera (FINTECH). La Superintendencia de la Actividad Aseguradora regulara a través de normas el uso de estos mecanismos.

Artículo 96. Se incorpora un nuevo epígrafe en los términos siguientes:

Cobertura de los canales alternativos

Artículo 97. Se incorpora un nuevo artículo, que pasa a ser el artículo 58, en los términos siguientes:

Artículo 58. Las empresas de seguros y de medicina prepagada sólo colocarán a través de los canales alternativos los ramos de accidentes personales, funerarios, vida individual, vida colectivo y responsabilidad civil de vehículos, siempre que estén autorizados para operar en estos ramos. Previa autorización del Órgano Superior del Sistema Financiero Nacional (OSFIN), la Superintendencia de la Actividad Aseguradora podrá, mediante las normas que se dicten a tal efecto, ampliar las coberturas de los ramos de personas que pueden ofertar por estos canales.

Los canales alternativos con los cuales las empresas de seguros y de medicina prepagada celebren contratos para la colocación de los microseguros, seguros inclusivos y seguros masivos, deben estar inscritos en el registro que a los efectos lleva la Superintendencia de la Actividad Aseguradora y cumplir con las normas que dicte la misma.

Artículo 98. Se incorpora una nueva Sección, que pasa a ser la Sección Sexta, correspondiente al Capítulo III, Título III, en los términos siguientes:

Sección Sexta

Administración de riesgos de legitimación de capitales, financiamiento al terrorismo y financiamiento de la proliferación de armas de destrucción masiva

Artículo 99. Se incorpora un nuevo artículo, que pasa a ser el artículo 59, en los términos siguientes:

Artículo 59. Los sujetos regulados deben diseñar, implementar y mantener un Sistema Integral de Administración de Riesgos de Legitimación de Capitales, Financiamiento al Terrorismo y Financiamiento de la Proliferación de Armas de Destrucción Masiva, cuya composición, funcionamiento y materia se regirá por las normas que a tal efecto dicte la Superintendencia de la Actividad Aseguradora.

Artículo 100. Se incorpora un nuevo artículo, que pasa a ser el artículo 60, en los términos siguientes:

Artículo 60. La Superintendencia de la Actividad Aseguradora, como Órgano de supervisión, control, fiscalización y vigilancia, tendrá dentro de su estructura un Sistema Integral de Administración de Riesgos de Legitimación de Capitales, Financiamiento al Terrorismo y Financiamiento de la Proliferación de Armas de Destrucción Masiva, el cual se regirá por las normas que a tal efecto dicte.

Artículo 101. Se fusionan los artículos 74 y 80, que pasan a ser el artículo 61, en los términos siguientes:

Artículo 61. Las empresas de seguros y de medicina prepagada constituidas y autorizadas para operar en la República, podrán ceder en reaseguro, en régimen automático o facultativo, la totalidad o parte del riesgo asumido por cada contrato.

Las empresas de seguros y de reaseguros constituidas y autorizadas para operar en la República, podrán retroceder en régimen automático o facultativo, la totalidad o parte de los riesgos asumidos en reaseguro.

Las empresas de seguros, de reaseguros y de medicina prepagada deben reflejar en sus estados financieros, los ingresos por primas y las demás operaciones que se deriven, de los riesgos asumidos que hayan sido cedidos o retrocedidos en su totalidad, y además remitir a la Superintendencia de la Actividad Aseguradora, de acuerdo con las normas que a tal efecto se dicten, los contratos suscritos de reaseguros y de retrocesión, sobre riesgos situados en la República, según corresponda.

Las empresas de seguros no podrán ceder riesgos en reaseguro a empresas reaseguradoras, cuando se trate de bienes propiedad de éstas últimas que se encuentren amparados por contratos de seguros.

Las empresas de seguros y de reaseguros no podrán asegurar sus propios bienes.

Las condiciones mínimas que deben contener los contratos de reaseguro serán establecidas en el reglamento de esta Ley y las normas que dicte la Superintendencia de la Actividad Aseguradora. En los contratos de reaseguro debe existir una transferencia real del riesgo de seguro que se traduzca en la existencia de una probabilidad razonable de pérdida para el reasegurador, sobre la base de la naturaleza aleatoria de los resultados que éste puede esperar por el contrato.

Artículo 102. Se modifica el artículo 69, que pasa a ser el artículo 62, en los términos siguientes:

Artículo 62. Las empresas de seguros y de medicina prepagada están obligadas a reasegurar en el mercado nacional no menos del treinta por ciento (30%) de las primas cedidas, quedando exceptuadas, únicamente, cuando no fuere posible colocar ese porcentaje en el país por causa imputable a las empresas de reaseguro nacional, en cuyo caso, podrá cederse la parte no transferida al exterior. La Superintendencia de la Actividad Aseguradora verificará el cumplimiento de esta obligación y su excepción a través de los mecanismos de control posterior que considere conveniente.

La Superintendencia de la Actividad Aseguradora mediante las normas podrá modificar este porcentaje mínimo de cesión o fijarlo por ramo, así como establecer los principios y criterios que regirán, previa aprobación del Ministro o Ministra con competencia en materia de finanzas.

Artículo 103. Se modifica el artículo 75, que pasa a ser el artículo 63 en los términos siguientes:

Artículo 63. Las empresas de seguros, de reaseguros y de medicina prepagada, constituidas y autorizadas para operar en la República, deben remitir a la Superintendencia de la Actividad Aseguradora, la cuantía de las retenciones y prioridades por ramo, conjuntamente con los contratos de reaseguro y de retrocesión suscritos en conformidad con lo dispuesto en el reglamento de esta Ley.

Si la Superintendencia de la Actividad Aseguradora observare que la referida cuantía no se corresponde con la capacidad de retención del sujeto regulado, podrá ordenar su ajuste.

El contrato automático de reaseguro relativo a una serie de cesiones de riesgos debe probarse por escrito. Las cesiones al contrato automático y los reaseguros facultativos pueden probarse por cualquier medio admitido por la ley.

Artículo 104. Se modifica el artículo 76, que pasa a ser el artículo 64, en los términos siguientes:

Artículo 64. Las empresas de seguros, de reaseguros y de medicina prepagada podrán ceder riesgos a: las empresas de seguros y de reaseguros constituidas y autorizadas para operar en el país; y a las empresas de seguros y de reaseguros o las agrupaciones de ambas que operen como tales en sus países de origen, inscritas en la Superintendencia de la Actividad Aseguradora.

Las empresas de medicina prepagada no podrán aceptar riesgos en régimen de reaseguro.

Artículo 105. Se modifica el artículo 77, que pasa ser el artículo 65, en los términos siguientes:

Artículo 65. Las empresas de seguros y de reaseguros, constituidas y autorizadas para operar en la República, tendrán la obligación de constituir, mantener, invertir y contabilizar las reservas técnicas derivadas de operaciones de reaseguros, en la forma determinada por esta Ley y en las normas dictadas por la Superintendencia de la Actividad Aseguradora, tomando como bases mínimas los datos facilitados por sus respectivas cedentes y aplicando en primer lugar, para la representación de sus reservas técnicas, los depósitos en poder de las mismas.

Artículo 106. Se modifica el artículo 78, que pasa a ser el artículo 66 en los términos siguientes:

Artículo 66. Cuando en la contratación de riesgos nacionales intervenga alguna sociedad de corretaje de reaseguros, no puede incluirse cláusula alguna que límite la relación directa entre la empresa de seguros o de medicina prepagada y su reasegurador.

Artículo 107. Se modifica el artículo 79, que pasa a ser el artículo 67, en los términos siguientes:

Artículo 67. Los pagos de la cedente a la sociedad de corretaje de reaseguros se tendrán como realizados al reasegurador, siempre que este último certifique haber recibido el pago correspondiente, salvo que expresamente se tenga pactado por escrito lo contrario entre la cedente y el reasegurador. La excepción contemplada en esta norma debe ser notificada a la Superintendencia de la Actividad Aseguradora y a la sociedad de corretaje de reaseguros.

Artículo 108. Se modifica el artículo 81, que pasa a ser el artículo 68, en los términos siguientes:

Artículo 68. La Superintendencia de la Actividad Aseguradora mantendrá un registro de las empresas de reaseguros constituidas en el exterior que sean autorizadas para realizar operaciones de reaseguros en la República. Las empresas deben cumplir los requisitos y trámites establecidos en el reglamento de la presente Ley y las normas que a tal efecto dicte el Órgano competente.

No podrán ser inscritas en el registro a que hace referencia este artículo, las empresas de reaseguros constituidas en jurisdicciones calificadas como de baja imposición fiscal por el Órgano competente en materia de administración aduanera y tributaria, así como las que no demuestren capacidad financiera para la aceptación de riesgos a juicio de la Superintendencia de la Actividad Aseguradora.

Artículo 109. Se modifica el artículo 82, que pasa a ser el artículo 69, en los términos siguientes:

Artículo 69. No podrán ser designados como representantes de las empresas de reaseguros del exterior para la aceptación de riesgos de reaseguros en el territorio nacional: las empresas de seguros, de medicina prepagada, quienes ejerzan funciones de intermediación de seguros o de medicina prepagada, las administradoras de riesgos y las financiadoras de primas o de cuotas, así como sus accionistas, directores o directoras, administradores o administradoras y empleados o empleadas.

Artículo 110. Se modifica el epígrafe del artículo 83, en los términos siguientes:

Suspensión y revocatoria del registro de reaseguradores

Artículo 111. Se modifica el artículo 83, que pasa a ser el artículo 70, en los términos siguientes:

Artículo 70. La Superintendencia de la Actividad Aseguradora mediante acto motivado y atendiendo a la gravedad de la falta, podrá suspender o revocar la inscripción, por un lapso de uno (1) a cinco (5) años, del Registro de Reaseguradores, a las empresas reaseguradoras del exterior, en los siguientes supuestos:

1. Si observare falta de capacidad técnica o financiera.
2. Cuando incumpliere sus obligaciones con las cedentes o retrocedentes.

3. Cuando dejare de cumplir con los requisitos necesarios para mantener la inscripción en el Registro de Reaseguradores.

4. Cuando existieren fundados motivos técnicos, económicos o financieros que deriven en el incumplimiento de la normativa que rige la actividad aseguradora.

Artículo 112. Se modifica el Acápite del Capítulo XVI, que pasa a ser el Capítulo V en los términos siguientes:

Capítulo V

Empresas financiadoras de primas o cuotas

Artículo 113. Se eliminan los artículos 134, 136, 137, 139, 143 y 144.

Artículo 114. Se modifica el artículo 145, que pasa a ser el artículo 71, en los términos siguientes:

Artículo 71. Son requisitos indispensables para obtener y mantener la autorización para operar como empresa financiadora de primas o de cuotas, los siguientes:

1. Adoptar la forma de sociedad anónima y tener como objeto único el financiamiento de primas o de cuotas para tomadores de seguros o contratantes de medicina prepagada.

2. Tener un capital mínimo, en bolívares o en Títulos del Estado Venezolano indexados y denominados en bolívares de Ochenta Mil (80.000) veces el tipo de cambio de referencia. A partir del segundo año de operaciones, el capital deberá ser superior a quince por ciento (15%) del total de las primas o cuotas financiadas en el ejercicio económico inmediatamente anterior. En ningún caso, el monto que resulte de la aplicación de este porcentaje podrá ser menor al capital mínimo exigido.

Los aumentos de capital podrán realizarse con cargo a las utilidades no distribuidas, previa autorización de la Superintendencia de la Actividad Aseguradora.

3. Poseer un mínimo de tres (3) accionistas. Todas las acciones deben ser nominativas, de una misma clase y no fraccionadas.

4. Poseer una junta directiva, compuesta por no menos de tres (3) integrantes, que posean calificación profesional derivada de haber obtenido un título universitario, con experiencia mínima de tres (3) años en la actividad aseguradora o financiera, o posean destacada y comprobada experiencia de por lo menos cinco (5) años en tales actividades; en ambos casos, en cargos de alto nivel (presidente o presidenta, vicepresidente o vicepresidenta, gerente general u otros cargos de similar jerarquía o asesoramiento), o en cargos de jerarquía inmediatamente anterior a los de alto nivel.

5. La totalidad de los integrantes de la junta directiva deben estar domiciliados y residenciados en el país, y no podrán ser cónyuges o mantener uniones estables de hecho entre sí, o estar vinculados por parentesco dentro del

segundo grado de afinidad o cuarto de consanguinidad, ni ejercer simultáneamente cargos directivos en otros sujetos regulados o en otras empresas del sistema financiero. Al menos la mitad deben ser venezolanos o venezolanas.

6. Al menos dos tercios de los integrantes de la junta directiva deben ser directores o directoras independientes, calificados como tales según las normas de gobierno corporativo que dicte la Superintendencia de la Actividad Aseguradora. Los directores o directoras que sean accionistas deben depositar en la caja social del sujeto regulado un número de acciones determinado en los estatutos, de conformidad con lo previsto en el Código de Comercio.

7. Los accionistas y los integrantes de la junta directiva no podrán estar incursos en las prohibiciones previstas en esta Ley.

8. Especificar el origen de los bienes y recursos económicos utilizados para la constitución de la sociedad mercantil y proporcionar la información necesaria para su verificación; si los mismos provienen de personas jurídicas, deben anexar toda la documentación legal y financiera de la misma, salvo aquéllas cuyos fondos provengan de instituciones regidas por la ley especial que regula la materia bancaria.

9. Presentar conjuntamente con la solicitud, copia de la reserva de denominación comercial en el Registro Mercantil y copia de la búsqueda informática o reserva de marca por ante el Servicio Autónomo de la Propiedad Intelectual e Identificación, profesión y cargo del personal autorizado por la empresa para dirigir comunicaciones y representarla ante la Superintendencia de la Actividad Aseguradora.

10. Tener una sede que sirva como asiento principal de sus operaciones, debiendo indicar la dirección de la misma y de las sucursales de ser el caso.

11. Presentar copia del modelo de contrato que se utilizará para financiar primas o cuotas, el cual debe cumplir con las condiciones exigidas en las normas que regulan la relación contractual en la actividad aseguradora y las que al efecto dicte la Superintendencia de la Actividad Aseguradora. Estos modelos de contratos, sus modificaciones y demás documentos que formen parte del mismo deben estar previamente aprobados.

12. No formar parte de un grupo económico o financiero, de acuerdo con la Ley Orgánica del Sistema Financiero Nacional.

Artículo 115. Se eliminan los artículos 147, 148, 149 y 150.

Artículo 116. Se modifica el artículo 151, que pasa a ser el artículo 72, en los términos siguientes:

Artículo 72. Son causales de suspensión de la autorización como empresa financiadora de primas o de cuotas:

1. La modificación sin aprobación previa de alguno de los requisitos que requieren autorización de la Superintendencia de la Actividad Aseguradora.

2. El incumplimiento de las obligaciones contractuales frente a los contratantes, las empresas de seguros o de medicina prepagada.

3. Cuando la empresa financiadora de primas o cuotas lo solicite por cualquier causa justificada a juicio de la Superintendencia de la Actividad Aseguradora.

4. Las que establezca el reglamento de la presente Ley y las normas que a tal efecto dicte la Superintendencia de la Actividad Aseguradora.

El acto administrativo que acuerde la suspensión indicará la vigencia de la misma, la cual no podrá exceder de tres (3) años, quedando asentada la correspondiente nota marginal en el Registro de Financiadoras de Primas o de Cuotas.

Artículo 117. Se modifica el artículo 152, que pasa a ser el artículo 73, en los términos siguientes:

Artículo 73. Son causales de revocación de la autorización como empresa financiadora de primas o de cuotas, las siguientes:

1. Que incurra en cesación de pago o atraso en el pago de sus obligaciones.

2. No mantener el capital mínimo indicado en la presente Ley.

3. Facilite a través de su estructura que una empresa de seguros o de medicina prepagada incurra en el financiamiento de primas o de cuotas, en forma directa o indirecta.

4. El incumplimiento de lo dispuesto en la presente Ley, su reglamento y las normas que a tal efecto dicte la Superintendencia de la Actividad Aseguradora.

Declarada la revocación de la autorización, la sociedad mercantil no podrá solicitar nuevamente su autorización hasta que transcurra un período de cinco (5) años. La Superintendencia de la Actividad Aseguradora, podrá adicionalmente, según la causal de revocación, inhabilitar hasta por el mismo lapso, a los accionistas, directores y administradores del sujeto regulado revocado para ser miembros de otra empresa que realice actividades objeto de la presente Ley.

Artículo 118. Se aprueba sin modificaciones el acápite del Capítulo V, que pasa a ser el Capítulo VI en los términos siguientes:

Capítulo VI

Cesión de cartera, fusión y escisión de empresas

Artículo 119. Se modifica el artículo 84, que pasa a ser el artículo 74, en los términos siguientes:

Artículo 74. La cesión de cartera, fusión o escisión de las personas jurídicas reguladas por esta Ley requiere la autorización previa de la Superintendencia de la Actividad Aseguradora. A tales efectos, cuando lo considere necesario, consultará al órgano que vigila, controla y sanciona las conductas anticompetitivas.

La solicitud de autorización debe ser presentada por escrito de conformidad con los requisitos exigidos en esta Ley, su reglamento y en las normas que a tal efecto dicte la Superintendencia de la Actividad Aseguradora. Los acuerdos celebrados en contravención de lo establecido en el presente artículo se consideran nulos.

Lo relativo a la forma, requisitos y eficacia de la cesión, fusión o escisión, así como la publicidad del documento que la contiene, será desarrollado en el reglamento de la presente Ley.

Artículo 120. Se modifica el artículo 85, que pasa a ser el artículo 75, en los términos siguientes:

Artículo 75. La autorización otorgada para la cesión total de cartera, la fusión o escisión, implica la revocación de la autorización concedida para operar de la empresa cedente en el o los ramos de seguros cedidos, o de la que haya cesado en su actividad, según sea el caso.

Revocada la autorización por cesión, la misma no podrá ser otorgada nuevamente hasta que hayan transcurrido cinco (5) años desde la fecha de la cesión, previo cumplimiento de los requisitos exigidos en la presente Ley.

Artículo 121. Se eliminan las Secciones Primera, Segunda y Tercera correspondientes al Capítulo V.

Artículo 122. Se eliminan los artículos 86, 87, 88, 89, 90 y Capítulo VI, del Título III.

Artículo 123. Se modifica el acápite de la Sección Cuarta, correspondiente al Capítulo III, que pasa a ser el Capítulo VII en los términos siguientes:

Capítulo VII

Contabilidad e Inspecciones

Artículo 124. Se modifica el artículo 66, que pasa a ser el artículo 76, en los términos siguientes:

Artículo 76. La contabilidad de las empresas de seguros, de reaseguros, de medicina prepagada, administradoras de riesgos, financiadoras de primas o de cuotas, sociedades de corretaje de seguros y sociedades de corretaje de reaseguros deberán llevarse conforme a las Normas de Contabilidad y Códigos de Cuentas, incluyendo sus ajustes y actualizaciones, publicadas por la Superintendencia de la Actividad Aseguradora en su portal web. Supletoriamente se aplicarán los principios de contabilidad generalmente aceptados y las normas internacionales de contabilidad.

Artículo 125. Se modifica el artículo 67, que pasa a ser el artículo 77, en los términos siguientes:

Artículo 77. La Superintendencia de la Actividad Aseguradora determinará y exigirá a los sujetos regulados por esta Ley, los anexos, formularios, libros, contratos, información electrónica, documentos complementarios y cualquier otro que estime necesario para obtener la información financiera precisa; así como aquellos relativos a las actividades realizadas en el exterior para verificar su autenticidad.

La Superintendencia de la Actividad Aseguradora podrá establecer, por vía general o particular, las especificaciones que debe contener la información requerida, las cuales serán de obligatoria aceptación y aplicación, sin que puedan oponerse a suministrarla, alegando su confidencialidad.

Artículo 126. Se modifica el artículo 68, que pasa a ser el artículo 78, en los términos siguientes:

Artículo 78. Las empresas de seguros, de reaseguros, de medicina prepagada, administradoras de riesgos, financiadoras de primas o de cuotas, sociedades de corretaje de seguros y sociedades de corretaje de reaseguros, deberán remitir a la Superintendencia de la Actividad Aseguradora los estados financieros analíticos en la oportunidad y a través de los mecanismos y medios que determine.

Artículo 127. Se modifica el epígrafe del artículo 69, en los términos siguientes:

Cierre del ejercicio económico, remisión y publicación de estados financieros

Artículo 128. Se fusionan los artículos 69, 70 y 71, que pasan a ser el artículo 79, en los términos siguientes:

Artículo 79. Las empresas de seguros, de medicina prepagada, administradoras de riesgos, financiadoras de primas o de cuotas, sociedades de corretaje de seguros y sociedades de corretaje de reaseguros, deberán realizar el correspondiente cierre del ejercicio económico al 31 de diciembre de cada año, y las empresas de reaseguros al 30 de junio de cada año.

Los sujetos regulados, según correspondan, dentro de los sesenta (60) días continuos siguientes al cierre del ejercicio económico, deberán remitir:

1. Estado de situación financiera, estado de resultados y analíticos de los grupos de cuentas: activo, pasivo, egresos e ingresos, acompañados de los correspondientes anexos contables y estadísticos, así como de las relaciones pormenorizadas; suscritos por quienes ejerzan las funciones ejecutivas, de administración o finanzas y del área contable.

2. Informe de auditoría externa y la respectiva carta a la gerencia, suscritos por un contador público en el ejercicio independiente de la profesión, inscrito en el Registro de Auditores Externos de la Superintendencia de la Actividad Aseguradora.

3. Certificación de las reservas técnicas y el informe correspondiente, suscritos por un actuario independiente inscrito en la Superintendencia de la Actividad Aseguradora, con base a las normas que a tal efecto se dicten.

4. Margen de solvencia y patrimonio propio no comprometido correspondientes al último trimestre del ejercicio económico, suscrito por quien ejerza la función ejecutiva del sujeto regulado y por el actuario independiente inscrito en la Superintendencia de la Actividad Aseguradora, acompañado de la certificación del acta de junta directiva en la cual fueron presentados.

5. Memoria y cuenta presentada por la Junta Directiva a la Asamblea de Accionistas, acompañado del informe del comisario.

6. Acta de la asamblea general ordinaria de accionistas que conoció y aprobó lo dispuesto en los numerales 1, 3, 4 y 5 de este artículo, conjuntamente con el listado de los accionistas y miembros de la junta directiva para el ejercicio económico finalizado.

7. Información contable, estadística y cualquier otra que sea necesaria de acuerdo a las normas que a tal efecto dicte la Superintendencia de la Actividad Aseguradora.

Las empresas de seguros, de reaseguros, de medicina prepagada y administradoras de riesgos podrán publicar sus estados financieros en un diario de circulación nacional, de forma impresa o digital, y en sus respectivos portales web, con antelación a su remisión a la Superintendencia de la Actividad Aseguradora, en cuyo caso la publicación deberá indicar expresamente que los mismos no han sido autorizados.

Finalizado el procedimiento administrativo correspondiente a la inspección, la Superintendencia de la Actividad Aseguradora ordenará la publicación de los estados financieros al sujeto regulado, en un diario de circulación nacional, de forma impresa o digital, y en su respectivo portal web.

Artículo 129. Se modifica el artículo 72, que pasa a ser el artículo 80, en los términos siguientes:

Artículo 80. Cuando en los estados financieros presentados se determine, previo procedimiento administrativo, que existen irregularidades o lo considere conveniente la Superintendencia de la Actividad Aseguradora, ordenará elaborarlos nuevamente con las observaciones que se indiquen, someterlos a aprobación en asamblea extraordinaria de accionistas y publicarlos, sin perjuicio de las acciones y sanciones a las que haya lugar.

Artículo 130. Se incorpora un nuevo epígrafe, en los términos siguientes:

Inspecciones

Artículo 131. Se incorpora un nuevo artículo, que pasa a ser el artículo 81, en los términos siguientes:

Artículo 81. La Superintendencia de la Actividad Aseguradora en el ejercicio de sus potestades regulatorias establecidas en la presente Ley, podrá ordenar cualquiera de los siguientes procedimientos de inspección:

1. Parcial: Para investigar algún hecho, acto o documento determinado.

2. General: Para verificar la razonabilidad y adecuación de los estados financieros, la situación económico-financiera, la organización administrativa y el cumplimiento de las disposiciones legales por los sujetos regulados.

3. Permanente: Cuando se evidencie alguno de los supuestos que den lugar a la aplicación de las medidas administrativas previstas en esta Ley o cuando de los resultados de las inspecciones parciales o generales se desprendan fundados motivos para ordenarla.

La forma y términos de los procedimientos de las inspecciones estarán previstos en el reglamento de esta Ley, las normas que a tal efecto se dicten y la Ley Orgánica de Procedimientos Administrativos.

Artículo 132. Se aprueba sin modificaciones el acápite del Capítulo VII, Título III que pasa a ser el Capítulo VIII, Título III en los términos siguientes:

Capítulo VIII

Medidas

Artículo 133. Se modifica el artículo 91, que pasa a ser el artículo 82, en los términos siguientes:

Artículo 82. Determinada la insuficiencia en las reservas técnicas, en el margen de solvencia o en cualquier situación de similares efectos que conlleve a los sujetos regulados a estados de insolvencia, la Superintendencia de la Actividad Aseguradora ordenará la sustitución, rectificación, constitución o cobertura de las reservas o provisiones, o que se aumente el patrimonio propio no comprometido, para ajustarlo a los requerimientos de solvencia, u ordenar las modificaciones o reclasificaciones contables, así como las inclusiones que fuere menester incorporar en los estados financieros e informes respectivos.

Artículo 134. Se modifica el artículo 92, que pasa a ser el artículo 83, en los términos siguientes:

Artículo 83. La Superintendencia de la Actividad Aseguradora ordenará por razones de riesgo, la constitución de provisiones por cuentas incobrables, distintas de las reservas técnicas a que se refiere esta ley y señalará los ajustes a efectuar contra tales apartados o directamente contra los resultados del ejercicio.

Igualmente, podrá ordenar que se rectifique o modifique el valor con que se encuentran contabilizadas las inversiones u otros activos de los sujetos regulados, de acuerdo con el análisis de las informaciones obtenidas o el resultado de las fiscalizaciones efectuadas.

Artículo 135. Se fusionan los artículos 93 y 95, que pasa a ser el artículo 84, en los términos siguientes:

Artículo 84. El o la Superintendente de la Actividad Aseguradora, a los fines de mantener el interés general tutelado por esta Ley, previo cumplimiento del procedimiento administrativo correspondiente y sin perjuicio del establecimiento de sanciones administrativas, podrá imponer las siguientes medidas:

1. Dictar que se subsane la situación o irregularidad detectada en el lapso fijado.

2. Prohibir o limitar el otorgamiento de fianzas o la suscripción o contratación de nuevas obligaciones derivadas de sus operaciones; la realización de

préstamos u otras inversiones, o contraer nuevas deudas, sin autorización previa de la Superintendencia de la Actividad Aseguradora; así como efectuar pagos de dividendos a los accionistas o bonificaciones de cualquier naturaleza a la junta directiva.

3. Ordenar la venta o liquidación de algún activo o inversión, o prohibir que se disponga de los activos del sujeto regulado.

4. Suspender, remover o sustituir los directivos o empleados, cuando existieran fundados indicios de que han incurrido en ilícitos previstos por esta Ley, sin perjuicio de las acciones legales a que hubiere lugar.

5. Prohibir la contratación de asesores sin autorización de la Superintendencia de la Actividad Aseguradora o el ejercicio de la actividad en el exterior.

6. Decretar inspección permanente al sujeto regulado con orden de convocar a las funcionarias o funcionarios inspectores a todas las reuniones de juntas directivas, comités u otros órganos con capacidad de decisión. Las resoluciones adoptadas que no cumplan con los requisitos, generan responsabilidad solidaria por parte de los directivos, administradores, gerentes, empleados e involucrados.

7. Instruir la convocatoria para celebrar las asambleas ordinarias y extraordinarias de accionistas de las personas jurídicas; designar los funcionarios o funcionarias de la Superintendencia de la Actividad Aseguradora que asistirán a las asambleas, sólo con derecho a voz, y suspender la celebración de cualquiera que haya ordenado o no convocar, cuando se den algunos de los supuestos previstos en la presente Ley.

8. Ordenar el cumplimiento de los planes de regularización que dicte la Superintendencia de la Actividad Aseguradora; la presentación de un informe sobre la situación de los reaseguros contratados, cedidos o aceptados, o prohibir la aceptación de riesgos en reaseguro.

9. Instruir que las primas o cuotas recaudadas sean depositadas en cuenta abierta en una institución financiera regida por la ley que regula la materia bancaria, que sólo podrá movilizarse previa autorización de la Superintendencia de la Actividad Aseguradora.

10. Suspender la publicidad.

11. Cualquier otra que sea necesaria para corregir situaciones administrativas, técnicas, jurídicas, económicas o financieras.

Las medidas se mantendrán en vigencia hasta tanto la Superintendencia de la Actividad Aseguradora considere corregidas las situaciones o irregularidades que dieron lugar a su imposición, o se acuerde aplicar otras medidas previstas en esta Ley.

Artículo 136. Se modifica el artículo 94, que pasa a ser el artículo 85, en los términos siguientes:

Artículo 85. El o la Superintendente de la Actividad Aseguradora podrá, en su criterio, imponer una o varias medidas administrativas, cuando el sujeto regulado incurra en alguno de los siguientes supuestos:

1. Diere fundados motivos para presumir que pueda enfrentar problemas de liquidez o solvencia que ocasionen perjuicios a sus tomadores, asegurados, beneficiarios, contratantes, usuarios, afiliados, reasegurados o al equilibrio del mercado asegurador.

2. Evidencie situaciones graves de tipo tecnológico, administrativo o gerencial que afecten o puedan afectar significativamente la operación normal, la solvencia o liquidez.

3. Se encuentre en estado de atraso o cesación de pagos.

4. Evidencie pérdidas que superen el capital más el superávit ganado, o el incumplimiento en el pago del capital.

5. Cuando el margen de solvencia no se ajuste a la fórmula o cuantía que determine la Superintendencia de la Actividad Aseguradora o se compruebe que las operaciones técnicas, legales o financieras realizadas, contravengan la normativa en materia de administración de riesgos de legitimación de capitales, financiamiento al terrorismo y financiamiento de la proliferación de armas de destrucción masiva, de tal manera que comprometan el equilibrio del sistema financiero nacional.

6. Cualquier otro supuesto que coloque en riesgo su estabilidad financiera, técnica y operativa.

Artículo 137. Se modifica el artículo 96, que pasa a ser el artículo 86, en los términos siguientes:

Artículo 86. Cuando la Superintendencia de la Actividad Aseguradora determine la existencia de pérdidas al cierre del ejercicio que reduzcan el capital más el superávit ganado de una empresa de seguros, de reaseguros, de medicina prepagada, administradora de riesgos y financiadora de primas o de cuotas, en más del cincuenta por ciento (50%), ordenará a los accionistas la reposición del capital, en bolívares o en Títulos del Estado Venezolano indexados y denominados en bolívares, en un lapso máximo de treinta (30) días continuos.

A tal efecto, sin previa notificación al Órgano competente, los administradores convocarán la asamblea de accionistas, la cual deberá reunirse dentro de los quince (15) días continuos siguientes a la fecha en que le haya sido ordenada la reposición.

Asimismo, la Superintendencia de la Actividad Aseguradora designará funcionarios o funcionarias para que vigilen y hagan el seguimiento a la aplicación de las medidas acordadas, quienes asistirán con poder de voto a las reuniones de junta directiva y demás instancias de dirección de los sujetos regulados.

Artículo 138. Se modifica el artículo 97, que pasa a ser el artículo 87, en los términos siguientes:

Artículo 87. Los accionistas de los sujetos regulados serán solidariamente responsables con su patrimonio por el total de las obligaciones, en proporción a su participación en el capital y en los términos establecidos en esta Ley, en materia de responsabilidad de los accionistas.

Los integrantes de la junta directiva de los sujetos regulados serán responsables cuando por dolo o culpa grave, transgredan disposiciones legales ocasionando daños a terceros.

Artículo 139. Se modifica el artículo 98, que pasa a ser el artículo 88, en los términos siguientes:

Artículo 88. La Superintendencia de la Actividad Aseguradora procederá a la intervención del sujeto regulado cuando se verifique cualquiera de los siguientes supuestos:

1. Las medidas ordenadas no fueren suficientes para resolver las situaciones que las motivaron.

2. Los accionistas no repusieren el capital o el déficit en el patrimonio propio no comprometido o la insuficiencia en la constitución o la representación de las reservas técnicas, en el lapso estipulado, conforme con esta Ley o con las medidas que a tal fin hayan sido dictadas.

El o la Superintendente de la Actividad Aseguradora designará como mínimo tres (3) interventores, quienes serán funcionarios o funcionarias de la Superintendencia de la Actividad Aseguradora y procederá conforme a lo dispuesto en esta ley. Los interventores deben presentar en un lapso de treinta (30) días un inventario inicial de los activos y pasivos del sujeto regulado intervenido.

La providencia administrativa mediante la cual se designa la Junta Interventora se remitirá al Ministerio del Poder Popular con competencia en materia de finanzas, a los fines de su publicación en Gaceta Oficial de la República Bolivariana de Venezuela.

Artículo 140. Se modifica el artículo 99, que pasa a ser el artículo 89, en los términos siguientes:

Artículo 89. En la providencia que se dicte conforme al artículo 88, la Superintendencia de la Actividad Aseguradora podrá conferir a los interventores, en los términos que establezca, facultades de administración, disposición, control y vigilancia, incluyendo todas las atribuciones que la ley y los estatutos confieren a la asamblea de accionistas, a la junta directiva o administradora, al presidente o presidenta y las demás instancias de dirección del sujeto regulado intervenido.

Asimismo, se fijará el régimen a que se someterá el sujeto regulado objeto de la medida, para que en un plazo de noventa (90) días continuos, prorrogable por una sola vez e igual tiempo, concluya la intervención.

Artículo 141. Se modifica el artículo 100, que pasa a ser el artículo 90, en los términos siguientes:

Artículo 90. Durante el régimen de intervención, y hasta tanto éste culmine, queda suspendida toda medida judicial preventiva o de ejecución en contra del sujeto regulado intervenido y no podrá continuarse ninguna acción de cobro, salvo que ella provenga de hechos derivados de la intervención. Ordenada la intervención, la Superintendencia de la Actividad Aseguradora notificará al organismo con competencia en materia de registros y notarías, a los fines de evitar la autenticación o protocolización de actos de enajenación o gravamen de bienes, sin su previa autorización.

Artículo 142. Se aprueba sin modificaciones el acápite del Capítulo VIII Título III, que pasa a ser el Capítulo IX en los términos siguientes:

Capítulo IX

Revocación de las autorizaciones y de la disolución y liquidación de los sujetos regulados

Artículo 143. Se fusionan los artículos 23, 34 y 101, que pasa a ser el artículo 91, en los términos siguientes:

Artículo 91. La Superintendencia de la Actividad Aseguradora procederá, previo cumplimiento del procedimiento administrativo correspondiente, a dejar sin efecto la autorización administrativa concedida a los sujetos regulados, cuando:

1. No inicien sus operaciones en el lapso de ciento veinte (120) días continuos después de otorgada la aprobación de constitución y funcionamiento, o no desarrollen las actividades para las cuales fueron autorizadas, conforme a lo establecido en la presente Ley y en su reglamento.

2. Incumplan alguno de los requisitos establecidos para el otorgamiento de la autorización, conforme a lo dispuesto en la presente Ley y en su reglamento. En este caso, con excepción de lo relativo al aumento del capital mínimo, previamente se otorgará un plazo entre treinta (30) y noventa (90) días hábiles para que la empresa regularice la situación.

3. Se compruebe la falta de actividad o de comercialización de un ramo o contrato. La revocación afectará exclusivamente el ramo o contrato inactivo o no comercializado.

4. Por cualquier causa comprobable, cesare sus operaciones.

5. Realizada la intervención, los interventores hubieren concluido, mediante informe presentado al o la Superintendente de la Actividad Aseguradora, que no es posible la recuperación administrativa, técnica o financiera del sujeto regulado.

6. Se acuerde la liquidación del sujeto regulado.

En los casos previstos en el numeral 3 de este artículo, el reglamento de esta Ley establecerá los términos para determinar la falta de actividad o comercialización de un ramo o contrato. En estos supuestos, no se podrá solicitar nuevamente la autorización sin que transcurra un período superior a dos (2) años.

Artículo 144. Se modifica el artículo 102, que pasa a ser el artículo 92, en los términos siguientes:

Artículo 92. En defecto de la actuación de la junta directiva o de la asamblea de accionistas del sujeto regulado, la Superintendencia de la Actividad Aseguradora convocará a la asamblea de accionistas y designará a la persona que la presida, a los fines de declarar la liquidación. Si la asamblea no llegase a constituirse o no acordare la liquidación, la Superintendencia de la Actividad Aseguradora procederá de oficio a declararla.

Artículo 145. Se modifica el artículo 103, que pasa a ser el artículo 93, en los términos siguientes:

Artículo 93. Ordenada la liquidación del sujeto regulado, se abrirá el procedimiento administrativo correspondiente, conforme con el reglamento de esta Ley y las normas dictadas a tal efecto. El sujeto regulado mantendrá su personalidad jurídica y a su denominación social añadirá la expresión, en liquidación.

Durante el procedimiento, la Superintendencia de la Actividad Aseguradora podrá autorizar, mediante acto administrativo motivado y previa aprobación del Ministro o la Ministra con competencia en materia de finanzas, la cesión total del activo, pasivo y patrimonio del sujeto en liquidación.

Artículo 146. Se modifica el artículo 104, que pasa a ser el artículo 94, en los términos siguientes:

Artículo 94. Durante el procedimiento no podrán concertarse nuevas operaciones. La Superintendencia de la Actividad Aseguradora, de oficio o a solicitud del sujeto en liquidación, podrá autorizar la cesión de la cartera o acordar la terminación anticipada de los contratos, a los fines de garantizar la protección del interés general tutelado por la presente Ley.

Artículo 147. Se modifica el artículo 105, que pasa a ser el artículo 95, en los términos siguientes:

Artículo 95. El o la Superintendente de la Actividad Aseguradora o las personas que designe, realizarán la liquidación administrativa. Los liquidadores serán responsables de sus actuaciones en el ejercicio de las atribuciones conferidas en la presente Ley y en las leyes aplicables de forma supletoria.

Artículo 148. Se modifica el artículo 106, que pasa a ser el artículo 96 en los términos siguientes:

Artículo 96. En los casos de liquidación, los acreedores cobrarán en el orden siguiente:

1. Sobre los activos que representen las reservas técnicas y el patrimonio propio no comprometido, o su equivalente según el sujeto en liquidación, tendrán privilegio con respecto de los demás acreedores, los tomadores, asegurados, beneficiarios, contratantes, usuarios y afiliados. Si los activos antes indicados resultaren insuficientes, los sujetos mencionados, concurrirán conjuntamente con los acreedores quirografarios, por la porción no cubierta.

2. Sobre los activos que representen las reservas técnicas y el patrimonio propio no comprometido tendrán también privilegio las empresas que hayan cedido sus riesgos a los sujetos en liquidación, por la porción del riesgo retenido por éstos, una vez satisfechas las obligaciones con las personas indicadas en el numeral 1 de este artículo.

3. Los trabajadores y trabajadoras cobrarán de acuerdo con los privilegios establecidos en la legislación laboral.

4. Los acreedores hipotecarios o prendarios obtendrán el pago de la

Obligación con el monto obtenido por la liquidación de los bienes otorgados en garantía y si éstos no fueren suficientes, concurrirán conjuntamente con los acreedores quirografarios.

5. La República, los estados, los distritos y los municipios.

6. Otros acreedores privilegiados.

7. Los acreedores quirografarios.

Las empresas de reaseguros deben pagar totalmente las cantidades de dinero que adeuden al sujeto en liquidación, hechas todas las compensaciones entre indemnizaciones, primas, comisiones y cualquier otro crédito o débito derivado del respectivo contrato de reaseguro.

La Superintendencia de la Actividad Aseguradora mediante normas que a tal efecto dicte, garantizará que el orden de prelación previsto sea liquidado tomando en consideración la cuantía del menor de los montos adeudados hasta alcanzar el monto mayor para cada uno de los grupos.

Queda prohibida toda medida judicial que altere o modifique el orden de prelación en los pagos previstos en este artículo.

Artículo 149. Se modifica el artículo 107, que pasa a ser el artículo 97, en los términos siguientes:

Artículo 97. Durante la liquidación no podrá otorgarse el beneficio de atraso, ni producirse la declaratoria judicial de quiebra.

En caso de problemas graves de liquidez o de cesación de pagos, procederá la intervención o el proceso de liquidación administrativa, conforme a lo establecido en esta Ley.

Artículo 150. Se modifica el artículo 108, que pasa a ser el artículo 98, en los términos siguientes:

Artículo 98. En el curso de la liquidación administrativa no se admitirá ningún embargo de bienes del sujeto en liquidación.

Artículo 151. Se modifica el acápite del Capítulo XIV que pasa a ser el Capítulo X en los términos siguientes:

Capítulo X

Asociaciones Cooperativas que realicen actividad aseguradora

Artículo 152. Se incorpora un nuevo artículo, que pasa a ser el artículo 99, en los términos siguientes:

Artículo 99. Las disposiciones previstas en este capítulo serán aplicables únicamente a las asociaciones cooperativas que realicen actividad aseguradora y se encuentren autorizadas por la Superintendencia de la Actividad Aseguradora.

Artículo 153. Se incorpora un nuevo artículo, que pasa a ser el artículo 100, en los términos siguientes:

Artículo 100. Son aplicables a los sujetos regulados a que se refiere este capítulo, las disposiciones previstas en esta Ley para las empresas de seguros, en especial lo relativo a la contribución especial, garantía a la Nación, capitales, reservas técnicas, margen de solvencia y patrimonio propio no comprometido, aprobación de pólizas, tarifas y publicidad, y las dispuestas en las normas que a tal efecto se dicten.

Artículo 154. Se incorpora un nuevo artículo, que pasa a ser el artículo 101, en los términos siguientes:

Artículo 101. Los sujetos regulados a que se refiere este capítulo no podrán efectuar operaciones en beneficio de personas no asociadas, de fianzas, de reaseguro aceptado y de coaseguro.

Artículo 155. Se modifica el epígrafe del artículo 119, en los términos siguientes:

Formación

Artículo 156. Se incorpora un nuevo artículo, que pasa a ser el artículo 102, en los términos siguientes:

Artículo 102. La Superintendencia de la Actividad Aseguradora procurará asistencia técnica a los sujetos regulados a que se refiere este capítulo.

Artículo 157. Se aprueba sin modificaciones el acápite del Capítulo X, Título III que pasa a ser el Capítulo XI en los términos siguientes:

Capítulo XI

Intermediación de la actividad aseguradora

Artículo 158. Se modifica el epígrafe del artículo 144, en los términos siguientes:

Autorización y tipos de intermediarios

Artículo 159. Se fusionan los artículos 113, 114 y 115, que pasan a ser el artículo 103, en los términos siguientes:

Artículo 103. La Superintendencia de la Actividad Aseguradora sólo podrá autorizar, de conformidad con lo establecido en esta Ley, su reglamento y las normas, para actuar como intermediarios a:

1. Los agentes que actúen directa y exclusivamente con una empresa de seguros, de medicina prepagada, administradora de riesgos o sociedad de corretaje de seguros.

2. Los corredores de seguros que actúen directamente con una o varias empresas de seguros, de medicina prepagada, administradoras de riesgos o sociedades de corretaje de seguros.

3. Las sociedades de corretaje de seguros.

4. Las sociedades de corretaje de reaseguros.

Los intermediarios, con excepción de las sociedades de corretaje de reaseguros, deben demostrar a la Superintendencia de la Actividad Aseguradora, en la forma y términos indicados en el reglamento de esta Ley, que se encuentran en el ejercicio de la actividad para la cual han sido autorizados, salvo causa extraña no imputable o fuerza mayor.

Artículo 160. Se incorpora un nuevo artículo, que pasa a ser el artículo 104, en los términos siguientes:

Artículo 104. Las sociedades de corretaje de seguros y las sociedades de corretaje de reaseguros deberán tener un capital mínimo, en bolívares o en Títulos del Estado Venezolano indexados y denominados en bolívares, el cual se ajustará cada dos (2) años, antes del 31 de enero del año que corresponda:

1. Sociedades de corretaje de seguros: Quince Mil (15.000) veces el tipo de cambio de referencia.

2. Sociedades de corretaje de reaseguros: Cuarenta y Cinco Mil (45.000) veces el tipo de cambio de referencia.

Los aumentos de capital podrán realizarse con cargo a las utilidades no distribuidas, previa autorización de la Superintendencia de la Actividad Aseguradora.

Artículo 161. Se modifica el artículo 116, que pasa a ser el artículo 105, en los términos siguientes:

Artículo 105. La actuación del intermediario no impedirá las relaciones directas entre la empresa de seguros, de medicina prepagada o administradora de riesgos y el tomador, asegurado, beneficiario, contratante, usuario o afiliado.

Artículo 162. Se modifica el artículo 117, que pasa a ser el artículo 106, en los términos siguientes:

Artículo 106. El tomador o el contratante podrá en cualquier momento cambiar la designación que haya hecho de un intermediario, en cuyo caso se mantendrán vigentes el o los contratos celebrados, pero en su ejecución posterior a la sustitución, intervendrá el nuevo intermediario. En este supuesto, la comisión corresponderá a aquel que medió en la emisión o renovación, mediante el pago de la prima o cuota.

Cuando se trate de seguros de vida individual, el intermediario no perderá el derecho a las comisiones, aun cuando el tomador realice una nueva designación. No se aplicará este supuesto en los casos de pólizas de vida caducadas, que hayan sido rehabilitadas por la intervención del nuevo intermediario o que sus vigencias fueran prorrogadas luego de la sustitución.

Las comisiones deberán ser pagadas dentro de los ocho (8) días continuos, a partir del momento en que el sujeto regulado reciba el pago de las primas o cuotas.

Artículo 163. Se modifica el artículo 118, pasa a ser el artículo 107, en los términos siguientes:

Artículo 107. El intermediario que haya mediado en la celebración de un contrato de seguro o medicina prepagada mantendrá el derecho a las comisiones por las primas o cuotas cobradas, en caso de cualquier forma de terminación anticipada del mismo.

Artículo 164. Se modifica el epígrafe del artículo 119 en los términos siguientes:

Prohibición a los intermediarios

Artículo 165. Se fusionan los artículos 119 y 124, que pasan a ser el artículo 108 en los términos siguientes:

Artículo 108. Los agentes, corredores de seguros y sociedades de corretaje de seguros no podrán realizar directa o indirectamente de forma simultánea, gestiones de intermediación de reaseguros, de representación de cualquier forma de empresas de reaseguros o de sociedades de corretaje de reaseguros, de inspección de riesgos, de ajustes o peritajes; ni ser integrantes de juntas directivas, gerentes, accionistas, empleados o empleadas de éstas; o ejercer la representación de empresas de seguros o de reaseguros extranjeras inscritas, ni de agentes o corredores de seguros no domiciliados en el país.

Queda prohibido a los intermediarios mediar con empresas no autorizadas por la Superintendencia de la Actividad Aseguradora o pagar cantidad alguna por cuenta de las empresas para las cuales efectúen gestiones de intermediación y en consecuencia, éstas no podrán autorizarlos para ello.

Artículo 166. Se modifica el artículo 120, que pasa a ser el artículo 109, en los términos siguientes:

Artículo 109. La declaratoria de interdicción, inhabilitación, estado de atraso o quiebra del intermediario, según el caso, causará de pleno derecho la revocación de la autorización.

Artículo 167. Se modifica el artículo 121, que pasa a ser el artículo 110, en los términos siguientes:

Artículo 110. Los intermediarios deberán elaborar de conformidad con las normas que dicte la Superintendencia de la Actividad Aseguradora:

1. Una relación pormenorizada, según corresponda, de las comisiones, bonos, premios de estímulo a la producción, préstamos de cualquier naturaleza y anticipos a cuenta de comisiones, que les hayan sido acordadas u obtenidas durante el ejercicio económico anterior.

2. Una relación detallada de los recibos de primas o cuotas pendientes de cobro.

3. Los estados financieros y sus respectivos anexos, salvo los agentes.

Los agentes y corredores de seguros deberán mantener a la orden de la Superintendencia de la Actividad Aseguradora, los comprobantes y demás documentos que acrediten los conceptos referidos en este artículo, y remitirlos cuando ésta lo estime conveniente.

Artículo 168. Se modifica el artículo 122, que pasa a ser el artículo 111, en los términos siguientes:

Artículo 111. Los intermediarios en la gestión de cobro de las primas o cuotas sólo podrán utilizar recibos emitidos por la empresa de seguros o de medicina prepagada, debiendo entregar los comprobantes correspondientes dentro de los tres (3) días hábiles siguientes a la fecha del cobro respectivo. En ningún caso podrán recibir dinero en efectivo.

Si el intermediario no hubiese hecho entrega de los comprobantes del pago en el lapso establecido y ocurriese un siniestro, la empresa de seguros o de medicina prepagada debe pagar la indemnización y podrá ejercer las acciones correspondientes por los daños y perjuicios causados. En este supuesto no se podrá deducir de la indemnización el monto de la prima o cuota.

Artículo 169. Se elimina el artículo 123.

Artículo 170. Se modifica el artículo 125, que pasa a ser el artículo 112, en los términos siguientes:

Artículo 112. La cartera de los agentes, corredores y sociedades de corretaje de seguros se constituye por el conjunto de pólizas o contratos que hayan colocado en una o varias empresas de seguros, de medicina prepagada o administradoras de riesgos y sobre las cuales devenguen comisiones.

Lo relativo a la forma de cesión de cartera y los derechos de los herederos se desarrolla en el reglamento de la presente Ley y en las normas que a tal efecto se dicten.

Artículo 171. Se modifica el epígrafe del artículo 126, en los términos siguientes:

Pérdida de la condición de intermediario por cesión de cartera

Artículo 172. Se modifica el artículo 126, que pasa a ser el artículo 113, en los términos siguientes:

Artículo 113. Los agentes, corredores de seguros y sociedades de corretaje de seguros que hayan cedido totalmente su cartera, pierden su condición y no podrán obtener una nueva autorización para actuar como intermediario, hasta haber transcurrido al menos tres (3) años contados a partir de la fecha de autenticación del documento respectivo. Además, quedan obligados a no realizar ningún acto que pueda dar lugar a la desaparición total o parcial de la cartera, sin perjuicio de las acciones que le correspondan al cesionario. En el supuesto previsto en este artículo, se exceptúan los aportes de cartera al capital de una sociedad de corretaje de seguros.

Artículo 173. Se elimina el artículo 127.

Artículo 174. Se incorpora un nuevo capítulo que pasa a ser el Capítulo XII, en los términos siguientes:

Capítulo XII

De los auxiliares de seguro

Artículo 175. Se incorpora un nuevo epígrafe en los términos siguientes:

Autorización

Artículo 176. Se incorpora un nuevo artículo, que pasa a ser el artículo 114, en los términos siguientes:

Artículo 114. La Superintendencia de la Actividad Aseguradora, en virtud del análisis de la experiencia profesional del solicitante, otorgará la autorización para actuar como perito avaluador, ajustador de pérdidas e inspector de riesgos sólo en los ramos de seguros para los que el interesado tenga calificación profesional.

Las personas jurídicas podrán ser inscritas en el registro como perito avaluador, ajustador de pérdidas e inspector de riesgos, siempre que tengan por objeto principal la realización de dicha actividad y las personas naturales que intervengan en los avalúos, ajustes e inspecciones, se encuentren autorizadas para actuar como tales.

Artículo 177. Se incorpora un nuevo artículo, que pasa a ser el artículo 115, en los términos siguientes:

Artículo 115. Los requisitos para obtener la autorización que permita actuar como perito avaluador, ajustador de pérdidas e inspector de riesgos estarán establecidos en el reglamento de esta Ley y las normas que a tal efecto se dicten.

Los sujetos regulados mencionados deberán demostrar a la Superintendencia de la Actividad Aseguradora, en la forma y términos indicados en el reglamento de esta Ley, que se encuentran en el ejercicio de la actividad para la cual han sido autorizados, salvo causa extraña no imputable o fuerza mayor.

Artículo 178. Se incorpora un nuevo artículo, que pasa a ser el artículo 116, en los términos siguientes:

Artículo 116. Las disposiciones establecidas en esta Ley para los intermediarios de la actividad aseguradora serán aplicables a los auxiliares de seguro, en cuanto correspondan.

Artículo 179. Se aprueba sin modificaciones el acápite del Capítulo IX Título III, que pasa a ser el Capítulo XIII en los términos siguientes:

Capítulo XIII

Régimen de inversión extranjera en la actividad aseguradora

Artículo 180. Se modifica el artículo 109, que pasa a ser el artículo 117, en los términos siguientes:

Artículo 117. La participación de la inversión extranjera en la actividad aseguradora nacional requiere la autorización previa de la Superintendencia de la Actividad Aseguradora y debe realizarse en los términos establecidos en la presente ley y su reglamento, así como en la Ley especial que regule la materia, mediante:

1. Constitución de los sujetos regulados.

2. Adquisición de acciones en las personas jurídicas a que se refiere la presente Ley.

3. Establecimiento de sucursales y oficinas de representación de empresas de reaseguros o sucursales de sociedades de corretaje de reaseguros.

Artículo 181. Se modifica el artículo 110, que pasa a ser el artículo 118, en los términos siguientes:

Artículo 118. Los sujetos regulados con participación de capital extranjero que operen en la República quedarán sometidos en su actuación a las normas previstas en esta Ley, su reglamento, las normas que al efecto se dicten, la ley especial que regula la materia de inversiones extranjeras y los tratados internacionales suscritos y ratificados por la República.

Artículo 182. Se modifica el artículo 111, que pasa a ser el artículo 119, en los términos siguientes:

Artículo 119. La Superintendencia de la Actividad Aseguradora exigirá, a través de las normas que a tal efecto dicte, todos los documentos que estime necesarios para proceder al registro de la participación del capital extranjero en la actividad aseguradora. Efectuado el registro y emitida la calificación de empresa, debe notificarse al organismo competente en materia de inversiones extranjeras, dentro de los diez (10) días siguientes a su emisión.

Cuando se trate de la autorización de las sociedades de corretaje de reaseguros, deberán demostrar y comprobar que los accionistas poseen experiencia de al menos cinco (5) años en las funciones de intermediación en la actividad aseguradora en el país de origen, así como presentar certificación emanada del organismo de control de su país de origen o donde haya realizado las labores de intermediación en la actividad aseguradora.

Artículo 183. Se modifica el acápite de la Sección Primera, correspondiente al Capítulo IX, que pasa a ser el epígrafe del artículo 112, en los términos siguientes:

Oficinas de representación o sucursales de las empresas de reaseguros y sociedades de corretaje de reaseguros

Artículo 184. Se modifica el artículo 112, que pasa a ser el artículo 120, en los términos siguientes:

Artículo 120. Las empresas de reaseguros del exterior que pretendan establecer oficinas de representación o sucursales en el territorio de la República, para la aceptación de riesgos de reaseguros, deben obtener previamente la autorización de la Superintendencia de la Actividad Aseguradora. Igual autorizaciones requerirán las sociedades de corretaje de reaseguros que deseen establecer sucursales para la intermediación de riesgos de reaseguros.

Lo concerniente a la solicitud de autorización para el establecimiento de oficinas de representación y de sucursales de empresas de reaseguros y para las sucursales de las sociedades de corretaje de reaseguros del exterior, así como las actividades que realizarán, será establecido en el reglamento de la presente Ley o en las normas que a tal efecto se dicten.

Artículo 185. Se aprueba sin modificaciones el acápite del Capítulo XI, que pasa a ser el Capítulo XIV del Título III en los términos siguientes:

Capítulo XIV

De la protección del tomador, asegurado, beneficiario, contratante, usuario y afiliado

Artículo 186. Se elimina la Sección Primera del Capítulo XI

Artículo 187. Se modifica el artículo 129, que pasa a ser el artículo 121, en los términos siguientes:

Artículo 121. La Superintendencia de la Actividad Aseguradora creará la dirección de defensoría del tomador, asegurado, beneficiario, contratante, usuario y afiliado. Su organización y atribuciones se establecerán en el reglamento interno del órgano competente, así como en las normas que en esa materia se dicten.

Las empresas de seguros y de medicina prepagada deberán tener en su estructura, la unidad de defensa para atender y recibir las denuncias, reclamos o quejas; la cual estará a cargo del defensor del tomador, asegurado, beneficiario, contratante, usuario y afiliado, de conformidad con las normas dictadas a tal efecto por la Superintendencia de la Actividad Aseguradora.

Artículo 188. Se fusionan los artículos 13, 14, 128 y 132, que pasa a ser el artículo 122, en los términos siguientes:

Artículo 122. Son derechos de los tomadores, asegurados, beneficiarios, contratantes, usuarios y afiliados, respecto de los sujetos regulados, los siguientes:

1. Elegir libremente la empresa de seguros o de medicina prepagada que cubrirá los riesgos a los cuales están expuestos; en consecuencia, ninguna institución o empresa, en especial las regidas por la ley que regula la materia bancaria y aquellas dedicadas a la venta de vehículos y cualquier otro bien o servicio, podrá obligar a sus clientes a contratar a través de un determinado intermediario o empresa de seguros o de medicina prepagada.

2. Acceder al sistema asegurador sin ningún tipo de discriminación, ser atendidos y le sean resueltos los reclamos que presenten, con ocasión de las controversias derivadas de la ejecución de los contratos y cualquier otra operación relacionada con la actividad aseguradora.

3. Escoger libremente a los proveedores de insumos o servicios para satisfacer sus necesidades cubiertas por el contrato, salvo en aquellas coberturas que por su naturaleza deban ser garantizadas exclusivamente por un proveedor específico, previa aprobación de la Superintendencia de la Actividad Aseguradora.

4. Obtener información, instrucción y orientación adecuada sobre los diferentes contratos comercializados por los sujetos regulados que les permitan elegir y utilizar los contratos, planes o servicios conforme a sus intereses o necesidades.

5. Recibir protección contra la oferta y publicidad engañosa o abusiva, los métodos comerciales coercitivos o desleales que distorsionen la libertad de elegir y las prácticas o cláusulas abusivas impuestas por los sujetos regulados.

6. Constituirse en organizaciones y asociaciones de participación popular o comunitaria para formular peticiones, consultas, reclamos y sugerencias con el fin de contribuir con la defensa de sus derechos e intereses, así como recibir debida y oportuna respuesta.

7. Recibir en el plazo previsto en esta Ley, la indemnización en caso de siniestro amparado, así como la corrección monetaria que acuerde la jurisdicción ordinaria, en caso de retardo o elusión en el pago de la indemnización.

8. Solicitar la mediación de la Superintendencia de la Actividad Aseguradora, en la resolución de los conflictos o controversias con ocasión de la ejecución del contrato y recibir un trato justo, respetuoso, oportuno y digno de sus funcionarios o funcionarias y de los sujetos regulados.

9. Conocer las normas, el registro de los sujetos regulados y su posicionamiento en el mercado asegurador a través de los canales oficiales de la Superintendencia de la Actividad Aseguradora.

Los derechos señalados en el presente artículo son de carácter enunciativo, en consecuencia, son aplicables los previstos en otras normas.

Se consideran nulas las estipulaciones que establezcan la renuncia de los derechos consagrados en la presente Ley o el compromiso de no ejercerlos en instancias administrativas o jurisdiccionales.

Artículo 189. Se modifica el artículo 130, que pasa a ser el artículo 123, en los términos siguientes:

Artículo 123. Las empresas de seguros, de medicina prepagada y administradoras de riesgos están obligadas a hacer efectivas las indemnizaciones en un plazo máximo de veinte (20) días continuos siguientes, contados a partir de la fecha en que se haya entregado el último recaudo o del informe de ajuste de pérdidas, si fuese el caso, so pena de incurrir en responsabilidad administrativa por retardo en el cumplimiento de sus obligaciones.

Igualmente, deben notificar por escrito a los tomadores, asegurados, beneficiarios, contratantes, usuarios y afiliados, dentro del lapso antes señalado, las causas de hecho y de derecho que justifican el rechazo, total o parcial, de la indemnización exigida. El incumplimiento de la obligación, genera la correspondiente responsabilidad administrativa.

Lo dispuesto en el presente artículo aplicará igualmente en los casos de fianzas emitidas por las empresas de seguros.

Artículo 190. Se modifica el artículo 131, que pasa a ser el artículo 124, en los términos siguientes:

Artículo 124. Los sujetos regulados en la presente Ley deben entregar a los tomadores, asegurados, beneficiarios, contratantes, usuarios y afiliados, relación detallada de los servicios prestados y no podrán obligarlos a reconocer los servicios recibidos o al otorgamiento de finiquitos a través de cualquier medio, sin que los mismos estén debidamente especificados.

Artículo 191. Se modifica el artículo 153, que pasa a ser el artículo 125, en los términos siguientes:

Artículo 125. Será sancionada con multa de Veinte Mil (20.000) a Cincuenta Mil (50.000) veces el tipo de cambio de referencia, cualquier persona que sin estar autorizada para ello, use en su firma, razón social, denominación comercial, productos o servicios, las palabras seguros, reaseguro, medicina prepagada, administración de riesgo, empresa de seguros, asegurador, empresa de reaseguros, reasegurador, empresa de medicina prepagada, empresa administradora de riesgos, empresa financiadora de primas o de cuotas, póliza o términos afines o derivados de esas palabras, o equivalentes en su traducción a otros idiomas distintos del castellano, con el ánimo de hacer creer que se encuentran autorizadas para ejercer la referida actividad, sin perjuicio de la responsabilidad penal a que haya lugar.

Artículo 192. Se fusionan los artículos 154, 156, 160, 161, 162, 164, 168, 170, 171 y 180, que pasa a ser el artículo 126, en los términos siguientes:

Artículo 126. Serán sancionados con multa los sujetos regulados, según corresponda, que incurran en los siguientes supuestos:

1. De Cinco Mil (5.000) a Veinte Mil (20.000) veces el tipo de cambio de referencia, cuando incumplan las medidas administrativas, impidieren u obstaculizaren el ejercicio de las funciones de la Superintendencia de la Actividad Aseguradora, o de Tres Mil (3.000) a Seis Mil (6.000) veces el tipo de cambio de referencia, cuando no cumplan con las normas o instrucciones giradas por el Órgano competente.

2. De Diez Mil (10.000) a Veinticinco Mil (25.000) veces el tipo de cambio de referencia, cuando realicen operaciones de traspaso, enajenación o gravamen, cesión de cartera, fusión o escisión de personas jurídicas, sin la previa autorización de la Superintendencia de la Actividad Aseguradora, o de Dos Mil (2.000) a Cuatro Mil (4.000) veces el tipo de cambio de referencia, cuando no publiquen el extracto del documento de cesión de cartera o no lo remitan al Órgano competente.

3. De Diez Mil (10.000) a Veinticinco Mil (25.000) veces el tipo de cambio de referencia, cuando utilicen pólizas, contratos, documentos, tarifas o publicidad sin la aprobación previa de la Superintendencia de la Actividad Aseguradora.

4. De Veinticinco Mil (25.000) a Cincuenta Mil (50.000) veces el tipo de cambio de referencia, por el incumplimiento en el diseño, implementación y funcionamiento del Sistema Integral de Administración de Riesgos de Legitimación de Capitales, Financiamiento al Terrorismo y Financiamiento de la Proliferación de Armas de Destrucción Masiva, así como por el incumplimiento de las demás obligaciones que imponen las normas que rigen esta materia.

5. De Dos Mil (2.000) a Cinco Mil (5.000) veces el tipo de cambio de referencia, cuando no suministren dentro de los términos y condiciones que fije la Superintendencia de la Actividad Aseguradora, los datos, la información o los documentos que le sean exigidos.

6. De Cinco Mil (5.000) a Veinte Mil (20.000) veces el tipo de cambio de referencia, cuando las empresas de seguros, de medicina prepagada y las sociedades de corretaje de seguros no paguen comisiones a los intermediarios o los bonos e incentivos en los plazos contemplados en el arancel de comisiones, bonos y planes de estímulos aprobados por la Superintendencia de la Actividad Aseguradora.

7. De Veinte Mil (20.000) a Treinta Mil (30.000) veces el tipo de cambio de referencia, cuando las empresas de seguros, de medicina prepagada, administradoras de riesgos y sociedades de corretaje de seguros paguen comisiones, bonificaciones o retribuciones de cualquier tipo, independientemente de su denominación o forma, a personas que no estén autorizadas o se encuentren suspendidas para actuar como intermediarios de la actividad aseguradora de acuerdo con esta Ley.

8. De Veinticinco Mil (25.000) a Cincuenta Mil (50.000) veces el tipo de cambio de referencia, cuando los directores o directoras, consejeros o consejeras, administradores o administradoras, ejecutivos o ejecutivas, auditores internos, comisarios, apoderados o apoderadas, gerentes, o actuarios de las empresas de seguros, de reaseguros, de medicina prepagada, administradoras de riesgos, financiadoras de primas o de cuotas y actuarios independientes o auditores externos, sin causa justificada, no acaten o incumplan las medidas administrativas dictadas por la Superintendencia de la Actividad Aseguradora con base en lo dispuesto en la presente Ley.

9. De Diez Mil (10.000) a Veinticinco Mil (25.000) veces el tipo de cambio de referencia, cuando las empresas de seguros y de medicina prepagada no cumplan con la suscripción de los seguros y planes de medicina prepagada obligatorios.

10. De Cinco Mil (5.000) a Veinte Mil (20.000) veces el tipo de cambio de referencia, cuando condicionen la suscripción de un contrato de seguro, medicina prepagada o administración de riesgos a la contratación o adquisición de otras pólizas, servicios, bienes o contratos, o que paguen a los proveedores servicios o consumos no prestados o precios mayores a los ofertados para el público en general.

11. De Veinticinco Mil (25.000) a Cincuenta Mil (50.000) veces el tipo de cambio de referencia, cuando incurran en los supuestos de prohibición de realización de operaciones sin base técnica o con empresas extranjeras no autorizadas, o en cualquiera de los supuestos de prohibición previstos en esta Ley.

12. De Tres Mil (3.000) a Seis Mil (6.000) veces el tipo de cambio de referencia, cuando no comparezcan, sin causa justificada, a los actos conciliatorios previstos en la presente Ley.

Las sanciones previstas en este artículo se aplicarán sin perjuicio de la responsabilidad penal y de las medidas que sean procedentes adoptar conforme a esta Ley.

Artículo 193. Se modifica el epígrafe del artículo 158, en los términos siguientes:

Operaciones de reaseguro

Artículo 194. Se fusionan los artículos 158, 159 y 165, que pasa a ser el artículo 127, en los términos siguientes:

Artículo 127. Serán sancionados con multa los sujetos regulados, según corresponda, que incurran en los siguientes supuestos:

1. De Veinticinco Mil (25.000) a Cincuenta Mil (50.000) veces el tipo de cambio de referencia, cuando suscriban contratos de reaseguros en los que no exista transferencia real del riesgo o que tengan por finalidad encubrir su verdadera situación financiera.

2. De Cuatro Mil (4.000) a Diez Mil (10.000) veces el tipo de cambio de referencia, cuando se abstengan de remitir a la Superintendencia de la Actividad Aseguradora, en los términos previstos en esta Ley, su reglamento y las normas dictadas a tal fin, los contratos de reaseguros y de retrocesión, sobre riesgos situados en la República.

3. De Dos Mil (2.000) a Cuatro Mil (4.000) veces el tipo de cambio de referencia, cuando no notifiquen el cambio de domicilio, la apertura, el cierre, el traslado, la sustitución de locales, oficinas, sucursales o agencias, así como de las oficinas de representación de empresas de reaseguros extranjeras.

4. De Diez Mil (10.000) a Veinticinco Mil (25.000) veces el tipo de cambio de referencia, cuando las empresas de seguros, de reaseguros y de medicina prepagada cedan sus riesgos en reaseguro en contravención a lo previsto en esta Ley.

Artículo 195. Se modifica el artículo 155, que pasa a ser el artículo 128, en los términos siguientes:

Artículo 128. Serán sancionadas con multa de Veinticinco Mil (25.000) a Cincuenta Mil (50.000) veces el tipo de cambio de referencia, las empresas de seguros, de reaseguros y de medicina prepagada que incurran en los supuestos mencionados a continuación:

1. Tengan déficit en el patrimonio propio no comprometido respecto de su requerimiento de solvencia conforme con las normas dictadas a tal efecto.

2. No constituyan o mantengan las reservas técnicas en los términos exigidos en esta Ley.

3. Evidencien insuficiencia en la cobertura de las reservas técnicas conforme con lo establecido en esta Ley.

4. No representen las reservas técnicas en los tipos de bienes o porcentajes exigidos en esta Ley o en las normas que a tal efecto dicte la Superintendencia de la Actividad Aseguradora.

Artículo 196. Se modifica el artículo 157, que pasa a ser el artículo 129, en los términos siguientes:

Artículo 129. La empresa de seguros, de reaseguros o de medicina prepagada que incluya cláusulas en sus contratos que limiten la relación directa entre la cedente y el cesionario; o cuando realicen una cesión que supere el cincuenta por ciento (50%) de la cobertura del contrato de seguro o de medicina prepagada y limiten la relación directa entre el tomador, el asegurado, el beneficiario, el contratante, el usuario o el afiliado y el reasegurador; serán sancionados con multa de Cinco Mil (5.000) a Quince Mil (15.000) veces el tipo de cambio de referencia.

Artículo 197. Se modifica el artículo 163, que pasa a ser el artículo 130, en los términos siguientes:

Artículo 130. Serán sancionadas con multa de Diez Mil (10.000) a Veinticinco Mil (25.000) veces el tipo de cambio de referencia, las empresas de seguros que emitan contratos de fianzas que: no estén previamente aprobados por la Superintendencia de la Actividad Aseguradora o suscritos por quienes no tengan la cualidad para comprometer patrimonialmente a la empresa de seguros; no establezcan la subrogación de los derechos, acciones y garantías que tenga el acreedor contra el deudor o no estipulen la caducidad de las acciones contra la empresa de seguros al vencimiento de un lapso que no podrá ser mayor de un (1) año, contado desde la fecha en que el acreedor tenga conocimiento del hecho que da origen a la reclamación; no contemplen la obligación del acreedor de notificar cualquier circunstancia que pueda dar lugar al reclamo tan pronto como tenga conocimiento de ello; no indiquen el monto exacto garantizado y su duración.

Las empresas de seguros que emitan garantías financieras, avales o fianzas a primer requerimiento serán sancionadas con multa de Veinticinco Mil (25.0) a Cincuenta Mil (50.000) veces el tipo de cambio de referencia.

Artículo 198. Se modifica el artículo 166, que pasa a ser el artículo 131, en los términos siguientes:

Artículo 131. Las empresas de seguros, de medicina prepagada, administradoras de riesgos, financiadoras de primas o de cuotas y los intermediarios de la actividad aseguradora, que ofrezcan seguros, coberturas, contratos o servicios, sin que tengan las características que se les atribuya en la oferta, serán sancionadas con multa de Veinticinco Mil (25.000) a Cincuenta Mil (50.000) veces el tipo de cambio de referencia.

Artículo 199. Se modifica el artículo 167, que pasa a ser el artículo 132, en los términos siguientes:

Artículo 132. El integrante de la junta directiva, consejero o consejera, asesor o asesora, ejecutivo o ejecutiva, empleado o empleada, comisario, actuario, contador o contadora, auditor interno y externo, incluyendo el que ejerza funciones en materia de activos de información y de administración de riesgos de legitimación de capitales, financiamiento al terrorismo y financiamiento de la proliferación de armas de destrucción masiva, de los sujetos regulados que falsee la verdad sobre los estados financieros, informaciones estadísticas o financieras, reservas técnicas, margen de solvencia, patrimonio propio no comprometido, inversiones, informe de ejecución del plan operativo anual en materia de administración de riesgos de legitimación de capitales, financiamiento al terrorismo y financiamiento de la proliferación de armas de destrucción masiva, o cualesquiera otros datos, con el que induzca a engaño, o que realice operaciones de reaseguro en las que no haya transferencia real de riesgo, será sancionado con multa de Cincuenta Mil (50.000) a Cien Mil (100.000) veces el tipo de cambio de referencia, y prohibición para el ejercicio de la actividad aseguradora o reaseguradora por un lapso de hasta diez (10) años, previo procedimiento administrativo, sin perjuicio de las sanciones penales a que hubiere lugar.

Artículo 200. Se modifica el artículo 169, que pasa a ser el artículo 133, en los términos siguientes:

Artículo 133. Las empresas de seguros, de medicina prepagada y administradoras de riesgos que eludan o retarden, sin causa justificada, el cumplimiento de sus obligaciones o rechacen de manera genérica los reclamos formulados por los tomadores, asegurados, beneficiarios, contratantes, usuarios o afiliados, dentro de las condiciones y plazos legales o contractuales aplicables, serán sancionadas con multa de Diez Mil (10.000) a Veinticinco Mil (25.000) veces el tipo de cambio de referencia.

Artículo 201. Se modifica el artículo 172, que pasa a ser el artículo 134, en los términos siguientes:

Artículo 134. Los sujetos regulados y los comisarios serán sancionados, en el caso de personas naturales, con multa de Cinco Mil (5.000) a Diez Mil (10.000) veces el tipo de cambio de referencia; y si se trata de personas jurídicas, de Diez Mil (10.000) a Veinticinco Mil (25.000) veces el tipo de cambio de referencia, cuando:

1. Infrinjan las normas e instrucciones de carácter financiero y contable establecidas en la presente Ley o que dicte la Superintendencia de la Actividad Aseguradora.

2. Sus estados financieros no se ajusten a los modelos contenidos en los manuales de contabilidad y código de cuentas, o a las normas que al respecto dicte la Superintendencia de la Actividad Aseguradora.

3. Contravengan las normas sobre las asambleas de accionistas, los sistemas de información automatizada, las auditorías externas y de activos de información, y de certificación de las reservas técnicas, el margen de solvencia y el patrimonio propio no comprometido.

Cuando la infracción a que se refiere este artículo impida conocer la verdadera situación patrimonial de la persona jurídica, la multa será de Veinticinco Mil (25.000) a Cincuenta Mil (50.000) veces el tipo de cambio de referencia.

Artículo 202. Se elimina el artículo 173.

Artículo 203. Se modifica el epígrafe del artículo 174 en los términos siguientes:

Sanciones a los intermediarios y auxiliares de seguro

Artículo 204. Se modifica el artículo 174, que pasa a ser el artículo 135, en los términos siguientes:

Artículo 135. Los intermediarios de la actividad aseguradora que incurran en los supuestos mencionados a continuación serán sancionados con multa de Cinco Mil (5.000) a Quince Mil (15.000) veces el tipo de cambio de referencia, cuando:

1. Con ocasión de su asesoría o por la falta oportuna de ella, cause perjuicios al tomador, asegurado, beneficiario, contratante, usuario o afiliado o a la empresa de seguros, de medicina prepagada o administradora de riesgos, o que su conducta no se ajuste a las prescripciones de la ética profesional.

2. No suministren en el lapso establecido, los datos, declaraciones, documentos o informes que solicite la Superintendencia de la Actividad Aseguradora.

3. Cedan total o parcialmente su comisión u ofrezcan o concedan descuentos no previstos en las tarifas cotizadas por la empresa, o condiciones no comprendidas en los contratos y sus anexos.

4. Actúen en contravención a las normas concernientes a la relación directa entre las empresas de seguros, de medicina prepagada o administradoras de riesgos y el tomador, asegurado, beneficiario, contratante, usuario o afiliado; al cambio de intermediario; o encubran cualquier acto de intermediación en la actividad aseguradora de personas naturales o jurídicas no autorizadas para practicarla.

5. Incurran en las incompatibilidades o prohibiciones previstas en esta Ley.

6. Acepten pagos de primas o de cuotas en nombre propio o no utilicen para el cobro de las primas o cuotas los recibos emitidos por las empresas de seguros, de medicina prepagada y administradoras de riesgos; depositen fuera del lapso establecido en esta Ley las primas o cuotas cobradas; incurran en el supuesto de prohibición de pagar cantidades de dinero; u obtengan ingresos distintos a las remuneraciones que le correspondan según lo contemplado en el arancel de comisiones, bonos y planes de estímulos previamente aprobados por la Superintendencia de la Actividad Aseguradora, que encarezcan las primas o cuotas, o distorsionen el mercado asegurador.

7. Divulguen, por cualquier medio, anuncios publicitarios que no cuenten con la aprobación previa de la Superintendencia de la Actividad Aseguradora.

8. No comercialicen o impidan la suscripción de los seguros obligatorios.

La sanción prevista en este artículo es aplicable a los auxiliares de seguro, cuando incurran en los supuestos establecidos en los numerales 2, 5 y 7.

Artículo 205. Se modifica el artículo 175, que pasa a ser el artículo 136, en los términos siguientes:

Artículo 136. Los intermediarios de la actividad aseguradora que modifiquen condiciones, tarifas, anexos o documentos utilizados por la respectiva empresa de seguros y de medicina prepagada, en la colocación de sus pólizas o contratos, serán sancionados con multa de Diez Mil (10.000) a Veinticinco Mil (25.000) veces el tipo de cambio de referencia, sin perjuicio de las sanciones penales aplicables.

Artículo 206. Se modifica el artículo 176, que pasa a ser el artículo 137, en los términos siguientes:

Artículo 137. Las sociedades de corretaje de reaseguros serán sancionadas, sin perjuicio de las acciones penales aplicables, con:

1. Multa de Quince Mil (15.000) a Treinta Mil (30.000) veces el tipo de cambio de referencia y suspensión de la autorización para operar por un lapso de diez (10) años, previo procedimiento administrativo, cuando intervengan en contratos de reaseguros en los que no exista transferencia real del riesgo o que tengan por finalidad encubrir la verdadera situación financiera del sujeto regulado. Igual sanción se aplicará a sus accionistas, presidentes o presidentas y a sus directores o directoras y administradores o administradoras que hayan intervenido en la referida operación.

2. Multa de Diez Mil (10.000) a Veinte Mil (20.000) veces el tipo de cambio de referencia, cuando limiten las relaciones entre el cedente y el cesionario en los contratos de reaseguros, o no notifiquen a la Superintendencia de la Actividad Aseguradora los pactos que se hayan realizado por medio de los cuales se modifique la regla según la cual los pagos de la cedente a la sociedad de corretaje de reaseguros son pagos al reasegurador, de conformidad con lo establecido en las disposiciones relativas a la relación directa entre el cedente y cesionario previstas en la presente Ley.

Artículo 207. Se modifica el artículo 178, que pasa a ser el artículo 138, en los términos siguientes:

Artículo 138. La Superintendencia de la Actividad Aseguradora sancionará, según corresponda y previo procedimiento administrativo, a los auxiliares de seguro, auditores externos, defensores del tomador, asegurado, beneficiario, contratante, usuario y afiliado, oficiales de cumplimiento, actuarios independientes y comisarios, con multa de Cinco Mil (5.000) a Diez Mil (10.000) veces el tipo de cambio de referencia; o la exclusión de los registros correspondientes, por el lapso de uno (1) a cinco (5) años, sin perjuicio de las sanciones penales, cuando:

1. Hayan auditado o realizado funciones como actuarios independientes de empresas de seguros, de reaseguros, de medicina prepagada o administradoras de riesgos, en el año anterior a su intervención o liquidación y no hayan expresado en sus informes la gravedad de la situación del sujeto regulado o las operaciones que ésta hubiere realizado para ocultar su verdadera situación financiera, de ser el caso.

2. Divulguen información confidencial de las empresas de seguros, de reaseguros, de medicina prepagada, administradoras de riesgos y financiadoras de primas o de cuotas.

3. En el ejercicio de sus funciones, el oficial de cumplimiento contribuya, oculte, falsee o altere información de operaciones relacionadas con la legitimación de capitales, financiamiento al terrorismo y financiamiento de la proliferación de armas de destrucción masiva.

4. Hubiese asesorado a sujetos regulados para la realización de operaciones con el objeto de aumentar o disminuir las ganancias o las pérdidas, así como dar información no ajustada a la realidad.

5. En el desempeño de sus funciones, el defensor del tomador, asegurado, beneficiario, contratante, usuario y afiliado, no dé respuesta oportuna a las denuncias, quejas o reclamos que le sean presentados o contravenga las normas dictadas a tal efecto.

La Superintendencia de la Actividad Aseguradora impondrá multa de Cinco Mil (5.000) a Diez Mil (10.000) veces el tipo de cambio de referencia, a los auxiliares de seguro que no den cumplimiento a las normas que dicte el Órgano competente de la actividad aseguradora, sobre la forma y oportunidad de presentación de sus informes.

Artículo 208. Se incorpora un nuevo epígrafe en los términos siguientes:

Causales para la suspensión de la autorización a los intermediarios y auxiliares de seguro

Artículo 209. Se incorpora un nuevo artículo, que pasa a ser el artículo 139, en los términos siguientes:

Artículo 139. La Superintendencia de la Actividad Aseguradora suspenderá de pleno derecho por un (1) año, la autorización de inscripción a cualquiera de los intermediarios de la actividad aseguradora y auxiliares de seguro, cuando no efectúe la renovación del registro a que se refiere la presente Ley, cesen en el ejercicio habitual de las operaciones para las cuales han sido autorizados, dejen de estar residenciados en el país o divulguen, por cualquier medio, anuncios publicitarios de empresas no autorizadas por la Superintendencia de la Actividad Aseguradora.

Una vez transcurrido el plazo de un (1) año, los intermediarios de la actividad aseguradora y auxiliares de seguro, podrán solicitar la reactivación de su inscripción en el respectivo registro, previo pago del cincuenta por ciento (50%) de la tasa correspondiente a la inscripción, contemplada en esta Ley.

Artículo 210. Se modifica el epígrafe del artículo 177, en los términos siguientes:

Causales para la revocación de la autorización a los intermediarios y auxiliares de seguro

Artículo 211. Se modifica el artículo 177, que pasa a ser el artículo 140, en los términos siguientes:

Artículo 140. La Superintendencia de la Actividad Aseguradora revocará la autorización de inscripción respectiva a cualquiera de los intermediarios de la actividad aseguradora y auxiliares de seguro, cuando:

1. Actúen en colusión con las empresas de seguros, de reaseguros, de medicina prepagada o administradoras de riesgos, para perjudicar a los tomadores, asegurados, beneficiarios contratantes, usuarios o afiliados.

2. Dispongan en cualquier forma del dinero recaudado en su gestión o no hagan entrega de aquél a las empresas de seguros, de reaseguros, de medicina prepagada o financiadoras de primas o de cuotas, dentro de los lapsos correspondientes.

3. Efectúen labores de mediación en la celebración de contratos con empresas que realicen actividad aseguradora que no se encuentren autorizadas por la Superintendencia de la Actividad Aseguradora.

4. Hayan sido suspendidos en más de dos (2) ocasiones, de acuerdo a los supuestos previstos en esta Ley. En este caso, la revocatoria procederá de pleno derecho.

La sanción de revocatoria consistirá en la anulación del registro correspondiente, el cual para poder dedicarse nuevamente a la actividad deberá efectuar una nueva solicitud de autorización, una vez transcurrido un plazo de cinco (5) años, dando cumplimiento a los requisitos previstos en esta Ley.

Artículo 212. Se elimina el artículo 179.

Artículo 213. Se modifica el artículo 181, que pasa a ser el artículo 141, en los términos siguientes:

Artículo 141. Las multas serán impuestas considerando los siguientes criterios: intencionalidad, reiteración, naturaleza de los perjuicios causados, reincidencia en la infracción y situación general del administrado frente al régimen jurídico que lo tutela. La Superintendencia de la Actividad Aseguradora mediante las normas que dicte al efecto establecerá el alcance de estas.

Artículo 214. Se modifica el artículo 182, que pasa a ser el artículo 142, en los términos siguientes:

Artículo 142. Las acciones para sancionar las infracciones señaladas en este Capítulo, prescribirán transcurrido el plazo de seis (6) años contados a partir de la fecha en que ocurrió la falta, salvo que sean interrumpidas por actuaciones de la Superintendencia de la Actividad Aseguradora o de terceros que resulten lesionados en sus derechos, en los siguientes supuestos:

1. La realización de operaciones sin base técnica o con empresas extranjeras no autorizadas.

2. La falsedad sobre los estados financieros, informaciones estadísticas o financieras, reservas técnicas, margen de solvencia, patrimonio propio no comprometido, inversiones, informe de ejecución del plan operativo anual en materia de administración de riesgos de legitimación de capitales, financiamiento al terrorismo y financiamiento de la proliferación de armas de destrucción masiva, o cualesquiera otros datos financieros o técnicos.

3. El incumplimiento de las medidas administrativas dictadas por la Superintendencia de la Actividad Aseguradora.

4. La intervención en contratos de reaseguros en los que no exista transferencia real del riesgo o que tengan por finalidad encubrir la verdadera situación financiera del sujeto regulado.

5. La realización de operaciones, divulgación de publicidad y mediación con empresas no autorizadas para ejercer actividad aseguradora.

En cualquier otro supuesto, las acciones para sancionar las infracciones señaladas en este Capítulo prescribirán transcurrido el plazo de tres (3) años contados a partir de la fecha en que ocurrió la falta.

Artículo 215. Se modifica el epígrafe del artículo 183 en los términos siguientes:

Operaciones de la actividad aseguradora sin autorización

Artículo 216. Se modifica el artículo 183, que pasa a ser el artículo 143, en los términos siguientes:

Artículo 143. Quienes se dediquen a las operaciones propias de la actividad aseguradora sin estar autorizados, serán sancionados con prisión de seis (6) a diez (10) años. Si quien incurre en esta práctica es una persona jurídica, la pena de prisión se aplica a su presidente o presidenta, administradores o administradoras, ejecutivos o ejecutivas, directores o directoras, gerentes y otros empleados de rango similar que hayan intervenido en esas operaciones, de acuerdo al grado de participación en la comisión del hecho.

Artículo 217. Se modifica el artículo 184, que pasa a ser el artículo 144, en los términos siguientes:

Artículo 144. Cuando en el acto que conduzca a la oferta engañosa se compruebe la intervención de integrantes de la junta directiva, administradoras o administradores, empleadas o empleados de los sujetos regulados, en beneficio propio, de su cónyuge, de la persona con quien mantenga una unión estable de hecho, de persona que tenga parentesco hasta el cuarto grado de consanguinidad o segundo de afinidad o en beneficio de empresas en las cuales tenga interés directo o indirecto, se sancionará con pena de prisión de seis (6) a diez (10) años.

Artículo 218. Se modifica el artículo 185, que pasa a ser el artículo 145, en los términos siguientes:

Artículo 145. Serán penados con prisión de seis (6) a diez (10) años:

1. Los auxiliares de seguro que, en el ejercicio de sus funciones, hayan falseado o alterado los resultados de las experticias.

2. El profesional de la medicina que haya certificado falsamente sobre el estado de salud de una persona en relación con un contrato de seguro, de medicina prepagada o de administración de riesgos que requiera su intervención profesional, o cuando en ejercicio de sus labores para una empresa de seguros, de medicina prepagada o administradora de riesgos, emita certificaciones u opiniones falsas que permitan que la empresa tenga o utilice argumentos para eludir el pago de las prestaciones y los siniestros.

3. El intermediario de la actividad aseguradora que haya incurrido en fraude en el ejercicio de sus funciones. Si el intermediario es una persona jurídica, la sanción por el ilícito se aplicará a los responsables del fraude.

4. Quien coloque o venda contratos de seguros, de medicina prepagada o de administración de riesgos, ofrecidos por empresas extranjeras no autorizadas para desarrollar la actividad aseguradora en la República, sobre riesgos en el territorio nacional. Si quien incurre en esta práctica es una persona jurídica, la pena de prisión debe aplicarse a quienes hayan intervenido en esas operaciones, de acuerdo con el grado de participación en la comisión del hecho.

5. Quien forje o emita documentos de cualquier naturaleza, utilice datos falsos o simule hechos con el propósito de cometer u ocultar fraudes a empresas de seguros, de reaseguros, de medicina prepagada, administradoras de riesgos, sociedades de corretaje de seguros, sociedades de corretaje de reaseguros o financiadoras de primas o de cuotas.

En los casos de los numerales 1 y 3, la declaratoria de la responsabilidad penal acarreará la revocación de la autorización para ejercer la actividad, según sea el caso.

Artículo 219. Se elimina el artículo 186.

Artículo 220. Se modifica el artículo 187, que pasa a ser el artículo 146, en los términos siguientes:

Artículo 146. Las acciones destinadas a sancionar los delitos establecidos en este capítulo prescriben a los diez (10) años, contados a partir de la fecha en que se haya cometido el hecho punible o desde el último acto que se haya realizado para cometerlo, en el caso de delitos continuados.

Artículo 221. Se modifica la Disposición Transitoria primera en los términos siguientes:

Primera. Dentro del ciento ochenta (180) días continuos siguientes a la entrada en vigencia de esta Ley, la Superintendencia de la Actividad Aseguradora dictará el reglamento de Ley y las normas a que haya lugar.

Artículo 222. Se modifica la Disposición Transitoria Segunda en los términos siguientes:

Segunda. Los registros previstos en el artículo 12, deberán renovarse dentro de los noventa (90) días continuos siguientes contados a partir de la entrada en vigencia de esta Ley.

Artículo 223. Se modifica la Disposición Transitoria Tercera en los términos siguientes:

Tercera. Las asociaciones cooperativas que a la fecha de entrada en vigencia de esta Ley se encuentren autorizadas por la Superintendencia de la Actividad Aseguradora, podrán adecuarse y adoptar la forma de empresa de seguros, medicina prepagada y administradora de riesgos, dando cumplimiento a los requisitos previstos en esta Ley, su reglamento y demás normativa aplicable.

A tal efecto, deberán presentar un plan de adecuación, acompañado de un estudio de factibilidad, dentro de los seis (6) meses siguientes a la entrada en vigencia de la presente Ley.

Artículo 224. Se modifica la Disposición Transitoria Cuarta en los términos siguientes:

Cuarta. Dentro de dos (2) años, a partir de la entrada en vigencia de la presente Ley, los órganos y entes de la Administración Pública Nacional, Estadal y Municipal, promoverán, planificarán, programarán y ejecutarán los procesos de migración de seguros de personas, que tuvieren contratados con empresas de seguros privadas, hacia las aseguradoras públicas o al Sistema Público Nacional de Salud. Se exceptúan de esta disposición, los fondos autoadministrados de salud o la autogestión del seguro de personas de los órganos y entes de la Administración Pública Nacional, Estadal y Municipal, ya creados al momento de la entrada en vigencia de esta Ley, salvo que el Ministro o la Ministra con competencia en materia de finanzas lo autorice.

El Ministro o la Ministra con competencia en materia de finanzas podrá prorrogar el plazo aquí establecido, proponiendo de manera progresiva, los procesos de migración de los contratos de administración de riesgos, de seguros patrimoniales, de seguros obligacionales y de seguros de responsabilidad. Dicha migración consiste en la sustitución en el sector público de contrataciones de seguros privados por aseguradoras públicas y servicios de salud públicos.

A partir de la entrada en vigencia de esta Ley, las contrataciones de los seguros, de medicina prepagada y los contratos de administración de riesgos de los organismos del Poder Público, deberán suscribirse y renovarse de manera directa, es decir, sin intermediación alguna, con la finalidad de garantizar la protección plena del patrimonio público y el fomento de los valores y principios éticos y morales.

Artículo 225. Se eliminan las Disposiciones Transitorias: Quinta, Sexta, Séptima y Octava.

Artículo 226. Se modifica la Disposición Derogatoria Primera en los términos siguientes:

Primera. Se deroga el Decreto con Rango, Valor y Fuerza de Ley de la Actividad Aseguradora, N° 2.178, publicado en la Gaceta Oficial de la República Bolivariana de Venezuela N° 6.211 Extraordinario de fecha 30 de diciembre de 2015, reimpreso por error material y publicado en la Gaceta Oficial de la República Bolivariana de Venezuela N° 6.220 Extraordinario de fecha 15 de marzo de 2016, y toda norma que contravenga la presente Ley.

Artículo 227. Se modifica la Disposición Derogatoria Segunda en los términos siguientes:

Segunda: Se deroga el Decreto con Fuerza de Ley para el Fortalecimiento del Sector Asegurador, N° 1.312, publicado en Gaceta Oficial de la República Bolivariana de Venezuela N° 5.554 Extraordinario del 13 de noviembre de 2001.

Artículo 228. Se modifica la Disposición Final Primera en los términos siguientes:

Primera. A partir de la entrada en vigencia de la presente Ley, queda cancelado el asiento registral de las sociedades mercantiles inscritas en la Superintendencia de la Actividad Aseguradora que estén constituidas en jurisdicciones calificadas como de baja imposición fiscal por el Servicio Nacional Integrado de Administración Aduanera y Tributaria (SENIAT).

Artículo 229. Se incorpora una nueva Disposición Final en los términos siguientes:

Segunda. Para efectos de esta Ley, el tipo de cambio de referencia aplicable será:

1. Tasas por servicios y constitución de los sujetos regulados, el último valor del día inmediatamente anterior a la fecha en que se realice la solicitud.

2. Ajuste de los capitales mínimos, el valor a la fecha de celebración de la asamblea de accionistas que lo acuerde.

3. Sanciones administrativas, el valor a la fecha en que se cometió el incumplimiento.

Las tasas por servicios, garantías a la nación, capitales mínimos y sanciones administrativas expresadas al tipo de cambio de referencia, serán pagaderas en moneda de curso legal, conforme con lo previsto en esta Ley.

Artículo 230. Se incorpora una nueva Disposición Final en los términos siguientes:

Tercera. Las disposiciones establecidas en esta Ley para las empresas de seguros, de reaseguros y de medicina prepagada, son aplicables, en lo que corresponda, a las empresas administradoras de riesgos, financiadoras de primas o de cuotas, sociedades de corretaje de seguros y sociedades de corretaje de reaseguros.

Artículo 231. Se modifica la Disposición Final Segunda en los términos siguientes:

Cuarta. La presente Ley entrará en vigencia luego de transcurridos ciento veinte (120) días continuos siguientes a partir de su publicación en la Gaceta Oficial de la República Bolivariana de Venezuela.

Artículo 232. Se incorpora la Disposición Final Quinta en los términos siguientes:

Quinta. De conformidad con el artículo 11 de la Ley de Publicaciones Oficiales, imprímase en un solo texto la reforma del Decreto con Rango, Valor y Fuerza de Ley de la Actividad Aseguradora, mediante el cual se dicta la Ley de la Actividad Aseguradora, con las reformas aquí sancionadas, y en el correspondiente texto íntegro sustitúyanse los términos “Decreto con Rango, Valor y Fuerza de Ley” por “Ley”, corríjase la enumeración de los artículos y sustitúyanse las fechas, firmas y demás datos a que hubiere lugar.

LA ASAMBLEA NACIONAL DE LA REPÚBLICA BOLIVARIANA DE VENEZUELA

DECRETA

la siguiente,

LEY DE LA ACTIVIDAD ASEGURADORA

TÍTULO I

DISPOSICIONES GENERALES

Objeto y ámbito de aplicación

Artículo 1

La presente Ley tiene por objeto establecer el marco normativo para la autorización, regulación, funcionamiento, control, supervisión y vigilancia de la actividad aseguradora, a fin de garantizar los procesos de transformación socioeconómicos que promueve el Estado, en tutela del interés general representado por los derechos y garantías de los tomadores, asegurados, beneficiarios, contratantes, usuarios y afiliados, según corresponda, de los contratos de seguros, de reaseguros, de medicina prepagada y de administración de riesgos, de conformidad con lo establecido en la Ley Orgánica del Sistema Financiero Nacional.

Esta Ley se aplica a toda la actividad aseguradora desarrollada en la República Bolivariana de Venezuela, o materializada en el extranjero, que tenga relación con riesgos o personas situadas en el territorio nacional, realizada por los sujetos regulados, definidos en este instrumento jurídico, y por todas aquellas personas naturales o jurídicas que desarrollen operaciones y negocios jurídicos calificados como actividad aseguradora, así como a las personas que representan el interés general objeto del presente marco normativo.

Actividad aseguradora

Artículo 2

La actividad aseguradora es toda relación u operación relativa al contrato de seguro, de reaseguro, de medicina prepagada y de administración de riesgos, a la intermediación, las fianzas, el financiamiento de primas o cuotas, los fondos administrados, el fideicomiso en el mercado asegurador, la inspección de riesgos, el peritaje avaluador y el ajuste de pérdidas en actividades de seguros, en los términos establecidos en las normas que regulen la materia.

Sujetos regulados

Artículo 3

Sólo podrán realizar actividad aseguradora en el territorio de la República, previa autorización de la Superintendencia de la Actividad Aseguradora, los siguientes sujetos regulados:

1. Las empresas de seguros.
2. Las empresas de reaseguros.
3. Las empresas de medicina prepagada.
4. Las empresas administradoras de riesgos.
5. Las empresas financiadoras de primas o de cuotas.
6. Los intermediarios de la actividad aseguradora.
7. Las asociaciones cooperativas que realicen actividad aseguradora.
8. Los auxiliares de seguro: Los inspectores de riesgos, los peritos avaluadores y los ajustadores de pérdidas en actividades de seguros.
9. Las oficinas de representación o sucursales de empresas de reaseguros extranjeras y las sucursales de sociedades de corretaje de reaseguros del exterior.

Se consideran también sujetos regulados: los actuarios independientes; los defensores del tomador, asegurado, beneficiario, contratante, usuario y afiliado; los oficiales de cumplimiento y los auditores externos, incluyendo los que ejerzan funciones en materia de activos de información y de administración de riesgos de legitimación de capitales, financiamiento al terrorismo y financiamiento de la proliferación de armas de destrucción masiva.

Se exceptúan de la presente disposición los fondos de garantía de la Administración Pública Nacional que realicen actividad aseguradora, sin perjuicio de la obligación en que se encuentran de mantener la cooperación, coordinación y lealtad institucional con la Superintendencia de la Actividad Aseguradora.

Los sujetos regulados estarán obligados a mantener en su denominación social o personal, la especificación expresa del tipo de actividad aseguradora que desarrollan y en toda su documentación y publicidad deben indicar su carácter sin usar abreviaturas. Se exceptúan de esta obligación a los actuarios independientes y los auditores externos.

Sólo los sujetos regulados utilizarán en su denominación social o personal las palabras seguros, reaseguros o medicina prepagada y sus derivados en idioma castellano, así como sus equivalentes en cualquier otro idioma.

Definiciones

Artículo 4

A los efectos de la presente Ley, se entenderá por:

1. Activo de información: Aquellos medios físicos, digitales o tecnológicos por donde se reciba, almacene, transfiera o se pueda visualizar información. Se incluye en este concepto: los datos creados o utilizados por un proceso de la organización en medio digital, en papel o en otros medios; los servicios utilizados para la transmisión, recepción y control de la información; el hardware y el software utilizado para el procesamiento, transporte o almacenamiento de información y las herramientas o utilidades para el desarrollo y soporte de los sistemas de información, entre otros.

2. Administradora de riesgos: Persona jurídica autorizada por la Superintendencia de la Actividad Aseguradora, responsable del manejo e inversión de un fondo administrado de forma conjunta con el contratante, quienes establecerán los controles y las condiciones de los riesgos amparados por dicho fondo, en función de los siniestros ocurridos y cubiertos conforme al contrato suscrito entre las partes. Se incluye en esta definición la administración de la cartera de siniestros de los fondos autoadministrados de las empresas de seguros y de medicina prepagada.

3. Afiliado o usuario: Persona cubierta por el contrato de administración de riesgos o de medicina prepagada.

4. Asegurado: Persona que en sí misma, en sus bienes o en sus intereses económicos está expuesta al riesgo amparado por el contrato de seguro.

5. Beneficiario: Persona en cuyo favor se ha establecido la indemnización que pagará la empresa de seguros, de medicina prepagada o administradora de riesgos.

6. Canales Alternativos: Persona jurídica con la que la aseguradora celebra un convenio con el objeto de utilizar su infraestructura, sus activos tecnológicos y sus relaciones con un gran número de afiliados o potenciales asegurados, con las que tiene nexos comerciales o de otros tipos, a los fines de servir como mecanismo para facilitar la adquisición de un producto de seguro.

Los canales alternativos, involucran a las instituciones financieras regidas por la ley que regula el sector bancario, las empresas de servicios públicos o privados, establecimientos comerciales e industriales, gremios y asociaciones.

7. Cesión de cartera: Contrato mediante el cual dos o más empresas de seguros, de medicina prepagada, de reaseguros o intermediarios transfieren el total de los contratos o parte de ellos, referidos a uno o varios ramos.

8. Cesión de riesgos: Acto mediante el cual una empresa de seguros, de medicina prepagada o de reaseguros, denominada cedente, traspasa total o parcialmente el riesgo asumido a una empresa de seguros o de reaseguros, conocida como cesionaria, la cual toma a su cargo esa responsabilidad y responde ante la empresa cedente por los siniestros y reclamos objeto del contrato original que correspondan a la porción del negocio aceptado, en los términos previamente establecidos entre las partes mediante un contrato de reaseguro o de retrocesión.

9. Coaseguro: Mecanismo de dispersión de riesgo mediante el cual dos o más empresas de seguro o medicina prepagada dan cobertura sobre un mismo riesgo.

10. Contratante: Persona natural o jurídica que suscribe un contrato de medicina prepagada o de administración de riesgos, bien para su exclusivo beneficio, de terceros o de uno y otros.

11. Elusión: Falta de pago o ausencia de respuesta por parte de las empresas de seguros, de medicina prepagada y las financiadoras de primas o de cuotas, ante el cumplimiento de sus obligaciones establecidas en el respectivo contrato, utilizando artificios para no asumir su responsabilidad.

12. Escisión de empresas: Figura jurídica mediante la cual se divide el patrimonio de una empresa en dos o más nuevas empresas, atribuyéndole a cada una de ellas personalidad jurídica y patrimonio propio.

13. Fideicomiso: Relación jurídica por la cual una persona llamada fideicomitente transfiere uno o más bienes a otra persona llamada fiduciario, quien se obliga a utilizarlo a favor de aquél o de un tercero llamada beneficiario. Sólo podrán ser fiduciarios a los efectos de la presente ley, las empresas de seguros constituidas en el país, previa autorización de la Superintendencia de la Actividad Aseguradora.

14. Fondo administrado: Mecanismo mediante el cual una empresa, sociedad u organismo público o privado destina una cantidad de dinero para su constitución, cuya administración e inversión es realizada de manera conjunta por el contratante y la administradora de riesgos, a los fines de amparar con control de costos, los gastos incurridos por los afiliados o usuarios en ocasión de siniestros cubiertos que pudieran presentarse, donde el contratante está en libertad de establecer las coberturas, condiciones y límites de acuerdo con sus necesidades. Este fondo debe incluir los gastos relativos a la administración de los recursos y al pago de los siniestros a particulares y proveedores de servicios asociados al fondo.

15. Fondo autoadministrado: Mecanismo mediante el cual una empresa, sociedad u organismo, público o privado, destina una cantidad de dinero para su constitución, cuya administración e inversión es realizada directamente por éste, a los fines de amparar con control de costos, los gastos incurridos por los afiliados o usuarios en ocasión de siniestros cubiertos que pudieran presentarse.

16. Fusión de empresas: Transmisión de la totalidad del patrimonio de un sujeto regulado a otro.

17. Indemnización: Principal obligación de las empresas de seguros, de medicina prepagada y administradoras de riesgos, consistente en el pago del monto convenido, la prestación del servicio, reparación del daño o reposición del bien, conforme al contrato.

18. Intermediario: Persona natural o jurídica que contribuye con su mediación para la celebración de los contratos de seguros, de reaseguros, de medicina prepagada y de administración de riesgos, así como con su asesoría a los tomadores, asegurados, beneficiarios, contratantes, usuarios y afiliados.

19. Margen de solvencia: Cantidad necesaria de recursos para cubrir aquellas desviaciones técnicas, financieras o económicas que afecten los resultados de las empresas de seguros, de reaseguros y de medicina prepagada, con el fin de cumplir a cabalidad sus compromisos con los tomadores, asegurados, beneficiarios, contratantes, usuarios, afiliados y cedentes, que permita ser actualizado según el carácter dinámico de la actividad aseguradora.

20. Medicina prepagada: Aquella mediante la cual el sujeto regulado se compromete con una persona natural, denominada usuario o afiliado, a gestionar la atención médica y la prestación, directa o indirecta, de servicios médico-asistenciales relacionados con la atención y tratamiento de su salud mediante el cobro periódico por anticipado de una cuota, previamente establecida y pagada por el contratante.

21. Microseguro: Producto de seguro o de medicina prepagada que ampara riesgos específicos, direccionado a sectores socioeconómicos vulnerables, con sumas aseguradas y primas o cuotas al alcance de éstos.

22. Retrocesión: Es el reaseguro que hace un reasegurador de una parte o de la totalidad del riesgo que previamente haya asumido.

23. Riesgo: Posible ocurrencia por azar de un acontecimiento que no dependa exclusivamente de la voluntad del tomador, asegurado, beneficiario, contratante, usuario o afiliado, que ocasione una necesidad económica, y cuya aparición real o existencia se previene y garantiza en el contrato.

24. Seguro Inclusivo: Producto de seguro o de medicina prepagada que ampara riesgos específicos, direccionado a sectores sociales excluidos o desatendidos, que no necesariamente sean de bajos ingresos.

25. Seguro Masivo: Producto de seguro o de medicina prepagada con sumas aseguradas y primas o cuotas de valores accesibles, direccionado a consumidores o usuarios con características comunes.

26. Siniestro: Materialización del riesgo que da origen a la obligación de indemnizar por parte de la empresa de seguros, medicina prepagada o administradora de riesgos.

27. Sistema integral de administración de riesgos de legitimación de capitales, financiamiento al terrorismo y financiamiento de la proliferación de armas de destrucción masiva: Conjunto de normas y políticas adoptadas y ejecutadas por los sujetos regulados, en función de su nivel de riesgo, para mitigar la posibilidad que sus productos, servicios, clientes y canales de comercialización, sean empleados para ocultar la procedencia, propósito y destino de los capitales de origen ilícito, dirigidos a su legitimación, o para desviar fondos de cualquier naturaleza para el financiamiento al terrorismo y financiamiento de la proliferación de armas de destrucción masiva.

28. Tecnología Financiera (FINTECH): Soluciones financieras propiciadas por la tecnología que involucra a todas aquellas empresas de servicios financieros

que utilizan procesos y sistemas tecnológicos de avanzada para servir de auxiliar como sistema de pago o prestador de servicios dentro de la aseguradora o los canales alternativos.

29. Tipo de cambio de referencia: El tipo de cambio oficial de la moneda de mayor valor, publicado por el Banco Central de Venezuela, según el promedio ponderado resultante de las operaciones diarias de las mesas de cambio activas de las instituciones bancarias participantes.

30. Tomador: Persona natural o jurídica que contrata el seguro y se obliga a pagar la prima correspondiente a la empresa de seguros.

TÍTULO II

DEL CONTROL DE LA ACTIVIDAD ASEGURADORA

Capítulo I

De la Superintendencia de la Actividad Aseguradora

Órgano competente

Artículo 5

La Superintendencia de la Actividad Aseguradora es un servicio desconcentrado funcionalmente con patrimonio propio, adscrito al Ministerio del Poder Popular con competencia en materia de finanzas, que actuará bajo la dirección y responsabilidad del o de la Superintendente de la Actividad Aseguradora y se regirá por las disposiciones de la presente ley, su reglamento y por los lineamientos y políticas impartidas por el Ejecutivo Nacional.

Su organización, autogestión, régimen de personal y funcionamiento se establece en el reglamento interno que a tales efectos se dicte, en observancia a lo establecido en el Decreto con Rango, Valor y Fuerza de Ley Orgánica de la Administración Pública.

Atribuciones

Artículo 6

Son atribuciones de la Superintendencia de la Actividad Aseguradora:

1. Ejercer la potestad regulatoria para la autorización, inspección, control, vigilancia previa, concomitante y posterior, supervisión, verificación y fiscalización de la actividad aseguradora, en los términos establecidos en la presente ley, su reglamento y las normas que al efecto dicte.

2. Garantizar a las personas el libre acceso a los productos, bienes y servicios objeto de la presente Ley y proteger los derechos e intereses de los tomadores, asegurados, beneficiarios, contratantes, usuarios o afiliados respecto de los sujetos regulados.

3. Establecer el sistema de regulación, inspección, vigilancia, control, supervisión y fiscalización de la actividad aseguradora, bajo los criterios de supervisión preventiva e integral y adoptar las medidas necesarias para el cumplimiento de esta ley, su reglamento y normas que regulen la materia.

4. Diseñar, desarrollar e implementar el Sistema de Información de la Actividad Aseguradora, el cual normalizará la totalidad de los conceptos, definiciones, unidades estadísticas, clasificaciones, códigos y registros de sujetos regulados, que hagan factibles la recopilación y almacenamiento de datos, así como la producción de estadísticas del sector asegurador.

5. Intervenir y liquidar administrativamente a los sujetos regulados en los términos establecidos en la presente ley y su reglamento.

6. Promover la participación ciudadana en defensa de los derechos de los tomadores, asegurados, beneficiarios, contratantes, usuarios y afiliados, a través de las organizaciones del poder popular u otras formas de organización social.

7. Llevar a cabo procedimientos de conciliación y arbitraje como medios de solución de conflictos en la actividad aseguradora.

8. Efectuar con periodicidad mensual, trimestral, semestral o anual, las publicaciones necesarias a fin de dar a conocer la situación de la actividad aseguradora y de los sujetos regulados, especialmente en lo relativo a primas, siniestros, reservas técnicas, margen de solvencia, patrimonio propio no comprometido, condiciones patrimoniales y el número de sanciones impuestas a los sujetos regulados, así como de las personas que se haya determinado que han realizado operaciones reguladas por la presente ley sin estar autorizadas para ello.

9. Establecer vínculos de coordinación y cooperación con otros entes u órganos de la Administración Pública Nacional, así como con autoridades de supervisión de otros países, a los fines de fortalecer los mecanismos de control, actualizar las regulaciones preventivas e intercambiar informaciones. Estas acciones se coordinarán con el Ministerio del Poder Popular con competencia en materia de relaciones exteriores.

10. Permitir, mediante normas de carácter general, el uso de pólizas, tarifas y demás documentos, sin su aprobación previa, cuando las condiciones jurídicas y económicas lo justifiquen. Igualmente, podrá dejarlas sin efecto y ordenar que dichos documentos y tarifas sean sometidos a su aprobación.

11. Las demás que le atribuyan esta ley, otras leyes y reglamentos.

Requisitos del o de la Superintendente de la Actividad Aseguradora

Artículo 7

El o la Superintendente de la Actividad Aseguradora es un funcionario o funcionaria de libre nombramiento y remoción, designado o designada por el Ministro o Ministra del Poder Popular con competencia en materia de finanzas.

El o la Superintendente de la Actividad Aseguradora debe ser venezolano o venezolana, mayor de treinta años, profesional universitario, de reconocida competencia y solvencia moral, con experiencia no menor de cinco años en la actividad aseguradora o financiera y haber ejercido cargos gerenciales o de responsabilidad en el sector público o privado relacionados con la mencionada actividad.

Lo relativo a las faltas temporales o absolutas, así como las prohibiciones para el ejercicio del cargo se establecerán en el reglamento de la presente Ley.

Atribuciones del o la Superintendente de la Actividad Aseguradora

Artículo 8

Son atribuciones del o de la Superintendente de la Actividad Aseguradora:

1. Ejercer la dirección, actuar como máxima autoridad y ejecutar de manera directa las competencias atribuidas a la Superintendencia de la Actividad Aseguradora o desarrollarlas por intermedio de sus funcionarios y funcionarias, en virtud de las técnicas traslativas de competencia establecidas en el Decreto con Rango, Valor y Fuerza de Ley Orgánica de la Administración Pública.

2. Dictar el reglamento interno de organización y funcionamiento de la Superintendencia de la Actividad Aseguradora, sus manuales de normas y procedimientos; planificar, elaborar y ejecutar el presupuesto anual de ingresos y gastos; suscribir contratos para el cumplimiento de sus fines y adquirir o enajenar los bienes y servicios que sean necesarios; establecer el Régimen de Personal, su administración, los actos administrativos de carácter general o particular de naturaleza funcionarial y los referidos a la relación de empleo del personal contratado y obrero; y nombrar al o la superintendente adjunto.

3. Emitir los actos administrativos generales o particulares inherentes a sus competencias y los lineamientos de gobierno corporativo de los sujetos regulados, así como de evaluación y administración integral de riesgos de legitimación de capitales, financia-miento al terrorismo y financiamiento de la proliferación de armas de destrucción masiva.

4. Ordenar a los sujetos regulados la consignación de datos, informes, libros, documentos y cualquier otra información que considere necesaria, en el lapso y formato requerido, de conformidad con los principios de razonabilidad, proporcionalidad, adecuación, economía, celeridad, simplicidad, eficacia, eficiencia, oportunidad, objetividad, imparcialidad, uniformidad, transparencia y buena fe, en los términos previstos en esta ley, el reglamento y las normas que regulen la materia.

5. Revisar los archivos físicos, digitales, estadísticos y contables, expedientes, oficinas y sucursales de los sujetos regulados, incluyendo sus sistemas de información, equipos de computación y cualesquiera otras bases de datos, tanto en el sitio como a través de sistemas remotos, pudiendo hacer uso de la fuerza pública, previa solicitud a los órganos competentes, cuando hubiere impedimento en el ejercicio de estas atribuciones.

6. Establecer mediante acto administrativo los modelos de contratos y tarifas que deben mantener carácter general y uniforme, cuando el interés común así lo requiera; o determinar con sentido de inclusión, equidad y de justicia social, las tarifas y condiciones para todo el mercado asegurador, que permitan el acceso a los contratos de seguros o de medicina prepagada obligatorios.

7. Suspender preventivamente, declarar la nulidad absoluta o dejar sin efecto, previo cumplimiento del procedimiento administrativo correspondiente, el acto de autorización de los sujetos regulados; el uso de los modelos de pólizas, contratos, condiciones generales y particulares, cuadros póliza o cuadros recibo, solicitudes, finiquitos o documentos de indemnización, notificaciones, anexos y cualquier otro documento utilizado con ocasión de la actividad aseguradora, y de las tarifas que utilicen; o la publicidad con independencia de quien la ordene o divulgue.

8. Ordenar la suspensión preventiva o revertir operaciones y sus consecuencias técnicas, jurídicas, financieras o administrativas, previo cumplimiento del procedimiento administrativo correspondiente, cuando se determine que las mismas han sido realizadas en contravención a lo previsto en la presente Ley, su reglamento y las normas que regulen la materia.

9. Otorgar autorización previa a los sujetos regulados para la adquisición o enajenación por cualquier título de las acciones de los sujetos regulados, así como para modificar documentos constitutivos o estatutarios en relación con el objeto social; razón social; enajenación de acciones; fusión; escisión; cesión de cartera; disolución anticipada; aumento, reintegro o disminución del capital social; decreto de dividendos o reparto de utilidades; designación de los miembros de la junta directiva o administradora, o modificación de su estructura.

10. Iniciar, sustanciar y decidir los respectivos procedimientos de inspección y sancionatorios, con observancia de los principios establecidos en la Ley Orgánica de Procedimientos Administrativos, el Decreto con Rango, Valor y Fuerza de Ley Orgánica de la Administración Pública y la Ley de Simplificación de Trámites Administrativos, así como girar instrucciones a los sujetos regulados y dictar las medidas preventivas o normas que juzgue necesarias en los ámbitos jurídico, técnico, financiero y tecnológico, para el control, supervisión y fiscalización de la actividad aseguradora y la protección del interés general tutelado.

11. Revisar y determinar la constitución, mantenimiento, cobertura y representación de las reservas técnicas y del patrimonio propio no comprometido en función de los requerimientos de solvencia, así como la razonabilidad y adecuación de los estados financieros, dentro del procedimiento administrativo correspondiente. En los casos que juzgue necesario, ordenar la sustitución, rectificación o constitución de las reservas o provisiones, o que se aumente el patrimonio propio no comprometido, para ajustarlo a los requerimientos de solvencia u ordenar las modificaciones e inclusiones que fuere menester incorporar en los estados financieros e informes respectivos y ordenar nuevamente su publicación.

12. Llevar y mantener los registros de inscripción de los sujetos regulados, así como cualquier otro registro que establezca esta Ley, su reglamento y las normas que regulan la materia.

13. Requerir el auxilio de la fuerza pública cuando hubiere impedimento u obstaculización por parte de cualquier persona y ello fuere necesario para el cumplimiento de sus competencias.

14. Asistir técnicamente en materia de la actividad aseguradora al Poder Público y evacuar, sin carácter vinculante, de manera oportuna y adecuada, las consultas que formulen los interesados e interesadas en relación con la materia objeto de esta Ley.

15. Presentar con frecuencia semestral el informe de gestión al Ministro o Ministra del Poder Popular con competencia en materia de finanzas. Además, participarle oportunamente por escrito sobre las irregularidades o faltas graves que advierta en las operaciones de los sujetos regulados y que constituyan una amenaza al interés general tutelado, debiendo señalar en su informe las medidas adoptadas o las que haya ordenado para corregirlas.

16. Asistir con derecho a voz a las reuniones de junta directiva y a las asambleas de accionistas de los sujetos regulados; asumir el carácter de único administrador, interventor y liquidador de los sujetos regulados; y resolver con carácter de conciliador o árbitro arbitrador, las controversias que se susciten entre los sujetos regulados y entre éstos y los tomadores, asegurados, beneficiarios, contratantes, usuarios y afiliados, cuando las partes lo hayan establecido de mutuo acuerdo.

17. Establecer mediante normas el marco regulatorio para el uso de medios digitales y canales alternativos, de distribución de productos de seguros y de medicina prepagada, así como para la comercialización y desarrollo de los microseguros, seguros masivos y seguros inclusivos.

18. Las demás que le atribuya esta Ley y su reglamento.

Ingresos de la Superintendencia de la Actividad Aseguradora

Artículo 9°. Los ingresos de la Superintendencia de la Actividad Aseguradora están conformados por:

1. Las contribuciones especiales aportadas por los sujetos regulados.

2. Las tasas por servicios que preste el órgano.

3. Las asignaciones establecidas en la Ley de Presupuesto para el Ejercicio Económico Financiero correspondiente a cada año.

4. Las asignaciones otorgadas por operaciones de crédito público tramitadas por el Ejecutivo Nacional conforme a la ley.

5. Los productos generados por la inversión o administración de sus activos.

6. Todos aquéllos que por cualquier causa legal sean incorporados al patrimonio de la Superintendencia de la Actividad Aseguradora.

Contribución especial

Artículo 10

Las empresas de seguros, de reaseguros, de medicina prepagada, administradoras de riesgos y financiadoras de primas o de cuotas, están en la obligación de aportar una contribución especial destinada a financiar el funcionamiento de la Superintendencia de la Actividad Aseguradora.

El Ministro o Ministra del Poder Popular con competencia en materia de finanzas, a proposición del o de la Superintendente de la Actividad Aseguradora, fijará anualmente el importe de la contribución especial.

Determinación de la contribución especial

Artículo 11

La contribución especial será el monto comprendido entre el dos coma cinco por ciento (2,5 %) y el tres coma cinco por ciento (3,5%) del total de:

1. Las primas cobradas por contratos de seguros y la contraprestación por concepto de emisión de fianzas, ambas netas de anulaciones y devoluciones, así como el ingreso obtenido como remuneración por los contratos de fideicomiso.

2. Las cuotas cobradas por contratos de medicina prepagada, netas de anulaciones y devoluciones.

3. El ingreso obtenido como remuneración por los contratos de administración de riesgos y de administración de siniestros.

4. Los ingresos por intereses cobrados en los financiamientos otorgados a los tomadores y contratantes de seguros y de medicina prepagada, en los casos de las empresas financiadoras de primas o de cuotas.

5. Las primas cobradas por las empresas de seguros y de reaseguros, netas de anulaciones y devoluciones, por concepto de negocios aceptados de cedentes extranjeras.

Las empresas de seguros y de medicina prepagada descontarán de las primas de reaseguro pagadas por ellas, la alícuota correspondiente al aporte efectuado por la prima o cuota cobrada, conforme con los numerales 1 y 2 del presente artículo. La disposición será aplicable igualmente en el caso de fianzas.

Los sujetos regulados bajo régimen de intervención están obligados al pago de la contribución especial en los mismos términos y condiciones previstos para las empresas operativas.

Los lineamientos, términos y condiciones para el pago y reparo de la contribución especial se desarrollarán en las normas dictadas al efecto.

Tasas por Servicios

Artículo 12

Los sujetos regulados y demás interesados pagarán en Bolívares, tasas por los siguientes conceptos:

1. Por la presentación del examen de competencia profesional para obtener la autorización para actuar como agente: Treinta (30) veces el tipo de cambio de referencia.

2. Por la inscripción en el registro de agente: Diez (10) veces el tipo de cambio de referencia.

3. Por la inscripción en el registro de corredor de seguros o el cambio de estatus de agente a corredor de seguros: Ciento Cincuenta (150) veces el tipo de cambio de referencia.

4. Por la inscripción en el registro de auditores externos, incluyendo los que ejerzan funciones en materia de administración de riesgos de legitimación de capitales, financiamiento al terrorismo y financiamiento de la proliferación de armas de destrucción masiva: Ciento Cincuenta (150) veces el tipo de cambio de referencia. Se exceptúan los auditores externos en materia de activos de información.

5. Por la inscripción en el registro de actuarios: Cien (100) veces el tipo de cambio de referencia.

6. Por la inscripción en el registro de oficiales de cumplimiento en materia de administración de riesgos de legitimación de capitales, financiamiento al terrorismo y financiamiento de la proliferación de armas de destrucción masiva: Ciento Cincuenta (150) veces el tipo de cambio de referencia.

7. Por la inscripción en los registros de los auxiliares de seguro (personas naturales): Setenta y Cinco (75) veces el tipo de cambio de referencia.

8. Por la inscripción en el registro del defensor o defensora del tomador, asegurado, beneficiario, contratante, usuario y afiliado de la actividad aseguradora: Ciento Cincuenta (150) veces el tipo de cambio de referencia.

9. Por la inscripción en los registros de los auxiliares de seguro (personas jurídicas): Quinientas (500) veces el tipo de cambio de referencia.

10. Por la inscripción en el registro de sociedades de corretaje de seguros: Un Mil (1.000) veces el tipo de cambio de referencia.

11. Por la inscripción en el registro de sociedades de corretaje de reaseguros: Dos Mil (2.000) veces el tipo de cambio de referencia.

12. Por la inscripción en el registro de empresas de reaseguros extranjeras: Cinco Mil (5.000) veces el tipo de cambio de referencia.

13. Por la inscripción en el registro de establecimientos de sucursales y oficinas de representación de empresas de reaseguros extranjeras o sucursales de sociedades de corretaje de reaseguros del exterior: Dos Mil (2.000) veces el tipo de cambio de referencia.

Los registros a que se refiere este artículo deberán renovarse cada tres (3) años, en cuyo caso el interesado pagará el equivalente al veinticinco por ciento (25%) de la tasa de su inscripción.

El Ministro o Ministra del Poder Popular con competencia en materia de finanzas, oída la opinión de la Superintendencia de la Actividad Aseguradora, podrá ajustar mediante acto motivado, los montos de las tasas. En caso de incremento, éste no podrá ser superior a las dos terceras (2/3) partes de las previstas en este artículo.

TÍTULO III

DEL EJERCICIO DE LA ACTIVIDAD ASEGURADORA

Capítulo I

Disposiciones generales

Requisitos para las empresas de seguros, de reaseguros, de medicina prepagada y administradoras de riesgos

Artículo 13

Son requisitos indispensables para obtener y mantener la autorización para operar como empresa de seguros, de medicina prepagada, de reaseguros o administradora de riesgos, los siguientes:

1. Adoptar la forma de sociedad anónima y tener como objeto único, conforme a las normas dictadas a tal efecto, la realización de operaciones permitidas por esta ley para empresas de seguros, de reaseguros, de medicina prepagada y administradoras de riesgos, según corresponda.

2. Tener un capital pagado mínimo, en bolívares o en Títulos del Estado Venezolano indexados y denominados en bolívares de:

2.1 Empresas de seguros:

a. Ciento Sesenta Mil (160.000) veces el tipo de cambio de referencia, para las empresas que aspiren a operar en uno de los seguros de los ramos generales o de Doscientos Quince Mil (215.000) para las que aspiren a operar en dos seguros afines de estos ramos.

b. Trescientos Setenta y Cinco Mil (375.000) veces el tipo de cambio de referencia, para las empresas que aspiren a operar en ramos generales o ramos de vida o de Quinientos Noventa Mil (590.000) para las que aspiren a operar en ambos ramos simultáneamente.

2.2 Empresas de Reaseguros: Un Millón Cien Mil (1.100.000) veces el tipo de cambio de referencia.

2.3 Empresas de medicina prepagada: Ciento Sesenta Mil (160.000) veces el tipo de cambio de referencia.

2.4 Empresas administradoras de riesgos: Ciento Treinta Mil (130.000) veces el tipo de cambio de referencia, para las empresas que aspiren administrar o manejar fondos en uno de los riesgos de ramos generales que determine la Superintendencia de la Actividad Aseguradora, según las normas dictadas al efecto, o de Ciento Setenta Mil (170.000) para las que aspiren en dos o más riesgos de estos ramos.

El capital mínimo se ajustará cada dos (2) años, en bolívares o en Títulos del Estado Venezolano indexados y denominados en bolívares, antes del 31 de enero para las empresas de seguros, medicina prepagada y administradoras de riesgos, y del 31 de julio para las empresas de reaseguros, del año que corresponda.

Los aumentos de capital podrán realizarse con cargo a las utilidades no distribuidas, previa autorización de la Superintendencia de la Actividad Aseguradora.

3. Tener como mínimo cinco (5) accionistas. Todas las acciones deben ser nominativas, de una misma clase y no fraccionadas.

4. Poseer una junta directiva o administradora compuesta por no menos de cinco (5) integrantes que cumplan con alguna de las siguientes condiciones:

a. Tener calificación profesional derivada de haber obtenido un título universitario, con experiencia mínima de cinco (5) años en la actividad aseguradora: en cargos de alto nivel (presidente o presidenta, vicepresidente o vicepresidenta, gerente general u otros cargos de similar jerarquía o asesoramiento), en cargos de jerarquía inmediatamente anterior a los de alto nivel.

b. Poseer destacada y comprobada experiencia de por lo menos diez (10) años en cargos de alto nivel o en cargos de jerarquía inmediatamente anterior a los de alto nivel, en la actividad aseguradora o en empresas enmarcadas en sectores específicos de la economía, tales como: bancario, mercado de capitales, industrial, tecnología y de servicios, siempre que demuestren su trayectoria y experiencia profesional. En el caso de las empresas de medicina prepagada, adicionalmente se reconocerá la experiencia en el sector salud.

5. La totalidad de los integrantes de la junta directiva o administradora deben estar domiciliados y residenciados en el país, y no podrán ser cónyuges o mantener uniones estables de hecho entre sí, o estar vinculados por parentesco dentro del segundo grado de afinidad o cuarto de consanguinidad, ni ejercer simultáneamente cargos directivos en otros sujetos regulados o en otras empresas del sistema financiero. La mitad o más deben ser venezolanos o venezolanas.

6. Al menos un tercio de los integrantes de la junta directiva o administradora deben ser directores o directoras independientes, calificados como tales según las normas de gobierno corporativo que dicte la Superintendencia de la Actividad Aseguradora. Los directores o directoras que sean accionistas deben depositar en la caja social del sujeto regulado un número de acciones determinado en los estatutos, de conformidad con lo previsto en el Código de Comercio.

7. Los accionistas y los integrantes de la junta directiva no podrán estar incursos en las prohibiciones previstas en esta Ley.

8. Especificar el origen de los bienes y recursos económicos utilizados para la constitución de la sociedad mercantil y proporcionar la información necesaria para su verificación; si los mismos provienen de personas jurídicas, deben anexar toda la documentación legal y financiera de la misma, salvo aquéllas cuyos fondos provengan de instituciones regidas por la ley especial que regula la materia bancaria.

9. Constituir la garantía a la Nación exigida en la presente Ley.

10. Presentar conjuntamente con la solicitud, copia de la reserva de denominación comercial en el Registro Mercantil y copia de la búsqueda informática o reserva de marca por ante el Servicio Autónomo de la Propiedad Intelectual, e identificación, profesión y cargo del personal autorizado por la empresa para dirigir comunicaciones y representarla ante la Superintendencia de la Actividad Aseguradora.

11. No formar parte de un grupo económico o financiero, de acuerdo con la Ley Orgánica del Sistema Financiero Nacional.

Garantía a la Nación

Artículo 14

Las empresas de seguros, de reaseguros, de medicina prepagada y las administradoras de riesgos, así como cualquier otro sujeto que determine el Ministro o la Ministra con competencia en materia de finanzas, deben constituir y mantener, en bolívares en el Banco Central de Venezuela o en Títulos del Estado venezolano indexados y denominados en bolívares, una garantía equivalente al 10% sobre el capital mínimo exigido en el artículo 13, numeral 2.

El monto de las garantías deberá ajustarse dentro de los quince (15) días hábiles siguientes a la fecha del ajuste del capital mínimo.

El Ministro o Ministra del Poder Popular con competencia en materia de finanzas, oída la opinión de la Superintendencia de la Actividad Aseguradora, podrá ajustar los montos de las garantías a un valor comprendido entre un diez por ciento (10%) y un veinte por ciento (20%) de los capitales mínimos.

Incompatibilidades e Impedimentos

Artículo 15

Quedará impedido para ser accionista, presidente o presidenta, director o directora, administrador o administradora, intermediario de la actividad aseguradora y para ejercer actividades como auditor interno o externo, contable o de activos de información, auditor externo en materia de administración de riesgos de legitimación de capitales, financiamiento al terrorismo y financiamiento de la proliferación de armas de destrucción masiva, actuario, auxiliar de seguro, en las empresas de seguros, de reaseguros, de medicina prepagada, las administradoras de riesgos, las financiadoras de primas o de cuotas, las sociedades de corretaje de seguros o de reaseguros, quien:

1. Ejerza funciones públicas, salvo que se trate de cargos docentes, asistenciales o de misiones de corta duración en el exterior. Esta prohibición no será aplicable a los representantes de organismos del sector público en juntas administradoras de empresas en las cuales tengan participación.

2. Esté sometido al beneficio de atraso y los fallidos no rehabilitados.

3. Haya sido objeto de condena penal por delitos graves, mediante sentencia definitivamente firme, durante los diez (10) años siguientes.

4. Sea objeto de una conmutación de la pena de privación de la libertad por cualquiera de los beneficios establecidos en la ley, ya sea durante el juicio penal o después de dictada la sentencia definitivamente firme, durante los diez (10) años siguientes.

5. Tenga responsabilidad en los hechos que originaron la aplicación de medidas administrativas, la intervención o liquidación de la empresa en la que se encontraban desempeñando sus funciones, previa demostración de su responsabilidad sobre los hechos que dieron lugar a las situaciones antes referidas, durante los diez (10) años siguientes a la fecha de la decisión.

6. Le fuese revocada la autorización para operar como intermediario de la actividad aseguradora o auxiliar de seguro, por haber actuado en complicidad con las empresas de seguros, de reaseguros, de medicina prepagada, las administradoras de riesgos o las financiadoras de primas o de cuotas, para perjudicar a los tomadores, asegurados, beneficiarios, contratantes, usuarios y afiliados, o por disponer en cualquier forma del dinero recaudado en su gestión o por no haberlo entregado a los sujetos regulados respectivos dentro de los lapsos correspondientes; durante los diez (10) años siguientes a la fecha del acto de revocación de la autorización.

Actividades realizadas por personas no autorizadas o no registradas

Artículo 16

Cuando exista presunción que las operaciones descritas en esta Ley sean realizadas por personas distintas a los sujetos regulados, el o la Superintendente de la Actividad Aseguradora, sin perjuicio de las sanciones administrativas y penales a que haya lugar, podrá tomar cualquiera de las siguientes medidas:

1. Suspensión de las actividades.

2. Cierre de los establecimientos.

3. Aseguramiento de los recursos, bienes, objetos y demás elementos utilizados para realizar las referidas operaciones.

4. Solicitar a las autoridades competentes que se acuerden: inmovilización de cualquier tipo de cuenta, colocación o transacción financiera; prohibición de salida del país, así como la de enajenar y gravar bienes de las personas, sus representantes, directores o accionistas, involucradas en esa actividad.

5. Adoptar cualquier otra que estime necesaria.

Operaciones con empresas extranjeras

Artículo 17

No serán válidos los contratos de seguros o de medicina prepagada celebrados con empresas extranjeras cuando el riesgo esté ubicado en el territorio nacional, ni las operaciones de reaseguro realizadas con empresas del exterior no inscritas en el registro correspondiente, salvo las previstas en los acuerdos internacionales válidamente suscritos y ratificados por la República.

El Ministro o Ministra con competencia en materia de finanzas, previa opinión de la Superintendencia de la Actividad Aseguradora, por razones de oportunidad y de interés del Estado, fijará los casos y las condiciones en los cuales se podrá autorizar el aseguramiento en el exterior de riesgos ubicados en el territorio nacional, que no sea posible asegurar con empresas establecidas en el país, siempre que esa imposibilidad haya sido demostrada fehacientemente.

Aprobación previa de la publicidad

Artículo 18

La divulgación y publicidad de los sujetos regulados debe ser previamente aprobada por la Superintendencia de la Actividad Aseguradora. La publicidad no podrá tener aseveraciones u ofrecimientos falsos, o no comprobables, o que puedan dar lugar a confusión en el público y deberá ajustarse a las condiciones y requisitos establecidos en esta Ley, su reglamento, las normas que a tal efecto se dicten, la ley que rige la materia de publicidad, las normas que regulan la libre competencia y al contenido de los contratos de seguros, de reaseguros o de medicina prepagada.

La Superintendencia de la Actividad Aseguradora podrá suspender la utilización de cualquier publicidad o incluso prohibirla, cuando a su juicio, induzca a engaño del público o haga ofrecimientos falsos o no previstos en los contratos aprobados.

La Superintendencia de la Actividad Aseguradora debe decidir sobre la aprobación de publicidad en un lapso de treinta (30) días hábiles, contados a partir de la fecha de la recepción de la solicitud. Vencido el lapso, si no existiere respuesta por parte de la Superintendencia de la Actividad Aseguradora, se entenderá aprobada la solicitud.

Capítulo II

De la Autorización para la constitución y funcionamiento de los sujetos regulados

Solicitud de constitución y funcionamiento

Artículo 19

La solicitud de autorización para la constitución y funcionamiento de una empresa de seguros, de reaseguros, de medicina prepagada o administradora de riesgos, debe estar acompañada de todos los documentos necesarios para comprobar que los accionistas y los miembros de la junta directiva de la empresa que se proyecta constituir cumplan con los requisitos establecidos en esta Ley, su reglamento y las normas que al efecto dicte la Superintendencia de la Actividad Aseguradora.

Asimismo, deberán presentar un estudio económico financiero que justifique su establecimiento y contar con los productos, los sistemas de información, la estructura organizativa y los manuales de gobierno corporativo y de administración integral de riesgos de legitimación de capitales, financiamiento al terrorismo y financiamiento de la proliferación de armas de destrucción masiva, así como el control interno para realizar operaciones.

Las empresas del Estado podrán ser autorizadas para operar como empresas de seguros y reaseguros quedando exceptuadas del cumplimiento de los requisitos de composición accionaria y Garantía a la Nación.

Recibida y verificada la documentación exigida, la Superintendencia de la Actividad Aseguradora, en un lapso de diez (10) días hábiles, practicará una inspección a los fines de certificar que la empresa cuenta con las condiciones para operar.

El Ministro o Ministra del Poder Popular con competencia en materia de finanzas podrá dictar políticas generales para la autorización establecida en el presente artículo. A tales fines, si lo considera necesario, solicitará a la Superintendencia de la Actividad Aseguradora un informe contentivo del análisis técnico, económico y financiero de la situación del país en materia aseguradora.

Objeciones

Artículo 20

La Superintendencia de la Actividad Aseguradora podrá objetar los documentos presentados para la solicitud de constitución y funcionamiento del sujeto regulado, en un lapso que no excederá de cuarenta y cinco (45) días hábiles, contados a partir de la fecha de su presentación, basado en razones técnicas, jurídicas y financieras, por ausencia de controles internos del solicitante o por el incumplimiento de cualquier disposición de la presente Ley o su reglamento. Los solicitantes disponen de un lapso de cuarenta y cinco (45) días hábiles para realizar las correcciones que les hayan sido exigidas. Si en el lapso fijado, los solicitantes no presentan los documentos probatorios para subsanar las objeciones, la Superintendencia de la Actividad Aseguradora negará la autorización a través de acto administrativo motivado.

Aprobación y orden de publicación

Artículo 21

Verificado el cumplimiento de los requisitos exigidos y que no existan objeciones, la Superintendencia de la Actividad Aseguradora otorgará la autorización y ordenará su publicación en la Gaceta Oficial de la República Bolivariana de Venezuela.

Apertura, cambio de domicilio, traslado o cierre de locales, oficinas, sucursales o agencias

Artículo 22

La apertura, cambio de domicilio, traslado o cierre de locales, oficinas, sucursales o agencias de los sujetos regulados, serán notificados a la Superintendencia de la

Actividad Aseguradora con por lo menos treinta (30) días hábiles de anticipación a su ejecución; dentro del mismo lapso, el sujeto regulado lo informará al público a través de su publicación en un diario de circulación nacional, de forma impresa o digital y en un diario de la localidad en donde ocurra la apertura, cambio de domicilio, traslado o cierre. Igualmente, podrá utilizar como mecanismos de notificación la radio, mensajes de texto y redes sociales.

Cuando el sujeto regulado se encuentre sometido a un régimen de medidas administrativas, la apertura, traslado o cierre de locales, oficinas, sucursales o agencias requerirá autorización previa de la Superintendencia de la Actividad Aseguradora.

La apertura de locales, oficinas, sucursales o agencias en el exterior, y siempre que se adquiera el control de las empresas extranjeras, requerirá autorización previa de la Superintendencia de la Actividad Aseguradora.

Las solicitudes de autorización a las cuales se hacen mención en el presente artículo serán decididas en un lapso menor a treinta (30) días hábiles.

Capítulo III

De las Normas que rigen a las empresas de seguros, de reaseguros y de medicina prepagada

Sección Primera

Funcionamiento de las empresas de seguros, de reaseguros y de medicina prepagada

Operaciones de las empresas de seguros, de reaseguros y de medicina prepagada

Artículo 23

Las empresas de seguros, de reaseguros y de medicina prepagada deben realizar única y exclusivamente las operaciones propias de la actividad aseguradora a que se refiere la autorización que se otorga de acuerdo con las disposiciones establecidas en la presente Ley y su reglamento. Adicionalmente, las empresas de seguros y de medicina prepagada podrán realizar administración de fondos.

En aquellos seguros o ramos en los cuales estén autorizadas, las empresas de seguros podrán realizar operaciones de reaseguros que amparen riesgos de otras empresas de seguros, de reaseguros o de medicina prepagada, así como retroceder los riesgos asumidos en reaseguro.

Únicamente las empresas de seguros que operen en seguros generales, podrán realizar fideicomisos, fianzas y reafianzamientos.

Serán aplicables a las empresas de medicina prepagada, en cuanto correspondan, las normas previstas para las empresas de seguros y las que se dicten para regular sus operaciones.

Prohibición de operaciones sin base técnica

Artículo 24

Queda prohibida la realización de operaciones de seguros o de medicina prepagada que carezcan de base técnica actuarial y estadística o del respaldo de reaseguradores que califiquen para aceptar riesgos en reaseguro conforme a la presente Ley.

Otras prohibiciones

Artículo 25

Queda prohibido a los sujetos regulados, según corresponda, lo siguiente:

1. Otorgar préstamos, salvo que se trate de:

a. Préstamos concedidos dentro de programas de incentivos laborales, tales como préstamos con garantía hipotecaria para la adquisición de vivienda principal.

b. Préstamos documentados o automáticos sobre pólizas de vida.

c. Préstamos otorgados a los intermediarios de la actividad aseguradora.

2. Realizar cualquier operación de carácter crediticio para financiar, directa o indirectamente, las primas o cuotas de los contratos de seguros o de medicina prepagada que suscriban, o los recursos para la constitución o reposición de los fondos con ocasión de los contratos de administración de riesgos suscritos. No se considera financiamiento de primas o de cuotas, la modalidad de pago fraccionada cuando ésta no contenga recargo.

3. Otorgar descuentos sobre las primas de los contratos de seguros o sobre las cuotas de los contratos de medicina prepagada, sin la aprobación previa de la Superintendencia de la Actividad Aseguradora.

4. Realizar operaciones garantizadas, directa o indirectamente, con sus propias acciones u obligaciones.

5. Asegurar bajo el régimen de coaseguro, los bienes o personas de los órganos y entes del Poder Público, relacionados con los riesgos de salud, vida, transporte de bienes en general y vehículos terrestres.

6. Realizar operaciones de seguros, reaseguros, reafianzamiento e intermediación, incluyendo el pago de comisiones, bonificaciones u otras remuneraciones, con personas naturales o jurídicas no autorizadas por la Superintendencia de la Actividad Aseguradora o con sociedades reaseguradoras extranjeras no inscritas en el registro que a los efectos lleva la Superintendencia de la Actividad Aseguradora.

7. Efectuar operaciones de reaseguros o reafianzamiento con empresas reaseguradoras con las cuales tengan una vinculación accionaria, jurídica, económica, financiera, organizativa, administrativa o asociativa, o constituyan una unidad de decisión o gestión de acuerdo con lo establecido en esta Ley. Tampoco podrán asegurar o reasegurar, directa o indirectamente, sus propios riesgos o bienes, o los pertenecientes a otras personas jurídicas en las cuales mantenga participación accionaria.

8. Condicionar la contratación de una póliza, servicio o plan de salud a la suscripción de otras pólizas, servicios o planes, así como el acceso a servicios bancarios o financieros, o la adquisición de otros bienes o servicios a la compra de pólizas de seguros o contratos de medicina prepagada.

9. Suscribir pólizas de seguros o contratos de medicina prepagada sin cobro de la contraprestación dineraria o sus equivalentes correspondientes.

10. Dar por terminado el contrato de seguros o de medicina prepagada por el incumplimiento de los pagos de las cuotas correspondientes al financiamiento de las primas de seguros o cuotas de medicina prepagada.

11. Ofrecer planes de seguros o de medicina prepagada con sorteos o permitir que la actividad aseguradora esté asociada a planes de esta naturaleza.

12. Rechazar el pago de indemnizaciones con argumentos genéricos, sin exponer claramente las razones de hecho y de derecho en que se basan para considerar que el pago reclamado no es procedente, no bastando la simple indicación de la cláusula del contrato o norma legal que a su juicio la exonera de su responsabilidad.

13. Pagar a los proveedores de insumos o servicios de los contratos de seguro o de medicina prepagada, servicios o consumos no prestados, o precios mayores a los ofertados para el público en general.

14. Anular los códigos de intermediación que han sido asignados a los intermediarios de seguros e impedir que éstos sigan representando a los contratantes, tomadores, asegurados o beneficiarios.

15. Decretar dividendos o repartir utilidades que prevean sus estatutos, cuando:

a. Las obligaciones, distintas a las derivadas de contratos de seguros, de reaseguros y de medicina prepagada, el capital y las reservas legales no estén respaldadas razonablemente por los activos de la empresa no afectos a la representación de las reservas técnicas.

b. La empresa no se ajuste a las disposiciones de patrimonio propio no comprometido y margen de solvencia.

c. Los bienes aptos para representar las reservas técnicas no sean superiores a las referidas reservas.

d. Se encuentre sometida al régimen de inspección permanente o a medidas prudenciales dictadas por la Superintendencia de la Actividad Aseguradora.

En cualquier caso, las empresas no podrán decretar dividendos o repartir utilidades que prevean sus estatutos, sin la previa aprobación de los estados financieros por parte de la Superintendencia de la Actividad Aseguradora.

16. Efectuar aumentos de capital sin haber enjugado las pérdidas de ejercicios anteriores.

17. Realizar operaciones de captaciones de recursos distintas a las previstas en esta Ley, salvo aquéllas que estén autorizadas por la Superintendencia de la Actividad Aseguradora mediante las normas que a tal efecto se dicten, previa aprobación del Ministro o Ministra del Poder Popular con competencia en materia de finanzas.

18. Efectuar ajustes de prima o cuota por alta siniestralidad durante el período para el cual ha sido calculada la prima del seguro o la cuota de medicina prepagada.

19. Negar o condicionar la cobertura inmediata en casos de emergencia previstos en los contratos de seguro de salud o de medicina prepagada; o alegar las enfermedades preexistentes o adquiridas, defectos o malformaciones congénitas como causal de rechazo de siniestro.

20. Negarse a recibir los reclamos de terceros provenientes de siniestros amparados por pólizas de seguro de responsabilidad civil, cuando las condiciones del contrato así lo establezcan.

21. Emitir contratos de fianza sin contar con el respaldo de la respectiva contra garantía y los contratos de reaseguros o reafianzamientos.

22. Efectuar operaciones o poseer como accionistas sociedades mercantiles extranjeras constituidas, en jurisdicciones calificadas como de baja imposición fiscal por el órgano competente en materia de administración aduanera y tributaria.

23. Realizar operaciones comprendidas en los sistemas denominados tontina y chatelusiano, sus derivados o similares, así como suscribir contratos de cuentas en participación con relación a la actividad aseguradora, sin que ello afecte los reintegros por buena experiencia.

Modificación de los capitales mínimos

Artículo 26

El Ministro o Ministra del Poder Popular con competencia en materia de finanzas, en atención a las condiciones económicas existentes o requerimientos técnicos, previa solicitud de la Superintendencia de la Actividad Aseguradora, podrá modificar el factor multiplicativo fijado para la determinación de los capitales mínimos establecidos en esta Ley.

Notificación de la celebración de asambleas

Artículo 27

Las personas jurídicas regidas por la presente Ley notificarán cualquier asamblea ordinaria o extraordinaria a la Superintendencia de la Actividad Aseguradora, con por lo menos quince (15) días continuos de anticipación a la fecha en la cual se celebrará, remitiendo mediante escrito copia de la respectiva convocatoria y de los documentos que vayan a ser sometidos a consideración de la asamblea de accionistas.

Enajenación de acciones

Artículo 28

La enajenación de acciones de las empresas de seguros, de reaseguros, de medicina prepagada, las administradoras de riesgos, las financiadoras de primas o de cuotas y las sociedades de corretaje de seguros o de reaseguros, debe contar con la autorización previa de la Superintendencia de la Actividad Aseguradora. A tales efectos, cuando lo considere necesario, consultará al órgano que vigila, controla y sanciona las conductas anticompetitivas, el impacto que la operación pudiese tener en el mercado asegurador, quien debe pronunciarse en un plazo de veinte (20) días hábiles.

La enajenación de acciones comprende también aquélla que se realiza mediante la obtención del control de alguno de los sujetos regulados antes mencionados. Será nulo todo acuerdo realizado en contravención a lo establecido en el presente artículo.

Se exceptúan las enajenaciones de acciones de las empresas de seguros, de reaseguros, de medicina prepagada, las administradoras de riesgos y las financiadoras de primas o de cuotas en las cuales el Estado asuma el control de las mismas.

La solicitud para la autorización de la enajenación debe acompañarse de los documentos exigidos por esta Ley y las normas que se dicten al efecto.

Aprobación de pólizas, tarifas y otros documentos

Artículo 29

Las condiciones generales, condiciones particulares, cuadros recibos o cuadros pólizas, solicitudes, finiquitos o recibos de indemnización, notificaciones de siniestros, anexos, arancel de comisiones, bonos, planes de estímulos y demás documentos, así como las tarifas, utilizados por los sujetos regulados en sus relaciones comerciales, con ocasión de los contratos de seguros o de medicina prepagada, deben ser aprobados previamente por la Superintendencia de la Actividad Aseguradora, quien decidirá sobre la solicitud de aprobación en un plazo de cuarenta y cinco (45) días hábiles.

Los documentos mencionados deben ser presentados a la Superintendencia de la Actividad Aseguradora a través de los medios electrónicos, condiciones y términos que ésta determine.

Las tarifas y documentos utilizados por las empresas de seguros o de medicina prepagada deben cumplir con los principios, condiciones, requisitos y lineamientos establecidos en el reglamento de esta Ley y las normas que se dicten al efecto. En cualquier caso, los reglamentos actuariales que sirvan de fundamento para la elaboración de las tarifas deben estar suscritos por actuarios residentes en el país e inscritos en la Superintendencia de la Actividad Aseguradora.

Seguros y planes de medicina prepagada obligatorios

Artículo 30

Se consideran seguros y planes de medicina prepagada obligatorios los que así establezca el Ejecutivo Nacional. Los sujetos regulados están obligados a la suscripción de los contratos de tales seguros o planes de medicina prepagada, según corresponda.

La Superintendencia de la Actividad Aseguradora establecerá con carácter general y uniforme los contratos de seguros, de medicina prepagada, tarifas y demás documentos para la comercialización de seguros o planes obligatorios, o cuando existan razones que en procura del interés general tutelado por la presente Ley, así lo justifiquen.

Aporte para el desarrollo social

Artículo 31

Las empresas de seguros, de medicina prepagada y administradoras de riesgos están obligadas a efectuar un aporte anual de hasta el uno por ciento (1%) de los ingresos netos de anulaciones y devoluciones, obtenidos por las primas de los contratos de seguros de salud, las cuotas de los contratos de medicina prepagada y las remuneraciones por los contratos de administración de riesgos de salud según corresponda, destinado al Tesoro Nacional.

La Superintendencia de la Actividad Aseguradora establecerá el porcentaje y los lineamientos, términos y condiciones para el pago de este aporte, previa aprobación del Ministro o Ministra con competencia en materia en finanzas.

Sección Segunda

Reservas Técnicas

Reservas Técnicas

Artículo 32

Se consideran reservas técnicas: las reservas matemáticas, reservas para riesgos en curso, reservas para cuotas en curso, reservas complementarias para riesgos en curso por insuficiencia de primas, reservas complementarias para riesgos en curso por insuficiencia de cuotas, reservas para prestaciones y siniestros pendientes de pago, reservas para servicios prestados y reembolsos pendientes de pago, reservas para siniestros ocurridos y no notificados, reservas para servicios prestados y reembolsos no notificados, reservas para riesgos catastróficos y reservas para reintegro por experiencia favorable.

En aquellos casos en que las empresas de seguros o de medicina prepagada reciban la contraprestación por equivalente u otorguen coberturas o beneficios adicionales por la suscripción del contrato original o principal, deben constituir, representar y mantener la reserva técnica correspondiente, en los términos establecidos en la presente Ley.

La Superintendencia de la Actividad Aseguradora dictará las normas relativas a la oportunidad en que se constituirán las reservas, así como a la forma y términos en que las empresas de seguros, de reaseguros y de medicina prepagada deben reportarle todo lo concerniente a la constitución de sus reservas técnicas.

Reservas matemáticas

Artículo 33

Las empresas de seguros y de reaseguros deben constituir y mantener una reserva matemática, que se calculará de acuerdo con el reglamento actuarial que le haya sido aprobado por la Superintendencia de la Actividad Aseguradora a la empresa de seguros, para cada tipo de seguro de vida individual que así lo establezca.

Reservas para riesgos en curso y cuotas en curso

Artículo 34

Las empresas de seguros deben constituir y mantener una reserva para riesgos en curso que no será inferior a las primas cobradas, deducidas las devoluciones y netas de la comisión efectivamente pagada al intermediario, correspondientes a períodos no transcurridos. Esta reserva será constituida para los seguros generales y los seguros de vida que así lo requieran.

Las empresas de medicina prepagada deben constituir y mantener una reserva para cuotas en curso que no será inferior a las cuotas cobradas, deducidas las devoluciones y netas de la comisión efectivamente pagada al intermediario, correspondientes a períodos no transcurridos.

Las empresas de reaseguros deben constituir y mantener una reserva para riesgos en curso, en los mismos términos establecidos en este artículo, por los riesgos aceptados de las empresas de seguros y de medicina prepagada.

Reservas complementarias para riesgos en curso por insuficiencia de primas o de cuotas

Artículo 35

Las empresas de seguros, de reaseguros y de medicina prepagada deben constituir y mantener una reserva complementaria para riesgos en curso por insuficiencia de primas o insuficiencia de cuotas, según corresponda, en la medida en que el importe de la reserva para riesgos en curso o cuotas en curso no sea suficiente para cumplir con los compromisos asumidos con los asegurados, beneficiarios, usuarios o afiliados.

La Superintendencia de la Actividad Aseguradora, mediante las normas que a tal efecto dicte, establecerá los ramos aplicables, el método de cálculo y demás principios por los cuales se regirán las empresas de seguros, de reaseguros y de medicina prepagada en la constitución de estas reservas.

Reservas para prestaciones y siniestros pendientes de pago y reservas para servicios prestados y reembolsos pendientes de pago

Artículo 36

Las empresas de seguros y de medicina prepagada deben constituir y mantener una reserva para prestaciones y siniestros pendientes de pago y una reserva para servicios prestados y reembolsos pendientes de pago, respectivamente, en la cual se incluirán los compromisos pendientes con terceros que hayan cumplido por orden y cuenta de los mencionados sujetos regulados, con los asegurados, beneficiarios, usuarios o afiliados.

Las empresas de reaseguros deben constituir y mantener una reserva para prestaciones y siniestros pendientes de pago a las empresas cedentes.

La Superintendencia de la Actividad Aseguradora, mediante las normas que a tal efecto dicte, establecerá los principios y criterios por los cuales se regirán las empresas de seguros, de reaseguros y de medicina prepagada en la constitución de estas reservas técnicas.

Reservas para siniestros ocurridos y no notificados y reservas para servicios prestados y reembolsos no notificados

Artículo 37

Las empresas de seguros y de medicina prepagada deben constituir y mantener una reserva para siniestros ocurridos y no notificados y una reserva para servicios prestados y reembolsos no notificados, respectivamente, la cual se determinará por ramo de acuerdo con la experiencia de cada empresa y, en ningún caso, podrá ser inferior a tres por ciento (3%) de las reservas para prestaciones y siniestros pendientes de pago o de las reservas para servicios prestados y reembolsos pendientes de pago del respectivo período, según corresponda.

Las empresas de reaseguros deben constituir y mantener una reserva para siniestros ocurridos y no notificados, por los riesgos aceptados, en la misma proporción constituida por las empresas cedentes.

La Superintendencia de la Actividad Aseguradora mediante las normas que a tal efecto dicte, podrá modificar el porcentaje señalado, según la experiencia del sector asegurador venezolano, y establecer criterios técnicos y metodologías para su determinación.

Reservas para riesgos catastróficos

Artículo 38

Las empresas de seguros, de reaseguros y de medicina prepagada, constituirán y mantendrán una reserva para los riesgos cubiertos por el respectivo contrato, cuyo efecto, en caso de siniestro, puedes ser de carácter catastrófico, tales como: terrorismo, explosiones, motín, disturbios, daños maliciosos y los que se califican de forma general como catástrofes naturales: terremoto, maremoto, tsunami, inundación, movimientos de masas, flujos torrenciales, huracanes, eventos climáticos, incluida cualquier circunstancia o evento que afecte la actividad agropecuaria.

Esta reserva será equivalente al treinta por ciento (30%) de las primas o cuotas puras o de riesgo retenidas, por los riesgos nombrados en este artículo, correspondientes a períodos transcurridos.

Los sujetos regulados que durante el ejercicio inmediatamente anterior manejen una siniestralidad incurrida igual o menor al treinta por ciento (30%) en los ramos que amparan los riesgos anteriormente señalados, deberán incrementar la reserva para riesgos catastróficos en un monto equivalente a diez por ciento (10%) del resultado técnico obtenido en dichos ramos.

El saldo de la reserva para riesgos catastróficos tendrá como límite máximo un monto equivalente a setenta y cinco por ciento (75%) del valor de la Pérdida Máxima Probable Retenida Promedio correspondiente a los últimos cinco (5) ejercicios económicos.

La Superintendencia de la Actividad Aseguradora, mediante las normas que a tal efecto dicte, establecerá los mecanismos de constitución de la reserva prevista en este artículo, el tratamiento aplicable en caso que exista reaseguro de esos riesgos, así como los modos de liberar esta reserva, a cuya finalidad se dirigirá una proporcionalidad razonable a un Fondo de Reservas Catastróficas Nacional existente o que se cree con los aportes de las reservas liberadas. Este fondo será administrado por el Ministerio del Poder Popular con competencia en materia de finanzas.

Reservas para reintegro por experiencia favorable

Artículo 39

Las empresas de seguros y de medicina prepagada deben constituir y mantener una reserva para reintegro por experiencia favorable en la cuantía y forma que determine la Superintendencia de la Actividad Aseguradora, mediante las normas que a tal efecto dicte.

Representación y cobertura de las reservas técnicas

Artículo 40

El monto obtenido de la sumatoria de todas las reservas técnicas debe estar representado y cubierto en bienes o derechos situado en la República o documentados en títulos valores emitidos y ubicados en el país, mediante:

1. Depósitos en moneda nacional o extranjera, en bancos o instituciones financieras domiciliados en el país y contemplados en la ley especial que regula la materia bancaria, que no sean empresas filiales, afiliadas o relacionadas del sujeto regulado.

2. Títulos valores denominados en moneda nacional o extranjera, emitidos o garantizados por la República, por otros sujetos de derecho público nacional o emitidos por instituciones o empresas en los cuales tengan participación esos entes, siempre que estén custodiados por una institución financiera del sector bancario o del mercado de valores, de carácter público.

3. Participación en fondos de inversión, en moneda nacional o extranjera, cotizados y constituidos exclusivamente con títulos de renta fija o variable, emitidos y custodiados por instituciones o empresas de la República Bolivariana de Venezuela.

4. Participación en fondos de inversión inmobiliarios, en moneda nacional o extranjera, constituidos en la República Bolivariana de Venezuela, así como en bienes inmuebles edificados. Los activos deben estar ubicados exclusivamente en el Territorio Nacional.

5. En otros activos o derechos nacionales que sean autorizados por la Superintendencia de la Actividad Aseguradora.

Para efectos de las reservas para riesgos catastróficos, solo podrán considerarse los bienes o derechos previstos en los numerales 1, 2 y 5 del presente artículo.

El o la Superintendente de la Actividad Aseguradora establecerá anualmente, los porcentajes mínimos y máximos, así como los requisitos, límites y procedimientos necesarios, para la aplicación de estos bienes y derechos en la representación y cobertura de las reservas técnicas, previa aprobación del Ministro o Ministra en competencia en materia de finanzas.

Los fondos de inversión privados y los fondos de inversión inmobiliarias serán precalificados por los organismos públicos con competencia en materia de mercados de valores e inmobiliario, respectivamente.

Características de la representación y cobertura de las reservas técnicas

Artículo 41

Los bienes y derechos que representen las reservas técnicas deberán tener en cuenta los tipos de operaciones efectuadas por el sujeto regulado, a fin de garantizar seguridad, rendimiento, liquidez, vencimientos convenientes y congruencia de las inversiones, con una adecuada distribución diversificada de las mismas.

El sujeto regulado deberá tener la titularidad y libre disposición sobre los bienes y derechos en que se materialice la inversión de las reservas técnicas.

Bienes no aptos para la representación de reservas técnicas

Artículo 42

En ningún caso serán considerados como bienes aptos para la representación de las reservas técnicas, las siguientes operaciones financieras: arrendamientos financieros, operaciones de reporto, mutuos, préstamos de títulos valores, ventas sometidas a condiciones suspensivas o resolutorias o con pacto de retracto.

La Superintendencia de la Actividad Aseguradora podrá, en caso de duda, mediante las normas que a tal efecto dicte, ordenar que se excluya de los bienes aptos un determinado activo.

Las empresas de seguros, de reaseguros y de medicina prepagada no podrán representar las reservas para riesgos catastróficos en bienes inmuebles ni en préstamos hipotecarios.

Obligaciones sobre las reservas técnicas

Artículo 43

Los accionistas y la junta directiva de las empresas de seguros, de reaseguros y de medicina prepagada serán solidariamente responsables por la adecuada constitución, inversión, cobertura, representación y custodia de las reservas técnicas, de acuerdo con las previsiones establecidas en esta Ley, su reglamento y las normas que dicte la Superintendencia de la Actividad Aseguradora. La responsabilidad contenida en este artículo es indelegable.

Déficit en la cobertura o representación de las reservas técnicas

Artículo 44

Evidenciado un déficit en la cobertura o representación de las reservas técnicas, la Superintendencia de la Actividad Aseguradora ordenará la adquisición o la enajenación de los bienes necesarios para solventarlo, en un plazo de quince (15) días hábiles, contados desde la fecha en que haya sido notificado el sujeto regulado.

En caso de incumplimiento a lo dispuesto en el párrafo anterior, la Superintendencia de la Actividad Aseguradora podrá de oficio tomar las medidas necesarias sobre cualquier clase de activos que posea el sujeto regulado para subsanar el déficit de conformidad con la presente Ley y su reglamento.

Deducción de reservas técnicas por riesgos cedidos

Artículo 45

En caso de reaseguros proporcionales, las empresas de seguros, de reaseguros y de medicina prepagada podrán deducir de sus reservas técnicas la proporción de éstas que correspondan a riesgos que hayan cedido o retrocedido.

En caso de reaseguros no proporcionales, esa deducción sólo podrá hacerse sobre las reservas para prestaciones y siniestros pendientes de pago, para servicios prestados y reembolsos pendientes de pago, para siniestros ocurridos y no notificados, y para servicios prestados y reembolsos no notificados, hasta por el monto de éstas que corresponda a siniestros amparados por contratos de dicha naturaleza.

En caso de contratos de reaseguros celebrados con empresas de reaseguros del exterior, la deducción a que hace referencia este artículo podrá realizarse, siempre que para la fecha de constitución de las reservas, las empresas de reaseguros del exterior a las cuales se les haya cedido o retrocedido los riesgos estén inscritas en el Registro de Reaseguradores del Exterior que al efecto lleva la Superintendencia de la Actividad Aseguradora.

Reservas técnicas por aceptación de riesgos

Artículo 46

Las empresas de seguros o de reaseguros que acepten riesgos en reaseguro o retrocesión, deben constituir, representar y mantener las reservas técnicas de esos riesgos, en la misma forma en que estén obligadas las empresas reaseguradas, en función del riesgo aceptado según la modalidad contractual y de acuerdo con las disposiciones previstas en la presente Ley.

Nulidad de gravámenes o compensaciones

Artículo 47

Serán nulos y sin ningún efecto, los gravámenes o compensaciones de deuda realizadas sobre los bienes destinados a la representación de las reservas técnicas, de conformidad con esta Ley.

Asimismo, serán nulas las enajenaciones de estos bienes, cuando se realicen a título gratuito, pagados en especie o en fraude a la ley, o no existan bienes suficientes para representar las reservas técnicas, sin perjuicio de las sanciones a que haya lugar en esta Ley.

Obligación de sustituir los bienes aptos

Artículo 48

Cuando se pretenda hacer cualquier enajenación o constituir gravamen de los bienes que representan las reservas técnicas, la empresa estará obligada a sustituir, previa o simultáneamente, los valores correspondientes por otros bienes de los aceptados por esta Ley para la representación de reservas técnicas. Igual sucederá en los supuestos en que por la naturaleza del bien afecto a reserva o por mandato legal o judicial, fuera necesario rescatarlo o liquidarlo.

Si los accionistas, la junta directiva y quienes tengan la dirección efectiva o la gestión diaria de la empresa de seguros, de reaseguros y de medicina prepagada enajenaren los bienes que representan las reservas técnicas y no los sustituyan por otros, ocasionando una insuficiencia en la representación de las reservas técnicas, serán responsables administrativa, civil y penalmente, según el caso.

Medidas judiciales sobre los bienes

Artículo 49

En caso que la autoridad judicial decretare alguna medida preventiva o ejecutiva sobre bienes de las empresas de seguros, de reaseguros y de medicina prepagada, oficiará previamente a la Superintendencia de la Actividad Aseguradora para que ésta determine los bienes sobre los cuales será practicada la referida medida en un plazo de treinta (30) días hábiles contados desde el día siguiente del acuse de recibo.

Sección Tercera

Margen de solvencia y el patrimonio propio no comprometido

Margen de solvencia

Artículo 50

Las empresas de seguros, de reaseguros y de medicina prepagada deben mantener un margen de solvencia determinado según la metodología de cálculo, condiciones y términos definidos por la Superintendencia de la Actividad Aseguradora mediante las normas que a tal efecto dicte.

Patrimonio propio no comprometido

Artículo 51

Las empresas de seguros, de reaseguros y de medicina prepagada deben tener un patrimonio propio no comprometido, el cual no debe ser inferior al margen de solvencia que establezcan las normas que a tal efecto dicte la Superintendencia de la Actividad Aseguradora.

Publicación y remisión del margen de solvencia y patrimonio propio no comprometido

Artículo 52

Las empresas de seguros, de reaseguros y de medicina prepagada están obligadas trimestralmente a publicar y remitir el margen de solvencia y el patrimonio propio no comprometido, en la forma y términos que establezca la Superintendencia de la Actividad Aseguradora en las normas que a tal efecto dicte.

Sección Cuarta

Fianzas

Operaciones de fianzas

Artículo 53

Las empresas de seguros autorizadas para operar en ramos de seguros generales podrán realizar operaciones de fianzas. Los modelos de los contratos de fianzas, solicitudes, recibos y anexos deben ser previamente aprobados por la Superintendencia de la Actividad Aseguradora, quien decidirá sobre la solicitud en un plazo de treinta (30) días hábiles.

Fianzas que no pueden emitirse

Artículo 54

Las empresas de seguros no podrán emitir garantías financieras, avales o fianzas a primer requerimiento.

Las garantías financieras son aquellas operaciones en la cual se presenten al menos una de las siguientes características: la obligación principal afianzada consiste únicamente en el pago de una suma de dinero a plazo fijo o que el contrato que dé lugar a la fianza tenga una finalidad crediticia.

A los fines de esta Ley, se entiende por aval, la garantía que se otorgue al acreedor de un instrumento financiero por medio del cual el garante se obligue a pagar cuando el o los deudores del referido instrumento no cumplan.

Se entiende por fianza a primer requerimiento, aquélla mediante la cual, a los efectos de cumplir con la obligación afianzada, sólo sea necesaria la presentación de una exigencia de pago escrita o de cualquier otro documento indicado en el texto de la fianza.

Sección Quinta

Microseguros, seguros inclusivos, seguros masivos y canales alternativos

Sectores amparados para microseguros, seguros inclusivos y seguros masivos

Artículo 55

Los microseguros, seguros inclusivos y seguros masivos ofertados por las empresas de seguros y de medicina prepagada deben estar destinados a amparar:

1. Microseguros: sectores socioeconómicos vulnerables, de conformidad con las normas dictadas a tal efecto por la Superintendencia de la Actividad Aseguradora.

2. Seguros inclusivos: sectores sociales excluidos o desatendidos por las coberturas disponibles en el mercado asegurador, entre los que se encuentran: jubilados, pensionados, adultos mayores, personas con discapacidad física o mental, microempresarios, emprendedores, artesanos, población rural, etnias, productores agrícolas y pecuarios, pescadores y acuicultores.

3. Seguros masivos: cualquier sector social con características comunes, con sumas aseguradas y primas accesibles.

Coberturas permitidas para microseguros seguros inclusivos y seguros masivos

Artículo 56

Las empresas de seguros y de medicina prepagada, siempre que estén autorizadas para operar en el ramo correspondiente, podrán comercializar las siguientes coberturas:

1. Microseguros: salud, funerarios, accidentes personales, vida individual, vida colectivo, incendio y líneas aliadas, sustracción ilegítima, automóvil y otras coberturas de daños para residencias o comercios, en lo que se refiere a riesgos específicos y eminentes para el sector objetivo, menores a los establecidos en una póliza tradicional.

2. Seguros inclusivos: salud, funerarios, accidentes personales, vida individual, vida colectivo, incendio y líneas aliadas, sustracción ilegítima, automóvil, coberturas de daños para residencias o comercios, agrícolas, pecuarios, pesca y acuicultura.

3. Seguros masivos: vida individual, vida colectivo, funerarios, accidentes personales, salud, incendio, sustracción ilegítima, combinado residencial, combinado para comercios, automóvil, agrícola, pecuario, diversos, responsabilidad patronal, responsabilidad empresarial y responsabilidad general.

La Superintendencia de la Actividad Aseguradora, mediante las normas que se dicten a tal efecto, establecerá el alcance y características que deberán cumplir estos productos. Igualmente, atendiendo al interés social, podrá limitar, agregar o condicionar las coberturas permitidas, así como los riesgos y montos amparados.

Modalidades de comercialización

Artículo 57

Las empresas de seguros y de medicina prepagada podrán colocar los microseguros, seguros inclusivos y seguros masivos de forma directa, o a través de intermediarios de la actividad aseguradora o los canales alternativos.

Los productos colocados a través de los canales alternativos deben estar disponibles para ser contratados de forma directa o mediante intermediarios de la actividad aseguradora.

Las empresas de seguros, de medicina prepagada y los canales alternativos podrán contratar proveedores especializados en servicios a distancia, así como el uso de tecnología financiera (FINTECH). La Superintendencia de la Actividad Aseguradora regulara a través de normas el uso de estos mecanismos.

Cobertura de los canales alternativos

Artículo 58

Las empresas de seguros y de medicina prepagada sólo colocarán a través de los canales alternativos los ramos de accidentes personales, funerarios, vida individual, vida colectiva y responsabilidad civil de vehículos, siempre que estén autorizados para operar en estos ramos. Previa autorización del Órgano Superior del Sistema Financiero Nacional (OSFIN), la Superintendencia de la Actividad Aseguradora podrá, mediante las normas que se dicten a tal efecto, ampliar las coberturas de los ramos de personas que pueden ofertar por estos canales.

Los canales alternativos con los cuales las empresas de seguros y de medicina prepagada celebren contratos para la colocación de los microseguros, seguros inclusivos y seguros masivos, deben estar inscritos en el registro que a los efectos lleva la Superintendencia de la Actividad Aseguradora y cumplir con las normas que dicte las misma.

Sección Sexta

Administración de riesgos de legitimación de capitales, financiamiento al terrorismo y financiamiento de la proliferación de armas de destrucción masiva

Diseño e implementación del sistema

Artículo 59

Los sujetos regulados deben diseñar, implementar y mantener un Sistema Integral de Administración de Riesgos de Legitimación de Capitales, Financiamiento al

Terrorismo y Financiamiento de la Proliferación de Armas de Destrucción Masiva, cuya composición, funcionamiento y materia se regirá por las normas que a tal efecto dicte la Superintendencia de la Actividad Aseguradora.

Sistema integral

Artículo 60

La Superintendencia de la Actividad Aseguradora, como Órgano de supervisión, control, fiscalización y vigilancia, tendrá dentro de su estructura un Sistema Integral de Administración de Riesgos de Legitimación de Capitales, Financiamiento al Terrorismo y Financiamiento de la Proliferación de Armas de Destrucción Masiva, el cual se regirá por las normas que a tal efecto dicte.

Capítulo IV

Disposiciones especiales en materia de reaseguro

Régimen y obligaciones de reaseguro

Artículo 61

Las empresas de seguros y de medicina prepagada constituidas y autorizadas para operar en la República, podrán ceder en reaseguro, en régimen automático o facultativo, la totalidad o parte del riesgo asumido por cada contrato.

Las empresas de seguros y de reaseguros constituidas y autorizadas para operar en la República, podrán retroceder en régimen automático o facultativo, la totalidad o parte de los riesgos asumidos en reaseguro.

Las empresas de seguros, de reaseguros y de medicina prepagada deben reflejar en sus estados financieros, los ingresos por primas y las demás operaciones que se deriven, de los riesgos asumidos que hayan sido cedidos o retrocedidos en su totalidad, y además remitir a la Superintendencia de la Actividad Aseguradora, de acuerdo con las normas que a tal efecto se dicten, los contratos suscritos de reaseguros y de retrocesión, sobre riesgos situados en la República, según corresponda.

Las empresas de seguros no podrán ceder riesgos en reaseguro a empresas reaseguradoras, cuando se trate de bienes propiedad de éstas últimas que se encuentren amparados por contratos de seguros.

Las empresas de seguros y de reaseguros no podrán asegurar sus propios bienes.

Las condiciones mínimas que deben contener los contratos de reaseguro serán establecidas en el reglamento de esta Ley y las normas que dicte la Superintendencia de la Actividad Aseguradora. En los contratos de reaseguro debe existir una transferencia real del riesgo de seguro que se traduzca en la existencia de una probabilidad razonable de pérdida para el reasegurador, sobre la base de la naturaleza aleatoria de los resultados que éste puede esperar por el contrato.

Participación del mercado nacional

Artículo 62

Las empresas de seguros y de medicina prepagada están obligadas a reasegurar en el mercado nacional no menos del treinta por ciento (30%) de las primas cedidas, quedando exceptuadas, únicamente, cuando no fuere posible colocar ese porcentaje en el país por causa imputable a las empresas de reaseguro nacional, en cuyo caso, podrá cederse la parte no transferida al exterior. La Superintendencia de la Actividad Aseguradora verificará el cumplimiento de esta obligación y su excepción a través de los mecanismos de control posterior que considere conveniente.

La Superintendencia de la Actividad Aseguradora mediante las normas podrá modificar este porcentaje mínimo de cesión o fijarlo por ramo, así como establecer los principios y criterios que regirán, previa aprobación del Ministro o Ministra con competencia en materia de finanzas.

Cuantía de las retenciones

Artículo 63

Las empresas de seguros, de reaseguros y de medicina prepagada, constituidas y autorizadas para operar en la República, deben remitir a la Superintendencia de la Actividad Aseguradora, la cuantía de las retenciones y prioridades por ramo, conjuntamente con los contratos de reaseguro y de retrocesión suscritos en conformidad con lo dispuesto en el reglamento de esta Ley.

Si la Superintendencia de la Actividad Aseguradora observare que la referida cuantía no se corresponde con la capacidad de retención del sujeto regulado, podrá ordenar su ajuste.

El contrato automático de reaseguro relativo a una serie de cesiones de riesgos debe probarse por escrito. Las cesiones al contrato automático y los reaseguros facultativos pueden probarse por cualquier medio admitido por la ley.

Cesión de riesgos en reaseguro

Artículo 64

Las empresas de seguros, de reaseguros y de medicina prepagada podrán ceder riesgos a: las empresas de seguros y de reaseguros constituidas y autorizadas para operar en el país; y a las empresas de seguros y de reaseguros o las agrupaciones de ambas que operen como tales en sus países de origen, inscritas en la Superintendencia de la Actividad Aseguradora.

Las empresas de medicina prepagada no podrán aceptar riesgos en régimen de reaseguro.

Reservas técnicas derivadas de operaciones de reaseguro

Artículo 65

Las empresas de seguros y de reaseguros, constituidas y autorizadas para operar en la República, tendrán la obligación de constituir, mantener, invertir y contabilizar las reservas técnicas derivadas de operaciones de reaseguros, en la forma determinada por esta Ley y en las normas dictadas por la Superintendencia de la Actividad Aseguradora, tomando como bases mínimas los datos facilitados por sus respectivas cedentes y aplicando en primer lugar, para la representación de sus reservas técnicas, los depósitos en poder de las mismas.

Relación directa entre cedente y cesionario

Artículo 66

Cuando en la contratación de riesgos nacionales intervenga alguna sociedad de corretaje de reaseguros, no puede incluirse cláusula alguna que límite la relación directa entre la empresa de seguros o de medicina prepagada y su reasegurador.

Pagos de la cedente a la sociedad de corretaje de reaseguros

Artículo 67

Los pagos de la cedente a la sociedad de corretaje de reaseguros se tendrán como realizados al reasegurador, siempre que este último certifique haber recibido el pago correspondiente, salvo que expresamente se tenga pactado por escrito lo contrario entre la cedente y el reasegurador. La excepción contemplada en esta norma debe ser notificada a la Superintendencia de la Actividad Aseguradora y a la sociedad de corretaje de reaseguros.

Registro de reaseguradores del exterior

Artículo 68

La Superintendencia de la Actividad Aseguradora mantendrá un registro de las empresas de reaseguros constituidas en el exterior que sean autorizadas para realizar operaciones de reaseguros en la República. Las empresas deben cumplir los requisitos y trámites establecidos en el reglamento de la presente Ley y las normas que a tal efecto dicte el Órgano competente.

No podrán ser inscritas en el registro a que hace referencia este artículo, las empresas de reaseguros constituidas en jurisdicciones calificadas como de baja imposición fiscal por el Órgano competente en materia de administración aduanera y tributaria, así como las que no demuestren capacidad financiera para la aceptación de riesgos a juicio de la Superintendencia de la Actividad Aseguradora.

Incompatibilidad para ser representante de empresas de reaseguros del exterior

Artículo 69

No podrán ser designados como representantes de las empresas de reaseguros del exterior para la aceptación de riesgos de reaseguros en el territorio nacional: las empresas de seguros, de medicina prepagada, quienes ejerzan funciones de intermediación de seguros o de medicina prepagada, las administradoras de riesgos y las financiadoras de primas o de cuotas, así como sus accionistas, directores o directoras, administradores o administradoras y empleados o empleadas.

Suspensión y revocatoria del registro de reaseguradores

Artículo 70

La Superintendencia de la Actividad Aseguradora mediante acto motivado y atendiendo a la gravedad de la falta, podrá suspender o revocar la inscripción, por un lapso de uno (1) a cinco (5) años, del Registro de Reaseguradores, a las empresas reaseguradoras del exterior, en los siguientes supuestos:

1. Si observare falta de capacidad técnica o financiera.

2. Cuando incumpliere sus obligaciones con las cedentes o retrocedentes.

3. Cuando dejare de cumplir con los requisitos necesarios para mantener la inscripción en el Registro de Reaseguradores.

4. Cuando existieren fundados motivos técnicos, económicos o financieros que deriven en el incumplimiento de la normativa que rige la actividad aseguradora.

Capítulo V

Empresas financiadoras de primas o cuotas

Requisitos

Artículo 71

Son requisitos indispensables para obtener y mantener la autorización para operar como empresa financiadora de primas o de cuotas, los siguientes:

1. Adoptar la forma de sociedad anónima y tener como objeto único el financiamiento de primas o de cuotas para tomadores de seguros o contratantes de medicina prepagada.

2. Tener un capital mínimo, en bolívares o en Títulos del Estado Venezolano indexados y denominados en bolívares de Ochenta Mil (80.000) veces el tipo de cambio de referencia. A partir del segundo año de operaciones, el capital deberá ser superior a quince por ciento (15%) del total de las primas o cuotas financiadas en el ejercicio económico inmediatamente anterior. En ningún caso, el monto que resulte de la aplicación de este porcentaje, podrá ser menor al capital mínimo exigido.

Los aumentos de capital podrán realizarse con cargo a las utilidades no distribuidas, previa autorización de la Superintendencia de la Actividad Aseguradora.

3. Poseer un mínimo de tres (3) accionistas. Todas las acciones deben ser nominativas, de una misma clase y no fraccionadas.

4. Poseer una junta directiva, compuesta por no menos de tres (3) integrantes, que posean calificación profesional derivada de haber obtenido un título universitario, con experiencia mínima de tres (3) años en la actividad aseguradora o financiera, o posean destacada y comprobada experiencia de por lo menos cinco (5) años en tales actividades; en ambos casos, en cargos de alto nivel (presidente o presidenta, vicepresidente o vicepresidenta, gerente general u otros cargos de similar jerarquía o asesoramiento), o en cargos de jerarquía inmediatamente anterior a los de alto nivel.

5. La totalidad de los integrantes de la junta directiva deben estar domiciliados y residenciados en el país, y no podrán ser cónyuges o mantener uniones estables de hecho entre sí, o estar vinculados por parentesco dentro del

segundo grado de afinidad o cuarto de consanguinidad, ni ejercer simultáneamente cargos directivos en otros sujetos regulados o en otras empresas del sistema financiero. Al menos la mitad deben ser venezolanos o venezolanas.

6. Al menos dos tercios de los integrantes de la junta directiva deben ser directores o directoras independientes, calificados como tales según las normas de gobierno corporativo que dicte la Superintendencia de la Actividad Aseguradora. Los directores o directoras que sean accionistas deben depositar en la caja social del sujeto regulado un número de acciones determinado en los estatutos, de conformidad con lo previsto en el Código de Comercio.

7. Los accionistas y los integrantes de la junta directiva no podrán estar incursos en las prohibiciones previstas en esta Ley.

8. Especificar el origen de los bienes y recursos económicos utilizados para la constitución de la sociedad mercantil y proporcionar la información necesaria para su verificación; si los mismos provienen de personas jurídicas, deben anexar toda la documentación legal y financiera de la misma, salvo aquéllas cuyos fondos provengan de instituciones regidas por la ley especial que regula la materia bancaria.

9. Presentar conjuntamente con la solicitud, copia de la reserva de denominación comercial en el Registro Mercantil y copia de la búsqueda informática o reserva de marca por ante el Servicio Autónomo de la Propiedad Intelectual e Identificación, profesión y cargo del personal autorizado por la empresa para dirigir comunicaciones y representarla ante la Superintendencia de la Actividad Aseguradora.

10. Tener una sede que sirva como asiento principal de sus operaciones, debiendo indicar la dirección de la misma y de las sucursales de ser el caso.

11. Presentar copia del modelo de contrato que se utilizará para financiar primas o cuotas, el cual debe cumplir con las condiciones exigidas en las normas que regulan la relación contractual en la actividad aseguradora y las que al efecto dicte la Superintendencia de la Actividad Aseguradora. Estos modelos de contratos, sus modificaciones y demás documentos que formen parte del mismo deben estar previamente aprobados.

12. No formar parte de un grupo económico o financiero, de acuerdo con la Ley Orgánica del Sistema Financiero Nacional.

Causales de suspensión de la autorización

Artículo 72

Son causales de suspensión de la autorización como empresa financiadora de primas o de cuotas:

1. La modificación sin aprobación previa de alguno de los requisitos que requieren autorización de la Superintendencia de la Actividad Aseguradora.

2. El incumplimiento de las obligaciones contractuales frente a los contratantes, las empresas de seguros o de medicina prepagada.

3. Cuando la empresa financiadora de primas o cuotas lo solicite por cualquier causa justificada a juicio de la Superintendencia de la Actividad Aseguradora.

4. Las que establezca el reglamento de la presente Ley y las normas que a tal efecto dicte la Superintendencia de la Actividad Aseguradora.

El acto administrativo que acuerde la suspensión indicará la vigencia de la misma, la cual no podrá exceder de tres (3) años, quedando asentada la correspondiente nota marginal en el Registro de Financiadoras de Primas o de Cuotas.

Causales de revocación de la autorización

Artículo 73

Son causales de revocación de la autorización como empresa financiadora de primas o de cuotas, las siguientes:

1. Que incurra en cesación de pago o atraso en el pago de sus obligaciones.

2. No mantener el capital mínimo indicado en la presente Ley.

3. Facilite a través de su estructura que una empresa de seguros o de medicina prepagada incurra en el financiamiento de primas o de cuotas, en forma directa o indirecta.

4. El incumplimiento de lo dispuesto en la presente Ley, su reglamento y las normas que a tal efecto dicte la Superintendencia de la Actividad Aseguradora.

Declarada la revocación de la autorización, la sociedad mercantil no podrá solicitar nuevamente su autorización hasta que transcurra un período de cinco (5) años. La Superintendencia de la Actividad Aseguradora, podrá adicionalmente, según la causal de revocación, inhabilitar hasta por el mismo lapso, a los accionistas, directores y administradores del sujeto regulado revocado para ser miembros de otra empresa que realice actividades objeto de la presente Ley.

Capítulo VI

Cesión de cartera, fusión y escisión de empresas

Autorización previa

Artículo 74

La cesión de cartera, fusión o escisión de las personas jurídicas reguladas por esta Ley, requiere la autorización previa de la Superintendencia de la Actividad Aseguradora. A tales efectos, cuando lo considere necesario, consultará al órgano que vigila, controla y sanciona las conductas anticompetitivas.

La solicitud de autorización debe ser presentada por escrito de conformidad con los requisitos exigidos en esta Ley, su reglamento y en las normas que a tal efecto dicte la Superintendencia de la Actividad Aseguradora. Los acuerdos celebrados en contravención de lo establecido en el presente artículo se consideran nulos.

Lo relativo a la forma, requisitos y eficacia de la cesión, fusión o escisión, así como la publicidad del documento que la contiene, será desarrollado en el reglamento de la presente Ley.

Revocación

Artículo 75

La autorización otorgada para la cesión total de cartera, la fusión o escisión, implica la revocación de la autorización concedida para operar de la empresa cedente en el o los ramos de seguros cedidos, o de la que haya cesado en su actividad, según sea el caso.

Revocada la autorización por cesión, la misma no podrá ser otorgada nuevamente hasta que hayan transcurrido cinco (5) años desde la fecha de la cesión, previo cumplimiento de los requisitos exigidos en la presente Ley.

Capítulo VII

Contabilidad e Inspecciones

Normas y códigos contables

Artículo 76

La contabilidad de las empresas de seguros, de reaseguros, de medicina prepagada, administradoras de riesgos, financiadoras de primas o de cuotas, sociedades de corretaje de seguros y sociedades de corretaje de reaseguros deberán llevarse conforme a las Normas de Contabilidad y Códigos de Cuentas, incluyendo sus ajustes y actualizaciones, publicadas por la Superintendencia de la Actividad Aseguradora en su portal web. Supletoriamente se aplicarán los principios de contabilidad generalmente aceptados y las normas internacionales de contabilidad.

Información financiera

Artículo 77

La Superintendencia de la Actividad Aseguradora determinará y exigirá a los sujetos regulados por esta Ley, los anexos, formularios, libros, contratos, información electrónica, documentos complementarios y cualquier otro que estime necesario para obtener la información financiera precisa; así como aquellos relativos a las actividades realizadas en el exterior para verificar su autenticidad.

La Superintendencia de la Actividad Aseguradora podrá establecer, por vía general o particular, las especificaciones que debe contener la información requerida, las cuales serán de obligatoria aceptación y aplicación, sin que puedan oponerse a suministrarla, alegando su confidencialidad.

Sistema de estados financieros analíticos

Artículo 78

Las empresas de seguros, de reaseguros, de medicina prepagada, administradoras de riesgos, financiadoras de primas o de cuotas, sociedades de corretaje de seguros y sociedades de corretaje de reaseguros, deberán remitir a la Superintendencia de la Actividad Aseguradora los estados financieros analíticos en la oportunidad y a través de los mecanismos y medios que determine.

Cierre del ejercicio económico, remisión y publicación de estados financieros

Artículo 79

Las empresas de seguros, de medicina prepagada, administradoras de riesgos, financiadoras de primas o de cuotas, sociedades de corretaje de seguros y sociedades de corretaje de reaseguros, deberán realizar el correspondiente cierre del ejercicio económico al 31 de diciembre de cada año, y las empresas de reaseguros al 30 de junio de cada año.

Los sujetos regulados, según correspondan, dentro de los sesenta (60) días continuos siguientes al cierre del ejercicio económico, deberán remitir:

1. Estado de situación financiera, estado de resultados y analíticos de los grupos de cuentas: activo, pasivo, egresos e ingresos, acompañados de los correspondientes anexos contables y estadísticos, así como de las relaciones pormenorizadas; suscritos por quienes ejerzan las funciones ejecutivas, de administración o finanzas y del área contable.

2. Informe de auditoría externa y la respectiva carta a la gerencia, suscritos por un contador público en el ejercicio independiente de la profesión, inscrito en el Registro de Auditores Externos de la Superintendencia de la Actividad Aseguradora.

3. Certificación de las reservas técnicas y el informe correspondiente, suscritos por un actuario independiente inscrito en la Superintendencia de la Actividad Aseguradora, con base a las normas que a tal efecto se dicten.

4. Margen de solvencia y patrimonio propio no comprometido correspondientes al último trimestre del ejercicio económico, suscrito por quien ejerza la función ejecutiva del sujeto regulado y por el actuario independiente inscrito en la Superintendencia de la Actividad Aseguradora, acompañado de la certificación del acta de junta directiva en la cual fueron presentados.

5. Memoria y cuenta presentada por la Junta Directiva a la Asamblea de Accionistas, acompañado del informe del comisario.

6. Acta de la asamblea general ordinaria de accionistas que conoció y aprobó lo dispuesto en los numerales 1, 3, 4 y 5 de este artículo, conjuntamente con el listado de los accionistas y miembros de la junta directiva para el ejercicio económico finalizado.

7. Información contable, estadística y cualquier otra que sea necesaria de acuerdo a las normas que a tal efecto dicte la Superintendencia de la Actividad Aseguradora.

Las empresas de seguros, de reaseguros, de medicina prepagada y administradoras de riesgos podrán publicar sus estados financieros en un diario de circulación nacional, de forma impresa o digital, y en sus respectivos portales web, con antelación a su remisión a la Superintendencia de la Actividad Aseguradora, en cuyo caso la publicación deberá indicar expresamente que los mismos no han sido autorizados.

Finalizado el procedimiento administrativo correspondiente a la inspección, la Superintendencia de la Actividad Aseguradora ordenará la publicación de los estados financieros al sujeto regulado, en un diario de circulación nacional, de forma impresa o digital, y en su respectivo portal web.

Irregularidades en los estados financieros

Artículo 80

Cuando en los estados financieros presentados se determine, previo procedimiento administrativo, que existen irregularidades o lo considere conveniente la Superintendencia de la Actividad Aseguradora, ordenará elaborarlos nuevamente con las observaciones que se indiquen, someterlos a aprobación en asamblea extraordinaria de accionistas y publicarlos, sin perjuicio de las acciones y sanciones a las que haya lugar.

Inspecciones

Artículo 81

La Superintendencia de la Actividad Aseguradora en el ejercicio de sus potestades regulatorias establecidas en la presente Ley, podrá ordenar cualquiera de los siguientes procedimientos de inspección:

1. Parcial: Para investigar algún hecho, acto o documento determinado.

2. General: Para verificar la razonabilidad y adecuación de los estados financieros, la situación económico-financiera, la organización administrativa y el cumplimiento de las disposiciones legales por los sujetos regulados.

3. Permanente: Cuando se evidencie alguno de los supuestos que den lugar a la aplicación de las medidas administrativas previstas en esta Ley o cuando de los resultados de las inspecciones parciales o generales se desprendan fundados motivos para ordenarla.

La forma y términos de los procedimientos de las inspecciones estarán previstos en el reglamento de esta Ley, las normas que a tal efecto se dicten y la Ley Orgánica de Procedimientos Administrativos.

Capítulo VIII

Medidas

Orden para subsanar la insuficiencia en las reservas técnicas o margen de solvencia

Artículo 82

Determinada la insuficiencia en las reservas técnicas, en el margen de solvencia o en cualquier situación de similares efectos que conlleve a los sujetos regulados a estados de insolvencia, la Superintendencia de la Actividad Aseguradora ordenará la sustitución, rectificación, constitución o cobertura de las reservas o provisiones, o que se aumente el patrimonio propio no comprometido, para ajustarlo a los requerimientos de solvencia, u ordenar las modificaciones o reclasificaciones contables, así como las inclusiones que fuere menester incorporar en los estados financieros e informes respectivos.

Constitución de provisiones y reclasificaciones contables por cuentas incobrables

Artículo 83

La Superintendencia de la Actividad Aseguradora ordenará por razones de riesgo, la constitución de provisiones por cuentas incobrables, distintas de las reservas técnicas a que se refiere esta ley y señalará los ajustes a efectuar contra tales apartados o directamente contra los resultados del ejercicio.

Igualmente, podrá ordenar que se rectifique o modifique el valor con que se encuentran contabilizadas las inversiones u otros activos de los sujetos regulados, de acuerdo con el análisis de las informaciones obtenidas o el resultado de las fiscalizaciones efectuadas.

Medidas administrativas

Artículo 84

El o la Superintendente de la Actividad Aseguradora, a los fines de mantener el interés general tutelado por esta Ley, previo cumplimiento del procedimiento administrativo correspondiente y sin perjuicio del establecimiento de sanciones administrativas, podrá imponer las siguientes medidas:

1. Dictar que se subsane la situación o irregularidad detectada en el lapso fijado.

2. Prohibir o limitar el otorgamiento de fianzas o la suscripción o contratación de nuevas obligaciones derivadas de sus operaciones; la realización de préstamos u otras inversiones, o contraer nuevas deudas, sin autorización previa de la Superintendencia de la Actividad Aseguradora; así como efectuar pagos de dividendos a los accionistas o bonificaciones de cualquier naturaleza a la junta directiva.

3. Ordenar la venta o liquidación de algún activo o inversión, o prohibir que se disponga de los activos del sujeto regulado.

4. Suspender, remover o sustituir los directivos o empleados, cuando existieran fundados indicios de que han incurrido en ilícitos previstos por esta Ley, sin perjuicio de las acciones legales a que hubiere lugar.

5. Prohibir la contratación de asesores sin autorización de la Superintendencia de la Actividad Aseguradora o el ejercicio de la actividad en el exterior.

6. Decretar inspección permanente al sujeto regulado con orden de convocar a las funcionarias o funcionarios inspectores a todas las reuniones de juntas directivas, comités u otros órganos con capacidad de decisión. Las resoluciones adoptadas que no cumplan con los requisitos, generan responsabilidad solidaria por parte de los directivos, administradores, gerentes, empleados e involucrados.

7. Instruir la convocatoria para celebrar las asambleas ordinarias y extraordinarias de accionistas de las personas jurídicas; designar los funcionarios o

funcionarias de la Superintendencia de la Actividad Aseguradora que asistirán a las asambleas, sólo con derecho a voz, y suspender la celebración de cualquiera que haya ordenado o no convocar, cuando se den algunos de los supuestos previstos en la presente Ley.

8. Ordenar el cumplimiento de los planes de regularización que dicte la Superintendencia de la Actividad Aseguradora; la presentación de un informe sobre la situación de los reaseguros contratados, cedidos o aceptados, o prohibir la aceptación de riesgos en reaseguro.

9. Instruir que las primas o cuotas recaudadas sean depositadas en cuenta abierta en una institución financiera regida por la ley que regula la materia bancaria, que sólo podrá movilizarse previa autorización de la Superintendencia de la Actividad Aseguradora.

10. Suspender la publicidad.

11. Cualquier otra que sea necesaria para corregir situaciones administrativas, técnicas, jurídicas, económicas o financieras.

Las medidas se mantendrán en vigencia hasta tanto la Superintendencia de la Actividad Aseguradora considere corregidas las situaciones o irregularidades que dieron lugar a su imposición, o se acuerde aplicar otras medidas previstas en esta Ley.

Supuestos para las medidas administrativas

Artículo 85

El o la Superintendente de la Actividad Aseguradora podrá, en su criterio, imponer una o varias medidas administrativas, cuando el sujeto regulado incurra en alguno de los siguientes supuestos:

1. Diere fundados motivos para presumir que pueda enfrentar problemas de liquidez o solvencia que ocasionen perjuicios a sus tomadores, asegurados, beneficiarios, contratantes, usuarios, afiliados, reasegurados o al equilibrio del mercado asegurador.

2. Evidencie situaciones graves de tipo tecnológico, administrativo o gerencial que afecten o puedan afectar significativamente la operación normal, la solvencia o liquidez.

3. Se encuentre en estado de atraso o cesación de pagos.

4. Evidencie pérdidas que superen el capital más el superávit ganado, o el incumplimiento en el pago del capital.

5. Cuando el margen de solvencia no se ajuste a la fórmula o cuantía que determine la Superintendencia de la Actividad Aseguradora o se compruebe que las operaciones técnicas, legales o financieras realizadas, contravengan la normativa en materia de administración de riesgos de legitimación de capitales, financiamiento al terrorismo y financiamiento de la proliferación de armas de destrucción masiva, de tal manera que comprometan el equilibrio del sistema financiero nacional.

6. Cualquier otro supuesto que coloque en riesgo su estabilidad financiera, técnica y operativa.

Pérdidas superiores a cincuenta por ciento

Artículo 86

Cuando la Superintendencia de la Actividad Aseguradora determine la existencia de pérdidas al cierre del ejercicio que reduzcan el capital más el superávit ganado de una empresa de seguros, de reaseguros, de medicina prepagada, administradora de riesgos y financiadora de primas o de cuotas, en más del cincuenta por ciento (50%), ordenará a los accionistas la reposición del capital, en bolívares o en Títulos del Estado Venezolano indexados y denominados en bolívares, en un lapso máximo de treinta (30) días continuos.

A tal efecto, sin previa notificación al Órgano competente, los administradores convocarán la asamblea de accionistas, la cual deberá reunirse dentro de los quince (15) días continuos siguientes a la fecha en que le haya sido ordenada la reposición.

Asimismo, la Superintendencia de la Actividad Aseguradora designará funcionarios o funcionarias para que vigilen y hagan el seguimiento a la aplicación de las medidas acordadas, quienes asistirán con poder de voto a las reuniones de junta directiva y demás instancias de dirección de los sujetos regulados.

Responsabilidad solidaria

Artículo 87

Los accionistas de los sujetos regulados serán solidariamente responsables con su patrimonio por el total de las obligaciones, en proporción a su participación en el capital y en los términos establecidos en esta Ley, en materia de responsabilidad de los accionistas.

Los integrantes de la junta directiva de los sujetos regulados serán responsables cuando por dolo o culpa grave, transgredan disposiciones legales ocasionando daños a terceros.

Intervención

Artículo 88

La Superintendencia de la Actividad Aseguradora procederá a la intervención del sujeto regulado cuando se verifique cualquiera de los siguientes supuestos:

1. Las medidas ordenadas no fueren suficientes para resolver las situaciones que las motivaron.

2. Los accionistas no repusieren el capital o el déficit en el patrimonio propio no comprometido o la insuficiencia en la constitución o la representación de las reservas técnicas, en el lapso estipulado, conforme con esta Ley o con las medidas que a tal fin hayan sido dictadas.

El o la Superintendente de la Actividad Aseguradora designará como mínimo tres (3) interventores, quienes serán funcionarios o funcionarias de la Superintendencia de la Actividad Aseguradora y procederá conforme a lo dispuesto en esta ley. Los interventores deben presentar en un lapso de treinta (30) días un inventario inicial de los activos y pasivos del sujeto regulado intervenido.

La providencia administrativa mediante la cual se designa la Junta Interventora se remitirá al Ministerio del Poder Popular con competencia en materia de finanzas, a los fines de su publicación en Gaceta Oficial de la República Bolivariana de Venezuela.

Facultades de los interventores

Artículo 89

En la providencia que se dicte conforme al artículo 88, la Superintendencia de la Actividad Aseguradora podrá conferir a los interventores, en los términos que establezca, facultades de administración, disposición, control y vigilancia, incluyendo todas las atribuciones que la ley y los estatutos confieren a la asamblea de accionistas, a la junta directiva o administradora, al presidente o presidenta y las demás instancias de dirección del sujeto regulado intervenido.

Asimismo, se fijará el régimen a que se someterá el sujeto regulado objeto de la medida, para que en un plazo de noventa (90) días continuos, prorrogable por una sola vez e igual tiempo, concluya la intervención.

Suspensión de acciones y medidas judiciales

Artículo 90

Durante el régimen de intervención, y hasta tanto éste culmine, queda suspendida toda medida judicial preventiva o de ejecución en contra del sujeto regulado intervenido y no podrá continuarse ninguna acción de cobro, salvo que ella provenga de hechos derivados de la intervención. Ordenada la intervención, la Superintendencia de la Actividad Aseguradora notificará al organismo con competencia en materia de registros y notarías, a los fines de evitar la autenticación o protocolización de actos de enajenación o gravamen de bienes, sin su previa autorización.

Capítulo IX

Revocación de las autorizaciones y de la disolución y liquidación de los sujetos regulados

Causales para la revocación

Artículo 91

La Superintendencia de la Actividad Aseguradora procederá, previo cumplimiento del procedimiento administrativo correspondiente, a dejar sin efecto la autorización administrativa concedida a los sujetos regulados, cuando:

1. No inicien sus operaciones en el lapso de ciento veinte (120) días continuos después de otorgada la aprobación de constitución y funcionamiento, o no desarrollen las actividades para las cuales fueron autorizadas, conforme a lo establecido en la presente Ley y en su reglamento.

2. Incumplan alguno de los requisitos establecidos para el otorgamiento de la autorización, conforme a lo dispuesto en la presente Ley y en su reglamento. En este caso, con excepción de lo relativo al aumento del capital mínimo, previamente se otorgará un plazo entre treinta (30) y noventa (90) días hábiles para que la empresa regularice la situación.

3. Se compruebe la falta de actividad o de comercialización de un ramo o contrato. La revocación afectará exclusivamente el ramo o contrato inactivo o no comercializado.

4. Por cualquier causa comprobable, cesare sus operaciones.

5. Realizada la intervención, los interventores hubieren concluido, mediante informe presentado al o la Superintendente de la Actividad Aseguradora, que no es posible la recuperación administrativa, técnica o financiera del sujeto regulado.

6. Se acuerde la liquidación del sujeto regulado.

En los casos previstos en el numeral 3 de este artículo, el reglamento de esta Ley establecerá los términos para determinar la falta de actividad o comercialización de un ramo o contrato. En estos supuestos, no se podrá solicitar nuevamente la autorización sin que transcurra un período superior a dos (2) años.

Facultades para convocar asambleas y declarar la liquidación

Artículo 92

En defecto de la actuación de la junta directiva o de la asamblea de accionistas del sujeto regulado, la Superintendencia de la Actividad Aseguradora convocará a la asamblea de accionistas y designará a la persona que la presida, a los fines de declarar la liquidación. Si la asamblea no llegase a constituirse o no acordare la liquidación, la Superintendencia de la Actividad Aseguradora procederá de oficio a declararla.

Liquidación administrativa

Artículo 93

Ordenada la liquidación del sujeto regulado, se abrirá el procedimiento administrativo correspondiente, conforme con el reglamento de esta Ley y las normas dictadas a tal efecto. El sujeto regulado mantendrá su personalidad jurídica y a su denominación social añadirá la expresión, en liquidación.

Durante el procedimiento, la Superintendencia de la Actividad Aseguradora podrá autorizar, mediante acto administrativo motivado y previa aprobación del Ministro o la Ministra con competencia en materia de finanzas, la cesión total del activo, pasivo y patrimonio del sujeto en liquidación.

Operaciones durante la liquidación

Artículo 94

Durante el procedimiento no podrán concertarse nuevas operaciones. La Superintendencia de la Actividad Aseguradora, de oficio o a solicitud del sujeto en liquidación, podrá autorizar la cesión de la cartera o acordar la terminación anticipada de los contratos, a los fines de garantizar la protección del interés general tutelado por la presente Ley.

Liquidador

Artículo 95

El o la Superintendente de la Actividad Aseguradora o las personas que designe, realizarán la liquidación administrativa. Los liquidadores serán responsables de sus actuaciones en el ejercicio de las atribuciones conferidas en la presente Ley y en las leyes aplicables de forma supletoria.

Orden de prelación en los pagos

Artículo 96

En los casos de liquidación, los acreedores cobrarán en el orden siguiente:

1. Sobre los activos que representen las reservas técnicas y el patrimonio propio no comprometido, o su equivalente según el sujeto en liquidación, tendrán privilegio con respecto de los demás acreedores, los tomadores, asegurados, beneficiarios, contratantes, usuarios y afiliados. Si los activos antes indicados resultaren insuficientes, los sujetos mencionados, concurrirán conjuntamente con los acreedores quirografarios, por la porción no cubierta.

2. Sobre los activos que representen las reservas técnicas y el patrimonio propio no comprometido tendrán también privilegio las empresas que hayan cedido sus riesgos a los sujetos en liquidación, por la porción del riesgo retenido por éstos, una vez satisfechas las obligaciones con las personas indicadas en el numeral 1 de este artículo.

3. Los trabajadores y trabajadoras cobrarán de acuerdo con los privilegios establecidos en la legislación laboral.

4. Los acreedores hipotecarios o prendarios obtendrán el pago de la Obligación con el monto obtenido por la liquidación de los bienes otorgados en garantía y si éstos no fueren suficientes, concurrirán conjuntamente con los acreedores quirografarios.

5. La República, los estados, los distritos y los municipios.

6. Otros acreedores privilegiados.

7. Los acreedores quirografarios.

Las empresas de reaseguros deben pagar totalmente las cantidades de dinero que adeuden al sujeto en liquidación, hechas todas las compensaciones entre indemnizaciones, primas, comisiones y cualquier otro crédito o débito derivado del respectivo contrato de reaseguro.

La Superintendencia de la Actividad Aseguradora mediante normas que a tal efecto dicte, garantizará que el orden de prelación previsto sea liquidado tomando en consideración la cuantía del menor de los montos adeudados hasta alcanzar el monto mayor para cada uno de los grupos.

Queda prohibida toda medida judicial que altere o modifique el orden de prelación en los pagos previstos en este artículo.

Exclusión del régimen de atraso o quiebra

Artículo 97

Durante la liquidación no podrá otorgarse el beneficio de atraso, ni producirse la declaratoria judicial de quiebra.

En caso de problemas graves de liquidez o de cesación de pagos, procederá la intervención o el proceso de liquidación administrativa, conforme a lo establecido en esta Ley.

Prohibición de embargos

Artículo 98

En el curso de la liquidación administrativa no se admitirá ningún embargo de bienes del sujeto en liquidación.

Capítulo X

Asociaciones Cooperativas que realicen actividad aseguradora

Ámbito de aplicación

Artículo 99

Las disposiciones previstas en este capítulo serán aplicables únicamente a las asociaciones cooperativas que realicen actividad aseguradora y se encuentren autorizadas por la Superintendencia de la Actividad Aseguradora.

Régimen aplicable

Artículo 100

Son aplicables a los sujetos regulados a que se refiere este capítulo, las disposiciones previstas en esta Ley para las empresas de seguros, en especial lo relativo a la contribución especial, garantía a la Nación, capitales, reservas técnicas, margen de solvencia y patrimonio propio no comprometido, aprobación de pólizas, tarifas y publicidad, y las dispuestas en las normas que a tal efecto se dicten.

Prohibición

Artículo 101

Los sujetos regulados a que se refiere este capítulo, no podrán efectuar operaciones en beneficio de personas no asociadas, de fianzas, de reaseguro aceptado y de coaseguro.

Formación

Artículo 102

La Superintendencia de la Actividad Aseguradora procurará asistencia técnica a los sujetos regulados a que se refiere este capítulo.

Capítulo XI

Intermediación de la actividad aseguradora

Autorización y tipos de intermediarios

Artículo 103

La Superintendencia de la Actividad Aseguradora sólo podrá autorizar, de conformidad con lo establecido en esta Ley, su reglamento y las normas, para actuar como intermediarios a:

1. Los agentes que actúen directa y exclusivamente con una empresa de seguros, de medicina prepagada, administradora de riesgos o sociedad de corretaje de seguros.

2. Los corredores de seguros que actúen directamente con una o varias empresas de seguros, de medicina prepagada, administradoras de riesgos o sociedades de corretaje de seguros.

3. Las sociedades de corretaje de seguros.

4. Las sociedades de corretaje de reaseguros.

Los intermediarios, con excepción de las sociedades de corretaje de reaseguros, deben demostrar a la Superintendencia de la Actividad Aseguradora, en la forma y términos indicados en el reglamento de esta Ley, que se encuentran en el ejercicio de la actividad para la cual han sido autorizados, salvo causa extraña no imputable o fuerza mayor.

Capitales mínimos

Artículo 104

Las sociedades de corretaje de seguros y las sociedades de corretaje de reaseguros deberán tener un capital mínimo, en bolívares o en Títulos del Estado Venezolano indexados y denominados en bolívares, el cual se ajustará cada dos (2) años, antes del 31 de enero del año que corresponda:

1. Sociedades de corretaje de seguros: Quince Mil (15.000) veces el tipo de cambio de referencia.

2. Sociedades de corretaje de reaseguros: Cuarenta y Cinco Mil (45.000) veces el tipo de cambio de referencia.

Los aumentos de capital podrán realizarse con cargo a las utilidades no distribuidas, previa autorización de la Superintendencia de la Actividad Aseguradora.

Relación directa entre las empresas y el tomador, asegurado, beneficiario, contratante, usuario o afiliado

Artículo 105

La actuación del intermediario no impedirá las relaciones directas entre la empresa de seguros, de medicina prepagada o administradora de riesgos y el tomador, asegurado, beneficiario, contratante, usuario o afiliado.

Cambio de intermediario y derecho a las comisiones

Artículo 106

El tomador o el contratante podrá en cualquier momento cambiar la designación que haya hecho de un intermediario, en cuyo caso se mantendrán vigentes el o los contratos celebrados, pero en su ejecución posterior a la sustitución, intervendrá el nuevo intermediario. En este supuesto, la comisión corresponderá a aquel que medió en la emisión o renovación, mediante el pago de la prima o cuota.

Cuando se trate de seguros de vida individual, el intermediario no perderá el derecho a las comisiones, aun cuando el tomador realice una nueva designación. No se aplicará este supuesto en los casos de pólizas de vida caducadas, que hayan sido rehabilitadas por la intervención del nuevo intermediario o que sus vigencias fueran prorrogadas luego de la sustitución.

Las comisiones deberán ser pagadas dentro de los ocho (8) días continuos, a partir del momento en que el sujeto regulado reciba el pago de las primas o cuotas.

Prohibición de extorno de comisiones

Artículo 107

El intermediario que haya mediado en la celebración de un contrato de seguro o medicina prepagada mantendrá el derecho a las comisiones por las primas o cuotas cobradas, en caso de cualquier forma de terminación anticipada del mismo.

Prohibición a los intermediarios

Artículo 108

Los agentes, corredores de seguros y sociedades de corretaje de seguros no podrán realizar directa o indirectamente de forma simultánea, gestiones de intermediación de reaseguros, de representación de cualquier forma de empresas de reaseguros o de sociedades de corretaje de reaseguros, de inspección de riesgos, de ajustes o peritajes; ni ser integrantes de juntas directivas, gerentes, accionistas, empleados o empleadas de éstas; o ejercer la representación de empresas de seguros o de reaseguros extranjeras inscritas, ni de agentes o corredores de seguros no domiciliados en el país.

Queda prohibido a los intermediarios mediar con empresas no autorizadas por la Superintendencia de la Actividad Aseguradora o pagar cantidad alguna por cuenta de las empresas para las cuales efectúen gestiones de intermediación y en consecuencia, éstas no podrán autorizarlos para ello.

Revocación

Artículo 109

La declaratoria de interdicción, inhabilitación, estado de atraso o quiebra del intermediario, según el caso, causará de pleno derecho la revocación de la autorización.

Información

Artículo 110

Los intermediarios deberán elaborar de conformidad con las normas que dicte la Superintendencia de la Actividad Aseguradora:

1. Una relación pormenorizada, según corresponda, de las comisiones, bonos, premios de estímulo a la producción, préstamos de cualquier naturaleza y anticipos a cuenta de comisiones, que les hayan sido acordadas u obtenidas durante el ejercicio económico anterior.

2. Una relación detallada de los recibos de primas o cuotas pendientes de cobro.

3. Los estados financieros y sus respectivos anexos, salvo los agentes.

Los agentes y corredores de seguros deberán mantener a la orden de la Superintendencia de la Actividad Aseguradora, los comprobantes y demás documentos que acrediten los conceptos referidos en este artículo, y remitirlos cuando ésta lo estime conveniente.

Cobro de primas o cuotas

Artículo 111

Los intermediarios en la gestión de cobro de las primas o cuotas sólo podrán utilizar recibos emitidos por la empresa de seguros o de medicina prepagada, debiendo entregar los comprobantes correspondientes dentro de los tres (3) días hábiles siguientes a la fecha del cobro respectivo. En ningún caso podrán recibir dinero en efectivo.

Si el intermediario no hubiese hecho entrega de los comprobantes del pago en el lapso establecido y ocurriese un siniestro, la empresa de seguros o de medicina prepagada debe pagar la indemnización y podrá ejercer las acciones correspondientes por los daños y perjuicios causados. En este supuesto no se podrá deducir de la indemnización el monto de la prima o cuota.

Cartera del intermediario

Artículo 112

La cartera de los agentes, corredores y sociedades de corretaje de seguros se constituye por el conjunto de pólizas o contratos que hayan colocado en una o varias empresas de seguros, de medicina prepagada o administradoras de riesgos y sobre las cuales devenguen comisiones.

Lo relativo a la forma de cesión de cartera y los derechos de los herederos se desarrolla en el reglamento de la presente Ley y en las normas que a tal efecto se dicten.

Pérdida de la condición de intermediario por cesión de cartera

Artículo 113

Los agentes, corredores de seguros y sociedades de corretaje de seguros que hayan cedido totalmente su cartera, pierden su condición y no podrán obtener una nueva autorización para actuar como intermediario, hasta haber transcurrido al menos tres (3) años contados a partir de la fecha de autenticación del documento respectivo. Además, quedan obligados a no realizar ningún acto que pueda dar lugar a la desaparición total o parcial de la cartera, sin perjuicio de las acciones que le correspondan al cesionario. En el supuesto previsto en este artículo, se exceptúan los aportes de cartera al capital de una sociedad de corretaje de seguros.

Capítulo XII

De los auxiliares de seguro

Autorización

Artículo 114

La Superintendencia de la Actividad Aseguradora, en virtud del análisis de la experiencia profesional del solicitante, otorgará la autorización para actuar como perito avaluador, ajustador de pérdidas e inspector de riesgos sólo en los ramos de seguros para los que el interesado tenga calificación profesional.

Las personas jurídicas podrán ser inscritas en el registro como perito avaluador, ajustador de pérdidas e inspector de riesgos, siempre que tengan por objeto principal la realización de dicha actividad y las personas naturales que intervengan en los avalúos, ajustes e inspecciones, se encuentren autorizadas para actuar como tales.

Requisitos

Artículo 115

Los requisitos para obtener la autorización que permita actuar como perito avaluador, ajustador de pérdidas e inspector de riesgos estarán establecidos en el reglamento de esta Ley y las normas que a tal efecto se dicten.

Los sujetos regulados mencionados deberán demostrar a la Superintendencia de la Actividad Aseguradora, en la forma y términos indicados en el reglamento de esta Ley, que se encuentran en el ejercicio de la actividad para la cual han sido autorizados, salvo causa extraña no imputable o fuerza mayor.

Aplicación supletoria

Artículo 116

Las disposiciones establecidas en esta Ley para los intermediarios de la actividad aseguradora, serán aplicables a los auxiliares de seguro, en cuanto correspondan.

Capítulo XIII

Régimen de inversión extranjera en la actividad aseguradora

Formas de participación

Artículo 117

La participación de la inversión extranjera en la actividad aseguradora nacional requiere la autorización previa de la Superintendencia de la Actividad Aseguradora y debe realizarse en los términos establecidos en la presente ley y su reglamento, así como en la Ley especial que regule la materia, mediante:

1. Constitución de los sujetos regulados.

2. Adquisición de acciones en las personas jurídicas a que se refiere la presente Ley.

3. Establecimiento de sucursales y oficinas de representación de empresas de reaseguros o sucursales de sociedades de corretaje de reaseguros.

Régimen aplicable

Artículo 118

Los sujetos regulados con participación de capital extranjero que operen en la República, quedarán sometidos en su actuación a las normas previstas en esta Ley, su reglamento, las normas que al efecto se dicten, la ley especial que regula la materia de inversiones extranjeras y los tratados internacionales suscritos y ratificados por la República.

Requisitos

Artículo 119

La Superintendencia de la Actividad Aseguradora exigirá, a través de las normas que a tal efecto dicte, todos los documentos que estime necesarios para proceder al registro de la participación del capital extranjero en la actividad aseguradora. Efectuado el registro y emitida la calificación de empresa, debe notificarse al organismo competente en materia de inversiones extranjeras, dentro de los diez (10) días siguientes a su emisión.

Cuando se trate de la autorización de las sociedades de corretaje de reaseguros, deberán demostrar y comprobar que los accionistas poseen experiencia de al menos cinco (5) años en las funciones de intermediación en la actividad aseguradora en el país de origen, así como presentar certificación emanada del organismo de control de su país de origen o donde haya realizado las labores de intermediación en la actividad aseguradora.

Oficinas de representación o sucursales de las empresas de reaseguros y sociedades de corretaje de reaseguros

Artículo 120

Las empresas de reaseguros del exterior que pretendan establecer oficinas de representación o sucursales en el territorio de la República, para la aceptación de riesgos de reaseguros, deben obtener previamente la autorización de la

Superintendencia de la Actividad Aseguradora. Igual autorizaciones requerirán las sociedades de corretaje de reaseguros que deseen establecer sucursales para la intermediación de riesgos de reaseguros.

Lo concerniente a la solicitud de autorización para el establecimiento de oficinas de representación y de sucursales de empresas de reaseguros y para las sucursales de las sociedades de corretaje de reaseguros del exterior, así como las actividades que realizarán, será establecido en el reglamento de la presente Ley o en las normas que a tal efecto se dicten.

Capítulo XIV

De la protección del tomador, asegurado, beneficiario, contratante, usuario y afiliado

Defensa del tomador, asegurado, beneficiario, contratante, usuario y afiliado

Artículo 121

La Superintendencia de la Actividad Aseguradora creará la dirección de defensoría del tomador, asegurado, beneficiario, contratante, usuario y afiliado. Su organización y atribuciones se establecerán en el reglamento interno del órgano competente, así como en las normas que en esa materia se dicten.

Las empresas de seguros y de medicina prepagada deberán tener en su estructura, la unidad de defensa para atender y recibir las denuncias, reclamos o quejas; la cual estará a cargo del defensor del tomador, asegurado, beneficiario, contratante, usuario y afiliado, de conformidad con las normas dictadas a tal efecto por la Superintendencia de la Actividad Aseguradora.

Derechos

Artículo 122

Son derechos de los tomadores, asegurados, beneficiarios, contratantes, usuarios y afiliados, respecto de los sujetos regulados, los siguientes:

1. Elegir libremente la empresa de seguros o de medicina prepagada que cubrirá los riesgos a los cuales están expuestos; en consecuencia, ninguna institución o empresa, en especial las regidas por la ley que regula la materia bancaria y aquellas dedicadas a la venta de vehículos y cualquier otro bien o servicio, podrá obligar a sus clientes a contratar a través de un determinado intermediario o empresa de seguros o de medicina prepagada.

2. Acceder al sistema asegurador sin ningún tipo de discriminación, ser atendidos y le sean resueltos los reclamos que presenten, con ocasión de las controversias derivadas de la ejecución de los contratos y cualquier otra operación relacionada con la actividad aseguradora.

3. Escoger libremente a los proveedores de insumos o servicios para satisfacer sus necesidades cubiertas por el contrato, salvo en aquellas coberturas que por su naturaleza deban ser garantizadas exclusivamente por un proveedor específico, previa aprobación de la Superintendencia de la Actividad Aseguradora.

4. Obtener información, instrucción y orientación adecuada sobre los diferentes contratos comercializados por los sujetos regulados que les permitan elegir y utilizar los contratos, planes o servicios conforme a sus intereses o necesidades.

5. Recibir protección contra la oferta y publicidad engañosa o abusiva, los métodos comerciales coercitivos o desleales que distorsionen la libertad de elegir y las prácticas o cláusulas abusivas impuestas por los sujetos regulados.

6. Constituirse en organizaciones y asociaciones de participación popular o comunitaria para formular peticiones, consultas, reclamos y sugerencias con el fin de contribuir con la defensa de sus derechos e intereses, así como recibir debida y oportuna respuesta.

7. Recibir en el plazo previsto en esta Ley, la indemnización en caso de siniestro amparado, así como la corrección monetaria que acuerde la jurisdicción ordinaria, en caso de retardo o elusión en el pago de la indemnización.

8. Solicitar la mediación de la Superintendencia de la Actividad Aseguradora, en la resolución de los conflictos o controversias con ocasión de la ejecución del contrato y recibir un trato justo, respetuoso, oportuno y digno de sus funcionarios o funcionarias y de los sujetos regulados.

9. Conocer las normas, el registro de los sujetos regulados y su posicionamiento en el mercado asegurador a través de los canales oficiales de la Superintendencia de la Actividad Aseguradora.

Los derechos señalados en el presente artículo son de carácter enunciativo, en consecuencia, son aplicables los previstos en otras normas.

Se consideran nulas las estipulaciones que establezcan la renuncia de los derechos consagrados en la presente Ley o el compromiso de no ejercerlos en instancias administrativas o jurisdiccionales.

Plazo para el pago de la indemnización o la notificación de rechazo

Artículo 123

Las empresas de seguros, de medicina prepagada y administradoras de riesgos están obligadas a hacer efectivas las indemnizaciones en un plazo máximo de veinte (20) días continuos siguientes, contados a partir de la fecha en que se haya entregado el último recaudo o del informe de ajuste de pérdidas, si fuese el caso, so pena de incurrir en responsabilidad administrativa por retardo en el cumplimiento de sus obligaciones.

Igualmente, deben notificar por escrito a los tomadores, asegurados, beneficiarios, contratantes, usuarios y afiliados, dentro del lapso antes señalado, las causas de hecho y de derecho que justifican el rechazo, total o parcial, de la indemnización exigida. El incumplimiento de la obligación genera la correspondiente responsabilidad administrativa.

Lo dispuesto en el presente artículo aplicará igualmente en los casos de fianzas emitidas por las empresas de seguros.

Obligación de especificar

Artículo 124

Los sujetos regulados en la presente Ley deben entregar a los tomadores, asegurados, beneficiarios, contratantes, usuarios y afiliados, relación detallada de los servicios prestados y no podrán obligarlos a reconocer los servicios recibidos o al otorgamiento de finiquitos a través de cualquier medio, sin que los mismos estén debidamente especificados.

TÍTULO IV

DE LAS SANCIONES ADMINISTRATIVAS Y PENALES

Capítulo I

Sanciones administrativas

Uso o aprovechamiento de una denominación exclusiva para el sector

Artículo 125

Será sancionada con multa de Veinte Mil (20.000) a Cincuenta Mil (50.000) veces el tipo de cambio de referencia, cualquier persona que sin estar autorizada para ello, use en su firma, razón social, denominación comercial, productos o servicios, las palabras seguros, reaseguro, medicina prepagada, administración de riesgo, empresa de seguros, asegurador, empresa de reaseguros, reasegurador, empresa de medicina prepagada, empresa administradora de riesgos, empresa financiadora de primas o de cuotas, póliza o términos afines o derivados de esas palabras, o equivalentes en su traducción a otros idiomas distintos del castellano, con el ánimo de hacer creer que se encuentran autorizadas para ejercer la referida actividad, sin perjuicio de la responsabilidad penal a que haya lugar.

Operaciones efectuadas en contravención a la normativa

Artículo 126

Serán sancionados con multa los sujetos regulados, según corresponda, que incurran en los siguientes supuestos:

1. De Cinco Mil (5.000) a Veinte Mil (20.000) veces el tipo de cambio de referencia, cuando incumplan las medidas administrativas, impidieren u obstaculizaren el ejercicio de las funciones de la Superintendencia de la Actividad Aseguradora, o de Tres Mil (3.000) a Seis Mil (6.000) veces el tipo de cambio de referencia, cuando no cumplan con las normas o instrucciones giradas por el Órgano competente.

2. De Diez Mil (10.000) a Veinticinco Mil (25.000) veces el tipo de cambio de referencia, cuando realicen operaciones de traspaso, enajenación o gravamen, cesión de cartera, fusión o escisión de personas jurídicas, sin la previa autorización de la Superintendencia de la Actividad Aseguradora, o de Dos Mil (2.000) a Cuatro Mil (4.000) veces el tipo de cambio de referencia, cuando no publiquen el extracto del documento de cesión de cartera o no lo remitan al Órgano competente.

3. De Diez Mil (10.000) a Veinticinco Mil (25.000) veces el tipo de cambio de referencia, cuando utilicen pólizas, contratos, documentos, tarifas o publicidad sin la aprobación previa de la Superintendencia de la Actividad Aseguradora.

4. De Veinticinco Mil (25.000) a Cincuenta Mil (50.000) veces el tipo de cambio de referencia, por el incumplimiento en el diseño, implementación y funcionamiento del Sistema Integral de Administración de Riesgos de Legitimación de Capitales, Financiamiento al Terrorismo y Financiamiento de la Proliferación de Armas de Destrucción Masiva, así como por el incumplimiento de las demás obligaciones que imponen las normas que rigen esta materia.

5. De Dos Mil (2.000) a Cinco Mil (5.000) veces el tipo de cambio de referencia, cuando no suministren dentro de los términos y condiciones que fije la Superintendencia de la Actividad Aseguradora, los datos, la información o los documentos que le sean exigidos.

6. De Cinco Mil (5.000) a Veinte Mil (20.000) veces el tipo de cambio de referencia, cuando las empresas de seguros, de medicina prepagada y las sociedades de corretaje de seguros no paguen comisiones a los intermediarios o los bonos e incentivos en los plazos contemplados en el arancel de comisiones, bonos y planes de estímulos aprobados por la Superintendencia de la Actividad Aseguradora.

7. De Veinte Mil (20.000) a Treinta Mil (30.000) veces el tipo de cambio de referencia, cuando las empresas de seguros, de medicina prepagada, administradoras de riesgos y sociedades de corretaje de seguros paguen comisiones, bonificaciones o retribuciones de cualquier tipo, independientemente de su denominación o forma, a personas que no estén autorizadas o se encuentren suspendidas para actuar como intermediarios de la actividad aseguradora de acuerdo con esta Ley.

8. De Veinticinco Mil (25.000) a Cincuenta Mil (50.000) veces el tipo de cambio de referencia, cuando los directores o directoras, consejeros o consejeras, administradores o administradoras, ejecutivos o ejecutivas, auditores internos, comisarios, apoderados o apoderadas, gerentes, o actuarios de las empresas de seguros, de reaseguros, de medicina prepagada, administradoras de riesgos, financiadoras de primas o de cuotas y actuarios independientes o auditores externos, sin causa justificada, no acaten o incumplan las medidas administrativas dictadas por la Superintendencia de la Actividad Aseguradora con base en lo dispuesto en la presente Ley.

9. De Diez Mil (10.000) a Veinticinco Mil (25.000) veces el tipo de cambio de referencia, cuando las empresas de seguros y de medicina prepagada no cumplan con la suscripción de los seguros y planes de medicina prepagada obligatorios.

10. De Cinco Mil (5.000) a Veinte Mil (20.000) veces el tipo de cambio de referencia, cuando condicionen la suscripción de un contrato de seguro, medicina prepagada o administración de riesgos a la contratación o adquisición de otras pólizas, servicios, bienes o contratos, o que paguen a los proveedores servicios o consumos no prestados o precios mayores a los ofertados para el público en general.

11. De Veinticinco Mil (25.000) a Cincuenta Mil (50.000) veces el tipo de cambio de referencia, cuando incurran en los supuestos de prohibición de realización de operaciones sin base técnica o con empresas extranjeras no autorizadas, o en cualquiera de los supuestos de prohibición previstos en esta Ley.

12. De Tres Mil (3.000) a Seis Mil (6.000) veces el tipo de cambio de referencia, cuando no comparezcan, sin causa justificada, a los actos conciliatorios previstos en la presente Ley.

Las sanciones previstas en este artículo se aplicarán sin perjuicio de la responsabilidad penal y de las medidas que sean procedentes adoptar conforme a esta Ley.

Operaciones de reaseguro

Artículo 127

Serán sancionados con multa los sujetos regulados, según corresponda, que incurran en los siguientes supuestos:

1. De Veinticinco Mil (25.000) a Cincuenta Mil (50.000) veces el tipo de cambio de referencia, cuando suscriban contratos de reaseguros en los que no exista transferencia real del riesgo o que tengan por finalidad encubrir su verdadera situación financiera.

2. De Cuatro Mil (4.000) a Diez Mil (10.000) veces el tipo de cambio de referencia, cuando se abstengan de remitir a la Superintendencia de la Actividad Aseguradora, en los términos previstos en esta Ley, su reglamento y las normas dictadas a tal fin, los contratos de reaseguros y de retrocesión, sobre riesgos situados en la República.

3. De Dos Mil (2.000) a Cuatro Mil (4.000) veces el tipo de cambio de referencia, cuando no notifiquen el cambio de domicilio, la apertura, el cierre, el traslado, la sustitución de locales, oficinas, sucursales o agencias, así como de las oficinas de representación de empresas de reaseguros extranjeras.

4. De Diez Mil (10.000) a Veinticinco Mil (25.000) veces el tipo de cambio de referencia, cuando las empresas de seguros, de reaseguros y de medicina prepagada cedan sus riesgos en reaseguro en contravención a lo previsto en esta Ley.

Déficit en el patrimonio propio no comprometido e insuficiencia en la cobertura de las reservas técnicas

Artículo 128

Serán sancionadas con multa de Veinticinco Mil (25.000) a Cincuenta Mil (50.000) veces el tipo de cambio de referencia, las empresas de seguros, de reaseguros y de medicina prepagada que incurran en los supuestos mencionados a continuación:

1. Tengan déficit en el patrimonio propio no comprometido respecto de su requerimiento de solvencia conforme con las normas dictadas a tal efecto.

2. No constituyan o mantengan las reservas técnicas en los términos exigidos en esta Ley.

3. Evidencien insuficiencia en la cobertura de las reservas técnicas conforme con lo establecido en esta Ley.

4. No representen las reservas técnicas en los tipos de bienes o porcentajes exigidos en esta Ley o en las normas que a tal efecto dicte la Superintendencia de la Actividad Aseguradora.

Inclusión de cláusulas limitativas

Artículo 129

La empresa de seguros, de reaseguros o de medicina prepagada que incluya cláusulas en sus contratos que limiten la relación directa entre la cedente y el cesionario; o cuando realicen una cesión que supere el cincuenta por ciento (50%) de la cobertura del contrato de seguro o de medicina prepagada y limiten la relación directa entre el tomador, el asegurado, el beneficiario, el contratante, el usuario o el afiliado y el reasegurador; serán sancionados con multa de Cinco Mil (5.000) a Quince Mil (15.000) veces el tipo de cambio de referencia.

Incumplimiento en la emisión de fianzas

Artículo 130

Serán sancionadas con multa de Diez Mil (10.000) a Veinticinco Mil (25.000) veces el tipo de cambio de referencia, las empresas de seguros que emitan contratos de fianzas que: no estén previamente aprobados por la Superintendencia de la Actividad Aseguradora o suscritos por quienes no tengan la cualidad para comprometer patrimonialmente a la empresa de seguros; no establezcan la subrogación de los derechos, acciones y garantías que tenga el acreedor contra el deudor o no estipulen la caducidad de las acciones contra la empresa de seguros al vencimiento de un lapso que no podrá ser mayor de un (1) año, contado desde la fecha en que el acreedor tenga conocimiento del hecho que da origen a la reclamación; no contemplen la obligación del acreedor de notificar cualquier circunstancia que pueda dar lugar al reclamo tan pronto como tenga conocimiento de ello; no indiquen el monto exacto garantizado y su duración.

Las empresas de seguros que emitan garantías financieras, avales o fianzas a primer requerimiento serán sancionadas con multa de Veinticinco Mil (25.0) a Cincuenta Mil (50.000) veces el tipo de cambio de referencia.

Oferta engañosa

Artículo 131

Las empresas de seguros, de medicina prepagada, administradoras de riesgos, financiadoras de primas o de cuotas y los intermediarios de la actividad aseguradora, que ofrezcan seguros, coberturas, contratos o servicios, sin que tengan las características que se les atribuya en la oferta, serán sancionadas con multa de Veinticinco Mil (25.000) a Cincuenta Mil (50.000) veces el tipo de cambio de referencia.

Información financiera y técnica falsa

Artículo 132

El integrante de la junta directiva, consejero o consejera, asesor o asesora, ejecutivo o ejecutiva, empleado o empleada, comisario, actuario, contador o contadora, auditor interno y externo, incluyendo el que ejerza funciones en materia de activos de información y de administración de riesgos de legitimación de capitales, financiamiento al terrorismo y financiamiento de la proliferación de armas de destrucción masiva, de los sujetos regulados que falsee la verdad sobre los estados financieros, informaciones estadísticas o financieras, reservas técnicas, margen de solvencia, patrimonio propio no comprometido, inversiones, informe de ejecución del plan operativo anual en materia de administración de riesgos de legitimación de capitales, financiamiento al terrorismo y financiamiento de la proliferación de armas de destrucción masiva, o cualesquiera otros datos, con el que induzca a engaño, o que realice operaciones de reaseguro en las que no haya transferencia real de riesgo, será sancionado con multa de Cincuenta Mil (50.000) a Cien Mil (100.000) veces el tipo de cambio de referencia, y prohibición para el ejercicio de la actividad aseguradora o reaseguradora por un lapso de hasta diez (10) años, previo procedimiento administrativo, sin perjuicio de las sanciones penales a que hubiere lugar.

Elusión, retardo y rechazo genérico

Artículo 133

Las empresas de seguros, de medicina prepagada y administradoras de riesgos que eludan o retarden, sin causa justificada, el cumplimiento de sus obligaciones o rechacen de manera genérica los reclamos formulados por los tomadores, asegurados, beneficiarios, contratantes, usuarios o afiliados, dentro de las condiciones y plazos legales o contractuales aplicables, serán sancionadas con multa de Diez Mil (10.000) a Veinticinco Mil (25.000) veces el tipo de cambio de referencia.

Infracción de las normas de carácter contable y técnico

Artículo 134

Los sujetos regulados y los comisarios serán sancionados, en el caso de personas naturales, con multa de Cinco Mil (5.000) a Diez Mil (10.000) veces el tipo de cambio de referencia; y si se trata de personas jurídicas, de Diez Mil (10.000) a Veinticinco Mil (25.000) veces el tipo de cambio de referencia, cuando:

1. Infrinjan las normas e instrucciones de carácter financiero y contable establecidas en la presente Ley o que dicte la Superintendencia de la Actividad Aseguradora.

2. Sus estados financieros no se ajusten a los modelos contenidos en los manuales de contabilidad y código de cuentas, o a las normas que al respecto dicte la Superintendencia de la Actividad Aseguradora.

3. Contravengan las normas sobre las asambleas de accionistas, los sistemas de información automatizada, las auditorías externas y de activos de información, y de certificación de las reservas técnicas, el margen de solvencia y el patrimonio propio no comprometido.

Cuando la infracción a que se refiere este artículo impida conocer la verdadera situación patrimonial de la persona jurídica, la multa será de Veinticinco Mil (25.000) a Cincuenta Mil (50.000) veces el tipo de cambio de referencia.

Sanciones a los intermediarios y auxiliares de seguro

Artículo 135

Los intermediarios de la actividad aseguradora que incurran en los supuestos mencionados a continuación serán sancionados con multa de Cinco Mil (5.000) a Quince Mil (15.000) veces el tipo de cambio de referencia, cuando:

1. Con ocasión de su asesoría o por la falta oportuna de ella, cause perjuicios al tomador, asegurado, beneficiario, contratante, usuario o afiliado o a la empresa de seguros, de medicina prepagada o administradora de riesgos, o que su conducta no se ajuste a las prescripciones de la ética profesional.

2. No suministren en el lapso establecido, los datos, declaraciones, documentos o informes que solicite la Superintendencia de la Actividad Aseguradora.

3. Cedan total o parcialmente su comisión u ofrezcan o concedan descuentos no previstos en las tarifas cotizadas por la empresa, o condiciones no comprendidas en los contratos y sus anexos.

4. Actúen en contravención a las normas concernientes a la relación directa entre las empresas de seguros, de medicina prepagada o administradoras de riesgos y el tomador, asegurado, beneficiario, contratante, usuario o afiliado; al cambio de intermediario; o encubran cualquier acto de intermediación en la actividad aseguradora de personas naturales o jurídicas no autorizadas para practicarla.

5. Incurran en las incompatibilidades o prohibiciones previstas en esta Ley.

6. Acepten pagos de primas o de cuotas en nombre propio o no utilicen para el cobro de las primas o cuotas los recibos emitidos por las empresas de seguros, de medicina prepagada y administradoras de riesgos; depositen fuera del lapso establecido en esta Ley las primas o cuotas cobradas; incurran en el supuesto de prohibición de pagar cantidades de dinero; u obtengan ingresos distintos a las remuneraciones que le correspondan según lo contemplado en el arancel de comisiones, bonos y planes de estímulos previamente aprobados por la Superintendencia de la Actividad Aseguradora, que encarezcan las primas o cuotas, o distorsionen el mercado asegurador.

7. Divulguen, por cualquier medio, anuncios publicitarios que no cuenten con la aprobación previa de la Superintendencia de la Actividad Aseguradora.

8. No comercialicen o impidan la suscripción de los seguros obligatorios.

La sanción prevista en este artículo es aplicable a los auxiliares de seguro, cuando incurran en los supuestos establecidos en los numerales 2, 5 y 7.

Modificación de contratos, tarifas o textos por los intermediarios

Artículo 136

Los intermediarios de la actividad aseguradora que modifiquen condiciones, tarifas, anexos o documentos utilizados por la respectiva empresa de seguros y de medicina prepagada, en la colocación de sus pólizas o contratos, serán sancionados con multa de Diez Mil (10.000) a Veinticinco Mil (25.000) veces el tipo de cambio de referencia, sin perjuicio de las sanciones penales aplicables.

Sanciones a las sociedades de corretaje de reaseguros

Artículo 137

Las sociedades de corretaje de reaseguros serán sancionadas, sin perjuicio de las acciones penales aplicables, con:

1. Multa de Quince Mil (15.000) a Treinta Mil (30.000) veces el tipo de cambio de referencia y suspensión de la autorización para operar por un lapso de diez (10) años, previo procedimiento administrativo, cuando intervengan en contratos de reaseguros en los que no exista transferencia real del riesgo o que tengan por finalidad encubrir la verdadera situación financiera del sujeto regulado. Igual sanción se aplicará a sus accionistas, presidentes o presidentas y a sus directores o directoras y administradores o administradoras que hayan intervenido en la referida operación.

2. Multa de Diez Mil (10.000) a Veinte Mil (20.000) veces el tipo de cambio de referencia, cuando limiten las relaciones entre el cedente y el cesionario en los contratos de reaseguros, o no notifiquen a la Superintendencia de la Actividad Aseguradora los pactos que se hayan realizado por medio de los cuales se modifique la regla según la cual los pagos de la cedente a la sociedad de corretaje de reaseguros son pagos al reasegurador, de conformidad con lo establecido en las disposiciones relativas a la relación directa entre el cedente y cesionario previstas en la presente Ley.

Sanciones a los sujetos regulados y comisarios

Artículo 138

La Superintendencia de la Actividad Aseguradora sancionará, según corresponda y previo procedimiento administrativo, a los auxiliares de seguro, auditores externos, defensores del tomador, asegurado, beneficiario, contratante, usuario y afiliado, oficiales de cumplimiento, actuarios independientes y comisarios, con multa de Cinco Mil (5.000) a Diez Mil (10.000) veces el tipo de cambio de referencia; o la exclusión de los registros correspondientes, por el lapso de uno (1) a cinco (5) años, sin perjuicio de las sanciones penales, cuando:

1. Hayan auditado o realizado funciones como actuarios independientes de empresas de seguros, de reaseguros, de medicina prepagada o administradoras de riesgos, en el año anterior a su intervención o liquidación y no hayan expresado en sus informes la gravedad de la situación del sujeto regulado o las operaciones que ésta hubiere realizado para ocultar su verdadera situación financiera, de ser el caso.

2. Divulguen información confidencial de las empresas de seguros, de reaseguros, de medicina prepagada, administradoras de riesgos y financiadoras de primas o de cuotas.

3. En el ejercicio de sus funciones, el oficial de cumplimiento contribuya, oculte, falsee o altere información de operaciones relacionadas con la legitimación de capitales, financiamiento al terrorismo y financiamiento de la proliferación de armas de destrucción masiva.

4. Hubiese asesorado a sujetos regulados para la realización de operaciones con el objeto de aumentar o disminuir las ganancias o las pérdidas, así como dar información no ajustada a la realidad.

5. En el desempeño de sus funciones, el defensor del tomador, asegurado, beneficiario, contratante, usuario y afiliado, no dé respuesta oportuna a las denuncias, quejas o reclamos que le sean presentados o contravenga las normas dictadas a tal efecto.

La Superintendencia de la Actividad Aseguradora impondrá multa de Cinco Mil (5.000) a Diez Mil (10.000) veces el tipo de cambio de referencia, a los auxiliares de seguro que no den cumplimiento a las normas que dicte el Órgano competente de la actividad aseguradora, sobre la forma y oportunidad de presentación de sus informes.

Causales para la suspensión de la autorización a los intermediarios y auxiliares de seguro

Artículo 139

La Superintendencia de la Actividad Aseguradora suspenderá de pleno derecho por un (1) año, la autorización de inscripción a cualquiera de los intermediarios de la actividad aseguradora y auxiliares de seguro, cuando no efectúe la renovación del registro a que se refiere la presente Ley, cesen en el ejercicio habitual de las operaciones para las cuales han sido autorizados, dejen de estar residenciados en el país o divulguen, por cualquier medio, anuncios publicitarios de empresas no autorizadas por la Superintendencia de la Actividad Aseguradora.

Una vez transcurrido el plazo de un (1) año, los intermediarios de la actividad aseguradora y auxiliares de seguro, podrán solicitar la reactivación de su inscripción en el respectivo registro, previo pago del cincuenta por ciento (50%) de la tasa correspondiente a la inscripción, contemplada en esta Ley.

Causales para la revocación de la autorización a los intermediarios y auxiliares de seguro

Artículo 140

La Superintendencia de la Actividad Aseguradora revocará la autorización de inscripción respectiva a cualquiera de los intermediarios de la actividad aseguradora y auxiliares de seguro, cuando:

1. Actúen en colusión con las empresas de seguros, de reaseguros, de medicina prepagada o administradoras de riesgos, para perjudicar a los tomadores, asegurados, beneficiarios contratantes, usuarios o afiliados.

2. Dispongan en cualquier forma del dinero recaudado en su gestión o no hagan entrega de aquél a las empresas de seguros, de reaseguros, de medicina prepagada o financiadoras de primas o de cuotas, dentro de los lapsos correspondientes.

3. Efectúen labores de mediación en la celebración de contratos con empresas que realicen actividad aseguradora que no se encuentren autorizadas por la Superintendencia de la Actividad Aseguradora.

4. Hayan sido suspendidos en más de dos (2) ocasiones, de acuerdo a los supuestos previstos en esta Ley. En este caso, la revocatoria procederá de pleno derecho.

La sanción de revocatoria consistirá en la anulación del registro correspondiente, el cual para poder dedicarse nuevamente a la actividad deberá efectuar una nueva solicitud de autorización, una vez transcurrido un plazo de cinco (5) años, dando cumplimiento a los requisitos previstos en esta Ley.

De la aplicación de las multas

Artículo 141

Las multas serán impuestas considerando los siguientes criterios: intencionalidad, reiteración, naturaleza de los perjuicios causados, reincidencia en la infracción y situación general del administrado frente al régimen jurídico que lo tutela. La Superintendencia de la Actividad Aseguradora mediante las normas que dicte al efecto establecerá el alcance de estas.

Prescripción

Artículo 142

Las acciones para sancionar las infracciones señaladas en este Capítulo, prescribirán transcurrido el plazo de seis (6) años contados a partir de la fecha en que ocurrió la falta, salvo que sean interrumpidas por actuaciones de la Superintendencia de la Actividad Aseguradora o de terceros que resulten lesionados en sus derechos, en los siguientes supuestos:

1. La realización de operaciones sin base técnica o con empresas extranjeras no autorizadas.

2. La falsedad sobre los estados financieros, informaciones estadísticas o financieras, reservas técnicas, margen de solvencia, patrimonio propio no comprometido, inversiones, informe de ejecución del plan operativo anual en materia de administración de riesgos de legitimación de capitales, financiamiento al terrorismo y financiamiento de la proliferación de armas de destrucción masiva, o cualesquiera otros datos financieros o técnicos.

3. El incumplimiento de las medidas administrativas dictadas por la Superintendencia de la Actividad Aseguradora.

4. La intervención en contratos de reaseguros en los que no exista transferencia real del riesgo o que tengan por finalidad encubrir la verdadera situación financiera del sujeto regulado.

5. La realización de operaciones, divulgación de publicidad y mediación con empresas no autorizadas para ejercer actividad aseguradora.

En cualquier otro supuesto, las acciones para sancionar las infracciones señaladas en este Capítulo, prescribirán transcurrido el plazo de tres (3) años contados a partir de la fecha en que ocurrió la falta.

Capítulo II

Sanciones Penales

Operaciones de la actividad aseguradora sin autorización

Artículo 143

Quienes se dediquen a las operaciones propias de la actividad aseguradora sin estar autorizados, serán sancionados con prisión de seis (6) a diez (10) años. Si quien incurre en esta práctica es una persona jurídica, la pena de prisión se aplica a su presidente o presidenta, administradores o administradoras, ejecutivos o ejecutivas, directores o directoras, gerentes y otros empleados de rango similar que hayan intervenido en esas operaciones, de acuerdo al grado de participación en la comisión del hecho.

Oferta engañosa

Artículo 144

Cuando en el acto que conduzca a la oferta engañosa se compruebe la intervención de integrantes de la junta directiva, administradoras o administradores, empleadas o empleados de los sujetos regulados, en beneficio propio, de su cónyuge, de la persona con quien mantenga una unión estable de hecho, de persona que tenga parentesco hasta el cuarto grado de consanguinidad o segundo de afinidad o en beneficio de empresas en las cuales tenga interés directo o indirecto, se sancionará con pena de prisión de seis (6) a diez (10) años.

Actos en perjuicio de la actividad aseguradora

Artículo 145

Serán penados con prisión de seis (6) a diez (10) años:

1. Los auxiliares de seguro que, en el ejercicio de sus funciones, hayan falseado o alterado los resultados de las experticias.

2. El profesional de la medicina que haya certificado falsamente sobre el estado de salud de una persona en relación con un contrato de seguro, de medicina prepagada o de administración de riesgos que requiera su intervención profesional,

o cuando en ejercicio de sus labores para una empresa de seguros, de medicina prepagada o administradora de riesgos, emita certificaciones u opiniones falsas que permitan que la empresa tenga o utilice argumentos para eludir el pago de las prestaciones y los siniestros.

3. El intermediario de la actividad aseguradora que haya incurrido en fraude en el ejercicio de sus funciones. Si el intermediario es una persona jurídica, la sanción por el ilícito se aplicará a los responsables del fraude.

4. Quien coloque o venda contratos de seguros, de medicina prepagada o de administración de riesgos, ofrecidos por empresas extranjeras no autorizadas para desarrollar la actividad aseguradora en la República, sobre riesgos en el territorio nacional. Si quien incurre en esta práctica es una persona jurídica, la pena de prisión debe aplicarse a quienes hayan intervenido en esas operaciones, de acuerdo con el grado de participación en la comisión del hecho.

5. Quien forje o emita documentos de cualquier naturaleza, utilice datos falsos o simule hechos con el propósito de cometer u ocultar fraudes a empresas de seguros, de reaseguros, de medicina prepagada, administradoras de riesgos, sociedades de corretaje de seguros, sociedades de corretaje de reaseguros o financiadoras de primas o de cuotas.

En los casos de los numerales 1 y 3, la declaratoria de la responsabilidad penal acarreará la revocación de la autorización para ejercer la actividad, según sea el caso.

Prescripción de las acciones

Artículo 146

Las acciones destinadas a sancionar los delitos establecidos en este capítulo prescriben a los diez (10) años, contados a partir de la fecha en que se haya cometido el hecho punible o desde el último acto que se haya realizado para cometerlo, en el caso de delitos continuados.

DISPOSICIONES TRANSITORIAS

Primera. Dentro de los ciento ochenta (180) días continuos siguientes a la entrada en vigencia de esta Ley, la Superintendencia de la Actividad Aseguradora dictará el reglamento de Ley y las normas a que haya lugar.

Segunda. Los registros previstos en el artículo 12, deberán renovarse dentro de los noventa (90) días continuos siguientes contados a partir de la entrada en vigencia de esta Ley.

Tercera. Las asociaciones cooperativas que a la fecha de entrada en vigencia de esta Ley se encuentren autorizadas por la Superintendencia de la Actividad Aseguradora, podrán adecuarse y adoptar la forma de empresa de seguros, medicina prepagada y administradora de riesgos, dando cumplimiento a los requisitos previstos en esta Ley, su reglamento y demás normativa aplicable.

A tal efecto, deberán presentar un plan de adecuación, acompañado de un estudio de factibilidad, dentro de los seis (6) meses siguientes a la entrada en vigencia de la presente Ley.

Cuarta. Dentro de dos (2) años, a partir de la entrada en vigencia de la presente Ley, los órganos y entes de la Administración Pública Nacional, Estadal y Municipal, promoverán, planificarán, programarán y ejecutarán los procesos de migración de seguros de personas, que tuvieren contratados con empresas de seguros privadas, hacia las aseguradoras públicas o al Sistema Público Nacional de Salud. Se exceptúan de esta disposición, los fondos autoadministrados de salud o la autogestión del seguro de personas de los órganos y entes de la Administración Pública Nacional, Estadal y Municipal, ya creados al momento de la entrada en vigencia de esta Ley, salvo que el Ministro o la Ministra con competencia en materia de finanzas lo autorice.

El Ministro o la Ministra con competencia en materia de finanzas podrá prorrogar el plazo aquí establecido, proponiendo de manera progresiva, los procesos de migración de los contratos de administración de riesgos, de seguros patrimoniales, de seguros obligacionales y de seguros de responsabilidad. Dicha migración consiste en la sustitución en el sector público de contrataciones de seguros privados por aseguradoras públicas y servicios de salud públicos.

A partir de la entrada en vigencia de esta Ley, las contrataciones de los seguros, de medicina prepagada y los contratos de administración de riesgos de los organismos del Poder Público, deberán suscribirse y renovarse de manera directa, es decir, sin intermediación alguna, con la finalidad de garantizar la protección plena del patrimonio público y el fomento de los valores y principios éticos y morales.

DISPOSICIONES DEROGATORIAS

Primera. Se deroga el Decreto con Rango, Valor y Fuerza de Ley de la Actividad Aseguradora, N° 2.178, publicado en la Gaceta Oficial de la República Bolivariana de Venezuela N° 6.211 Extraordinario de fecha 30 de diciembre de 2015, reimpreso por error material y publicado en la Gaceta Oficial de la República Bolivariana de Venezuela N° 6.220 Extraordinario de fecha 15 de marzo de 2016, y toda norma que contravenga la presente Ley.

Segunda: Se deroga el Decreto con Fuerza de Ley para el Fortalecimiento del Sector Asegurador, N° 1.312, publicado en Gaceta Oficial de la República Bolivariana de Venezuela N° 5.554 Extraordinario del 13 de noviembre de 2001.

DISPOSICIONES FINALES

Primera. A partir de la entrada en vigencia de la presente Ley, queda cancelado el asiento registral de las sociedades mercantiles inscritas en la Superintendencia de la Actividad Aseguradora que estén constituidas en jurisdicciones calificadas como de baja imposición fiscal por el Servicio Nacional Integrado de Administración Aduanera y Tributaria (SENIAT).

Segunda. Para efectos de esta Ley, el tipo de cambio de referencia aplicable será:

1. Tasas por servicios y constitución de los sujetos regulados, el último valor del día inmediatamente anterior a la fecha en que se realice la solicitud.

2. Ajuste de los capitales mínimos, el valor a la fecha de celebración de la asamblea de accionistas que lo acuerde.

3. Sanciones administrativas, el valor a la fecha en que se cometió el incumplimiento.

Las tasas por servicios, garantías a la nación, capitales mínimos y sanciones administrativas expresadas al tipo de cambio de referencia, serán pagaderas en moneda de curso legal, conforme con lo previsto en esta Ley.

Tercera. Las disposiciones establecidas en esta Ley para las empresas de seguros, de reaseguros y de medicina prepagada, son aplicables, en lo que corresponda, a las empresas administradoras de riesgos, financiadoras de primas o de cuotas, sociedades de corretaje de seguros y sociedades de corretaje de reaseguros.

Cuarta. La presente Ley entrará en vigencia luego de transcurridos ciento veinte (120) días continuos siguientes a partir de su publicación en la Gaceta Oficial de la República Bolivariana de Venezuela.

Quinta. De conformidad con el artículo 11 de la Ley de Publicaciones Oficiales, imprímase en un solo texto la reforma del Decreto con Rango, Valor y Fuerza de Ley de la Actividad Aseguradora, mediante el cual se dicta la Ley de la Actividad Aseguradora, con las reformas aquí sancionadas, y en el correspondiente texto íntegro sustitúyanse los términos “Decreto con Rango, Valor y Fuerza de Ley” por "Ley", corríjase la enumeración de los artículos y sustitúyanse las fechas, firmas y demás datos a que hubiere lugar.

Dada, firmada y sellada en el Palacio Federal Legislativo, sede de la Asamblea Nacional, en Caracas, a los once días del mes de octubre de dos mil veintidós. Años 212° de la Independencia, 163° de la Federación y 23° de la Revolución Bolivariana.

JORGE RODRÍGUEZ GÓMEZ

Presidente de la Asamblea Nacional

MARÍA IRIS VARELA RANGEL

Primera Vicepresidenta

VANESA YUNETH MONTERO LÓPEZ

Segunda Vicepresidenta

ROSALBA GIL PACHECO

Secretaria

INTI ALEJANDRA INOJOSA CORONADO

Subsecretaria

Promulgación de la Ley de Reforma del Decreto con Rango, Valor y Fuerza de Ley de la Actividad Aseguradora, de conformidad con lo previsto en el artículo 213 de la Constitución de la República Bolivariana de Venezuela.

Dado en Caracas, a los veintinueve días del mes de noviembre del año dos mil veintitrés. Año 213° de la Independencia, 164° de la Federación y 24° de la Revolución Bolivariana.

Ejecútese,

(L.S.)

NICOLÁS MADURO MOROS
Presidente de la República Bolivariana de Venezuela

La Vicepresidenta Ejecutiva de la República Bolivariana de Venezuela y Primera Vicepresidenta del Consejo de Ministros, DELCY ELOÍNA RODRÍGUEZ GÓMEZ

El Ministro del Poder Popular del Despacho de la Presidencia y Seguimiento de la Gestión de Gobierno, JORGE ELIESER MÁRQUEZ MONSALVE

El Ministro del Poder Popular para Relaciones Exteriores, YVÁN EDUARDO GIL PINTO

El Ministro del Poder Popular para Relaciones Interiores, Justicia y Paz, y Vicepresidente Sectorial para la Seguridad Ciudadana y la Paz, REMIGIO CEBALLOS ICHASO

El Ministro del Poder Popular para la Defensa y Vicepresidente Sectorial de Soberanía Política, Seguridad y Paz, VLADIMIR PADRINO LÓPEZ

El Ministro del Poder Popular para la Comunicación e Información y Vicepresidente Sectorial de Comunicación y Cultura, FREDDY ALFRED NAZARET ÑAÑEZ CONTRERAS

La Ministra del Poder Popular de Economía, Finanzas y Comercio Exterior, DELCY ELOÍNA RODRÍGUEZ GÓMEZ

El Ministro del Poder Popular de Industrias y Producción Nacional, DHELIZ ADRIANA ÁLVAREZ MÁRQUEZ

El Ministro del Poder Popular para el Turismo, ALÍ ERNESTO PADRÓN PAREDES

El Ministro del Poder Popular para la Agricultura Productiva y Tierras, WILMAR ALFREDO CASTRO SOTELDO

La Ministra del Poder Popular de Agricultura Urbana, JHOANNA GABRIELA CARRILLO MALAVÉ

El Ministro del Poder Popular de Pesca y Acuicultura, JUAN CARLOS LOYO HERNÁNDEZ

El Ministro del Poder Popular para la Alimentación, CARLOS AUGUSTO LEAL TELLERÍA

El Ministro del Poder Popular de Petróleo, PEDRO RAFAEL TELLECHEA RUIZ

El Ministro del Poder Popular de Desarrollo Minero Ecológico, WILLIAM MIGUEL SERANTES PINTO

El Ministro del Poder Popular de Planificación y Vicepresidente Sectorial de Planificación, RICARDO JOSÉ MENÉNDEZ PRIETO

La Ministra del Poder Popular para la Salud, MAGALY GUTIÉRREZ VIÑA

La Ministra del Poder Popular para los Pueblos Indígenas, CLARA JOSEFINA VIDAL VENTRESCA

La Ministra del Poder Popular para la Mujer y la Igualdad de Género, DIVA YLAYALY GUZMÁN LEÓN

El Ministro del Poder Popular de Atención de las Aguas, RODOLFO CLEMENTE MARCO TORRES

El Ministro del Poder Popular para la Juventud y el Deporte y Vicepresidente Sectorial del Socialismo Social y Territorial, MERVIN ENRIQUE MALDONADO URDANETA

La Ministra del Poder Popular para el Servicio Penitenciario, CELSA SIRLEY BAUTISTA ONTIVEROS

El Ministro del Poder Popular para el Proceso Social de Trabajo, FRANCISCO ALEJANDRO TORREALBA OJEDA

El Ministro del Poder Popular para la Cultura, ERNESTO EMILIO VILLEGAS POLJAK

La Ministra del Poder Popular para la Educación, YELITZE DE JESÚS SANTAELLA HERNÁNDEZ

La Ministra del Poder Popular para la Ciencia y Tecnología y Vicepresidenta Sectorial de Ciencia, Tecnología, Educación y Salud, GABRIELA SERVILIA JIMÉNEZ RAMÍREZ

La Ministra del Poder Popular para la Educación Universitaria, SANDRA OBLITAS RUZZA

El Ministro del Poder Popular para el Ecosocialismo, JOSUÉ ALEJANDRO LORCA VEGA

El Ministro del Poder Popular para Hábitat y Vivienda, ILDEMARO MOISÉS VILLARROEL ARISMENDI

El Ministro del Poder Popular para las Comunas y los Movimientos Sociales, JORGE ALBERTO ARREAZA MONTSERRAT

El Ministro del Poder Popular para el Transporte, RAMÓN CELESTINO VELASQUEZ ARAGUAYAN

El Ministro del Poder Popular de Obras Públicas, RAÚL ALFONZO PAREDES

El Ministro del Poder Popular para la Energía Eléctrica y Vicepresidente Sectorial de Obras y Servicios, NÉSTOR LUIS REVEROL TORRES

REPÚBLICA BOLIVARIANA DE VENEZUELA
MINISTERIO DEL PODER POPULAR DE ECONOMÍA, FINANZAS Y COMERCIO EXTERIOR
SUPERINTENDENCIA DE LA ACTIVIDAD ASEGURADORA

Caracas, a los veintinueve (29) días de agosto 2024

AÑOS 214°, 165° y 25°
PROVIDENCIA ADMINISTRATIVA N° SAA-01-0478-2024

De conformidad con las previsiones normativas contenidas en los artículos 6 numeral 1; 8 numerales 1, 3 y 18 de la Ley de la Actividad Aseguradora, que le atribuyen al Superintendente de la Actividad Aseguradora (E), OMAR OROZCO COLMENARES, designado mediante Resolución N° 003 de fecha 18 de enero de 2021, publicada en la Gaceta Oficial de la República Bolivariana de Venezuela N° 42.049 de la misma fecha, la competencia para establecer y dictar sus manuales de normas y procedimientos que regulan la actividad aseguradora.

POR CUANTO

La Ley de la Actividad Aseguradora dispone que la Superintendencia de la Actividad Aseguradora podrá establecer, mediante acto administrativo, los modelos de contratos y tarifas que deben mantener carácter general y uniforme, cuando el interés común así lo requiera.

POR CUANTO

Es competencia de esta Superintendencia de la Actividad Aseguradora verificar y garantizar que los sujetos regulados cumplan con las disposiciones contenidas en la Ley de la Actividad Aseguradora.

En virtud de lo anterior, acuerda dictar las siguientes:

NORMAS SOBRE LAS CONDICIONES GENERALES DE LAS PÓLIZAS DE SEGUROS PATRIMONIALES

Aprobación con carácter general y uniforme

Artículo 1. Aprobar con carácter general y uniforme las Condiciones Generales de las Pólizas de Seguros Patrimoniales, en los términos que se trascriben a continuación:

PÓLIZA DE SEGURO DE {Indicar nombre completo del Seguro Obligacional o de Responsabilidad}

Entre {RAZÓN SOCIAL DEL ASEGURADOR},{REGISTRO ÚNICO DE INFORMACIÓN FISCAL (R.I.F.)}, {DATOS DE REGISTRO

MERCANTIL}, que en adelante se denominará el Asegurador, representada por el ciudadano _en su carácter de ______, facultado según consta en documento inscrito ante la Notaría Pública__________, el __de ______de___, bajo el N°___, Tomo _____, y el Tomador, identificado en el Cuadro Póliza Recibo, han convenido en suscribir el presente contrato de seguro, el cual está conformado y se regirá por las Condiciones Generales, las Condiciones Particulares, el Cuadro Póliza Recibo, la Solicitud de Seguro y los demás documentos que formen parte integrante del mismo.

CONDICIONES GENERALES

CLÁUSULA 1. OBJETO DEL SEGURO.

Mediante este seguro el Asegurador se compromete a cubrir los riesgos mencionados en las Condiciones Particulares y Anexos, si los hubiere, y a indemnizar al Asegurado o al Beneficiario por la pérdida o daño que pueda sufrir el bien amparado por el presente contrato, hasta por la suma asegurada indicada como límite en el Cuadro Póliza Recibo.

CLÁUSULA 2. DEFINICIONES GENERALES.

A los efectos de este contrato, queda expresamente convenido entre las partes que los siguientes términos tendrán los significados que se indican, siendo que el género masculino incluirá también al femenino, cuando corresponda, salvo que del texto de este contrato se desprenda una interpretación diferente:

1. **ASEGURADO:** Persona natural o jurídica que en sus bienes o intereses económicos está expuesta a los riesgos amparados por este contrato.
2. **ASEGURADOR:** Persona jurídica que asume los riesgos cubiertos en este contrato.
3. **BENEFICIARIO:** Persona natural o jurídica que tiene el derecho de recibir el pago de la indemnización a que hubiere lugar. El Tomador, el Asegurado o el Beneficiario pueden ser o no la misma persona.
4. **CONDICIONES PARTICULARES:** Aquellas que contemplan aspectos concreta-mente relativos al riesgo que se asegura.
5. **CUADRO PÓLIZA RECIBO:** Documento en el que se indica, como mínimo, la siguiente información: número de la Póliza; identificación completa del Asegurador y de su domicilio principal; identificación completa del Tomador y del Asegurado; dirección del Tomador; dirección de cobro; dirección del Asegurado; duración del contrato; fecha de emisión del contrato; vigencia del recibo; coberturas contratadas, básicas y opcionales, distinguiendo para cada cobertura: la suma asegurada, el deducible, si lo

hubiere, y el monto de la prima; lugar y forma de pago de la prima; identificación del intermediario de la actividad aseguradora y firmas del Asegurador y del Tomador.

6. **DOCUMENTOS QUE FORMAN PARTE DEL CONTRATO DE SEGURO**: La Solicitud de Seguro; el documento de cobertura provisional, si lo hubiere; las Condiciones Generales; las Condiciones Particulares; el Cuadro Póliza Recibo; los anexos que se emitan para complementar o modificar el contrato y los demás documentos que, por su naturaleza, formen parte del contrato.
7. **PRIMA:** Contraprestación que, en función del riesgo, debe pagar el Tomador al Asegurador en virtud de la celebración del contrato.
8. **RIESGO:** Posible ocurrencia por azar de un acontecimiento que no dependa exclusivamente de la voluntad del Tomador, Asegurado o Beneficiario, que ocasione una necesidad económica, y cuya aparición real o existencia se previene y garantiza en este contrato.
9. **SINIESTRO:** Materialización del riesgo que da origen a la obligación de indemnizar por parte del Asegurador, que corresponda conforme con el presente contrato.
10. **SOLICITUD DE SEGURO:** Cuestionario que proporciona el Asegurador, el cual contiene un conjunto de preguntas relativas a la identificación del Tomador, del Propuesto Asegurado y del Beneficiario, así como también la identificación, la descripción detallada y la ubicación de los bienes o intereses que se pretendan asegurar y demás datos que puedan influir en la estimación del riesgo, que deben ser contestadas en su totalidad y con exactitud por el Tomador o el Propuesto Asegurado, constituyendo dicha declaración la base legal para la emisión del contrato de seguro. Adicionalmente, deberá contener el detalle de las coberturas que se pretenden contratar, distinguiendo las coberturas básicas de las opcionales, señalando expresamente que estas últimas no serán de obligatoria suscripción por parte del Tomador o del Propuesto Asegurado.
11. **SUMA ASEGURADA:** Límite máximo de responsabilidad del Asegurador.
12. **TOMADOR:** Persona natural o jurídica que obrando por cuenta propia o ajena, contrata el seguro con el Asegurador, trasladándole los riesgos y obligándose al pago de la prima.

CLÁUSULA 3. EXCLUSIONES GENERALES.

Esta póliza no cubre:

1. Pérdidas, gastos o daños que sean consecuencia o que se den en el curso de: guerra, invasión, acto de enemigo extranjero, hostilidades u operaciones bélicas (haya habido declaración de guerra o no), insubordinación militar, levantamiento militar, insurrección, rebelión, revolución, guerra civil, guerra intestina, poder militar o usurpación de poder, proclamación del estado de excepción, acto de terrorismo o acto de cualquier persona que actúe en nombre de o en relación con alguna organización que realice actividades dirigidas a la destitución por la fuerza del gobierno o influenciarlo mediante el terrorismo o la violencia.

2. Pérdidas, gastos o daños que sean consecuencia de: fisión o fusión nuclear, radiaciones ionizantes y contaminantes radioactivos.
3. Pérdidas, gastos o daños que sean consecuencia de: nacionalización, confiscación, incautación, requisa, comiso, embargo, expropiación, destrucción o daño por orden de cualquier gobierno o autoridad pública legalmente constituida o de facto, a menos que dicha destrucción sea ejecutada para detener la propagación de los daños causados por cualquier riesgo asegurado.

CLÁUSULA 4. EXONERACIONES DE RESPONSABILIDAD.

El Asegurador no estará obligado al pago de la indemnización en los siguientes casos:

1. Si el Tomador, Asegurado, Beneficiario o cualquier persona que obre por cuenta de éstos presenta una reclamación fraudulenta o engañosa, o si en cualquier tiempo emplea medios o documentos engañosos o dolosos para sustentar una reclamación o para derivar otros beneficios relacionados con este contrato.
2. Si el siniestro ha sido ocasionado por dolo del Tomador, Asegurado o Beneficiario.
3. Si el siniestro ha sido ocasionado por culpa grave del Tomador, Asegurado, Beneficiario o de cualquier persona que obrare por cuenta de ellos. No obstante, el Asegurador estará obligado al pago de la indemnización si el siniestro ha sido ocasionado en cumplimiento de deberes legales de socorro o en tutela de intereses comunes con el Asegurador en lo que respecta a este contrato.
4. Si el siniestro se inicia antes de la duración del contrato y continúa después de que los riesgos hayan comenzado a correr por cuenta del Asegurador.
5. Si el Tomador, Asegurado o Beneficiario no empleare los medios a su alcance para aminorar las consecuencias del siniestro, siempre que este incumplimiento se produjera con la manifiesta intención de perjudicar o engañar al Asegurador.
6. Si el Tomador o Asegurado actúa con dolo o culpa grave en la declaración de las circunstancias por él conocidas que puedan influir en la valoración del riesgo, según lo señalado en la Cláusula 9. Declaraciones en la Solicitud de Seguro, de estas Condiciones Generales.
7. Si el Tomador, Asegurado o Beneficiario intencionalmente omitiere dar aviso al Asegurador sobre la contratación de pólizas que cubran el mismo riesgo amparado por el presente contrato o si el Tomador hubiese celebrado el segundo o posteriores contratos de seguros, sobre los mismos riesgos, con el fin de procurarse un provecho ilícito.
8. Si el Tomador, el Asegurado o el Beneficiario incumpliere lo establecido en la Cláusula 14. Subrogación de Derechos, de estas Condiciones Generales, a menos que compruebe que el incumplimiento es debido a una causa extraña no imputable a él.

9. Si el Tomador, Asegurado, Beneficiario o cualquier persona que obre por cuenta de éstos, actuando con dolo o culpa grave, obstaculiza los derechos del Asegurador estipulados en este contrato.
10. Otras exoneraciones de responsabilidad que se establezcan en las Condiciones Particulares de este contrato.

CLÁUSULA 5. DURACIÓN DEL CONTRATO.

La duración del contrato se hará constar en el Cuadro Póliza Recibo, con indicación de la fecha de emisión, la hora y día de su iniciación y vencimiento.

A falta de indicación expresa, los riesgos cubiertos comienzan a correr por cuenta del Asegurador a las 12 m. del día de inicio de la duración del contrato y terminarán a la misma hora del día de su vencimiento.

CLÁUSULA 6. PAGO DE LA PRIMA.

El Tomador debe pagar la primera prima en el plazo de diez (10) días continuos contados a partir de la fecha de inicio de la duración del contrato. Si la prima no es pagada o se hace imposible su cobro por causa imputable al Tomador en el plazo establecido, el Asegurador tendrá derecho a exigir el pago correspondiente o resolver el contrato. En caso de resolución, ésta tendrá efecto desde el inicio de la duración del contrato. Si el Asegurador no ejerce su derecho a resolver el contrato de seguro, no podrá negarse a recibir el pago de la prima vencida.

Si ocurriese un siniestro en el plazo convenido para el pago de la primera prima, el Asegurador pagará la indemnización, siempre que el Tomador pague antes de su vencimiento la prima correspondiente.

El pago de la prima solamente conserva en vigor el contrato por el tiempo al cual corresponda dicho pago, según conste en el Cuadro Póliza Recibo.

Contra el pago de la prima, el Asegurador entregará al Tomador el Cuadro Póliza Recibo o recibo de prima correspondiente, según sea el caso, firmado y sellado. La entrega podrá efectuarse en forma impresa o a través de los mecanismos electrónicos acordados para ello que consten en la solicitud de seguro, con su acuse de recibo.

Las primas pagadas en exceso no darán lugar a responsabilidad alguna por parte del Asegurador por el exceso, sino única y exclusivamente al reintegro sin intereses del excedente, aun cuando aquellas hubieren sido aceptadas formalmente por éste.

CLÁUSULA 7. LUGAR Y MEDIO DE PAGO DE LAS PRIMAS.

Las primas correspondientes a este contrato serán pagadas directamente en las oficinas del Asegurador. No obstante, podrán ser pagadas bajo cualquier mecanismo o medio acordado por las partes.

El Asegurador podrá cobrar las primas a domicilio y dar aviso de sus vencimientos y, si lo hiciere, no sentará precedente de tal obligación y podrá suspender esta gestión en cualquier momento, previo aviso.

CLÁUSULA 8. FRACCIONAMIENTO DE LA PRIMA.

Si el pago de la prima es fraccionado, se entiende que tal fraccionamiento es una facilidad de pago y no implica modificación del período de duración del contrato. En este caso, si el Tomador no pagase cualquier fracción de la prima dentro de los *{El*

Asegurador podrá establecer el número de días hábiles que considere conveniente para el pago de la fracción prima, siempre que no sea inferior a cinco (5) días hábiles} días hábiles siguientes a la fecha de la finalización de la última fracción pagada, el Asegurador tiene derecho a exigir la prima debida o a resolver el contrato.

Si ocurriese un siniestro amparado durante el plazo mencionado anteriormente, el Asegurador procederá de conformidad con las siguientes reglas:

1. Descontar del monto indemnizable la fracción de prima vencida. No obstante, si el monto a pagar es por la totalidad de la suma asegurada, el Asegurador podrá deducir las fracciones de primas pendientes para completar la totalidad de la prima de la duración del contrato.
2. Si el monto indemnizable es menor a la fracción de prima vencida, el Asegurador pagará la indemnización, siempre que el Tomador pague la referida fracción de prima vencida, antes del vencimiento del respectivo plazo.

En caso de resolución por falta de pago de una fracción de prima vencida, ésta tendrá efecto desde la fecha de finalización del período cubierto por la última fracción de prima pagada, siempre que el Asegurador lo haya notificado previamente al Tomador o al Asegurado.

Si el Asegurador no ejerce su derecho a resolver el contrato de seguro, no podrá negarse a recibir el pago de la fracción de prima vencida.

CLÁUSULA 9. DECLARACIONES EN LA SOLICITUD DE SEGURO.

El Tomador o Propuesto Asegurado al llenar la solicitud, debe declarar con exactitud al Asegurador, de acuerdo con el cuestionario y demás requerimientos que le indique, todas las circunstancias por él conocidas que puedan influir en la valoración del riesgo.

El Asegurador, debe participar al Tomador o Asegurado, en el plazo de cinco (5) días hábiles siguientes, que ha tenido conocimiento de un hecho no declarado en la solicitud que pueda influir en la valoración del riesgo, y podrá ajustar o resolver el contrato, mediante comunicación impresa o a través de los mecanismos electrónicos acordados para ello, con acuse de recibo, dirigida al Tomador o Asegurado, según corresponda, en el plazo de un (1) mes, contado a partir del conocimiento de los hechos.

En caso de resolución, ésta se producirá a partir del décimo sexto (16°) día continuo siguiente a su notificación, siempre que la parte proporcional de la prima, deducida la comisión pagada al intermediario de la actividad aseguradora, correspondiente al período que falte por transcurrir, se encuentre a disposición del Tomador en la caja del Asegurador. Corresponderán al Asegurador, las primas relativas al período de seguro transcurrido, hasta el momento en que haga esta notificación.

El Asegurador no podrá resolver el contrato cuando el hecho que ha sido objeto de reserva o inexactitud ha desaparecido antes del siniestro.

Si el siniestro sobreviene antes que el Asegurador haga cualquiera de las notificaciones a que se refiere esta Cláusula o antes de que se haga efectiva la resolución del contrato, la indemnización se reducirá en la misma proporción que existe entre la prima convenida y la que se hubiese establecido de haberse conocido la verdadera entidad del riesgo. Si el Tomador o Asegurado actúa con dolo o culpa grave, el Asegurador quedará liberado del pago de la indemnización y de la devolución de la prima.

Cuando el contrato esté referido a varios bienes o intereses y la reserva o inexactitud se contrajese sólo a uno o varios de ellos, el contrato subsistirá con todos sus efectos respecto a los restantes, si ello fuere técnicamente posible.

CLÁUSULA 10. FALSEDADES Y RETICENCIAS DE MALA FE.

Las falsedades y reticencias de mala fe por parte del Tomador o Asegurado realizadas en la solicitud de seguros, debidamente probadas, serán causa de nulidad absoluta del contrato, si son de tal naturaleza que el Asegurador, de haberlas conocido, no hubiese contratado o lo hubiese hecho en otras condiciones.

Las falsedades y reticencias de mala fe por parte del Tomador, Asegurado o Beneficiario en la reclamación del siniestro, debidamente probadas, serán causa de nulidad absoluta del contrato y exoneran del pago de la indemnización al Asegurador. No hay lugar a la devolución de prima al Tomador en los supuestos de nulidad del contrato contemplados en esta Cláusula.

CLÁUSULA 11. PLURALIDAD DE SEGUROS.

Cuando un interés estuviese asegurado contra el mismo riesgo por dos o más aseguradores, el Tomador, Asegurado o Beneficiario estará obligado, salvo pacto en contrario, a poner en conocimiento de esa circunstancia a todos los aseguradores, al momento de la presentación de los documentos solicitados para la tramitación del siniestro, con indicación del nombre de cada uno de ellos, número y período de duración de cada contrato.

Si el Tomador, Asegurado o Beneficiario, intencionalmente omite ese aviso o hubiese celebrado el segundo o los posteriores contratos de seguro con la finalidad de procurarse un provecho ilícito, los aseguradores no quedan obligados frente a aquél. Sin embargo, conservarán sus derechos derivados de los respectivos contratos. En este caso, deberán tener prueba fehaciente de la conducta dolosa del Tomador, Asegurado o Beneficiario.

Los aseguradores contribuirán al abono de la indemnización en proporción a la suma propia asegurada, sin que pueda superarse la cuantía del daño. Dentro de ese límite, el Asegurado o Beneficiario podrá solicitar a cada Asegurador, en el orden que él establezca, la indemnización debida, según el respectivo contrato. El Asegurador que ha pagado una cantidad superior a la que proporcionalmente le corresponda, podrá repetir contra el resto de ellos.

En caso de contrataciones de buena fe de una pluralidad de seguros, incluso por una suma total superior al valor asegurable, todos los contratos serán válidos, y obligarán a cada uno de los aseguradores a pagar hasta el valor del daño sufrido, dentro de los límites de la suma que hubiesen asegurado, proporcionalmente a lo que le corresponda en virtud de los otros contratos celebrados.

Cuando exista una pluralidad de seguros, en caso de siniestro, el Asegurado o Beneficiario no podrá renunciar a los derechos que le correspondan según el contrato de seguro, o aceptar modificaciones de los mismos con uno de los aseguradores, en perjuicio de los demás.

CLÁUSULA 12. PAGO DE INDEMNIZACIONES.

El Asegurador debe pagar la indemnización que corresponda en un plazo que no exceda de veinte **(20) días co**ntinuos siguientes, contados a partir de la fecha en que haya recibido el último recaudo solicitado o del informe del ajuste de pérdidas, si fuera el caso, salvo por causa extraña no imputable al Asegurador.

CLÁUSULA 13. RECHAZO DEL SINIESTRO.

El Asegurador debe notificar por escrito al Tomador, Asegurado o Beneficiario, en el plazo señalado en la Cláusula anterior, las causas de hecho y de derecho que a su juicio justifiquen el rechazo, total o parcial, de la indemnización exigida.

CLÁUSULA 14. SUBROGACIÓN DE DERECHOS.

El Asegurador que ha pagado la indemnización, queda subrogado de pleno derecho, hasta la concurrencia del monto pagado, en los derechos y acciones del Tomador, Asegurado o Beneficiario contra los terceros responsables.

Salvo el caso de dolo, la subrogación no se efectuará contra las personas de cuyos hechos debe responder civilmente el Asegurado, ni contra el causante del siniestro vinculado con el Asegurado hasta el segundo grado de parentesco por consanguinidad o que sea su cónyuge o la persona con quien mantenga unión estable de hecho.

El Asegurado o Beneficiario no podrá, en ningún momento, renunciar a sus derechos de exigir a otras personas la reparación por los daños y pérdidas que éstas le hubiesen ocasionado.

En caso de siniestro, el Asegurado o Beneficiario está obligado a realizar a expensas del Asegurador, cuantos actos sean necesarios y todo lo que éste pueda razonablemente requerir, con el objeto de permitir que ejerza los derechos que le correspondan por subrogación, sean antes o después del pago.

Si el Asegurado o Beneficiario incumpliere lo establecido en esta Cláusula, perderá el derecho al pago que le otorga este contrato o estará obligado a reintegrar el monto de la indemnización, si esta ya se hubiese efectuado, a menos que compruebe que el incumplimiento es debido a una causa extraña no imputable a él.

CLÁUSULA 15. ARBITRAJE.

Las partes podrán someter a un procedimiento de arbitraje las divergencias que se susciten en la interpretación, aplicación y ejecución del contrato. La tramitación del arbitraje se ajustará a lo dispuesto en la ley que regule la materia de arbitraje y supletoriamente al Código de Procedimiento Civil.

El Superintendente de la Actividad Aseguradora actuará como árbitro arbitrador en aquellos casos en que sea designado de mutuo acuerdo entre ambas partes, con motivo de las controversias que se susciten en la interpretación, aplicación y ejecución del contrato. En este supuesto, la tramitación del arbitraje se ajustará a lo dispuesto en las normas que regulan el arbitraje en la actividad aseguradora.

El laudo arbitral será de obligatorio cumplimiento.

CLÁUSULA 16. CADUCIDAD.

El Tomador, Asegurado o Beneficiario perderá todo derecho a ejercer acción judicial contra el Asegurador o convenir con éste a someterse al Arbitraje previsto en la Cláusula anterior, si no lo hubiere hecho antes de transcurrir el plazo de un (**1**) año contado a partir de la fecha de la notificación, por escrito:

1. Del rechazo, total o parcial, del siniestro.
2. De la decisión del Asegurador sobre la inconformidad del Tomador, Asegurado o Beneficiario respecto a la indemnización o al cumplimiento de la obligación a través de proveedores de insumos o servicios.

A los efectos de esta disposición, se entenderá iniciada la acción judicial una vez que sea consignado el libelo de demanda por ante los órganos jurisdiccionales.

CLÁUSULA 17. PRESCRIPCIÓN.

Salvo lo dispuesto en leyes especiales, las acciones derivadas de este contrato prescriben a los tres (3) años contados a partir del hecho que dio origen a la obligación.

CLÁUSULA 18. OBLIGACIONES DEL TOMADOR, ASEGURADO O BENEFICIARIO.

1. El Tomador y el Propuesto Asegurado deben llenar la Solicitud de Seguro y declarar, con sinceridad y exactitud, todas las circunstancias necesarias para identificar el bien o interés asegurable y apreciar la extensión de los riesgos, en los términos indicados en este contrato.
2. El Asegurado debe prestar toda la colaboración necesaria para facilitar la realización de las inspecciones de riesgo, así como también los ajustes de daños, según sea el caso.
3. El Tomador debe pagar la prima en la forma, frecuencia, lugar y tiempo convenidos en este contrato.
4. El Asegurado debe emplear el cuidado de un diligente padre de familia para prevenir el siniestro o para aminorar sus consecuencias.
5. El Tomador, Asegurado o Beneficiario hará saber al Asegurador, dentro del plazo establecido en las Condiciones Particulares de este contrato, la ocurrencia de un siniestro, expresando claramente las causas y circunstancias del suceso ocurrido.
6. El Asegurado o Beneficiario debe tomar las medidas necesarias para salvaguardar o recobrar el bien asegurado o para conservar sus restos.
7. El Tomador, Asegurado o Beneficiario debe declarar, al momento de contratar la póliza y al tiempo de exigir el pago del siniestro, los contratos de seguros que existen y que cubren el mismo riesgo.
8. El Tomador, Asegurado o Beneficiario debe probar la ocurrencia del siniestro a través de la consignación de toda la información necesaria para la indemnización del mismo, que sea solicitada por el Asegurador para verificar las circunstancias y consecuencias del siniestro.
9. El Tomador, Asegurado o Beneficiario debe realizar diligentemente todas las acciones necesarias y destinadas a garantizar al Asegurador el ejercicio de su derecho de subrogación, si fuere el caso.

10. El Tomador o Asegurado, en caso de cambio de dirección de cobro, domicilio, habitación u oficina, según sea el caso, debe notificar por escrito al Asegurador dentro de los quince (15) días hábiles siguientes a la fecha de haber efectuado el cambio, a menos que esta obligación sea considerada una agravación de riesgo, en cuyo caso se aplicará el plazo previsto para ello.
11. El Tomador, Asegurado o Beneficiario debe cumplir con todas y cada una de las obligaciones, responsabilidades y condiciones establecidas en los diferentes documentos que integran el presente contrato.

CLÁUSULA 19. OBLIGACIONES DEL ASEGURADOR.

1. Informar al Tomador o Asegurado, mediante la entrega de la Póliza y demás documentos, la extensión de los riesgos asumidos y aclarar, en cualquier tiempo, todas las dudas y consultas que éste le formule.
2. Entregar el Cuadro Póliza Recibo al Tomador junto con copia de la Solicitud de Seguro, las Condiciones Generales, las Condiciones Particulares, los Anexos, si los hubiere, y los demás documentos que formen parte integrante del contrato de seguro. En la renovación la obligación procederá para los nuevos documentos o para aquellos que hayan sido modificados. La entrega de los documentos señalados deberá efectuarse en los términos acordados por las partes.
3. Proceder al ajuste de daños, luego de recibida la notificación para la tramitación del siniestro, conforme con lo establecido en las Condiciones Particulares de este contrato.
4. Pagar la suma asegurada o la indemnización que corresponda en caso de siniestro, en los plazos establecidos en este contrato o rechazar su cobertura, mediante aviso por escrito y debidamente motivado.
5. Entregar al Asegurado o al intermediario de la actividad aseguradora, una copia del informe del ajuste de pérdidas que contenga los cálculos utilizados para determinar la indemnización.
6. Cumplir con todas y cada una de las obligaciones, responsabilidades y condiciones establecidas en los diferentes documentos que integran el contrato de seguro.

CLÁUSULA 20. MODIFICACIONES.

Las solicitudes de modificación del contrato deben ser solicitadas a través de cualquier mecanismo acordado por las partes. Se consideran aceptadas las solicitudes efectuadas por el Tomador o Asegurado, si el Asegurador no la rechaza dentro de los diez (10) días hábiles siguientes de haberla recibido.

La modificación de la suma asegurada o del deducible requerirá siempre aceptación expresa de la otra parte. En caso contrario, se presumirá aceptada por el Asegurador con la emisión del Cuadro Póliza Recibo o recibo de prima en el que se modifique la suma asegurada o el deducible y, por el Tomador o Asegurado, con el pago de la diferencia de prima correspondiente, si la hubiere.

Si la modificación propuesta por el Asegurador es efectiva a partir de la renovación del contrato, debe ser comunicada al Tomador mediante notificación impresa o a través de los mecanismos electrónicos acordados para ello, con acuse de recibo, con un plazo no menor a un (1) mes de anticipación a la conclusión del período de seguro en curso.

En caso de desacuerdo del Tomador, si el Asegurador decide mantener o renovar el contrato, deberá hacerlo bajo las mismas condiciones de suma asegurada y deducible vigentes al momento de la propuesta de modificación.

Las modificaciones se harán constar mediante Anexos, debidamente firmados por un representante del Asegurador y el Tomador, los cuales prevalecerán sobre las Condiciones Particulares y éstas sobre las Condiciones Generales de la Póliza.

Si la modificación requiere pago de prima adicional se aplicará lo dispuesto al respecto en este contrato.

CLÁUSULA 21. TERMINACIÓN ANTICIPADA.

El Asegurador podrá dar por terminado este contrato, con efecto a partir del decimosexto (16°) día continuo siguiente a la fecha del acuse de recibo de la notificación que envíe al Tomador, siempre y cuando se encuentre en la caja del Asegurador, a disposición de aquél, el importe correspondiente a la parte proporcional de la prima no consumida, por el período que falte por transcurrir.

A su vez, el Tomador o Asegurado podrá dar por terminado el contrato de seguro, con efecto a partir del día hábil siguiente al de la recepción de la notificación enviada al Asegurador, o de cualquier fecha posterior que en ella se señale. En este caso, dentro de los quince (15) días continuos siguientes, el Asegurador debe poner a disposición del Tomador, la parte proporcional de la prima, deducida la comisión pagada al intermediario de la actividad aseguradora, correspondiente al período que falte por transcurrir.

La terminación anticipada de la póliza se efectuará sin perjuicio del derecho del Asegurado o Beneficiario a indemnizaciones por siniestros ocurridos con anterioridad a la fecha de terminación anticipada, en cuyo caso, no procederá devolución de prima cuando las indemnizaciones sean por la totalidad de la suma asegurada.

CLÁUSULA 22. AVISOS.

Todo aviso o comunicación que una parte deba dar a la otra respecto al contrato deberá hacerse mediante comunicación impresa o a través de los mecanismos electrónicos acordados para ello, con acuse de recibo, dirigida a la dirección del Tomador o Asegurado que conste en el contrato, según corresponda, al domicilio principal o sucursal del Asegurador o a través de los medios electrónicos acordados por las partes.

Las comunicaciones relacionadas con la tramitación de siniestros que sean entregadas al intermediario de la actividad aseguradora producen el mismo efecto que si hubiesen sido entregadas a la otra parte, salvo estipulación en contrario.

El intermediario de la actividad aseguradora será administrativa y civilmente responsable en caso de que no haya entregado la correspondencia a su destinatario, en un plazo de tres (3) días hábiles, contados a partir de su recepción.

CLÁUSULA 23. TRASPASO.

Ningún traspaso o cesión de los derechos sobre este contrato será válido si no ha sido aprobado previamente por el Asegurador, tanto para el cedente como para el cesionario. La aprobación por parte del Asegurador debe constar en Anexo emitido a la presente Póliza.

CLÁUSULA 24. DOMICILIO ESPECIAL.

Para todos los efectos y consecuencias derivadas o que puedan derivarse de este contrato, las partes eligen como domicilio especial, único y excluyente de cualquier otro, el lugar donde se celebró el contrato de seguros, a cuya Jurisdicción declaran someterse las partes.

El Tomador	Por El Asegurador
____________________	____________________

Del uso obligatorio de las condiciones

Artículo 2. Las Condiciones Generales previstas en estas normas, serán de uso obligatorio en la comercialización de las

Pólizas de Seguros Patrimoniales y no podrán sufrir modificación alguna.

De la aprobación de documentos

Artículo 3. Las Tarifas, las Condiciones Particulares, Anexos y demás documentos pertinentes, que formen parte integrante de las Pólizas de Seguros Patrimoniales y que se requieran para su comercialización, deben ser presentadas por los sujetos regulados interesados ante la Superintendencia de la Actividad Aseguradora para su aprobación.

De la inclusión de cláusulas en las condiciones particulares y anexos

Artículo 4. Las cláusulas relativas a plazo de gracia; renovaciones; infraseguro y sobreseguro; agravación y disminución del riesgo; alcance territorial de la cobertura; deducible, si lo hubiere; coberturas; sumas aseguradas; bases de indemnización; otras exclusiones y exoneraciones de responsabilidad de carácter particular; rehabilitación, ajuste de daños; peritaje y cualquier otra que de acuerdo con las características de los riesgos amparados tengan que estar expresamente señaladas en el contrato, deberán constar, si corresponde, en las Condiciones Particulares o Anexos de las Pólizas de Seguros Patrimoniales. En tal caso, los sujetos regulados interesados deben presentar estos documentos ante la Superintendencia de la Actividad Aseguradora para su aprobación.

De los anexos no sujetos a aprobación

Artículo 5. No requerirán aprobación previa los Anexos que se utilicen para cambiar el nombre de los sujetos que intervienen en el contrato, el domicilio, la fecha en que se inicia o que finaliza la cobertura de los riesgos o cualesquiera otras condiciones que no impliquen modificaciones al condicionado de la Póliza o documentos aprobados por la Superintendencia de la Actividad Aseguradora.

De la denominación comercial

Artículo 6. A los efectos de la comercialización de los contratos de seguros patrimoniales, las empresas de seguros podrán agregar a sus pólizas la denominación comercial de su preferencia.

De la referencia al defensor del tomador, asegurado o beneficiario de la actividad aseguradora

Artículo 7. Las empresas de seguros deben hacer referencia en las Condiciones Particulares y en los Cuadros Pólizas Recibos de sus Pólizas de Seguros Patrimoniales, a la existencia del Defensor del tomador, asegurado, beneficiario, contratante, usuario y afiliado de la actividad aseguradora; y que, en caso de cualquier denuncia, reclamo o queja, podrán acudir a la Unidad de Defensa del Sujeto Regulado o comunicarse a través de los mecanismos dispuestos para ello.

De la restricción de modificar pólizas con carácter general y uniforme

Artículo 8. Las empresas de seguros no podrán utilizar las Condiciones Generales previstas en estas normas, para modificar las pólizas de seguro que hayan sido dictadas por la Superintendencia de la Actividad Aseguradora con carácter general y uniforme, por lo que se mantienen vigentes las actuales regulaciones de esos contratos.

De la derogatoria

Artículo 9. Se deroga el acto administrativo contenido en la Providencia N° FSAA-9-00095 de fecha 12 de enero de 2017, publicada en la Gaceta Oficial de la República Bolivariana de Venezuela N° 41.136 de fecha 24 de abril de 2017, mediante el cual se aprobó con carácter general y uniforme las Condiciones Generales de las Pólizas de Seguro Patrimonial. Las demás normativas prudenciales y actos administrativos conexos a la actividad aseguradora, que coliden con las presentes normas no serán aplicables.

De la publicidad

Artículo 10. Se ordena la publicación de las presentes normas en la página web de la Superintendencia de la Actividad Aseguradora, con el fin de coadyuvar con la divulgación de su contenido a todos los interesados y público en general, sin menoscabo de su publicación en la Gaceta Oficial de la República Bolivariana de Venezuela.

De la vigencia

Artículo 11. Las presentes normas entrarán en vigencia a partir de su publicación en la Gaceta Oficial de la República Bolivariana de Venezuela.

Comuníquese y publíquese

OMAR OROZCO COLMENARES

Superintendente de la Actividad Aseguradora (E)

Resolución N° 003-2021 de fecha 18 de enero de 2021, publicada en la Gaceta Oficial de la República Bolivariana de Venezuela N° 42.049 de la misma fecha

REPÚBLICA BOLIVARIANA DE VENEZUELA
MINISTERIO DEL PODER POPULAR DE ECONOMÍA, FINANZAS Y COMERCIO EXTERIOR
SUPERINTENDENCIA DE LA ACTIVIDAD ASEGURADORA

Caracas, a los veintinueve (29) días del mes de agosto de 2024

AÑOS 214°, 165° y 25°
PROVIDENCIA ADMINISTRATIVA N° SAA-01-0479-2024

De conformidad con las previsiones normativas contenidas en los artículos 6 numeral 1; 8 numerales 1, 3 y 18 de la Ley de la Actividad Aseguradora, que le atribuyen al Superintendente de la Actividad Aseguradora (E), **OMAR OROZCO COLMENARES,** designado mediante Resolución N° 003 de fecha 18 de enero de 2021, publicada en la Gaceta Oficial de la República Bolivariana de Venezuela N° 42.049 de la misma fecha, la competencia para establecer y dictar sus manuales de normas y procedimientos que regulan la actividad aseguradora.

POR CUANTO

La Ley de la Actividad Aseguradora dispone que la Superintendencia de la Actividad Aseguradora podrá establecer, mediante acto administrativo, los modelos de contratos y tarifas que deben mantener carácter general y uniforme, cuando el interés común así lo requiera.

POR CUANTO

Es competencia de esta Superintendencia de la Actividad Aseguradora verificar y garantizar que los sujetos regulados cumplan con las disposiciones contenidas en la Ley de la Actividad Aseguradora.

En virtud de lo anterior, acuerda dictar las siguientes:

NORMAS SOBRE LAS CONDICIONES GENERALES DE LAS PÓLIZAS DE SEGUROS OBLIGACIONALES O DE RESPONSABILIDAD

Aprobación con carácter general y uniforme

Artículo 1. Aprobar con carácter general y uniforme las Condiciones Generales de las Pólizas de Seguros Obligacionales o de Responsabilidad, en los términos que se trascriben a continuación:

PÓLIZA DE SEGURO DE {Indicar nombre completo del Seguro Obligacional o de Responsabilidad}

Entre {RAZÓN SOCIAL DEL ASEGURADOR},{REGISTRO DE INFORMACIÓN FISCAL (R.I.F.)},{DATOS DE REGISTRO MERCANTIL}, que en adelante se denominará el Asegurador, representada por el ciudadano _______en su carácter de _______, facultado según consta en documento inscrito ante la Notaría Pública __________, el ____ de ___ de ___, bajo el N° ___, Tomo ____, y el Tomador, identificado en el Cuadro Póliza Recibo, han convenido en suscribir el presente contrato de seguro, el cual está conformado y se regirá por las Condiciones Generales, las Condiciones Particulares, el Cuadro Póliza Recibo, la Solicitud de Seguro y los demás documentos que formen parte integrante del mismo.

CONDICIONES GENERALES

CLÁUSULA 1. OBJETO DEL SEGURO.

Mediante este seguro el Asegurador se compromete a cubrir los riesgos mencionados en las Condiciones Particulares y Anexos, si los hubiere, y a indemnizar al Asegurado o al Beneficiario aquellas sumas por las cuales el Asegurado sea declarado legalmente responsable y esté obligado a pagar a terceros, mediante sentencia definitivamente firme, por eventos amparados por este contrato, hasta por la suma asegurada indicada como límite en el Cuadro Póliza Recibo.

CLÁUSULA 2. DEFINICIONES GENERALES.

A los efectos de este contrato, queda expresamente convenido entre las partes que los siguientes términos tendrán los significados que se indican, siendo que el género masculino incluirá también al femenino, cuando corresponda, salvo que del texto de este contrato se desprenda una interpretación diferente:

1. **ASEGURADO**: Persona natural o jurídica que en sus bienes o intereses económicos está expuesta a los riesgos amparados por este contrato.
2. **ASEGURADOR**: Persona jurídica que asume los riesgos cubiertos en este contrato.
3. **BENEFICIARIO**: Persona natural o jurídica que tiene el derecho de recibir el pago de la indemnización a que hubiere lugar. El Tomador, el Asegurado o el Beneficiario pueden ser o no la misma persona.
4. **CONDICIONES PARTICULARES:** Aquellas que contemplan aspectos concretamente relativos al riesgo que se asegura.
5. **CUADRO PÓLIZA RECIBO:** Documento en el que se indica, como mínimo, la siguiente información: número de la Póliza; identificación completa del Asegurador y de su domicilio principal; identificación completa del Tomador y del Asegurado; dirección del Tomador; dirección de cobro; dirección del Asegurado; duración del contrato; fecha de emisión del contrato; vigencia del recibo; coberturas contratadas, básicas y opcionales, distinguiendo para cada cobertura: la suma asegurada, el deducible, si lo hubiere, y el monto de la prima; lugar y forma de pago de la prima; identificación del intermediario de la actividad aseguradora y firmas del Asegurador y del Tomador.
6. **DOCUMENTOS QUE FORMAN PARTE DEL CONTRATO DE SEGURO**: La Solicitud de Seguro; el documento de cobertura provisional, si lo hubiere; las Condiciones Generales; las Condiciones Particulares; el Cuadro Póliza Recibo; los anexos que se emitan para complementar o modificar la póliza y los demás documentos que, por su naturaleza, formen parte del contrato.

7. **PRIMA:** Contraprestación que, en función del riesgo, debe pagar el Tomador al Asegurador en virtud de la celebración del contrato.
8. **RIESGO:** Posible ocurrencia por azar de un acontecimiento que no dependa exclusivamente de la voluntad del Tomador, Asegurado o Beneficiario, que ocasione una necesidad económica, y cuya aparición real o existencia se previene y garantiza en este contrato.
9. **SINIESTRO**: Materialización del riesgo que da origen a la obligación de indemnizar por parte del Asegurador, que corresponda conforme con el presente contrato.
10. **SOLICITUD DE SEGURO**: Cuestionario que proporciona el Asegurador, el cual contiene un conjunto de preguntas relativas a la identificación del Tomador, del Propuesto Asegurado y del Beneficiario, así como también la identificación, la descripción detallada y la ubicación de los bienes o intereses que se pretendan asegurar y demás datos que puedan influir en la estimación del riesgo, que deben ser contestadas en su totalidad y con exactitud por el Tomador o el Propuesto Asegurado, constituyendo dicha declaración la base legal para la emisión del contrato de seguro.

    Adicionalmente, deberá contener el detalle de las coberturas que se pretenden contratar, distinguiendo las coberturas básicas de las opcionales, señalando expresamente que estas últimas no serán de obligatoria suscripción por parte del Tomador o del Propuesto Asegurado.
11. **SUMA ASEGURADA**: Límite máximo de responsabilidad del Asegurador.
12. **TOMADOR:** Persona natural o jurídica que obrando por cuenta propia o ajena, contrata el seguro con el Asegurador, trasladándole los riesgos y obligándose al pago de la prima.

CLÁUSULA 3. EXCLUSIONES GENERALES.

Esta póliza no cubre:

1. Pérdidas, gastos, daños o responsabilidades que sean consecuencia o que se den en el curso de: guerra, invasión, acto de enemigo extranjero, hostilidades u operaciones bélicas (haya habido declaración de guerra o no), insubordinación militar, levantamiento militar, insurrección, rebelión, revolución, guerra civil, guerra intestina, poder militar o usurpación de poder, proclamación del estado de excepción, acto de terrorismo o acto de cualquier persona que actúe en nombre de o en relación con alguna organización que realice actividades dirigidas a la destitución por la fuerza del gobierno o influenciarlo mediante el terrorismo o la violencia.
2. Pérdidas, gastos, daños o responsabilidades que sean consecuencia de: fisión o fusión nuclear, radiaciones ionizantes y contaminantes radioactivos.
3. Pérdidas, gastos, daños o responsabilidades que sean consecuencia de: nacionalización, confiscación, incautación, requisa, comiso, embargo, expropiación, destrucción o daño por orden de cualquier gobierno o autoridad pública legalmente constituida o de facto, a menos que dicha destrucción sea ejecutada para detener la propagación de los daños causados por cualquier riesgo asegurado.

CLÁUSULA 4. EXONERACIONES DE RESPONSABILIDAD.

El Asegurador no estará obligado al pago de la indemnización en los siguientes casos:

1. Si el Tomador, Asegurado, Beneficiario o cualquier persona que obre por cuenta de éstos presenta una reclamación fraudulenta o engañosa, o si en cualquier tiempo emplea medios o documentos engañosos o dolosos para sustentar una reclamación o para derivar otros beneficios relacionados con este contrato.
2. Si el siniestro ha sido ocasionado por dolo del Tomador, Asegurado o Beneficiario.
3. Si el siniestro ha sido ocasionado por culpa grave del Tomador, Asegurado o Beneficiario, o de cualquier persona que obrare por cuenta de ellos, salvo que esté expresamente cubierto en las Condiciones Particulares. No obstante, el Asegurador estará obligado al pago de la indemnización si el siniestro ha sido ocasionado en cumplimiento de deberes legales de socorro o en tutela de intereses comunes con el Asegurador en lo que respecta a este contrato.
4. Si el siniestro se inicia antes de la duración del contrato y continúa después de que los riesgos hayan comenzado a correr por cuenta del Asegurador.
5. Si el Tomador, Asegurado o Beneficiario no empleare los medios a su alcance para aminorar las consecuencias del siniestro, siempre que este incumplimiento se produjera con la manifiesta intención de perjudicar o engañar al Asegurador.
6. Si el Tomador o Asegurado actúa con dolo o culpa grave en la declaración de las circunstancias por él conocidas que puedan influir en la valoración del riesgo, según lo señalado en la Cláusula 8. Declaraciones en la Solicitud de Seguro, de estas Condiciones Generales.
7. Si el Tomador, Asegurado o Beneficiario intencionalmente omitiere dar aviso al Asegurador sobre la contratación de pólizas que cubran el mismo riesgo amparado por el presente contrato o si el Tomador hubiese celebrado el segundo o posteriores contratos de seguros, sobre los mismos riesgos, con el fin de procurarse un provecho ilícito.
8. Si el Asegurado o el Beneficiario incumpliere lo establecido en la Cláusula 14. Subrogación de Derechos, de estas Condiciones Generales, a menos que compruebe que el incumplimiento es debido a una causa extraña no imputable a él.
9. Si el Tomador, Asegurado, Beneficiario o cualquier persona que obre por cuenta de éstos, actuando con dolo o culpa grave, obstaculiza los derechos del Asegurador estipulados en este contrato.
10. Otras exoneraciones de responsabilidad que se establezcan en las Condiciones Particulares de este contrato.

CLÁUSULA 5. DURACIÓN DEL CONTRATO.

La duración del contrato se hará constar en el Cuadro Póliza Recibo, con indicación de la fecha de emisión, la hora y día de su iniciación y vencimiento.

A falta de indicación expresa, los riesgos cubiertos comienzan a correr por cuenta del Asegurador a las 12 m. del día de inicio de la duración del contrato y terminarán a la misma hora del día de su vencimiento.

CLÁUSULA 6. PAGO DE LA PRIMA.

El Tomador debe pagar la primera prima en el plazo de diez (10) días continuos contados a partir de la fecha de inicio de la duración del contrato. Si la prima no es pagada o se hace imposible su cobro por causa imputable al Tomador en el plazo establecido, el Asegurador tendrá derecho a exigir el pago correspondiente o resolver el contrato. En caso de resolución, ésta tendrá efecto desde el inicio de la duración del contrato. Si el Asegurador no ejerce su derecho a resolver el contrato de seguro, no podrá negarse a recibir el pago de la prima vencida.

Si ocurriese un siniestro en el plazo convenido para el pago de la primera prima, el Asegurador pagará la indemnización, siempre que el Tomador pague antes de su vencimiento la prima correspondiente.

El pago de la prima solamente conserva en vigor el contrato por el tiempo al cual corresponda dicho pago, según conste en el Cuadro Póliza Recibo.

Contra el pago de la prima, el Asegurador entregará al Tomador el Cuadro Póliza Recibo o recibo de prima correspondiente, según sea el caso, firmado y sellado. La entrega podrá efectuarse en forma impresa o a través de los mecanismos electrónicos acordados para ello, que consten en la solicitud de seguro, con su acuse de recibo.

Las primas pagadas en exceso no darán lugar a responsabilidad alguna por parte del Asegurador por el exceso, sino única y exclusivamente al reintegro sin intereses del excedente, aun cuando aquellas hubieren sido aceptadas formalmente por éste.

CLÁUSULA 7. LUGAR Y MEDIO DE PAGO DE LAS PRIMAS.

Las primas correspondientes a este contrato serán pagadas directamente en las oficinas del Asegurador. No obstante, podrán ser pagadas bajo cualquier mecanismo o medio acordado por las partes.

El Asegurador podrá cobrar las primas a domicilio y dar aviso de sus vencimientos y, si lo hiciere, no sentará precedente de tal obligación y podrá suspender esta gestión en cualquier momento, previo aviso.

CLÁUSULA 8. FRACCIONAMIENTO DE LA PRIMA.

Si el pago de la prima es fraccionado, se entiende que tal fraccionamiento es una facilidad de pago y no implica modificación del período de duración del contrato. En este caso, si el Tomador no pagase cualquier fracción de la prima dentro de los {*El Asegurador podrá establecer el número de días hábiles que considere conveniente para el pago de la fracción prima, siempre que no sea inferior a cinco (5) días hábiles*} días hábiles siguientes a la fecha de la finalización de la última fracción pagada, el Asegurador tiene derecho a exigir la prima debida o a resolver el contrato.

Si ocurriese un siniestro amparado durante el plazo mencionado anteriormente, el Asegurador procederá de conformidad con las siguientes reglas:

1. Descontar del monto indemnizable la fracción de prima vencida. No obstante, si el monto a pagar es por la totalidad de la suma asegurada, el Asegurador podrá deducir las fracciones de primas pendientes para completar la totalidad de la prima de la duración del contrato.
2. Si el monto indemnizable es menor a la fracción de prima vencida, el Asegurador pagará la indemnización, siempre que el Tomador pague la referida fracción de prima vencida, antes del vencimiento del respectivo plazo.

En caso de resolución por falta de pago de una fracción de prima vencida, ésta tendrá efecto desde la fecha de finalización del período cubierto por la última fracción de prima pagada, siempre que el Asegurador lo haya notificado previamente al Tomador o al Asegurado.

Si el Asegurado no ejerce su derecho a resolver el contrato de seguro, no podrá negarse a recibir el pago de la fracción de prima vencida.

CLÁUSULA 9. DECLARACIONES EN LA SOLICITUD DE SEGURO.

El Tomador o Propuesto Asegurado al llenar la solicitud, debe declarar con exactitud al Asegurador, de acuerdo con el cuestionario y demás requerimientos que le indique, todas las circunstancias por él conocidas que puedan influir en la valoración del riesgo.

El Asegurador, debe participar al Tomador o Asegurado, en el plazo de cinco (5) días hábiles siguientes, que ha tenido conocimiento de un hecho no declarado en la solicitud que pueda influir en la valoración del riesgo, y podrá ajustar o resolver el contrato, mediante comunicación impresa o a través de los mecanismos electrónicos acordados para ello, con acuse de recibo, dirigida al Tomador o Asegurado, según corresponda, en el plazo de un (1) mes, contado a partir del conocimiento de los hechos.

En caso de resolución, ésta se producirá a partir del décimo sexto (16°) día continuo siguiente a su notificación, siempre que la parte proporcional de la prima, deducida la comisión pagada al intermediario de la actividad aseguradora, correspondiente al período que falte por transcurrir, se encuentre a disposición del Tomador en la caja del Asegurador. Corresponderán al Asegurador, las primas relativas al período de seguro transcurrido, hasta el momento en que haga esta notificación.

El Asegurador no podrá resolver el contrato, cuando el hecho que ha sido objeto de reserva o inexactitud ha desaparecido antes del siniestro.

Si el siniestro sobreviene antes de que el Asegurador haga cualquiera de las notificaciones a que se refiere esta Cláusula o antes de que se haga efectiva la resolución del contrato, la indemnización se reducirá en la misma proporción que existe entre la prima convenida y la que se hubiese establecido de haberse conocido la verdadera entidad del riesgo. Si el Tomador o Asegurado actúa con dolo o culpa grave, el Asegurador quedará liberado del pago de la indemnización y de la devolución de la prima.

Cuando el contrato esté referido a varias personas, bienes o intereses y la reserva o inexactitud se contrajese sólo a uno o varios de ellos, el contrato subsistirá con todos sus efectos respecto a los restantes, si ello fuere técnicamente posible.

CLÁUSULA 10. FALSEDADES Y RETICENCIAS DE MALA FE.

Las falsedades y reticencias de mala fe por parte del Tomador o Asegurado realizadas en la solicitud de seguros, debidamente probadas, serán causa de nulidad absoluta del contrato, si son de tal naturaleza que el Asegurador, de haberlas conocido, no hubiese contratado o lo hubiese hecho en otras condiciones.

Las falsedades y reticencias de mala fe por parte del Tomador, Asegurado o Beneficiario en la reclamación del siniestro, debidamente probadas, serán causa de nulidad absoluta del contrato y exoneran del pago de la indemnización al Asegurador.

No hay lugar a la devolución de prima al Tomador en los supuestos de nulidad del contrato contemplados en esta Cláusula.

CLÁUSULA 11. PLURALIDAD DE SEGUROS.

Cuando un interés estuviese asegurado contra el mismo riesgo, por dos o más aseguradores, el Tomador, Asegurado o Beneficiario estará obligado, salvo pacto en contrario, a poner en conocimiento de esa circunstancia a todos los aseguradores, al momento de la presentación de los documentos solicitados para la tramitación del siniestro, con indicación del nombre de cada uno de ellos, número y período de duración de cada contrato.

Si el Tomador, Asegurado o Beneficiario, intencionalmente omite ese aviso o hubiese celebrado el segundo o los posteriores contratos de seguro, con la finalidad de procurarse un provecho ilícito, los aseguradores no quedan obligados frente a aquél. Sin embargo, conservarán sus derechos derivados de los respectivos contratos. En este caso, deberán tener prueba fehaciente de la conducta dolosa del Tomador, Asegurado o Beneficiario.

Los aseguradores contribuirán al abono de la indemnización en proporción a la suma propia asegurada, sin que pueda superarse la cuantía del daño. Dentro de ese límite, el Asegurado o Beneficiario podrá solicitar a cada Asegurador, en el orden que él establezca, la indemnización debida, según el respectivo contrato. El Asegurador que ha pagado una cantidad superior a la que proporcionalmente le corresponda, podrá repetir contra el resto de ellos.

En caso de contrataciones de buena fe de una pluralidad de seguros, todos los contratos serán válidos, y obligarán a cada uno de los aseguradores, a pagar hasta el valor del daño sufrido, dentro de los límites de la suma que hubiesen asegurado, proporcionalmente a lo que le corresponda en virtud de los otros contratos celebrados.

Cuando exista una pluralidad de seguros, en caso de siniestro, el Asegurado o Beneficiario no podrá renunciar a los derechos que le correspondan, según el contrato de seguro o aceptar modificaciones de los mismos con uno de los aseguradores, en perjuicio de los demás.

CLÁUSULA 12. PAGO DE INDEMNIZACIONES.

Todo pago que deba efectuar el Asegurador en virtud de cualquier reclamación amparada por el presente contrato y como consecuencia de cualquier responsabilidad atribuible legalmente al Asegurado o por cualquier daño o pérdida sufrida por éste, será realizado dentro de los veinte (**20**) días continuos siguientes, contados desde el momento en que la cantidad que el Asegurado esté obligado a pagar haya sido determinada, bien por sentencia definitivamente firme contra el Asegurado, después de haberse efectuado el juicio correspondiente, o mediante acuerdo por escrito entre el Asegurado, el reclamante y el Asegurador, o luego de haberse recibido el último recaudo solicitado o del informe del ajuste de pérdidas, si fuera el caso, salvo por causa extraña no imputable al Asegurador.

CLÁUSULA 13. RECHAZO DEL SINIESTRO.

El Asegurador debe notificar por escrito al Tomador, Asegurado o Beneficiario, en el plazo señalado en la Cláusula anterior, las causas de hecho y de derecho que a su juicio justifiquen el rechazo, total o parcial, de la indemnización exigida.

CLÁUSULA 14. SUBROGACIÓN DE DERECHOS.

El Asegurador que ha pagado la indemnización, queda subrogado de pleno derecho, hasta la concurrencia del monto pagado, en los derechos y acciones del Tomador, Asegurado o Beneficiario contra los terceros responsables.

Salvo el caso de dolo, la subrogación no se efectuará contra las personas de cuyos hechos debe responder civilmente el Asegurado, ni contra el causante del siniestro vinculado con el Asegurado, hasta el segundo grado de parentesco por consanguinidad o que sea su cónyuge o la persona con quien mantenga unión estable de hecho.

El Asegurado o Beneficiario no podrá, en ningún momento, renunciar a sus derechos de exigir a otras personas la reparación por los daños y pérdidas que éstas le hubiesen ocasionado.

En caso de siniestro, el Asegurado o Beneficiario está obligado a realizar a expensas del Asegurador, cuantos actos sean necesarios y todo lo que éste pueda razonablemente requerir, con el objeto de permitir que ejerza los derechos que le correspondan por subrogación, sean antes o después del pago. Si el Asegurado o Beneficiario incumpliere lo establecido en esta Cláusula, perderá el derecho al pago que le otorga este contrato o estará obligado a reintegrar el monto de la indemnización, si ésta ya se hubiese efectuado, a menos que compruebe que el incumplimiento es debido a una causa extraña no imputable a él.

CLÁUSULA 15. ARBITRAJE.

Las partes podrán someter a un procedimiento de arbitraje las divergencias que se susciten en la interpretación, aplicación y ejecución del contrato. La tramitación del arbitraje se ajustará a lo dispuesto en la Ley que regule la materia de arbitraje y supletoriamente al Código de Procedimiento Civil.

El Superintendente de la Actividad Aseguradora actuará como árbitro arbitrador en aquellos casos en que sea designado de mutuo acuerdo entre ambas partes, con motivo de las controversias que se susciten en la interpretación, aplicación y ejecución del contrato. En este supuesto, la tramitación del arbitraje se ajustará a lo dispuesto en las normas que regulan el arbitraje en la actividad aseguradora.

El laudo arbitral será de obligatorio cumplimiento.

CLÁUSULA 16. CADUCIDAD.

El Tomador, Asegurado o Beneficiario perderá todo derecho a ejercer acción judicial contra el Asegurador o convenir con éste a someterse al Arbitraje previsto en la Cláusula anterior, si no lo hubiere hecho antes de transcurrir el plazo de un (1) año contado a partir de la fecha de la notificación, por escrito:

1. Del rechazo, total o parcial, del siniestro.
2. De la decisión del Asegurador sobre la inconformidad del Tomador, Asegurado o Beneficiario respecto a la indemnización.

A los efectos de esta disposición, se entenderá iniciada la acción judicial, una vez que sea consignado el libelo de demanda por ante los órganos jurisdiccionales.

CLÁUSULA 17. PRESCRIPCIÓN.

Salvo lo dispuesto en leyes especiales, las acciones derivadas de este contrato prescriben a los tres (3) años, contados a partir del hecho que dio nacimiento a la obligación.

CLÁUSULA 18. OBLIGACIONES DEL TOMADOR, ASEGURADO O BENEFICIARIO.

1. El Tomador y el Propuesto Asegurado deben llenar la Solicitud de Seguro y declarar, con sinceridad y exactitud, todas las circunstancias necesarias para identificar el bien o interés asegurable y apreciar la extensión de los riesgos, en los términos indicados en este contrato.
2. El Asegurado debe prestar toda la colaboración necesaria para facilitar la realización de las inspecciones de riesgo, así como también los ajustes de daños, según sea el caso.
3. El Tomador debe pagar la prima en la forma, frecuencia, lugar y tiempo convenidos en este contrato.
4. El Asegurado debe emplear el cuidado de un diligente padre de familia para prevenir el siniestro o para aminorar sus consecuencias.
5. El Tomador, Asegurado o Beneficiario hará saber al Asegurador, dentro del plazo establecido en las Condiciones Particulares de este contrato, la ocurrencia de un siniestro, expresando claramente las causas y circunstancias del suceso ocurrido.
6. El Asegurado o Beneficiario debe tomar las medidas necesarias para salvaguardar el interés asegurado o para conservar sus restos, si fuera el caso.
7. El Tomador, Asegurado o Beneficiario debe declarar, al momento de contratar la póliza y al tiempo de exigir el pago del siniestro, los contratos de seguros que existen y que cubren el mismo riesgo.
8. El Tomador, Asegurado o Beneficiario debe probar la ocurrencia del siniestro a través de la consignación de toda la información necesaria para la indemnización del mismo, que sea solicitada por el Asegurador para verificar las circunstancias y consecuencias del siniestro.
9. El Tomador, Asegurado o Beneficiario debe realizar diligentemente todas las acciones necesarias y destinadas a garantizar al Asegurador el ejercicio de su derecho de subrogación, si fuere el caso.

10. El Tomador o el Asegurado, en caso de cambio de dirección de cobro, domicilio, habitación u oficina, según sea el caso, debe notificar por escrito al Asegurador dentro de los quince (15) días hábiles siguientes a la fecha de haber efectuado el cambio, a menos que esta obligación sea considerada una agravación de riesgo, en cuyo caso se aplicará el plazo previsto para ello.
11. El Tomador o Asegurado debe cumplir con todas y cada una de las obligaciones, responsabilidades y condiciones establecidas en los diferentes documentos que integran el presente contrato.

CLÁUSULA 19. OBLIGACIONES DEL ASEGURADOR.

1. Informar al Tomador o Asegurado, mediante la entrega de la Póliza y demás documentos, la extensión de los riesgos asumidos y aclarar, en cualquier tiempo, todas las dudas y consultas que éste le formule.
2. Entregar el Cuadro Póliza Recibo al Tomador junto con copia de la Solicitud de Seguro, las Condiciones Generales, las Condiciones Particulares, los Anexos, si los hubiere, y los demás documentos que formen parte integrante del contrato de seguro. En la renovación, la obligación procederá para los nuevos documentos o para aquellos que hayan sido modificados. La entrega de los documentos señalados deberá efectuarse en los términos acordados por las partes.
3. Proceder al ajuste de daños, si fuera el caso, luego de recibida la notificación para la tramitación del siniestro, conforme con lo establecido en las Condiciones Particulares de este contrato.
4. Pagar la suma asegurada o la indemnización que corresponda en caso de siniestro, en los plazos establecidos en este contrato o rechazar la cobertura del siniestro, mediante aviso por escrito y debidamente motivado.
5. Entregar al Asegurado o al intermediario de la actividad aseguradora, una copia de la sentencia definitivamente firme que generó la reclamación o del informe del ajuste de pérdidas que contenga los cálculos utilizados para determinar la indemnización, según corresponda.
6. Cumplir con todas y cada una de las obligaciones, responsabilidades y condiciones establecidas en los diferentes documentos que integran el contrato de seguro.

CLÁUSULA 20. MODIFICACIONES.

Las solicitudes de modificación del contrato deben ser solicitadas a través de cualquier mecanismo acordado por las partes.

Se consideran aceptadas las solicitudes efectuadas por el Tomador o Asegurado, si el Asegurador no la rechaza dentro de los diez (10) días hábiles siguientes de haberla recibido.

La modificación de la suma asegurada o del deducible requerirá siempre aceptación expresa de la otra parte. En caso contrario, se presumirá aceptada por el Asegurador con la emisión del Cuadro Póliza Recibo o recibo de prima, en el que se modifique la suma asegurada o el deducible y, por el Tomador o el Asegurado, con el pago de la diferencia de prima correspondiente, si la hubiere.

Si la modificación propuesta por el Asegurador es efectiva a partir de la renovación del contrato, debe ser comunicada al Tomador mediante notificación impresa o a través de los mecanismos electrónicos acordados para ello, con acuse de recibo, con un plazo no menor a un (1) mes de anticipación a la conclusión del período de seguro en curso.

En caso de desacuerdo del Tomador, si el Asegurador decide mantener o renovar el contrato, deberá hacerlo bajo las mismas condiciones de suma asegurada y deducible vigentes al momento de la propuesta de modificación.

Las modificaciones se harán constar mediante Anexos, debidamente firmados por un representante del Asegurador y el Tomador, los cuales prevalecerán sobre las Condiciones Particulares y éstas sobre las Condiciones Generales de la Póliza.

Si la modificación requiere pago de prima adicional, se aplicará lo dispuesto al respecto en este contrato.

CLÁUSULA 21. TERMINACIÓN ANTICIPADA.

El Asegurador podrá dar por terminado este contrato, con efecto a partir del décimo sexto (16°) día continuo siguiente a la fecha del acuse de recibo de la notificación que envíe al Tomador, siempre y cuando se encuentre en la caja del Asegurador, a disposición de aquél, el importe correspondiente a la parte proporcional de la prima no consumida, por el período que falte por transcurrir.

A su vez, el Tomador o Asegurado podrá dar por terminado el contrato de seguro, con efecto a partir del día hábil siguiente al de la recepción de la notificación enviada al Asegurador, o de cualquier fecha posterior que en ella se señale. En este caso, dentro de los quince (15) días continuos siguientes, el Asegurador debe poner a disposición del Tomador, la parte proporcional de la prima, deducida la comisión pagada al intermediario de la actividad aseguradora, correspondiente al período que falte por transcurrir.

La terminación anticipada de la póliza se efectuará sin perjuicio del derecho del Asegurado o Beneficiario a indemnizaciones por siniestros ocurridos con anterioridad a la fecha de terminación anticipada, en cuyo caso, no procederá devolución de prima cuando las indemnizaciones sean por la totalidad de la suma asegurada.

CLÁUSULA 22. AVISOS.

Todo aviso o comunicación que una parte deba dar a la otra respecto al contrato, deberá hacerse mediante comunicación impresa o a través de los mecanismos electrónicos acordados para ello, con acuse de recibo, dirigida a la dirección del Tomador o Asegurado que conste en el contrato, según corresponda, al domicilio principal o sucursal del Asegurador, o a través de los medios electrónicos acordados por las partes.

Las comunicaciones relacionadas con la tramitación de siniestros que sean entregadas al intermediario de la actividad aseguradora, producen el mismo efecto que si hubiesen sido entregadas a la otra parte, salvo estipulación en contrario.

El intermediario de la actividad aseguradora será administrativa y civilmente responsable, en caso de que no haya entregado la correspondencia a su destinatario, en un plazo de tres (3) días hábiles, contados a partir de su recepción.

CLÁUSULA 23. TRASPASO.

Ningún traspaso o cesión de los derechos sobre este contrato será válido si no ha sido aprobado previamente por el Asegurador, tanto para el cedente como para el cesionario. La aprobación por parte del Asegurador debe constar en Anexo emitido a la presente Póliza.

CLÁUSULA 24. AUTORIZACIONES.

El Tomador, Asegurado o Beneficiario no podrá incurrir en gasto alguno, judicial o extrajudicial, ni hacer ningún pago, ni celebrar ningún arreglo o liquidación, ni admitir responsabilidad con respecto a cualquiera de los riesgos cubiertos que pueda presumirse responsabilidad a cargo del Asegurador, de acuerdo con este contrato, sin autorización escrita del Asegurador.

CLÁUSULA 25. DOMICILIO ESPECIAL.

Para todos los efectos y consecuencias derivadas o que puedan derivarse de esta Póliza, las partes eligen como domicilio especial, único y excluyente de cualquier otro, el lugar donde se celebró el contrato de seguros, a cuya Jurisdicción declaran someterse las partes.

___________________	___________________________
El tomador	Por El Asegurador

Del uso obligatorio de las condiciones

Artículo 2. Las Condiciones Generales previstas en estas normas, serán de uso obligatorio en la comercialización de las Pólizas de Seguros Obligacionales o de Responsabilidad y no podrán sufrir modificación alguna.

De la aprobación de documentos

Artículo 3. Las Tarifas, las Condiciones Particulares, Anexos y demás documentos pertinentes, que formen parte integrante de las Pólizas de Seguros Obligacionales o de Responsabilidad y que se requieran para su comercialización, deben ser presentadas por los sujetos regulados interesados ante la Superintendencia de la Actividad Aseguradora para su aprobación.

De la inclusión de cláusulas en las condiciones particulares y anexos

Artículo 4. Las cláusulas relativas a plazo de gracia; renovaciones; agravación y disminución del riesgo; alcance territorial de la cobertura; deducible, si lo hubiere; coberturas; sumas aseguradas; bases de indemnización; otras exclusiones y exoneraciones de responsabilidad de carácter particular; rehabilitación, ajuste de daños, si lo hubiere; peritaje y cualquier otra que de acuerdo con las características de los riesgos amparados tengan que estar expresamente señaladas en el contrato, deberán constar, si corresponde, en las Condiciones Particulares o Anexos de las Pólizas de Seguros Obligacionales o de Responsabilidad. En tal caso, los sujetos regulados interesados deben presentar estos documentos ante la Superintendencia de la Actividad Aseguradora para su aprobación.

De los anexos no sujetos a aprobación

Artículo 5. No requerirán aprobación previa, los Anexos que se utilicen para cambiar el nombre de los sujetos que intervienen en el contrato, el domicilio, la fecha en que se inicia o que finaliza la cobertura de los riesgos o cualesquiera otras condiciones que no impliquen modificaciones al condicionado de la Póliza o documentos aprobados por la Superintendencia de la Actividad Aseguradora.

De la denominación comercial

Artículo 6. A los efectos de la comercialización de los contratos de seguros obligacionales o de responsabilidad, las empresas de seguros podrán agregar a sus pólizas la denominación comercial de su preferencia.

De la referencia al defensor del tomador, asegurado o beneficiario de la actividad aseguradora

Artículo 7. Las empresas de seguros deben hacer referencia en las Condiciones Particulares y en los Cuadros Pólizas Recibos de sus Pólizas de Seguros Patrimoniales, a la existencia del Defensor del tomador, asegurado, beneficiario, contratante, usuario y afiliado de la actividad aseguradora; y que, en caso de cualquier denuncia, reclamo o queja, podrán acudir a la Unidad de Defensa del Sujeto Regulado o comunicarse a través de los mecanismos dispuestos para ello.

De la restricción de modificar pólizas con carácter general y uniforme

Artículo 8. Las empresas de seguros no podrán utilizar las Condiciones Generales previstas en estas normas, para modificar las pólizas de seguro que hayan sido dictadas por la Superintendencia de la Actividad Aseguradora con carácter general y uniforme, por lo que se mantienen vigentes las actuales regulaciones de esos contratos.

De la derogatoria

Artículo 9. Se deroga el acto administrativo contenido en la Providencia N° FSAA-9-00096 de fecha 12 de enero de 2017, publicada en la Gaceta Oficial de la República Bolivariana de Venezuela N° 41.136 de fecha 24 de abril de 2017, mediante el cual se aprobó con carácter general y uniforme las Condiciones Generales de las Pólizas de Seguro Obligacionales o de Responsabilidad. Las demás normativas prudenciales y actos administrativos conexos a la actividad aseguradora, que coliden con las presentes normas no serán aplicables.

De la publicidad

Artículo 10. Se ordena la publicación de las presentes normas en la página web de la Superintendencia de la Actividad Aseguradora, con el fin de coadyuvar con la divulgación de su contenido a todos los interesados y público en general, sin menoscabo de su publicación en la Gaceta Oficial de la República Bolivariana de Venezuela.

De la vigencia

Artículo 11. Las presentes normas entrarán en vigencia a partir de su publicación en la Gaceta Oficial de la República Bolivariana de Venezuela.

Comuníquese y publíquese

OMAR OROZCO COLMENARES

Superintendente de la Actividad Aseguradora (E)

Resolución N° 003-2021 de fecha 18 de enero de 2021,
publicada en la Gaceta Oficial de la República Bolivariana de Venezuela
N° 42.049 de la misma fecha

REPÚBLICA BOLIVARIANA DE VENEZUELA MINISTERIO DEL PODER POPULAR DE ECONOMÍA, FINANZAS Y COMERCIO EXTERIOR SUPERINTENDENCIA DE LA ACTIVIDAD ASEGURADORA

SAA-08-0492-2024 Caracas, 01/10/2024

CIRCULAR

A TODOS LOS SUJETOS REGULADOS DE LA ACTIVIDAD ASEGURADORA

Quien suscribe, **OMAR OROZCO COLMENARES**, Superintendente de la Actividad Aseguradora (E), designado según Resolución N° 003 de fecha 18 de enero de 2021, publicada en la Gaceta Oficial de la República Bolivariana de Venezuela N° 42.049 de fecha 18 de enero de 2021, en ejercicio de las atribuciones conferidas en el Artículo 8, numerales 1, 3 y 4 en concordancia con lo establecido en el Artículo 6, numerales 1 y 3, de conformidad con los artículos 77 y 78 de la Ley de la Actividad Aseguradora; dicta lo siguiente:

LINEAMIENTOS RELATIVOS A LOS ESTADOS FINANCIEROS ANALÍTICOS QUE DEBEN PRESENTAR LAS EMPRESAS DE SEGUROS, DE REASEGUROS, DE MEDICINA PREPAGADA, ADMINISTRADORAS DE RIESGOS, FINANCIADORAS DE PRIMAS O DE CUOTAS, ASOCIACIONES COOPERATIVAS, SOCIEDADES DE CORRETAJE DE SEGUROS Y SOCIEDADES DE CORRETAJE DE REASEGUROS.

PRIMERO: El presente documento tiene como objetivo establecer los requerimientos y lineamientos a seguir para la elaboración y presentación de los estados financieros analíticos por parte de los sujetos regulados.

SEGUNDO: Las empresas de seguros, de reaseguros, de medicina prepagada, administradoras de riesgos, financiadoras de primas o de cuotas y asociaciones cooperativas que realicen actividad aseguradora deben registrar los estados financieros analíticos en el sistema de Estados Financieros Analíticos SEFA, en formato de texto (TXT), ajustados a las normas contables vigentes y a las especificaciones técnicas detalladas en el instructivo disponible en la página web oficial de la Superintendencia de la Actividad Aseguradora.

TERCERO: Las empresas de seguros, de reaseguros, de medicina prepagada, administradoras de riesgos, financiadoras de primas o de cuotas y asociaciones cooperativas que realicen actividad aseguradora, deben remitir:

1. Los estados financieros analíticos mensuales, dentro los primeros cinco (5) días hábiles siguientes al cierre de cada mes.
2. Los estados financieros analíticos correspondientes al ejercicio económico, dentro de los sesenta (60) días siguientes al cierre del mismo.

3. Los estados financieros analíticos ajustados, al término de la inspección general de ley del respectivo ejercicio económico, con los ajustes contables que la Superintendencia de la Actividad Aseguradora haya ratificado y ordenado en la providencia administrativa correspondiente.

CUARTO: Los estados financieros analíticos mensuales, establecidos en el punto anterior, estarán conformado por:

Para Empresas de Seguros

1. Activo, Pasivo, Egresos e Ingresos Analíticos.
2. Anexos contables de las siguientes cuentas:

   201.01. Bienes Aptos para la Representación de las Reservas Técnicas. Disponible, indicando en la última columna los montos afectos a las Reservas.

   201.06. Bienes Aptos para la Representación de las Reservas Técnicas. Predios Urbanos Edificados, indicando en la columna de Observaciones, el Registro Público en el cual se encuentra protocolizado el documento de propiedad.

   203.05. Bienes No Aptos para la Representación de las Reservas Técnicas. Inmuebles, indicando en la columna de Observaciones, el Registro Público en el cual se encuentra protocolizado el documento de propiedad.

   203.07. Bienes No Aptos para la Representación de las Reservas Técnicas. Inversiones en el Extranjero.

   203.10. Bienes No Aptos para la Representación de las Reservas Técnicas. Disponible.

   207.01. Cuentas Diversas. Cuentas a cobrar, indicando en la columna del Deudor: Nombre, Apellido y Cedula de identidad o Denominación Social y Registro de Información Fiscal (R.I.F), y en la columna de observaciones: identificar las empresas filiales, afiliadas o relacionadas a que corresponden estos montos, si fuere el caso.

   209.03. Otros Activos. Operaciones en Transito, de acuerdo a las especificaciones de la Superintendencia.

   403.02. Cuentas de Productores de Seguros. Sociedad de Corretaje de Seguros

   409.01. Capital Social Suscrito.

   301.04. Operaciones de Seguros de Personas, Comisiones otorgadas a las Sociedades de Corretaje de Seguros.

   321.03. Operaciones de Seguros Generales, Comisiones y Gastos de Adquisición.

   381.01. Gastos de Administración, Cuadro "A".

3. Información detallada de los fideicomisos.
4. Relación detallada de los fondos administrados.
5. Cartera de Inversiones: Información detallada de la cartera de inversiones de los valores públicos, Garantía a la Nación, Valores Privados, Valores de Renta Fija, Participación en Fondos de Inversión y Fondos de Inversión Inmobiliaria

en moneda extranjera o bolívares emitidos dentro o fuera del país por bancos nacionales y/o extranjeros, casas de bolsas, instituciones financieras y empresas no financieras extranjeras, de acuerdo a las instrucciones que gire la Superintendencia de la Actividad Aseguradora.

6. Requerimientos técnicos.

   I) Archivo digital de las operaciones de seguro directo y reaseguro aceptado.

   II) Archivo digital de las operaciones de reaseguro.

   III)Archivo digital de los Recibos de Prima Riesgos en Curso.

   IV)Recibos de Prima Cobrados y Devueltos

   V) Anexo reservas para prestaciones y siniestros pendientes

<u>Para Empresas de Reaseguros</u>

1. Activo, Pasivo, Egresos e Ingresos Analíticos.

2. Anexos contables de las siguientes cuentas:

   201.01. Inversiones Aptas Para la Representación de las Reservas Técnicas Disponible, indicando en la última columna los montos afectos a las Reservas.

   201.03. Inversiones Aptas Para la Representación de las Reservas Técnicas. Predios Urbanos Edificados, indicando en la columna de Observaciones, el Registro Público en el cual se encuentra protocolizado el documento de propiedad.

   203.04. Inversiones No Aptas para la Representación de las Reservas Técnicas. Inmuebles, indicando en la columna de Observaciones, el Registro Público en el cual se encuentra protocolizado el documento de propiedad.

   203.06. Inversiones No Aptas para la Representación de las Reservas Técnicas. Inversiones en el Extranjero.

   203.11. Inversiones No Aptas para la Representación de las Reservas Técnicas. Disponible

   206.01. Cuentas Deudoras Diversas. Cuentas Corrientes, indicando en la columna del Deudor: Denominación Social y Registro de Información Fiscal (R.I.F), y en la columna de observaciones: identificar las empresas filiales, afiliadas o relacionadas a que corresponden estos montos, si fuere el caso.

   209.03. Otros Activos. Operaciones en Transito, de acuerdo a las especificaciones de la Superintendencia de la Actividad Aseguradora.

   403.03 Cuentas Corrientes con Intermediarios de Reaseguros

   409. Capital Social Suscrito.

   302 Gastos de Adquisición

3. Cartera de Inversiones: Información detallada de la cartera de inversiones de los valores públicos, Garantía a la Nación, Valores Privados, Valores de Renta Fija, Participación en Fondos de Inversión y Fondos de Inversión Inmobiliaria en moneda extranjera o bolívares emitidos dentro o fuera del país por bancos nacionales y/o extranjeros, casas de bolsas, instituciones financieras y empresas no financieras extranjeras, de acuerdo a las instrucciones que gire la Superintendencia de la Actividad Aseguradora.

4. Gastos de Administración
5. Requerimientos técnicos.
   I) Archivo digital de Reservas Técnicas

Para empresas de Medicina Prepagada

1. Activo, Pasivo, Egresos e Ingresos Analítico.
2. Anexos contables de las siguientes cuentas:

   1.101.01. Bienes Aptos para la Representación de las Reservas Técnicas. Disponible, indicando en la última columna los montos afectos a las Reservas.

   1.101.03. Bienes Aptos para la Representación de las Reservas Técnicas. Predios Urbanos Edificados, indicando en la columna de Observaciones, el Registro Público en el cual se encuentra protocolizado el documento de propiedad.

   1.103.01. Bienes No Aptos para la representación de las Reservas Técnicas. Disponible

   1.103.03. Bienes No Aptos para la representación de las Reservas Técnicas. Inmuebles, indicando en la columna de

   Observaciones, el Registro Público en el cual se encuentra protocolizado el documento de propiedad.

   1.103.04. Bienes No Aptos para la Representación de las Reservas Técnicas. Inversiones en el Extranjero.

   2.203.02.01.03 Cuentas por Pagar – Intermediarios de la Actividad Aseguradora. Sociedades de Corretaje de Seguros.

   2.209.01 Capital Social Suscrito.

   3.304 Comisiones y Gastos De Adquisición
3. Relación detallada de los Fondos o Contratos Administrados.
4. Cartera de Inversiones. Información detallada de la cartera de inversiones de los valores públicos, Garantía a la Nación, Valores Privados, Valores de Renta Fija, Participación en Fondos de Inversión y Fondos de Inversión Inmobiliaria en moneda extranjera o bolívares emitidos dentro o fuera del país por bancos nacionales y/o extranjeros, casas de bolsas, instituciones financieras y empresas no financieras extranjeras, de acuerdo a las instrucciones que gire la Superintendencia de la Actividad Aseguradora.
5. Requerimientos técnicos.
   I) Archivo digital de las operaciones de medicina prepagada.
   II) Archivo digital de las operaciones de reaseguro.
   III)Archivo digital de los Recibos de cuota de riesgos en Curso.
   IV)Recibos de cuotas cobradas y devueltas
   V) Anexo reservas para prestaciones y siniestros pendientes

Para Administradoras de Riesgos

1. Activo, Pasivo, Egresos e Ingresos Analíticos.
2. Anexos contables de las siguientes cuentas:

1.101. Disponible.

1.103.01.02. Inmuebles, indicando en la columna de Observaciones, el Registro Público en el cual se encuentra protocolizado el documento de propiedad.

1.102.06. Activos en el extranjero.

1.104.02. Comisiones por Cobrar - Administración de Riesgos

1.106.01. Otros Activos Operaciones en Tránsito

3.302.02. Cuentas Diversas Comisiones por Pagar – Intermediarios

4.401. Capital.

6.601. Comisiones Pagadas.

6.602.01. Gastos de Administración

3. Relación Pormenorizada de los Fondos o Contratos Administrados.
4. Cartera de Inversiones: Información detallada de la cartera de inversiones de los valores públicos, Garantía a la Nación, Valores Privados, Valores de Renta Fija, Participación en Fondos de Inversión y Fondos de Inversión Inmobiliaria en moneda extranjera o bolívares emitidos dentro o fuera del país por bancos nacionales y/o extranjeros, casas de bolsas, instituciones financieras y empresas no financieras extranjeras, de acuerdo a las instrucciones que gire la Superintendencia de la Actividad Aseguradora.

Para Financiadoras de Primas o Cuotas

1. Activo, Pasivo, Egresos e Ingresos Analítico.
2. Anexos contables de las siguientes cuentas:

1.101. Activo. Circulante. Disponible

1.103. Inversiones en el Extranjero.

1.105.01. Activos fijos. Inmuebles, indicando en la columna de Observaciones, el Registro Público en el cual se encuentra protocolizado el documento de propiedad.

2.201.01.01. Pasivo Circulante. Primas por Pagar

2.211.01. Capital Social.

3. Cartera de Inversiones: Información detallada de la cartera de inversiones de los Valores Públicos Valores Privados Participación de Fondo de Inversión Participación de Fondo de Inversión Inmobiliarios Valores Privados de Renta Fija, en moneda extranjera o bolívares emitidos dentro o fuera del país por bancos nacionales y/o extranjeros, casas de bolsas, instituciones financieras y empresas no financieras extranjeras, de acuerdo a las instrucciones que gire la Superintendencia de la Actividad Aseguradora.

Para Asociaciones Cooperativas que realicen actividad aseguradora

1. Activo, Pasivo, Egresos e Ingresos Analítico.
2. Anexos contables de las siguientes cuentas:

2.201.01. Bienes Aptos para la Representación de las Reservas Técnicas. Disponible, indicando en la última columna los montos afectos a las Reservas.

2.201.06. Bienes Aptos para la Representación de las Reservas Técnicas. Predios Urbanos Edificados, indicando en la columna de Observaciones, el Registro Público en el cual se encuentra protocolizado el documento de propiedad.

2.203.01. Bienes No Aptos para la Representación de las Reservas Técnicas. Disponible.

2.203.06. Bienes No Aptos para la Representación de las Reservas Técnicas. Inmuebles, indicando en la columna de Observaciones, el Registro Público en el cual se encuentra protocolizado el documento de propiedad.

2.203.08. Bienes No Aptos para la Representación de las Reservas Técnicas. Activos en el Extranjero.

2.205.01. Cuentas Diversas. Cuentas por cobrar, indicando en la columna del Deudor: Nombre, Apellido y Cedula de identidad o Registro de Información Fiscal (R.I.F), y en la columna de observaciones: identificar las empresas filiales, afiliadas o relacionadas a que corresponden estos montos.

2.207.03. Otros Activos. Operaciones en Transito, de acuerdo a las especificaciones de la Superintendencia.

4.403.02 Cuentas Diversas Cuentas por Pagar Intermediarios de la Actividad Aseguradora

4.407.01. Capital Pagado.

3.301.03. Operaciones de Seguros de Personas, Comisiones y Gastos de Adquisición.

3.302.03. Operaciones de Seguros Generales, Comisiones y Gastos de Adquisición.

3.303.01. Gastos de Administración, Cuadro “A”.

3. Cartera de Inversiones: Información detallada de la cartera de inversiones de los valores públicos, Garantía a la Nación, Valores Privados, Valores de Renta Fija, Participación en Fondos de Inversión y Fondos de Inversión Inmobiliaria en moneda extranjera o Moneda emitidos dentro o fuera del país por bancos nacionales y/o extranjeros, casas de bolsas, instituciones financieras y empresas no financieras extranjeras, de acuerdo a las instrucciones que gire la Superintendencia de la Actividad Aseguradora.

QUINTO: Los estados financieros analíticos que deben registrar las empresas de seguros, de reaseguros, de medicina prepagada, administradoras de riesgos, financiadoras de primas o de cuotas y asociaciones cooperativas que realicen actividad aseguradora al cierre del ejercicio y al término de la inspección general de ley del respectivo ejercicio económico, según corresponda, estarán conformado por:

Las cuentas de Activo, Pasivo, Egresos e Ingresos analíticos.

SEXTO: Las Sociedades de Corretaje de Seguros deberán remitir dentro los primeros cinco (5) días hábiles de cada mes, y dentro de los sesenta (60) días siguientes al cierre del ejercicio económico, lo siguiente:

1. Relación Pormenorizada de Primas o Cuotas Cobradas pendientes por pagar.
2. Relación Pormenorizada de Primas o Cuotas Pendientes de Cobro en su poder.
3. Relación Pormenorizada de Comisiones.
4. Relación Pormenorizada de Bonos y Estímulos de Incentivo.
5. Anexo de la cuenta 401 Capital Social Suscrito.

SÉPTIMO: Las Sociedades de Corretaje de Reaseguros deberán remitir dentro los primeros cinco (5) días hábiles de cada mes, y dentro de los sesenta (60) días siguientes al cierre del ejercicio económico, lo siguiente:

1. Relación Pormenorizada De Primas o Cuotas Cobradas.
2. Relación Pormenorizada de Comisiones.
3. Anexo de la 401 Capital Social Suscrito.

OCTAVO: Se deja sin efecto la providencia administrativa FSAA-DL-2-00454, de fecha 11 de diciembre de 2018 circular N° SAA-3-3-1753-2019, de fecha 25 de abril de 2019.

Atentamente.

OMAR OROZCO COLMENARES
Superintendente de la Actividad Aseguradora (E)

Resolución N° 003 de fecha 18 de enero de 2021
G.O.R.B.V. N° 42.049 de fecha 18 de enero de 2021

REPÚBLICA BOLIVARIANA DE VENEZUELA
MINISTERIO DEL PODER POPULAR DE ECONOMÍA, FINANZAS Y COMERCIO EXTERIOR
SUPERINTENDENCIA DE LA ACTIVIDAD ASEGURADORA

Caracas, a los veintinueve (29) días del mes de agosto de 2024

AÑOS 214°, 165° y 25°

PROVIDENCIA ADMINISTRATIVA N° SAA-01-0496-2024

De conformidad con las previsiones normativas contenidas en los artículos 6 numeral 1; 8 numerales 1, 3 y 18 de la Ley de la Actividad Aseguradora, que le atribuyen al Superintendente de la Actividad Aseguradora (E), **OMAR OROZCO COLMENARES,** designado mediante Resolución N° 003 de fecha 18 de enero de 2021, publicada en la Gaceta Oficial de la República Bolivariana de Venezuela N° 42.049 de la misma fecha, la competencia para establecer y dictar sus manuales de normas y procedimientos que regulan la actividad aseguradora.

En consecuencia, acuerda dictar las siguientes:

NORMAS QUE REGULAN LOS AUMENTOS DE CAPITAL SOCIAL DE LOS SUJETOS REGULADOS

Del objeto

Artículo 1. El objeto de estas normas es establecer los requisitos y lineamientos que deben cumplir los accionistas de los sujetos regulados para realizar aumentos al capital social.

De las modalidades

Artículo 2. Los aumentos de capital social pueden realizarse mediante:

1. **Aportes en efectivo con recursos propios del accionista**. Este aumento se realiza con pagos o aportes de dinero en efectivo, en moneda nacional o extranjera para la emisión de nuevas acciones, o mediante el aumento del valor nominal de las participaciones o acciones ya existentes;
2. **Capitalización de acreencias con accionistas**. Esta alternativa de aumento del capital social se realiza con cargo a las deudas o pasivos que el sujeto regulado mantiene con sus accionistas, certificados por un auditor externo y autorizado por la Asamblea de Accionistas. La acreencia con el accionista debe corresponder a recursos en efectivo que el accionista haya aportado en su oportunidad, por lo que quedan descartados derechos, licencias, bienes muebles o inmuebles;
3. **Con Títulos del Estado Venezolano indexados y denominados en bolívares.** Los accionistas podrán aportar al capital social, títulos de cobertura de acuerdo a las características emitidas por el Banco Central de Venezuela;
4. **Con cargo a las utilidades no distribuidas.** Los accionistas podrán acordar en Acta de Asamblea, aumentar el capital social de la empresa con cargo a las utilidades no distribuidas, auditadas y autorizadas por la Superintendencia de la

Actividad Aseguradora; siempre que el capital social mínimo haya sido cubierto en efectivo o títulos del Estado venezolano indexados y denominados en bolívares.

De los recaudos

Artículo 3. Los sujetos regulados deberán remitir a través del Sistema Único de Trámites, los siguientes documentos:

1. Acta de Asamblea de Accionistas, por medio de la cual se acuerde el aumento, reintegro o disminución del capital social, en concordancia con lo establecido en el Artículo 27 de Ley de la Actividad Aseguradora;
2. Documentos bancarios relativos a los aportes efectuados por los accionistas del sujeto regulado: transferencias y estados de cuenta del sujeto regulado y los accionistas, en los que se evidencien los débitos y créditos realizados durante la transacción, certificado por la institución financiera;
3. En caso que el aumento o reintegro de capital social sea realizado mediante la capitalización de acreencias con accionistas, deberá presentar la "certificación de la cuenta por pagar a los accionistas", acompañado de un Informe de auditoría;
4. En caso que el aumento o reintegro del capital social sea realizado mediante las utilidades no distribuidas (UND), los sujetos regulados deberán indicar el año del ejercicio económico a que corresponden;
5. En todos los casos, deberán tener los estados financieros de fechas intermedias visados, antes del aumento del capital social.
6. Declaración Jurada del origen y destino de los fondos, autenticada ante una oficina de Notaría Pública;
7. Información financiera del (o los) accionista (s) a saber: estados financieros o balance general, acompañado del informe de preparación, debidamente firmado por un contador público independiente, visado por el colegio de contadores públicos correspondiente y la Declaración de Impuestos Sobre la Renta de los últimos dos (2) ejercicios económicos, respectivamente. En caso que el (o los) accionista (s) tengan su domicilio fiscal en el extranjero, la información financiera suministrada por los mismos deberá estar apostillada;
8. Declaración Jurada de la Veracidad de la información.

Estos requisitos deberán estar en originales a la disposición de la Superintendencia de la Actividad Aseguradora.

Del aumento en moneda extranjera

Artículo 4. En caso que el aumento o reintegro del capital social sea realizado en moneda extranjera, dichos recursos deberán ser depositados o transferidos a instituciones financieras, ubicadas en el Territorio Nacional y en cuenta bancaria cuya titularidad este a nombre del sujeto regulado.

Para el registro contable se aplicará el tipo de cambio oficial vigente para el día en que se realizó el depósito.

De la contabilización

Artículo 5. En los casos que los aportes del aumento de capital se hagan en efectivo y en títulos del Estado Venezolano indexados y denominados en bolívares, deberá realizarse un cargo a la cuenta de activo y con abono a la cuenta del pasivo - Otras cuentas por Pagar - Cuentas por Pagar Accionistas, hasta tanto sea autorizada el Acta de Asamblea. Una vez obtenida la autorización, se reclasificará a la cuenta de Patrimonio - Capital Pagado.

En los casos que el aumento de capital sea por acreencias con accionistas o con cargo a las utilidades no distribuidas, se mantendrá su registro hasta tanto sea autorizada el Acta de Asamblea. Una vez obtenida la autorización, se reclasificará a la cuenta de Patrimonio - Capital Pagado.

Del enjugue de pérdidas

Artículo 6. Si los sujetos regulados presentan pérdidas en sus estados financieros, las mismas deberán ser enjugadas, antes de considerar cualquier aumento de capital y dicha operación debe ser aprobada por la Superintendencia de la Actividad Aseguradora.

De la prohibición

Artículo 7. Queda prohibido que un tercero realice aportes, pagos, depósitos o transferencias para aumentos de capital, por cuenta y a nombre de los accionistas.

Del Sistema Único de Trámites

Artículo 8. Las solicitudes a las que aluden estas normas se realizarán a través del Sistema Único de Trámites, de conformidad con las previsiones normativas contenidas en las normas que regulan los trámites y procedimientos administrativos sustanciados en la Superintendencia de la Actividad Aseguradora a través de medios electrónicos.

Del tratamiento para las empresas del Estado y para las empresas en régimen especial

Artículo 9. Las empresas del Estado y las empresas en régimen especial quedan exceptuadas del cumplimiento de estas normas. A tales fines, la Superintendencia de la Actividad Aseguradora, solicitará un plan de ajuste para el aumento y mantenimiento de capital social mínimo.

El plan de ajuste debe contener la forma y lapsos de tiempo en el cual se ajustarán al capital mínimo exigido.

De la derogatoria

Artículo 10. Se deroga el acto administrativo contenido en la Circular N° SAA-2-392-2021 de fecha 08 de febrero de 2021, publicada en la página web de la Superintendencia de la Actividad Aseguradora, en fecha 08 de febrero de 2021, mediante la cual se establece los recaudos que deben consignar los sujetos regulados a objeto de obtener la autorización en los casos de aumentos del capital social. Las demás normativas prudenciales y actos administrativos conexos a la actividad aseguradora, que coliden con las presentes normas no serán aplicables.

De la publicidad

Artículo 11. Se ordena la publicación de las presentes normas en la página web de la Superintendencia de la Actividad Aseguradora, con el fin de coadyuvar con la divulgación de su contenido a todos los interesados y público en general, sin menoscabo de su publicación en la Gaceta Oficial de la República Bolivariana de Venezuela.

De la vigencia

Artículo 12. Las presentes normas entrarán en vigencia a partir de su publicación en la Gaceta Oficial de la República Bolivariana de Venezuela.

Comuníquese y publíquese

OMAR OROZCO COLMENARES

Superintendente de la Actividad Aseguradora (E)

Resolución N° 003-2021 de fecha 18 de enero de 2021,
publicada en la Gaceta Oficial de la República Bolivariana de Venezuela N°
42.049 de la misma fecha

REPÚBLICA BOLIVARIANA DE VENEZUELA
MINISTERIO DEL PODER POPULAR DE ECONOMÍA, FINANZAS Y COMERCIO EXTERIOR
SUPERINTENDENCIA DE LA ACTIVIDAD ASEGURADORA

Caracas, a los veintinueve (29) días del mes de agosto de 2024

AÑOS 214°, 165° y 25°

PROVIDENCIA ADMINISTRATIVA N° SAA-01-0500-2024

De conformidad con las previsiones normativas contenidas en los artículos 6 numeral 1; 8 numerales 1, 3 y 18 de la Ley de la Actividad Aseguradora, que le atribuyen al Superintendente de la Actividad Aseguradora (E), **OMAR OROZCO COLMENARES**, designado mediante Resolución N° 003 de fecha 18 de enero de 2021, publicada en la Gaceta Oficial de la República Bolivariana de Venezuela N° 42.049 de la misma fecha, la competencia para establecer y dictar sus manuales de normas y procedimientos que regulan la actividad aseguradora.

En consecuencia, acuerda dictar las siguientes:

NORMAS SOBRE LA INVERSIÓN EN VALORES DE RENTA FIJA, EMITIDOS POR EL SECTOR PRIVADO NACIONAL, PARA SER UTILIZADOS EN LA REPRESENTACIÓN DE LAS RESERVAS TÉCNICAS

Del objeto

Artículo 1. Estas normas tienen por objeto regular la incorporación de valores de renta fija, emitidos por el sector privado nacional, como otros activos aptos para la representación de las reservas técnicas de las empresas de seguros, reaseguros, medicina prepagada y asociaciones cooperativas que realizan actividad aseguradora.

De los tipos de valores

Artículo 2. Los valores de renta fija permitidos para ser invertidos en la representación de las reservas técnicas son los siguientes:

1. Papeles comerciales;
2. Títulos de participación cuyos activos subyacentes sean a corto plazo;
3. Pagarés bursátiles, siempre que sean cotizados en mercados regulados por la Superintendencia Nacional de Valores y de oferta pública.

De las características de las empresas emisoras

Artículo 3. Solo serán considerados como bienes aptos para la representación de las reservas técnicas, los valores de renta fija emitidos por empresas que cumplan con los siguientes requisitos:

1. Estar domiciliadas en la República Bolivariana de Venezuela;
2. Estar autorizadas para realizar oferta pública de valores por la Superintendencia Nacional de Valores;
3. Poseer un patrimonio ajustado a las regulaciones emitidas por la Superintendencia Nacional de Valores y demás disposiciones legales;
4. No estar sometidas a algún régimen legal especial o medida administrativa que comprometan su solvencia o liquidez.

De la moneda

Artículo 4. Los valores de renta fija pueden ser adquiridos en moneda nacional indexada al tipo de cambio oficial publicado por el Banco Central de Venezuela o en moneda extranjera. Mensualmente se ajustará su valor al que resulte de la última cotización de la bolsa de valores.

Del valor de mercado

Artículo 5. El valor de mercado sobre el que debe aplicarse el tipo de cambio para la venta y el tipo de cambio para la compra de los valores emitidos en moneda extranjera, será el correspondiente al tipo de cambio publicado por el Banco Central de Venezuela.

De la prima o descuento

Artículo 6. En el caso que los valores de renta fija sean adquiridos con prima o descuento deberán ser amortizados hasta su vencimiento.

Del vencimiento

Artículo 7. Para que estos valores puedan ser considerados como aptos para la representación de las reservas técnicas, sus vencimientos no deben exceder de noventa (90) días continuos, contados desde la fecha de constitución de las reservas técnicas.

De la custodia

Artículo 8. La custodia de los valores de renta fija a que se refieren estas normas, deberá ser realizada por una caja de valores, una institución que tenga una estructura de subcuentas de custodia o una institución con sistemas de cuenta de custodia digital a nombre de los inversionistas, autorizada por la Superintendencia Nacional de Valores y domiciliada en la República Bolivariana de Venezuela.

De la disposición para la Inversión

Artículo 9. El porcentaje de representación de las reservas técnicas en valores de renta fija queda enmarcado en la normativa que a los efectos dicte la Superintendencia de la Actividad Aseguradora.

Del expediente

Artículo 10. Las empresas de seguros, reaseguros, medicina prepagada y asociaciones cooperativas que realizan actividad aseguradora que tengan valores de renta fija afectos a la representación de las reservas técnicas, deben formar para cada empresa emisora un expediente contentivo de:

1. Acta constitutiva y estatutos, con sus modificaciones, si las hubiere;

2. Copia del informe de auditoría de los estados financieros de los últimos dos (2) ejercicios económicos;
3. Acta de Asamblea de Accionistas que conoció y aprobó los estados financieros;
4. Hoja resumen del dictamen de calificación de riesgo, publicada por el emisor de los valores;
5. Providencia de Autorización de la Oferta Pública emanada de la Superintendencia Nacional de Valores;
6. Prospecto de Oferta Pública del valor autorizado por la Superintendencia Nacional de Valores.

De la aplicación de las normas

Artículo 11. Las demás normativas prudenciales y actos administrativos conexos a la actividad aseguradora que coliden con las presentes normas no serán aplicables.

De la publicidad

Artículo 12. Se ordena la publicación de las presentes normas en la página web de la Superintendencia de la Actividad Aseguradora, con el fin de coadyuvar con la divulgación de su contenido a todos los interesados y público en general, sin menoscabo de su publicación en la Gaceta Oficial de la República Bolivariana de Venezuela.

De la vigencia

Artículo 13. Las presentes normas entrarán en vigencia a partir de su publicación en la Gaceta Oficial de la República Bolivariana de Venezuela.

Comuníquese y publíquese.

OMAR OROZCO COLMENARES
Superintendente de la Actividad Aseguradora (E)

Resolución N° 003-2021 de fecha 18 de enero de 2021
G.O.R.B.V. N° 42.049 de fecha 18 de enero de 2021

REPÚBLICA BOLIVARIANA DE VENEZUELA
MINISTERIO DEL PODER POPULAR DE ECONOMÍA, FINANZAS Y COMERCIO EXTERIOR
SUPERINTENDENCIA DE LA ACTIVIDAD ASEGURADORA

Caracas, a los veintinueve (29) días del mes de agosto de 2024

AÑOS 214°, 165° y 25°

PROVIDENCIA ADMINISTRATIVA N° SAA-01-0501-2024

De conformidad con las previsiones normativas contenidas en los artículos 6 numeral 1; 8 numerales 1, 3 y 18 de la Ley de la Actividad Aseguradora, que le atribuyen al Superintendente de la Actividad Aseguradora (E), **OMAR OROZCO COLMENARES**, designado mediante Resolución N° 003 de fecha 18 de enero de 2021, publicada en la Gaceta Oficial de la República Bolivariana de Venezuela N° 42.049 de la misma fecha, la competencia para establecer y dictar sus manuales de normas y procedimientos que regulan la actividad aseguradora.

POR CUANTO

El Superintendente de la Actividad Aseguradora establecerá anualmente, los porcentajes mínimos y máximos, así como los requisitos, límites y procedimientos necesarios, para la aplicación de estos bienes y derechos en la representación y cobertura de las reservas técnicas, previa aprobación del Ministro en competencia en materia de finanzas.

POR CUANTO

Los fondos de inversión privados y los fondos de inversión inmobiliarias serán precalificados por los organismos públicos con competencia en materia de mercados de valores e inmobiliario, respectivamente.

POR CUANTO

La Superintendencia de la Actividad Aseguradora podrá, en caso de duda, mediante las normas que a tal efecto dicte, ordenar que se excluya de los bienes aptos un determinado activo.

En virtud de lo anterior, acuerda dictar las siguientes:

NORMAS SOBRE LOS BIENES O DERECHOS UTILIZADOS EN LA REPRESENTACIÓN DE LAS RESERVAS TÉCNICAS

De los bienes o derechos considerados aptos

Artículo 1. Los bienes o derechos que son considerados aptos para representar las reservas técnicas de las empresas de seguros, de reaseguro y de medicina prepagada son:

1. Depósitos en moneda nacional o extranjera, en bancos o instituciones financieras domiciliados en el país y contemplados en la ley especial que regula la materia bancaria, que no sean empresas filiales, afiliadas o relacionadas del sujeto regulado;

2. Títulos valores denominados en moneda nacional o extranjera, emitidos o garantizados por la República, por otros sujetos de derecho público nacional o emitidos por instituciones o empresas en los cuales tengan participación esos entes, siempre que estén custodiados por una institución financiera del sector bancario o del mercado de valores, de carácter público;
3. Bienes inmuebles edificados, los cuales deben estar ubicados exclusivamente en el Territorio Nacional y;
4. Otros activos o derechos nacionales relacionados con la inversión en valores de renta fija, emitidos por el sector privado nacional.

De la aplicación de las normas

Artículo 2. Las demás normativas prudenciales y actos administrativos conexos a la actividad aseguradora, que coliden con las presentes normas no serán aplicables.

De la publicidad

Artículo 3. Se ordena la publicación de las presentes normas en la página web de la Superintendencia de la Actividad Aseguradora, con el fin de coadyuvar con la divulgación de su contenido a todos los interesados y público en general, sin menoscabo de su publicación en la Gaceta Oficial de la República Bolivariana de Venezuela.

De la vigencia

Artículo 4. Las presentes normas entrarán en vigencia a partir de su publicación en la Gaceta Oficial de la República Bolivariana de Venezuela.

Comuníquese y publíquese.

OMAR OROZCO COLMENARES

Superintendente de la Actividad Aseguradora (E)

Resolución N° 003-2021 de fecha 18 de enero de 2021

G.O.R.B.V. N° 42.049 de fecha 18 de enero de 2021

REPÚBLICA BOLIVARIANA DE VENEZUELA
MINISTERIO DEL PODER POPULAR DE ECONOMÍA, FINANZAS Y COMERCIO EXTERIOR
SUPERINTENDENCIA DE LA ACTIVIDAD ASEGURADORA

Caracas, a los veintinueve (29) días del mes de agosto de 2024

AÑOS 214°, 165° y 25°

PROVIDENCIA ADMINISTRATIVA N° SAA-01-0502-2024

De conformidad con las previsiones normativas contenidas en los artículos 6 numeral 1; 8 numerales 1, 3 y 18 de la Ley de la Actividad Aseguradora, que le atribuyen al Superintendente de la Actividad Aseguradora (E), **OMAR OROZCO COLMENARES**, designado mediante Resolución N° 003 de fecha 18 de enero de 2021, publicada en la Gaceta Oficial de la República Bolivariana de Venezuela N° 42.049 de la misma fecha, la competencia para establecer y dictar sus manuales de normas y procedimientos que regulan la actividad aseguradora.

POR CUANTO

La Ley de la Actividad Aseguradora, establece las condiciones mínimas que deben contener los contratos de reaseguro establecidas en el reglamento de la referida ley y las normas que dicte la Superintendencia de la Actividad Aseguradora.

En virtud de lo anterior, acuerda dictar las siguientes:

NORMAS RELATIVAS AL CONTRATO DE REASEGURO

Del objeto

Artículo 1. Las presentes normas tienen por objeto regular el contrato de reaseguro, así como establecer el contenido mínimo que deben contener los contratos obligatorios o automáticos en las modalidades de reaseguro proporcional y no proporcional obligatorio y facultativo puro.

De la definición del reaseguro

Artículo 2. Aquel mediante el cual una persona jurídica denominada cedente o retrocedente transfiere, total o parcialmente, los riesgos asumidos a otra persona llamada reasegurador, cesionario o retrocesionario, de conformidad con los términos que se pacten en la negociación.

Del régimen aplicable

Artículo 3. Los contratos de reaseguro y de retrocesión se rigen por el derecho común y no están sometidos a las disposiciones sobre el contrato de seguro.

De la prueba

Artículo 4. El contrato automático de reaseguro relativo a una serie de cesiones de riesgos debe probarse por escrito. Las cesiones de reaseguros facultativos se demuestran por cualquier medio de prueba admitido por la ley.

De los efectos

Artículo 5. El contrato de reaseguro sólo crea relaciones entre las empresas de seguros o de medicina prepagada y la empresa de reaseguros; sin embargo, ésta sigue la suerte de la primera en el riesgo que le hubiese sido cedido.

Cuando la cesión supere el cincuenta por ciento (50%) de la cobertura del contrato de seguro o de medicina prepagada, no podrá limitarse la relación directa entre el tomador, asegurado, beneficiario, contratante, usuario o afiliado y el reasegurador.

En el contrato de retrocesión, el retrocesionario seguirá la suerte del retrocedente hasta el límite de su participación y de acuerdo con los términos y condiciones pactadas.

De las partes del contrato

Artículo 6. Son partes del contrato de reaseguro:

1. La cedente, persona que asume riesgos de terceros y los transfiere total o parcialmente a otro sujeto denominado reasegurador o cesionario. La cedente podrá ser la empresa de seguros o de medicina prepagada;

2. El reasegurador o cesionario, persona que acepta los riesgos transferidos por la cedente. Podrá ser la empresa de reaseguros o la empresa de seguros actuando bajo tal carácter.

En los contratos de retrocesión las partes son las que actúen como reaseguradores, en su condición de retrocedentes o retrocesionarios.

Del reaseguro de vida individual

Artículo 7. En los contratos de reaseguros de vida individual a prima de riesgo se entiende que la prima de reaseguro será la que corresponda a un contrato de seguro de vida temporal a un (1) año renovable, aplicado al riesgo efectivamente cubierto que se transfiere al reasegurador.

Los contratos de reaseguros de vida individual a prima original se regirán por las condiciones establecidas en el contrato de seguro inicialmente suscrito por la cedente.

De la cesión total del riesgo

Artículo 8. Las empresas de seguros que cedan la totalidad del riesgo son responsables frente a los tomadores, asegurados o beneficiarios, aun cuando estos reciban el beneficio de reclamar directamente al reasegurador la indemnización en caso de siniestro.

Las empresas de seguros deben contabilizar en sus estados financieros todos los movimientos que se generen en las referidas cesiones. En tal sentido, no pueden limitarse a registrar el "fee" o comisión que reciben del reasegurador, sino que deben contabilizar el monto total de la prima pagada por el tomador, la totalidad de los siniestros, las primas cedidas en reaseguro y cualquier otra operación que se origine, tal como ocurre en las cesiones parciales de reaseguro.

Del contenido mínimo del contrato de reaseguro proporcional obligatorio

Artículo 9. Los contratos de reaseguro proporcional obligatorio suscritos por los sujetos regulados deben contener como mínimo, las siguientes condiciones generales y particulares:

1. Identificación completa de las partes involucradas en el contrato, es decir, el cedente, el reasegurador y, si lo hubiere, el intermediario de reaseguro, incluyendo sus domicilios;

2. Tipo de Contrato: Naturaleza jurídica del contrato de reaseguro, estableciendo claramente que el contrato es un acuerdo de reaseguro proporcional y su tipo, de acuerdo a su funcionamiento;

3. Alcance territorial;

4. Vigencia;

5. Naturaleza de los riesgos cubiertos, incluyendo reglas o condiciones que definan con detalle los riesgos amparados, como el ramo y la moneda de suscripción de las coberturas del riesgo origina;

5. Exclusiones;

6. Condiciones económicas:

7.1. Moneda;

7.2. Porcentaje de retención para contratos de tipo cuota parte o pleno de retención para contratos de excedente;

7.3. Límite máximo de aceptación de riesgos o límite de capacidad contractual;

7.4. Entrada y salida de cartera;

7.5. La comisión del reaseguro, incluyendo todo tipo de contraprestación similar pautada, escalas de comisión, comisiones adicionales entre otros;

7.6. Gastos del reasegurador, impuestos, contribuciones especiales;

7.7. Cálculo de participación en utilidades;

7.8. Siniestros al contado;

7.9. Porcentaje de participación del reasegurador (%): Debe indicar el porcentaje de responsabilidad que asume cada reasegurador participante, aplicable sobre la parte del riesgo cedido;

7.10. Cualquier otra condición de tipo económica que afecte la cobertura establecida por las partes; Período que comprenderán las cuentas y los plazos para su envío, conformación y cancelación de saldos;

11. Condiciones para su terminación;

12. Legislación aplicable, incluyendo las de resolución de conflictos;

13. Debe indicar que el Reasegurador se compromete a cancelar los saldos derivados de las condiciones contractuales en moneda de libre convertibilidad y que no tiene impedimentos legales, al momento de la suscripción, que le impidan realizar dichos pagos.

Del contenido mínimo del contrato de reaseguro no proporcional obligatorio

Artículo 10. Los contratos de reaseguro no proporcional obligatorio suscritos por los sujetos regulados deben contener como mínimo, las siguientes condiciones generales y particulares:

1. Identificación completa de las partes involucradas en el contrato, es decir, el cedente, el reasegurador y, si lo hubiere, el intermediario de reaseguro, incluyendo sus domicilios;

2. Naturaleza jurídica del contrato de reaseguro, estableciendo claramente que es un acuerdo de reaseguro no proporcional y el tipo que se establece, de acuerdo a su funcionamiento;

3. Alcance territorial;

4. Vigencia;

5. Naturaleza de los riesgos cubiertos, incluyendo reglas o condiciones que definan con detalle los riesgos amparados, como el ramo y la moneda de suscripción de las coberturas del riesgo original;

6. Exclusiones;

7. Condiciones económicas:

7.1 Moneda del contrato;

7.2 Número de capas de cobertura (solo para contratos de tipo Exceso de Pérdida): Número total de capas de cobertura que posee el contrato, detallando para cada una de ellas todos los datos de carácter técnico incluidos en este artículo, que varían según la capa de cobertura;

7.3 Prioridad o Retención;

7.4 Límite de indemnización por riesgo: Monto máximo a indemnizar por parte del reasegurador para cada siniestro ocurrido, especificado por cada capa en el caso de los contratos de tipo Exceso de Pérdida o XL;

7.5 Límite de indemnización por evento: Monto máximo a indemnizar por parte del reasegurador por cada evento que involucra varios siniestros simultáneos, especificado por cada capa en el caso de los contratos de tipo Exceso de Pérdida;

7.6 Estimado de primas retenidas: Volumen total estimado de primas retenidas por la empresa cedente de los tipos de riesgo cubiertos por el contrato, para el período de vigencia del mismo, que se utilizó como base para el cálculo de la prima de reaseguro;

7.7 Prima de reaseguro o método explícito de su determinación: Monto que la cedente paga al reasegurador en contraprestación del riesgo asumido por este, incluyendo la descripción detallada de cualquier procedimiento o cálculo necesario para su completa determinación;

7.8 Método acordado entre las partes para posibles reinstalaciones de la cobertura (restitución del límite de cobertura disponible para la indemnización de posibles siniestros, después de que esta haya sido consumida por un siniestro previo), así como el costo explícito de estas;

7.9 Límite de agregado: Monto de la responsabilidad máxima de la cobertura que el reasegurador asumirá por la totalidad de los siniestros que ocurran durante el período de vigencia del contrato;

7.10 Porcentaje de participación del reasegurador (%): Debe indicar el porcentaje de responsabilidad que asume cada reasegurador participante en el contrato, aplicable sobre la parte del riesgo cedido;

7.11 Cualquier otra condición de tipo de económica que afecte la cobertura establecida por las partes.

8. Procedimiento para el manejo de las reclamaciones, incluyendo procedimiento para el pago de éstas;

9. Legislación aplicable, incluyendo las condiciones prestablecidas para la resolución de conflictos;

10. Condiciones para la terminación;

11. Debe indicar que el Reasegurador se compromete a cancelar los saldos derivados de las condiciones contractuales en moneda de libre convertibilidad y que no tiene impedimentos legales, al momento de la suscripción, que le impidan realizar dichos pagos.

Del contenido mínimo del contrato de reaseguro facultativo - obligatorio

Artículo 11. Los contratos de reaseguro facultativo - obligatorio suscritos por los sujetos regulados deben indicar su contenido de acuerdo con los artículos anteriores, indicando de forma taxativa, según sea el contrato proporcional o no proporcional, todas las condiciones pautadas que definan su funcionamiento o aplicación.

Del contenido mínimo del contrato de reaseguro facultativo - facultativo

Artículo 12. Los contratos de reaseguro facultativo - facultativo suscritos por los sujetos regulados deben contener como mínimo, los siguientes datos como parte de sus condiciones generales y particulares:

1. Identificación de las partes que intervienen en el contrato cedente, reasegurador e intermediario de reaseguros, si lo hubiere;

2. Además, debe especificar su modalidad de la colocación (proporcional o no proporcional) ;

3. Datos de Identificación del riesgo original suscrito por la cedente, incluyendo:

   2.1 Nombre del tomador, asegurado o afianzado;

   2.2 Número de póliza o contrato;

   2.3 Número de recibo;

   2.4 Índole del riesgo;

   2.5 Coberturas aseguradas;

   2.6 Moneda;

   2.7 Coberturas reaseguradas;

   2.8 Otras descripciones técnicas de los bienes u objeto del seguro;

   2.9 Ubicación del riesgo;

   2.10 Vigencia de la póliza o contrato;

   2.11 Suma asegurada o afianzada;

   2.12 Prima o contraprestación del Riesgo;

4. Vigencia de la Cesión de Reaseguro;

5. Cuantía de la retención (porcentaje o monto, deducible establecido por el reasegurador), prioridad según la modalidad de reaseguro y el tipo de contrato, o la forma explícita de cálculo de ésta;

6. Suma reasegurada o límite de cobertura del reaseguro;

7. Prima de reaseguro. En el caso de reaseguro proporcional debe señalar tanto la prima bruta cedida como la prima neta de gastos reembolsables;

8. En caso de tratarse de un reaseguro Facultativo de tipo Proporcional, deberá indicar, adicionalmente, las siguientes condiciones económicas:

8.1 Comisión del reaseguro reembolsable por el reasegurador;

8.2 Debe detallar los Impuestos y Otros Gastos Reembolsables por el Reasegurador;

8.3 Cualquier otra condición de tipo de económica que se establezca derivada de la cobertura proporcional (otras contraprestaciones pautadas como comisiones adicionales o reintegro por experiencia favorable, entre otros), establecida por las partes;

9. En caso de tratarse de un reaseguro Facultativo de tipo No Proporcional, deberá indicar adicionalmente las siguientes condiciones económicas:

9.1 Límite de indemnización por riesgo: Monto máximo a indemnizar por parte del reasegurador;

9.2 Cualquier otra condición de tipo de económica que se establezca derivada de la cobertura no proporcional (deducibles, capas, % de siniestralidad), establecida por las partes;

10. Se debe indicar el porcentaje de participación del reasegurador o los reaseguradores en función de la cobertura de reaseguro;

11. Firma y Sello de todas las partes del contrato que intervienen en la Cesión de Reaseguro: El Slip o Nota de reaseguro debe estar firmada y sellada por el reasegurador, en concordancia con la colocación del riesgo. El Certificado de Cesión de Reaseguro Facultativo, emitido por la empresa cedente, puede servir como prueba de la existencia de la colocación en reaseguro facultativo, siempre y cuando esté firmado y sellado por los reaseguradores participantes.

De la participación del mercado nacional

Artículo 13. Las empresas de seguros y de medicina prepagada están obligadas a ceder en el mercado nacional no menos de treinta por ciento (30%) de las primas provenientes de los contratos de reaseguro automáticos y facultativo, en las formas de reaseguro proporcional o no proporcional.

Las operaciones de reaseguro realizadas entre las empresas de seguros nacionales no se consideran parte de la protección a la participación del mercado nacional.

A los efectos de la excepción prevista en la Ley, sólo serán consideradas causas imputables a las empresas de reaseguro nacionales, la falta de capacidad financiera o la decisión voluntaria de no aceptar el riesgo. Las empresas de seguros y de medicina prepagada deberán mantener a disposición de la Superintendencia de la Actividad Aseguradora los soportes documentales que justifiquen la excepción.

Las empresas deberán demostrar esta participación cada año, a través de la remisión de los contratos de reaseguro suscritos en régimen automático, el listado correspondiente a la colocación de los riesgos en régimen facultativo y la declaración anual de su programa de reaseguro, el cual deberá corresponder con lo reflejado en los Estados Financieros de la empresa.

Esta información deberá ser remitida en los términos y condiciones que determine la Superintendencia de la Actividad Aseguradora.

En el supuesto que las empresas de reaseguro nacionales no puedan otorgar las mismas condiciones económicas que las empresas de reaseguro extranjeras, aquéllas deberán justificar técnicamente esta situación por escrito a la empresa cedente.

En dicho caso, la empresa cedente podrá aceptar o no las condiciones de la reaseguradora local, sin que esto afecte lo dispuesto en este artículo.

De la derogatoria

Artículo 14. Se deroga el acto administrativo contenido en la Providencia N° FSAA-9-00661 de fecha 11 de julio de 2016, publicada en la Gaceta Oficial de la República Bolivariana de Venezuela N° 40.973 de fecha 24 de agosto de 2016, mediante el cual se dictaron las Normas que regulan la Relación Contractual en la Actividad Aseguradora, en lo que se refiere a las Disposiciones del Contrato de Reaseguro y Retrocesión. Las demás normativas prudenciales y actos administrativos conexos a la actividad aseguradora, que coliden con las presentes normas no serán aplicables.

De la publicidad

Artículo 15. Se ordena la publicación de las presentes normas en la página web de la Superintendencia de la Actividad Aseguradora, con el fin de coadyuvar con la divulgación de su contenido a todos los interesados y público en general, sin menoscabo de su publicación en la Gaceta Oficial de la República Bolivariana de Venezuela.

De la vigencia

Artículo 16. Las presentes normas entrarán en vigencia a partir de su publicación en la Gaceta Oficial de la República Bolivariana de Venezuela.

Comuníquese y publíquese

OMAR OROZCO COLMENARES

Superintendente de la Actividad Aseguradora (E)

Resolución N° 003-2021 de fecha 18 de enero de 2021, publicada en la Gaceta Oficial de la República Bolivariana de Venezuela N° 42.049 de la misma fecha

REPÚBLICA BOLIVARIANA DE VENEZUELA
MINISTERIO DEL PODER POPULAR DE ECONOMÍA, FINANZAS Y COMERCIO EXTERIOR
SUPERINTENDENCIA DE LA ACTIVIDAD ASEGURADORA

Caracas, a los veintinueve (29) días del mes de agosto de 2024

AÑOS 214°, 165° y 25°

PROVIDENCIA ADMINISTRATIVA N° SAA-01-0504-2024

De conformidad con las previsiones normativas contenidas en los artículos 6 numeral 1; 8 numerales 1, 3 y 18 de la Ley de la Actividad Aseguradora, que le atribuyen al Superintendente de la Actividad Aseguradora (E), **OMAR OROZCO COLMENARES,** designado mediante Resolución N° 003 de fecha 18 de enero de 2021, publicada en la Gaceta Oficial de la República Bolivariana de Venezuela N° 42.049 de la misma fecha, la competencia para establecer y dictar sus manuales de normas y procedimientos que regulan la actividad aseguradora.

POR CUANTO

La Ley de la Actividad Aseguradora establece que la divulgación y publicidad de los sujetos regulados debe ser previamente aprobada por la Superintendencia de la Actividad Aseguradora. Además, señala que la publicidad no podrá tener aseveraciones u ofrecimientos falsos, o no comprobables, o que puedan dar lugar a confusión en el público y deberá ajustarse a las condiciones y requisitos establecidos en la ley, su reglamento, las normas que a tal efecto se dicten, la ley que rige la materia de publicidad, las normas que regulan la libre competencia y al contenido de los contratos de seguros, de reaseguros o de medicina prepagada.

POR CUANTO

Son aplicables a las asociaciones cooperativas que realicen actividad aseguradora las disposiciones previstas en la ley para las empresas de seguros, en lo relativo a la aprobación de la publicidad.

POR CUANTO

Los tomadores, asegurados, beneficiarios o contratantes, respecto de los sujetos regulados, deben ser protegidos de la oferta y publicidad engañosa o abusiva, los métodos comerciales coercitivos o desleales que distorsionen la libertad de elegir y las prácticas o cláusulas abusivas impuestas por los sujetos regulados.

POR CUANTO

Es competencia de esta Superintendencia de la Actividad Aseguradora verificar y garantizar que los sujetos regulados cumplan con las disposiciones contenidas en la Ley de la Actividad Aseguradora.

En virtud de lo anterior, acuerda dictar las siguientes:

NORMAS PARA LA DIVULGACIÓN Y PUBLICIDAD EN LA ACTIVIDAD ASEGURADORA

Del objeto

Artículo 1. Las presentes normas tienen por objeto establecer los lineamientos generales que rigen la divulgación y publicidad de los sujetos regulados por la Ley de la Actividad Aseguradora.

Únicamente los sujetos regulados por la Ley de la Actividad Aseguradora podrán solicitar autorización para la divulgación y publicidad a las que se refieren estas normas.

La divulgación y publicidad debe estar orientada a conservar e incrementar la confianza en el sector asegurador venezolano, así como proporcionar información y orientación sobre las actividades realizadas por los sujetos regulados de la actividad aseguradora.

De las definiciones

Artículo 2. A los efectos de estas normas, se entiende por:

1. Aplicación: Programa informático diseñado como herramienta para permitir a los usuarios realizar uno o diversos tipos de tareas;
2. Campaña publicitaria: Conjunto de estrategias de comunicación que se realizan con el objetivo de dar a conocer una idea o promocionar un producto o servicio, a partir del llamado de atención o interés generado en un determinado conjunto de personas;
3. *Chatbot:* Anglicismo que refiere a software basado en inteligencia artificial, que permite mantener conversaciones en tiempo real por texto o por voz con los usuarios para resolver sus inquietudes o dar servicio al cliente;
4. Comercial: Soporte visual o audiovisual de corta duración que transmite un mensaje, en el cual se limita un hecho fundamental o un conocimiento de carácter publicitario;
5. Cuña publicitaria: Soporte auditivo de corta duración que transmite un mensaje, en el cual se limita un hecho fundamental o un conocimiento de carácter publicitario;
6. Divulgación: Difusión masiva o restringida, por cualquier medio o canal, de la publicidad de los sujetos regulados por la actividad aseguradora;
7. Imagen corporativa: Conjunto de elementos que identifican al sujeto regulado; puede referirse a un dibujo, figura, ícono, símbolo u otro;
8. Etiquetar o taggear: Incluir a un usuario dentro de una publicación en las redes sociales incorporando el enlace de su cuenta;
9. Influenciador o Influencer: Aquella persona con capacidad para influir sobre otras, principalmente a través de las redes sociales;
10. Lema o eslogan: Frase u oración breve, expresiva y fácil de recordar;
11. Logo: Distintivo de una persona, marca o producto, compuesto por elementos gráficos, textuales o imágenes;

12. Medio de divulgación: Aquel que sirve para publicar, difundir o propagar mensajes o contenidos, este puede ser: mobiliario urbano para información (MUPI), tótem, prensa, pancarta, radio, televisión, valla, web, blog, y red social, entre otros;
13. Mencionar: incluir a un usuario en una publicación, historia o comentario en las redes sociales;
14. Página web: Documento electrónico que contiene información textual, visual o sonora que se encuentra alojado en un servidor y puede ser accesible mediante el uso de navegadores;
15. Publicidad: Toda forma de comunicación destinada a dar a conocer la organización y las actividades de los sujetos regulados, así como las características, ventajas y cualidades o beneficios de los productos y servicios que pueden prestar o comercializar, con el fin de estimular su adquisición o contratación;
16. Publicidad comparativa: Toda aquella comunicación que reclame ventajas de un producto o servicio, respecto de un competidor, mediante la comparación de sus características, atributos o beneficios;
17. Producto: Contrato de seguro o de medicina prepagada, que se pretende divulgar y publicitar.

Del contenido

Artículo 3. Las declaraciones, aseveraciones u ofrecimientos contenidos en la publicidad, deben ser comprobables y corresponderse con la capacidad real de cumplimiento por parte de los sujetos regulados, tendrán el mismo valor de una oferta pública y los obligará en los términos en que se hayan divulgado.

De la identificación del sujeto regulado

Artículo 4. Toda publicidad debe señalar la denominación social o personal del sujeto regulado, con indicación expresa del tipo de actividad aseguradora para la cual está autorizado, sin usar abreviaturas, empleando su código de registro en la Superintendencia de la Actividad Aseguradora.

Los intermediarios de la actividad aseguradora deberán incluir en su material publicitario el término: agente de la actividad aseguradora, corredor de la actividad aseguradora, sociedad de corretaje de seguro o sociedad de corretaje de reaseguro de la actividad aseguradora, según corresponda, debiendo además evitar cualquier otra referencia ambigua que pueda suscitar equivocación sobre la naturaleza de las operaciones.

Por tal motivo, los intermediarios de la actividad aseguradora en la mediación de productos de seguros o medicina prepagada, deben señalar de manera clara e inequívoca la empresa que ofrece el producto y, por ende, asume el riesgo.

De las prohibiciones

Artículo 5. Toda publicidad debe abstenerse de:

1. Contener declaraciones, afirmaciones u ofrecimientos falsos, engañosos o que den lugar a la confusión en el público;
2. Inducir o incitar al miedo o error a su destinatario;

3. Perjudicar o afectar a un competidor;
4. Violar normas jurídicas, éticas o ambientales;
5. Incluir mensajes o imágenes subliminales, abusivas, discriminatorias, violentas, ofensivas, vulgares o de odio, que sean capaces de estimular un comportamiento perjudicial o peligroso para la salud o seguridad de las personas;
6. Utilizar denominaciones que no correspondan a la actividad aseguradora para la cual ha sido autorizada por la Superintendencia de la Actividad Aseguradora o palabras que puedan dar a entender que se refiere a otro tipo de sujeto regulado, a los fines de inducir en confusión a los tomadores, asegurados, beneficiarios, contratantes, usuarios, afiliados o al público en general.

De la publicidad comparativa

Artículo 6. Los corredores o sociedades de corretaje de la actividad aseguradora, que hagan publicidad comparativa, lo harán siguiendo principios de ética corporativa y, por lo tanto, no debe resultar ofensiva ni injuriosa para quien resulte aludido por el anuncio, el producto o el servicio comparado, ni dar lugar a confusión entre los factores a comparar. En ese sentido, la publicidad comparativa será autorizada, siempre que se garanticen los siguientes principios y exigencias:

1. Que las coberturas de los productos pertenecientes a su cartera o servicios tengan similares características;
2. La comparación deberá ser objetiva y verificable en una o más características de las coberturas de los productos pertenecientes a su cartera o servicios comparados;
3. La comparación no debe menospreciar la imagen o la marca de la empresa que será objeto de la misma.

Las empresas de seguros, de medicina prepagada, de administración de riesgos y los agentes exclusivos no podrán hacer publicidad comparativa.

De la publicidad hecha por influenciadores

Artículo 7. Los mensajes publicitarios realizados por influenciadores que contengan testimonios, estos deberán ser reales, de personas que aseguren haber adquirido el producto o recibido el servicio prestado en el anuncio, originados de vivencias adquiridas por una experiencia directa. Por tal motivo, no deben utilizarse testimonios que puedan inducir a error y que:

1. No sean reales;
2. Alteren el mensaje de quien brinda testimonio;
3. Contengan declaraciones equívocas;
4. Lleve a conclusiones equivocadas o erróneas.

Los sujetos regulados deberán comprometerse a que, en el supuesto que la persona que entrega el testimonio y tenga algún interés económico con el anunciante, indique expresamente en el mensaje, que la promoción que está realizando es pagada por aquél o que lo hace en virtud de un intercambio comercial.

Si la Superintendencia de la Actividad Aseguradora determina que el anuncio realizado por algún influenciador se hizo a espalda de las exigencias de este artículo se entenderá que la publicidad no fue aprobada y con ello se impondrán las sanciones establecidas en la Ley, previa a la sustanciación de un procedimiento.

De la identificación por redes sociales

Artículo 8. En todas las redes sociales de los sujetos regulados se deberá indicar:

1. Denominación social o personal del sujeto regulado, sin usar abreviaturas;
2. En el área de descripción de la red social, se deberá indicar la providencia autorizatoria y el número de registro en la Superintendencia de la Actividad Aseguradora, su página web y cualquier otro dato que permita su plena identificación;
3. En el caso que tenga logos, en la foto de perfil, se colocará aquel que fue aprobado por la Superintendencia de la Actividad Aseguradora y que permita su plena identificación;
4. Los sujetos regulados, persona natural, podrán colocar cualquier foto de perfil; sin embargo, los intermediarios de la actividad aseguradora, persona natural, no deberán adjuntar imágenes que hagan creer que son sociedades de corretaje de seguros, empresas de seguros, de medicina prepagada, de reaseguros o administradoras de riesgos.

De la publicación a través de las redes sociales

Artículo 9. Toda publicidad en materia aseguradora que se publique a través de las redes sociales se etiquetará o mencionará a la cuenta o las cuentas oficiales de la Superintendencia de la Actividad Aseguradora.

Si los sujetos regulados realizan publicaciones sin etiquetar o mencionar a la cuenta o las cuentas oficiales de la Superintendencia de la Actividad Aseguradora, se entenderá que la publicidad no fue aprobada y con ello se impondrán las sanciones establecidas en la Ley, previa a la sustanciación de un procedimiento.

Excepcionalmente, la Superintendencia de la Actividad Aseguradora podrá crear cuentas de redes sociales destinadas al control de las publicaciones, en cuyo caso se informará la denominación de la misma a los sujetos regulados a través de Circular o Aviso Público.

De la publicidad de productos

Artículo 10. En las publicidades que realicen los intermediarios de la actividad aseguradora sobre productos de seguros o de medicina prepagada, deberán indicar la providencia y fecha

mediante la cual se autorizó el producto, así como la identificación del sujeto regulado que los ofrece y comercializa.

De los requisitos y formalidades para la solicitud de autorización

Artículo 11. La solicitud de autorización para la divulgación y publicidad debe formularse a través de los mecanismos establecidos para tal fin por la Superintendencia de la Actividad Aseguradora y contener, como mínimo, lo siguiente:

1. En caso de persona natural: nombre completo, cédula de identidad, nacionalidad, Registro único de Información Fiscal (R.I.F.), dirección, número de teléfono, correo electrónico y número de registro ante la Superintendencia de la Actividad Aseguradora;
2. En caso de ser persona jurídica: denominación social, Registro único de Información Fiscal (R.I.F.), domicilio, número de teléfono, correo electrónico y número de registro ante la Superintendencia de la Actividad Aseguradora. La persona natural que realice la solicitud debe estar autorizada por el sujeto regulado e indicar nombre completo, cédula de identidad, número de teléfono, correo electrónico y el carácter con el que actúa;
3. Tipo de material publicitario y medios a través del cual se pretenda divulgar;

   El referido material debe estar expresado en idioma castellano, de manera clara, comprensible y objetiva, así como elaborado en un tamaño y tipo de letra que garantice sea legible;
4. Fecha en que se pretende iniciar la divulgación de la publicidad, indicando, si fuere el caso, el período en que se mantendrá la difusión al alcance del público;
5. Indicación de los códigos y fechas de aprobación de los productos que se pretendan divulgar, si fuere el caso;
6. Carta de autorización de las personas naturales o jurídicas mencionadas en el material publicitario.

La solicitud debe acompañarse del texto y de las imágenes que se pretendan difundir. Para la divulgación por medios audiovisuales, debe incluirse el guion descriptivo y gráfico del comercial. En caso de divulgación a través de la web, aplicaciones móviles o redes sociales, debe consignarse el contenido de las pantallas.

De las condiciones especiales

Artículo 12. Sin perjuicio de lo previsto en el artículo anterior, el tipo de material publicitario que debe acompañar la solicitud de autorización, según el caso, será:

1. Aplicación: Versión demostrativa de cada uno de los enlaces o menú del programa. En caso de incluirse un Chatbot, se debe mostrar cada una de las funciones y especificar las respuestas automáticas que se generarán para los usuarios;
2. Comercial: El guion gráfico (story board) y guion-texto, indicando tiempo de duración;
3. Cuña publicitaria: El guion-texto, indicando tiempo de duración;
4. Imagen corporativa: Arte completo que se desea difundir;
5. Lema o eslogan: Arte contentivo de la expresión que se desea difundir;
6. Logo: Arte o texto contentivo de la expresión a ser evaluada;
7. Página web: Versión demostrativa de cada uno de los enlaces del portal y el nombre del dominio donde será difundido. El nombre del dominio debe ser cónsono con la actividad aseguradora que ejerce el sujeto regulado. En caso de incluirse un Chatbot, se debe mostrar cada una de las funciones y especificar las respuestas automáticas que se generarán para los usuarios.

Del tratamiento especial

Artículo 13. El sujeto regulado que realice u ordene la divulgación y publicidad de productos y servicios, debe dar cumplimiento estricto al ordenamiento jurídico aplicable en las materias de propiedad intelectual, derechos de los niños, niñas y adolescentes, y las referidas a cualquier otro grupo de personas en situación de vulnerabilidad.

Del procedimiento

Artículo 14. Una vez efectuada la solicitud, la Superintendencia de la Actividad Aseguradora dispondrá de treinta (30) días hábiles para analizar su contenido y emitir pronunciamiento al respecto. Si hubiere modificaciones, deben ser notificadas al solicitante, quien dispondrá de un plazo de cinco (05) días hábiles para efectuar las correcciones indicadas.

La demora o falta de entrega de las modificaciones ordenadas en el plazo antes mencionado, son imputables al sujeto regulado; en consecuencia, quedará sin efecto la solicitud y se entenderá desistida.

De la publicidad no autorizada

Artículo 15. El uso de material publicitario o medio de divulgación no autorizado, dará lugar a que la Superintendencia de la Actividad Aseguradora ordene de forma inmediata el retiro de la publicidad e imponga las sanciones a que haya lugar.

Del período de divulgación

Artículo 16. Cuando la solicitud de aprobación establezca un período para la divulgación de la publicidad o ésta contenga declaraciones que puedan variar en el transcurso del tiempo, la autorización será otorgada indicando su período de divulgación.

En el caso de anunciar una publicidad a través de las redes sociales, la vida útil del anuncio no debe ser superior al período solicitado para la divulgación de la publicidad.

De la obligación de indicar datos de aprobación

Artículo 17. Otorgada la autorización del material publicitario, el sujeto regulado debe incluir en éste, el código y la fecha de aprobación correspondiente, así como el período de divulgación, si fuere el caso.

Queda excluido de esta obligación el material publicitario referido exclusivamente al lema o logo del sujeto regulado.

De la publicidad no sujeta a aprobación

Artículo 18. No requiere aprobación previa por parte de la Superintendencia de la Actividad Aseguradora, la divulgación de material publicitario en los siguientes términos:

1. Anuncios donde el sujeto regulado:
   1.1. Haga mención a su nombre completo o denominación social, a su denominación comercial o a un logo o lema de su propiedad, siempre que estos se encuentren previamente aprobados por la Superintendencia de la Actividad Aseguradora. Se incluyen anuncios de búsqueda donde se

visualice la página web del sujeto regulado, previamente aprobada por la Superintendencia de la Actividad Aseguradora y los anuncios para el patrocinio de cualquier evento deportivo, recreativo o cultural;

1.2. Señale los ramos en los cuales ha quedado autorizado para operar, siempre que no incluya el nombre específico de los productos a comercializar;

1.3. Se refieran exclusivamente a la apertura, cambio de domicilio, traslado o cierre de locales, oficinas, sucursales, agencias o centros de inspección de los sujetos regulados; o a asuntos administrativos internos o que se limiten a expresar una felicitación o manifestación de condolencia;

1.4. Haga campaña de concientización.

2. Material de punto de compra (P.O.P), destinado a promocionar al sujeto regulado, tales como: almanaques, bolígrafos, tarjetas de presentación, agendas, franelas, gorras, bandanas, vasos y llaveros; en cuyo caso, sólo podrá aparecer el nombre completo o razón social del sujeto regulado, así como su denominación comercial, lema o logo, previamente aprobados por la Superintendencia de la Actividad Aseguradora;

3. Los íconos diseñados para identificar los ramos que comercializa o en los cuales efectúa intermediación.

En estos supuestos podrá incluirse, la razón social o denominación comercial, lema o logo del sujeto regulado, siempre que estén aprobados por la Superintendencia de la Actividad Aseguradora.

De los límites de gasto publicitario

Artículo 19. La Superintendencia de la Actividad Aseguradora podrá establecer los gastos asociados a publicidad mediante acto particular o general.

De la derogatoria

Artículo 20. Se deroga el acto administrativo contenido en la Providencia N° FSAA-9-00731 de fecha 2 de agosto de 2016, publicada en la Gaceta Oficial de la República Bolivariana de Venezuela N° 40.973 de fecha 24 de agosto de 2016, mediante el cual se dictaron las Normas para la Divulgación y Publicidad de la Actividad Aseguradora. Las demás normativas prudenciales y actos administrativos conexos a la actividad aseguradora, que coliden con las presentes normas no serán aplicables.

De la publicidad

Artículo 21. Se ordena la publicación de las presentes normas en la página web de la Superintendencia de la Actividad Aseguradora, con el fin de coadyuvar con la divulgación de su contenido a todos los interesados y público en general, sin menoscabo de su publicación en la Gaceta Oficial de la República Bolivariana de Venezuela.

De la vigencia

Artículo 22. Las presentes normas entrarán en vigencia a partir su publicación en la Gaceta Oficial de la República Bolivariana de Venezuela.

Comuníquese y publíquese

OMAR OROZCO COLMENARES
Superintendente de la Actividad Aseguradora (E)

Resolución N° 003-2021 de fecha 18 de enero de 2021,
publicada en la Gaceta Oficial de la República Bolivariana de Venezuela N°
42.049 de la misma fecha

REPÚBLICA BOLIVARIANA DE VENEZUELA
MINISTERIO DEL PODER POPULAR DE ECONOMÍA, FINANZAS Y COMERCIO EXTERIOR
SUPERINTENDENCIA DE LA ACTIVIDAD ASEGURADORA

Caracas, a los veintinueve (29) días del mes de agosto de 2024

AÑOS 214°, 165° y 25°
PROVIDENCIA ADMINISTRATIVA N° SAA-01-0505-2024

De conformidad con las previsiones normativas contenidas en los artículos 6 numeral 1; 8 numerales 1, 3 y 18 de la Ley de la Actividad Aseguradora, que le atribuyen al Superintendente de la Actividad Aseguradora (E), **OMAR OROZCO COLMENARES,** designado mediante Resolución N° 003 de fecha 18 de enero de 2021, publicada en la Gaceta Oficial de la República Bolivariana de Venezuela N° 42.049 de la misma fecha, la competencia para establecer y dictar sus manuales de normas y procedimientos que regulan la actividad aseguradora.

POR CUANTO

La Ley de la Actividad Aseguradora establece que las tarifas utilizadas por las empresas de seguros o de medicina prepagada deben cumplir con los principios, condiciones, requisitos y lineamientos establecidos en el reglamento de la referida ley y las normas que se dicten al efecto.

POR CUANTO

Es competencia de esta Superintendencia de la Actividad Aseguradora verificar y garantizar que los sujetos regulados cumplan con las disposiciones contenidas en la Ley de la Actividad Aseguradora.

En virtud de lo anterior, acuerda dictar las siguientes:

NORMAS PARA ELABORAR LOS REGLAMENTOS ACTUARIALES DE LAS TARIFAS APLICABLES EN LOS CONTRATOS DE SEGUROS Y DE MEDICINA PREPAGADA

Del objeto

Artículo 1. Las presentes normas tienen por objeto establecer los criterios, elementos y parámetros generales para la elaboración de los reglamentos actuariales contentivos de las tarifas aplicables en los contratos de seguros y de medicina prepagada.

Del ámbito de aplicación

Artículo 2. Las presentes normas serán de aplicación obligatoria por parte de las empresas de seguros y de medicina prepagada, en la elaboración de los reglamentos actuariales contentivos de las tarifas aplicables a los contratos que suscriban con sus tomadores o contratantes, según sea el caso.

De los principios técnicos de la tarifa

Artículo 3. Las tarifas aplicables a los contratos de seguros y de medicina prepagada deben garantizar los siguientes principios:

1. Principio de Equidad: La prima o cuota debe presentar una correlación positiva con el riesgo amparado, de acuerdo con las condiciones del riesgo. Por tanto, la tarifa debe garantizar el equilibrio financiero entre las primas o cuotas que deben pagar los tomadores o contratantes y el costo de las indemnizaciones, prestaciones o servicios a cargo de los sujetos regulados, según corresponda;

2. Principio de suficiencia: La tarifa debe proveer ingresos suficientes para cubrir, al menos, la prima o cuota de riesgo y los gastos de gestión inherentes a las operaciones del sujeto regulado, esto es, los costos de intermediación y administración, así como la utilidad esperada.

De la fuente de información para elaborar la tarifa

Artículo 4. Las empresas de seguros y de medicina prepagada deben elaborar sus tarifas aplicables con base en estadísticas pertenecientes al sujeto regulado que la elabora.

De la información estadística

Artículo 5. La información estadística utilizada como base técnica en la elaboración de las tarifas debe contar con las características siguientes:

1. Homogénea: Los datos estadísticos objeto de estudio deben tener características comunes de tipo cualitativo y cuantitativo;

2. Representativa: El tamaño de la muestra debe corresponder a un número de elementos de la población que garantice un nivel de significación razonable y cubra un período adecuado, de manera que queden expresadas apropiadamente y con un bajo nivel de error todas las características que se quieren observar de la población;

2. Actualizada: La validez de la información en el tiempo debe reflejar la realidad actual de sucesos que se desean medir;

4. Verificable: Los datos son susceptibles de ser comprobados a través de fuentes objetivas.

De la imposibilidad del uso de estadísticas propias

Artículo 6. En aquellas operaciones en las que no sea posible contar con información estadística que cumpla con las características señaladas en el párrafo anterior, las empresas de seguros y de medicina prepagada podrán fundamentar sus tarifas en información estadística del mercado nacional de la actividad aseguradora, así como también en información estadística de cualquier institución u organismo reconocido, público o privado, que publique datos específicos del riesgo objeto de la tarifa.

Del uso de tarifas aprobadas con carácter general y uniforme

Artículo 7. En el caso del uso de tarifas contenidas en regulaciones con carácter general y uniforme derogadas, como base para la elaboración de nuevas tarifas a aplicar en los contratos de seguros o de medicina prepagada, los sujetos regulados deben realizar las adecuaciones y actualizaciones pertinentes, en los casos que lo ameriten, conjuntamente con la remisión de la respectiva justificación técnica para dicho uso.

De las otras fuentes de información

Artículo 8. Los sujetos regulados podrán emplear como bases técnicas, en la elaboración de sus reglamentos actuariales, además de los insumos señalados en el artículo precedente, cualquiera de las siguientes fuentes de información:

1. Experiencias estadísticas de mercados de seguros o de medicina prepagada internacionales;

2. Estadística internacional relativa al riesgo que se asegura, emitida por instituciones reconocidas y de acceso público, siempre que no esté disponible en los mercados nacionales de seguros o de medicina prepagada;

3. El respaldo de reaseguradores inscritos en el registro que a tales efectos lleva la Superintendencia de la Actividad Aseguradora;

4. El respaldo de proveedores de insumos o servicios; o

5. Estudios comparativos de tarifas de empresas nacionales dedicadas a la actividad aseguradora.

De las tarifas respaldadas por contratos de reaseguro

Artículo 9. En los supuestos de tarifas respaldadas por contratos de reaseguro, el sujeto regulado debe consignar copia de los contratos de reaseguro suscritos vigentes, donde se indique expresamente la duración del respaldo, incluyendo cualquier anexo relacionado con el mismo, en especial los contentivos de las coberturas y tarifas, todo ello suscrito entre las partes.

En este caso, debe señalarse de forma explícita, si las primas o cuotas propuestas por el reasegurador son de riesgo o comerciales.

De las notas de cobertura o cartas de respaldo

Artículo 10. Los sujetos regulados podrán soportar la elaboración de las tarifas aplicables con notas de cobertura de la sociedad de corretaje de reaseguros o del reasegurador, o con carta de este último respaldando la cobertura, las cuales deben contener, como mínimo: identificación del reasegurador; identificación de la empresa de seguros o de medicina prepagada; indicación del ramo; coberturas; tarifa propuesta; duración y porcentaje del respaldo; firma del representante y sello de la sociedad de corretaje de reaseguros o del reasegurador. La tarifa debe señalar de forma explícita, si las primas o cuotas propuestas son de riesgo o comerciales

De las tarifas respaldas por proveedores de insumos o servicios

Artículo 11. En aquellas coberturas en que el sujeto regulado pretenda cumplir sus compromisos a través de un proveedor de insumos o servicios, debe remitirse el respectivo contrato suscrito por las partes, cuyo período que falte por transcurrir, al momento de la solicitud, no sea menor de tres (3) meses. El contrato debe incluir su duración, la descripción de las coberturas, el ramo en el que se aplica y las tarifas correspondientes, así como cualquier anexo relacionado con el mismo.

De los estudios comparativos de tarifas o de mercados

Artículo 12. En el supuesto de estudios comparativos de tarifas, deben seleccionarse al menos tres (3) tarifas de productos equivalentes o similares al propuesto, incluyendo un estudio comparativo de las coberturas, exclusiones, exoneraciones y demás restricciones que justifiquen la selección.

De los criterios generales para la elaboración de los reglamentos actuariales

Artículo 13. Los reglamentos actuariales contentivos de las tarifas aplicables a los contratos de seguros y de medicina prepagada, deben cumplir con los siguientes criterios generales:

1. Presentar de manera clara la información, supuestos, fórmulas, procedimientos y métodos utilizados, de forma tal que pueda evaluarse su validez;

2. Los procedimientos y métodos empleados en la determinación de la tarifa deben basarse en modelos reconocidos de la práctica actuarial;

3. Ajustarse a la notación actuarial reconocida internacionalmente. En caso de requerirse terminología o notación matemática, estadística, financiera o cualquier otra, debe ser explícitamente definida. En el supuesto de que el actuario establezca sus propios símbolos, debe definir el significado de los mismos, de manera que no quede sujeto a interpretaciones que puedan conducir a error, confusión o indefinición;

4. Los parámetros, símbolos y conceptos utilizados deben estar íntegramente especificados. Los que correspondan a valores estimados deben estar expresados en términos algebraicos, con independencia de que se incluya una explicación conceptual de estos;

5. Las hipótesis, supuestos o teorías planteadas deben basarse en criterios prudenciales, técnicamente justificados, que describan o expliquen, con un grado razonable de confiabilidad, las condiciones o sucesos no confirmados;

6. Debe existir congruencia entre lo establecido en los condicionados del producto y el reglamento actuarial correspondiente.

De la estructura de los reglamentos actuariales

Artículo 14. Los reglamentos actuariales elaborados para la determinación de las tarifas aplicables a los contratos de seguros y de medicina prepagada deben contener, como mínimo, los elementos y parámetros establecidos en la estructura detallada en las presentes normas.

De las características del producto

Artículo 15. Los reglamentos actuariales deben establecer las características técnicas del producto a ser comercializado, presentando los siguientes aspectos:

1. Denominación del sujeto regulado;

2. Identificación del reglamento actuarial;

3. Identificación del producto:

3.1 Nombre de la póliza, contrato o anexo;

3.2 Nombre comercial, si lo hubiere, asignado a la póliza, contrato o anexo;

3.3 Ramo al cual pertenece;

3.4 Si se refiere a un anexo, nombre de la póliza o contrato al cual se pretende adherir.

4. Modalidad de comercialización:

4.1 Indicar si el producto se comercializará bajo la modalidad individual, colectiva o flota, según sea el caso;

4.2 Indicar los canales de comercialización del producto: de forma directa, mediante intermediarios de la actividad aseguradora o a través de canales alternativos;

4.3 Indicar si el producto se refiere a un Microseguro, Seguro Inclusivo, Seguro Masivo, Microplan, Plan Inclusivo o Plan Masivo de Medicina Prepagada;

5. Moneda del contrato: indicar la moneda o monedas de comercialización del seguro.

De la descripción de las coberturas

Artículo 16. Los reglamentos actuariales deben detallar las coberturas previstas en el condicionado de cada producto, básicas y opcionales, así como los bienes, personas o intereses a los cuales va dirigido; la indemnización que se otorgará en caso de siniestro; así como cualquier otra característica relevante del riesgo amparado; todo en concordancia con lo indicado en las condiciones generales y particulares del correspondiente contrato.

De las bases técnicas de la tarifa

Artículo 17. Los reglamentos actuariales deben indicar los insumos fundamentales utilizados para el cálculo de la tarifa, como se describe a continuación:

1. Descripción y fuente de la información estadística y datos utilizados para determinar los valores de frecuencia, severidad, montos promedios o de cualquier otro parámetro necesario para fundamentar técnicamente las tarifas resultantes;

2. Cualquier aspecto relevante sobre la modificación, depuración y transformación que se haya realizado a los datos utilizados;

3. En caso de imposibilidad de emplear estadísticas propias, descripción de la información estadística del mercado nacional de la actividad aseguradora, de cualquier institución u organismo reconocido, público o privado, o de cualesquiera otras fuentes de información utilizadas para la elaboración de la tarifa, según lo dispuesto en los artículos 6, 7 y 8 de las presentes normas;

4. Estimación futura de la siniestralidad, utilizando el método que el sujeto regulado considere conveniente, si aplica, empleando para ello modelos estándares de la práctica actuarial. Tales proyecciones deben basarse en hipótesis razonables y, de ser el caso, considerando información oficial;

5. Tasa de interés técnico utilizada para el cálculo de la prima o cuota neta, pura o de riesgo, si fuere el caso;

6. Las hipótesis, supuestos o teorías planteadas que se hayan tenido en cuenta para el cálculo de la tarifa, sin perjuicio de que puedan incluirse en cualquier otro lugar de la estructura del reglamento actuarial, si fuere conveniente.

De los procedimientos y fundamentos para el cálculo de la prima o cuota de riesgo

Artículo 18. En los reglamentos actuariales deben presentarse los supuestos, fórmulas, parámetros, procedimientos y métodos para el cálculo de la prima o cuota neta, pura o de riesgo, correspondiente a los riesgos amparados por los contratos de seguros o de medicina prepagada, señalando como mínimo, según corresponda:

1. Fórmula o procedimiento utilizado para el cálculo;

2. Fundamentos teóricos aplicados;

3. Valor y metodología de cálculo de los parámetros que formen parte de las fórmulas o procedimientos utilizados para la obtención de la prima o cuota neta, pura o de riesgo;

4. Fórmulas de cálculo o valores de los deducibles o copagos que apliquen, así como la forma en que estos se reflejarán en el cálculo de la prima o cuota neta, pura o de riesgo;

5. Desarrollo preciso del procedimiento utilizado para el cálculo de los recargos y descuentos sobre la prima o cuota neta, pura o de riesgo, si los hubiere, así como la justificación de su aplicación;

6. Para aquellas coberturas que incluyan los riesgos catastróficos a que se refiere la Ley de la Actividad Aseguradora, deben especificarse las primas o cuotas netas, puras o de riesgo correspondientes a estos.

De los procedimientos y fundamentos para el cálculo de la prima o cuota comercial

Artículo 19. En los reglamentos actuariales deben indicarse los procedimientos, fórmulas y parámetros, con los que se calculará la prima o cuota comercial o de tarifa, correspondiente a los riesgos amparados por los contratos de seguros o de medicina prepagada, señalando como mínimo, según corresponda:

1. Fórmula o procedimiento utilizado para el cálculo;

2. Márgenes razonables de recargos comerciales:

   2.1 Comisión: Porcentaje fijo sobre la prima o cuota comercial o de tarifa, de conformidad con el Arancel de Comisiones aprobado al sujeto regulado, por la Superintendencia de la Actividad Aseguradora;

   2.2 Gastos de administración: Porcentaje fijo sobre la prima o cuota comercial o de tarifa, basado en los gastos administrativos del sujeto regulado en el ramo de que se trate, cuya determinación debe estar justificada. La Superintendencia de la Actividad Aseguradora podrá fijar criterios para el establecimiento de este recargo;

   2.3 Margen de utilidad: Porcentaje fijo sobre la prima o cuota comercial o de tarifa que no excederá de quince por ciento (15%), excepto para el ramo de salud que no podrá ser mayor a cinco por ciento (5%). No obstante, la Superintendencia de la Actividad Aseguradora podrá fijar criterios para el establecimiento de este recargo.

3. Desarrollo preciso del procedimiento utilizado para el cálculo de los descuentos o recargos sobre la prima o cuota comercial o de tarifa, si los hubiere, así como la justificación de su aplicación;

4. Para aquellas coberturas que incluyan los riesgos catastróficos a que se refiere la Ley de la Actividad Aseguradora, deben especificarse las primas o cuotas comerciales o de tarifa correspondientes a tales riesgos.

De las tablas de primas o cuotas

Artículo 20. Deben incluirse las tablas de las primas o cuotas netas, puras o de riesgo y las tablas de las primas o cuotas comerciales o de tarifa, o si es el caso, las tablas de tasas de riesgo y comerciales, para cada cobertura, básicas y opcionales, discriminadas por plan o combinación de suma asegurada y deducible, así como por modalidad individual o colectiva, si es el caso.

Del fraccionamiento de las primas o cuotas

Artículo 21. Si el contrato de seguros o de medicina prepagada prevé el fraccionamiento de la prima o cuota comercial o de tarifa, debe detallarse en el reglamento actuarial la fórmula o procedimiento utilizado para su determinación.

De las tarifas para los seguros de vida

Artículo 22. En el caso de los seguros de vida, las tarifas se sustentarán en cálculos actuariales basados en las tablas de mortalidad o de supervivencia de rentistas y las tasas de interés técnico, necesarias para el cálculo de las primas de riesgo, así como de las reservas matemáticas.

De los reglamentos actuariales para los seguros de vida

Artículo 23. Los reglamentos actuariales para los seguros de vida deben considerar, además de lo establecido en los artículos precedentes, si corresponde, los criterios, hipótesis, parámetros, procedimientos y métodos especificados para estos seguros, conforme a las presentes normas.

De las tablas de mortalidad o de supervivencia de rentistas

Artículo 24. Para la determinación de las tarifas en los seguros de vida, deben emplearse tablas actualizadas de mortalidad o de supervivencia de rentistas, que se adapten en lo posible a la experiencia de los asegurados en la República Bolivariana de Venezuela.

De las tablas de mortalidad de los seguros colectivos de vida

Artículo 25. En el cálculo de las tarifas de los seguros colectivos de vida, deben emplearse tablas de mortalidad de grupos, reconocidas en la práctica actuarial.

De la tasa de interés técnico

Artículo 26. La tasa de interés técnico, debe fijarse con un criterio conservador, tomando en cuenta un tipo de interés posible de lograr en un periodo de tiempo equivalente a la vigencia del seguro, considerando las tasas de interés pasivas publicadas por el Banco Central de Venezuela, para seguros en moneda nacional. La Superintendencia de la Actividad Aseguradora podrá establecer criterios particulares para la determinación de esta tasa.

En todo caso, el valor de la tasa de interés técnico utilizado debe justificarse conforme a los principios reconocidos en la práctica actuarial para estos efectos.

De las reservas matemáticas

Artículo 27. Los reglamentos actuariales para los seguros de vida deben indicar las fórmulas de la reserva pura terminal, fraccionada y de balance, teniendo en cuenta que si para la determinación de cualquiera de éstas se emplea la reserva modificada, deberá calcularse conforme a lo indicado en estar normas para este tipo de reserva.

El cómputo de las reservas de los seguros temporales, saldados, prorrogados, rentas contingentes o ciertas y otros valores de opción, se debe efectuar con base en la fórmula de la reserva pura.

En las pólizas de seguros que incluyan beneficios adicionales, debe indicarse el método de cálculo de las respectivas reservas de primas.

De las reservas modificadas

Artículo 28. Los reglamentos actuariales para los seguros de vida deben indicar las fórmulas de las reservas modificadas, si estuviesen previstas, las cuales podrán calcularse por el método que se estime conveniente, siempre que resulte igual o mayor a la que se obtendría al disminuir la reserva pura en una cantidad decreciente con la vigencia de la póliza. Esta cantidad podrá ser, para el final del primer año, como máximo, igual a la reserva pura de primer año de un seguro ordinario de vida para la misma edad, sin exceder del valor de la reserva pura del respectivo plan.

En los años sucesivos de renovación, dicha cantidad disminuirá en la misma proporción en que lo hace el valor de una renta contingente sobre una vida de edad de un (**1**) año superior a la del asegurado, a la fecha de emisión de su seguro, por el período restante de pago de primas.

De los valores de rescate

Artículo 29. En los reglamentos actuariales para los seguros de vida deben detallarse las fórmulas de los valores de rescate, cuyo cálculo podrá hacerse por el método que se estime conveniente, siempre que los valores de rescate que resulten, sean iguales o mayores al exceso, si lo hubiere, de las reservas puras sobre el valor actual de una renta contingente anticipada por un monto igual, como máximo, a la suma de un porcentaje de la prima pura nivelada del contrato más siete por mil (7 x 1.000) del monto asegurado, dividido entre una renta contingente anticipada para la edad de emisión y con período igual al de pago de primas. Esta cantidad irá disminuyendo con la vigencia de la póliza hasta extinguirse con la expiración del término de pago de primas.

Para definir el porcentaje antes citado, se elegirá el menor valor entre la unidad y el que resulte de dividir el período de pago de primas entre veinte (20).

En caso de capitales o primas variables, se deberá tomar el monto medio actuarial equivalente o la prima nivelada actuarial equivalente, sin que esta última supere a la prima pura del primer año.

En los planes de seguro de vida en caso de muerte, a prima única, los valores de rescate no podrán ser inferiores a las reservas puras.

En los planes de seguro de vida en caso de supervivencia, se concederán valores de rescate sólo durante el período anterior al pago de la renta o del capital total. Cuando estos planes sean tomados a prima única, los valores de rescate no podrán ser inferiores a las reservas puras.

De los seguros saldados y prorrogados

Artículo 30. Los reglamentos actuariales para los seguros de vida deben indicar las fórmulas de los seguros saldados, prorrogados y de cualquier otra opción anticipada o al vencimiento.

De los ejemplos numéricos

Artículo 31. Para cada una de las fórmulas descritas en el procedimiento de cálculo de la tarifa para los seguros de vida, los respectivos reglamentos actuariales deben presentar ejemplos numéricos a las edades de veinte (20), cuarenta (40) y sesenta (60) años. De igual forma, deben incluir la demostración de la suficiencia de la prima para los ejemplos numéricos contemplados.

Cuando en la demostración se reduzca la mortalidad por condiciones de reaseguro, debe remitirse carta del reasegurador que la respalde.

De los otros aspectos técnicos o financieros

Artículo 32. En los reglamentos actuariales contentivos de las tarifas aplicables tanto para los seguros de vida y seguros generales, como para los planes de medicina prepagada, debe incluirse en la estructura, en la ubicación conveniente, cualquier otro concepto, procedimiento, variable o parámetro de carácter técnico o financiero, que a juicio del actuario que suscribe el reglamento actuarial, sea necesario en la elaboración de la tarifa.

De la suscripción del actuario

Artículo 33. Los reglamentos actuariales contentivos de las tarifas aplicables a los contratos de seguros y de medicina prepagada deben ser suscritos por un actuario, residente en el país e inscrito en el registro que al efecto lleva la Superintendencia de la Actividad Aseguradora, y deben contener la firma del mismo, en original.

Los reglamentos actuariales podrán ser suscritos mediante la firma digital del actuario, debidamente registrada en la Superintendencia de la Actividad Aseguradora.

De la base de datos

Artículo 34. Las empresas de seguros y de medicina prepagada deben remitir a la Superintendencia de la Actividad Aseguradora, conjuntamente con los reglamentos actuariales, las bases de datos estadísticas depuradas, en medios magnéticos o digitales, de la información estadística utilizada para la elaboración de la tarifa, así como de los cálculos efectuados en la ejecución de los procedimientos necesarios para el cálculo de la misma, cuya estructura permita verificar los valores, variables y parámetros obtenidos en la aplicación de la metodología actuarial descrita en el reglamento.

De la solicitud de aprobación

Artículo 35. Toda solicitud de aprobación de un nuevo producto o sus modificaciones en cuanto al riesgo amparado o cualquier otra que implique variaciones en la tarifa, deben estar acompañadas de su respectivo reglamento actuarial.

De la obligación de conservar la documentación

Artículo 36. Las empresas de seguros y de medicina prepagada deben mantener a disposición de la Superintendencia de la Actividad Aseguradora, en forma impresa y digital, las tarifas y sus respectivos reglamentos actuariales, conjuntamente con las bases de datos y los archivos magnéticos y digitales que soporten el cálculo de las mismas, así como las condiciones generales, condiciones particulares, anexos y demás documentos que formen parte de los contratos, con sus correspondientes oficios de aprobación.

De la derogatoria

Artículo 37. Se deroga el acto administrativo contenido en la Providencia N° FSAA-DL-2-0035 de fecha 31 de enero de 2018, publicada en la Gaceta Oficial de la República Bolivariana de Venezuela N° 41.501 de fecha 11 de octubre de 2018, mediante el cual se dictaron las Normas para Elaborar los Reglamentos Actuariales de las Tarifas Aplicables en los Contratos de Seguros y de Servicios de Medicina Prepagada. Las demás normativas prudenciales y actos administrativos conexos a la actividad aseguradora, que coliden con las presentes normas no serán aplicables.

De la publicidad

Artículo 38. Se ordena la publicación de las presentes normas en la página web de la Superintendencia de la Actividad Aseguradora, con el fin de coadyuvar con la divulgación de su contenido a todos los interesados y público en general, sin menoscabo de su publicación en la Gaceta Oficial de la República Bolivariana de Venezuela.

De la vigencia

Artículo 39. Las presentes normas entrarán en vigencia a partir su publicación en la Gaceta Oficial de la República Bolivariana de Venezuela.

Comuníquese y publíquese

OMAR OROZCO COLMENARES

Superintendente de la Actividad Aseguradora (E)

Resolución N° 003-2021 de fecha 18 de enero de 2021,
publicada en la Gaceta Oficial de la República Bolivariana de Venezuela N° 42.049 de la misma fecha

REPÚBLICA BOLIVARIANA DE VENEZUELA
MINISTERIO DEL PODER POPULAR DE ECONOMÍA, FINANZAS Y COMERCIO EXTERIOR
SUPERINTENDENCIA DE LA ACTIVIDAD ASEGURADORA

Caracas, a los veintinueve (29) días del mes de agosto de 2024

AÑOS 214°, 165° y 25°

PROVIDENCIA ADMINISTRATIVA N° SAA-01-0506-2024

De conformidad con las previsiones normativas contenidas en los artículos 6 numeral 1; 8 numerales 1, 3 y 18 de la Ley de la Actividad Aseguradora, que le atribuyen al Superintendente de la Actividad Aseguradora (E), **OMAR OROZCO COLMENARES**, designado mediante Resolución N° 003 de fecha 18 de enero de 2021, publicada en la Gaceta Oficial de la República Bolivariana de Venezuela N° 42.049 de la misma fecha, la competencia para establecer y dictar sus manuales de normas y procedimientos que regulan la actividad aseguradora.

En consecuencia, acuerda dictar las siguientes:

NORMAS QUE REGULAN LOS CONTRATOS DE SEGURO Y DE MEDICINA PREPAGADA

SECCIÓN I

Disposiciones fundamentales

Del objeto

Artículo 1. Las presentes normas tienen por objeto regular, en sus distintas modalidades, los contratos de seguro y de medicina prepagada.

Estas normas se aplicarán en forma supletoria a contratos de seguro regidos por leyes especiales.

Del carácter irrenunciable de los derechos

Artículo 2. Los derechos de los tomadores, asegurados, beneficiarios, contratantes, usuarios y afiliados son irrenunciables. Será nula toda acción, acuerdo o estipulación que implique su renuncia, disminución o menoscabo.

En caso de duda se aplicarán las cláusulas contractuales que sean más beneficiosas para el tomador, asegurado, beneficiario, contratante, usuario y afiliado.

Del carácter mercantil

Artículo 3. Los contratos a los que se refieren estas normas, cualquiera sea su modalidad, se considerarán mercantiles cuando sean suscritos entre comerciantes. Si el tomador, asegurado, beneficiario, contratante, usuario o afiliado no es comerciante sólo tendrá carácter mercantil para la otra parte.

De los principios de interpretación

Artículo 4. Cuando sea necesario interpretar los contratos a los que se refieren estas normas, se utilizarán los principios siguientes:

1. Se presumirá que los contratos han sido celebrados de buena fe, quien alegue lo contrario deberá probarlo;

2. Las relaciones derivadas de los contratos se rigen por estas normas y por las disposiciones que convengan las partes a falta de disposición expresa o cuando estas normas o la ley así lo permitan. En caso de duda, se aplicará la analogía; cuando no sea posible aplicarla, el intérprete recurrirá a la costumbre, a los usos y a la práctica generalmente observada en el mercado asegurador venezolano. Solo se acudirá a las normas de derecho civil cuando no exista disposición expresa en la normativa que regula la actividad aseguradora o en la costumbre mercantil;

3. Los hechos de las partes contratantes, anteriores, coetáneos y subsiguientes a la celebración del contrato, que tengan relación con lo que se discute, serán la mejor explicación de la intención de las partes al tiempo de celebrarse la convención;

4. Cuando una cláusula sea ambigua u oscura se interpretará a favor del tomador, asegurado, beneficiario, contratante, usuario o afiliado;

5. Las cláusulas relativas a la caducidad de derechos del tomador, asegurado, beneficiario, contratante, usuario o afiliado deben ser de interpretación restrictiva, a menos que la interpretación extensiva los beneficie.

De la nulidad de las cláusulas abusivas

Artículo 5. Los contratos a los que se refieren estas normas se redactarán en forma clara y precisa. Las cláusulas que contengan las coberturas, exclusiones y exoneraciones de responsabilidad se destacarán de modo especial para facilitar su identificación.

Serán nulas las cláusulas abusivas o lesivas de los derechos de los tomadores, asegurados, beneficiarios, contratantes, usuarios o afiliados.

SECCIÓN II

Del contrato de seguro

TÍTULO I

De las disposiciones generales

De la definición del contrato de seguro

Artículo 6. Aquel en virtud del cual una empresa de seguros, a cambio de una prima, asume las consecuencias de riesgos ajenos que no se produzcan por acontecimientos que dependan enteramente de la voluntad del tomador, asegurado o beneficiario, comprometiéndose a indemnizar, dentro de los límites pactados, el daño producido al asegurado o a pagar un capital, una renta u otras prestaciones convenidas, todo subordinado a la ocurrencia del evento cubierto por la póliza.

Las disposiciones del contrato de seguro se aplicarán a los convenios mediante los cuales una persona, a cambio de una contraprestación, se obliga a prestar un servicio o pagar una cantidad de dinero en caso de que ocurra un acontecimiento futuro e incierto, y que no dependa exclusivamente de la voluntad de la persona contratante o beneficiaria.

De las características del contrato

Artículo 7. El contrato de seguro es consensual, bilateral, oneroso, aleatorio, de buena fe y de ejecución sucesiva.

Del objeto del contrato

Artículo 8. El contrato de seguro puede cubrir toda clase de riesgos si existe interés asegurable, salvo prohibición expresa.

De la causa del contrato

Artículo 9. Todo interés legítimo en la no materialización de un riesgo que sea susceptible de valoración económica puede ser causa de un contrato de seguro.

Pueden asegurarse las personas y los bienes de lícito comercio, en cuya conservación tenga el asegurado un interés económico legítimo.

De las partes del contrato

Artículo 10. Son partes del contrato de seguro:

1. La empresa de seguros, quien asume los riesgos;
2. El tomador, persona que traslada los riesgos;
3. El asegurado, persona que en sí misma, en sus bienes o en sus intereses económicos está expuesta al riesgo;
4. El beneficiario, aquel en cuyo favor se ha establecido la indemnización que pagará la empresa de seguros.

El tomador, asegurado o beneficiario pueden ser o no la misma persona.

De los documentos del contrato

Artículo 11. Forman parte del contrato de seguro: la solicitud de seguro; el documento de cobertura provisional, si lo hubiere; las Condiciones Generales; las Condiciones Particulares; el Cuadro Recibo, Cuadro Póliza, recibo de prima; los anexos que se emitan para complementar o modificar la póliza; y los demás documentos que, por su naturaleza, formen parte del contrato.

TÍTULO II

De la contratación del seguro

De la solicitud y la proposición de seguro

Artículo 12. La proposición de seguro obliga a la empresa de seguros a mantenerla durante un plazo de diez (10) días continuos contados a partir de su emisión, siempre y cuando el reasegurador, si lo hubiere, mantenga las condiciones y no se hayan modificado las características del riesgo, ni se haya evidenciado reticencia o declaraciones falsas del tomador o propuesto asegurado.

El requerimiento de la empresa de seguros de que el propuesto asegurado se realice un examen médico no implica aceptación.

Por acuerdo expreso de las partes, los efectos del seguro podrán retrotraerse al momento en que se presentó la solicitud o se formuló la proposición.

La solicitud de seguro debe contener, al menos:

1. Datos de identificación del tomador, propuesto asegurado y beneficiario;

2. Cuestionario elaborado por la empresa de seguros para la evaluación del riesgo;

3. En el caso de los seguros de daños, debe incluirse descripción detallada y ubicación de los bienes o intereses que se pretendan asegurar;

4. Detalle de las coberturas que se pretenden contratar, distinguiendo las básicas de las opcionales. Las coberturas opcionales siempre deben contar con una leyenda en la que se indique que no son de obligatoria suscripción por el tomador o propuesto asegurado;

5. Las declaraciones de fe que correspondan;

6. Firmas y huellas dactilares del tomador y propuesto asegurado.

De la modificación y rehabilitación

Artículo 13. Las solicitudes de modificación y rehabilitación del contrato deben ser solicitadas a través de cualquier mecanismo acordado por las partes.

Se consideran aceptadas las solicitudes efectuadas por el tomador o asegurado, si la empresa de seguros no la rechaza dentro de los diez (10) días hábiles de haberla recibido. Este plazo será de veinte (20) días hábiles cuando la modificación o rehabilitación, conforme a las condiciones del contrato, hagan necesario un reconocimiento médico. El requerimiento de la empresa de seguros que se realicen exámenes médicos no implica la aceptación a que se refiere este artículo.

La modificación de la suma asegurada o del deducible requerirá siempre aceptación expresa de la otra parte. En caso contrario, se presumirá aceptada por la empresa de seguros con la emisión del recibo de prima en el que se modifique la suma asegurada o el deducible y, por el tomador o asegurado, con el pago de la diferencia de prima correspondiente, si la hubiere. Si la modificación propuesta por la empresa de seguros es efectiva a partir de la renovación del contrato, debe ser comunicada al tomador con un plazo no menor a un (1) mes de anticipación a la conclusión del período de seguro en curso. En caso de desacuerdo del tomador, si la empresa de seguros decide mantener o renovar el contrato, deberá hacerlo bajo las mismas condiciones de suma asegurada y deducible vigentes al momento de la propuesta de modificación.

Las modificaciones se harán constar mediante anexos, debidamente firmados por un representante de la empresa de seguros y el tomador, los cuales prevalecerán sobre las Condiciones Particulares y éstas sobre las Condiciones Generales de la póliza.

De la modificación del contrato por las autoridades

Artículo 14. Si durante la vigencia del contrato fueren modificadas, por disposición de las autoridades competentes, algunas de sus cláusulas, el contrato continuará bajo las nuevas condiciones. No obstante, si en virtud de las modificaciones el tomador debe pagar un eventual aumento de prima por el período a transcurrir, tendrá derecho a decidir si paga el incremento de prima o continúa con el contrato en los términos originalmente pactados hasta la finalización de la duración en curso.

TÍTULO III

Del seguro por cuenta propia, de otro o de quien corresponda

De los contratos por cuenta propia o de otro

Artículo 15. El tomador puede celebrar el contrato por cuenta propia; por cuenta de otro, con o sin designación del beneficiario; y aun por cuenta de quien corresponda. El tomador deberá cumplir las obligaciones derivadas del contrato, salvo aquellas que, por su propia naturaleza, deban ser cumplidas por el asegurado o beneficiario; sin embargo, la empresa de seguros no podrá rechazar el cumplimiento por parte del asegurado o beneficiario de las obligaciones que correspondan al tomador.

A falta de estipulación en contrario, el contrato se entenderá celebrado por cuenta propia.

Los derechos que se derivan del contrato corresponderán al asegurado o beneficiario, según lo que se determine en el mismo.

De las excepciones

Artículo 16. La empresa de seguros podrá oponer al asegurado o beneficiario las excepciones que tenga contra el tomador concernientes al contrato; sin embargo, no podrá compensar los créditos que tenga contra el tomador con la indemnización que deba al asegurado o beneficiario, salvo que se trate de la prima por pagar del respectivo contrato.

Para el reembolso de las primas pagadas a la empresa de seguros y de los gastos del contrato, el tomador tiene privilegio sobre las sumas debidas por aquélla en el mismo grado que el mandatario por los créditos por gastos de conservación.

TÍTULO IV

De la celebración y prueba del contrato de seguro

Del perfeccionamiento y prueba

Artículo 17. El contrato de seguro y sus modificaciones se perfeccionan con el simple consentimiento de las partes.

La empresa de seguros está obligada a suministrar al tomador, en el momento de la celebración del contrato y a petición de parte, la póliza o el documento de cobertura provisional, con su Cuadro Recibo o Cuadro Póliza. Cualquiera de estos documentos es prueba de la existencia del contrato de seguro.

En el supuesto en que la empresa de seguros haya entregado el documento de cobertura provisional, debe proporcionar la póliza al tomador dentro de los cinco (5) días hábiles siguientes.

Los documentos señalados en este artículo podrán ser suministrados a través de los mecanismos acordados por las partes, dejando constancia que la empresa de seguros ha cumplido con la obligación.

Los documentos señalados en este artículo podrán ser suministrados a través de los mecanismos acordados por las partes, dejando constancia que la empresa de seguros ha cumplido con la obligación.

Los terceros interesados en demostrar la existencia de un contrato de seguro, pueden acudir a todos los medios de prueba idóneos previstos en la ley, de acuerdo con la naturaleza del contrato.

Artículo 18. En los casos en que la empresa de seguros no entregue la póliza o sus anexos al tomador o asegurado, se tendrán como condiciones acordadas aquellas contenidas en los modelos de póliza que se encuentren aprobados por la Superintendencia de la Actividad Aseguradora para el mismo ramo, cobertura y modalidad del contrato, según la prima que se haya pagado.

Si hubiese varias pólizas de esa empresa de seguros a las que esa prima sea aplicable, se entenderá que el contrato corresponde a la que sea más favorable para el asegurado o beneficiario.

De la póliza

Artículo 19. La póliza es el documento escrito donde constan las condiciones del contrato y debe contener, como mínimo:

1. Razón social, Registro único de Información Fiscal (R.I.F.), datos de la oficina de Registro Mercantil y dirección de la sede principal de la empresa de seguros, identificación de la persona que actúa en su nombre, el carácter con el que actúa y los datos del documento donde consta su representación;

2. Identificación completa del tomador y el carácter con el cual contrata, así como del asegurado y beneficiario, en el supuesto de que sean distintos;

3, La duración del contrato, con indicación de la fecha en que se extienda, la hora y día de su iniciación y vencimiento, o el modo de determinarlos;

4. Señalamiento de los riesgos asumidos;

5. Las sumas aseguradas y deducibles, si los hubiere, por coberturas contratadas, básicas y opcionales, o el modo de precisarlos, discriminados por persona, bien o interés asegurado, o el alcance de la cobertura;

6. Las primas y su especificación por coberturas contratadas, básicas y opcionales, o el modo de calcularlas, discriminadas por persona, bien o interés asegurado; así como la forma, frecuencia y lugar de su pago;

7. Identificación completa del intermediario de la actividad aseguradora, en caso de que intervenga en el contrato;

8. Las Condiciones Generales y Particulares que acuerden las partes del contrato;

9. Las firmas del representante de la empresa de seguros y del tomador o asegurado.

De las condiciones del contrato de seguro

Artículo 20. A los efectos de estas normas, se entiende por Condiciones Generales aquellas que establecen el conjunto de principios que prevé la empresa de seguros para regular todos los contratos de seguro que emita en el mismo ramo o modalidad.

Son Condiciones Particulares, aquellas que contemplan los aspectos concretamente relativos a los riesgos que se aseguran.

Las estipulaciones que modifiquen las condiciones previamente pactadas por las partes deberán constar mediante anexos que formarán parte del contrato de seguro.

De la obligación de firmar los anexos

Artículo 21. Los anexos de las pólizas que modifiquen sus condiciones para su validez deben estar firmados por la empresa de seguros y el tomador o asegurado, indicando claramente la póliza a la que pertenecen. En caso de discrepancia prevalecerá lo señalado en los anexos firmados por las partes.

Del carácter y cesión de la póliza

Artículo 22. La póliza puede ser nominativa, a la orden o al portador. La cesión de la póliza no produce efecto contra la empresa de seguros sin su autorización. La cesión de la póliza a la orden puede hacerse por simple endoso.

La empresa de seguros podrá oponer al cesionario o endosatario las excepciones que tenga contra el tomador, asegurado o beneficiario.

TÍTULO V

De las obligaciones de las partes

De las obligaciones del tomador, asegurado o beneficiario

Artículo 23. El tomador, asegurado o beneficiario, según el caso, debe:

1. Llenar la solicitud de seguro, declarando con exactitud y sinceridad todas las circunstancias necesarias para identificar el interés, bienes o personas aseguradas y apreciar la extensión de los riesgos, en los términos indicados en estas normas;

2. Pagar la prima en la forma, lugar y tiempo convenidos;

3. Emplear el cuidado de un diligente padre de familia para prevenir el siniestro o para aminorar sus consecuencias;

4. Tomar las medidas necesarias para salvar o recobrar los bienes asegurados o para conservar sus restos;

5. Hacer saber a la empresa de seguros, en el plazo establecido en estas normas, después de la recepción de la noticia, el advenimiento de cualquier incidente que afecte su responsabilidad, expresando claramente las causas y circunstancias del suceso ocurrido;

6. Declarar al momento de contratar la póliza y al tiempo de exigir el pago del siniestro, los contratos de seguro que cubren el mismo riesgo;

7. Probar la ocurrencia del siniestro a través de la consignación de la información necesaria solicitada por la empresa de seguros para verificar las circunstancias y consecuencias del mismo;

8. Realizar todas las acciones necesarias para garantizar a la empresa de seguros el ejercicio de su derecho de subrogación, si fuere el caso;

9. Cualquier otra que se establezca en el contrato de seguro.

El contrato debe indicar de forma taxativa las personas obligadas en cada caso.

De las obligaciones de la empresa de seguros

Artículo 24. Son obligaciones de la empresa de seguros:

1. Informar al tomador y asegurado, mediante la entrega de la póliza y demás documentos, la extensión de los riesgos asumidos;
2. Aclarar cualquier duda que el tomador, asegurado o beneficiario le formule;
3. Pagar la suma asegurada o la indemnización en caso de siniestro, o rechazarlo mediante escrito motivado, en el plazo establecido en la Ley que regula la Actividad Aseguradora;
4. Cualquier otra que se establezca en el contrato de seguro.

TÍTULO VI
De las declaraciones

De la solicitud de seguros

Artículo 25. El tomador o propuesto asegurado al llenar la solicitud, debe declarar con exactitud a la empresa de seguros, de acuerdo con el cuestionario y demás requerimientos que le indique, todas las circunstancias por ellos conocidas que puedan influir en la valoración del riesgo.

Forman parte de la solicitud de seguros las declaraciones de origen lícito de los fondos para el pago de la prima y de veracidad de la información suministrada, así como cualquier otra que la empresa de seguros considere necesaria para la suscripción del contrato.

La empresa de seguros debe participar al tomador o asegurado, en el plazo de cinco (5) días hábiles siguientes, que ha tenido conocimiento de un hecho no declarado en la solicitud que pueda influir en la valoración del riesgo, y podrá ajustar o resolver el contrato, mediante comunicación dirigida al tomador o asegurado, según corresponda, en el plazo de un (1) mes, contado a partir del conocimiento de los hechos.

En caso de resolución, ésta se producirá a partir del decimosexto (16°) día continuo siguiente a su notificación, siempre que la parte proporcional de la prima, deducida la comisión pagada al intermediario de la actividad aseguradora, correspondiente al período que falte por transcurrir, se encuentre a disposición del tomador en la caja de la empresa de seguros. Corresponderán a la empresa de seguros las primas relativas al período de seguro transcurrido, hasta el momento en que haga esta notificación. La empresa de seguros no podrá resolver el contrato cuando el hecho que ha sido objeto de reserva o inexactitud ha desaparecido antes del siniestro.

Si el siniestro sobreviene antes que la empresa de seguros haga cualquiera de las notificaciones a que se refiere este artículo o antes de que se haga efectiva la resolución del contrato, la indemnización se reducirá en la misma proporción que existe entre la prima convenida y la que se hubiese establecido de haberse conocido la verdadera entidad del riesgo. Si el tomador actúa con dolo o culpa grave, la empresa de seguros quedará liberada del pago de la indemnización y de la devolución de la prima.

Cuando el contrato esté referido a varias personas, bienes o intereses y la reserva o inexactitud se contrajese solo a uno o varios de ellos, el contrato subsistirá con todos sus efectos respecto a los restantes si ello fuere técnicamente posible.

El cuestionario utilizado por la empresa de seguros para la valoración del riesgo debe estar redactado en forma clara y concreta, procurando que las preguntas formuladas sean de fácil entendimiento y se circunscriban al riesgo que se pretende amparar.

De las falsedades y reticencias de mala fe

Artículo 26. Las falsedades y reticencias de mala fe por parte del tomador o asegurado realizadas en la solicitud de seguros serán causa de nulidad absoluta del contrato.

Las falsedades y reticencias de mala fe por parte del tomador, asegurado o beneficiario en la reclamación del siniestro serán causa de nulidad absoluta del contrato y exonera del pago de la indemnización a la empresa de seguros.

No hay lugar a la devolución de prima en los supuestos de nulidad del contrato contemplados en este artículo.

TÍTULO VII

De la prima

De la definición

Artículo 27. La prima es la contraprestación que, en función del riesgo, debe pagar el tomador a la empresa de seguros en virtud de la celebración del contrato. Salvo pacto en contrario, la prima es pagadera en dinero.

La prima incluye todos los derechos, comisiones, gastos y recargos, con excepción de los impuestos que estén a cargo directo del tomador, asegurado o beneficiario.

La empresa de seguros no podrá cobrar cantidad alguna por otro concepto distinto al monto de la prima estipulado en la póliza.

De la obligación del pago

Artículo 28. El tomador está obligado al pago de la prima en las condiciones establecidas en la póliza.

En los contratos de seguro por cuenta ajena, la empresa de seguros puede reclamar el pago al asegurado o beneficiario cuando el tomador no hubiese pagado la prima en el plazo estipulado para ello.

En los seguros contratados en beneficio de terceros, la empresa de seguros tendrá derecho de compensar la prima con la prestación debida al asegurado o beneficiario.

En los seguros de daños, la empresa de seguros no puede rechazar el pago de la prima por un tercero a menos que exista oposición del asegurado.

De la oportunidad para el pago

Artículo 29. La prima es debida desde la celebración del contrato; sin embargo, será exigible con la entrega de la póliza, del Cuadro Recibo, Cuadro Póliza, recibo de prima o de la nota de cobertura provisional.

Del lugar y medio de pago

Artículo 30. Las primas correspondientes serán pagadas directamente en las oficinas de la empresa de seguros. No obstante, podrán ser pagadas bajo cualquier mecanismo o medio acordado por las partes.

La empresa de seguros podrá cobrar las primas a domicilio y dar aviso de sus vencimientos y, si lo hiciere, no sentará precedente de tal obligación y podrá suspender esta gestión en cualquier momento, previo aviso.

De la consecuencia del no pago

Artículo 31. Si la prima no ha sido pagada en la oportunidad en que es exigible, el riesgo no correrá por cuenta de la empresa de seguros. En este caso, ésta tiene derecho a resolver el contrato de seguro o a exigir el pago de la prima debida con fundamento en la póliza.

Si ocurriese un siniestro en el plazo convenido para el pago de la primera prima, la empresa de seguros pagará la indemnización, siempre que el Tomador pague antes de su vencimiento la prima correspondiente.

Fraccionamiento del pago de la prima

Artículo 32. Si las partes acuerdan fraccionar el pago de la prima, se entiende que este mecanismo constituye una facilidad de pago y no implica modificación de la duración del contrato.

En este caso, si el tomador no pagase alguna fracción dentro del plazo acordado por las partes, el cual no podrá ser inferior a cinco (5) días hábiles siguientes a la fecha de inicio de su vigencia, la empresa de seguros tiene derecho a exigir la fracción de prima debida o resolver el contrato con fundamento en la póliza.

Si ocurriese un siniestro amparado durante el plazo mencionado, sin que se haya pagado la prima, la empresa de seguros procederá de conformidad con las siguientes reglas:

1. Descontar del monto indemnizable la fracción de prima vencida. No obstante, si el monto a pagar es por la totalidad de la suma asegurada, la empresa de seguros podrá deducir las fracciones de primas pendientes para completar la totalidad de la prima de la duración del contrato;

2. Si el monto indemnizable es menor a la fracción de prima vencida, la empresa de seguros pagará la indemnización, siempre que el tomador pague la referida fracción de prima vencida, antes del vencimiento del plazo dispuesto en este artículo.

En caso de resolución por falta de pago de una fracción de prima vencida, ésta tendrá efecto desde la fecha de finalización del periodo cubierto por la última fracción de prima pagada.

Si la empresa de seguros no ejerce su derecho a resolver el contrato de seguro, no podrá negarse a recibir el pago de la prima vencida.

De la duración del seguro

Artículo 33. La duración del seguro será por el período para el cual ha sido calculada la unidad de prima.

En caso de que no se haya especificado y no pueda determinarse de acuerdo con el reglamento actuarial, se presume que la prima cubre el período de un (1) año.

En el supuesto que las partes hayan acordado como facilidad de pago, la modalidad fraccionada, esta no afectará la duración para el cual ha sido calculada la unidad de prima. No obstante, la vigencia se mantendrá con el pago de la prima fraccionada.

Del plazo de gracia

Artículo 34. Si el contrato prevé un plazo de gracia para el pago de la prima de renovación, durante ese período los riesgos serán a cargo de la empresa de seguros.

Ocurrido un siniestro en este plazo, la empresa de seguros pagará la indemnización previa deducción de la prima de renovación correspondiente.

Si el monto del siniestro es menor a la prima de renovación, la empresa de seguros pagará la indemnización, siempre que el tomador pague la prima en el plazo de gracia concedido. En caso de no ser pagada en el referido período, el contrato quedará sin efecto a partir de la fecha de terminación de la duración anterior del contrato.

TÍTULO VIII

Del riesgo

De la definición

Artículo 35. El riesgo es la posible ocurrencia por azar de un acontecimiento que no dependa exclusivamente de la voluntad del tomador, asegurado o beneficiario, que ocasione una necesidad económica, y cuya aparición real o existencia se previene y garantiza en la póliza.

Los hechos ciertos, salvo la muerte, y los de ocurrencia imposible, no constituyen riesgos, ni son susceptibles de ser asegurados. Tampoco constituye riesgo la incertidumbre subjetiva respecto a determinado hecho que se haya cumplido o no.

Del comienzo y finalización del riesgo

Artículo 36. A falta de indicación en la póliza, el riesgo comienza a correr por cuenta de la empresa de seguros, a las doce del mediodía (12 m.) de la fecha de inicio del contrato y terminará a la misma hora del último día de duración del contrato.

De la agravación del riesgo

Artículo 37. El tomador, asegurado o beneficiario, durante la vigencia del contrato, debe comunicar a la empresa de seguros todas las circunstancias que agraven el riesgo y sean de tal naturaleza que si hubieran sido conocidas al momento de la celebración del contrato no lo habría suscrito o lo habría hecho en otras condiciones. Esta notificación debe hacerse dentro de los cinco (5) días hábiles siguientes, contados a partir de la fecha en que sea conocida, salvo que medie una causa extraña no imputable.

Cuando la agravación del riesgo dependa de un acto del tomador, asegurado o beneficiario debe ser notificada a la empresa de seguros al menos cinco (5) días hábiles antes de que se produzca, salvo que medie una causa extraña no imputable.

La empresa de seguros debe indicar en sus pólizas aquellos hechos que, por su naturaleza, constituyan agravaciones de riesgos que deban ser notificados.

Conocido por la empresa de seguros que el riesgo se ha agravado, dispone de un plazo de diez (10) días continuos, contados a partir de la fecha de su conocimiento, para indicar las razones por las cuales resuelve el contrato o propone la modificación del mismo.

Notificada la modificación, el tomador o asegurado debe dar cumplimiento a las condiciones exigidas, en un plazo que no excederá de quince (15) días hábiles. Si el tomador o asegurado no actúa de acuerdo con las indicaciones de la empresa de seguros, se entenderá que el contrato ha sido terminado por aquél a partir del vencimiento del plazo.

En el supuesto de resolución del contrato, ésta se producirá a partir del decimosexto (16°) día continuo siguiente a su notificación, siempre que la parte proporcional de la prima, deducida la comisión pagada al intermediario de la actividad aseguradora, correspondiente al período que falte por transcurrir, se encuentre a disposición del tomador en la caja de la empresa de seguros.

En el caso de que el tomador, asegurado o beneficiario no haya efectuado la declaración y sobreviniere un siniestro, el deber de indemnización de la empresa de seguros se reducirá en la misma proporción que existe entre la prima convenida y la que se hubiera aplicado de haberse conocido la verdadera entidad del riesgo, salvo que el tomador, asegurado o beneficiario haya actuado con dolo o culpa grave, en cuyo caso, la empresa de seguros quedará liberada de responsabilidad.

Cuando el contrato se refiera a varios bienes o intereses y el riesgo se hubiese agravado respecto de uno o algunos de ellos, el contrato subsistirá con todos sus efectos respecto de los restantes.

Las disposiciones contenidas en este artículo no aplican a los seguros de personas.

De la agravación del riesgo que no afecta el Contrato

Artículo 38. La agravación del riesgo no producirá los efectos previstos en el artículo precedente, cuando:

1. No haya tenido influencia sobre el siniestro ni sobre la extensión de la responsabilidad que incumbe a la empresa de seguros;

2. Haya tenido lugar para proteger los intereses de la empresa de seguros con respecto de la póliza;

3. Se haya realizado para cumplir el deber de socorro que le impone la ley;

4. La empresa de seguros haya tenido conocimiento por otros medios de la agravación del riesgo, y no haya hecho uso de su derecho a resolver en el plazo de diez (10) días continuos;

5. La empresa de seguros haya renunciado expresa o tácitamente al derecho de proponer la modificación del contrato o darlo por terminado unilateralmente por esta causa. Se tendrá por hecha la renuncia a la propuesta de modificación o resolución unilateral si no la lleva a cabo en el plazo señalado en el artículo anterior.

De la disminución del riesgo

Artículo 39. El tomador, asegurado o beneficiario, durante la vigencia del contrato, podrá hacer del conocimiento de la empresa de seguros, todas aquellas circunstancias que disminuyan el riesgo y sean de tal naturaleza que si hubieran sido conocidas por ésta en el momento de la celebración del contrato lo habría suscrito en condiciones más favorables para el asegurado.

La empresa de seguros debe devolver, en un plazo de quince (15) días hábiles contados a partir de la notificación, la prima cobrada en exceso por el período que falte por transcurrir, deducida la comisión pagada al intermediario de la actividad aseguradora.

En el caso de que el tomador, asegurado o beneficiario no haya efectuado la declaración de la disminución del riesgo y sobreviniere un siniestro, la empresa de seguros debe indemnizar al asegurado o beneficiario, según las condiciones originalmente pactadas en el contrato.

De la cesación del riesgo

Artículo 40. El contrato quedará sin efecto si el riesgo dejare de existir después de su celebración. No obstante, la empresa de seguros tendrá derecho al pago de las primas mientras la cesación del riesgo no le hubiese sido comunicada o no hubiere llegado a su conocimiento.

La prima correspondiente al período que falte por transcurrir, para el momento en que la empresa de seguros reciba la notificación o tenga conocimiento de la cesación del riesgo, se devolverá íntegramente.

Cuando los efectos del seguro deban comenzar en un momento posterior a la celebración del contrato y el riesgo hubiese cesado en el intervalo, la empresa de seguros tendrá derecho solamente al reembolso de los gastos administrativos ocasionados.

No hay lugar a la devolución de prima por desaparición del riesgo, si éste se debe a la ocurrencia de un siniestro debidamente indemnizado.

TÍTULO IX

De los siniestros

De la definición

Artículo 41. El siniestro es la materialización del riesgo que da origen a la obligación de indemnizar por parte de la empresa de seguros.

Si el siniestro ha continuado después de vencido el contrato, la empresa de seguros responde del valor de la indemnización en los términos del contrato.

Si el siniestro se inicia antes de la vigencia del contrato y continúa después de que los riesgos hayan empezado a correr por cuenta de la empresa de seguros, ésta queda relevada de su obligación de indemnizar.

El tomador, asegurado o beneficiario debe probar la ocurrencia del siniestro, el cual se presume cubierto por la póliza; sin embargo, la empresa de seguros puede probar que existen circunstancias que, según el contrato de seguro, la ley o las presentes normas, la exoneran de responsabilidad.

De la definición de indemnización

Artículo 42. Pago que debe efectuar la empresa de seguros en caso de que ocurra un siniestro.

Del aviso y suministro de información

Artículo 43. El tomador, asegurado o beneficiario debe notificar a la empresa de seguros la ocurrencia del siniestro dentro de los cinco (5) días hábiles siguientes de haber tenido conocimiento del hecho, salvo que se haya fijado en la póliza un plazo mayor.

La empresa de seguros quedará exonerada de toda responsabilidad si el obligado hubiese dejado de hacer la notificación del siniestro en el plazo fijado, a menos que se compruebe que no la realizó por una causa extraña que no le sea imputable.

El tomador, asegurado o beneficiario proporcionará a la empresa de seguros toda la información que le requiera sobre las circunstancias y consecuencias del siniestro, conforme con lo establecido en la póliza.

De la obligación de aminorar las consecuencias del siniestro

Artículo 44. El tomador, asegurado o beneficiario debe emplear los medios a su alcance para aminorar las consecuencias del siniestro. El incumplimiento de este deber dará derecho a la empresa de seguros de reducir la indemnización en la proporción correspondiente, teniendo en cuenta la importancia de los daños derivados del mismo y el grado de culpa del tomador, asegurado o beneficiario.

Si el incumplimiento se produjera con la manifiesta intención de perjudicar o engañar a la empresa de seguros, ésta quedará liberada de toda obligación derivada del siniestro.

Los gastos que se originen por el cumplimiento de la citada obligación, siempre que no sean inoportunos o desproporcionados a los bienes salvados, serán por cuenta de la empresa de seguros hasta el límite fijado en el contrato, incluso si tales gastos no han tenido resultados efectivos o positivos. En ausencia de pacto, se indemnizarán los gastos efectivamente originados, sin que esta indemnización, aunada a la del siniestro, pueda exceder de la suma asegurada.

La empresa de seguros que en virtud del contrato sólo deba indemnizar una parte del daño causado por el siniestro, debe reembolsar la parte proporcional de los gastos de salvamento, a menos que el tomador, asegurado o beneficiario haya actuado siguiendo sus instrucciones y haya demostrado que no eran razonables, en cuyo caso, serán a costa de la empresa de seguros.

De la sustitución de indemnización

Artículo 45. Cuando así esté establecido en el contrato de seguro y la naturaleza del interés o bien asegurado lo permita, la empresa de seguros podrá cumplir su obligación, siempre que el asegurado o beneficiario lo consienta previo al pago de la indemnización, prestando un servicio, reparando o entregando un bien que se encuentre en condiciones similares al que tenía el bien asegurado al momento del siniestro.

En el supuesto que la empresa de seguros esté autorizada para cumplir su obligación a través de proveedores, el asegurado podrá escoger libremente el proveedor para satisfacer sus necesidades cubiertas por el contrato, salvo en aquellas coberturas que por su naturaleza deban ser garantizadas exclusivamente por un proveedor especifico, previa aprobación de la Superintendencia de la Actividad Aseguradora

De la exoneración de responsabilidad

Artículo 46. La empresa de seguros no estará obligada al pago de la indemnización por los siniestros ocasionados por dolo del tomador, asegurado o beneficiario.

Igual efecto producirá cuando, para sustentar un siniestro o para procurarse beneficios derivados del contrato, se haga uso de artificios o medios capaces de engañar, inducir al error o sorprender la buena fe de la empresa de seguros.

La empresa de seguros no estará obligada al pago de la indemnización por los siniestros ocasionados por culpa grave del tomador, asegurado o beneficiario, a menos que hayan actuado en cumplimiento de deberes legales de socorro o en tutela de intereses comunes con la empresa de seguros en lo que respecta al contrato de seguro.

Del pago de la indemnización por culpa grave

Artículo 47. La empresa de seguros debe pagar la indemnización cuando el siniestro haya sido ocasionado por culpa grave de las personas de cuyos hechos debe responder el tomador, asegurado o beneficiario, de conformidad con lo previsto en el contrato de seguros.

De la extensión de los riesgos

Artículo 48. La empresa de seguros puede asumir todos, algunos o parte de los riesgos a que esté expuesta la persona, el bien o el interés asegurado, según el tipo de contrato. Si las Condiciones Generales o particulares de la póliza no limitan el seguro a determinados riesgos, la empresa de seguros responderá de todos ellos, salvo disposición contraria de la ley o de estas normas.

De la suma asegurada por daños parciales

Artículo 49. En caso de indemnización por daños parciales, la empresa de seguros queda obligada, durante el período que falte por transcurrir de la duración del contrato, hasta por el total de la suma asegurada, salvo convención en contrario indicada expresamente en la póliza.

Del efecto de las notificaciones al intermediario

Artículo 50. Las comunicaciones relacionadas con la tramitación de siniestros que sean proporcionadas, por cualquier medio, al intermediario de la actividad aseguradora, producen el mismo efecto que si hubiesen sido entregadas a la otra parte, salvo estipulación en contrario indicada expresamente en la póliza.

El intermediario de la actividad aseguradora será administrativa y civilmente responsable en caso de que no haya entregado la notificación a su destinatario en un plazo de tres (3) días hábiles, contados a partir de su recepción.

TÍTULO X

De las nulidades del contrato de seguro

De la nulidad del contrato

Artículo 51. El contrato es nulo si al momento de su celebración el riesgo no existía o ya hubiere ocurrido el siniestro.

La empresa de seguros que no tenga conocimiento de los supuestos señalados en este artículo tiene derecho al reembolso de los gastos administrativos en que hubiere incurrido. Si el tomador o asegurado tenía conocimiento de tales hechos, la empresa tendrá derecho al pago de la totalidad de la prima convenida.

De las cargas no razonables

Artículo 52. Serán nulas las cargas no razonables que se impongan al tomador, asegurado o beneficiario.

TÍTULO XI

De la duración, renovación, caducidad y prescripción

De la duración y renovación

Artículo 53. La duración del contrato será estipulada por las partes. Si el contrato no estipulare duración, se entenderá celebrado por un (**1**) año.

Salvo pacto en contrario, el contrato se renovará tácitamente una o más veces, incluso por cláusulas convencionales; sin embargo, cada renovación no podrá exceder de un (**1**) año. Queda entendido que esta no implica un nuevo contrato, sino su continuidad. En este supuesto, las partes pueden negarse a la renovación del contrato mediante una notificación efectuada a la otra parte a través de los mecanismos acordados, con un plazo de un (**1**) mes de anticipación a la conclusión del período de seguro en curso.

Se consideran aceptadas las solicitudes de renovar el contrato si la empresa de seguros no las rechaza dentro de los cinco (5) días hábiles de haberlas recibidos.

La emisión de un Cuadro Recibo, cuadro de póliza o recibo de prima para un nuevo período y el pago de la prima son prueba de la renovación del contrato.

Las disposiciones contenidas en el presente artículo no son aplicables a los seguros de personas, en cuanto sean incompatibles.

De la terminación anticipada

Artículo 54. La empresa de seguros, el tomador o asegurado podrán, por simple voluntad, dar por terminado el contrato de seguro.

La empresa de seguros podrá dar por terminado el contrato, con efecto a partir del decimosexto (16°) día continuo siguiente a la fecha del acuse de recibo de la notificación que envíe al tomador, siempre y cuando se encuentre en la caja de la empresa de seguros, a disposición de aquél, el importe correspondiente a la parte proporcional de la prima no consumida por el período que falte por transcurrir.

A su vez, el tomador o asegurado podrá dar por terminado el contrato, con efecto a partir del día hábil siguiente al de la recepción de la notificación enviada a la empresa de seguros o de cualquier fecha posterior que en ella se señale. En este caso, dentro de los quince (15) días continuos siguientes, la empresa de seguros debe poner a disposición del tomador la parte proporcional de la prima, deducida la comisión pagada al intermediario de la actividad aseguradora, correspondiente al período que falte por transcurrir.

La terminación anticipada de la póliza se efectuará sin perjuicio del derecho del asegurado o beneficiario a indemnizaciones por siniestros ocurridos con anterioridad a la fecha de terminación anticipada, en cuyo caso no procederá devolución de prima cuando las indemnizaciones sean por la totalidad de la suma asegurada.

La empresa de seguros no podrá dar por terminado anticipadamente, en los términos previstos en este artículo, los contratos de seguros obligatorios y de personas.

De la terminación por revocatoria de autorización

Artículo 55. Revocada la autorización a la empresa de seguros para operar en uno o varios ramos de seguros, se darán por terminados, con efectos inmediatos, los contratos de los ramos de seguros de que se trate, estando obligada al reembolso de la parte proporcional de la prima no consumida por el período que falte por transcurrir. La terminación aquí prevista no es aplicable a los seguros de vida, debiendo la empresa de seguros ceder la cartera.

En los seguros de vida, el asegurado que no se encuentre conforme con la cesión de cartera que haya sido acordada y haya formulado su oposición en el plazo indicado en la notificación de transferencia, tendrá derecho a la reserva matemática pura o la parte proporcional de la prima por el período que falte por transcurrir, según corresponda, calculada para el momento de la terminación.

En todo caso, quedan a salvo las eventuales acciones por daños y perjuicios.

De la caducidad

Artículo 56. El tomador, asegurado o beneficiario perderá todo derecho a ejercer acción judicial contra la empresa de seguros, o convenir con esta someterse al arbitraje, si no lo hubiere hecho antes de transcurrir el plazo de un (1) año, contado a partir de la fecha de la notificación, por escrito:

1. Del rechazo, total o parcial, del siniestro;

2. De la decisión de la empresa de seguros sobre la inconformidad del tomador, asegurado o beneficiario respecto a la indemnización o al cumplimiento de la obligación a través de proveedores de insumos o servicios.

Del rechazo, total o parcial, del siniestro

De la decisión de la empresa de seguros sobre la inconformidad del tomador, asegurado o beneficiario respecto a la indemnización o al cumplimiento de la obligación a través de proveedores de insumos o servicios.

De la prescripción

Artículo 57. Salvo lo dispuesto en leyes especiales, las acciones derivadas del contrato de seguro prescriben a los tres (3) años, contados a partir del hecho que dio origen a la obligación.

TÍTULO XII

Del seguro contra los daños

CAPÍTULO I

Disposiciones generales

Del interés asegurable

Artículo 58. Puede ser materia del seguro contra los daños todo interés económico, directo o indirecto, en que un siniestro no se produzca.

La ausencia de interés asegurable al momento de la celebración produce la nulidad del contrato.

En un mismo contrato podrán estar incluidas coberturas para amparar diversos riesgos o tipos de seguro; sin embargo, deben cumplir con las disposiciones establecidas para cada seguro en particular.

Del principio indemnizatorio

Artículo 59. El seguro no puede ser objeto de enriquecimiento para el asegurado o beneficiario. Para la determinación del daño se atenderá al valor del interés asegurado al momento de la ocurrencia del siniestro.

Si el valor del interés asegurado al momento de la ocurrencia del siniestro es inferior a la suma asegurada, la empresa de seguros debe devolver la prima cobrada en exceso, salvo pacto en contrario, deducida la comisión pagada al intermediario de la actividad aseguradora, dentro del plazo de quince (15) días continuos siguientes a la fecha de ocurrencia del siniestro.

Las partes podrán establecer previamente que la indemnización será una cantidad determinada, independientemente del valor del interés asegurado.

De la variación de la suma asegurada

Artículo 60. Si por pacto expreso las partes convienen que la suma asegurada cubra totalmente el valor del interés asegurado durante la vigencia del contrato, la póliza debe contener necesariamente los criterios y procedimientos para adecuar la suma asegurada y las primas a las variaciones del valor de ese interés asegurado.

De la fijación del monto a indemnizar

Artículo 61. Cuando el monto de la indemnización no sea fijo, a falta de mecanismo o procedimiento para la determinación del valor o monto a pagar, existiendo dos valores posibles, la indemnización debe proceder por el monto más alto.

Del sobreseguro

Artículo 62. El contrato de seguro celebrado por un monto superior al valor en que debe estar asegurado el bien será válido únicamente hasta la concurrencia de dicho valor, teniendo ambas partes la facultad de solicitar la reducción de la suma asegurada. En este caso, la empresa de seguros devolverá la prima cobrada en exceso solamente por el período de vigencia que falte por transcurrir, deducida la comisión pagada al intermediario de la actividad aseguradora, dentro del plazo de quince (15) días continuos siguientes a la fecha de la solicitud.

Si ocurre el siniestro antes de que se haya verificado el supuesto anterior, la empresa de seguros indemnizará el daño efectivamente causado.

Cuando se celebre un contrato de seguro por una suma superior al valor en que debe estar asegurado el bien y ha existido dolo o mala fe de una de las partes, la otra tendrá derecho de demandar u oponer la nulidad y además exigir la indemnización que corresponda por daños y perjuicios.

Del infraseguro

Artículo 63. Si la suma asegurada sólo cubre una parte del valor en que debe estar asegurado el bien en el momento del siniestro, la indemnización se pagará, salvo convención en contrario, en la proporción existente entre la suma asegurada y el valor en que debe estar asegurado el bien al momento de la ocurrencia del siniestro.

Si la póliza no contiene designación expresa de la suma asegurada, se entiende que la empresa de seguros se obliga a indemnizar la pérdida o el daño hasta la concurrencia del valor real del bien asegurado al momento del siniestro.

De la pluralidad de seguros

Artículo 64. Cuando un interés estuviese asegurado contra el mismo riesgo por dos o más empresas de seguros, el tomador, asegurado o beneficiario estará obligado, salvo pacto en contrario, a notificar de esa circunstancia a todas las empresas de seguros al momento de la presentación de los documentos solicitados para la tramitación del siniestro, con indicación del nombre de cada una de ellas, número y período de vigencia de cada póliza.

Si el tomador, asegurado o beneficiario intencionalmente omite ese aviso o hubiese celebrado el segundo o los posteriores contratos de seguro con la finalidad de procurarse un provecho ilícito, las empresas de seguros no quedan obligadas frente a aquél. Sin embargo, conservarán sus derechos derivados de los respectivos contratos. En este caso, deben tener prueba fehaciente de la conducta dolosa del tomador, asegurado o beneficiario.

Las empresas de seguros contribuirán al abono de la indemnización en proporción a la suma propia asegurada sin que pueda superarse la cuantía del daño. Dentro de ese límite, el asegurado o beneficiario podrá solicitar a cada empresa de seguros, en el orden que él establezca, la indemnización debida, según el respectivo contrato. La empresa de seguros que ha pagado una cantidad superior a la que proporcionalmente le corresponda podrá repetir contra el resto de ellas.

En caso de contrataciones de buena fe de una pluralidad de seguros, incluso por una suma total superior al valor real asegurable, todos los contratos serán válidos y obligarán a cada una de las empresas de seguros a pagar hasta el valor del daño sufrido, dentro de los límites de la suma que hubiesen asegurado, proporcionalmente a lo que le corresponda en virtud de los otros contratos celebrados.

De la insolvencia de una empresa

Artículo 65. En caso de pluralidad de seguros, si una de las empresas de seguros resultare insolvente, dejando a salvo lo previsto en el caso de infraseguro, las demás asumen la parte correspondiente a la insolvente como si no hubiese seguro por esa parte, proporcionalmente a las sumas aseguradas y hasta la concurrencia de la suma asegurada por cada una de ellas. Las empresas de seguros que indemnicen quedan subrogadas contra la insolvente.

De la prohibición de renunciar a los derechos

Artículo 66. Cuando exista pluralidad de seguros y ocurriere un siniestro, el asegurado o beneficiario no puede renunciar a los derechos que le correspondan, según el contrato de seguro, o aceptar modificaciones del mismo, con una de las empresas de seguros en perjuicio de las demás.

Del coaseguro

Artículo 67. Cuando un seguro se hubiese compartido entre varias empresas de seguros, en cuotas determinadas, cada una estará obligada a pagar la correspondiente indemnización, solamente en proporción a su respectiva cuota, en virtud del contrato suscrito.

No obstante lo previsto en el párrafo anterior, si en el pacto de coaseguro existe un mandato a favor de una o varias de las empresas de seguros para suscribir los documentos contractuales o para pedir el cumplimiento del contrato o contratos al tomador o asegurado en nombre del resto de las empresas de seguros, se entenderá que durante toda la vigencia del coaseguro la que resulte delegada, está legitimada para ejercer todos los derechos y para recibir las declaraciones y reclamaciones que le correspondan al tomador, asegurado o beneficiario.

Del cambio de propietario del objeto asegurado

Artículo 68. Si el objeto asegurado cambia de propietario, los derechos y las obligaciones derivadas del contrato de seguro pasan al adquirente, previa notificación a la empresa de seguros dentro de los diez (10) días hábiles siguientes, contados a partir de la fecha en que la transferencia haya operado. Se exceptúa el supuesto de las pólizas nominativas para riesgos no obligatorios, si en las Condiciones Generales existe pacto en contrario.

Tanto el anterior propietario como el adquirente quedan solidariamente obligados con la empresa de seguros al pago de las primas vencidas hasta el momento de la transferencia de la propiedad.

La empresa de seguros tendrá derecho a resolver unilateralmente el contrato, mediante notificación a través de los mecanismos acordados, dentro de los diez (10) días hábiles siguientes al momento en que hubiese tenido conocimiento del cambio de propietario y su obligación cesará treinta (30) días continuos después de la notificación al adquirente y del reembolso a éste de la parte de la prima correspondiente al plazo del seguro que falte por vencer.

En el supuesto de que la empresa de seguros no haga uso de esta potestad, los derechos y las obligaciones del contrato de seguro pasarán al adquirente, a menos que éste notifique su voluntad de no continuar el seguro.

Las disposiciones de este artículo serán aplicables también en caso de muerte, cesación de pagos y quiebra del tomador.

De la evaluación del daño

Artículo 69. La empresa de seguros, luego de notificado el siniestro, tiene la obligación de iniciar la evaluación del daño en un plazo no mayor de cinco (5) días hábiles, contados a partir del momento en que tenga acceso al bien afectado por el siniestro.

Mientras el daño no hubiese sido evaluado dentro del plazo previsto, el tomador, asegurado o beneficiario no debe, sin el consentimiento de la empresa de seguros, efectuar cambio o modificación al estado de las cosas que pueda hacer más difícil o imposible la determinación de la causa del siniestro o del daño, a menos que ese cambio o modificación se imponga en favor del interés público o para evitar que sobrevenga un daño mayor.

Si el tomador, asegurado o beneficiario contraviniere esta obligación con intención fraudulenta, la empresa de seguros queda liberada de toda responsabilidad con respecto al siniestro ocurrido.

De la exclusión de responsabilidad

Artículo 70. La empresa de seguros, salvo pacto en contrario, no responde de los daños provenientes de: vicio propio o intrínseco del bien asegurado; las pérdidas de las ganancias producidas como consecuencia del siniestro; movimientos telúricos; inundación; situaciones que se califiquen de forma general como catástrofes naturales; hechos de guerra; invasión; acto de enemigo extranjero; hostilidades u operaciones bélicas (haya habido declaración de guerra o no); insubordinación militar; levantamiento militar; insurrección; rebelión; revolución; guerra civil; guerra intestina; poder militar o usurpación de poder; proclamación del estado de excepción; motín o conmoción civil; disturbios populares; disturbios laborales; daños maliciosos; acto de terrorismo o acto de cualquier persona que actúe en nombre de o en relación con alguna organización que realice actividades dirigidas a la destitución del gobierno por la fuerza o influenciarlo mediante el terrorismo o la violencia; y cualquier hecho que las leyes o los tribunales de justicia califiquen como delitos contra la seguridad interna del Estado.

De la subrogación

Artículo 71. La empresa de seguros que ha pagado la indemnización queda subrogada de pleno derecho, hasta la concurrencia del monto pagado, en los derechos y acciones del tomador, asegurado o beneficiario contra los terceros responsables.

Salvo el caso de dolo, la subrogación no se efectuará contra las personas de cuyos hechos debe responder civilmente el asegurado, ni contra el causante del siniestro vinculado con el asegurado hasta el segundo grado de parentesco por consanguinidad o que sea su cónyuge o la persona con quien mantenga unión estable de hecho.

CAPÍTULO II

Del seguro de incendio

De la definición y cobertura

Artículo 72. El seguro de incendio es aquel mediante el cual la empresa de seguros se obliga, dentro de los límites establecidos en la ley y en el contrato, a indemnizar los daños materiales producidos a los bienes asegurados por la ocurrencia de fuego o rayo y por sus efectos inmediatos como el calor y el humo, siempre que los bienes no estuviesen destinados a quemarse.

Igualmente, responde por los daños, gastos, pérdidas o menoscabos que sean consecuencia de las medidas adoptadas para extinguir el incendio, evitar su propagación y salvar los bienes asegurados.

El seguro de incendio podrá cubrir otros riesgos como explosión, motín, conmoción civil, daños maliciosos, inundación, daños por agua, terremotos y cualesquiera otros inherentes a este riesgo que se establezcan en el contrato.

No quedarán comprendidos en la cobertura del seguro de incendio los títulos valores públicos o privados, efectos de comercio, billetes de banco, piedras y metales preciosos, objetos artísticos o cualesquiera otros objetos de valor, salvo pacto en contrario.

De la obligación adicional del tomador o asegurado

Artículo 73. Adicionalmente a las obligaciones a cargo del tomador o asegurado señaladas en estas normas, éste deberá informar a la empresa de seguros, al momento de solicitar el seguro, al menos lo siguiente, a los fines de la determinación de las circunstancias que puedan influir en la valoración del riesgo:

1. Ubicación del inmueble asegurado y la designación específica de sus linderos;
2. Destino y uso del inmueble a ser amparado y de los inmuebles colindantes;
3. Lugares en que se encontrarán almacenados o colocados los bienes asegurados.

Del riesgo de vecino y riesgo locativo

Artículo 74. El seguro de incendio no comprende el riesgo que corre el asegurado de indemnizar los daños causados a los vecinos de la edificación asegurada o al arrendador, salvo pacto en contrario.

El asegurado contra el riesgo de vecino o el riesgo locativo no podrá reclamar la indemnización convenida hasta tanto se produzca una sentencia firme en la que se haya declarado responsable de la comunicación del fuego en el primer caso, o del incendio ocurrido en la edificación asegurada, en el segundo caso.

De la exclusión de responsabilidad

Artículo 75. La empresa de seguros no responde por los daños:

1. Provenientes de la combustión espontánea del bien asegurado;
2. Causados por la sola acción del calor, por contacto directo o inmediato del fuego o de una sustancia incandescente, si no hubiere incendio o principio de incendio;
3. Provocados por incendio, cuando se origine por dolo o culpa grave del tomador, asegurado o beneficiario, o cuando alguno de éstos hubiese infringido las leyes o reglamentos sobre prevención de incendios.

De la sustracción ilegítima

Artículo 76. La empresa de seguros responderá de la pérdida o desaparición de los objetos asegurados durante el incendio, a no ser que demuestre que proviene de la sustracción ilegítima. No obstante, podrá cubrirse la sustracción ilegítima durante o después del incendio, siempre que se establezca en el contrato.

CAPÍTULO III

Del seguro de sustracción ilegítima

De la definición y cobertura

Artículo 77. El seguro de sustracción ilegítima es aquel mediante el cual la empresa de seguros se obliga, dentro de los límites establecidos en la ley y en el contrato, a indemnizar los daños causados por un tercero por el robo de la cosa asegurada en cualquiera de sus modalidades.

La cobertura también podrá comprender el daño causado por la comisión del delito de hurto.

Del relevo de responsabilidad

Artículo 78. La empresa de seguros, salvo pacto en contrario, quedará relevada de su obligación de indemnizar cuando:

1. Exista negligencia manifiesta del tomador, asegurado o beneficiario, o de las personas que de ellos dependan o con ellos convivan;

2. El bien asegurado sea sustraído fuera del lugar o predio descrito en la póliza o con ocasión de su transporte, a no ser que una u otra circunstancia hubiese sido expresamente consentida por la empresa de seguros.

De la indemnización

Artículo 79. Producido y notificado el siniestro a la empresa de seguros, se observarán las reglas siguientes:

1. Si el bien asegurado es recuperado durante el transcurso del plazo establecido para que la empresa de seguros proceda a la indemnización, el asegurado debe recibirlo si mantiene las cualidades necesarias para cumplir con su finalidad, a menos que se hubiera reconocido expresamente la facultad de abandono a favor de aquella. La empresa de seguros debe proceder a la reparación del bien para dejarlo en las mismas condiciones en que se encontraba antes del siniestro, en caso de que corresponda de acuerdo con el contrato;

2. Si el bien asegurado es recuperado luego de transcurrido el plazo establecido para que la empresa de seguros proceda a la indemnización, debe notificarlo al asegurado dentro de los cinco (5) días hábiles siguientes de haber tenido conocimiento del hecho con la finalidad de que éste decida entre: i) recibir la indemnización o retenerla, en caso de que ya se hubiese pagado, abandonando a la empresa de seguros la propiedad del bien asegurado; o, ii) mantener o readquirir la propiedad del bien asegurado, restituyendo en este último caso la indemnización percibida. El asegurado debe comunicar su decisión a la empresa de seguros en un plazo no mayor de quince (15) días continuos siguientes a la notificación de la recuperación del bien asegurado.

En el caso de que el asegurado haya manifestado su voluntad de mantener o readquirir la propiedad del bien, la empresa de seguros tiene la obligación, dentro de un plazo no mayor de veinte (20) días continuos siguientes a la referida notificación, de realizar todos los trámites necesarios para restituir la propiedad del bien al asegurado y proceder a su reparación, si corresponde de acuerdo con el contrato.

Del régimen especial

Artículo 80. Las disposiciones previstas en este capítulo serán aplicables a todo contrato de seguro que incluya coberturas de sustracción ilegítima.

CAPÍTULO IV

Del seguro de transporte terrestre

De la definición y cobertura

Artículo 81. El seguro de transporte terrestre es aquel mediante el cual la empresa de seguros se obliga, dentro de los límites establecidos por la ley y el contrato, a indemnizar los daños materiales que puedan sufrir los bienes asegurados desde el momento en que salen del lugar de origen hasta que lleguen a su destino final.

El seguro de transporte terrestre podrá cubrir riesgos como sustracción ilegitima en cualquiera de sus modalidades; hurto; operaciones en carga y descarga; falta de entrega o extravío de bultos completos por terceros responsables; refrigeración y cualesquiera otros inherentes a este riesgo que se establezcan en el contrato.

La empresa de seguros no responderá por el daño derivado de la naturaleza intrínseca o vicios propios de las mercancías transportadas.

De los diversos medios de transporte

Artículo 82. Cuando el viaje se efectúe utilizando diversos medios de transporte y no pueda determinarse el momento en que se produjo el siniestro, se aplicarán las normas del seguro de transporte terrestre si el viaje por este medio constituye la travesía más larga del mismo.

En caso que el transporte terrestre sea accesorio de un transporte marítimo, se aplicará a todo el transporte las normas del seguro marítimo. Si el transporte terrestre es accesorio de uno aéreo, se aplicarán las disposiciones previstas en las presentes normas, a falta de disposición especial preferente.

Del plazo de vigencia

Artículo 83. El seguro de transporte terrestre puede contratarse por un solo viaje o por los viajes que se realicen dentro de un período determinado. En cualquier caso, la empresa de seguros indemnizará, de acuerdo con lo previsto en el contrato de seguro, los daños que sean consecuencia de siniestros acaecidos durante el plazo de su vigencia, aunque sus efectos se manifiesten con posterioridad y dentro de los seis (6) meses siguientes a la fecha de su expiración.

De la extensión de cobertura

Artículo 84. La cobertura del seguro prevista en los artículos anteriores comprenderá el depósito transitorio de las mercancías, la inmovilización del vehículo o su cambio durante el viaje, cuando se deban a incidencias propias del transporte asegurado y no hayan sido causadas por algunos de los acontecimientos excluidos del seguro, salvo pacto en contrario.

La póliza podrá establecer un plazo máximo para estos supuestos, el cual una vez transcurrido sin que se reanude el transporte, cesará la cobertura del seguro.

De la modificación del medio de transporte

Artículo 85. El asegurado no perderá su derecho a la indemnización cuando se haya alterado el medio de transporte, el itinerario o los plazos del viaje, o éste se realice en un tiempo distinto al previsto, siempre que la modificación no sea imputable al asegurado o conductor.

De los gastos de salvamento

Artículo 86. La empresa de seguros indemnizará los gastos de salvamento que fueran necesarios para evitar que se agrave el daño o para enviar a su destino los objetos transportados.

Del abandono

Artículo 87. En caso de pérdida total del vehículo que transporta los bienes, el asegurado podrá abandonarlo a la empresa de seguros, si así se hubiese pactado, siempre que se observen los plazos y los demás requisitos establecidos por la póliza.

De la subrogación

Artículo 88. La empresa de seguros se subrogará, una vez pagada la indemnización, en las acciones que tenga el asegurado o beneficiario en contra de los porteadores por los daños de los que éstos fueren responsables.

CAPÍTULO V

Del seguro de responsabilidad

De la definición y cobertura

Artículo 89. El seguro de responsabilidad es aquel mediante el cual la empresa de seguros indemniza, dentro de los límites establecidos por la ley y el contrato, los montos que el asegurado este legalmente obligado a pagar a terceros, como consecuencia de un hecho previsto en la póliza.

En los seguros obligatorios, la empresa de seguros debe cubrir los riesgos hasta las sumas aseguradas establecidas en las disposiciones legales respectivas o en los actos administrativos de carácter general dictados al efecto, vigentes al celebrarse el contrato. En seguros no obligatorios, las partes podrán acordar las sumas aseguradas correspondientes.

En cualquier caso, podrán convenir el incremento de las sumas aseguradas mediante coberturas adicionales de exceso.

De la extensión temporal de cobertura

Artículo 90. Las partes podrán acordar que la cobertura se extienda a hechos ocurridos con anterioridad a la celebración del contrato, siempre que el tomador o asegurado no haya tenido conocimiento de los mismos, y los que puedan ocurrir con posterioridad a su terminación.

Las partes atendiendo a las características del riesgo, establecerán los plazos de extensión temporal de esta cobertura.

De los gastos de defensa

Artículo 91. Las partes podrán acordar la cobertura de los gastos en que pudiera incurrir el asegurado para su defensa en los procedimientos seguidos en su contra.

Del pago directo al tercero

Artículo 92. La empresa de seguros podrá indemnizar directamente al tercero afectado, siempre que así esté previsto en el contrato.

En caso de muerte del tercero, su derecho a la indemnización se trasmitirá a los sucesores o causahabientes.

Del reconocimiento de responsabilidad y de la confesión

Artículo 93. Ningún acto de reconocimiento de responsabilidad, transacción o cualquier otro de naturaleza semejante, realizado sin el consentimiento de la empresa de seguros, le será oponible.

La confesión de la ocurrencia de un hecho no implica el reconocimiento de una responsabilidad.

TÍTULO XII

Del seguro de personas

CAPÍTULO I

De las disposiciones generales

Del alcance de la cobertura

Artículo 94. El contrato de seguro de personas comprende los riesgos que puedan afectar a la persona del asegurado, su existencia, integridad física y salud. Puede celebrarse con referencia a riesgos relativos a una persona o a un grupo de ellas. Ese grupo debe estar determinado por alguna característica común, diferente al sólo propósito de asegurarse.

Del interés asegurable y subrogación

Artículo 95. Los seguros de personas pueden cubrir un interés económico o referirse a una indemnización independiente de una pérdida patrimonial. La empresa de seguros no podrá subrogarse en los derechos del asegurado o beneficiario contra terceros con ocasión del siniestro, salvo en los seguros de salud.

Del carácter de la póliza

Artículo 96. En los seguros de personas, las pólizas no podrán ser al portador. La cesión de la póliza nominativa procederá mediante declaración de ambas partes, notificada a la empresa de seguros y autorizada por ésta.

La cesión de la póliza a la orden debe contener, invariablemente, la fecha, el nombre y el domicilio del endosatario y la firma del endosante. No se admitirá prueba alguna de otra especie en esta forma de cesión.

CAPÍTULO II

Del seguro de vida

De la definición y cobertura

Artículo 97. El Seguro de vida es aquel mediante el cual la empresa de seguros se obliga, dentro de los límites establecidos por la ley y el contrato, a pagar una prestación en dinero por la suma establecida en la póliza, con motivo de la eventual muerte o supervivencia del asegurado.

El seguro contratado para el caso de muerte de un tercero no es válido si éste no da su consentimiento por escrito antes de la celebración del contrato, salvo que se trate de seguros colectivos y el tomador del seguro no resulte directamente beneficiado en la contratación. Si se trata de un incapaz, se requiere el consentimiento escrito de su representante legal.

El seguro sobre la vida del hijo, incluso de aquel mayor de edad, es válido sin el consentimiento a que se refiere este artículo.

El seguro de vida podrá contemplar coberturas adicionales de accidentes personales, funerarios y renta por incapacidad, en cualquiera de sus modalidades; y otras inherentes a este riesgo que se establezcan en el contrato.

En cuanto no contraríen su naturaleza, serán aplicables las disposiciones previstas en este capítulo a los otros contratos de seguros de personas.

De la designación del beneficiario

Artículo 98. Es válido el seguro de vida en el que el asegurado establezca como beneficiario a un tercero.

La designación del beneficiario puede ser efectuada en la oportunidad de la celebración del contrato de seguro o en un momento posterior, siempre que la empresa de seguros sea notificada a través de los medios acordados y no existiere cesión alguna de la póliza.

Si la designación se hace a favor de varios beneficiarios, la prestación convenida se distribuirá en partes iguales, salvo convención en contrario. A falta de designación de la proporción que corresponda para alguno en particular, la prestación acrecerá para el resto de los beneficiarios.

El beneficiario debe ser identificado en forma inequívoca y que haga posible su diferenciación de otra persona o del resto de los beneficiarios. Igualmente, debe indicarse la proporción en la cual concurrirá en el importe de la prestación convenida.

En caso de inexactitud o error en el nombre del beneficiario que haga imposible su identificación, dará derecho a acrecer la prestación convenida a favor de los demás beneficiarios designados.

A falta de designación de beneficiarios o en caso de inexactitud o error en el nombre del beneficiario único que haga imposible su identificación, la prestación convenida se pagará en partes iguales a los herederos legales del asegurado.

Si la designación se hace a favor de los herederos del asegurado, sin mayor especificación, se considerarán como beneficiarios aquellos que tengan la condición de herederos legales para el momento del fallecimiento del asegurado.

En caso de que algún beneficiario falleciere antes o simultáneamente con el asegurado, la parte que le corresponda acrecerá a favor de los demás beneficiarios sobrevivientes, y si todos hubiesen fallecido la prestación convenida se hará a favor de los herederos legales del asegurado.

A los efectos del seguro, se presume que el beneficiario de que se trate ha fallecido simultáneamente con el asegurado, cuando el suceso que da origen al fallecimiento ocurre en un mismo momento, independientemente de que el fallecimiento ocurra en una fecha posterior.

De los beneficiarios descendientes

Artículo 99. Cuando los hijos del asegurado figuren como beneficiarios sin mención expresa de sus nombres, se entenderán designados los descendientes que debieran heredarle en caso de sucesión en la cual no exista testamento.

De la revocación

Artículo 100. El asegurado puede revocar la designación del beneficiario en cualquier momento mientras no haya renunciado expresamente y por escrito a tal facultad. La revocación deberá hacerse en la misma forma establecida para la designación.

De la revocación por liberalidad

Artículo 101. Aun en los casos de designación irrevocable, si ésta ha sido hecha a título de liberalidad, podrá ser revocada por ingratitud o por supervivencia de hijos, como en el supuesto de las donaciones.

Quedan a salvo en lo concerniente a las primas pagadas, las disposiciones del Código Civil y del Código de Comercio relativas a la revocación de los actos perjudiciales a los acreedores y las relativas a la colación, imputación y reducción de las donaciones.

Del derecho del beneficiario

Artículo 102. El beneficiario designado con carácter irrevocable puede celebrar contratos por medio de los cuales disponga de su derecho a la prestación.

De la pérdida de la cualidad de beneficiario

Artículo 103. La cualidad de beneficiario, aun cuando fuere irrevocable, no tendrá efectos si éste atentase contra la vida o integridad física del asegurado o fuese declarado cómplice del hecho mediante sentencia definitivamente firme.

La designación del beneficiario queda sin efecto en caso de embargo de sus derechos sobre el seguro o de quiebra o cesión de bienes del asegurado; no obstante, recobra de pleno derecho su vigencia una vez suspendida la medida de embargo, o tan pronto como cesen los efectos de la quiebra o de la cesión de bienes.

Cuando el asegurado hubiese renunciado a la posibilidad de revocar la designación, sus acreedores no podrán ejecutar los derechos derivados de la póliza que puedan existir en contra de la empresa de seguros.

De la inembargabilidad

Artículo 104. Cuando el asegurado hubiese designado como beneficiario a su cónyuge o sus descendientes, el derecho de los beneficiarios y los del asegurado no pueden ser embargados o incluidos en la quiebra o en la cesión de bienes del asegurado, quedando a salvo los derechos de prenda eventualmente constituidos.

Del pago en caso de reclamaciones

Artículo 105. La prestación de la empresa de seguros debe ser entregada al beneficiario, en cumplimiento del contrato, aun contra las reclamaciones de los herederos legítimos y acreedores de cualquier clase del tomador o asegurado. Unos y otros podrán, sin embargo, exigir al beneficiario el pago de una cantidad equivalente al importe de las primas abonadas por el tomador, en caso de que se demuestre que se ha actuado en fraude a sus derechos.

De la reticencia e inexactitudes

Artículo 106. En caso de reticencia o inexactitud de las declaraciones del tomador o asegurado que influyan en la estimación del riesgo, salvo lo relativo a la edad del asegurado, privará lo establecido en las disposiciones generales de estas normas. Sin embargo, la empresa de seguros no podrá impugnar el contrato una vez transcurrido el plazo de un (1) año, contado desde la fecha de su celebración, a no ser que las partes hayan fijado un plazo más breve en la póliza, salvo que el tomador o asegurado haya actuado con dolo o mala fe.

De la inexactitud en la edad del asegurado

Artículo 107. Cuando se compruebe que hubo inexactitud en la indicación de la edad del asegurado, sin que se demuestre que hubo dolo o mala fe, la empresa de seguros no podrá dar por terminado unilateralmente el contrato a menos que la edad real, al tiempo de su celebración, esté fuera de los límites de admisión fijados por la empresa de seguros.

En este caso se devolverá al asegurado, en función de la edad con que fue suscrito el contrato, el valor de rescate o, si no lo hubiere, la reserva matemática pura o la parte proporcional de la prima por el período que falte por transcurrir, según corresponda, a la fecha de su extinción.

Si la edad del asegurado estuviese comprendida dentro de dichos límites, se aplicarán las reglas siguientes:

1. Cuando a consecuencia de la indicación inexacta de la edad se pagare una prima menor de la que correspondería por la edad real, la obligación de la empresa de seguros se reducirá en la proporción que exista entre la prima estipulada y la prima de tarifa para la edad real en la fecha de celebración del contrato;

2. Si la empresa de seguros hubiere satisfecho ya el importe del seguro al descubrirse la inexactitud de la indicación sobre la edad del asegurado tendrá derecho a repetir lo que hubiere pagado de más, conforme al cálculo de la fracción anterior, incluyendo los intereses respectivos;

3. Si a consecuencia de la inexacta indicación de la edad se estuviere pagando una prima más elevada que la correspondiente a la edad real, la empresa de seguros estará obligada a reembolsar el exceso de las primas percibidas sin intereses. Las primas ulteriores deberán reducirse de acuerdo con esta edad;

4. Si con posterioridad a la muerte del asegurado se descubriera que fue incorrecta la edad manifestada en la solicitud, y ésta se encuentra dentro de los límites de admisión autorizados, la empresa de seguros estará obligada a pagar al beneficiario la suma que por las primas canceladas corresponda de acuerdo con la edad real.

Para los cálculos que exige el presente artículo se aplicarán las tarifas que hayan estado en vigor al tiempo de la celebración del contrato.

Del suicidio

Artículo 108. Dentro del primer año de vigencia de la póliza el suicidio no estará cubierto.

La empresa de seguros tampoco estará obligada, si habiendo cesado los efectos del seguro por falta de pago de las primas, el suicidio ocurre sin haber transcurrido un (1) año contado a partir de la fecha en que el contrato hubiese sido rehabilitado.

Si el tomador o asegurado solicitare un incremento del capital asegurado, la empresa de seguros no estará obligada a incluirlo en el pago de la indemnización por suicidio, a menos que haya transcurrido un (1) año desde el aumento.

De los valores garantizados

Artículo 109. Se entiende por valores garantizados los derechos de rescate, seguro saldado y seguro prorrogado, concedidos por la empresa de seguros al asegurado, a partir de determinada vigencia del contrato.

Si el seguro tuviere valor de rescate, la empresa de seguros debe, a petición del asegurado, otorgar el valor de rescate o transformar el contrato en un seguro saldado o seguro prorrogado.

El valor de rescate es la cantidad que se obtiene de restar de la reserva matemática, los gastos por comisión y administración no amortizados.

Por seguro saldado se entenderá aquel por el cual el tomador cesa de pagar las primas futuras convenidas, y decide que la prestación ofrecida por la empresa de seguros quede disminuida hasta el monto que pudiese ser contratado, empleando como prima única el valor de rescate para suscribir un seguro de la misma naturaleza, a la edad alcanzada.

El seguro prorrogado es aquel por el cual el tomador cesa de pagar las primas futuras convenidas y decide mantener el monto de la prestación pactada, disminuyendo el lapso de vigencia de la póliza hasta aquel que pudiese ser contratado, empleando como prima única el valor de rescate para suscribir un seguro temporal a la edad alcanzada.

Forman parte del contrato de seguro las tablas para la determinación de los valores de reducción para los seguros saldados y del tiempo de prórroga de los seguros prorrogados y de los valores de rescate.

Las disposiciones relativas a la reducción, prórroga y rescate deben formar parte de las condiciones del contrato.

De los cambios de profesión, ocupación o actividad

Artículo 110. Los cambios de profesión, ocupación o actividad del asegurado no harán cesar los efectos del seguro de vida.

Salvo pacto en contrario, la empresa de seguros no será responsable por el fallecimiento ocurrido como consecuencia de un accidente aéreo en el cual el asegurado se encontraba como piloto o formando parte de la tripulación.

Cuando haya cesado la condición declarada en la solicitud del seguro por el asegurado, que ameritó el pago de una extra prima por su profesión, ocupación o actividad, debe notificarlo a la empresa de seguros a través de los mecanismos acordados para ello, en cuyo caso dejará de ser pagada, sin afectar la suma asegurada.

De otros derechos de los beneficiarios

Artículo 111. Si el tomador fuese declarado en quiebra, hecha la cesión de sus bienes o en los casos en que sus acreedores tengan bienes que ejecutar, el asegurado, si fuere distinto de aquél, su cónyuge o descendientes beneficiarios, sustituirán al tomador en el contrato a los efectos del pago de las primas, a menos que rehúsen expresamente esta sustitución.

En este caso, el asegurado y los beneficiarios deben designar un solo representante común que reciba las comunicaciones de la empresa de seguros, y ésta podrá enviarlas a cualquiera de ellos mientras no se le dé a conocer el nombre y dirección del representante.

Del remate de derechos

Artículo 112. Si el derecho que surge de un seguro de vida, contratado por el deudor como asegurado y beneficiario, debiera rematarse a consecuencia de un embargo, quiebra, cesión de bienes o ejecución de la prenda, su cónyuge o descendientes podrán exigir, con el consentimiento del deudor, que el seguro les sea cedido mediante el pago del valor de rescate.

La petición debe ser presentada ante el Juez con anterioridad al remate.

De la cesión o pignoración

Artículo 113. El asegurado, en cualquier momento, podrá ceder o pignorar la póliza, siempre que no hubiese designado beneficiario con carácter irrevocable. La cesión o pignoración de la póliza implica la revocación del o de los beneficiarios, quienes serán rehabilitados en su condición, una vez cesen los efectos de la cesión o pignoración, plenamente demostrada ante la empresa de seguros.

En todo caso, el asegurado deberá comunicar por escrito a la empresa de seguros la cesión o pignoración realizada.

CAPÍTULO III

Del seguro de accidentes personales

De la definición y coberturas

Artículo 114. El seguro de accidentes personales es aquel mediante el cual la empresa de seguros se obliga a pagar la indemnización acordada, cuando el asegurado sufra una lesión corporal derivada de una causa violenta, súbita, externa y ajena a la intencionalidad del tomador o asegurado, que produzca invalidez, incapacidad o muerte.

Este seguro podrá cubrir otros eventos que sean consecuencia del riesgo descrito.

Son aplicables al seguro de accidentes personales, en cuanto no contraríen su naturaleza, las disposiciones sobre el seguro de vida.

De los efectos del cambio de profesión, ocupación o actividad

Artículo 115. Si la empresa de seguros fuese notificada o tuviese conocimiento de algún cambio de profesión, ocupación o actividad del asegurado, debe manifestar al tomador, dentro de los diez (10) días hábiles siguientes, su decisión de terminar el contrato, modificar sus condiciones o elevar la prima.

En caso de que la empresa de seguros manifieste la voluntad de terminar el contrato, éste dejará de tener efecto a partir del decimosexto (16°) día hábil siguiente a la notificación, siempre que ponga a disposición del tomador la porción de la prima no consumida.

Notificada la modificación o el incremento de prima, el tomador o asegurado, debe manifestar su decisión o dar cumplimiento a las condiciones exigidas, en un plazo que no excederá de quince (15) días hábiles, caso contrario, se entenderá que el contrato ha quedado sin efecto a partir del vencimiento del plazo.

Si el siniestro ocurriese antes de que surtan efecto las consecuencias de los supuestos considerados en este artículo, la indemnización será reducida en la proporción que exista entre la prima cobrada y la que se hubiese fijado de haberse conocido la nueva profesión, ocupación o actividad al momento de la suscripción.

Si el tomador o asegurado declara que no acepta la modificación o el incremento de prima, el contrato queda resuelto, salvo el derecho de la empresa de seguros a la prima correspondiente al período del seguro en curso que se hubiere causado.

Del incumplimiento en la notificación

Artículo 116. El incumplimiento del deber de notificar la existencia de otros seguros que amparen iguales riesgos a los cubiertos por el seguro de accidentes personales sólo puede dar lugar a una reclamación por los daños y perjuicios que origine, sin que la empresa de seguros pueda deducir de la suma asegurada cantidad alguna por este concepto.

Del accidente provocado

Artículo 117. En caso de que se compruebe que el tomador o asegurado ha provocado intencionalmente el accidente, la empresa de seguros se libera del cumplimiento de su obligación de indemnizar.

En el supuesto que algún beneficiario cause dolosamente el daño quedará nula la designación realizada a su favor y la indemnización será pagadera a los restantes beneficiarios o a los herederos del asegurado, según corresponda.

De los gastos de asistencia médica

Artículo 118. Los gastos de asistencia médica como consecuencia de accidentes personales serán por cuenta de la empresa de seguros, siempre que se haya establecido su cobertura expresamente en la póliza y que tal asistencia se efectúe en las condiciones previstas en el contrato.

La cobertura prevista en este artículo no podrá excluir las necesarias asistencias de carácter urgente.

Son aplicables a esta cobertura las disposiciones del seguro de salud, en lo que corresponda.

Del grado de invalidez

Artículo 119. La determinación del grado de invalidez que derive del accidente se efectuará después de la presentación del certificado médico de incapacidad, conforme a lo previsto en la póliza.

La empresa de seguros notificará al asegurado, a través de los mecanismos acordados, la cuantía de la indemnización que le corresponda, de acuerdo con el grado de invalidez que conste en el certificado médico de incapacidad y de los parámetros fijados en la póliza.

Si el asegurado no aceptare la propuesta de indemnización de la empresa de seguros, en lo referente al grado de invalidez, las partes se someterán a la decisión de peritos médicos, según el procedimiento establecido en la póliza.

CAPÍTULO IV

Del seguro de salud

De la definición y coberturas

Artículo 120. El seguro de salud es aquel mediante el cual la empresa de seguros se obliga a asumir, dentro de los límites de la ley y de la póliza, los riesgos del asegurado de incurrir en gastos derivados de las alteraciones de su salud.

El seguro de salud podrá cubrir todos o algunos de los gastos por concepto de hospitalización, cirugía, maternidad y cualquier otro inherente a este riesgo que se establezca en el contrato.

La empresa de seguros se obliga a indemnizar al asegurado mediante reembolso los gastos en que éste incurra con motivo de la asistencia médica. No obstante, podrá efectuar su indemnización mediante la prestación del servicio a través de proveedores de salud.

En el caso que la indemnización sea pagadera mediante la prestación del servicio, ésta debe ser ofrecida en la póliza de manera expresa. La empresa de seguros hará mensualmente del conocimiento público, mediante avisos colocados en cada una de sus sucursales, oficinas y agencias, así como en sus medios de información electrónicos, los proveedores de salud con los cuales haya suscrito contratos para la referida prestación. En este supuesto, la póliza podrá prever el otorgamiento de carta aval o carta compromiso, u otras modalidades afines, que permitan al asegurado recibir la prestación del servicio.

Si la póliza solo prevé que la indemnización se realizará mediante reembolso, no podrá ofrecerse carta aval o carta compromiso, o cualquier otra modalidad similar, en las publicidades u ofertas que sobre esa póliza se realicen.

Cuando existan varios seguros de salud que estén obligados a pagar la indemnización sobre un mismo siniestro, el asegurado escogerá el orden en que presentará las reclamaciones y las empresas de seguros deben indemnizar, según los límites de sus pólizas, hasta el monto total de los gastos cubiertos.

De los plazos de espera y exclusiones temporales

Artículo 121. Se entiende por plazo de espera aquel período, dentro de la duración del contrato, en el cual la empresa de seguros no cubre determinados riesgos. Los plazos de espera serán contados a partir de la fecha de comienzo de la póliza o la inclusión del asegurado en el seguro.

El contrato de seguro de salud no podrá prever plazos de espera por períodos iguales o superiores a los de su duración.

Los contratos de seguro de salud podrán contener exclusiones temporales, por períodos iguales o superiores a su duración, que no excedan del plazo de dieciocho (18) meses, contados a partir de la fecha de comienzo del contrato o la inclusión del asegurado en el seguro, según corresponda, durante los cuales la empresa de seguros no cubre determinados riesgos establecidos en el contrato.

Salvo pacto en contrario, si el tomador o asegurado solicitare un incremento en la suma asegurada, cambio de plan o disminución del deducible, comenzarán a considerarse nuevamente los plazos de espera o exclusiones temporales para las cantidades en exceso, contados a partir de la fecha en que se produjo el incremento o cambio de plan. Si ocurriere un siniestro antes del vencimiento de los plazos de espera o exclusiones temporales aplicables a la nueva suma asegurada, plan o deducible, la empresa de seguros indemnizará sobre la base de las condiciones antes de la modificación, siempre que los plazos anteriores hubieren vencido.

Del costo razonable

Artículo 122. El costo razonable se refiere al promedio calculado por la empresa de seguros de los gastos cubiertos por tratamientos médicos o intervenciones quirúrgicas de instituciones hospitalarias ubicadas en una misma área geográfica, que sean de la misma categoría o equivalente a aquella donde fue atendido el asegurado, los cuales correspondan a un tratamiento médico o intervención quirúrgica igual o similar, libre de complicaciones y que de acuerdo a las condiciones de la póliza se encuentran cubiertos.

Este promedio será calculado sobre la base de las estadísticas que tenga la empresa de seguros de los gastos facturados en el mes calendario inmediatamente anterior a la fecha en que el asegurado incurrió en los gastos, incrementado según el Índice Nacional de Precios al Consumidor (I.N.P.C.) del Banco Central de Venezuela registrado en el mismo mes. Cuando este promedio no pueda ser obtenido, el costo razonable será el monto facturado.

No obstante, si la empresa de seguros hubiere acordado con algún proveedor un baremo, debe efectuar la indemnización de los servicios prestados por este proveedor de acuerdo con el referido baremo.

De ser el caso, el costo razonable de los gastos cubiertos debe ajustarse a los baremos o la estructura de precios que el Estado haya fijado en el área de prestación de servicios de salud.

Este concepto es aplicable a toda adquisición de insumos, suministros, instrumentos especiales, equipos médicos o a cualquier otro gasto médico amparado e incurrido con motivo de la asistencia.

De la enfermedad preexistente, defecto o malformación congénita

Artículo 123. Se entiende por enfermedad preexistente toda enfermedad o lesión que pueda comprobarse ha sido adquirida con anterioridad a la fecha de inicio de la duración del contrato o de la inclusión del asegurado en el seguro, y sea conocida por el tomador o asegurado a dicha fecha.

La enfermedad, defecto o malformación congénita es la alteración o desviación del estado fisiológico de una o varias partes del cuerpo humano que existan desde el nacimiento o antes del mismo. Si la enfermedad, defecto o malformación congénita es conocida por el tomador o asegurado a la fecha de inicio de la duración del contrato o de la inclusión del asegurado en el seguro, se considerará enfermedad preexistente.

Desde el inicio del contrato las partes podrán establecer que determinadas enfermedades no estén cubiertas.

Cuando la empresa de seguros alegue que una determinada enfermedad es preexistente deberá probarlo. El asegurado estará obligado a someterse a los exámenes que razonablemente le sean requeridos por la empresa de seguros a costa de ésta. En caso de dudas, se considerará que la enfermedad no es preexistente

De la indisputabilidad, terminación y renovación

Artículo 124. Transcurridos dos (2) años ininterrumpidos desde la celebración del contrato de seguro de salud, la empresa de seguros no podrá impugnarlo alegando omisión de información en las declaraciones de salud efectuadas por el asegurado en la solicitud de seguro, salvo los casos de falsedades y reticencias de mala fe o dolo, ni podrá terminar o negarse a renovar el contrato en las mismas condiciones, incluyendo sumas aseguradas y deducibles, siempre que el tomador pague la prima correspondiente.

De la condición especial

Artículo 125. Si conforme con las condiciones de permanencia previstas en el contrato, alguna persona no pudiere seguir amparado como integrante del grupo familiar del asegurado, tendrá derecho a la emisión de una póliza de seguro de salud, en la misma empresa de seguros, sin ser sometido a pruebas de asegurabilidad y sin perder su antigüedad como asegurado, con iguales condiciones, suma asegurada, deducible o plan vigentes para el momento de la terminación de su seguro, siempre que efectúe su requerimiento dentro de los treinta (30) días continuos siguientes al egreso, sujeto al pago de la prima correspondiente.

Si la empresa de seguros no cuenta con una póliza de seguro de salud aprobada con iguales condiciones a la cual pertenecía el asegurado, propondrá la emisión de la que sea más favorable para éste.

Del régimen aplicable

Artículo 126. Los seguros de salud se regularán en lo atinente a la indemnización conforme a lo dispuesto para el seguro de daños y el seguro de accidentes personales, en cuanto sean compatibles con este tipo de seguros.

TÍTULO IV

Del seguro colectivo

De la definición

Artículo 127. El seguro colectivo es aquel que se toma entre un grupo de personas que tienen un nexo en común, distinto al solo interés de asegurarse.

No se considerarán seguros colectivos, los grupos de personas formados por la familia y aquellos que se constituyan con el solo propósito de asegurarse.

De los derechos de los beneficiarios

Artículo 128. El tomador del seguro colectivo puede también ser beneficiario si tiene el mismo interés del grupo. Igualmente puede ser beneficiario cuando tenga un interés económico lícito, respecto de la vida o salud de los integrantes del grupo, en la medida del perjuicio concreto.

De los ingresos y egresos al seguro colectivo

Artículo 129. El contrato de seguro colectivo fijará las condiciones de ingreso y egreso al grupo asegurado.

Podrá exigirse la realización de examen médico previo a la incorporación de nuevos asegurados, en cuyo caso el ingreso queda supeditado al mismo y se efectuará por la empresa de seguros en los quince (15) días continuos siguientes a la fecha en que se le haya notificado la incorporación. En los seguros colectivos sólo podrá pactarse el examen médico obligatorio en el caso de seguro colectivo de vida. Serán a cargo de la empresa de seguros los gastos ocasionados por los exámenes médicos que razonablemente sean requeridos.

La empresa de seguros debe entregar al tomador el contrato de seguros, acompañado de todos los documentos que forman parte integrante del mismo, incluyendo los certificados individuales correspondientes al grupo asegurado. El tomador está obligado a entregar a cada integrante del grupo, a través de cualquier mecanismo, el certificado individual de seguro colectivo, el cual deberá contener, como mínimo, los datos de identificación de cada uno de los asegurados, la vigencia del certificado y del contrato y los beneficios a los que tiene derecho.

Quienes dejen de pertenecer definitivamente al grupo asegurado quedan excluidos del seguro desde ese momento, salvo que se haya convenido que se mantengan amparados por la póliza suscrita durante un período posterior, debiendo la empresa de seguros devolver la porción de prima no consumida al tomador.

De las condiciones especiales para el seguro colectivo de accidentes personales

Artículo 130. En el seguro colectivo de accidentes personales, salvo que se haya estipulado expresamente que la indemnización convenida se cubra en forma de renta, podrá pagarse en forma de capital, siempre que conste que el siniestro ha causado al asegurado una disminución en su capacidad para el trabajo que deba estimarse como permanente. Además, puede convenirse, mientras se constata el grado de incapacidad, el pago periódico de cuotas a cuenta de la indemnización definitiva.

Del reintegro por experiencia favorable

Artículo 131. En el supuesto que el contrato de seguro colectivo incluya el beneficio de reintegro por experiencia favorable, se indicará en las condiciones o certificado individual, que los asegurados tendrán derecho al rembolso del reintegro en la misma proporción en que estos hayan contribuido al pago de la prima.

De las condiciones especiales para los seguros colectivos

Artículo 132. El asegurado que dejare de pertenecer a un seguro colectivo, tendrá derecho a la emisión de una póliza de seguro individual de igual naturaleza a la del colectivo, en la misma empresa de seguros, sin ser sometido a pruebas de asegurabilidad, si fuere el caso, y sin perder su antigüedad como asegurado, con idénticas condiciones, suma asegurada, deducible o plan vigentes para el momento de la terminación de su seguro, siempre que efectúe su requerimiento dentro de los treinta (30) días continuos siguientes al egreso, sujeto al pago de la prima correspondiente.

Si la empresa de seguros no cuenta con una póliza de seguro aprobada con iguales condiciones a la cual pertenecía el asegurado, propondrá la emisión de la que sea más favorable para éste.

Los integrantes del grupo familiar del asegurado que hayan estado amparados bajo la modalidad de seguro colectivo de salud, tendrán derecho a ser incluidos en la póliza de seguro individual de éste, o que les sea emitida a cada uno de ellos una póliza de seguro individual, en los términos indicados en los párrafos precedentes.

En los seguros de vida, la empresa de seguros queda relevada de esta obligación cuando se solicite un seguro de vida temporal.

SECCIÓN III

Del contrato de medicina prepagada

TITULO I

De las disposiciones generales

De la definición del contrato de medicina prepagada

Artículo 133. El contrato de medicina prepagada es aquel mediante el cual la empresa de medicina prepagada se compromete con una persona natural, denominada usuario o afiliado, a gestionar la atención médica y la prestación, directa o indirecta, de servicios médico asistenciales relacionados con la atención y tratamiento de su salud, mediante el cobro periódico por anticipado de una cuota, previamente establecida y pagada por el contratante.

Del objeto del contrato

Artículo 134. El contrato de medicina prepagada cubre toda clase de prestación de servicios médico asistenciales, salvo prohibición expresa de la ley.

De la causa del contrato

Artículo 135. Todo interés legítimo en el cuidado integral de la salud mediante la prestación de servicios médico asistenciales que sean susceptible de valoración económica puede ser causa de un contrato de medicina prepagada.

De las partes del contrato

Artículo 136. Son partes del contrato de medicina prepagada:

1. La empresa de medicina prepagada;
2. El contratante, persona que suscribe el contrato de servicios;

3. El usuario o afiliado, persona amparada por el contrato de prestación de servicios médico asistenciales o plan de salud de medicina prepagada, que tiene derecho a las coberturas que prevea el contrato o plan de salud.

El contratante puede obrar por cuenta propia o ajena. El contratante y usuario o afiliado pueden ser o no la misma persona.

De la interpretación de términos

Artículo 137. A los fines de interpretación y aplicación de estas normas se definen los siguientes términos:

1. Centro de Salud: Institución acreditada conforme a la ley, dedicada a la prestación de servicios médicos asistenciales en sus diferentes áreas y especialidades, a través del cual los usuarios o afiliados reciben atención médica a cuya gestión y prestación se comprometen las empresas de medicinas prepagada;

2. Profesional de la Salud: Persona natural acreditada conforme a la ley, para ejercer cualquiera de las profesiones relacionadas con la salud y la medicina, a través de la cual las empresas de medicina prepagada pueden ejecutar la prestación de servicios médicos asistenciales en beneficio de los usuarios o afiliados, mediante la celebración de contratos de servicios profesionales;

3. Plan de Salud: Conjunto de condiciones, prácticas médicas y servicios médico asistenciales que, de acuerdo con las modalidades previstas en estas normas, se compromete a prestar la empresa de medicina prepagada a través del contrato;

4. Emergencia Médica: Condición que compromete la vida o la integridad física del usuario o afiliado, cuya atención no puede ser diferida y su diagnóstico ha sido hecho por un médico calificado de un centro de salud prestador de servicios médicos asistenciales.

Material informativo

Artículo 138. Las empresas de medicina prepagada deben entregar al contratante materia informativo, junto al contrato suscrito, que describa de forma clara y precisa el plan de salud que se haya contratado, la forma para acceder a los servicios médicos asistenciales, las características relevantes del contrato y demás beneficios.

Este material debe detallar el mecanismo interno de recepción, seguimiento de consultas y reclamaciones de los contratantes, usuarios o afiliados. Adicionalmente, debe contar con una sección que incluya:

1. Los centros de salud dispuestos para la atención de los usuarios o afiliados;

2. Los nombres, direcciones y teléfonos de los profesionales de la salud y demás prestadores de servicios médicos asistenciales autorizados para la cobertura geográfica de relevancia para el usuario o afiliado;

3. La unidad especializada en atención de consultas y reclamaciones;

4. Los mecanismos para obtener información actualizada.

Adicionalmente, debe publicar en cada una de sus sucursales, agencias y oficinas, así como en sus medios de información electrónicos, listados actualizados de los centros de salud, profesionales de la salud y demás prestadores de servicios médico asistenciales.

De la información

Artículo 139. Los usuarios o afiliados tienen derecho a recibir la información que permita la mayor transparencia en las operaciones y servicios médicos asistenciales que presten las empresas de medicina prepagada, en el marco del contrato suscrito.

De la identificación del usuario

Artículo 140. Todo afiliado o usuario debe poseer documento de afiliación expedido por la respectiva empresa de medicina prepagada, contentivo por lo menos de la siguiente información:

1. Denominación social de la empresa de medicina prepagada;

2. Número de registro de la empresa de medicina prepagada en la Superintendencia de la Actividad Aseguradora;

3. Identificación del afiliado o usuario: nombres, apellidos y número de cédula de identidad. Para los menores de edad, incluir número de cédula de identidad (en caso de poseerla) y número de cédula de identidad del contratante o usuario que figura como representante legal del menor;

4. Fecha de afiliación;

5. Número de contrato;

6. Número de teléfono o mecanismo electrónico en el que puede acceder a la información sobre el servicio.

De la libre escogencia del proveedor

Artículo 141. Los usuarios o afiliados podrán escoger libremente los centros y profesionales de la salud, dentro de las opciones ofrecidas por la empresa de medicina prepagada, conforme a su red de servicios.

TÍTULO II

De la cuota y duración de la definición

Artículo 142. La cuota es la contraprestación periódica que debe pagar por anticipado el contratante a la empresa de medicina prepagada, en virtud de la celebración del contrato. Salvo pacto en contrario, es pagadera en dinero. La cuota incluye todos los derechos, comisiones, gastos y recargos, con excepción de los impuestos que estén a cargo directo del contratante, usuario o afiliado.

Las empresas de medicina prepagada no podrán cobrar cantidad alguna por otro concepto distinto al monto de la cuota estipulada en el contrato; salvo los eventuales vales previstos en el contrato para acceder a los servicios amparados.

Del pago de la cuota

Artículo 143. El pago de la cuota podrá efectuarse de forma mensual, trimestral, semestral, anual o cualquier otro acordado por las partes, dentro del plazo indicado en el contrato, el cual no será inferior a cinco (5) días hábiles, contados a partir de la fecha de su exigibilidad.

Duración

Artículo 144. La duración del contrato de medicina prepagada será estipulada por las partes, supeditado al pago oportuno de las cuotas establecidas en el contrato, las cuales no podrán ser modificadas dentro de ese período. Si el contrato no estipulare duración, se entenderá celebrado por un (1) año.

De la suspensión temporal del servicio por falta de pago

Artículo 145. Transcurrido el plazo pactado por las partes para el pago de la segunda cuota vencida, sin que este se haya efectuado, la empresa de medicina prepagada podrá suspender la prestación de los servicios médicos asistenciales.

La suspensión procederá sin perjuicio de lo establecido para la resolución del contrato por falta de pago.

A partir de la fecha en que el contante proceda al pago de la totalidad de lo adeudado, la empresa de medicina prepagada debe restablecer la prestación de los servicios médicos asistenciales para los nuevos casos, así como pagar los reembolsos pendientes ocurridos antes de la suspensión del referido servicio.

Los gastos derivados de servicios de salud generados durante la suspensión de la prestación de los servicios médicos asistenciales no estarán amparados por el contrato.

De la resolución del contrato por falta de pago

Artículo 146. Las empresas de medicina prepagada podrán resolver el contrato cuando hayan transcurrido noventa (90) días consecutivos desde la fecha de vencimiento de la última cuota pagada. Transcurrido este lapso, la empresa de medicina prepagada debe comunicar por escrito al contratante su decisión de resolver el contrato.

TÍTULO II

De la prestación del servicio

De las modalidades de prestación del servicio

Artículo 147. El servicio de medicina prepagada debe ser prestado bajo alguna de las siguientes modalidades:

1. De manera directa, a través de centros de salud propios;
2. De manera indirecta, a través de centros de salud y profesionales adscritos mediante la celebración de contratos de prestación de servicios médico asistenciales;
3. Ambas modalidades.

De la prevalencia en la prestación del servicio

Artículo 148. Los contratos de medicina prepagada deberán establecer explícitamente las alternativas u opciones con las que cuenta el usuario o afiliado en aquellos supuestos en los que la prestación del servicio no pueda ser cumplida bajo las modalidades descritas en el artículo anterior, indicando las condiciones o requisitos que deberán llenarse sobre el particular.

Las empresas de medicina prepagada, a los efectos de redactar las condiciones o requisitos arriba mencionados, deben tomar en cuenta que si están imposibilitadas para prestar los servicios garantizados, deberán referir a los usuarios o afiliados a proveedores de servicios de salud de categoría equivalente a los centros de salud y profesionales adscritos, pagando directamente a tales proveedores los gastos por los servicios médicos recibidos por los afiliados o usuarios.

En los casos de emergencias médicas, si el afiliado o usuario no puede comunicarse con la empresa de medicina prepagada para solicitar la prestación de los servicios, conllevando que reciba la atención con proveedores de servicios de salud no vinculados con la empresa de medicina prepagada, ésta podrá pagar directamente a tales proveedores los gastos ocasionados o rembolsar al usuario o afiliado los gastos incurridos amparados por el contrato.

Se encuentra recibiendo servicios médico asistenciales como consecuencia de una alteración a la salud amparada, se tendrán cubiertos los gastos que se originen luego de vencido el contrato, siempre que: sean atribuibles a la misma asistencia médica; no se haya agotado el límite de responsabilidad, en los términos establecidos en el contrato; y sea dentro de los noventa (90) días siguientes a la fecha de vencimiento del contrato, salvo que las partes hayan acordado un plazo mayor.

De la derogatoria

Artículo 150. Se deroga el acto administrativo contenido en la Providencia N° FSAA-9-00661 de fecha 11 de julio de 2016, publicada en la Gaceta Oficial de la República Bolivariana de Venezuela N° 40.973 de fecha 24 de agosto de 2016, mediante el cual se dictaron las Normas que regulan la Relación Contractual en la Actividad Aseguradora, en lo que se refiere a las Disposiciones del Contrato de Seguros y de Medicina Prepagada. Las demás normativas prudenciales y actos administrativos conexos a la actividad aseguradora, que coliden con las presentes normas no serán aplicables.

De la publicidad

Artículo 151. Se ordena la publicación de las presentes normas en la página web de la Superintendencia de la Actividad Aseguradora, con el fin de coadyuvar con la divulgación de su contenido a todos los interesados y público en general, sin menoscabo de su publicación en la Gaceta Oficial de la República Bolivariana de Venezuela.

De la vigencia

Artículo 152. Las presentes normas entrarán en vigencia a partir de su publicación en la Gaceta Oficial de la República Bolivariana de Venezuela.

DISPOSICIONES FINALES

Primera. Las disposiciones establecidas en estas normas para el contrato de seguro, son aplicables al contrato de medicina prepagada, siempre que no desvirtúen la naturaleza de la prestación del servicio de medicina prepagada.

Segunda. Los contratos a que se refieren estas normas deben hacer referencia a la existencia del Defensor del tomador, asegurado y, beneficiario, contratante, usuario o afiliado de la actividad aseguradora; y que, en caso de cualquier denuncia, queja, reclamo o sugerencia, podrán acudir a la Oficina de Atención Ciudadana de la Superintendencia de la Actividad Aseguradora, o comunicarse a través de los mecanismos dispuestos para ello.

Comuníquese y publíquese

OMAR OROZCO COLMENARES
Superintendente de la Actividad Aseguradora (E)

Resolución N° 003-2021 de fecha 18 de enero de 2021, publicada en la Gaceta Oficial de la República Bolivariana de Venezuela N° 42.049 de la misma fecha

REPÚBLICA BOLIVARIANA DE VENEZUELA
MINISTERIO DEL PODER POPULAR DE ECONOMÍA, FINANZAS Y COMERCIO EXTERIOR
SUPERINTENDENCIA DE LA ACTIVIDAD ASEGURADORA

Caracas, a los veintinueve (29) días del mes de agosto de 2024

AÑOS 214°, 165° y 25°

PROVIDENCIA ADMINISTRATIVA N° SAA-01-0507-2024

De conformidad con las previsiones normativas contenidas en los artículos 6 numeral 1; 8 numerales 1, 3 y 18 de la Ley de la Actividad Aseguradora, que le atribuyen al Superintendente de la Actividad Aseguradora (E), **OMAR OROZCO COLMENARES**, designado mediante Resolución N° 003 de fecha 18 de enero de 2021, publicada en la Gaceta Oficial de la República Bolivariana de Venezuela N° 42.049 de la misma fecha, la competencia para establecer y dictar sus manuales de normas y procedimientos que regulan la actividad aseguradora.

POR CUANTO

Producto de la entrada en vigencia de la Ley de la Actividad Aseguradora, el sector Asegurador incursiona en una etapa de adaptación al nuevo marco legal establecido, lo cual provoca la actualización, reestructuración y adecuación por parte de la Superintendencia de la Actividad Aseguradora de las Pólizas de Seguro de Salud.

POR CUANTO

Es competencia de esta Superintendencia de la Actividad Aseguradora verificar y garantizar que los sujetos regulados cumplan con las disposiciones contenidas en la Ley de la Actividad Aseguradora.

En virtud de lo anterior, acuerda dictar las siguientes:

NORMAS QUE ESTABLECEN EL CONTENIDO MÍNIMO DE LAS CONDICIONES GENERALES Y PARTICULARES DE LOS CONTRATOS DE SEGURO DE SALUD

Del objeto

Artículo 1. Las presentes normas tienen por objeto aprobar con carácter general y uniforme el contenido mínimo de las condiciones generales y particulares de los contratos de seguro de salud.

Del contenido mínimo de las Condiciones Generales

Artículo 2. El contenido mínimo de las Condiciones Generales de los contratos de seguro de salud se trascribe en los términos que se muestran a continuación:

CLÁUSULA. OBJETO DEL SEGURO

El Asegurador se compromete a asumir los riesgos indicados en este contrato, hasta la suma asegurada señalada en el Cuadro Póliza Recibo.

CLÁUSULA. DEFINICIONES GENERALES

A los efectos de este contrato, queda expresamente convenido entre las partes que los siguientes términos tendrán los significados que se indican, siendo que el género masculino incluirá también al femenino, cuando corresponda, salvo que del texto se desprenda una interpretación diferente:

1. **ASEGURADOR:** Persona jurídica que asume los riesgos cubiertos en este contrato;
2. **TOMADOR:** Persona natural o jurídica que contrata el seguro y se obliga a pagar la prima correspondiente al Asegurador;
3. **ASEGURADO:** Persona natural expuesta a los riesgos cubiertos y amparados por este contrato;
4. **ASEGURADO TITULAR:** Asegurado indicado con este carácter en el Cuadro Póliza Recibo, quien ejerce los derechos de los Asegurados ante el Asegurador;
5. **BENEFICIARIO:** Persona que tiene el derecho de recibir el pago de la indemnización a que hubiere lugar. En caso de reembolso, el Asegurador pagará la indemnización al Asegurado titular, independientemente de la persona que haya incurrido en los gastos;
6. **EDAD**: Es la correspondiente a la fecha de cumpleaños más cercana, anterior o posterior, al momento de emisión o renovación del contrato;

7. **DOCUMENTOS QUE FORMAN PARTE DEL CONTRATO DE SEGURO:** Las Condiciones Generales, las Condiciones Particulares, la Solicitud de Seguro, el Cuadro Póliza Recibo, los Anexos que se emitan para complementar o modificar el contrato y los demás documentos que por su naturaleza formen parte del contrato;

8. **SOLICITUD DE SEGURO:** Cuestionario que proporciona el Asegurador, el cual contiene un conjunto de preguntas relativas a la identificación del tomador, de los propuestos Asegurados y de los Beneficiarios, así como también del estado de salud de cada una de las personas que estarán amparadas por el contrato y demás datos que puedan influir en la estimación del riesgo, que deben ser contestadas en su totalidad y con exactitud por el tomador o propuesto Asegurado titular, según corresponda, constituyendo dicha declaración la base legal para la emisión de este contrato;

9. **CUADRO PÓLIZA RECIBO**: Documento en el que se indica, como mínimo, la siguiente información: número de la Póliza, identificación completa del Asegurador y de su domicilio principal, identificación completa del tomador, de los Asegurados y de los Beneficiarios, dirección del tomador, dirección de cobro, dirección del Asegurado titular, nombre del intermediario de la actividad Aseguradora, riesgos cubiertos, suma asegurada, monto de la prima, forma de pago, duración del contrato, fecha de emisión del contrato, deducible, si lo hubiere, y firmas del Asegurador y del tomador;

10. **CONDICIONES PARTICULARES:** Aquellas que contemplan aspectos concretamente relativos al riesgo que se asegura;

11. **PRIMA:** Contraprestación que, en función del riesgo, debe pagar el tomador al Asegurador en virtud de la celebración de este contrato;

12. SINIESTRO: Materialización del riesgo que da origen a la obligación de indemnizar por parte del Asegurador;

13. DEDUCIBLE: Cantidad indicada en el Cuadro Póliza Recibo que deberá asumir el Asegurado, y en consecuencia no será pagada por el Asegurador en caso de ocurrencia de un siniestro cubierto por este contrato;

14. SUMA ASEGURADA: Límite máximo de responsabilidad del Asegurador, indicado en el Cuadro Póliza Recibo.

CLÁUSULA. EXONERACIÓN DE RESPONSABILIDAD

El Asegurador no estará obligado al pago de la indemnización en los siguientes casos:

1. Si el tomador, el Asegurado, el Beneficiario o cualquier persona que obre por cuenta de éstos presenta una reclamación fraudulenta o engañosa, o si en cualquier tiempo emplea medios o documentos engañosos o dolosos para sustentar una reclamación o para derivar otros beneficios relacionados con este contrato;

2. Si el siniestro ha sido ocasionado por dolo del tomador, del Asegurado o del Beneficiario;

3. Si el siniestro ha sido ocasionado por culpa grave del tomador, del Asegurado o del Beneficiario o de cualquier persona que obrare por cuenta de ellos. No obstante, el Asegurador estará obligado al pago de la indemnización si el siniestro ha sido ocasionado en cumplimiento de deberes legales de socorro o en tutela de intereses comunes con el Asegurador, en lo que respecta a este contrato;

4. Si el siniestro se inicia antes de la duración de este contrato y continúa después de que los riesgos hayan comenzado a correr por cuenta del Asegurador;

5. Si el tomador, el Asegurado o el Beneficiario no empleare los medios a su alcance para aminorar las consecuencias del siniestro, siempre que este incumplimiento se produjera con la manifiesta intención de perjudicar o engañar al Asegurador;

6. Si el tomador o el Asegurado titular actúa con dolo o culpa grave, según lo señalado en la Cláusula relacionada con las Declaraciones en la Solicitud de Seguro, de estas Condiciones Generales;

7. Si el tomador, Asegurado o el Beneficiario incumpliere lo establecido en la Cláusula relativa a la Subrogación de Derechos, de estas Condiciones Generales, a menos que compruebe que el incumplimiento es debido a una causa extraña no imputable a él;

8. Si el tomador, el Asegurado, el Beneficiario o cualquier persona que obre por cuenta de éstos, actuando con dolo o culpa grave, obstaculiza los derechos del Asegurador estipulados en este contrato;

9. Otras exoneraciones de responsabilidad que se establezcan en las Condiciones Particulares de este contrato.

CLÁUSULA. DURACIÓN DEL CONTRATO

La duración del contrato será anual y se hará constar en el Cuadro Póliza Recibo, con indicación de la fecha de emisión, la hora y día de su iniciación y vencimiento.

CLÁUSULA. PAGO DE LA PRIMA

El tomador debe pagar la primera prima anual en el plazo de diez

(10) días continuos contados a partir de la fecha de inicio de la duración del contrato. Si la prima no es pagada o se hace imposible su cobro por causa imputable al tomador en el plazo establecido, el Asegurador tendrá derecho a exigir el pago correspondiente o resolver el contrato. En caso de resolución, esta tendrá efecto desde el inicio de la duración del contrato. Si el Asegurador no ejerce su derecho a resolver el contrato de seguro, no podrá negarse a recibir el pago de la prima vencida.

Si ocurriese un siniestro en el plazo convenido para el pago de la primera prima, el Asegurador pagará la indemnización, siempre que el tomador pague antes de su vencimiento la prima correspondiente.

El pago de la prima solamente conserva en vigor el contrato por el tiempo al cual corresponda dicho pago, según conste en el Cuadro Póliza Recibo.

Contra el pago de la prima, el Asegurador entregará al tomador el Cuadro Póliza Recibo o recibo de prima correspondiente, según sea el caso, firmado y sellado. La entrega podrá efectuarse en forma impresa o a través de los mecanismos electrónicos acordados para ello, que consten en la solicitud de seguro, con su acuse de recibo.

Las primas pagadas en exceso no darán lugar a responsabilidad alguna por parte del Asegurador por el exceso, sino única y exclusivamente al reintegro sin intereses del excedente, aun cuando aquellas hubieren sido aceptadas formalmente por éste.

CLÁUSULA. RENOVACIÓN

El contrato se entenderá renovado automáticamente al finalizar el último día de duración del período de vigencia anterior y por un plazo igual, siempre que el tomador pague la prima correspondiente al nuevo período, de acuerdo con lo establecido en la Cláusula Plazo de Gracia, de estas Condiciones Generales, entendiéndose que la renovación no implica un nuevo contrato, sino la continuidad del anterior.

Las partes pueden negarse a la prórroga del contrato mediante una notificación efectuada a la otra parte en forma impresa o a través de los mecanismos electrónicos acordados, con un plazo de por los menos un (1) mes de anticipación a la conclusión del período de duración en curso.

Transcurridos dos (2) años ininterrumpidos desde la celebración del contrato, el Asegurador no podrá anular o negarse a renovar en las mismas condiciones, siempre que el tomador pague la prima correspondiente.

CLÁUSULA. PLAZO DE GRACIA

Se concede un plazo de gracia de **(indicar plazo, mínimo treinta (30) días continuos)** para el pago de la prima de renovación del contrato, contados a partir de la fecha de terminación de la duración anterior. Si ocurriere un siniestro en este plazo, el Asegurador pagará la indemnización, previa deducción de la prima correspondiente. Si el monto del siniestro es menor a la prima de renovación, el Asegurador pagará la indemnización, siempre que el tomador pague la prima en el plazo de gracia concedido. Si la prima no es pagada en el referido plazo, el contrato quedará sin validez y efecto a partir de la fecha de terminación de la duración del contrato anterior.

CLÁUSULA. DECLARACIONES EN LA SOLICITUD DE SEGURO

El tomador y el propuesto Asegurado titular, al llenar la solicitud, deben declarar con exactitud al Asegurador todos los datos que le sean requeridos.

Corresponde al propuesto Asegurado titular declarar con precisión la información solicitada en el cuestionario y cumplir con los demás requerimientos exigidos por el Asegurador para la valoración del riesgo.

El Asegurador deberá participar al tomador o Asegurado, en el plazo de cinco (5) días hábiles siguientes, que ha tenido conocimiento de un hecho no declarado en la solicitud que pueda influir en la valoración del riesgo, y podrá ajustar o resolver el contrato, mediante comunicación impresa o a través de los mecanismos electrónicos acordados para ello, con acuse de recibo, dirigida al tomador o Asegurado según corresponda, en el plazo de un (1) mes, contado a partir del conocimiento de los hechos. En caso de resolución, ésta se producirá a partir del decimosexto (16°) día continuo siguiente a su notificación, siempre que la parte proporcional de la prima, deducida la comisión pagada al intermediario de la actividad Aseguradora, correspondiente al período que falte por transcurrir, se encuentre a disposición del Tomador en la caja del Asegurador. Corresponderán al Asegurador las primas relativas al período de seguro trascurrido, hasta el momento en que se haga esta notificación.

Si el siniestro sobreviene antes que el Asegurador haga cualquiera de las notificaciones a que se refiere esta cláusula o antes de que se haga efectiva la resolución del contrato, la indemnización se reducirá en la misma proporción que existe entre la prima convenida y la que se hubiese establecido de haberse conocido la verdadera entidad del riesgo. Si el Tomador actúa con dolo o culpa grave, el Asegurador quedará liberado del pago de la indemnización y de la devolución de la prima.

Cuando el contrato esté referido a varias personas y la reserva o inexactitud se contrajese solo a una o varias de ellas, el contrato subsistirá con todos sus efectos respecto a las restantes, si ello fuere técnicamente posible.

CLÁUSULA. FALSEDADES Y RETICENCIAS DE MALA FE

Las falsedades y reticencias de mala fe por parte del Tomador o Asegurado realizadas en la solicitud de seguros, debidamente probadas, serán causa de nulidad absoluta del contrato, si son de tal naturaleza que el Asegurador, de haberlas conocido, no hubiese contratado o lo hubiese hecho en otras condiciones.

Las falsedades y reticencias de mala fe por parte del Tomador, Asegurado o Beneficiario en la reclamación del siniestro, debidamente probadas, serán causa de nulidad absoluta del contrato y exoneran del pago de la indemnización al Asegurador. No hay lugar a la devolución de prima en los supuestos de nulidad del contrato contemplados en esta cláusula.

CLÁUSULA. PAGO DE INDEMNIZACIONES

El Asegurador deberá pagar la indemnización que corresponda en un plazo que no exceda de veinte (20) días continuos siguientes, contados a partir de la fecha en que haya recibido el ultimo recaudo solicitado, salvo por causa extraña no imputable al Asegurador.

CLÁUSULA. SUBROGACIÓN DE DERECHOS

El Asegurador que ha pagado la indemnización, queda subrogado de pleno derecho, hasta la concurrencia del monto pagado, en los derechos y acciones del Tomador, Asegurado o del Beneficiario contra los terceros responsables.

Salvo el caso de dolo, la subrogación no se efectuará contra las personas de cuyos hechos debe responder civilmente el Asegurado, ni contra el causante del siniestro vinculado con el Asegurado hasta el segundo grado de parentesco por consanguinidad o que sea su cónyuge o la persona con quien mantenga unión estable de hecho.

El Asegurado o el Beneficiario no podrá, en ningún momento, renunciar a sus derechos de recobrar de otras personas los daños y pérdidas que éstas le hubiesen ocasionado.

En caso de siniestro, el Asegurado o el Beneficiario está obligado a realizar a expensas del Asegurador, cuantos actos sean necesarios y todo lo que ésta pueda razonablemente requerir, con el objeto de permitir que éste ejerza los derechos que le correspondan por subrogación, sean antes o después del pago. Si el Tomador, el Asegurado o el Beneficiario incumpliere lo establecido en esta cláusula, perderá el derecho al pago que le otorga este contrato, a menos que compruebe que el incumplimiento es debido a una causa extraña no imputable a él.

CLÁUSULA. OTROS CONTRATOS DE SALUD

Al momento de notificar la ocurrencia del siniestro, el Tomador, el Asegurado o el Beneficiario está obligado a informar al Asegurador la existencia de cualquier otro contrato de salud que ampare al Asegurado que activó la cobertura del contrato.

Cuando el Asegurado se encuentre amparado por varios contratos de salud que estén obligados a pagar la indemnización sobre un mismo siniestro, escogerá el orden en que presentará las reclamaciones, notificando a todas las empresas la ocurrencia del siniestro en los plazos establecidos en los respectivos contratos de salud, y se deberá indemnizar, según los beneficios y límites de cada uno de ellos, hasta el monto total de los gastos cubiertos, previa deducción de los montos pagados por los otros contratos.

CLÁUSULA. ARBITRAJE

Las partes podrán someter a un procedimiento de arbitraje las divergencias que se susciten en la interpretación, aplicación y ejecución del contrato. La tramitación del arbitraje se ajustará a lo dispuesto en la ley que regule la materia de arbitraje y supletoriamente al Código de Procedimiento Civil.

El Superintendente de la Actividad Aseguradora actuará como árbitro arbitrador en aquellos casos en que sea designado de mutuo acuerdo entre ambas partes, con motivo de las controversias que se susciten en la interpretación, aplicación y ejecución del contrato. En este supuesto, la tramitación del arbitraje se ajustará a lo dispuesto en las normas que regulan el arbitraje en la actividad Aseguradora.

El laudo arbitral será de obligatorio cumplimiento.

CLÁUSULA. CADUCIDAD

El Tomador, Asegurado o Beneficiario perderá todo derecho a ejercer acción judicial contra la empresa de seguros, o convenir con esta someterse al arbitraje, si no lo hubiere hecho antes de transcurrir el plazo de un (1) año, contado a partir de la fecha de la notificación, por escrito:

1. Del rechazo, total o parcial, del siniestro;

2. De la decisión de la empresa de seguros sobre la inconformidad del tomador, Asegurado o Beneficiario respecto a la indemnización o al cumplimiento de la obligación a través de proveedores de insumos o servicios.

A los efectos de esta disposición, se entenderá iniciada la acción judicial una vez que sea consignado el libelo de demanda por ante los Órganos jurisdiccionales.

CLÁUSULA. PRESCRIPCIÓN

Salvo lo dispuesto en leyes especiales, las acciones derivadas del contrato de seguro prescriben a los tres (3) años, contados a partir del hecho que dio origen a la obligación.

CLÁUSULA. MODIFICACIÓN Y REHABILITACIÓN

Las solicitudes de modificación y rehabilitación del contrato deben ser solicitadas a través de cualquier mecanismo acordado por las partes.

Se consideran aceptadas las solicitudes efectuadas por el Tomador o Asegurado si el Asegurador no la rechaza dentro de los diez (10) días hábiles siguientes de haberla recibido. Este plazo será de veinte (20) días hábiles cuando la modificación o rehabilitación conforme a las condiciones de este contrato, hagan necesario un reconocimiento médico. El requerimiento del Asegurador de que se realicen exámenes médicos no implica la aceptación a que se refiere esta cláusula.

El contrato de seguro puede ser rehabilitado a solicitud del Tomador, siempre que los Asegurados se encuentren en buen estado de salud, según declaración de salud o reconocimiento médico a cargo del Asegurado. En este supuesto, se requiere la aceptación del Asegurador y el pago de la prima pendiente, entrando el contrato nuevamente en vigor en la fecha indicada en el Cuadro Póliza Recibo. El Asegurador reconocerá la antigüedad obtenida por los Asegurados, pero no estarán amparados los gastos incurridos desde la fecha de resolución del contrato hasta su rehabilitación ***(debe indicarse el alcance de este reconocimiento, en lo que se refiere a la aplicación de los plazos de espera y exclusiones temporales, si estuviesen establecidos en el contrato, y los riesgos que tendrán cobertura inmediata, en los cuales deben incluirse los accidentes. Asimismo, en cualquier caso, podrá establecerse un plazo de espera adicional, que no exceda de tres (3) meses, contados a partir de la rehabilitación)***.

No se convendrá la rehabilitación, una vez transcurridos noventa (90) días continuos desde la fecha de resolución del contrato.

La modificación de la suma asegurada o el deducible requerirá siempre aceptación expresa de la otra parte. En caso contrario, se presumirá aceptada por el Asegurador con la emisión del Cuadro Póliza Recibo o recibo de prima, en el que se modifique la suma asegurada o el deducible y, por parte del Tomador o el Asegurado Titular, con el pago de la diferencia de prima correspondiente, si la hubiere. Si la modificación propuesta por el Asegurador es efectiva a partir de la renovación del contrato, debe ser comunicada al Tomador mediante comunicación impresa o a través de los mecanismos electrónicos acordados para ello, con acuse de recibo, en un plazo no menor a un (1) mes de anticipación a la conclusión del período de seguro en curso. En caso de desacuerdo del Tomador, si el Asegurador decide mantener o renovar el contrato, deberá hacerlo bajo las mismas condiciones de suma asegurada y deducible vigentes al momento de la propuesta de modificación, sin perjuicio de la obligación del Asegurador de renovar el contrato, conforme con lo indicado en la Cláusula ***(indicar número)*** Renovación de estas Condiciones Generales.

Las modificaciones se harán constar mediante Anexos, debidamente firmados por un representante del Asegurador y el Tomador, los cuales prevalecerán sobre las Condiciones Particulares y éstas sobre las Condiciones Generales de este contrato.

Si la modificación requiere pago de prima adicional se aplicará lo dispuesto al respecto en este contrato.

CLÁUSULA. AVISOS

Todo aviso o comunicación que una parte deba dar a la otra respecto al contrato deberá hacerse mediante comunicación impresa o a través de los mecanismos electrónicos acordados para ello, con acuse de recibo, dirigido al domicilio principal o sucursal del Asegurador o a la dirección del Tomador o del Asegurado que conste en el contrato, según sea el caso.

Las comunicaciones relacionadas con la tramitación de siniestros que sean proporcionadas, por cualquier medio, al intermediario de la actividad Aseguradora, producen el mismo efecto que si hubiesen sido entregadas a la otra parte, salvo estipulación en contrario indicada expresamente en el contrato.

El intermediario de la actividad Aseguradora será administrativa y civilmente responsable en caso de que no haya entregado la notificación a su destinatario en un plazo de tres (3) días hábiles, contados a partir de su recepción.

CLÁUSULA. DOMICILIO ESPECIAL

Para todos los efectos y consecuencias derivadas o que puedan derivarse de este contrato, las partes eligen como domicilio especial, único y excluyente de cualquier otro, el lugar donde se celebró el contrato, a cuya Jurisdicción declaran someterse las partes.

Del contenido mínimo de las Condiciones Particulares

Artículo 3. El contenido mínimo de las condiciones particulares de los contratos de seguro de salud se trascribe en los términos que se muestran a continuación:

CLÁUSULA. INTERPRETACIÓN DE TÉRMINOS

A los efectos de este contrato, los términos que se señalan a continuación tendrán el siguiente significado:

1. ACCIDENTE: Suceso violento, súbito, externo y ajeno a la intencionalidad del Asegurado, que le cause a este último lesiones corporales;

2. **EMERGENCIA MÉDICA:** Condición que compromete la vida o la integridad física del Asegurado, cuya atención no puede ser diferida y su diagnóstico ha sido hecho por un médico calificado de la institución hospitalaria prestadora de los servicios de salud;

3. **ENFERMEDAD:** Alteración de la salud que resulte de la acción de agentes morbosos de origen interno o externo con relación al organismo, que origine reducción de su capacidad funcional y que requiera de tratamiento médico o intervención quirúrgica;

4. **ENFERMEDAD PREEXISTENTE:** Enfermedad o lesión que pueda comprobarse ha sido adquirida con anterioridad a la fecha de inicio de la vigencia del contrato o de la inclusión del Asegurado en el seguro, y sea conocida por el Tomador o el Asegurado al momento de la suscripción del contrato o de la inclusión del Asegurado en el mismo;

5. **INSTITUCIÓN HOSPITALARIA:** Establecimiento permanente con permiso sanitario vigente para suministrar asistencia médica, autorizado por el organismo público competente. No serán consideradas instituciones hospitalarias para los efectos de este contrato de seguro, lugares de descanso, geriátricos, spas, hidroclínicas y cualquier institución que suministre tratamientos similares, centros exclusivos para tratamiento de farmacodependientes, de dipsómanos (alcohólicos), enfermos mentales o desordenes de conducta, ni lugares donde proporcionen tratamientos naturistas, terapias alternativas, y acupuntura;

6. **MÉDICO:** Persona natural acreditada conforme a la ley para ejercer la profesión médica en el país donde presta sus servicios, en cualquiera de sus modalidades y especialidades;

7. **PROCEDIMIENTO EXPERIMENTAL O INVESTIGATIVO:** Tratamiento médico, intervención quirúrgica, suministro, medicamento, procedimiento médico u hospitalario que:

   7.1 No haya sido aceptado como seguro, efectivo y apropiado para el tratamiento médico de enfermedades por el consenso de las organizaciones profesionales que están reconocidas por la comunidad médica internacional; o

   7.2 Su uso éste restringido a objetivos clínicos disciplinados que posean valor o beneficio para propósitos clínicos de la disciplina y estudios científicos; o

   7.3 No se haya probado de manera objetiva que posea valor o beneficio terapéutico; o

   7.4 Esté bajo estudio, investigación, en un período de prueba o en cualquier fase de un experimento o ensayo clínico.

8. **TRATAMIENTO MÉDICO:** Conjunto de medidas realizadas u ordenadas por un médico que se ponen en práctica para la curación o alivio de una enfermedad o lesión, incluyendo medicamentos prescritos, insumos o prótesis;

9. **ATENCIÓN AMBULATORIA:** Atención médica suministrada a un Asegurado cuando su permanencia en la Institución Hospitalaria sea menor de 24 horas;

10. **COSTO RAZONABLE:** Promedio calculado por el Asegurador de los gastos cubiertos por tratamientos médicos o intervenciones quirúrgicas de instituciones hospitalarias ubicadas en una misma área geográfica, que sean de la misma categoría o equivalente a aquella donde fue atendido el Asegurado, los cuales correspondan a una intervención quirúrgica o tratamiento médico igual o similar, libre de complicaciones y que de acuerdo a las condiciones de este contrato de seguro se encuentran cubiertos.

Este promedio será calculado sobre la base de las estadísticas que tenga el Asegurador de los gastos facturados en el mes calendario inmediatamente anterior a la fecha en que el Asegurado incurrió en los gastos, incrementado según el Índice Nacional de Precios al Consumidor (I.N.P.C) del Banco Central de Venezuela registrado en el mismo mes. Cuando este promedio no pueda ser obtenido, el costo razonable será el monto facturado.

No obstante, si el Asegurador hubiere acordado con algún proveedor un baremo, deberá efectuar la indemnización de los servicios prestados por este proveedor de acuerdo con el referido baremo.

De ser el caso, el costo razonable de los gastos cubiertos debe ajustarse a los baremos o la estructura de precios que el Estado haya fijado en el área de prestación de servicios de salud.

Este concepto es aplicable a toda adquisición de insumos, suministros, instrumentos especiales, equipos médicos o a cualquier otro gasto médico amparado e incurrido con motivo de la asistencia;

11. **MÉDICAMENTE NECESARIO:** Conjunto de medidas o procedimientos ordenados y suministrados por un médico o institución hospitalaria, que se ponen en práctica para el tratamiento, curación o alivio de una enfermedad o lesión, bajo las siguientes características:
    1. Que sea apropiado para el diagnóstico y tratamiento de la enfermedad o lesión del Asegurado;
    2. Que sea congruente con las normas profesionales aceptadas en la práctica de la medicina en la República Bolivariana de Venezuela y por la Federación Médica Venezolana o por la comunidad médica del país donde se presta el servicio o tratamiento;
    3. Que el nivel de servicio o suministro sea idóneo y pueda ser proporcionado sin riesgo para el Asegurado;
    4. Que no sea primordialmente para el confort o la conveniencia personal del Asegurado, de su familia o de su médico.

(El Asegurador podrá incluir o excluir definiciones de acuerdo con las características del producto de seguro que pretenda comercializar).

CLÁUSULA. PROCEDIMIENTO EN CASO DE ACTIVACIÓN DE LA COBERTURA

1. El Tomador, Asegurado o Beneficiario podrá solicitar el reembolso de los gastos incurridos. El Asegurador pagará la indemnización al Asegurado Titular con base en los documentos originales de: las certificaciones

médicas, informaciones del proveedor del servicio, facturas, récipes con indicación médica concernientes a los productos o servicios expresamente cubiertos por este contrato y dispensados al Asegurado, que cumplan con las exigencias legales. Si otra empresa de la actividad Aseguradora hubiere pagado parte de los gastos incurridos por el Asegurado, deben entregarse al Asegurador el finiquito y las facturas originales indemnizadas, con el sello correspondiente;

El Tomador, Asegurado o Beneficiario deberá notificar el siniestro, dentro del plazo máximo de **(indicar plazo, mínimo cinco (05) días hábiles)** hábiles siguientes de haber recibido los productos o servicios o a su egreso de la institución hospitalaria, según sea el caso, utilizando los formularios usuales del Asegurador, y consignar los recaudos antes señalados, dentro de los quince (15) días hábiles siguientes de haber efectuado la notificación; Asimismo, el Tomador, Asegurado o Beneficiario se comprometen a suministrar al Asegurador, en especial en los casos de tratamiento continuado o prolongado, mensualmente, en original, las facturas de los productos o servicios recibidos y amparados por este contrato. Cuando el Asegurado reciba los servicios fuera de la República Bolivariana de Venezuela, las facturas deberán ser traducidas al idioma castellano, si fuere el caso, y estar legalizadas o apostilladas, según sea el caso. La indemnización se efectuará al costo razonable que tengan los servicios en ***(debe indicarse si son los de la República Bolivariana de Venezuela o el país donde se recibieron los servicios)***, en la moneda establecida en el Cuadro Póliza Recibo o en la moneda nacional al tipo de cambio oficial de venta vigente, establecida por el Banco Central de Venezuela, para la fecha en que el Asegurador efectúe el pago, siempre que la reclamación resulte válida según las condiciones de este contrato;

El Asegurador podrá solicitar, sólo en una (1) oportunidad, en función de la información suministrada por el Tomador, Asegurado o Beneficiario, nuevos recaudos para la evaluación del siniestro y la determinación del pago que pudiera corresponder, dentro de los quince (15) días hábiles siguientes a la entrega de los recaudos inicialmente solicitados. El Tomador, Asegurado o Beneficiario tendrá un lapso de treinta (30) días hábiles, contados desde la fecha de recepción de la solicitud, para entregar los nuevos recaudos solicitados, salvo por causa extraña no imputable al Tomador, Asegurado o Beneficiario. En caso de que el Asegurado Titular quede incapacitado o hubiere fallecido antes de recibir el pago de la indemnización, el reembolso corresponderá a sus Beneficiarios, y en su defecto, a sus causahabientes;

2. El Tomador, el Asegurado o el Beneficiario podrá solicitar Carta Aval al Asegurador. En este supuesto, deberá suministrar el presupuesto detallado de los gastos médicos por los productos y los servicios a ser prestados por el proveedor, así como los resultados de los exámenes preoperatorios y el informe médico donde se señale el diagnóstico, el tratamiento médico o la intervención quirúrgica a efectuarse. El Tomador, el Asegurado o el Beneficiario deberá remitir estos documentos, como mínimo, con diez (10) días hábiles de anticipación a la fecha en que deba realizarse el tratamiento médico o la intervención quirúrgica;

El Asegurador podrá solicitar, a su costo, una segunda evaluación médica o documentos adicionales a los descritos anteriormente, en una sola oportunidad. La solicitud debe efectuarse como máximo dentro de los dos (2) días hábiles siguientes a la fecha en que se entregó el último de los documentos requeridos en el párrafo anterior; En este caso, se establece un plazo de cinco (5) días hábiles para que el Asegurado se someta a la segunda evaluación médica o para que sean consignados los nuevos recaudos solicitados por el Asegurador, según sea el caso, contados a partir de la fecha de solicitud, salvo causa extraña no imputable al Tomador, al Asegurado o al Beneficiario. El Asegurador está obligado a ofrecer un listado de por lo menos tres (3) médicos especialistas, con la finalidad de que el Asegurado escoja quién efectuará la evaluación médica;

El Asegurador se compromete a entregar la Carta Aval al Asegurado dentro de los tres (3) días hábiles siguientes a la fecha en que fueron consignados los documentos antes mencionados y se hubiere concluido la evaluación médica, si fuere el caso;

3. En los supuestos de emergencia médica, a solicitud de la Institución Hospitalaria, el Asegurador debe informar de forma inmediata, a través de cualquier mecanismo previsto para ello, que el Asegurado se encuentra amparado por este contrato;

4. El Asegurador utilizará todos los mecanismos necesarios para procurar que el Asegurado reciba atención inmediata;

5. El Asegurado tiene el derecho a escoger libremente el proveedor que le prestará los servicios o suministros garantizados por este contrato, salvo aquellas coberturas que por su naturaleza deban ser garantizadas exclusivamente por un proveedor específico, conforme con las Condiciones Particulares o Anexos de este Contrato. El Asegurador podrá suscribir contratos con proveedores que aseguren la prestación de estos servicios o suministros. En este supuesto, indicará trimestralmente, mediante avisos colocados en cada una de sus oficinas de atención al público y en los medios de información electrónicos, los referidos proveedores;

6. Cualquiera sea el caso, la indemnización estará sujeta a un análisis previo realizado por el Asegurador, a fin de que éste pueda determinar que la lesión o enfermedad que originó la solicitud está cubierta por el contrato;

7. El Asegurado autoriza al médico tratante y a la Institución Hospitalaria para dar información acerca de su estado físico, historia clínica y demás circunstancias que originaron la reclamación, relevándolos de guardar el secreto médico;

8. Si después de haberse hecho efectivo el pago, resultare que los gastos incurridos por el Asegurado y pagados por el Asegurador, fueren originados o relacionados con algunas de las exclusiones o limitaciones de este contrato, el Asegurador procederá a recuperar del Asegurado Titular o de la persona que haya recibido la indemnización, el monto que haya sido pagado indebidamente.

De la adaptación del contenido mínimo

Artículo 5. El contenido mínimo al que se refiere estas normas podrá adaptarse a las particularidades de los seguros o coberturas de salud que puedan comercializarse conforme con la ley, previa aprobación de la Superintendencia de la Actividad Aseguradora.

De las tarifas

Artículo 6. Las tarifas remitidas por las empresas de seguros para su aprobación deben incluir primas sin limitación alguna por edad.

Del recargo comercial por utilidad

Artículo 7. Para efectos de la determinación de las tarifas del seguro de salud, el recargo comercial por utilidad esperada no podrá ser superior a cinco por ciento (5%) de la prima comercial.

Del uso de los documentos que estuvieron aprobados con carácter general y uniforme

Artículo 8. Las empresas de seguros podrán seguir utilizando las Condiciones Generales, las Condiciones Particulares y el Anexo de Cobertura de Maternidad de la Póliza de Seguro de Salud Individual, prevista en la Providencia N° 003856 de fecha 18 de noviembre de 2013, publicada en la Gaceta Oficial de la República Bolivariana de Venezuela N° 40.316 de fecha 16 de diciembre del mismo año, siempre que estén ajustadas al ordenamiento jurídico vigente, previa aprobación de la Superintendencia de la Actividad Aseguradora, sin perjuicio de su aplicación para los contratos en curso.

De la derogatoria

Artículo 9. Se derogan los actos administrativos contenidos en la Providencia N° FSAA-2-0160 de fecha 30 de noviembre de 2021, mediante el cual se dictó el Contenido Mínimo de las Condiciones Generales de los Contratos de Seguro de Salud y el Contenido Mínimo de la Cláusula de Interpretación de Términos de las Condiciones Particulares de los Contratos de Seguros de Salud, y en la Providencia N° 003856 de fecha 18 de noviembre de 2013, publicada en la Gaceta Oficial de la República Bolivariana de Venezuela N° 40.316 de fecha 16 de diciembre de 2013, mediante el cual se aprobaron con carácter general y uniforme las Condiciones Generales, las Condiciones Particulares, el Anexo de Cobertura de Maternidad y la Tarifa de la Póliza de Seguro de Salud Individual. Las demás normativas prudenciales y actos administrativos conexos a la actividad aseguradora, que coliden con las presentes normas no serán aplicables.

De la publicidad

Artículo 10. Se ordena la publicación de las presentes normas en la página web de la Superintendencia de la Actividad Aseguradora, con el fin de coadyuvar con la divulgación de su contenido a todos los interesados y público en general, sin menoscabo de su publicación en la Gaceta Oficial de la República Bolivariana de Venezuela.

De la vigencia

Artículo 11. Las presentes normas entrarán en vigencia a partir de su publicación en la Gaceta Oficial de la República Bolivariana de Venezuela.

Comuníquese y publíquese

OMAR OROZCO COLMENARES
Superintendente de la Actividad Aseguradora (E)

Resolución N° 003-2021 de fecha 18 de enero de 2021,
publicada en la Gaceta Oficial de la República Bolivariana de Venezuela N° 42.049 de la misma fecha

REPÚBLICA BOLIVARIANA DE VENEZUELA
MINISTERIO DEL PODER POPULAR DE ECONOMÍA, FINANZAS Y COMERCIO EXTERIOR
SUPERINTENDENCIA DE LA ACTIVIDAD ASEGURADORA

Caracas, a los veintinueve (29) días del mes de agosto de 2024

AÑOS 214°, 165° y 25°

PROVIDENCIA ADMINISTRATIVA N° SAA-01-0509-2024

De conformidad con las previsiones normativas contenidas en los artículos 6 numeral 1; 8 numerales 1, 3 y 18 de la Ley de la Actividad Aseguradora, que le atribuyen al Superintendente de la Actividad Aseguradora (E), **OMAR OROZCO COLMENARES,** designado mediante Resolución N° 003 de fecha 18 de enero de 2021, publicada en la Gaceta Oficial de la República Bolivariana de Venezuela N° 42.049 de la misma fecha, la competencia para establecer y dictar sus manuales de normas y procedimientos que regulan la actividad aseguradora.

POR CUANTO

La Ley de la Actividad Aseguradora dispone que la Superintendencia de la Actividad Aseguradora podrá establecer, mediante acto administrativo, los modelos de contratos y tarifas que deben mantener carácter general y uniforme, cuando el interés común así lo requiera.

POR CUANTO

Es competencia de esta Superintendencia de la Actividad Aseguradora verificar y garantizar que los sujetos regulados cumplan con las disposiciones contenidas en la Ley de la Actividad Aseguradora.

En virtud de lo anterior, acuerda dictar la siguiente:

PÓLIZA DE SEGURO DE ACCIDENTES PERSONALES DE OCUPANTES DE VEHÍCULOS DE TRANSPORTE DE PASAJEROS EN RUTAS INTERURBANAS

De la aprobación con carácter general y uniforme Artículo **1**. Aprobar con carácter general y uniforme las Condiciones Generales, las Condiciones Particulares y las Tarifas de la Póliza de Seguro de Accidentes Personales de Ocupantes de Vehículos de Transporte de Pasajeros en Rutas Interurbanas y de la Póliza de Seguro de Accidentes Personales de Ocupantes de Vehículos de Transporte de Pasajeros en Rutas Suburbanas, en los términos que se trascriben a continuación:

I

Entre {RAZÓN SOCIAL DEL ASEGURADOR},{REGISTRO ÚNICO DE INFORMACIÓN FISCAL (R.I.F.)}, {DATOS DE REGISTRO

MERCANTIL}, que en adelante se denominará el Asegurador, representada por el ciudadano _____ en su carácter de______, facultado según consta en documento inscrito ante la Notaría Pública____________, el ___ de ___de____, bajo el N°,____Tomo ____, y el Tomador, identificado en el Cuadro Póliza Recibo, han convenido en suscribir el presente contrato de seguro, el cual está conformado y se regirá por las Condiciones Generales, las Condiciones Particulares, el Cuadro Póliza Recibo, la Solicitud de Seguro y los demás documentos que formen parte integrante del mismo.

CONDICIONES GENERALES

CLÁUSULA 1. OBJETO DEL SEGURO.

Mediante este seguro el Asegurador se compromete a asumir los riesgos indicados en las Condiciones Particulares y Anexos, si los hubiere, hasta la suma asegurada señalada en el Cuadro Póliza Recibo y, si fuera el caso, en el Certificado Individual de Seguro.

CLÁUSULA 2. DEFINICIONES GENERALES.

A los efectos de este contrato, queda expresamente convenido entre las partes que los siguientes términos tendrán los significados que se indican, siendo que el género masculino incluirá también al femenino, cuando corresponda, salvo que del texto del contrato se desprenda una interpretación diferente:

1. **ASEGURADO**: Ocupante de una unidad de transporte de pasajeros en ruta interurbana, expuesto a los riesgos amparados por este contrato.

2. **ASEGURADOR:** {Indicar nombre completo del Asegurador}, quien asume los riesgos cubiertos en este contrato.

3. **BENEFICIARIO**: Persona que tiene el derecho de recibir el pago de la indemnización a que hubiere lugar de ocurrir un siniestro.

4. **CONDICIONES PARTICULARES**: Aquellas que contemplan aspectos concre-tamente relativos a los riesgos que se aseguran;

5. **CUADRO PÓLIZA RECIBO**: Documento en el que se indica, como mínimo, la siguiente información: número de la Póliza; identificación completa del Asegurador y de su domicilio principal; identificación del representante del Asegurador, el carácter con el que actúa y los datos del documento donde consta su representación; identificación completa del Tomador y de su representante legal; Registro único de Información Fiscal (R.I.F) del Tomador; dirección del Tomador; duración del contrato; fecha de emisión del contrato; vigencia del recibo; coberturas y sumas aseguradas contratadas; monto y forma de pago de la prima; dirección de cobro; identificación del intermediario de la actividad aseguradora; y firmas del Asegurador y del Tomador. El Cuadro Póliza Recibo será entregado al Tomador conjuntamente con las Condiciones Generales, las Condiciones Particulares, los certificados individuales de seguro, los anexos, si los hubiere, y los demás documentos que formen parte integrante de la póliza; En la renovación, la obligación procederá para los nuevos documentos o para aquellos que hayan sido modificados.

6. **CERTIFICADO INDIVIDUAL DE SEGURO:** Documento emitido por el Asegurador para cada unidad de transporte público de pasajeros objeto de este contrato, si fuere el caso, que contiene como mínimo: identificación del Tomador, identificación de la unidad de transporte de pasajeros, número de puestos, coberturas y sumas aseguradas contratadas y vigencia del certificado.

7. DOCUMENTOS QUE FORMAN PARTE DEL CONTRATO DE SEGURO: La Solicitud de Seguro; el documento de cobertura provisional, si lo hubiere; las Condiciones Generales; las Condiciones Particulares; el Cuadro Póliza Recibo; los anexos que se emitan para complementar o modificar el contrato y los demás documentos que, por su naturaleza, formen parte del contrato.

8. PRIMA: Es la contraprestación que, en función de los riesgos amparados por esta Póliza, debe pagar el Tomador al Asegurador en virtud de la celebración del contrato.

9. REPRESENTANTE: Persona autorizada por el Asegurado para que en caso de siniestro, y con el único propósito de efectuar la tramitación correspondiente, actúe ante el Asegurador en sustitución de él.

10. RIESGO: Posible ocurrencia por azar de un acontecimiento que no dependa exclusivamente de la voluntad del Tomador, Asegurado o Beneficiario, que ocasione una necesidad económica, y cuya aparición real o existencia se previene y garantiza en este contrato.

11. SINIESTRO: Materialización del riesgo que da origen a la obligación de indemnizar por parte del Asegurador, que corresponda conforme al presente contrato.

12. SOLICITUD DE SEGURO: Cuestionario que proporciona el Asegurador, el cual contiene un conjunto de preguntas relativas a la identificación del Tomador y a los datos que puedan influir en la estimación del riesgo, que deben ser contestadas en su totalidad y con exactitud por el Tomador, constituyendo dicha declaración la base legal para la emisión del contrato de seguro. Adicionalmente, deberá contener el detalle de las coberturas que se pretenden contratar, distinguiendo las coberturas básicas de las opcionales, señalando expresamente que estas últimas no serán de obligatoria suscripción por parte del Tomador.

13. SUMA ASEGURADA: Límite máximo de responsabilidad del Asegurador por duración del contrato, accidente, Asegurado y cobertura contratada;

14. TOMADOR: Prestador de Servicio Público de Transporte Terrestre de Pasajeros y Pasajeras que contrata el seguro con el Asegurador, trasladándole los riesgos y obligándose al pago de la prima.

CLÁUSULA 3. EXCLUSIONES GENERALES

Esta póliza no cubre:

1. Pérdidas, gastos o daños que sean consecuencia o que se den en el curso de: guerra, invasión, acto de enemigo extranjero, hostilidades u operaciones bélicas (haya habido declaración de guerra o no), insubordinación militar, levantamiento militar, insurrección, rebelión, revolución, guerra civil, guerra intestina, poder militar o usurpación de poder, proclamación del estado de excepción, acto de terrorismo o acto de cualquier persona que actúe en nombre de o en relación con alguna organización que realice actividades dirigidas a la destitución por la fuerza del gobierno o influenciarlo mediante el terrorismo o la violencia;

2. Pérdidas, gastos o daños que sean consecuencia de: fisión o fusión nuclear, radiaciones ionizantes y contaminantes radioactivos;

3. Pérdidas, gastos o daños que sean consecuencia de: nacionalización, confiscación, incautación, requisa, comiso, embargo, expropiación, destrucción o daño por orden de cualquier gobierno o autoridad pública legalmente constituida o de facto, a menos que dicha destrucción sea ejecutada para detener la propagación de los daños causados por cualquier riesgo asegurado;

4. Otras exclusiones que se establezcan en las Condiciones Particulares de la Póliza.

CLÁUSULA 4. EXONERACIONES DE RESPONSABILIDAD.

El Asegurador no estará obligado al pago de la indemnización en los siguientes casos:

1. Si el Tomador, Asegurado o Beneficiario o cualquier persona que obre por cuenta de éstos presenta una reclamación fraudulenta o engañosa, o si en cualquier tiempo emplea medios o documentos engañosos o dolosos para sustentar una reclamación o para derivar otros beneficios relacionados con este contrato;

2. Si el siniestro ha sido ocasionado por dolo del Tomador, Asegurado o Beneficiario;

3. Si el siniestro ha sido ocasionado por culpa grave del Tomador, Asegurado o Beneficiario. No obstante, el Asegurador estará obligado al pago de la indemnización si el siniestro ha sido ocasionado en cumplimiento de deberes legales de socorro o en tutela de intereses comunes con el Asegurador en lo que respecta a este contrato;

4. Si el siniestro se inicia antes de la duración del contrato y continúa después de que los riesgos hayan comenzado a correr por cuenta del Asegurador;

5. Si el Tomador, Asegurado o Beneficiario no empleare los medios a su alcance para aminorar las consecuencias del siniestro, siempre que este incumplimiento se produjera con la manifiesta intención de perjudicar o engañar al Asegurador;

6. Si el Tomador actúa con dolo o culpa grave en la declaración de las circunstancias por él conocidas que puedan influir en la valoración del riesgo, según lo señalado en la Cláusula 11. Declaraciones en la Solicitud de Seguro, de estas Condiciones Generales;

7. Si el Tomador, Asegurado o Beneficiario intencionalmente omitiere dar aviso al Asegurador sobre la contratación de pólizas que cubran el mismo riesgo amparado por el presente contrato o si el Tomador hubiese celebrado el segundo o posteriores contratos de seguros, sobre los mismos riesgos, con el fin de procurarse un provecho ilícito;

8. Si el Tomador, Asegurado o Beneficiario incumpliere lo establecido en la Cláusula 16. Subrogación de Derechos en caso de Gastos Médicos y Pérdida de Equipaje, de estas Condiciones Generales, a menos que compruebe que el incumplimiento es debido a una causa extraña no imputable a él;

9. Si el Tomador, el Asegurado, el Beneficiario o cualquier persona que obre por cuenta de éstos, actuando con dolo o culpa grave, obstaculiza los derechos del Asegurador estipulados en este contrato;

10. Otras exoneraciones de responsabilidad establecidas en las Condiciones Particulares de esta Póliza.

CLÁUSULA 5. DURACIÓN DEL CONTRATO.

La duración del contrato será anual y se hará constar en el Cuadro Póliza Recibo, con indicación de la fecha de emisión, la hora y día de su iniciación y vencimiento.

CLÁUSULA 6. PAGO DE LA PRIMA.

El Tomador debe pagar la primera prima anual en el plazo de diez (10) días continuos contados a partir de la fecha de inicio de la duración del contrato. Si la prima no es pagada o se hace imposible su cobro por causa imputable al Tomador en el plazo establecido, el Asegurador tendrá derecho a exigir el pago correspondiente o resolver el contrato. En caso de resolución, ésta tendrá efecto desde el inicio de la duración del contrato. Si el Asegurador no ejerce su derecho a resolver el contrato de seguro, no podrá negarse a recibir el pago de la prima vencida. Si ocurriese un siniestro en el plazo convenido para el pago de la primera prima, el Asegurador pagará la indemnización, siempre que el Tomador pague antes de su vencimiento la prima correspondiente.

El pago de la prima solamente conserva en vigor el contrato por el tiempo al cual corresponda dicho pago, según conste en el Cuadro Póliza Recibo.

Contra el pago de la prima, el Asegurador entregará al Tomador el Cuadro Póliza Recibo o recibo de prima correspondiente, firmado y sellado. La entrega de este documento podrá efectuarse en forma impresa o a través de los mecanismos electrónicos previstos para ello y acordados por las partes que consten en la solicitud de seguro, con su acuse de recibo.

Las primas pagadas en exceso no darán lugar a responsabilidad alguna por parte del Asegurador por el exceso, sino única y exclusivamente al reintegro sin intereses del excedente, aun cuando aquellas hubieren sido aceptadas formalmente por el Asegurador.

CLÁUSULA 7. LUGAR Y MEDIO DE PAGO DE LAS PRIMAS.

Las primas correspondientes a este contrato serán pagadas directamente en las oficinas del Asegurador. No obstante, podrán ser pagadas bajo cualquier mecanismo o medio acordado por las partes.

El Asegurador podrá cobrar las primas a domicilio y dar aviso de sus vencimientos y, si lo hiciere, no sentará precedente de tal obligación y podrá suspender esta gestión en cualquier momento, previo aviso.

CLÁUSULA 8. FRACCIONAMIENTO DE LA PRIMA.

Si el pago de la prima es fraccionado, se entiende que tal fraccionamiento es una facilidad de pago y no implica modificación del período de duración del contrato. En este caso, si el Tomador no pagase cualquier fracción de la prima dentro de los {*El Asegurador podrá establecer el número de días hábiles que considere conveniente para el pago de la fracción prima*} días hábiles siguientes a la fecha de la finalización de la última fracción pagada, el Asegurador tiene derecho a exigir la prima debida o a resolver el contrato.

Si ocurriese un siniestro amparado durante el plazo convenido para el pago de la fracción de prima, el Asegurador procederá de conformidad con las siguientes reglas:

1. Descontar del monto indemnizable la fracción de prima vencida. No obstante, si el monto a pagar es por la totalidad de la suma asegurada, el Asegurador podrá deducir las fracciones de primas pendientes para completar la totalidad de la prima de la duración del contrato;

2. Si el monto indemnizable es menor a la fracción de prima vencida, el Asegurador pagará la indemnización, siempre que el Tomador pague la referida fracción de prima vencida, antes del vencimiento del respectivo plazo;

En caso de resolución por falta de pago de una fracción de prima vencida, ésta tendrá efecto desde la fecha de finalización del periodo cubierto por la última fracción de prima pagada, siempre que el Asegurador lo haya notificado previamente al Tomador o al Asegurado.

Si el Asegurador no ejerce su derecho a resolver el contrato de seguro, no podrá negarse a recibir el pago de la fracción de prima vencida.

CLÁUSULA 9. RENOVACIÓN.

El contrato se entenderá renovado automáticamente al finalizar el último día de duración del período de vigencia anterior y por un plazo igual, siempre que el Tomador pague la prima correspondiente al nuevo período, de acuerdo con lo establecido en la Cláusula 10. Plazo de Gracia, de estas Condiciones Generales, entendiéndose que la renovación no implica un nuevo contrato, sino la prórroga del anterior. Sólo el Tomador podrá negarse a la prórroga del contrato, mediante una notificación escrita al Asegurador, efectuada con un plazo de por lo menos un (1) mes de anticipación a la conclusión del período de seguro en curso.

No obstante, el Asegurador no estará obligado a renovar el contrato o la cobertura de alguna unidad de transporte público de pasajeros cuando el Tomador no haya consignado las correspondientes certificaciones de prestación de servicio de transporte público de pasajeros en rutas interurbanas, dentro del mes anterior a la terminación del contrato.

CLÁUSULA 10. PLAZO DE GRACIA.

Se conceden treinta (30) días continuos de gracia para el pago de la prima de renovación, contados a partir de la fecha de terminación de la duración del contrato anterior. Si ocurriere un siniestro en este plazo, el Asegurador pagará la indemnización, previa deducción de la prima correspondiente. Si el monto del siniestro es menor a la prima de renovación, el Asegurador pagará la indemnización, siempre que el Tomador pague la prima en el plazo de gracia concedido. Si la prima no es pagada en el referido período, el contrato quedará sin validez y efecto a partir de la fecha de terminación de la duración del período anterior.

CLÁUSULA 11. DECLARACIONES EN LA SOLICITUD DE SEGURO.

El Tomador al llenar la solicitud, debe declarar con exactitud al Asegurador, de acuerdo con el cuestionario que éste le proporcione o los requerimientos que le indique, todas las circunstancias por él conocidas que puedan influir en la valoración del riesgo.

El Asegurador debe participar al Tomador, en el plazo de cinco (5) días hábiles siguientes, que ha tenido conocimiento de un hecho no declarado en la Solicitud de Seguro, que pueda influir en la valoración del riesgo, y podrá ajustar o resolver el contrato, mediante comunicación impresa o a través de los mecanismos electrónicos acordados para ello, con acuse de recibo, dirigida al Tomador o Asegurado, según corresponda, en el plazo de un (1) mes, contado a partir del conocimiento de los hechos que se reservó o declaró con inexactitud el Tomador.

En caso de resolución, ésta se producirá a partir del decimosexto (16°) día continuo siguiente a su notificación, siempre que la parte proporcional de la prima, deducida la comisión pagada al intermediario de la actividad aseguradora, correspondiente al período que falte por transcurrir, se encuentre a disposición del Tomador en la caja del Asegurador. Corresponderán al Asegurador las primas relativas al período de seguro transcurrido hasta el momento en que se haga esta notificación. El Asegurador no podrá resolver el contrato cuando el hecho que ha sido objeto de reserva o inexactitud ha desaparecido antes del siniestro.

Si el siniestro sobreviene antes de que el Asegurador haga cualquiera de las notificaciones a que se refiere esta Cláusula o antes de que se haga efectiva la resolución del contrato, la indemnización se reducirá en la misma proporción que existe entre la prima convenida y la que se hubiese establecido de haberse conocido la verdadera entidad del riesgo. Si el Tomador actúa con dolo o culpa grave, el Asegurador quedará liberado del pago de la indemnización y de la devolución de la prima.

Cuando la reserva o inexactitud se contrajese sólo a una o varias de las unidades de transporte público de pasajeros, el contrato subsistirá con todos sus efectos respecto a las restantes, si ello fuera técnicamente posible.

CLÁUSULA 12. FALSEDADES Y RETICENCIAS DE MALA FE.

Las falsedades y reticencias de mala fe por parte del Tomador, realizadas en la solicitud de seguros, debidamente probadas, serán causa de nulidad absoluta del contrato, si son de tal naturaleza que el Asegurador de haberlas conocido, no hubiese contratado o lo hubiese hecho en otras condiciones.

Las falsedades y reticencias de mala fe por parte del Tomador, Asegurado o Beneficiario en la reclamación del siniestro, debidamente probadas, serán causa de nulidad absoluta del contrato y exoneran del pago de la indemnización al Asegurador. No hay lugar a la devolución de prima al Tomador en los supuestos de nulidad del contrato contemplados en esta Cláusula.

CLÁUSULA 13. PLURALIDAD DE SEGUROS.

El Tomador, Asegurado o Beneficiario debe comunicar al Asegurador, en un plazo máximo de diez (10) días hábiles siguientes a la fecha en que tenga conocimiento de la ocurrencia del siniestro, la celebración de cualquier otro seguro que ampare iguales riesgos a los cubiertos por este seguro.

En el supuesto de las coberturas de: muerte accidental, invalidez permanente, gastos médicos y servicios funerarios, el incumplimiento de este deber sólo puede dar lugar a una reclamación por los daños y perjuicios que origine, sin que el Asegurador pueda deducir de la suma asegurada cantidad alguna por este concepto.

Cuando existan varios contratos que cubran gastos médicos y estén obligados a pagar la indemnización sobre un mismo siniestro, el Asegurado escogerá el orden en que presentará las reclamaciones y las empresas de seguros deberán indemnizar, según los límites de sus contratos, hasta el monto total de los gastos, previa deducción de los montos pagados por los otros contratos.

Si el Tomador, Asegurado o Beneficiario tiene otros seguros que cubran la pérdida del equipaje, las aseguradoras contribuirán al abono de la indemnización en proporción a la suma propia asegurada, sin que pueda superarse la cuantía del daño. Dentro de ese límite el Tomador, Asegurado o Beneficiario puede pedir a cada empresa de seguros la indemnización debida según el respectivo contrato. La aseguradora que ha pagado una cantidad superior a la que proporcionalmente le corresponda, podrá repetir contra las demás aseguradoras.

Si el Tomador, Asegurado o Beneficiario, según sea el caso, intencionalmente omitiere el aviso de la existencia de otros seguros que cubran la pérdida de equipaje, o si se hubiese celebrado el segundo o los posteriores seguros con el fin de procurarse un provecho ilícito, las aseguradoras no quedan obligadas frente al Tomador, Asegurado o Beneficiario; sin embargo, todas las aseguradoras conservarán sus derechos derivados de los respectivos contratos, en cuyo caso deberán tener prueba fehaciente de la conducta dolosa del Tomador, Asegurado o Beneficiario.

CLÁUSULA 14. OPORTUNIDAD DEL PAGO.

El Asegurador debe pagar la indemnización que corresponda en un plazo que no exceda de veinte (20) días continuos siguientes, contados a partir de la fecha en que haya recibido el último recaudo solicitado, salvo por causa extraña no imputable al Asegurador.

CLÁUSULA 15. RECHAZO DEL SINIESTRO.

El Asegurador debe notificar por escrito a la persona que formuló el reclamo, en el plazo señalado en la cláusula anterior, las causas de hecho y de derecho que a su juicio justifiquen el rechazo, total o parcial, de la indemnización exigida.

CLÁUSULA 16. SUBROGACIÓN DE DERECHOS EN CASO DE GASTOS MÉDICOS Y PÉRDIDA DE EQUIPAJE.

El Asegurador que ha pagado la indemnización, queda subrogado de pleno derecho, hasta la concurrencia del monto pagado por las coberturas de Gastos Médicos y Pérdida de Equipaje, en los derechos y acciones del Tomador, Asegurado o Beneficiario contra los terceros responsables.

Salvo el caso de dolo, la subrogación no se efectuará contra las personas de cuyos hechos debe responder civilmente el Asegurado, ni contra el causante del siniestro vinculado con el Asegurado hasta el segundo grado de parentesco por consanguinidad o que sea su cónyuge o la persona con quien mantenga unión estable de hecho.

El Tomador, Asegurado o Beneficiario no podrá, en ningún momento, renunciar a sus derechos de recobrar de otras personas los daños y pérdidas que éstas le hubiesen ocasionado. En caso de siniestro, el Tomador, Asegurado o Beneficiario está obligado a realizar a expensas del Asegurador, cuantos actos sean necesarios y todo lo que éste pueda razonablemente requerir, con el objeto de permitir que ejerza los derechos que le correspondan por subrogación, sean antes o después del pago.

Si el Tomador, Asegurado o Beneficiario incumpliere lo establecido en esta cláusula perderá el derecho al pago por las coberturas de Gastos Médicos y Pérdida de Equipaje que le otorga esta Póliza de Seguro, a menos que compruebe que el incumplimiento sea debido a una causa extraña no imputable a él.

CLÁUSULA 17. ARBITRAJE.

Las partes podrán someter a un procedimiento de arbitraje las divergencias que se susciten en la interpretación, aplicación y ejecución del contrato. La tramitación del arbitraje se ajustará a lo dispuesto en la ley que regule la materia de arbitraje y supletoriamente al Código de Procedimiento Civil.

El Superintendente de la Actividad Aseguradora actuará como árbitro arbitrador en aquellos casos en que sea designado de mutuo acuerdo entre ambas partes, con motivo de las controversias que se susciten en la interpretación, aplicación y ejecución del contrato. En este supuesto, la tramitación del arbitraje se ajustará a lo dispuesto en las normas que regulan el arbitraje en la actividad aseguradora.

El laudo arbitral será de obligatorio cumplimiento.

CLÁUSULA 18. CADUCIDAD.

El Tomador, Asegurado o Beneficiario perderá todo derecho a ejercer acción judicial contra el Asegurador o convenir con éste a someterse al Arbitraje previsto en la cláusula anterior, si no lo hubiere hecho antes de transcurrir el plazo de un (1) año contado a partir de la fecha de la notificación, por escrito:

1. Del rechazo, total o parcial, del siniestro;

2. De la decisión del Asegurador sobre la inconformidad del Tomador, Asegurado o Beneficiario respecto al monto de la indemnización o al cumplimiento de la obligación a través de proveedores de insumos o servicios.

En todo caso, el plazo de caducidad siempre será contado desde el momento en que haya un pronunciamiento definitivo por parte del Asegurador.

A los efectos de esta disposición, se entenderá iniciada la acción judicial una vez presentado el libelo de demanda por ante los órganos jurisdiccionales.

CLÁUSULA 19. PRESCRIPCIÓN.

Salvo lo dispuesto en leyes especiales, las acciones derivadas de este contrato prescriben a los tres (3) años contados a partir del hecho que dio origen a la obligación.

CLÁUSULA 20. OBLIGACIONES DEL TOMADOR, ASEGURADO O BENEFICIARIO.

1. El Tomador debe llenar la Solicitud de Seguro y declarar, con sinceridad y exactitud, todas las circunstancias necesarias para apreciar la extensión de los riesgos, en los términos indicados en este contrato;

2. El Tomador debe pagar la prima en la forma, frecuencia, lugar y tiempo convenidos en este contrato;

3. El Tomador, Asegurado o Beneficiario hará saber al Asegurador, dentro del plazo establecido en las Condiciones Particulares de este contrato, la ocurrencia de un siniestro, expresando claramente las causas y circunstancias del suceso ocurrido;

4. El Tomador, Asegurado o Beneficiario debe declarar, al momento de contratar la póliza y al tiempo de exigir el pago del siniestro, los contratos de seguros que existen y que cubren el mismo riesgo;

5. El Tomador, Asegurado o Beneficiario debe probar la ocurrencia del siniestro a través de la consignación de toda aquella información necesaria para la indemnización del mismo, que sea solicitada por el Asegurador para verificar las circunstancias y consecuencias del siniestro;

6. El Tomador, Asegurado o Beneficiario debe realizar diligentemente todas las acciones necesarias y destinadas a garantizar al Asegurador el ejercicio de su derecho de subrogación, si fuere el caso;

7. El Tomador, en caso de cambio de dirección de cobro, domicilio, habitación u oficina, según sea el caso, debe notificar por escrito al Asegurador dentro de los quince (15) días hábiles siguientes a la fecha de haber efectuado el cambio;

8. El Tomador, Asegurado o Beneficiario debe cumplir con todas y cada una de las obligaciones, responsabilidades y condiciones establecidas en los diferentes documentos que integran el presente contrato.

CLÁUSULA 21. OBLIGACIONES DEL ASEGURADOR.

1. Informar al Tomador, mediante la entrega de la Póliza y demás documentos, la extensión de los riesgos asumidos y aclarar, en cualquier tiempo, todas las dudas y consultas que tanto el Tomador como el Asegurado le formulen;

2. Entregar el Cuadro Póliza Recibo al Tomador junto con copia de la Solicitud de Seguro, las Condiciones Generales, las Condiciones Particulares, los anexos, si los hubiere, y los demás documentos que formen parte integrante del contrato de seguro. En la renovación la obligación procederá para los nuevos documentos o para aquellos que hayan sido modificados. La entrega de los documentos señalados deberá efectuarse en los términos acordados por las partes;

3. Proceder a la evaluación y liquidación del siniestro, luego de recibida la notificación para la tramitación del mismo, conforme con lo establecido en las Condiciones Particulares de este contrato;

4. Pagar la suma asegurada o la indemnización que corresponda en caso de siniestro, en los plazos establecidos en este contrato o rechazar la cobertura del siniestro, mediante aviso por escrito y debidamente motivado;

5. Cumplir con todas y cada una de las obligaciones, responsabilidades y condiciones establecidas en los diferentes documentos que integran el contrato de seguro.

CLÁUSULA 22. MODIFICACIONES.

Las solicitudes de modificación y rehabilitación del contrato deben ser solicitadas a través de cualquier mecanismo acordado por las partes.

Se consideran aceptadas las solicitudes efectuadas por el Tomador o Asegurado, si el Asegurador no las rechaza dentro de los diez (10) días hábiles siguientes de haberlas recibido.

La modificación de la suma asegurada o del deducible requerirá siempre aceptación expresa de la otra parte. En caso contrario, se presumirá aceptada por el Asegurador con la emisión del Cuadro Póliza Recibo o recibo de prima en el que se modifique la suma asegurada o el deducible y, por el Tomador o Asegurado, con el pago de la diferencia de prima correspondiente, si la hubiere.

Si la modificación propuesta por el Asegurador es efectiva a partir de la renovación del contrato, debe ser comunicada al Tomador mediante comunicación impresa o a través de los mecanismos electrónicos acordados para ello, con acuse de recibo, en un plazo no menor a un (1) mes de anticipación a la conclusión del período de seguro en curso.

En caso de desacuerdo del Tomador, si el Asegurador decide mantener o renovar el contrato, deberá hacerlo bajo las mismas condiciones de suma asegurada y deducible vigentes al momento de la propuesta de modificación.

Las modificaciones se harán constar mediante Anexos, debidamente firmados por un representante del Asegurador y el Tomador, los cuales prevalecerán sobre las Condiciones Particulares y éstas sobre las Condiciones Generales de la Póliza. Si la modificación requiere pago de prima adicional se aplicará lo dispuesto al respecto en este contrato.

El contrato de seguro puede ser rehabilitado a solicitud del Tomador. No se convendrá la rehabilitación, una vez transcurridos noventa (90) días continuos desde la fecha de resolución del contrato.

CLÁUSULA 23. AVISOS.

Todo aviso o comunicación que una parte deba dar a la otra respecto al contrato, se hará mediante comunicación impresa, con acuse de recibo, dirigida al domicilio principal o sucursal del Asegurador o a la dirección del Tomador, del Asegurado, del Beneficiario o de la persona que formuló el reclamo, según sea el caso, o a través de los medios electrónicos acordados por las partes.

Las comunicaciones relacionadas con la tramitación de siniestros que sean entregadas al intermediario de la actividad aseguradora producen el mismo efecto que si hubiesen sido entregadas a la otra parte.

El intermediario de la actividad aseguradora será administrativa y civilmente responsable en caso de que no haya entregado la correspondencia a su destinatario en un plazo de tres (3) días hábiles, contados a partir de su recepción.

CLÁUSULA 24. DOMICILIO ESPECIAL.

Para todos los efectos y consecuencias derivadas o que puedan derivarse de este contrato, las partes eligen como domicilio especial, único y excluyente de cualquier otro, el lugar donde se celebró el contrato de seguros, a cuya Jurisdicción declaran someterse las partes.

CONDICIONES PARTICULARES

CLÁUSULA 1. DEFINICIONES PARTICULARES.

A los efectos de este contrato, queda expresamente convenido entre las partes que los siguientes términos tendrán los significados que se indican, siendo que el género masculino incluirá también al femenino, cuando corresponda, salvo que del texto de este contrato se desprenda una interpretación diferente:

Accidente: Suceso violento, súbito, externo y ajeno a la intencionalidad del Tomador, Asegurado o Beneficiario, que le cause al Asegurado lesiones corporales.

Asalto o Atraco: Se refiere al hecho o intento de apoderarse de bienes utilizando la violencia o la amenaza de causar daños inminentes a las personas.

Boleto de Viaje: Documento emitido por el Tomador a nombre de una persona natural, mediante el cual se obliga a transportar a ésta, por el pago de una tarifa, de una ciudad o centro poblado a su destino en otra. El Tomador está obligado a indicar en este documento la denominación social del Asegurador, así como las coberturas y sumas aseguradas contratadas bajo esta Póliza.

Emergencia Médica: Condición que compromete la vida o la integridad física del Asegurado, cuya atención no puede ser diferida y su diagnóstico ha sido hecho por un médico calificado de la institución hospitalaria prestadora de los servicios de salud.

Equipaje: Conjunto de efectos de uso o consumo personal del Ocupante contenido en maletas o bultos. Para efectos de este contrato no se considerarán como equipaje los bolsos de mano y los objetos destinados al abrigo, adorno o uso personal que el Ocupante lleve consigo y mantenga bajo su custodia durante el viaje.

Fecha de salida del viaje: Día y hora de inicio del viaje, especificada en el respectivo boleto de viaje.

Fecha de llegada del viaje: Día y hora de término del viaje, especificada en el boleto de viaje.

Funeraria: Empresa autorizada para suministrar servicios funerarios.

Hurto: Se refiere al acto de apoderarse de los bienes, sin intimidar a las personas o sin utilizar medios violentos para entrar o salir del sitio donde se encuentren los bienes.

Institución Hospitalaria: Establecimiento permanente con permiso sanitario vigente para suministrar asistencia médica, autorizado por el organismo público competente. No serán consideradas instituciones hospitalarias para los efectos de esta Póliza, lugares de descanso, geriátricos, spas, hidroclínicas y cualquier institución que suministre tratamientos similares, centros exclusivos para tratamiento de farmacodependientes, de dipsómanos (alcohólicos), enfermos mentales o desórdenes de conducta, ni lugares donde se proporcionen tratamientos naturistas, terapias alternativas y acupuntura.

Lesión: Daño corporal sufrido por el Asegurado como consecuencia de un accidente cubierto por la Póliza.

Lista de pasajeros: Documento emitido por el Tomador en el que se detalla su denominación social, la identificación de los pasajeros que realizan el viaje, de los operadores y de la unidad de transporte público de pasajeros, así como el origen y destino del viaje.

Médicamente necesario: Conjunto de medidas o procedimientos ordenados y suministrados por un médico o institución hospitalaria, que se ponen en práctica para el tratamiento, curación o alivio de una enfermedad o lesión, bajo las siguientes características:

1. Que sea apropiado para el diagnóstico y tratamiento de la lesión del Asegurado;
2. Que sea congruente con las normas profesionales aceptadas en la práctica de la medicina en la República Bolivariana de Venezuela y por la Federación Médica Venezolana;
3. Que el nivel de servicio o suministro sea idóneo y pueda ser proporcionado sin riesgo para el Asegurado;
4. Que no sea primordialmente para el confort o la conveniencia personal del Asegurado, de su familia o de su Médico.

Médico: Profesional de la medicina titulado e inscrito en el Ministerio con competencia en materia de salud o en la institución que legalmente corresponda, acreditado conforme a la ley para ejercer la profesión médica en el país.

Ocupante: Persona natural que realiza un viaje en la unidad de transporte público de pasajeros, como operador o como pasajero, identificada en la respectiva lista de pasajeros.

Operador: Persona destinada a la conducción de la Unidad de Transporte Público de Pasajeros o a la atención de los pasajeros. Pasajero: Persona natural, usuaria del servicio de transporte, portadora de un boleto de viaje emitido a su nombre. A cada puesto de la unidad de transporte público de pasajeros le corresponderá un boleto de viaje. Los menores que viajen en brazos de sus representantes legales, serán considerados pasajeros, siempre que estén identificados en la respectiva lista de pasajeros.

Prótesis: Dispositivo o aparato diseñado para reemplazar una parte faltante del cuerpo o para hacer que una parte del cuerpo trabaje mejor.

Robo: Se refiere al acto de apoderarse de bienes, utilizando medios violentos para entrar o salir del sitio donde se encuentren, siempre que queden huellas visibles de tales hechos.

Rutas Interurbanas: Las definidas de conformidad con lo previsto en las resoluciones emanadas por los organismos competentes, mediante la cual se establece la tarifa utilizada por los Prestadores del Servicio Público de Transporte Terrestre de Pasajeros y Pasajeras para rutas interurbanas.

Tratamiento médico: Conjunto de medidas o procedimientos realizados u ordenados por un médico que se ponen en práctica para la curación o alivio de una enfermedad o lesión, incluyendo medicamentos prescritos, insumos o prótesis.

Unidad de transporte público de pasajeros: Vehículo terrestre al cual el organismo competente le ha otorgado la Certificación de Prestación de Servicio de transporte público de pasajeros en rutas interurbanas.

CLÁUSULA 2. COBERTURAS AMPARADAS.

El Asegurador conviene en indemnizar al Asegurado o al Beneficiario, según corresponda, hasta la suma asegurada contratada, para las siguientes coberturas:

2.1 MUERTE ACCIDENTAL: Si como consecuencia directa y exclusiva de un accidente amparado por este contrato, incluyendo asalto o atraco, robo, hurto o intento de cometerlos, y dentro del plazo de trescientos sesenta y cinco (365) días continuos, contados a partir de la fecha de su ocurrencia, al Asegurado le sobreviene la muerte, el Asegurador pagará la suma asegurada de esta cobertura, indicada en el Cuadro Póliza Recibo y en el Certificado Individual de Seguro, si fuere el caso.

2.2 INVALIDEZ PERMANENTE: Si como consecuencia directa y exclusiva de un accidente amparado por este contrato, incluyendo asalto o atraco, robo, hurto o intento de cometerlos, y dentro del plazo de trescientos sesenta y cinco (365) días continuos, contados a partir de la fecha de su ocurrencia, el Asegurado sufre cualquier invalidez de las mencionadas en la Escala de Indemnizaciones, el Asegurador pagará la cantidad resultante de aplicar el porcentaje estipulado en la referida escala a la suma asegurada de esta cobertura, indicada en el Cuadro Póliza Recibo y en el Certificado Individual de Seguro, si fuere el caso.

ESCALA DE INDEMNIZACIONES	
TIPO DE INVALIDEZ	**% DE INDEMNIZACIÓN**
Enajenación mental incurable o pérdida de la conciencia.	100
Ceguera absoluta.	100
Pérdida total de la audición y del habla.	100
Lesiones incurables de la médula espinal que impida por completo el movimiento.	100
Pérdida o inutilización de ambos brazos, manos, piernas o pies, o de un brazo o una mano y de una pierna o pie.	100
PÉRDIDA TOTAL O INUTILIZACIÓN ABSOLUTA	
Un ojo con disminución de la agudeza visual del otro en más de un 50%, siempre que ésta sea incorregible.	75
Un ojo con enucleación.	35
Un ojo sin enucleación.	25
Reducción de la visión de ambos ojos en más de 50%.	50
Sordera bilateral.	50
Sordera unilateral.	25
Trastornos graves en las articulaciones de ambos maxilares.	15
Del olfato o del gusto.	5
Del uso de la cadera.	30

Una de las piernas por encima de la rodilla.	60
Una de las piernas por debajo de la rodilla o de un pie.	50
Del uso de la rodilla.	25
Del dedo gordo del pie.	10
Cualquier otro dedo del pie.	5
Un brazo o una mano.	60
Un dedo pulgar.	20
Un dedo índice.	15
Un dedo medio.	10
Un dedo anular.	8
Un dedo meñique.	7
Del uso del hombro.	30

Por pérdida total o inutilización absoluta se entiende aquella que tiene lugar por la amputación o por la inhabilitación funcional total y definitiva del órgano lesionado.

Cuando la pérdida o inutilización sea parcial, la indemnización que hubiese correspondido por pérdida total o inutilización absoluta será disminuida en forma proporcional.

La invalidez no contemplada en la escala anterior será indemnizada según su gravedad y en comparación con las mencionadas en la escala.

En caso de varios tipos de invalidez como consecuencia del mismo accidente, la indemnización resultante se calculará sumando los porcentajes correspondientes a cada invalidez, sin exceder la suma asegurada. Cuando el monto a indemnizar alcance o exceda el ochenta por ciento (80%), el Asegurador indemnizará la suma asegurada de esta cobertura.

En los casos de enajenación mental, parálisis, pérdida del habla y sordera, se requiere que hayan tenido una duración ininterrumpida no menor de ciento ochenta (180) días desde la fecha del accidente y, a juicio del organismo competente, sean declaradas irreparables.

Cuando varios tipos de invalidez afecten a un mismo miembro u órgano, éstas no se acumularán entre sí y el Asegurador indemnizará el porcentaje correspondiente a la mayor invalidez.

La pérdida de miembros u órganos ya incapacitados antes del accidente será indemnizada en la medida que constituya una agravación de la invalidez anterior, siempre que los dictámenes médicos así lo demuestren, y únicamente por la diferencia entre el grado de invalidez que presentare antes y después del accidente.

La evaluación de lesiones de miembros u órganos sanos sufridas en un accidente, no puede ser aumentada por el estado de invalidez de otros miembros u órganos no afectados por el accidente.

2.3 GASTOS MÉDICOS: Si como consecuencia directa y exclusiva de un accidente amparado por este contrato, incluyendo asalto o atraco, robo, hurto o intento de cometerlos, el Asegurado requiere asistencia médica dentro del plazo de trescientos sesenta y cinco (365) días continuos, contados a partir de la fecha de su ocurrencia, el Asegurador pagará los gastos hasta la suma asegurada de esta cobertura, indicada en el Cuadro Póliza Recibo y en el Certificado Individual de Seguro, si fuere el caso.

Están cubiertos los gastos generados por tratamiento médico, intervención quirúrgica (incluyendo el tratamiento postoperatorio), servicios hospitalarios, procedimiento médico, medicamentos, suministros, equipos e instrumentos especiales, médicamente necesarios para la atención de las alteraciones a la salud del Asegurado amparadas por la Póliza, incluyendo los causados por servicios de ambulancia.

2.4 SERVICIOS FUNERARIOS: Si como consecuencia directa y exclusiva de un accidente amparado por este contrato, incluyendo asalto o atraco, robo, hurto o intento de cometerlos, y dentro del plazo de trescientos sesenta y cinco (365) días continuos, contados a partir de la fecha de su ocurrencia, al Asegurado le sobreviene la muerte, el Asegurador pagará la suma asegurada de esta cobertura, indicada en el Cuadro Póliza Recibo y en el Certificado Individual de Seguro, si fuere el caso.

A los efectos de esta cobertura, se consideran servicios funerarios los gastos referentes a:

2.4.1 Beneficios por Cremación:

- Beneficios Básicos
- Servicio de Cremación.
- Bendición y encoframiento de las cenizas.
- Nicho de columbario en las localidades donde esté disponible.

2.4.2 Beneficios por Inhumación:

- Beneficios Básicos.
- Ataúd.
- Gastos del Servicio de Inhumación.
- Derechos de lápida.
- Parcela en un cementerio.

Se entenderán por Beneficios Básicos los siguientes gastos por servicios funerarios:

- Preparación y arreglo del fallecido.
- Servicio de Capilla (máximo 24 horas).
- Servicio de Cafetín.
- Una (1) Habitación de descanso.
- Oficios religiosos.
- Un (1) Arreglo Floral.
- Carroza fúnebre para el traslado del fallecido al lugar donde se efectuará el velorio.
- Carroza fúnebre para el sepelio.

- Dos (2) carros de acompañamiento para el sepelio.
- Traslado del difunto dentro del Territorio Nacional, desde el lugar del fallecimiento hasta el lugar donde se prestará el servicio funerario.
- Traslado de implementos funerarios al domicilio en caso de no utilizar la sala velatoria de la funeraria.
- Asesoramiento al Asegurado o a sus familiares en las diligencias de Ley para la obtención del Certificado y Partida de Defunción, Permisos de Prefectura y Sanidad en caso de utilizar los servicios de asistencia funeraria ofrecidos por el Asegurador.

2.5 PÉRDIDA DE EQUIPAJE: El Asegurador pagará la pérdida o daño del equipaje, contenido en la maleta o bulto a la que tiene derecho a trasladar el Asegurado, sin costo adicional, en la unidad de transporte público de pasajeros, que ocurra como consecuencia de accidente, incluyendo asalto o atraco, robo, hurto o intento de cometerlos.

El Asegurador indemnizará la suma asegurada indicada en el Cuadro Póliza Recibo y en el Certificado Individual de Seguro, si fuera el caso. No obstante, si el Asegurado efectuó la declaración formal del valor de su equipaje al Tomador, el Asegurador pagará hasta el doble de la suma asegurada contratada para esta cobertura.

Queda entendido que la suma asegurada de esta cobertura es aplicable por cada Ocupante (Pasajero u Operador), pero la responsabilidad del Asegurador por pérdida o daño del equipaje de los Operadores no se extenderá, en caso alguno, al doble de la suma asegurada.

CLÁUSULA 3. ALCANCE DE LAS COBERTURAS.

1. Coberturas de Muerte Accidental, Invalidez Permanente, Gastos Médicos y Servicios Funerarios: Están amparados los accidentes, incluyendo asalto o atraco, robo, hurto o intento de cometerlos, ocurridos encontrándose el Asegurado en viaje en ruta interurbana en la unidad de transporte público de pasajeros o subiendo o bajando de la misma, así como en los lugares de la ruta donde se esté reparando la unidad de transporte público de pasajeros por quedar inmovilizada por avería o en los cuales se efectúen paradas para descanso o ingerir alimentos.

Los efectos de estas coberturas inician en el momento en que el Asegurado se encuentre subiendo a la unidad de transporte público de pasajeros y terminan cuando el Asegurado se haya bajado de la misma por su llegada al lugar de destino.

2. Cobertura de Pérdida de Equipaje: Están amparados los accidentes, incluyendo asalto o atraco, robo, hurto o intento de cometerlos, ocurridos mientras el equipaje se encuentre bajo el cuidado, custodia y control del Tomador, en sus instalaciones o en la unidad de transporte público de pasajeros en la cual el Asegurado realiza el viaje.

CLÁUSULA 4. EXCLUSIONES PARTICULARES.

Esta Póliza no cubre reclamos como consecuencia de sucesos o eventos derivados de:

1. Lesiones que se ocasione el Asegurado por su participación activa en actos delictivos, motín, conmoción civil, disturbios populares, saqueos, disturbios laborales o conflictos de trabajo;

2. Terremoto, temblor de tierra, maremoto, tsunami, inundación, movimientos de masas, flujos torrenciales, huracanes, tornado, tifón, ciclón, eventos climáticos, granizo, erupción volcánica o cualquier otra convulsión de la naturaleza o perturbación atmosférica;

3. Lesiones que el Asegurado se ocasione intencionalmente, incluyendo el suicidio o su tentativa;

4, Lesiones que se ocasione el Asegurado por encontrarse bajo la influencia de alcohol o de sustancias o drogas no prescritas medicamente;

5. Lesiones que se ocasione el Asegurado por desvanecimiento, síncopes, ataques de apoplejía, infarto coronario, epilepsia, sonambulismo o enajenación mental, convulsiones y roturas de aneurismas;

6. Lesiones que se ocasione el Asegurado por su participación activa en duelos o riñas, a menos que se compruebe que no han sido provocados por él o que éste actuó en legítima defensa;

Asimismo, esta Póliza no ampara:

7. Honorarios médicos como consecuencia de cualquier tratamiento proporcionado por un médico o enfermera que tenga parentesco con el Tomador o el Asegurado, dentro del segundo grado de consanguinidad o afinidad, o que viva con éstos;

8. Pérdida o daños de bienes con fines comerciales.

CLÁUSULA 5. OTRAS EXONERACIONES DE RESPONSABILIDAD.

El Asegurador no estará obligado al pago de la indemnización en los siguientes casos:

1. Si no se efectúa la reclamación o no se entregue la documentación exigida en los lapsos indicados en la Cláusula 7. Procedimiento en Caso de Activación de las Coberturas, de estas Condiciones Particulares, salvo por causa extraña no imputable al obligado;

2. Si el siniestro ha sido ocasionado por dolo del Pasajero o del Beneficiario. En este supuesto, el Asegurador quedará relevado de su obligación de indemnizar, únicamente con respecto al Pasajero o Beneficiario que haya actuado con dolo;

3. Si el siniestro ha sido ocasionado por culpa grave del Pasajero o del Beneficiario. En este supuesto, el Asegurador quedará relevado de su obligación de indemnizar, únicamente con respecto al Pasajero o Beneficiario que haya actuado con culpa grave. No obstante, el Asegurador estará obligado al pago de la indemnización si el siniestro ha sido ocasionado en cumplimiento de deberes legales de socorro o en tutela de intereses comunes con el Asegurador en lo que respecta a la Póliza;

4. En lo que se refiere a las coberturas de Gastos Médicos, Servicios Funerarios y Pérdida de Equipaje, cuando las facturas presentadas no cumplan con los requisitos y exigencias del Servicio Nacional Integrado de Administración Aduanera y Tributaria (SENIAT);

5. En el caso de la cobertura de Pérdida de Equipaje, si el Tomador o Asegurado, intencionalmente omitiere dar aviso al Asegurador de la existencia de otros seguros que cubran la pérdida de equipaje, o si se hubiese celebrado el segundo o los posteriores seguros con el fin de procurarse un provecho ilícito, de conformidad con lo previsto en la Cláusula 13.- Pluralidad de Seguros, de las Condiciones Generales de este contrato;

6. En el caso de las coberturas de Gastos Médicos y Pérdida de Equipaje, si el Tomador, Asegurado o Beneficiario incumpliere lo establecido en la Cláusula 16.- Subrogación de Derechos en caso de Gastos Médicos y Pérdida de Equipaje de las Condiciones Generales de este contrato, a menos que compruebe que el incumplimiento sea debido a una causa extraña no imputable a él.

CLÁUSULA 6. ACCIÓN DE REPETICIÓN

El Asegurador tendrá derecho a repetir del Tomador las cantidades pagadas al Asegurado cuando:

1. Si el accidente ocurre como consecuencia del incumplimiento por parte del Operador de la unidad de transporte público de pasajeros, o del Tomador, del ordenamiento jurídico en materia de transporte público;

2. Si el accidente hubiere sido ocasionado por encontrarse cualquier Operador de la unidad de transporte público de pasajeros en estado de embriaguez, ingiriendo bebidas alcohólicas, o bajo los efectos de sustancias o drogas depresoras, estimulantes o alucinógenas;

3. Si el siniestro ha sido ocasionado por dolo del Operador de la unidad de transporte público de pasajeros;

4. Si el siniestro ha sido ocasionado por culpa grave del Operador de la unidad de transporte público de pasajeros. No obstante, el Asegurador estará obligado al pago de la indemnización si el siniestro ha sido ocasionado en cumplimiento de deberes legales de socorro o en tutela de intereses comunes con el Asegurador en lo que respecta a la Póliza;

5. Si el accidente se produce como consecuencia de la infracción de estipulaciones reglamentarias sobre el peso, medidas y disposición de la carga, del número de ocupantes, o forma de acomodarlos, o debido a que la unidad de transporte público de pasajeros excedía el número de pasajeros que figura en el correspondiente documento o registro de propiedad. No se considera exceso de pasajeros los menores que viajen en brazos de sus representantes legales;

6. Cuando el Operador de la unidad de transporte público de pasajeros carezca de la licencia de conducir que lo habilite o si este documento se encuentra revocado, anulado, suspendido o vencido.

7. Cuando el Operador de la unidad de transporte público de pasajeros no cumpla con la edad mínima requerida para conducir el tipo de vehículo, según las normas de clasificación de la licencia para conducir, establecidas en la Ley, aun cuando se le haya otorgado un permiso especial para conducir;

8. Si el Operador de la unidad de transporte público de pasajeros no está autorizado legalmente para tal actividad o sea sordo, carezca de algún brazo, mano

o pie o lo tenga incapacitado para su uso, o tenga parálisis parcial de carácter permanente o no;

9. Si el Operador de la unidad de transporte público de pasajeros no cumple con el ordenamiento jurídico en materia de transporte público, en lo que respecta al tiempo de conducción y descanso.

10. Cuando la unidad de transporte público de pasajeros se encuentre tomando parte en competencias, piques o carreras;

11. Cuando el Operador de la unidad de transporte público de pasajeros cambie la ruta establecida para el viaje, salvo por causa extraña que no le sea imputable;

12. Cuando el Tomador no mantenga la unidad de transporte público de pasajeros en las condiciones adecuadas de seguridad y buen funcionamiento exigidos en la regulación en materia de transporte terrestre;

13. Si para el momento de la ocurrencia del accidente la unidad de transporte público de pasajeros carecía de la Certificación de Prestación de Servicio de Transporte Público de Pasajeros en rutas interurbanas.

CLÁUSULA 7. PROCEDIMIENTO EN CASO DE ACTIVACIÓN DE LAS COBERTURAS.

En caso de reclamación por cualquier siniestro, se tomará en cuenta lo siguiente:

I. POR PAGO DE LA PRESTACIÓN O REEMBOLSO.

El Beneficiario debe notificar el siniestro al Asegurador en un plazo máximo de diez (10) días hábiles siguientes a la fecha en que tenga conocimiento de su ocurrencia.

Dentro de los treinta (30) días hábiles siguientes a la fecha de notificación, deberá suministrar cumplimentados, los formularios de declaración de siniestro proporcionados por el Asegurador, conjuntamente con los siguientes documentos, según sea el caso:

1. Cobertura de Muerte Accidental:

1.1 Cédula de identidad, pasaporte o partida de nacimiento del Asegurado;

1.2 Boleto de viaje o comprobante de su adquisición;

1.3 Acta o Certificado de Defunción del Asegurado fallecido;

1.4 Certificado de la Medicatura Forense;

1.5 Cédula de identidad, pasaporte o partida de nacimiento del Beneficiario;

1.6 En caso de que el Beneficiario sea niño, niña o adolescente, oficio mediante el cual el tribunal competente autorice a su representante legal a recibir el pago de la indemnización;

1.7 Declaración de Únicos y Universales Herederos, si fuere el caso;

1.8 Declaración de los hechos por parte del Beneficiario, con indicación de las circunstancias del accidente; así como de los testigos, si los hubiere;

1.9 Denuncia ante las autoridades competentes, si el fallecimiento es consecuencia de asalto o atraco, robo, hurto o intento de cometerlos;

El Asegurador se reserva el derecho de solicitar la autopsia o la exhumación del cadáver, de conformidad con lo establecido en la normativa prevista para ello, con la finalidad de determinar las causas de la muerte. Todos los gastos que se produzcan con ocasión de la autopsia o la exhumación del cadáver serán pagados por el Asegurador.

2. Cobertura de Invalidez Permanente:

2.1 Cédula de identidad, pasaporte o partida de nacimiento del Asegurado;

2.2 Boleto de viaje o comprobante de su adquisición;

2.3 Certificado médico de incapacidad, especificando el tipo y grado de invalidez, emitido por el organismo competente;

2.4 Declaración de los hechos por parte del Asegurado, con indicación de la fecha, hora, lugar y circunstancias del accidente; así como de los testigos, si los hubiere;

2.5 Denuncia ante las autoridades competentes, si la invalidez es consecuencia de asalto o atraco, robo, hurto o intento de cometerlos.

3. Cobertura de Gastos Médicos:

3.1 Cédula de identidad, pasaporte o partida de nacimiento del Asegurado;

3.2 Boleto de viaje o comprobante de su adquisición;

3.3 Cédula de identidad, pasaporte o Registro único de Información Fiscal (R.I.F.) del Beneficiario;

3.4 Facturas de los gastos incurridos emitidos por el proveedor del servicio médico, acompañadas de los récipes, informes médicos y exámenes practicados con sus respectivos resultados, así como de cualquier otra documentación relacionada con los servicios recibidos;

3.5 Declaración de los hechos por parte del Asegurado, con indicación de la fecha, hora, lugar y circunstancias del accidente; así como de los testigos, si los hubiere;

3.6 Denuncia ante las autoridades competentes, si las lesiones son consecuencia de asalto o atraco, robo, hurto o intento de cometerlos;

4. Cobertura de Servicios Funerarios:

4.1 Cédula de identidad, pasaporte o partida de nacimiento del Asegurado;

4.2 Boleto de viaje o comprobante de su adquisición;

4.3 Cédula de identidad, pasaporte o Registro único de Información Fiscal (R.I.F.) del Beneficiario;

4.4 Acta o Certificado de Defunción del Asegurado;

4.5 Certificado de la Medicatura Forense;

4.6 Facturas de los gastos por servicios funerarios prestados y pagados por el Beneficiario a la Funeraria;

4.7 Declaración de los hechos por parte del Beneficiario, con indicación de las circunstancias del accidente, así como de los testigos, si los hubiere;

4.8 Denuncia ante las autoridades competentes, si el fallecimiento es consecuencia de asalto o atraco, robo, hurto o intento de cometerlos.

5. Cobertura de Pérdida de Equipaje:

5. 1Cédula de identidad, pasaporte o partida de nacimiento del Asegurado;

5. 2 Reclamación por la pérdida o daño del equipaje presentada por el Asegurado ante el Tomador;

5.3 Cédula de identidad, pasaporte o Registro único de Información Fiscal (R.I.F.) del Beneficiario;

5.4 Ticket o Comprobante de la maleta o bulto emitido por el Tomador;

5.5 Comprobante de la declaración efectuada por el Asegurado del valor de su equipaje ante el Tomador, si fuere el caso;

5.6 Documento que demuestre el pago efectuado al Asegurado, acompañado de los soportes que justifiquen el monto pagado, si fuera el caso;

5.7 Denuncia ante las autoridades competentes, en caso de asalto o atraco, robo, hurto o intento de cometerlos.

Independientemente de la cobertura activada, el Tomador deberá entregar, en un plazo de quince (15) días hábiles siguientes, contados a partir de la fecha de la notificación del siniestro, los documentos indicados a continuación:

a) Lista de pasajeros;

b) Declaración de los hechos por parte del Tomador con indicación de la fecha, hora, lugar y circunstancias del accidente; así como de los testigos, si los hubiere;

c) Informe de las autoridades que intervinieron en el hecho, si fuere el caso;

d) Documentos que demuestren que el Tomador efectuó algún pago a los Beneficiarios, si fuera el caso.

El Asegurador podrá solicitar, sólo en una (1) oportunidad, en función de la información suministrada por el Tomador, Asegurado o Beneficiario, nuevos recaudos para la evaluación del siniestro y la determinación del pago que pudiera corresponder, dentro de los quince (15) días hábiles siguientes a la entrega de los recaudos inicialmente solicitados. El Tomador, Asegurado o Beneficiario tendrá un lapso de treinta (30) días hábiles, contados desde la fecha de recepción de la solicitud, para entregar los nuevos recaudos solicitados, salvo por causa extraña no imputable al Tomador, Asegurado o Beneficiario.

El Asegurador, a su costo, tendrá derecho y la oportunidad de examinar al Asegurado durante la tramitación de una reclamación bajo esta Póliza.

II. POR PAGO DIRECTO AL PROVEEDOR DEL SERVICIO.

1. Cobertura de Gastos Médicos en caso de Emergencia Médica:

Si el Asegurado requiere atención por emergencia médica, el Asegurador debe informar de forma inmediata a la Institución Hospitalaria, que el Asegurado se encuentra amparado por esta Póliza.

2. Cobertura de Gastos Médicos en caso de Carta Aval:

El Asegurado, deberá suministrar al Asegurador:

2.1 Cédula de identidad, pasaporte o partida de nacimiento del Asegurado;

2.2 Boleto de viaje o comprobante de su adquisición;

2.3 Cédula de identidad, pasaporte o Registro único de Información Fiscal (R.I.F.) del Beneficiario;

2.4 Declaración de los hechos por parte del Asegurado, con indicación de la fecha, hora, lugar y circunstancias del accidente; así como de los testigos, si los hubiere;

2.5 Denuncia ante las autoridades competentes, si las lesiones son consecuencia de asalto o atraco, robo, hurto o intento de cometerlos;

2.6 Presupuesto detallado de los gastos médicos por los productos y los servicios a ser prestados, así como los resultados de los exámenes preoperatorios y el informe médico donde se señale el diagnóstico, el tratamiento médico o la intervención quirúrgica a efectuarse.

El Asegurado deberá remitir estos documentos, con al menos diez (10) días hábiles de anticipación a la fecha en que deba realizarse el tratamiento médico o la intervención quirúrgica.

El Asegurado queda relevado de consignar los documentos mencionados en los numerales 2.1. al 2.5., si estos hubiesen sido suministrados al Asegurador con anterioridad.

El Asegurador podrá solicitar, a su costo, una segunda evaluación médica o documentos adicionales a los descritos anteriormente, en una sola oportunidad. La solicitud debe efectuarse como máximo dentro de los dos (2) días hábiles siguientes a la fecha en que se entregó el último de los documentos requeridos en el párrafo anterior. En este supuesto, se establece un plazo de cinco (5) días hábiles para que el Asegurado se someta a la segunda evaluación médica o para que sean consignados los nuevos recaudos solicitados por el Asegurador, según sea el caso, contados a partir de la fecha de solicitud. El Asegurador está obligado a ofrecer un listado de por lo menos tres (3) médicos especialistas, con la finalidad de que el Asegurado escoja quién efectuará la evaluación médica.

El Asegurador se compromete a entregar la Carta Aval al Asegurado dentro de los tres (3) días hábiles siguientes a la fecha en que fueron consignados los documentos antes mencionados y se hubiere concluido la evaluación médica, si fuere el caso.

El Asegurador utilizará todos los mecanismos necesarios para procurar que el Asegurado reciba atención inmediata. El Asegurado tiene el derecho a escoger libremente el proveedor que le prestará los servicios o suministros garantizados por este contrato, salvo aquellas en aquellas coberturas que por su naturaleza deban ser garantizadas exclusivamente por un proveedor específico. El Asegurador podrá suscribir contratos con proveedores que aseguren la prestación de estos servicios o suministros. En este supuesto, indicará trimestralmente, mediante avisos colocados en cada una de sus oficinas de atención al público y en los medios de información electrónicos, los referidos proveedores.

El Asegurado autoriza al médico tratante y a la Institución Hospitalaria para dar información acerca de su estado físico, historia clínica y demás circunstancias que originaron la reclamación.

3. Cobertura de Servicios Funerarios:

Al ocurrir el fallecimiento del Asegurado, la persona interesada podrá solicitar al Asegurador, la prestación del servicio funerario. El Asegurador utilizará todos los mecanismos necesarios para procurar la prestación del servicio.

El interesado deberá presentar al Asegurador los siguientes recaudos:

3.1 Cédula de identidad, pasaporte o partida de nacimiento del Asegurado;

3.2 Boleto de viaje o comprobante de su adquisición;

3.3 Cédula de identidad, pasaporte o Registro único de Información Fiscal (R.I.F.) del Beneficiario;

3.4 Acta o Certificado de Defunción del Asegurado;

3.5 Certificado de la Medicatura Forense;

3.6 Declaración de los hechos por parte de la persona interesada, con indicación de las circunstancias del accidente, así como de los testigos, si los hubiere;

3.7 Denuncia ante las autoridades competentes, si el fallecimiento es consecuencia de asalto o atraco, robo, hurto o intento de cometerlos.

Si el Asegurador, debido a una causa extraña no imputable, no pudiere gestionar la prestación del servicio funerario o si existiere un remanente entre la suma asegurada y el costo del servicio funerario, el pago de la prestación será efectuado de acuerdo con lo indicado en el apartado I. Por Pago de la Prestación o Reembolso.

Independientemente de la cobertura activada, el Asegurador solicitará al Tomador, los documentos indicados a continuación:

a Lista de pasajeros;

b. Declaración de los hechos por parte del Tomador con indicación de la fecha, hora, lugar y circunstancias del accidente; así como de los testigos, si los hubiere;

c. Informe de las autoridades que intervinieron en el hecho, si fuere el caso;

d. Documentos que demuestren que el Tomador efectuó algún pago a los Beneficiarios, si fuera el caso.

El Tomador deberá entregar la documentación solicitada en un plazo de dos (2) días hábiles, contados a partir de la fecha de la solicitud.

CLÁUSULA 8. BENEFICIARIOS.

Las personas indicadas a continuación, tendrán derecho a recibir el pago a que hubiere lugar, según la cobertura activada:

1. Cobertura de Muerte Accidental: El Asegurador pagará la suma asegurada convenida a los Herederos Legales del Asegurado, en la proporción que le corresponda a cada uno de acuerdo a la normativa legal aplicable;

La cualidad de Beneficiario no tendrá efectos si éste atentase contra la vida o integridad personal del Asegurado o fuere declarado cómplice del hecho, mediante sentencia definitivamente firme;

2. Cobertura de Invalidez Permanente: El Asegurador pagará la indemnización al Asegurado;

3. Cobertura de Gastos Médicos: El Asegurador pagará la indemnización a la persona que demuestre haber efectuado los gastos o al proveedor del servicio, según sea el caso;

4. Cobertura de Servicios Funerarios: El Asegurador pagará la indemnización a la persona que demuestre haber efectuado los gastos o al proveedor del servicio, según sea el caso;

Adicionalmente, para la cobertura de Servicios Funerarios, si existiere un remanente entre la suma asegurada y el monto erogado en el servicio funerario, será pagado según lo señalado en el número **1** de esta Cláusula;

5. Cobertura de Pérdida de Equipaje: El Asegurador pagará la indemnización al Tomador; no obstante, éste podrá autorizar al Asegurado para que formule la reclamación directamente al Asegurador.

CLÁUSULA 9. PERITAJE.

Cuando el Beneficiario no esté de acuerdo con el monto de la indemnización, la calificación o la evaluación de una invalidez, las partes podrán convenir un peritaje sometiéndose al siguiente procedimiento:

1. Nombrar por escrito un Perito Único de común acuerdo entre las partes;

2. En caso de desacuerdo sobre la designación del Perito Único, se nombrarán por escrito dos (2) Peritos, uno (1) por cada parte, en el plazo de un (1) mes calendario a partir del día en que una de las partes haya requerido a la otra dicha designación;

3. Si el Asegurado se negare a designar o dejare de nombrar el Perito en el plazo estipulado, se entenderá desistido el procedimiento y el monto de la indemnización, la calificación o la evaluación de la invalidez, será la determinada por el Asegurador;

4. Si el Asegurador se negare a designar el Perito, corresponderá al Superintendente de la Actividad Aseguradora su nombramiento;

5. Si los dos Peritos así nombrados no llegaren a un acuerdo, el o los puntos de discrepancia serán sometidos al fallo de un tercer Perito nombrado por ellos, por escrito, y su apreciación agotará este procedimiento. En caso de desacuerdo, el tercer perito será nombrado por el Superintendente de la Actividad Aseguradora.

Los Peritos deberán dar su fallo por escrito dentro de un período de treinta (30) días continuos después de haber aceptado la designación. Los Peritos harán sus evaluaciones ateniéndose a la Escala de Indemnizaciones inserta en esta Póliza y a las condiciones del contrato. Los gastos de peritaje serán sufragados en partes iguales por el Asegurador y el Beneficiario. El fallecimiento de cualquiera de los dos **(2) Peritos** que aconteciera en el curso de las operaciones de peritaje, no anulará ni mermará los poderes, derechos o atribuciones del Perito sobreviviente. Asimismo, si el Perito único o el Perito tercero fallecieren antes del dictamen final, la parte o los Peritos que le hubieren nombrado, según el caso, quedan facultados para sustituirlo por otro.

CLÁUSULA 10. DESAPARICIÓN DEL ASEGURADO.

Si en el curso de un viaje ocurriese un accidente que ocasione la desaparición de algún Asegurado por un período no inferior a un (1) año, contado este a partir de la fecha del accidente, y cumplido lo establecido en el Artículo 438 del Código Civil, el Asegurador hará efectivo el pago establecido para la cobertura de Muerte Accidental.

Si posteriormente apareciera el Asegurado, el Asegurador tendrá derecho a la restitución de la suma pagada y estará obligado a pagar los montos que correspondan a las coberturas de Gastos Médicos o Invalidez Permanente, resultantes del accidente, conforme con lo indicado en la Cláusula 6.- Procedimiento en caso de Activación de las Coberturas, de estas Condiciones Particulares.

CLÁUSULA 11. TRANSFERENCIA DE PASAJEROS ASEGURADOS A OTRO TRANSPORTE DEBIDO A UNA AVERÍA DURANTE UN VIAJE.

Si en el curso de un viaje ocurriese una avería que originare que la unidad de transporte público de pasajeros no pudiere continuar el viaje y el Asegurado tuviere que ser transferido a otra unidad de transporte público de pasajeros objeto de esta Póliza, el seguro cubierto por el boleto mantendrá todo su vigor y efecto hasta la terminación del viaje establecido.

CLÁUSULA 12. MOVIMIENTOS DE INGRESOS Y EGRESOS.

El Tomador se obliga a enviar al Asegurador la relación de solicitudes de ingresos y egresos de unidades de transporte público de pasajeros en el seguro.

El monto de la prima correspondiente a los ingresos será calculado a prorrata, por el período que falte por transcurrir hasta el próximo vencimiento de la póliza, contado a partir de la fecha de ingreso en la Póliza.

Con respecto a las unidades de transporte público de pasajeros que egresen del seguro antes de la fecha de su vencimiento, el Asegurador calculará la prima del período que falte por transcurrir, de forma análoga al caso anterior.

Según sea el caso, el Asegurador cobrará o devolverá al Tomador el monto del ajuste de prima por ingresos o egresos en la Póliza, mediante la emisión y entrega del recibo de prima correspondiente, conjuntamente con una relación actualizada de las unidades de transporte público de pasajeros expuestas y los certificados individuales de seguro de los ingresos, si fuera el caso.

CLÁUSULA 13. ÁMBITO TERRITORIAL.

La cobertura de este contrato sólo ampara los accidentes ocurridos en viajes efectuados por las unidades de transporte público de pasajeros en rutas interurbanas de la República Bolivariana de Venezuela.

CLÁUSULA 14. DEFENSOR DEL TOMADOR, ASEGURADO O BENEFICIARIO.

El Tomador, Asegurado o Beneficiario que sienta vulneración de sus derechos, y requiera presentar cualquier denuncia, queja o reclamo, surgida con ocasión de este contrato de seguro, podrá acudir a la Unidad del Defensor del Asegurado del Asegurador o comunicarse a través de los mecanismos dispuestos para ello.

____________________	____________
POR EL ASEGURADOR	**EL TOMADOR**

II

TARIFA	
PÓLIZA DE ACCIDENTES PERSONALES DE OCUPANTES DE VEHÍCULOS DE TRANSPORTE DE PASAJEROS EN RUTAS INTERURBANAS	
AMPARO	**TASA ANUAL POR CADA MIL BOLÍVARES DE SUMA ASEGURADA – APLICABLE POR CADA PUESTO**
MUERTE ACCIDENTAL	**0,50**
INVALIDEZ PERMANENTE	**0,20**
GASTOS MÉDICOS	**1,45**
SERVICIOS FUNERARIOS	**0,50**
AMPARO	**TASA ANUAL POR CADA BOLÍVAR DEL COSTO DEL PASAJE - APLICABLE POR CADA PUESTO**
PÉRDIDA DE EQUIPAJE	**0,75**

III

PÓLIZA DE SEGURO DE ACCIDENTES PERSONALES DE OCUPANTES DE VEHÍCULOS DE TRANSPORTE DE PASAJEROS EN RUTAS SUBURBANAS

Entre {RAZÓN SOCIAL DEL ASEGURADOR},{REGISTRO ÚNICO DE INFORMACIÓN FISCAL (R.I.F.)}, {DATOS DE REGISTRO MERCANTIL O REGISTRO SUBALTERNO}, que en adelante se denominará el Asegurador, representada por el ciudadano _________ en su carácter de ___, facultado según consta en documento inscrito ante la Notaría Pública ___________, el ___ de __ de __, bajo el N°___, Tomo ___, y el Tomador, identificado en el Cuadro Póliza Recibo, han convenido en suscribir el presente contrato de seguro, el cual está conformado y se regirá por las Condiciones Generales, las Condiciones Particulares, el Cuadro Póliza Recibo, la Solicitud de Seguro y los demás documentos que formen parte integrante del mismo.

CONDICIONES GENERALES

CLÁUSULA 1. OBJETO DEL SEGURO.

Mediante este seguro el Asegurador se compromete a asumir los riesgos indicados en las Condiciones Particulares y anexos, si los hubiere, hasta la suma asegurada señalada en el Cuadro Póliza Recibo y, si fuera el caso, en el Certificado Individual de Seguro.

CLÁUSULA 2. DEFINICIONES GENERALES.

A los efectos de este contrato, queda expresamente convenido entre las partes que los siguientes términos tendrán los significados que se indican, siendo que el género masculino incluirá también al femenino, cuando corresponda, salvo que del texto de este contrato se desprenda una interpretación diferente:

1. ASEGURADO: Ocupante de una unidad de transporte de pasajeros en ruta suburbana, expuesto a los riesgos amparados por este contrato.

2. ASEGURADOR: {Indicar nombre completo del Asegurador} quien asume los riesgos cubiertos en este contrato.

3. BENEFICIARIO: Persona que tiene el derecho de recibir el pago de la indemnización a que hubiere lugar de ocurrir un siniestro.

4. CONDICIONES PARTICULARES: Aquellas que contemplan aspectos concretamente relativos a los riesgos que se aseguran.

5. CUADRO PÓLIZA RECIBO: Documento en el que se indica, como mínimo, la siguiente información: número de la Póliza; identificación completa del Asegurador y de su domicilio principal; identificación del representante del Asegurador, el carácter con el que actúa y los datos del documento donde consta su representación; identificación completa del Tomador y de su representante legal; Registro único de Información Fiscal (R.I.F.) del Tomador; dirección del Tomador; duración del contrato; fecha de emisión del contrato; vigencia del recibo; coberturas y sumas aseguradas contratadas; monto y forma de pago de la prima; dirección de cobro; identificación del intermediario de la actividad aseguradora; y firmas del Asegurador y del Tomador. El Cuadro Póliza Recibo será entregado al Tomador conjuntamente con las Condiciones Generales, las Condiciones Particulares, los certificados individuales de seguro, los anexos, si los hubiere, y los demás documentos que formen parte integrante de la póliza. En la renovación, la obligación procederá para los nuevos documentos o para aquellos que hayan sido modificados.

6. CERTIFICADO INDIVIDUAL DE SEGURO: Documento emitido por el Asegurador para cada unidad de transporte público de pasajeros objeto de este contrato, si fuere el caso, que contiene como mínimo: identificación del Tomador, identificación de la unidad de transporte de pasajeros, número de puestos, coberturas y sumas aseguradas contratadas y vigencia del certificado.

7. DOCUMENTOS QUE FORMAN PARTE DEL CONTRATO DE SEGURO: Las Condiciones Generales, las Condiciones Particulares, la Solicitud de Seguro, el Cuadro Póliza Recibo, los Certificados Individuales de Seguro, los anexos, si los hubiere, y los demás documentos que por su naturaleza formen parte del contrato.

8. PARTES DEL CONTRATO DE SEGURO: El Asegurador y el Tomador. Además de las personas señaladas, también forman parte del contrato de seguro, los Asegurados y los Beneficiarios.

9. PRIMA: Es la contraprestación que, en función de los riesgos amparados por esta Póliza, debe pagar el Tomador al Asegurador en virtud de la celebración del contrato.

10. REPRESENTANTE: Persona autorizada por el Asegurado para que en caso de siniestro, y con el único propósito de efectuar la tramitación correspondiente, actúe ante el Asegurador en sustitución de él.

11. RIESGO: Posible ocurrencia por azar de un acontecimiento que no dependa exclusivamente de la voluntad del Tomador, Asegurado o Beneficiario, que ocasione una necesidad económica, y cuya aparición real o existencia se previene y garantiza en este contrato.

12. SINIESTRO: Materialización del riesgo que da origen a la obligación de indemnizar por parte del Asegurador, que corresponda conforme al presente contrato.

13. SOLICITUD DE SEGURO: Cuestionario que proporciona el Asegurador, el cual contiene un conjunto de preguntas relativas a la identificación del Tomador y a los datos que puedan influir en la estimación del riesgo, que deben ser contestadas en su totalidad y con exactitud por el Tomador, constituyendo dicha declaración la base legal para la emisión del contrato de seguro. Adicionalmente, deberá contener el detalle de las coberturas que se pretenden contratar, distinguiendo las coberturas básicas de las opcionales, señalando expresamente que estas últimas no serán de obligatoria suscripción por parte del Tomador.

14. SUMA ASEGURADA: Límite máximo de responsabilidad del Asegurador por duración del contrato, accidente, Asegurado y cobertura contratada.

15. TOMADOR: Prestador de Servicio Público de Transporte Terrestre de Pasajeros y Pasajeras que contrata el seguro con el Asegurador, trasladándole los riesgos y obligándose al pago de la prima.

CLÁUSULA 3. EXCLUSIONES GENERALES

Esta póliza no cubre:

1. Pérdidas, gastos o daños que sean consecuencia o que se den en el curso de: guerra, invasión, acto de enemigo extranjero, hostilidades u operaciones bélicas (haya habido declaración de guerra o no), insubordinación militar, levantamiento militar, insurrección, rebelión, revolución, guerra civil, guerra intestina, poder militar o usurpación de poder, proclamación del estado de excepción, acto de terrorismo o acto de cualquier persona que actúe en nombre de o en relación con alguna organización que realice actividades dirigidas a la destitución por la fuerza del gobierno o influenciarlo mediante el terrorismo o la violencia.

2. Pérdidas, gastos o daños que sean consecuencia de: fisión o fusión nuclear, radiaciones ionizantes y contaminantes radioactivos.

3. Pérdidas, gastos o daños que sean consecuencia de: nacionalización, confiscación, incautación, requisa, comiso, embargo, expropiación, destrucción o daño por orden de cualquier gobierno o autoridad pública legalmente constituida o de facto, a menos que dicha destrucción sea ejecutada para detener la propagación de los daños causados por cualquier riesgo asegurado.

4. Otras exclusiones que se establezcan en las Condiciones Particulares de la Póliza.

CLÁUSULA 4. EXONERACIONES DE RESPONSABILIDAD.

El Asegurador no estará obligado al pago de la indemnización en los siguientes casos:

1. Si el Tomador, Asegurado o Beneficiario o cualquier persona que obre por cuenta de éstos presenta una reclamación fraudulenta o engañosa, o si en cualquier tiempo emplea medios o documentos engañosos o dolosos para sustentar una reclamación o para derivar otros beneficios relacionados con este contrato.

2. Si el siniestro ha sido ocasionado por dolo del Tomador, Asegurado o Beneficiario.

3. Si el siniestro ha sido ocasionado por culpa grave del Tomador, Asegurado o Beneficiario. No obstante, el Asegurador estará obligado al pago de la indemnización si el siniestro ha sido ocasionado en cumplimiento de deberes legales de socorro o en tutela de intereses comunes con el Asegurador en lo que respecta a este contrato.

4. Si el siniestro se inicia antes de la duración del contrato y continúa después de que los riesgos hayan comenzado a correr por cuenta del Asegurador.

5. Si el Tomador, Asegurado o Beneficiario no empleare los medios a su alcance para aminorar las consecuencias del siniestro, siempre que este incumplimiento se produjera con la manifiesta intención de perjudicar o engañar al Asegurador.

6. Si el Tomador actúa con dolo o culpa grave en la declaración de las circunstancias por él conocidas que puedan influir en la valoración del riesgo, según lo señalado en la Cláusula 11. Declaraciones en la Solicitud de Seguro, de estas Condiciones Generales.

7. Si el Tomador, Asegurado o Beneficiario intencionalmente omitiere dar aviso al Asegurador sobre la contratación de pólizas que cubran el mismo riesgo amparado por el presente contrato o si el Tomador hubiese celebrado el segundo o posteriores contratos de seguros, sobre los mismos riesgos, con el fin de procurarse un provecho ilícito.

8. Si el Tomador, Asegurado o Beneficiario incumpliere lo establecido en la Cláusula 16. Subrogación de Derechos en caso de Gastos Médicos y Pérdida de Equipaje (en caso de Servicio Especial), de estas Condiciones Generales, a menos que compruebe que el incumplimiento es debido a una causa extraña no imputable a él.

9. Si el Tomador, el Asegurado, el Beneficiario o cualquier persona que obre por cuenta de éstos, actuando con dolo o culpa grave, obstaculiza los derechos del Asegurador estipulados en este contrato.

10. Otras exoneraciones de responsabilidad establecidas en las Condiciones Particulares de esta Póliza.

CLÁUSULA 5. DURACIÓN DEL CONTRATO.

La duración del contrato será anual y se hará constar en el Cuadro Póliza Recibo, con indicación de la fecha de emisión, la hora y día de su iniciación y vencimiento.

CLÁUSULA 6. PAGO DE LA PRIMA.

El Tomador debe pagar la primera prima anual en el plazo de diez (10) días continuos contados a partir de la fecha de inicio de la duración del contrato. Si la prima no es pagada o se hace imposible su cobro por causa imputable al Tomador en el plazo establecido, el Asegurador tendrá derecho a exigir el pago correspondiente o resolver el contrato. En caso de resolución, ésta tendrá efecto desde el inicio de la duración del contrato. Si el Asegurador no ejerce su derecho a resolver el contrato de seguro, no podrá negarse a recibir el pago de la prima vencida. Si ocurriese un siniestro en el plazo convenido para el pago de la primera prima, el Asegurador pagará la indemnización, siempre que el Tomador pague antes de su vencimiento la prima correspondiente.

El pago de la prima solamente conserva en vigor el contrato por el tiempo al cual corresponda dicho pago, según conste en el Cuadro Póliza Recibo.

Contra el pago de la prima, el Asegurador entregará al Tomador el Cuadro Póliza Recibo o recibo de prima correspondiente, firmado y sellado. La entrega de este documento podrá efectuarse en forma impresa o a través de los mecanismos electrónicos previstos para ello y acordados por las partes que consten en la solicitud de seguro, con su acuse de recibo.

Las primas pagadas en exceso no darán lugar a responsabilidad alguna por parte del Asegurador por el exceso, sino única y exclusivamente al reintegro sin intereses del excedente, aun cuando aquellas hubieren sido aceptadas formalmente por el Asegurador.

CLÁUSULA 7. LUGAR Y MEDIO DE PAGO DE LAS PRIMAS.

Las primas correspondientes a este contrato serán pagadas directamente en las oficinas del Asegurador. No obstante, podrán ser pagadas bajo cualquier mecanismo o medio acordado por las partes.

El Asegurador podrá cobrar las primas a domicilio y dar aviso de sus vencimientos y, si lo hiciere, no sentará precedente de tal obligación y podrá suspender esta gestión en cualquier momento, previo aviso.

CLÁUSULA 8. FRACCIONAMIENTO DE LA PRIMA.

Si el pago de la prima es fraccionado, se entiende que tal fraccionamiento es una facilidad de pago y no implica modificación del período de duración del contrato. En este caso, si el Tomador no pagase cualquier fracción de la prima dentro de los {*El Asegurador podrá establecer el número de días hábiles que considere conveniente para el pago de la fracción prima}* días hábiles siguientes a la fecha de la finalización de la última fracción pagada, el Asegurador tiene derecho a exigir la prima debida o a resolver el contrato.

Si ocurriese un siniestro amparado durante el plazo convenido para el pago de la fracción de prima, el Asegurador procederá de conformidad con las siguientes reglas:

1. Descontar del monto indemnizable la fracción de prima vencida. No obstante, si el monto a pagar es por la totalidad de la suma asegurada, el Asegurador podrá deducir las fracciones de primas pendientes para completar la totalidad de la prima de la duración del contrato.

2. Si el monto indemnizable es menor a la fracción de prima vencida, el Asegurador pagará la indemnización, siempre que el Tomador pague la referida fracción de prima vencida, antes del vencimiento del respectivo plazo.

En caso de resolución por falta de pago de una fracción de prima vencida, ésta tendrá efecto desde la fecha de finalización del periodo cubierto por la última fracción de prima pagada, siempre que el Asegurador lo haya notificado previamente al Tomador o al Asegurado.

Si el Asegurador no ejerce su derecho a resolver el contrato de seguro, no podrá negarse a recibir el pago de la fracción de prima vencida.

CLÁUSULA 9. RENOVACIÓN.

El contrato se entenderá renovado automáticamente al finalizar el último día de duración del período de vigencia anterior y por un plazo igual, siempre que el Tomador pague la prima correspondiente al nuevo período, de acuerdo con lo establecido en la Cláusula 10. Plazo de Gracia, de estas Condiciones Generales, entendiéndose que la renovación no implica un nuevo contrato, sino la prórroga del anterior. Sólo el Tomador podrá negarse a la prórroga del contrato, mediante una notificación escrita al Asegurador, efectuada con un plazo de por lo menos un (1) mes de anticipación a la conclusión del período de vigencia en curso.

No obstante, el Asegurador no estará obligado a renovar el contrato o la cobertura de alguna unidad de transporte público de pasajeros cuando el Tomador no haya consignado las correspondientes certificaciones de prestación de servicio de transporte público de pasajeros en rutas suburbanas, dentro del mes anterior a la terminación del contrato.

CLÁUSULA 10. PLAZO DE GRACIA.

Se conceden treinta (30) días continuos de gracia para el pago de la prima de renovación, contados a partir de la fecha de terminación de la duración del contrato anterior. Si ocurriere un siniestro en este plazo, el Asegurador pagará la indemnización, previa deducción de la prima correspondiente. Si el monto del

siniestro es menor a la prima de renovación, el Asegurador pagará la indemnización, siempre que el Tomador pague la prima en el plazo de gracia concedido. Si la prima no es pagada en el referido período, el contrato quedará sin validez y efecto a partir de la fecha de terminación de la duración del período anterior.

CLÁUSULA 11. DECLARACIONES EN LA SOLICITUD DE SEGURO.

El Tomador al llenar la solicitud, debe declarar con exactitud al Asegurador, de acuerdo con el cuestionario que éste le proporcione o los requerimientos que le indique, todas las circunstancias por él conocidas que puedan influir en la valoración del riesgo.

El Asegurador debe participar al Tomador, en el plazo de cinco (5) días hábiles siguientes, que ha tenido conocimiento de un hecho no declarado en la Solicitud de Seguro, que pueda influir en la valoración del riesgo, y podrá ajustar o resolver el contrato, mediante comunicación impresa o a través de los mecanismos electrónicos acordados para ello, con acuse de recibo, dirigida al Tomador o Asegurado, según corresponda, en el plazo de un (1) mes, contado a partir del conocimiento de los hechos que se reservó o declaró con inexactitud el Tomador.

En caso de resolución, ésta se producirá a partir del decimosexto (16°) día continuo siguiente a su notificación, siempre que la parte proporcional de la prima, deducida la comisión pagada al intermediario de la actividad aseguradora, correspondiente al período que falte por transcurrir, se encuentre a disposición del Tomador en la caja del Asegurador. Corresponderán al Asegurador las primas relativas al período de seguro transcurrido hasta el momento en que se haga esta notificación. El Asegurador no podrá resolver el contrato cuando el hecho que ha sido objeto de reserva o inexactitud ha desaparecido antes del siniestro.

Si el siniestro sobreviene antes de que el Asegurador haga cualquiera de las notificaciones a que se refiere esta Cláusula o antes de que se haga efectiva la resolución del contrato, la indemnización se reducirá en la misma proporción que existe entre la prima convenida y la que se hubiese establecido de haberse conocido la verdadera entidad del riesgo. Si el Tomador actúa con dolo o culpa grave, el Asegurador quedará liberado del pago de la indemnización y de la devolución de la prima.

Cuando la reserva o inexactitud se contrajese sólo a una o varias de las unidades de transporte público de pasajeros, el contrato subsistirá con todos sus efectos respecto a las restantes, si ello fuera técnicamente posible.

CLÁUSULA 12. FALSEDADES Y RETICENCIAS DE MALA FE.

Las falsedades y reticencias de mala fe por parte del Tomador realizadas en la solicitud de seguros, debidamente probadas, serán causa de nulidad absoluta del contrato, si son de tal naturaleza que el Asegurador de haberlas conocido, no hubiese contratado o lo hubiese hecho en otras condiciones.

Las falsedades y reticencias de mala fe por parte del Tomador, Asegurado o Beneficiario en la reclamación del siniestro, debidamente probadas, serán causa de nulidad absoluta del contrato y exoneran del pago de la indemnización al Asegurador. No hay lugar a la devolución de prima al Tomador en los supuestos de nulidad del contrato contemplados en esta Cláusula.

CLÁUSULA 13. PLURALIDAD DE SEGUROS.

El Tomador, Asegurado o Beneficiario debe comunicar al Asegurador, en un plazo máximo de diez (10) días hábiles siguientes a la fecha en que tenga conocimiento de la ocurrencia del siniestro, la celebración de cualquier otro seguro que ampare iguales riesgos a los cubiertos por este seguro.

En el supuesto de las coberturas de: muerte accidental, invalidez permanente, gastos médicos y servicios funerarios, el incumplimiento de este deber sólo puede dar lugar a una reclamación por los daños y perjuicios que origine, sin que el Asegurador pueda deducir de la suma asegurada cantidad alguna por este concepto.

Cuando existan varios contratos que cubran gastos médicos y estén obligados a pagar la indemnización sobre un mismo siniestro, el Asegurado escogerá el orden en que presentará las reclamaciones y las empresas de seguros deberán indemnizar, según los límites de sus contratos, hasta el monto total de los gastos, previa deducción de los montos pagados por los otros contratos.

Si el Tomador, Asegurado o Beneficiario tiene otros seguros que cubran la pérdida del equipaje (en caso de Servicio Especial), las aseguradoras contribuirán al abono de la indemnización en proporción a la suma propia asegurada, sin que pueda superarse la cuantía del daño. Dentro de ese límite el Tomador, Asegurado o Beneficiario puede pedir a cada empresa de seguros la indemnización debida según el respectivo contrato. La aseguradora que ha pagado una cantidad superior a la que proporcionalmente le corresponda, podrá repetir contra las demás aseguradoras. Si el Tomador, Asegurado o Beneficiario, según sea el caso, intencionalmente omitiere el aviso de la existencia de otros seguros que cubran la pérdida de equipaje (en caso de Servicio Especial), o si se hubiese celebrado el segundo o los posteriores seguros con el fin de procurarse un provecho ilícito, las aseguradoras no quedan obligadas frente al Tomador, Asegurado o Beneficiario; sin embargo, todas las aseguradoras conservarán su derecho derivado de los respectivos contratos, en cuyo caso deberán tener prueba fehaciente de la conducta dolosa del Tomador, Asegurado o Beneficiario.

CLÁUSULA 14. OPORTUNIDAD DEL PAGO.

El Asegurador debe pagar la indemnización que corresponda en un plazo que no exceda de veinte (20) días continuos siguientes, contados a partir de la fecha en que haya recibido el último recaudo solicitado, salvo por causa extraña no imputable al Asegurador.

CLÁUSULA 15. RECHAZO DEL SINIESTRO.

El Asegurador debe notificar por escrito a la persona que formuló el reclamo, en el plazo señalado en la cláusula anterior, las causas de hecho y de derecho que a su juicio justifiquen el rechazo, total o parcial, de la indemnización exigida.

CLÁUSULA 16. SUBROGACIÓN DE DERECHOS EN CASO DE GASTOS MÉDICOS Y PÉRDIDA DE EQUIPAJE (EN CASO DE SERVICIO ESPECIAL).

El Asegurador que ha pagado la indemnización queda subrogado de pleno derecho, hasta la concurrencia del monto pagado por las coberturas de Gastos Médicos y Pérdida de Equipaje (en caso de Servicio Especial), en los derechos y acciones del Tomador, Asegurado o Beneficiario contra los terceros responsables.

Salvo el caso de dolo, la subrogación no se efectuará contra las personas de cuyos hechos debe responder civilmente el Asegurado, ni contra el causante del siniestro vinculado con el Asegurado hasta el segundo grado de parentesco por consanguinidad o que sea su cónyuge o la persona con quien mantenga unión estable de hecho.

El Tomador, Asegurado o Beneficiario no podrá, en ningún momento, renunciar a sus derechos de recobrar de otras personas los daños y pérdidas que éstas le hubiesen ocasionado. En caso de siniestro, el Tomador, Asegurado o Beneficiario está obligado a realizar a expensas del Asegurador, cuantos actos sean necesarios y todo lo que éste pueda razonablemente requerir, con el objeto de permitir que ejerza los derechos que le correspondan por subrogación, sean antes o después del pago.

Si el Tomador, Asegurado o Beneficiario incumpliere lo establecido en esta cláusula perderá el derecho al pago por las coberturas de Gastos Médicos y Pérdida de Equipaje (en caso de Servicio Especial) que le otorga esta Póliza de Seguro, a menos que compruebe que el incumplimiento sea debido a una causa extraña no imputable a él.

CLÁUSULA 17. ARBITRAJE.

Las partes podrán someter a un procedimiento de arbitraje las divergencias que se susciten en la interpretación, aplicación y ejecución del contrato. La tramitación del arbitraje se ajustará a lo dispuesto en la ley que regule la materia de arbitraje y supletoriamente al Código de Procedimiento Civil.

El Superintendente de la Actividad Aseguradora actuará como árbitro arbitrador en aquellos casos en que sea designado de mutuo acuerdo entre ambas partes, con motivo de las controversias que se susciten en la interpretación, aplicación y ejecución del contrato. En este supuesto, la tramitación del arbitraje se ajustará a lo dispuesto en las normas que regulan el arbitraje en la actividad aseguradora.

El laudo arbitral será de obligatorio cumplimiento.

CLÁUSULA 18. CADUCIDAD.

El Tomador, Asegurado o Beneficiario perderá todo derecho a ejercer acción judicial contra el Asegurador o convenir con éste a someterse al Arbitraje previsto en la cláusula anterior, si no lo hubiere hecho antes de transcurrir el plazo de un (**1**) año contado a partir de la fecha de la notificación, por escrito:

1. Del rechazo, total o parcial, del siniestro.
2. De la decisión del Asegurador sobre la inconformidad del Tomador, Asegurado o Beneficiario respecto al monto de la indemnización o al cumplimiento de la obligación a través de proveedores de insumos o servicios.

En todo caso, el plazo de caducidad siempre será contado desde el momento en que haya un pronunciamiento definitivo por parte del Asegurador.

A los efectos de esta disposición, se entenderá iniciada la acción judicial una vez presentado el libelo de demanda por ante los Órganos jurisdiccionales.

CLÁUSULA 19. PRESCRIPCIÓN.

Salvo lo dispuesto en leyes especiales, las acciones derivadas de este contrato prescriben a los tres (3) años contados a partir del hecho que dio origen a la obligación.

CLÁUSULA 20. OBLIGACIONES DEL TOMADOR, ASEGURADO O BENEFICIARIO.

1. El Tomador debe llenar la Solicitud de Seguro y declarar, con sinceridad y exactitud, todas las circunstancias necesarias para apreciar la extensión de los riesgos, en los términos indicados en este contrato.

2. El Tomador debe pagar la prima en la forma, frecuencia, lugar y tiempo convenidos en este contrato;

3. El Tomador, Asegurado o Beneficiario hará saber al Asegurador, dentro del plazo establecido en las Condiciones Particulares de este contrato, la ocurrencia de un siniestro, expresando claramente las causas y circunstancias del suceso ocurrido;

4. El Tomador, Asegurado o Beneficiario debe declarar, al momento de contratar la póliza y al tiempo de exigir el pago del siniestro, los contratos de seguros que existen y que cubren el mismo riesgo;

5. El Tomador, Asegurado o Beneficiario debe probar la ocurrencia del siniestro a través de la consignación de toda aquella información necesaria para la indemnización del mismo, que sea solicitada por el Asegurador para verificar las circunstancias y consecuencias del siniestro;

6. El Tomador, Asegurado o Beneficiario debe realizar diligentemente todas las acciones necesarias y destinadas a garantizar al Asegurador el ejercicio de su derecho de subrogación, si fuere el caso;

7. El Tomador, en caso de cambio de dirección de cobro, domicilio, habitación u oficina, según sea el caso, debe notificar por escrito al Asegurador dentro de los quince (15) días hábiles siguientes a la fecha de haber efectuado el cambio;

8. El Tomador, Asegurado o Beneficiario debe cumplir con todas y cada una de las obligaciones, responsabilidades y condiciones establecidas en los diferentes documentos que integran el presente contrato.

CLÁUSULA 21. OBLIGACIONES DEL ASEGURADOR.

1. Informar al Tomador, mediante la entrega de la Póliza y demás documentos, la extensión de los riesgos asumidos y aclarar, en cualquier tiempo, todas las dudas y consultas que tanto el Tomador como el Asegurado le formulen;

2. Entregar el Cuadro Póliza Recibo al Tomador junto con copia de la Solicitud de Seguro, las Condiciones Generales, las Condiciones Particulares, los anexos, si los hubiere, y los demás documentos que formen parte integrante del contrato de seguro. En la renovación la obligación procederá para los nuevos documentos o para aquellos que hayan sido modificados. La entrega de los documentos señalados deberá efectuarse en los términos acordados por las partes;

3. Proceder a la evaluación y liquidación del siniestro, luego de recibida la notificación para la tramitación del mismo, conforme con lo establecido en las Condiciones Particulares de este contrato;

4. Pagar la suma asegurada o la indemnización que corresponda en caso de siniestro, en los plazos establecidos en este contrato o rechazar la cobertura del siniestro, mediante aviso por escrito y debidamente motivado;

5. Cumplir con todas y cada una de las obligaciones, responsabilidades y condiciones establecidas en los diferentes documentos que integran el contrato de seguro.

CLÁUSULA 22. MODIFICACIONES.

Las solicitudes de modificación y rehabilitación del contrato deben ser solicitadas a través de cualquier mecanismo acordado por las partes.

Se consideran aceptadas las solicitudes efectuadas por el Tomador o Asegurado, si el Asegurador no las rechaza dentro de los diez (10) días hábiles siguientes de haberlas recibido.

La modificación de la suma asegurada o del deducible requerirá siempre aceptación expresa de la otra parte. En caso contrario, se presumirá aceptada por el Asegurador con la emisión del Cuadro Póliza Recibo o recibo de prima en el que se modifique la suma asegurada o el deducible y, por el Tomador o Asegurado, con el pago de la diferencia de prima correspondiente, si la hubiere.

Si la modificación propuesta por el Asegurador es efectiva a partir de la renovación del contrato, debe ser comunicada al Tomador mediante comunicación impresa o a través de los mecanismos electrónicos acordados para ello, con acuse de recibo, en un plazo no menor a un (1) mes de anticipación a la conclusión del período de seguro en curso.

En caso de desacuerdo del Tomador, si el Asegurador decide mantener o renovar el contrato, deberá hacerlo bajo las mismas condiciones de suma asegurada y deducible vigentes al momento de la propuesta de modificación.

Las modificaciones se harán constar mediante Anexos, debidamente firmados por un representante del Asegurador y el Tomador, los cuales prevalecerán sobre las Condiciones Particulares y éstas sobre las Condiciones Generales de la Póliza. Si la modificación requiere pago de prima adicional se aplicará lo dispuesto al respecto en este contrato.

El contrato de seguro puede ser rehabilitado a solicitud del Tomador. No se convendrá la rehabilitación, una vez transcurridos noventa (90) días continuos desde la fecha de resolución del contrato.

CLÁUSULA 23. AVISOS.

Todo aviso o comunicación que una parte deba dar a la otra respecto al contrato, se hará mediante comunicación impresa, con acuse de recibo, dirigida al domicilio principal o sucursal del Asegurador o a la dirección del Tomador, del Asegurado, del Beneficiario o de la persona que formuló el reclamo, según sea el caso, o a través de los medios electrónicos acordados por las partes.

Las comunicaciones relacionadas con la tramitación de siniestros que sean entregadas al intermediario de la actividad aseguradora producen el mismo efecto que si hubiesen sido entregadas a la otra parte.

El intermediario de la actividad aseguradora será administrativa y civilmente responsable en caso de que no haya entregado la correspondencia a su destinatario en un plazo de tres (3) días hábiles, contados a partir de su recepción.

CLÁUSULA 24. DOMICILIO ESPECIAL.

Para todos los efectos y consecuencias derivadas o que puedan derivarse de este contrato, las partes eligen como domicilio especial, único y excluyente de cualquier otro, el lugar donde se celebró el contrato de seguros, a cuya Jurisdicción declaran someterse las partes.

CONDICIONES PARTICULARES

CLÁUSULA 1. DEFINICIONES PARTICULARES.

A los efectos de este contrato, queda expresamente convenido entre las partes que los siguientes términos tendrán los significados que se indican, siendo que el género masculino incluirá también al femenino, cuando corresponda, salvo que del texto de este contrato se desprenda una interpretación diferente:

Accidente: Suceso violento, súbito, externo y ajeno a la intencionalidad del Tomador, Asegurado o Beneficiario, que le cause al Asegurado lesiones corporales.

Asalto o Atraco: Se refiere al hecho o intento de apoderarse de bienes utilizando la violencia o la amenaza de causar daños inminentes a las personas.

Emergencia Médica: Condición que compromete la vida o la integridad física del Asegurado, cuya atención no puede ser diferida y su diagnóstico ha sido hecho por un médico calificado de la institución hospitalaria prestadora de los servicios de salud.

Equipaje: Conjunto de efectos de uso o consumo personal del Ocupante contenido en maletas o bultos. Para efectos de este contrato no se considerarán como equipaje los bolsos de mano y los objetos destinados al abrigo, adorno o uso personal que el Ocupante lleve consigo y mantenga bajo su custodia durante el viaje.

Funeraria: Empresa autorizada para suministrar servicios funerarios.

Hurto: Se refiere al acto de apoderarse de los bienes, sin intimidar a las personas o sin utilizar medios violentos para entrar o salir del sitio donde se encuentren los bienes.

Institución Hospitalaria: Establecimiento permanente con permiso sanitario vigente para suministrar asistencia médica, autorizado por el organismo público competente. No serán consideradas instituciones hospitalarias para los efectos de esta Póliza, lugares de descanso, geriátricos, spas, hidroclínicas y cualquier institución que suministre tratamientos similares, centros exclusivos para tratamiento de farmacodependientes, de dipsómanos (alcohólicos), enfermos mentales o desórdenes de conducta, ni lugares donde se proporcionen tratamientos naturistas, terapias alternativas y acupuntura.

Lesión: Daño corporal sufrido por el Asegurado como consecuencia de un accidente cubierto por la Póliza.

Médicamente necesario: Conjunto de medidas o procedimientos ordenados y suministrados por un médico o institución hospitalaria, que se ponen en práctica para el tratamiento, curación o alivio de una enfermedad o lesión, bajo las siguientes características:

1. Que sea apropiado para el diagnóstico y tratamiento de la lesión del Asegurado;

2. Que sea congruente con las normas profesionales aceptadas en la práctica de la medicina en la República Bolivariana de Venezuela y por la Federación Médica Venezolana;

3. Que el nivel de servicio o suministro sea idóneo y pueda ser proporcionado sin riesgo para el Asegurado;

4. Que no sea primordialmente para el confort o la conveniencia personal del Asegurado, de su familia o de su Médico.

Médico: Profesional de la medicina titulado e inscrito en el Ministerio con competencia en materia de salud o en la

institución que legalmente corresponda, acreditado conforme a la ley para ejercer la profesión médica en el país.

Ocupante: Persona natural que realiza un viaje en la unidad de transporte público de pasajeros, como operador o como pasajero.

Operador: Persona destinada a la conducción de la Unidad de Transporte Público de Pasajeros o a la atención de los pasajeros.

Pasajero: Persona natural, usuaria del servicio de transporte. Prótesis: Dispositivo o aparato diseñado para reemplazar una parte faltante del cuerpo o para hacer que una parte del cuerpo trabaje mejor.

Robo: Se refiere al acto de apoderarse de bienes, utilizando medios violentos para entrar o salir del sitio donde se encuentren, siempre que queden huellas visibles de tales hechos.

Rutas Suburbanas: Las definidas de conformidad con lo previsto en las resoluciones emanadas por los organismos competentes, mediante la cual se establece la tarifa utilizada por los Prestadores del Servicio Público de Transporte Terrestre de Pasajeros y Pasajeras para rutas suburbanas.

Tratamiento médico: Conjunto de medidas o procedimientos realizados u ordenados por un médico que se ponen en práctica para la curación o alivio de una enfermedad o lesión, incluyendo medicamentos prescritos, insumos o prótesis.

Unidad de transporte público de pasajeros: Vehículo terrestre al cual el organismo competente le ha otorgado la Certificación de Prestación de Servicio de transporte público de pasajeros en rutas suburbanas.

CLÁUSULA 2. COBERTURAS AMPARADAS.

El Asegurador conviene en indemnizar al Asegurado o al Beneficiario, según corresponda, hasta la suma asegurada contratada e indicada en el Cuadro Póliza Recibo, para las siguientes coberturas:

2.1 MUERTE ACCIDENTAL: Si como consecuencia directa y exclusiva de un accidente amparado por este contrato, incluyendo asalto o atraco, robo, hurto o intento de cometerlos, y dentro del plazo de trescientos sesenta y cinco (365) días continuos, contados a partir de la fecha de su ocurrencia, al Asegurado le sobreviene la muerte, el Asegurador pagará la suma asegurada de esta cobertura, indicada en el Cuadro Póliza Recibo y en el Certificado Individual de Seguro, si fuere el caso.

2.2 INVALIDEZ PERMANENTE: Si como consecuencia directa y exclusiva de un accidente amparado por este contrato, incluyendo asalto o atraco, robo, hurto o intento de cometerlos, y dentro del plazo de trescientos sesenta y cinco (365) días continuos, contados a partir de la fecha de su ocurrencia, el Asegurado sufre cualquier invalidez de las mencionadas en la Escala de Indemnizaciones, el Asegurador pagará la cantidad resultante de aplicar el porcentaje estipulado en la referida escala a la suma asegurada de esta cobertura, indicada en el Cuadro Póliza Recibo y en el Certificado Individual de Seguro, si fuere el caso.

ESCALA DE INDEMNIZACIONES	
TIPO DE INVALIDEZ	**% DE INDEMNIZACIÓN**
Enajenación mental incurable o pérdida de la conciencia.	100
Ceguera absoluta.	100
Pérdida total de la audición y del habla.	100
Lesiones incurables de la médula espinal que impida por completo el movimiento.	100
Pérdida o inutilización de ambos brazos, manos, piernas o pies, o de un brazo o una mano y de una pierna o pie.	100
PÉRDIDA TOTAL O INUTILIZACIÓN ABSOLUTA	
Un ojo con disminución de la agudeza visual del otro en más de un 50%, siempre que ésta sea incorregible.	75
Un ojo con enucleación.	35
Un ojo sin enucleación.	25
Reducción de la visión de ambos ojos en más de 50%.	50
Sordera bilateral.	50
Sordera unilateral.	25
Trastornos graves en las articulaciones de ambos maxilares.	15
Del olfato o del gusto.	5
Del uso de la cadera.	30
Una de las piernas por encima de la rodilla.	60
Una de las piernas por debajo de la rodilla o de un pie.	50
Del uso de la rodilla.	25
Del dedo gordo del pie.	10

Por pérdida total o inutilización absoluta se entiende aquella que tiene lugar por la amputación o por la inhabilitación funcional total y definitiva del órgano lesionado.

Cuando la pérdida o inutilización sea parcial, la indemnización que hubiese correspondido por pérdida total o inutilización absoluta será disminuida en forma proporcional.

La invalidez no contemplada en la escala anterior será indemnizada según su gravedad y en comparación con las mencionadas en la escala.

En caso de varios tipos de invalidez como consecuencia del mismo accidente, la indemnización resultante se calculará sumando los porcentajes correspondientes a cada invalidez, sin exceder la suma asegurada. Cuando el monto a indemnizar alcance o exceda el ochenta por ciento (80%), el Asegurador indemnizará la suma asegurada de esta cobertura.

En los casos de enajenación mental, parálisis, pérdida del habla y sordera, se requiere que hayan tenido una duración ininterrumpida no menor de ciento ochenta (180) días desde la fecha del accidente y, a juicio del organismo competente, sean declaradas irreparables.

Cuando varios tipos de invalidez afecten a un mismo miembro u órgano, éstas no se acumularán entre sí y el Asegurador indemnizará el porcentaje correspondiente a la mayor invalidez.

La pérdida de miembros u órganos ya incapacitados antes del accidente será indemnizada en la medida que constituya una agravación de la invalidez anterior, siempre que los dictámenes médicos así lo demuestren, y únicamente por la diferencia entre el grado de invalidez que presentare antes y después del accidente.

La evaluación de lesiones de miembros u órganos sanos sufridas en un accidente, no puede ser aumentada por el estado de invalidez de otros miembros u órganos no afectados por el accidente.

2.3 GASTOS MÉDICOS: Si como consecuencia directa y exclusiva de un accidente amparado por este contrato, incluyendo asalto o atraco, robo, hurto o intento de cometerlos, el Asegurado requiere asistencia médica dentro del plazo de trescientos sesenta y cinco (365) días continuos, contados a partir de la fecha de su ocurrencia, el Asegurador pagará los gastos hasta la suma asegurada de esta cobertura, indicada en el Cuadro Póliza Recibo y en el Certificado Individual de Seguro, si fuere el caso.

Están cubiertos los gastos generados por tratamiento médico, intervención quirúrgica (incluyendo el tratamiento postoperatorio), servicios hospitalarios, procedimiento médico, medicamentos, suministros, equipos e instrumentos especiales, médicamente necesarios para la atención de las alteraciones a la salud del Asegurado amparadas por la Póliza, incluyendo los causados por servicios de ambulancia.

2.4 SERVICIOS FUNERARIOS: Si como consecuencia directa y exclusiva de un accidente amparado por este contrato, incluyendo asalto o atraco, robo, hurto o intento de cometerlos, y dentro del plazo de trescientos sesenta y cinco (365) días continuos, contados a partir de la fecha de su ocurrencia, al Asegurado le sobreviene la muerte, el Asegurador pagará la suma asegurada de esta cobertura, indicada en el Cuadro Póliza Recibo y en el Certificado Individual de Seguro, si fuere el caso.

A los efectos de esta cobertura, se consideran servicios funerarios los gastos referentes a:

2.4.1 Beneficios por Cremación:

- Beneficios Básicos;
- Beneficios Básicos;
- Servicio de Cremación;
- Bendición y encoframiento de las cenizas;
- Nicho de columbario en las localidades donde esté disponible.

2.4.2 Beneficios por Inhumación:

- Beneficios Básicos;
- Ataúd;
- Gastos del Servicio de Inhumación;
- Derechos de lápida;
- Parcela en un cementerio.

Se entenderán por Beneficios Básicos los siguientes gastos por servicios funerarios:

- Preparación y arreglo del fallecido;
- Servicio de Capilla (máximo 24 horas);
- Servicio de Cafetín;
- Una (1) Habitación de descanso;
- Oficios religiosos;
- Un (1) Arreglo Floral;
- Carroza fúnebre para el traslado del fallecido al lugar donde se efectuará el velorio;
- Dos (2) carros de acompañamiento para el sepelio;
- Traslado del difunto dentro del Territorio Nacional, desde el lugar del fallecimiento hasta el lugar donde se prestará el servicio funerario;
- Traslado de implementos funerarios al domicilio en caso de no utilizar la sala velatoria de la funeraria;
- Asesoramiento al Asegurado o a sus familiares en las diligencias de Ley para la obtención del Certificado y Partida de Defunción, Permisos de Prefectura y Sanidad en caso de utilizar los servicios de asistencia funeraria ofrecidos por el Asegurador.

2.5 PÉRDIDA DE EQUIPAJE (OPCIONAL EN CASO DE PRESTARSE EL SERVICIO): El Asegurador pagará la pérdida o daño del equipaje, contenido en la maleta o bulto a la que tiene derecho a trasladar el Asegurado, sin costo adicional, en la unidad de transporte público de pasajeros, que ocurra como consecuencia de accidente, incluyendo asalto o atraco, robo, hurto o intento de cometerlos.

El Asegurador indemnizará la suma asegurada indicada en el Cuadro Póliza Recibo y en el Certificado Individual de Seguro, si fuera el caso. No obstante, si el Asegurado efectuó la declaración formal del valor de su equipaje al Tomador, el Asegurador pagará hasta el doble de la suma asegurada contratada para esta cobertura.

Queda entendido que la suma asegurada de esta cobertura es aplicable por cada Ocupante (Pasajero u Operador), pero la responsabilidad del Asegurador por pérdida o daño del equipaje de los Operadores no se extenderá, en caso alguno, al doble de la suma asegurada.

CLÁUSULA 3. ALCANCE DE LAS COBERTURAS.

1. Coberturas de Muerte Accidental, Invalidez Permanente, Gastos Médicos y Servicios Funerarios: Están amparados los accidentes, incluyendo asalto o atraco, robo, hurto o intento de cometerlos, ocurridos encontrándose el Asegurado en viaje en ruta suburbana en la unidad de transporte público de pasajeros o subiendo o bajando de la misma, así como en los lugares de la ruta donde se esté reparando la unidad de transporte público de pasajeros por quedar inmovilizada por avería.

Los efectos de estas coberturas inician en el momento en que el Asegurado se encuentre subiendo a la unidad de transporte público de pasajeros y terminan cuando el Asegurado se haya bajado de la misma por su llegada al lugar de destino.

2. Cobertura de Pérdida de Equipaje (en caso de Servicio Especial): Están amparados los accidentes, incluyendo asalto o atraco, robo, hurto o intento de cometerlos, ocurridos mientras el equipaje se encuentre bajo el cuidado, custodia y control del Tomador, en sus instalaciones o en la unidad de transporte público de pasajeros en la cual el Asegurado realiza el viaje.

CLÁUSULA 4. EXCLUSIONES PARTICULARES.

Esta Póliza no cubre reclamos como consecuencia de sucesos o eventos derivados de:

1. Lesiones que se ocasione el Asegurado por su participación activa en actos delictivos, motín, conmoción civil, disturbios populares, saqueos, disturbios laborales o conflictos de trabajo;

2. Terremoto, temblor de tierra, maremoto, tsunami, inundación, movimientos de masas, flujos torrenciales, huracanes, tornado, tifón, ciclón, eventos climáticos, granizo, erupción volcánica o cualquier otra convulsión de la naturaleza o perturbación atmosférica;

3. Lesiones que el Asegurado se ocasione intencionalmente, incluyendo el suicidio o su tentativa;

4. Lesiones que se ocasione el Asegurado por encontrarse bajo la influencia de alcohol o de sustancias o drogas no prescritas medicamente;

5. Lesiones que se ocasione el Asegurado por desvanecimiento, síncopes, ataques de apoplejía, infarto coronario, epilepsia, sonambulismo o enajenación mental, convulsiones y roturas de aneurismas;

6. Lesiones que se ocasione el Asegurado por su participación activa en duelos o riñas, a menos que se compruebe que no han sido provocados por él o que éste actuó en legítima defensa;

Asimismo, esta Póliza no ampara:

7. Honorarios como consecuencia de cualquier tratamiento proporcionado por un médico o enfermera que tenga parentesco con el Tomador o el Asegurado, dentro del segundo grado de consanguinidad o afinidad, o que viva con éstos;

8. Pérdida o daños de bienes con fines comerciales;

CLÁUSULA 5. OTRAS EXONERACIONES DE RESPONSABILIDAD

El Asegurador no estará obligado al pago de la indemnización en los siguientes casos:

1. Si no se efectúa la reclamación o no se entregue la documentación exigida en los lapsos indicados en la Cláusula 7; Procedimiento en Caso de Activación de las Coberturas, de estas Condiciones Particulares, salvo por causa extraña no imputable al obligado;

2. Si el siniestro ha sido ocasionado por dolo del Pasajero o del Beneficiario; En este supuesto, el Asegurador quedará relevado de su obligación de indemnizar, únicamente con respecto al Pasajero o Beneficiario que haya actuado con dolo;

3. Si el siniestro ha sido ocasionado por culpa grave del Pasajero o del Beneficiario; En este supuesto, el Asegurador quedará relevado de su obligación de indemnizar, únicamente con respecto al Pasajero o Beneficiario que haya actuado con culpa grave; No obstante, el Asegurador estará obligado al pago de la indemnización si el siniestro ha sido ocasionado en cumplimiento de deberes legales de socorro o en tutela de intereses comunes con el Asegurador en lo que respecta a la Póliza;

4. En lo que se refiere a las coberturas de Gastos Médicos, Servicios Funerarios y Pérdida de Equipaje (en caso de Servicio Especial), cuando las facturas presentadas no cumplan con los requisitos y exigencias del Servicio Nacional Integrado de Administración Aduanera y Tributaria (SENIAT);

5. En el caso de la cobertura de Pérdida de Equipaje (en caso de Servicio Especial), si el Tomador o Asegurado, intencionalmente omitiere dar aviso al Asegurador de la existencia de otros seguros que cubran la pérdida de equipaje (en caso de Servicio Especial), o si se hubiese celebrado el segundo o los posteriores seguros con el fin de procurarse un provecho ilícito, de conformidad con lo previsto en la Cláusula 13;- Pluralidad de Seguros, de las Condiciones Generales de este contrato;

6. En el caso de las coberturas de Gastos Médicos y Pérdida de Equipaje (en caso de Servicio Especial), si el Tomador, Asegurado o Beneficiario incumpliere lo establecido en la Cláusula 16;- Subrogación de Derechos en caso de Gastos Médicos y Pérdida de Equipaje (en caso de Servicio Especial) de las Condiciones Generales de este contrato, a menos que compruebe que el incumplimiento sea debido a una causa extraña no imputable a él;

CLÁUSULA 6. ACCIÓN DE REPETICIÓN

El Asegurador tendrá derecho a repetir del Tomador las cantidades pagadas al Asegurado cuando:

1. Si el accidente ocurre como consecuencia del incumplimiento, por parte del Operador de la unidad de transporte público de pasajeros, o del Tomador, del ordenamiento jurídico en materia de transporte público;

2. Si el accidente hubiere sido ocasionado por encontrarse cualquier Operador de la unidad de transporte público de pasajeros en estado de embriaguez, ingiriendo bebidas alcohólicas, o bajo los efectos de sustancias o drogas depresoras, estimulantes o alucinógenas;

3. Si el siniestro ha sido ocasionado por dolo del Operador de la unidad de transporte público de pasajeros;

4. Si el siniestro ha sido ocasionado por culpa grave del Operador de la unidad de transporte público de pasajeros; No obstante, el Asegurador estará obligado al pago de la indemnización si el siniestro ha sido ocasionado en cumplimiento de deberes legales de socorro o en tutela de intereses comunes con el Asegurador en lo que respecta a la Póliza;

5. Si el accidente se produce como consecuencia de la infracción de estipulaciones reglamentarias sobre el peso, medidas y disposición de la carga, del número de ocupantes, o forma de acomodarlos, o debido a que la unidad de transporte público de pasajeros excedía el número de pasajeros que figura en el correspondiente documento o registro de propiedad; No se considera exceso de pasajeros los menores que viajen en brazos de sus representantes legales;

6. Cuando el Operador de la unidad de transporte público de pasajeros carezca de la licencia de conducir que lo habilite o si este documento se encuentra revocado, anulado, suspendido o vencido;

7. Cuando el Operador de la unidad de transporte público de pasajeros no cumpla con la edad mínima requerida para conducir el tipo de vehículo, según las normas de clasificación de la licencia para conducir, establecidas en la Ley, aun cuando se le haya otorgado un permiso especial para conducir;

8. Si el Operador de la unidad de transporte público de pasajeros no está autorizado legalmente para tal actividad o sea sordo, carezca de algún brazo, mano o pie o lo tenga incapacitado para su uso, o tenga parálisis parcial de carácter permanente o no;

9. Si el Operador de la unidad de transporte público de pasajeros no cumple con el ordenamiento jurídico en materia de transporte público, en lo que respecta al tiempo de conducción y descanso;

10. Cuando la unidad de transporte público de pasajeros se encuentre tomando parte en competencias, piques o carreras;

11. Cuando el Operador de la unidad de transporte público de pasajeros cambie la ruta establecida para el viaje, salvo por causa extraña que no le sea imputable;

12. Cuando el Tomador no mantenga la unidad de transporte público de pasajeros en las condiciones adecuadas de seguridad y buen funcionamiento exigidos en la regulación en materia de transporte terrestre;

13. Si para el momento de la ocurrencia del accidente la unidad de transporte público de pasajeros carecía de la Certificación de Prestación de Servicio de Transporte Público de Pasajeros en rutas suburbanas.

CLÁUSULA 7. PROCEDIMIENTO EN CASO DE ACTIVACIÓN DE LAS COBERTURAS;

En caso de reclamación por cualquier siniestro, se tomará en cuenta lo siguiente:

I. POR PAGO DE LA PRESTACIÓN O REEMBOLSO;

El Beneficiario debe notificar el siniestro al Asegurador en un plazo máximo de diez (10) días hábiles siguientes a la fecha en que tenga conocimiento de su ocurrencia; Dentro de los treinta (30) días hábiles siguientes a la fecha de notificación, deberá suministrar cumplimentados, los formularios de declaración de siniestro proporcionados por el Asegurador, conjuntamente con los siguientes documentos, según sea el caso:

1. Cobertura de Muerte Accidental:

1.1 Cédula de identidad, pasaporte o partida de nacimiento del Asegurado;

1.2 Acta o Certificado de Defunción del Asegurado fallecido;

1.3 Certificado de la Medicatura Forense;

1.4 Cédula de identidad, pasaporte o partida de nacimiento del Beneficiario;

1.5 En caso de que el Beneficiario sea niño, niña o adolescente, oficio mediante el cual el tribunal competente autorice a su representante legal a recibir el pago de la indemnización;

1.6 Declaración de Único y Universales Herederos, si fuere el caso;

1.7 Declaración de los hechos por parte del Beneficiario, con indicación de las circunstancias del accidente; así como de los testigos, si los hubiere;

1.8 Denuncia ante las autoridades competentes, si el fallecimiento es consecuencia de asalto o atraco, robo, hurto o intento de cometerlos;

El Asegurador se reserva el derecho de solicitar la autopsia o la exhumación del cadáver, de conformidad con lo establecido en la normativa prevista para ello, con la finalidad de determinar las causas de la muerte; Todos los gastos que se produzcan con ocasión de la autopsia o la exhumación del cadáver serán pagados por el Asegurador;

2. Cobertura de Invalidez Permanente:

2.1 Cédula de identidad, pasaporte o partida de nacimiento del Asegurado;

2.2Certificado médico de incapacidad, especificando el tipo y grado de invalidez, emitido por el organismo competente;

2.3Declaración de los hechos por parte del Asegurado, con indicación de la fecha, hora, lugar y circunstancias del accidente; así como de los testigos, si los hubiere;

2.4Denuncia ante las autoridades competentes, si la invalidez es consecuencia de asalto o atraco, robo, hurto o intento de cometerlos;

3. Cobertura de Gastos Médicos:

3.1 Cédula de identidad, pasaporte o partida de nacimiento del Asegurado;

3.2 Cédula de identidad, pasaporte o Registro único de Información Fiscal (R.I.F.) del Beneficiario;

3.3 Facturas de los gastos incurridos emitidos por el proveedor del servicio médico, acompañadas de los récipes, informes médicos y exámenes practicados con sus respectivos resultados, así como de cualquier otra documentación relacionada con los servicios recibidos;

3.4 Declaración de los hechos por parte del Asegurado, con indicación de la fecha, hora, lugar y circunstancias del accidente; así como de los testigos, si los hubiere;

3.5 Denuncia ante las autoridades competentes, si las lesiones son consecuencia de asalto o atraco, robo, hurto o intento de cometerlos;

4. Cobertura de Servicios Funerarios:

4.1 Cédula de identidad, pasaporte o partida de nacimiento del Asegurado;

4.2 Cédula de identidad, pasaporte o Registro único de Información Fiscal (R.I.F.) del Beneficiario;

4.3 Acta o Certificado de Defunción del Asegurado;

4.4 Certificado de la Medicatura Forense;

4.5 Facturas de los gastos por servicios funerarios prestados y pagados por el Beneficiario a la Funeraria;

4.6 Declaración de los hechos por parte del Beneficiario, con indicación de las circunstancias del accidente, así como de los testigos, si los hubiere

4.7 Denuncia ante las autoridades competentes, si el fallecimiento es consecuencia de asalto o atraco, robo, hurto o intento de cometerlos;

5. Cobertura de Pérdida de Equipaje (en caso de Servicio Especial):

5.1 Cédula de identidad, pasaporte o partida de nacimiento del Asegurado;

5.2 Reclamación por la pérdida o daño del equipaje presentada por el Asegurado ante el Tomador;

5.3 Cédula de identidad, pasaporte o Registro único de Información Fiscal (R.I.F.) del Beneficiario;

5.4 Ticket o Comprobante de la maleta o bulto emitido por el Tomador;

5.5 Comprobante de la declaración efectuada por el Asegurado del valor de su equipaje ante el Tomador, si fuere el caso;

5.6 Documento que demuestre el pago efectuado al Asegurado, acompañado de los soportes que justifiquen el monto pagado, si fuera el caso;

5.7 Denuncia ante las autoridades competentes, en caso de asalto o atraco, robo, hurto o intento de cometerlos;

Independientemente de la cobertura activada, el Tomador deberá entregar, en un plazo de quince (15) días hábiles siguientes, contados a partir de la fecha de la notificación del siniestro, los documentos indicados a continuación:

a) Declaración de los hechos por parte del Tomador con indicación de la fecha, hora, lugar y circunstancias del accidente; así como de los testigos, si los hubiere;

b) Informe de las autoridades que intervinieron en el hecho, si fuere el caso;

c) Documentos que demuestren que el Tomador efectuó algún pago a los Beneficiarios, si fuera el caso;

El Asegurador podrá solicitar, sólo en una (1) oportunidad, en función de la información suministrada por el Tomador, Asegurado o Beneficiario, nuevos recaudos para la evaluación del siniestro y la determinación del pago que pudiera corresponder, dentro de los quince (15) días hábiles siguientes a la entrega de los recaudos inicialmente solicitados; El Tomador, Asegurado o Beneficiario tendrá un lapso de treinta (30) días hábiles, contados desde la fecha de recepción de la solicitud, para entregar los nuevos recaudos solicitados, salvo por causa extraña no imputable al Tomador, Asegurado o Beneficiario;

El Asegurador, a su costo, tendrá derecho y la oportunidad de examinar al Asegurado durante la tramitación de una reclamación bajo esta Póliza;

II. POR PAGO DIRECTO AL PROVEEDOR DEL SERVICIO;

1. Cobertura de Gastos Médicos en caso de Emergencia Médica:

Si el Asegurado requiere atención por emergencia médica, el Asegurador debe informar de forma inmediata a la Institución Hospitalaria, que el Asegurado se encuentra amparado por esta Póliza;

2. Cobertura de Gastos Médicos en caso de Carta Aval:

El Asegurado, deberá suministrar al Asegurador:

2.1 Cédula de identidad, pasaporte o partida de nacimiento del Asegurado;

2.2 Cédula de identidad, pasaporte o Registro único de Información Fiscal (R.I.F.) del Beneficiario;

2.3 Declaración de los hechos por parte del Asegurado, con indicación de la fecha, hora, lugar y circunstancias del accidente; así como de los testigos, si los hubiere;

2.4 Denuncia ante las autoridades competentes, si las lesiones son consecuencia de asalto o atraco, robo, hurto o intento de cometerlos;

2.5 Presupuesto detallado de los gastos médicos por los productos y los servicios a ser prestados, así como los resultados de los exámenes preoperatorios y el informe médico donde se señale el diagnóstico, el tratamiento médico o la intervención quirúrgica a efectuarse;

El Asegurado deberá remitir estos documentos, con al menos diez (10) días hábiles de anticipación a la fecha en que deba realizarse el tratamiento médico o la intervención quirúrgica;

El Asegurado queda relevado de consignar los documentos mencionados en los numerales 2;1; al 2;4;, si estos hubiesen sido suministrados al Asegurador con anterioridad;

El Asegurador podrá solicitar, a su costo, una segunda evaluación médica o documentos adicionales a los descritos anteriormente, en una sola oportunidad; La solicitud debe efectuarse como máximo dentro de los dos (2) días hábiles siguientes a la fecha en que se entregó el último de los documentos requeridos en el párrafo anterior; En este supuesto, se establece un plazo de cinco (5) días hábiles para que el Asegurado se someta a la segunda evaluación médica o para que sean consignados los nuevos recaudos solicitados por el Asegurador, según sea el caso, contados a partir de la fecha de solicitud; El Asegurador está obligado a ofrecer un listado de por lo menos tres (3) médicos especialistas, con la finalidad de que el Asegurado escoja quién efectuará la evaluación médica;

El Asegurador se compromete a entregar la Carta Aval al Asegurado dentro de los tres (3) días hábiles siguientes a la fecha en que fueron consignados los documentos antes mencionados y se hubiere concluido la evaluación médica, si fuere el caso;

El Asegurador utilizará todos los mecanismos necesarios para procurar que el Asegurado reciba atención inmediata; El Asegurado tiene el derecho a escoger libremente el proveedor que le prestará los servicios o suministros garantizados por este contrato, salvo aquellas en aquellas coberturas que por su naturaleza deban ser garantizadas exclusivamente por un proveedor específico; El Asegurador podrá suscribir contratos con proveedores que aseguren la prestación de estos servicios o suministros; En este supuesto, indicará trimestralmente, mediante avisos colocados en cada una de sus oficinas de atención al público y en los medios de información electrónicos, los referidos proveedores;

El Asegurado autoriza al médico tratante y a la Institución Hospitalaria para dar información acerca de su estado físico, historia clínica y demás circunstancias que originaron la reclamación;

3. Cobertura de Servicios Funerarios:

Al ocurrir el fallecimiento del Asegurado, la persona interesada podrá solicitar al Asegurador, la prestación del servicio funerario; El Asegurador utilizará todos los mecanismos necesarios para procurar la prestación del servicio;

El interesado deberá presentar al Asegurador los siguientes recaudos:

3.1 Cédula de identidad, pasaporte o partida de nacimiento del Asegurado;

3.2 Cédula de identidad, pasaporte o Registro único de Información Fiscal (R.I.F.) del Beneficiario;

3.3 Acta o Certificado de Defunción del Asegurado;

3.4 Certificado de la Medicatura Forense;

3.5 Declaración de los hechos por parte de la persona interesada, con indicación de las circunstancias del accidente, así como de los testigos, si los hubiere

3.6 Denuncia ante las autoridades competentes, si el fallecimiento es consecuencia de asalto o atraco, robo, hurto o intento de cometerlos;

Si el Asegurador, debido a una causa extraña no imputable, no pudiere gestionar la prestación del servicio funerario o si existiere un remanente entre la suma asegurada y el costo del servicio funerario, el pago de la prestación será efectuado de acuerdo con lo indicado en el apartado I; Por Pago de la Prestación o Reembolso;

Independientemente de la cobertura activada, el Asegurador solicitará al Tomador, los documentos indicados a continuación:

a) Declaración de los hechos por parte del Tomador con indicación de la fecha, hora, lugar y circunstancias del accidente; así como de los testigos, si los hubiere;

b) Informe de las autoridades que intervinieron en el hecho, si fuere el caso;

c) Documentos que demuestren que el Tomador efectuó algún pago a los Beneficiarios, si fuera el caso;

El Tomador deberá entregar la documentación solicitada en un plazo de dos (2) días hábiles, contados a partir de la fecha de la solicitud;

CLÁUSULA 8. BENEFICIARIOS;

Las personas indicadas a continuación, tendrán derecho a recibir el pago a que hubiere lugar, según la cobertura activada:

1. Cobertura de Muerte Accidental: El Asegurador pagará la suma asegurada convenida a los Herederos Legales del Asegurado, en la proporción que le corresponda a cada uno de acuerdo a la normativa legal aplicable;

La cualidad de Beneficiario no tendrá efectos si éste atentase contra la vida o integridad personal del Asegurado o fuere declarado cómplice del hecho, mediante sentencia definitivamente firme;

2. Cobertura de Invalidez Permanente: El Asegurador pagará la indemnización al Asegurado;

3. Cobertura de Gastos Médicos: El Asegurador pagará la indemnización a la persona que demuestre haber efectuado los gastos o al proveedor del servicio, según sea el caso;

4. Cobertura de Servicios Funerarios: El Asegurador pagará la indemnización a la persona que demuestre haber efectuado los gastos o al proveedor del servicio, según sea el caso;

Adicionalmente, para la cobertura de Servicios Funerarios, si existiere un remanente entre la suma asegurada y el monto erogado en el servicio funerario, será pagado según lo señalado en el número 1 de esta Cláusula;

6. Cobertura de Pérdida de Equipaje (en caso de Servicio Especial): El Asegurador pagará la indemnización al Tomador; no obstante, éste podrá autorizar al Asegurado para que formule la reclamación directamente al Asegurador;

CLÁUSULA 9. PERITAJE;

Cuando el Beneficiario no esté de acuerdo con el monto de la indemnización, la calificación o la evaluación de una invalidez, las partes podrán convenir un peritaje sometiéndose al siguiente procedimiento:

1. Nombrar por escrito un Perito Único de común acuerdo entre las partes;

2. En caso de desacuerdo sobre la designación del Perito Único, se nombrarán por escrito dos (2) Peritos, uno (1) por cada parte, en el plazo de un (**1**) mes calendario a partir del día en que una de las partes haya requerido a la otra dicha designación;

3. Si el Asegurado se negare a designar o dejare de nombrar el Perito en el plazo estipulado, se entenderá desistido el procedimiento y el monto de la indemnización, la calificación o la evaluación de la invalidez, será la determinada por el Asegurador;

4. Si el Asegurador se negare a designar el Perito, corresponderá al Superintendente de la Actividad Aseguradora su nombramiento;

5. Si los dos Peritos así nombrados no llegaren a un acuerdo, el o los puntos de discrepancia serán sometidos al fallo de un tercer Perito nombrado por ellos, por escrito, y su apreciación agotará este procedimiento; En caso de desacuerdo, el tercer perito será nombrado por el Superintendente de la Actividad Aseguradora;

Los Peritos deberán dar su fallo por escrito dentro de un período de treinta (30) días continuos después de haber aceptado la designación; Los Peritos harán sus evaluaciones ateniéndose a la Escala de Indemnizaciones inserta en esta Póliza y a las condiciones del contrato; Los gastos de peritaje serán sufragados en partes iguales por el Asegurador y el Beneficiario; El fallecimiento de cualquiera de los dos (2) Peritos que aconteciera en el curso de las operaciones de peritaje, no anulará ni mermará los poderes, derechos o atribuciones del Perito sobreviviente; Asimismo, si el Perito único o el Perito tercero fallecieren antes del dictamen final, la parte o los Peritos que le hubieren nombrado, según el caso, quedan facultados para sustituirlo por otro;

CLÁUSULA 10. DESAPARICIÓN DEL ASEGURADO;

Si en el curso de un viaje ocurriese un accidente que ocasione la desaparición de algún Asegurado por un período no inferior a un (1) año, contado este a partir de la fecha del accidente, y cumplido lo establecido en el **Artículo 438** del Código Civil, el Asegurador hará efectivo el pago establecido para la cobertura de Muerte Accidental;

Si posteriormente apareciera el Asegurado, el Asegurador tendrá derecho a la restitución de la suma pagada y estará obligado a pagar los montos que correspondan a las coberturas de Gastos Médicos o Invalidez Permanente, resultantes del accidente, conforme con lo indicado en la Cláusula 6;- Procedimiento en caso de Activación de las Coberturas, de estas Condiciones Particulares;

CLÁUSULA 11. TRANSFERENCIA DE PASAJEROS ASEGURADOS A OTRO TRANSPORTE DEBIDO A UNA AVERÍA DURANTE UN VIAJE;

Si en el curso de un viaje ocurriese una avería que originare que la unidad de transporte público de pasajeros no pudiere continuar el viaje y el Asegurado tuviere que ser transferido a otra unidad de transporte público de pasajeros objeto de esta Póliza, el seguro mantendrá todo su vigor y efecto hasta la terminación del viaje establecido;

CLÁUSULA 12. MOVIMIENTOS DE INGRESOS Y EGRESOS;

El Tomador se obliga a enviar al Asegurador la relación de solicitudes de ingresos y egresos de unidades de transporte público de pasajeros en el seguro;

El monto de la prima correspondiente a los ingresos será calculado a prorrata, por el período que falte por transcurrir hasta el próximo vencimiento de la póliza, contado a partir de la fecha de ingreso en la Póliza;

Con respecto a las unidades de transporte público de pasajeros que egresen del seguro antes de la fecha de su vencimiento, el Asegurador calculará la prima del período que falte por transcurrir, de forma análoga al caso anterior;

Según sea el caso, el Asegurador cobrará o devolverá al Tomador el monto del ajuste de prima por ingresos o egresos en la Póliza, mediante la emisión y entrega del recibo de prima correspondiente, conjuntamente con una relación actualizada de las unidades de transporte público de pasajeros expuestas y los certificados individuales de seguro de los ingresos, si fuera el caso;

CLÁUSULA 13. ÁMBITO TERRITORIAL

La cobertura de este contrato sólo ampara los accidentes ocurridos en viajes efectuados por las unidades de transporte público de pasajeros en rutas suburbanas de la República Bolivariana de Venezuela;

CLÁUSULA 14. DEFENSOR DEL TOMADOR, ASEGURADO O BENEFICIARIO

El Tomador, Asegurado o Beneficiario que sienta vulneración de sus derechos, y requiera presentar cualquier denuncia, queja o reclamo, surgida con ocasión de este contrato de seguro, podrá acudir a la Unidad del Defensor del Asegurado del Asegurador o comunicarse a través de los mecanismos dispuestos para ello;

____________________	____________________
POR EL ASEGURADOR	EL TOMADOR

IV

TARIFA	
PÓLIZA DE ACCIDENTES PERSONALES DE OCUPANTES DE VEHÍCULOS DE TRANSPORTE DE PASAJEROS EN RUTAS SUBURBANAS	
AMPARO	**TASA ANUAL POR CADA MIL BOLÍVARES DE SUMA ASEGURADA – APLICABLE POR CADA PUESTO**
MUERTE ACCIDENTAL	**0,50**
INVALIDEZ PERMANENTE	**0,20**
GASTOS MÉDICOS	**1,45**
SERVICIOS FUNERARIOS	**0,50**
AMPARO	**TASA ANUAL POR CADA BOLÍVAR DEL COSTO DEL PASAJE - APLICABLE POR CADA PUESTO**
PÉRDIDA DE EQUIPAJE	**0,75**

Del uso obligatorio de las condiciones

Artículo 2: Las Condiciones Generales, las Condiciones Particulares y las Tarifas previstas en este acto administrativo serán de uso obligatorio en las emisiones y renovaciones de las Pólizas de Seguro de Accidentes Personales de Ocupantes de Vehículos de Transporte de Pasajeros en Rutas Interurbanas y de las Pólizas de Seguro de Accidentes Personales de Ocupantes de Vehículos de Transporte de Pasajeros en Rutas Suburbanas, que se produzcan a partir de la entrada en vigencia de la presente Providencia y no podrán sufrir modificación alguna.

De la aprobación de documentos

Artículo 3. La Solicitud de Seguro, el Cuadro Póliza Recibo, la Declaración de Siniestro y demás documentos que formen parte integrante de la Póliza de Seguro de Accidentes Personales de Ocupantes de Vehículos de Transporte de Pasajeros en Rutas Interurbanas y de la Póliza de Seguro de Accidentes Personales de Ocupantes de Vehículos de Transporte de Pasajeros en Rutas Suburbanas, y que se requieran para su comercialización, deben ser presentados por los sujetos regulados interesados ante la Superintendencia de la Actividad Aseguradora para su aprobación;

De la publicidad

Artículo 4. Se ordena la publicación de las presentes normas en la página web de la Superintendencia de la Actividad Aseguradora, con el fin de coadyuvar con la divulgación de su contenido a todos los interesados y público en general, sin menoscabo de su publicación en la Gaceta Oficial de la República Bolivariana de Venezuela.

De la vigencia

Artículo 5. Las presentes normas entrarán en vigencia a partir de su publicación en la Gaceta Oficial de la República Bolivariana de Venezuela.

Comuníquese y publíquese

OMAR OROZCO COLMENARES
Superintendente de la Actividad Aseguradora (E)

Resolución N° 003-2021 de fecha 18 de enero de 2021, publicada en la Gaceta Oficial de la República Bolivariana de Venezuela N° 42.049 de la misma fecha

REPÚBLICA BOLIVARIANA DE VENEZUELA
MINISTERIO DEL PODER POPULAR DE ECONOMÍA, FINANZAS Y COMERCIO EXTERIOR
SUPERINTENDENCIA DE LA ACTIVIDAD ASEGURADORA

Caracas, a los veintinueve (29) días del mes de agosto de 2024

AÑOS 214°, 165° y 25°

PROVIDENCIA ADMINISTRATIVA N° SAA-01-0510-2024

De conformidad con las previsiones normativas contenidas en los artículos 6 numeral 1; 8 numerales 1, 3 y 18 de la Ley de la Actividad Aseguradora, que le atribuyen al Superintendente de la Actividad Aseguradora (E), **OMAR OROZCO COLMENARES,** designado mediante Resolución N° 003 de fecha 18 de enero de 2021, publicada en la Gaceta Oficial de la República Bolivariana de Venezuela N° 42.049 de la misma fecha, la competencia para establecer y dictar sus manuales de normas y procedimientos que regulan la actividad aseguradora.

POR CUANTO

La Ley de la Actividad Aseguradora, establece que es atribución de la Superintendencia de la Actividad Aseguradora ejercer la potestad regulatoria, así como establecer el sistema de control, vigilancia previa, concomitante y posterior, supervisión, autorización, inspección, verificación y fiscalización de la actividad aseguradora.

POR CUANTO

La Ley de la Actividad Aseguradora establece que los ingresos de la Superintendencia de la Actividad Aseguradora están conformados entre otros, por las contribuciones especiales aportadas por los sujetos regulados.

POR CUANTO

La Ley de la Actividad Aseguradora prevé que las empresas de seguros, de reaseguros, de medicina prepagada, administradoras de riesgos y financiadoras de primas o cuotas, están en la obligación de aportar una contribución especial destinada a financiar el funcionamiento de la Superintendencia de la Actividad Aseguradora.

En virtud de lo anterior, acuerda dictar las siguientes:

NORMAS QUE REGULAN EL PAGO DE LA CONTRIBUCIÓN ESPECIAL QUE DEBEN EFECTUAR LOS SUJETOS REGULADOS

Del objeto

Artículo 1. Las presentes normas tienen por objeto dictar los lineamientos aplicables al pago de la contribución especial que deben efectuar los sujetos regulados a que se refiere el Artículo 10 de la Ley de la Actividad Aseguradora.

De la contribución especial

Artículo 2. La contribución especial que deben aportar los sujetos regulados será del tres coma cinco por ciento (3,5%), alícuota que se aplicará al total de las primas netas cobradas por contratos de seguros, las contraprestaciones por concepto de emisión de fianzas y los ingresos obtenidos como remuneración por los contratos de fideicomiso y contratos de administración de riesgos, los montos cobrados en los contratos o servicios de planes de salud, suscritos por las empresas que se dediquen a la medicina prepagada y los ingresos netos por intereses cobrados en los financiamientos otorgados a los tomadores de seguros o contratantes de medicina prepagada, en los casos de las financiadoras de primas.

De la oportunidad de pago

Artículo 3. La contribución especial durante el ejercicio económico será liquidada y pagada mensualmente, los sujetos regulados deberán pagar el monto dentro del mismo plazo previsto para la remisión de los Estados Financieros Analíticos Mensuales.

Efectuado el pago, los sujetos regulados deberán en la misma oportunidad remitir el soporte documental que así lo demuestre, a través de los medios electrónicos que la Superintendencia de la Actividad Aseguradora disponga a tal efecto.

Del retraso en el pago

Artículo 4. El retraso en el pago de la contribución especial o incluso el incumplimiento de la obligación del sujeto regulado generará intereses moratorios, que procederá a partir del día continuo siguiente al vencimiento del plazo establecido para el pago de la contribución y será aplicado por cada día de retraso, así como también las sanciones administrativas correspondientes.

Para la determinación del recargo monetario, se tomará en cuenta la base de cálculo del índice de inversión del mes inmediatamente anterior publicado por el Banco Central de Venezuela, conforme con la siguiente metodología:

Recargo monetario = MCE * (1+TRPD)N - MCE

donde:

MCE: Monto de la Contribución Especial

N: Número de días de retraso

TRPD: Tasa de recargo Promedio Diaria = [(TCUD/TCPD)- 1]/DH

TCUD: Tipo de Cambio de Venta (Bs / USD) del último día hábil del mes inmediatamente anterior

TCPD: Tipo de Cambio de Venta (Bs / USD) del primer día hábil del mes inmediatamente anterior

DH: Número de días hábiles del mes inmediatamente anterior

Si en un mes el TRPD obtenido es menor o igual a cero, se tomará como base de cálculo para éste, el TRPD del mes anterior más cercano cuyo valor haya sido mayor a cero.

El recargo monetario a que se refiere este artículo es aplicable a los montos de las contribuciones especiales con retraso en el pago a la fecha de entrada en vigencia de estas normas.

De la derogatoria

Artículo 5. Se derogan los actos administrativos contenidos en la Providencia SAA-2-0001 de fecha 7 de enero de 2022, publicada en el portal electrónico de esta Superintendencia de la Actividad Aseguradora, mediante el cual se modifican los Lineamientos Aplicables al Pago de la Contribución Especial, y en la Providencia N° FSAA-002684 de fecha 29 de diciembre de 2014, publicada en la Gaceta Oficial de la República Bolivariana de Venezuela N° 40.593 de fecha 2 de febrero de 2015, mediante el cual se dictaron los Lineamientos Aplicables al Pago de la Contribución Especial. Las demás normativas prudenciales y actos administrativos conexos a la actividad aseguradora, que coliden con las presentes normas no serán aplicables.

De la publicidad

Artículo 6. Se ordena la publicación de las presentes normas en la página web de la Superintendencia de la Actividad Aseguradora, con el fin de coadyuvar con la divulgación de su contenido a todos los interesados y público en general, sin menoscabo de su publicación en la Gaceta Oficial de la República Bolivariana de Venezuela.

De la vigencia

Artículo 7. Las presentes normas entrarán en vigencia a partir de su publicación en la Gaceta Oficial de la República Bolivariana de Venezuela.

Comuníquese y publíquese

OMAR OROZCO COLMENARES

Superintendente de la Actividad Aseguradora (E)

Resolución N° 003-2021 de fecha 18 de enero de 2021, publicada en la Gaceta Oficial de la República Bolivariana de Venezuela N° 42.049 de la misma fecha

REPÚBLICA BOLIVARIANA DE VENEZUELA
MINISTERIO DEL PODER POPULAR DE ECONOMÍA, FINANZAS Y COMERCIO EXTERIOR
SUPERINTENDENCIA DE LA ACTIVIDAD ASEGURADORA

Caracas, a los veintinueve (29) días del mes de agosto de 2024

AÑOS 214°, 165° y 25°
PROVIDENCIA ADMINISTRATIVA N° SAA-01-0511-2024

De conformidad con las previsiones normativas contenidas en los artículos 6 numeral 1; 8 numerales 1, 3 y 18 de la Ley de la Actividad Aseguradora, que le atribuyen al Superintendente de la Actividad Aseguradora (E), **OMAR OROZCO COLMENARES,** designado mediante Resolución N° 003 de fecha 18 de enero de 2021, publicada en la Gaceta Oficial de la República Bolivariana de Venezuela N° 42.049 de la misma fecha, la competencia para establecer y dictar sus manuales de normas y procedimientos que regulan la actividad aseguradora.

POR CUANTO

La Ley de la Actividad Aseguradora, establece que es atribución de la Superintendencia de la Actividad Aseguradora ejercer la potestad regulatoria, así como establecer el sistema de control, vigilancia previa, concomitante y posterior, supervisión, autorización, inspección, verificación y fiscalización de la actividad aseguradora.

POR CUANTO

La Ley de la Actividad Aseguradora establece que la Superintendencia de la Actividad Aseguradora indicará el porcentaje, lineamientos, términos y condiciones para el pago del aporte para el desarrollo social.

En virtud de lo anterior, acuerda dictar las siguientes:

NORMAS QUE REGULAN EL APORTE PARA EL DESARROLLO SOCIAL

Del aporte para el desarrollo social

Artículo 1. Las empresas de seguros, de medicina prepagada y administradoras de riesgos están obligadas a efectuar un aporte anual del uno por ciento (1%) de los ingresos netos de anulaciones y devoluciones, obtenidos por las primas de los contratos de seguros de salud, las cuotas de los contratos de medicina prepagada y las remuneraciones por los contratos de administración de riesgos de salud, según corresponda, destinado al Tesoro Nacional.

Declaración de ingresos cobrados

Artículo 2. A fines de control, los sujetos regulados obligados deberán declarar mensualmente a la Superintendencia de la Actividad Aseguradora, los ingresos mensuales, netos de anulaciones y devoluciones, obtenidos por las primas de los contratos de seguros de salud, las cuotas de los contratos de medicina prepagada y las remuneraciones por los contratos de administración de riesgos de salud, según corresponda, dentro de los cinco (05) días hábiles siguientes a la finalización de cada mes, a través de los medios electrónicos disponibles a tal efecto.

De la oportunidad de pago

Artículo 3. El aporte para el desarrollo social deberá ser pagado anualmente dentro de los cinco (05) días hábiles siguientes al cierre del ejercicio económico.

Sin embargo, durante los primeros cinco (05) días de cada mes, los sujetos regulados podrán realizar abonos a cuenta del aporte anual.

El pago deberá efectuarse al Tesoro Nacional, a quien le corresponde verificar el cumplimiento por parte de los sujetos regulados obligados.

De la prueba del pago

Artículo 4. Efectuado el pago, los sujetos regulados obligados deberán remitir a la Superintendencia de la Actividad Aseguradora el soporte documental que así lo demuestre, dentro de los tres (03) días hábiles siguientes y a través de los medios electrónicos disponibles a tal efecto.

De la actualización del aporte

Artículo 5. A los fines de compensar cualquier pérdida de valor del aporte, la alícuota correspondiente a cualquier mes deberá actualizarse a la fecha de pago, de acuerdo con el siguiente procedimiento:

Alícuota del mes actualizada = AM * TA, donde:

AM: Monto de la alícuota correspondiente al mes.

TA: máximo valor entre 1 y TCVFP/TCVM.

TCVFP: Tipo de Cambio de Venta (Bs/USD) del día de pago de la alícuota.

TCVM: Tipo de Cambio de Venta (Bs/USD) del último día del mes.

Retraso en el pago del aporte

Artículo 6. Transcurrido el plazo de cinco (05) días hábiles para el pago anual, mencionado en el artículo 3 de estas normas, sin haberse efectuado el pago de la totalidad del aporte, el monto que deberá pagar el sujeto regulado será determinado de acuerdo con la siguiente metodología:

Monto a pagar = MD * (**1**+TRPD)N, donde:

MD: Monto debido del aporte anual, con las actualizaciones que correspondan de acuerdo con el artículo anterior, calculadas a la fecha de finalización del mencionado plazo de cinco (5) días hábiles.

N: Número de días de retraso.

TRPD: Tasa de recargo Promedio Diaria = [(TCUD/TCPD)- 1]/DH

TCUD: Tipo de Cambio de Venta (Bs/USD) del último día hábil del mes inmediatamente anterior.

TCPD: Tipo de Cambio de Venta (Bs/USD) del primer día hábil del mes inmediatamente anterior

DH: Número de días hábiles del mes inmediatamente anterior

Si en un mes el TRPD obtenido es menor o igual a cero, se tomará como base de cálculo para éste, el TRPD del mes anterior más cercano cuyo valor haya sido mayor a cero.

De la Derogatoria

Artículo 7. Se deroga el acto administrativo contenido en la Providencia N° FSAA-9-00730 de fecha 1 de agosto de 2016, publicada en la Gaceta Oficial de la República Bolivariana de Venezuela N° 40.973 de fecha 24 de agosto de 2016, mediante el cual se dictaron las Normas que Regulan el Aporte para el Desarrollo Social. Las demás normativas prudenciales y actos administrativos conexos a la actividad aseguradora, que coliden con las presentes normas no serán aplicables.

De la publicidad

Artículo 8. Se ordena la publicación de las presentes normas en la página web de la Superintendencia de la Actividad Aseguradora, con el fin de coadyuvar con la divulgación de su contenido a todos los interesados y público en general, sin menoscabo de su publicación en la Gaceta Oficial de la República Bolivariana de Venezuela.

De la vigencia

Artículo 9. Las presentes normas entrarán en vigencia a partir de su publicación en la Gaceta Oficial de la República Bolivariana de Venezuela.

Comuníquese y publíquese

OMAR OROZCO COLMENARES

Superintendente de la Actividad Aseguradora (E)

Resolución N° 003-2021 de fecha 18 de enero de 2021, publicada en la Gaceta Oficial de la República Bolivariana de Venezuela N° 42.049 de la misma fecha

REPÚBLICA BOLIVARIANA DE VENEZUELA MINISTERIO DEL PODER POPULAR DE ECONOMÍA, FINANZAS Y COMERCIO EXTERIOR SUPERINTENDENCIA DE LA ACTIVIDAD ASEGURADORA

Caracas, a los veintinueve (29) días del mes de agosto de 2024

AÑOS 214°, 165° y 25°

PROVIDENCIA ADMINISTRATIVA N° SAA-01-0512-2024

De conformidad con las previsiones normativas contenidas en los artículos 6 numeral 1; 8 numerales 1, 3 y 18 de la Ley de la Actividad Aseguradora, que le atribuyen al Superintendente de la Actividad Aseguradora (E), **OMAR OROZCO COLMENARES**, designado mediante Resolución N° 003 de fecha 18 de enero de 2021, publicada en la Gaceta Oficial de la República Bolivariana de Venezuela N° 42.049 de la misma fecha, la competencia para establecer y dictar sus manuales de normas y procedimientos que regulan la actividad aseguradora.

POR CUANTO

Corresponde a la Superintendencia de la Actividad Aseguradora, a través del Superintendente de la Actividad Aseguradora, ejercer la potestad regulatoria, así como establecer el sistema de control, vigilancia previa, concomitante y posterior; supervisión, autorización, inspección, verificación y fiscalización de la actividad aseguradora, para lo cual como máxima autoridad ejercerá la dirección, y ejecutará de manera directa las competencias atribuidas a supervisar el cumplimiento y desarrollo de las actividades que le son permitidas a los sujetos regulados.

POR CUANTO

La Ley de Transporte Terrestre establece que, en el marco de los acuerdos o convenios internacionales suscritos por la República Bolivariana de Venezuela, los vehículos que ingresen al país en condición de turistas podrán circular con sus placas identificadoras de origen durante el tiempo de su estadía legal, siempre que posean la garantía o póliza de responsabilidad civil y se sometan a todos los requisitos que fije el Instituto Nacional de Transporte Terrestre.

POR CUANTO

Es competencia de esta Superintendencia de la Actividad Aseguradora verificar y garantizar que los sujetos regulados cumplan con las disposiciones contenidas en la Ley de la Actividad Aseguradora.

En virtud de lo anterior, acuerda dictar las siguientes:

NORMAS SOBRE LAS CONDICIONES GENERALES Y UNIFORMES DE LAS TARIFAS QUE CONFORMAN LA PÓLIZA DE SEGURO DE RESPONSABILIDAD CIVIL DE VEHÍCULOS (RCV)

De la aprobación con carácter general y uniforme

Artículo 1. Aprobar con carácter general y uniforme las condiciones de las tarifas que conforman la Póliza de Seguro de Responsabilidad Civil de Vehículos; así como el anexo y la tarifa a corto plazo para vehículos con placas identificadoras de origen extranjero; las cuales se transcriben a continuación:

A. PÓLIZA DE SEGURO DE RESPONSABILIDAD CIVIL DE VEHÍCULOS

Entre (RAZÓN SOCIAL, REGISTRO ÚNICO DE INFORMACIÓN FISCAL (R.I.F.), DATOS DE REGISTRO MERCANTIL), que en adelante se denominará el Asegurador y el Tomador, cuyo nombre e identificación aparecen en el Cuadro Póliza Recibo, se ha celebrado el presente contrato de Seguro de Responsabilidad Civil, derivada de la circulación del vehículo descrito en dicho Cuadro Póliza Recibo, de acuerdo con lo dispuesto por la legislación que regule el tránsito y transporte terrestre, su reglamento y resoluciones pertinentes, bajo los términos y condiciones establecidos en las siguientes cláusulas:

CLÁUSULA 1. OBJETO DEL SEGURO.

El Asegurador se compromete a indemnizar al (los) tercero (s), en los términos establecidos en la póliza, por los daños causados a personas o cosas y por los cuales deba responder el Asegurado o el conductor, con motivo de la circulación del vehículo asegurado dentro del Territorio de la República Bolivariana de Venezuela, de conformidad con la legislación que regule el tránsito y transporte terrestre, pero limitados a las cantidades máximas previstas en esta Póliza por cada accidente.

Cuando el vehículo asegurado sea del tipo Remolque y/o Chuto, y no sea posible determinar en cual de dichos componentes recae la responsabilidad del daño, procederá una repartición proporcional equivalente a cincuenta por ciento (50%) para cada uno, hasta las cantidades máximas previstas en el Cuadro Póliza Recibo por cada accidente.

CLÁUSULA 2. DEFINICIONES.

ASEGURADOR: Persona jurídica que asume los riesgos amparados en la Póliza.

ASEGURADO: Persona natural o jurídica propietaria del vehículo asegurado, que en sus bienes o en sus intereses económicos está expuesta a los riesgos amparados en la Póliza.

TOMADOR: Persona natural o jurídica que obrando por cuenta propia o ajena traslada los riesgos y se obliga al pago de la Prima.

PÓLIZA: Documento escrito donde constan las condiciones del contrato de seguro.

CUADRO PÓLIZA RECIBO: Documento donde se indican los datos particulares de la póliza, como son: número de Póliza, identificación completa del Tomador o Asegurado y del Asegurador, de su representante y domicilio principal, alcance de la cobertura, vigencia del contrato y del recibo, características del bien asegurado, monto de la prima, forma y lugar de pago, dirección de cobro, firmas del representante del Asegurador y del Tomador.

TIPO DE CAMBIO DE REFERENCIA (TCR): El tipo de cambio oficial de la moneda de mayor valor, publicado por el Banco Central de Venezuela, según el promedio ponderado resultante de las operaciones diarias de las mesas de cambio activas de las instituciones bancarias participantes.

SUMA ASEGURADA: Límite máximo de responsabilidad del Asegurador expresado en la moneda del Tipo de Cambio de Referencia (TCR), de acuerdo con la tarifa vigente para el momento de la emisión o la renovación del contrato de seguro, según sea el caso.

PRIMA: Contraprestación indicada en el Cuadro Póliza Recibo que debe pagar el Tomador al Asegurador, expresada en la moneda del Tipo de Cambio de Referencia (TCR), de acuerdo con la tarifa vigente para el momento de la emisión o la renovación del contrato de seguro, según sea el caso.

OCUPANTE: Persona transportada en el vehículo asegurado o que esté subiendo o bajando del mismo.

CLÁUSULA 3. EXCLUSIÓN DE RESPONSABILIDAD.

Esta Póliza no cubre la responsabilidad civil del Asegurado o conductor en razón del daño sufrido por los ocupantes y las cosas transportadas, cargándolas o descargándolas en el vehículo asegurado. Tampoco cubre los daños sufridos por el vehículo asegurado, por las cosas en él transportadas y por los bienes propiedad del Tomador, Asegurado, conductor, cónyuge o de los parientes hasta el tercer grado de consanguinidad o segundo de afinidad de los anteriores, de las personas dependientes del Tomador o del Asegurado y de los miembros de la flota o colectivo amparados en la Póliza.

CLÁUSULA 4. EXONERACIÓN DE RESPONSABILIDAD.

Sin perjuicio de otras exoneraciones de responsabilidad, el Asegurador no estará obligado al pago de la indemnización cuando el Asegurado haya sido privado de la posesión del vehículo como consecuencia de robo, hurto o apropiación indebida.

CLÁUSULA 5. VIGENCIA DE LA PÓLIZA.

El Asegurador asume las consecuencias de los riesgos cubiertos a partir de la fecha de la celebración del contrato de seguro, lo cual se producirá una vez que el Tomador notifique su consentimiento a la proposición formulada por el Asegurador o cuando éste participe su aceptación a la solicitud efectuada por el Tomador, según corresponda.

En todo caso, la vigencia de la póliza se hará constar en el Cuadro Póliza Recibo, con indicación de la fecha en que se emita, la hora y día de su iniciación y vencimiento.

Esta Póliza tendrá una duración de un (**1**) año, contado a partir de la fecha de iniciación de su vigencia y no podrá terminarse anticipadamente por parte del Asegurador.

CLÁUSULA 6. RENOVACIÓN.

Esta Póliza se entenderá renovada automáticamente al finalizar el último día del período de vigencia anterior y por un plazo igual, entendiéndose que la renovación no implica una nueva póliza, sino la prórroga de la anterior. La prórroga no procederá si una de las partes notifica a la otra su voluntad de no prorrogar, mediante una notificación dirigida a la otra parte, efectuada con un plazo de por lo menos un (**1**) mes de anticipación al vencimiento del período de vigencia en curso.

CLÁUSULA 7. PRIMAS.

El Tomador debe pagar la prima en el plazo de quince (15) días continuos contados a partir de la fecha de inicio o renovación del contrato, según corresponda, sin perjuicio de su exigibilidad contra la entrega de la Póliza, Cuadro Póliza Recibo, recibo de prima o la nota de cobertura provisional. Si la prima no fuere pagada en el plazo indicado, el contrato quedará resuelto desde el inicio de la vigencia del contrato, sin necesidad de previo aviso al Tomador.

No obstante lo anterior, si sobreviniere un siniestro durante el referido plazo, el Asegurador estará obligado frente al tercero conforme a la Póliza, quedando el Tomador con el deber de pagar la prima.

CLÁUSULA 8. RECARGO DE PRIMA.

En el momento de la renovación de esta póliza, si el Asegurado hubiese presentado siniestros indemnizados en el período de vigencia inmediatamente anterior, tendrá un recargo equivalente al diez por ciento (10%) de la prima por cada siniestro, según la tarifa vigente, hasta un máximo de dos (2) siniestros. De tres (3) a cinco (5) siniestros indemnizados, la prima se incrementará en un cincuenta por ciento (50%).

Con más de cinco (5) siniestros indemnizados, se le aplicará un recargo del cien por ciento (100%).

En caso de que el Asegurado traslade el riesgo de responsabilidad civil a otro Asegurador, procederá el incremento de prima en los términos establecidos, incluso para el primer año de vigencia del contrato de seguro, en cuyo caso el Asegurado deberá presentar a dicho Asegurador, certificación de siniestralidad expedida por el anterior.

CLÁUSULA 9. NOTIFICACIÓN DE ACCIDENTE.

Al ocurrir cualquier accidente en el que resulten daños a terceros, el Asegurado o el tercero deberá en un plazo máximo de quince (15) días hábiles siguientes a partir de la fecha de conocimiento del hecho, salvo por causa extraña no imputable a él, dar aviso por escrito al Asegurador mediante la declaración de siniestro, acompañada por las actuaciones administrativas de tránsito. En los accidentes donde se produzcan lesiones personales, muertes o donde intervengan vehículos que fueren propiedad de la Nación Venezolana, para que haya lugar a las indemnizaciones que sean procedentes de acuerdo con esta Póliza, es indispensable entregar al Asegurador las actuaciones de las autoridades competentes, donde se deje constancia escrita de las circunstancias en que se produjo el mismo.

CLÁUSULA 10. ACCIÓN DE REPETICIÓN.

El Asegurador tendrá derecho a repetir del Asegurado las cantidades pagadas al tercero, cuando:

1) El Tomador no haya pagado la prima convenida.

2) El Asegurado haya obstaculizado con su proceder el ejercicio de los derechos del Asegurador. Se considera que existe obstaculización, el hecho de que el Asegurado no haya informado al Asegurador la ocurrencia del siniestro o el contenido de toda carta, reclamación, notificación o citación relativa al accidente, en un plazo no mayor de quince (15) días hábiles, contados a partir del momento en

que tenga conocimiento de la ocurrencia del accidente o recepción de tales documentos.

3) Al producirse el accidente, el vehículo esté destinado a uso diferente al indicado en la Solicitud de Seguros.

4) Los daños reclamados hayan sido causados intencionalmente por el Asegurado o por el conductor, o con la complicidad de alguno de ellos.

5) El Asegurado haya entregado el vehículo a un conductor incapacitado o inhabilitado para conducir, a sabiendas de tal circunstancia, o cuando el Asegurado siendo el conductor, se encuentre en iguales circunstancias.

6) El Asegurado no mantenga el vehículo con su diseño original, externo o interno, en cuanto a las condiciones de seguridad y de buen funcionamiento exigidos por la legislación que regule el tránsito y transporte terrestre.

7) Al producirse el accidente, el conductor del vehículo se encuentre bajo influencia de bebidas alcohólicas, sustancias estupefacientes o psicotrópicas, de conformidad con lo establecido en la legislación que regule el tránsito y transporte terrestre, o por exceder el límite máximo de velocidad establecido.

CLÁUSULA 11. INDEMNIZACIÓN.

El pago de la indemnización derivada de la presente Póliza procederá:

1. Si el Asegurador conviniere con el tercero en el pago de los daños.

2. Si existiere sentencia firme en contra del Asegurador.

3. Si existiere sentencia firme en contra del Asegurado o conductor y la condenatoria judicial no se funde en confesión ficta ni en ningún otro tipo de condena proveniente de contumacia o abandono del ejercicio de derechos o recursos en el procedimiento judicial. Dentro del plazo de sesenta (60) días continuos contados a partir de la decisión judicial, el Asegurado o conductor deberá consignar ante el Asegurador copia certificada de la decisión judicial.

CLÁUSULA 12. NOTIFICACIÓN DE CAMBIOS.

El Asegurado deberá notificar al Asegurador el cambio de propiedad del vehículo asegurado, dentro de los quince (15) días hábiles siguientes a la fecha cierta del traspaso del vehículo, a fin de que proceda a la emisión de la Póliza a nombre del nuevo propietario del vehículo.

Asimismo, el Asegurado deberá informar de inmediato a la autoridad competente y al Asegurador, en un plazo no mayor de cinco (5) días hábiles siguientes, contados a partir del momento en que tenga conocimiento de que ha sido privado de la posesión del vehículo como consecuencia de hurto, robo o apropiación indebida.

Finalmente, deberá participar al Asegurador el cambio de uso del vehículo asegurado, dentro de los cinco (5) días hábiles siguientes a la fecha en que se produzca el cambio.

CLÁUSULA 13. DEVOLUCIÓN DE PRIMA EN CASO DE CESACIÓN DEL RIESGO.

Conocido por el Asegurador que el riesgo dejó de existir después de la celebración del contrato, éste quedará resuelto de pleno derecho y deberá devolver la prima no consumida a prorrata, a partir del momento en que tuvo conocimiento de la cesación del riesgo. La resolución se efectuará sin perjuicio del derecho a indemnizaciones por siniestros ocurridos con anterioridad a la fecha de resolución del contrato, en cuyo caso no habrá lugar a devolución de prima.

CLÁUSULA 14. AVISOS.

Todo aviso que una parte deba dar a la otra, respecto a la póliza deberá hacerse mediante cualquier mecanismo de notificación, con acuse de recibo.

CLÁUSULA 15. PRESCRIPCIÓN DE ACCIONES.

Las acciones civiles para exigir la reparación de todo daño prescribirán a los doce (12) meses de sucedido el accidente. La acción de repetición a que se contrae la Cláusula Diez (10) prescribirá en igual término, a partir del pago de la indemnización correspondiente.

CLÁUSULA 16. NORMAS SUPLETORIAS.

En todo lo no previsto en esta Póliza, regirán las disposiciones contenidas en la legislación que regule el tránsito y transporte terrestre, su reglamento y resoluciones, y la normativa en materia aseguradora.

CLÁUSULA 17. DOMICILIO ESPECIAL.

La acción para la determinación de la responsabilidad civil derivada de accidentes de tránsito se interpondrá por ante el tribunal competente, según la cuantía del daño, en la circunscripción judicial donde haya ocurrido el hecho.

Para todos los demás efectos y consecuencias derivadas o que puedan derivarse de esta Póliza, las partes eligen como domicilio especial, único y excluyente de cualquier otro, el lugar donde se celebró el contrato de seguros, a cuya jurisdicción declaran someterse las partes.

____________________	____________________
El Tomador	**Por el Asegurador**

B. TARIFA DEL SEGURO DE RESPONSABILIDAD CIVIL DE VEHÍCULOS

Primas y montos de las garantías expresados en el tipo de cambio oficial de la moneda de mayor valor publicado por el Banco Central de Venezuela, según el promedio ponderado resultante de las operaciones diarias de las mesas de cambios activas de las instituciones bancarias participantes (TCR)

Clase		Grupo	VEHÍCULOS CON PLACA NANCIONAL: Sumas aseguradas en TCR – Cosas	VEHÍCULOS CON PLACA NANCIONAL: Sumas aseguradas en TCR – Personas	VEHÍCULOS CON PLACA NANCIONAL: Primas Anuales en TCR	VEHÍCULOS CON PLACA EXTRANJERA: Sumas aseguradas en TCR – Cosas	VEHÍCULOS CON PLACA EXTRANJERA: Sumas aseguradas en TCR – Personas	VEHÍCULOS CON PLACA EXTRANJERA: Primas Anuales en TCR
Particulares	1.	Hasta 800 kg. de peso	2.000	2.505	33	10.000	12.523	120
	2.	Más de 800 kg. de peso	2.000	2.505	39	10.000	12.523	142
	3.	Casas Móviles con Tracción propia.	2.000	2.505	39	10.000	12.523	142
	4.	Auto – Escuela	2.252	3.315	45	11.261	16.577	164
	5.	Alquiler sin chofer	2.252	3.315	102	11.261	16.577	371
	6.	Alquiler con chofer, taxi o por puesto	2.252	3.315	114	11.261	16.577	415
Carga (A)	7.	Hasta 2 TM. de Cap.	1.877	2.505	45	9.384	12.523	164
	8.	Más de 2 y hasta 5 TM. de capacidad.	2.192	3.315	84	10.961	16.577	306
	9.	Más de 5 hasta 8 TM. De capacidad.	2.312	3.441	84	11.562	17.207	306
	10.	Más de 8 hasta 12 TM. De capacidad.	2.595	4.378	108	12.973	21.892	393
	11.	Más de 12 TM. de capac.	2.595	4.378	108 más 5 TCR por TM., adicional o fracción.	12.973	21.892	393 más 17 TCR por TM., adicional o fracción
Chutos: Se tarifican como carga hasta 2 TM.								
Remolques: Se tarifican como carga de acuerdo con la capacidad en TM.								
Autobuses (B)	12.	Urbanos	1.502	2.817	114	7.508	14.084	415
	13.	Suburbanos	1.502	2.817	114	7.508	14.084	415
	14.	Interurbanos	2.000	3.754	258	10.000	18.769	939
Minibuses (B)	15.	Urbanos	1.502	2.817	75	7.508	14.084	273
	16.	Suburbanos	1.502	2.817	75	7.508	14.084	273
	17.	Interurbanos	2.505	3.754	168	12.523	18.769	611
Vehículos Rutas Foráneas	18.	Sin límite de pasajeros	1.874	2.817	75	9.369	14.084	273
Vehículos Rústicos de doble tracción.	19.	Hasta 15 pasajeros	1.874	2.817	75	9.369	14.084	273
Otros Vehículos	20.	Motocicletas	2.000	2.505	15	10.000	12.523	55
Moto Carros (C)	21.	Carga hasta 750 kg.	1.874	2.505	21	9.369	12.523	76
Tracción Sangre	22.	Personal o Animal con o sin lucro	210	375	12	1.051	1.877	44
Otras Máquinas	23.	Móviles	2.000	2.505	30	10.000	12.523	109

A) Según capacidad autorizada.

B) Autobuses y Minibuses (Urbanos, Suburbanos e Interurbanos).

Las tarifas antes indicadas corresponden a vehículos con fines de lucro.

Cuando los autobuses o autobusetes sean usados para transporte escolar, por empresas dedicadas al turismo, para el transporte de personal de empresas o instituciones o para uso exclusivamente particular, tendrán una rebaja de cuarenta por ciento (40%) sobre la prima correspondiente.

C) Moto Carros:

Para efectos de la aplicación de esta Tarifa, se entiende por motocarro todo Vehículo tipo triciclo y cuya capacidad de carga no sea mayor de 750 kg. como límite máximo de seguridad. Cuando la capacidad de carga supere los 750 kg. el vehículo se clasificará según la categoría "Carga" de acuerdo a su capacidad máxima.

Recargos de agravación del riesgo	% de Aumento sobre Prima
1.- Para vehículos que transportan materias inflamables, corrosivas, tóxicas o explosivas.	100%
2.- Para vehículos pertenecientes a Cuerpos Policiales, de Bomberos, Ambulancias, Empresas de Vigilancia o de Transporte de Dinero o Valores	60%
3.- Para vehículos de cualquier grupo que remolquen ocasionalmente o habitualmente: lanchas, motocicletas, casas rodantes, equipaje, vehículos de carrera y otros aparejos.	20%

Aplicación de la Cláusula Octava "Recargo de Primas":

1. Para cualquier renovación de la póliza, los porcentajes de recargo en caso de que el Asegurado hubiere presentado siniestro(s) en el período inmediatamente anterior, se aplicarán sobre las primas establecidas en esta tarifa. Estos porcentajes en ningún caso serán acumulables de un período a otro.

2. Si en cualquier período de vigencia de la póliza el asegurado no hubiere presentado siniestros, la prima correspondiente al período siguiente será la prima estipulada en esta tarifa sin recargo alguno por este concepto.

C. ANEXO PARA VEHÍCULOS CON PLACAS IDENTIFICADORAS DE ORIGEN EXTRANJERO

Para ser adherido y formar parte integrante de la Póliza de Seguro de Responsabilidad Civil de Vehículos N° _____, contratada por ________, emitida a favor de ____.

Mediante la emisión del presente anexo, queda convenido que el vehículo con placa identificadora extranjera descrito en el Cuadro Póliza Recibo, con estadía legal en la República Bolivariana de Venezuela, estará amparado durante la vigencia indicada en el referido cuadro, período que podrá ser inferior a un (1) año, contrariamente a lo estipulado en la Cláusula Cinco (5) "Vigencia de la Póliza".

Todos los demás términos y condiciones de la póliza quedan vigentes y sin alteración.

Emitido en ________, a los ____ días del mes de ______ de ____.

___________ ________________

El Tomador Por el Asegurador

D. TARIFA A CORTO PLAZO PARA AMPARAR VEHÍCULOS CON PLACAS IDENTIFICADORAS DE ORIGEN EXTRANJERO

PERÍODO DE VIGENCIA	% SOBRE LA PRIMA ANUAL
Menos de 1 mes	20
1 mes o más sin llegar a 2	30
2 meses o más sin llegar a 3	40
3 meses o más sin llegar a 4	50
4 meses o más sin llegar a 5	60
5 meses o más sin llegar a 6	70
6 meses o más sin llegar a 7	75
7 meses o más sin llegar a 8	80
8 meses o más sin llegar a 9	85
9 meses o más sin llegar a 10	90
10 meses o más sin llegar a 11	95
11 meses o más sin llegar a 12	100

Del pago de la prima

Artículo 2. El tomador podrá efectuar el pago de la prima en la moneda del Tipo de Cambio de Referencia (TCR), en bolívares o en cualquier otra moneda convenida entre las partes, al tipo de cambio oficial para el momento del pago.

Del pago de la indemnización

Artículo 3. El asegurador podrá cumplir sus obligaciones con el tercero en la moneda en la que se suscribió o renovó el contrato, según corresponda, en bolívares o en cualquier otra moneda convenida entre las partes, al tipo de cambio oficial para el momento del pago.

De la obligación de suscribir o renovar la póliza

Artículo 4. Las aseguradoras no podrán negarse a suscribir o renovar la Póliza de Seguro de Responsabilidad Civil de Vehículos, salvo que estos no se encuentren aptos para la circulación, de conformidad con la ley que regula el tránsito y transporte terrestre.

De los contratos en curso

Artículo 5. Las Pólizas de Seguro de Responsabilidad Civil de Vehículos en vigor a la fecha de notificación de este acto administrativo, podrán ajustarse a las nuevas condiciones, a solicitud del Tomador y con el pago de la diferencia de prima que corresponda al tiempo que falte por transcurrir.

De la publicación de las tarifas

Artículo 6. Las aseguradoras deberán indicar en sus portales web las tarifas previstas en este acto administrativo.

De la derogatoria

Artículo 7. Se derogan los actos administrativos contenidos en la Providencia N° 866 de fecha 20 de octubre de 2003, publicada en la Gaceta Oficial de la República Bolivariana de Venezuela N° 37.810 de fecha 4 de noviembre de 2003, mediante el cual se aprobó con carácter general y uniforme las condiciones y la tarifa de la Póliza de Responsabilidad Civil de Vehículos, reformada parcialmente según Providencia N° 960 de fecha 21 de noviembre de 2003, publicada en la Gaceta Oficial de la República Bolivariana de Venezuela N° 37.829 de fecha 01 de diciembre de 2003, y en la Providencia N° 000967 de fecha 11 de marzo de 2010, publicada en la Gaceta Oficial de la República Bolivariana de Venezuela N° 39.395 de fecha 26 de marzo de 2010, mediante la cual la Superintendencia de Seguros aprobó con carácter general y uniforme el anexo y la tarifa a corto plazo para vehículos con placas identificadoras de origen extranjero. Las demás normativas prudenciales y actos administrativos conexos a la actividad aseguradora, que coliden con las presentes normas no serán aplicables.

De la publicidad

Artículo 8. Se ordena la publicación de las presentes normas en la página web de la Superintendencia de la Actividad Aseguradora, con el fin de coadyuvar con la divulgación de su contenido a todos los interesados y público en general, sin menoscabo de su publicación en la Gaceta Oficial de la República Bolivariana de Venezuela.

De la vigencia

Artículo 9. Las presentes normas entrarán en vigencia a partir de su publicación en la Gaceta Oficial de la República Bolivariana de Venezuela.

Comuníquese y publíquese

OMAR OROZCO COLMENARES

Superintendente de la Actividad Aseguradora (E)

Resolución N° 003-2021 de fecha 18 de enero de 2021,
publicada en la Gaceta Oficial de la República Bolivariana de Venezuela
N° 42.049 de la misma fecha

REPÚBLICA BOLIVARIANA DE VENEZUELA
MINISTERIO DEL PODER POPULAR DE ECONOMÍA, FINANZAS Y COMERCIO EXTERIOR
SUPERINTENDENCIA DE LA ACTIVIDAD ASEGURADORA

Caracas, a los veintinueve (29) días del mes de agosto de 2024

AÑOS 214°, 165° y 25°

PROVIDENCIA ADMINISTRATIVA N° SAA-01-0513-2024

De conformidad con las previsiones normativas contenidas en los artículos 6 numeral 1; 8 numerales 1, 3 y 18 de la Ley de la Actividad Aseguradora, que le atribuyen al Superintendente de la Actividad Aseguradora (E), **OMAR OROZCO COLMENARES,** designado mediante Resolución N° 003 de fecha 18 de enero de 2021, publicada en la Gaceta Oficial de la República Bolivariana de Venezuela N° 42.049 de la misma fecha, la competencia para establecer y dictar sus manuales de normas y procedimientos que regulan la actividad aseguradora.

POR CUANTO

Producto de la entrada en vigencia de la Ley de la Actividad Aseguradora, el sector asegurador incursiona en una etapa de adaptación al nuevo marco legal establecido, lo cual provoca la actualización, reestructuración y adecuación por parte de la Superintendencia de la Actividad Aseguradora, de las pólizas con carácter general y uniforme.

POR CUANTO

Es competencia de esta Superintendencia de la Actividad Aseguradora verificar y garantizar que los sujetos regulados cumplan con las disposiciones contenidas en la Ley de la Actividad Aseguradora.

Decide:

De la desregulación del carácter general y uniforme

Artículo 1. Dejar sin efecto la Regulación del Seguro Colectivo de Vida, aprobada con carácter general y uniforme mediante Providencia N° FSS-2-0041 del 24 de enero de 2000, publicada en la Gaceta Oficial de la República Bolivariana de Venezuela N° 5.441 Extraordinario del 21 de febrero de 2000.

De la aprobación de los documentos de la póliza

Artículo 2. Las Condiciones Generales, Condiciones Particulares, Tarifas, Anexos y demás documentos pertinentes, que formen parte integrante de las Pólizas de Seguro Colectivo de Vida y que se requieran para su comercialización, deben ser presentadas ante la Superintendencia de la Actividad Aseguradora por los sujetos regulados interesados, para su respectiva aprobación.

Del uso del contenido desregulado

Artículo 3. Las empresas de seguros podrán hacer uso de la Regulación del Seguro Colectivo de Vida, previstas en la Providencia N° FSS-2-0041 del 24 de enero de 2000, publicada en la Gaceta Oficial de la República Bolivariana de Venezuela N° 5.441 Extraordinario del 21 de febrero de 2000, para la comercialización de sus Pólizas de Seguro Colectivo de Vida, sometiéndolas a la aprobación de la Superintendencia de la Actividad Aseguradora, una vez efectuadas las adecuaciones pertinentes para ajustarlas a la normativa legal en vigor.

De la publicidad

Artículo 5. Se ordena la publicación de las presentes normas en la página web de la Superintendencia de la Actividad Aseguradora, con el fin de coadyuvar con la divulgación de su contenido a todos los interesados y público en general, sin menoscabo de su publicación en la Gaceta Oficial de la República Bolivariana de Venezuela.

De la vigencia

Artículo 6. Las presentes normas entrarán en vigencia a partir de su publicación en la Gaceta Oficial de la República Bolivariana de Venezuela.

Comuníquese y publíquese

OMAR OROZCO COLMENARES

Superintendente de la Actividad Aseguradora (E)

Resolución N° 003-2021 de fecha 18 de enero de 2021,
publicada en la Gaceta Oficial de la República Bolivariana de Venezuela
N° 42.049 de la misma fecha

REPÚBLICA BOLIVARIANA DE VENEZUELA MINISTERIO DEL PODER POPULAR DE ECONOMÍA, FINANZAS Y COMERCIO EXTERIOR SUPERINTENDENCIA DE LA ACTIVIDAD ASEGURADORA

Caracas, a los veintinueve (29) días del mes de agosto de 2024

AÑOS 214°, 165° y 25° PROVIDENCIA ADMINISTRATIVA N° SAA-01-0514-2024

De conformidad con las previsiones normativas contenidas en los artículos 6 numeral 1; 8 numerales 1, 3 y 18 de la Ley de la Actividad Aseguradora, que le atribuyen al Superintendente de la Actividad Aseguradora (E), **OMAR OROZCO COLMENARES**, designado mediante Resolución N° 003 de fecha 18 de enero de 2021, publicada en la Gaceta Oficial de la República Bolivariana de Venezuela N° 42.049 de la misma fecha, la competencia para establecer y dictar sus manuales de normas y procedimientos que regulan la actividad aseguradora.

POR CUANTO

Producto de la entrada en vigencia de la Ley de la Actividad Aseguradora, el sector asegurador incursiona en una etapa de adaptación al nuevo marco legal establecido, lo cual provoca la actualización, reestructuración y adecuación por parte de la Superintendencia de la Actividad Aseguradora, de las pólizas con carácter general y uniforme.

POR CUANTO

Es competencia de esta Superintendencia de la Actividad Aseguradora verificar y garantizar que los sujetos regulados cumplan con las disposiciones contenidas en la Ley de la Actividad Aseguradora.

Decide:

De la desregulación del carácter general

Artículo 1. Dejar sin efecto las Condiciones Generales, Condiciones Particulares, Anexos, Solicitud de Seguro y Declaración de Siniestro de la Póliza de Seguro de Transporte Terrestre, aprobados con carácter general mediante Providencia N° 003947 del 25 de noviembre de 2009, publicada en la Gaceta Oficial de la República Bolivariana de Venezuela N° 39.332 del 21 de diciembre de 2009.

Del uso de las condiciones generales aprobadas con carácter general y uniforme

Artículo 2. A los fines de la comercialización del seguro de transporte terrestre, las empresas de seguros deben usar, de forma obligatoria, las Condiciones Generales de las Pólizas de Seguros Patrimoniales, aprobadas con carácter general y uniforme por esta Superintendencia de la Actividad Aseguradora.

De la aprobación de los documentos de la póliza

Artículo 3. Las Condiciones Particulares, Tarifas, Anexos y demás documentos pertinentes, que formen parte integrante de las Pólizas de Seguro de Transporte Terrestre y que se requieran para su comercialización, deben ser presentadas ante la Superintendencia de la Actividad Aseguradora por los sujetos regulados interesados, para su respectiva aprobación.

Del uso del contenido desregulado

Artículo 4. Las empresas de seguros podrán hacer uso de las Condiciones Generales, Condiciones Particulares y Anexos previstos en la Providencia N° 003947 del 25 de noviembre de 2009, publicada en la Gaceta Oficial de la República Bolivariana de Venezuela N° 39.332 del 21 de diciembre de 2009, para la comercialización de sus Pólizas de Seguro de Transporte Terrestre, sometiéndolas a la aprobación de la Superintendencia de la Actividad Aseguradora, una vez efectuadas las adecuaciones pertinentes para ajustarlas a la normativa legal en vigor.

De la publicidad

Artículo 5. Se ordena la publicación de las presentes normas en la página web de la Superintendencia de la Actividad Aseguradora, con el fin de coadyuvar con la divulgación de su contenido a todos los interesados y público en general, sin menoscabo de su publicación en la Gaceta Oficial de la República Bolivariana de Venezuela.

De la vigencia

Artículo 6. Las presentes normas entrarán en vigencia a partir de su publicación en la Gaceta Oficial de la República Bolivariana de Venezuela.

Comuníquese y publíquese;

OMAR OROZCO COLMENARES

Superintendente de la Actividad Aseguradora (E)

Resolución N° 003-2021 de fecha 18 de enero de 2021, publicada en la Gaceta Oficial de la República Bolivariana de Venezuela N° 42.049 de la misma fecha

REPÚBLICA BOLIVARIANA DE VENEZUELA MINISTERIO DEL PODER POPULAR DE ECONOMÍA, FINANZAS Y COMERCIO EXTERIOR SUPERINTENDENCIA DE LA ACTIVIDAD ASEGURADORA

Caracas, a los veintinueve (29) días del mes de agosto de 2024

AÑOS 214°, 165° y 25°

PROVIDENCIA ADMINISTRATIVA N° SAA-01-0515-2024

De conformidad con las previsiones normativas contenidas en los artículos 6 numeral 1; 8 numerales 1, 3 y 18 de la Ley de la Actividad Aseguradora, que le atribuyen al Superintendente de la Actividad Aseguradora (E), **OMAR OROZCO COLMENARES,** designado mediante Resolución N° 003 de fecha 18 de enero de 2021, publicada en la Gaceta Oficial de la República Bolivariana de Venezuela N° 42.049 de la misma fecha, la competencia para establecer y dictar sus manuales de normas y procedimientos que regulan la actividad aseguradora.

POR CUANTO

Producto de la entrada en vigencia de la Ley de la Actividad Aseguradora, el sector asegurador incursiona en una etapa de adaptación al nuevo marco legal establecido, lo cual provoca la actualización, reestructuración y adecuación por parte de la Superintendencia de la Actividad Aseguradora, de las pólizas con carácter general y uniforme.

POR CUANTO

Es competencia de esta Superintendencia de la Actividad Aseguradora verificar y garantizar que los sujetos regulados cumplan con las disposiciones contenidas en la Ley de la Actividad Aseguradora.

Decide:

De la desregulación del carácter general y uniforme

Artículo 1. Dejar sin efecto las Condiciones Generales y las Condiciones Particulares de la Póliza de Seguro de Casco de Vehículos Terrestres, aprobadas con carácter general y uniforme mediante Providencia N° FSAA-9-00094 del 12 de enero de 2017, publicada en la Gaceta Oficial de la República Bolivariana de Venezuela N° 41.136 del 24 de abril de 2017.

Del uso de las condiciones generales aprobadas con carácter general y uniforme

Artículo 2. A los fines de la comercialización del seguro de casco de vehículos terrestres, las empresas de seguros deben usar, de forma obligatoria, las Condiciones Generales de las Pólizas de Seguros Patrimoniales, aprobadas con carácter general y uniforme por esta Superintendencia de la Actividad Aseguradora.

De la aprobación de los documentos de la póliza

Artículo 3. Las Condiciones Particulares, Tarifas, Anexos y demás documentos pertinentes, que formen parte integrante de las Pólizas de Seguro de Casco de Vehículos Terrestres y que se requieran para su comercialización, deben ser presentadas ante la Superintendencia de la Actividad Aseguradora por los sujetos regulados interesados, para su respectiva aprobación.

Del uso del contenido desregulado

Artículo 4. Las empresas de seguros podrán hacer uso de las Condiciones Particulares previstas en la Providencia N° FSAA-9-00094 del 12 de enero de 2017, publicada en la Gaceta Oficial de la República Bolivariana de Venezuela N° 41.136 del 24 de abril de 2017, para la comercialización de sus Pólizas de Seguro de Casco de Vehículos Terrestres, sometiéndolas a la aprobación de la Superintendencia de la Actividad Aseguradora, una vez efectuadas las adecuaciones pertinentes para ajustarlas a la normativa legal en vigor.

De la publicidad

Artículo 6. Se ordena la publicación de las presentes normas en la página web de la Superintendencia de la Actividad Aseguradora, con el fin de coadyuvar con la divulgación de su contenido a todos los interesados y público en general, sin menoscabo de su publicación en la Gaceta Oficial de la República Bolivariana de Venezuela.

De la vigencia

Artículo 7. Las presentes normas entrarán en vigencia a partir de su publicación en la Gaceta Oficial de la República Bolivariana de Venezuela.

Comuníquese y publíquese;

OMAR OROZCO COLMENARES

Superintendente de la Actividad Aseguradora (E)

Resolución N° 003-2021 de fecha 18 de enero de 2021,
publicada en la Gaceta Oficial de la República Bolivariana de Venezuela
N° 42.049 de la misma fecha

REPÚBLICA BOLIVARIANA DE VENEZUELA
MINISTERIO DEL PODER POPULAR DE ECONOMÍA, FINANZAS Y COMERCIO EXTERIOR
SUPERINTENDENCIA DE LA ACTIVIDAD ASEGURADORA

Caracas, a los veintinueve (29) días del mes de agosto de 2024

AÑOS 214°, 165° y 25°
PROVIDENCIA ADMINISTRATIVA N° SAA-01-0516-2024

De conformidad con las previsiones normativas contenidas en los artículos 6 numeral 1; 8 numerales 1, 3 y 18 de la Ley de la Actividad Aseguradora, que le atribuyen al Superintendente de la Actividad Aseguradora (E), **OMAR OROZCO COLMENARES,** designado mediante Resolución N° 003 de fecha 18 de enero de 2021, publicada en la Gaceta Oficial de la República Bolivariana de Venezuela N° 42.049 de la misma fecha, la competencia para establecer y dictar sus manuales de normas y procedimientos que regulan la actividad aseguradora.

En virtud de lo anterior, acuerda dictar las siguientes:

NORMAS QUE REGULAN EL CONTRATO DE FIANZA Y SUS CONDICIONES GENERALES EN LA ACTIVIDAD ASEGURADORA

Del objeto

Artículo 1. Las normas tendrán por objeto establecer la regulación del contrato de fianza en la actividad aseguradora, emitido por las empresas de seguros, con respecto a las obligaciones y condiciones generales que lo conforman.

De la definición

Artículo 2. El contrato de fianza es aquel mediante el cual una empresa de seguros, llamada fiador, se obliga frente a una persona, denominada acreedor, a indemnizar por el incumplimiento de las obligaciones asumidas por el afianzado en virtud de un contrato principal, por disposición de la Ley o lo exigido por un tribunal.

De las características del contrato

Artículo 3. El contrato de fianza es consensual, subsidiario, oneroso y accesorio a una obligación principal.

Del objeto del contrato

Artículo 4. El contrato de fianza garantiza al acreedor la indemnización, hasta el límite de la suma afianzada, de las obligaciones contraídas voluntariamente por el afianzado, a cambio de una contraprestación por asumir las consecuencias de su incumplimiento.

De la causa del contrato

Artículo 5. Todo interés legítimo en garantizar el cumplimiento de una obligación puede ser causa de un contrato de fianza.

De las partes del contrato

Artículo 6. Son partes del contrato de fianza:

1. El fiador, empresa de seguros que se obliga a indemnizar frente al acreedor por el incumplimiento del afianzado en el contrato principal que da origen a la fianza;

2. El acreedor, persona titular del derecho de exigir que se cumpla la obligación contenida en el contrato principal, en cuyo favor se otorga la fianza;

3. El afianzado, persona sobre la cual recae el cumplimiento de la obligación contenida en el contrato principal.

De los requisitos del contrato de fianza

Artículo 7. El contrato por medio del cual la empresa de seguros se constituye en fiador debe contener, como mínimo, los siguientes requisitos:

1. Identificación del acto en virtud del cual fue aprobado por la Superintendencia de la Actividad Aseguradora la emisión del contrato;

2. Ser suscritos por quienes tengan la cualidad para comprometer patrimonialmente a la empresa de seguros;

3. La subrogación de los derechos, acciones y garantías que tenga el acreedor contra el deudor;

4. Estipular la caducidad de las acciones contra la empresa de seguros al vencimiento de un lapso que no podrá ser mayor de un (**1**) año, contado desde la fecha en que el acreedor tenga conocimiento del hecho que da origen a la reclamación;

5. La obligación del acreedor de notificar cualquier circunstancia que pueda dar lugar al reclamo tan pronto como tenga conocimiento de ello;

6. Indicar el monto exacto garantizado y su duración.

De la responsabilidad solidaria

Artículo 8. La Junta Directiva o quienes detenten esa función y los accionistas responderán solidariamente con su patrimonio por todas las operaciones de afianzamiento realizadas en contravención a lo dispuesto en la Ley de la Actividad Aseguradora, el Reglamento y las normas que se dicten al efecto, salvo que hayan dejado constancia expresa en acta de su voto negativo a la celebración de la operación.

Las fianzas emitidas deben ser suscritas por quienes tengan la cualidad para comprometer patrimonialmente a la empresa de seguros, de conformidad con sus estatutos. En caso que esta función sea atribuida a una instancia determinada, se mantendrá la responsabilidad de quien o quienes la deleguen.

De las condiciones formales

Artículo 9. Todo contrato de fianza debe ser impreso en fuente Arial 12, indicando el nombre completo de la empresa de seguros, el número de registro en la Superintendencia de la Actividad Aseguradora, Registro único de Información Fiscal (R.I.F.), teléfonos de contacto, correo electrónico, dirección y, adicionalmente, debe contener los siguientes datos:

1. En la parte superior y centrado del contrato, el tipo de fianza de que se trate;

2. La identificación del afianzado y del acreedor;

3. Constancia expresa de la decisión que aprueba su otorgamiento, emitida por la Junta Directiva de la empresa o quienes detenten esa función;

4. Identificación de la o las personas que suscriben la fianza en nombre de la empresa de seguros;

5. Las obligaciones que se pretenden garantizar;

6. El lapso de su vigencia, señalándose expresamente en qué momento cesará la obligación para la empresa de seguros;

7. Las condiciones generales, aprobadas por la Superintendencia de la Actividad Aseguradora con carácter general y uniforme;

8. En caso que el acreedor sea un ente u Órgano del Estado, debe indicarse que la empresa de seguros renuncia expresamente a los beneficios acordados en los artículos 1.833, 1.834 y 1.836 del Código Civil. En cualquier otro caso, podrá convenirse por las partes.

Toda modificación o adición al contrato de fianza debe constar en anexo, en el cual se dejarán asentados los datos de la fianza, la fecha de su otorgamiento y las modificaciones o adiciones que le fueron aprobadas.

Este anexo debe formar parte integrante del contrato de fianza y estar suscrito por la persona designada para ello por la empresa de seguros, indicando el número, la fecha de aprobación y el acreedor.

Los anexos pueden ser utilizados para cambiar el nombre de los sujetos que intervienen en el contrato, el domicilio, el monto afianzado, la fecha en la que se inicia o finaliza la garantía o cualesquiera otras condiciones que sean aprobadas por las partes, siempre y cuando no alteren las condiciones generales de la fianza.

Del control y seguimiento del contrato

Artículo 10. Las empresas de seguros deben hacer un seguimiento del cumplimiento de las obligaciones afianzadas cualquiera sea la naturaleza o monto afianzado. En ese sentido, las empresas de seguros están obligadas a solicitar al afianzado, con periodicidad no mayor a ciento veinte días (120) continuos, la remisión del informe en el que se especifique el avance técnico y administrativo del contrato, tanto para aquellos que no superen más de un ejercicio fiscal como para los plurianuales.

En los contratos de fianzas de anticipo y fiel cumplimiento, el contratista debe remitir el informe elaborado por el ingeniero inspector de obra en el que se especifica el avance técnico y administrativo de la obra.

Las empresas de seguros dejarán constancia en los expedientes de fianza la remisión del informe o actos en los que se haya requerido información de los mismos y su seguimiento.

La obligación establecida en el presente artículo se aplicará incluso para las fianzas en curso.

De los manuales de procedimientos para el control de los contratos de fianza

Artículo 11. Las empresas de seguros deben establecer manuales de procedimientos que indiquen la forma previa para tramitar los contratos de fianzas y hacer seguimiento al cumplimiento que den sus afianzados a las obligaciones garantizadas con el propósito de mantener un adecuado control de los riesgos asumidos y, en su caso, adoptar las medidas preventivas necesarias para salvaguardar su estabilidad y solvencia.

Asimismo, el manual deberá indicar la forma cómo se aprobarán las fianzas, bien que se haga a través de la conformación de un comité, con el voto favorable de la Junta Directiva o por medio de cualquier mecanismo que se considere apropiado al respecto.

Los manuales serán remitidos a la Superintendencia de la Actividad Aseguradora a través de los canales que al efecto se establezcan.

De la contragarantía

Artículo 12. En todo contrato de fianza cualquiera sea la naturaleza y monto afianzado, tanto si se suscribe en moneda nacional o moneda extranjera, la empresa de seguro debe verificar la contratación de una contragarantía suficiente y comprobable, manteniéndola actualizada por el importe de la responsabilidad asumida. En los casos de prendas e hipotecas, además de las condiciones requeridas para toda contragarantía, deben estar autenticadas o protocolizadas según sea el caso.

De los tipos de contragarantías

Artículo 13. Las contragarantías podrán ser de los siguientes tipos:

1. Prendas;

2. Hipotecas;

3. Sobre el patrimonio de los accionistas o de personas relacionadas con el afianzado, ambos domiciliados en el país, soportados en balances firmados por contadores públicos colegiados, en los cuales los inmuebles hayan sido verificados en las oficinas de los Registros respectivos y se encuentren libres de gravámenes, comodatos y arrendamientos;

4. Cartas de créditos irrevocables, incondicionales y a primer requerimiento, expedidas por bancos de primera línea del exterior, siempre que se consigne una certificación expedida por la autoridad competente del país de origen del banco, que acredite que conforme a la legislación de dicho país, no existe impedimento alguno para que el banco pague, a una empresa domiciliada en la República Bolivariana de Venezuela, el monto correspondiente a la carta de crédito;

5. Carta de crédito irrevocable expedida por bancos universales;

6. Letras de cambios y pagarés;

De la prenda como contragarantía

Artículo 14. Únicamente podrá constituirse contragarantía en prenda sobre los siguientes bienes:

1. Depósitos en moneda extranjera en custodia de instituciones financieras, domiciliadas en el país y regidas por la ley que regula el sector bancario, o del Banco Central de Venezuela;

2. Depósitos en criptoactivos autorizados por el organismo que regula la materia. La Superintendencia de la Actividad Aseguradora establecerá las normas para su custodia y la determinación de los criptoactivos aptos;

3. Títulos valores emitidos o garantizados por la República Bolivariana de Venezuela;

4. Títulos valores autorizados por el organismo que regula y supervisa el mercado de valores. En este caso la responsabilidad del fiador no excederá del 80% del valor de la prenda;

5. Maquinarias, equipos, vehículos y otros bienes similares, siempre que estén amparados contra los riesgos de pérdidas o daños materiales, que tengan como beneficiario preferencial irrevocable a la empresa de seguros que emite la fianza. En estos casos, esta empresa de seguros no podrá asegurar los referidos bienes;

6. Depósitos a plazo fijo o inversiones similares, que sean objetos de garantías prendarias.

Del lapso para depositar la prenda

Artículo 15. La prenda consistente en depósitos en moneda extranjera o en títulos valores cualquiera sea la naturaleza o monto de la fianza, deberá depositarse en un plazo máximo de diez (10) días hábiles después de la emisión del contrato de fianza en una institución financiera, domiciliada en el país y regida por la ley que regula el sector bancario, o en el Banco Central de Venezuela; y de ellos solo podrá disponerse cuando la fianza sea reclamada, se liquide, o cuando se sustituya la contragarantía, previa autorización de la empresa aseguradora.

De las contragarantías hipotecarias

Artículo 16. La contragarantía que se constituya en hipoteca se hará sobre bienes avaluados por los peritos avaluadores autorizados por la Superintendencia de la Actividad Aseguradora, siempre que estén amparados contra los riesgos pérdidas o daños por incendio y terremoto, que tengan como beneficiario preferencial irrevocable a la empresa de seguros que emite la fianza. En estos casos, esta empresa de seguros no podrá asegurar los referidos bienes.

De las limitaciones a las contragarantías

Artículo 17. Ninguna contragarantía podrá garantizar más de una fianza en la misma empresa de seguros o en cualquier otra. En el supuesto de emisión de dos o más fianzas para un mismo afianzado, la Superintendencia de la Actividad Aseguradora podrá autorizar como garantía de recuperación la misma contragarantía.

Los accionistas, directivos y administradores de los sujetos regulados no podrán constituirse como contragarantes en favor de los afianzados.

Fondo de contingencia

Artículo 18. Además de las reservas técnicas de la ley que regula la actividad aseguradora, las empresas de seguros y de reaseguros están obligadas a constituir un fondo de contingencia que les permita contar con los recursos necesarios para hacer frente al financiamiento de posibles circunstancias adversas en las reclamaciones procedentes de las fianzas otorgadas o reafianzadas, así como en las respectivas contragarantías de recuperación.

Este fondo será acumulativo, deberá constituirse desde el momento en que inicie la vigencia de la fianza y será equivalente a diez por ciento (10%) de las contraprestaciones o primas retenidas, netas de comisión de intermediación y de comisión de reaseguro, según corresponda, correspondientes a riesgos transcurridos, y solo podrá dejar de incrementarse cuando así lo determine la Superintendencia de la Actividad Aseguradora mediante normas que dicte a tal efecto.

Para los contratos en curso a la fecha de entrada en vigor de estas normas, se debe considerar en el cálculo la porción de la contraprestación o prima que se consuma con posterioridad a dicha fecha.

Los recursos del fondo deben ser depositados en instituciones financieras domiciliadas en el país y regidas por la ley que regula el sector bancario, siempre que no sean empresas relacionadas del sujeto regulado. Al saldo de este fondo se le adicionarán los rendimientos obtenidos de su inversión.

Cuando la contraprestación o prima haya sido pagada en moneda extranjera, el correspondiente aporte al fondo debe constituirse en la misma moneda.

Las empresas de seguros y de reaseguros podrán disponer, previa autorización de la Superintendencia de la Actividad Aseguradora, del fondo de contingencia para el pago de las reclamaciones por fianzas, siempre que se haya agotado la reserva para riesgos en curso de la cartera. En este caso, solo podrán disponer de la cantidad necesaria para financiar el pago de la parte retenida de las reclamaciones. Una vez se haga efectiva la recuperación de la contragarantía, debe reponerse el fondo, hasta alcanzar el monto financiado. Según las condiciones de reaseguro o retrocesión acordadas, la Superintendencia de la Actividad Aseguradora podrá autorizar que las empresas de seguros o de reaseguros utilicen del fondo, el monto que corresponde a la participación de los reaseguradores o retrocesionarios.

De la certificación del fondo de contingencia

Artículo 19. Al cierre del ejercicio económico, el fondo de contingencia deberá ser certificado por un actuario independiente, autorizado por la Superintendencia de la Actividad Aseguradora.

Del límite máximo de retención por fianza

Artículo 20. El límite máximo de retención por fianza (LMRF) para las empresas de seguros y de reaseguros, se determinará aplicando el quince por ciento (15%)

sobre la suma del patrimonio propio no comprometido (PPNC) más el saldo del fondo de contingencia (FC) a la fecha de emisión de la fianza:

$$LMRF = 0,15 * (PPNC + FC)$$

Del límite máximo de retención por afianzado

Artículo 21. El límite máximo de retención por afianzado (LMRA) para las empresas de seguros y de reaseguros, se determinará aplicando el cuarenta por ciento (40%) sobre la suma del patrimonio propio no comprometido (PPNC) más el saldo del fondo de contingencia (FC) a la fecha de emisión de la fianza:

$$LMRA = 0,40 * (PPNC + FC)$$

Cartas compromisos

Artículo 22. Las empresas de seguros podrán utilizar como contragarantías cartas compromisos cuando el monto afianzado no exceda la mayor de las siguientes cantidades:

1. Cinco mil (5.000) veces el tipo de cambio de referencia; y

2. El menor valor entre diez mil (10.000) veces el tipo de cambio de referencia y el 10% de límite de retención por fianza.

Se entiende por tipo de cambio de referencia, el tipo de cambio oficial de la moneda de mayor valor, publicado por el Banco Central de Venezuela, según el promedio ponderado resultante de las operaciones diarias de las mesas de cambio activas de las instituciones bancarias participantes.

Para la validez de la excepción prevista en este artículo, las empresas de seguros deben certificar que los personas que suscriban las cartas compromisos sean ampliamente solventes y tengan suficiente capacidad de pago, debiendo recabar los documentos y análisis financieros necesarios que permitan su verificación, los cuales formarán parte del expediente y deberán actualizarse anualmente, hasta en tanto continúe vigente la obligación garantizada.

Asimismo, las empresas de seguros deben estimar, razonablemente, que el afianzado dará cumplimiento a las obligaciones garantizadas, considerando la viabilidad económica de los proyectos relacionados con las obligaciones que se pretendan garantizar, la capacidad técnica y financiera del afianzado para cumplir con la obligación garantizada, su historial crediticio, así como su calificación administrativa y moral.

De la sustitución de la indemnización

Artículo 23. El contrato de fianza podrá establecer que la indemnización se realice mediante la sustitución del contratista en todos sus derechos y obligaciones, siempre que quien continúe con la ejecución del contrato por cuenta del fiador y a riesgo de este, tenga la capacidad técnica y financiera, a juicio del acreedor; por tal motivo, la cesión del contrato debe autorizarse por éste. Dicha sustitución será admisible siempre que el contrato no sea personalísimo o *intuitu personae*.

De igual manera, las partes podrán establecer en las condiciones particulares del contrato de fianza, mecanismos alternativos de resolución de conflictos.

De las prohibiciones

Artículo 24. Las empresas de seguros autorizadas para operar en ramos de seguros generales podrán realizar operaciones de fianzas siempre que éstas no sean garantías financieras, avales o garantías a primer requerimiento.

Del registro del contrato de fianza

Artículo 25. Toda empresa de seguros debe llevar un registro actualizado de los contratos de fianza suscritos y vigentes, segmentados de acuerdo a su nivel de riesgo, en el que se señale, como mínimo: identificación del acreedor y del afianzado, fecha de inicio, fecha de culminación, monto afianzado, y datos de la contragarantía; en el caso que se trate de fianzas de fiel cumplimiento de obras, fecha del último informe del inspector de obras.

Los datos incluidos en el registro individual y los documentos obtenidos relativos al acreedor, afianzado y contragarante conformarán el expediente.

Esta información debe ser remitida dentro de los diez (10) días hábiles siguientes al término de cada mes, conforme a los lineamientos fijados por la Superintendencia de la Actividad Aseguradora.

De la conformación del Expediente

Artículo 26. El expediente de fianzas debe conformarse de acuerdo al nivel de riesgo del afianzado; en tal sentido, la empresa de seguros está obligada a aplicar la política conozca a su cliente y el principio de debida diligencia, es decir, para los riesgos bajos, medidas simplificadas, para los riesgos medios o moderados, medidas mejoradas, y para los riesgos altos, medidas intensificadas. A tales fines, las empresas de seguros deben regirse por las normas que regulan la administración de riesgos de Legitimación de Capitales, Financiamiento al Terrorismo y Financiamiento de Proliferación de Armas de Destrucción Masiva (LC/FT/FPADM) y otros ilícitos, así como cualquier otra normativa dictada por la Superintendencia de la Actividad Aseguradora.

Del contrato de fianza suscrito en moneda extranjera

Artículo 27. Los contratos de fianza suscritos en moneda extranjera deben especificar si la contraprestación o la indemnización, según sea el caso, se efectuará únicamente en moneda extranjera o si tienen la posibilidad de liberarse de su obligación con el pago del equivalente en bolívares, al tipo de cambio a la tasa de cambio oficial para el momento del pago, conforme a las normas establecidas por el Banco Central de Venezuela.

De las condiciones generales

Artículo 28. Todo contrato de fianza debe suscribirse con las condiciones generales que se establecen a continuación, cualquiera sea su naturaleza, persona, ente u Órgano con quien se suscriba. Tales condiciones tendrán carácter general y uniforme.

CONTRATO DE FIANZA

TIPO DE FIANZA N°

Cláusula 1. La empresa de seguro indemnizará al acreedor, hasta el límite de la suma afianzada en el presente contrato de fianza, por los daños y perjuicios que le cause el incumplimiento por parte del afianzado de las obligaciones que este contrato garantiza, ocurrido durante su vigencia.

Cláusula 2. El vencimiento del plazo de este contrato no extingue la responsabilidad de la empresa de seguros frente al acreedor.

Cláusula 3. El acreedor debe notificar por escrito a la empresa de seguros la ocurrencia de cualquier hecho o circunstancia que pueda dar origen al reclamo amparado por esta fianza, dentro del lapso de treinta (30) días hábiles, contados a partir del conocimiento de dicha ocurrencia o, en caso de dudas, a partir de la fecha cierta en la que debió cumplirse la obligación.

Cláusula 4. Los derechos y acciones en contra de la empresa de seguros caducarán transcurrido un (1) año desde que ocurra el hecho que dé lugar a la reclamación cubierta por esta fianza, siempre que el mismo haya sido conocido por el acreedor y no se hubiera incoado la correspondiente demanda ante los Órganos jurisdiccionales.

En el caso de contratos de fianzas con Órganos y entes de Estado, se le exigirá a la empresa de seguros el cumplimiento de la fianza dentro del lapso de noventa (90) días hábiles contados a partir de la notificación que se realice del acto administrativo que contiene la rescisión unilateral del contrato. Cumplido lo anterior, podrá acudir a la vía judicial para ejercer la pretensión de cobro del monto afianzado en contra de la empresa de seguros otorgante de la fianza correspondiente.

En consecuencia, en el caso anterior, la caducidad se computará desde el vencimiento de los noventa (90) días hábiles sin que dentro de un (**1**) año se hubiere interpuesto la demanda ante los Órganos jurisdiccionales competentes.

Cláusula 5. En el caso que la fianza emitida sea para garantizar el cumplimiento de contratos públicos, en cualquiera de sus modalidades, estará vigente hasta que el Órgano o ente contratante dicte el acto administrativo de liberación de las fianzas, una vez que efectúe la recepción definitiva del objeto de la contratación, otorgue el finiquito contable, la evaluación de desempeño, certifique el cumplimiento del compromiso de responsabilidad social, cuando aplique, o cualquier otra obligación que al contratista imponga la legislación que regula la materia de contrataciones públicas o el contrato.

Cláusula 6. Solo el acreedor podrá cobrar la indemnización que resulta de este contrato y el contratante no podrá cederla sin la aceptación previa de la empresa de seguros.

Cláusula 7. En el caso que la empresa de seguros efectúe un pago bajo este contrato quedará subrogada en todos los derechos, acciones, garantías y privilegios contra el afianzado, y contra terceros hasta por el monto pagado.

Cláusula 8. El Acreedor deberá exigir del afianzado la presentación de los recibos de la contraprestación pagada a la empresa de seguros, tanto de la emisión como de las renovaciones de este contrato de fianza.

Cláusula 9. Toda modificación o adición que haya de hacerse a este contrato debe constar en Anexo debidamente aprobado por la empresa de seguros y por la Superintendencia de la Actividad Aseguradora, excepto en los casos en que se modifique el nombre de los sujetos que interviene en el contrato, el domicilio, el monto afianzado, la fecha en que se inicia o que finaliza la garantía o cualesquiera otras condiciones que no impliquen modificaciones al condicionado aprobado.

Cláusula 10. En los casos de contrataciones realizadas con Empresas Internacionales, las diferencias surgidas del contrato podrán someterse al procedimiento de arbitraje. La tramitación del arbitraje se efectuará previo acuerdo de las partes y se ajustará a lo dispuesto en la Convención Interamericana Sobre Arbitraje Comercial Internacional del año 1975 y la Ley de Arbitraje Comercial, publicada en la Gaceta Oficial de la República Bolivariana de Venezuela N° 36.450 de fecha 07 de abril de 1998.

Cláusula 11. La empresa de seguros en su cualidad de fiador podrá dirigirse a la Superintendencia de la Actividad Aseguradora, a fin de que éste resuelva con carácter de Arbitro Arbitrador las controversias suscitadas entre ésta y el acreedor. Recibida la solicitud, el Superintendente de la Actividad Aseguradora se dirigirá a quien corresponda para consultarle si acepta o no que la controversia sea sometida a su arbitraje.

Cláusula 12. Se fija como domicilio especial para todos los efectos de este contrato la ciudad de _____________, a la jurisdicción de cuyos tribunales decidirán las partes someterse, con exclusión de cualquier otra.

En el caso de contratos con entes u Órganos del Estado, se fija como domicilio especial la ciudad donde éstos tengan su asiento principal.

De la disposición transitoria

Artículo 29. Las empresas de seguros deben remitir a la Superintendencia de la Actividad Aseguradora, en un plazo que no excederá de sesenta (60) días hábiles después de publicado el presente instrumento normativo, los manuales de procedimientos previos y posteriores para el control de los contratos de fianza.

De la disposición derogatoria

Artículo 30. Se derogan los actos administrativos contenidos en las siguientes Providencias: N° 497 del 5 de abril de 2000, que regula la Fianza que garantiza a la nación el cumplimiento de las obligaciones de los corredores de seguros y sociedades de corretaje de seguros y reaseguros previstas en el Artículo 58 de la Ley de Empresas de Seguros y Reaseguros N° MF-00-03-36, publicada en la Gaceta Oficial N° 36.930 del 11 de abril de 2000; la Providencia N° 00577 del 27 de mayo de 2002, que regula los Lineamientos que deben incluir los documentos contentivos de las fianzas otorgadas por las empresas de seguros, publicada en la Gaceta Oficial N° 37.460 del 7 de junio de 2002; la Providencia N° FSAA-001618, de fecha 30 de mayo de 2012, que aprueba con carácter general y uniforme las condiciones generales del contrato de fianza con organismos del Estado, publicada en la Gaceta Oficial de la República Bolivariana de Venezuela N° 39.941 del 11 de junio de 2012; la Providencia N° FSAA-2-3-002626, de fecha 03 de septiembre de 2012, que aprueba con carácter general y uniforme las condiciones generales y particulares que conforman el texto de la fianza de fiel cumplimiento que deben utilizar las empresas de seguros en la suscripción de contratos con personas naturales o jurídicas que establezcan o desarrollen cualquier actividad aeronáutica en el país, para garantizar el Instituto Nacional de Aeronáutica Civil (INAC), el cumplimiento de las obligaciones previstas en el Artículo 7 de la Ley de Aeronáutica Civil, publicada en la Gaceta Oficial de la República Bolivariana de Venezuela N° 40.023, de fecha 5 de octubre de 2012; la Providencia N° FSAA-004220 de fecha 30 de diciembre de 2013, que aprueba con carácter general y uniforme las condiciones generales y particulares que conforman el texto de la fianza de fiel cumplimiento que deben utilizar las empresas de seguros para garantizar el fiel cumplimiento, cabal y oportuno cumplimiento de las obligaciones derivadas del contrato de fiel cumplimiento para operaciones cambiarias, publicada en la Gaceta Oficial de la República Bolivariana de Venezuela N° 40.327, de fecha 6 de enero de 2014; la Providencia N° FSAA- 000030, de fecha 15 de enero de 2014, publicada en la Gaceta Oficial de la República Bolivariana de Venezuela N° 40.343, de fecha 28 de enero de 2014; se derogan los Artículo 153, 154, 155, 156, 157, 158, 159 y 160 de la Providencia N° FSAA-9-00661, de fecha 11 de julio de 2016, que establece las Normas que Regulan la Relación Contractual de la Actividad Aseguradora, publicada en la Gaceta Oficial de la República Bolivariana de Venezuela N° 40.973 del 24 de agosto de 2016. Las demás normativas prudenciales y actos administrativos conexos a la actividad aseguradora, que coliden con las presentes normas no serán aplicables.

De la publicidad

Artículo 31. Se ordena la publicación de las presentes normas en la página web de la Superintendencia de la Actividad Aseguradora, con el fin de coadyuvar con la divulgación de su contenido a todos los interesados y público en general, sin menoscabo de su publicación en la Gaceta Oficial de la República Bolivariana de Venezuela.

De la vigencia

Artículo 32. Las presentes normas entrarán en vigencia a partir de su publicación en la Gaceta Oficial de la República Bolivariana de Venezuela.

Comuníquese y publíquese

OMAR OROZCO COLMENARES

Superintendente de la Actividad Aseguradora (E)

Resolución N° 003-2021 de fecha 18 de enero de 2021,
publicada en la Gaceta Oficial de la República Bolivariana de Venezuela
N° 42.049 de la misma fecha

REPÚBLICA BOLIVARIANA DE VENEZUELA
MINISTERIO DEL PODER POPULAR DE ECONOMÍA, FINANZAS Y COMERCIO EXTERIOR
SUPERINTENDENCIA DE LA ACTIVIDAD ASEGURADORA

Caracas, a los veintinueve (29) días del mes de agosto de 2024

AÑOS 214°, 165° y 25°
PROVIDENCIA ADMINISTRATIVA N° SAA-01-0517-2024

De conformidad con las previsiones normativas contenidas en los artículos 6 numeral 1; 8 numerales 1, 3 y 18 de la Ley de la Actividad Aseguradora, que le atribuyen al Superintendente de la Actividad Aseguradora (E), **OMAR OROZCO COLMENARES**, designado mediante Resolución N° 003 de fecha 18 de enero de 2021, publicada en la Gaceta Oficial de la República Bolivariana de Venezuela N° 42.049 de la misma fecha, la competencia para establecer y dictar sus manuales de normas y procedimientos que regulan la actividad aseguradora.

POR CUANTO

Es deber del Estado adoptar medidas positivas a favor de personas o grupos que puedan ser discriminados, marginados o vulnerables, de conformidad con la Constitución de la República Bolivariana de Venezuela.

Igualmente, para el desarrollo del nuevo esquema económico, resulta necesario que los sectores menos favorecidos tengan la posibilidad de acceder al mercado asegurador a fin de mejorar la gestión de los riesgos personales y patrimoniales a los que pudieran estar expuestos.

POR CUANTO

La Ley de la Actividad Aseguradora incorpora la figura de los seguros masivos, surgiendo la necesidad de regular la normativa aplicable a este producto.

En virtud de lo anterior, acuerda dictar las siguientes:

NORMAS QUE REGULAN LOS SEGUROS Y PLANES MASIVOS EN LA ACTIVIDAD ASEGURADORA

Del objeto

Artículo 1. Las presentes normas tienen por objeto regular el alcance de los seguros masivos o planes masivos, su definición, requisitos, características, registro y formas de comercialización.

De las definiciones

Artículo 2. A los efectos de estas normas, se entenderá por:

Asegurado: Persona que en sí misma, en sus bienes o en sus intereses económicos está expuesta al riesgo amparado por el contrato de seguro.

Aseguradora: Empresa de seguros o de medicina prepagada autorizada por la Superintendencia de la Actividad Asegurada.

Canales Alternativos: Persona jurídica que celebra un convenio con la aseguradora para utilizar su infraestructura, sus activos tecnológicos y sus relaciones con un gran número de potenciales afiliados o asegurados, con las que tiene nexos comerciales o de otros tipos, y con ello facilitar la adquisición de un producto de seguros masivos.

Los canales alternativos involucran a las instituciones financieras regidas por la ley que regula el sector bancario, las empresas de servicios públicos o privados, establecimientos comerciales e industriales, gremios y asociaciones, previa inscripción en el registro que a tal fin establezca la Superintendencia de la Actividad Aseguradora.

Contrato simplificado o certificado simplificado del contrato: Documento que acredita la contratación de la póliza individual o colectiva respectivamente, emitida por la aseguradora y contendrá los requisitos mínimos exigidos en estas normas para garantizar los derechos de los asegurados.

Contrato de seguro masivo o plan masivo individual:

Contrato que ha sido suscrito bajo la modalidad individual.

Contrato de seguro masivo o plan masivo colectivo:

Contrato que ha sido suscrito bajo la modalidad colectiva.

Medios de Comercialización: Mecanismos utilizados para acceder a distancia o de modo no presencial a los potenciales asegurados o afiliados, a los fines de promocionar, ofrecer o comercializar productos de seguros masivos, tales como: telefonía, mensajería, correo físico o electrónico, telemarketing, redes sociales, aplicaciones, entre otros. Estos medios incluyen el uso de Tecnología del Mercado Financiero (*FINTECH*) y de la Tecnología del Mercado de la Actividad Aseguradora (*INSURTECH*).

Puntos de comercialización: Establecimientos que no constituyan una oficina, sucursal o sede de la Aseguradora, por medio de los cuales a través de su personal o de sus intermediarios de la actividad aseguradora, brindan información, promocionan y comercializan los productos a que se refiere estas normas.

Seguros masivos o planes masivos: Producto dirigido a cualquier sector social con características comunes, con sumas aseguradas y primas accesibles.

Tecnología del Mercado Financiero (FINTECH): Soluciones financieras propiciadas por la tecnología que involucra a todas aquellas empresas de servicios financieros que utilizan procesos y sistemas tecnológicos de avanzada para servir de auxiliar como sistema de pago o prestador de servicios.

Tecnología del Mercado de la Actividad Aseguradora (INSURTECH). Empresas emergentes, que desarrollan y ofrecen productos de seguros en un entorno digital y bajo nuevos modelos de negocios, empleando nuevas tecnologías y procesos; tales como: computación en la nube, blockchain, big data, inteligencia artificial, redes inalámbricas, entre otras.

De la autorización del producto de seguros masivos o planes masivos

Artículo 3. Los productos de seguros masivos o planes masivos deben ser aprobados por la Superintendencia de la Actividad Aseguradora de conformidad con lo establecido en el Artículo 29 de la Ley de la Actividad Aseguradora, para lo cual las aseguradoras deberán consignar una solicitud que exprese, como mínimo, la siguiente información:

1. **Ramo**. Nombre del ramo al que pertenece el producto;

2. **Denominación**. Nombre con el que se comercializará el producto de seguro o plan masivo;

3. **El objeto del producto de seguro o plan masivo.** Grupo asegurable al cual va dirigido, identificando las necesidades a cubrir, formas de comercialización y, si fuere el caso, canales de distribución que se emplearán;

4. **Suma asegurada y coberturas.** Discriminación de las sumas aseguradas por cobertura y su justificación. En los seguros de daños, la contratación debe efectuarse a valor convenido, primera pérdida o primer riesgo;

5. La prima o cuota. Discriminación de las primas o cuotas por cobertura, así como la indicación de los plazos, formas o mecanismos de pago;

6. El contrato de seguros o plan masivo debe ser redactado en lenguaje sencillo e indicará, cuando menos:

6.1 Lapso para notificar el siniestro. El tomador, asegurado, beneficiario, contratante, usuario y afiliado debe notificar a la aseguradora la ocurrencia del siniestro dentro de los diez (10) días hábiles siguientes de haber tenido conocimiento del hecho, salvo que se haya fijado en la póliza un plazo mayor;

6.2 Plazo para el pago de los siniestros. El plazo para pronunciarse respecto al pago del siniestro no podrá ser superior a veinte días (20) continuos, contados a partir de la fecha en que se haya entregado el último recaudo;

6.3 Deducibles. En el supuesto de resultar aplicable algún deducible, deberá ser justificado y razonable en función del riesgo cubierto;

6.4 Exclusiones y exoneraciones de responsabilidad. En el supuesto de resultar aplicable alguna exclusión o exoneración de responsabilidad, deben destacarse de manera especial e indicar claramente los riesgos o situaciones excluidas o en las cuales la aseguradora no asume responsabilidad, según sea el caso;

6.5. Procedimiento para la formulación de denuncias, quejas o reclamos ante la Unidad de Defensa del Asegurado. Debe indicar los mecanismos de defensa que le asisten al tomador, asegurado, beneficiario, contratante, usuario y afiliado para formular denuncias, quejas o reclamos en el caso que considere le han sido vulnerados sus derechos;

6.6 Mecanismos de comunicación con las aseguradoras, tales como: página web, correo electrónico, teléfonos, medios tecnológicos, entre otros.

Del perfeccionamiento del contrato

Artículo 4. Los contratos de seguros masivos o planes masivos se perfeccionan con el pago de las primas o cuotas.

De la obligación de pago

Artículo 5. El tomador está obligado al pago de la prima o cuota en la forma, mecanismo y plazo establecidos en el contrato, según corresponda. En ningún caso la aseguradora puede cobrar a los contratantes o asegurados cargos adicionales al importe de la prima comercial.

De la prueba del contrato de seguros masivos o planes masivos

Artículo 6. La póliza simplificada o certificado de póliza simplificada suscrita por la aseguradora, el contratante y/o el tomador, el recibo de prima o cuadro recibo, serán pruebas suficientes de la existencia del contrato de seguros masivos o planes masivos.

Los interesados en demostrar la existencia de un contrato de seguros masivos o planes masivos pueden acudir a todos los medios de prueba idóneos con la naturaleza del contrato, con excepción de la prueba de testigos.

De la aceptación del contrato de seguro masivo o plan masivo

Artículo 7. En la suscripción del contrato simplificado de seguro masivo individual o colectivo es indispensable que exista pleno consentimiento por parte del tomador, asegurado, beneficiario, contratante, usuario y/o afiliado de la aceptación de la póliza y de los pagos y costos relacionados; las empresas de seguros o medicina prepagada deben proveerse de los mecanismos que permitan comprobar que hubo de por medio un requerimiento del contrato que implicase la emisión de la póliza simplificada o certificado de póliza simplificada.

Del contrato simplificado o certificado de contrato simplificado

Artículo 8. Las aseguradoras podrán utilizar contratos simplificados o certificados de contrato simplificadas a los fines de agilizar la comercialización de los seguros masivos o planes masivos y deben contener como mínimo los siguientes datos:

1. Identificación del seguro masivo o plan masivo. El nombre del seguro o plan masivo irá precedido de la expresión "Contrato simplificado de seguro masivo o plan masivo de..." o "Certificado de contrato simplificado de seguro masivo o plan masivo de...", según corresponda;

2. Identificación completa de la aseguradora;

3. Identificación completa del tomador, asegurado, beneficiario, contratante, usuario y afiliado, con al menos la siguiente información: nombre completo, número de documento de identificación (cédula o pasaporte), dirección, teléfono y correo electrónico;

4. Identificación de las personas, bienes o intereses asegurados;

5. Vigencia del contrato;

6. Coberturas o riesgos cubiertos;

7. Sumas aseguradas y deducibles, si los hubiere, por cobertura;

8. Monto de las primas por cobertura, así como la forma, mecanismo y plazo para el pago;

9. Procedimiento para la notificación ytramitación del siniestro;

10. Indicación del mecanismo electrónico o digital a través del cual el tomador, asegurado, beneficiario, contratante, usuario y afiliado podrá acceder a la documentación que forma parte del contrato;

11. Derecho a solicitar a través de cualquier medio disponible el contrato de seguro masivo o plan masivo, individual o colectivo, en un plazo máximo de quince (15) días hábiles contados desde la fecha en que la aseguradora o el intermediario de la actividad aseguradora reciben la solicitud del asegurado.

De las coberturas permitida

Artículo 9. Las aseguradoras sólo podrán comercializar como seguros o planes masivos las siguientes coberturas: vida individual, vida colectiva, funerarios, accidentes personales, salud, incendio, sustracción ilegítima, combinado residencial, combinado para comercios, automóvil, agrícola, pecuario, diversos, responsabilidad patronal, responsabilidad empresarial y responsabilidad general, siempre que estén autorizadas para operar en el ramo correspondiente.

Las empresas de medicina prepagada, solo podrán ofrecer planes masivos de accidentes personales, salud individual o para colectivos de empresas.

De la condición especial

Artículo 10. Los productos de salud, de accidentes personales, con la cobertura de gastos médicos, y de servicios de medicina prepagada que comercialicen las aseguradoras, únicamente podrán contemplar la prestación del servicio, salvo las excepciones autorizadas por la Superintendencia de la Actividad Aseguradora, íntegramente justificadas por la aseguradora.

De la estandarización del contrato

Artículo 11. Las pólizas de seguros o planes masivos no incluirán requisitos especiales de aseguramiento o verificaciones previas del riesgo con relación a las personas o bienes asegurables, siendo suficiente para la celebración del contrato la suscripción por el tomador de la póliza individual o colectiva, según corresponda.

De la comercialización

Artículo 12. Los seguros o planes masivos se podrán comercializar de forma directa con la aseguradora, a través de los agentes o corredores autorizados por la Superintendencia de la Actividad Aseguradora o mediante los canales alternativos registrados.

En el supuesto que para la suscripción de la póliza se requiera un análisis individual o particular del riesgo que implique una variación de la prima o la suma asegurada, únicamente podrán comercializarse de forma directa o a través de los agentes y corredores de seguros autorizados por la Superintendencia de la Actividad Aseguradora.

De los canales alternativos

Artículo 13. Los canales alternativos que pretendan utilizar las aseguradoras serán aprobados por su Junta Directiva según sea el caso, debiendo el acta que a tal fin se levante especificar su ubicación, así como los productos a comercializar a través de los mismos.

De los puntos de comercialización

Artículo 14. Los puntos de comercialización deben ser aprobados mediante acta de Junta Directiva de la aseguradora, la cual debe ser asentada en el libro correspondiente, dejando constancia de su ubicación, así como los productos a comercializar.

De las condiciones de los seguros o planes masivos

Artículo 15. Las condiciones de los seguros o planes masivos deben ser redactadas en lenguaje sencillo y establecer claramente los riesgos cubiertos, exclusiones y demás condiciones que generen derechos y obligaciones para los tomadores, asegurados, beneficiarios, contratantes, usuarios y afiliados, de forma que permitan su comprensión.

La aseguradora puede contemplar como parte de las condiciones del contrato de seguros o planes masivos que el asegurado presente una declaración de salud, para los seguros con coberturas de salud o asistencia médica y para los seguros de vida con cobertura de muerte. La declaración de salud debe señalar de manera precisa la información que la aseguradora requiere conocer sobre el riesgo asegurable.

Del registro de los seguros o planes masivos

Artículo 16. La Superintendencia de la Actividad Aseguradora llevará un registro de los modelos de pólizas de seguros o planes masivos y las respectivas notas técnicas que resulten aprobadas.

Del registro e información estadística

Artículo 17. Las aseguradoras deben llevar un registro que contenga información sobre los seguros o planes masivos, así como sus modalidades de comercialización.

Asimismo, debe remitir a través del Sistema Único de Trámites, en la oportunidad que determine la Superintendencia de la Actividad Aseguradora, la información estadística que considere conveniente.

De la aprobación de publicidad

Artículo 18. La publicidad empleada tanto por los sujetos regulados, y los canales o medios alternativos, para la promoción y venta de los seguros o planes masivos debe contar con la aprobación previa de la Superintendencia de la Actividad Aseguradora, según lo establecido en el **Artículo 18** de la Ley de la Actividad Aseguradora, y su incumplimiento acarreará las sanciones establecidas en el mismo cuerpo normativo.

De la revocatoria de la calificación otorgada

Artículo 19. La calificación de seguros o planes masivos podrá ser revocada en cualquier momento cuando a juicio razonado de la Superintendencia de la Actividad Aseguradora, el producto deje de cumplir con las condiciones establecidas en la Ley de la Actividad Aseguradoras y en las presentes normas.

Del registro contable

Artículo 20. Las aseguradoras deben registrar las operaciones de seguros o planes masivos en los ramos a los cuales pertenezcan los productos. Asimismo, deben incluir la información en los anexos contables elaborados a tal efecto.

De la aplicación de las normas

Artículo 21. Las demás normativas prudenciales y actos administrativos conexos a la actividad aseguradora, que coliden con las presentes normas no serán aplicables.

De la publicidad

Artículo 22. Se ordena la publicación de las presentes normas en la página web de la Superintendencia de la Actividad Aseguradora, con el fin de coadyuvar con la divulgación de su contenido a todos los interesados y público en general, sin menoscabo de su publicación en la Gaceta Oficial de la República Bolivariana de Venezuela.

De la vigencia

Artículo 23. Las presentes normas entrarán en vigencia a partir de su publicación en la Gaceta Oficial de la República Bolivariana de Venezuela.

Comuníquese y publíquese

OMAR OROZCO COLMENARES
Superintendente de la Actividad Aseguradora (E)

Resolución N° 003-2021 de fecha 18 de enero de 2021,
publicada en la Gaceta Oficial de la República Bolivariana de Venezuela N° 42.049 de la misma fecha

REPÚBLICA BOLIVARIANA DE VENEZUELA
MINISTERIO DEL PODER POPULAR DE ECONOMÍA, FINANZAS Y COMERCIO EXTERIOR
SUPERINTENDENCIA DE LA ACTIVIDAD ASEGURADORA

Caracas, a los veintinueve (29) días del mes de agosto de 2024

AÑOS 214°, 165° y 25°

PROVIDENCIA ADMINISTRATIVA N° SAA-01-0518-2024

De conformidad con las previsiones normativas contenidas en los artículos 6 numeral 1; 8 numerales 1, 3 y 18 de la Ley de la Actividad Aseguradora, que le atribuyen al Superintendente de la Actividad Aseguradora (E), **OMAR OROZCO COLMENARES**, designado mediante Resolución N° 003 de fecha 18 de enero de 2021, publicada en la Gaceta Oficial de la República Bolivariana de Venezuela N° 42.049 de la misma fecha, la competencia para establecer y dictar sus manuales de normas y procedimientos que regulan la actividad aseguradora.

POR CUANTO

Es deber del Estado adoptar medidas positivas a favor de personas o grupos que puedan ser discriminados, marginados o vulnerables conforme al derecho a la igualdad consagrado en la Constitución de la República Bolivariana de Venezuela.

Igualmente, para el desarrollo del nuevo esquema económico, resulta necesario que los sectores menos favorecidos tengan la posibilidad de acceder al mercado asegurador, a fin de mejorar la gestión de los riesgos personales y patrimoniales a los que pudieran estar expuestos.

POR CUANTO

La Ley de la Actividad Aseguradora incorpora la figura de los seguros inclusivos, surgiendo la necesidad de regular la normativa aplicable a este producto y establecer el alcance y las características que deberán cumplir.

En virtud de lo anterior, acuerda dictar las siguientes:

NORMAS QUE REGULAN LOS SEGUROS Y PLANES INCLUSIVOS EN LA ACTIVIDAD ASEGURADORA

TÍTULO I

DISPOSICIONES GENERALES

Del objeto

Artículo 1. Las presentes normas tienen por objeto regular el alcance de los seguros y planes inclusivos, su definición, requisitos, características, registros y formas de comercialización.

De las definiciones

Artículo 2. A los efectos de estas normas, se entenderá por:

Asegurado: Persona que en sí misma, en sus bienes o en sus intereses económicos está expuesta al riesgo amparado por el contrato de seguro;

Aseguradora: Empresa de seguros o de medicina prepagada autorizada por la Superintendencia de la Actividad Asegurada.

Canales Alternativos: Persona jurídica que celebra un convenio con la aseguradora para utilizar su infraestructura, sus activos tecnológicos y sus relaciones con un gran número de afiliados o potenciales afiliados o asegurados, con las que tiene nexos comerciales o de otros tipos, y con ello facilitar la adquisición de un producto de seguro o plan inclusivo.

Los canales alternativos involucran a las instituciones financieras regidas por la ley que regula el sector bancario, las empresas de servicios públicos o privados, establecimientos comerciales e industriales, gremios y asociaciones, previa inscripción en el registro que a tal fin establezca la Superintendencia de la Actividad Aseguradora.

Contrato simplificado o certificado del contrato simplificado: Documento que acredita la contratación del contrato individual o colectivo respectivamente, emitida por la aseguradora y contendrá los requisitos mínimos exigidos en estas normas para garantizar los derechos de los asegurados.

Medios de Comercialización: Mecanismos utilizados para acceder a distancia o de modo no presencial a los potenciales asegurados o afiliados, a los fines de promocionar, ofrecer o comercializar productos de seguros o planes inclusivos, tales como: telefonía, mensajería, correo físico o electrónico, *telemarketing*, redes sociales, aplicaciones, entre otros. Estos medios incluyen el uso de Tecnología del Mercado Financiero *(FINTECH)* y de la Tecnología del Mercado de la actividad aseguradora *(INSURTECH).*

Puntos de comercialización: Establecimientos que no constituyan una oficina, sucursal o sede de la Aseguradora que, a través de su personal o intermediarios de la actividad aseguradora, brindan información, promocionan y comercializan los productos a que se refiere estas normas.

Seguro inclusivo o plan inclusivo: Productos que van dirigidos a sectores sociales excluidos o desatendidos por las coberturas disponibles en el mercado asegurador, entre los que se encuentran: jubilados, pensionados, adultos mayores, personas con discapacidad física o mental, microempresarios, emprendedores, artesanos, población rural, etnias, productores agrícolas y pecuarios, pescadores y acuicultores.

Tecnología del Mercado Financiero (FINTECH): Soluciones financieras propiciadas por la tecnología que involucra a todas aquellas empresas de servicios financieros que utilizan procesos y sistemas tecnológicos de avanzada para servir de auxiliar como sistema de pago o prestador de servicios.

Tecnología del Mercado de la Actividad Aseguradora (INSURTECH): Empresas emergentes, que desarrollan y ofrecen productos de seguros en un entorno digital y bajo nuevos modelos de negocios, empleando nuevas tecnologías y procesos; tales como: computación en la nube, blockchain, big data, inteligencia artificial, redes inalámbricas, entre otras.

De la adecuación de los contratos de medicina prepagada

Artículo 3. En lo que corresponda, las empresas de medicina prepagada deben homologar a sus operaciones los elementos y términos técnicos indicados en estas normas para las empresas de seguros.

De los sectores amparados

Artículo 4. Los seguros o planes inclusivos están destinados a amparar los siguientes sectores excluidos o desatendidos por las coberturas disponibles en el mercado asegurador, entre ellos: trabajadores independientes, emprendedores jubilados, pensionados, adultos mayores, personas con discapacidad física o mental, poblaciones vulnerables, etnias, población rural, productores agrícolas y pecuarios, pescadores y acuicultores, pequeña y mediana empresa, economía informal y todas aquellas personas que tengan interés de adquirir este producto.

De la autorización del producto de seguro o plan inclusivo

Artículo 5. Los productos de seguros o planes inclusivos deben ser aprobados por la Superintendencia de la Actividad Aseguradora, de conformidad con lo establecido en el artículo 29 de la Ley de la Actividad Aseguradora, para lo cual las aseguradoras deberán consignar una solicitud que exprese, como mínimo, la siguiente información:

1. **Ramo**. Nombre del ramo al que pertenece el producto;
2. **Denominación.** Nombre con el que se comercializará el producto de seguro o plan inclusivo;
3. **El objeto del producto de seguro inclusivo o plan inclusivo**. Grupo asegurable al cual va dirigido, identificando las necesidades a cubrir, formas de comercialización y, si fuere el caso, canales de distribución que se emplearán;
4. **Suma asegurada y coberturas**. Discriminación de las sumas aseguradas por cobertura y su justificación. En los seguros de daños, la contratación debe efectuarse a valor convenido, primera pérdida o primer riesgo;
5. **La prima o cuota.** Discriminación de las primas o cuotas por cobertura, así como la indicación de los plazos, formas o mecanismos de pago;
6. El contrato de seguro o plan inclusivo debe ser redactado en lenguaje sencillo e indicará, cuando menos:

   6.1 Lapso para notificar el siniestro. El tomador, asegurado, contratante, beneficiario, usuario o afiliado debe notificar a la aseguradora la ocurrencia del siniestro dentro de los diez (10) días hábiles siguientes de haber tenido conocimiento del hecho, salvo que se haya fijado en la póliza un plazo mayor;

   6.2 Plazo para el pago de los siniestros. El plazo para pronunciarse respecto al pago del siniestro no podrá ser superior a veinte días (20) continuos, contados a partir de la fecha en que se haya entregado el último recaudo o del informe de ajuste de pérdidas, si fuese el caso;

   6.3 Deducibles. En el supuesto de resultar aplicable algún deducible, deberá ser justificado y razonable en función del riesgo cubierto;

   6.4 Exclusiones y exoneraciones de responsabilidad. En el supuesto de resultar aplicable alguna exclusión o exoneración de responsabilidad, deben destacarse de manera especial e indicar claramente los riesgos o situaciones excluidas o en las cuales la aseguradora no asume responsabilidad, según sea el caso;

6.5 Procedimiento para la formulación de denuncias, quejas o reclamos ante la Unidad de Defensa del Asegurado. El contrato debe indicar los mecanismos de defensa que le asisten al tomador, asegurado, contratante, beneficiario, usuario o afiliado para formular denuncias, quejas o reclamos en el caso que considere le han sido vulnerados sus derechos;

6.6 Mecanismos de comunicación con las aseguradoras, tales como: página web, correo electrónico, teléfonos, medios tecnológicos, entre otros.

Del perfeccionamiento del contrato

Artículo 6. Los contratos de seguros o planes inclusivos se perfeccionan con el pago de las primas o cuotas.

De la obligación de pago

Artículo 7. El tomador, asegurado, beneficiario, contratante, usuario y afiliado está obligado al pago de la prima o cuota en la forma, mecanismo o plazo establecido en la póliza, según corresponda. En ningún caso la aseguradora puede cobrar al tomador, asegurado, contratante, beneficiario, usuario y afiliado, cargos adicionales al importe de la prima o cuota.

De la prueba del contrato de seguro o plan inclusivo

Artículo 8. El contrato, el contrato simplificado o certificado de contrato simplificado suscrito por la aseguradora, el recibo de prima o cuadro recibo de prima o cuadro póliza recibo, serán pruebas suficientes de la existencia del contrato de seguro inclusivo.

Los interesados en demostrar la existencia de un contrato de seguro o plan inclusivo pueden acudir a todos los medios de prueba idóneos con la naturaleza del contrato, con excepción de la prueba de testigos.

De la aceptación del contrato de seguro o plan inclusivo

Artículo 9. En la suscripción del contrato de seguro o plan inclusivo es indispensable que exista un pleno consentimiento por parte del tomador, asegurado, beneficiario, contratante, usuario y/o afiliado de la aceptación del mismo y de los pagos y costos relacionados; las aseguradoras deben proveerse de los mecanismos que permitan comprobar que hubo de por medio un requerimiento del contrato que implicase la emisión del contrato de microseguros, microplan, del contrato simplificado o certificado de contrato simplificado.

Del contrato simplificado o certificado de contrato simplificado

Artículo 10. Las aseguradoras podrán utilizar contratos simplificados o certificados de contratos simplificados a los fines de agilizar la comercialización de los seguros y planes inclusivos y deben contener como mínimo los siguientes datos:

1. Identificación del seguro o plan inclusivo. El nombre del seguro o plan inclusivo irá precedido de la expresión “Contrato simplificado de seguro inclusivo de...”, “Certificado de contrato simplificado de seguro inclusivo

de...", "Contrato simplificado de plan inclusivo" o "Certificado de contrato simplificado de plan inclusivo", según corresponda;

2. Identificación completa de la aseguradora;

3. Identificación completa del tomador, asegurado, contratante, beneficiario, usuario y afiliado con al menos la siguiente información: nombre completo, número de documento de identificación (cédula o pasaporte), dirección, teléfono y correo electrónico;

4. Identificación de las personas, bienes o intereses asegurados;

5. La vigencia del contrato;

6. Coberturas o riegos cubiertos;

7. Sumas aseguradas y deducibles, si los hubiere, por cobertura;

8. Monto de las primas o cuotas por cobertura, así como la forma, mecanismo y plazo para el pago;

9. Procedimiento para la notificación y tramitación del siniestro;

10. Indicación del mecanismo electrónico o digital a través del cual el tomador, asegurado, beneficiario, contratante, usuario y afiliado podrá acceder a la documentación que forma parte del contrato;

11. Derecho a solicitar a través de cualquier medio disponible el contrato de seguro o plan inclusivo, individual o colectivo, en un plazo máximo de quince (15) días hábiles contados desde la fecha en que la aseguradora o el intermediario de la actividad aseguradora reciben la solicitud del asegurado.

De las coberturas permitidas

Artículo 11. Las aseguradoras sólo podrán comercializar como seguros o planes inclusivos las siguientes coberturas: salud, funerarios, accidentes personales, vida individual, vida colectiva, incendio y líneas aliadas, sustracción ilegítima, automóvil, coberturas de daños para residencias o comercios, agrícolas, pecuarios, pesca y acuicultura, siempre que estén autorizadas para operar en el ramo correspondiente.

La Superintendencia de la Actividad Aseguradora, atendiendo al interés social, podrá limitar, agregar o condicionar las coberturas permitidas, así como los riesgos y montos amparados.

De la condición especial

Artículo 12. Los productos de salud, de accidentes personales, con la cobertura de gastos médicos, y de servicios de medicina prepagada que comercialicen las aseguradoras, únicamente podrán contemplar la prestación del servicio, salvo las excepciones autorizadas por la Superintendencia de la Actividad Aseguradora, íntegramente justificadas por la aseguradora.

De la estandarización del contrato

Artículo 13. Los contratos de seguros o planes inclusivos no incluirán requisitos especiales de aseguramiento o verificaciones previas del riesgo con relación a las personas o bienes asegurables, si su comercialización se realizará de forma masiva, siendo suficiente para la celebración del contrato de seguro o plan inclusivo la suscripción por el tomador del contrato individual o colectivo, según corresponda.

De la comercialización

Artículo 14. Los productos de seguros o planes inclusivos se podrán comercializar de forma directa, a través de los intermediarios autorizados por la Superintendencia de la Actividad Aseguradora o a través de los canales alternativos registrados.

En el supuesto que para la suscripción del contrato se requiera un análisis individual o particular del riesgo que implique, por lo tanto, una variación de la prima, cuota o la suma asegurable, únicamente podrán comercializarse de forma directa o a través de los intermediarios autorizados.

De los canales alternativos

Artículo 15. Los canales alternativos que pretendan utilizar las aseguradoras serán aprobados por su Junta Directiva según sea el caso, debiendo el acta que a tal fin se levante especificar su ubicación, así como los productos a comercializar a través de los mismos.

De los puntos de comercialización

Artículo 16. Los puntos de comercialización deben ser aprobados mediante acta de Junta Directiva de la aseguradora, la cual debe ser asentada en el libro correspondiente, dejando constancia de su ubicación, así como los productos a comercializar.

De las condiciones de los contratos de seguros o planes inclusivos

Artículo 17. Las condiciones de los contratos de seguros y planes inclusivos deben ser redactadas en lenguaje sencillo y establecer claramente los riesgos cubiertos, exclusiones y demás condiciones que generen derechos y obligaciones para los tomadores, asegurados, beneficiarios, contratantes, usuarios y/o afiliados de forma que permitan su comprensión.

La aseguradora puede contemplar como parte de las condiciones del contrato de seguros o planes inclusivos que el tomador, asegurado, beneficiario, contratante, usuario y afiliado presente una declaración de salud, para los seguros o planes con coberturas de salud o asistencia médica y para los seguros de vida con cobertura de muerte. La declaración de salud debe señalar de manera precisa la información que la aseguradora requiere conocer sobre el riesgo asegurable.

Del registro de modelos de contratos

Artículo 18. La Superintendencia de la Actividad Aseguradora llevará un registro de los modelos de contratos de seguros y planes inclusivos y sus respectivas notas técnicas que resulten aprobadas.

Del registro e información estadística

Artículo 19. Las aseguradoras deben llevar un registro que contenga información sobre los seguros o planes inclusivos, así como sus modalidades de comercialización.

Asimismo, debe remitir a través del Sistema Único de Trámites, en la oportunidad que determine la Superintendencia de la Actividad Aseguradora, la información estadística que esta considere conveniente sobre las operaciones realizadas.

De la aprobación de publicidad

Artículo 20. La publicidad empleada tanto por los sujetos regulados, los canales o medios alternativos, para la promoción y venta de los seguros y planes inclusivos debe contar con la aprobación previa de la Superintendencia de la Actividad Aseguradora, según lo establecido en el artículo 18 de la Ley de la Actividad Aseguradora, y su incumplimiento acarreará las sanciones establecidas en el mismo cuerpo normativo.

De la revocatoria de la calificación otorgada

Artículo 21. La calificación de seguro o plan inclusivo podrá ser revocada en cualquier momento cuando a juicio razonado de la Superintendencia de la Actividad Aseguradora, el producto deje de cumplir las características o condiciones establecidas en las presentes normas.

Del registro contable

Artículo 22. Las aseguradoras deben registrar las operaciones de seguros o planes inclusivos en los ramos a los cuales pertenezcan los productos. Asimismo, deben incluir la información en los anexos contables elaborados a tal efecto.

De los estímulos

Artículo 23. Las aseguradoras que diseñen e implementen la comercialización de seguros o planes inclusivos en los términos previstos en estas normas, en los supuestos que obtengan pérdidas, podrán amortizar en el plazo de doce (12) meses los siniestros pagados por estos productos, contados desde la fecha de pago de cada siniestro.

De la aplicación de las normas

Artículo 24. Las demás normativas prudenciales y actos administrativos conexos a la actividad aseguradora, que coliden con las presentes normas no serán aplicables.

De la publicidad

Artículo 25. Se ordena la publicación de las presentes normas en la página web de la Superintendencia de la Actividad Aseguradora, con el fin de coadyuvar con la divulgación de su contenido a todos los interesados y público en general, sin menoscabo de su publicación en la Gaceta Oficial de la República Bolivariana de Venezuela.

De la vigencia

Artículo 26. Las presentes normas entrarán en vigencia a partir de su publicación en la Gaceta Oficial de la República Bolivariana de Venezuela.

Comuníquese y publíquese

OMAR OROZCO COLMENARES
Superintendente de la Actividad Aseguradora (E)

Resolución N° 003-2021 de fecha 18 de enero de 2021,
publicada en la Gaceta Oficial de la República Bolivariana de Venezuela
N° 42.049 de la misma fecha

REPÚBLICA BOLIVARIANA DE VENEZUELA
MINISTERIO DEL PODER POPULAR DE ECONOMÍA, FINANZAS Y COMERCIO EXTERIOR
SUPERINTENDENCIA DE LA ACTIVIDAD ASEGURADORA

Caracas, a los veintinueve (29) días del mes de agosto de 2024

AÑOS 214°, 165° y 25°
PROVIDENCIA ADMINISTRATIVA N° SAA-01-0519-2024

De conformidad con las previsiones normativas contenidas en los artículos 6 numeral 1; 8 numerales 1, 3 y 18 de la Ley de la Actividad Aseguradora, que le atribuyen al Superintendente de la Actividad Aseguradora (E), **OMAR OROZCO COLMENARES**, designado mediante Resolución N° 003 de fecha 18 de enero de 2021, publicada en la Gaceta Oficial de la República Bolivariana de Venezuela N° 42.049 de la misma fecha, la competencia para establecer y dictar sus manuales de normas y procedimientos que regulan la actividad aseguradora.

En virtud de lo anterior, acuerda dictar las siguientes:

NORMAS QUE RIGEN LOS CANALES DE COMERCIALIZACIÓN Y EL USO DE LAS TECNOLOGÍAS DEL MERCADO FINANCIERO (FINTECH)Y LAS TECNOLOGÍAS DEL MERCADO DE LA ACTIVIDAD ASEGURADORA (INSURTECH)

CAPÍTULO I
Disposiciones generales

Del objeto

Artículo 1. Las presentes normas tienen por objeto establecer las pautas generales a seguir por las empresas de seguros y de medicina prepagada, para la promoción y venta de seguros y planes a través del uso de diversos canales de comercialización.

De las definiciones

Artículo 2. A los efectos de estas normas, se entenderá por:

1. Asegurado: Persona que en sí misma, en sus bienes o en sus intereses económicos está expuesta al riesgo amparado por el contrato de seguro;

2. Aseguradora: Empresa de seguros o de medicina prepagada autorizada por la Superintendencia de la Actividad Asegurada;

3. Canales Alternativos: Persona jurídica con la que la Aseguradora celebra un convenio con el objeto de utilizar su infraestructura, sus activos tecnológicos y sus relaciones con un gran número de afiliados o potenciales asegurados, con las que tiene nexos comerciales o de otros tipos, a los fines de servir como mecanismo para facilitar la adquisición de un producto de seguro o de medicina prepagada;

Los canales alternativos, involucran a las instituciones financieras regidas por la ley que regula el sector bancario, las empresas de servicios públicos o privados, establecimientos comerciales e industriales, gremios y asociaciones, previa inscripción en el registro que a tal fin establezca la Superintendencia de la Actividad Aseguradora;

4. Contrato simplificado o certificado del contrato simplificado: Documento que acredita la contratación de la póliza individual o colectiva respectivamente, emitida por la aseguradora y contendrá los requisitos mínimos exigidos en estas normas para garantizar los derechos de los asegurados;

5. Medios de Comercialización: Mecanismos utilizados para acceder a distancia o de modo no presencial a los potenciales tomadores, asegurados, beneficiarios, contratantes, usuarios y/o afiliados, a los fines de promocionar, ofrecer o comercializar microseguros o microplanes; seguros o planes masivos; seguros o planes inclusivos; tales como: telefonía, mensajería, correo físico o electrónico, telemarketing, redes sociales, aplicaciones, entre otros. Estos medios incluyen el uso de Tecnología del Mercado Financiero (FINTECH) y de la Tecnología del Mercado de la actividad aseguradora (INSURTECH);

6. Puntos de comercialización: Establecimientos que no constituyan una oficina, sucursal o sede de la aseguradora por medio de los cuales su personal o sus intermediarios de la actividad aseguradora, brindan información, promocionan y comercializan los productos a que se refiere estas normas;

Los puntos deben ser aprobados mediante acta de junta directiva de la aseguradora, la cual debe ser asentada en el libro correspondiente, dejando constancia de su ubicación, así como los productos a comercializar;

7. Tecnología del Mercado Financiero (FINTECH): Soluciones financieras propiciadas por la tecnología que involucra a todas aquellas empresas de servicios financieros que utilizan procesos y sistemas tecnológicos de avanzada para servir de auxiliar como sistema de pago o prestador de servicios;

8. Tecnología del Mercado de la Actividad Aseguradora (INSURTECH): Empresas emergentes, que desarrollan y ofrecen productos de seguros en un entorno digital y bajo nuevos modelos de negocios, empleando nuevas tecnologías y procesos; tales como: computación en la nube, blockchain, big data, inteligencia artificial, redes inalámbricas, entre otras.

Del Sistema Único de Trámites

Artículo 3. Todas las solicitudes a las que aluden estas normas se realizarán a través del Sistema Único de Trámites de conformidad con las previsiones normativas contenidas en las normas que regulan los trámites y procedimientos administrativos sustanciados en la Superintendencia de la Actividad Aseguradora a través de medios electrónicos.

CAPÍTULO II

De la comercialización

Artículo 4. Las empresas de seguros, de medicina prepagada e intermediarios de la actividad aseguradora, podrán comercializar directamente los productos aprobados por la Superintendencia de la Actividad Aseguradora, a través de su personal, tanto en su sede principal, como en sucursales, oficinas y puntos de comercialización.

Las empresas de seguros y de medicina prepagada son responsables de la capacitación de sus empleados, conforme con lo señalado en estas normas.

Las primas o cuotas de los productos comercializados a través de esta modalidad no podrán contener recargo alguno por concepto de comisión de intermediación.

De la comercialización a través de la intermediación

Artículo 5. Las pólizas tradicionales, así como los microseguros, seguros inclusivos y masivos podrán ser comercializados a través de los intermediarios de la actividad aseguradora.

La actuación de los intermediarios queda sujeta al régimen previsto en la ley y el reglamento que regulan el ejercicio de su actividad.

Los intermediarios no podrán celebrar contratos con terceros que sirvan de canales alternativos, en los términos previstos en estas normas.

La Superintendencia de la Actividad Aseguradora establecerá mediante las normas que regulen el arancel de comisiones, bonos y planes de estímulos, las retribuciones que podrán percibir los intermediarios de la actividad aseguradora.

De la comercialización a través de los canales alternativos

Artículo 6. Las empresas de seguros y de medicina prepagada, podrán colocar a través de los canales alternativos a que se refieren estas normas, coberturas de los ramos de accidentes personales, funerarios, vida individual, vida colectiva y responsabilidad civil de vehículos, siempre que estén autorizados para operar en estos ramos.

Los productos diseñados para ser comercializados a través de canales alternativos, deberán estar disponibles para ser contratados de forma directa o a través de los intermediarios de la actividad aseguradora. Por tal motivo, ningún producto podrá ser comercializado de forma exclusiva por un canal alternativo.

En los productos comercializados por los canales alternativos, no podrán actuar intermediarios de la actividad aseguradora, ni podrá el canal alternativo figurar como tomador o contratante, excepto en aquellos contratados para sus empleados.

En ningún supuesto, las primas o cuotas de los productos comercializados a través de canales alternativos serán más onerosas que las establecidas cuando sean colocados por los intermediarios de la actividad aseguradora.

De los errores en la comercialización

Artículo 7. Las empresas de seguros y de medicina prepagada, no podrán alegar errores, faltas u omisiones del canal alternativo, como eximente de sus obligaciones contractuales.

De la aprobación del canal alternativo

Artículo 8. Corresponde a la Junta Directiva de la aseguradora aprobar el uso de esta modalidad de comercialización y velar por el cumplimiento de este instrumento normativo.

De la publicación en la página web de la Superintendencia de la Actividad Aseguradora

Artículo 9. La Superintendencia de la Actividad Aseguradora publicará en su página web, las empresas inscritas en el registro de canales alternativos que lleve para tal fin.

Requisitos de los canales alternativos

Artículo 10. Las empresas de seguros y de medicina prepagada, podrán contratar únicamente por los canales alternativos que cumplan los siguientes requisitos:

1. Que se encuentren legalmente constituidos en el país;

2. Que tengan como mínimo un (1) año ejerciendo de forma habitual su actividad comercial;

3. Que tengan una infraestructura que permita la venta masiva de pólizas o planes, conforme a las políticas establecidas por las empresas de seguros y de medicina prepagada;

4. Que se encuentren en una situación financiera estable;

5. Soportes documentales que demuestren el cumplimiento de las obligaciones tributarias nacionales y municipales del último ejercicio económico, del propuesto canal alternativo.

Requisitos para las instituciones bancarias y de las Tecnologías del Mercado Financiero (FINTECH)

Artículo 11. Si los interesados en comercializar productos de microseguros o microplanes; seguros o planes inclusivos y seguros o planes masivos son instituciones bancarias o las Tecnologías del Mercado Financiero (FINTECH) legalmente constituidas en el país, bastará con la inscripción en la Superintendencia de las Instituciones del Sector Bancario y la presentación de una carta suscrita por el representante legal de la institución financiera, expresando su decisión de actuar como comercializador de dicha aseguradora, acompañado del acta de Junta Directiva donde se acordó tal decisión.

Recaudos para la inscripción en el registro de canales alternativos

Artículo 12. Para formalizar la solicitud de inscripción en el registro de canales alternativos, la aseguradora debe adjuntar en el Sistema Único de Trámites, los siguientes documentos:

1. Acta de la Junta Directiva de la empresa de seguros o de medicina prepagada que aprobó el uso del canal alternativo;

2. Documento constitutivo estatutario de la persona jurídica que actuará como canal alternativo;

3. Copia del contrato celebrado con el canal alternativo, conforme con lo indicado en estas normas;

4. Presentar una Declaración Jurada indicando que la contratación con el canal alternativo se realizó una vez comprobado el cumplimiento de los requisitos mínimos establecidos para realizar la labor de comercialización y que no se encuentra incurso en ninguno de los impedimentos establecidos en estas normas.

La Superintendencia de la Actividad Aseguradora podrá requerir cualquier otro documento que estime conveniente o necesario.

Del contrato con el canal alternativo

Artículo 13. Las empresas de seguros y de medicina prepagada, que pretendan colocar sus productos a través de un canal alternativo, deben suscribir con éste un contrato de comercialización, que contenga e indique como mínimo:

1. Identificación clara y precisa de las partes contratantes;

2. Descripción de los contratos, planes o coberturas que se pretendan comercializar;

3. Indicación de los puntos de venta para la comercialización de los contratos, planes o coberturas que se pretendan comercializar, en los ramos de accidentes personales, funerarios, vida individual, vida colectiva o responsabilidad civil de vehículos;

4. Los derechos de las partes;

5. Obligación de capacitar a los trabajadores del canal alternativo, en los términos indicados en estas normas;

6. Compromiso del canal alternativo de informar a los potenciales tomadores, asegurados, beneficiarios, contratantes, usuarios y afiliados que la responsabilidad por los productos suscritos corresponde a la aseguradora;

7. Prohibición del canal alternativo de efectuar cargos adicionales sobre la prima o cuota fijada por la aseguradora, así como la de condicionar la venta de un producto, a la adquisición de cualquier otro o servicio;

8. Indicación expresa de que los pagos de primas o cuotas realizados al canal alternativo se consideran efectuados a la aseguradora. Esta condición debe incorporarse en el certificado de contrato simplificado;

9. Obligación del canal alternativo de abonar o transferir a la aseguradora las primas o cuotas recaudadas en el plazo acordado por las partes;

10. Indicación expresa que, en ningún caso la aseguradora delegará al canal alternativo la tramitación del siniestro ni el pago de las indemnizaciones;

11. Remuneración que recibirá el canal alternativo por la venta de los productos y la forma de determinarlo. Este costo será considerado por la aseguradora un gasto de administración;

12. En ningún caso se podrá estipular en el contrato la designación de un intermediario de la actividad aseguradora;

13. La garantía del canal alternativo de que la información suministrada por los tomadores, asegurados, beneficiarios, contratantes, usuarios y afiliados tomadores, contratantes, asegurados, afiliados y beneficiarios, sea confidencial y no susceptible de divulgación a terceros no autorizados por la aseguradora;

14. El contrato no podrá contener ninguna cláusula que establezca el pago de incentivos a los empleados del canal alternativo, por concepto de la realización de actividades propias del sector asegurador;

15. La obligación de remitir a la aseguradora en el plazo y forma que ésta le indique, la información necesaria para realizar los informes requeridos por la Superintendencia de la Actividad Aseguradora, conforme a los lineamientos establecidos en los cuerpos normativos emanados por el ente regulador.

De la prestación universal

Artículo 14. Las empresas de seguros y de medicina prepagada deben garantizar el acceso al producto de microseguros o microplanes, seguros o planes inclusivos y seguros o planes masivos a los ciudadanos en todo el territorio nacional, independientemente de su situación económica, social o geográfica.

Deber de notificar la anulación, cambio o addendum con el contrato del canal alternativo

Artículo 15. Las empresas de seguros y de medicina prepagada, deberán notificar y remitir a la Superintendencia de la Actividad Aseguradora, con al menos treinta (30) días de anticipación, cualquier modificación o addendum que se realice sobre el contrato celebrado con el canal alternativo.

De los impedimentos para canales alternativos

Artículo 16. Están impedidos para realizar operaciones como canal alternativo:

1. Los sujetos regulados por la Ley de la Actividad Aseguradora;

2. Personas jurídicas sobre las cuales exista alguna medida de intervención de carácter administrativo, estado de atraso o quiebra;

3. Cualquier otro que considere conveniente la Superintendencia de la Actividad Aseguradora, que desvirtué la naturaleza del canal alternativo.

De la capacitación

Artículo 17. Las empresas de seguros y de medicina prepagada, deben brindar capacitación a los trabajadores de los canales alternativos, con la finalidad de que se informe adecuadamente a los potenciales tomadores, asegurados, beneficiarios, contratantes, usuarios y o afiliados, al momento de la suscripción del contrato, sobre las características y condiciones de los productos que están promocionando u ofertando. En este sentido, las empresas de seguros y de medicina prepagada, deben implementar programas de capacitación acordes a la naturaleza comercial del canal alternativo, con especial atención en los siguientes aspectos:

1. Coberturas, beneficios, exclusiones y exoneraciones de responsabilidad de los productos;

2. Procedimiento para la contratación de los productos, pago de la prima o cuota y las consecuencias de su incumplimiento;

3. Procedimiento y requisitos para la notificación a la aseguradora del siniestro o solicitud de la prestación del servicio, según corresponda;

4. Administración de riesgos de legitimación de capitales, financiamiento al terrorismo y financiamiento de la proliferación de armas de destrucción masiva.

Las empresas de seguros y de medicina prepagada deberán implementar los mecanismos necesarios que permitan garantizar que la capacitación sea efectiva, medible y se encuentre a disposición permanente del canal alternativo.

Los programas de capacitación que desarrollen las empresas de seguros y de medicina prepagada, así como la documentación que acredite el cumplimento de lo señalado en el presente artículo, deben mantenerse a disposición de la Superintendencia de la Actividad Aseguradora.

De las prohibiciones

Artículo 18. Se prohíbe a los canales alternativos:

1. Comercializar productos de microseguros o microplanes; seguros o planes inclusivos o seguros o planes masivos no aprobados por la Superintendencia de la Actividad Aseguradora, o que sean emitidos por empresas no autorizadas para realizar actividad aseguradora en el país;

2. Realizar publicidad al margen de las disposiciones que sobre esta materia regule la Ley de la Actividad Aseguradora y la normativa correspondiente;

3. Figurar como contratante o tomador en las pólizas que comercialice, excepto en aquellas contratadas para su personal o empresa.

CAPÍTULO III

De las Tecnologías Financieras (FINTECH) y de las Tecnologías de Seguros (INSURTECH) en la Actividad Aseguradora.

De la contratación de las Tecnologías Financieras (FINTECH)

Artículo 19. Las empresas de seguros, de medicina prepagada y canales alternativos, sólo podrán contratar a empresas de servicios de Tecnología del Mercado Financiero (FINTECH) como proveedor de pago, aquellas que se encuentren inscritas en la Superintendencia de las Instituciones del Sector Bancario.

De la obligación de informar

Artículo 20. Cuando el uso y aplicación de la tecnología financiera se encuentre enmarcada dentro del sector asegurador a través de la Tecnología del Mercado de la Actividad Aseguradora (INSURTECH), como proveedor de servicios y productos, los sujetos regulados deben informar de su contratación a la Superintendencia de la Actividad Aseguradora.

Del contrato de las Tecnologías Financieras (FINTECH) y de las Tecnologías de Seguros (INSURTECH)

Artículo 21. Los contratos referidos en estas normas entre las empresas de seguros y de medicina prepagada, y las referidas tecnologías deberán incluir como mínimo los siguientes aspectos:

1. Identificación de los contratantes y/o de sus representantes legales o apoderados.

2. Obligaciones y responsabilidades de las partes;

3. Cobertura permitida;

4. El plazo de vigencia del contrato y la condición de prórroga automática;

5. El procedimiento para la resolución de controversias y el lugar de notificación de las partes;

6. La fecha y lugar de la contratación;

7. Los supuestos para la terminación de la relación contractual y las sanciones en caso de incumplimiento de las partes;

8. Medidas para la protección de los clientes.

De la autorización del contrato

Artículo 22. Las empresas de seguros y de medicina prepagada que utilicen Tecnología del Mercado Financiero (FINTECH) o Tecnología del Mercado de la actividad aseguradora (INSURTECH) deberán enviar a la Superintendencia de la Actividad Aseguradora, de forma previa a su celebración, los modelos de contratos que pretendan suscribirse con los referidos canales, así como cualquier modificación.

La Superintendencia de la Actividad Aseguradora tendrá diez (10) días continuos para su aprobación.

De la garantía de la información de los tomadores, asegurados, beneficiarios, contratantes, usuarios y afiliados

Artículo 23. La utilización de medios alternativos debe garantizar que la información que se le proporcione a los potenciales tomadores, asegurados, beneficiarios, contratantes, usuarios y afiliados sea veraz, comprensible, íntegra y transparente.

Las empresas de seguros, de medicina prepagada y canales alternativos, que contraten terceros especializados en servicios a distancia, en especial aquellos referidos al uso de Tecnología del Mercado Financiero(FINTECH), son garantes y responsables frente a los tomadores, asegurados, beneficiarios, contratantes, usuarios y afiliados, y ante la Superintendencia de la Actividad Aseguradora, por el cumplimiento de las medidas de seguridad destinadas a la conservación, confidencialidad, integridad y ciberseguridad de la información suministrada a través de estos sistemas.

De la supervisión de nuevas tecnologías

Artículo 24. La Superintendencia de la Actividad Aseguradora tendrá atribuciones suficientes para supervisar el uso de las Tecnologías Financieras (FINTECH) enmarcadas en el sector asegurador y podrá implementar normas, a los fines de regular riesgos técnicos, operacionales, de cumplimiento, de evasión regulatoria, sistémicos, de conducta de mercado, de ventas, de conocimiento del tomador, asegurado, beneficiario, contratante, usuario y afiliado, de pago, tecnológicos, de información y de discriminación o exclusión financiera, entre otros.

A tal fin, las empresas de seguros y de medicina prepagada, deberán llevar un registro de la Tecnología del Mercado Financiero (FINTECH) con las que operan.

De las condiciones especiales en la contratación de Tecnologías del Mercado de la Actividad Aseguradora (INSURTECH)

Artículo 25. Las empresas de seguros, de medicina prepagada y canales alternativos, que subcontraten terceros especializados en el uso de Tecnología del Mercado de la actividad aseguradora (INSURTECH), deben exigirles a estos proveedores la contratación de una póliza de seguro de responsabilidad civil a su favor, que ampare los riesgos de privacidad y ciberseguridad de la información que le fuere suministrada.

Asimismo, la contratación de estos proveedores debe incluir una fianza de fiel cumplimiento que cubra los daños y perjuicios por la infracción de sus obligaciones.

Las garantías previstas en este artículo deben ser suficientes y no podrán ser emitidas por la aseguradora que contrató el mencionado servicio, si fuere el caso, ni con quien conforme un grupo económico en los términos previstos en la Ley de la Actividad Aseguradora y su reglamento de aplicación.

De la prohibición

Artículo 26. Queda prohibido el uso de los servicios a distancia y las Tecnologías del Mercado Financiero (FINTECH), o Tecnología del Mercado de la actividad aseguradora (INSURTECH), a que se refieren estas normas, para direccionar a una o grupo de personas a suscribir o recibir la prestación de un servicio en los términos previsto en la ley de la actividad aseguradora, sin que exista una aseguradora subyacente que ampare o respalde los productos de seguros o de medicina prepagada.

De los servicios de asistencia virtual

Artículo 27. Cuando el uso de la Tecnología Financiera (FINTECH), implique que los procesos de suscripción y trámite de siniestros sean digitalizados, el proveedor debe incorporar un asistente virtual que permita al tomador, asegurado, beneficiario, contratante, usuario y afiliado interactuar con las empresas de seguros y de medicina prepagada.

El tomador, asegurado, beneficiario, contratante, usuario y afiliado que interactúe con el asistente virtual debe tener conocimiento que dicha comunicación se lleva a cabo con un sistema robótico.

De los ambientes de prueba

Artículo 28. La Superintendencia de la Actividad Aseguradora podrá coordinar e implementar ambientes de prueba (Sandboxes regulatorios), para facilitar y promover el desarrollo de la Tecnología del Mercado de la actividad aseguradora (INSURTECH).

En estos casos, deben establecerse mecanismos de colaboración interinstitucional, requisitos legales necesarios, duración de los mismos y la información que ha de presentarse al supervisor, entre otros.

El acceso al *sandbox* no supondrá en ningún caso el otorgamiento de autorización para el ejercicio de la actividad aseguradora.

De la aplicación de las normas

Artículo 29. Las demás normativas prudenciales y actos administrativos conexos a la actividad aseguradora, que coliden con las presentes normas no serán aplicables.

De la publicidad

Artículo 30. Se ordena la publicación de las presentes normas en la página web de la Superintendencia de la Actividad Aseguradora, con el fin de coadyuvar con la divulgación de su contenido a todos los interesados y público en general, sin menoscabo de su publicación en la Gaceta Oficial de la República Bolivariana de Venezuela.

De la vigencia

Artículo 31. Las presentes normas entrarán en vigencia a partir de su publicación en la Gaceta Oficial de la República Bolivariana de Venezuela.
Comuníquese y publíquese

OMAR OROZCO COLMENARES
Superintendente de la Actividad Aseguradora (E)

Resolución N° 003-2021 de fecha 18 de enero de 2021,
publicada en la Gaceta Oficial de la República Bolivariana de Venezuela N° 42.049 de la misma fecha

REPÚBLICA BOLIVARIANA DE VENEZUELA
MINISTERIO DEL PODER POPULAR DE ECONOMÍA, FINANZAS Y COMERCIO EXTERIOR
SUPERINTENDENCIA DE LA ACTIVIDAD ASEGURADORA

Caracas, a los veintinueve (29) días del mes de agosto de 2024

AÑOS 214°, 165° y 25°

PROVIDENCIA ADMINISTRATIVA N° SAA-01-0520-2024

De conformidad con las previsiones normativas contenidas en los artículos 6 numeral 1; 8 numerales 1, 3 y 18 de la Ley de la Actividad Aseguradora, que le atribuyen al Superintendente de la Actividad Aseguradora (E), **OMAR OROZCO COLMENARES**, designado mediante Resolución N° 003 de fecha 18 de enero de 2021, publicada en la Gaceta Oficial de la República Bolivariana de Venezuela N° 42.049 de la misma fecha, la competencia para establecer y dictar sus manuales de normas y procedimientos que regulan la actividad aseguradora.

POR CUANTO

Es deber del Estado adoptar medidas positivas a favor de personas o grupos que puedan ser discriminados, marginados o vulnerables conforme al derecho a la igualdad consagrado en la Constitución de la República Bolivariana de Venezuela.

Igualmente, para el desarrollo del nuevo esquema económico, resulta necesario que los sectores menos favorecidos tengan la posibilidad de acceder al mercado asegurador, a fin de mejorar la gestión de los riesgos personales y patrimoniales a los que pudieran estar expuestos.

POR CUANTO

La Ley de la Actividad Aseguradora incorpora la figura de los microseguros, surge la necesidad de regular la normativa aplicable a este producto y establecer el alcance y las características que deberán cumplir los microseguros.

En virtud de lo anterior, acuerda dictar las siguientes:

NORMAS QUE REGULAN LOS MICROSEGUROS O MICROPLANES EN LA ACTIVIDAD ASEGURADORA

Del objeto

Artículo 1. Las presentes normas tienen por objeto regular los contratos de microseguros, definiciones, requisitos, características, registros y formas de comercialización.

De las definiciones

Artículo 2. A los efectos de estas normas, se entenderá por:

Aseguradora: Empresa de seguros o de medicina prepagada autorizada por la Superintendencia de la Actividad Aseguradora.

Canales Alternativos: Persona jurídica que celebra un convenio con la aseguradora para utilizar su infraestructura, sus activos tecnológicos y sus relaciones con un gran número de potenciales tomadores, asegurados, beneficiarios, contratantes, usuarios y afiliados, con las que tiene nexos comerciales o de otros tipos, y con ello facilitar la adquisición de un producto de microseguros.

Los canales alternativos involucran a las instituciones financieras regidas por la ley que regula el sector bancario, las empresas de servicios públicos o privados, establecimientos comerciales e industriales, gremios y asociaciones, previa inscripción en el registro que a tal fin establezca la Superintendencia de la Actividad Aseguradora.

Contrato de micro seguros o micro plan individual:
Contrato que ha sido suscrito bajo la modalidad individual.

Contrato de microseguros o microplan colectivo: Contrato que ha sido suscrito bajo la modalidad colectiva.

Contrato Simplificado o Certificado del Contrato Simplificado: Documento que acredita la contratación de la póliza individual o colectiva respectivamente, emitida por la aseguradora y contendrá los requisitos mínimos exigidos en estas normas para garantizar los derechos de los asegurados.

Medios de Comercialización: Mecanismos utilizados para acceder a distancia o de modo no presencial a los potenciales asegurados y/o afiliados, a los fines de promocionar, ofrecer o comercializar productos de microseguros, tales como: telefonía, mensajería, correo físico o electrónico, *telemarketing*, redes sociales, aplicaciones, entre otros. Estos medios incluyen el uso de la Tecnología del Mercado Financiero (*FINTECH*) y de la Tecnología del Mercado de la actividad aseguradora (*INSURTECH*).

Microseguros o microplanes: Producto dirigido a sectores económicos vulnerables, de conformidad con las normas dictadas a tal efecto por la Superintendencia de la Actividad Aseguradora.

Puntos de comercialización: Establecimientos que no constituyan una oficina, sucursal o sede de la aseguradora que, a través de su personal o intermediarios de la actividad aseguradora, brindan información, promocionan y comercializan los productos a que se refieren estas normas.

Tecnología del Mercado Financiero (FINTECH): Soluciones financieras propiciadas por la tecnología que involucra a todas aquellas empresas de servicios financieros que utilizan procesos y sistemas tecnológicos de avanzada para servir de auxiliar como sistema de pago o prestador de servicios.

Tecnología del Mercado de la Actividad Aseguradora (INSURTECH): Empresas emergentes, que desarrollan y ofrecen productos de seguros en un entorno digital y bajo nuevos modelos de negocios, empleando nuevas tecnologías y procesos; tales como: computación en la nube, blockchain, big data, inteligencia artificial, redes inalámbricas, entre otras.

De la adecuación de los contratos de medicina prepagada

Artículo 3. En lo que corresponda, las empresas de medicina prepagada deben homologar a sus operaciones los elementos y términos técnicos indicados en estas normas para las empresas de seguros.

De la autorización del producto de microseguros o microplan

Artículo 4. Los productos de microseguros o microplanes deben ser aprobados por la Superintendencia de la Actividad Aseguradora, de conformidad con lo establecido en el artículo 29 de la Ley de la Actividad Aseguradora, para lo cual las aseguradoras deberán consignar una solicitud que exprese, como mínimo, la siguiente información:

1. Ramo. Nombre del ramo al que pertenece el producto;

2. Denominación. Nombre con el que se comercializará el producto de microseguros o microplan;

3. El objeto del producto de microseguros o microplan. Grupo asegurable al cual va dirigido, identificando las necesidades a cubrir, formas de comercialización y, si fuere el caso, canales de distribución que se emplearán;

4. Suma asegurada y coberturas. Discriminación de las sumas aseguradas por cobertura y su justificación. En los seguros de daños, la contratación debe efectuarse a valor convenido, primera pérdida o primer riesgo;

5. La prima o cuota. Discriminación de las primas o cuotas por cobertura, así como la indicación de los plazos, formas o mecanismos de pago;

6. El contrato de microseguros o microplan debe ser redactado en lenguaje sencillo e indicará, cuando menos:

6.1 Lapso para notificar el siniestro. El tomador, asegurado, beneficiario, contratante, usuario y afiliado debe notificar a la aseguradora la ocurrencia del siniestro dentro de los diez (10) días hábiles siguientes de haber tenido conocimiento del hecho, salvo que se haya fijado en la póliza un plazo mayor;

6.2 Plazo para el pago de los siniestros. El plazo para pronunciarse respecto al pago del siniestro no podrá ser superior a veinte días (20) continuos, contados a partir de la fecha en que se haya entregado el último recaudo;

6.3 Deducibles. En el supuesto de resultar aplicable algún deducible, deberá ser justificado y razonable en función del riesgo cubierto;

6.4 Exclusiones y exoneraciones de responsabilidad. En el supuesto de resultar aplicable alguna exclusión o exoneración de responsabilidad, deben destacarse de manera especial e indicar claramente los riesgos o situaciones excluidas o en las cuales la aseguradora no asume responsabilidad, según sea el caso;

6.5 Procedimiento para la formulación de denuncias, quejas o reclamos ante la Unidad de Defensa del Asegurado. Debe indicar los mecanismos de defensa que le asisten al tomador, asegurado, beneficiario, contratante, usuario y afiliado para formular denuncias, quejas o reclamos en el caso que considere le han sido vulnerados sus derechos;

6.6 Mecanismos de comunicación con las aseguradoras, tales como: página web, correo electrónico, teléfonos, medios tecnológicos, entre otros.

Del perfeccionamiento del contrato

Artículo 5. Los contratos de microseguros o microplan se perfeccionan con el pago de la prima o cuotas.

De la obligación de pago

Artículo 6. El tomador, asegurado, beneficiario, contratante, usuario y afiliado está obligado al pago de la prima o cuota en la forma, mecanismo y plazo establecidos en el contrato, según corresponda. En ningún caso la aseguradora puede cobrar a los tomadores, asegurados, beneficiarios, contratantes, usuarios y afiliados cargos adicionales al importe de la prima o cuota.

De la prueba del contrato de microseguros o microplan

Artículo 7. El contrato, el contrato simplificado o el certificado de contrato simplificado suscrito por la aseguradora, el recibo de prima o cuadro póliza recibo, serán pruebas suficientes de la existencia del contrato de microseguros o microplan.

Los interesados en demostrar la existencia de un contrato de microseguros o microplan pueden acudir a todos los medios de prueba idóneos con la naturaleza del contrato, con excepción de la prueba de testigos.

De la aceptación del contrato de microseguros o de microplan

Artículo 8. En la suscripción del contrato de microseguros o de microplan es indispensable que exista pleno consentimiento por parte del tomador, asegurado, beneficiario, contratante, usuario y/o afiliado de la aceptación de la póliza y de los pagos y costos relacionados; las aseguradoras deben proveerse de los mecanismos que permitan comprobar que hubo de por medio un requerimiento del contrato que implicase la emisión del contrato de microseguros, microplan, del contrato simplificado o certificado de contrato simplificado.

Del contrato simplificado o certificado de contrato simplificado

Artículo 9. Las aseguradoras podrán utilizar contratos simplificados o certificados de contratos simplificados a los fines de agilizar la comercialización de los microseguros y microplanes y deben contener como mínimo los siguientes datos:

1. Identificación del microseguro o microplan. El nombre del microseguro o microplan irá precedido de la expresión “Contrato simplificado de microseguros de…”, “Certificado de contrato simplificado de microseguros de…”, Contrato simplificado de microplan” o “Certificado de contrato simplificado de microplan”, según corresponda;

2. Identificación completa de la aseguradora;

3. Identificación completa del tomador, asegurado, beneficiario, contratante, usuario y afiliado con al menos la siguiente información: nombre completo, número de documento de identificación (cédula o pasaporte), dirección, teléfono y correo electrónico;

4. Identificación de las personas, bienes o intereses asegurados;

5. Vigencia del contrato;

6. Coberturas o riesgos cubiertos;

7. Sumas aseguradas y deducibles, si los hubiere, por cobertura;

8. Monto de las primas por cobertura, así como la forma, mecanismo y plazo para el pago;

9. Procedimiento para la notificación y tramitación del siniestro;

10. Indicación del mecanismo electrónico o digital a través del cual el tomador, asegurado, beneficiario, contratante, usuario y afiliado podrá acceder a la documentación que forma parte del contrato;

11. Derecho a solicitar a través de cualquier medio disponible el contrato de microseguro o microplan, individual o colectivo, en un plazo máximo de quince (15) días hábiles contados desde la fecha en que la aseguradora o el intermediario de la actividad aseguradora reciben la solicitud del asegurado.

De las coberturas permitidas

Artículo 10. Las aseguradoras sólo podrán comercializar como microseguros o microplanes las siguientes coberturas: salud, funerarios, accidentes personales, vida individual, vida colectiva, incendio y líneas aliadas, sustracción ilegítima, automóvil y otras coberturas de daños para residencias o comercios, en lo que se refiere a riesgos específicos y eminentes para el sector objetivo, menores a los establecidos en una póliza o contrato tradicional, siempre que estén autorizadas para operar en el ramo correspondiente.

La Superintendencia de la Actividad Aseguradora, atendiendo al interés social, podrá limitar, agregar o condicionar las coberturas permitidas, así como los riesgos y montos amparados.

De la condición especial

Artículo 11. Los productos de salud, de accidentes personales, con la cobertura de gastos médicos, y de servicios de medicina prepagada que comercialicen las aseguradoras, únicamente podrán contemplar la prestación del servicio, salvo las excepciones autorizadas por la Superintendencia de la Actividad Aseguradora, íntegramente justificadas por la aseguradora.

De la estandarización del contrato

Artículo 12. Las pólizas de microseguros o microplanes no incluirán requisitos especiales de aseguramiento o verificaciones previas del riesgo con relación a las personas, bienes o intereses asegurables, si su comercialización se realizará de forma masiva, siendo suficiente para la celebración del contrato de microseguros la suscripción por el tomador del contrato individual o colectivo, según corresponda.

De la comercialización

Artículo 13. Los productos de microseguros o microplanes, individuales o colectivos se podrán comercializar de forma directa con la aseguradora, a través de los intermediarios autorizados por la Superintendencia de la Actividad Aseguradora o a través de los canales alternativos registrados.

De los canales alternativos

Artículo 14. Los canales alternativos que pretendan utilizar las aseguradoras serán aprobados por su Junta Directiva, debiendo el acta que a tal fin se levante especificar su ubicación, así como los productos a comercializar a través de los mismos.

De los puntos de comercialización

Artículo 15. Los puntos de comercialización deben ser aprobados mediante acta de Junta Directiva de la aseguradora, la cual debe ser asentada en el libro correspondiente, dejando constancia de su ubicación, así como los productos a comercializar.

De las condiciones de los microseguros o microplanes

Artículo 16. Las condiciones de los microseguros o microplanes deben ser redactadas en lenguaje sencillo, de forma que permitan su comprensión, para establecer claramente los riesgos cubiertos, exclusiones y demás condiciones que generen derechos y obligaciones para los tomadores, asegurados, beneficiarios, contratantes, usuarios y afiliados.

La aseguradora puede contemplar como parte de las condiciones del contrato de microseguros o microplanes, que el asegurado presente una declaración de salud, para los seguros con coberturas de salud o asistencia médica y para los seguros de vida con cobertura de muerte. La declaración de salud debe señalar de manera precisa, la información que la aseguradora requiere conocer sobre el riesgo asegurable.

Del registro de los modelos de contratos de microseguros y de microplan

Artículo 17. La Superintendencia de la Actividad Aseguradora llevará un registro de los modelos de contratos de microseguros o de microplan, individual o colectivo y las respectivas notas técnicas que resulten aprobadas.

Del registro e información estadística

Artículo 18. Las aseguradoras deben llevar un registro que contenga información sobre los microseguros o microplanes, así como sus modalidades de comercialización.

Asimismo, debe remitir a través del Sistema Único de Trámites, en la oportunidad que determine la Superintendencia de la Actividad Aseguradora, la información estadística que esta considere conveniente sobre las operaciones realizadas.

De la aprobación de publicidad

Artículo 19. La publicidad empleada tanto por los sujetos regulados y los canales o medios alternativos, para la promoción y venta de los microseguros o microplanes deben contar con la aprobación previa de la Superintendencia de la Actividad Aseguradora, según lo establecido en el Artículo 18 de la Ley de la Actividad Aseguradora, y su incumplimiento acarreará las sanciones establecidas en el mismo cuerpo normativo.

De la revocatoria de la calificación otorgada

Artículo 20. La calificación de microseguros o microplanes podrán ser revocadas en cualquier momento cuando, a juicio razonado de la Superintendencia de la Actividad Aseguradora, el producto deje de cumplir con las condiciones establecidas en la Ley de la Actividad Aseguradoras y en las presentes normas.

Del registro contable

Artículo 21. Las aseguradoras deben registrar las operaciones de microseguros o microplanes en los ramos a los cuales pertenezcan los productos. Asimismo, deben incluir la información en los anexos contables elaborados a tal efecto.

De la aplicación supletoria

Artículo 22. A todo lo no regulado en estas normas se aplicará supletoriamente lo establecido en las normas que regulan la relación contractual en la actividad aseguradora.

De la aplicación de las normas

Artículo 23. Las demás normativas prudenciales y actos administrativos conexos a la actividad aseguradora, que coliden con las presentes normas no serán aplicables.

De la publicidad

Artículo 24. Se ordena la publicación de las presentes normas en la página web de la Superintendencia de la Actividad Aseguradora, con el fin de coadyuvar con la divulgación de su contenido a todos los interesados y público en general, sin menoscabo de su publicación en la Gaceta Oficial de la República Bolivariana de Venezuela.

De la vigencia

Artículo 25. Las presentes normas entrarán en vigencia a partir de su publicación en la Gaceta Oficial de la República Bolivariana de Venezuela.

Comuníquese y publíquese;

OMAR OROZCO COLMENARES
Superintendente de la Actividad Aseguradora (E)

Resolución N° 003-2021 de fecha 18 de enero de 2021,
publicada en la Gaceta Oficial de la República Bolivariana de Venezuela
N° 42.049 de la misma fecha

REPÚBLICA BOLIVARIANA DE VENEZUELA
MINISTERIO DEL PODER POPULAR DE ECONOMÍA, FINANZAS Y COMERCIO EXTERIOR
SUPERINTENDENCIA DE LA ACTIVIDAD ASEGURADORA

Caracas, a los veintinueve (29) días del mes de agosto de

2024

AÑOS 214°, 165° y 25°

PROVIDENCIA ADMINISTRATIVA N° SAA-01-0522-2024

De conformidad con las previsiones normativas contenidas en los artículos 6 numeral 1; 8 numerales 1, 3 y 18 de la Ley de la Actividad Aseguradora, que le atribuyen al Superintendente de la Actividad Aseguradora (E), **OMAR OROZCO COLMENARES**, designado mediante Resolución N° 003 de fecha 18 de enero de 2021, publicada en la Gaceta Oficial de la República Bolivariana de Venezuela N° 42.049 de la misma fecha, la competencia para establecer y dictar sus manuales de normas y procedimientos que regulan la actividad aseguradora.

POR CUANTO

La Ley de la Actividad Aseguradora, establece que la actividad aseguradora es toda relación u operación relativa al contrato de seguro, de reaseguro, de medicina prepagada, de administración de riesgo, a la intermediación, la fianzas, el financiamiento de primas o cuotas, los fondos administrados, el fideicomiso en el mercado asegurador, la inspección de riesgos, el peritaje avaluador y el ajuste de pérdidas en actividades de seguros en los términos establecidos en las normas que regulen la materia.

POR CUANTO

Se establece como requisito indispensable para obtener y mantener la autorización para operar como empresa de seguros, de reaseguros, de medicina prepagada y administradoras de riesgos, tener como objeto único la realización de operaciones permitidas por la ley.

POR CUANTO

La Ley de la Actividad Aseguradora señala que las empresas de seguros, de reaseguros y de medicina prepagada deben realizar única y exclusivamente las operaciones propias de la actividad aseguradora a que se refiere la autorización que se otorga de acuerdo con las disposiciones establecidas en la presente ley y su reglamento.

POR CUANTO

La Ley de la Actividad Aseguradora, establece como requisito indispensable para obtener y mantener la autorización para operar como empresa financiadora de prima o de cuotas, tener como objeto único el financiamiento de primas o de cuotas para tomadores de seguros o contratantes de medicina prepagada.

POR CUANTO

Es competencia de esta Superintendencia de la Actividad Aseguradora verificar y garantizar que las empresas de seguros, de reaseguros, de medicina prepagada, administradora de riesgo y financiadora de primas o de cuotas, cumplan con las disposiciones contenidas en la Ley de la Actividad Aseguradora, referidas a su objeto social único.

En virtud de lo anterior, acuerda dictar las siguientes:

NORMAS PARA VERIFICAR Y GARANTIZAR EL CUMPLIMIENTO DEL OBJETO SOCIAL ÚNICO EN LA REALIZACIÓN DE LAS OPERACIONES PERMITIDAS POR LA LEY DE LA ACTIVIDAD ASEGURADORA

Del objeto

Artículo 1. Las presentes normas tienen por objeto fijar los parámetros que permitan verificar y garantizar que las empresas de seguros, de reaseguros, de medicina prepagada, de administración de riesgos y financiadoras de primas o de cuotas, cumplan con las disposiciones contenidas en la Ley de la Actividad Aseguradora, relativas al objeto social único que debe establecerse, tanto en el documento constitutivo y estatutos sociales, como en el desarrollo de sus actividades.

De las operaciones permitidas a las empresas de seguros

Artículo 2. Las empresas de seguros tendrán como objeto social único la realización fundamental de operaciones de seguros. Adicionalmente, podrán celebrar contratos de:

1. Reaseguro aceptado en los ramos para los cuales han sido autorizadas;
2. Fianzas y reafianzamientos, cuando estén autorizadas para operar en seguros generales;
3. Fideicomiso, cuando estén autorizadas para operar en seguros generales y hayan obtenido la autorización correspondiente;
4. Administración de riesgos, en los ramos previstos en las normas dictadas a tal efecto.

De la revocatoria del ramo de las empresas de seguro

Artículo 3. Si se comprueba que la empresa de seguros ha dejado de operar en un ramo, la Superintendencia de la Actividad Aseguradora podrá dejar sin efecto la autorización otorgada para ese ramo, previo procedimiento administrativo, quedando exceptuadas las empresas del Estado.

De los ingresos por primas o cuotas

Artículo 4. A objeto de verificar que la empresa de seguros y de medicina prepagada realizan principalmente operaciones de seguros o de medicina prepagada según corresponda, el monto total de los ingresos recibidos por dicha empresa para cada ejercicio económico por primas o cuotas cobradas en los contratos de seguros y de medicina prepagada, deberá ser superior a sesenta por ciento (60%) del total de los ingresos obtenidos por la sumatoria de los siguientes conceptos:

1. Primas o cuotas cobradas por contrato de seguro y de medicina prepagada;
2. Primas o cuotas por operaciones de reaseguro aceptado;
3. Comisiones, remuneraciones u otros ingresos cobrados por fianza.
4. Comisiones, remuneraciones u otros ingresos cobrados por fondos administrados;
5. Comisiones, remuneraciones u otros ingresos por fideicomiso, mandatos, custodia, comisiones y otros encargos de confianza;
6. Cualquier otro ingreso, remuneración o comisión, distintos a los intereses obtenidos por sus colocaciones en bancos o instituciones financieras o por los rendimientos obtenidos por inversiones en títulos valores aptos para representar las reservas técnicas.

El porcentaje a que alude este artículo, en lo que respecta a las empresas de medicina prepagada, solo aplicará en lo concerniente a los numerales 1 y 4, relativo a las remuneraciones que perciban por concepto de los contratos de fondos administrados de salud.

Adicionalmente, las condiciones de este artículo no aplicarán para las empresas del Estado ni para las sociedades que estén en proceso de intervención administrativa.

De las operaciones permitidas a las empresas de reaseguros

Artículo 5. Las empresas de reaseguros tendrán como objeto social único la realización de operaciones de reaseguros en los términos previstos en la Ley de la Actividad Aseguradora.

De las operaciones permitidas a las empresas de medicina prepagada

Artículo 6. Las empresas de medicina prepagada tendrán como objeto social único la gestión y prestación de servicios médicos preventivos y asistenciales relacionados con la atención y tratamiento de la salud. Adicionalmente, podrán celebrar contratos de administración de riesgos de salud.

De las operaciones permitidas a las empresas administradoras de riesgos

Artículo 7. Las empresas administradoras de riesgos tendrán como objeto social único la administración de fondos en los términos previstos en la Ley de la Actividad Aseguradora.

De las operaciones permitidas a las empresas financiadoras de primas o cuotas

Artículo 8. Las empresas financiadoras de primas o cuotas tendrán como objeto social único el financiamiento de primas de seguros o cuotas de medicina prepagada en los términos contemplados en la Ley de la Actividad Aseguradora.

De la Derogatoria

Artículo 9. Se deroga el acto administrativo contenido de la Providencia N° 0716 de fecha 27 de junio de 2002, publicada en la Gaceta Oficial de la República Bolivariana de Venezuela N° 37.476 de fecha 2 de julio de 2022, mediante la cual se dictaron las Normas para Determinar los Parámetros por los cuales se Verificará el Cumplimiento de las disposiciones sobre el Objeto Social por parte de las Empresas de Seguros. Las demás normativas prudenciales y actos administrativos conexos a la actividad aseguradora, que coliden con las presentes normas no serán aplicables.

De la publicidad

Artículo 10. Se ordena la publicación de las presentes normas en la página web de la Superintendencia de la Actividad Aseguradora, con el fin de coadyuvar con la divulgación de su contenido a todos los interesados y público en general, sin menoscabo de su publicación en la Gaceta Oficial de la República Bolivariana de Venezuela.

De la vigencia

Artículo 11. Las presentes normas entrarán en vigencia a partir de su publicación en la Gaceta Oficial de la República Bolivariana de Venezuela.

Comuníquese y publíquese

OMAR OROZCO COLMENARES

Superintendente de la Actividad Aseguradora (E)

Resolución N° 003-2021 de fecha 18 de enero de 2021, publicada en la Gaceta Oficial de la República Bolivariana de Venezuela N° 42.049 de la misma fecha

REPÚBLICA BOLIVARIANA DE VENEZUELA
MINISTERIO DEL PODER POPULAR DE ECONOMÍA, FINANZAS Y COMERCIO EXTERIOR
SUPERINTENDENCIA DE LA ACTIVIDAD ASEGURADORA

Caracas, a los veintinueve (29) días de agosto de 2024

AÑOS 214°, 165° y 25°

PROVIDENCIA ADMINISTRATIVA N° SAA-01-0526-2024

De conformidad con las previsiones normativas contenidas en los artículos 6 numeral 1; 8 numerales 1, 3 y 18 de la Ley de la Actividad Aseguradora, que le atribuyen al Superintendente de la Actividad Aseguradora (E), **OMAR OROZCO COLMENARES**, designado mediante Resolución N° 003 de fecha 18 de enero de 2021, publicada en la Gaceta Oficial de la República Bolivariana de Venezuela N° 42.049 de la misma fecha, la competencia para establecer y dictar sus manuales de normas y procedimientos que regulan la actividad aseguradora.

POR CUANTO

La Superintendencia de la Actividad Aseguradora debe mantener un registro de las empresas de reaseguros domiciliadas y constituidas en el exterior que sean autorizadas para realizar operaciones de reaseguros en la República Bolivariana de Venezuela, las cuales deben cumplir los requisitos y trámites establecidos en el reglamento de la ley y las normas que a tal efecto se dicten, conforme con el Artículo 68 de la Ley de la Actividad Aseguradora.

En virtud de lo anterior, acuerda dictar las siguientes:

NORMAS RELATIVAS AL REGISTRO DE EMPRESAS DE REASEGUROS EXTRANJERAS

Del objeto

Artículo 1. Las presentes normas tienen por objeto establecer los requisitos y recaudos que las empresas de reaseguros domiciliadas y constituidas en el exterior deben reunir y consignar a la Superintendencia de la Actividad Aseguradora, para la inscripción en el registro de empresas de reaseguros extranjeras.

Del alcance

Artículo 2. Las empresas de reaseguros domiciliadas y constituidas en el exterior que tengan interés de operar con empresas de seguros y de reaseguros constituidas en la República Bolivariana de Venezuela, deben solicitar su inscripción en el registro que lleva la Superintendencia de la Actividad Aseguradora para tal fin.

Del Sistema Único de Trámites

Artículo 3. Todas las solicitudes a las que aluden estas normas se realizarán a través del Sistema Único de Trámites, de conformidad con las previsiones normativas contenidas en las normas que regulan los trámites y procedimientos administrativos sustanciados en la Superintendencia de la Actividad Aseguradora a través de medios electrónicos.

Excepcionalmente y por causas justificadas, la Superintendencia de la Actividad Aseguradora podrá autorizar la consignación de documentos a través de medios físicos.

De la traducción por intérprete público

Artículo 4. Todo documento que se consigne en idioma diferente al castellano deberá ser traducido por intérprete público, de conformidad con la legislación de la República Bolivariana de Venezuela.

De las certificaciones

Artículo 5. Los poderes y las certificaciones deben haber sido expedidas con no más de seis (6) meses de anterioridad a la fecha de presentación de la solicitud, además deben ser legalizadas o apostilladas, según corresponda.

Del interesado

Artículo 6. La solicitud de inscripción en el registro de empresas de reaseguros extranjeras podrá ser realizada por cualquier persona natural o jurídica autorizada por la empresa de reaseguro domiciliada y constituida en el exterior.

De las formalidades para la inscripción

Artículo 7. A los fines de la inscripción en el registro de empresas de reaseguros constituidas en el exterior, el interesado deberá señalar y consignar, a través de los mecanismos dispuestos para tal fin, la siguiente información:

1. Nombre completo, domicilio social, dirección, teléfonos y correos electrónicos del reasegurador;

2. Poder amplio autenticado que acredite la personalidad y facultades del interesado para solicitar la inscripción. En cualquier caso, deberán indicarse los siguientes datos de la persona natural que tramitará la solicitud: nombres y apellidos, cédula de identidad o pasaporte, Registro único de Información Fiscal (R.I.F.), teléfono principal y secundario, dirección, correo electrónico principal y secundario;

3. Certificado de la autoridad competente del país de su domicilio que acredite que la empresa de reaseguros se encuentra constituida legalmente en ese país y que posee autorización, no menor a cinco (5) años, para realizar en el extranjero operaciones de reaseguro, reafianzamiento o ambas, indicando los ramos en que puede operar y que no tiene impedimentos para el pago de las cuentas técnicas de reaseguros en moneda de libre convertibilidad;

4. Copia certificada expedida por la autoridad competente del país de origen de los estatutos o contrato social de la empresa;

5. Memoria y Estados Financieros de los últimos tres (3) ejercicios, con el respectivo Informe de auditores externos de reconocida trayectoria. Se debe acreditar en el último ejercicio un patrimonio no inferior al equivalente a Diez Millones de Dólares de los Estados Unidos de América (US$ 10.000.000,00);

6. Documentos que demuestren que la empresa reaseguradora se encuentra constituida e inscrita en países, dominios, jurisdicciones, territorios o estados asociados, cooperativos, en el marco de la lucha mundial contra los delitos de administración de riesgos de Legitimación de Capitales, Financiamiento al Terrorismo y Financiamiento a la Proliferación de Armas de Destrucción Masiva (LC/FT/FPADM) y otros ilícitos, según los criterios emanados de los documentos públicos emitidos por el Grupo de Acción Financiera Internacional (GAFI) ;

7. Calificación de la capacidad financiera a escala internacional elaborada por alguna de las siguientes calificadoras de riesgos, que no tenga más de doce (12) meses de antigüedad a la fecha de la solicitud:

Agencia Calificadora	Calificación Internacional mínima Aceptada
Standard & Poor's	BBB-
Fitch Ratings	B+
Moody's	BBB-
A.M. Best	Baa3

Para el establecimiento de la calificación, se tomarán en cuenta las siguientes condiciones y criterios:

7.1. Podrán aceptarse calificaciones que procedan de agencias calificadoras distintas a las señaladas, en cuyo caso la Superintendencia de la Actividad Aseguradora evaluará su admisibilidad.

7.2. En el evento de existir varias calificaciones vigentes sobre una misma reaseguradora, se debe tener en cuenta, para el cumplimiento de este requisito, la de mayor calificación.

7.3. En ningún caso se podrá admitir calificadoras de riesgo a escala local.

7.4. Si la empresa de reaseguro extranjera inscrita descendiera a cualquiera posición por debajo de los niveles mínimos de clasificación de riesgo establecidos, la Superintendencia de la Actividad Aseguradora procederá a la exclusión de su registro.

8. Estados financieros correspondientes a los últimos tres (3) ejercicios, con los respectivos informes de auditores externos de reconocida trayectoria internacional;

9. La Superintendencia de la Actividad Aseguradora podrá requerir cualquier otra información o recaudo adicional que considere necesario para evaluar la solvencia, liquidez y experiencia de la empresa que solicita la inscripción en el registro de empresas de reaseguros extranjeras.

Del mercado de reaseguros de Lloyd's of London

Artículo 8. Para los fines de la inscripción en el registro de empresas de reaseguros extranjeras, el mercado de seguros y reaseguros de Lloyd's of London será considerado como un solo reasegurador. Lloyd's of London deberá, a través de la persona natural o jurídica que realiza el trámite, remitir a la Superintendencia lista de los Sindicatos miembros de Lloyd´s.

De la aprobación

Artículo 9. Verificada la información consignada, la Superintendencia de la Actividad Aseguradora tendrá un lapso de veinte (20) días hábiles para resolver la solicitud. En el supuesto que alguna información o documentación resulte ambigua o insuficiente, se ordenará la subsanación al interesado quien contará con un lapso de treinta (30) días continuos para remitir la información. De no hacerlo en dicho lapso se entenderá desistido su trámite.

De la renovación

Artículo 10. La renovación de la inscripción en el registro se efectuará cada tres (3) años y deberá actualizarse la información consignada en la solicitud de inscripción.

De la actualización

Artículo 11. Las empresas de reaseguros inscritas en el registro a que se refiere estas normas están obligadas a remitir cualquier modificación de la información suministrada para efectos de su inscripción o renovación, en el plazo de treinta (30) días hábiles contados a partir de la modificación.

De la aplicación de las normas

Artículo 12. Las demás normativas prudenciales y actos administrativos conexos a la actividad aseguradora, que coliden con las presentes normas no serán aplicables.

De la publicidad

Artículo 13. Se ordena la publicación de las presentes normas en la página web de la Superintendencia de la Actividad Aseguradora, con el fin de coadyuvar con la divulgación de su contenido a todos los interesados y público en general, sin menoscabo de su publicación en la Gaceta Oficial de la República Bolivariana de Venezuela.

De la vigencia

Artículo 14. Las presentes normas entrarán en vigencia a partir de su publicación en la Gaceta Oficial de la República Bolivariana de Venezuela.

Comuníquese y publíquese

OMAR OROZCO COLMENARES
Superintendente de la Actividad Aseguradora (E)

Resolución N° 003-2021 de fecha 18 de enero de 2021, publicada en la Gaceta Oficial de la República Bolivariana de Venezuela N° 42.049 de la misma fecha

REPÚBLICA BOLIVARIANA DE VENEZUELA
MINISTERIO DEL PODER POPULAR DE ECONOMÍA, FINANZAS Y COMERCIO EXTERIOR
SUPERINTENDENCIA DE LA ACTIVIDAD ASEGURADORA

Caracas, a los veintinueve (29) de agosto de 2024

AÑOS 214°, 165° y 25°
PROVIDENCIA ADMINISTRATIVA N° SAA-01-0530-2024

De conformidad con las previsiones normativas contenidas en los artículos 6 numeral 1; 8 numerales 1, 3 y 18 de la Ley de la Actividad Aseguradora, que le atribuyen al Superintendente de la Actividad Aseguradora (E), **OMAR OROZCO COLMENARES**, designado mediante Resolución N° 003 de fecha 18 de enero de 2021, publicada en la Gaceta Oficial de la República Bolivariana de Venezuela N° 42.049 de la misma fecha, la competencia para establecer y dictar sus manuales de normas y procedimientos que regulan la actividad aseguradora.

POR CUANTO

La Ley de la Actividad Aseguradora dispone que, la Superintendencia emitirá los lineamientos de gobierno corporativo de los sujetos regulados.

Igualmente, la Ley de la Actividad Aseguradora dispone los requisitos indispensables para obtener y mantener la autorización para operar como empresas de seguros, de reaseguros nacionales, de medicina prepagada y administradoras de riesgos.

POR CUANTO

La Ley de la Actividad Aseguradora dispone los requisitos indispensables para obtener y mantener la autorización para operar como empresa financiadora de primas o de cuotas.

POR CUANTO

Es competencia de esta Superintendencia de la Actividad Aseguradora verificar y garantizar que los sujetos regulados cumplan con las disposiciones contenidas en la Ley de la Actividad Aseguradora.

En virtud de lo anterior, acuerda dictar las siguientes:

NORMAS SOBRE EL BUEN GOBIERNO CORPORATIVO PARA EMPRESAS DE SEGUROS, REASEGUROS NACIONALES, ADMINISTRADORAS DE RIESGOS, MEDICINA PREPAGADA Y FINANCIADORAS DE PRIMAS

CAPÍTULO I
DE LAS DISPOSICIONES GENERALES

Del objeto

Artículo 1. Las presentes normas tienen por objeto establecer los parámetros para el funcionamiento de los sujetos regulados, a través del buen gobierno corporativo.

De los principios

Artículo 2. Las presentes normas se desarrollarán basándose y aplicándose los principios de transparencia, igualdad, responsabilidad, honestidad y eficiencia.

De las definiciones

Artículo 3. A los fines de estas normas, se entenderá por:

1. Accionista: persona natural o jurídica que posee acciones de una empresa, dichas acciones conllevan derechos económicos y de gestión sobre la empresa;

2. Asamblea de Accionistas: máxima instancia de gobierno de una empresa, compuesta por todos sus accionistas;

3. Auditoría Externa: análisis que realiza un auditor ajeno a la empresa sobre los procesos que desarrolla la misma, para comprobar que se realizan de manera adecuada y cumpliendo los requisitos legales establecidos;

4. Auditoría Interna: área que evalúa los controles internos de la empresa, incluyendo su gestión empresarial y procesos contables, garantizando el cumplimiento de las leyes y reglamentos y ayudan a mantener una presentación precisa y oportuna de los informes financieros y la recopilación de datos;

5. Buen Gobierno Corporativo: conjunto de prácticas mundialmente reconocidas en términos de gobernanza corporativa que rigen la forma de controlar y gestionar las empresas. Distribuye y equilibra los poderes entre todos los grupos de interés de la empresa entendiéndose como Junta Directiva o administradora, accionistas, alta gerencia, ejecutivos, además establece las normas y los procedimientos de toma de decisiones que deben seguirse;

6. Calificación profesional: formación académica a través de la cual se obtiene un título universitario;

7. Código de Ética y conducta: base de la cultura organizacional y reúne un conjunto de normas, reglas y consecuencias que rigen la ética y conducta de las partes interesadas de la empresa, tales como la Junta Directiva o administradora, gerencia, empleados. El Código de Ética y conducta debe ser formulado y suscrito por la propia empresa;

8. Comisario: persona calificada y autorizada por la Asamblea de Accionistas para vigilar el correcto funcionamiento y administración de la empresa, en los aspectos administrativos, financieros y contables;

9. Defensor del Asegurado: persona designada por la Junta Directiva o adminis-tradora, o quien haga sus veces y forma parte de la estructura organizacional de la empresa de seguros y medicina prepagada. Es el encargado de atender y gestionar las denuncias, los reclamos y quejas de los tomadores, asegurados, beneficiarios, contratantes, usuarios y afiliados de la actividad aseguradora, en relación a los contratos de seguros y demás actividades y compromisos derivados de la ley que regula la materia;

10. Directores independientes: miembros de la Junta Directiva o administradora que no tienen vínculo alguno con la empresa o sus accionistas;

11. Directores propietarios: miembros de la Junta Directiva o administradora que tienen participación accionaria en la empresa;

12. Directores vinculados: miembros de la Junta Directiva o administradora que, sin ser propietarios, tienen funciones operativas en el manejo de la empresa;

13. Estructuras y Órganos de gobierno corporativo: aquellas instancias con miembros y espacios formales que, por mandato legal, normativo, de estatutos sociales o por las mejores prácticas internacionales, tienen la función de adoptar y garantizar los estándares de buen gobierno corporativo;

14. Experiencia: conocimiento que se adquiere con la práctica o ejercicio de la actividad aseguradora y conexas, y de actividades relacionadas con los sectores específicos en materia económica o financiera.;

15. Honorabilidad: Valor ético y social de una persona, producto de sus propias acciones y del cumplimiento de sus deberes morales y sociales, acrecentando el derecho al respeto de los demás;

16. Junta Directiva o administradora: máxima instancia de administración de una empresa, compuesta por un grupo de directores nombrados por la Asamblea de Accionistas, los cuales deben cumplir con el perfil establecido por la Ley de la Actividad Aseguradora, el reglamento y las normas dictadas por la Superintendencia de la Actividad Aseguradora;

17. Manual de Buen Gobierno Corporativo: instrumento por medio del cual la empresa define los fundamentos y directrices generales de la estructura de buen gobierno corporativo, los cuales deben atender sus Órganos de dirección, administración y control, en todas sus acciones tendientes a procurar el mejor desempeño, basado principalmente en el apego a la conducta ética;

18. Oficial de Cumplimiento: persona responsable de garantizar la adecuada implementación y funcionamiento del Sistema de Administración de Riesgos de Legitimación de Capitales, Financiamiento al Terrorismo y Financiamiento de la Proliferación de Armas de Destrucción Masiva (SIAR/LC/FT/FPADM) y otros ilícitos;

19. Presidente de la Junta Directiva: miembro de la Junta Directiva o administra-dora que es designado por la Asamblea de Accionistas para representar a la empresa en los distintos ámbitos de actividad, convocar, presidir y dirigir las reuniones de la junta;

20. Presidente ejecutivo: máxima autoridad de la empresa, designado para dirigirla cumpliendo el presupuesto, plan de negocios y aspectos regulatorios establecidos;

21. Solvencia: capacidad patrimonial de las personas naturales o jurídicas para satisfacer las obligaciones que han contraído;

22. Trato igualitario a los accionistas: marco para el buen gobierno corporativo que garantiza que todos los accionistas de una empresa tienen el mismo derecho, sin importar el porcentaje accionario.

CAPÍTULO II
DE LOS ACCIONISTAS Y
JUNTA DIRECTIVA O ADMINISTRADORA
DE LOS SUJETOS REGULADOS

De los accionistas

Artículo 4. Las empresas de seguros, reaseguros nacionales, administradoras de riesgos y medicina prepagada deben poseer como mínimo cinco (5) accionistas. Las empresas financiadoras de primas deben poseer como mínimo tres (3) accionistas.

En ambos casos, deberán cumplir con los requisitos indicados en el Artículo 15 de estas normas.

De la Asamblea de Accionistas

Artículo 5. La asamblea estará compuesta por la totalidad de los accionistas de la empresa. Las asambleas son ordinarias o extraordinarias.

La asamblea ordinaria se reunirá una vez al año por lo menos, en la fecha que determine el documento constitutivo estatutario, y en ella los accionistas realizaran cuando menos las siguientes acciones:

1. Discutir, aprobar o modificar los estados financieros, tomando en cuenta el informe de los comisarios;
2. Nombrar a los administradores o miembros de la Junta Directiva;
3. Nombrar los comisarios;
4. Fijar la retribución que corresponde a los administradores o miembros de la Junta Directiva y a los comisarios, salvo lo dispuesto en el documento constitutivo estatutario;
5. Conocer cualquier otro asunto que le sea especialmente sometido.

La asamblea extraordinaria se reunirá siempre que interese a la empresa, y decidirá sobre los puntos que le sean sometidos, de acuerdo a los objetos enunciados en la convocatoria.

De la convocatoria a la Asamblea de Accionistas

Artículo 6. Las empresas de seguros, reaseguros nacionales, administradoras de riesgos, medicina prepagada y financiadoras de prima, deben notificar cualquier asamblea ordinaria o extraordinaria a la Superintendencia de la Actividad Aseguradora, con por lo menos quince (15) días continuos de anticipación a la fecha en la cual se celebrará, remitiendo mediante escrito copia de la respectiva convocatoria y de los documentos que vayan a ser sometidos a consideración de la Asamblea de Accionistas.

Del Acta de Asamblea de Accionistas

Artículo 7. El Acta de asamblea ordinaria o extraordinaria o la certificación de la misma, debe plasmar todos y cada uno de los puntos tratados y aprobados en ella.

De la ejecución de las decisiones de las asambleas de accionistas

Artículo 8. Las empresas de seguros, reaseguros nacionales, administradoras de riesgos, medicina prepagada y financiadoras de prima deben ejecutar las decisiones y mandatos de las asambleas de accionistas, como máxima instancia de gobierno y control de la empresa, escuchando y atendiendo las deliberaciones, así como las decisiones y votos de todos los accionistas por igual.

De la resolución de requerimientos de los accionistas

Artículo 9. Las empresas de seguros, reaseguros nacionales, administradoras de riesgos, medicina prepagada y financiadoras de prima deben fomentar y vigilar la atención de los accionistas, a través de instancias operativas para garantizar la resolución de requerimientos de todos los accionistas de forma igualitaria.

Del trato igualitario a los accionistas

Artículo 10. La Asamblea de Accionistas debe garantizar el trato igualitario a todos los accionistas, independientemente del porcentaje accionario que posean dentro de la empresa; asimismo, debe asegurarse de la presencia de la mayoría de los accionistas a las asambleas ordinarias o extraordinarias, haciendo particular énfasis en la presencia de los accionistas minoritarios, convocados según lo dispuesto en sus estatutos sociales, la Ley de la Actividad Aseguradora y normas aplicables.

Las empresas de seguros, reaseguros nacionales, administradoras de riesgos, medicina prepagada y financiadoras de prima deberán hacer uso de los medios de comunicación digitales, publicaciones en páginas web o portales digitales de la empresa, medios de prensa electrónicos, correos electrónicos individuales, mensajes telefónicos, redes sociales, llamadas telefónicas y otros, para convocar a los accionistas, especialmente a aquellos que no se encuentran en la sede principal de la sociedad o están domiciliados fuera del país.

Asimismo, a los fines de garantizar la presencia de todos los accionistas a las asambleas convocadas, deberá incorporar a sus estatutos sociales la votación telemática como herramienta para agilizar sus procesos de votación y facilitarán el voto de los accionistas que no puedan asistir de manera presencial a las asambleas ordinarias o extraordinarias, garantizando la eficiencia de recursos, además de la participación igualitaria de todos los accionistas de la empresa.

De la Junta Directiva o administradora

Artículo 11. La Junta Directiva o administradora como máxima instancia de administración de una empresa, debe:

1. Establecer y controlar el presupuesto;

2. Contribuir con la sostenibilidad de la organización a través de buenas prácticas que permitan dirimir los conflictos de intereses que puedan surgir entre los accionistas, la Junta Directiva o administradora, la alta gerencia y los empleados;

3. Llevar un Libro de actas de Junta Directiva o administradora, donde se asentará el contenido de sus deliberaciones, el cual debe estar firmado por los miembros presentes en el acto.

Las decisiones de la Junta Directiva o administradora tienen un carácter vinculante, por lo que, sus miembros tendrán responsabilidades legales, de carácter administrativo, civil y penal, de conformidad con lo establecido en la Ley de la Actividad Aseguradora, su reglamento y las normas que dicte la Superintendencia de la Actividad Aseguradora, salvo que hayan dejado constancia expresa en acta de su voto en contra de tal decisión.

De los miembros de la Junta Directiva o administradora

Artículo 12. Las empresas de seguros, reaseguros nacionales, administradoras de riesgos y medicina prepagada deben poseer una Junta Directiva o administradora compuesta por no menos de cinco (5) integrantes. En el caso de las empresas financiadoras de primas deben poseer una Junta Directiva o administradora compuesta por no menos de tres (3) integrantes.

En ambos supuestos, al menos un tercio de los integrantes de la Junta Directiva o administradora deben ser directores o directoras independientes y además deberán cumplir con los requisitos indicados en los artículos 13 y 14 de estas normas.

De las condiciones para ser miembro de la Junta Directiva o administradora

Artículo 13. A los fines de obtener la autorización por parte de la Superintendencia de la Actividad Aseguradora para ser miembro de la Junta Directiva o administradora, las personas naturales deberán cumplir con las siguientes condiciones:

1. En cuanto a la experiencia en relación a las empresas de seguros, reaseguros nacionales, administradoras de riesgos y medicina prepagada:

1.1 En los casos de poseer título universitario, la experiencia se determinará por el desempeño como mínimo de cinco (5) años en la actividad aseguradora: en cargos de alto nivel (presidente o presidenta, vicepresidente o vicepresidenta, gerente general u otros cargos de similar jerarquía o asesoramiento) o en cargos de jerarquía inmediatamente anterior a los de alto nivel;

1.2 En los casos de no poseer título universitario, la experiencia se determinará por el desempeño como mínimo de diez (10) años en cargos de alto nivel o en cargos de jerarquía inmediatamente anterior a los de alto nivel, en la actividad aseguradora o en empresas enmarcadas en sectores específicos de la economía, tales como: bancario, mercado de capitales, industrial, tecnología y de servicios, siempre que demuestren su trayectoria y experiencia profesional.

2. En cuanto a la experiencia en relación a las empresas financiadoras de primas:

2.1 En los casos de poseer título universitario, la experiencia se determinará por el desempeño como mínimo de tres (3) años en la actividad aseguradora o financiera;

2.2 En los casos de no poseer título universitario, la experiencia se determinará por el desempeño como mínimo de cinco (5) años en tales actividades; en ambos casos, en cargos de alto nivel (presidente o presidenta, vicepresidente o vicepresidenta, gerente general u otros cargos de similar jerarquía o asesoramiento), o en cargos de jerarquía inmediatamente anterior a los de alto nivel.

3. En cuanto a la calificación profesional: poseer título universitario. No se exige profesión específica;

4. En cuanto a la honorabilidad: las personas no deben haber estado incursas en conductas graves o reiteradas en perjuicio de personas o instituciones, o en quienes no concurra alguna de las circunstancias establecidas en el Artículo 15 de la Ley de la Actividad Aseguradora.

De los requisitos para ser miembro de la Junta Directiva o administradora Artículo 14. Los sujetos regulados que realicen la solicitud de aprobación de los miembros de la Junta Directiva o administradora, deberán consignar los siguientes requisitos:

1. Balance personal;

2. Certificado de la Declaración de Impuesto sobre la Renta del año inmediatamente anterior;

3. Constancia de residencia, con una vigencia no mayor de tres (3) meses;

4. Cédula de identidad vigente;

5. Registro único de Información Fiscal (R.I.F.) vigente;

6. Síntesis curricular;

7. Constancias de calificación profesional y experiencia sobre los cargos desempeñados o trabajos realizados;

8. Declaración Jurada de no estar incurso en alguna de las prohibiciones previstas en la ley;

9. Cualquier otra documentación que a juicio de esta Superintendencia de la Actividad Aseguradora se considere pertinente.

Las personas naturales interesadas en ser miembros de la Junta Directiva o administradora no podrán ser cónyuges o mantener uniones estables de hecho entre sí, o estar vinculados por parentesco dentro del segundo grado de afinidad o cuarto de consanguinidad. No ejercer simultáneamente cargos directivos en otros sujetos regulados o en otras empresas del sistema financiero. En relación a los miembros de la Junta Directiva o administradora al menos la mitad de los mismos deben ser venezolanos o venezolanas.

De los requisitos para ser accionista

Artículo 15. Los accionistas, conjuntamente con la solicitud, deberán cumplir con los siguientes requisitos:

1. **Personas Naturales:**

1.1 Balance personal;

1.2 Certificado de la Declaración de Impuesto sobre la Renta del año inmediatamente anterior;

1.3 Constancia de residencia;

1.4 Cédula de identidad vigente;

1.5 Registro único de Información Fiscal (R.I.F.) vigente;

1.6 Síntesis curricular;

1.7 Declaración Jurada de no estar incurso en alguna de las prohibiciones previstas en la ley;

1.8 Declaración Jurada de origen y destino de los fondos;

1.9 Declaración Jurada sobre si actúa por cuenta propia y será el beneficiario final.

1.10 Cualquier otra documentación que a juicio de esta Superintendencia de la Actividad Aseguradora se considere pertinente.

2. Personas Jurídicas:

2.1 Copia del documento constitutivo y estatutos sociales con sus respectivas modificaciones;

2.2 Registro único de Información Fiscal (R.I.F.) vigente;

2.3 En caso que los accionistas fueran personas o estructuras jurídicas, consignarán los documentos necesarios que permitan determinar la identidad de las personas naturales accionistas de dichas empresas y de las que efectivamente tendrán el control de la institución, de quienes los interesados deberán remitir los recaudos para personas naturales;

2.4 Declaración Jurada de origen y destino de los fondos de los accionistas principales;

2.5 Declaración Jurada sobre si los accionistas principales actúan por cuenta propia y serán los beneficiarios finales;

2.6 Estados financieros correspondientes al último ejercicio económico.

2.7 Certificado de la Declaración de Impuesto sobre la Renta de los últimos tres (3) años y los soportes que evidencien el pago, de ser el caso;

2.8 Declaración Jurada notariada del presidente de la empresa (actuando en su condición de representante) en la cual manifieste que dicha sociedad y sus accionistas no estuvieron ni están incursos en los supuestos previstos en el Artículo 15 de la Ley de la Actividad Aseguradora;

2.9 Cualquier otra documentación que a juicio de esta Superintendencia de la Actividad Aseguradora considere pertinente.

Del presidente de la Junta Directiva o administradora

Artículo 16. El presidente de la Junta Directiva o administradora será nombrado por la Asamblea de Accionistas y el mismo se encargará de convocar, formular el orden del día y dirigir las reuniones; asimismo, velará porque los demás miembros de la Junta Directiva reciban la información necesaria, participen de manera activa y se comprometan a dar cumplimiento a sus tareas asignadas.

Del presidente ejecutivo

Artículo 17. El presidente ejecutivo será nombrado por la Asamblea de Accionistas y se encargará de llevar a cabo la gestión y administración de la empresa en conjunto con la Junta Directiva o alta gerencia.

Los estatutos de las empresas de seguros, reaseguros nacionales, medicina prepagada, administradoras de riesgos y financiadoras de primas o cuotas establecerán claramente las funciones del presidente ejecutivo de manera que se logre establecer las responsabilidades de cada unidad de gobierno.

No obstante, en ningún caso se dispondrán que el presidente ejecutivo tiene poderes absolutos de administración, ni siquiera para situaciones excepcionales.

Del secretario de la Junta Directiva o administradora

Artículo 18. El secretario de la Junta Directiva o administradora debe facilitar el buen desarrollo de las sesiones de la junta, ocupándose muy especialmente de prestar a los directores el asesoramiento y la información necesaria, de conservar la documentación, de dejar constancia en los libros de actas del desarrollo de las sesiones, y de dar fe de sus resoluciones.

Será responsabilidad del secretario de la Junta Directiva o administradora velar porque todas las actas de sesión sean suscritas por sus participantes, de manera que su contenido sea refrendado por estos.

De la competencia de la asamblea de accionista

Artículo 19. La Asamblea de Accionistas debe garantizar que todos los miembros de la Junta Directiva cuenten con la experiencia, calificación profesional y honorabilidad, a objeto de ejercer adecuadamente sus obligaciones al frente de la dirección de la misma.

Como parte de un buen gobierno corporativo, la Asamblea de Accionistas debe velar que la Junta Directiva conozca y comprenda las áreas de la empresa y las obligaciones relacionadas con el tratamiento ético y justo de los clientes.

De la implementación de objetivos y estrategias comerciales

Artículo 20. La Junta Directiva de los sujetos regulados deberá establecer rigurosos controles en aquellos casos en los que decidan adoptar una iniciativa comercial importante, que implique modificar sus estrategias con respecto a la aceptación de un nuevo tipo o clase de riesgo, creación de un nuevo producto o para una nueva clase o categoría de clientes.

De la toma de decisiones

Artículo 21. Los estatutos establecerán las formas y condiciones para adoptar las decisiones, soportados en criterios de autonomía claros y objetivos. Se indicarán los mecanismos para resolver los empates, de existir.

De los deberes de cada miembro de la Junta Directiva o administradora

Artículo 22. Los miembros de la Junta Directiva o administradora deben:

1. Actuar de buena fe, con honestidad y de manera razonable;

2. Ejercer con debido cuidado y diligencia sus funciones;

3. Actuar según el mejor interés de la empresa y de los tomadores, asegurados, beneficiarios, contratantes, usuarios y afiliados, anteponiendo dichos intereses a los propios;

4. Tomar decisiones con objetividad y juicio independiente, tomando debidamente en cuenta los intereses de la empresa y de los tomadores, asegurados, beneficiarios, contratantes, usuarios y afiliados;

5. No utilizar su cargo para obtener ventajas personales indebidas o en detrimento de la empresa.

De la vigencia de la Junta Directiva o administradora

Artículo 23. Los miembros de la Junta Directiva o administradora tendrán como vigencia en el ejercicio de sus funciones el tiempo establecido en sus estatutos sociales.

De la capacitación de los miembros de la Junta Directiva o administradora

Artículo 24. Los miembros de la Junta Directiva o administradora tienen la obligación de mantener formación académica y actualización continua en lo que respecta a todas las materias y áreas relacionadas con la actividad aseguradora.

Asimismo, la Superintendencia de la Actividad Aseguradora podrá ordenar la realización de capacitaciones en temas que interesen al sector y, en algunos casos, obligatorios para los miembros de las juntas directivas.

De las tareas específicas de la Junta Directiva o administradora en resguardo del interés de la empresa

Artículo 25. La Junta Directiva o administradora debe implementar las siguientes tareas específicas en resguardo del interés de la empresa:

1. Revisar periódicamente políticas generales de la empresa, en especial las relacionadas a las estrategias comerciales;

2. Supervisar a la alta gerencia en la correcta implementación de las políticas definidas;

3. Establecer códigos de ética y estándares de conducta para la empresa;

4. Aportar conocimientos, experiencia y dedicación;

5. Desarrollar objetivos y medidas de desempeño, cuya revisión será realizado a través de las auditorías respectivas, valorando especialmente su adecuación;

6. Implementar un sistema de información interna a través de herramientas y procedimientos que ayuden a la efectiva toma de decisiones.

Del control de la gestión de la gerencia

Artículo 26. La Junta Directiva o administradora debe controlar la gestión de la gerencia del sujeto regulado, de manera cercana y efectiva, encabezada por el presidente ejecutivo, asegurando el cabal desempeño de las funciones de cada uno de los gerentes o ejecutivos, así como el cumplimiento del presupuesto y plan de negocios anual aprobado por la Asamblea de Accionistas.

De la remuneración de la Junta Directiva o administradora

Artículo 27. La Junta Directiva o administradora debe someter a la consideración de la Asamblea de Accionistas la remuneración, dietas o asignaciones de sus miembros.

De las políticas de remuneración

Artículo 28. Las remuneraciones establecidas deberán ajustarse a los estándares establecidos por el mercado laboral y nunca podrán ir en detrimento de la rentabilidad y sostenibilidad del sujeto regulado.

De la delegación de sus funciones

Artículo 29. La Junta Directiva o administradora podrá delegar sus funciones a través de la creación de Órganos de gobierno delegados o comités, los cuales estarán limitados a asuntos específicos.

Cuando la Junta Directiva o administradora delegue sus funciones a través de la creación de Órganos de gobierno delegados o comités, deberá asegurarse que:

1. La delegación es apropiada;

2. La delegación se realiza bajo un mandato claro con términos bien definidos, tales como aquellos relacionados con los poderes, responsabilidades y procedimientos asociados a la delegación, y es respaldada por recursos adecuados para llevar a cabo efectivamente las funciones delegadas;

3. No exista concentración indebida de poderes que entregue a alguna persona o grupo de personas un nivel irrestricto e inapropiado de poderes, capaz de influenciar las decisiones comerciales o de gestión de la empresa;

4. Se tenga la capacidad de monitorear y requerir informes sobre si las tareas delegadas se llevan a cabo de manera adecuada;

5. Se mantenga la capacidad de revocar la delegación si no es ejercida por el delegado apropiadamente y para los propósitos debidos.

De los Órganos de gobierno delegados o comités

Artículo 30. Los Órganos de gobierno delegados o comités deberán ser conformados según las políticas del sujeto regulado y tendrán como mínimo tres (3) miembros, los cuales estarán presididos por el principio de transparencia, y deberán adoptar las medidas necesarias para asegurar que la Junta Directiva o administradora tenga conocimiento completo de todos los asuntos tratados y de las decisiones adoptadas.

Asimismo, el documento o acta que acuerde la creación del comité respectivo establecerá que sus miembros cuentan con la autonomía y la objetividad necesarios para llevar a cabo las funciones.

De la aprobación por parte de la Junta Directiva o administradora

Artículo 31. Los Órganos de gobierno o comités se encargarán del procedimiento previo en relación a la gestión encomendada y presentarán las resultas del mismo ante la Junta Directiva o administradora como máxima instancia administrativa del sujeto regulado a los fines de su aprobación.

CAPÍTULO III
DEL BUEN GOBIERNO CORPORATIVO

De los aspectos fundamentales de buen gobierno Corporativo

Artículo 32. A los fines de ejecutar un buen gobierno corporativo dentro de la empresa, la misma debe considerar los siguientes aspectos fundamentales:

1. Administración integral de riesgos de LC/FT/FPADM y otros ilícitos. Debe ser desarrollado por un área específica, implementando un efectivo Sistema Integral de Administración de Riesgos de Legitimación de Capitales, Financiamiento al Terrorismo, Financiamiento de la Proliferación de Armas de Destrucción Masiva (SIAR/LC/FT/ FPADM) y otros ilícitos, incluyendo la autoevaluación de riesgo anual;

2. Control interno. Debe establecerse un sistema eficaz y permanente de control interno, con procedimientos administrativos y contables, y con mecanismos de información y de comprobación de actividades,

3. Auditoría interna. Debe realizarse una revisión del cumplimiento de la normatividad interna y externa aplicable, examinando las políticas y normas establecidas por la Junta Directiva o administradora o por la Asamblea de Accionistas;

4. Contratación de servicios de terceros. Debe asegurarse que las funciones realizadas por terceros no afecten el sistema de gobierno corporativo, no incrementen los riesgos o afecten la calidad del servicio otorgado.

De la administración integral de riesgos

Artículo 33. La Junta Directiva deberá elaborar un Sistema Integral de Riesgos de Legitimación de Capitales, Financiamiento al Terrorismo, Financiamiento de la Proliferación de Armas de Destrucción Masiva (SIAR/LC/FT/FPADM) y otros ilícitos; asimismo, deberá hacer una evaluación de los riesgos prudenciales, en cuanto a la solvencia, liquidez y conducta del mercado, entre otros relacionados, de los riesgos emergentes y los riesgos comerciales.

De la independencia y objetividad

Artículo 34. Para promover la objetividad en la toma de decisiones por parte de la Junta Directiva o administradora, la independencia formal y percibida de sus miembros debe estar garantizada. A tal efecto, los miembros de la Junta Directiva deben evitar vínculos personales o intereses financieros o comerciales que puedan entrar en conflicto con los de la empresa. Cuando no sea razonablemente posible evitar conflictos de interés, estos conflictos deben ser gestionados efectivamente. Deben establecerse políticas y procedimientos documentados para identificar y abordar los conflictos de interés, los que podrían incluir aspectos como: revelación de los potenciales conflictos de interés, requerimientos para operaciones en condiciones de igualdad o independencia entre partes asociadas, abstención del voto y, cuando sea apropiado, intervención de la Asamblea de Accionistas.

Del adecuado ambiente de control

Artículo 35. Los sujetos regulados deben asegurar un adecuado ambiente de control, en los que garantizará el cumplimiento de carácter regulatorio, normativo, ético y conductual.

De la evaluación del funcionamiento

Artículo 36. Los sujetos regulados deben adoptar pautas de autocontrol, por lo que, al menos una vez al año, a través de reunión de alta gerencia, miembros de Junta Directiva o administrativa y accionistas, discutirán sobre su propio funcionamiento, con el propósito de valorar la calidad de sus trabajos, de evaluar la eficiencia de sus reglas y, en su caso, de corregir aquellos aspectos que se hayan revelado poco funcionales.

El objetivo final es asegurar la efectividad de la empresa y su capacidad de supervisar la gestión, teniendo en cuenta los distintos informes emitidos por las Áreas Contables, Financiera, Legal, Auditoría Interna y Externa, Actuarial, Unidad de Defensoría, Oficial de Cumplimiento, así como el resultado de la inspección general y parcial realizada por los funcionarios de la Superintendencia de la Actividad Aseguradora, entre otras.

De las bases principales para un gobierno corporativo eficaz

Artículo 37. A los fines de obtener un gobierno corporativo eficaz, el sujeto regulado debe implementar las siguientes bases:

1. Definición clara de roles y responsabilidades en la organización que permita establecer los objetivos, los medios para alcanzarlos y cómo supervisar su cumplimiento;

2. La Junta Directiva o administradora y la alta gerencia deben conformarse por personas con conocimientos y competencias necesarias para cumplir sus roles. Deben planificar y dirigir la gestión comercial y de riesgos, gestionando eficazmente la solvencia de la empresa;

3. Debe existir un ambiente de control adecuado en relación al volumen, naturaleza y complejidad de las operaciones, y al perfil de riesgo de la empresa, que permita un control eficiente y alentar un uso efectivo de los recursos.

De las políticas, normas, funciones, procesos y procedimientos de los Órganos de gobierno

Artículo 38. Las políticas, normas, funciones, procesos y procedimientos de cada Órgano de gobierno, así como del flujo de toma de decisiones y seguimiento de las mismas, debe ser establecido por cada sujeto regulado según las leyes, normas aplicables y requerimientos de la empresa en términos de tamaño y actividades, siempre privilegiando la agilidad, eficacia y eficiencia al proceso de administración, sin comprometer la rentabilidad y sostenibilidad de la sociedad.

De la adaptabilidad de las prácticas de buen gobierno corporativo

Artículo 39. Las disposiciones establecidas en estas normas deberán ajustarse y adaptarse al tamaño y recursos disponibles por los sujetos regulados, sin que esto pueda ser impedimento para la implementación de las prácticas de buen gobierno corporativo relacionadas con las responsabilidades y valores de la Junta Directiva o administradora.

De la gestión de riesgos y controles internos

Artículo 40. Es responsabilidad de la Junta Directiva o administradora garantizar que la empresa cuente con sistemas y funciones adecuados para la gestión de riesgo y controles internos; y proporcionar vigilancia para garantizar que estos sistemas y funciones que supervisa están operando efectivamente y según fueron previstos.

De la auditoría interna

Artículo 41. El área de auditoría interna del sujeto regulado debe asegurar que el sistema de gestión integral de riesgos es adecuado y que se toman las medidas necesarias para su mantenimiento en forma continua.

De las responsabilidades de la auditoría interna

Artículo 42. El sujeto regulado a través del área de auditoría interna contribuirá a la aplicación y funcionamiento de la gestión de riesgos, ejerciendo nexos entre la Asamblea de Accionistas, la Junta Directiva o administradora y la alta gerencia de la empresa. Para ello debe:

1. Elaborar el Programa Anual de Seguimiento, Evaluación y Control de auditoría interna o el área que hagas sus veces;

2. Proponer la selección, mantenimiento o sustitución de la firma de auditores externos y evaluar su independencia y condiciones de contratación;

3. Examinar los informes emitidos por los auditores externos;

4. Realizar seguimiento sobre recomendaciones y debilidades realizadas;

5. Conocer los estados contables y la información contable relevante;

6. Mantener comunicación con la Superintendencia de la Actividad Aseguradora sobre los problemas o resultados de las inspecciones realizadas anualmente al cierre del ejercicio económico;

7. Evaluar los sistemas diseñados para cumplir con los requerimientos legales, normativos, contractuales y del Código de Ética;

8. Considerar los métodos empleados para custodia de activos;

9. Implementar la aplicación de las políticas y procedimientos y el funcionamiento de los mecanismos de control dispuestos;

10. Valorar el sistema de cálculo del capital social suscrito o el patrimonio propio no comprometido en relación con los riesgos;

11. Evaluar exactitud y confiabilidad de los registros contables y los informes financieros y de gestión;

12. Evaluar el cumplimiento de las obligaciones exigidas en las presentes normas.

De la auditoría externa

Artículo 43. La auditoría externa debe aportar una visión fiel e independiente de la institución y de los demás agentes que tengan interés en la misma. Los sujetos regulados deben contar con auditores externos competentes y calificados que aporten una visión independiente, autorizados por la Superintendencia de la Actividad Aseguradora.

De los informes de auditoría externa

Artículo 44. Los auditores externos deben emitir los siguientes informes de acuerdo a la evaluación realizada al sujeto regulado, debiendo ser presentados dentro del lapso establecido por la Ley para la presentación de los estados financieros:

1. Dictamen sobre los estados contables e información complementaria al cierre de ejercicio;

2. Informe de evaluación integral del funcionamiento del sistema de gestión integral de riesgos, e informes anuales sobre las omisiones significativas detectadas, las recomen-daciones realizadas y las medidas correctivas adoptadas;

3. Informe anual de la idoneidad y el funcionamiento de las políticas y procedimientos adoptados para administrar los riesgos de Legitimación de Capitales, Financiamiento al Terrorismo, Financiamiento de la Proliferación de Armas de Destrucción Masiva (LC/FT/FPADM) y otros ilícitos;

Los demás que estime convenientes para el mejor desenvolvimiento y desarrollo de la empresa.

Del manual de buen gobierno corporativo

Artículo 45. Los sujetos regulados deben tener a disposición de la Superintendencia de la Actividad Aseguradora un manual de buen gobierno corporativo, el cual será guía para su funcionamiento y desarrollo, de obligatoria observación, cumplimiento y vigilancia por parte de todos los accionistas, miembros de la Junta Directiva o administradora, gerentes, ejecutivos y cualquier otro grupo de interés relacionado con la empresa. El mismo deberá ser aprobado en Asamblea de Accionistas.

En caso de sociedades mercantiles que soliciten autorización para operar como empresas de seguros, reaseguros nacionales, de medicina prepagada, administradora de riesgos y financiadoras de primas o cuotas, deben presentar a la Superintendencia de la Actividad Aseguradora un manual de buen gobierno corporativo.

Para la elaboración del manual de buen gobierno corporativo se tomarán en cuenta las exigencias de estas normas.

Del informe de buen gobierno corporativo

Artículo 46. Los sujetos regulados deben presentar anualmente ante la Superintendencia de la Actividad Aseguradora de forma obligatoria, por los medios que dispone la misma, un informe de buen gobierno corporativo, donde se deje constancia de las políticas, procedimientos y funcionamiento implementados, así como del grado de adopción y cumplimiento de los principios de trato igualitario a accionistas, responsabilidades y valores de la Junta Directiva o administradora y otras instancias de gobierno, ambiente de control y transparencia.

El informe referido en este artículo podrá ser realizado por la persona designada por la Junta Directiva o administradora, debiendo ser consignado ante la Superintendencia de la Actividad Aseguradora, dentro de los tres (3) meses posteriores al cierre del ejercicio económico de la empresa.

Las disposiciones anteriores deberán ajustarse y adaptarse a la dimensión y recursos disponibles por los sujetos regulados, sin que esto pueda ser impedimento para la implementación de las buenas prácticas de gobierno corporativo obligatorias o recomendadas por estas normas.

De los estándares de buen gobierno corporativo

Artículo 47. En el entendido que los estándares de buen gobierno corporativo tienen por objeto brindar y asegurar una adecuada transparencia, los sujetos regulados deben atenerse a los siguientes principios y recomendaciones en la página web corporativa, redes sociales o instancia de atención a accionistas, envíos por correo electrónico, u otros medios que sean especificados en las leyes y normas aplicables y sus estatutos sociales y deben incluir:

1. La información financiera de forma periódica u ocasional actualizada, con acceso a la información de manera sencilla, para la consulta de todos los accionistas y otras partes interesadas de la empresa, sin que ello vaya en detrimento de la seguridad, rentabilidad o sostenibilidad de la misma;

2. La información de interés actualizada relacionada con las actividades y negocios desarrollados por la empresa, productos y servicios, capacidades, infraestructura y procesos, localización geográfica, medios de contacto y otras que puedan ser de importancia para las partes interesadas, sin que ello vaya en detrimento de la seguridad, rentabilidad o sostenibilidad de la misma;

3. La información sobre gobierno corporativo, incluyendo la composición, políticas, prácticas y reportes de la Asamblea de Accionistas, así como de otros Órganos de gobierno corporativo y sus miembros, con una breve descripción de su perfil profesional, incluyendo Junta Directiva o administradora, comités directivos, alta gerencia, Órganos de control, así como de los comisarios, Oficial de Cumplimiento y Defensor del Asegurado, sin que ella vaya en detrimento de la seguridad, rentabilidad o sostenibilidad de la sociedad;

4. La información sobre instancias, composición, políticas, prácticas de gobierno corporativo relacionadas con el ambiente de control, de fiscalización y administración de riesgos de legitimación de capitales, financiamiento al terrorismo, financiamiento a la proliferación de armas de destrucción masiva y otros ilícitos. Adicionalmente, se sugiere incluir información sobre instancias y procesos de gobierno corporativo relacionada con la gestión integral de riesgo, auditoría interna y externa, así como otros mecanismos de control interno con los que cuente la empresa, sin que ello vaya en detrimento de la seguridad, rentabilidad o sostenibilidad de la sociedad;

5. La información sobre programas, prácticas y actividades relacionadas con responsabilidad social empresarial para con los empleados y la comunidad en general, así como aquellas relacionadas con la sostenibilidad y protección medioambiental, sin que ello vaya en detrimento de la seguridad, rentabilidad o sostenibilidad de la empresa;

Las disposiciones anteriores deberán adaptarse al tamaño y recursos disponibles de los sujetos regulados, sin que esto pueda ser un impedimento para la implementación de las buenas prácticas de gobierno corporativo relacionadas con el principio de transparencia.

De la *ciberseguridad*

Artículo 48. La Junta Directiva deberá promover la creación e implementación de políticas, normas y procedimientos orientados a la ciberseguridad y ciberresilencia de la empresa a fin de salvaguardar su información propia y la de los tomadores, asegurados, beneficiarios, contratantes, usuarios y afiliados.

De la disposición transitoria

Artículo 49. Los sujetos regulados por estas normas dispondrán de seis (6) meses, contados a partir de la entrada en vigencia de las mismas, para adecuarse a lo previsto en estas normas.

De la aplicación de las normas

Artículo 50. Las demás normativas prudenciales y actos administrativos conexos a la actividad aseguradora, que coliden con las presentes normas no serán aplicables.

De la publicidad

Artículo 51. Se ordena la publicación de las presentes normas en la página web de la Superintendencia de la Actividad Aseguradora, con el fin de coadyuvar con la divulgación de su contenido a todos los interesados y público en general, sin menoscabo de su publicación en la Gaceta Oficial de la República Bolivariana de Venezuela.

De la vigencia

Artículo 52. Las presentes normas entrarán en vigencia a partir de su publicación en la Gaceta Oficial de la República Bolivariana de Venezuela.

Comuníquese y publíquese

OMAR OROZCO COLMENARES
Superintendente de la Actividad Aseguradora (E)

Resolución N° 003-2021 de fecha 18 de enero de 2021, publicada en la Gaceta Oficial de la República Bolivariana de Venezuela N° 42.049 de la misma fecha

REPÚBLICA BOLIVARIANA DE VENEZUELA
MINISTERIO DEL PODER POPULAR DE ECONOMÍA, FINANZAS Y COMERCIO EXTERIOR
SUPERINTENDENCIA DE LA ACTIVIDAD ASEGURADORA

Caracas, a los veintinueve (29) días del mes de agosto de 2024

AÑOS 214°, 165° y 25°

PROVIDENCIA ADMINISTRATIVA N° SAA-01-0533-2024

De conformidad con las previsiones normativas contenidas en los artículos 6 numeral 1; 8 numerales 1, 3 y 18 de la Ley de la Actividad Aseguradora, que le atribuyen al Superintendente de la Actividad Aseguradora (E), **OMAR OROZCO COLMENARES**, designado mediante Resolución N° 003 de fecha 18 de enero de 2021, publicada en la Gaceta Oficial de la República Bolivariana de Venezuela N° 42.049 de la misma fecha, la competencia para establecer y dictar sus manuales de normas y procedimientos que regulan la actividad aseguradora.

POR CUANTO

Los particulares tienen el derecho de acceder a los Órganos y entes del Estado y obtener oportuna respuesta a sus planteamientos.

POR CUANTO

Corresponde a la Superintendencia de la Actividad Aseguradora, garantizar a los ciudadanos y ciudadanas el libre acceso a los productos, bienes y servicios que forman parte del sector asegurador y proteger los derechos e intereses de los tomadores, asegurados, beneficiarios, contratantes, usuarios o y afiliados respecto de los sujetos regulados.

POR CUANTO

Se hace necesario en ejercicio de la autonomía organizativa propia de la Superintendencia adecuar su estructura administrativa y funcional a los parámetros establecidos en el ordenamiento jurídico correspondiente.

En virtud de lo anterior, acuerda dictar las siguientes:

NORMAS RELATIVAS A LA DEFENSA DE LOS DERECHOS DEL TOMADOR, ASEGURADO, BENEFICIARIO, CONTRATANTE, USUARIO Y AFILIADO DE LA ACTIVIDAD ASEGURADORA

CAPÍTULO I
DISPOSICIONES GENERALES

Del objeto

Artículo 1. Estas normas tienen por objeto regular el trámite de las denuncias y acciones que se ejerzan frente a actos, acciones u omisiones, que afecten el ejercicio de cualquiera de los derechos de los tomadores, asegurados, beneficiarios, contratantes, usuarios, afiliados de manera individual o colectiva, o de cualquier otra persona que manifieste tener un legítimo interés jurídico actual.

Del interés jurídico

Artículo 2. Las Unidades de Defensa del Asegurado de los Sujetos Regulados, son las encargadas de tramitar y gestionar las denuncias, que pueden realizarse a título individual o colectivo, en este último caso, en resguardo de intereses colectivos o difusos de los tomadores, asegurados, beneficiarios, contratantes, usuarios y afiliados.

A los fines de estas Normas, el interés personal o individual necesario para formular las denuncias y acciones será el establecido en el Artículo 16 del Código de Procedimiento Civil, en concordancia con el Artículo 29 de la Ley Orgánica de la Jurisdicción Contencioso Administrativa.

A los efectos de estas normas, se entenderá por intereses colectivos o difusos las acciones que se promueven en defensa de derechos comunes de un conjunto determinado o indeterminado de tomadores, asegurados, beneficiarios o contratantes.

Del ámbito subjetivo

Artículo 3. Son sujetos de aplicación de estas normas la Dirección de Defensoría del Tomador, Asegurado, Beneficiario, Contratante, Usuario y Afiliado de la Superintendencia de la Actividad Aseguradora, y el Defensor del Asegurado de las empresas de seguros y medicina prepagada, para recibir y atender las denuncias, reclamos o quejas.

De los principios

Artículo 4. Estas normas se fundamentan en los principios de razonabilidad, proporcionalidad, adecuación, economía, celeridad, simplicidad, eficacia, eficiencia, oportunidad, objetividad, imparcialidad, uniformidad, transparencia y buena fe.

Derecho a la atención adecuada

Artículo 5. El sujeto regulado y el Defensor del Asegurado deben garantizar la atención eficaz, eficiente, oportuna y respetuosa de los tomadores, asegurados, beneficiarios, contratantes, usuarios y afiliados, en cualquier zona del país, así como la recepción de sus denuncias, reclamos o quejas.

Del Manual de Políticas y Procedimientos

Artículo 6. Los sujetos regulados están obligados a desarrollar e implementar un manual de políticas y procedimientos que promuevan la debida calidad de servicio y atención al tomador, asegurado, beneficiario, contratante, usuario y afiliado, el cual debe estar aprobado por la Junta Directiva o quien haga sus veces. Las políticas y procedimientos deben estar acordes con la estructura organizativa del sujeto regulado y serán difundidas internamente, revisadas y actualizadas una (1) vez al año.

CAPÍTULO II
LA UNIDAD DE DEFENSA Y DEFENSOR DEL ASEGURADO

De la Unidad de Defensa

Artículo 7. Los sujetos regulados deberán disponer de un lugar o sede para atender a los tomadores, asegurados, beneficiarios, contratantes, usuarios y afiliados de la actividad aseguradora.

Todas las sucursales, las agencias u oficinas comerciales del sujeto regulado deberán recibir las denuncias, reclamos o quejas, y están obligadas a remitirlas a la Unidad de Defensa del Asegurado en la sede principal. El Defensor del Asegurado, tomador, beneficiario, contratante, usuario, será responsable y garante de las actuaciones del personal bajo su cargo en la Unidad de Defensa.

De la dotación de recursos a la Unidad de Defensa y Defensor del Asegurado

Artículo 8. Los sujetos regulados están obligados a proporcionar al Defensor del Asegurado, el espacio físico adecuado, así como los recursos materiales, recursos humanos y técnicos para desarrollar de manera eficiente, eficaz y efectiva sus funciones.

Del Defensor del Asegurado

Artículo 9. El Defensor del Asegurado es la persona designada por la Junta Directiva, o quien haga sus veces y forma parte de la estructura organizacional de la empresa de seguros o medicina prepagada. Es el encargado de atender y gestionar los reclamos y quejas de los tomadores, asegurados, beneficiarios, contratantes, usuarios y afiliados de la actividad aseguradora, en relación con los contratos de seguros y demás actividades y compromisos derivados de la ley que regula la materia.

Del período del Defensor del Asegurado

Artículo 10. El Defensor del Asegurado será designado para el ejercicio de la actividad a dedicación exclusiva, por un periodo de tres (03) años y podrá ser ratificado por el mismo periodo, previa autorización de la Superintendencia de la Actividad Aseguradora.

De los requisitos del Defensor

Artículo 11. El Defensor debe ser de nacionalidad venezolana, mayor de edad, no estar sujeto a interdicción civil, profesional universitario, con experiencia de tres (3) años en cargos gerenciales o de responsabilidad en la actividad aseguradora que hayan implicado la toma de decisiones, no estar incurso en las incompatibilidades e impedimentos que establece la Ley de la Actividad Aseguradora para los directores y haber aprobado curso de capacitación en materia de defensa del asegurado dictado por la Superintendencia de la Actividad Aseguradora.

De los Recaudos para la autorización del Defensor del Asegurado

Artículo 12. A los fines de obtener la autorización para actuar como Defensor del Asegurado, el interesado debe consignar, a través del mecanismo previsto para ello, los siguientes recaudos:

1. Solicitud con indicación del nombre completo, correo electrónico, dirección de habitación y número de cédula de identidad, Registro Único de Información Fiscal y teléfono celular;

2. Síntesis curricular, copia de la cédula de identidad y del Registro Único de Información Fiscal;

3. Declaración Jurada de no pertenecer o formar parte, en los últimos doce (12) meses como empleado, contratista o apoderado, de la empresa de seguro o con quienes este forme grupo económico, donde se pretenda ser Defensor del Asegurado;

4. Título de educación universitaria registrado. Los que provengan de universidades extranjeras deben estar legalizados o apostillados y, de ser el caso, traducidos al idioma castellano por intérprete público, autorizado por el Ministerio con competencia en Relaciones Interiores y Justicia;

5. Constancias que demuestren la calificación profesional y comprobada experiencia gerencial;

6. Constancia de residencia;

7. Certificado o constancia de aprobación del curso de capacitación en materia de defensa del asegurado, dictado por la Superintendencia de la Actividad Aseguradora;

8. Declaración Jurada de Veracidad de los documentos consignados por el aspirante a Defensor del Asegurado.

Los recaudos serán consignados a través de los medios electrónicos que a tal efecto establezca la Superintendencia de la Actividad Aseguradora (Sistema Único de Trámite).

De las facultades del Defensor del Asegurado

Artículo 13. Son atribuciones del Defensor del Asegurado, las siguientes:

1. Supervisar, dirigir y coordinar la Unidad de Defensa del tomador, asegurado, beneficiario, contratante, usuario y afiliado;

2. Recibir, analizar y gestionar las denuncias, reclamos o quejas de los tomadores, asegurados, beneficiarios, contratantes, usuarios o y afiliados;

3. Requerir de los tomadores, asegurados, beneficiarios, contratantes, usuarios y afiliados, toda la documentación necesaria para el conocimiento de la denuncia, reclamo o queja;

4. Las demás que le sean atribuidas por la Superintendencia de la Actividad Aseguradora.

De las obligaciones del Defensor del Asegurado

Artículo 14. El Defensor del Asegurado tendrá las siguientes obligaciones:

1. Cumplir con las normas dictadas por la Superintendencia de la Actividad Aseguradora;

2. Velar porque el sujeto regulado informe sobre las funciones y competencias del Defensor del Asegurado a los tomadores, asegurados, beneficiarios, contratantes, usuarios y afiliados, mediante los medios físicos o digitales;

3. Elaborar un expediente digital por cada denuncia, reclamo o queja efectuada por el tomador, asegurado, beneficiario, contratante, usuario y afiliado, con sus respectivos anexos, incluyendo los elementos probatorios evacuados y el informe que está obligado a realizar en cada caso.

El expediente estará a disposición de la Superintendencia de la Actividad Aseguradora, quien podrá requerirlo en cualquier momento, acompañado de una certificación emitida por el Defensor del Asegurado;

4. Mantener un registro de las denuncias, reclamos o quejas presentados por los tomadores, asegurados, beneficiarios, contratantes, usuarios y afiliados, con el objetivo de establecer mecanismos que permitan generar estadísticas sobre informe de tendencias y sus respectivas soluciones, en aras de determinar oportunidades de mejora y acciones correctivas. El registro debe estar a disposición de la Superintendencia de la Actividad Aseguradora, en la forma y términos que ésta establezca;

5. Remitir a la Junta Directiva del sujeto regulado, el Acta de Acuerdo Favorable en los casos que se logre un acuerdo entre las partes;

6. Remitir el informe a la Junta directiva del sujeto regulado en el caso que los medios alternativos para la resolución de conflictos hayan resultado infructuosos;

7. Actualizar y reportar diariamente en el Sistema Único de Tramites de la Superin-tendencia de la Actividad Aseguradora, todas sus actuaciones y observaciones con respecto a las denuncias, reclamos y quejas.

En los casos donde se imposibilite de manera excepcional la actualización diaria a través del Sistema Único de Tramites de la Superintendencia de la Actividad Aseguradora, el Defensor del Asegurado deberá remitir la información requerida de manera física, ante la Dirección con competencia en materia de defensa y protección del tomador, asegurado, beneficiario, contratante, usuario y afiliado de la Superintendencia de la Actividad Aseguradora, en un lapso no mayor a dos (02) días hábiles, el cual contendrá como mínimo:

- Información detallada sobre las denuncias, reclamos y quejas recibidas y tramitadas, indicando: tipo de reclamo, fecha de recepción por la unidad de defensa, monto (de ser el caso), motivo y estatus (pendiente, procedente o no procedente).
- Resumen de las actuaciones realizadas y las recomendaciones o propuestas presentadas a la Junta Directiva o quien haga sus veces, que puedan ayudar a mejorar, facilitar, aclarar o regularizar el ejercicio de sus funciones.

La Dirección de Defensoría del Tomador, Asegurado, Beneficiario, Contratante, Usuario y Afiliado podrá realizar objeciones, observaciones o recomendaciones al contenido del informe, las cuales deben ser presentadas por el defensor a la Junta Directiva o quien haga sus veces;

8. Notificar a la Dirección de Defensoría del Tomador, Asegurado, Beneficiario, Contratante, Usuario y Afiliado de la Superintendencia de la Actividad Aseguradora dentro de los dos (02) días hábiles siguientes de la recepción de la denuncia o reclamo, cuando éstos sean realizados por una persona que pueda causar algún conflicto de intereses, falta de independencia o imparcialidad en el cumplimiento de sus funciones.

De las faltas temporales del Defensor del Asegurado

Artículo 15. Son consideradas faltas temporales del Defensor del Asegurado:

1. Licencias médicas;

2. Vacaciones;

3. Permisos;

4. Cualquier ausencia mayor a diez (10) días y menor a cuarenta y cinco (45) días continuos.

En los supuestos de faltas temporales a que se refiere este artículo, el Defensor del Asegurado deberá consignar a la Dirección de Defensoría del Tomador, Asegurado, Beneficiario, Contratante, Usuario y Afiliado o enviar vía electrónica copia de las justificaciones que avalen dicha ausencia.

Las faltas temporales del Defensor del Asegurado serán asumidas por un defensor suplente quien deberá cumplir con los mismos requisitos exigidos al Defensor titular, a cuenta y pago de la empresa de seguros y de medicina prepagada. El referido defensor suplente cesará en sus funciones una vez termine la falta temporal del Defensor Titular.

La Superintendencia de la Actividad Aseguradora, tendrá a disposición del sujeto regulado, un registro de Defensor del tomador, asegurado, beneficiario, contratante, usuario y afiliado, elegibles en caso de ser requerido, mientras dure la falta temporal del Defensor Titular.

De las faltas absolutas del Defensor del Asegurado

Artículo 16. Se consideran faltas absolutas del Defensor del Asegurado:

1. Muerte;

2. Renuncia;

3. Revocatoria de la autorización;

4. Incapacidad física permanente e incapacidad mental permanente, o cuando la falta temporal exceda de cuarenta y cinco (45) días continuos.

En estos casos, se deberá notificar a la Superintendencia de la Actividad Aseguradora dentro de los tres (03) días hábiles siguientes y se procederá al nombramiento de un nuevo Defensor del Asegurado.

De las causales de revocatoria del Defensor del Asegurado

Artículo 17. Son causales de revocatoria de la autorización para actuar como Defensor, cuando:

1. Se demuestre que, por intención, negligencia o imprudencia, en sus apreciaciones se vean afectados los derechos de los tomadores, asegurados, beneficiarios, contratantes, usuarios y afiliados;

2. Las recomendaciones o propuestas de éste sean de forma parcializada o se beneficie él o terceras personas de manera fraudulenta y no se abstenga de pronunciarse en los casos de conflicto de intereses;

3. Sustanciar el procedimiento de denuncia sin observar las reglas formales establecidas en estas normas o que su tramitación resulte vulneratoria al derecho a la defensa de las partes intervinientes;

4. Estar incurso en inasistencia injustificada durante tres (03) días continuos;

5. No remitir el informe al que hace referencia el Artículo 35 de estas normas, alusivas a la infructuosidad de los medios alternativos de resolución de controversia;

6. Incumplimiento de sus atribuciones y obligaciones previstas establecidas en estas normas

El Defensor del Asegurado que ha sido revocado podrá ejercer cualquier cargo en la actividad aseguradora, una vez transcurrido un plazo de uno (**1**) a cinco (5) años, según la gravedad del incumplimiento y previa autorización de la Superintendencia de la Actividad Aseguradora.

De la obligación de informar

Artículo 18. El sujeto regulado debe informar a través de medios impresos o digitales, como trípticos, carteleras, folletos, página web, redes sociales, entre otros, la existencia de la figura de la Unidad de Defensa del tomador, asegurado, beneficiario, contratante, usuario y afiliado, sus funciones y el mecanismo para contactar a la misma. Igual indicación debe realizarse en las ofertas de productos que se realicen y en los contratos que se emitan, indicando expresamente el derecho a recurrir y ejercer su defensa, de acuerdo con las presentes normas.

La mencionada difusión incluirá la obligación de colocar avisos en lugares visibles en las sedes principales, sucursales, agencias y oficinas. Las dimensiones serán iguales o mayores a ochenta (80) centímetros de ancho por cincuenta (50) centímetros de largo, y el tamaño y tipo de letra utilizado deben garantizar que sea legible. De igual manera, contendrá los números telefónicos y cualquier otro mecanismo que se implemente para comunicarse con la unidad antes mencionada.

Asimismo, deben crear un link o enlace a la Unidad de Defensa en su página web, a los fines de dar a conocer al público sus funciones y desarrollar sus actividades.

CAPÍTULO III
DIRECCIÓN DE DEFENSORÍA DEL TOMADOR, ASEGURADO, BENEFICIARIO, CONTRATANTE, USUARIO Y AFILIADO DE LA SUPERINTENDENCIA DE LA ACTIVIDAD ASEGURADORA

De las atribuciones de la Dirección

Artículo 19. Sin perjuicio de las atribuciones conferidas en el Reglamento Interno de la Superintendencia, corresponden a la Dirección de Defensoría del Tomador, Asegurado, Beneficiario, Contratante, Usuario y Afiliado las siguientes:

1. Establecer mecanismos de protección de los derechos e intereses del tomador, asegurado, beneficiario, contratante, usuario o afiliado en cuanto al libre acceso a los productos, bienes y servicios, a través de los cuales los sujetos regulados darán cumplimiento a las obligaciones derivadas de los contratos y cualquier otra operación relacionada con la actividad aseguradora;

2. Supervisar y verificar que dentro de la estructura de las empresas de seguros y de medicina prepagada esté creada y operativa la Unidad de Defensa del tomador, asegurado, beneficiario, contratante, usuario y afiliado, a objeto de garantizar el cumplimiento de las disposiciones previstas en la Ley de la Actividad Aseguradora y las normas dictadas por la Superintendencia de la Actividad Aseguradora;

3. Supervisar y hacer seguimiento a las denuncias, reclamos o quejas recibidas y tramitadas por la Unidad de Defensa del tomador, asegurado, beneficiario, contratante, usuario y afiliado de las empresas de seguros y de medicina prepagada, a objeto de garantizar que sus funciones se cumplan de manera objetiva, imparcial y dentro de los plazos previstos de conformidad con el ordenamiento jurídico aplicable;

4. Recibir, asesorar y tramitar las denuncias, reclamos, quejas e incidencias formuladas por el tomador, asegurado, beneficiario, contratante, usuario, afiliado de manera individual o colectiva, o de cualquier otra persona que manifieste tener un interés legítimo, siempre que las mismas no sean recibidas y tramitadas en la Unidad de Defensa de la empresa de seguros o medicina prepagada;

5. Recibir y remitir a la Unidad de Defensa del tomador, asegurado, beneficiario, contratante, usuario y afiliado del sujeto regulado a que corresponda, aquellas denuncias, reclamos, quejas e incidencias con ocasión a las controversias derivadas de la ejecución o incumplimiento del contrato de seguros y cualquier otra operación relacionada con la actividad aseguradora, presentadas ante la Superintendencia de la Actividad Aseguradora;

6. Actuar como conciliador en la resolución de los conflictos o controversias entre el sujeto regulado y el tomador, asegurado, beneficiario, contratante, usuario y afiliado con ocasión de la ejecución del contrato de seguros y cualquier otra operación relacionada con la actividad aseguradora;

7. Recibir y gestionar las denuncias vinculadas con situaciones de hechos fortuitos o incumplimiento de convenios y acuerdos suscritos en el mercado asegurador, que vulneren o afecten intereses colectivos o difusos, la salud y derechos socioeconómicos del tomador, asegurado, beneficiario, contratante, usuario y afiliado;

8. Proponer mecanismos alternativos en los procedimientos conciliatorios vincula-dos con la actividad aseguradora, en coordinación con las dependencias involucradas, de ser el caso;

9. Realizar inspecciones a aquellas empresas o personas que estén ejerciendo la actividad aseguradora, para garantizar que se encuentren debidamente autorizados por esta Superintendencia de la Actividad Aseguradora;

10. Recibir de la Unidad de Defensa de cada empresa de seguros y de medicina prepagada un informe de gestión, dentro de los primeros cinco (05) días continuos siguientes al cierre de cada mes, en la forma y medios establecidos por la Superintendencia de la Actividad Aseguradora;

11. Implementar, actualizar y mantener el registro de cada una de las denuncias, reclamos y quejas recibidas por la Unidad de Defensa del tomador, asegurado, beneficiario, contratante, usuario y afiliado de las empresas de seguros y de medicina prepagada, con el objeto de generar estadísticas para su posterior publicación a través de medios electrónicos, redes sociales y página web de la Superintendencia de la Actividad Aseguradora;

12. Planificar y ejecutar cursos o talleres de capacitación, en aras de preparar y fortalecer el desempeño de la gestión del Defensor a cargo de la Unidad de Defensa del tomador, asegurado, beneficiario, contratante, usuario y afiliado de las empresas de seguros y de medicina prepagada, en coordinación con la unidad competente en materia de formación de la Superintendencia de la Actividad Aseguradora;

13. Establecer vínculos de coordinación y cooperación con otros Órganos y entes de la Administración Pública, a los fines de garantizar los derechos del tomador, asegurado, beneficiario, contratante, usuario y afiliado de la actividad aseguradora;

14. Proponer el desarrollo de campañas educativas e informativas, tendentes a orientar a los tomadores, asegurados, beneficiarios, contratantes, usuarios y afiliados de la actividad aseguradora, sobre sus deberes, derechos, límites y alcance de sus obligaciones contractuales y legales en materia aseguradora;

15. Las demás que le confieran las leyes, reglamentos, resoluciones, providencias, actos normativos en materia de su competencia o que le sean asignadas por el Superintendente de la Actividad Aseguradora.

De la estructura organizacional de la Dirección

Artículo 20. La Dirección de Defensoría del Tomador, Asegurado, Beneficiario, Contratante, Usuario y Afiliado, contará al menos, con las siguientes áreas de trabajo:

1. La Sala Técnica Situacional, estará encargada de las inspecciones a aquellas empresas y asociaciones cooperativas que estén realizando la actividad aseguradora sin estar autorizadas, así como recibir, asesorar y tramitar las denuncias, reclamos, quejas e incidencias formuladas por el tomador, asegurado, beneficiario, contratante, usuario, afiliado de manera individual o colectiva, o de cualquier otra persona que manifieste tener un interés legítimo jurídico actual;

2. La Sala de Conciliaciones, tendrá a su cargo los mecanismos alternativos de solución de controversias, de aquellos casos en que no fue procedente un acuerdo con el sujeto regulado en las mesas de negociación o cualquier otro medio alternativo de resolución de conflictos, llevado a cabo en la Unidad de Defensa del sujeto regulado de que se trate.

Del Sistema Automatizado

Artículo 21. La Superintendencia de la Actividad Aseguradora, creará los mecanismos automatizados tendentes a facilitar a los ciudadanos presuntamente afectados en el ramo de seguros, destinados a gestionar la información concerniente a sus denuncias, reclamos, quejas e incidencias y ser informados del estado en que se encuentran.

CAPÍTULO IV
DEL PROCEDIMIENTO COMÚN PARA LA RECEPCIÓN Y TRAMITACIÓN DE LAS DENUNCIAS

De la denuncia

Artículo 22. Las denuncias serán presentadas por escrito, de forma verbal, vía telefónica o por los medios electrónicos o telemáticos que al efecto establezca este Órgano de control o a través del Sistema Único de Trámites.

Si la denuncia se formulare verbalmente se levantará un acta en presencia del denunciante, o quien lo represente previa autorización, la cual suscribirán y firmarán junto con el Defensor del Asegurado o la persona receptora de la denuncia, que sea autorizada en cualquier oficina o sucursal a nivel nacional. Igual procedimiento se aplicará en las denuncias que sean interpuesta por ante la Sala Técnica Situacional de la Dirección de Defensoría del Tomador, Asegurado, Beneficiario, Contratante, Usuario y Afiliado.

El interesado fundamentará su denuncia de forma clara y hará una relación circunstanciada de los hechos en los que se sustenta, debiendo consignar el o los documentos en los que soporta la misma, tales como, contratos, pólizas, entre otras. Asimismo, indicará las pruebas o medios de prueba que por su complejidad amerite evacuar en el expediente.

Las denuncias interpuestas por los tomadores, asegurados, beneficiarios, contratantes, usuarios, afiliados o interesados no podrán ser consideradas, en modo alguno, causal de suspensión o extinción de la relación contractual con el sujeto regulado.

Del contenido formal de la denuncia

Artículo 23. Las denuncias, reclamos o quejas presentadas por los tomadores, asegurados, beneficiarios, contratantes, usuarios y afiliados, deberán contener, como mínimo, la siguiente información y recaudos:

1. Nombre completo, correo electrónico, dirección de habitación y número de cédula de identidad y número de teléfono del denunciante;

2. Identificación de la persona o sujeto regulado contra la cual se interpone la denuncia, indicando número de póliza y fecha de contratación;

3. La dirección del lugar donde se harán las notificaciones pertinentes;

4. Resumen o narración de los hechos. (Exposición concisa y precisa de los hechos).

Del despacho saneador y del desistimiento de la denuncia

Artículo 24. Cuando el escrito o denuncia resulte ambiguo, de difícil comprensión o no llenare los extremos exigidos en estas normas, el Defensor del Asegurado o la autoridad que hubiere de iniciar las actuaciones lo notificará al denunciante, comunicándole las omisiones o faltas observadas a fin de que en el plazo de cinco (05) días hábiles proceda a subsanarlos.

Si el denunciante no subsana en el lapso anteriormente indicado se declarará el desistimiento de la denuncia.

Del expediente administrativo

Artículo 25. El procedimiento constará en un expediente escrito o electrónico, en el que se registrarán todos los documentos que lo conformen, con expresa indicación de la fecha y hora de su recepción o envío, respetando cronológicamente su orden de ingreso.

Del orden preferente de la denuncia

Artículo 26. Las denuncias en contra de una empresa de seguros, medicina prepagada, deberán ser interpuestas de forma excluyente ante la Unidad de Defensa del sujeto regulado, sin menoscabo del derecho que les asiste a los denunciantes en el caso que las mismas le hayan sido declaradas improcedentes.

De la Improcedencia de las denuncias

Artículo 27. Serán improcedentes las denuncias anónimas e infundadas. De igual manera, denuncias cuyos hechos estén caducos de acuerdo a los períodos o lapsos previstos en la ley o en el contrato, haya operado la cosa juzgada administrativa o estén definitivamente firmes.

El Defensor del Asegurado podrá declarar la improcedencia de la denuncia sin necesidad de sustanciar todo el procedimiento o negar previamente a su tramitación, cuando del examen de la misma se considere que no tiene mérito, o expectativas de prosperar en la decisión definitiva, por tratarse de asuntos sin vinculación directa con la actividad aseguradora o los sujetos regulados, o sea improponible en derecho.

De la declaratoria de la improcedencia, se dejará constancia mediante auto expreso y se acordará su archivo.

Sin perjuicio de lo anterior, en el caso que el denunciante considere que la improcedencia es contraria a derecho, podrá incoar la denuncia directamente ante la Superintendencia de la Actividad Aseguradora quien valorará la legalidad de ésta y, en el caso que la misma haya sido dictada en contravención de estas normas, remitirá las actuaciones con su tramitación a la Unidad de Defensa del sujeto regulado instruyendo la continuidad del trámite.

En aquellos casos en los que la improcedencia sea declarada en la Superintendencia de la Actividad Aseguradora, se le informará al denunciante los recursos administrativos y judiciales que podrá ejercer.

De la gratuidad del trámite

Artículo 28. La recepción, atención y trámite de las denuncias, reclamos o quejas a que se refieren estas normas son estrictamente gratuitas, sin que se pueda solicitar contraprestación alguna por tal concepto.

De la solicitud de información complementaria

Artículo 29. El Defensor de Asegurado o el funcionario de la Sala Técnica Situacional de la Dirección de Defensoría del Tomador, Asegurado, Beneficiario, Contratante, Usuario y Afiliado, dependiendo del lugar donde haya sido incoada la denuncia, podrán solicitar a los denunciantes datos complementarios o documentos adicionales, así como requerir información de las distintas áreas administrativas u operativas del sujeto regulado, quienes deberán dar respuesta en un plazo que no excederá de tres (03) días hábiles, salvo que medien causas excepcionales, de cuya existencia se dejará constancia, con indicación de la prórroga que se acuerde.

De lapso de respuesta del sujeto regulado

Artículo 30. Recibida la denuncia en los términos a que se refieren estas normas, el Defensor del Asegurado o el funcionario de la Sala Técnica Situacional ordenará la notificación del sujeto regulado a los fines de emplazarlo para que en un plazo de diez (10) días hábiles exponga, alegue sus razones y consigne toda la documentación en la que se fundamenta, asimismo, el Defensor del Asegurado o el funcionario de la Sala Técnica Situacional podrá solicitar que se evacúe o practique determinado medio de prueba.

De las pruebas

Artículo 31. Las partes tendrán el derecho de promover y evacuar cualquier medio de prueba admisible en derecho.

Cuando se solicite la evacuación de pruebas o se tengan dudas razonables sobre los hechos alegados por las partes, se ordenará la apertura de un lapso probatorio que no podrá ser superior a veinte (20), ni inferior a diez (10) hábiles.

Las pruebas se valorarán conforme a las reglas de la sana crítica.

CAPÍTULO V
DE LAS MEDIDAS DE URGENCIA

De la atención primaria o medidas de urgencia

Artículo 32. Recibida la denuncia en la Dirección de Defensoría del Tomador, Asegurado, Beneficiario, Contratante, Usuario y Afiliado, a través de los canales dispuestos para ello, y dependiendo de la urgencia del caso, el funcionario de la Sala Técnica Situacional podrá adoptar de oficio o a petición de parte, las medidas de urgencia que estime oportunas para asegurar, resguardar y garantizar los derechos e intereses de las partes involucradas.

Adoptadas las medidas de urgencias respectivas, remitirá la denuncia y recaudos correspondientes a la Unidad de Defensa del sujeto regulado.

CAPÍTULO VI
DEL TRÁMITE EN LA UNIDAD DE DEFENSA

Del Trámite de la Denuncia

Artículo 33. Vencido el lapso probatorio o la oportunidad fijada para la evacuación de las pruebas, de ser el caso, la Unidad de Defensa convocará una audiencia enmarcada en los mecanismos de resolución de conflictos, destinada a resolver de manera pacífica, consensuada las controversias derivadas de las relaciones contractuales entre los tomadores, beneficiarios, afiliados y los sujetos regulados, quedando a derecho las partes para las próximas audiencias, en el caso de realizarse.

En el supuesto que con la primera audiencia no se haya logrado el acuerdo favorable, y en aras de garantizar el principio de concentración, la Unidad de Defensa podrá convocar, finalizado el acto y si así lo estima conveniente, la realización de una segunda audiencia que no podrá exceder de cinco (05) días continuos desde la realización de la primera.

De cada una de las audiencias realizadas se levantará un acta que recogerá lo debatido o discutido y, especialmente, contendrá los puntos admitidos y controvertidos por las partes o interesados.

Excepcionalmente, el Defensor del Asegurado convocará un máximo de tres (03) audiencias a los fines de procurar la resolución de la denuncia. En el acta levantada se justificará la realización de la tercera audiencia.

De la inasistencia a las audiencias

Artículo 34. Si el asegurado o la parte denunciante no asiste a dos (0**2) audienci**as conciliatorias se entenderá tácitamente su falta de interés de no continuar con el procedimiento y se procederá al cierre y archivo del mismo.

En el caso que el sujeto regulado no asista a cualquiera de las audiencias enmarcada en los mecanismos de resolución de conflictos, después de la segunda convocatoria, se remitirá el expediente a la Superintendencia de la Actividad Asegurado a los fines legales consiguientes.

De las gestiones infructuosas

Artículo 35. En el supuesto que no se logre un acuerdo, el Defensor del Asegurado, en un plazo que no excederá de tres (03) días hábiles, remitirá el expediente a la Superintendencia de la Actividad Aseguradora.

De igual manera, el Defensor del Asegurado deberá elaborar un informe en el que deje expresa constancia de sus apreciaciones sobre lo expuesto por las partes en las diferentes reuniones o audiencias, e indicará razonadamente a quién le asiste la razón de los actos, hechos u omisiones presuntamente irregulares.

El aludido informe será notificado a la Junta Directiva del sujeto regulado.

La opinión emitida por el Defensor del Asegurado no tendrá carácter vinculante.

Del Acta de Acuerdo Favorable

Artículo 36. En el supuesto que se logre un acuerdo entre el denunciante y el sujeto regulado, y esta última se comprometa a una obligación de dar o hacer, se dejará expresa constancia en el Acta de las condiciones de cumplimiento, en la cual se indicará como mínimo:

1. Fecha del acuerdo favorable;
2. Fecha máxima de cumplimiento del sujeto regulado;
3. Firma autógrafa de las partes y del Defensor del Asegurado.

Vencido el lapso de cumplimiento reflejado en el Acta de Acuerdo Favorable, el sujeto regulado tendrá la obligación de remitir a la Unidad de Defensa el finiquito o soporte documental que demuestre la solución, a fin de que sea archivado en el expediente respectivo.

En el supuesto que el sujeto regulado no cumpla con su obligación de dar o hacer, establecido en el Acta de Acuerdo Favorable, el Defensor del Asegurado remitirá el expediente a la Superintendencia de la Actividad Aseguradora a los fines legales consiguientes.

CAPÍTULO VII
DEL PROCEDIMIENTO CONCILIATORIO Y RESOLUCIÓN DE CONFLICTOS EN LA SUPERINTENDENCIA DE LA ACTIVIDAD ASEGURADORA

De los medios alternativos de resolución de conflictos

Artículo 37. La Superintendencia de la Actividad Aseguradora utilizará como mecanismos de resolución de conflictos todas aquellas acciones destinadas a resolver de manera pacífica y consensuada las controversias derivadas de las relaciones contractuales y legales en materia aseguradora, entre los tomadores, asegurados, beneficiarios, contratantes, usuarios, afiliados.

De la notificación del acto conciliatorio

Artículo 38. La sala de conciliación de la Dirección de Defensoría del tomador, asegurado, beneficiario, contratante, usuario y afiliado una vez recibido el expediente contentivo con los soportes y actas levantas de la Unidad de Defensa o de la sala técnica situacional, designará un funcionario conciliador encargado verificará los requisitos exigidos en estas normas, procediendo a elaborar la boleta de notificación para la celebración de un acto conciliatorio.

La boleta contendrá el lugar, día y hora en que se realizará el acto, quedando a derecho las partes para las próximas audiencias, de ser requeridas.

Realizada la audiencia conciliatoria sin lograr el acuerdo favorable, en aras de garantizar el principio de concentración, el funcionario instructor, si así lo estima conveniente, podrá convocar una segunda audiencia, que no podrá exceder de cinco (05) días continuos desde la realización de la primera. Si el día que resulta es inhábil, se prorroga al primer día hábil siguiente.

El funcionario conciliador podrá convocar como máximo tres (03) audiencias conciliatorias, a los fines de procurar la resolución de la denuncia, reclamo o queja.

Una vez que haya tenido lugar la audiencia conciliatoria debe levantar un acta que recoja lo debatido y, especialmente, contendrá los puntos admitidos y controvertidos por las partes.

De la asistencia al acto conciliatorio

Artículo 39. Una vez notificadas las partes, es de carácter obligatorio su asistencia. En los casos de hechos fortuitos o fuerza mayor que imposibilite su asistencia, las partes deben notificar la inasistencia a través de los medios electrónicos que a tal efecto disponga la Superintendencia de la Actividad Aseguradora, el funcionario conciliador encargado dejará constancia mediante acta respectiva.

El denunciante y el sujeto regulado, en el caso que no exista acuerdo favorable, podrán consignar en el expediente un informe en el que expresen las razones de hecho y de derecho, de la denuncia, de la contestación y de lo expuesto en las diferentes audiencias en las que participaron en la Unidad de Defensa.

De la inasistencia al acto conciliatorio

Artículo 40. En el supuesto que el sujeto regulado no asista a la audiencia conciliatoria sin justificación, se aplicará lo previsto en el Artículo 126, numeral 12 de la Ley de la Actividad Aseguradora.

Si el asegurado o la parte solicitante no asiste a dos audiencias conciliatorias se entenderá tácitamente su falta de interés de no continuar con el procedimiento conciliatorio, y se procederá al cierre y archivo del mismo.

Si a la segunda convocatoria el sujeto regulado no asiste a la referida audiencia, podrá ser resuelta la denuncia con las pruebas o documentos que reposan en el expediente.

Del acuerdo por conciliación

Artículo 41. El funcionario conciliador en caso de que las partes lleguen a un acuerdo levantará un acta dejando constancia de ello, con indicación del lapso del cumplimiento por parte del sujeto regulado.

Asimismo, debe realizar la supervisión y monitoreo de la materialización del acuerdo y dejar constancia de su cumplimiento en el expediente; verificando el mismo se procederá a su cierre y archivo.

En caso de que el sujeto regulado no cumpla con lo acordado ni con el plazo establecido, se dejará constancia mediante acta, y se iniciará el procedimiento administrativo sancionatorio respectivo.

Si no existe un acuerdo satisfactorio entre las partes, la Superintendencia de la Actividad Aseguradora informará al asegurado o a la parte denunciante, sobre los recursos de reconsideración y jerárquico, según lo estipulado en la Ley que regula la materia contencioso - administrativa.

Del acto administrativo que pone final procedimiento

Artículo 42. El acto administrativo que ponga fin al procedimiento que inició con la denuncia se pronunciará sobre la responsabilidad del sujeto regulado por algún incumplimiento establecido en la Ley y establecerá las sanciones a que hubiere lugar, en el caso que se haya comprobado el incumplimiento. Adicionalmente, expresará los recursos que contra la misma procedan, órgano administrativo o judicial ante el que hubieran de presentarse y plazo para interponerlos, sin perjuicio de que los interesados puedan ejercer cualquier otro que estimen conveniente.

CAPÍTULO VIII
DISPOSICIONES FINALES

Derogatoria

Artículo 44. Se deroga la Providencia N° FSAA-9-3683 de fecha 05 de diciembre de 2011, publicada en Gaceta Oficial de la República Bolivariana de Venezuela número 39.826 de fecha 22 de diciembre de 2011, mediante la cual se dictó las Normas para Regular los Mecanismos Alternativos de Solución de Conflictos en la Actividad Aseguradora. Las demás normativas prudenciales y actos administrativos conexos a la actividad aseguradora, que coliden con las presentes normas no serán aplicables.

De la publicidad

Artículo 45. Se ordena la publicación de las presentes normas en la página web de la Superintendencia de la Actividad Aseguradora, con el fin de coadyuvar con la divulgación de su contenido a todos los interesados y público en general, sin menoscabo de su publicación en la Gaceta Oficial de la República Bolivariana de Venezuela.

De la vigencia

Artículo 46. Las presentes normas entrarán en vigencia a partir de su publicación en la Gaceta Oficial de la República Bolivariana de Venezuela.

Comuníquese y publíquese

OMAR OROZCO COLMENARES

Superintendente de la Actividad Aseguradora (E)

Resolución N° 003-2021 de fecha 18 de enero de 2021,
publicada en la Gaceta Oficial de la República Bolivariana de Venezuela N° 42.049 de la misma fecha

REPÚBLICA BOLIVARIANA DE VENEZUELA
MINISTERIO DEL PODER POPULAR DE ECONOMÍA, FINANZAS Y COMERCIO EXTERIOR
SUPERINTENDENCIA DE LA ACTIVIDAD ASEGURADORA

Caracas, a los veintinueve (29) días del mes de agosto de 2024

AÑOS 214°, 165° y 25°

PROVIDENCIA ADMINISTRATIVA N° SAA-01-0534-2024

De conformidad con las previsiones normativas contenidas en los artículos 6 numeral 1; 8 numerales 1, 3 y 18 de la Ley de la Actividad Aseguradora, que le atribuyen al Superintendente de la Actividad Aseguradora (E), **OMAR OROZCO COLMENARES**, designado mediante Resolución N° 003 de fecha 18 de enero de 2021, publicada en la Gaceta Oficial de la República Bolivariana de Venezuela N° 42.049 de la misma fecha, la competencia para establecer y dictar sus manuales de normas y procedimientos que regulan la actividad aseguradora.

POR CUANTO

La Ley de la Actividad Aseguradora, instituye el arbitraje como medio alternativo de resolución de conflictos, según lo establecido en la Constitución de la República Bolivariana de Venezuela.

POR CUANTO

La Ley de la Actividad Aseguradora, dispone que la Superintendencia de la Actividad Aseguradora podrá llevar a cabo procedimientos de arbitraje como medio de solución de conflictos en la actividad aseguradora.

POR CUANTO

La Ley de la Actividad Aseguradora, atribuye la competencia al Superintendente de la Actividad Aseguradora de resolver con carácter de árbitro arbitrador, las controversias que se susciten entre los sujetos regulados y entre éstos y los tomadores, asegurados, beneficiarios, contratantes, usuarios y afiliados, cuando las partes lo hayan establecido de mutuo acuerdo

POR CUANTO

La Ley de la Actividad Aseguradora, dispone el derecho de solicitar la mediación de la Superintendencia de la Actividad Aseguradora, en la resolución de los conflictos o controversias con ocasión de la ejecución del contrato y recibir un trato justo, respetuoso, oportuno y digno de sus funcionarios o funcionarias y de los sujetos regulados.

En virtud de lo anterior, acuerda dictar las siguientes:

NORMAS SOBRE EL ARBITRAJE EN LA SUPERINTENDENCIA DE LA ACTIVIDAD ASEGURADORA

De la definición

Artículo 1. A los fines de estas normas, el arbitraje es un medio de resolución de conflictos que surge de la autonomía de la voluntad de las partes mediante un acuerdo o cláusula arbitral, delegando en la Superintendencia de la Actividad Aseguradora la solución de una controversia, y éste, investido como árbitro arbitrador, siguiendo el procedimiento determinado en las presentes normas, decide resolver la controversia mediante un laudo arbitral de obligatorio cumplimiento para las partes.

Del acuerdo arbitral

Artículo 2. El acuerdo arbitral es un convenio independiente y posterior a la contratación de los sujetos regulados entre sí o de éstos con los tomadores, asegurados, beneficiarios, contratantes, usuarios y afiliados, en el que pactan resolver las controversias suscitadas entre ellos, mediante un arbitraje que será llevado por la Superintendencia de la Actividad Aseguradora. Surge de forma voluntaria y excepcional, una vez agotado el proceso conciliatorio, con el objeto de dirimir los conflictos por el arbitraje.

De la cláusula arbitral

Artículo 3. La cláusula arbitral es todo anexo o cláusula contenida en un contrato válido y vigente, que estipula que las soluciones de las controversias en el sector asegurador, suscitadas por los sujetos regulados entre sí o de éstos con los tomadores, asegurados, beneficiarios, contratantes, usuarios y afiliados, con ocasión de la ejecución o inejecución del contrato, estará sometido al conocimiento de la Superintendencia de la Actividad Aseguradora, con el fin de resolver la disputa mediante un arbitraje. La cláusula arbitral tiene su fuente en el contrato de seguro respectivo y surte efecto con la suscripción del mismo.

Los sujetos regulados entre sí o de éstos con los tomadores, asegurados, beneficiarios, contratantes, usuarios y afiliados, podrán someterse al arbitraje de las presentes normas sin necesidad que los contratos o condiciones generales suscritos los contemplen.

De los árbitros

Artículo 4. El Superintendente de la Actividad Aseguradora es el competente para ejercer como árbitro en la resolución de conflicto, de conformidad con lo establecido en la normativa legal vigente, sin embargo, podrá delegar en un funcionario de la Superintendencia de la Actividad Aseguradora para que actúe con el carácter de árbitro.

El Superintendente o quien éste delegue, podrá invitar a expertos internos o externos, quienes podrán emitir opiniones sobre el caso sujeto a arbitraje y sus informes serán valorados bajo las reglas de la sana crítica.

De la exclusión de la jurisdicción

Artículo 5. La cláusula o acuerdo arbitral debe indicar la exclusión de la jurisdicción ordinaria de los tribunales de la República Bolivariana de Venezuela y la voluntad de comprometerse a solucionar la disputa mediante el arbitraje en la Superintendencia de la Actividad Aseguradora.

De la solicitud del procedimiento de arbitraje

Artículo 6. El procedimiento de arbitraje se iniciará mediante una solicitud dirigida por una de las partes al Superintendente de la Actividad Aseguradora, la cual será evaluada en un lapso de tres (3) días hábiles para su aceptación o rechazo y la misma será notificada a la contraparte, con la finalidad que manifieste su voluntad de someterse a dicho proceso en un lapso de veinte (20) días hábiles.

Si la otra parte rechaza el arbitraje de la Superintendencia de la Actividad Aseguradora, le notificará al solicitante y se archivará la solicitud.

En el supuesto que el arbitraje sea aceptado por ambas partes, el Superintendente de la Actividad Aseguradora dictará un auto de apertura, el cual se le notificará en un lapso de cinco (5) días hábiles.

Del contenido de la solicitud

Artículo 7. La solicitud del procedimiento de arbitraje deberá contener como mínimo lo siguiente:

1. El nombre completo o razón social, domicilio, datos relativos a su creación o registro, número de teléfono y correo electrónico de cada una de las partes, para lograr su notificación;

2. Los elementos de hecho y de derecho en los que se fundamenta la pretensión;

3. La identificación de las partes y de sus representantes o abogados que les asistan, con su poder de representación debidamente autenticado, incluyendo direcciones físicas, electrónicas, números telefónicos y demás datos relevantes para la identificación y contacto de las partes;

4. Copia del contrato que contenga la cláusula arbitral o del acuerdo arbitral suscrito entre las partes, (si aplica);

5. Copia de la cédula de identidad y del Registro único de Información Fiscal (R.I.F.) del solicitante actualizado.

Del despacho saneador

Artículo 8. Cuando el escrito de la solicitud de arbitraje resulte ambiguo, de difícil comprensión, o no llenare los extremos exigidos en estas normas, el Superintendente de la Actividad Aseguradora lo notificará al solicitante, comunicándole las omisiones o faltas observadas, a fin de que en el plazo de tres (3) días hábiles proceda a subsanarlos.

Si el solicitante no subsana en el lapso anteriormente indicado, se declarará el desistimiento de la solicitud de arbitraje, archivándose la solicitud.

Del conflicto de intereses

Artículo 9. Cuando exista algún conflicto de interés, falta de independencia o imparcialidad en el cumplimiento de sus funciones como árbitro en el procedimiento de arbitraje en la persona delegada, el Superintendente de la Actividad Asegurada tendrá un lapso de dos (02) días hábiles siguientes a la recepción de la notificación, para designar a otro funcionario.

De la sede del arbitraje

Artículo 10. La sede donde tendrá lugar el arbitraje será la Superintendencia de la Actividad Aseguradora.

Del secretario

Artículo 11. En aras de contribuir con la resolución de las controversias de manera eficaz y eficiente, de acuerdo a las circunstancias del caso, el Superintendente de la Actividad Aseguradora o a quien éste delegue podrá nombrar un secretario, quien tendrá como función apoyar el procedimiento de arbitraje en las gestiones administrativas del caso, bajo los siguientes términos:

1. El Superintendente es responsable de seleccionar y supervisar al secretario, a quien no se le podrá delegar bajo ninguna circunstancia la función decisoria o valorativa de las posiciones de hecho o de derecho de las partes. En cada procedimiento arbitral se podrá designar únicamente a un (1) secretario, que deberá ser de profesión abogado;

2. Antes de ser nombrado, el candidato propuesto como secretario deberá firmar un acuerdo de confidencialidad. Si el candidato considera que existe algún impedimento de hecho o de derecho para el cumplimiento de sus funciones, deberá rechazar su nombramiento o inhibirse inmediatamente;

3. El Superintendente podrá a su simple discreción y sin tener que justificar su decisión, prescindir de los servicios del secretario;

4. El secretario desempeñará sus funciones de conformidad con estas normas, el Código de Ética de la Superintendencia de la Actividad Aseguradora y demás normativas vigentes que rigen la materia, según el acuerdo de confidencialidad firmado;

5. El secretario podrá excusarse de participar en el procedimiento arbitral para el que fue designado, si existen causas justificadas;

6. Asistir al árbitro en las gestiones administrativas necesarias para la tramitación de los expedientes a su cargo;

7. Coordinar con el árbitro el calendario para la realización de las audiencias;

8. Mantener la organización de los escritos, solicitudes y demás diligencias que presenten las partes;

9. Asistir al árbitro con investigaciones sobre cuestiones de derecho;

10. Asistir a las audiencias y deliberaciones privadas del procedimiento arbitral, y registrar el tiempo invertido;

11. Ejercer las demás labores administrativas que le asigne el árbitro durante el procedimiento arbitral, absteniéndose en todo momento, de asumir una función decisoria o valorativa de las posiciones de hecho o de derecho de las partes.

Del compromiso arbitral

Artículo 12. Una vez constituido en árbitro el Superintendente de la Actividad Aseguradora o a quien éste delegue, procederá a citar a las partes para que suscriban el compromiso arbitral, el cual no requerirá autenticación para su.

Del lapso probatorio

Artículo 13. Al día siguiente de haberse celebrado el acto de suscripción del compromiso arbitral, comenzará a correr el lapso probatorio de quince (15) días hábiles para promover pruebas; sin embargo, las partes, de común acuerdo, en cualquier estado del procedimiento arbitral, podrán hacer evacuar cualquier clase de prueba en que tengan interés.

De la admisibilidad de las pruebas

Artículo 14. Al cuarto (4to) día hábil siguiente a la culminación del lapso para la promoción de pruebas, el Superintendente de la Actividad Aseguradora o a quien éste delegue como árbitro, deberá pronunciarse sobre la admisión de las pruebas, y desechar las que aparezcan manifiestamente ilegales o impertinentes.

De la oposición de pruebas

Artículo 15. Dentro de los primeros tres (3) días hábiles siguientes a la culminación del lapso de promoción de pruebas, las partes podrán oponerse a la admisión de las pruebas promovidas.

De la evacuación de pruebas

Artículo 16. Admitidas las pruebas, comenzará a computarse un término de veinte (20) días hábiles, destinados a la evacuación de las pruebas.

Del pronunciamiento y motivación del Laudo

Artículo 17. Vencido el lapso probatorio el Superintendente de la Actividad Aseguradora o a quien éste delegue como árbitro, deberá dirimir la controversia en un plazo no mayor de treinta (30) días hábiles, el cual deberá ser por escrito, motivado y fundamentado de manera sucinta, integral y autosuficiente, por lo que contendrá toda la información requerida para su reconocimiento o ejecución. En este sentido, debe expresar la decisión sobre el fondo de la controversia, así como los resultados de todas las pruebas que hayan sido requeridas.

De la libertad de apreciación

Artículo 18. El Superintendente de la Actividad Aseguradora o a quien éste delegue como árbitro, actuará en el procedimiento con entera libertad, según le parezca más conveniente al interés de las partes, de acuerdo con lo dispuesto en la Ley, y en las normas prudenciales que dicte la Superintendencia de la Actividad Aseguradora.

De la aplicación supletoria

Artículo 19. Supletoriamente se aplicará lo dispuesto en la Ley Orgánica de Procedimientos Administrativos, el Código de Procedimiento Civil y la Ley que regule la materia de arbitraje.

De la ejecución del laudo arbitral

Artículo 20. El laudo arbitral será ejecutado por la Superintendencia de la Actividad Aseguradora, de conformidad con la Ley Orgánica de Procedimientos

Administrativos, salvo que por expresa disposición legal o así se considere, sea encomendada a la autoridad judicial.

Cuando la parte que haya sido declarada perdidosa por el laudo y no ha cumplido voluntariamente con el mismo, se le impondrán medidas administrativas mientras permanezca el incumplimiento, sin menoscabo de realizar todas las actuaciones o mecanismos atribuidos por la ley para ejecutar forzosamente la decisión.

De la decisión sobre las costas del arbitraje

Artículo 21. Las costas del arbitraje incluirán los gastos administrativos determinados por el Superintendente de la Actividad Aseguradora, el cual será informado a las partes al inicio del proceso. El pago de las costas corresponde a la parte perdidosa en el proceso arbitral.

De la derogatoria

Artículo 23. Se deroga la Providencia N° FSAA-9-3683 de fecha 05 de diciembre de 2011, publicada en Gaceta Oficial de la República Bolivariana de Venezuela número 39.826 de fecha 22 de diciembre de 2011, mediante la cual se dictó las Normas para Regular los Mecanismos Alternativos de Solución de Conflictos en la Actividad Aseguradora. Las demás normativas prudenciales y actos administrativos conexos a la actividad aseguradora, que coliden con las presentes normas no serán aplicables.

De la publicidad

Artículo 24. Se ordena la publicación de las presentes normas en la página web de la Superintendencia de la Actividad Aseguradora, con el fin de coadyuvar con la divulgación de su contenido a todos los interesados y público en general, sin menoscabo de su publicación en la Gaceta Oficial de la República Bolivariana de Venezuela.

De la vigencia

Artículo 25. Las presentes normas entrarán en vigencia a partir de su publicación en la Gaceta Oficial de la República Bolivariana de Venezuela.

Comuníquese y publíquese

OMAR OROZCO COLMENARES
Superintendente de la Actividad Aseguradora (E)

Resolución N° 003-2021 de fecha 18 de enero de 2021,
publicada en la Gaceta Oficial de la República Bolivariana de Venezuela N° 42.049 de la misma fecha

REPÚBLICA BOLIVARIANA DE VENEZUELA
MINISTERIO DEL PODER POPULAR DE ECONOMÍA, FINANZAS Y COMERCIO EXTERIOR
SUPERINTENDENCIA DE LA ACTIVIDAD ASEGURADORA

Caracas, a los veintinueve (29) días del mes de agosto de 2024

AÑOS 214°, 165° y 25°

PROVIDENCIA ADMINISTRATIVA N° SAA-01-0536-2024

De conformidad con las previsiones normativas contenidas en los artículos 6 numeral 1; 8 numerales 1, 3 y 18 de la Ley de la Actividad Aseguradora, que le atribuyen al Superintendente de la Actividad Aseguradora (E), **OMAR OROZCO COLMENARES**, designado mediante Resolución N° 003 de fecha 18 de enero de 2021, publicada en la Gaceta Oficial de la República Bolivariana de Venezuela N° 42.049 de la misma fecha, la competencia para establecer y dictar sus manuales de normas y procedimientos que regulan la actividad aseguradora.

POR CUANTO

La Ley de la Actividad Aseguradora, atribuye a esta Superintendencia de la Actividad Aseguradora la potestad para la regulación, inspección, vigilancia, control, supervisión y fiscalización de la actividad aseguradora; así como de evaluación y Administración de Riesgos de Legitimación de Capitales, Financiamiento al Terrorismo, Financiamiento de la Proliferación de Armas de Destrucción Masiva.

POR CUANTO

Es obligación de la Superintendencia de la Actividad Aseguradora, establecer lineamientos de estricta observancia para los Sujetos Obligados, en materia de Administración de Riesgos de Legitimación de Capitales, Financiamiento al Terrorismo, Financiamiento de la Proliferación de Armas de Destrucción Masiva y Otros Ilícitos, de conformidad con la Ley Orgánica Contra la Delincuencia Organizada y Financiamiento al Terrorismo y la Ley de la Actividad Aseguradora.

POR CUANTO

Es compromiso de la República Bolivariana de Venezuela, como miembro activo del Grupo de Acción Financiera del Caribe, cumplir los Estándares Internacionales a fines de prevenir, investigar, perseguir y sancionar los delitos de Legitimación de Capitales, Financiamiento al Terrorismo, Financiamiento de la Proliferación de Armas de Destrucción Masiva y Otros Ilícito, de conformidad con lo consagrado en la Constitución de la República Bolivariana de Venezuela y tratados suscritos y ratificados por el país en esta materia.

POR CUANTO

La Ley Orgánica Contra la Delincuencia Organizada y Financiamiento al Terrorismo establece que la Superintendencia de la Actividad Aseguradora es un

Órgano de prevención, control, supervisión, fiscalización y vigilancia de los delitos de Legitimación de Capitales, Financiamiento al Terrorismo.

POR CUANTO

Los Sujetos Obligados son susceptibles de ser utilizados por grupos de delincuencia organizada a través de operaciones, productos y servicios de carácter financiero que pueden servir para Legitimar Capitales, Financiar al Terrorismo, Financiar la Proliferación de Armas de Destrucción Masiva y cometer otros ilícitos, lo cual vulnera el orden socioeconómico del país, afectando su credibilidad y reputación en el contexto nacional e internacional; así como, los valores éticos y morales y su propia solvencia, la de sus accionistas, administradores, directores y empleados.

POR CUANTO

Es necesario ajustar la normativa prudencial referente a la Administración de Riesgos de Legitimación de Capitales, Financiamiento al Terrorismo, Financiamiento de la Proliferación de Armas de Destrucción Masiva y otros ilícitos, que aplica a los Sujetos Obligados cuya actividad se encuentra regulada por la Ley de la Actividad Aseguradora, con el objeto de darle un enfoque que permita mayor efectividad y adaptarla a las últimas tendencias, recomendaciones, estándares y mejores prácticas internacionales, así como tratados, convenios o acuerdos suscritos por la República Bolivariana de Venezuela.

POR CUANTO

Es competencia de esta Superintendencia de la Actividad Aseguradora verificar y garantizar que los Sujetos Obligados cumplan con las disposiciones contenidas en la Ley de la Actividad Aseguradora.

En virtud de lo anterior, acuerda dictar las siguientes:

NORMAS SOBRE ADMINISTRACIÓN DE RIESGOS DE LEGITIMACIÓN DE CAPITALES, FINANCIAMIENTO AL TERRORISMO, FINANCIAMIENTO DE LA PROLIFERACIÓN DE ARMAS DE DESTRUCCIÓN MASIVA Y OTROS ILÍCITOS EN LA ACTIVIDAD ASEGURADORA

TITULO I
DISPOSICIONES GENERALES

Del objeto

Artículo 1. Las presentes normas tienen por objeto establecer las políticas, procedimientos y mecanismos de control interno que como mínimo deben adoptar, desarrollar y ejecutar los Sujetos Obligados, con el fin de administrar los riesgos de que sus actividades y operaciones sean utilizadas para Legitimar Capitales, Financiar al Terrorismo, Financiar la Proliferación de Armas de Destrucción Masiva y cometer otros ilícitos, tomando en cuenta su nivel de riesgo determinado con base a sus respectivas evaluaciones.

De los principios

Artículo 2. Los Sujetos Obligados, bajo un Enfoque Basado en Riesgo, deben cumplir las normas y establecer las políticas, procedimientos y mecanismos de control interno para la AR/LC/FT/FPADM y otros ilícitos, a los fines de demostrar que las han aplicado bajo los principios de la debida diligencia, autorregulación, buena fe, confianza, razonabilidad, proporcionalidad, adecuación y transparencia.

Cada Sujeto Obligado será responsable de implementar, actualizar e innovar medidas apropiadas, suficientes y efectivas, en atención a la identificación, análisis, medición, ponderación, evaluación y segmentación de sus propios riesgos de delitos de LC/FT/FPADM y otros ilícitos en bajo, moderado y alto, a fin de desarrollar una adecuada, eficiente y eficaz gestión de mitigación. Igualmente, cada Sujeto Obligado será responsable de verificar y hacer seguimiento a la implementación efectiva de dichos controles internos e intensificarlos de ser el caso.

Del ámbito de aplicación

Artículo 3. Quedan sujetos al cumplimiento de las presentes normas, aquellas personas naturales y jurídicas sometidas a la inspección, supervisión, vigilancia, regulación, control y sanción de la Superintendencia de la Actividad Aseguradora.

De las definiciones y siglas

Artículo 4. A los efectos de las presentes normas, se entiende por:

1. Actividad sospechosa: Operación no convencional, compleja, en tránsito o estructurada, que después de analizada, haga presumir que involucra fondos derivados de una actividad ilícita, o se ha conducido o intentado efectuar con el propósito de esconder o disimular fondos o bienes derivados de actividades ilícitas;

2. Actividades y Profesiones No Financieras Designadas (APNFD): Aquellas designadas por el Grupo de Acción Financiera Internacional (GAFI) y que están en riesgo de ser utilizadas para Legitimar Capitales, Financiar al Terrorismo, Financiar la Proliferación de Armas de Destrucción Masiva y cometer otros ilícitos;

3. Arma de Destrucción Masiva: Instrumento diseñado para aniquilar personas civiles y militares, con efectos devastadores en las infraestructuras y medio ambiente (armas nucleares, biológicas y químicas);

4. Auditoría: Proceso de revisión programado, desarrollado y ejecutado por los Sujetos Obligados, con el fin de verificar el cumplimiento normativo vigente y comprobar la efectividad del Sistema Integral de Administración de Riesgos de Legitimación de Capitales, Financiamiento al Terrorismo, Financiamiento de la Proliferación de Armas de Destrucción Masiva y otros ilícitos en un determinado periodo;

5. Autoevaluación: Proceso dirigido a identificar, analizar, medir, ponderar o evaluar los riesgos del Sujeto Obligado, con el objeto de conocer las amenazas, vulnerabilidades y dedicar la mayor cantidad de recursos (económicos, tecnológicos, humanos) y esfuerzos a los mayores riesgos;

6. Beneficiario final: Persona natural que posee, controla o influye de manera significativa sobre los bienes de un cliente o en cuyo nombre o beneficio se realiza una transacción. Incluye también a las personas naturales que ejercen el control final sobre una persona jurídica, fideicomisos y otras estructuras jurídicas;

7. Canal de comercialización: Medio o modalidad a través del cual los Sujetos Obligados ofrecen un producto o servicio, lo que incluye a los canales alternativos, como mecanismo para facilitar la adquisición de un producto o servicio;

8. Compromiso Institucional: Declaración de la identificación y fidelidad con las metas y valores éticos de los Sujetos Obligados en materia de AR/LC/FT/FPADM y otros ilícitos;

9. Criptoactivo: Activo digital que utiliza a la criptografía y a los registros distribuidos como base para su funcionamiento;

10. Debida Diligencia (DD): Principio que permite identificar los riesgos para mitigarlos y las debilidades para corregirlas, mediante un conjunto de mecanismos (normas, políticas, procedimientos, procesos y gestiones) diseñados de acuerdo a un enfoque basado en riesgo y a través de acciones concretas que aseguren el cumplimiento de principios, valores y políticas adoptadas voluntariamente por los Sujetos Obligados.

Entendiéndose como Debida Diligencia Intensificada, Debida Diligencia Mejorada y Debida Diligencia Simplificada, las cuales, en ese mismo orden, se refieren a la identificación de una persona natural o jurídica, calificada como de riesgo alto, riesgo moderado o riesgo bajo;

11. Declaración Jurada: Manifestación expresada en un documento, de manera voluntaria, cuya veracidad es asegurada ante una autoridad judicial o administrativa;

12. Efectividad: Es el grado en que los sistemas financieros y las economías mitigan los riesgos de los delitos de LC/FT/FPADM y otros ilícitos;

13. Enfoque Basado en Riesgo (EBR): Principio que permite identificar, evaluar y entender los riesgos de los delitos de LC/FT/FPADM y otros ilícitos, a los que están expuestos los Sujetos Obligados y adoptar las medidas adecuadas para mitigar de manera efectiva dichos riesgos;

14. Extinción de Dominio: Comprende la declaración de titularidad a favor del Estado de los bienes y efectos patrimoniales de personas naturales o jurídicas relacionados con actividades ilícitas, mediante sentencia firme, sin contraprestación, ni compensación de ninguna naturaleza, salvaguardando los derechos de terceros de buena fe;

15. Financiamiento al Terrorismo (FT): Acción económica, ayuda o mediación que proporcione apoyo financiero a actividades, elementos o grupos terroristas;

16. Financiamiento de la Proliferación de Armas de Destrucción Masiva (FPADM): Acto de proporcionar fondos o servicios financieros que se utilizan, en todo o en parte, para la fabricación, adquisición, posesión, desarrollo, exportación, transbordo, intermediación, transporte, transferencia, almacenamiento o uso de armas nucleares, químicas o biológicas y sus medios de entrega y materiales relacionados (incluidas las tecnologías y los productos de doble uso utilizados para fines no legítimos), en contravención de las leyes nacionales o, en su caso, las obligaciones internacionales;

17. Buen Gobierno Corporativo: Conjunto de principios que dirigen de forma transparente las relaciones y el comportamiento entre los Accionistas y la Junta Directiva o el Órgano que ejerza función equivalente;

18. Tecnología del Mercado de la Actividad Aseguradora *"Insurtech"*: Cualquier innovación impulsada por la tecnología que crea valor en la actividad aseguradora, aportando soluciones basadas en datos, orientadas a desarrollar y ofrecer nuevos productos y servicios en un entorno digital que supone una mejora en la experiencia del cliente;

19. Legitimación de Capitales (LC): Proceso de esconder o dar apariencia de legalidad a capitales, fondos, bienes y haberes provenientes de actividades ilícitas;

20. Medidas de mitigación: Conjunto de acciones implementadas con el objetivo de mitigar los impactos negativos producto de operaciones de los delitos de LC/FT/FPADM y otros ilícitos;

21. *"Open Insurance"*: Prestación de servicios y datos a socios, comunidades y startups, con el fin de crear nuevos servicios, aplicaciones y modelos de negocio innovadores y disruptivos. Desde una perspectiva técnica, el concepto principal de Open Insurance proviene de la combinación de arquitecturas de API abiertas insertadas en aplicaciones de seguros;

22. Operación inusual: Aquella que por sus características no guarda relación con la actividad económica del cliente, intermediario, empleado, proveedor de servicios o que escapan de los parámetros de normalidad establecidos para un rango determinado de mercado;

23. Organizaciones Sin Fines de Lucro (OSFL): Persona jurídica que se dedica principalmente a recaudar o desembolsar fondos con fines benéficos de cualquier tipo;

24. Persona Expuesta Políticamente (PEP): Persona natural que es o fue figura política de alto nivel, de confianza o afines, o sus familiares cercanos o su círculo de colaboradores inmediatos, por ocupar cargos como funcionarios importantes de un Órgano ejecutivo, legislativo, judicial o militar de un gobierno nacional o extranjero, miembro de alto nivel de un partido político nacional o extranjero;

25. Riesgo: Posible ocurrencia por azar de un acontecimiento que no dependa exclusivamente de la voluntad del tomador, asegurado, beneficiario, contratante, usuario, afiliado o afianzado, que ocasione una necesidad económica, y cuya aparición real o existencia se previene y garantiza en el contrato;

26. Riesgo de contagio: Posible pérdida que puede sufrir, directa o indirectamente un Sujeto Obligado, por una acción o experiencia de un vinculado. El vinculado es el relacionado o asociado, e incluye personas naturales o jurídicas, que tienen posibilidad de ejercer influencia sobre la entidad;

27. Riesgo inherente: Riesgo característico de la actividad aseguradora, que no depende de los programas, normas, políticas, procedimientos y controles internos aplicados por los Sujetos Obligados;

28. Riesgo legal: Posible pérdida que emana del incumplimiento de leyes, normas, reglamentos, prácticas prescritas o normas de ética de cualquier jurisdicción, en la que los Sujetos Obligados llevan a cabo sus actividades;

29. Riesgo operacional: Posible daño potencial y pérdida que compromete los intereses de los Sujetos Obligados, motivado a errores humanos, forma de organización y su estructura, deficiencias en controles internos y sistemas de información, fallas administrativas, eventos externos y fraudes;

30. Riesgo reputacional: Posible pérdida por desprestigio, mala imagen, publicidad negativa, cierta o no, respecto de los Sujetos Obligados y sus prácticas de negocios, que cause pérdida de clientes, disminución de ingresos o procesos judiciales;

31. Riesgo residual: Nivel resultante del riesgo luego de aplicar los controles o medidas de mitigación;

32. "*Ransomware*": Tipo de malware o código malicioso que impide la utilización de los equipos o sistemas que infecta. El ciberdelincuente toma control del equipo o sistema infectado y lo "secuestra" de varias maneras, cifrando la información, bloqueando la pantalla, etc.;

33. Segmentación: Proceso de agrupar cada uno de los factores de riesgos, en grupos homogéneos y heterogéneos, según las características que lo exponen a la delincuencia organizada;

34. Señales de alerta: Conjunto de indicadores cualitativos y cuantitativos que permiten identificar oportunamente los comportamientos atípicos de las variables relevantes, previamente determinadas por los Sujetos Obligados;

35. Sistema Integral de Administración de Riesgos de Legitimación de Capitales, Financiamiento al Terrorismo, Financiamiento de la Proliferación de Armas de Destrucción Masiva y otros Ilícitos (SIAR/LC/FT/FPADM y otros ilícitos): Conjunto de normas y políticas adoptadas y ejecutadas por los Sujetos Obligados, en función de su nivel de riesgo, para mitigar la posibilidad de que sus productos, servicios, clientes y canales de comercialización, sean utilizados para Legitimar Capitales, Financiar al Terrorismo, Financiar la Proliferación de Armas de Destrucción Masiva y cometer otros ilícitos;

36. Vinculado: Personas naturales o jurídicas, con las cuales los Sujetos Obligados tienen algún tipo de relación comercial, legal o contractual.

TÍTULO II

DE LA ADMINISTRACIÓN DE RIESGOS DE LEGITIMACIÓN DE CAPITALES, FINANCIAMIENTO AL TERRORISMO, FINANCIAMIENTO DE LA PROLIFERACIÓN DE ARMAS DE DESTRUCCIÓN MASIVA Y OTROS ILÍCITOS

CAPÍTULO I

SISTEMA INTEGRAL DE ADMINISTRACIÓN DE RIESGOS DE LEGITIMACIÓN DE CAPITALES, FINANCIAMIENTO AL TERRORISMO, FINANCIAMIENTO DE LA PROLIFERACIÓN DE ARMAS DE DESTRUCCIÓN MASIVA Y OTROS ILÍCITOS

De la implementación

Artículo 5. Los Sujetos Obligados, bajo un Enfoque Basado en Riesgo, deben diseñar, desarrollar e implementar un SIAR/LC/FT/FPADM y otros ilícitos, de acuerdo con sus características, tales como: estructura organizativa, clientes, negocios, productos, servicios, volumen de operaciones, canales de comercialización, mercados, regiones donde operen, tecnologías disponibles, calificación de riesgo y cualquier otra, siempre y cuando tenga vinculación directa o indirecta con la materia de AR/LC/FT/FPADM y otros ilícitos.

El SIAR/LC/FT/FPADM y otros ilícitos debe incluir acciones apropiadas, suficientes y eficaces; orientadas a identificar, analizar, medir, ponderar, evaluar y aplicar directrices para administrar los riesgos de que sus actividades y operaciones sean utilizadas para Legitimar Capitales, Financiar al Terrorismo, Financiar la Proliferación de Armas de Destrucción Masiva y cometer otros ilícitos.

Del alcance

Artículo 6. Los Sujetos Obligados para administrar los riesgos potenciales de LC/FT/FPADM y otros ilícitos a los que se exponen, deben involucrar a todas sus dependencias, así como concientizar a todos los empleados, incluida la Junta Directiva o el Órgano que ejerza función equivalente, ajustándose al marco jurídico vigente; normativas e instrucciones emanadas del Órgano de Control; autoevaluación, recomendaciones de auditoría, buen gobierno corporativo, código de ética; mejores prácticas y estándares internacionales, siempre que éstos últimos no coliden con la normativa nacional.

CAPITULO II

ESTRUCTURA DEL SISTEMA INTEGRAL DE ADMINISTRACIÓN DE RIESGOS DE LEGITIMACIÓN DE CAPITALES, FINANCIAMIENTO AL TERRORISMO, FINANCIAMIENTO DE LA PROLIFERACIÓN DE ARMAS DE DESTRUCCIÓN MASIVA Y OTROS ILÍCITOS

De la estructura

Artículo 7. El SIAR/LC/FT/FPADM y otros ilícitos debe estar integrado por la Junta Directiva o el Órgano que ejerza función equivalente; el presidente o quien haga sus veces; el Oficial de Cumplimiento; la Unidad de AR/LC/FT/FPADM y otros ilícitos, y los responsables de cumplimiento, designados por cada área de riesgo. Dentro de la estructura el Oficial de Cumplimento y el presidente se ubican en el mismo nivel jerárquico, cada uno dentro del ámbito de sus competencias.

El SIAR/LC/FT/FPADM y otros ilícitos, se regirá bajo los siguientes lineamientos:

1. La designación del Oficial de Cumplimiento y los responsables, será de carácter obligatorio.

2. Las empresas de seguros podrán conformar la estructura sin la inclusión de la Unidad de AR/LC/FT/FPADM y otros ilícitos, esto en función de los resultados de su Autoevaluación de Riesgo. En todo caso, la Superintendencia de la Actividad Aseguradora, podrá determinar durante los procedimientos de Inspección la suficiencia o no de la estructura del SIAR/LC/FT/FPADM y otros ilícitos.

3. Las empresas de reaseguros, de medicina prepagada, administradoras de riesgos, financiadoras de primas o cuotas, sociedades de corretaje de seguros y sociedades de corretaje de reaseguros, no estarán obligadas a conformar la Unidad de AR/LC/FT/FPADM y otros ilícitos, pero deben proporcionar a la Superintendencia de la Actividad Aseguradora los datos estadísticos y demás información periódica u ocasional que ésta les solicite.

4. Las sucursales de empresas de reaseguros y sociedades de corretaje de reaseguros del exterior, estarán sometidas a estas normas en todo cuanto les sea aplicable; así como, a los mecanismos de control que establezca la Superintendencia de la Actividad Aseguradora. El representante de la sucursal debe ser designado como responsable de cumplimiento por la casa matriz; además de mantener una fluida comunicación, coordinación y monitoreo con el Oficial de Cumplimiento de ésta.

La Superintendencia de la Actividad Aseguradora, independientemente de los anteriores supuestos podrá ordenar cuando lo considere necesario, la conformación de la Unidad de AR/LC/FT/FPADM y otros ilícitos, a aquellos Sujetos Obligados que no posean o estén exceptuados de contar con estos actores ejecutivos dentro de su estructura del SIAR/LC/FT/FPADM y otros ilícitos.

Sección I Junta Directiva

De las obligaciones

Artículo 8. La Junta Directiva o el Órgano que ejerza función equivalente, tiene las siguientes obligaciones:

1. Asegurar la implementación y mantenimiento del SIAR/LC/FT/FPADM y otros ilícitos, proporcionando la infraestructura organizativa, funcional y presupuestaria idónea para que pueda ser eficiente y eficaz;

2. Establecer y aprobar anualmente un monto de recursos financieros, especifico e identificable dentro del presupuesto general, para garantizar la ejecución de las tareas vinculadas con la materia de AR/LC/FT/FPADM y otros ilícitos, así como con el buen gobierno corporativo, dirigiendo especial atención a los programas y planes de capacitación, así como a la adquisición y mejora de soluciones informáticas y herramientas tecnológicas adecuadas para la AR/LC/FT/FPADM y otros ilícitos;

3. Asumir en forma individual y por escrito, el Compromiso Institucional, el cual deberá estar inserto en el expediente de cada uno de los miembros;

4. Designar al Oficial de Cumplimiento y supervisar el correcto desempeño de sus funciones;

5. Otorgar al Oficial de Cumplimiento, como empleado de alto nivel, los recursos necesarios para el cumplimiento de sus funciones;

6. Aprobar oportunamente en materia de AR/LC/FT/FPADM y otros ilícitos; políticas, normas, procedimientos, autoevaluaciones, planes, programas, códigos, manuales, controles internos, estrategias, entre otros instrumentos; así como, supervisar su cumplimiento;

7. Revisar y analizar los informes semestrales y anuales elaborados por el Oficial de Cumplimiento; a los fines de aplicar las acciones correctivas en caso que le sean planteadas deficiencias, debilidades y recomendaciones, lo cual debe reflejarse como una función relacionada con el buen gobierno corporativo;

8. Revisar y aprobar el Informe Anual sobre AR/LC/FT/FPADM y otros ilícitos elaborado por el auditor externo; a los fines de aplicar las acciones correctivas en caso que le sean planteadas deficiencias, debilidades y recomendaciones, lo cual debe reflejarse como una función relacionada con el buen gobierno corporativo;

9. Aprobar la designación de los miembros de la Unidad de AR/LC/FT/FPADM y otros ilícitos, así como de los responsables de Cumplimiento;

10. Asistir a las actividades de capacitación relacionadas con la materia de AR/LC/FT/FPADM y otros ilícitos, convocadas por el Oficial de Cumplimiento.

11. Promover a todos los niveles de la organización y como componente de un buen gobierno corporativo, una cultura de cumplimiento de los requerimientos legales y normativos en materia de Administración de Riesgos de LC/FT/FPADM y otros ilícitos para procurar que el personal se adhiera a las políticas, procedimientos y procesos establecidos por la institución y además mantenga un alto nivel de rendimiento; así como, de ética y moral.

12. Asumir la corresponsabilidad del cumplimiento de las normas contra la LC/FT/FPADM y otros ilícitos.

Sección II
Presidente

De las obligaciones

Artículo 9. El presidente o quien haga sus veces, debe cumplir las siguientes obligaciones:

1. Asegurar que el SIAR/LC/FT/FPADM y otros ilícitos funcione debidamente, prestando para ello efectivo, eficiente y oportuno apoyo al Oficial de Cumplimiento;

2. Asegurar que las decisiones en materia de AR/LC/FT/FPADM y otros ilícitos emanadas de la Junta Directiva o el Órgano que ejerza función equivalente, sean conocidas y aplicadas por las instancias que correspondan;

3. Supervisar el efectivo cumplimiento de los programas y planes de capacitación dirigidos a los accionistas, miembros de la Junta Directiva o del Órgano que ejerza función equivalente, personal fijo, obrero, contratado y nuevos ingresos;

4. Notificar a la Superintendencia de la Actividad Aseguradora sobre la designación, renuncia o ausencia del Oficial de Cumplimiento, dentro de un lapso de cinco (05) días hábiles siguientes a la fecha de ocurrencia de uno u otro supuesto;

5. Ejercer las funciones del Oficial de Cumplimiento, en los casos de reposo médico y disfrute de vacaciones;

6. Ejercer las funciones del Oficial de Cumplimiento, en los casos de falta absoluta del mismo y coordinar una nueva designación en un lapso no mayor de diez (10) días hábiles, contados a partir de la ocurrencia del hecho, prorrogables una sola vez por un lapso igual.

7. Proponer a la Junta Directiva del Sujeto Obligado, la designación del Oficial de Cumplimiento.

8. Asegurar que las unidades de mercadeo, negocios, captación o similares, consulten al Oficial de Cumplimiento, con el objeto de conocer sus recomendaciones acerca de las medidas preventivas acordes al nivel de riesgo que representa un nuevo producto o servicio, antes de su lanzamiento al mercado;

9. Conocer los informes semestrales y anuales elaborados por el Oficial de Cumplimiento;

10. Conocer el informe Anual sobre AR/LC/FT/FPADM y otros ilícitos elaborado por el auditor externo;

11. Asistir a las actividades de capacitación relacionadas con la materia AR/LC/ FT/FPADM y otros ilícitos, convocadas por el Oficial de Cumplimiento.

Sección III
Oficial de Cumplimiento

Del nivel jerárquico

Artículo 10. El Oficial de Cumplimiento es un empleado de alto nivel jerárquico, dotado de autonomía funcional y poder de decisión, que depende y reporta directamente a la Junta Directiva o al Órgano que ejerza función equivalente, estará a dedicación exclusiva como responsable de vigilar la adecuada implementación, funcionamiento, actualización e innovación del SIAR/LC/FT/FPADM y otros ilícitos.

Las decisiones que en el marco de la ejecución de sus actividades ejerza o adopte el Oficial de Cumplimiento, serán de observancia obligatoria por parte de todos los ejecutivos, empleados y unidades del Sujeto Obligado, previa aprobación por parte de la Junta Directiva o el Órgano que ejerza función equivalente.

Del perfil

Artículo 11. Para optar al cargo de Oficial de Cumplimiento, se deben cumplir los siguientes requisitos:

1. Poseer título de educación superior o técnico universitario;

2. Tener conocimientos comprobables en materia de AR/LC/FT/FPADM y otros ilícitos, sobre la legislación y reglamentación de la actividad aseguradora, además de conocer y comprender la estructura del Sujeto Obligado, los productos y servicios, modalidades de comercialización y zonas geográficas, así como, los riesgos potenciales a que pueda estar expuesto el Sujeto Obligado;

3. Cursar los programas de formación académica en materia de AR/LC/ FT/FPADM y otros ilícitos, impartidos por la Superintendencia de la Actividad Aseguradora;

4. Estar inscrito en el registro de Oficiales de Cumplimiento que llevará la Superintendencia de la Actividad Aseguradora, a tales efectos.

Del registro de Oficiales de Cumplimiento

Artículo 12. Los Oficiales de Cumplimiento deben cumplir con los requisitos exigidos en el artículo anterior, haber realizado la inscripción y el pago de la tasa por el servicio establecido en el Artículo 12, numeral 6° de la Ley de la Actividad Aseguradora.

Dicho registro debe renovarse cada tres (3) años, para lo cual, el interesado, pagará el equivalente al veinticinco por ciento (25%) de la tasa de su inscripción, y actualizar la documentación.

La autorización otorgada al Oficial de Cumplimiento, será revocada en los casos en que éste haya sido sancionado, conforme a lo establecido en el Artículo 138 de la Ley que rige la actividad aseguradora.

De las funciones

Artículo 13. El Oficial de Cumplimiento tiene las siguientes funciones:

1. Coordinar la implementación, funcionamiento, mantenimiento, actualización e innovación del SIAR/LC/FT/FPADM y otros ilícitos;

2. Promover y supervisar el cumplimiento de las normas, políticas, procedimientos y mecanismos de control interno aprobados por la Junta Directiva o el Órgano que ejerza función equivalente, relacionados con el SIAR/LC/FT/FPADM y otros ilícitos;

3. Coordinar y supervisar la gestión de la Unidad de Administración de Riesgos de LC/FT/FPADM y otros ilícitos; así como, el cumplimiento de la normativa vigente y de los controles internos por parte de las otras dependencias administrativas, que tienen responsabilidad en la ejecución de los planes, programas y normas para administrar los riesgos de LC/FT/FPADM y otros ilícitos;

4. Coordinar los planes y programas de capacitación dirigidos a los accionistas, miembros de la Junta Directiva o el Órgano que ejerza función equivalente, al presidente o quien haga sus veces, personal fijo, obrero, contratado y nuevos ingresos;

5. Elaborar, implementar, ejecutar y remitir a través de los medios que disponga la Superintendencia de la Actividad Aseguradora, según corresponda, la Autoevaluación de Riesgo; el Manual de Políticas, Normas y Procedimientos en materia de AR/LC/FT/FPADM y otros ilícitos; el Plan Operativo Anual y el Informe de Ejecución;

6. Revisar, actualizar y remitir a través de los medios electrónicos que disponga la Superintendencia de la Actividad Aseguradora, las modificaciones del SIAR/LC/FT /FPADM y otros ilícitos;

7. Elaborar normas, políticas, procedimientos y mecanismos de control interno para la verificación de datos y análisis de información, con la finalidad de desarrollar indicadores que permitan identificar operaciones inusuales o actividades sospechosas de clientes, para ser aplicadas en las unidades o dependencias del Sujeto Obligado;

8. Elaborar normas, políticas, procedimientos y mecanismos de control interno para la implementación y funcionamiento de soluciones informáticas y herramientas tecnoló-gicas adecuadas a la materia de AR/LC/FT/FPADM y otros ilícitos, según la autoevaluación realizada por el Sujeto Obligado;

9. Presentar informes semestrales y anuales a la Junta Directiva o el Órgano que ejerza función equivalente, los cuales deben contener, además de la gestión, sus recomen-daciones para el mejoramiento de normas, políticas, procedimientos, mecanismos de control interno e instrumentos, con base en las deficiencias y debilidades detectadas dentro del SIAR/LC/FT/FPADM y otros ilícitos. Estos informes deben mantenerse a disposición de la Superintendencia de la Actividad Aseguradora;

10. Evaluar los nuevos productos y servicios del Sujeto Obligado, previo a su comercialización, instruyendo a las unidades de mercadeo, negocios, captación o similares, la adopción de medidas de AR/LC/FT/FPADM y otros ilícitos;

11. Mantener debidamente actualizados los documentos y formularios vinculados con la materia de AR/LC/FT/FPADM y otros ilícitos. Las consideraciones sobre las acciones aplicadas deben incluirse en el informe de gestión correspondiente (semestral o anual) que debe presentar ante la Junta Directiva u Órgano que ejerza función equivalente del Sujeto Obligado, lo cual debe reflejarse como una función relacionada con el buen gobierno corporativo;

12. Proponer a la Junta Directiva la designación de los miembros de la Unidad de AR/LC/FT/FPADM y otros ilícitos, así como de los responsables de cumplimiento, de acuerdo a los riesgos identificados en la Autoevaluación de Riesgo;

13. Dar respuesta a las solicitudes de información requeridas por los organismos públicos, dentro de los plazos y parámetros que correspondan;

14. Analizar las operaciones inusuales o actividades sospechosas, y de ser el caso, elaborar y remitir el respectivo reporte a la Unidad Nacional de Inteligencia Financiera, conforme a los parámetros establecidos por dicho Órgano;

15. Remitir a la Superintendencia de la Actividad Aseguradora a través de los medios que disponga la misma, cuando les sean requeridas, las señales de alerta relacionadas con los delitos de LC/FT/FPADM y otros ilícitos, identificadas dentro del Sujeto Obligado, respetando la reserva y confidencialidad de los datos de identificación de las personas naturales y jurídicas involucradas en los reportes de actividades sospechosas remitidos a la Unidad Nacional de Inteligencia Financiera;

16. Desarrollar, distribuir y difundir dentro del Sujeto Obligado, a través de los medios o canales verificables que considere pertinentes, estrategias comunicacionales de información y sensibilización, dirigidas a concientizar y mantener actualizado al personal del Sujeto Obligado respecto a delitos de LC/FT/FPDM y otros ilícitos;

17. Implementar las acciones correctivas basadas en las deficiencias, debilidades y recomendaciones, presentadas por el auditor interno o quien haga sus veces, por los auditores externos, así como aquellas deficiencias, debilidades y recomendaciones que arrojen los procedimientos de inspección realizados por la Superintendencia de la Actividad Aseguradora, lo cual debe reflejarse como una función relacionada con el buen gobierno corporativo;

18. Asistir a los actos y presentar a la Junta Directiva informes relacionados con la enajenación de los predios urbanos edificados e inmuebles, así como de vehículos o cualesquiera otros bienes o valores, producto de las recuperaciones y salvamentos de siniestros, a los fines de determinar la identidad del beneficiario final para que en caso de evidenciar actividades sospechosas, complejas, en tránsito o estructuradas, efectuar el análisis pertinente y de existir elementos suficientes, elaborar el reporte de actividades sospechosas;

19. Evaluar los actos y presentar a la Junta Directiva informes relacionados con las enajenaciones de acciones u otros negocios jurídicos, a los fines de determinar la identidad del beneficiario final para que, en caso de evidenciar actividades sospechosas, complejas, en tránsito o estructuradas, efectuar el análisis pertinente y de existir elementos suficientes, realizar el reporte de actividades sospechosas;

20. Remitir a la Superintendencia de la Actividad Aseguradora, bajo los lineamientos que ésta disponga, los reportes sistemáticos exigidos en las presentes normas;

21. Mantener una constante actualización técnica y legal respecto a la materia de AR/LC/FT/FPADM y otros ilícitos;

22. Mantener las relaciones institucionales con la Superintendencia de la Actividad Aseguradora, la Oficina Nacional Contra la Delincuencia Organizada y Financiamiento al Terrorismo, la Superintendencia Nacional Antidrogas, la Unidad Nacional de Inteligencia Financiera, el Ministerio Público y otros organismos públicos e instituciones dedicadas a la AR/LC/FT/FPADM y otros ilícitos;

23. Representar al Sujeto Obligado en convenciones, eventos, foros, comités y actos nacionales e internacionales relacionados con la materia de AR/LC/FT/FPADM y otros ilícitos;

24. Cualquier otra función relacionada con la AR/LC/FT/FPADM y otros ilícitos, que le sea conferida por la Junta Directiva o el Órgano que ejerza función equivalente, o por normas emanadas del Órgano de Control.

Sección IV

Unidad de Administración de Riesgos de Legitimación de Capitales, Financiamiento al Terrorismo, Financiamiento de la Proliferación de Armas de Destrucción Masiva y Otros Ilícitos

De la conformación

Artículo 14. La Unidad es el Órgano técnico operativo, que servirá de apoyo al Oficial de Cumplimiento; el personal mínimo debe estar a dedicación exclusiva y garantizar su funcionalidad conforme a las características y nivel de riesgo de cada Sujeto Obligado, por lo que podrá organizarse de la siguiente manera:

1. Área de Administración de Riesgos;

2. Área de Estadísticas y Análisis Estratégicos;

3. Área de Análisis y Supervisión de Operaciones.

De las funciones

Artículo 15. La Unidad tendrá las siguientes funciones:

1. Supervisar el cumplimiento de normas, políticas, procedimientos y mecanismos de control interno en materia de AR/LC/FT/FPADM y otros ilícitos, por parte de las dependencias y empleados del Sujeto Obligado;

2. Evaluar las consultas sometidas a su consideración, relacionadas con el cumplimiento de normas, políticas, procedimientos y mecanismos de control interno en materia de AR/LC/FT/FPADM y otros ilícitos;

3. Analizar, clasificar y segmentar los factores de riesgo de manera cualitativa y cuantitativa, a los fines de la detección, análisis y preparación de los informes de actividades sospechosas;

4. Recibir y analizar la información de operaciones inusuales o actividades sospechosas, remitidas por los responsables de cumplimiento, a los fines de elaborar los informes correspondientes y presentarlos al Oficial de Cumplimiento;

5. Elaborar estadísticas y análisis de informes estratégicos en materia de AR/LC/FT/ FPADM y otros ilícitos, así como el diseño de sus respectivas contramedidas;

6. Ejecutar los planes y programas de capacitación dirigidos a los accionistas, miembros de la Junta Directiva o el Órgano que ejerza función equivalente, al presidente o quien haga sus veces, personal fijo, obrero, contratado y nuevos ingresos;

7. Recopilar la información relacionada con las respuestas a las solicitudes de información requeridas por los organismos públicos, dentro de los plazos y parámetros que correspondan;

8. Presentar al Oficial de Cumplimiento las señales de alerta en materia de AR/LC/FT/FPADM y otros ilícitos, identificadas dentro del Sujeto Obligado;

9. Recabar, analizar, preparar y presentar al Oficial de Cumplimiento, estrategias comunicacionales de información y sensibilización, dirigidas a concientizar y mantener actualizado al personal del Sujeto Obligado respecto a esta materia de AR/LC/FT/FPADM y otros ilícitos;

10. Recopilar la información relacionada con los reportes sistemáticos exigidos en las presentes normas;

11. Diseñar, desarrollar y garantizar la aplicación de los parámetros de segmentación aplicables a los clientes, empleados, proveedores de servicios, intermediarios y reaseguradores;

12. Garantizar que a cada uno de los clientes, empleados, proveedores de servicios, intermediarios y reaseguradores se les asigne una calificación con base a riesgo;

13. Diseñar parámetros de configuración para que las herramientas tecnológicas generen señales de alerta.

14 Cualquier otra que le sea conferida por el Oficial de Cumplimiento, la Junta Directiva o el Órgano que ejerza función equivalente, así como, por normas prudenciales.

Sección V
Responsables de Cumplimiento

De la designación

Artículo 16. Los Sujetos Obligados deben seleccionar de sus áreas de riesgo o sensibles, identificadas en su Autoevaluación de Riesgo, así como de sus agencias o sucursales, al personal que fungirá como responsables de cumplimiento, los cuales servirán de enlace con la Unidad de AR/LC/FT/FPADM y otros ilícitos o al Oficial de Cumplimiento en lo aplicable, para la supervisión y observancia de la normativa sobre la materia, dentro de sus áreas de competencia.

Los responsables de cumplimiento deben ser designados individualmente por escrito, especificando claramente sus funciones, las cuales cumplirán, adicionalmente a las funciones propias que tiene dentro del Sujeto Obligado.

De las funciones

Artículo 17. Los responsables de cumplimiento tendrán las siguientes funciones:

1. Supervisar el cumplimiento de la normativa en materia de AR/LC/FT/FPADM y otros ilícitos, así como asesorar y apoyar al personal del área bajo su responsabilidad o competencia;

2. Prestar apoyo a la Unidad de AR/LC/FT/FPADM y otros ilícitos, así como al Oficial de Cumplimiento en lo aplicable, en el cumplimiento de normas, políticas, procedimientos y mecanismos de control interno en materia de AR/LC/FT/FPADM y otros ilícitos;

3. Elaborar y ejecutar el Programa Anual de Seguimiento, Evaluación y Control y presentarlo al Oficial de Cumplimiento; asimismo, presentar el informe correspondiente sobre el cumplimiento de sus obligaciones, en la forma, modo y tiempo que establezca el Oficial de Cumplimiento;

4. Remitir a la Unidad de AR/LC/FT/FPADM y otros ilícitos y al Oficial de Cumplimiento, en la forma, tiempo y modo que se establezca, la información relacionada sobre operaciones inusuales o actividades sospechosas, o en su defecto, notificar el no haber tenido conocimiento de la realización de alguna de éstas en el mes inmediato anterior a la fecha de notificación;

5. Asistir a las actividades de capacitación relacionadas con la materia AR/LC/FT /FPADM y otros ilícitos, convocadas por el Oficial de Cumplimiento.

6. Difundir el conocimiento del Manual de Políticas, Normas y Procedimientos en materia de AR/LC/FT/FPADM y otros ilícitos a todo el personal.

Del deber de informar

Artículo 18. Cualquier empleado debe informar a la Unidad de AR/LC/FT/FPADM y otros ilícitos o al Oficial de Cumplimiento en lo aplicable, sobre irregularidades en la observancia de las disposiciones legales y reglamentarias vigentes o derivadas del Manual de Políticas, Normas y Procedimientos en materia de AR/LC/FT/FPADM y otros ilícitos.

CAPITULO III
INSTRUMENTOS DEL SIAR/LC/FT/FPADM y OTROS ILÍCITOS

Sección I
Autoevaluación De Riesgo

De la Autoevaluación

Artículo 19. La Autoevaluación de Riesgo es el proceso retrospectivo a través del cual los Sujetos Obligados, identifican, analizan, miden, ponderan, evalúan y segmentan los riesgos a los que se encuentran expuestas sus actividades y operaciones de que sean utilizadas para Legitimar Capitales, Financiar al

Terrorismo, Financiar la Proliferación de Armas de Destrucción Masiva y cometer otros ilícitos, determinando así las amenazas, vulnerabilidades, la probabilidad de ocurrencia y el impacto de los mismos.

De la elaboración

Artículo 20. Los Sujetos Obligados deben realizar una Autoevaluación de Riesgo, a los fines del establecimiento del nivel de riesgo alto, moderado o bajo. Debe actualizarse de forma anual y ser remitida a la Superintendencia de la Actividad Aseguradora, previa aprobación de la Junta Directiva o el Órgano que ejerza función equivalente y certificación del Auditor Interno o quien haga sus veces, dentro de los sesenta (60) días continuos siguientes al cierre del ejercicio económico.

Para la elaboración y posterior actualización del instrumento, los Sujetos Obligados deben considerar los factores y variables de riesgo, atendiendo además a situaciones en las que se presenten cesiones de cartera, fusiones o escisiones, apertura de sucursales o agencias, lanzamiento de nuevos productos y el uso de nuevas tecnologías en las modalidades de comercialización.

La Autoevaluación de Riesgo, servirá de base para el diseño, desarrollo, implementación y actualización de las normas, políticas, procedimientos y mecanismos de control interno, monitoreo y seguimiento de operaciones, así como de medidas de mitigación, las cuales deben ser difundidas e incorporadas al Manual de Políticas, Normas y Procedimientos en materia de AR/LC/FT/FPADM y otros ilícitos.

La Superintendencia de la Actividad Aseguradora a través de los medios que dispone, informará sobre los elementos que como mínimo los Sujetos Obligados deben considerar en la elaboración de este instrumento.

Del seguimiento

Artículo 21. Los Sujetos Obligados deben realizar el seguimiento y verificación de la efectividad de las acciones implementadas en el SIAR/LC/FT/FPADM y otros ilícitos, con el fin de adaptarlos a la probabilidad de ocurrencia, cuando se observen cambios en los factores de riesgos asociados a los clientes, productos, servicios, modalidades de comercialización y zonas donde operen. A tales efectos, deben administrar el riesgo potencial de los delitos de LC/FT/FPADM y otros lícitos mediante:

1. Mayores acciones de concientización;

2. Aumento en el monitoreo de las transacciones;

3. Aumento en los niveles de controles y la frecuencia en la revisión de las relaciones de negocio;

4. Incremento de los niveles de conocimiento de los mismos;

5. Aprobación por parte de los empleados de mayor nivel, en lo que respecta a la celebración del vínculo comercial.

De los factores de riesgo

Artículo 22. A los efectos de la Autoevaluación, el Sujeto Obligado debe considerar los siguientes factores de riesgo: clientes, productos o servicios, canales de comercialización, zonas geográficas y el uso de nuevas tecnologías en las modalidades de comercialización.

De la segmentación de los riesgos

Artículo 23. Los Sujetos Obligados deben efectuar la segmentación de los riesgos, tomando en cuenta las siguientes variables: tipos de cliente, actividades a las que se dedica, origen de los recursos; tipos de productos o servicios; prestación de servicios directos e indirectos, nacionales e internacionales, los factores de riesgos indicados en este artículo, son meramente enunciativos y no taxativos.

De las variables

Artículo 24. Los Sujetos Obligados deben considerar con respecto al cliente, las siguientes variables de riesgo: nacionalidad, edad, profesión, nivel de ingreso, si se trata de personas expuestas políticamente, personas naturales no residentes o personas jurídicas no domiciliadas en el país, organizaciones sin fines de lucro, así como actividades y profesiones no financieras designadas, los ramos en que operen, tipos de producto y formas de pago.

Los Sujetos Obligados pueden considerar otras variables, en función de las características, estructuras, tamaños y complejidad de los productos o servicios que ofrezcan a sus clientes, tipos y naturaleza del riesgo, experiencia en siniestros por parte del asegurado, así como, de las instrucciones que dicte este Órgano de Control y las mejores prácticas internacionales sobre AR/LC/FT/FPADM y otros ilícitos.

De la medición de los riesgos

Artículo 25. Para la medición de los respectivos riesgos, se señalan los siguientes criterios de probabilidad:

Nivel	Descriptor	Descripción
A	Alto	Alta probabilidad de ocurrencia
B	Moderado	Media probabilidad de ocurrencia
C	Bajo	Baja probabilidad de ocurrencia

Para determinar la probabilidad, el Sujeto Obligado podrá considerar la siguiente información:

- Experiencia;
- Opinión de expertos;
- Historial de eventos anteriores;

•Información publicada por organismos públicos nacionales e internacionales.

Las medidas cualitativas señaladas, no son taxativas, sino meramente enunciativas, por lo que los Sujetos Obligados considerando su experiencia, podrán adecuarlas y aplicarlas a los riesgos inherentes, residuales, reputacionales, legales, operacionales o de contagio.

Evaluación del riesgo

Artículo 26. Para la aplicación de los procedimientos en esta etapa, los Sujetos Obligados según su experiencia, deben:

1. Identificar, clasificar y evaluar el impacto y la probabilidad de ocurrencia de los riesgos;

2. Priorizar los riesgos, de manera que permita la administración de sus niveles.

Sustento de la evaluación

Artículo 27. Los Sujetos Obligados deben tener a disposición de la Superintendencia de la Actividad Aseguradora, los documentos e instrumentos que fundamentan la Autoevaluación de Riesgo, incluyendo las matrices de riesgo que muestren sus resultados, así como cualquier instrumento que sustente el SIAR/LC/FT/FPADM y otros ilícitos.

Sección II

Manual de Políticas, Normas y Procedimientos en Materia de AR/LC/FT/FPADM y otros ilícitos

Del Manual de Políticas, Normas y Procedimientos en materia de AR/LC/FT/FPADM y otros ilícitos

Artículo 28. Los Sujetos Obligados deben elaborar un Manual de Políticas, Normas y Procedimientos en materia de AR/LC/FT/FPADM y otros ilícitos, bajo un Enfoque Basado en Riesgo, considerando su estructura organizativa, perfil operacional y nivel de riesgo. El Manual debe estar a disposición de los empleados que tengan vinculación con el SIAR/LC/FT/FPADM y otros ilícitos, a través de los medios o canales que se consideren pertinentes, siendo un medio de consulta en materia de AR/LC/FT/FPADM y otros ilícitos. Este instrumento y sus actualizaciones deben ser aprobadas por la Junta Directiva o el Órgano que ejerza función equivalente.

El Manual una vez aprobado por parte de la Junta Directiva o del Órgano que ejerza función equivalente, debe ser remitido a través de los medios que disponga la Superintendencia de la Actividad Aseguradora, para su revisión, autorización e implementación, dentro de los treinta (30) días continuos siguientes a la inscripción como Sujeto Obligado en el registro que al efecto lleva este Órgano de Control.

El Manual de Políticas, Normas y Procedimientos en materia de AR/LC/FT /FPADM y otros ilícitos, debe ser revisado periódicamente por el Oficial de Cumplimiento, a fin de mantenerlo actualizado de acuerdo a los cambios en la normativa legal vigente, nuevas tendencias, situación económico-financiera del país y cualquier otro factor que pudiese modificar su contenido. Las evidencias documentales de la precitada revisión deben insertarse en el Manual. El auditor interno o quien haga sus veces en el Sujeto Obligado, certificará las actualizaciones realizadas a dicho instrumento por el Oficial de Cumplimiento y aprobadas por la Junta Directiva o el Órgano que ejerza función equivalente.

Las actualizaciones del Manual deben mantenerse a disposición de esta Superintendencia de la Actividad Aseguradora para las revisiones que considere necesarias.

La Superintendencia de la Actividad Aseguradora a través de los medios que dispone, informará sobre los elementos que como mínimo los Sujetos Obligados deben considerar en la elaboración de este instrumento.

Sección III

Plan Operativo Anual e Informe de Ejecución

Del Plan Operativo Anual

Artículo 29. El Oficial de Cumplimiento debe elaborar, diseñar y ejecutar un Plan Operativo Anual, el cual será financiado por el Sujeto Obligado y estará dirigido a garantizar y reforzar el cumplimiento de las normas, políticas, procedimientos y mecanismos de control interno en materia de AR/LC/FT/FPADM y otros ilícitos, conforme a sus necesidades, considerando para ello las áreas sensibles y nivel de riesgo, será remitido a la Superintendencia de la Actividad Aseguradora, en formato digital, dentro de los cuarenta y cinco (45) días previos al cierre del ejercicio económico.

La Superintendencia de la Actividad Aseguradora a través de los medios que dispone, informará sobre los elementos que como mínimo el Oficial de Cumplimiento debe considerar en la elaboración de este instrumento.

Del Informe de Ejecución del Plan Operativo Anual

Artículo 30. El Oficial de Cumplimiento debe elaborar un informe sobre la ejecución del Plan Operativo Anual, indicando el porcentaje de cumplimiento de cada aspecto de su contenido, con sus respectivos soportes de medición y verificación, de igual forma debe contener la justificación para aquellas actividades no ejecutadas o reprogramadas. El instrumento será aprobado por la Junta Directiva o el Órgano que ejerza función equivalente, y remitido a la Superintendencia de la Actividad Aseguradora, dentro de los treinta (30) días continuos siguientes al cierre de cada ejercicio fiscal.

El Sujeto Obligado velará por la transparencia de la información contenida en el informe, la cual debe corresponderse a lo planificado y ejecutado, su incumplimiento acarreará las sanciones previstas en la Ley que regula la Actividad Aseguradora.

Sección IV

Programa Anual de Capacitación

De la elaboración

Artículo 31. El Oficial de Cumplimiento debe elaborar, desarrollar e implementar un Programa Anual de Capacitación de AR/LC/FT/FPADM y otros ilícitos, que será incluido como una actividad esencial del Plan Operativo Anual. Este programa debe identificar los objetivos, contenido programático, estrategias metodológicas, responsables y los mecanismos de evaluación a ser aplicados; así como, considerar que estará dirigido a todo el personal, según las responsabilidades y actividades que desempeñen.

El Programa Anual de Capacitación será financiado y aprobado por la Junta Directiva o el Órgano que ejerza función equivalente, y debe estar a disposición de la Superinten-dencia de la Actividad Aseguradora para las revisiones que considere necesarias.

Las actividades de capacitación deben ser impartidas por las personas naturales o jurídicas inscritas en el Registro Único de Facilitadores (RUF) que al efecto lleva el Órgano Rector competente en materia de delincuencia organizada y acreditadas en el sector asegurador.

De la Declaración de Conocimiento

Artículo 32. Cada inducción y capacitación en materia de AR/LC/FT/FPADM y otros ilícitos, debe hacerse constar en un documento donde se especifique su denominación y contenido, suscrito por los participantes y archivado en los expedientes correspondientes, debiendo mantenerse a la disposición de la Superintendencia de la Actividad Aseguradora, conjuntamente con los registros y pruebas documentales de la capacitación.

Sección V

Código de Ética y Compromiso Institucional

Del Código de Ética

Artículo 33. Los Sujetos Obligados deben adoptar un Código de Ética, suscrito y aprobado por la Junta Directiva o el Órgano que ejerza función equivalente, el cual es de obligatorio conocimiento y cumplimiento para todo el personal, a fin de crear un clima de elevada moral y aumentar su sensibilidad ante los efectos y riesgos de los delitos de LC/FT/FPADM y otros ilícitos, mediante la descripción de criterios que permitan anteponer los principios éticos a los riesgos identificados, lucro e intereses personales.

El Oficial de Cumplimiento, la gerencia de talento humano o dependencia que ejerza función equivalente y los supervisores de todos los niveles, son garantes de la difusión y cumplimiento del contenido del Código de Ética, de manera que actúen bajo sus postulados; a tal efecto, deben entregar un ejemplar del mismo en formato físico o digital a todos sus empleados, dejando éstos constancia de haberlo recibido en su expediente.

Del Compromiso Institucional

Artículo 34. La Junta Directiva o el Órgano que ejerza función equivalente, debe firmar individualmente un compromiso institucional, mediante el cual garantice el cumplimiento de sus obligaciones en materia de AR/LC/FT/FPADM y otros ilícitos. El compromiso institucional debe actualizarse anualmente y archivarse en el respectivo expediente.

TITULO III
DE LAS POLÍTICAS

CAPITULO I
DE LA DEBIDA DILIGENCIA

De los Niveles de Riesgo

Artículo 35. Los niveles de riesgo son de obligatorio y estricto cumplimiento, quedando establecidos en:

1. Riesgo Bajo;

2. Riesgo Moderado y

3. Riesgo Alto.

De la Debida Diligencia

Artículo 36. Los Sujetos Obligados deben emplear, bajo un Enfoque Basado en Riesgo, mecanismos apropiados que le permitan aplicar la Debida Diligencia a todas sus políticas, entendiéndose este principio transversal a todas, siendo intensificada cuando se consideren riesgos altos, mejorada cuando se consideren riesgos moderados y simplificada cuando se consideren riesgos bajos, para el conocimiento de sus clientes, intermediarios, reaseguradores o retrocesionarios, proveedores de servicios, el cliente de su cliente, empleados y todos aquellos relacionados, asociados y vinculados con los cuales mantienen una relación de negocios. No se permiten medidas de la Debida Diligencia Simplificada si existen sospechas de delitos de LC/FT/FPADM y otros ilícitos.

A tales efectos, los Sujetos Obligados deben administrar los riesgos potenciales y garantizar que los controles y procedimientos internos adoptados se lleven a cabo y cumplan su objetivo, mediante:

1. Acciones de concientización;

2. Automatización de controles;

3. Monitoreo de las operaciones de negocios;

4. Profundización en el conocimiento de los riesgos.

Del propósito de la Debida Diligencia

Artículo 37. Los Sujetos Obligados deben aplicar la Debida Diligencia para obtener información suficiente del perfil de las personas con las cuales mantenga relación; así como, para determinar el verdadero propósito o la comprensión de la naturaleza de la operación.

Los Sujetos Obligados deben identificar y verificar la información referente al beneficiario final de sus clientes que sean personas o estructuras jurídicas, lo cual incluye a las personas naturales que ejercen el control de las mismas, ya sea por participación accionaria u otro medio.

De la Debida Diligencia Intensificada

Artículo 38. Los Sujetos Obligados deben adoptar procedimientos específicos para aplicar la Debida Diligencia Intensificada en aquellas operaciones que determine como de riesgo alto, especialmente en operaciones de negocios efectuadas sin la presencia física del cliente, por medio de nuevas tecnologías que puedan favorecer al anonimato en la suscripción de contratos de la actividad aseguradora.

Corresponderá a la Junta Directiva o el Órgano que ejerza función equivalente, la aprobación del inicio de la relación en aquellas operaciones efectuadas con personas naturales o jurídicas nacionales o extranjeras, que pudiendo contratar en su país de origen, realizan operaciones con instituciones foráneas; instituciones u organizaciones nacionales o internacionales, vinculadas o no, con personas extranjeras no residentes; compañías extranjeras o con casa matriz ubicadas en el extranjero o constituidas en países que no apliquen regulaciones similares a las establecidas en estas normas.

En caso de instituciones financieras, se verificará que estén sujetas a supervisión y hayan adoptado sistemas de monitoreo y controles compatibles con los estándares internacionales.

De la actualización de datos

Artículo 39. Los Sujetos Obligados, en aplicación de la Debida Diligencia, deben actualizar de acuerdo al nivel de riesgo, los datos incluidos en los registros individuales y los documentos relativos a las partes con las que mantienen relación. La frecuencia en la actualización de los datos y documentos se realizará de acuerdo al nivel de riesgo, dejando constancia en el expediente correspondiente; en todo caso para los riesgos altos la frecuencia en la actualización no podrá ser mayor a un (1) año.

De la verificación de datos

Artículo 40. Los Sujetos Obligados, conforme a los principios de autorregulación y de la Debida Diligencia, deben emplear medios informáticos, tecnológicos y sistemáticos a los fines de establecer la veracidad de los datos aportados, incluyendo la verificación de los listados publicados y mantenidos por el Consejo de Seguridad de las Naciones Unidas, de acuerdo a las recomendaciones del Grupo de Acción Financiera Internacional.

A mayor calificación de riesgo de un nuevo cliente se utilizarán métodos de verificación adicionales, los cuales deben incluir:

1. Visita al cliente;

2. Comunicaciones telefónicas;

3. Verificación independiente de la identidad del cliente y sus actividades; comparando la información obtenida con respecto a la proporcionada por empresas consultoras crediticias, de investigación, bases de datos públicas o cualquier otra fuente confiable.

Los Sujetos Obligados deben incluir en su Manual de Políticas, Normas y Procedimientos en materia de AR/LC/FT/FPADM y otros ilícitos, procesos destinados a la verificación de los datos, de acuerdo al nivel de riesgo, pudiendo efectuarse a través de los órganos y entes de la Administración Pública Nacional u otras fuentes, que permita la comprobación.

La verificación se realizará durante el proceso de vinculación contractual inicial, incluyendo aquellos con los que se realicen negociaciones ocasionales; y en el caso de una ampliación de datos, cuando se considere una variación del riesgo, de acuerdo a la evaluación realizada por el Sujeto Obligado.

En lo que concierne a la verificación de los datos, identificación del beneficiario final y el análisis de la naturaleza de las operaciones comerciales, queda prohibida la tercerización, salvo disposición en contrario.

Del beneficiario final

Artículo 41. Los Sujetos Obligados deben identificar al beneficiario final, personas y estructuras jurídicas, con las cuales establezca una relación, lo cual incluye a las personas naturales que ejercen el control de las mismas, debiendo incluir en el Manual de Políticas, Normas y Procedimientos en materia de AR/LC/FT/FPADM y otros ilícitos, los parámetros, metodologías y procedimientos de la Debida Diligencia Intensificada que le permitan verificar la información relacionada al beneficiario final, pudiendo entre otros corroborar si existen vínculos entre el tomador, asegurado, beneficiario, contratante, usuario, afiliado o afianzado, reclamaciones e indemnizaciones recibidas por concepto de contratos anteriores, inventario de bienes objeto de seguro.

De la identificación de los clientes que no actúan por cuenta propia

Artículo 42. Los Sujetos Obligados deben recabar la información precisa, a fin de conocer tanto la identidad de los representantes, apoderados y autorizados, como de las personas por cuenta de los cuales actúan, así como los documentos que los acreditan como tales. La contravención a esta disposición será sancionada de conformidad a lo establecido en la Ley que regula los Delitos de Delincuencia Organizada, así como la Ley que rige la Actividad Aseguradora.

De la Declaración de Origen de los Fondos

Artículo 43. La solicitud del contrato debe contener la Declaración de Origen de los Fondos del tomador, asegurado, beneficiario, contratante, usuario, afiliado o afianzado que la suscriba, en la que se manifieste que el dinero utilizado para el pago de la prima, cuota o contraprestación proviene de una fuente lícita, que no guarda relación alguna, con capitales, bienes, haberes, valores o títulos, que fueren producto de las actividades ilícitas.

De la falsedad de los datos aportados

Artículo 44. En caso de no poder establecer la veracidad de alguno de los datos aportados, el Oficial de Cumplimiento analizará el caso y de considerarlo procedente, notificará dicha situación a la Unidad Nacional de Inteligencia Financiera, indicando los datos verdaderos con relación al cliente, si los hubiera obtenido.

De la huella dactilar

Artículo 45. Los Sujetos Obligados utilizarán medios impresos, electrónicos o digitales para obtener la huella dactilar del dedo pulgar o índice de la mano derecha o de ser el caso el de la mano izquierda, siempre que sea posible, en los documentos de vinculación contractual inicial; u otros controles biométricos alternos en aquellos casos de no poder obtener las huellas dactilares.

CAPÍTULO II
POLÍTICA CONOZCA A SU CLIENTE

De la Debida Diligencia de Cliente

Artículo 46. Los Sujetos Obligados aplicarán la Debida Diligencia en la Política Conozca a su Cliente, de acuerdo con el nivel de riesgo, siendo para riesgo alto una Debida Diligencia Intensificada, moderado una Debida Diligencia Mejorada y bajo una Debida Diligencia Simplificada.

Los controles internos y las políticas de vinculación del cliente deben estar acordes a los niveles de riesgo establecidos en la Autoevaluación, y para las distintas modalidades de comercialización, sin que esto signifique que el procedimiento de vinculación del cliente resulte restrictivo e impida la realización de la operación.

Prestará especial atención a las operaciones realizadas con personas naturales o jurídicas situadas en países que no aplican o aplican inadecuadamente las recomendaciones del Grupo de Acción Financiera Internacional, debiendo éstas ser aprobadas por la Junta Directiva o el Órgano que ejerza función equivalente.

Del Registro Individual del Cliente

Artículo 47. El Sujeto Obligado debe establecer registros, de forma física o digital, para cada uno de sus clientes, que le permita determinar fehacientemente su identificación, domicilio y la actividad económica u oficio al cual se dedica, a fin de obtener su nivel de riesgo y adoptar parámetros adecuados de segmentación. Los datos incluidos en el registro y los documentos relacionados al cliente conformarán el expediente.

La identificación de las personas naturales se realizará a través de la cédula de identidad laminada vigente, para los venezolanos por nacimiento o naturalización y extranjeros residentes en el país; en el caso de los extranjeros no residentes, el Sujeto Obligado debe solicitar el pasaporte vigente.

La identificación de las personas jurídicas, domiciliadas en Territorio venezolano, se efectuará a través del Registro Único de Información Fiscal (R.I.F.) y del documento constitutivo estatutario con sus respectivas modificaciones, si las hubiere, a efecto de identificar al beneficiario final. Cuando se trate de personas jurídicas no domiciliadas en el Territorio venezolano, dichos documentos, así como los poderes otorgados a sus representantes legales, deben estar legalizados o apostillados, según sea el caso y traducidos al idioma castellano por un intérprete público.

En todo caso, debe dejarse constancia de la identificación de las personas naturales que representan a la persona jurídica, a través de las cuales se mantienen relaciones con los Sujetos Obligados de la actividad aseguradora, exigiendo los mismos documentos establecidos para las personas naturales.

De la conformación del expediente del cliente

Artículo 48. El expediente del cliente, persona natural o jurídica, se conformará en físico o en digital de acuerdo al nivel de riesgo, entendiéndose que, para el riesgo alto, el Sujeto Obligado debe solicitar mayor documentación, que justifique la operación.

En este sentido, el referido expediente podrá contener la siguiente información:

1. Solicitud del contrato de seguro, de fianza, de fideicomiso, de medicina prepagada, fondos administrados, de financiamiento de primas o cuotas, según sea el caso. Los datos de identificación del tomador, asegurado, beneficiario, contratante, usuario, afiliado o afianzado deben estar contenidos en la solicitud;

2. Contrato suscrito de acuerdo a la actividad realizada por el Sujeto Obligado;

3. Copia legible y vigente de la cédula de identidad o pasaporte, y Registro Único de Información Fiscal (R.I.F.);

4. Una (01) referencia bancaria vigente;

5. Copia del acta constitutiva y estatutos sociales, con la última modificación estatutaria, si la hubiere;

6. Copia de la última Declaración del Impuesto Sobre la Renta;

7. Copia del documento que demuestre la propiedad o interés asegurable del bien mueble o inmueble asegurado, de ser el caso;

8. Documento que avale la contragarantía en los contratos de fianza;

9. Constancia de la verificación de la información de los datos, efectuada a través de medios públicos;

10. Constancia de la actualización de los datos del cliente, según corresponda;

11. Cualquier otro documento que estime el Sujeto Obligado, relacionado con el cliente y sus actividades, en aplicación de la Debida Diligencia.

Las copias de los mencionados documentos deben ser archivadas en el expediente del cliente, que reposa en la oficina o sucursal donde fue efectuada la contratación, en formato físico o digital. La frecuencia en la actualización de los datos y documentos se realizará de acuerdo al nivel de riesgo, dejando constancia en el expediente.

Para lo indicado en el numeral 7, del presente artículo, el Sujeto Obligado debe establecer dentro de la política, criterios para la verificación y conservación de los documentos que acrediten la propiedad de los bienes asegurados, en previsión de satisfacer requerimientos de información asociados a procesos o medidas de Extinción de Dominio.

De la obligación del Intermediario

Artículo 49. Cuando los contratos se realicen a través de intermediarios de la actividad aseguradora, éstos deben asumir la obligación de identificar y verificar la información suministrada por los tomadores, asegurados, beneficiarios, contratantes, usuarios, afiliados o afianzados, aplicando las correspondientes medidas de la Debida Diligencia.

De la prohibición a los intermediarios

Artículo 50. Se prohíbe a los intermediarios de la actividad aseguradora suscribir la declaración de origen de los fondos o completar las planillas de solicitudes de contratos de los Sujetos Obligados de la actividad aseguradora, con datos e información relacionada de los tomadores, asegurados, beneficiarios, contratantes, usuarios, afiliados o afianzados, así como, firmar y colocar la huella dactilar por éstos, en los mencionados instrumentos. La contravención a esta disposición será sancionada de conformidad con lo previsto en la Ley que rige la Actividad Aseguradora y demás leyes que regulan la materia de la Delincuencia Organizada.

De las Personas Expuestas Políticamente

Artículo 51. Si el perfil de un cliente se corresponde a la categoría de Persona Expuesta Políticamente, el Sujeto Obligado debe intensificar la Debida Diligencia, al momento de la suscripción del contrato, y mantener un monitoreo constante de sus transacciones, relaciones o comportamientos comerciales, por lo que, en caso de presentarse una actividad sospechosa, se debe proceder a realizar el reporte de actividades sospechosas.

En lo que respecta, al inicio, la permanencia de la relación comercial y la aprobación del pago por concepto de prestaciones o capitales en las pólizas de seguros de vida o productos de inversión, los mismos deben ser aprobados por la Junta Directiva o el Órgano que ejerza función equivalente.

El Sujeto Obligado debe identificar al beneficiario final, previo al pago de prestaciones o capitales en las pólizas de seguros de vida o productos de inversión, lo cual quedará sustentado en el expediente respectivo.

Asimismo, el Sujeto Obligado debe considerar que una persona expuesta políticamente procedente de una organización internacional, está sujeta a las mismas medidas de AR/LC/FT/FPADM y otros ilícitos aplicables a las personas expuestas políticamente nacionales.

La clasificación como persona expuesta políticamente, se mantendrá hasta cinco (5) años posteriores a partir de la fecha de entrega o cese del cargo. Esta condición aplica a sus familiares, hasta el cuarto grado de consanguinidad y segundo de afinidad; así como, su círculo de colaboradores inmediatos.

De las Actividades y Profesiones No Financieras Designadas

Artículo 52. Los Sujetos Obligados deben aplicar un Enfoque Basado en Riesgo a las operaciones realizadas por aquellos clientes dedicados a Actividades y Profesiones No Financieras Designadas (APNFD).

De Las Organizaciones Sin Fines de Lucro y Organizaciones No Gubernamentales

Artículo 53. Los Sujetos Obligados deben aplicar un Enfoque Basado en Riesgo a las operaciones realizadas por aquellos clientes identificados como Organizaciones Sin Fines de Lucro (OSFL) y Organizaciones No Gubernamentales (ONG).

Del Conocimiento del Cliente de su Cliente

Artículo 54. Los Sujetos Obligados, bajo un Enfoque Basado en Riesgo, deben establecer la política conozca al cliente de su cliente, cuando éste último se trate de otro Sujeto Obligado o institución financiera nacional o extranjera, sobre las cuales se apliquen normativas relacionadas con la AR/LC/FT/FPADM y otros ilícitos, y que a su vez realice operaciones con clientes de igual condición, en cuyo caso, deberán:

1. Comprobar que el cliente cuenta con un SIAR/LC/FT/FPADM y otros ilícitos;

2. Determinar si el cliente ofrece sus servicios o productos a personas que no tengan presencia física en Territorio venezolano, así como, autorización para operar conforme su respectiva actividad;

3. Determinar la identidad de los accionistas, hasta llegar a las personas naturales, en su condición de beneficiarios finales.

CAPÍTULO III

POLÍTICA CONOZCA A SU INTERMEDIARIO

Del registro individual

Artículo 55. Los Sujetos Obligados deben establecer un registro, de forma física o digital, para cada uno de los intermediarios de seguros con los cuales opere, de acuerdo al nivel de riesgo, sean estos naturales o jurídicos, con el fin de obtener información que le permita determinar fehacientemente la identificación, al momento de la vinculación.

El proceso de vinculación del intermediario se realizará de acuerdo a los procedimientos establecidos en el Manual de Políticas, Normas y Procedimientos en materia de AR/LC/FT/FPADM y otros ilícitos del Sujeto Obligado, entendiéndose que, para los intermediarios considerados de riesgo alto, debe solicitar mayor documentación, dejando constancia de la revisión y verificación de los datos aportados, así como del nivel de riesgo otorgado al intermediario.

Los datos incluidos en el registro individual y los documentos obtenidos relativos al intermediario, conformarán el expediente correspondiente.

Del expediente de la persona natural

Artículo 56. El expediente de los intermediarios, personas naturales, debe contener copias legibles de la autorización otorgada por la Superintendencia de la Actividad Aseguradora; de la cédula de identidad vigente o pasaporte; del Registro Único de Información Fiscal (R.I.F.) vigente; de la última Declaración de Impuesto Sobre la Renta; de las Declaraciones Juradas de origen de los fondos, de encontrarse en el ejercicio de la actividad para la cual fue autorizado y de conocimiento en la materia de AR/LC/FT/FPADM; constancia de la verificación de los datos, por medio de fuentes públicas u otras; cualquier otro documento que estime el Sujeto Obligado atendiendo al nivel de riesgo, en razón de que los recaudos anteriores son de carácter enunciativo y no taxativo. La frecuencia en la actualización de los datos y documentos se realizará de acuerdo al nivel de riesgo, dejando constancia en el expediente.

Del expediente de la persona jurídica

Artículo 57. El expediente de los intermediarios, personas jurídicas, debe contener copias legibles de la autorización otorgada por la Superintendencia de la Actividad Aseguradora; del Registro Único de Información Fiscal (R.I.F.) vigente; del documento constitutivo estatutario y modificaciones posteriores, si las hubiere; de la última Declaración de Impuesto Sobre la Renta; de las Declaraciones Juradas de origen de los fondos y de encontrarse en el ejercicio de la actividad para la cual fue autorizada; constancia de la verificación de los datos, por medio de fuentes públicas u otras; cualquier otro documento que estime el Sujeto Obligado atendiendo al nivel de riesgo, en razón de que los recaudos anteriores son de carácter enunciativo y no taxativo. La frecuencia en la actualización de los datos y documentos se realizará de acuerdo al nivel de riesgo, dejando constancia en el expediente.

De la conducta y del comportamiento

Artículo 58. Los supervisores del área de comercialización o dependencia que corresponda deben prestar especial atención a la conducta y posibles cambios repentinos en las costumbres y nivel de calidad de vida de los intermediarios, lo que, en su conjunto, deberá estar acorde con el nivel de ingresos provenientes de sus comisiones.

Igual atención debe prestar a su nivel de endeudamiento y amplio incremento de su cartera de clientes y negocios de prima única, a fin de garantizar en buena medida la probidad de todos los intermediarios.

De las Declaraciones Juradas

Artículo 59. Dentro de los sesenta (60) días hábiles siguientes al cierre del ejercicio económico, los intermediarios, personas naturales y jurídicas, deben presentar una Declaración Jurada de origen de fondos provenientes de la actividad para la cual fueron autorizados y los Intermediarios personas naturales, adicionalmente deben presentar una declaración de conocimiento en materia de AR/LC/FT/FPADM y otros ilícitos, de conformidad con los formatos que determine la Superintendencia de la Actividad Aseguradora.

CAPÍTULO IV
POLÍTICA CONOZCA A SU REASEGURADOR O RETROCESIONARIO

Del registro

Artículo 60. Los Sujetos Obligados deben establecer un registro, de forma física o digital, de cada uno sus reaseguradores o retrocesionarios, de acuerdo a su nivel de riesgo, con el fin de obtener y mantener actualizada la información necesaria para determinar fehacientemente su identificación.

El proceso de vinculación de los reaseguradores o retrocesionarios se realizará de acuerdo a los procedimientos establecidos en el Manual de Políticas, Normas y Procedimientos en materia de AR/LC/FT/FPADM y otros ilícitos del Sujeto Obligado, y de acuerdo al nivel de riesgo de la operación, entendiéndose que, para aquellas de riesgo alto, se debe solicitar mayor documentación, dejando constancia de la revisión y verificación de los datos y documentos aportados. Los datos incluidos en el registro individual y los documentos obtenidos relativos al reasegurador o retrocesionario, conformarán el expediente correspondiente. La frecuencia en la actualización de los datos y documentos se realizará de acuerdo al nivel de riesgo, dejando constancia en el expediente.

Del expediente

Artículo 61. El expediente de los reaseguradores o retrocesionarios debe contener lo siguiente:

1. Formulario suscrito por el Oficial de Cumplimiento de la empresa reaseguradora o retrocesionaria, que contenga, denominación o razón social; domicilio principal; dirección de la oficina de representación, si la hubiere; datos de registro o constitución; datos del país donde se encuentra constituida la empresa; información sobre si posee sistemas fiscales diferentes; si cuenta con normas que regulen el secreto bancario; si ha firmado tratados o convenios internacionales en la materia de AR/LC/FT/FPADM y otros ilícitos; información sobre tributos reducidos o inexistentes; nombres, apellidos y número de documento de identidad del Oficial de Cumplimiento. Los referidos datos son de carácter meramente enunciativos y no taxativos;

2. Copia simple del documento constitutivo estatutario de la empresa reaseguradora o retrocesionaria, con la última modificación estatutaria, si la hubiere;

3. Copia de la autorización para realizar operaciones de reaseguros, en Territorio venezolano o país de origen, de ser el caso;

4. Copia de los estados de demostración de ganancias y pérdidas y del balance de situación auditados, de por lo menos los tres(3) últimos años;

5. Copia de las tres (3) últimas Declaraciones de Impuesto Sobre la Renta, en Territorio venezolano o país de origen;

6. Último Informe de auditoría externa en materia de AR/LC/FT/FPADM y otros ilícitos.

Cuando los contratos de reaseguros sean facultativos, la empresa reaseguradora o retrocesionaria deberá solicitar toda la información que considere necesaria para la identificación del asegurado. En los contratos obligatorios, éstas podrán solicitar información de los asegurados a sus clientes cuando tengan fundadas sospechas de una actividad inusual.

CAPÍTULO V
POLÍTICA CONOZCA A SU PROVEEDOR DE SERVICIOS

Del registro

Artículo 62. Los Sujetos Obligados deben establecer registros, de forma física o digital, de acuerdo al nivel de riesgo, para cada uno de los proveedores de servicios, incluidos aquellos de servicios tecnológicos, con los que establece una relación financiera o comercial, ya sea de manera ocasional o permanente, con el fin de obtener y mantener actualizada la información necesaria para determinar fehacientemente su identificación.

El proceso de vinculación del proveedor se realizará de acuerdo a los procedimientos establecidos en el Manual de Políticas, Normas y Procedimientos en materia de AR/LC/FT/FPADM y otros ilícitos del Sujeto Obligado, entendiéndose que para los de riesgo alto, debe solicitar mayor documentación, dejando constancia de la revisión y verificación de los datos aportados, así como del nivel de riesgo otorgado.

Los datos incluidos en el registro individual y los documentos obtenidos relativos al proveedores de servicios conformarán el expediente correspondiente.

Del expediente de la persona natural

Artículo 63. El expediente de los proveedores personas naturales debe contener copias legibles de la cédula de identidad vigente o pasaporte; del Registro Único de Información Fiscal (R.I.F.) vigente; de la última Declaración de Impuesto Sobre la Renta; referencia bancaria; constancia de la verificación de los datos, por medio de fuentes públicas u otras; cualquier otro documento, que estime el Sujeto Obligado atendiendo al nivel de riesgo, en razón de que los recaudos anteriores son de carácter enunciativo y no taxativo. La frecuencia en la actualización de los datos y documentos se realizará de acuerdo al nivel de riesgo, dejando constancia en el expediente.

Del expediente de la persona jurídica

Artículo 64. El expediente de los proveedores personas jurídicas debe contener copias legibles del Registro Único de Información Fiscal (R.I.F.) vigente; del documento constitutivo estatutario y modificaciones posteriores, si las hubiere; las licencias o registros emitidas por las autoridades competentes o de supervisión, de ser el caso; de la última Declaración de Impuesto Sobre la Renta; referencia bancaria; de la Declaración Jurada de origen de los fondos; constancia de la verificación de los datos, por medio de fuentes públicas u otras; cualquier otro documento, que estime el Sujeto Obligado atendiendo al nivel de riesgo, en razón de que los recaudos anteriores son de carácter enunciativo y no taxativo. La frecuencia en la actualización de los datos y documentos se realizará de acuerdo al nivel de riesgo, dejando constancia en el expediente.

CAPÍTULO VI
POLÍTICA CONOZCA A SU EMPLEADO

Del registro

Artículo 65. Los Sujetos Obligados deben establecer registros, de forma física o digital, de acuerdo al nivel de riesgo, para cada uno de sus empleados, debiendo verificar la información suministrada por éstos, a través de fuentes públicas y cualquier otro medio que permita validar la información suministrada, así como, las referencias de empleos anteriores, especialmente los servicios prestados en el sector asegurador.

La información y documentación relacionada al empleado que conformará el expediente, provendrá de la solicitud de empleo o formularios que para los procesos internos de captación y contratación establezca el Sujeto Obligado, atendiendo al nivel de riesgo del empleado por la jerarquía, funciones o características particulares de la relación laboral, y se dejará constancia de la revisión y verificación de los datos aportados. La frecuencia en la actualización de los datos y documentos se realizará de acuerdo al nivel de riesgo, dejando constancia en el expediente.

De la conducta y del comportamiento

Artículo 66. Los supervisores deben prestar especial atención a la conducta y posibles cambios en el nivel de calidad de vida y de endeudamiento de los empleados, el cual debe estar en concordancia con la remuneración percibida; al disfrute o no de sus vacaciones, cantidad de regalos, invitaciones, dádivas u otros presentes, recibidos por parte de clientes o usuarios, sin una justificación clara y razonable o sin estar autorizados por el código de ética, de igual forma al rechazo a las promociones, traslados y cualquier otra mejora en el ámbito laboral, todo lo anterior a fin de garantizar en buena medida la probidad de los empleados.

Todo empleado debe ser informado, por escrito, acerca de los riesgos a los que se expone en el ejercicio de sus funciones y las consecuencias que por imprudencia, impericia o negligencia favorezcan o contribuyan a la comisión de los delitos de LC/FT/FPADM y otros ilícitos.

Toda conducta o comportamiento inusual o sospechoso del empleado, debe ser notificada a la Unidad de Administración de Riesgos de LC/FT/FPADM y al Oficial de Cumplimiento en lo aplicable, a través de los canales de comunicación, de acuerdo al procedimiento establecido por el Sujeto Obligado o el previsto en el Manual de Políticas, Normas y Procedimientos en materia de AR/LC/FT/FPADM y otros ilícitos. El Oficial de Cumplimiento levantará la información y la presentará a la Junta Directiva o el Órgano que ejerza función equivalente para su discusión.

CAPÍTULO VII
CONSERVACIÓN DE LOS DOCUMENTOS, SOPORTES Y REGISTROS

Del plazo

Artículo 67. Los Sujetos Obligados conservarán en forma física o digital, ordenado individualmente, los documentos, soportes y registros correspondientes, que comprueben la realización de las operaciones y las relaciones de negocios de los clientes, intermediarios, reaseguradores, retrocesionarios, proveedores de servicio y vinculados con éstos, así como los documentos exigidos para su identificación al momento de establecer relaciones de negocios.

La conservación en forma física deberá ser por un período mínimo de cinco (5) años y en forma digital deberá ser por un período mínimo de diez (**10**) años.

Dicha información debe estar a disposición de esta Superintendencia de la Actividad Aseguradora y de las autoridades competentes, al momento de ser requeridas, su inobservancia será sancionada, de conformidad a lo dispuesto en la Ley Orgánica que regula la materia de Delincuencia Organizada y la Ley que rige la Actividad Aseguradora.

El plazo indicado se contará:

1. Para los documentos relativos a la identificación de clientes, intermediarios, reaseguradores, retrocesionarios, proveedores de servicio y vinculados a partir del día en que finalice la relación comercial;

2. Para aquellos documentos que acrediten una operación, a partir de la ejecución de ésta;

3. Para los reportes de actividades sospechosas, a partir de la remisión del mismo;

4. Para la correspondencia comercial, después de haber concluido la relación;

5. Para aquellos documentos relativos a los empleados, luego de haber concluido la relación laboral.

CAPÍTULO VIII
ADMINISTRACIÓN DE RIESGOS RELACIONADOS CON EL FINANCIAMIENTO AL TERRORISMO

De los lineamientos

Artículo 68. Los Sujetos Obligados deben establecer en su Manual de Políticas, Normas y Procedimientos en materia de AR/LC/FT/FPADM y otros ilícitos, mecanismos eficaces para la detección de posibles operaciones vinculadas con el Financiamiento al Terrorismo, para lo cual considerará que este tiene similitudes y diferencias cuando se compara con la Legitimación de Capitales y los riesgos que ambos generan, a tales efectos tomará en cuenta:

A. Las transacciones involucradas puedan presentar bajo valor;

b. El origen de los fondos varía de acuerdo con el tipo de organización terrorista;

c. Los mecanismos de monitoreo tradicionales para identificar el delito de Legitimación de Capitales, pueden ser adecuados para identificar el delito de Financiamiento al Terrorismo, aunque la actividad indicativa de sospecha no aparente estar conectada con este delito;

d. Para los fondos que provienen de una fuente legal, es necesario indagar con mayor minuciosidad para determinar que pudieran ser usados para el delito de Financiamiento al Terrorismo;

e. La responsabilidad de los Sujetos Obligados se basa en reportar la actividad sospechosa oportunamente a la Unidad Nacional de Inteligencia Financiera.

De la Debida Diligencia

Artículo 69. Los Sujetos Obligados para detectar actividades de Financiamiento al Terrorismo aplicarán los siguientes procedimientos:

a. Monitoreo sobre las transacciones con países o áreas geográficas, según las listas emanadas del Consejo de Seguridad de Naciones Unidas, donde individuos, organizaciones o países en particular fuesen sometidos a sanciones por el Financiamiento al Terrorismo;

b. Monitoreo que permita identificar transacciones relacionadas con personas naturales o jurídicas que han sido identificadas en otras jurisdicciones como elementos relacionados con organizaciones o actividades terroristas o su financiamiento, según las listas emanadas del Consejo de Seguridad de Naciones Unidas;

c. Control interno y señales de alerta basadas en las tipologías detectadas y difundidas por las autoridades nacionales u otras jurisdicciones relacionadas con el financiamiento de actividades terroristas;

d. Las medidas y procedimientos acordados por el Consejo de Seguridad de las Naciones Unidas, así como las normativas emitidas por los Órganos Nacionales competentes con motivo a éstas.

CAPÍTULO IX

ADMINISTRACIÓN DE RIESGOS RELACIONADOS CON EL FINANCIAMIENTO DE LA PROLIFERACIÓN DE ARMAS DE DESTRUCCIÓN MASIVA

De la Debida Diligencia

Artículo 70. Los Sujetos Obligados deben establecer políticas, normas y procedimientos, bajo un Enfoque Basado en Riesgo, orientados a prevenir que flujos de fondos sean orientados a través de sus operaciones, al financiamiento de la investigación y desarrollo de armas de destrucción masiva.

Estas medidas requieren la aplicación de una Debida Diligencia y de herramientas tecnológicas que permitan el cabal conocimiento de los clientes, sus operaciones y relacionados, especialmente cuando se aseguren materiales o servicios que involucren químicos de venta libre y común, entre otros.

La aplicación de medidas de la Debida Diligencia Intensificada se realizará a fin de determinar oportunamente su vinculación directa o indirecta con personas, organizaciones o gobiernos que fomenten, desarrollen, elaboren o comercialicen armas de destrucción masiva, para lo cual considerará las resoluciones emitidas por el Consejo de Seguridad de las Naciones Unidas.

TITULO IV

SUPERVISIÓN DEL CUMPLIMIENTO DE LAS NORMAS

CAPÍTULO I

AUDITORIA INTERNA

Del Programa Anual de Evaluación y Control

Artículo 71. Los Sujetos Obligados, personas jurídicas, a fin de garantizar y evaluar el cumplimiento de la normativa vigente y de cualquier instrucción que dicte este organismo; así como la eficiencia y eficacia del control interno, la efectividad en los planes y programas adoptados para administrar los riesgos relacionados a delitos de LC/FT/FPADM y otros ilícitos, deben, conforme a su nivel de riesgo, elaborar y ejecutar, por su dependencia de auditoría interna o quien ejerza función equivalente, un Programa Anual de Evaluación y Control, el cual será de uso restringido y confidencial, debiendo estar disponible para su revisión, durante las inspecciones que realice la Superintendencia de la Actividad Aseguradora, comprendiendo los siguientes aspectos:

1. Dependencias a auditar;

2. Frecuencia de las auditorías o fechas aproximadas;

3. Aspectos a auditar en cada oportunidad, tomando como base el volumen y complejidad de sus operaciones, medios tecnológicos utilizados, ubicación geográfica, clientes, productos, servicios y modalidades de comercialización.

La auditoría interna o quien ejerza función equivalente desempeña una función transversal, al evaluar de forma independiente la gestión y los controles de riesgo de LC/FT/FPADM y otros ilícitos, proporcionando de manera oportuna a la Junta Directiva o el Órgano de dirección que haga sus veces, información sobre la efectividad del cumplimiento de las políticas y procedimientos de Administración de Riesgos de LC/FT/FPADM y otros ilícitos. El Sujeto Obligado debe asegurar que la dependencia de auditoría interna o quien ejerza función equivalente cuente con personal altamente capacitado en dichas políticas y procedimientos.

El alcance de la auditoría variará según la valoración de los riesgos. Los procedimientos, alcance y recomendaciones, deben permitir a la Junta Directiva identificar las áreas que presentan debilidades y requieren revisiones más estrictas.

El responsable de la ejecución del Programa Anual de Evaluación y Control, debe presentar a la Junta Directiva o el Órgano que ejerza función equivalente, con copia al Oficial de Cumplimiento y al presidente, el informe con los hallazgos de las auditorías practicadas y las recomendaciones correspondientes; este informe será verificado por la Superintendencia de la Actividad Aseguradora, al momento de la inspección correspondiente.

El responsable de la ejecución del Programa Anual de Evaluación y Control, debe certificar las actualizaciones de los documentos y formularios vinculados con la materia de AR/LC/FT/FPADM y otros ilícitos, realizadas por el Oficial de Cumplimiento y aprobadas por la Junta Directiva u Órgano que ejerza función equivalente.

En ningún caso, el Programa Anual de Evaluación y Control podrá ser realizado por el profesional o firma encargada de efectuar la auditoría externa del Sujeto Obligado, esto con la finalidad de velar por los principios de transparencia e imparcialidad.

Del Informe Anual sobre Administración de Riesgos LC/FT/FPADM y otros ilícitos

Artículo 72. Los Sujetos Obligados deben presentar ante la Superintendencia de la Actividad Aseguradora, el Informe Anual en materia de AR/LC/FT/FPADM y otros ilícitos, suscrito por un auditor externo, inscrito en el registro de auditores externos en materia de AR/LC/FT/FPADM y otros ilícitos.

Dicho informe debe hacerse del conocimiento del Oficial de Cumplimiento y de la Junta Directiva o el Órgano que ejerza función equivalente y remitirlo conjuntamente con la certificación del acta de aprobación por parte de la Junta Directiva, dentro de los sesenta (60) días continuos siguientes al cierre de cada ejercicio fiscal, su incumplimiento será sancionado de conformidad con lo establecido en la Ley que rige la Actividad Aseguradora.

Para la preparación y elaboración de este informe, los auditores externos no tendrán acceso a la información relacionada con los casos que se investiguen o los reportes de actividades sospechosas que hayan sido notificados a las autoridades competentes.

Aquellas operaciones detectadas durante las auditorías externas, que puedan constituir actividades sospechosas, deben ser notificadas por escrito al Oficial de Cumplimiento, quien las evaluará y decidirá si deben ser reportadas a la Unidad Nacional de Inteligencia Financiera.

Del contenido del informe

Artículo 73. El Informe Anual en materia de AR/LC/FT/FPADM y otros ilícitos, debe ser elaborado bajo un Enfoque Basado en Riesgo, indicar el periodo evaluado y los procedimientos aplicados para la revisión de los siguientes aspectos, siendo los aquí mencionados enunciativos y no taxativos:

1. Estructura y cumplimiento de las funciones de los actores ejecutivos del SIAR/LC/FT/FPADM y otros ilícitos;

2. Metodología e Informe de Resultados de la Autoevaluación de Riesgo;

3. Políticas, métodos, procedimientos, controles internos y medidas de mitigación establecidas por el Sujeto Obligado para incrementar la efectividad del SIAR/LC/ FT/FPADM y otros ilícitos, proporcionales al nivel de riesgo, tamaño y complejidad de las operaciones, ubicación geográfica y recursos tecnológicos;

4. Programa e Informe Anual de Evaluación y Control, con énfasis en la aplicación o no de las recomendaciones formuladas por el auditor interno o quien haga sus veces;

5. Acciones por parte de la Junta Directiva y del Oficial de Cumplimiento, para mejorar los aspectos observados en las inspecciones realizadas por la Superintendencia de la Actividad Aseguradora;

6. Alcance y ejecución del Plan Operativo Anual y del Programa Anual de Capacitación;

7. Efectividad de los canales de comunicación, sistemas de monitoreo y detección de actividades sospechosas, señalando expresamente las deficiencias o debilidades observadas;

8. Conclusiones y recomendaciones.

El auditor externo debe realizar pruebas para verificar el cumplimiento específico de la normativa en materia de AR/LC/FT/FPADM y otros ilícitos, por parte del Sujeto Obligado y en el seguimiento de los resultados de su trabajo.

Del dictamen

Artículo 74. La Superintendencia de la Actividad Aseguradora podrá verificar la exactitud del informe o dictamen emitido por el auditor externo, especialmente en lo referente a la efectividad de los controles internos adoptados por el Sujeto Obligado y respecto al cumplimiento de los deberes previstos en las presentes normas. De igual forma, podrá practicar una inspección para la verificación de la exactitud del dictamen emitido y de ser el caso, exigir las acciones correctivas correspondientes.

Cuando la Superintendencia de la Actividad Aseguradora considere que el contenido del informe no cumple los extremos establecidos en este Capítulo, podrá exigir al Sujeto Obligado la elaboración de una nueva auditoría.

De los principios de transparencia, integridad y Confianza

Artículo 75. Los Sujetos Obligados con base en los principios de transparencia, integridad y confianza, no podrán contratar por más de dos **(2) ejercici**os fiscales consecutivos a un mismo auditor externo para la elaboración del Informe Anual en materia de AR/LC/FT/FPADM y otros ilícitos.

TÍTULO V
DE LOS REPORTES

CAPÍTULO I
REPORTES SISTEMÁTICOS

Del Reporte de transacciones y operaciones de negocios

Artículo 76. Las empresas de seguros, de reaseguros, medicina prepagada, administradoras de riesgos, deben remitir dentro de los diez (**10**) días hábiles siguientes al término de cada mes, información relacionada de las siguientes operaciones:

1. Pólizas de seguros de casco de vehículos terrestres vigentes;

2. Pólizas de seguros de casco vigentes para amparar naves;

3. Pólizas de seguros de casco vigentes para amparar aeronaves;

4. Pólizas de seguros vigentes para amparar bienes inmuebles edificados, rurales o urbanos;

5. Pólizas de seguros vigentes para amparar riesgos diversos;

6. Pólizas de seguros vigentes para amparar capitales asegurables en seguros de vida individual, primer año y renovación;

7. Pólizas de seguros vigentes para amparar la responsabilidad civil y los accidentes personales establecidos en la ley que regula el tránsito y transporte terrestre;

8. Pólizas de seguros vigentes para amparar accidentes personales individuales;

9. Contratos vigentes de fianza;

10. Contratos vigentes de fideicomiso;

11. Contratos vigentes de fondos administrados;

12. Cualquier otro contrato que la Superintendencia de la Actividad Aseguradora considere conveniente.

Se excluyen del reporte los contratos cuyo tomador o titular del interés asegurado sean la República Bolivariana de Venezuela, los Estados, Municipios, Institutos Autónomos, establecimientos públicos y demás personas jurídicas de derecho público, así como las sociedades mercantiles sobre las que los sujetos antes mencionados tengan participación igual o mayor al cincuenta por ciento (50%) del capital social y las fundaciones constituidas y dirigidas por éstos.

En caso de que el Sujeto Obligado no haya remitido alguna de las operaciones indicadas en este artículo durante el lapso de un (1) mes, el Oficial de Cumplimiento debe dejar constancia de la omisión dentro de los diez (10) días hábiles siguientes, a la finalización del mes, debiendo mantener la información no reportada en sus archivos o registros para ser verificada por la Superintendencia de la Actividad Aseguradora, al momento de la correspondiente inspección.

Sobre aquellas operaciones que no cumplan los parámetros anteriores, el Sujeto Obligado debe mantener un registro actualizado de las mismas, el cual estará a disposición de la Superintendencia de la Actividad Aseguradora al momento de la inspección correspondiente o cuando les sea requerido.

De otros reportes

Artículo 77. Los Sujetos Obligados, personas jurídicas, deben remitir dentro de los diez (10) días hábiles siguientes al término de cada mes, los reportes que a continuación se identifican:

1. El registro de sus trabajadores, incluyendo los ingresos y egresos de su nómina.

2. El registro de las personas naturales y jurídicas que resultaron adjudicadas en la enajenación de los predios urbanos edificados e inmuebles, así como de vehículos, producto de las recuperaciones y salvamentos de siniestros.

3. El registro de información referente a los proveedores de bienes y servicios con los que mantiene relación, quedan excluidos del reporte los proveedores de servicios públicos.

4. El registro con la información referente a sus operaciones de financiamiento de primas o cuotas.

La Superintendencia de la Actividad Aseguradora como Órgano de Control, de conformidad con la Ley que rige la Actividad Aseguradora y demás normas aplicables, podrá solicitar cualquier información y reporte que considere necesario en materia de AR/LC/FT/FPADM y otros ilícitos.

De la omisión de remisión de reportes

Artículo 78. La Superintendencia de la Actividad Aseguradora, en caso de incumpli-miento de las obligaciones establecidas en este capítulo, aplicará las sanciones a que haya lugar, de conformidad con lo establecido en la Ley que rige la Actividad Aseguradora.

CAPÍTULO II
REPORTE DE ACTIVIDADES SOSPECHOSAS

De las señales de alerta

Artículo 79. La Superintendencia de la Actividad Aseguradora a través de los medios electrónicos que dispone, informará sobre las señales de alerta en delitos de LC/FT/FPADM y otros ilícitos, identificadas por los Sujetos Obligados del sector asegurador, respetando la reserva y confidencialidad de los datos de identificación de las personas naturales y jurídicas involucradas en los reportes de actividades sospechosas remitidos a la Unidad Nacional de Inteligencia Financiera.

El Sujeto

Artículo 80. Obligado debe implementar sistemas o herramientas tecnológicas que permitan mayor cobertura y alcance a sus dispositivos de control para facilitar la detección de operaciones inusuales, a los cuales tendrá acceso la Unidad de Administración de Riesgos de LC/FT/FPADM y otros ilícitos, tales sistemas como mínimo incluirán las siguientes capacidades:

1. Emitir reportes de las personas que contraten servicios/productos de cualquier tipo durante un mismo mes calendario, con la correspondiente sumatoria de las primas o cuotas cobradas, de tal manera que se pueda realizar el análisis correspondiente para detectar operaciones inusuales y sospechosas.

2. Detectar las operaciones inusuales o sospechosas (señales de alerta), en tiempo real.

3. Determinar la existencia de concentraciones de productos/servicios por un solo cliente o un grupo económico relacionado sin justificación, con base a sus características operativas o la información declarada al momento de vincularse.

4. Seguimiento intensificado de aquellos clientes calificados de alto riesgo.

De la presunción de las operaciones sospechosas

Artículo 81. Los Sujetos Obligados deben prestar especial atención a las operaciones que por su cuantía, naturaleza, frecuencia o por las características de las personas que las realizan, puedan dar lugar a considerar que se trata de actividades relacionadas con delitos de LC/FT/FPADM y otros ilícitos, así como, a cualquier otra operación que no guarden relación con el perfil y la actividad económica, profesional o comercial desarrollada por el tomador, asegurado, beneficiario, contratante, usuario, afiliado o afianzado, número de pólizas contratadas, fianzas y contratos de fideicomisos, cuando no demuestren transparencia en su justificación, lo cual pueda dar lugar a considerar que se está ante algo inusual, no convencional, complejo o extraordinario.

Las operaciones o transacciones que no tengan en apariencia ningún propósito que las justifique o presenten características inusuales, deben ser sometidas, por parte de los Sujetos Obligados, a un exhaustivo análisis, para lo cual deben aplicar una Debida Diligencia Intensificada y los procedimientos de monitoreo constante.

De las actividades sospechosas

Artículo 82. A efectos del Reporte de actividades sospechosas, no se requiere la certeza sobre el carácter delictivo de la operación, así como tampoco que los recursos provengan de ésta, sólo es necesaria la presunción por motivos concretos que vulneran la confianza derivada de la relación contractual, teniendo presente que la creatividad e innovación hacen que las formas de los delitos de LC/FT/FPADM y otros ilícitos, no sean manuables ni numerables.

La comparación de una operación o actividad, en apariencia inusual, no convencional, compleja o extraordinaria, con la información, el conocimiento y antecedentes que se tengan del cliente o vinculados, conjuntamente con las indagaciones que se realicen o se hayan realizado, sin alertar a los involucrados, podrán determinar que dicha operación deba calificarse como sospechosa.

Del reporte de actividades sospechosas

Artículo 83. En la oportunidad que el Oficial de Cumplimiento decida reportar casos de actividades vinculadas a presuntos delitos de LC/FT/FPADM y otros ilícitos a la Unidad Nacional de Inteligencia Financiera, deberá elaborar el reporte de actividades sospechosas, de acuerdo al procedimiento establecido por ésta.

El reporte de actividades sospechosas no debe considerarse como una denuncia penal, ni requiere de las formalidades y requisitos de este modo de proceder, por tratarse de un informe administrativo suministrado por el Sujeto Obligado, en virtud de la obligación que le impone la Ley que regula la materia de Delincuencia Organizada; por lo que su suscripción y envío no acarrea responsabilidad civil, penal o administrativa contra el Sujeto Obligado, sus empleados o el Oficial de Cumplimiento.

La Junta Directiva o el Órgano que ejerza función equivalente, no podrá negar al Oficial de Cumplimiento la remisión del reporte.

TÍTULO VI

REQUERIMIENTOS DE INFORMACIÓN

De los requerimientos de información

Artículo 84. Los Sujetos Obligados remitirán en el plazo prudencial que indique la Superintendencia de la Actividad Aseguradora, la información solicitada por el Ministerio Público y los Organismos Competentes que por Ley estén facultados para

ello, incluyendo los detalles requeridos sobre las operaciones realizadas, en cuyo caso, anexará copia de los documentos necesarios para la verificación de la información suministrada.

De los mecanismos de coordinación

Artículo 85. Los Sujetos Obligados deben establecer mecanismos de coordinación para el intercambio de información de operaciones presuntamente vinculadas con delitos de LC/FT/FPADM y otros ilícitos, ante la solicitud efectuada por la Superintendencia de la Actividad Aseguradora o los organismos competentes.

De la obligación de confidencialidad

Artículo 86. Los Sujetos Obligados deben instruir a sus empleados para no informar a sus tomadores, asegurados, beneficiarios, contratantes, usuarios, afiliados o afianzados, cuando son objeto de verificaciones o de notificaciones efectuadas a las autoridades competentes de actividades que hayan realizado, presuntamente vinculadas con los delitos de LC/FT/FPADM y otros ilícitos.

TÍTULO VII

ATRIBUCIONES DEL ÓRGANO REGULADOR

De la Oficina de Administración de Riesgos de LC/FT/FPADM y otros ilícitos

Artículo 87. La Superintendencia de la Actividad Aseguradora, a través de la Oficina de Administración de Riesgos de LC/FT/FPADM y otros ilícitos, tendrá las más amplias facultades para ejercer el control, vigilancia, supervisión, regulación, inspección y fiscalización de los Sujetos Obligados para el cabal cumplimiento de las obligaciones señaladas en las presentes normas, instruyéndolos a realizar los ajustes y las correcciones necesarias, cuando ésta considere que los mecanismos adoptados no son suficientes, eficientes y eficaces para AR/LC/FT/FPADM y otros ilícitos.

De las sanciones

Artículo 88. El incumplimiento de las presentes normas por parte de los Sujetos Obligados, será sancionado de conformidad con lo establecido en la Ley que rige la Actividad Aseguradora y la Ley Orgánica Contra la Delincuencia Organizada y Financiamiento al Terrorismo, sin perjuicio de las responsabilidades administrativas, civiles y penales que pudieran afectar al Sujeto Obligado o alguno de sus miembros, por la inobservancia de la normativa aplicable.

De la derogatoria

Artículo 89. Se deroga el acto administrativo contenido en la Providencia Administrativa N° SAA-08-004-2021 de fecha 8 de febrero de 2021, publicada en la Gaceta Oficial de la República Bolivariana de Venezuela N° 42.128 de fecha 17 de mayo de 2021, mediante la cual se dictaron las Normas Sobre Administración de Riesgos de Legitimación de Capitales, Financiamiento al Terrorismo y Financiamiento de la Proliferación de Armas de Destrucción Masiva en la Actividad Aseguradora.

De la publicidad

Artículo 90. Se ordena la publicación de las presentes normas en la página web de la Superintendencia de la Actividad Aseguradora, con el fin de coadyuvar con la divulgación de su contenido a todos los interesados y público en general, sin menoscabo de su publicación en la Gaceta Oficial de la República Bolivariana de Venezuela.

De la vigencia

Artículo 91. Las presentes normas entrarán en vigencia a partir de su publicación en la Gaceta Oficial de la República Bolivariana de Venezuela.

Comuníquese y publíquese

OMAR OROZCO COLMENARES
Superintendente de la Actividad Aseguradora (E)

Resolución N° 003-2021 de fecha 18 de enero de 2021,
publicada en la Gaceta Oficial de la República Bolivariana de Venezuela N° 42.049 de la misma fecha

REPÚBLICA BOLIVARIANA DE VENEZUELA
MINISTERIO DEL PODER POPULAR DE ECONOMÍA, FINANZAS Y COMERCIO EXTERIOR
SUPERINTENDENCIA DE LA ACTIVIDAD ASEGURADORA

Caracas, a los veintinueve (29) días del mes de agosto de 2024

AÑOS 214°, 165° y 25°
PROVIDENCIA ADMINISTRATIVA N° SAA-01-0537-2024

De conformidad con las previsiones normativas contenidas en los artículos 6 numeral 1; 8 numerales 1, 3 y 18 de la Ley de la Actividad Aseguradora, que le atribuyen al Superintendente de la Actividad Aseguradora (E), **OMAR OROZCO COLMENARES**, designado mediante Resolución N° 003 de fecha 18 de enero de 2021, publicada en la Gaceta Oficial de la República Bolivariana de Venezuela N° 42.049 de la misma fecha, la competencia para establecer y dictar sus manuales de normas y procedimientos que regulan la actividad aseguradora.

POR CUANTO

Conforme a lo establecido en la Ley de la Actividad Aseguradora, es imperativo establecer los principios y criterios por los cuales se regirán las empresas de seguros y de medicina prepagada, con el fin de reasegurar en el mercado nacional no menos de treinta por ciento (30%) de las primas cedidas, estrategia diseñada para asegurar la retención de riesgos dentro del territorio nacional, promover la solidez y el desarrollo del mercado de reaseguros venezolano; y garantizar la estabilidad financiera del sector asegurador.

POR CUANTO

El reglamento de la Ley de la Actividad Aseguradora, las empresas de seguros y de medicina prepagada autorizadas para operar en el país, están obligadas a ceder en el mercado nacional no menos de treinta por ciento (30%) de las primas provenientes de los contratos de reaseguro automáticos y facultativos, en las formas de reaseguro proporcional o no proporcional.

En virtud de lo anterior, acuerda dictar las siguientes:

NORMAS SOBRE LA PARTICIPACIÓN DEL MERCADO NACIONAL DE REASEGURO EN LA COLOCACIÓN DE RIESGOS POR PARTE DE LAS EMPRESAS DE SEGUROS Y DE MEDICINA PREPAGADA

Del objeto

Artículo 1. Las presentes normas tienen por objeto establecer los principios y criterios que deben adoptar, desarrollar y ejecutar las empresas de seguros y de medicina prepagada, con el fin de dar cumplimiento a la obligación de reasegurar en el mercado nacional un porcentaje no menor de treinta por ciento (30%) de las primas provenientes de los contratos de reaseguro automáticos y facultativos, en las formas de reaseguro proporcional o no proporcional.

Las operaciones de reaseguro realizadas entre las empresas de seguros nacionales no se consideran parte de la protección a la participación del mercado nacional.

De los principios

Artículo 2. Las empresas de seguros y de medicina prepagada deben establecer procedimientos para realizar de manera efectiva la colocación de riesgos a las reaseguradoras nacionales, y demostrar que los han puesto en práctica bajo los principios de buena fe, confianza, razonabilidad, proporcionalidad y transparencia.

De los requisitos de colocación

Artículo 3. La obligación a que se refiere estas normas debe formalizarse por cada colocación de reaseguro contractual automático y facultativo, en las formas proporcional o no proporcional.

La propuesta de reaseguro podrá realizarse a una o más empresas de reaseguros nacionales. No obstante, si las empresas de reaseguros consultadas rechazan la propuesta, las empresas de seguros y de medicina prepagada están obligadas a consultar hasta agotar el mercado nacional.

En caso de aceptación simultánea por más de un reasegurador nacional de las condiciones propuestas por las empresas de seguros y de medicina prepagada, estas podrán distribuir el riesgo entre las aceptantes, siempre que la suma de sus participaciones cumpla, al menos, con el porcentaje previsto en el artículo **1**.

Si las reaseguradoras nacionales a quienes se les haya propuesto el riesgo no lo aceptan o lo hacen parcialmente, las empresas de seguros o medicina prepagada podrán colocar el riesgo con las empresas de reaseguros extranjeras autorizadas por la Superintendencia de la Actividad Aseguradora, en los mismos términos y condiciones ofrecidos al mercado local. De haber cambios en la mencionada propuesta, las empresas de seguros y medicina prepagada deberán consultar nuevamente al mercado nacional bajo los nuevos términos.

Del cumplimiento del requisito de colocación

Artículo 4. La colocación obligatoria a las reaseguradoras nacionales se verá cumplida cuando el porcentaje mínimo de treinta por ciento (30%) de la colocación haya sido contratado por una o más reaseguradoras nacionales. Asimismo, también se entenderá cumplida la obligación cuando después de la propuesta realizada a los reaseguradores nacionales, estos han rechazado, total o parcialmente, el porcentaje de la colocación obligatoria.

En cualquier caso, las empresas de seguros o de medicina prepagada deberán conservar en el expediente la constancia de aceptación o rechazo por parte de las empresas de reaseguros nacionales, quedando estas últimas obligadas a emitir la referida constancia.

Del procedimiento para la colocación

Artículo 5. Para efectos del cumplimiento de la colocación obligatoria, las empresas de seguros y de medicina prepagada deberán realizar propuesta formal a las empresas de reaseguros nacionales, observando lo siguiente:

1. Las propuestas de reaseguro al mercado nacional deben realizarse en idénticas condiciones a las ofrecidas al mercado internacional, garantizando la igualdad de trato a todos los reaseguradores. En ningún caso, las empresas de seguros y de medicina prepagada podrán realizar propuestas al mercado de reaseguro extranjero más favorables que las presentadas a las empresas de reaseguros nacionales;
2. Las propuestas deben contener los términos, condiciones, documentos de soporte e información necesaria para el análisis del riesgo, y estar disponibles por igual para todos los reaseguradores consultados;
3. Los reaseguradores tendrán un plazo de dos (2) días hábiles para las aceptaciones facultativas y de diez (10) días hábiles para cualquier otra modalidad, contados a partir de la recepción de la propuesta por la cedente, para formalizar la aceptación, total o parcial, o el rechazo de la propuesta;
4. Dentro de los plazos antes señalados, las empresas de reaseguros nacionales podrán solicitar los documentos o información adicional que requieran justificadamente para la evaluación de la propuesta, quedando suspendidos los plazos del numeral anterior hasta que la cedente entregue los documentos o información solicitada, momento a partir del cual comenzarán a contarse los días restantes para completar el plazo;
5. Si la cedente modifica las condiciones de la propuesta inicialmente realizada, deberá remitir nuevamente la propuesta actualizada, garantizando la igualdad de trato a todos los reaseguradores;
6. En caso de aceptación del riesgo, el reasegurador deberá definir claramente los términos y condiciones del riesgo aceptado;
7. La falta de respuesta de las empresas de reaseguros nacionales en los plazos previstos en el numeral 3 de este artículo, se considerará que han rechazado la propuesta presentada por la cedente.

En caso de rechazo, total o parcial, o falta de respuesta, las empresas de reaseguros nacionales quedan obligadas a emitir la constancia correspondiente dentro de los dos (2) días hábiles siguientes del rechazo o vencimiento de los plazos establecidos en el numeral 3 de este artículo.

Del reporte de colocación obligatoria

Artículo 6. Las empresas de seguros, de medicina prepagada y de reaseguro nacionales deben remitir a la Superintendencia de la Actividad Aseguradora en los términos, condiciones, forma, medios y periodicidad que esta determine, la información que considere necesaria para verificar el cumplimiento de estas normas.

De la conformación del expediente

Artículo 7. Las empresas de seguros y de medicina prepagada deberán conformar un expediente, físico o digital, por cada propuesta de colocación efectuada a las empresas de reaseguros nacionales, que contendrá, como mínimo, la siguiente información:

1. Documentos de la propuesta realizada a cada una de las empresas de reaseguros nacionales, con las respectivas confirmaciones de haberlas recibido;
2. Los términos y condiciones de los contratos de reaseguro suscritos con las empresas de reaseguros nacionales, si fuere el caso;
3. La constancia mencionada en el Artículo 5 de estas normas, si fuere el caso;
4. Cualquier otro documento que la Superintendencia de la Actividad Aseguradora pueda exigir.

Cada expediente debe permanecer a disposición de la Superintendencia de la Actividad Aseguradora por un periodo mínimo de cinco (5) años, contados a partir del pronunciamiento de las empresas de reaseguros nacionales.

De las inspecciones

Artículo 8. La Superintendencia de la Actividad Aseguradora cuando lo considere conveniente, podrá iniciar procedimientos de inspección para el control y seguimiento del cumplimiento de estas normas.

De la publicidad

Artículo 9. Se ordena la publicación de las presentes normas en la página web de la Superintendencia de la Actividad Aseguradora, con el fin de coadyuvar con la divulgación de su contenido a todos los interesados y público en general, sin menoscabo de su publicación en la Gaceta Oficial de la República Bolivariana de Venezuela.

De la vigencia

Artículo 10. Las presentes normas entrarán en vigencia a partir de su publicación en la Gaceta Oficial de la República Bolivariana de Venezuela.

Comuníquese y publíquese

OMAR OROZCO COLMENARES

Superintendente de la Actividad Aseguradora (E)

Resolución N° 003-2021 de fecha 18 de enero de 2021,
publicada en la Gaceta Oficial de la República Bolivariana de Venezuela
N° 42.049 de la misma fecha

ÍNDICE GENERAL

EL CARÁCTER MERCANTIL DEL CONTRATO DE SEGURO: LA *VIS ATTRACTIVA* DEL DERECHO MERCANTIL

Nayibe Chacón Gómez

EL CONTRATO DE SEGUROS EN LA ENCRUCIJADA DE LA LEY DE LA ACTIVIDAD ASEGURADORA

Claudia Madrid Martínez

REFLEXIONES SOBRE EL PRINCIPIO INDEMNIZATORIO Y EL IMPACTO DE LA INFLACIÓN EN LOS CONTRATOS DE SEGURO

(*Especial referencia a las normas prudenciales de 2024*)

Isabella Pecchio Brillembourg

NOTAS SOBRE LAS CONTRAGARANTÍAS PARA FIANZAS DEL SECTOR ASEGURADOR

Rosa Virginia Superlano
Carlos García Soto

LOS RETOS EN VENEZUELA DE LOS SEGUROS PARA LA INCLUSIÓN FINANCIERA, LOS NUEVOS CANALES DE COMERCIALIZACIÓN Y LAS INNOVACIONES TECNOLÓGICAS

Kimlen Chang de Negrón

LA NUEVA LEY DE LA ACTIVIDAD ASEGURADORA Y EL CONCEPTO DE LOS CANALES ALTERNATIVOS. COMENTARIOS Y REFLEXIONES

Jesús A. Dávila
Federico Palma N.

LOS PRINCIPIOS DE BUEN GOBIERNO CORPORATIVO EN LA LEY DE LA ACTIVIDAD ASEGURADORA: AVANCES Y RETOS

Diego Thomás Castagnino

EL ROL DE LA ADMINISTRACIÓN PÚBLICA EN LA ACTIVIDAD ASEGURADORA

Gabriel Sira Santana

LA LIBERTAD DE EMPRESA EN LA ACTIVIDAD ASEGURADORA

José Ignacio Hernández González

EL DEFENSOR DEL ASEGURADO EN LA LEY DE LA ACTIVIDAD ASEGURADORA

Jonás E. Aponte A.

REFLEXIONES SOBRE ECONOMÍA Y DERECHO A PARTIR DE LA RECIENTE REFORMA DE LA LEY DE LA ACTIVIDAD ASEGURADORA

Andrea Rondón García

COMENTARIOS SOBRE LOS ASPECTOS TRIBUTARIOS DE LA REFORMA DE LA LEY DE LA ACTIVIDAD ASEGURADORA

Juan C. Castillo Carvajal

EL "RECARGO MONETARIO POR RETRASO" Y LA NUEVA ALÍCUOTA DE LA CONTRIBUCIÓN ESPECIAL DE LA ACTIVIDAD ASEGURADORA

(Análisis de las "Normas Prudenciales" contenidas en las Providencias 2021, 2022 y 2024 de la SUDEASEG)

Serviliano Abache Carvajal

TEXTO DE LEY

NORMAS PRUDENCIALES DE LA SUPERINTENDENCIA DE LA ACTIVIDAD ASEGURADORA (SELECCIONADAS)

www.ingramcontent.com/pod-product-compliance
Lightning Source LLC
LaVergne TN
LVHW050050061026
849532LV00001BA/2
9798896925194